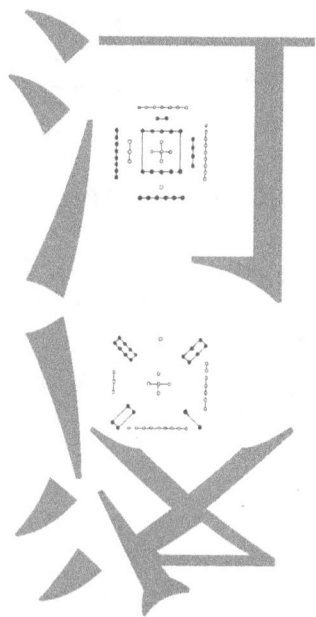

河洛文化研究丛书

河洛文化与姓氏文化

邓永俭　主编

河南人民出版社

图书在版编目（CIP）数据

河洛文化与姓氏文化／邓永俭主编 . — 郑州 : 河南
人民出版社，2018.2
（河洛文化研究丛书）
ISBN 978 - 7 - 215 - 11329 - 9

Ⅰ．①河… Ⅱ．①邓… Ⅲ．①文化史—研究—
河南 Ⅳ．①K296.1

中国版本图书馆 CIP 数据核字（2018）第 027175 号

河南人民出版社出版发行
（地址：郑州市经五路 66 号　邮政编码：450002　电话：65788063）
新华书店经销　　北京虎彩文化传播有限公司印刷
开本 710 毫米×1000 毫米　　1/16　　印张 68.25
字数 800 千字
2018 年 2 月第 1 版　　　2018 年 2 月第 1 次印刷

定价：476.00 元

目　　录

关于姓氏研究的考古学思索

刘庆柱

宗法社会是中国古代历史的突出特点,姓氏是宗法社会的基本符号,因此姓氏研究是宗法社会研究的基础,也是研究我们中华民族、国家社会历史的基础。

考古学是研究"人"的科学,从这个角度可以说,考古学实质上属于"人学"。从社会考古学方面来看,"人"与"人群",是考古学研究的基本单元,而"人"的历史发展与变化,主要反映在"人群"的组合与变化。人由男人和女人组成,男人和女人只有组成"人群",自身才能生存、延续,并适应客体世界不断发展。"人群"组织结构的变化,是人类早期历史发展的基本指数。这种最早的"人群"被考古学称为"原始群",在北京周口店旧石器时代遗址的考古发掘中,已经得到证实。关于这时的"原始群"社会组织结构,我们现在还很不清楚,它们与现代意义上的家庭还相距很远。这时的"原始群"属于"群婚"形式,这样的社会组织被称为"群体家庭"。

从旧石器时代早期进入旧石器时代中晚期,社会婚姻形态由"原始群"发展为具有血缘性质的"原始家庭"或称"血缘家庭",其婚姻形态基础为学术界所说的"血族群婚",也就是摩尔根所说的"血婚制家族"。

大约在旧石器时代晚期开始萌芽、新石器时代趋于成熟的一种基于族外群婚(即"亚血族群婚")的"亚血缘家庭"逐渐出现,产生了"氏族"[1]。这是知其母、不知其父的"母系社会"。这时出现了"姓",根据《说文解字》:"同生以为

---

[1]　徐扬杰:《中国家族制度史》,人民出版社,1992年,第29~31页。

姓"。"姓"的字形是从"女"、从"生",同一女子后代,应为同姓。从中国文字学角度来看,最早的"姓"大多带"女"字旁,如传说时代的神农氏姓"姜"、轩辕氏姓"姬"、少昊氏姓"嬴"、有虞氏姓"妫"、夏后氏姓"姒"等。社会的发展,同"姓"人口的增多,同"姓"又分成生活在相邻地区的不同聚落,这些可能就是同"姓"而不同"氏"的聚落群,最早的"氏"应该是这样产生的。"氏"属于"姓"之下的"单位","姓"为主干,"氏"为分支。因此,文献记载"言姓即在上,言氏即在下"①。恩格斯提出氏族是在蒙昧时代中级阶段发生,至野蛮时代低级阶段达到全盛时代②;摩尔根所说的从"伙婚制家族"到"偶婚制家族"、再到"专偶制家族"时代③,它们与我上面所说的"姓氏"起源与成熟的时代是基本相近的。

随着社会的发展,这些"氏"与"姓"就"合而为一"了。后代许多"姓",原来是作为"氏"的,如"王"、"卫"、"毛"、"文"、"石"、"冯"、"宁"、"邢"、"刘"、"孙"、"邵"、"周"、"柳"等,均源于"姬"姓;"丁"、"吕"、"邱"等,均出于"姜"姓;"邓"、"沈"、"夏"等,源于"姒"姓;"江"、"李"、"黄"等,出自"嬴"姓。

人类社会进入父系社会以后,"姓"不但被保留下来,而且得到进一步强化。母系氏族社会的"姓"是按照母系来计算,父系氏族社会的"姓"是按照父系来计算。进入王国时代的父系氏族社会的"姓"与"氏"合而为一,这时的姓氏以"个体家庭"为基础,它们与此前的"群体家庭"属于不同的社会组织形态。多个同姓"个体家庭"构成"家族"。这些"家族"亦称"宗族"或"宗",家族、宗族有共同的家庙、宗庙、祠堂、族谱、家谱与族墓地。中国古代的宗法社会的基础是家族、宗族,姓氏成为宗法社会的不变的文化遗传基因。

"姓氏"出现于史前母系氏族社会,长期以来研究姓氏问题,主要根据古代传说、民族学、人类学、历史学资料。从19世纪近代考古学的形成与发展,与姓氏研究的相关考古学资料已有一定程度的积累。近年来自然科学技术在考古学的广泛应用与结合,使考古资料的取得更为全面,使考古学研究更为深化、细化,从姓氏研究的考古资料与研究方法两个方面,均为我们创造了极为有利的科研基础条件。

---

① 《史记·高祖本纪》索隐引《世本》。
② 恩格斯:《家庭、私有制和国家的起源》,人民出版社,1957年,第152页。
③ 路易斯·亨利·摩尔根著(杨东莼、马雍、马巨译):《古代社会》,商务印书馆,1977年。

　　考古学的遗址发掘是研究"姓氏"历史发展的重要科学方法。19 世纪 70 年代,享誉世界的美国科学家路易斯·亨利·摩尔根,在其巨著《古代社会》问世的第二年(1878 年),就去科罗拉多和新墨西哥考察考古发掘的遗址,并立即着手撰写了《美洲土著的房屋和家庭生活》一书。摩尔根意识到,关于人类古代社会的研究,尤其是通过人类学、民族学等探索人类家族历史研究,可以进行各种各样的科学假设,但是"假设"成为"科学",必须得到"验证",而考古学是目前所知"验证"上述"假设"的主要"科学",因此,摩尔根不顾晚年的体弱身体,抱病对古代遗址的考古发掘现场进行田野考察,并在其去世前夕(1881 年 12 月 17 日),出版了这次对考古遗址发现的科学考察研究成果。多年来我们的田野考古实践也证实,关注古代人类生存、生活、生产"平台"遗址——房屋、聚落、聚落群等古代遗存,是揭示古代"人"、"人群"的彼此血缘与地缘关系的一把科学钥匙。从旧石器时代北京周口店猿人的"群居",到新石器时代内蒙古敖汉旗兴隆洼遗址、甘肃秦安大地湾遗址、陕西西安半坡遗址和临潼姜寨遗址及高陵杨官寨遗址、河南灵宝西坡遗址、安徽蒙城尉迟寺遗址、湖北枣阳雕龙碑遗址等聚落遗址的发现,通过对其房屋遗址布局结构的研究,为探索当时人们之间的"婚姻"、"家庭"关系,提供了实物资料。

　　古代墓葬考古资料,是考古学进行"姓氏"研究的另一个重要领域。古代墓葬中的死者性别、年龄、墓内彼此分布位置、随葬品等,是研究同一墓葬中的不同人之间关系的重要考古资料。同一墓地不同墓葬之间分布位置,又可揭示其彼此关系。

　　现代分子生物学在考古学的应用,极大的促进考古学的"姓氏"研究。这可以从两个层面开展研究:其一,对现代中华民族的不同地区"姓氏"的人,通过分子遗传学 DNA 技术,寻找到古代"姓氏"的分布地域及其"姓氏"移动信息。其二,通过古代墓地的大规模考古发掘,从古人的骨骼提取 DNA 样本,建立其遗传学关系,探讨"人群"变化,探索"人群"迁移时空,从而为"姓氏"研究提供基础科学资料。就目前中国考古学发展来说,上述意见,还是一种科学研究的设想阶段,不过我认为科学研究方法的发展与改变,对推进"姓氏"研究来说,已是至关重要的科学研究内容。

　　鉴于半个多世纪以来的中国考古学发现与研究成果,学术界已经基本认为

"姓"是母系氏族社会的产物,而史前时代的仰韶文化是中国古代历史上最发达、影响最大的母系氏族考古学文化①。仰韶文化的中心地区又在河南西部、陕西东部、山西南部,其中仰韶文化的庙底沟类型被称为"典型仰韶文化"。"庙底沟类型主要分布于华山以东、崤山以西的豫西三门峡地区和汾河中下游的晋南地区",其"强大时西逼甘东,东据郑、洛,南抵宛襄、北达河套。它的影响面更大,西至甘青,东抵沿海,南到长江南北,北达长城内外,几乎遍及大半个中国。"②这与我们现在了解的中国人姓氏分布情况,有着惊人的相似之处。据最新发表的相关资料,在现代中国依据人口数量多少而排列的 300 个大姓中,有 170 个姓氏的源头或部分源头在河南,在最新排列的 100 个大姓中,78% 的姓氏源头或部分源头在河南③。这是五千多年来历史发展的必然。先秦时代,在"大中原"地域之中属于不同"姓"的家族、宗族之间,形成长期的婚姻关系,构成最初的"华夏族"。秦汉时代以汉族为主体的中华民族,就是在"华夏族"的基础之上,在东亚更大区域中(基本与现代中国地域相近空间范围),共同形成的"多元一体"的中华民族。河南应该成为以考古学方法、理论(以现代自然科学技术在考古学的广泛应用为基础)研究中国古代姓氏文化的最主要的科学研究基地。

　　(作者为中国河洛文化研究会副会长,中国社会科学院学部委员,中国社会科学院考古研究所学术委员会主任)

---

① 中国科学院考古研究所:《庙底沟与三里桥》,科学出版社,1959 年;杨育彬、袁广阔:《20 世纪河南考古发现与研究》,中州古籍出版社,1997 年,第 143 页。

② 河南省文物研究所:《河南考古四十年》(1952~1992),河南人民出版社,1994 年,第 49 页。

③ 徐光春:《序言》,中共河南省委统战部、河南省社会科学院:《中华姓氏河南寻根》(第一卷),中州古籍出版社,2009 年。

谈中华文化的源起与核心：
河洛文化与姓氏文化的关系

（台湾）唐学斌　吴勉勤

河洛文化是一个地域的与历史的文化概念。历史上的"河洛"不仅指洛水与黄河交汇形成的夹角地带,而且泛指以嵩山、洛阳为中心的河南、河内、河东等广大地区,也是中华民族最古老的繁衍生息之地,更是中华文明诞生的源头之地。

河洛文化是以洛阳为中心的古代黄河与洛水交汇地区的物质与精神文化的总和。姓氏乃是姓和氏的合称。姓氏是代表每个人及其家族的一种符号。在现代社会里,虽然它没有什么意义,然而从它的形成、发展、演变的历史过程观之,它却是构成中华民族文化的一个重要里程碑。

任何文化的存在,都离不开相对稳定的地域范围,而任何文化又具有无限传播的本质特征。当某种文化较稳定地存在于某一地域范围内时,以地域为概念的文化称呼是可行的,但如果当文化无限扩张与传播之时,则存在有超越地域的文化概念,如以此概念为广泛称呼应当更为恰当。

一、中华文化与河洛文化的源起

河洛文化超越了地域的局限,已普遍为异地同质文化的族群所接受与认同。河洛文化系属于中华民族传统文化之基础,涵盖着闽南区域海洋文化的特色,尤其在起始根脉上,更显现了文化的本质性,有利于两岸同胞原始文化之认同,因此河洛文化兼容中华文化的内涵,深具现实的意义与学术上的价值。

河洛文化系指中国古代河洛地区的文化。河洛地区则指黄河中游潼关至郑州段的南岸,洛水、伊水及嵩山周围地区,包括颍水上游登封等地,换言之,就是指河南省的西部地区而言。河洛也是一个与区域有关的概念,就原义而言,河洛是指中原地区的黄河与洛水流域,是中华民族的文化摇篮。顾名思义,河洛文化即是指黄河与洛水流域的文化,概指中原文化或中州文化,即中华民族的原生文化。

河洛文化随着中原先民的活动与迁移,广泛传播到中国各地,影响所及甚广。根据考证结果,约有百分之七十的福建人来自河洛地区,台湾的河洛人大多是从福建南部移民过去的,他们自称为"河洛郎",称自己的方言为"河洛话"。河洛文化与港澳台及海外侨胞,同属一脉相连。中华民族拥有五千年文明的历史与文化,我们可以发现,以黄河与其支流洛河为中心的河洛地区,乃是中华民族主要的发源地之一。

二、河洛文化与姓氏文化的内涵

(一)河洛文化的涵义

其实河洛文化是中原文化的代名词。河洛文化主要是指河洛地区的历史文化,它与中华文化内容上有许多共同点,但不能画等号,不能随意扩大其外延,否则,不同文化便无法区别。文化应该如何界定?主要有两种方式:一是"河图洛书"说;一是"地域说"。洛水自汇入黄河,形成了一个夹角,内夹角小些,外夹角大些。以洛汭为圆心,半径大一些把郑州也划进去了。因此,洛阳、郑州都是重点,从而形成了以河洛文化为中心的中原文化,这是属于空间的概念。

所谓河洛文化,其由来有二:一为黄河、洛河流域的地域;二为河图洛书。有关河图洛书前人曾提出不少疑问,唯其仍然可以作为我们今天研究河洛文化的基础。河图洛书包含丰富而深刻的内容,例如:

1. 图中的黑白两种圈点和八卦中的太极道理相同:代表着阴阳及五行居于核心地位,而阴阳五行代表着中华文化的哲学基础。

2. 图中数字排列次序井然:表现了中国古代文化中对有序性的基本认识。

3. 图中数字排列方法错综而有规则:尤其是洛书的纵横行数字之和都是15,这反映了中国古代文化中的一种基本思想方法均衡思想。

4. 河图洛书的数字原理属于数论:反映了中国古代的数学成就。

5. 属于政治学和社会学的内容:大禹根据洛书创立的《洪范九畴》是治理国家和管理社会的方略。

6. 河图洛书的传说反映了古代君权神授的思想和天人感应意识。

根据以上六点,河洛文化可以说是华夏文化的核心。学术界认为古代华夏文化有多个源头,但其核心是河洛文化,即所谓"多元一心说"。

河洛文化的内涵博大精深,包罗万象,诸如源于河南渑池,以精美彩陶为特色的仰韶文化,流传于河南各地。以薄壳黑陶为特色的河南龙山文化,神秘莫测的河图洛书,三代的史官文化,周公制礼作乐的礼乐文化,以孝为核心的伦理文化,最早产生于洛阳的道学、佛学、汉代经学、魏晋玄学、宋明理学,汉字的鼻祖甲骨文,源起于河洛的姓氏文化,以及最早发明于河洛地区的科学技术、音乐、美术等,都是属于河洛文化的范畴。

研究河洛文化首重河洛文化之根,其中有几个问题,值得研究者重视,如下:

1. 河图洛书不是虚无缥缈的:《汉书五行志》、《尚书·洪范》及郦道元的《水经注》,均曾提及,且说明得很具体,这是文献当中最早且有实据的记载。

2. 中国古代文化探源,比夏商周更为古老:中国古代文化可以说是传说时期的"探源工程"。豫西和晋西南是中华文化的起源地。这里的"文明"是与"野蛮"相对应的,也是恩格斯所说的概念。

3. "中国"一词,第一次出现在何尊铭文之中:为了说明为什么要营造洛邑,所以在何尊铭文中,曾经有"中国"一词。

4. 我国许多文学都是出自于河洛:从思想内涵而言,我国许多文学都可以由"河洛"中找到根据,亦即找到"根"。例如:"天人合一"、"中庸"、"公正"等的思想,都是出自于河洛。台湾的许多民俗,也是出自于河洛。

5. 我国许多姓氏的根来自于河洛:河洛文化非常值得研究,尤其是传统思想,由其中可以深入探讨哪些优秀的内涵是来自河洛。

6. 应先界定清楚什么是河洛文化:任何一种文化都有自己的内涵,河洛文化的真正内涵与特征为何呢? 相比于其他文化,它有什么独特性? 这些问题都亟待回答。探讨一定要有科学的态度,实事求是、恰如其分。

7. 应说明河洛文化与中原文化的关系:河洛文化和中原文化都源于河南。

其中,中原文化作为河南文化的品牌,已被中国学术界和国外华人所广泛认同。两者的关系是彼此并行而各具特色,抑或是河洛文化仅仅是中原文化的一部分或是核心部分,以及其是否可以称之为"中原乃至中华传统文化的根文化",因此,如何加强二者关系之研究,实为一重要的课题。

8. 深入研究与宣传并重:对河洛文化进行深入的、系统的研究,固然十分重要,但是对于其研究成果,亦应加强宣传,特别是在全球的媒体上宣传的部分。

河洛文化是中华民族的核心文化,它不仅影响全中国,也广泛传播到世界各地,所以世界各地的华人(裔),以及想要寻根(文化、姓氏),都必须到河南来,才能得到答案,因为他们的"根"在河洛。如果将广义的河洛文化与狭义的中原文化相比较,那么河洛文化应该属于中华文化的精髓所在。

(二)姓氏文化的涵义

姓是血统的标志,它作为一个民族的族号,起源于母系社会。据传说,伏羲氏、女娲氏以凤为姓,神农氏姜姓,轩辕黄帝姬姓等均有女旁。上古时代妇女称姓,起着"别婚姻"、"明世系"、"别种族"的作用。男子称氏,氏是同族子孙的分支,起源于父系社会。其作用是为了"别其子孙所自分",是为了别门第和尊卑的。追溯历史,我国姓氏至今已有四五千年的历史。目前,全国有姓氏约14600多个,唯百家姓之姓氏,约占总人口90%以上。

中华民族的文化核心是传统的儒家文化,而姓氏文化的很多内容包含在传统文化里面。姓氏文化除了血缘认同外,很重要的一点就是文化认同,一个姓氏、一个家族在起源、发展、演变的过程中,形成了颇具特色的家族文化,如家谱、家规、家训等,这是维系一个家族、一个姓氏向心力、凝聚力的基础,也是区别于其他家族的根本所在。姓氏文化中蕴含着丰富的和谐思想,几乎所有家族的家训中都包括孝父母、和兄弟、睦宗族、和乡邻的内容,主张"父父子子,兄兄弟弟,元气团结"是"家道隆昌"必不可少的条件,"父不慈,则子不孝"、"夫妇和而后家道成"、"兄弟不睦,则子侄不爱";在宗族内部,强调"相爱相敬"、"平则同安乐、患难则共扶持";在邻里关系上,强调"傍金傍银,不若傍个好乡邻"、"患难扶持"、"宁我容人,毋使人容我"。研究姓氏文化,发掘其中的和谐思想,对构建社会主义和谐社会,具有非常重要的意义。

中华姓氏从一个侧面反映了中华民族文明史的进程。由三皇五帝等中华祖先创造并传承下来的姓氏文化，积淀着中华民族的血脉、国脉、文脉，形成了中华文明的文化基因，是中华传统文化的生命信息学遗产。姓氏文化的内涵十分丰富而深广，涉及历史学、考古学、民俗学、社会学、民族学、语言学、文献学、遗传学、文化人类学等诸多学科，生动而具体地反映着我国历史上的社会形态演进、文明起源、民族融合、中外交流，以及历代政治、经济、文化和社会习俗的发展与变革，是中华民族源远流长的原生态文化，具有世界上其他民族姓氏文化所未有的鲜明特色。姓氏文化对于发扬爱国主义传统，增强民族凝聚力、向心力，乃至促进祖国统一大业的早日实现，推动全世界华侨华人的文化认同，都会产生积极的作用。

　　中华民族的姓氏在发展演变过程中，由少到多，不断分衍，迄今历史上使用过的姓氏共约有两万多个，得名的方式各式各样，其演变可分下列五个阶段：

　　1. 姓的产生：中华姓氏产生于伏羲、女娲时代的母系社会，是伏羲为了避免近亲交媾给后代带来危害，将族人按血缘关系区分为不同的集团，这些不同的血缘集团就是姓族或姓。周代"同姓不婚"制度就渊源于此。

　　2. 氏的出现及其演变：氏大约出现于从炎、黄二帝时期开始的父系氏族社会，社会组织以男性为中心，原来的姓族分裂衍化出若干男性为主导的氏族，氏族显示着家族对土地和财产的所有，标志着贵贱和等级的差别。舜时"赐姓命氏"，是大规模赐姓命氏的渊源。

　　3. 中华姓氏普及和定型：周初实行周朝贵族内部的层层分封制，共建立 71 个诸侯国，还分封了不少有功的异姓贵族，至春秋时发展为 140 个国家，这些诸侯多以封国为氏，封国以下层层递封，有更多的人以封邑为姓，以官职为姓，建立了一套完备的姓氏制度。中华姓氏在这一时期得到普及和定型。

　　4. 姓氏混一：战国时期，随着宗法制度的崩溃，等级制度被破坏，姓氏合二为一，标志着现代意义姓氏的产生。

　　5. 少数民族的融合：秦汉以后，少数民族不断入侵和入主中原，中华文化以其特有的先进性、强固性和包容性，将它们一一融合，中华姓氏也不例外。鉴于河南地处黄河中游，古属豫州，因地当九州岛之中，故又有中州、中原之称。

　　中原是中华民族的摇篮，又是中华姓氏文化的主要发源地。据有关专家考证，中国古今姓氏半数源于河南。河南是中华姓氏的摇篮，中华姓氏无论肇始与大量衍生都与中原关系密切,因此姓氏文化是河南独有的文化现象。

中国姓氏的由来,可归纳为 14 种:1. 以母亲姓为姓。2. 以地名为姓。3. 以图腾为姓。4. 以族号为姓。5. 以国名为姓。6. 以食邑为姓。7. 以官职或职务为姓。8. 以上辈的名、字或号为姓。10. 以天子赐姓或死后追谥庙号为姓。11. 外来氏族引来的姓氏。12. 以避讳被贬斥或某种原因被逼该姓。13. 以人类对自然物的迷信和崇拜为姓氏。14. 以天干、地支、数次、长幼、次第为姓氏等。

中国人的姓氏与分布是中国一项特有的国情,它对于研究中华民族的起源,祖宗们遗留下来的基因资源的分布,当今海内外的寻根和国家的统一,以及今后人口发展趋势等多项问题,均具有重要的意义。

综上,河洛文化属于中华文化的精髓所在,河洛文化是中华民族的核心文化,而研究姓氏不仅要了解姓氏的起源、演变、发展,还要深入挖掘家族史的主要内涵,了解家族文化,使家族文化在今天的文化建设中发挥独特的作用。因此河洛文化与姓氏文化最主要的作用,在于凝聚全球华人的文化认同,促进统一大业。

三、河洛文化与中华文化的渊源

中华民族人文始祖,大都出自河南或主要活动于河南;中华大姓除了个别例外,大都发源于河南;中华民族历史上许多著名人物出自河南。可以说,中华民族的血脉之根在河南。

中华文化的主体为黄河文化,黄河文化的中心为中原文化,中原文化的核心为河洛文化。因此,九朝古都洛阳处于河洛文化的心腹地带,也是中华文化和炎黄姓氏文化的发祥地。

大约在三千七百余年前,夏朝在洛阳建都,洛阳就已成为中国政治、经济与文化的中心,先后历经了夏、商、周、东汉、曹魏、西晋、北魏、隋、唐、后梁、后唐、后晋等十三个朝代,历时一千四百多年,同时,又曾是新莽、北齐、北周、后周、宋、金、中国的陪都和行都,它是中国历史上建都最早、建都时间最长、都城规模最大、对中国影响最大的故都。

从河图洛书诞生出河洛文化,伏羲八卦、大禹治水、周公制礼、老子完成《道德经》,佛教进入中国,张衡制候风仪、泽天仪,蔡伦造纸,仓颉造字,杜康发明酿酒术、许慎说文解字,中国书法真、草、隶、篆、魏、楷等字体的产生与发展、司马光的《资治通鉴》、左思的《三都赋》等都产生于洛阳。凡此历史上有很多重大事件、成语典故、诗词歌赋都源起于洛阳或与洛阳有关。

　　河南地处黄河中游,古属豫州,因地当九州岛之中,故又有中州、中原之称。中原是中华民族的摇篮,同时又是中华姓氏文化的主要发源地。据有关专家考证,中国古今姓氏半数源于河南。姓,是血统的标志。她作为一个民族的族号,起源于母系社会。目前,全国有姓氏约14600多个,但《百家姓》姓氏占总人口90%以上。

　　因此,河洛文化源于中原,为民族文化正宗所传。自晋代逐渐所南传的河洛文化,保留和传承了多领域与多层面的中原传统文化精神,充分地表达了民族文化的内在精神。诸如理学的兴隆、易学的发达、道学的脉传、语言的原声保留、戏曲艺术的宫廷特色、科考仕进的价值判断、生活方式与思维方式的民族一体性和传承性等,都深深地烙下了民族传统文化的心灵印记。唯自河洛文化南传之后,在新的地域环境与扩大传播之下,受到了许多不同新文化因素的影响,而产生了新变化,最后使得河洛文化不可能完全等同于中原文化,而是具备了自身非常可贵且富有强大生命力和新生文化要素的特色。这种特色就是源自南下海滨之地所引起和形成的一系列新文化形象与内涵。

四、河洛文化与中华姓氏文化的关系

　　有关中国人姓氏的历史已经有五千年,是世界上最古老的姓氏。在世界其他地区,姓氏的产生不过是近一千年的事情。欧洲大陆普遍使用姓的历史只有400年。日本在公元5世纪时出现姓,但只是贵族的特权,并未在民众中普及。直到明治维新时期,公元1875年政府颁布法令,实施户籍登记,日本人才急匆匆为自己找姓,多以所居地名为姓,因此多为两字姓,当时日本人一下子涌现出三万多个姓来。

　　姓氏乃是姓和氏的合称。在遥远的古代,这是两个完全不同的概念,古代姓氏起源于人类早期生存的原始部落之中。姓氏是代表每个人及其家族的一种符号。在今天的社会里,它没有什么意义了。但是,从它的形成、发展、演变的漫长

历史过程来看,它却是构成中华民族文化的一个重要内容。

姓氏是一门很有趣的学科,涉及到社会学、历史学、语言学、文字学、地理学、民俗学、人口学、地名学等众多社会科学。姓的形成除与图腾关系密切外,还与女性分不开。

中国人姓氏的悠久历史和相对隐定的传递,以及具有中国社会特色的改姓现象,不但增加了中国人姓氏的多样性,为追踪各个姓氏的始祖和年代提供了线索和机会;而更重要的是在中国广大农村中一直存在着同姓聚居的习俗,加上婚姻半径小,娶嫁地域相对固定的特点,同姓人群可以认为是其共同祖先的父系遗传物质,某种程度隔离的群体,这在近代上有特殊的意义。这种与近代人类进化直接相关的同姓群体。在探讨中华民族的起源和进代等研究中将提供有价值的研究模型和线索。

究竟中国河洛文化与中华姓氏文化有什么关系,大致上可归纳如下:

(一)中华民族是炎黄子孙,其根在河洛:

世界上不同民族的形成,都有一个漫长的发展过程。一般都是从原始氏族、部族,一直到部落联盟与民族的发展中演变来的。其演变的原因不外乎:氏族开拓土地引起的融合,经济发展、战争及天灾、瘟疫所引起的民族迁徙等。

(二)中国同胞中大多数人所讲的闽南话或客家话系源自于河洛话:

语言是人类交际的工具,是我们祖先世代累积下来的珍贵财富。中国同胞中,不论是闽南话,还是客家话,从其语音、词汇和语法习惯等各方面,都是由北方中原河洛方言发展演变而来,因此中国同胞所说的话语都是属于河洛方言。

(三)中华民俗文化的事象可追溯至河洛文化之中:

源于人类天性的民俗最能体现慎终追远与落地归根的民族感情。无论是喜庆婚丧,还是传统信仰,祭天敬祖,无不处处表现闽、粤风尚,并彰显出中华文化的色彩。

(四)中华民族信仰与中原地区基本相象,也可从河洛文化中找到其发展轨迹:

从中国民间信仰上来看,许多中华历史上的先圣先贤、民族英雄等,都是中国同胞崇祀的对象。远自华夏民族的人文始祖炎黄二帝、大禹、古越王、伍子胥、屈原、项羽等,其历史文化渊源由来已久,这种信仰在全世界华人中的强大凝聚力,是不可估量的。

　　河南是中华姓氏的摇篮,中华姓氏无论肇始与大量衍生都与中原关系密切。《中华姓氏大典》中的 4820 个汉族姓氏中,起源于河南的有 1834 个,占 38%;在当今的 300 大姓中,根在河南的有 171 个,占 57%;再依人口数量多少所排列的 100 大姓中,有 78 个姓氏的源头与部分源头在河南,无论是李、王、张、刘为代表的中华四大姓,还是林、陈、郑、黄为代表的南方四大姓,其根均在河南。近年来,得到了海内外的广泛认同,在全球华人中掀起了寻根到河南,朝觐到河南及拜祖到河南的热潮。由此,姓氏文化是中华姓氏文化特有的现象。

五、河洛文化是中华文化的核心

　　河洛文化是一个地域的与历史的文化概念。历史上的"河洛"不仅指洛水与黄河交汇形成的夹角地带,而是泛指以嵩山、洛阳为中心的河南、河内、河东等广大地区。这片沃土是中华先民最古老的繁衍生息之地,更是中华文明诞生的源头之地。

　　河南为何在中华姓氏中占有如此重要的地位,概括言之,河南是华夏文化的主要发祥地,也是华人姓氏的摇篮。再者,将中华姓氏史与河南历史予以对照,可以发现,姓氏的萌芽、产生,无不与河南息息相关。

　　(一)河南是姓氏肇始时期人类活动的重要地区

　　姓起源于原始社会的母系氏族制时期,而河南正是此时期人类活动的重要地区。公元 1921 年发现于河南省渑池县仰韶村而得名的仰韶文化,正是母权社会繁荣阶段的代表。该文化陶瓷上的鸟、鱼、蛙及人首虫身等图象,可能就是最原始的"姓"的标志。姓的起源与先民们的图腾崇拜有关,有些姓氏是由图腾转化而成。氏则起源于父系氏族社会,是从氏族、部落中的少数家族形成的"氏族贵族"中产生的,而此期中原地区(主要是今河南)氏族林立,正如《史记·封禅书》中所称"黄帝时万诸侯"。中原地区成千上万的氏族、部落便是"氏"的渊薮。

　　(二)河南是华人祖先炎、黄二帝和太昊的活动中心

　　追溯当今 120 大姓从血缘关系,发现分别属于三个族系,即黄帝族、炎帝族、东夷族,出自四位祖先,即黄帝、炎帝、太昊与少昊。

（三）河南是姓氏发展时期夏、商两代的国都所在地

夏、商时期，从奴隶制度兴起到全盛，也是中华姓氏得以发展的时期，而这两个朝代活动的中心地带均在今河南境。夏朝从开始到桀灭亡，共传 14 世、17 王，历时四百多年，其统治中心在今河南西部的黄河、洛河流域。

（四）河南在姓氏普及时期的周朝占有重要位置

周朝是我国古代史上一个重要的时期，也是产生姓氏最多的朝代。西周是一个强盛的奴隶制度国家，立国初期实行的贵族内部层层分封的大封建，为后来姓氏的发展，奠定了坚实的基础。春秋时期，王室衰微，诸侯争霸，奴隶社会逐渐瓦解，封建制度开始出现，大多数诸侯国被强国所吞并，因而使得中华姓氏的发展甚为迅速。

（五）河南有得天独厚的产生姓氏的优越条件

古代的"得姓受氏"，与地理位置、人口数及政治、经济状况等条件有密切关系。河南在这些方面独具优势，河南地处黄河中下游，位居中原腹地，气候温和，资源丰富，地理条件优越，适宜农、林、渔、牧、副业发展，古代的手工业发达，又是交通枢纽；因此，人口密集，历来是兵家必争之地，长期是国家的政治、经济、文化中心。自夏朝建立至民国年间，先后有 20 多个朝代在此建都，使得河南成为古都最多的地区。

河洛文化与中原文化两种文化之间究竟有什么关系？是否是一种文化的两种不同表达方式，或者是两种完全不同的文化，见仁见智，莫衷一是。一般来说，河洛文化是以洛阳为中心的古代黄河与洛水交汇地区的物质与精神文化的总和。

归纳言之，河洛文化与中原文化是一个既相互区别，又相互联系的区域文化，集中体现在地域范围、存在时间、文明起源、思想内涵等。从地域范围来看，河洛文化的产生地与发展地都在中原文化的地域内，主要是在豫西的洛宁、孟津、巩义一带，比中原文化的范围要小得多；从存在时间来看，河洛文化只是中原文化的一段历史，主要是宋代之前，尤以夏、商、周三代文化为重点；而中原文化不仅包括古代、近代，也包括现代和当代的一切文化现象；从文明起源来看，河洛文化只是中原文化的重要源头之一，主要以传说中的"河图"、"洛书"为标志，中原文化除此之外，还有裴李岗文化、仰韶文化、龙山文化等其他源头；从思想内涵

来看,河洛文化与中原文化都是包罗万象,但人们对它们的关注点并不一样。对前者主要是以社会上层为依托,侧重于精神上和理论上的研究,而后者则是以社会大众为基调,贯通上下,融会古今,注重传承、实用研究。由此可见,河洛文化诞生在中原,繁荣在中原,并由此传播到全国各地和海外,是中原文化的重要组成部分,是中原文化前期的核心和主流,充分体现了中原文化的根源性、传承性、厚重性和辐射性。

六、结论

中华文化是中国文明的母体,中原地区又是海内外华人的主要祖根地,这些赋予了河南丰富的根文化资源,成为海内外华夏儿女魂牵梦绕的寻根谒祖圣地,海外华人来河南寻根祭祖的热潮,也促进了河南的经济社会发展。

从中华文化的主要内涵中可以了解,中华文化的确源远流长、博大精深、内涵丰富及光辉灿烂。整体而言,中华文化具备五个特点,如下:

(一)根源性:

中华文化在整个中华文明体系中具有发端和母体的地位。无论是人类记载的史前文明,还是有文字记载以来的文明肇造,都充分体现了这一点。

(二)原创性:

中华文化对构建整个中华文明体系发挥了筚路蓝缕的开创作用。《易经》、《道德经》对宇宙、社会、人生的独特发现,影响了中国人的民族性格与民族文化心理。张仲景的《伤寒杂病论》、张衡的浑天仪,在中国历史乃至世界历史上,都占据了举足轻重的地位。

(三)包容性:

中华文化具有兼容众善、合而成体的特点。中华文化通过经济、战争、宗教、人口迁徙等众多渠道,吸纳了周边多种文化中的优秀成分,实现了物质文化、制度文化和思想观念的全面融合与不断升华。

(四)开放性:

中华文化有着很强的辐射力和影响力。从北宋开始,中华文化凭借当时最发达的航海技术,远播南亚、非洲各国,也开辟了世界文明海路传播的新纪元。

（五）基础性：

中华文化在中原文化系统中处于主体、主干的地位。中华文化在与其他文化不断地融合交流中，自身的外延也在不断扩大，并催生了中华文化的形成。中华文化的核心价值观，如礼义廉耻、仁爱忠信，都成为中华民族的核心价值观。正如一名著名考古学家所说：中原以外的文化区都紧邻或围绕着中华文化，犹如一朵巨大的花，这些外围的文化区是花瓣，而中华文化是花心，正是花心地不断绽放，形成了中华文化这朵绚烂的文明之花。

因此任何文化的存在，都离不开相对稳定的地域范围，而任何文化又具有无限传播的本质特征。当某种文化较稳定地存在于某一地域范围内时，以地域为概念的文化称呼是可行的，但如果当文化无限扩张与传播之时，则存在有超越地域的文化概念，如以此概念为广泛称呼应当更为恰当。

综上所述，中华文化是中国政治经济文化中心，我们要实现中原文化崛起，其中很重要的因素，就是要开发我们的文化，创新我们的文化，要将我们丰富的文化资源变为强大的文化力量，以推动中原的崛起。特别是随着经济文化化、文化经济化、经济文化一体化时代的到来，只有将力量结合起来，才能加速发扬中华文化的进程。

（第一作者为台湾经济科技发展研究院总院长、台湾观光学会理事长、香港德明学院校长，第二作者为台湾交通部观光局编审兼课长）

三代文明与中华姓氏探源

（香港）胡谭光

甲、导言

远古神农之世，人类过着流迁之生活，与天、兽相争，因而养成守望相助与同仇敌忾之精神文化。[①] 及轩辕氏，发明指南车，融合各部落，对物质与精神文化，多所建树。[②] 至唐虞五百年间，又先后发明生活所需之衣食住行文化，而揖让成风之精神文化，更属万古留芳。[③] 历三代之治，夏以洪水为患，文化以奠定中土人民安居乐业为宗旨。[④] 商代朝有王庭，居有城邑，崇祖尊天，事有法度，文化较夏跨进一步。[⑤] 迄西周，务耕种，行地宜。敬老笃仁，礼贤下士，兴礼乐，文化较商更大进展。至周室东迁，王纲隳，大道废，尚诈伪，精神文化，大不如前矣。[⑥]

三代之前，姓，乃源于以母系为中心之氏族，具有"明血缘"与"别婚姻"之意愿，同姓不通婚。氏，则为姓衍生之分支。及至父系氏族时，姓与氏便成为父系氏族或部落之标记。三代商周之世，"氏以别贵贱"，氏更成为贵族男子之专称。春秋战国，社会发生巨变，姓氏制度混乱，秦汉以降，姓氏合一，通称为姓，延续迄今。

据宋郑樵统计，约有一千七百四十五姓。及至现代，经学者之研究，估计约

---

① 《历代帝王年表》.册一.三王五帝三代表一.帝王表.炎帝神农氏.页一.中华书局
② 《历代帝王年表》.册一.三王五帝三代表一.帝王表.黄帝轩辕氏.页一.中华书局
③ 《历代帝王年表》.册一.三王五帝三代表一.帝王表.帝尧陶唐氏·帝舜有虞氏.页一.中华书局
④ 《历代帝王年表》.册一.三王五帝三代表一.夏世表.大禹.页二.中华书局
⑤ 《历代帝王年表》.册一.三王五帝三代表一.商世表.成汤.页二至四.中华书局
⑥ 《历代帝王年表》.册一.三王五帝三代表一.周世表.武王.页四至七.中华书局

存三千余姓。

乙、三代文明

三代者,夏、商、周也。《论语》孔子曰:"斯民也,三代之所以直道而行也。"[①]意谓吾之所以无所毁誉者,盖以此民,即三代之时,所以善其善,恶其恶,而无所私曲之民,故我今亦不得枉其是非之实也。

文明有二说:一如《易经》乾文言:"见龙在田,天下文明。"[②]疏曰:"阳气在田,始生万物,故天下有文章而光明也。"二是指人类社会开化之状态;用为形容词,与野蛮相对立。

文明之发展历程有三:一是蒙昧时期,以采取现成之自然生物为主,其制造品是作为采取之补助工具。二是野蛮时期,是时畜牧与农业已开端,是学习以人类之活动而增进天然物产之方法。三是文明时期,是学习对于天然物产进一步加工,从事工业及艺术之时期。

一、政治制度

夏时,仍属各部落拥戴共主之时代,共主之国乃由各诸侯王所推选。而天子与诸侯之土地及其政权,乃承袭该诸侯历来原有之传统,或由各诸侯内部其他形式而取得,而非共主所封赐。及至商朝,虽已渐有册命功臣为诸侯之事例,然于完整之锡土建侯之制度尚未确立,乃属共主时代之过度时期。

自周武王大会诸侯于孟津而克商,鉴于当时诸侯之众,且又各据要津,后世必为共主之患,于是实施封建,以杀其势。是以势力自上达下,中央与地方之关系,乃有上下、君臣、尊卑之别。可见西周封建诸侯,实时势之使然。柳子厚《封建论》云:"故封建非圣人之意也,势也。"[③]钱宾四之《国史大纲》云:"周人封建,亦由当时形势之实际需要逐步逼桚而成。同时亦是周民族对政治组织富于一种伟大气魄之表现。"[④]又云:"西周之封建,乃是一种侵略性之武装移民,与军事占领。与后世统一政府只以封建制为一种政区与政权之分割者绝然不同。"罗香

---

① 《四书集注.论语》.册三.卷八.卫灵公第十五.页五.中华书局
② 《十三经注疏》.册四.周易.卷一.干文言第四节.页二一.同治十年广东书局重刊
③ 《柳河东全集》册二.封建论.卷三.页六.中华书局
④ 《国史提纲》.页五.梁沛锦着.广华书局

林师之《中国民族史》云："封建制度之最大目的,是藉土地重新分配,求中央与地方关系之建立,以谋整个国家安定。"①西周除实施封建制度外,并行宗法制度及礼乐政治以辅之,致使文治武功之政治制度有条不紊,而力量均衡,国家治平。其后因长子不贤而位定,以至政不易举,制度与能力未能适应,力之均衡不保,遂开春秋战国动荡之局,惟以封建制度根深柢固,故仍能享有八百载之天下。

二、学术文化

《易》系辞传上传曰："形而上者谓之道,形而下者谓之器。"②道与器,乃人类生活两要义,而我国自来不离道器二端,且并而重之。道者,乃精神之表现寄托与研究,即人文科学之理论之实践。如哲学、伦理、心理、政治、法律、道德等一切无形之精神科学也。器者,乃物质之运用与研究,发明与制作,即今之自然科学及应用科学。如天文、地理、动物、植物、声、光、电、热、力、化等一切有形之物质科学也。古之圣帝明王,莫不"神道设教"以治民,更以发明或制作工具,以利民保民为务,所谓"备物致用,立成器以利天下,莫大乎圣人"。诸如伏羲制网罟,教民渔猎牧畜以充庖厨;神农相土地燥湿肥瘠,教民耕稼,尝百草,窗咤治疗;黄帝命隶首定数,制定律度量衡。其妻嫘祖,教民育蚕,治丝茧以制衣。及至三代,君主亦然。

夏氏族之所以能收服各部落而立国者,实与其首领鲧及禹发明城郭之建筑与运用,及扩大钺之使用,乃其一也。《吕氏春秋》君守云："夏鲧作城。"③《淮南子》原道训有云："昔者鲧作三仞之城。"④《博物志》称："处士东鬼块,责禹乱天下事。禹退作三章,强者攻,弱者守,敌战。城郭,盖禹始也。"⑤孔子云："行夏之时。"⑥可见城郭之建造,乃夏氏族首领所发明,以及天文历法之发展。至于扩大钺之运用外,于石制斧钺使用之同时,而夏氏族则发现铜,进化而为铜供器之使用,当胜其他氏族一筹。据《越绝书外传》记宝剑云："轩辕神农赫胥之时,以石

---

① 《中国民族史》.页三五.罗香林着.中华文化出版事业社出版
② 《十三经注疏》.册四.周易.卷十一.页三十七.同治十年广东书局重刊
③ 《吕氏春秋》册.卷十七.页六.中华书局
④ 《淮南子》.册一.卷一.页四.中华书局
⑤ 《博物志》卷第八.页一.中华书局
⑥ 《四书集注.论语》.册三.卷八.卫灵公第十五.页三.中华书局

为兵,断树木为宫室。至黄帝之时,以玉为兵,以伐木为宫室。禹穴之时,以铜为兵,以凿伊阙,通龙门。"①是知其所谓以铜为兵者,即是以铜制斧钺等武器,而其威力较石制武器者为大。复以筑城为守,以铜制兵器为攻,故能统一诸族,建立夏朝。更因用铜制器具以疏通九河,治平洪水之患,逐为人民所拥戴,而成圣帝明王,此盖其能备物应,发明利器以利天下,保护其人民,征服其他氏族所致也。

夏商二代,对道之运用,则近乎神道。《礼记》表记云:"夏道尊命,事鬼敬神而远之,近人而忠焉,先禄而后威,先赏而后罚,亲而不尊,其民之敝,惷而愚,乔而野,朴而不文;殷人尊神,率民以事神,先鬼而后礼,先罚而后赏,尊而不亲,其民之敝荡而不静,胜而无□。"②上述乃属春秋战国后人之追记,诚为夏商时代神道与施政之关系。商朝遇事必以龟卜,固是重道之表现,然从现代新发现之殷墟遗物与甲骨文字之推证,其时已有宫室之兴筑,有舟车之运用,有精良之弓矢,物质建造方面,已有良好之发展。

周朝统一后,除道器并重外,更以礼乐替代原始之宗教仪式,并以礼乐为整齐人民行动与融和人民意识之工具。从神道之运用进而为人道之发扬,讲究治国之方法,又从神道政治迈向王道政治。同时注重物质建造之表现,将国家重要之交通工具与兵工生产相配合,且有统一标之规范。诸如车辆制度,名色均要相同,车轮之大小轻重、形式、质料等,都有划一之准则,以配合"周道如砥,其直如矢"之道路。另以车乘为作战单位,每车一乘,配备若干徒手及执弓矢刀剑之士兵,均有规定。而人民概令练习射御,国家之车乘多寡,便等于其所有之力量,此即所谓"万乘之国,千乘之国,百乘之国"之由来焉。从《考工记》及参证古籍言之,周太庙所陈设众多祭祀或记功用之重器外,并藏有无数利用机械制造之奇器,足以说明西周之文明已经相当,并为中华文化奠下宏基。

及至周平王东迁洛邑,国势大变,西北边陲,迭遭外患,诸侯分立,周衰文弊,官师流移,典籍文献各散四方,从此平民遂得学习之机。而王官诸侯,失其土地与职守,降而为平民,乃以前为官时所得之知识,或挟藏之典籍,传授民间,以为生计,于是私家传授之学遂兴,官师不分之制乃革。加之当时诸侯力征,战争外

① 《国史提纲》.页一四二.梁沛锦着.广华书局
② 《礼记训纂》册七.表记.卷三二.页七.朱彬.中华书局

交频繁,交通因而发达,文化思想,传递既广,影响更大,仁人志士,因感天下丧乱,乃提倡其济世之道,亦有迎合诸侯以求富贵者,而各诸侯力图强富,竞揽贤才,以求自佐,如是百家齐放,诸子争鸣,学术蠭出而作,综其大者,乃有九流十家是也。

丙、中华姓氏探源

一、姓氏之源起及其意义

中华姓氏由来久矣。氏者,有五说:一指姓之支系,所以别子孙之所出也。又《左传》襄十一年:"坠命亡氏。"①二指古国名、朝代名均系以氏;如无怀氏、葛天氏之类。三指官名,古专家之学艺,皆为世业,因即以业名官,如太史氏、职方氏、虎贲氏等。四指妇人称氏。《仪礼》士昏礼:"祝告称妇之姓曰:某氏来妇。"②五指姓也。齐大夫之后,三国时有氏仪。

氏族者,一据《名义考》云:"天子赐姓命氏,诸侯命族,姓者所以系统百世使不别,氏者所以别子孙之所出,族者氏之别名也。"③按《左传》隐公八年:"胙之土,而命之氏。"④疏:"氏族一也,所从言之四耳。"释例曰:"言别合者,若宋之华元、华喜皆出戴公,向鱼、鳞、荡,共出桓公,独举其人,则云华氏、向氏,并指其宗,则云戴族、桓族,是其别合之义也。"二是指人类社会最原始之血缘集团。普通以母系为中心,同氏族之男女禁止通婚,称之"外婚制",只限于一个氏族内结婚者,则谓之"内婚制",行共产制。常崇拜一种动植物为祖先,谓之图腾。

姓氏者,《左传》隐公八年:"天子建德,因生以赐姓,胙之土而命氏。"⑤杜注云:"立有德以为诸侯,因其所由生以赐姓,谓若舜由妫汭,故陈为妫姓,报之以土,而命氏曰陈。"按此为古姓氏之分也。《通鉴外记》注:"姓者,统其祖考之所自出;氏者,别其子孙之所自分。"

郑樵《通志》氏族略序:"三代之前,姓氏分而为二,男子称氏,妇人称姓。氏所以别贵贱,贵者有氏,贱者有名无氏。故姓可呼为氏,氏不可呼为姓。姓所以

---

① 《春秋左传正义》册十一.卷三一.页十.杜氏注.孔颖达疏.中华书局
② 《仪礼正义》册二.卷三.士昏礼.页二六.中华书局
③ 《名义考》册一.卷一.页三.明.周祁.中华书局
④ 《春秋左传正义》册二.卷四.页六.杜氏注.孔颖达疏.中华书局
⑤ 《春秋左传正义》册二.卷四.页六.杜氏注.孔颖达疏.中华书局

别婚姻，故有同姓、异姓、庶姓之别。氏同姓不同者，婚姻可通。姓同氏不同者，婚姻不可通。三代之后，姓氏合而为一，皆所以别婚姻，而以地望明贵贱。"①

顾炎武《日知录集解》有云："姓氏之称，自太史公始混而为一，本纪于秦始皇则曰姓赵氏，于汉高祖则曰姓刘氏是也。"②

二、三帝君之名号谥释疑

古人分别以放勋、重华、文命，为三帝君之尧、舜、禹之名。如中候云："重华舜名。"帝系云："禹名文命。"皆非也，此实言尧、舜、禹之德而已。又以尧、舜、禹、汤为谥。如翼善传圣曰尧，仁义盛明曰舜，渊源流通曰禹，云行雨施曰汤之类皆非也。

尧、舜、禹、汤四帝君之名，如谯周以尧为号，亦非也。传曰："陶唐氏、有虞氏、夏后氏，殷人是唐虞者所起之地，因以为姓氏。"③所谓胙之土，而命之氏也。是以尧、舜、禹、汤，则名无疑也。

谥法世传以为周公所作，莫知所本，止以檀弓有死谥，周道之语，故以为周公所作。以不敏之见，谥尧为翼善传圣，谥禹为渊源流通，皆后人仿效尧禹之事撰成。

若果以为谥则，自三代以下，未有用此谥者，且如周之文武、成宣谥也。故汉有文武、成宣帝。若谓史不当书尧舜名，则武王发、文王昌，何尝不以名书之？

陶虞为始起之地，更无疑。唐则晋也。晋诗云："有尧之遗风。虞则虢之邻也。"

何以知尧、舜为名以曰："有鲧？"在下曰："虞舜知之也。舜在侧，微时安得有生号死谥也。"

又何以知唐虞为姓？孔子曰："尧十六，以唐侯升为天子。"知之也。正义曰："虞氏舜名。"是知舜之为虞，犹禹之为夏也。

颛顼以来，地为国号，皇甫谧云："河东太阳山西，虞地是也。然则舜居虞，

---

① 《通志略》册一. 卷一. 氏族一. 页一. 宋. 郑樵. 中华书局
② 《日知录集解》册八. 卷二三. 姓. 页三. 顾炎武. 中华书局
③ 《春秋左传正义》册二. 卷四. 页六. 杜氏注. 孔颖达疏. 中华书局

以虞为为氏。尧封之虞为诸侯，及王天下，遂为天子之号。"①此说是也。若云舜为生号之名，则非也。是直名而已，何为生号哉？

三、古帝王一以国为氏

尧之所都平阳，即晋大夏之墟也。其国曰唐，是以为陶唐氏。唐氏，祁姓，亦曰伊祁，出陶唐氏之后。尧初封唐侯，其地中山唐县是也。舜封尧之子丹朱为唐侯，至夏时，丹朱裔孙刘累，迁于鲁县，累孙仍故地。至商更号为豕韦氏，周复改为唐公。成王灭唐，以封弟叔虞，号曰唐叔，乃迁唐公于杜，降爵为伯，今长安杜城是也。周之季世，又去封刘累裔孙在鲁县者为唐侯，以奉尧嗣其地，今唐州方城是也。

传曰："自虞以上为陶唐氏，在夏为御龙氏，在商为豕韦氏，在周为唐杜氏。成王灭唐，故子孙为唐氏，此晋之唐也。"②宣十二年传曰："楚子使唐，狡与蔡鸠居，告唐惠侯，使潘党率游阙四十乘，从唐侯为左拒，其地在今随州唐城县，此楚之唐也。"③

定公五年，楚灭唐，子孙亦以唐为氏。在晋者仕晋，在秦楚者仕秦楚。晋有唐雎，为魏大夫西说，秦不敢加兵于魏。楚有唐狡、唐勒，勒与宋玉、景差，俱师屈原，事楚襄王，文章齐名。秦有唐厉，为汉中尉，击黥布有功，封斥邱侯。

按，唐，姬姓。又公子谱一曰成王封叔虞于唐，号曰唐叔侯。其子燮父之后，春秋时国小微弱，遂属为楚邑。据此当云其子燮父之后，别封于唐，近于楚，微弱遂为楚属邑。

又按，尧之后分为六：唐氏、杜氏、范氏、刘氏、韦氏、祁氏，皆为著姓，岂尧泽之不泯欤？

虞氏，姚姓，舜之建国也。舜以天下授禹，禹封舜之子商均于虞城为诸侯，后世国绝以国为氏。又周太王之子太伯之弟仲雍，是为虞仲，嗣太伯之后于句吴。武王克商，封舜之后胡公满于陈。封虞仲之庶孙于虞城，以为虞仲后。虞仲国于吴，其支庶封于此，故亦谓之西吴，此姬姓之虞也。今陕州平陆县，东北六十里有

① 《御览知不足斋丛书》册十九．猗觉寮杂记卷下．页五至六．
② 《通志略》册一．卷二．氏族二．页一．宋．郑樵．中华书局
③ 《春秋左传正义》册八．卷二三．页九．杜氏注．孔颖达疏．中华书局

虔城在。僖五年晋灭之，子孙亦以国氏。

夏氏，亦曰夏后氏。姒姓，颛帝之后也。当尧之时，有洪水之患，使鲧治之。九载不成功，乃殛鲧于羽山。用其子禹为司空。治水有功，舜以天下授之，是为夏后氏，今陕州夏县，禹之所都也。

禹之受舜禅至桀，凡十七君，十四世，四百七十一年。为汤秉伐，放于南巢。武王克商，封其后于杞。其非为后，不得封者，以夏为氏焉。

又陈宣公之子，少西字子夏，其孙夏舒，以王父为氏，是为陈夏氏也。后汉有夏馥、夏牟。

按，三代之时，天子诸侯传国，支庶传氏。其传国者，国亡则以国为氏。三代之后，虽有国号，无问嫡庶，皆以氏传，而谓之姓。如汉家虽亡，亦称刘氏，或称汉者，虽存古道，而存为稀姓。

又按，以国为氏者有二，诸侯之子，在其国称公子，在他国则称国，国亡无爵者亦称国。

四、三代以前姓氏之作用

三代之前，姓氏分而为二，男子称氏，妇人称姓。氏所以别贵贱，贵者有氏，贱者有名无氏。古之诸侯，诅辞多曰："坠命亡氏，蹾其国家。"[①]以明亡氏，则与夺爵忘国同，可知其贱也。故姓可呼为氏，氏不可呼为姓。

姓所以别婚姻，故有同姓、异姓、庶姓之别。氏同姓不同者，婚姻可通。姓同氏不同者，婚姻不可通。

谭光按，三代之时，"同姓不婚"之戒条，既是防止生理上之弊病，亦可维持宗法制度之次序，更是"优生学"文明之体现。

三代之后，姓氏合而为一，皆所以别婚姻，而以地望明贵贱。于文女生为姓，故姓之字多从女，如：姬、姜、嬴、姒、妫、姞、妘、婤、姶、嫪之类也。所以为妇人之称，如：伯姬、季姬、孟姜、叔姜之类也。

姓氏之学，最盛于唐，而国姓无定论。时著述繁多，而宋何承天之《姓苑》与《后魏河南官氏志》二书，尤为姓氏家所宗。若以时著之内容而言，大概有三种：

---

① 《通志略》册一.卷一.氏族一.页一.郑樵.中华书局

一种论地望,一种论声,一种论字。论地望者,则以贵贱为主。然贵贱升沈,何常之有,安得专主地望。论声者,以四声为主,可以为韵书。论字者,则以偏旁为主,可以为字书。此皆无与于姓氏。

凡言姓氏者,皆本《世本》、《公子谱》二书。若论得姓受氏者,《左传》所明者,因生赐姓,胙土命氏,及以字以谥,以官以邑五者而已。至宋则不然,有三十四类①,述要于次:

一、以国为氏:天子诸侯建国,故以国为氏。如:虞、夏、商、周、鲁、卫、齐、宋之类是也。

二、以邑为氏:卿大夫立邑,故以邑为氏。如:崔、卢、鲍、晏、臧、费、柳杨之类是也。

三、以乡为氏:封于乡者,故以乡为氏。如:糜、采、欧阳之类是也。

四、以亭为氏:封于亭者,故以亭为氏。

谭光按,古者封建有五等之爵,降公而为侯,降侯而为伯,降伯而为子,降子而为男。亦有五等之封,降国侯而为邑侯,降邑侯而为关内侯,降关内侯而为乡侯,降乡侯而为亭侯。关内邑者,温、原、苏、毛、甘、樊、祭、尹之类是也。但附邑不别著,裴、陆、庞、阎之类是也。

五、以地为氏:有封土者,以封土命氏。无封土者,以地居命氏。盖不得受氏之人,或有善恶显著,族类繁盛,故因其所居之所而呼之,则为命氏焉。如:

居傅岩者,为傅氏。徙嵇山者,为嵇氏。主东蒙之祀,则为蒙氏。守桥山之冢,则为桥氏。厹氏,因厹班食于厹门。颍氏,因考叔为颍谷封人。东门襄仲,为东门氏。桐门右师,为桐门氏,皆此道也。

隐逸之人,高傲林薮。居于禄里者,呼之为禄里氏。居于绮里者,呼之为绮里氏,所以为美也。优倡之人,取媚酒食,居于社南者,呼之为社南氏。居于社北者,呼之为社北氏,所以为贱也。

介之推、烛之武,未必亡氏。由国人所取信也,故特标其地,以异于众,凡以地命氏者,不一而足也。

六、以姓为氏:姓之为氏,与地之为氏,其初一也,皆因所居而命。得赐者为

① 《通志略》册一.卷一.氏族一.页二至七.郑樵.中华书局

姓,不得赐者为地。居于姚墟者,赐以姚。居于嬴滨者,赐以嬴。姬之得赐,居于姬水故也。姜之得赐,居于姜水故也。故曰因生以赐姓。

七、以字为氏:凡诸侯之子称公子,公子之子称公孙,公孙之子不可复言公孙,则以王父字为氏。如:郑穆公之子曰公子騑,字子驷。其子曰公孙夏,其孙则曰驷带、驷乞。宋桓公之子曰公子目夷,字子鱼。其子曰公孙友,其孙则曰鱼莒、鱼石。此之谓以王父字为氏。

八、以名为氏:若其王父无字者,则以王父名为氏。如:鲁孝公之子曰公子展,其子曰公孙夷伯,其孙则曰展无骇、展禽。郑穆公之子曰公孙子丰,其子曰公孙段,其孙曰丰卷、丰施。此诸侯之子也,天子之子亦然。如:王子狐之后为狐氏,王子朝之后为朝氏是也。

谭光按,无字者以名,然亦有不以字,而以名者。如:樊皮字仲文,其后以皮为氏。伍员字子胥,其后以员为氏。皆由名行故也。亦有不以王父字为氏,而以父字为氏者。如:公子遂之之子曰公孙归,父字子家,其后为子家氏。公孙枝字子桑,其后为子桑氏是也。亦有不以王父名为氏,而以父名为氏者。如:公子牙之子曰公孙兹,字戴伯,其后为兹氏昆是也。季公鉏字子弥,其后为公鉏氏者亦是也。

九、以次为氏:以次为氏者,长幼之次也。伯、仲、叔、季之类是也。次亦为字,人生其始也,皆以长幼呼。及乎往来既多,交亲稍众,则长幼有不胜呼,然后命字焉。长幼之次,可行于家里而已,此次与字之别也。所以鲁国三家,皆以次命氏,而亦谓之字焉。良由三家同出,其始也一家之人焉,故以长幼称。

十、以族为氏:按《左传》云:"为谥,因以为族。"又按《楚辞》云:"昭、屈、景,楚之三族也。"昭氏、景氏,则以谥为族者也。屈氏者,因王子瑕食邑于屈。初不因谥,则知为族之道多矣,不可专言谥也。

10.1 族近于次,族者氏之别也。以亲别疏,以小别大,以异别同,以此别彼。孟氏、仲氏,以兄弟别也。

10.2 伯氏、叔氏,以长少别也。丁氏、癸氏,以先后别也。祖氏、祢氏,以上下别也。

10.3 第五氏、第八氏,同居之别也。南宫氏、南伯氏,同称之别也。

10.4 孔氏、子孔氏,旗氏、子旗氏,字之别也。轩氏、轩辕氏,熊氏、熊相氏,名之别也。

10.5 季氏之有季孙氏,仲氏之有仲孙氏,叔氏之有叔孙氏,嫡庶之别也。

10.6 韩氏之有韩余氏,傅氏之有傅余氏,梁氏之有梁余氏,余子别也。

10.7 齐有五王,合而为一,谓之五王氏。楚有列宗,合而为一,谓之列宗氏。此同条之别也。

10.8 公孙归父字子家,襄仲之子也。归父有二子,一以王父字襄仲为仲氏,一以父字子家为子家氏。公子郢字子南,其后以子南氏,而复有子郢氏。伏羲之后,有伏、虙二氏,同音异文也。共叔段之后,有共氏,又有叔氏,又有段氏。凡此类者,无非辨族是也。

十一、以官为氏:有官者以官,如周公之兄弟也。同公为太宰,康叔为司寇,聃季为司空,是皆有才能,可任以官者也。如:太史、太师、司马、司空之类,是以官为氏者也。云氏、籍氏、钱氏之类亦然。

十二、以爵为氏:无官以爵,如周公之弟五叔无官,皆无才能,不可任以官者也。然文王之子武王,周公之兄弟,虽曰无官,而未尝无爵土。如此之类,乃氏以爵焉。是知以爵为氏者,皇王公侯是也。公乘公,士不更庶,长亦是也。

十三、以基德为氏:以基德为氏者,此不论官爵,惟以善恶显著者为之。如赵衰人爱之冬日,甚后为冬日氏。古有贤人,为人所尊尚,号为老成子,其后为老成氏之类是也。

十四、以凶德为氏:以凶德为氏者,如:英布被黥,为黥氏。杨元感枭首,为枭氏。齐武恶巴东王萧子响为同姓,改萧为蛸。后魏恶安乐王元鉴为同姓,故改元为兀之类是也。

十五、以技为氏:以技为氏者,此不论行而论能。如:巫者之后,为巫氏。屠者之后,为屠氏。卜人之后,为卜氏。匠人之后,为匠氏。以至豢龙为氏,御龙为氏。干将为氏,乌浴为氏者,亦莫不然。

十六、以事为氏:以事为氏者,此亦不论行能,但因其事而命之耳。如:夏后氏遭有穷之难,后缗方娠逃出,自窦而生少康,支孙以窦为氏。又如:汉武帝时,田千秋为丞相,以年老出入省中,时号车丞相,其后因以车为氏。微子乘白马朝周,兹白氏之所始也。魏初平中,有隐者常乘青牛,号青牛先生,兹青牛氏之所始也。

十七、以谥为氏：周人以讳事神，谥法所由立。生有爵，死有谥，贵者之事也。氏乃贵称，故谥亦可以为氏。庄氏出于楚庄王，僖氏出于鲁僖公。康氏者，卫康叔之后也。宣氏者，鲁宣伯之后也。文氏、武氏、哀氏、缪氏之类，皆氏于谥者也。

十八、以爵系为氏：凡复姓者，所以明族也。一字足以明此，不足以明彼。故益一字，然后见分族之义，言王氏则滥矣。本其所系而言，则有王叔氏、王孙氏。言公氏，则滥矣。本其所系而言，则有公子氏、公孙氏是也。

十九、以国系为氏：唐氏踵出于尧，而唐孙氏又为尧之别族。滕氏踵出于叔绣，而滕叔氏又为叔绣之别族是也。

二十、以族系为氏：季友之后，传家则称季孙，不传家则去孙称。季叔牙之后，传家则称叔孙，不传家则去孙称叔是也。

二一、以名氏为氏：以名氏为氏者，而国、邑、乡附焉。士季者，字也。有士氏，又别出为季氏。伍参者，名也。有伍氏，又别出为伍参氏。此以名氏为氏者也。又有韩婴者，本出韩国，加国以名韩婴氏。如臧会氏者，本出臧邑，加邑以名为臧会氏。如屠仕者，本出住乡，加乡为屠住氏也。

二二、以国爵为氏：以国、爵为氏者，而邑爵附焉。禹之后为夏氏，杞他奔鲁，受爵为侯，又有夏侯氏出焉。妫姓之国，为息氏。公子边受爵为大夫，又有息夫氏出焉。此以国、爵为氏者也。白氏，旧国也。楚人取而邑之，以其后为白氏也。

二三、以邑系为氏：以邑系为氏者，而邑官附焉。原氏者，以周邑而得氏。申氏者，以楚邑而得氏。及乎原加伯，为原伯氏，以别于申氏，是之谓以邑系为氏。鲁有沂邑，因沂大夫相鲁，而以沂相为氏。周有甘邑，因甘平公为王，卿士而以甘士为氏也。

二四、以官名为氏：以官、名为氏者，而官氏附焉。师氏者，丸师氏也。史氏者，太史氏也。师延之后，为师延氏。史晁之后，为史晁氏。此以名隶官，是之谓以官名为氏。吕不韦为秦相，子孙为吕相氏。郦食其之后，为食其氏。曾孙武为侍中，改为侍其氏。此以官氏为氏者也。

二五、以邑谥为氏：以谥为氏者，所以别族也。邑而加谥者，如：苦成子之后，为苦成氏。臧文仲之后，为臧文氏。

二六、以谥氏为氏：氏而加谥者，如：楚厘子之后，为厘子氏。郑共叔之后，为共叔氏。

二七、以爵谥为谥：爵而加谥者，如：卫成公之后，为成公氏。楚成王之后，为成王氏。

谭光按，中国之复姓，所以明族，有重复之义，二字具二义也。以中国无衍语，一言见一义者也。

二八、代北复姓：

二九、关西复姓：

三十、诸方复姓：此皆夷狄二字姓也。

三一、代北三字姓：侯莫陈之类是也。

三二、代北四字姓：自死独膊之类是也。

三三、四声：以氏族不得其所系之本，乃分四声以统之。

三四、复姓四声：复姓者，以诸有复姓而不得其所系之本者，则附四声之后，氏族之道终焉。

戊、中华氏族之产生及其失

五帝之前无帝号，有国者不能称国，惟以名为氏。所谓葛天氏、伏羲氏、燧人氏者也。至神农氏、轩辕氏，虽曰炎帝、黄帝，而犹以名为氏，然不称国。至二帝而后，国号唐虞也，夏商因之，虽有国号，而天子世世称名。至周而后，讳名用谥，由是氏族之道生焉。最明著者，春秋之时也。

春秋之时，诸侯称国，未尝称氏。惟楚国之君，世称态氏，荆蛮之道也。支庶称氏，未尝称国，或适他国则称国。如：宋公子朝在卫，则称宋朝。卫公孙鞅在秦，则称卫鞅是也。

秦灭六国，子孙皆为民庶，或以国为氏，或以姓为氏，或以氏为氏。姓氏之失，自此始，故楚之子孙，可称楚，亦可称芈。周之子孙，可称周子南君，亦可称姬嘉。又如姚恢改姓为妫，妫皓改姓为姚，兹姓与氏浑而为一者也。

按，自汉至唐，世有典籍讨论兹事，然皆出于一时之意，不知澄本正源。

郑樵云："帝王列国世系之次，本之史记，实建国之始也。诸家世系之次，本之春秋世谱，实受氏之宗也。先天子，而后诸侯。先诸侯，而后卿大夫士。先卿大夫士，而后百工技艺。先爵而后谥，先诸夏而后夷狄，先有纪而后无纪，绳绳秩秩，各归其宗。"①使千余年湮源断绪之典，灿然在目，如云归于山，水归于渊。日月星辰丽乎天，百谷草木丽乎土者也。

巳、姓氏举例

考其源流，纵错复杂，兹就与我胡氏家族有姻缘关系之姓氏者，分别列举如次：

一、胡氏②

胡氏，子爵，其地在今颖州汝阴西二里，胡城是也。定十五年楚灭之，其后以国为氏。

或云：胡公满封于陈，其后亦为胡氏。

又，乐陵之胡，赐姓李。

又，胡毋氏，妫姓，齐宣王封母弟于毋乡，其乡本胡国，因曰胡毋氏。汉有太史胡毋恭。

又，河南之胡，改纥骨氏为胡也。

谭光按，舜传天下于禹，禹封舜之子商均于虞城，周武王克商，乃求舜后以备三恪，得胡公满封之于陈，以奉舜祀。或曰当周之兴，有虞遏父者为周陶正，武王赖其器用，妻以元女太姬，生子满而封于陈，以奉舜祀。满号胡公，往往以颔胡之故，而得此号。

又按，据《御制百家姓》所载，望出安定、新蔡。堂号有安定、贻燕等。

楹联：

虞宾衍派；沩汭流源。

鳌魁世泽；麟史名宗。

二、陈氏③

陈氏，妫姓，初封虞城，今应天府之县也。后封于遂，今齐州巨野。后封于

---

① 《通志略》册一．卷一．氏族一．页七．宋．郑樵．中华书局

② 《通志略》册一．卷二．氏族二．页九至十．宋．郑樵．中华书局

③ 《通志略》册一．卷二．氏族二．页十一．宋．郑樵．中华书局

陈,今陈州治宛邱县,本太昊伏羲氏之墟是也。成公元年,楚王为夏征舒弑灵公,遂率诸侯伐陈。谓陈人曰无恐,吾诛征舒而已。已而县陈群臣皆贺,申叔时不贺。王问其故,曰鄙语有之牵牛以蹊人之田,田主夺之牛,蹊则有罪矣。而夺之牛,不亦甚乎? 今君征兵诸侯,以讨不义,已而取之,以利其地,何以于天下? 是以不贺。王曰善,乃迎陈灵公太子午于晋而立之,是为成公。

谭光按,孔子读史,记至楚复陈,曰贤矣哉! 楚庄王千乘之国,而重一言。哀公三十四年,司徒招作乱,楚灵王使公子弃疾,帅师围陈灭之。使弃疾为陈公,晋平王问太史赵曰:"陈遂亡乎?"对曰:"陈,颛帝之族,自幕至于瞽瞍无违命,舜重之以明德、真德于遂。"①盖商之兴也,存舜之后而封于遂,世世守之。及胡公不淫,故周赐之姓。以舜居妫汭,故姓之曰妫,而祀虞帝且盛德,必百世祀虞之世未也。五岁,弃疾弑灵王而自立为平王,欲和诸侯,乃求陈悼太子,偃师之子吴立为陈侯,是为惠公。愍公二十二年,获麟之岁也。二十四年,楚惠王使子西之子公孙朝伐陈而灭之,子孙以国为氏。又,广陵之陈实刘氏,鲁相无子,以外孙刘矫嗣。河南官氏志云侯莫陈之后,亦为陈氏。又,白永贵,隋初改为陈氏,是为万年之陈也。

又按,据《御制百家姓》所载,望出颖川。堂号有颖川、汝南等。

楹联:

太丘德望;颖水流源。

鼎甲绵绵接武;春魁世世光荣。

三、吴氏②

吴氏,今苏州城是也。太伯与弟仲雍,皆周武王之子,而王季历之兄也。季历有圣子昌,太王欲立季历及昌,故太伯仲雍相携而奔荆蛮。太伯号句吴,旧曰句吴地名然。吴有勾吾,越有勾践,皆是名号,非谓地名。勾者,吴越之语辞也。荆蛮之人义,太伯从而归之千余家,立以为君长。太伯卒无子,仲雍立,至武王克

---

① 《通志略》册一.卷二.氏族二.页十.宋.郑樵.中华书局
② 《通志略》册一.卷二.氏族二.页五至六.宋.郑樵.中华书局

商,求太伯仲雍之后,得仲雍之曾孙周章,已君吴矣。从而封之吴,子追封太伯为吴伯。又别封周章之弟虞仲于虞,皆为诸侯。自太伯五世而得封,十二世而晋灭虞,虞灭而吴始大,至寿梦而称王,其子季札来聘,始见春秋。自寿梦以上,可知世数而不可纪年,获麟之谚也。二十三年,鲁哀公之二十二年也。是年勾践灭吴,子孙以国为氏。季札避国,子孙居齐鲁之间。

谭光按,据《御制百家姓》所载,望出晋陵。堂号有晋陵、濮阳等。

楹联:

　　晋陵望族;廷尉名官。
　　三让两家天下;一剑万世千秋。

四、罗氏[①]

罗氏,子爵,熊姓。一曰祝融之后妘姓,初封宜城,徙枝江,为楚所灭,周末居长沙。汉有梁相罗怀,襄阳记有罗象。又,郏公德隽,赐姓李氏。又,叱罗氏改为罗氏,五代有罗绍威,望出豫章长沙。

谭光按,据《御制百家姓》所载,望出豫章、长沙。堂号有豫章、长沙等。

楹联:

　　江左之秀;湖海散人。
　　四诗风雅颂;三维长宽高。

五、钟氏[②]

钟氏,晋伯宗之后。伯宗晋之贤者也,为却氏所谮被杀。子伯州犁奔楚邑于钟离,今濠州也,子孙以邑为氏,或言钟,或言钟离。楚有钟仪、钟建、钟子期,与伯牙为友。项羽将钟离昧,昧有二子,长曰发,居九江,仍故姓。次曰接,居颖川长社为钟氏。南唐有钟传。

　　① 《通志略》册一.卷二.氏族二.页十三.宋.郑樵.中华书局
　　② 《通志略》册一.卷三.氏族三.页六.宋.郑樵.中华书局

按,钟离氏,姬姓,即钟氏。以伯州犁居钟离,故曰钟离氏,亦省言钟氏。州犁与晋同祖,而《世本》云与秦同祖,嬴姓何也? 嬴氏,伯益之后。伯益作朕虞有功,赐姓嬴氏。又姬氏,姓也。帝喾生姬水,因以为姓。裔孙周文王,三十余代至赧王,子孙号姬氏。① 战国策齐贤人钟离于昧,楚人钟离岫撰会稽后贤传,后汉钟离意,会稽山阴人,曾孙绪,楼船都尉,生骃。

谭光按,据《御制百家姓》所载,望出颖川。堂号有颖川等。

楹联:

> 望居长社;源自钟离。
>
> 千秋士表;一代人师。

六、林氏②

林氏,姬姓,周平王庶子林开之后,因以为氏。开生林英,美生林茂、林庆,世系甚明。而谱家谓王子比干为纣所戮,其子坚逃长林之山遂为氏。

按,古人受氏之义无此义也。鲁有林放,仲尼弟子。齐有林阮,见《说苑》。林类,见《列子》,林回,见《庄子》。林雍、林不狃、林楚,世仕季氏,故曰林氏之先,皆季氏之良也。然桓王之孙,又有林茂、林英者,王子克之子也。恐有差讹,不应一族而同名氏者两人。又有邱林氏,改为林虞氏。

谭光按,据《御制百家姓》所载,望出西河。堂号有西河、九牧等。

楹联:

> 九龙衍派;双桂遗风。
>
> 梅鹤风表;露鸟孝瑞。

七、张氏③

张氏,世仕晋。晋分为三,又世仕韩,此即晋之公族,以字为氏。谱家谓黄帝

---

① 《通志略》册一. 卷三. 氏族三. 页十二. 宋. 郑樵. 中华书局
② 《通志略》册一. 卷三. 氏族三. 页十四. 宋. 郑樵. 中华书局
③ 《通志略》册一. 卷三. 氏族三. 页十五. 宋. 郑樵. 中华书局

子少昊青阳氏,第五子挥为弓,正观弧星,始制弓矢,主祀弧星,赐姓张氏,此非命姓氏也。

按,晋有解张,字张侯,自此晋国世有张氏,则因张侯之字以命氏,可无疑也。赵有张谈,韩有张开,地赵韩分,晋皆张侯之裔也。汉有张耳,张释之后,周赐叱罗氏,隋复旧。

谭光按,据《御制百家姓》所载,望出清河、安定等。堂号有清河、南阳等。

楹联:

　　西都十策;金鉴千秋。

　　阀阅传京兆;声名重曲江。

八、王氏①

王氏,天子之裔也。所出不一,有姬姓之王,有妫姓之王,有子姓之王,有虏姓之王。

8.1 姬姓之王:

(1)琅邪太原之王,则曰周灵王太子晋,以直谏废为庶人,其子宗恭为司徒,时人号曰王家。

(2)京兆河间之王,则曰周文王第十五子毕公高之后,毕万封魏后分晋为诸侯,至王假为秦所灭,子孙分散,时人号曰王家。

(3)魏至昭王彤,生无忌,封信陵君。信陵生间忧,间忧生卑子,秦灭魏,卑子逃于泰山。汉高帝召为中涓,封兰陵侯,时人以其王族也。

8.2 妫姓之王:出于北海陈留者,则曰舜之后也。其先齐诸田为秦所灭,齐人号为王家。

8.3 子姓之王:出于汲郡者,则曰王子比干之后也。

8.4 虏姓之王:

(1)出于河南者,则为可类氏。

(2)出于冯翊者,则为钳耳族。

---

①《通志略》册一.卷四.氏族四.页十八至十九.宋.郑樵.中华书局

（3）出于营州者，本高丽。

（4）出于安东者，本阿布思也。

按，以其所出既多，故王氏之族，最为蕃盛云。

谭光按，据《御制百家姓》所载，望出太原、琅琊等。堂号有太原、琅琊等。

楹联：

  三魁世泽；两晋家声。

  家传乌巷；古继青箱。

九、李氏①

李氏，赢姓。高阳氏生大业，大业生女华，女华生皋陶，字庭坚，为尧大理，因官命族为理氏。夏商之季，有理征为翼隶中吴伯，以直道不容，得罪于纣，其妻契和氏，携子利真，逃于伊侯之虚，食而得全，遂改理为李氏。利真十代孙老君名耳，字伯阳，以其聃耳，故又号为老聃，居苦县赖乡曲仁里。或言聃六世祖硕宗，周康王赐采邑于苦县，聃曾孙昙，生崇、玑。崇子孙居陇西，玑子孙居赵郡。崇五代孙仲翔生伯好，伯好生尚，尚生广。

按，徐氏、邴氏、安氏、杜氏、胡氏、张氏、弘氏、郭氏、麻氏、董氏、罗氏、鲜于氏、阿布氏、阿跌氏、舍利氏、朱邪氏，以立功从唐国姓为李氏。

谭光按，据《御制百家姓》所载，望出陇西。堂号有陇西等。

楹联：

  陇西望族；北海名流。

  木荣花绽展春色；子孝孙贤展家风。

十、刘氏②

刘氏，祁姓帝尧陶唐氏之后，受封于刘，其地在今定州唐县也。裔孙刘氏，以能扰龙事夏后孔甲，为御龙氏，在商为豕韦氏，在周为唐杜氏，亦为杜伯，以成王

---

 ① 《通志略》册一．卷四．氏族四．页十八．宋．郑樵．中华书局

 ② 《通志略》册一．卷三．氏族三．页一．宋．郑樵．中华书局

灭唐而迁之于杜也。至宣王，灭其国，杜伯之子隰叔奔晋为士师，故为士氏。孙士会适秦后归晋，其处秦者为刘氏，此祁姓之刘也，以国为氏。

又，成王封王季之子于刘邑，因以为氏。

又，有东郡河南雕阴三族，俱出匈奴之族。汉高祖以宗女妻冒顿，其俗贵者皆从母姓，因改为刘氏。

又，汉赐项氏、娄氏姓为刘氏。

谭光按，据《御制百家姓》所载，望出彭城、南阳等。堂号有彭城、南阳等。

楹联：

　　三章早沛秦川雨；五夜长明书室灯。

　　纵观古代，执政将近七百载；累计先君，为王已逾六十人。

十一、彭氏①

彭氏，即大彭之国，在商时为诸侯伯，古祝融氏之后，有陆终氏太子第三子彭祖建国于彭城，子孙以国为氏。

又，彭为彭姓，《国语》云："祝融之后八姓：己、董、彭、秃、妘、斟、曹、芈，周灭之。"

谭光按，据《御制百家姓》所载，望出宜春、陇西。堂号有宜春、陇西等。

楹联：

　　武原二仲；新昌三奇。

　　一室名师，专治易书二理；四朝元老，博通今古精微。

已、结语

从三代文明及其治乱兴衰之因果关系而言，国家社会治乱之别，全在乎秩序之有无。不论古今，凡社会有秩序者治，无秩序者乱。人类社会之存在，固乃生生不息之现象所致。生生而具有条理者即为治，生生而失其条理者即为乱。正

---

① 《通志略》册一.卷二.氏族二.页十八.宋.郑樵.中华书局

如戴震《原善》云："生生者,化之原,生生而具有条理者,化之流。"又云："生生而具有条理者,显诸仁也。"其所谓"化之流"与"显诸仁"者,乃治之境界矣。若以个人与国家而论,其对内之文治制度,对外之武功外交,对人之取才任官,对物之经济拓展,均需有力之维系与运用,而恰到好处,适如其份,便能均衡。均衡即具有条理之明证,得其均衡,便为之治。失其均衡,便为之乱。孔子曰："不患贫,而患不均。"即是此意焉。是以观察历代治乱起兴之由,首要观查历代国家与人民对内外所以维系之力量是否均衡。历代执政者若能对此种变化,常予警觉,而以其行动或作为,把握于不偏不倚,中庸之道,恰到好处,"允执厥中"则国治。若未能把握变化,而致均衡,或过之,或不及,是则矫枉过正,而国乱矣。

从中华姓氏之意义而言,三代之时,"同姓不婚"之戒条,既是防止生理上之弊病,亦可维持宗法制度之次序,亦为"优生学"文明之体现。三代之后,姓氏合而为一,皆所以别婚姻,而以地望明贵贱之外,姓氏不谛为尊宗敬本,追流溯源之依据,更是我中华民族混合融凝,成长壮大之因素。

从姓氏研究之方向,及其内容性质而言,不外二端:一为学问之探发,即理之深入,没有深入之理,不能成为伟大之行;一是学问之实践,为行之深入,没有深入之行,不能佐证深入之理。所谓理入行入,行入理入,两者产生互相协进之作用。从事姓氏、牒谱、家乘、文案之研究,无论是理入行,或是行入理,然其发端、发引虽有赖学者之努力,而其能得以成就者,则全靠全民族之努力,非少数学者之力所能为之,姓氏研究亦然。是以,姓氏研究不徒在文化事象之举例,文化变动之说明;而尤在民族国家前途之开扩与认取。换言之,姓氏研究不徒在于学问之探发,而尤在于学问之实践;不徒在于理入,而尤在于行入;而实践行入理入,则在于该问题之研究者与全民之努力,此乃时代赐予研究姓氏学之新理念。

姓氏研究工作艰巨,不能靠少数姓氏学者专家之推动。长远之计应该结合社会人文科学领域之学者专家,以其深厚之社会人文科学素养与研究经验,在新理念之指引下,养成良好之史德,摒弃夸大、附会、武断之意识观念,共同拓展田野工作及周边资料之搜集,使今后之姓氏、牒谱、家乘、文案研究建立在综合扎实之学理基础之上。希望政府相关部门之鼎力支助,建立由学者专家所组成之"智库"资源中心,既可以对长期之姓氏、牒谱、家乘、文案研究方向发挥咨询与拓展功能,更可对突发性之问题提供因应之支持。倘若大家体悟到姓氏、牒谱、家乘、文案综合研究之重要性,便该藉以省思及调整研究之重点与方向!

（作者为香港崇正总会客家研究中心秘书长）

河洛文化与姓氏渊源

（美国）彭圣师

一、什么是河洛文化

在研讨河洛文化与姓氏渊源之前，首先要厘清什么是河洛文化，谈到河洛文化，可能性有好几种：

第一，河洛文化就是河图洛书文化。对一般人而言，谈到河洛文化，会直觉地想到河图洛书。《系辞传》曰："天生神物，圣人则之；天地变化，圣人效之；天垂象，见吉凶，圣人象之；河出图，洛出书，圣人则之。"此神物所指的即是黄河出现之《龙图》，洛水出现之《龟书》，圣人取法于它。《论语·子罕篇》孔子曰："凤鸟不至，河不出图，吾已矣夫！"孔夫子风尘仆仆，周游列国，讲道德，宣仁义。但逢乱世，各国均以利益相交，使大道难行于世，因此感叹地说凤凰与龙马已不再出现了。古代凤凰河图乃祥瑞太平的征兆，相传古时有道之君王在位时，常会有此祥瑞之神物出现。

河图洛书为天地自然之数，天地用以示阴阳造化之神物，其象数之玄奥，得以会通于易理，建诸天地而不悖，质诸鬼神而无疑，百世以俟圣人而不惑。不仅禹画九州岛，举凡奇门遁甲、太乙神数、九宫飞星、堪舆占断等各种术数，无不是源于河图洛书。龙图出现于黄河，龟书出现于洛水，因此，很显然地，我们今天所谈河洛文化，涵盖了河图洛书文化。

第二，河洛文化就是中原文化。但中原文化，意即中原地区的文化。中原地区以今河南为中心，包括河北、山东、陕西部分地区。近年来随着研究的深入，人们对文化区域的划分更为细密，山东有东夷和齐鲁文化，陕西有秦文化，河北有燕赵文化,山西有晋文化,湖北有楚文化,于是中原文化,就变成了河南地区的文化。而河洛地区仅是河南省的西部和中部,因而河洛文化是中原文化的一个组成部分,也是中原文化的主流。

第三,河洛文化就是炎黄文化。炎黄文化意指远古传说时代黄河和长江流域的文化。据此而言,河洛文化的历史源头,属于炎黄文化的范围。换言之,河洛文化的渊源主要来自黄帝系统的文化。但河洛文化在阶级社会中又延续了数千年,又非炎黄文化所能包括。现在我们都称中华民族为炎黄子孙,广义的炎黄文化,实际上成了中华民族传统文化的代称。因此,河洛文化就成了炎黄文化的一个重要组成部分。

综观上述,归纳起来,我们所谓的河洛文化,是指以洛阳为中心的河洛地区古代物质文明和精神文明的总和,是根植于河洛地区的一种地域性文化。河洛地区指的是洛河流域和黄河中游地区。也有人认为河洛地区以洛水和嵩山为中心,包括汝水、颍水上游地区,北起中条山,南达伏牛山,东至京广铁路,西至潼关,与今河南省的西部和中部地区大体相当。所谓河洛文化,即指这一地区的文化。

河洛文化的时间跨度很大,上溯到传说中的三皇五帝时期一直到我们现在。但现在交通发达,人民播迁频繁,东西方文化交流密切,地球村形成,导致地域文化特点日益消泯,因此我们今天在此研究河洛文化,只是作历史寻根之旅罢了。

二、河洛文化的影响

河洛文化是中国古代一种重要的地域文化,它曾对中国文化的发展产生过重大影响。河洛文化博大精深,源远流长,既是中原文化的核心,也是中华传统文化的主流和精萃。它以河图洛书为标志,以十三朝古都的文化积淀为主干,具有传统性、开放性、先导性的鲜明特征,对中国古代政治、经济和文化都产生了深远影响。

对炎黄子孙而言:河洛文化是一种根文化。它诞生于洛阳,繁荣于洛阳,并由此传播到全国及世界各地,影响中外历史发展长达数千年。它不仅具有强大的生命力,而且也具有强大的凝聚力和亲和力,成为连结海内外同胞的重要精神纽带,是华夏人文资源的巨大宝库。

我们今天研习河洛文化,是传承博大精深的河洛文明,并使之与现代社会相衔接,推动文化创新,提高全民素质,完成祖国统一大业,提前中华世纪的来临,促成大同世界的实现;使广大炎黄子孙更加热爱中华文化,更加热爱中华民族,是我们今天义不容辞的历史责任。

三、中华民族姓氏源流

中华民族姓氏源流,都是从炎黄姓氏总始祖少典氏之长子炎帝神农氏之姜姓,以及次子勗其派下黄帝轩辕氏之姬姓等两大氏族集团所衍生出来。而这两大氏族集团的活动范围,都是在河洛地区。因此,中华民族的姓氏文化,也是出自河洛文化;也就是说,河洛文化是中华民族姓氏的源头。

中华民族源远流长,姓氏文化也渊源久远。古往今来,历史典籍中出现过22100多个姓氏,源正伦明允宜,辈序区分明确。为便于明了与研究起见,后之学者以南朝梁敕员外散骑侍郎周兴嗣所撰之《千字文》,作为统一辈序。

中华姓氏源流,以盘古氏为人类始祖,开天辟地,人民野居杂处,知母不知父,文字未兴,族群次第不明。天皇氏、地皇氏、人皇氏为三皇。三皇之一燧人氏约出生于公元前4506年岁次乙卯。三皇之二太昊伏羲氏元年岁次甲申为公元前4477年。历十六氏:柏皇氏、中央氏、大庭氏、粟陆氏、骊连氏、浑沌氏、赫胥氏、尊卢氏、昊英氏、有巢氏、朱襄氏、葛天氏、阴康氏、无怀氏、祝融氏等,计1260年。

炎、黄总始祖少典氏,生于公元前3285年,岁次丙子。源流明确,以(天)字辈作为姓氏同源共祖的起始点,所有中华姓氏一体通用,上溯少典氏,下续至本人己身这一代,让炎黄裔孙受享千代三万有余年,前后伦理详细明确。

本辈序依次为:天,少典氏第一代。地,少典氏第二代、炎帝神农氏第一代。玄,少典氏第三代、炎帝神农氏第二代。黄,少典氏第四代、炎帝神农氏第三代。宇,少典氏第五代、炎帝神农氏第四代。宙,少典氏第六代、炎帝神农氏第五代。洪,少典氏第七代、炎帝神农氏第六代。荒,少典氏第八代、炎帝神农氏第七代。日,少典氏第九代、炎帝神农氏第八代。月,少典氏第十代、炎帝神农氏第九代。盈,少典氏第十一代、炎帝神农氏第十代。昃,少典氏第十二代、炎帝神农氏第十一代、黄帝轩辕氏第一代。辰,少典氏第十三代、炎帝神农氏第十二代、黄帝轩辕氏第二代。下续以此类推。

四、中华民族姓氏文化

"姓氏"在现代汉语中是一个词,但在秦汉以前,"姓"和"氏"是有明显区别的。"姓"源于母系社会,同一个姓表示同一个母系的血缘关系。中国最早的姓,大都从"女"旁,如:姜、姚、姒、妫、嬴、姬等,表示这是一些不同的老祖母传下的氏族人群。因此,仓颉造字把汉字的"姓"字从"女"旁,记录了这一段历史。

"氏"的产生则在"姓"之后,是按父系来标识血缘关系的结果,这只能在"父权家长制"确立以后才有可能。因此,当我们读到"黄帝轩辕氏,姬姓"以及"炎帝列山氏,姜姓"时,就可以明白中华民族共同始祖炎黄二帝,原分属两个依母系血缘关系组织起来的部落或部落联盟,一姓姜,一姓姬,而他们又分别拥有表示自己父权家长制首领的氏称:列山和轩辕。因之,"姓"和"氏"有严格区别又产生同时使用的局面,表明母权制已让位于父权制,但母系社会的影响还存在,这种影响一直到春秋战国以后才逐渐消失。因此,当我们读到"夫人尹氏"或"娶妻周氏"时,我们就可了解"女从夫姓"后,仍保留着自己父系的"姓氏"来表达"血缘关系"。西洋人的名字也是一样,已婚妇女父系的"姓氏",多半在中间名字中(mid-name)保存下来。

五、《百家姓》

谈到姓氏文化,就会想到私塾时代的《三字经》、《百家姓》和《千字文》,并称"三百千",是中国古代幼儿的启蒙读物。笔者这一辈"一年级",多半都曾读过。《百家姓》是一本关于中文姓氏的书,成书于北宋初,出自《兔园集》,乃宋初钱塘老儒所作。根据琅琊王的品题:"随口叶韵,挂漏实多,识者訾之。然传播至今,童蒙诵习,奉为典册。乃就其所载,粗为笺注;方诸古今《姓苑》、《氏族》诸书,其犹射者之嚆矢也夫!"

《百家姓》将常见的姓氏编成四字一句的韵文,像一首四言诗,便于诵读和记忆,因此,流传至今,影响极深。《百家姓》本来收集411个姓,后经增补到504个姓,其中单姓444个,复姓60个。

《百家姓》的次序不是依各姓氏的实际人口排列,是以读来顺口,易学好记而组合。"赵钱孙李"成为《百家姓》前四姓,是因为百家姓形成于宋朝的吴越钱塘地区,故而当时宋朝皇帝的赵氏、吴越国国王钱氏、吴越国王钱俶正妃孙氏,以及南唐国王李氏成为百家姓前四位。王明清《玉照新志》记载:"如市井间所印《百家姓》,(王)明清尝详考之,是两浙钱氏有国时小民所著,何则?其首云:'赵钱孙李',盖钱氏奉正朔,赵本朝国姓,所以钱次之;孙乃忠懿(钱)之正妃;又其次则江南李氏。次句云'周吴郑王'皆武肃而下后妃。"再次则是国之大族。

六、河洛文化与姓氏文化

现在的中国人都自称是炎黄子孙,并且公认炎帝和黄帝为中华人文初祖。这是因为炎黄二帝及其部族于上古时期在中华大地上长期居于主导地位,炎黄族系遂成为后世华夏族的主体。同时生活在中华大地上的其他部落、部族、邦国还有很多,他们与炎黄族团都有密切关系。这些古部族或族团,在漫长的历史发展进程中,通过相互间的频繁交往、通婚和纷争,最后逐渐融合为一体,形成华夏族群,产生了大量的姓氏,作为区别本部族与其他族群的符号标记。

据古文献记载,我国上古时代氏族林立,除有炎黄二帝之外,历代相传的古氏族首领还有燧人氏、太昊伏羲氏、蚩尤阪泉氏、少昊金天氏、颛顼高阳氏、帝喾高辛氏、帝尧陶唐氏、帝舜有虞氏,他们也都是中华民族的祖先,是中华人文始祖。中华民族众多的姓氏,就是这些部族领袖率领族众在漫长的生存斗争中发展形成的,所以,人文始祖可以说是万姓之源。

人文始祖对中华民族的发展做出了历史性的贡献,为世代中华儿女所崇敬。人文始祖也创下了万家姓,因此,认定中华人文始祖是万家姓氏之根源。人文始祖主要活动在中原,文化遗址也在中原。因此中华民族的姓氏文化起源于中原文化,而中原文化的主流是河洛文化,因此,我们可以断言,姓氏文化起源于河洛文化。

河洛地处中原,中华民族姓氏有两百大姓发源于此。河洛地区是中华民族的摇篮和华夏文明的主要发祥地,传说中的"三皇五帝"或中华人文始祖,多集中活动于河洛中原地区,并留有大量的活动遗迹。如炎帝的后代曾在此境内建立许、谢、申、吕、焦等国,今河南南乐县境有炎帝(赫胥)墓。黄帝部族的主要活动范围在"轩辕之丘"和"有熊之国",均在今河南新郑一带。河南灵宝市境内有黄帝铸鼎原和黄帝陵、轩辕坛。此外,河南西华县有女娲城。开封市有苍颉台。河南商丘市有燧人氏墓、高辛氏(帝喾)故里,还有阏伯台。河南柘城县有古天子朱襄墓。河南淮阳县有太昊陵。河南省巩义市有伏羲画卦台。上蔡县有伏羲画卦亭。辉县本名共,是因共工氏在此活动而得名。河南台前县有蚩尤墓遗址。河南内黄县有颛顼和帝喾陵,俗称二帝陵。据此种种,可见中原地区的河洛文化,就是中华民族姓氏产生的摇篮。

　　在中国历史上,中原地区的河南,曾长期是全国的政治、经济、军事、文化中心,东汉、魏、西晋、北魏、隋(东都)、唐(东都)、北宋等王朝均建都于此。所谓"逐鹿中原",自古就有"得中原者得天下"之说,因此这里成为诸多姓氏的发源地。经初步统计,在中国古今姓氏中,约有1500多个姓氏的祖根在河南;在当今中国以人口统计,人口最多的大姓,有200多个大姓源于河南省的一些市、县。这些姓氏子孙经历代迁徙繁衍,已散布于神州大地,更有远涉重洋,移居港、台和海外各国及全世界。

七、河洛文化与彭姓源流

　　笔者姓彭,为了饮水思源,为了寻根究底,为了发掘本人的姓氏源流,特地在草写本文时,作一趟寻根之旅。

　　提起彭姓源流,自然联想到寿高八百岁的始祖彭祖。几千年来,彭姓子孙都认为自己出自这位亘古以来独一无二的人瑞。据史料记载,彭祖姓籛名铿,是上古时期部落首领陆终氏的第三个儿子,擅长养生之术,尧帝时,因铿向尧进献长寿之羹,获得尧的赏识,被封为大彭,故称彭祖。从此以后,彭祖的子孙后代皆"以国为姓",开始了彭姓。

　　近代姓氏学家在介绍姓氏起源及分类时,将姓的起源分为号、谥、爵、国、官、字、居、事、职九种,说出了命姓取氏的基本原则和类别。根据《郑樵通志》,彭姓是"以国为氏",注明为"夏商以前"的国。"彭氏即大彭之国,古祝融氏之后陆终氏第三子彭祖建国于彭,子孙以国为氏。"

　　根据《百家姓》之"奚范彭郎",彭氏宫音,属陇西郡,系出籛氏。颛顼裔孙陆终氏第三子籛铿,封于彭,是为彭祖。历唐、虞、夏、商,寿八百岁,子孙世为诸侯,即大彭氏与豕韦氏,作商二伯。其后有孟子弟子彭更。汉有彭越,封梁王。

据《元和姓纂》所载，大彭为商代诸侯，大彭国在江苏徐州。其后有彭氏，以国名为氏，一说大彭即为"彭祖"。据《晋书》所载，彭氏为古代少数民族的姓氏。安定胡水胡有彭氏。又据《姓氏考略》云："西羌、南蛮皆有彭氏。"分布于甘肃陇西郡和江西宜春郡。

另一种说法是彭氏与武夷山有密切关系。现在的徐州，历史上叫彭城，因为彭祖的贡献，尧帝赐封彭祖于彭城。商朝末年，纣王为求长生不老，派人窃取了彭祖的长生秘诀，为了独占，阴谋害死彭祖。为躲避灾祸，彭祖只好离开彭城，云游天下，隐居于现在的武夷山。他开山屯垦，修河筑渠，因之当地五谷丰登，人民安居乐业。为了纪念彭祖和他两个儿子的功劳，所以用他两个儿子彭武、彭夷的名字各取一个字，称当地为武夷山。因为历史久远，有关彭祖父子隐居幔亭，开发武夷的种种说法已难考证，但武夷山的彭氏后裔，都乐于接受这些美丽的传说。他们希望借助彭祖这位长寿之神，来寄托宗族繁衍与五谷丰登的良好愿望，用彭武、彭夷开辟武夷的大无畏精神来激励本族子弟进取向上。

根据《崇安史志》，彭氏从中原迁入武夷山有文字记载，始于唐代的彭迁。祖籍江苏镇江的彭迁是唐朝的开国功臣，青年时曾辅佐秦王李世民平定隋末之乱，建立了赫赫战功。彭迁年迈退休后，不图个人的安逸享受，来到武夷山的吴屯定居。彭迁为人豪爽，他把朝廷赏赐给他的钱财金帛捐献出来，募集大批流民拓荒造田、引水灌溉，使得吴屯一带阡陌纵横，沃野连绵。

自彭迁定居吴屯之后，彭氏宗族繁衍，人才辈出。在1400年间，仅地方志记载有功名者就达近百人。如北宋的特科状元彭路，南宋的诗词名家彭奕，清代杰出的外交官彭光誉等人。明末，武夷山的彭氏后裔开始迁居台湾和海外。目前彭姓在台湾属于第三十一大姓，其主要分布和居住在新竹和苗栗两县。彭姓在当今中国姓氏中排名第三十九，在台湾排名第三十五。

关于彭姓的起源，另有两种说法。第一种是说，彭姓是黄帝后代祝融的后裔。祝融后裔有八种姓氏，彭姓就是其中之一。其他还有象、董、秃、己、曹等。第二种是说彭姓是祝融弟弟吴回的后代。吴回的儿子陆终有六个儿子，其中第三个受封于彭，传说他善烹调，因为献了一碗野鸡肉汤给上帝，上帝很高兴，就赐他长生不老。据说他一共活了800岁，被后人尊称为"彭祖"。彭祖建立了大彭国，后来被商高宗武丁所灭，后人就以彭为姓，从此姓彭。

彭姓还有其他一些来源。古时候匈奴、南蛮、西羌等少数民族都有彭姓,后来有一些就融入了汉族。彭姓最早在中国西部和西南部发展,主要在湖南、湖北一带,到了晋朝,已经发展到山东、陕西、甘肃、江西、四川、福建等地。宋英宗时,彭姓首次进入广东,并在清代迁入台湾。彭姓的主要聚居地计有淮阳、陇西、宜春、昌邑、豫章、广汉、崇安、阳夏、安定、瀛州、庐陵、浦口、漳州、泉州、梅州等地。

八、结语

姓氏文化与河洛文化都是炎黄文化的重要组成部分,彭氏源流,也包括在姓氏文化之内。因之,河洛文化与姓氏文化是牢不可分的。我们今天来研究河洛文化与姓氏文化,并非研究历史与考古。我们要不忘本,要饮水思源,籍由文化的寻根,来加强海内外炎黄子孙的团结,共弭祸患,共同开创全人类的光明未来。

(作者为美国中华民族文化促进会会长)

关于河洛地区和中华姓氏的若干探索

徐金星

洛阳地处"天下之中",被誉为中华民族的圣地或圣城。以洛阳为中心的河洛地区,在漫长的历史时期里,一直都是河南省、也是中原大地的核心地区。河洛地区和中华姓氏有着独特的、非同寻常的重大关系。

一、洛阳和河洛地区

《尚书·召诰》曰:"王来绍上帝,自服于土中,旦曰:其作大邑,其自时配皇天,毖祀于上下,其自时中乂。"《逸周书·作雒解》曰:"乃作大邑成周于土中","南系于洛水,北因乎郏山,以为天下之大凑。"《史记·刘敬传》曰:"成王即位,周公之属傅相焉,乃营成周雒邑,以此为天下之中也,诸侯四方纳贡职,道里均矣";班固《两都赋》曰:洛阳"处乎土中,平夷洞达,万方辐凑。"宋代李格非《洛阳名园记》曰:"洛阳处天下之中,挟崤渑之严阻,当秦陇之襟喉,而魏赵之走集,盖四方必争之地也。"而1965年在陕西宝鸡县所出土的青铜器"何尊"铭文中还有这样的文字:"唯王初迁宅于成周……唯武王既克大邑商,则廷告于天,曰:余其宅兹中国,自之乂民。"由此可以看出,洛阳不但地处"土中"、"天下之中",而且至迟在西周时期,它就被称做"中国"。

早在数十万年前,洛阳一带就有了古人类的活动。1959年,在洛阳市偃师马涧沟发现了属于裴李岗文化遗存的石磨盘一套;以后,裴李岗文化遗址陆续在古洛阳范围内的巩义、登封、偃师发现,说明古洛阳地区是裴李岗文化的主要分布区域之一。由裴李岗文化而仰韶文化、而河南龙山文化、而夏文化,一脉相承,已经延续了大约一万年之久。迄今,在全国范围内的许多地方都发现了新石器时代的文化,如长江下游江浙一带的河姆渡文化、东北辽河流域的红山文化等。这就是所谓的文化"多元论"或"满天星斗说"。但在广袤的中华大地上,人类社会实现"突变",率先进入文明时代、进入阶级社会、出现"国家",却是以洛阳为中心的河洛地区,这一点乃是考古界、历史界绝大多数研究者的共识。因此,洛阳地区是真正科学意义上的"文明"发祥地。

洛阳所在的洛阳平原,"河山控戴,形胜甲于天下",自古为历代帝王建都的理想之地。司马迁说:"昔三代之居,皆在河洛之间。"汉高祖刘邦曰:"吾行天下多矣,唯见洛阳。"明代陈建《建都论》曰:"按古今天下大都会有四(指洛阳、长安、北京、南京),然论时宜地势尽善尽美,则皆不如洛阳。夫建都之要,一形势险固,二漕运便利,三居中而应四方。必三者备而后可以建都。惟洛(阳)三善咸备。"自我国历史上第一个王朝夏开始,继有商、西周、东周、东汉、三国魏、西晋、北魏、隋、唐(含武周)、后梁、后唐、后晋均曾建都洛阳,故称洛阳为"九朝故都"(九表示多数)或"十三朝故都"。先后居住过近百位帝王,累计建都时间达1500余年,是八大古都中建都时间最早、时间最长、朝代最多、居位帝王最多的古代都城。

至今在洛阳平原,沿洛河由东向西一线,在50公里以内,保存下来五座古代都城遗址,即夏都斟鄩、商都西亳、东周王城、汉魏洛阳城、隋唐东都城。古代都城如此密集,这在世界范围内也是仅见的。二里头夏都斟鄩被称为"华夏第一都";北魏洛阳城范围约100平方公里,是世界上最大的古代都城。凡此,在八大古都、一百余座历史文化名城中,洛阳应是当之无愧的"古都之首"、"名城之冠"。故司马光有名句曰"若问古今兴废事,请君只看洛阳城"。

以洛阳为中心的河洛地区,则是指黄河和洛水相交汇处的这一广大地区。关于它的具体范围,大体是:西到潼关、华阴,东到郑州、开封,南到汝州、禹州,北到济源、晋南。也即今河南省西部、中部以及山西省南部一带地区。开封有一座禹王台,正殿门上悬有康熙所题"功存河洛"匾额,可知所谓河洛地区,向东应包括开封在内。

河南,本指古河南地,大体是西起潼关、东至郑州的黄河以南之地。河南大学著名教授陈昌远先生是这样表述的:"它指黄河由河曲、渭河而东,中经砥柱之险,过孟津、洛河,流出大伾,开始散为荥播,这一大段大河之南地。"①汉二年(前205),西汉高祖刘邦置河南郡,此为"河南"作为行政区划名称之始;元代置河南江北行省,此为"河南"作为省级区划名称之始;明代称河南布政使司,清代称河南省,沿用至今。

中原,即中原地区,是一个地理概念,通常有狭义、广义两种说法:狭义中原,指今天的河南省;广义中原指黄河中游地区或中下游地区,甚至指整个黄河流域,一般还包括山东、河北、山西、陕西等。

不管就历史地理层面,或就民族文化层面,广义中原的中心是河南省,河南省的中心是河洛地区,这是合乎史实的结论。陈昌远先生说:"洛邑成周居天下之中,因此称为'中土'、'土中',这应是后来称河南省地区为'中州'或'中原'名称的由来。有的同志以为把河南省简称中州,是因为豫州居九州之中的缘故,显然不能说明'中州'之原意。"著名学者李学勤先生说:"河洛地区处于中原的中央,河洛文化是中原文化的核心,也可以说代表着中原文化。"②河南大学著名教授朱绍侯先生说:"河洛文化圈应该涵盖目前河南省全部地区",开封、南阳、许昌、安阳、商丘都是"坐落在河洛文化圈内的城市","河洛文化就是狭义的中原文化,广义中原文化应包括齐鲁、秦晋、燕赵等文化。"③河南省博物院前院长许顺湛先生说:"华夏文明的主体是黄河文明,黄河文明的中心在中原地区,黄河文明的核心在河洛文化圈内。"④以上这些论述,都十分精辟地阐明了河洛地区在河南省、中原大地的地位和作用。

《国语·晋语四》说:"昔少典氏娶于有蟜氏,生黄帝、炎帝。"有蟜氏乃炎、黄二帝母族,活动在平逢山,其地应在洛阳西北邙山一带;洛阳市新安青要山为黄帝"密都"。黄帝曾孙帝喾居偃师,有四妻,生四子,皆有天下。正妃姜嫄生弃,为周先祖;次妃简狄生契,为商先祖;次妃庆都生尧,次妃常仪生挚。黄帝玄孙禹,生活于嵩岳伊洛一带。许慎《说文解字》解释说:华,其意为"荣";夏,其意为

---

① 《先秦河洛历史地理与河洛文化历史地位考察》,载《河洛文化论丛》第一辑,河南大学出版社,1990年。
② 李学勤:《河洛文化与汉民族散论·序二》,河南人民出版社,2006年。
③ 朱绍侯:《河洛文化与河洛人、客家人》,《文史知识》1994年第3期。
④ 许顺湛:《河洛文化与黄河文明》,载《根在河洛——第四届河洛文化国际研讨会论文集》,大象出版社,2004年。

"中国之人"。华夏族正是以炎、黄二族为主,形成于以河洛地区为核心的中原大地。以后再以华夏族为基础,在汉代前后形成了汉族,以后又和其他兄弟民族,共同形成中华民族。

孕育、诞生、成长、繁荣于河洛大地的河洛文化是中华民族的根文化。周公在洛阳"制礼作乐"开创儒家学说;东周王室守藏室之史老子撰《道德经》,成为道家学说重要经典;佛学首传于洛阳;玄学诞生、兴盛在洛阳;洛阳二程为宋明理学的奠基人。这五大学说学派是河洛文化的核心,对形成和决定中华民族、中国人民的思想、观念和"品格",对中国社会文化都产生了关键性的影响,从某种意义上甚至可以说,它决定了中国历史的走向。

曾经对中国思想文化、社会生活、民风民俗等都产生了重大影响的所谓中国"三大教",即孔教、道教、佛教,都和洛阳有非同寻常的渊源关系。孔教,即儒教。它把儒家学说当成宗教,并和佛教、道教并列,尊孔子为教主。"孔子创教"说,始自康有为。道教为中国本土宗教,以长期生活在洛阳的老子为教祖,尊称其为"太上老君",以《道德经》为主要经典。佛教是由南亚古印度传入中国的宗教,尊释迦牟尼为佛祖,而"中国第一古刹"洛阳白马寺则是中国佛教的"释源"。因此,洛阳应是名副其实的"三教祖庭"。

二、河洛地区是中华姓氏的重要起源地

由于河洛地区以及以河洛地区为核心的中原大地在华夏族、汉族、中华民族形成过程中的独特地位和重大作用,它自然而然地成为了中华姓氏最重要的起源地。赵保佑、刘翔南先生曾有以下的初步统计资料:中国自古至今出现过22000多个姓氏(现在仍在使用的至少有3500多个),其中起源于河南省的约占三分之二。在当今人口最多的300个大姓(人口16万以上的姓氏)中,源于河南省或主支起源于河南省的有167姓。在宋代启蒙读物《百家姓》收录的数百个姓中,后人标注其郡望在河南省境域的达115姓,居全国之冠。洛阳地处中原腹地,也是中华众多姓氏的主要发源地。经初步查证,历史上发源于洛阳及所辖市、县的姓氏达180多个,居河南省各市首位①。

---

① 《洛阳姓氏文化资源亟待开发》,载《根在河洛》《洛阳姓氏文化研究会会刊》创刊号,2006年。

另一则数字是谢钧祥先生提供的:根据已知的 8155 个姓的资料研究,起源于河南的共有 1500 个。

黄帝故里在河洛地区,黄帝的主要活动也在以洛阳、河洛地区为核心的中原大地。据杨静琦先生依《世本》对黄帝后代的粗略统计:黄帝有子 25 人,得姓者有 12 姓。从黄帝时代到先秦时期,黄帝直系子族发展到 101 个属地(方国、诸侯国),共分衍出 501 个氏。这些黄帝后裔繁衍的姓氏,是当今中华民族姓氏的重要组成部分[①]。

偃师市地处伊洛河两岸,为洛阳市下辖九县(市)之一,是驰名中外的华夏第一都——夏都斟鄩和汤都西亳的所在地。据《偃师姓氏源流》一书提供的数字说:在偃师市现用的姓氏中,源出偃师、或姓中一支源出偃师的 117 个姓;另有94 个姓源出偃师市,今在偃师市已消失不存,两项合计,源于偃师市的姓氏多达211 个。

按照最新的排序,人口最多的前五个姓分别是王、李、张、刘、陈。有人统计,这五个姓的人口共计 3.5 亿多。这五大姓均源于河南省,或姓中一支、二支源于河南省。如:

王姓。王姓起源有四:1. 源于姬姓。东周灵王太子姬晋,因犯颜直谏周灵王,被废为庶人,其子姬宗敬,曾任东周司徒,世称"王家",后人以王为姓。其后琅邪王氏、太原王氏均系此支之后。另周平王之孙姬赤之后,东周考王弟桓公之后也先后以王为姓。2. 源自子姓,为商代名臣比干(子姓)之后。3. 源自妫姓,为舜的后裔妫满之后。4. 源自少数民族改姓,北魏孝文帝在洛阳下诏,将鲜卑族可频氏改为王姓。同一时期,高丽族中的拓王氏、羌族中的钳耳氏等也改为王姓。

李姓。李姓起源有二:1. 源自嬴姓。据《新唐书·宗室世系表》说:"李氏出自嬴姓。帝颛顼高阳氏生大业;大业生女华;女华生皋陶,字庭坚,为尧大理,生益;益生恩成,历虞、夏、商,世为大理,以官命族为'理氏'。至纣之时,理征字德灵,为翼隶中吴伯,以直道不容于纣,得罪而死。其妻陈国契和氏,与子利贞逃难

---

① 杨静琦:《客家姓氏根在河洛》,载《家客与中原文化国际学术研讨会论文集》,中州古籍出版社,
2003 年。

于伊侯之墟,食木子得全,遂改'理'为'李'氏。利贞亦娶契和氏女,生昌祖,为陈大夫,家于苦县。"引文中的颛顼,为"五帝"中的第二帝;"大理",古代官名;"伊侯之墟",伊侯曾居住过的地方,应在伊水附近,正是在这里,"改理为李",正式诞生李姓。至李利贞十一世孙李耳,曾长期生活在洛阳。2. 少数民族改姓。孝文帝在洛阳,下诏改鲜卑族叱李氏为李姓。

张姓。张姓起源有二:1. 源自姬姓。据《元和姓纂》说:"黄帝第五子青阳,生挥,为弓正,观孤星,始制弓矢,主祀孤星,因姓张氏。"2. 春秋时代,晋国大夫解强,字张侯,子孙以字姓张。但据《古今姓氏书辨证》说:"周宣王时卿士张仲,其后裔事晋为大夫。"应早于张侯之张姓。

刘姓。刘姓起源有三:1. 源自祁姓。据《元和姓纂》说:"帝尧(姓祁)陶唐氏之后,受封于刘,裔孙刘累,事夏后孔甲。"又据《括地志》云:"刘累故城在洛州缑氏县南五十五里,乃刘累之故地也。"地在今偃师市缑氏镇南一带。西汉刘邦、东汉刘秀均此支刘姓之后。2. 源自姬姓。东周时,周顷王封王季子于刘邑,建刘国,后裔以刘为姓。刘国故城在今偃师市缑氏镇西南陶家村。3. 孝文帝在洛阳下诏,改鲜卑族独孤氏为刘姓。

陈姓。陈姓起源有二:1. 源自妫姓。周武王灭商后,封帝舜后裔妫满于陈(今河南淮阳),妫满卒,谥胡公,故也称胡公满。陈国亡后,子孙以国为氏。2. 孝文帝在洛阳下诏,改鲜卑族侯莫陈氏为陈姓。

由以上的叙述可以看出,当今人口最多的五大姓均和河洛地区或河洛文化圈(即今河南省)有极深极广的渊源关系。

2000年,洛阳市地方史志编纂委员会编纂的《洛阳市志·人口志》出版,该书列举了"源于洛阳"的姓氏,今抄录如下:

李、王、刘、周、杜、程、司马、司、袁、陆、褚、成、尹、林、毛、窦、雒、甘、滑、伊、蒯、安、解、方、茹、元、艾、敖、卜、丙、毕、亳、薄、鲍、成公、车、晁、陈、豆、狄、带、单、牒、翟、阿、伏、扶、房、封、封人、副、费、干、公帅、甘士、甘公、古、苟、骨、宫、高、葛、缑、邛、何、和、胡、侯、纥、扈、惠、浑、贺、汉、韩、九、郏、眷、几、靖、稽、畿、可、柯、库、康、寇、吕、利、连、留、娄、鹿、梁、禄、路、间、楼、寮、黎、励、骆、卢、潞、镏、芦、罗、兰、明、门、莫、马、穆、年、赧、瓶、偏、衰、仆、潘、乞、仇、丘、奇、泉、秦、汝、如、辱、上阳、山、石、史、叔、是、侯、帅、索卢、师、宿、瘦、萨、树、拓、拓王、桃、徒、万、王孙、武、屋、乌、邬、温、西周、校、奚、乙、于、云、引、延、羽、偃师、雲（云）、杨、阎、严、朱、柱、俎、昝、祝、展、梓、甄。

以上共计 177 个姓氏。

需要说明的是，由于资料不全或其他种种原因，这个姓氏录会有遗漏之姓；另，这些姓中的许多姓有多个源头，洛阳可能是全部源头，也可能是部分源头。

以上所引资料中，源于洛阳的姓氏共有三个数字，即 180 多个、177 个、211 个（仅偃师市），不管哪个数字更接近历史真实，都足以说明洛阳以及河洛地区是中华姓氏最重要的起源地。

起源于洛阳、河洛地区、河南省地区（河洛文化圈）的姓氏为什么异常众多呢？高献中、王西明二先生在《河洛地区因何姓源多》（刊《根在河洛》创刊号）一文中，从四个方面进行了分析论述："一、原始先民，尤其是有代表姓的氏族首领在河洛一带生息活动比较早"；"二、上古以及后来的夏商周三代在河洛建都、封国、筑城、采邑比较多"；"三、久为帝都，自然王侯、名人云集，一祖多姓、国名成姓的机率比较高"；"四、五帝时期，尤其家天下的王权制度以后，赐姓、改姓比较集中"。

三、孝文帝改革和中华姓氏

河洛地区一带原本是汉族长期生息活动的中心地区，由于西晋末年的大动乱，从"八王之乱"开始，汉族从中心地区出发，向边远地区流亡。而居住在长城以外的少数民族则大量内迁，至北朝时达到高潮，历时长达三个世纪之久。在这漫长的岁月里，各族人民相互影响，总的发展趋势是与汉族融成一体，从而形成了黄河流域各民族的大融合。其中，大规模迁入河洛地区的是鲜卑人，施行与汉族同化政策的少数民族政权是北魏王朝。

北魏是由鲜卑族拓跋氏所建立的政权，是南北朝时期存在时间最长、最强有力的政权。自登国元年（386）拓跋珪乘前秦苻坚淝水战败之机即代王位，并改国号"代"为"魏"算起，至孝武帝元修永熙三年（534）北魏分裂，这一王朝雄据中国北部长达 148 年之久。北魏的帝王非常注意学习汉族文化和吸取汉族统治者治理国家的经验，人们通常把这种活动称为"汉化"。汉化和封建化是不同的概念，但当时二者密切相关。就拓跋魏来说，汉化是封建化最便捷的途径。孝文帝拓跋宏继承了其先世诸帝在封建化道路上前进的政策,坚定地进行了多方面的改革,使拓跋魏汉化进入了高潮。

拓跋宏三岁丧母,由祖母冯太后抚养长大。冯太后是汉族人,是北燕王冯弘的孙女,汉文化造诣很深,对汉族封建帝王的统治术有比较深刻的了解。拓跋宏幼年登基为帝,由冯太后代行皇权,治理朝政。她执政期间不因循守旧,敢于革新,是一位出色的女政治家。在祖母的教育下,拓跋宏刻苦学习,"雅好读书,手不释卷。《五经》之义,览之便讲。学不师受,探其精奥。史传百家,无不该涉。"他早年就有了"南荡瓯吴,复礼万国,以仰光七庙,俯济苍生"(《魏书·高祖纪》)的抱负。拓跋宏还能写出很好的文章和诗歌,"善属文,多于马上口占,既成,不更一字。自太和十年以后,诏策皆自为之"(《资治通鉴·齐明帝建武二年》)。由于他有汉文化的深厚根基,再加上他个人的聪明才智,因而能较好地吸取汉族封建帝王的统治经验,卓有成效地治理北魏。

孝文帝当政时,黄河流域已统一30多年,经济逐渐恢复,成为北魏政权粮食、布帛的主要供应地。中原名城洛阳是历代王朝的统治中心,又接近南方,政治地位、文化传统、地理条件都很优越。而平城地处塞外,"六月雨雪,风沙常起",经济落后,交通困难,民风强悍,崇尚武力,保守势力根深蒂固,难以文治。孝文帝要实现他推行汉化、改革社会、进而统一中国的雄心壮志,把国都从偏处北陲的平城迁到洛阳,就是一个刻不容缓的任务。

迁都洛阳之后,摆脱了贵族传统保守势力的影响,汉化改革的范围更广泛、进程更迅速了。

改革的重要内容之一是改变鲜卑姓氏。姓氏代表一个人的根,是标志家族系统的符号,对每个人都是重要的。人们对于别人的尊重,首先表现为对其姓氏的尊重。这是汉化的一项根本性措施。

太和二十年(496)正月,孝文帝诏令鲜卑族的118个姓氏统统改为汉姓,共改得114姓。如达奚氏改姓奚,纥奚氏改姓嵇,独孤氏改姓刘,贺楼氏改姓楼,勿忸于氏改姓于,丘穆陵氏改姓穆,步六孤氏改姓陆,贺赖氏改姓贺,尉迟氏改姓尉,乙海氏改姓孙,叱李氏改姓李,万俟氏改性万,伊娄氏改姓伊,拔拔氏改姓长孙,乙旃氏改姓叔孙……其中穆、陆、贺、刘、楼、于、嵇、尉八姓最贵。至于皇族拓跋氏,孝文帝下诏说,北人谓土为拓,后为跋。魏之先出于黄帝,以土德王,故为拓跋氏。夫土者,黄中之色,万物之元也,宜改姓元氏。他率先作出榜样,把自己的名字改为元宏。

孝文帝这一诏令针对的首先是鲜卑贵族,实际上它的适用范围包括所有南迁的鲜卑人。当时皇族、宗室、文武百官及其家属、士兵以及其他附庸人口是迁入洛阳的第一批移民。同时,出于政治、军事、经济上的原因,又迁入大批百姓。太和十九年(495),孝文帝规定"迁洛之民死葬河南,不得还北。于是代人南迁者,皆为河南洛阳人"(《魏书·高祖纪》)。从这样彻底的措施看,原在平城的鲜卑人基本上都已南迁,就是原来由北方各地迁至平城的移民大多也应转迁新都。因此,估计来到洛阳的鲜卑等少数民族人口的总数在百万以上。像孝文帝那样把改姓作为国策,在上百万人口中实施,是绝无仅有的。

孝文帝改变鲜卑姓氏的政策和其他汉化政策一起,消除了民族间的隔阂,减少了民族间的矛盾,使各少数民族与汉族杂居共处,经济生活、文化生活、风俗习惯相互影响,逐渐趋于一致,从而加速了北方各民族大融合的进程,促进了社会经济、文化的繁荣,对中国统一的多民族国家的发展作出了积极的贡献。

孝文帝的这一政策,使华夏姓氏重要发源地的洛阳又获得了大量新的姓源,洛阳、河洛地区遂成为更多姓氏的起源地或起源地之一,这对中华姓氏的演变发展产生了深远的影响,也为源远流长、博大精深的河洛文化增添了精彩篇章①。

四、客家人、闽台人根在河洛

曹魏元帝咸熙二年(265),司马炎重演"曹丕代汉"故事,废魏自立,建立西晋,是为晋武帝。下传惠帝、怀帝、愍帝,凡四帝,52年,建都洛阳。

早在西晋武帝时,欲接受曹魏一代"本根无所庇荫,遂乃三叶而亡"(《晋书·八王传序》)的教训,出于监督异姓功臣及吴、蜀地方势力的需要,曾大封宗室27人为王,并允许封国置军(大国5000人,次国3000人,小国1500人)。武帝驾崩后,太子司马衷继位,是为晋惠帝。惠帝无能,皇后贾南风擅权。从此为争夺西晋皇室最高权力,以都城洛阳为中心,主要在河洛及中原大地,汝南王司马亮、楚王司马玮、赵王司马伦、齐王司马冏、成都王司马颖、河间王司马颙、长沙王

---

① 徐金星、吴少珉主编:《河洛文化通论》第十七章《姓氏文化》,光明日报出版社,2006年。

司马乂、东海王司马越,展开了长达16年(元康元年即公元291年~光熙元年即306年)的大混战。这场导致"昭阳兴废,有甚奕棋,乘舆幽絷,更同羑里,胡羯陵侮,宗庙丘墟"(《晋书·八王传序》)的"八王之乱",使数十万人丧生,给社会经济、文化带来了巨大破坏。如永宁元年(301),司马冏、司马颖、司马伦等混战,死者近十万人;永兴元年(304)司马颙部将张方攻入洛阳,烧杀抢掠,死者以万计。混战过程中,洛阳13岁以上男子全部被逼服役,米价贵到一石万钱,许多人饥饿而死。当司马颙召张方退回长安时,"军中乏食,杀人杂牛马肉食之"(《资治通鉴》)。接下来是"永嘉之乱"。永嘉二年(308),归降匈奴族的王弥击败晋军于伊水之北,兵逼洛阳城下,西晋朝廷急令关闭洛阳城门。永嘉三年,刘渊派刘景、朱诞进攻洛阳,与晋军战于延津(今河南延津),"沉男女三万人于河"(《晋书·惠帝纪》)。永嘉五年(311)六月,"王弥、呼延晏克宣阳门,入南宫,升太极前殿,纵兵大掠,悉收宫人、珍宝。……(匈奴族刘)曜自西明门入屯武库。戊戌,曜杀太子诠、吴孝王晏……河南尹刘默等,士民死者三万余人。遂发掘诸陵,焚宫庙、官府皆尽。"(《资治通鉴》)京城洛阳,"人相食,百官流亡者十八九"(《晋书·孝怀帝纪》)。316年,刘曜攻下长安,俘晋愍帝,次年,愍帝被杀,西晋亡祚。

八王之乱、永嘉之乱、五胡入扰,加上自然灾害(如《资治通鉴》载永嘉四年"幽、并、司、冀、秦、雍六州大蝗,食草木、牛马毛皆尽"),给洛阳、河洛和中原大地造成了极大灾难,广大汉人难以生存下去,纷纷南迁,形成我国历史上第一次中原汉人大规模南迁浪潮,这便是今日各地客家人、闽南人的第一批先民。

《晋书·王导传》说:"俄而洛京倾覆,中州士女避乱江左者十六七。"关于此次南迁人数,翦伯赞主编的《中国史纲要》说:到达长江流域的至少有70万人,另有20万人没有到达长江,聚居在今山东境内。谭其骧《晋永嘉乱后之民族迁徙》一文称,从永嘉之乱到拓跋焘攻宋,北方人口南迁将近百万。为了安置这大批的南迁汉人,东晋时在长江一带设置了不少侨州、侨郡和侨县,如南徐州、南豫州等。侨人不入当地户籍,官吏均为北方士族。其后,唐代安史之乱、唐末及五代、宋室南迁、南宋灭亡之时,黄河流域均有大批汉人南迁,而"在每一次北方人南迁的潮流中,河洛人都占绝大多数"①。

　　繁荣发达的汉魏晋、隋唐宋文化,富庶美丽的河洛及中原大地,繁荣热闹的京都洛阳、开封,都会在南迁汉人、客家人、闽南人的思想上留下难以磨灭的印象,成为他们世代相传、取之不尽、用之不竭的精神力量。"白头宫女在,闲话说玄宗。"(元稹《行宫》)"永怀河洛间,煌煌祖宗业。"(陆游《登城》)洛阳城、开封城,河洛大地,许许多多的人和事,是他们永远道不完、表不尽的谈资,那情景远远超过明代时山西人离开洪洞县的大槐树。正是这些南迁汉人带来的先进文化和先进生产技术,极大地促进了长江流域等地区的社会经济发展和文化的进步。这里,源远流长、博大精深、辉煌灿烂的河洛文化,不但是南迁汉人、客家人、闽南人最重要的精神财富,而且也通过他们得到了最广泛、最深入的传播,极大地扩大了河洛文化的影响。客家文化、闽南文化的精神、精华,客家文化、闽南文化的主要内容和组成部分,都是和河洛文化一脉相承的。

　　据有关资料说,目前生活在我国南方各省(包括福建、台湾)及海外各地的客家人超过一亿之众,几乎赶上英、法两国人口的总和,这真是一个骄人的数字!以致形成了只要有人类的地方就有华人,只要有华人的地方就有客家人的壮观局面。

　　而闽南人,主要生活在福建、台湾以及东南亚地区。

　　闽南,概指以泉州、漳州、厦门"金三角"为中心的福建南部地区。当年迁入福建南部的中原汉人,将当地的二条河水分别称作"晋江"和"洛阳江",以寄托他们对晋王朝和京师洛阳的无限怀念。后在洛阳江上修洛阳桥,明代重修时,郡守孙明让曾为之记,记文中就有"悠然有小河洛之思焉"的话。

　　郑炳山先生说:"台湾人民称福建的泉州市、漳州市、厦门市等闽南人为河洛人是有道理的,说明他们最早的祖籍是在中原的河洛地区。"②李玉昆先生《福建民间信仰与中原移民》一文说:"在福建开发史上,曾经有三次移民高潮:西晋永嘉之乱后,大批衣冠士族入闽;初唐陈元光和五代王潮、王审知入闽……"

　　除以上已介绍的第一次中原汉人移民高潮外,第二次是在唐高宗总章二年

---

①　朱绍侯:《河洛文化与河洛人、客家人》,《文史知识》1994年第3期。
②　郑炳山:《河洛之根,蕃衍八闽》,载《河洛文化论丛》第二辑,河南大学出版社,1991年。

(669)，泉州、潮州一带发生"蛮獠啸乱"，唐王朝令王钤卫翊府左郎将、归德将军陈政为朝议大夫、统岭南行军总管事，率领府兵3600人出泉州、潮州一带平乱。后唐王朝又派陈政之二位兄长陈敏（中郎将）、陈敷（右郎将）率58姓将士增援。陈政去世后，其子陈元光袭位，最终平定了暴乱。垂拱二年（686），陈元光奏请于泉、潮二州间设漳州，武则天册准建漳州及属县，陈元光任刺史。至宋绍兴十三年（1143）陈元光被追封为"开漳主圣王"。

第三次是黄巢起义、唐末战乱，光州固始王潮、王审知兄弟率兵5000人南下，于唐僖宗光启元年（885）进入闽南，先后占领泉州、福州。文德元年（888），唐昭宗李晔任王潮为泉州刺史，继又任命他为福建观察使，再升威武军节度使。王潮死，弟王审知继位。哀帝天祐四年（907），唐室亡祚、后梁建立后，开平三年（909）王审知又被梁太祖朱温封为闽王。933年，王审知之子王延钧称帝，都长乐（今福州市），国号闽。

许竟成、许步超先生在《豫闽台姓氏一脉相承》一文中称光州（包括固始）为"河洛奥区"。该文引清代乾隆《光州志·附余卷之四·光州志略序》云：唐之光州，"北枕汝颍，东护淮风，南带齐安，西接申唐，盖河洛之奥区，战守之要壤"。可以看出，光州以及固始县和河洛地区、河洛文化的密切关系。

《台湾省通志》中《本省之居民·河洛与客家》曾明确指出："本省人，系行政上之一种名词，其实均为明清以来大陆闽粤移民之苗裔。"许竟成、许步超先生在上述一文中也说：在今日台湾的2300人口中，80%以上的人口是明清时期来自福建泉州、漳州及广东潮州居民的后裔，而他们大多数又是晋、唐、宋时期来自河洛的先民的后裔。

福建和台湾，隔海峡相望。大约400多年前，福建人开始移民海外，或到台湾，或到东南亚。清初，泉州南安县人郑成功收复台湾，大批闽南人随之迁台；康熙年间，福建水师提督施琅统一台湾，又有大批福建人迁台。连横的《台湾通史》说：郑经进入台湾时，"沿海人民航海而至者"就有"十数万人"。另有资料说施琅统一台湾，沿海居民移居台湾者达数十万之多。

清廷在台湾设台湾府，下设台湾、诸罗、凤山三县。台湾府直辖于福建。有关资料显示，到乾隆二十年（1755），台湾已有人口近100万人；至嘉庆十年（1811），达到了近200万人；后至光绪十三年（1887），建置台湾省，人口已达到了 320 余万。

台湾现有人口 2300 万,基本由三部分构成:即原住民、先住民、新住民。其中的原住民,主要是高山族,约占台湾总人口的 2%,他们是古代大陆沿海百越族的后裔;"先住民",即闽南人、客家人,在今日台湾居民中占到 80% 以上,这是台湾的主体居民。"先住民"中,4/5 以上为闽南人,近 1/5 为客家人(有说台湾客家人约 500 万)。所谓本省人或台湾人,即指"先住民",也即闽南人、客家人,他们自称"河洛郎";所谓台湾文化,即指闽南文化、客家文化;所谓"台湾话",即指"闽南话",台湾人也称为"河洛话"。"新住民"则指 1949 年随国民党迁入台湾者,约占总人口的 12%。

由于今日台湾居民中的大多数,台湾的主体居民,都是闽南人、客家人后裔,因此,大多数台湾居民的姓氏,都是闽南人、客家人姓氏的传承,也就是河洛姓氏的传承。

《闽中记》说:"永嘉之乱,中原士族林、黄、陈、郑四姓先入闽,今闽人皆称固始人。"《闽书》说:"晋永嘉二年,中原板荡,衣冠始入闽者八族,所谓林、黄、陈、郑、詹、丘、何、胡是也。"有资料显示,晋末永嘉之乱,初唐陈元光入闽,唐末五代王潮、王审知入闽,分别有 13 姓、84 姓(参见许竟成、杨爱国《河洛文化是台湾的根》一文)、27 姓随之入闽,这些姓大都又传入台湾。

早在 1953 年,台湾进行的户籍统计表明,户数在 500 以上的 100 个大姓中,63 个姓的族谱均记载先祖来自河南。这 63 姓合共有 67 万多户,占台湾近 83 户的 89.9% 以上。

1978 年台湾统计的数字说,在当时的 1740 万台湾人中,汉族为 1710 万,占到 98%;而其中的 80% 是来自福建的河洛人。

1984 年的统计结果是,台湾人口 1900 余万,98% 以上为汉族,少数民族(高山族等)不到 2%。

在福建、台湾,均有"陈林半天下"之说。1996 年,台湾省各姓渊源研究会印行的《台湾源流》说:台湾族群是由极少数的原住民、大多数的先住民、五十年前才陆续加入阵容的新住民所共同组成的;以姓氏论,大约有百分之九十八的人口属于陈、林、李、王、张……一百个大姓。

以上这些,足以证明了台湾姓氏"根在河洛"这一结论。厦门大学黄典诚教授称:台湾同胞的祖根,500 年前在福建,1300 多年前在固始,至今台湾及闽南一带,陈、林、黄、郑四大家族的族谱上,都明确记载,先祖为河南光州固始人。(《台湾同胞祖根在中源》)许顺湛先生说:"……可以说台湾的主体人群,其民族根、姓氏根、文化根都在河洛文化为代表的大中原,河洛文化的基因,民族的血脉,在台湾根深蒂固……"(《河洛文化与台湾》)张振犁先生说:"占台湾总人口98% 以上的汉族人,大都是从东南沿海的闽粤移民台湾的,即我们所说的闽南人(河洛人)和客家人;而闽南人和客家人,又都是……北方中原河洛地区的士族、黎庶……大批逃亡闽粤的。"①可以说,"闽台之民,根在河洛","闽台姓氏,源于河洛",已经是广大研究者的共识。

(作者为洛阳河洛学与民族圣地研究会会长、洛阳姓氏文化研究会会长)

---

① 《根在河洛·序》,河南人民出版社,2000 年。

简论华夏民族的姓氏及其当代价值
——兼论河洛文化为主的姓氏寻根

崔景明

　　中国姓氏是中华文化的族徽。是了解中华文化的重要切入口。姓氏是代表和识别社会成员的人群血缘系统的"遗传"符号及主要标志。醒目地表示了一个人的家族系统和血缘关系。姓起源于母系氏族社会,氏即是"姓"所衍生的分支,姓氏与民族文化的渊源很深。深入研究华夏姓氏文化,能促使我们从中认识到姓氏文化对民族道德规范和民族情结的深远影响。

一、"姓"血缘与母系氏族

　　1. 血缘关系是维系社会生产和生活的纽带。姓氏的产生与血缘姻亲关系密切。公元前 16 世纪,商人在氏族公社关系继续存在的情况下取代夏,社会结构仍是以商王为最高家族长的血缘家族系统。至西周,宗法制度才得以确立,并形成庞大、复杂但却井然有序的血缘——政治社会构造体系。人们在长期社会生活中发现,血缘关系相近的婚姻家庭所产生的子女容易出现白痴、畸形等心理或生理缺陷,为了避免这种现象,人们便制定了姓氏,并且产生了同姓不通婚的习惯。在秦汉之前,姓和氏有着明显的区别。姓源于母系社会,同一个姓表示同一个母系的血缘关系。因此,中国最早的姓,如姜、姚等大都从女旁,表示这是一些不同的老祖母传下的氏族人群。而氏的产生则在姓之后,是按父系来表示血缘关系的结果。关于周代社会的这种宗法特征,近代著名学者王国维在他的《殷周制度论》中是这样描述的:"周人制度之大异于商者,一曰立子立嫡之制,由是而生宗法及丧服之制,并由是而有封建子弟之制,君天下臣诸侯之制。二曰庙数之制。三曰同姓不婚之制。此数者皆因之所以纲纪天下,其旨则在纲上下于道德,而合天子诸侯卿大夫士庶人以成一道德则团体。"①中国长期以来姓氏随男,而从遗传学角度来说,只有男性具有 Y 染色体,因而,具有同样姓氏的人群也就具有了同样类型的 Y 染色体以及它所携带的遗传基因。

中华的姓氏来源比较复杂,著名历史学家顾颉刚先生指出:"母系社会就是一切以母性为主。"②所谓母系氏族,就是主要以同一位女祖宗的女性后代为纽带所组成的血缘亲属集团。居住在云南宁蒗县泸沽湖畔的摩梭族人,至今还有人保留着男不娶女不嫁的走访婚生活,按母系计世系,这里因而被誉为人类的最后一块母系氏族领地。其实,居住在四川雅江县雅砻江峡谷的扎坝人,至今也延续着当地人称"爬房子"的走婚习俗。③ 南宋郑樵所著《通志》有阐述"百代之宪章"的经典史籍,其中《氏族略》即是所述姓氏之"宪章"其语:"生民之本,在于姓氏,帝王之制,各有区分。男子称氏,所以别贵贱;女子稀姓,所以别婚姻,不相紊滥。秦并六国,姓氏混而为一。"显然,三代以前,姓表示血缘(亲缘、旗属)关系,氏除了别贵贱,还表示一种地缘关系。三代以后,姓氏合而为一,血缘与地缘两层关系也密切关联、融为一体。如陇西李姓、太原王姓、渤海吴姓等等。繁衍至今,国人仍以祖先生活繁衍地区(祖籍)为籍贯。对世界各地的华族来说,祖籍既是他们思忆祖先的记忆,更是血缘生命中的根源存在。这也表明,在中华民族的血缘、族缘、亲缘意识中,确已融合了地缘意识。

中华民族历来又自称为炎黄子孙,明儒方孝孺《宗仪重谱》于此所言,颇有代表性。所谓:"四海之广,百氏之众,其初不过出于数十姓也。数十之初,不过出于数人也,数人之先一人也。故今天下之受氏者,多尧舜三王之后,而溯源始于黄帝。"方氏所言中华民族以黄帝为始祖、天下一家的文化意义昭然若揭。北宋时编《百家姓》时,这部中国第一部姓氏录所收姓氏,已有 438 个;而《通志一氏族略》叙录 2255 个;现代《中国名人大辞典》更辑录人名有姓 4129;有人考证

---

① 王国维:《殷周制度论》,载《王国维学术经典集》下集,江西人民出版社,1977 年, 129 页。
② 顾颉刚:《中国史学入门》,中国青年出版社,1986 年,101～107 页。
③ 劳少萍:《四川雅江的"走婚部落"》,四川《文摘周报》,2004 年 3 月 29 日。

近9000多;专家估计中华民族姓氏多达11939个①。

黄帝曾是熊氏族的首领,而炎帝则属姜姓部落,这两个部落在母系氏族社会时所崇拜的图腾,就分别是熊和羊"羌/姜"古通用,"羌"字从羊从人,意指"西戎牧羊人也",后来"人"改作"女"而为"姜"。(《国语·晋语四》)这种来源于图腾和居住地的氏族称号,就是最早的姓。商之所以姓子,是因为商的祖先契是他母亲(简狄)吞食燕子蛋后怀孕而生的。今天仍有人称鸡蛋为鹅子儿。

2."姓"字在甲骨文中就同现代汉字一样,是由"女"、"生"二文构成的会意字。《说文解字·女》:"姓",人所生也。古之神圣,母感天而生子,故称天子。从女,从生,生亦声。《春秋传》曰:"天子因生以赐姓",许慎"人所生也"的这段释义,精辟地说明了姓的来源;"母感天而生子",客观地记录了先民对氏族起源的认识:"天子因生以赐姓",则介绍了周代封侯赐姓的宗法礼制。许慎的这段释义言简意赅,具有很高的文化史价值。清代徐灏的《说文解字注笺》亦确:"姓之本义谓生,故古通作生。其后因生以赐姓,遂为姓氏字耳。"女生为姓而子从母姓,姓就是生,就是氏族的所生之源。许慎的《说文解字》成书于公元100年,其中明确指出是姓的字只有13个,而姜、姬、姑、嬴、姚、妫、姬、娧、燃、政、嫫11姓的字就都从女旁。女生为姓这一古文字构形以及远古之姓字多"女"的事实,表明了母系氏族社会确实是以女性为中心。传说瑶族女性创造女书文字。已收集到了约20万女书字写成的各种作品,并很快形成了为世界瞩目的女书学。②时至今日,仍然保留着生了儿子跟爹姓,生了女儿跟妈姓的习俗。汉字虽有五六万之多,可最让华夏女儿引以为豪的汉字,应该是这个"姓"字了。

二、"氏"与宗法世族

1."氏"是由"姓"所衍生的氏族分支。"氏"并在后来的奴隶社会中成为贵族男子用以标志宗法身份的专称,其主要作用在于"分等级",亦随着一个人社会地位的升沉而变化。"姓"与"氏"的这种区别,从一个侧面反映出了远古的社会发展和婚姻发展的历史。所谓氏族,就是起源于同一个祖宗而实行族外婚的

---

① 郑金洪:《〈氏族略〉和族谱》,《台湾源流》季刊1997年。
② 张贞弼:《揭开"女书"之谜》,《中国教育报》1998年2月1日。

血缘亲属集团。由于族外婚毕竟还是群婚而子女不知其父,所以氏族的形成当然是从母系氏族开始的。中国境内处于旧石器时代晚期的山顶洞人,进入母系氏族社会之后,氏族族外婚再进化为尚不固定的对偶婚,最后终于发展为一夫一妻的专偶婚而进入父系氏族社会。从宗族传继的关系来考察,九大始祖属于三个血缘系统。伏羲和女娲兄妹是一个血缘系统,原为风姓,后世有些姓氏源于伏羲的(如程姓等),都是风姓的系统。禹是鲧之子,鲧是舜之臣(被封为崇伯),禹之子启建立夏朝,从鲧到禹到启自为一个血缘系统,后世有些姓氏源于禹的(如夏姓、禹姓等)都属于禹的后裔。其余六大始祖为一个血缘系统。炎帝和黄帝是亲兄弟,颛顼、帝喾、少昊、尧、舜都是黄帝的后代。后世姓氏中只有谢姓、姜姓等较少的一些姓氏根源于炎帝,而后世汉民族中数量众多的姓氏皆为黄帝的后裔。随着社会生产方式的不断发展,男子在农牧业生产中逐渐居于主导地位,终于由母系氏族社会发展而为父系氏族社会了。血缘在社会发展初期就占据重要的地位,这已是不争的事实。恩格斯在《家庭、私有制和国家的起源》中就认为:国家是由氏族组织逐渐演化而来的,而氏族组织则是血缘关系的结合体,这样就使国家这一政治实体免不了要带有血缘关系的成分。他说:"罗马人民最初的制度是这样的:公共事务首先由元老院处理,而元老院是由三百个氏族首长组成的,氏族首长总是习惯于从每个氏族的同一个家庭中选出,随着时间的进展这些家庭变成为贵族并且拥有实际权力。"[1]

白寿彝先生指出:"父系社会的重要标志,是在婚姻关系上更为牢固持久的一夫一妻制的出现,从而确定男子系统的延续。"[2] 一个姓分化出来的"旁支别属,则各自立氏"。氏者,姓之分也。当时的父系氏族都称之为"氏","氏"也就成了氏族首领的专称。在夏、商、周三代,"氏"则成为贵族男子的专称。《郑樵志·氏族略》:"三代之前,姓氏分而为二,男子称氏,妇人称姓。氏所以别贵贱,贵者有氏,贱者有名无氏。"王国维则认为"男女之别,周亦较前代为严。男子称氏,女子称姓,此周之通制也"[3]。

---

① 恩格斯:《家庭、私有制和国家的起源》,载《马克思恩格斯全集》第4卷,北京人民出版社,1975年,123页。
② 白寿彝主编:《中国通史纲要》,上海人民出版社,1980年,43页。
③ 王国维:《殷周制度论》,载《观堂集林(外二种)》,河北教育出版社,2003年,241页。

　　总之,"氏"是由"姓"衍生出来的氏族分支,也用作氏族首领的专称,并在后来的奴隶社会中相沿成为标榜贵族男子宗法身份的特有标志。周代的姓氏制度十分严密,它是当时宗法封建世族制度的重要组成部分。"天下之本在国,国之奉在家"(《孟子·离娄上》),封建的根本在于宗法,故"天子建国,诸侯立家"(《左传·桓公二年》)至于周王别子则以"王子"为氏,王子之子则以"王孙"为氏了。诸侯的子孙一般以世系或封国为氏。宋代郑樵在《德志·氏族略》中就总结了32种之多。如有以百工技艺为氏的,巫氏、卜氏、陶氏、屠氏就分别因从事巫祝、占卜、陶冶、屠宰业而得氏。更有大量氏来自少数民族姓氏的汉化。正因为如此,西汉中期的司马迁也时常忽视了先秦时代姓与氏的区别。孔子曾说自己是"殷人也"(《礼记·檀弓上》),他的先祖在周初被封于宋,本姓子。至孔子的六世祖孔父嘉之后,因"五世亲尽,别为公族",就用孔父嘉的字"孔"来作为后世子孙的氏(《史记·孔子世家》索隐)。可见孔子姓子,孔不过是他的氏罢了。这就如屈原姓芈,屈是他的氏一样;因为楚国的屈、景、昭三大族皆"楚之同姓也。"(《史记·屈原贾生列传》)但《史记》却说孔子"字仲尼,姓孔氏"。司马迁的这一疏忽,正好说明了姓与氏在汉代已完全融为一体了。顾炎武说得清楚:"姓、氏之称,自太史公始混而为一。"(《日知录·氏族》)先秦时代所谓的"氏",在汉代就统称为姓了。换言之,先秦时代由同一个姓派生出来的不同氏,逐步演变成为后来的异姓。

　　2. 简析少数民族的姓氏及其改姓。我国汉族人口约占全国总人口的94%。少数民族姓氏是中华姓氏不可分割的一部分。古代南方的少数民族,大都在楚国境内。西周初期楚国的开国君主熊绎,相传是苗人酋长的后裔。《史记》说他是颛顼玄孙陆终第6子季连的"苗裔",又说颛顼是"黄帝之孙",那么熊绎自然也是黄帝的后代子孙。北方的少数民族,主要是居住在北部及西北地区的"五胡",即匈奴、鲜卑、羯、氐、羌。匈奴,亦称胡,《史记》说:匈奴,其先祖夏后氏之苗裔也。而夏后氏部落领袖禹,是"黄帝之玄孙而帝颛顼之孙也"。鲜卑是东胡族的一支,后附属汉、魏;两晋南北朝时,有慕容、乞伏、秃发、宇文、拓跋等部先后在今华北及西北地区建立政权。《新唐书·宰相世系》云:黄帝生昌意,昌意少子悃,居北,十一世为鲜卑君长。由此可见,鲜卑族是黄帝之子昌意的后裔。羯族源于小月支,曾附属匈奴,魏、晋时,与汉人杂处,晋时曾建立后赵政权。氐族,殷、周至南北朝时分布于今陕、甘、川等省,从事畜牧和农业,魏、晋时大量接受汉族文化和生产技术,两晋时期曾建立仇池、前秦、后凉等政权。羌族,主要分布在今甘、青、川一带,殷、周时部分杂居中原,东晋至北宋间,先后建立后秦、西夏等政权,后逐渐与西北地区的汉族及其他民族相融合。这些民族均与汉族有血缘关系。他们的姓,一般都用汉字,他们主要活动于古代的代郡、代州以北地区和函谷关(或潼关)以西地区。所以,郑樵在《通志·氏族略》中将他们的姓氏冠以"代北"或"关西",称其为"代北复姓"、"关西复姓"、"代北三字姓"、"代北四字姓"。这些姓氏约有近300个,经过多次民族大融合,基本上都已改变为单姓,和汉族的姓氏融合为一体。改姓的主要原因是崇尚汉族文化,有的则为了明确血缘关系,有更深的含义。例如,北魏孝文帝拓跋宏于公元496年改拓跋氏为元氏。唐末由契丹族建立的辽国,与五代和北宋并立;其国姓为耶律,据说耶律氏是炎帝的后代。金国系女真族所建政权。女真族各部,以部为氏,形成完颜、温特赫等姓氏。明末努尔哈赤统一,成为满族的主要组成部分。因此,满族姓氏与女真族姓氏一脉相承,如古里甲氏演变为瓜尔甲氏、浦查氏演变为富察氏等。清朝的皇族姓爱新觉罗,其中的"爱新",意为金,"觉罗"是满语"姓"的意思;慈禧太后姓叶赫那拉,这姓的意为河边的太阳。从19世纪末开始到辛亥革命后,满族人全都改用汉字单姓。自13世纪以来,由部分中亚西亚人、波斯人和阿拉伯人迁入中国,与汉、维吾尔、蒙古等族长期相处形成的回族,使用汉语文,多信伊斯兰教。他们的姓氏也用汉字,有的出自原有的汉字姓,如李、王、张等;有的来自伊斯兰教的经名,系以伊斯兰教徒的谱系为基础改写而成,如把、拜、撒等;有的是取长辈人名中的字作为姓氏,如明初有回族人丁鹤年,原为西域人。

　　不论中外、古今、贫富,我们每个人都拥有一个姓。这是我们的祖先、祖宗遗留给子孙的一份极其可贵的遗产,它使每个氏族、每个民族具有鲜明能区别于其他氏族、民族的基因烙印。近代医学证明,姓氏基因学说将大大提高人类面临种种可怕疾病的抵御能力,有益于人类健康。中国人更可以通过姓氏的溯源,从各个角度共同证明我们都是龙的传人。

　　姓氏是世界上各民族几乎都有的文化传承符号,但是没有一个国家的姓氏传承得像中国这样完整且有内涵。日本明治维新前,只有少数几个姓,明治天皇实行改革,于是在很短时间里出现了8万多个姓,大多数是以位置为姓,如松下、田中等,因此姓氏几乎没有人类遗传因素,内涵较少。

姓氏的出现与姓氏制度的逐渐完善,与此息息相关。所以一个人除了在战火连天颠沛流离之中,或穷困得无以生存之时会稍微地忽略其姓氏,但只要生活稍稍安定之后,这种姓氏意识立即复苏。不论大富大贵,腰缠万贯;或是穷困潦倒,家徒四壁,都必然记得有一个与生俱来的姓氏,因而使人们对姓氏具有一种敬畏的心理。当其飞黄腾达时,那个人自然对赐给他姓氏的先人心怀感激。即使处于困难不幸之中,有人会以某个先人的创业精神激励自己,使自己努力上进,无愧于先人。

三、中国历史文化与河洛文化姓氏寻根

笔者认为,寻根祭祖的文化意涵丰富,在我国现代化建设的世纪之交,也可诠释出新的意义。寻根是个文化过程,这个过程是以认根归宗(根)为终端目标的。认祖归宗主要是由对祖根的血缘和地缘认同,而最终表现为文化认同。现在,学术文化界一般认为中华民族有九大始祖,即伏羲、炎帝、黄帝、颛顼、帝喾、少昊、尧、舜、禹。这九大始祖都出自河南,后世姓氏根源于九大始祖的,当然也可以视为其姓氏之根在河南。

1999 年 9 月,由中国东方文化研究会、河南省东方文化研究会、河南省淇县人民政府和香港孔教学院等共同主办,在淇县召开了东方文化中原寻根学术研讨会。会议的中心议题是探讨中华传统文化的主要代表性渊源。

1. 关于儒家文化同姓氏寻根研究。儒家始祖孔子是山东人,可是孔姓的祖根却在河南。依据历史记载,孔姓源于黄帝后裔中的子姓,后代又将“子”字加“乙”为“孔”字,传数世即为商的始祖成汤。再传若干代至殷王帝乙长子微子启受封于宋(今河南商丘一带),此后孔姓成为这里的名门望族,之后到宋国大司马孔父嘉的儿子孔防叔逃往鲁国,即有山东的孔氏。所以,现代孔姓后裔既以山东曲阜为本根,也以河南商丘为本根。宋代理学代表人物邵雍祖根是西周的召公。宋代邵雍与二程的出现,是邵姓、程姓后人的骄傲,因此当代邵、程二姓后裔的寻根问祖也有人到洛阳敬拜有关的遗迹。今河南嵩县田湖镇程村,此地今被称为“两程故里”。程颐的十八代孙明朝的程世寅曾编撰《两程故里志》,后又由程宗孟续修,当代河南太康人程鹰等重新加以整理,已于 1992 年由河南大学出

版社出版。此书对于探寻程氏祖根及宋代理学渊源,都是一份有重要价值的文献资料。

2. 道家文化寻渊源。因道家始祖老子原籍在楚国苦县厉乡曲仁里,即今河南鹿邑县太清宫镇。老子即李耳,字伯阳,是李氏远祖中的重要人物。考察道家始祖的渊源,也即是考察李姓的渊源。唐代林宝的《元和姓纂》称李耳为李利贞的十一世孙,宋代编撰的《新唐书·宗室世系》又做了更详细的记述。据记载,李氏祖根为颛顼之子大业,其孙皋陶在尧时任大理(司法长官)之职,之后数世皆为大理,以官命族为理氏。又传数世至殷纣王时的理徵,获罪被杀,其子利贞逃难于伊侯之墟,食木子(一种木本植物的果实)得活命,就改理氏为李氏。至老子李耳的八世孙李昙,声名显赫,其子孙流播陇西、赵郡等地,再四处迁居,皆成望族,于是后世李氏多为李昙的后裔,也即是老子李耳的后裔。目前,中国最大的李、王、张三姓人口,分别占全国总人口的7.9%、7.4%和7.1%,三姓计达2.7亿人,占了全国总人口的22.4%,是世界上最大的三个同姓人群。所以,现当代世界李姓后人寻根问祖,也常见到河南鹿邑的太清宫祭拜老子,把道家文化的寻根同李氏的寻根自然地结合起来。

3. 关于墨家文化的寻根研究,近些年也有新的进展。河南的专家学者最新研究与考察的结果认定墨子的里籍为鲁阳,即今河南鲁山。关于兵家文化与武林文化的寻根在河南也不断有新的活动。战国时期著名的兵家代表人物鬼谷子在云梦山讲学,一代名人如苏秦、张仪、孙膑、庞涓、毛遂等都是他的学生,其地在今河南淇县境内。淇县政府对有关遗迹予以修复,于是这里被称为"中国古代第一军校",成为一处重要的文化旅游景点,对研究兵家文化的源头具有重要价值。

四、姓氏文化的现实意义

在中华民族悠久的历史长河中。姓氏远远超出了它本来的功能,已经成为一种增强海内外中华儿女民族自尊心与自豪感,并使每个炎黄子孙在世界民族之林中,继承前辈的优良传统,艰苦奋斗,锐意进取的民族凝聚力和黏合剂。姓氏文化是中华民族重要的文化传承符号,都是我们祖先留下的宝贵财富。

1. 姓氏与民族文化的渊源。东周以后姓氏合一,其作用主要在于"明血缘"

和"别婚姻"。今天的现实是历史的发展,当我们扬弃了"男尊女卑"等封建糟粕之后,就会发现现实生活中古代的"同姓不婚"中显然就包涵着一些优生优育的意识,家族中的"尊尊亲亲"已从积极方面弘扬为尊老爱幼的社会风尚,孝敬父母、忠爱祖国这种血浓于水的感情产生了越来越大的内聚力,而海外赤子的"寻根认祖"热则无疑是一种至真至贵的民族情结。2002年袁义达先生出版了50余万字的《中国人姓氏:群体遗传和人口分布》,该书表明,中国人曾经使用过的古今姓氏已超过2.2万个。中国历史上大约有一半的人一直集中在这19个大姓人群中。中国的姓氏分布具有地区性的规律:北方地区以王姓为第一大姓,其次是李、张、刘;南方地区以陈姓为第一大姓,其次是李、黄、林、张;处于南北过渡型的长江流域,则以李姓为第一大姓,其次是王、张、陈、刘。① 中国早在甲骨文中就有关于家族世系的记载。"谱起周代"(《史记·十二诸侯年表》索隐),自《春秋公子血脉谱》以来,历代编修的家谱总数在5万种左右。国内现存3万余种,其中1.2万余种收藏在上海图书馆。另有三分之一的家谱散落海外,美国犹他州家谱图书馆复制的中国家谱微缩胶卷就达17099种。现在,上海图书馆已经完成了百万字的《上海图书馆馆藏家谱目录》,并拟组织编写《全国家谱联合目录》和《盐界中国家谱联合目录》。家谱中诚然有很多封建糟粕,但它毕竟具体地记载了各姓氏血亲系统的姓氏源流、家族迁徙、宗族世系及其有关人文历史。历代编修的众多家谱,是中国特有的文化遗产,是中华民族历史文化的重要组成部分。崔荣昌先生的《四川方言与巴蜀文化》,利用大量方志史料和多年收集的177份家谱,进而探讨了巴蜀语言文化与中原语言文化的融合发展过程②。目前,姓氏文化研究正在不断深入,尤其是在群体遗传学和中国文化史的研究领域中发展更快。

"姓"原本表示的是母系血统关系,后转而表示父系血统关系。所谓"同姓即同祖"的内涵,也由同姓即同老祖母转为同姓即同老祖。现今,中国的人口已达13亿之多。由于年代久远辗转迁徙,加之姓氏的来源复杂屡有变易,所以同姓未必同祖,异姓未必异源。明代七下西洋的三保太监郑和,本是姓马的回族

① 转引自《中国三大姓李、王、张》等文章,《检察日报》2002年7月19日。
② 崔荣昌:《四川方言与巴蜀文化》,四川大学出版社,1996年。

人,因随明成祖起兵有功而赐姓"郑"。在现代社会,子女可随父姓也可随母姓。可见,姓氏也是可以因人因事因时因地而改变的。就大多数人来说,同姓仍然意味着同祖同源,尽管这"祖"并非就是所谓的始祖,其"源"也非常久远,但其间到底还存在着生生不息的血缘联系。"同姓不婚,恶不殖也"(《国语·晋语四》)。这些非常可贵的认识说明,废止直系血亲婚姻,不仅是上古社会一个巨大的历史进步,而且是人类为了求生存图发展而不得已的抉择。用摩尔根的语言解释:"没有血缘亲属关系的氏族之间的婚姻,创造出在体质上和智力上都更强健的人种。"华夏民族很早以来就形成了一套完整的亲族称谓,这套称谓有着深厚的文化内涵,它从父系母系、直系旁系、辈伦长幼三个方面,把各种亲族关系区分得清楚明白一目了然。我们当然不能去苛求古人,对于古代的"同姓不婚",只要扬弃了它的封建宗法糟粕,人们仍可从中得到极为有益的启示:为了提高民族的人口素质,国家的《婚姻法》禁止"直系血亲和三代以内的旁系血亲"结婚。

2. 姓氏文化的社会作用和功能。姓氏对于一般人而言,有着使人奋发向上的作用,对形成人的自信心、自尊心有着一定的影响。"独在异乡为异客,每逢佳节倍思亲"(唐·王维《九月九日忆山东兄弟》),中国的传统节日具有很大的内聚力,逢年节特别注重团圆。八月十五的月亮最明亮最圆满,阖家赏月过中秋,过的就是一个"但愿人长久,千里共婵娟"(宋·苏轼《水调歌头》)。一元复始的春节最吉祥和最红火,四方游子赶回家,赶的就是一顿热闹欢快的团圆饭。中央电视台从 1983 年开始接连举办了 22 年的春节联欢晚会。把喜气洋洋闹新春、亲情浓郁全家福的民族人文氛围传送到了天南海北,使晚会成为了全国各族人民和全世界华人同乐同快的大聚会。中华民族自古以来那样一种自强不息刚健有为的人生态度,自古以来就推崇厚德载物和而不同与人为善的人文精神,特别强调人在家庭与社会中应尽的义务。孟子提倡"老吾老以及人之老,幼吾幼以及人之幼"(《孟子·梁惠王上》);范仲淹呼吁"先天下之忧而忧,后天下之乐而乐"。前者说的是尊老爱幼的美德和爱心,后者倡导的是忧国忧民的责任与正气。生于斯长于斯的炎黄子孙,在五千年的文明进程中,很早就孕育了这种与生俱来的情结,培养了这种与日俱增的责任感,并从中升华出无与伦比的民族凝聚力。寻根,在 20 世纪是十分普遍性的世界文化现象,是许多海外移民组织的共识。二次大战后,只要是移民社会就会有寻根活动。直到 90 年代中后期,许多具有移民背景的国家地区,寻根热潮犹方兴未艾,报载仅美国"寻根热"的影响就多达四千万人寻根原是人类的天性,中外皆然。但是,寻根与祭祖一体栅联,却是中华民族的文化传统。中华民族自古即有寻根归宗的风尚,海外华族及台湾民间社会尤然。台湾其实是个典型的移民社会,而移民往往反而最不容易忘记他生命的根。由于他们始终没有忘记自己的祖根在内地,所以,台湾的宗乡会馆,几十年来活动不断,如台湾第一大姓陈姓,仅其中福建安溪一派供奉始祖陈昭直(抗元名将)的"祖师庙"就多选 63 座。近几年来,他们更通过查姓氏、修族谱,主办或与大陆协办姓氏族谱研讨会,出版《中华姓府》、《五百年前是一家》等有关姓氏源流的研究著作,考证台湾地区各姓氏的堂号,开展寻根活动目前台湾已查证的堂号有 80 个,建有 122 个姓氏宗亲会。1987 年泰国谢氏宗亲总会组织中原故乡寻根探亲团,不辞辛劳,长途跋涉,终于在当年 10 月 19 日寻访到河南唐河县苍台乡谢家庄,寻到了近 3000 年的根。这是海外第一个在中原寻到千年祖根的姓氏团体,此后海外及台湾的探亲寻根团体可谓源源不断。

在所有民族的感情深处,都有不可侵犯的一块圣土。对中华民族来说,祖根就是至高神圣的土地。"礼有五经,莫重于祭。"(《礼记·祭统》)崇祀祖先,是中华民族的历史传统,也是中华民族的文化制度。祖根,是寻求这种血缘和地缘的联系,换句话说,是寻求吾族吾民生命发展的历史文化连续性。

寻根认宗既表现了慎终追远的儒家伦理人文精神,也表现了华夏民族文化的向心力和凝聚力。"参天之木必有其根;怀山之水,必有其源。"(清·张澍《姓氏寻源》)而这"根"这"祖"的遗传性标志之一就是"姓":华夏姓氏文化中蕴涵着血浓于水的民族情结。姓氏文化的觉醒,姓氏文化的发展,大大丰富了中华文化宝库,使国家民族更具有凝聚力,使社会更加趋于和谐安定,使每个人更能找回原本属于自己的自尊自信,从而提高社会的总体道德水平。

(作者为安徽省合肥市合肥工业大学人文经济学院副教授、硕士生导师)

姓氏文化说略

徐日辉

河南历史悠久,人文荟萃,在中国的八大古都中,河南就占了 4 个,即:洛阳、开封、安阳和郑州。这些都城的建立为河南姓氏的发源与发展提供了难得的条件,河南是中国的姓氏大省,据不完全统计,目前已知起源于河南的姓氏大体有1834 个,其中完全起源的有 52 个,部分源头在河南有 45 个。随着研究的深入,肯定有新的突破。作为难以估量的财富,真正得益者是今天的我们,因此,利用姓氏资源,整合姓氏资源,为当地经济发展服务责无旁贷。

姓氏文化是人类社会发展演进的文化产物,反映着一个国家一个地区的历史文化悠久延绵和社会文明繁荣。源远流长的姓氏文化涉及我们每个人的出身和血缘,是我们中华民族繁衍生息、文明发达和民族团结、兄弟和睦的文化物证。作为中国文明的姓氏群,是中华民族发祥时所产生的姓氏群体,具有根源之势。

岑仲勉先生认为:"姓氏之不知,民族乌乎立? 先进之国,类皆置重谱牒,心以严内外之防,明种族之别也。中邦古礼,姓以统氏。"①作为中华文明的载体和活化石,我们有义务有责任学习、继承和研究中国的姓氏文化。

专家最新研究发现,中国人古今姓氏已超过两万 2000 个,其中复姓两千多个。在这两万 2000 个姓氏中,包括历代属于中国版图上的少数民族的汉译姓氏。随着时代的变迁,不少姓氏已经消失。当代中国人正在使用的汉姓约有3500 个左右。

---

① 《元和姓纂·四校记自序》,中华书局,1994 年。

既然姓氏这么复杂,那么什么是姓氏,姓氏又是怎样形成的呢。《说文解字》称"人所生也。古之圣神圣人,母感天而生子,故称天子"。段玉裁注曰:

> 《白虎通》曰:"姓者,生也。人所禀天气所以生者也。吹律定姓。故姓有百。……按《诗》"振振公姓"。《传》曰:"公姓,公生,不如我同姓。"《传》曰:"同姓,同祖也。"《左传·昭公四年》:"问其姓。"释文云:"女生曰姓。""姓谓子也。……按人各有所由生之姓,其后氏别既久而姓几湮。有德者出,则天子立之姓,其令姓其正姓,若大宗然。"

段玉裁又说:"姓者统于上者也,氏者别于下者也。"桂馥称:"姓者,所以统系百世,使不别也;氏者,所以别子孙所出,故《世本》言姓则在上,氏则在下也。"[1]王筠亦称:"妇从称姓,辨其族也;男人称氏,分其支也。"[2]就姓氏制度形成之后来讲,段玉裁与桂馥、王筠所言所大体符合。郑樵曾经说:"生民之本,在于姓氏。帝王之制,各有区分,男子称氏,所以别贵贱;女子称姓,所以别婚姻,不相紊溢。"[3]就姓氏发展而言,姓氏,最早文献记载是在夏代,《国语·周语下》记载太子晋语称:

> 帅象禹之功,度之于轨仪,莫非嘉绩,克厌帝心。皇天嘉之,祚以天下,赐姓曰"姒",氏曰"有夏",谓其能以嘉祉殷富生物也。祚四岳国,命以侯伯,赐姓曰"姜",氏曰"有吕",谓其能业务员 股肱心膂,以养物丰民人也。
>
> 唯有嘉功,以命受祀迄于天下。及其失之也,必有慆淫之心间之,故亡其氏姓,踣毙不振;绝后无主,湮替隶圉。夫亡者岂医无宠?皆黄、炎之后也,唯不帅天地之度,不顺之则,以殄灭无胤,至于今不祀。及其得之也,必有忠信之心间之,度于天地而顺于四时动,和于民神而仪于物则,故高朗令终,显融昭明,命姓受氏,而附之以令命。

---

① 《说文义证》卷三十九。
② 《说文释例》卷十九。
③ 《通志·总序》。

由此可见姓与氏可由天子赐命,所以有禹赐姓"姒",氏曰"有夏"之说。禹之所以被赐姓曰"姒",氏曰"有夏",是因为禹被舜推荐去承父业继续治水。禹采用因势疏导的方法,经过十三年的努力终于治服了天下的水患,受到天下人的称赞。于是得到了帝舜的赐姓命氏,赐姓为姒。禹称帝后"国号夏后,姓姒氏",据说是中国姓氏的开始。

文献记载的姓氏要早于实物资料,考古发现最早为商代,在出土的甲骨文中已经得到证实。丁山先生通过对甲骨文的研究,指出我们今天所讲的"氏族"之"氏"与"示"是同一个字。他认为,严格地说,同一图腾,即同一宗氏,氏族社会的组织,即以图腾祭的神示为中心,所以卜辞所见的 T 字应读为氏族的氏,不作神示解[①]。丁先生所言极是,甲骨文所表达的正是上古姓氏制度的遗子和反映,蕴含着深厚的历史背景。考古发现除了甲骨文之外,在西周青铜器的铭文中,也发现了一定数量的姓氏资料。

但是,古代中国要获得"姓"确实不易,例如,黄帝有二十五子,得姓者十四人,为姬、酉、祁、已、滕、箴、任、荀、僖、姞、嬛、依等十二姓,其中荀姓绝无可考,酉、滕、箴、嬛、依也没有多少材料,有四人分属二姓,可见古代中国对姓的认同是相当的严格。

姓氏制度发展到了周代,见于记载者较多开始多了起来。到春秋时,可考的有姬、姒、子、风、嬴、已、任、祁、芊、曹、妘、董、姜、偃、归、曼、熊、隗、漆、允等二十二姓。

姓与氏在古代中国是有区别的,姓是姓,氏是氏。姓是血缘标志,氏为身份象征。对此李学勤先生认为:"姓和氏都要经过命赐",而"赐予姓命氏都是天子的权利,而诸侯以下的官有功,诸侯也可以命氏"[②]。天子赐姓命氏,还见于《春秋左传·隐公八年》:

> 天子建德,因生以赐姓,胙之土而命之氏。诸侯以字为谥,因以为族。官有世功,则有官族,邑亦如是。

---

① 丁山:《甲骨文所见氏族及其制度》,中华书局,1988 年,3 ~ 4 页。
② 李学勤:《古文献论丛》,上海远东出版社,1996 年, 117 ~ 118 页。

对此,岑仲勉先生认为:"姓,百姓不变也,氏,数世一变者也。氏同姓不同,可婚;姓同氏不同,不可婚。孳生之繁,医实赖之。"①李学勤先生认为"姓和婚姻有着密切的关系,同姓不婚是很重要的原则。因此,姓是世代不变的,氏则是往往改变的。只要保持一定的身份,姓就将传留下去。直到该姓灭绝为止"②。郑樵又说:

> 三代之前,姓氏分而为二,男子称氏,妇人称姓。氏所以别贵贱,贵者有氏,贱者有名无氏。今南方诸蛮,犹存此道古之诸侯,咒辞多曰:"坠命亡氏,踣其国家",以明亡氏则与夺爵失国同,可知其为贱也。故姓可呼为氏,氏不可呼为姓。姓所以别婚姻,故有同姓、异姓、庶姓之一别。氏同姓不同者,婚姻可通。姓同氏不同者,婚姻不可通③。

由于姓氏与血缘相联系,所以姓氏的另一大特点就是区别婚姻,这在以宗法制为单位、以血缘为纽带的古代中国尤为重要。所以,顾炎武称:

> 然同姓百世而婚姻不同者,周道也。故曰姓不变也。是故氏焉者,所以为男别也。姓焉者,所以以为女方也,自秦以后认以氏为姓以姓称男,而周制亡而族类乱④。

流传至今的"同姓不蕃"的说法即源于此,这是我国人民在长期生活实践中得出的优生经验,它对于提高全民族的身体素质起着至关重要的作用。

氏的产生,最大量、最频繁的时代是周朝。裂土分疆古代中国政治特色之一,周朝初年,为控制征服的广大地区,大规模地分封诸侯。周武王、周公旦和成王,先后把土地分封给兄弟、亲戚及异姓功臣等,建立了71个封国,其中有武王的兄弟16人,同姓贵族40人。而这些诸侯国的后人即以封国名为氏。据统计,

---

① 《元和姓纂·四校记自序》,中华书局,1994年。
② 李学勤:《古文献论丛》,上海远东出版社,1996年,118页。
③ 《通志·氏族略》。
④ 《日知录》卷二十三。

由周王室同姓封国得氏的有 48 个,由异姓封国得氏的约有 60 个。

由于周代实行宗法制,有大、小宗之别。一个氏的建立表示一个小宗从大宗(氏)分裂出来,另立门户。另外,各诸侯国又以同样的方法对国内的卿大夫进行分封,即大夫的后人即以所受封邑的名称为氏,如田、白、鲍、费、范、屈、钟离、邯郸等。经过层层分封,以封国、封邑名称为氏的如雨后春笋般出现,成为我国氏的发展的最重要的时期。其中贵族们采取以国名为氏,以邑名为氏,以职官名为氏,以职业技艺名为氏,以住地、方位之名为氏,以同周王或侯君主血缘关系远近之称为氏,以贵族的字为氏等方式获得氏。如:鲁申即鲁僖公申,国名鲁为氏,申为名。晋国大夫毕万采地为魏,后世子孙以魏为氏;曲沃桓叔之子公子万封于韩,以韩为氏。史、仓、库、司马、司寇、司徒、太史等是以贵族及其子孙以其官名为氏。巫氏、卜氏、匠氏、陶氏、优氏、屠氏等皆为职业名称。鲁庄公子遂住鲁东门,称东门遂(名)、东门襄仲(字),是以东门为氏;宋国乐大心为右师,居于宋桐门,称桐门右师,是以桐门为氏等。

随着社会的发展,特别是春秋时代,贵族通常以祖父的名号为氏,氏的形式由此也变得丰富起来。如:以古姓命氏,如任、风、子等;以先人名或字命氏,如皇甫、高、刁、公、施等;以兄弟排行为氏,如伯、仲、叔、季等;以祖上谥号为氏,如戴、召等。姓与氏合称,是在礼崩乐坏的战国时期,而真正合二为一则是从司马迁写《史记》开始,从此之后便姓氏不分,合二为一,沿袭至今。

汉代以来,中国传统的姓氏文化有了新的变化,例如,少数民族与汉族大融合,借用汉字单字为氏的情况就屡见不鲜。根据有关专家的研究仅仅北朝就有冒姓者 193 姓,如拓跋氏改为元氏、叱卢氏改为祝等。还有因赐姓、避讳改姓氏的。如刘姓、李姓、赵姓、朱姓之所以能成为今天中国的大姓,就与帝王的封赐息息相关。至于因逃避仇杀改姓的更是屡见不鲜,如司马变同变冯,刘变峁等。

寻根溯源,乃是人类之天性。中国人由于悠久的历史传统和深厚的文化背景,所以非常重视自己的来龙去脉,而且特别崇拜祖先,依恋故土,注重桑梓之情。在漫长的历史时期,由于种种原因人们不断地迁徙,不断地融合,可以说无论何姓,无论在什么地方,他们都为中华民族的发展和繁荣作出了不朽贡献。

作为可持续发展和开发的旅游资源,姓氏文化价值依然存在,不会因为新时期的发展而贬值,反而是越来越珍贵,因为这是不可多得的一笔财富。我们的工作就是在发展过程中想方设法把洛阳姓氏文化的资源优势转变为进一步提升旅游经济的新优势,以新的思路新的理念在新形势下形成洛阳旅游经济的新亮点。

（作者为浙江工商大学旅游学院教授、中国旅游文献研究所所长、硕士生导师）

浅析姓氏的文化传承价值

瞿华英

在漫长的历史长河中,姓氏纵贯中国多元文化的历史进程,超越时空与地域的界线,与历代文化相互联姻,共同演绎着宗法礼制、婚姻习俗以及民族融合的交响曲,成为社会发展变迁的活化石。在现代汉语中,姓氏是一个词,但在古代,尤其在三代以前,姓、氏有着严格的区分,姓是姓,氏是氏,二者不可同日而语。它们弥散在世界的各个角落,默默担当起文化传承的重任。

一、明血缘　别贵贱

在古代,尤其是上古时代,三代以前,姓、氏各司其职,在社会中发挥不同的功能,总的来说,姓的功能是明血缘,氏则是别贵贱。这对于维护古代社会森严的等级秩序具有重大的意义。

先说姓氏的功能。姓,《说文解字》说:"姓,人所生也。古之神圣母,感天而生子,故称天子。从女,从生,生亦声。"①这是对"姓"产生的阐释。说明姓是与"生"俱来的,是人后天无法选择的。按照这一说法,"姓"产生在母系氏族社会。"母系社会的形成,主要原因是孩子不知道父亲是谁,只知道生他和哺育他们长大的母亲。"故"一切以母性为主。"②姓、氏的产生不同,决定了它们在社会结构和社会发展中的特殊功能,学者对此多有论述。汉班固撰《白虎通义》,其中卷

---

① (汉)许慎:《说文解字》卷二四 女部,中华书局,1978 年。
② 顾颉刚:《中国史学入门略谈》,载《中国古代社会》,中国青年出版社,1986 年。

九论"姓"、论"氏"、论"名"、论"字",在论"姓"、"氏"时:"人之所以有姓者何? 所以崇恩爱,厚亲亲,远禽兽,别婚姻也。""所以有氏者何? 所以贵功德,贱技力。或氏其官,或氏其事,闻其氏即可知其德,所以勉人为善也。"①班固在此对姓、氏的不同功能作了详细阐述:姓与古代婚姻有密切关系,是为了别婚姻;氏则与功德、贵贱有关。随着社会的发展,二者出现了融合的趋势。宋郑樵《通志·氏族略序》:"三代之前,姓氏分而为二。男子称氏,妇人称姓。氏之所以别贵贱,贵者有氏,贱者有名而无氏。今南方诸蛮,此道犹存。……姓可呼为氏,氏不可呼为姓。姓所以别婚姻,故有同姓、异姓、庶姓之别。氏同姓不同者,婚姻可通;姓同氏不同者,婚姻不可通。三代之后,氏姓合而为一,皆所以别婚姻而以地望明贵贱。"②这种以姓氏别贵贱的传统,在门阀制度中发展到了极致。"在门阀制度下,姓氏直接影响着一个人的社会地位、婚姻大事,以至前途命运,甚至日常交往、场面座次。"③左思的《咏史诗》批判的就是这种现象:"郁郁涧底松,离离山上苗。以彼径寸茎,荫此百尺条。世胄蹑高位,英俊沉下僚。地势使之然,由来非一朝。金张藉旧业,七叶珥汉貂。冯公岂不伟,白首不见招。"④鲜明的等级制度、高低贵贱的血缘关系,成为时人不可跨越的鸿沟。由此我们可以看出:姓与血缘密切相关,并且与性别有关。而氏是社会的产物,其意义和作用孕育在社会体制中。姓氏的融合显示了社会体制的变化,即由母系氏族向父系氏族的过渡,同时也传递出婚姻制度的变化,即由部落的群婚制转向父系社会的偶婚制。姓、氏在古代社会不仅仅是一个简单的人与人相互区别的符号,它们还拥有更深层的社会蕴含。姓、氏除了有别于血缘的不同,还是社会制度、宗法关系、婚姻习俗等文化信息的载体。

二、彰宗法厚人伦

每一姓氏的派语、世系源流的细致分布呈现在社会形式上,是王公贵族或家族成员按血缘关系分配国家权力或家族权力,并建立起世袭统治的社会制

---

① (汉)班固:《白虎通义》卷九,上海古籍出版社,1992年。
② (宋)郑樵:《通志》,中华书局,1987年。
③ 刘魁立、张旭主编:《中国姓氏》,中国社会出版社,2008年,97页。
④ 袁行霈:《中国文学史》(《咏史诗》其二),北京高等教育出版社,2005年。

度——宗法制,其特点是宗族组织和国家组织合而为一,宗法等级和氏族等级基本一致。每个宗族的族谱中所载有的家规家训族规是同姓家族制定的公约,它们是用来维护氏族宗族的一些规定。全国各姓族谱大多有族规、谱禁、宗规、祠规、家范、族约、族训、家训等条款,即所谓"国有国法,族有族规"。从这些繁琐的条文,足见古人对维持其统治的赖以生存的宗法制的重视。对此,严复曾有论述:

> 由唐虞以迄于周,中间二千多年,皆封建之时代,而所谓宗法亦于此时最备。……由秦以至于今,又二千岁矣,君此土者不一家,其中之一治一乱常自若,独至于今,籀其政法,审其风俗,与其秀桀之民所言议思维者,则犹然一宗法之民而已矣。①

人们祖祖辈辈生活在宗法制度下,作为"一宗法之民",宗族在人们心中占据着主导地位,血缘关系的延伸、发展有赖于家谱、族谱。修撰族谱遂成为维护宗法关系的重要手段,它穿越时空,影响人们的观念,制约人们的言行。宋代理学家张载,在提倡加强宗法关系时说:

> "管摄天下人心,收宗族,厚风俗,使人不忘本,须是明谱系世族与立宗子法。宗法不立,则人不知统系来处。古人亦鲜有不知来何处者,宗子法废,后世尚谱牒,犹有遗风。谱牒又废,人家不知来处,无百年之家,骨肉无统,虽至亲,恩亦薄。"②

宋代的宗法关系的确在理学家的倡导下,得到前所未有的强化。人们以宗法观念为核心,自然会产生浓郁的宗族情感和血缘依恋。这种心理表现在行动上就是修撰族谱,进而又促使宗法关系在有意无意之间得到强化。在宗法关系与撰修族谱的循环之间,宗法、族谱共同成为维系社会稳定、家族团结的无形纽

---

① (英)甄克斯(Jenks. E)著,严复译:《〈社会通诠〉译序》,北京商务印书馆,1981年。
② (宋)张载:《经学理窟》,北京人民教育出版社,1983年。

带。人们以宗法观念为核心,自然会产生浓郁的宗族情感和血缘依恋。宗族情感和血缘依恋的外在表现就是对姓氏关系的推崇和恩重。

姓氏和宗法如此亲密的联姻,源于姓氏和宗法同形同构状态。在宗法制度中,继承必须首先严格区别嫡庶关系。例如,天子世世相传,每世天子都是嫡长子继承父位而为第二代天子,奉为"大宗"。其同母弟与庶兄弟封为诸侯,是为"小宗"。每世的诸侯也是由嫡长子继父位为第二代诸侯的,奉始祖为"大宗"。他的诸弟封为卿大夫,是为"小宗"。每世的卿大夫也是嫡长子继父位为第二代卿大夫,奉始祖为"大宗",他的诸弟为"士",是"小宗"。士的嫡长子仍为士,其余诸子为庶人。诸侯对天子为小宗,但在其本国为大宗。卿大夫对诸侯为小宗,但在其本族为大宗。这种关系反映到姓氏中,便是按照派语,进行长幼有序的定位,一辈一字,世次分明。根据资料记载,只有孔姓的字辈谱是元代仁宗皇帝赐予的,即从孔氏第五十六代起,使用"兴毓传继广,昭宪庆繁祥,令德维垂佑,钦绍念显扬"字辈谱。后来,孔门的三大弟子孟轲、颜回、曾参的后裔也使用该谱。在字辈排行中,反映出人们之间关系的亲近疏远以及在该姓氏中的地位。家族中的权利划分、遗产继承、祭祀礼仪等都按照这种关系呈现出等级贵贱差异。

把宗族和姓氏紧密联系起来的方式之一是族规,是同姓家族制定的公约维持族内个体和睦的规则,包括敦人伦、笃宗教、课子弟、正闺门、慎交游、勤职业、崇节俭、忍小忿、恤贫苦、睦乡邻等内容,其核心是"敬宗"和"收族"两大方面。敬宗的基本道义之一是"孝悌"。这是上自国家下至家族行为的基础。《太平曾氏族谱序》:"孩提知孝,少长知弟,孝弟之所流行,胥一族而成其大顺,故举族而无不肖之子弟,犹一人之身,手足肢体,官窍发肤,无不调和而顺适也。"[1]此处极言"孝"对于家族调和顺适的重要。儒家的修身、养性、治国、平天下,在这里化成日常伦常的点点滴滴。孝悌自然是伦常之首。《说文解字》解"孝"为:"善事父母者。"[2]《论语》:"其为人也孝悌,而好犯上者,鲜矣。"[3]在儒家伦理中,孝是其他道德规范的基础,孝是"置之而塞乎天地,溥之而横乎四海,放诸后世而无朝夕;推而放诸东海而准,推而放诸西海而准,推而放诸南海而准,推而放诸北海

---

① 湖南省社会科学界联合会主办:《船山学刊》1992 年第 1 期,总第 16 期。
② (汉)许慎:《说文解字》,中华书局,1978 年。
③ 杨伯峻译著:《论语注释》,中华书局,2006 年。

而准"①的至高准则,又具有放之四海皆准的普遍性。孝悌的普遍性在曾国藩家信中可见一斑。曾国藩的家书,在很大程度上,成为维护曾氏家族繁荣昌盛的家规的一部分。在家信中,他告诫诸弟及子侄,于父亲饮食起居,要"十分检点",于母亲祭品"必洁必勤",于叔父处"敬爱兼至",兄弟姊妹之间"不可有半点不和之气",嫁出去的女儿"慎无重母家而轻夫家",对亲族邻里"恭敬款待,有急必济之,有难必排解之,有喜必庆贺之。有疾必问,有丧必吊。"这些孝悌观点,在于达到"在亲亲民,在止于至善"的亲和之道。在今天看来,这些观点依然具有厚人伦、美教化的积极意义。对父母的虔敬、对兄姊的和善、对邻里的关爱,无不充溢着浓厚的人性关怀和同情爱戴。他勾勒出的是一幅长幼有序、互敬互爱、其乐融融的、充满人文关怀的和谐生活场景。

仅仅以儒家的"忠孝仁义"大道进行道德说教是不够的,许多家族根据他们长期的生产生活实践,形成了勤俭节约、不奢不逸等优良家风,以培养家族的人才和维持家族的兴盛。曾氏家族的《武城曾氏衍湖南湘乡大界房分续宗圣曾子族谱》"祖训",主要记载"宗圣遗训"、"文正公遗训"。"宗圣遗训"中提出"吾日三省乎吾身"、"慎终追远,民德归厚","夫孝,天之经也,地之义也,民之行也。"文正公遗训中主要摘录曾国藩致诸弟书及训子书,教育诸弟和子侄治家、修身、养性、为学之道。"书、蔬、鱼、猪、早、扫、考、宝"八字"永为家训":读书、种菜、养鱼、喂猪,为居家之事;起早、打扫、诚修祭祀、善待亲族邻里是治家之法。在对神仙、僧巫的态度上,曾国藩按照家规,反复嘱咐家人:"一切照星冈公(曾玉屏)在日规矩。"(曾玉屏为曾国藩的祖父,他说:"吾好宾接文士,侯望音尘,常愿通材宿儒接迹吾门,此心乃快;其次老成端士,敬礼不怠;其下范应群伦。至于巫医、僧徒、堪舆、星命之流,吾屏斥之唯恐不远。")按照祖父之家法,曾国藩要求"后世当守者极多,而不信巫医、地仙、和尚,吾兄弟尤当竭力守之"。此语与"子不语怪力乱神"观点何其相似。正是这些代代相传的族规家训,在某种程度上,成就了一个家族的荣耀和昌盛。

另外,众多的家族都强调族人应该互相关心,即所谓的"敦族谊"、"和宗族",群聚族人,通力合作,彰显家族凝聚力。《太平曾氏族谱序》:"谱之修也,以

---

① (清)孙希旦撰:《礼记集解》,中华书局,1989 年。

合族也。原其开肇,分其派衍,详其支系,缀其芳规,收其散轶,如是而谱成矣,谱成而族合矣。"族谱在一族之中具有强烈的凝聚力。正如王根全先生所言:

> 中国文化的统一性与连续性与中国固有的姓氏制度有密切关联。从对姓氏渊源过程的考察中,我们不但深刻地认识到中国姓氏"本同一根"的文化同源性与"天下一家"、"万民归宗"的群聚心理,而且可以看出生生不息、绵绵瓜瓞的文化传承性和民族凝聚力。悠悠的历史已成了漆黑的天幕,让我们每个人还能直接"感觉"到历史的,不正是像活化石一般沉淀下来的你、我、他人人都有的姓氏吗? 由今天的李姓、王姓、张姓、刘姓、陈姓、杨姓……上溯至各自的开姓始祖,再由开姓始祖上溯到黄帝,这是一条多么悠久多么神秘而又多么动人心弦的时光隧道! 世界上没有哪一个民族的姓氏可以像中华民族的姓氏那样帮助人们从现代一直上溯到混沌初开、乾坤始奠的远古社会,甚至可以将形形色色、纷繁错杂的姓氏最后寻根追祖一直追踪到整个民族的伟大始祖那里。这正是:敬发千枝归一本,朝宗万水实同源。[1]

修撰族谱,寻根问祖,立族芳规,增强凝聚力,而不是"鸡犬之声相闻,老死不相往来",以维持家道顺畅,致使家业兴旺发达,长盛不衰。

三、促融合致多元

姓氏在本族的发展繁荣,维护宗法、建立亲情过程中起到了重要作用,在民族、文化的融合交流中亦具有巨大的融合力、兼容性。"夷夏交融,胡汉互化"是中国姓氏发展融合进程中的一大特色,也是形成中国多元文化的历史机遇。"夷夏交融,胡汉互化"的过程,是中国古代姓氏相互融合的过程,也是中国文化从以汉族文化为主走向与少数民族融合,实现多元共存的过程。正是在这个意义上,季羡林先生认为文化的产生是多元的,不能说是一个地方产生文化,或者

---

① 王根全:《论姓氏谱系与中华民族的凝聚力》,载《中国谱牒研究》,上海古籍出版社,1999,173页。

一个民族产生文化。中国的文化是 56 个民族共同创造的,是集全中国 56 个民族文化财富于一身的"大国学"。在各个民族共同创造大文化、大国学的过程中,姓氏作为文化标志的重要元素,无疑在民族融合、文化融合中发挥了重要作用。

姓氏的融合和文化交流一样,不是单向的,而是有来有往,双向互动,即胡姓汉化,汉姓胡化。胡姓汉化即少数民族改汉姓大致分为两个阶段。第一个阶段是姓氏的"夷夏交融",大概发生在春秋战国之际。秦汉时期,中国人自称华夏族,这里的"中国"专指中原地区,包围中原的周边地区为四夷(东夷、南蛮、北狄、西戎)。由于时政巨变,动荡不安,"尊王攘夷"、"群雄逐鹿"、诸侯兼并,四夷的众多"夷狄大姓"融入华夏姓。如南方的楚、苗、西北的戎、狄姓氏,楚国的昭、屈、景、熊、鄂、申、盘等姓氏陆续融入华夏姓氏①。

第二个阶段,姓氏的"胡汉互化",从西晋末年持续到清代,期间不同的阶段互化的内容有所不同。西晋末年至隋唐时期,是"五胡乱华",姓氏的互化主要发生在华夏族和五胡十六国之间。五胡指匈奴、鲜卑、羌、氐和羯。这个时期,鬼方、昆夷、猃狁、犬戎与华夏族已有近亲关系。之后的"胡姓汉化"政策,更是加速了姓氏的融合。至唐代,"胡汉互化"地域扩展到西域和南诏国等地。在两宋以及辽、金、元、明、清时期,"胡姓汉化"的表现,"首先是信奉伊斯兰教的回族在宋元之际逐步形成。回族信徒通用'穆斯林',除用阿拉伯文念诵《古兰经》外,日常都用汉语,使用汉族姓氏。"②

其间,也有很多汉族姓氏改为少数民族姓的例子,即汉族的少数民族化(胡化)。《周书·梁御传》载:"梁御,字善通。其先安定人也,后因官北边,遂家于武川,改姓为纥豆陵氏。"③《北齐书·独孤永业传》:"独孤永业,字世基。本姓刘,中山人也,母改适独孤氏,永业幼随母,为独孤家养,遂从其姓。"④可见,在南北朝时,汉族姓氏改为少数民族姓也是比较普遍的现象。

在姓氏互融的过程中,文化的交流融合也是不可避免的。文化的融合带来

---

① 刘魁立、张旭主编:《中国姓氏》,中国社会出版社,2008 年,52～53 页。
② 刘魁立、张旭主编:《中国姓氏》,中国社会出版社,2008 年,57 页。
③ (唐)令孤德棻撰:《周书》卷一七,中华书局,1971 年。
④ (唐)李百药撰:《北齐书》卷四四,中华书局,1972 年。

姓氏的融合,姓氏的融合又促进了文化的融合,从而形成中华文化的多元格局。

　　姓氏不仅仅反映了中国家族与中华文化同样悠久的家族生命史,同时也是对中国古代宗法制社会、礼制家规、中华民族寻根意识的彰显。它是与整个民族及其每一个成员都息息相关的文化现象。姓氏更重要的意义是文化传承,而不是血脉传承。各姓氏应该在一个宽泛的前提下寻找自己的文化根源,而不必太局限于狭隘的血统。在中国古代大文化、大国学背景下,重新审视姓氏,对这个源于上古、延续当代、上至帝系、下至百姓(身份高贵的有姓者)的神奇现象,我们怀有敬重而神秘的感情。背井离乡的千千万万的游子,正是依靠姓氏的血脉相连,维系着他们与同族人的信息,找到生命和文化之根,不分贫富,不论贵贱,不问亲疏,认祖归宗,延续文明,互相体恤,造福桑梓。姓氏是传统文化中生命力极其强盛的、凝聚力极其巨大、传统文化印迹极其鲜明、最具中国特色的人文情节。经历了几千年风雨沧桑的中国姓氏,以其世代相传的延续性和与社会文化同发展共衍变的统一性,成为我们共同塑造祖先形象、追溯民族渊源、传承历史文化的坚固基石。

　　　　　　　　　　　　(作者为山东儒学文化传播有限公司编辑)

姓氏文化及其影响

刘　清

姓氏以及姓氏文化在世界各国都有研究,然而在中国,姓氏文化则颇具特色,姓氏在中国起源极早,并在中国历史进程中起着十分重要的作用,同时,姓氏文化也是中华传统文化的有机组成部分。在今天,姓氏文化与人口普查学、民族学、历史学、语言学、考古学等有着密切的联系。

一、姓氏文化以及姓氏起源

云云人生,人人必有姓,有姓必有源,有源必分流。在中国寻根问祖,怀念先祖,是非常普遍的现象,是中华儿女之愿望,也与中国国情有关联。姓氏文化和姓氏是联系在一起的。

1. 关于姓氏文化

姓氏文化,是指与姓氏有关的物质文化和非物质文化,它包括姓氏起源、姓氏演变、家族迁移、家谱、宗祠、家训、世训、世系、堂号、字辈、名人事迹和遗址等等,以及由此而形成的尊祖敬宗、寻根问祖及家乡家族文化的认同理念。姓氏文化是中华传统文化的生命信息学遗产,积淀着中华民族的血脉、国脉、人脉,形成了中华文明的文化基因,是一种民族认同感和归属感。作为中华传统文化的一个重要组成部分,姓氏文化的内涵十分丰富而深广,涉及到历史学、考古学、民族学、民俗学、语言学、社会学、遗传学、人口学等诸多学科,生动而具体地反映着我国社会历史的发展变化,是中华民族源远流长的原生态文化,具有独特性,在今天最主要的作用就是凝聚全球华人的文化认同感,反对民族分裂主义势力,振兴中华民族,促进祖国的统一大业。

2. 姓氏的起源

西方各国姓氏最早的可以追溯到古希腊和古罗马时代,而早在五六千年前的中国,随着氏族部落制度的形成发展,就已经形成了姓氏,并逐步发展扩大,世世代代延续直至今天,姓氏这个大家庭里不仅有汉族同胞,还有不少的少数民族同胞也使用了汉族的姓氏,如刘这个姓氏,在蒙古族、朝鲜族、土家族、壮族、满族等民族中也有,甚至在海外不少地方刘姓的影响也很大。

姓与氏在从前是有区别的。姓的起源可以追溯到人类原始社会的母系氏族制度时期。中国的姓氏的起源同样也很早,而且十分多。中国的姓氏究竟有多少呢?宋代的《百家姓》收集了一千九百多个,大多为单姓,也有复姓,甚至三字姓、四字姓、五字姓的也有。《现代汉语词典》收集汉族姓氏约九百多个。目前,我国姓氏(以汉族为主,也有少数民族)约三千左右。在上古时代的原始氏族人们就有了姓,姓氏是区分氏族的特定标志符号。中国许多古代姓氏从女字旁,如“姚”、“姜”、“姬”、“嬴”、“姒”等。这说明我们的祖先曾经经历过母系氏族社会,“姓”的象形为一女所生。在母系氏族社会时期,人们只知其母而不知其父,子女母系一方,以母系为姓,血缘关系计算以母系为依据。在长期生活实践中,人们认识到近亲通婚的危害性,故同一母系的后代不通婚,实行族外相互通婚。为了便于区别不同的婚姻集团,便有了姓,姓的出现是原始人类逐步摆脱蒙昧状态的一个标志。

随着社会生产力的发展,母系制度过渡到父系制度,特别是随着私有财产的出现,父亲为了确认自己的儿子以便传承财产给后人,便将姓改为从父,并逐步形成为宗法制度在中国延续了好几千年。故现在一般情况下是子女随父姓。正因为姓的历史发展进程,所以说,今天的婚姻法从理论上讲,子女的姓氏,可以随父也可以随母是有根据的。

总的讲,姓氏表明血缘关系即血统的,但同姓者越来越多,也愈加不便,为了区别地位、职业、出生,姓又产生出分支,这便是氏。氏的本义是支、别之意,也有认为是本(根)之意。所以,在最早的时候姓、氏是有区别。在先秦很长一段时间内,姓的社会职能是代表有 血缘关系的部族称号,氏是从姓中派生出的分支:姓起源较早,且较为固定,氏起源较晚,且不断演化:姓表示血统,氏表示地位。到春秋战国特别是秦以来,姓与氏逐步合一。以后,姓与氏都是姓,表明个人及其家族的符号,这就是我们今天理解的姓氏含义,姓和氏,都是人类进步的标志,是文明的产物。

中华姓氏起源于中原河洛地区。这里指的是洛河、黄河的交汇地带,并包括涧、伊等河流的流经之处。现在人们普遍认为这里是中华文化和中华姓氏的总的发源地,即"根在河洛"。中华人文始祖主要活动在以河洛为中心的中原地区,中国人自称是炎黄子孙,并公认为炎帝、黄帝为中华人文初祖,炎黄族系为后世华夏族的主体。同时,生活在中原地区的其他部族、部落,在当时还有不少,他们与炎黄部族有着相当密切的关系,在漫长的历史发展过程中,通过相互频繁的交往和纷争,最后融合为一体,形成华夏族群,产生大量姓氏。从母系社会到父系社会,一直到夏商周三代,河洛地区均扮演着重要的角色,据考证,汉民族的重要姓氏大约有两百多个,都发源在今天的河洛地区,故河洛地区号称中华姓氏的故乡是名副其实的。

二、中原姓氏的迁移

中华文明的源头、中华民族的发祥地在中原,中华民族姓氏之根(主要指汉民族的姓氏),绝大部分也在中原,这些都是没有疑义的。中国人,尤其是汉民族,历来十分重视自己的姓氏,没有非常特殊的原因是不会改变的。在姓氏刚刚形成的时候,一姓一氏基本限于具有共同血缘关系的宗族之间,分布及活动的范围不可能很广,但从历史发展的角度来看,姓氏活动范围仅仅局限于在发源地的情况不是太多,往往是人口少的姓氏较有一定的地域性,而人口较多的姓氏则分布在全国各地,甚至有的姓氏还进入少数民族地区和海外地区,这恐怕就是以迁移为主的结果。

1. 古代姓氏迁移的因素

历代人口迁移是今天姓氏分布的结果。从古代起,人口迁移包括姓氏迁移的因素主要有这样几类:其一,因分封而产生的人口姓氏迁移。华夏诸族姓发祥于中原,也即今天河南大部分地区并包括陕晋冀鲁等部分地区,到了夏商周三代时,君王、国君实施分封时,将其本族子弟及大臣分封到各地,在封地定居和繁衍,其姓氏也就带到各地,如周朝开国元勋姜尚(姜太公),原来在陕地渭水一带生活,因被封地于齐(今山东中部),姜姓一支也从陕西到了山东。还有不少姓氏的起源来自某个封国,不少国君或后人用封国名为姓,如韩国贵族后裔韩非。西汉初年,刘邦大封同姓王,铲除异姓王,当时刘姓在汉朝版图内的不少地方都有居住地。其二,强制性的人口姓氏迁移。历代统治者由于种种原因,特别是在必须巩固自己的政权条件下,对某些家族某些地方的人口作出调整,或迁到指定的地方,或迁到边远荒蛮的地方,这些被迁移的人口有的是前代的统治者,有的是被贬斥的官员,有的是罪犯,还有其他的等等,如夏代末主桀被商汤从原地放逐到巢。秦灭六国和刘邦建汉,都以“强干弱枝”之法,将六国旧贵族如田氏、屈氏等从原籍强行迁出,或在国都加以监控,或流放到边地。北魏孝文帝南迁,也强令鲜卑拓跋氏等家族从平城迁至洛阳。一般说,少数民族入主中原后往往把本家族甚至本民族的人口迁至重要地带和全国各地以加强统治。如清军入关,将满洲八旗、蒙古八旗作为驻防部队驻扎在全国各地。其三,因战乱天灾而出现的人口姓氏迁移。从三代一直到隋唐北宋,中国的政治、经济、文化中心在北方,北方往往也是矛盾冲突的焦点,因此大规模的争斗、战乱也大多在北方出现。北方民众为了躲避这一切,只好四处迁移。其中最主要的迁移方向就是生存条件最好的南方。从秦汉以来,不少世家大族从中原或走陆路或走海路辗转到南方,有在江淮闽粤生根落脚,有的还到了越南交趾等境外地区。如公元 4 世纪初西晋灭亡时,晋皇室司马氏以及北方世家大族不断渡江南迁,如琅琊王氏、陈郡谢氏、河内向氏、鲁地孔氏等等,这些大家族还长期把持了东晋南朝的重要机构和重要官职。后来唐宋时期的安史之乱、靖康之乱时也有皇室成员及大臣南迁到赣浙等地。此外,还有因天灾的生存迁移,可能还包括人口、环境、瘟疫的问题,人们由于受到战乱、天灾、瘟疫的威胁,只好迁移他乡,从中原到边地,从平原到山区,从内地到海岛。有时在大的战乱瘟疫之后,某些地区出现了人口真空,或有大量无主荒地,朝廷为了解决税收、户籍等问题,采取了一些措施,鼓励迁移。如清初的“江西填湖广”、“湖广填四川”就是当时大规模的移民活动。在北方还有“闯关东”、“走西口”。这些移民活动中,姓氏也就跟着到达相应的地方,形成了“洪洞大槐树”、“麻城孝感乡”等源头、祖籍之说。其四,少数民族的内迁及本土民众移居海外。由于经济、气候的原因,生活在漠北高原的少数民族,自秦汉以来不断南下进入中原地区,如两汉时少数民族内迁的情形一直持续,不少北边的少数民族甚至远在中亚者,陆续迁移到内地中原,还有的少数民族入主中原成为统治者。少数民族在这一过程中,自觉不自觉地接受了汉族文化,包括使用汉族姓氏,有的使用原家乡地名,有的使用新地名为姓氏,中亚来的民族有用故国名称康、安、曹等为姓,有的把原来多字节的简化,如独孤为杜,布陆孤为陆、拓跋为元。受南迁中原人的影响,南方的少数民族也用了汉族姓氏,如贵州布依族的一支用莫姓。还有和亲的因素影响,一些少数民族因与汉族和亲而用汉姓,匈奴贵族曾经与汉皇室联姻,故在两汉之后多用刘姓。此外,在境外,中华姓氏也有发展,东亚不少地方长期受中华文化圈影响,朝鲜半岛和越南曾经一度为中原版图,后来也是中国的臣属国,中文曾在其历史上长期使用,而且中原也有人移民而去,如殷末卫氏到朝鲜,所以,这些国家和地区的姓氏与中原地区十分相似,如朝鲜半岛的柳、张、赵、李、郑、孔、车等姓氏,越南的陈、吴、黎等姓氏与中原地区有一定的关系。据说韩国孔姓多称已为孔子的后裔。在古代和近代,我国东南沿海地区,由于天灾人祸或者人多地少的原因,不少人移居南洋地区,他们的姓氏也就流传到这些地方,如不久前去世的菲律宾前总统阿基若夫人,就是来自闽南许氏家族的后人。

2. 秦汉至明清中原姓氏南迁

在中国古代,由于战乱、灾荒等原因,中原地区的人们(先称之为华夏人,后称之为汉族人)不断地向生存环境较好的南方地区迁移,从秦汉一直到明清两千多年未曾间断过。中原民众的南迁,早在秦汉已开其先河。秦灭六国统一天下,在全国范围内有不少大规模的人口迁移,其中征派人"南戍五岭",修灵渠伏百越,都有许多中原人。两汉时期由于农民起义、饥馑灾荒,特别是东汉末年的军阀混战,中原人士南迁不少。而魏晋南北朝则有两次影响极大的南迁活动,一为西晋末年的"永嘉之乱"。"永嘉之乱,衣冠南渡"。这一次人口迁移历时之长,迁入地域之广,迁徙人口之多,在历史上相当有影响。据专家考证这一段时期的南迁,中原地区的人们大多分别到达今天的湖北、四川、江南等地,晋王朝在南渡后又重建半壁河山。为了安置北来之人,东晋朝廷专门设立了侨州侨郡侨县。另一次则是北方少数民族从漠北进入黄河流域,特别是北魏孝文帝迁都洛阳之举。

在安史之乱前,北方仍然是经济文化的中心,尤其是长安、洛阳。安史之乱给中原人民带来了深重的灾难，"两京躁于胡骑，士君子多以家渡江东"。当时中原百姓南迁分布较为广泛，有的迁至湘湖荆州，有的到吴越会稽，有的来到巴山蜀水，也有到达岭南地区。在之前光州固始人陈政陈元光父子奉朝廷之命到漳州，当时随陈氏父子入闽的中原人相当多。北宋的"靖康之变"，大批中原士庶随宋皇室（赵构）渡江南下，迁往江宁、镇江、杭州等地，故今江西、浙江、广东、福建等地有大批中原人士居住，形成客家人这一汉民族的分支。明末清初也有过中原人士南迁之举，不仅在大陆，还渡海到台湾等地。"根在中原"、"根在河洛"已成为台湾人的共识。连横先生说："台湾之人，中国之人也，而又闽、粤之族也，若再溯及远祖则皆来自中原。"在那漫长的岁月里，中原人与南方土著居民一道"筚路蓝缕，以及山林"，为中国南方（包括台湾）的开发，做出了重大的贡献，他们把自己的姓氏、自家的祖宗牌位一同带到了新的家园，同时也不忘祖籍，不忘其根。

三、姓氏文化在今天的影响

世界上许多古老的文化甚至连同创造它们的民族都销声匿迹了。而古老的中华文化尽管也历经磨难但始终在延续和发展，而中华文化中的一个重要组成部分——姓氏文化也是应当引起人们关注的。中国姓氏文化历史悠久，内涵丰富，它的形成、发展和演变，是构成中华民族文化的一个重要内容，在今天的社会中仍有其影响。有人说，姓氏的传承充分体现了中国文化的统一性和连续性。

1. 姓氏文化中的和谐思想

中国传统文化思想的一个十分重要的特征就是讲和谐。尤其是儒家的和谐观，强调家庭和睦、政和国治、万邦协和、天人合一。姓氏文化首先对家族制度作了巩固。大家知道，家族制度作为人类社会早期国君的出生胎记，已是不争的事实，在从原始社会向具有了国君的阶级社会过渡中，作为父系氏族公社的最终产物，家族制度为人类的阶级分化做出了贡献，且顽强地坚持到了国家建立的文明时代，不过世界上大多数地区，在文明时代真正确立时，家族制度也就完结了，然而在中国则有其特殊性，形成一种家国不分，和谐融洽、君父合一的国家统治机构。有人认为，如果没有对血缘群体力量的高度依赖，中国古代家族制度以及姓氏文化就不会显得那么突出。从中国古代血缘群体的生存环境来看，正是因为生存环境的恶劣强化了群体的凝聚力。生存环境愈是恶劣，个体的独立性生存就愈加困难，群体对于个体生存所具有的价值就愈加突出。我们都知道，以河洛地区为中心的黄河流域是中国古代文明的摇篮，中国上古时代以农耕立国，以治水为要。这说明在那个时候水、旱之灾是相当频繁的，这从中国古代神话传说中就有反映，如"女娲补天"、"后羿射日"、"大禹治水"等。而且农业生产时令性强，时令性强也加剧了生产劳动的强度及紧张程度，所以治水、抗旱、耕种、收获都需要集体协作性的劳动。由于生产力水平的低下，在氏族、部落内部尤讲团结、合作，以至后来的许多家族中的家训都十分讲父慈子孝、兄弟和睦，甚至在宗族、邻里关系上也讲和睦相处。《颜氏家训》、《朱子家训》包括曾国藩后来所写的家训都谈到和谐。主张"父父子子、兄兄弟弟，元气团结"。作为中国人十分看重自己的姓氏，"物以类聚，人以群分"。姓氏是区分人类血缘和种族关系的文化符号，一个个姓氏把一个个不同的家族群体区分开来。对于任何人类个体，姓氏都与生俱来，与我们的生活息息相关。姓氏对于中国人来讲，不仅仅是一种符号，更是一种代代相传的文化徽章。中国人认为姓氏是祖宗所赐，对于一个家族来说，姓氏就是凝聚一个族人的重要力量。在中国，一个宗族（家族）通常表现为一个姓氏，并往往聚族而居，有宗子（族长），还有宗族成员，并有族产（主要是土地）、族谱（也叫家谱）、祠堂、族规，讲究"生相亲爱死相哀痛"的和睦、和谐，向族人灌输"根"、"源"之意识，保护族人的利益，保证家族不至于因世代长久而离散，这种和谐精神与姓氏联系在一起，首先要让一个姓氏内部团结和谐。

2. 姓氏文化与中华民族的凝聚力

一个民族必须有资源的凝聚力和向心力，否则就会被同化以至消亡。维系一个民族的凝聚力和向心力，文化认同是一个十分关键的因素。在中国的传统文化中，包括了姓氏文化在内的诸多因素。而中国的姓氏文化除了血缘认同之外，还有一个很重要的方面，就是文化认同，寻根认祖就是一种民族文化的认同。在中国人的观念中，特别注重乡土情、亲缘情，讲究不忘根本、尊祖敬宗。在姓氏文化中，对一个姓氏、一个家族的起源、发展、演变、延续的研究，同样体现了人类进化的规律，社会发展的进程，通过对中华姓氏的研究，可以了解几千年来，中国社会形态的演进、中国社会的发展与变革、中国的民风民俗。姓氏文化在今天的重要作用就是凝聚了全球华人的文化认同。从姓氏文化也可以反映中华文化、民族血缘强大的凝聚力。有人说,中国人的姓氏如同血脉,世代相传,始终维系着中华民族这一大家庭的生存。还有人认为,由于姓氏文化体现了族群整体观,在政治上,衍生出大一统的观念,讲"天下一家",有利于弘扬爱国主义精神。几千年来,中华民族始终没有解体,没有屈服,形成一股坚忍不拔的力量,一脉相承的民族精神,始终影响着中国社会的发展和祖国的统一,全球华人同文同种、同根同源、同山同水,共同的文化、共同的血脉、共同的心理、共同的土地,才形成了共同的民族。所以,姓氏一直是代表着中国传统观念的主要的外在形式,以一种血缘文化的特殊形式记录了中华民族的形成和发展。在中华民族文化的发展和中国国家的统一上起了独特的民族凝聚力的作用。

3. 科学理性地对待姓氏文化

中国姓氏文化十分长久,从原始社会末期一直到今天。从整个发展过程来看,中国姓氏文化属于中华传统文化的一部分,在中华民族发展历史上起了相当关键的作用,特别是对中国人的民族意识、民族习惯、民族个性的影响更大。但是它毕竟是旧时代的产物,姓氏文化中的负面因素我们还是要引起注意。其一,狭隘的宗族(家族)观。由于聚族而居,因为各种原因,不免与其他姓氏或者说宗族有交往及冲突,在宗姓冲突中,往往有一种"非我族类,必有异议"的思想,所以宗族居住地还有防御功能,东汉田庄中堡坞、魏晋南北朝庄园中的城堡,在赣闽粤地区今天还有的土楼。宗族之间又有矛盾冲突引起的械斗为族姓械斗,这种械斗有时流血伤亡极为惨重,在今天一些农村地区还有。此外还有家法、族规,并成为封建法规法律的补充,族长(宗子)是这一族的君主,在本族内的权力相当大,他可以对家族成员按族规进行奖惩,这在古代社会可以起稳定的作用,但与现代社会的法制精神格格不入。这也是后来毛泽东曾经批评的族权。其二,等级尊卑尤其是对女性的歧视。姓氏文化下的宗法制度讲的就是孔子概括的:亲亲、尊尊。并且形成各个等级。中国的姓氏产生于母系时代,但姓氏文化却形成于父系社会并代表着父系社会,讲究的是以父系血缘为纽带的世系延续。所以在一个姓氏之内要区分尊卑长幼,规定不同地位的成员享有不同的权利和应尽不同的义务。周公的周礼将这一切规范化了。在这里排斥了女性的一切,讲的是父子、兄弟、叔伯、子侄,在家中重要的是父子关系、兄弟关系,没有谈母子母女姐妹等关系,女性只是男性的附属。在族谱上,只是作为男性配偶的女子才可以记上一笔,女儿则不予记载,所以中国人尤其重男轻女,连孟子也说"不孝有三,无后为大"。严重影响中国人的生育观,许多东西是不可以传给女儿的,女儿只是家中的累赘,故"在家从父从兄,出嫁从夫,夫死从子"。嫁到别家的女子只是一个传宗接代的工具而已。这种思想在今天还有市场。其三,忠孝观的变异。儒法两家都讲忠孝,君父为大,忠孝是中国人最高的道德标准。但在统治阶级的片面鼓吹倡导下,往往是一种对君主、父权 的绝对服从和盲从,导致愚忠愚孝,叫做"君要臣死,臣不得不死,父要子亡,子不得不亡"。造成人们人身依附观念和盲从的意识,也缺乏主题意识,缺乏自主自立的精神,多为尊祖崇古,不思变革而保守等,这些在客观上阻碍了社会的进步。

总的讲,姓氏文化属于中华传统文化的重要组成部分,具有世界上其他民族姓氏文化所未有的鲜明特色。姓氏文化在中国社会历史发展过程中起了相当重要的作用,但它毕竟产生在旧的时代,也有许多负面的东西,我们要以批判继承的方式来对待,摒弃其糟粕,吸收其精华,把一些旧的方面赋予新的内容,发扬其爱国主义、民族凝聚力、文化向心力的优良特色,推动中国各地、全世界华人华侨的文化认同。促成国家经济文化的健康发展,促成我们这个社会的和谐有序,促进祖国统一大业的早日实现,特别是实现我们中华民族的伟大复兴。

参考资料:

1. 朱贻庭:《儒家文化与和谐社会》,学林出版社,2005 年。

2. 任崇岳:《中原移民简史》,河南人民出版社,2006 年。

3. 刘广明:《宗法中国》,上海三联书社,1993 年。

4. 王建辉、易学金:《中华文化知识精华》,湖北人民出版社,1989 年。

5. 朱哲:《中国文化讲义》,武汉理工大学出版社,2006 年。

6. 吴灿新:《中国伦理精神》,广东人民出版社,2007 年。

(作者为湖北黄冈师范学院政法学院教授)

河洛文化与姓氏文化的当代价值与省思

（台湾）胡东隆

前　言

有关河洛文化凡叙述与论文,其博大精深之内涵,早已遍及各大学术研究单位,堪称是世界上最适合人类生活的主义,河洛姓氏文化,由早期母系社会开始延伸进化,人类个体之诞生无论男女皆由母体诞生,在汉字里所谓女生二字会意之后即成为姓,最初河洛人们都依其母亲从母而姓,透过历代繁衍与进化过程,人口数量逐渐增多,由于环境与食物寻觅肥沃土地,人口逐渐向外辐射移动与扩张,由于家族性与生活方式之差异,心性相同者逐渐群聚而居形成人类最早的部落,历经5000年的逐鹿中原,由当时的无数部落,经过通婚融合与生活方式的磨合与冲击,逐渐形成以姓氏为国号的区域国家,历经5000多年前的炎黄时代是华夏文明的初步形成时期,经过夏商周等时期的发展而日成,河洛地区是华夏文化的发源地之一。以河洛地区今洛阳为中心向外辐射,以陆路方式传播到东南西北各地区,再与当地文化融合与扩张并在长期的发展过程中,也与北方游牧民族交流、融合,中华文明的地域范围逐渐扩大。因此中华文化成为全中国的民族文化的统称。发展至今已俨然成为完整融合之强大世界民族之一,自古以来所谓修身、养性、齐家、治国、平天下,其中齐家是指家族到齐,通常家族都以能达到五代同堂为重任,世代传承,以父传子子传孙之家规中法,历代传承以家规训示后代子孙,形成孝亲之道,着重伦理,以巩固家族,亦鼓励晚辈子孙成年后,与外邦通婚,就人类遗传学而言,姓氏文化与家规训诫早已规避掉人类因近亲配种所产生的后代疾患,明显符合人类生理发展,而河洛文化历经五千年演化至今,失去了什么又多了些什么,值得在座能人贤达共同研究与讨论。

姓氏之由来与起因

探讨河洛姓氏文化,应当由最初人类两性生活论起,人类为了能够舒适自在地在大地生存,累积生活经验,尽其所能哺育繁衍下一代,进而将其生活不断改善,敬天礼地的天然智慧,世世代代传承,姓氏是表示一个人的家族血缘关系,亦是一个家族的的符号。系指同一个祖先所繁衍之后代,统称宗族。姓氏与人名连接构成我们现在所使用的姓名。最早时其"姓"与"氏"不同。姓产生在前,氏产生于后。"姓"的本意是女人生的子女,在上古时代,人类还处于母系社会,"只知其母而不知其父",子女的姓是随着母亲的姓而赋予的,也可以看出那时姓"姬"、"姒"、"姜"等字的部首,都是从女字部这一特点,随时间发展到父系社会后,姓则随父亲。随着同一祖先的子孙繁衍增多,这个家族往往会分成若干支散居各处。各个分支的子孙除了保留姓以外,另外为自己取一个称号作为标志,这就是"氏"。也就是说,姓是一个家族的所有后代的共同称号,而氏则是从姓中派生出来的分支。到了秦汉以后,姓与氏合一,遂形成现代所称的"姓氏"。古时"姓"与"氏"不同。先有姓,后有氏。周朝以前,贵族除了有姓之外,还往往以属国、官位为氏。通常贵族获赐封了土地以后才立氏。

在夏商周三代,男子称氏,女子称姓。氏用来区别贵贱,贵族有名有氏,贫民有名无氏。姓则用来区别婚姻,同姓不能通婚:姓同氏不同不能通婚,而氏同姓不同则可以通婚。后来一直保持了这种传统,同姓之人通婚被视为禁忌。直到现代西化,才逐渐打破这种传统,但是在许多地方,民间仍然不赞成同姓通婚。

春秋战国时,宗法制度瓦解,姓氏制度亦随之变革。这时氏开始转变为姓。战国以后平民也有姓,姓遂成为民众的通称。这反映了贵族的没落,平民地位的上升。秦汉以后,姓与氏合一,遂合称"姓氏"。

姓氏的重要性

姓氏最早起源于部落的名称或部落首领的名字。它的作用主要是便于辨别部落中不同氏族的后代,便于不同氏族之间的通婚。因此姓氏的产生,标志着从群婚制到以血缘关系的婚姻制的转变,是人类文明进步的一个重要里程碑。

汉姓的起源

据史家的研究,姓起源于五六千年前的母系社会,沿自部落的名称或部落首领的名字。因此,最古老的姓大都是从"女"字旁,如姜、姚等。姓的作用主要是便于辨别部落中不同氏族的后代,以利彼此通婚。氏的出现据称早在传说中的皇帝时代即有,而在信史中则见于周朝。周朝初期,周王大规模分封诸侯,此后这些诸侯国的后人就以国为氏。诸侯又分封领地的官员,这些官员的后裔就封地为氏。据研究,现今99%的汉姓都是从此时的氏演变而成的。

汉姓的形成

汉姓的形成来源众多、情况复杂。总括有以下几种:

来自出生地、居住地、封国、封地:如赖姓、陈姓、冯姓、鲁姓、杜姓、谢姓、吴姓、董姓、蔡姓、吕姓、赵姓、周姓。

来自先人的名字、庙号、谥号:如张姓、潘姓。

来自先人的爵位、官职:如史姓、上官姓、司空姓、司马姓、司徒姓。

以职业、技艺为姓:如陶姓、商姓。

以事为姓:如松姓、谭姓、严姓、许姓、窦姓、莫姓。

次第:如伯姓、孟姓。

帝王赐姓:如郑姓、朱姓、李姓、赵姓等。

少数民族汉化:如胡姓、元姓、刘姓、金姓等。

因避讳、迁徙改姓或音变、形变而得的姓氏:如求姓、邱姓(因避讳孔子的名"丘")、诸葛姓。

动植物:杨、牛、马、柳、燕

以地为姓:如林、江、蒙

以数目字:陆、万和伍

台湾原住民汉姓

清代于1758年对平埔族人"普赐汉姓",后来中华民国政府于1940年代中期～1950年代,颁布《修正台湾省人民回复原有姓名办法》、《姓名条例》及《姓名条例施行细则》(1953年公布实施)等强制性法源依据,以"到府办理"的强迫方式,将归籍户政的台湾原住民,全部以"任意分配"方式改为汉姓、汉名。也就是,以汉姓姓氏为主、"国语辞典或辞源、辞海、康熙等通用字典中所列有之文字"为名字命名准则的该户政姓名登记命名实务,其台湾原住民姓氏更动,普遍以户政人员及户政单位任意分配为主。因未臻详细规划与制订相关细则,1950年代期间,台湾原住民族群间大量出现了以"高"(取名依据来自高山族)、"潘"(河流+番)、汤(河川)、杨(大树)、石(山川)、巫(女神)的新姓氏不合理现象,也造成因为不知情情况下的"友亲"(近亲联姻)困扰。因普遍未征求登记命名者的此命名方式涉及命名文化衰落,1980年代中期之后,恢复台湾原住民命名规则与振兴台湾原住民命名文化成为该运动主轴之一。他们认为平埔族群已近消失,如果台湾原住民藏起自己真正名字,台湾各族原住民将与平埔族相同被汉化而灭绝。

姓氏迁移之影响

永嘉之乱以后,华北长期陷于战乱,晋室政权南下,改都建康,建立了东晋。原先在中原地区的士族、知识分子、农民、手工业者、商贾等也纷纷逃亡到南方去,他们极大地促进了当地的经济和文化发展,使江南地区日渐富庶和繁华,最终在南北朝时期取代中原而成为全国的重心。

一般较普遍的说法,现代闽南的鹤佬人的始祖,来自于此时期南迁的中原人士。而客家人的始祖,来自于宋朝靖康之难后。

迁到南方的中原部族与当地的人民和百越各族相结合,形成了一种包含江南特质的新兴文化;六族(汉族、匈奴、鲜卑、羯、羌、氐)之间进行了长期混战和屠杀,到五胡乱华的后期,除汉族和鲜卑族外,羯、羌、氐、匈奴中的白奴几乎被完全屠杀殆尽,鲜卑族拓拔部最终取得政权建立北魏,而在北方取得了政权的胡族,由于自身没文化而受到汉文化的影响很深,逐渐的开化。

这一时期,虽然是中原境内的各民族互相攻击和民族矛盾阶级矛盾十分激烈的战火纷飞的乱世时期,但是同时也是不断的互相影响和交往的时期,为之后隋唐五代时期的发展,创造了一定条件。

河洛文化觉醒面面观

食

靠山吃山,靠水吃水,是河洛民族顺乎天地,礼敬万物的饮食习惯,饮食以温饱为主,食物共享,珍惜而不浪费,用餐顺序讲究敬老尊贤,所用食物及材料自给自足,或采自天然,并加以热食为主要。反观西方饮食习惯,尤其在西方工业革命之后,泛生出人工添加香料与化学防腐剂,所谓包装食物大举出笼,尤其发明制冷设备之后,冰品饮料更是如黄蜂过境般,大举并吞人们的味蕾,略懂中医养身者皆知,饮用之食物应规避寒冷凉气以保身之道理(此理将在以下有关医学章节处叙述),诸位可知为何河洛先民甚至历代祖先,教育晚辈不食牛肉之理吗?或许各位都懂得中国人务农,牛耕田辛苦,长久相处有感情之语,但真正的河洛智慧,请读者继续往下看便知,河洛先人的智慧远及敬天礼地,与爱护地球之情超已达 5000 年之久。西方人以牛肉为主食,大量饲养牛群,殊不知大量饲养牛群,从小饲养到大之过程,牛群排放出大量的粪便中,含有一种气体叫做甲烷,以下是一篇来自联合国粮食与农业组织的报告:

UNFAO(联合国粮食与农业组织)在 2006 年 11 公布的报告中指出:

造成全球温度不断升高的主要废气来源

其实是人类饲养的牛群所放的屁……

单单牛群放屁的温室气体排放量,就占全球总排放量 18%……

比人类汽机车、飞机等交通工具排放量还高……

按个别气体来看,牛群排出的二氧化碳占总排放量 9%

甲烷排放量占全球三分之一(甲烷暖化地求速度比二氧化碳快 20 倍)

一氧化碳占全球三分之一

阿摩尼亚(氨)占全球 64%

这个报导真的是太劲爆了

那未来恐怕要研发出生物体适用的 CCS 技术……

纽澳两大"畜牲"国家,曾经试图对国内畜牧业收取"屁税"

但最后终告失败

也有人试图研发新饲料,降低畜牲排放甲烷的量,但最后因成效不明显也终告失败。

　　暖化问题迫在眉捷

　　火车头效应迟迟未显

　　人类命运将会如何

　　请大家拭目以待

　　以上讯息足以验证河洛先民之智慧远及天地人之间，不贪口福之欲，敬天礼地了5000年，可别因过度西化而毁掉先人的努力。

　　衣

　　衣着所用材料，无论富贵贫贱，皆来自天然材质，以保暖为主，在古代，中国是唯一种桑、养蚕、生产丝织品的国家。西方学者考察，公元前5世纪希腊艺术中一些雕塑女神所穿衣服都是柔软精细的丝质面料，由此考证在公元前5、6世纪，中国丝绸已经传至地中海沿岸国家。因此，中国丝绸不仅是一种服装面料，同时它代表着中国古代的文明和服饰文化。为早期世界服装的发展做出了重要贡献。

　　但是古代气温应该是比现在还要冷的，加上穿的衣物是丝织品不太可能做得很厚实，应该都是薄薄的一层，所以长袖应该比较符合当时的需求，也有使用麻布衣物，为了平日的工作方便，反观西方工业化之后，大型机器开采石油提炼化学纤维，各种所谓高科技布料，生产背后耗掉多少地球资源，讲究潮流的追求，使衣服变成次一种耗品而不予以珍惜使用，过度的浪费已是西方追逐流行的穿着时尚，更别说是现代年轻学子，仿效西方的穿着，男女不分的穿着打扮，尽是崇尚个人主义作祟，俨然违背了河洛先民克勤克俭的美德。

　　住

　　河洛人的居住建筑，就材料而言皆就地取材，黄土加糯米稻草打成夯土，或有木质或岩石烧制砖窑等等，作为建筑材料。无论富贵贫穷，所居环境皆不离天然花草树木与河流，且建筑设计依循日落日出之方位及风向考虑，并以通风为主要原则，而日常如厕之知所（厕所）则放置于屋外，敝人分析以下先人居住智慧如下：

　　河图洛书当中的太极图腾，一般在台湾都只是当成宗教图腾看待，有点可惜。其实太极图腾，诸位可以把它当成是一个简显易懂的作息规范，当成是一个时钟,一般的时钟,时针转一圈为 12 小时,两圈即为一天,假设在太极图腾的中心点,放置一个转一圈为 24 小时的时钟机蕊,当时针走到太极图黑色与白色交接点时,就是白天准备变晚上,大约是下午 6 点(黄昏),这时大地上的植物纷纷转换,吐出二氧化碳,人们吸取二氧化碳,自然好睡安眠,再当时针走到太极图白色与黑色交接点时,就是晚上准备变白天,大约是早上 6 点(清晨),此时大地中的植物因为光合作用,转而吐出新鲜氧气,人们的身体因为逐渐接触大量氧气,所以能够自然从睡梦中苏醒,所以河洛建筑所讲究的通风,实为一种适合人类居住的养身环境。

而反观现代西洋式住宅,自从百年前,西方人发明冷气与电灯之后(所幸电灯与冷气非中国人发明)人们生活规律大变,尤其近代年轻人,入夜不眠比比皆是,入夜点灯似乎已成为一种戒不掉的生活坏习惯,大量耗电的后果,将是人类毁坏地球环境的元凶之一,因为居家所用电力来自发电厂,发电厂燃烧石油或煤矿发电,途中产生大量的二氧化碳与二氧化硫,二氧化硫和二氧化碳的射出物会引起呼吸方面的问题,例如哮喘、干咳、头痛和眼睛、鼻子、喉咙的过敏。对人类而言,酸雨的一个间接影响就是溶解在水中的有毒金属被水果、菜蔬和动物的组织吸收。虽然这些有毒金属不直接影响这些动植物,但是吃下这些动物却对人类产生严重影响。例如,累积在动物器官和组织中的汞与脑损伤和神经混乱是有关联的。同样地,在动物器官中的另一种金属,铝,与肾脏的问题有关,近来也被怀疑与老年痴呆症的疾病有关。与其天然雨水化合之后形成酸雨。酸雨会影响农作物稻子的叶子,同时土壤中的金属元素因被酸雨溶解,造成矿物质大量流失,造成近百年以来每逢大雨,因为土壤松动,形成泥石流,严重影响人类生活安全。酸雨也使植物无法获得充足的养分,将枯萎、死亡。但土壤中因酸雨释出的金属也可能为植物吸收造成影响,因此,酸雨对植物、农作物、森林确实影响甚大。白天之气在古代称之阳气,夜间之气称之阴气,所以人们一天之中因着阴阳之气中庸调和,心性顺呼天地自然,而人们饮食消化之后所排放的粪便,称之秽气,因为秽气影响人体健康(请参阅中医典籍),所以建筑布局在房舍以外之处,称之厕所。反观现代西洋式建筑,厕所大都放置家中屋内,甚至所谓套房之中,与睡眠养神之处近在咫尺,实为一种完全背离养身之居住方式。所谓修身养性尔后才能齐家治国平天下,没有强健的身体,如何能养性齐家?

行

河洛人对于交通工具之建构与使用，皆以天然材料用之，近水乘舟船，陆行以大型动物牵拉或驾骑，但大多数人们一生之中活动范围不大，且多以上天所赐双脚步行，所行之工具除了有养身之功效，亦不对大自然构成直接威胁，实为人类在这片大地生活的理想模范。而反观其近代过度西方工业化之后，由于发明燃油蒸气机及引擎，飞机、轮船，火车，汽机车，相继在一百年之中瞬间出笼，所耗燃料，已成为近代地球最大存亡课题，不容忽视，人们也因为过度移动旅行或经商，使得现代人类已渐渐失去天然自在的安逸生活，值得你我深思。

婚姻

在未西化之前的华人婚姻，大多由父母堂上决定，过程中所用的文书，包括聘书、礼书和迎书。"六礼"是指由求婚至完婚的整个结婚过程。"六礼"即六个礼法，指纳采、问名、纳吉、纳征、请期和亲迎，这就是古代的结婚过程。而在台湾二十年前，依稀有宴请礼俗，整个传统婚姻习俗礼仪通知了亲属邻里，以取得社会的认可和保障。除此之外，传统婚姻习俗礼仪使结婚的夫妇取得祖先神灵的认可和承担履行对父母及亲属的权利义务。

而仿效西化之后的婚姻，则由法律注册与管制，通常男女之间一旦达到所谓法定年龄，便可直接前往法院公证即可，已逐渐失去正统礼俗，现代为人父母或公婆，渐渐不再受晚辈所敬重，此景因着婚姻西化独立渐渐形成，自古有云：清官难断家务事，而现在人的婚姻，一但双方有所争执或冲突，通常做父母的以无权过问或规劝，势必使原本为夫妻的男女必须早向法庭裁定是非恩怨，婚姻概念过度仿效西方，使得留有东方传统血脉的现代华人，因着东西文化相异的碰撞，使得婚姻演变成不再相互扶持甚至白头到老。而昔日家庭五代同堂的景况已不见踪迹，反而代沟现状与日俱增，家庭是国家的基本结构，不能因西化而瓦解，就以现在西化过度的台湾社会而言，单亲家庭诚然已逐渐成为社会问题，不容忽视。

医学

神农氏尝百草以来，历经世代祖先经验传承，汇集古人智慧，产生《本草纲目》等重要医典，其驱寒避热使其中庸之道理，契合人体与周之论述，阴阳虚实调整合谐理念，已深植居家生活起居格局，与饮食习惯，更涵盖到日常娱乐之中，在此谨以古代五音与五形之间的奇妙音疗，做简单报告，古人农忙之余，皆聚集地方宗祠寺庙,常有锣鼓钹,唢呐二胡等乐器,透过乐器演奏过程,将其发出的音波与频率震动,透过听觉或体肤刺激人体五脏六腑,来做辅助养身之功。

宗教

河洛民族,最早以敬天礼地为生活准则,而先人将其生活经验传承后代子孙,或结绳记事,或篆刻龟甲文,或以石刻竹刻等,世代传承,而子孙为感怀先人的恩德与养育恩典,最早即以血亲姓氏为主要祭拜对象,因孝亲而形成礼敬祖先的祭拜活动,流传至今历久不衰。当然河洛人也讲究尊贤之德,凡此人生前有贤良忠义之行,也都会受到当时人们立碑或建庙礼敬。而无论民族以外的宗教,如回教佛教甚至基督教,也因河洛文化的包容力与之融合,随着时间与先民智慧,也逐渐成为民间信仰,然而看世界宗教,最初是以崇敬贤达先知,而跟其所行或所学,但几千年来的宗教理念分歧,就印度教而言,由最早期的大乘小乘,再由大乘分演成显宗与密宗,而再由显宗分歧出净宗与禅宗,当然密宗也因为人们个人理念又演分出红教黑教花教黄教白教等各教派别,这样分派的理念形成,除了个人理念相异,也因为西方民主的理念横行所致,其中唯一不受西化的祭祖,依然保存于现代华人,然而却有部分华人因效行西化,也亲信基督教,进而停止对祖先的祭拜,实为现代华人断根之忘本无知,不足效法,当然也有其他贪图名利之人士,用其国人固有之神像信仰或理念信仰,拿着养身功法,仗其西方为靠山,大张旗鼓广纳信徒,使其原本的敬重与追思的礼敬,逐渐消失,转而倡行宗教偶像之英雄主义崇拜,这些都是受西方民主主义影响,所造成的极端现象,有待华人省思。值此民主西化之乱象中,如何匡正河洛华人对祖先之追思寻根,实为当前最重要的探讨与改进。

结语

综观上述比对,不难发现河洛文化的生活哲理,实为世界人类生活方式之效仿与觉醒,沦落于西化现象与过度工业发展的当代河洛子民,身处贪婪西化民主之中,于现实生活中隐忍痛苦而不自知。敝人从事因果玄学研究工作,经年累月开放个人时间,协助一些为生活中受困惑之来访访客,十年之中所经手之个案,诸如家庭,婚姻,身体健康,以及子女,甚或宗教迷信等问题,综观其原因皆不离西化而不自知,其解决诸多困惑之法不外乎以河洛生活法则与易相,配合其顺乎自然之法,题以中庸之道诱之,并列举有关近百年全面西化,泛生出的过度工业化,所造成的种种东西方文化碰撞之迷思与觉醒,十年下来小有心得,今适逢贵单位有心开办此一研讨会,敝人文疏学浅,期望咱们河洛文化能落实到华人生活之中,如愿先民期盼。

（作者为台湾中华河洛文化研究发展协会理事）

试论姓氏文化的当代价值

刘玉珍

　　姓氏文化是中华传统文化中最具民族特色的组成部分,它以姓氏、家庭、家族、宗族为主要研究对象,内容涉及姓氏的起源、发展和演变,姓氏与重要历史人物,民族关系,民族信仰以及文物、文献资料等诸多领域。作为历史研究的一个重要分支,姓氏文化在民俗学、社会学、人口学、文志学、民族史、文化史、经济史等方面都具有十分重要的价值。而姓氏文化所具有的当代价值,则主要体现在展现地域文化特色、发展多元文化产业、凝聚中华民族精神这三个方面。

一、展现地域文化特色

　　“地域文化专指中华大地特定区域源远流长、独具特色,传承至今仍发挥作用的文化传统。”①源流绵长、特色显著的姓氏文化是地域文化的重要组成部分,其展现出的正是地域文化中的精华所在。

　　因地域文化的不同,各地姓氏文化各异。以河南为例,其姓氏文化的特点主要体现在根源性方面。夏商周时期是中国古代历史上一个社会大变革时期,亦是中国姓氏文化起源、发展与融合的重要历史阶段。“三代之居,皆在河洛间”,②“昔唐人都河东,殷人都河内,周人都河南”③,居在河洛、都于河洛,则赐姓命氏亦在河洛。其中夏“禹为姒姓,其后分封,用国为姓,故有夏后氏、有扈

---

① 唐永进:《繁荣地域文化,促进经济社会发展. ——“地域文化与经济社会发展研讨会”述要》
② 《史记·封禅书》
③ 《史记·货殖列传》

氏、有男氏、斟寻氏、彤城氏、襃氏、费氏、杞氏、缯氏、辛氏、冥氏、斟戈氏";①商"契为子姓,其后分封,以国为姓,有殷氏、来氏、宋氏、空桐氏、稚氏、北殷氏、目夷氏";②周"武王克商,大封同姓五十有三国,而文武之胙又三十有二,故姬于诸氏中最为蕃大。但古初质朴,称名不复冠姓。又,诸国之后,皆氏于国,支分派别,散为众姓之祖"。③ 由此可见,"河南是中华姓氏的摇篮,中华姓氏无论肇始与大量衍生都与中原关系密切。《中华姓氏大典》中的4820个汉族姓氏中,起源于河南的有1834个,占38%;在当今的300大姓中,根在河南的有171个,占57%;在依人口数量多少而排列的100大姓中,有78个姓氏的源头与部分源头在河南"。④ 作为姓氏资源的第一大省,中华姓氏文化植根中原,加之近年来河南经济的快速崛起,使海内外迅速掀起了一股寻根谒祖的热潮。据侨务部门不完全统计,近20多年来河南省共接待过来自30多个国家、人数达30多万的寻根谒祖团,世界陈氏、世界郑氏、世界谢氏等宗亲总会都曾多次组织世界各国相关宗亲团体来河南寻根祭祖。在祭祖寻根的背后,更多体现出的是海内外炎黄儿女对于中原文化的回归与认同。

姓氏文化是地域文化重要组成部分,是地域文化特色的一种外在表现形式。因此,在对待姓氏文化与地域文化的关系上,不应舍本逐末、厚此薄彼,应该以姓氏文化为载体,逐步发掘地域文化蕴涵的深层价值和多元潜能,更好地为树立地域文化、打造文化品牌服务。

二、发展多元文化产业

文化产业是在全球化的消费社会背景中发展起来的一门新兴产业,被公认为21世纪全球经济一体化时代的"朝阳产业"或"黄金产业"。在新的时代条件下,姓氏文化作为一种文化现象、文化资源,其具有的价值,不仅是宗族联系的纽带,更是一种能够依托姓氏为基础而发展的多元化文化产业。从目前的发展趋势上看,姓氏文化产业主要集中于寻根活动与文化创意两方面。

---

① 《史记·夏本纪》
② 《史记·商本纪》
③ 《氏族典·四五》
④ 徐光春:《中原文化与中原崛起》

　　寻根是人类的天性，是中华民族的优良传统。事实上，姓氏寻根是一种文化寻根，是以姓氏为纽带所进行的文化活动。姓氏寻根的方法多种多样，主要有利用家谱寻根、以郡望堂号堂联寻根、以历史移民集散地和祖籍纪念地寻根等，其真正意义在于增强炎黄子孙对于中华民族的认同。因此，姓氏寻根是增强和激发民族凝聚力、构建和谐社会的基本要求，同时也是现代社会文化产业发展的需要。自改革开放以来，我国许多地区把姓氏寻根活动作为一种文化资源，进行有计划、有目的的开发利用，这样既带动了姓氏文化研究的繁荣，也为当地的旅游经济和招商引资牵线搭桥，从而有效促进了各地经济的快速发展。如近些年来河南以"万姓同根，万宗同源"为主题举办的姓氏文化节，得到了海内外华人、华侨的广泛认可与响应。中华姓氏文化节的成功举办，在海内外产生了极其广泛的影响，不仅使广大华人形成了对中华民族共同祖先的一致认同，而且使我们看到了姓氏文化本身孕育着的巨大生产力。此后不久，在全国范围内出现了姓氏文化寻根热，各地纷纷兴建姓氏文化园，举办各种拜祖寻根活动，并主动、有意识地开发各类姓氏文化产品，使得姓氏文化产业发展渐具规模。我们相信这只是一个开始，在国家和平、经济繁荣的大好环境下，以姓氏文化为代表的中华传统优秀文化会造就出更多的新型文化产业。

　　由姓氏衍生的寻根旅游、文化研究可直接对接到现实的招商引资等活动当中，但目前开设的姓氏寻根活动大多还是针对海外华人其实，发展空间狭窄。其实，姓氏文化产业发展在国内同样具有潜在的市场，这就要求我们在宣传、开展各类寻根活动的同时，还应从文化创意上入手，积极开发姓氏文化的丰厚资源，把姓氏资源转化为产业资源，把姓氏优势转化为产业优势，努力研发各类姓氏文化产品，使其成为推动地方社会生产和经济发展的支柱产业。"和实生物，同则不继"，姓氏文化产业的可持续发展还应该借鉴其他行业发展的经验，注重姓氏文化产业的多元化发展，如姓氏商品、姓氏家谱、姓氏网站等项目。有学者认为，以姓氏文化为核心的产业，今后将成为一个永久性的有中国特色的行业，姓氏文化产业的发展前景与潜力是不可估量的。据统计，目前我国有关姓氏寻根的中文网站有200多个，近年来编辑出版的姓氏丛书有10余种。不少人也做起了"姓氏"生意，开发出种类各异、内容多样的文化创意产品。姓氏文化的多元化产业发展，势必为旅游开发、文化创作、经济发展催生更多的商机，也能让更多的人尤其是年轻一代通过多种方式感知姓氏文化及中华传统文化的魅力。

三、凝聚中华民族精神

数典认祖、追宗寻根是中国姓氏文化的意识核心与精神内涵,也是中华传统文化的特性所在。姓氏文化涉及中华民族的起源、海内外华人的认祖寻根、基因资源的分布以及人口发展趋势等许多问题,深入研究姓氏文化、利用好姓氏文化资源,对于凝聚中华民族精神、维护国家统一具有十分重要的现实意义,其价值不言而喻。

中国姓氏文化之所以能够长盛不衰,是中国历史的发展特点和传统文化长期积淀的结果。中华姓氏虽然经过了数千年的历史演变,但众多姓氏同根同族,互为依存,血脉相连。姓氏文化作为中华民族最具特色传统文化,牢牢维系着中华民族这个大家庭。"克明俊德,以亲九族;九族其睦,平章百姓;百姓昭明,协和万邦。"①长期以来,中国是一个以农业经济为基础、以宗法制度为主体的国家,这就要求人际关系、家族繁衍以及社会发展的和谐稳定,在这样的一种历史背景下,产生了家族本位主义以及尊祖教宗等一系列道德规范。"家族本位主义思想,把家族、宗族看作是由同一姓氏中的各个家庭以血缘为纽带组合而成的群体,同时也是社会和国家总体结构的一个链条和环节;强调每个家庭和个人对家族、民族及对社会的伦理关系,强调敦宗睦宗为治理国家、安定社会的前提和基础。"②曾几何时,这种具有家族本位意识的传统姓氏文化,对于维护中华民族的团结统一和社会稳定发挥了一定积极的作用。对于当代姓氏文化而言,我们应该继承传统姓氏文化中的精髓和优秀成分,充分发挥姓氏文化特有的民族凝聚力、向心力,通过对姓氏文化广泛、深入地研究,在知晓姓氏来龙去脉的同时,更进一步的了解族源、姓史以及中华民族的根之所在,以此增进两岸三地以及全球华人之间的交流互信和文化认同,使其成为中华民族励精图治、自强不息的精神动力与意识源泉,为弘扬传统文化出智出力,为社会主义文化建设献计献策,为中华民族的振兴崛起做出巨大贡献。

(作者为河南博物院研究员)

---

① 《书经·尧典》
② 杨青:《姓氏文化的历史意义和当今价值》

中华姓氏文化历史变迁及其当代价值

唐金培

　　姓氏是人的符号标识,也是唯一能超越时空表明人们血脉传承的印记。中华姓氏文化是我国传统文化的重要组成部分。早在上古时期,"姓"和"氏"是两个不同的概念。"姓"起源于母系氏族公社,是氏族的代称。"氏"是"姓"衍生出来的分支,"氏"在父权制建立后才开始以独立的面貌出现在历史舞台上。源远流长、博大精深的中华姓氏文化生动具体地反映了我国历史上的社会形态演进、文明起源、民族融合、中外交流以及历代政治、经济、文化与社会习俗的发展与变革。新的历史时期,加强姓氏文化研究不仅有利于强化民族凝聚力,早日实现祖国统一,而且有利于协调社会管理,促进社会和谐。

一、中华姓氏文化的变迁轨迹

　　随着社会的发展和时代的进步,中华姓氏文化也在不断地发生变迁。"姓"与"氏"从起源、并存到合二为一,再到当今的新变化、新趋势,穿越几千年的时光隧道,留下了一条曲折的时代轨迹。

　　1. "姓""氏"产生及其关系。"姓"和"氏"在现代汉语中同义,但在上古时代"姓"与"氏"却是既有联系又有区别的概念。"姓"是氏族的名称。"姓"的概念产生于约5000年前母系氏族社会,姓的来源方式多种多样,除图腾以外,它还包括了上古氏族生活中的地名、人名、职业等很多方面,有时甚至连祖先的人物性格特征或某种经历都可以成为姓的依据。氏是家族的名称,是姓的衍生或分支。到父系氏族社会时期,氏族内出现大量家族组织后,"姓"已经不能详细区分氏族成员的身份。为进一步限定氏族成员所属的集团,表示土地所属关系的"氏"便应运而生了。我国文献中最早见于记载的表示家族组织的"氏"出现在夏代。到了周代,活跃在政治历史舞台上的,就更是大大小小的"氏"了①。其中,既有以古姓为"氏"、以国为"氏"、以行次顺序为"氏"、以职官名称为"氏"的,也有以先人的名或字为"氏"、以祖上谥号为"氏"的,还有以居住地为"氏"、以封地或采邑为"氏"。

"姓"是"氏"的源头,"氏"是"姓"的衍生或分支。从内涵看,"姓"侧重于血统关系,"氏"强调地域的概念,并在奴隶社会成为贵族男子宗法身份的专称。从功用看,"姓"是决定能否通婚的依据,"氏"是区分高低贵贱的标尺。从使用范围看,"姓"和"氏"的使用和称谓都有一定的范围。即女子称"姓"不称"氏",男子称"氏"不称"姓"。在一个大"姓"之下,可以有许许多多的"氏"。有身份的人可以有氏,普通老百姓不能称氏,只能称名。"氏"既然为西周春秋贵族阶级所特有,故保住了"氏",也就保住了贵族阶级的荣誉地位。一旦宗族灭亡,断子绝孙,"氏"也跟着灭绝,宗庙就断了香火。从稳定性看,"氏"变"姓"不变。"姓"因"生"而定,不论"氏"有什么变化,"姓"总是一成不变的。"氏"因"家族"而分,是可变的,即使在一个人身上,"氏"也有多种变化。比如商鞅,因为他的封地是"商",所以他就以地得"氏"名叫"商鞅";因为他是卫国贵族的后裔,所以又因国得"氏"称为"卫鞅";因为他是卫国国君的孙辈,所以他又因祖辈得"氏"称作"公孙鞅"。

2."姓"、"氏"合一模式及其功能。战国时期,随着宗法制度的瓦解和社会的急剧变革,"姓氏相别"的制度开始发生动摇。到秦汉时期,"姓"、"氏"逐渐通用,合二为一,姓氏体系基本定型,"姓氏合一"这一模式,一直沿用至今。由"姓"、"氏"并用到合而为一有着划时代的历史意义。一是体现了姓氏的普及化。姓氏不再作为地位、身份、郡望的标志,而仅仅是这个家庭有别于另一个家族的一种代号。二是体现了姓氏的固定化。在一般情况下,一个家族的祖祖辈辈就只享有一个姓氏。这样既便于一脉相承又便于相互区分。三是体现了姓氏的平民化。一般庶民都可以拥有自己的姓氏。这一方面使普通老百姓有了一种

---

① 张淑一:《姓氏起源论略》,《贵州民族研究》2000年第3期。

享有姓名的尊严;另一方面,也为国家的户籍管理提供了方便。秦汉以后,姓氏虽然没有以前那样等级森严,但作为统治阶级权力的象征之一,汉、唐、宋、明等几个大的封建王朝的姓氏作为一种权贵和荣耀,也曾有过不少赐姓的先例。千百年来,姓氏经历了由少到多,再由多到相对减少,由单姓到复姓,再由复姓到单姓的变化过程。"姓"、"氏"并用时期,由于得"姓"受"氏"的原因多种多样,导致姓氏的大量涌现和复姓的不断增加。发展到姓氏合一的时候,一些含有贬义或词义不雅和比较庞杂的姓氏被逐渐淘汰,一些复姓被简化为单姓,一些少数民族的"姓"日渐汉化姓。这种淘汰简化的过程使我国的姓氏逐渐稳定成现有的姓氏体系。

3."姓氏"当代形态及其趋势。

近代以来,在欧风美雨的浸润下,作为华夏群体历史文化的活化石和作为生命个体象征的专有符号的姓氏也已发生了重大变化,呈现出既不同于传统模式而又与传统有着密切联系的新形式、新趋势。其一,姓氏观念开始淡化。按照传统观念,姓氏代表家族、宗亲和血缘关系。"大丈夫行不更名,坐不改姓"。更改姓氏就等于抛弃祖宗、断绝自家香火。随着经济社会发展和独生子女家庭不断增多,人们的家族观念和姓氏观念明显淡化,子承父姓的传统习俗也有所松动。子女既可以从父姓,也可以从母姓,或以父母合姓作为名字,有的甚至另取一个新的姓。《民法通则》第99条明文规定:"公民享有姓名权,有权决定、使用和依照规定改变自己的姓名,禁止他人干涉、盗用、假冒。"其二,"姓名"合一初现端倪。在近现代知识分子群体中,有的作家、艺术家以其笔名、艺名闻名于世,其原本姓名却往往被人们所淡忘。如李芾甘的笔名叫"巴金",到底是姓巴名金,还是就叫巴金而不必再分姓名,人们对此都不会深究。著名书法家启功先生,并不姓"启"而是姓"爱新觉罗",名叫启功,由于长期以"启功"行世,不少年轻人都以为启功先生姓"启"。还有一些人的姓名是父母姓氏的简单叠加。如杨柳、唐成等。随着社会的发展,我们的姓氏制度还将继续发生变化。其三,姓氏分布相对集中。据统计,我国从古到今使用的汉字姓氏多达一万多个。但由于数千年的历史发展演变,各民族之间的文化交融,古今大量姓氏已经废弃不用,由此造成我国姓氏在全民人口中分布极不平衡的状况,表现为姓氏用字单调、大姓人口比例日益庞大、小姓人口比例逐渐减少等现象。据统计,我国目前使用的汉字姓氏约为 3600 个,而在汉民族中有 87% 的人仅用了 100 个常用姓氏,也即在 11 亿人口中约有 9.5 亿多人只用了 100 个姓氏。其中,"李"、"王"、"张"这三个"超级大姓"则占了汉族人口的 22.4%[①]。其四,少数民族姓名逐渐汉化。中华民族是以汉族为主体,各少数民族经过长期交融汇合形成的大家庭。在民族文化交融过程中,许多少数民族的姓名制度逐渐被汉化。我国史书记载中出现的大多数二字姓和所有三字姓、四字姓、五字姓等均来自古代少数民族的姓氏译音,随着时代发展,这些复音姓氏绝大多数已改成了单音姓氏。

二、中华姓氏文化的历史作用

姓氏是一个民族悠久社会文明史的具体体现,在维系宗法制度、折射封建帝王权威皇权、维护封建等级制度和见证中华民族大融合等方面都具有特定的历史作用。

1. 体现社会文明,折射时代特征。姓氏同政治、文化、宗教等都有着非常密切的联系,可以说,中华姓氏文化是各个历史时期时代特征的文化折射。中国是世界上最早使用姓氏的国家之一。早在传说中的炎帝、黄帝之时,我们的祖先就有了"姓"和"氏"。"黄帝以姬水成,炎帝以姜水成,成而异德"[②],因而黄帝姬姓,称作轩辕氏或有熊氏;炎帝为姜姓,称作烈山氏或神农氏。到了周,随着分封制的实行,大量地"赐姓命氏",秦汉以后,姓氏合一。到今天,我国有姓氏的历史已有数千年。而在亚洲,朝鲜等国约在 10 世纪左右才相继使用姓氏,而日本直到 1870 年为实行"壬申户籍法"才准许百姓取姓,甚至于在东南亚和非洲的一些国家和民族至今仍不曾采用姓氏。虽然古罗马在父系氏族时期就产生了姓,但实际上,大多数欧美国家约在中世纪才开始采用姓氏,土耳其在 20 世纪 30 年代人们才开始有姓。因此说,姓氏的来历和使用的源远流长,正是中华民族历史与文化悠久的具体体现。

从姓氏文化我们可以看出一些时代特征。据考证,殷商时代人们常以干支命名,尤其是当时的帝王个个如此。如开国之君汤名"天乙",亡国之君纣名

---

① 王泉根:《中国姓氏的当代形态》,《寻根》,2006 年第 2 期。
② 左丘明:《国语·晋语》。

"辛",17代30个君王无一不以天干为名,这折射出商代重视天象历法,盛行以天象占卜的迷信之风。春秋战国时期,"名有五:有信、有义、有象、有假、有类。"其中"取于物为假"最为普遍,即是借用世上各种事物之名取名。如乐羊、荆轲、宋木等。武帝提倡"独尊儒术"之后,常以忠、孝、节、义、礼、仁、信等字入名。东汉之后,很多名字都有宗教色彩,表明佛法东渐后民间信仰的盛况。宋代重气节、重礼仪、重修养、重责任的观念在名字中大量体现,反映理学盛行带来的社会影响。人们对中国传统伦理道德极端推崇,对后世也有很大的影响。清代是中国封建文化高度成熟之时,人名与前朝相比显得别开生面,名字的内涵扩大,用典巧妙,含意深远,用词优美、清新而含蓄,形式上也注重创新。近代社会动荡以及新思潮的涌入,新中国成立后土地改革、"大跃进"、"文革"、改革开放等各个的时代特点都可以从人们的姓名上找到蛛丝马迹。

2. 维系宗法制度,标识高低贵贱。宗法是中国古代宗族生活中宗族规约的统称,也是我国古代社会制度最突出的特征之一。而姓氏在维系宗法制度的过程中,起着非常重要的作用。先秦时期,在有"姓"又有"氏"的情况下,便于明婚姻,男子都称"氏"而不称"姓",妇人都称"姓"而不称"氏"。为维护封建宗法制度,《礼记·大传》等规定,只要是同姓,不论远近亲疏,虽百世而不能通婚。在同姓与同姓之间,往往通过"族外婚"的形式建立和维系同姓与非同姓诸侯国之间的联盟。由于同姓不婚,所以诸侯国之间,同姓是兄弟,异姓多是甥舅,彼此都有血缘关系。这样,整个国家都有宗法关系联结起来,形成一个无所不在的血缘等级制的封建网络。异姓和庶姓的区别,在于前者是世代与周王室通婚的姓族,而后者则没有这一层关系,由此可见,姓氏制度在先秦不但避免了由于同姓通婚带来的嫡庶之间的尊卑等级混乱现象与种族走向衰亡的厄运,而且起了维系和延续宗法制度的作用,其重要性不言自明。

在先秦时期,姓氏只属于周天子、诸侯国君和士大夫阶层,奴隶们是不配享有氏称的,只是后来随着部分奴隶逐渐获得人身自由后才有以"专业技术为氏"的权利。这种等级制的规定,使姓氏本身就具有了高低贵贱之意。当然,由于"姓"和"氏"在血缘关系上还代表诸侯国和周天子的亲疏远近,加上国别的大小贫富存亡等因素,因而这些以国为氏的姓氏本身也有贵贱之别。秦汉以来,姓氏合一,从天子至平民均有姓氏。似乎姓氏没有了贵贱之别,然而,这只是暂时的。

另外一种形式的以姓氏标明的贵贱的门阀制度旋即产生,而且相沿成习,长期左右着政治、经济社会的发展。门阀制度始于西汉末,历东汉至魏晋南北朝而极盛。其最重要的一个特点就是姓氏具有高低贵贱之别,望族大姓世代高官,左右政治。这些豪门世族还耻于与庶族通婚。这种门阀制度和重门第的风习直到中唐以后才逐渐衰退。但这种门第观念,却仍然在相当长的时间内依然存在。

4. 见证民族融合,维护国家安定。我国是一个多民族的国家,各兄弟民族长期交融汇合。这种交融在春秋、南北朝、五代十国、辽金元清等时代尤为频繁、明显,并且影响到姓氏文化。也可以说,某些姓氏的形成正是我国民族大融合的产物和见证。在商末周初,国家的数目为1700多个,而此前却有3000多个。远古时期,在黄河流域、长江中下游流域、洞庭湖、鄱阳湖区域等生活着不同的氏族部落,他们通过各种方式最后融合形成华夏民族。北朝时期,北方五族一并汉化;辽金时期,契丹、女真复归于中华;明、清时期的"改土归流",苗、夷各族的先后逐步同化,都是以汉民族为核心和主体的。这些汉化的民族不仅说汉话、穿汉服,而且改汉姓。为了实现真正汉化,北魏孝文帝甚至敦促皇室成员聘娶汉人大姓之女为妻。当然,在民族大融合的过程中,也不乏个别汉人少数民族化的案例。

由中国文化特别是儒家文化的"家国同构"导引出的家国意识,是与宗族、姓氏的形成和发展断然分不开的。正是在儒家文化的影响下,古代许多仁人志士都以"修身、齐家、治国、平天下"作为自己的人生追求,而这也恰恰反映了"家"与"国"之间的同质性和一脉相承的联系。中国人像对待家一样去对待国,自然他们也会像爱家一样去爱国。在宗族、姓氏的形成和发展过程中,因血缘关系而滋生的情感依赖,最终也会扩展到人们的爱国主义情结中,从而对构建和谐稳定的社会关系无不有所裨益。同时,它也有利于中华民族爱国主义精神的发展和完善。但是,我们也应看到,宗族、姓氏的感情纽带中,也夹杂了很多消极因素,如专横武断、任人唯亲、不讲原则、封闭保守等等,这些因素在今天看来,都是应当加以克服的。可以说,在整个中国古代社会,宗族制度一直处于主导地位,并且全面渗透到社会政治、伦理道德、文化艺术,乃至社会生活的各个方面,使得"族权"与"政权"、"君权"浑然一体,这对封建秩序的稳定发展起到了至关重要的作用。

5. 反映恩威福祸，见证妇女地位。姓氏有时还体现统治阶级政治意志，或者说表现人们对皇权的畏惧和不安。为表达对有功之臣恩宠和奖励，皇帝有时赐姓给臣子"国姓"或别的"姓"。如唐朝时，徐、朱邪、鲜于等"姓"就因战功卓著被赐以国姓"李"。明末清初，收复台湾的郑成功被赐姓"朱"，被老百姓称为"国姓爷"。为表达对犯上臣工的愤怒之情，皇帝有时赐以恶姓。如南北朝时，梁武帝萧衍一怒之下曾下令将叛将王综的姓改为"悖"。"蛸"、"莽"、"闻人"、"蝮"等也属这一类姓氏。还有的姓氏是因为避讳、避祸等其他政治原因不得不更改。如东汉著名的隐士严子陵本姓庄，因避讳东汉明帝刘庄的"庄"字而改姓"严"。太平天国为避讳天王的"王"字曾规定，凡是姓"王"的人都要改姓"黄"或"汪"。司马迁因李陵之祸而受宫刑，他的两个儿子不得不改姓隐居乡里。老大在"司马"之"马"字左边加两点改姓"冯"，老二在"司"字左边加一竖改姓"同"。

值得一提的是，从姓氏文化也可以看出历史上妇女地位的变化过程。在传统宗族社会，妇女是"养在深闺人未识"，人们只知道"谁家有女初长成"。长大后嫁到某姓人便"生是某家人，死是某家鬼"。女儿一旦嫁人便是"嫁出去的女，泼出去的水"，从此成了夫家的人。即不能入娘家的家谱，只能入夫家的家谱，已婚妇女一般没有自己的姓名，别人称她为"某家的"，丈夫称她为"贱内"、"拙荆"或"孩子他妈"。由于妇女地位极其低下，有的人活了一辈子都没人知道她姓甚名谁，死后在夫家坟茔墓碑上不具名，只在自己的姓前加上夫家的姓，称"某某氏"。新中国成立后，妇女地位空前提高，妇女以自己的真实姓名登上了历史舞台，比较彻底地体现了男女在政治上的平等。

三、中华姓氏文化的当代价值

1. 加强姓氏文化研究，有助于增强人们的自信心和自尊心。生命对于每一个人而言都只有一次。各自祖先遗留下来的姓氏不仅伴随着整个人生，而且被写进族谱或其他著作而流芳百世。在母系氏族社会，由于社会进化还处于幼稚阶段，这一特征还不很明显。进入父系社会后，社会生产力有所提高，贵族统治阶级需要用姓氏来维护其代代相传的世袭统治。一个劳动力所创造的物质财富刨去各种贡赋开销外，如果略有剩余就会出现继承问题。姓氏的出现与姓氏制

度的逐渐完善与此息息相关。因此,一个人除了在战火连天颠沛流离之中,或穷
困得无以生存之时会稍稍忽略其姓氏外,只要生活稍稍安定,这种姓氏意识就会
立即复苏。不论大富大贵,腰缠万贯,或是穷困潦倒,家徒四壁,都必然记得有一
个与生俱来的姓氏,因而使人们对姓氏具有一种敬畏的心理。当其飞黄腾达时,
那个人自然对赐给他姓氏的先人心怀感激。即使处于困难不幸之中,有人会以
某个先人的创业精神激励自己,使自己努力上进,不说光宗耀祖也会尽可能做到
无愧于先人。所以,姓氏对于一般人而言都有着使人奋发向上的作用,对形成人
的自信心、自尊心有着一定的积极影响。如今,全世界的华人都自称炎黄子孙,
即以传说中的黄帝和炎帝作为中华民族的共同祖先。这是一种对同一文化渊源
的认同意识与寻根情结。而这种寻根意识最终则以姓氏为渠道达到百川归海,
种姓一统。司马迁著《史记》,认为天下同姓,天下一家。改革开放以来,数以百
万计的海外华人、华裔回祖国大陆寻根问祖,她们无不把自己的姓氏与谱牒视为
自己的命根,因为这是他们慎终追远、寻根谒祖、证明自己血缘最科学、最可靠、
最久远的依据。

　　2. 加强姓氏文化研究,有助于增强中华民族的向心力和凝聚力。

　　中华姓氏文化历史悠久,每一姓氏都有自己专门的家族生命史。中华姓氏
文化源于上古,延续于当代,上至帝系,下至百姓。背井离乡的海外游子正是靠
着姓氏谱系连通他们与同宗族人的血脉,找到自己的生命本源和文化之根。在
海外,只要有华人聚集的地方,几乎到处都有"同姓宗亲会",他们不分贫富,不
问亲疏,旨在体恤互助,共同发展,这其实正是中华民族亲和力、凝聚力的具体体
现。他们还连属大陆同姓宗族,认祖归宗,捐资助学,共办实业,造福桑梓,这对
于民族统一大业,对于中华民族的伟大复兴,无疑都是起促进作用的①。当前,
我国对姓氏文化研究的重视和关注程度,从地域来看表现为"东南热,中间温,
北方冷"。这主要是因为东南沿海一带历史上赴海外的人很多,他们在国外奋
斗艰辛,非常想念祖国,关注自己的姓氏正是寻根和寻找血脉的纽带。而中原地
域则是我国多数姓氏的发源地和祖根地。人们对祖先的尊敬和崇拜像黏合剂一
样把整个中华民族凝聚成一个有机整体。据统计,台湾同胞的祖先96%来自祖

---

① 潘守皎:《姓氏的社会文化内涵》,《山东省农业管理干部学院学报》2003 年第 4 期。

国内地。相同的姓氏、相同的文化维系着海峡两岸骨肉同胞,同根同源、血浓于水的亲情是构筑祖国统一大业的基石。加强中华姓氏文化研究,对于增进两岸人民之间的了解,消除隔阂,增加互信等都发挥着不可替代的重要作用。祖国统一是中华民族最大的利益所在。分裂祖国是逆历史潮流而动,是违背两岸人民的愿望和利益的,必然会遭到海内外爱国同胞的强烈谴责和唾弃。我们一定要以血缘为纽带,进一步加强两岸交流与合作,积极推进两岸关系健康发展,早日实现祖国和平统一。

3. 加强姓氏文化研究,有助于加强经济文化的合作与交流。姓氏文化是血缘的标志,是婚姻的纽带,是部族的开端,是国家的根基,它关系到我们的历史与血脉。人们通过姓氏可以知其生命的由来,可以说姓氏文化体现了"人性"的基本特征,揭示人类生存的繁衍规律,引导人类健康生存、进化发展的血缘种群文化。它不仅对每个人有密切的关系和作用,而且对国家、对民族的历史、对地方经济和文化建设都将会起着巨大的推动作用。中原有着丰厚的姓氏文化资源。据考证,在当今中国的百家姓中有 70 多个姓起源于河南。加强姓氏文化研究,吸引更多的中原移民后裔和海外华人到中原寻根谒祖,加强两岸经济交流与合作。通过对家族姓氏认同,建立起广泛的人际网络。一个人无论身在何方,不管漂泊多远,心中始终有着生生不息的寻根意识,而且这种意识越到老年越强烈。正是这种寻根意识进一步增强了民族的认同感、向心力和凝聚力。开展姓氏历史文化研究,不仅有利于中华民族的大团结和建立更为广泛的统一战线,而且有利于促进内地与海内外华人华侨在经济、科技、文化、教育等方面的交流与合作,不少来自海外的炎黄子孙到大陆寻根谒祖的同时,还纷纷以捐资助教、引进资金、开展科技文化交流等有效形式回报祖国。为此,我们要以港澳台同胞和海外侨胞寻根谒祖为契机,加强姓氏文化研究,通过招商引资不断形成经济发展的合力。首先,要加大宣传力度,不断增强港澳台同胞和海外侨胞"根在中原"的寻根意识,增强他们对投资环境和投资政策的深入了解,激发海外侨胞的爱国、爱乡热情和投资热情。其次,要以姓氏文化研究为载体,通过建立相应的组织,优化环境,搞好服务,举办各种形式的恳亲和寻根谒祖活动,创造更多的交流合作机会。再次,要通过姓氏历史文化研究,吸引更多的港澳台同胞和海外侨胞来大陆寻根谒祖、旅游观光和投资兴业,不断延伸对外开放和招商引资的手臂。

4. 加强姓氏文化研究,有助于实现社会的和谐与稳定。姓氏文化演绎华夏文明,体现社会和谐。姓氏既是识别一个人的符号标志,也是一种超越时空的文化现象,同时是文明史在每个人身上具体生动的体现。家族之根、世系之链是中华儿女的难解情结,尊祖敬宗、厚德载物是中华儿女的民族品性,绵长深远的姓氏文化则是中华民族这一特质的折射。和谐社会是指社会结构均衡、社会系统良性运行、相互协调,人与人之间相互友爱、相互帮助,社会成员各尽其能、各得其所,人与自然之间协调发展的社会。构建社会主义和谐社会是现代文明的具体体现,也是我国全面建设小康社会的必然要求。改革开放以来,寻根谒祖、修谱归宗等逐渐成为一种普遍的文化现象。地方性、全国性乃至全球性的姓氏活动日益频繁,家乘、族谱修撰、收藏等不断升温,不少姓氏要求政府划拨土地建祠、建亭的呼声越来越高。家和万事兴。在构建社会主义和谐社会的进程中,姓氏文化对社会和谐无疑会起到重要的补充作用。家谱不仅反映出一姓一族的历史传承,而且涉及到与多家多族的种种关系。因此,无论是家谱的编写与研究还是姓氏文化的传播与交流,都有利于增强和延续宗亲之间的向心力和凝聚力,增进更多人员之间更高层面、更宽视野的认同、团结、凝聚与合作;有利于挖掘、发扬中华姓氏文化的精髓,弘扬、传承华夏文明;有利于创建和谐社会的生活环境与和谐社会群体,减少社会矛盾,降低国家进行社会管理、社会整合、社会控制的难度和成本;不断增强整个中华民族的向心力和凝聚力,共同促进社会民主法制、公平正义、诚信友爱、充满活力、安定有序以及人与自然的和谐相处。

(作者为河南省社会科学院历史与考古研究所助理研究员)

论先秦时期河洛文化的南下传播

张国硕　刘雪红

黄河、洛河是河南境域主要的两条河流。"河洛"原义是指黄河中游以黄河与洛河交汇处为中心的广大地区,或特指洛阳盆地一带,《史记·封禅书》云"昔三代之居,皆在河洛之间"之"河洛"的含义即是如此。在中国古代,由于战争、动乱、灾荒或其他原因,中原地区族群曾大规模、长时期的南下迁移。随着时间的推移,这些迁徙到南方的中原人及其后代对故土的记忆逐渐模糊,但"黄河"和"洛河"这两条著名河流依然深深地刻在他们的脑海中,于是他们称呼自己为"河洛郎"或"河洛人",意即"中原人",其所说的"河洛"之地理范围显然要超出洛阳盆地。这就是说,广义上的"河洛"应该包括今河南省境域的大部分地区,略同于狭义上的"中原"区域。因此我们所说的"河洛文化"是建立在广义"河洛"概念基础之上的区域历史文化,指的是中国古代以洛阳盆地为中心、大约以今河南省辖区为分布范围所形成的物质文化和精神文化遗产的总和。所谓文化传播,是指一种文化或其部分文化要素向外的扩展散布。作为中国古代文明中的一朵奇葩,河洛文化具有"融汇四面、辐射八方"的文化特征。它既吸收周围文化之精华,不断地充实自己;又不断地把自己优秀的文化传播出去,向四周辐射扩散。早在先秦时期,河洛文化即开始"辐射八方",其传播的主要方向即是今天中国的南方地区。本文拟就先秦时期河洛文化对南方地区的文化传播问题进行探索,以期进一步弘扬河洛文化,追寻文化与民族之根。

一

距今 8000～4000 年的新石器时代中晚期是河洛文化的孕育时期。分布于河洛各地的先民,创造了异彩纷呈的史前文化,先后形成了裴李岗文化、仰韶文化、河南龙山文化等主体文化。这个阶段,与中国其他区域相比,河洛地区整体文化水平较为先进。距今约 8000～7000 年的裴李岗文化,以石磨盘、石磨棒、带锯齿石镰等生产工具和七孔骨笛等乐器、龟甲契刻符号等为主要特征,不仅显示出河洛地区原始农业、畜牧业、手工业已经产生,而且也说明当时的文化发展已达到一定的高度。距今约 7000 至 5000 年的仰韶文化,文化先进、发达,其对周围广大区域产生了广泛而深远的影响。其中距今 5300 年的郑州西山城址是黄河中游地区目前考古发现最早的城址,城墙采用小版筑夯筑方法分段建造①,技术十分先进。在距今约 5000～4000 年的龙山文化时代,河洛地区文化发展仍具有较强的先进性,以其坚实的经济基础和先进的社会制度大步迈向文明的曙光。目前河南省境内考古发现的龙山时代城址已超过 10 座②。其中新密古城寨城址发现有大型建筑基址③;登封王城岗遗址发现两座龙山文化晚期小城和一座大城,大城面积达 30 万平方米左右,发现有人祭、文字、青铜器等与河洛文明关系密切的文化遗物④。由于优越的地理条件和深厚的文化底蕴,至少在仰韶文化时代中晚期,河洛地区的仰韶文化就已与周围地区有了一定程度的文化交流,并把自身的一些优秀文化因素传播出去;在龙山文化时代,河洛地区的河南龙山文化向周邻地区深层次、广泛地推广自己的优秀成果,并对其他文化的形成、发展产生了一定程度的影响。

在河洛地区仰韶文化分布地域之南的长江中游地区,同时期存在着一支区域文化——大溪文化。大溪文化因最初发现于四川(现为重庆)巫山县大溪遗

---

① 张玉石、杨肇清:《新石器时代考古获重大发现——郑州西山仰韶时期晚期遗址面世》,《中国文物报》1995 年 9 月 10 日。国家文物局考古领队培训班:《郑州西山仰韶时代城址的发掘》,《文物》1999 年第 7 期。

② 张国硕:《中国新石器时代城址的发现与研究》,载《文明起源与夏商周文明研究》,线装书局,2006 年。

③ 蔡全法:《河南新密市发现龙山时代重要城址》,《中原文物》2000 年第 5 期。河南省文物考古研究所等:《河南新密市古城寨龙山文化城址发掘简报》,《华夏考古》2002 年第 2 期。

④ 河南省文物研究所等:《登封王城岗与阳城》,文物出版社,1992 年。方燕明:《河南登封王城岗遗址发现龙山晚期大型城址》,《中国文物报》2005 年 1 月 28 日。

址而得名。根据考古发掘得知,湖北枝江关庙山遗址第二段的双唇小口瓶、碗形豆和第三段的彩陶罐上都有弧线三角组成的花瓣纹;大溪遗址的筒形瓶和高领罐上饰有弧线三角间以细线条纹①。双唇小口瓶和弧线三角花瓣纹是河洛地区仰韶文化庙底沟类型陶器的特征之一。其在长江中游地区的出现,应该是河洛地区文化南下传播所及区域的实物例证。

长江中游地区继大溪文化之后的屈家岭文化,陶器、石器、骨器和房屋上也包含有一定的河洛地区仰韶文化的文化因素。据学者研究,屈家岭文化的一些彩陶花纹,如壶形器颈腹部常见的斜网格纹,与郑州大河村仰韶文化同类纹饰十分相似;湖北钟祥六合遗址屈家岭文化墓葬中出土的小口高领罐形鼎与郑州大河村三期的同类器相同;屈家岭文化的宽树叶形石镞、带肩石锄、盘状器、石镰等源于仰韶文化;屈家岭文化的骨镞与仰韶文化的骨镞形态一样;屈家岭文化中单间房和双间房的平面布局与郑州大河村仰韶文化同类房子如出一辙②。此外,湖北京山屈家岭早期文化中的厚胎彩陶片,尤其是部分彩陶罐口部饰有白色陶衣,并饰有褐色、黑色和灰红色诸彩,绘画出圆点纹和弧面纹等图案,其与河洛地区庙底沟类型的彩陶花纹基本一样③。这些仰韶文化因素在长江中游地区长时期的显现,说明了河洛地区文化南下传播的连续性。

大约在距今4500～4000年的河南龙山文化时期,我国黄河、长江流域出现了以河洛地区为中心的文化发展趋势。有学者通过对大量文献材料和考古学材料的研究,认为《尚书·禹贡》所载"五服"制度不是古人的臆测,而是折射了龙山时代中原与四邻地区在文化上的交流及影响。所谓的中原(河南)龙山文化是一个庞大的史前文化体系。处于中心区域的是王湾三期文化,是为核心文化圈,为第一个文化圈,也可以称之为"内圈";围绕着它分布一周中原龙山文化诸文化类型,构成第二个文化圈,也可以叫做"中圈";在中原龙山文化的外围,又分布一圈诸支龙山时代考古学文化,构成第三个文化圈,也可以称之为"外圈"④。在所谓的"外圈"区域,长江中游地区分布的是石家河文化。该文化以湖

---

① 杨洪:《大溪文化研究》,吉林大学硕士论文,2006年,49页。
② 张绪球:《屈家岭文化》,文物出版社,2004年,108～110页。
③ 罗彬柯:《略论河南发现的屈家岭文化——兼述中原与周围地区原始文化的交流问题》,《中原文物》1983年第3期。
④ 赵春青:《〈禹贡〉五服的考古学观察》,《中原文物》2006年第5期。

北天门石家河遗址的发掘而得名。从考古学上看，龙山时代晚期，河南龙山文化表现出强劲的南进之势；石家河文化与河洛地区的龙山文化交流密切，河南龙山文化（主要为王湾三期文化）在石家河文化的形成、发展过程中发挥了重要作用。石家河文化早中期的地方特征很强，是典型的土著文化体系。然而到了晚期，虽然有些器类如舌形瓦状足盆形鼎、红陶杯以及釜、钵、缸等，还是由石家河早中期文化发展而来，但有相当一部分器类如侧装足釜形鼎、带箍细把豆、高领广肩罐等，不论是器形、纹饰、陶色以及制法均与石家河早中期的文化系统有别，而与河南龙山文化晚期几乎没有区别，显然是一种新的文化系统的突然进入。有学者研究认为，石家河文化中河洛地区文化特色的篮纹、方格纹从早到晚明显增多，石家河文化中发现的矮乳足或高足罐形鼎、平底碗、盆形镅钵、鼓肩直领瓮等，均属于王湾三期文化前期的典型器类。随着时间的推移，王湾三期文化对石家河文化的影响逐渐增强。王湾三期文化后期时，石家河文化突然消亡，中原龙山文化取代石家河文化而形成了一系列具有地方特色的类型或文化。甚至原石家河中心区的江汉平原，此时主要器类也是具有河洛文化特色的直领瓮、罐、细柄豆、圈足盘等，即使一些颇具地方特色的鼓肩斜直腹凹底瓮、突腹小底瓮等，在当地找不到传统，仍然可能是在中原文化影响下形成的[1]。由此可见，河洛地区的河南龙山文化对南方地区的石家河文化的影响之深。而长江中游地区本地文化的中断和外来文化的深度侵入，显然要伴随着外来人口的移入。从文献记载来看，河洛民族集团与长江流域苗蛮集团联系频繁，双方曾多次发生战争。如《吕氏春秋·恃君览·召类》说："尧战于丹水之浦，以服南蛮。"《淮南子·修务训》言："舜南征三苗，道死苍梧。"从这里可以看出尧舜时期河洛民族集团已开始向南推进。至夏禹时期，河洛民族集团趁三苗发生内乱和天灾之机大规模南下，对三苗进行了一次毁灭性的打击。据《墨子·非攻下》记载："昔者三苗大乱，天命殛之。……禹亲把天之瑞令以征有苗……苗师大乱，后乃遂几。"有学者认为，以江汉平原为中心的屈家岭文化和石家河文化为三苗文化[2]。石家河文化晚期被河南龙山文化（王湾三期文化）替代，可能与这次禹征三苗有一定的

---

① 韩建业：《王湾三期文化研究》，《考古学报》1997 年第 1 期。
② 俞伟超：《先楚与三苗文化的考古学推测》，《文物》1980 年第 10 期。

关系①。

二

夏王朝时期,河洛地区的文化发展已进入到文明社会和国家阶段,文化面貌趋于统一,属于夏文化的二里头文化在河洛地区形成,标志着"河洛文化"的滥觞。夏代是河洛文化南下传播的重要时期。从夏代开始,河洛文化以其优越的文化因素和强大的融合力大刀阔斧地开始南下传播的进程,且南下传播的范围更加广泛。

夏代河洛民族势力已到达江淮流域。据《史记·夏本纪》记载,早在夏禹时期,禹就曾"封皋陶之后于英、六",说明夏族势力已到达今淮河中游一带。《夏本纪》又言"十年,帝禹东巡守,至于会稽而崩",会稽在今浙江绍兴地区,准此则夏禹可能到过南方的江浙一带。《夏本纪》又记载夏族分封之事:"禹为姒姓,其后分封,用国为姓,故有夏后氏、有扈氏、有男氏……褒氏……缯氏。"其中有男氏(亦称有南氏)在今河南南阳市和汉水以北地区,缯(鄫)氏在今河南方城县境内,褒氏在今河南息县北褒信集②。位于东南地区的越国的建立可能与部分河洛夏族的南下有关。据《史记·越王勾践世家》载,越之祖先为"禹之苗裔,而夏后帝少康之庶子也,封于会稽,以奉守禹之祀。"《正义》引《吴越春秋》云:"至少康,恐禹迹宗庙祭祀之绝,乃封其庶子于越,号曰'无余'。"由此推测夏初夏族的一支已到达今江浙一带,夏之后裔在春秋时期还在这里建立了越国。此外,南方楚国的兴建也可能与夏代河洛集团的族人南下有一定的关系。据《史记·楚世家》载:"楚之先祖出自帝颛顼高阳。高阳者,黄帝之孙,昌意之子也。"《国语·郑语》曰:"夫荆子熊严……重黎之后也。夫黎为高辛氏火正,以淳耀敦大,天明地德,光照四海,故命之曰'祝融'。"《国语·周语上》云:"昔夏之兴也,融降于崇山。"这里的"融",即祝融、重黎。祝融是夏族后裔,为楚之先祖。

夏代末年,部分夏族人曾南下江淮地区。《竹书纪年》记载有"桀逃南巢"事件的发生,《逸周书·殷祝解》说汤放桀时"桀与其属五百人去居南巢"。关于"南巢"的地望,《史记·正义》引《括地志》云:"庐州巢县有巢湖,即《尚书》'成

---

① 韩建业:《禹征三苗探索》,《中原文物》1995 年第 2 期。
② 郑杰祥:《夏史初探》,中州古籍出版社,1988 年,73 ~ 78 页。

汤伐桀,放于南巢'者也。"《史记·律书·正义》曰:"南巢,今庐州巢县是也。"
虽然学界对"南巢"的具体位置有不同看法,但大概方向是一致的,即今安徽巢
湖一带。准此,则说明夏亡后部分夏遗民逃到了夏统治区之外的东南地区。

　　从考古材料来看,属于夏文化的二里头文化不仅广泛分布在今河洛地区,而
且在其南方的今湖北、安徽等省也有分布,江浙一带以及其他南方地区也发现了
一些具有典型二里头文化因素的文化遗存,充分说明夏代河洛文化南下的规模
之大和范围之广。

　　在长江北岸的湖北武汉市黄陂区的盘龙城遗址,发现有典型的二里头文化
遗存,时代相当于二里头文化第二至第四期①;湖北江陵荆南寺遗址发现的早期
文化遗存,陶器有盆形三足鼎和花边夹砂罐,与二里头文化的同类器相似②,这
些遗存应是河洛地区夏族文化势力南下今湖北江汉平原地区的真实反映。

　　斗鸡台文化主要分布于淮河以南、长江以北的安徽淮河地区,是此区域夏代
文化的集中代表。就目前而言,在发现为数不多的斗鸡台文化遗存中,不仅发现
具有二里头文化早期特征的鼎、带鋬盆等器类,而且还出土有与二里头文化晚期
同类器物相似的觚、盉、三足盘等③。寿县斗鸡台遗址所出陶器如附加堆纹花边
罐、鸡冠耳盆或甑、锥足鬲、篮状堆纹鼎、宽肩瓮等,与河洛地区的二里头文化同
类器物十分相似。

　　夏文化经过今安徽江淮地区传播到了江浙地区,波及到分布于今长江三角
洲地区的马桥文化中。考古资料显示,尽管马桥文化同中原二里头文化的文化
面貌有较大的差异,但是二者的共同点也是非常明显的。如觚是马桥文化与二
里头文化中最显著的共同因素,数量较多;马桥文化三足盘为敞口、浅腹、下附三
弧形扁足,与二里头文化中瓦足三足盘基本相同,二里头文化应是马桥文化三足
盘的来源;马桥文化中的平底盆、器盖、尊及一些陶器的纹饰亦与二里头文化相
似④。这些现象的出现,应是河洛地区二里头文化南下传播所致。

　　此外,在南方地区的湖北宜昌市的中堡岛和白庙遗址、重庆巫山县北大昌西

---

① 湖北省文物考古研究所:《盘龙城》上册,文物出版社,2001 年,441~443 页。
② 荆州地区博物馆:《湖北江陵荆南寺第一、二次发掘简报》,《考古》1989 年第 8 期。
③ 段天璟:《二里头文化时期的文化格局》,吉林大学硕士论文,2005 年,213 页。
④ 曹峻:《试论马桥文化与中原夏商文化的关系》,《中原文物》2006 年第 2 期。

坝遗址、四川广汉市三星堆遗址、江西樟树市(原清江县)吴城遗址和鹰潭市角山遗址、浙江长兴县上莘桥遗址等①,都发现有与二里头文化相同或类似的文化遗物。

三

商代以后,河洛文化进一步发展壮大,并以其深厚的文化底蕴迸发出辐射四方的力量。这个时期,河洛文化南下传播的深度和广度都有所加强。其中商代前期河洛地区形成了以郑州商城、偃师商城为代表的具有都邑性质的文化中心,河洛文化南下占据着今湖北、赣北、湘北、皖西等广大地区;商代后期河洛地区形成了以安阳殷墟为代表的文化中心,河洛文化的影响遍及南方各地。

商代初年,河洛文化势力即深入到长江沿岸地区及江汉平原地区。《吕氏春秋·异用篇》记载:"汉南之国闻之曰,汤之德及禽兽矣,四十国归之。""汉南"即汉水之南。据此可知,成汤时期商人就已征服了江汉平原,河洛文化的南下传播势所必然。其传播路线主要有两条:一条即大体上沿今京广铁路走向。在湖北武汉市黄陂区盘龙城遗址,发现了典型的商文化遗存。另一条路线显然沿今焦枝铁路走向,通过南阳盆地,伸入江汉平原地区。在湖北荆州市荆南寺②、湖南石门县皂市③、岳阳铜鼓山④等遗址,都发现有典型的商文化遗存。湖北境内发现的商文化与河洛地区的二里岗商文化和殷墟文化很接近。江陵荆南寺发现的商代文化遗存,前期陶器大部分与郑州二里岗商文化的陶器相似,后期陶器则与安阳殷墟文化的陶器相似。而黄陂盘龙城遗址出土的遗物大多与河洛地区的商文化相似,如盘龙城出土的卷沿或折沿鬲、深腹盆、袋足鬶、高圈足豆、有流无尾爵等陶器,鼎、甗、斝、爵、罍、盉、罍、尊、盘、卣及兵器、工具等铜器,其形制、纹饰几乎与郑州二里岗出土的同类器物没有什么区别。湖南北部也是河洛文化南下传播的重要地区。石门皂市遗址发现的商文化遗存主要属于二里岗上层时期,出土的一些陶器与郑州二里岗上层陶器极为接近,如斝、爵、夹砂红陶附加堆纹大口缸、方唇长体锥形实足分档鬲等;部分器物与二里岗遗址共见,但局部差

---

①　李民、张国硕:《夏商周三族源流探索》,河南人民出版社,1998年,167页。

②　荆州地区博物馆等:《湖北江陵荆南寺第一、二次发掘简报》,《考古》1989年第8期。

③　何介钧:《湖南商周时期古文化的分布探索》,《湖南考古辑刊》第2辑,岳麓书社,1984年。

④　湖南省文物考古研究所等:《岳阳市郊铜鼓山商代遗址和东周墓发掘报告》,《湖南考古辑刊》第5辑,《求索》杂志社,1989年。

别明显,应是在河洛文化器形的基础上作了一些改变,如假腹豆的圈足较高较细,簋圈足高而直等。岳阳铜鼓山遗址发现的商文化遗存可早到郑州二里岗商文化早期,出土的鬲、大口尊等与二里岗典型器物相近。20 世纪 30 年代以来,殷商时期的青铜器在湖南各地不断出土。如桃源县漆家河出土的"皿天全"方彝,安化县出土的虎食人卣,宁乡县月山铺出土的四羊方尊。据有人统计,仅 50 年代以来在湖南各地先后出土殷商时代青铜器即达 300 多件①。这些铜器从器形上看,主要有鼎、尊、簋、提梁卣、方彝、瓿、爵、觚、饶、戈、镞等,其中很多器形都可在河洛地区文化中找到它的相似者;云雷纹、饕餮纹等纹饰,风格与河洛地区文化也接近。

河洛文化东南传播到达今赣北地区。这一地区商代分布着以樟树市吴城遗址为代表的吴城文化,年代大致从二里岗上层时期延续到晚商殷墟文化时期②。吴城文化有相当多数量的具有商文化风格的青铜器、陶器和玉石礼器,充分说明其与河洛地区的商文化有着密不可分的联系。如吴城文化陶器中的假腹豆和鬲,其形制与郑州和安阳出土的同类器相似;吴城文化的青铜器,如鼎、壶、卣、瓿等,从器类、器形、纹饰到冶铸技术,与河洛地区的商文化有较多的共性,几乎完全由河洛地区青铜文化脱胎或模仿而来,反映了河洛文化对吴城文化的深度影响。1989 年发现的新干县大洋洲商墓出土的大批青铜器③,其礼器的形制和花纹装饰风格类似于河洛地区殷商文化青铜器,兵器的形制也与河洛文化兵器相似。

长江下游及邻近地区同时代诸文化或多或少受到了河洛文化的影响。分布于宁镇地区的湖熟文化,年代大约相当于殷商时期④。湖熟文化的铜镞、铜刀的形制与河洛地区商文化接近,铜鼎的作风也源于商文化;只钻不凿的卜骨卜甲,与商代前期文化相似;陶器鬲、甗也具有明显的河洛文化特征。在浙江地区也发现有具备河洛文化风格的商代青铜器和玉器。1976 年,在安吉县周家湾村,发现时代相当于商代后期的鼎、觚、爵等青铜器和璜、环、珠、柄形器等玉器,其特点

---

① 宋新潮:《殷商文化区域研究》,陕西人民出版社,1991 年,160 页。
② 李伯谦:《试论吴城文化》,《文物集刊》第 2 集,文物出版社,1981 年。
③ 江西省文物考古研究所:《江西新干大洋洲商墓发掘简报》,《文物》1991 年第 10 期。
④ 刘建国、张敏:《论湖熟文化分期》,《东南文化》1989 年第 1 期。

与河洛地区发现的同类器物相似①。

　　河洛文化的影响力曾扩展到更广泛的南方地区。在今四川境内发现了一些商代遗存,比较有代表性的是位于川西平原东部的广汉三星堆遗址。三星堆遗址祭祀坑出土了大批青铜器②,其中青铜礼器具有明显的河洛地区商文化特征。如一号坑出土的青铜器尊、瓿、盘和器盖,都是河洛地区二里岗上层至殷墟一期常见的器物;二号坑出土的圆尊、方罍和方尊等青铜器,形制与殷墟文化同类器类似,但花纹具有当地特色。以此可知,以三星堆文化为代表的古蜀国文明,在其文明发展进程中,河洛地区的商文化对其产生了强烈的影响或推动。此外,属于河洛文化典型器物的玉礼器——牙璋,广泛分布于南中国甚至越南北部地区,在四川广汉市三星堆、福建漳浦县眉力③、香港南丫岛大湾④等地都有发现。有学者认为,牙璋在商王朝建立以及发展与沿海地区的关系中起到了一种信符的职能和作用⑤。

四

　　周代为河洛文化南下传播的兴盛时期。由于文化发展相对落后的西岐"小邦周"取代了以河洛地区为中心、文明发达的"大邑商",故新建立的周王朝在政治、经济、文化等多方面直接继承了以河洛地区为中心的殷商文化之传统。西周初年,因洛阳地区"天下之中,四方入贡道里均"(《史记·周本纪》)的优势,在周公东征之后,周王朝立即在这里营建东都洛邑,使之成为全国的政治、经济、军事和文化中心之一。西周时期已形成了比较完整的学校教育,使得河洛文化对四周文化的传播更为便利。此外,西周时期原生活在河洛地区的殷遗民的大量外迁,也对河洛文化的南下传播起到重要的推动作用。东周时期,洛邑成为全国最为重要的政治、经济和文化中心。中国古代文化代表性典籍,如《尚书》、《周易》、《诗经》、《周礼》、《老子》等大多在两周时期成书,经西汉以后的修订,得以流传下

---

①　浙江安吉县博物馆:《浙江安吉出土商代铜器》,《文物》1986 年第 2 期。

②　四川省文物管理委员会等:《广汉三星堆遗址一号祭祀坑发掘简报》,《文物》1987 年第 10 期;《广汉三星堆遗址二号祭祀坑发掘简报》,《文物》1989 年第 5 期。

③　曾凡:《关于福建史前文化遗存的探讨》,《考古学报》1980 年第 3 期。

④　邓聪:《香港考古之旅》,香港区域市政局出版,1991 年。

⑤　裴安平:《中原商代"牙璋"南下沿海的路线及意义》,《南中国及邻近地区古文化研究》,香港中文大学出版社,1994 年。

来,对中国古代的政治、哲学、文学、史学、伦理学等产生广泛而深远的影响。

西周时,周王室在南方分封一些同姓或异姓诸侯国,直接控制今长江流域的大部分地区,致使河洛文化直接传播到广大的南方地区。为了加强对江淮地区的控制,周王朝在淮水中上游地区建有蒋(河南淮滨县期思集东北)、息(河南息县)等同姓国;在唐、白河流域建有申(河南南阳市北)、吕(河南南阳市西)等姜姓国;还在淮、汉之间建有"汉阳诸姬"同姓国,其中以随国(湖北随州市)为最大。对于商代已存在的巴、濮、楚、邓、庸等旧国,周王给以认可。其中周成王时,楚先熊绎被封于楚蛮,"封以子男之田,姓芈氏,居丹阳"(《史记·楚世家》)。在东南地区,周王朝封太伯、仲雍之后,建立吴国。据《史记·吴太伯世家》记载,早在古公亶父(太王)之时,古公亶父长子太伯、次子仲雍为便于父亲传位给其弟季历,主动跑到了"荆蛮"之地,后在太湖沿岸建立吴国。及"武王克殷,求太伯、仲雍之后,得周章。周章已君吴,因而封之"。20世纪50年代,在江苏丹徒县烟墩山发现一批西周铜器,其中有一件康王时的宜侯夨簋,铭文长达120余字,记载了宜侯夨受封于周王的情况,有人断定宜侯夨就是周章①。考古材料表明,在今天的湖北、湖南、江西、安徽、江苏等地,都发现有典型的西周文化遗存,充分说明周王朝在南方地区的分封建国和西周时期中原文化南下传播的真实性。

西周时,亡国后的商遗民南下逃亡,随即把河洛文化带到广大的南方地区。商族曾大批迁往江南地区。《吕氏春秋·古乐》载:"成王立,殷民反,王命周公践伐之。商人服象,为虐于东夷。周公遂以师逐之,至于江南。"这说明周公曾把大量的商族人赶至江南地区。考古材料显示,一部分原居于河洛地区的商族人在商王朝灭亡之后曾南迁湖南、湖北地区。从20世纪20年代以来,湖南地区曾多次发现大量商周时期的青铜器。有学者对这些青铜器进行认真研究,认为可分甲、乙两群类,其中乙群类铜器属当地越族所铸造;而甲群类铜器之上则多见有河洛地区常见的"戈"、"簧"等族徽铭文,盛行兽面纹、夔纹,且多见扉棱、浮出的兽面等装饰手法,这些与河洛地区商周青铜器相一致,说明在西周初年,尤其是周公东征之后,属于河洛地区商族的一部分已南迁到了今湖南境内②。

---

① 唐兰:《宜侯夨簋考释》,《考古学报》1956年第2期。
② 王恩田:《湖南出土商周铜器与殷人南迁》,《中国考古学会第七次年会论文集》,文物出版社,1992年。

此外,湖北荆州万城遗址出土一批"北子"器群青铜器①,时代属西周穆王时期,"北"即周灭商后在其旧畿内所建立的邶、鄘、卫三国中的"邶",原位于河洛地区今淇县以北、汤阴县东南一带。北子器群在湖北境内发现的原因,也应于商遗民的南下直接相关。

东周时期,周王室已逐渐失去了对诸侯国的控制,真正意义上统一的周文化已不存在,区域文化兴起;各诸侯国之间的文化交往十分紧密、频繁,进而形成了一个以河洛地区为中心的华夏文化圈。这个时期,积淀深厚的河洛文化向长江流域广泛传播,对楚、吴、越等国产生了较大的影响。《左传·昭公二十六年》记载周王室贵族(周景王之长庶子)王子朝及召氏之族、毛伯得、尹氏固、南宫嚚等"奉周之典籍以奔楚"事件,导致河洛文化向南方的直接传输。春秋战国时期楚文化的发达,当亦与王子朝一行带去的河洛文明有一定关系。西周时期的吴国与中原交往联系较少,但至春秋吴王寿梦时,与中原诸侯交往密切,"朝周适楚,观诸侯礼乐"(《吴越春秋·吴王寿梦传》),不仅促进了南、北方文化的交流,而且也使得河洛文化南下传播更为方便、快捷,致使吴国的政治、军事体制和中原各国逐渐趋同,在埋葬习俗方面也受到河洛文化一定程度的影响。吴人在大量采用河洛文化礼制的同时,又模仿河洛地区流行的青铜礼器及铸造方法,有些器类的造型风格、形制、纹饰、铭文与河洛地区同类器如出一辙,还有一些器物只是局部进行改造,整体上属于河洛地区青铜器的变体②。河洛文化南向影响的范围遍及今天的广东、广西、浙江、福建等地。广东省清远市马头岗发现的两座东周时期墓葬,出土青铜器有礼器鼎、罍,兵器有钺、匕首,还有车器、乐器③。其中大部分青铜器种类与河洛文化相同,一些礼器的造型与河洛地区有许多相似之处。

(第一作者为郑州大学历史学院教授、博士生导师,第二作者为郑州大学历史学院硕士研究生)

---

① 李健:《湖北江陵万城出土西周铜器》,《考古》1963 年第 4 期。
② 李民、张国硕:《吴文化与中原文化关系探索》,《中原文物》1992 年第 2 期。
③ 广东省文物管理委员会:《广东清远发现周代青铜器》,《考古》1963 年第 2 期;《广东清远的东周墓葬》,《考古》1964 年第 3 期。

秦汉时期中原人士移居越南析论

徐芳亚

　　越南是中国的南邻,古为交趾之地,国名几经嬗变。公元 679 年,唐朝曾于其地设安南都护府,治所在交州,故又称安南。968 年,丁部领建立"大瞿越"国,越南自主王朝从此开始。迟至 1802 年其最后一个王朝——阮朝开国之君阮福映按惯例向清廷遣使请封,"且请改国号为南越",①廷议不允,于次年才册封阮福映为越南国王,越南之名始此。在阮朝明命帝时,从 1838 年开始,曾一度称大南。②

　　移民(immigration)指"人口在一定距离的空间上的迁移,这种迁移具有定居性质。"移民是人类社会发展过程中的一种社会经济现象,既受多种因素影响,也具有其本身的客观规律性,造成持续性移民现象的基本原因主要是为寻求较好的谋生手段和生存空间。经济越发展,各地区间社会、经济和文化发展的程度差距越大,移民现象就会有增多趋势。

　　中国古代对于越南来说,处于发达的地位,不管是经济、文化还是制度等方面,区域间发展的巨大差异,使移民现象自然而然就发生了。

一、秦汉时期军事征服产生的移民

　　从公元前 221 年开始,秦始皇又将其统一事业继续推进,向五岭以外地区用

---

① ［越］张登桂:《大南实录》正编,第一纪,卷十九。
② 戴可来、于向东:《越南》,广西人民出版社,1998 年,1 页。

兵。据《淮南子》记载:秦始皇"利越之犀角、象齿、翡翠、珠玑,乃使尉屠睢发卒五十万为五军。一军塞镡城之领,一军守九疑之塞,一军处番禺之都,一军守南野之界,一军结余干之水。"据考,这五军的进攻路线大体是:一路由江西入浙江、福建。这一路进展较顺利,当年就平定东瓯和闽越,置闽中郡。其余四路,有两路指向广东:一路循南昌经大庾岭入广东东南部;一路由长沙经骑田岭抵番禺。有两路指向广西:一路经萌渚岭入贺县;一路经越城岭入桂林。南下广西的秦军,由于受到瓯雒部落的顽强抵抗,战斗打得相当艰苦。当时,秦军"三年不解甲弛弩,使监禄无以转饷。又以卒凿渠而通粮道,以与越人战。杀西呕君译于宋。而越人皆入丛薄中,与禽兽处,莫肯为秦虏。相置桀骏以为将,而夜攻秦人,大破之。杀尉屠睢,伏尸流血数十万。"秦始皇无奈,只好暂时休兵,"发适戍以备之。"到公元前214年,秦始皇终于打败了越人,平定了岭南,在这里设置了南海、桂林、象三郡。① 秦始皇平定岭南后,又大力开发岭南地区,南下的五十万大军,除战死和病死者外,秦始皇将他们全部留下"谪戍"。同时,为了解决这些单身男丁的婚姻问题,为了使这些士兵乐于定居,又从内地征调一万五千多名未婚妇女,到岭南"为士卒衣补",这些堂皇的理由和委婉的说法,实际上是解决驻守岭南士卒的婚配问题。一部分秦军士兵和这些由中原而到岭南的女子组合成家庭,另外还有大量不能和中原女子婚配的秦军士卒只能和越族女子通婚。② 明朝时期,政府规定,除了对"有妻在籍"的少部分士卒"着令原籍亲属送去完婚"外,大部分单身男子"原籍未有妻室,听就彼完娶"③。由于军事移民本身严重的性别比例失调,这些单身男子的婚姻对象只能是移居地的土著女子或先期到达的其他类型的女性移民。这种通婚是军事移民与土著居民直接交往的重要形式,客观上有利于缓和移民与土著之间的矛盾,加速文化的交流和民族的融合。中原人民南移,带来了先进的生产技术和文化,这有利于促进岭南地区(包括今天越南一部分地区)的社会经济的发展,促进内地与越南地区各民族间的联系④。

① 《淮南子》卷十八,《人间训》。

② 何成轩:《儒学南传史》,北京大学出版社,2000年,65页。

③ 《明会典》,卷一五五。

④ 黄国安:《中越关系简史》,广西人民出版社,1986年,11页。

汉武帝时期,南越国国内由于"立嗣问题"引起很大的争议。汉武帝派人出使岭南说服南越国王赵兴"内属",越人丞相吕嘉反对归附汉朝,于是发生了宫廷内乱。公元前112年秋,汉武帝调遣粤人和江淮以南楼船将士十万大军进攻南越国。

汉军从水上分五路进军。平南越的主力为伏波将军路博德,率军从贵阳出发,下湟水,直达四会县,再顺流过石门直捣番禺;另一主力楼船将军杨仆从豫章郡下横浦关,入泿水,再顺北江而下到番禺;第三、四路领军郑严、田甲,原来都是越将,后投降汉朝,分别被封为戈船将军和下濑将军,他们率军从湖南零陵出发,一路走漓江,另一路走贺水,然后取道西江,直迫番禺城下;第五路为驰义侯何遗,也是一个越国降将,他率领巴属罪人及夜朗兵马,沿牂柯江向番禺进发。这条水路是番阳县令唐蒙到岭南"风指晓南越"时发现的,可以说是一支轻骑兵,不料后来西南地区的"且兰"君长不愿率军远征,发动了叛乱,使驰义侯这一路贻误军机,没能赶到番禺参加五路水军的会战。

水军在水上遭遇南越国的顽强抵抗。激战持续了一年多,到公元前111年秋,楼船将军杨仆才率军攻陷寻峡,分别击溃洭口关、万人城、石门的南越精锐军队,并与其他三路水军合围,猛攻番禺。《史记》中对这场五路水军攻南越的战斗有比较详细的记载:"会暮,楼船攻越人,纵火烧城。"看来,南越国都城在被汉水军攻陷后,又被一把大火化为焦土。当南越国被攻陷的消息,飞马报到正在河东郡(今山西境内)巡游的汉武帝,汉武帝一高兴,便把河东郡改名"闻喜县"。当他巡游到中乡(今河南境内),得到奏报已斩南越丞相吕嘉,又将中乡改名"获嘉县"。

公元前111年平定南越后,汉武帝在岭南地区设置九郡,后于公元前106年设置交趾刺史部,统领以上各郡,汉中央王朝在政治上加强了对岭南的控制,也为移民大量进入岭南创造了便利条件。汉武帝灭南越国后,对岭南地区新设置的边郡实行"以其故俗治,毋赋税"[1]的办法,没有触动这些地方原有的社会制度,促进了当地的发展。汉武帝又"颇徙中国罪人,使杂居其间"[2]。中原移民

---

[1]　司马光:《资治通鉴》卷二十一。
[2]　范晔:《后汉书》卷八十六,《南蛮西南夷列传》。

的大批南迁,加之这一时期岭南(今越南北部地区)的社会稳定,使得岭南地区的人口数量有了较大的增长。

东汉建武十六年(40),交趾地区"征侧乃与其妹征贰举兵,攻陷州治。"① 东汉派伏波将军马援前去平叛,于建武十九年(43)斩征侧征贰,"传首二月",彻底平息了叛乱,保障了祖国南疆各族人民和平安定的生活,维护了祖国的统一。马援平叛之后,在交趾地区采取一系列措施,巩固和发展了封建主义的经济基础和上层建筑,客观上推动了这一地区的社会进步。"西南治远,路径千里",马援"分置斯县治,城廓穿渠,通导灌溉,以利其民。"②同时,马援"以西于县有户三万三千,因请封为封溪、望海二县,汉帝从之"③。马援"又移内地之民于交,与土人杂居,于是交趾三郡,遂多汉人苗裔"④。马援又把自己率领的军队的士兵,绝大部分留在交趾、九真等地,历史上称这部分人为"马留人"。⑤ 马援对交趾地区的移民,促进了当地经济文化的发展,改善了人民生活,有利于生产力水平的提高。

马援平叛二征,且移民交趾,其在当地实行的一系列措施,得到了各族人民的支持和拥护,有利于社会经济的发展。恩格斯曾指出,"王权是进步的因素","王权在混乱中代表秩序"。⑥马援在交趾地区的作为,正是维护当时封建中央集权这个"王权"的具体表现。

秦汉时期中原及内地的人口不断南迁,不仅为岭南(今越南北部地区)地区输入了大量的劳动力,而且带去了北方先进的生产工具和生产技术及其他方面的科学文化知识,为岭南地区的开发作出了巨大贡献,同时也有力地推动了交趾地区的封建化进程,使得其越过奴隶制社会,直接进入封建社会。

二、中原循吏与士人迁居越南

任延,字长孙,河南南阳人。"明《诗》、《易》、《春秋》、显名太学、学中号为'任圣童'"。建武初(25),任延上书"愿乞骸骨,归拜王庭"。但皇帝下诏,征其

---

① ［越］吴士连:《大越史记全书》外纪卷三,日本东京国文社,1883年。
② 郦道元:《水经注》卷三十七,《交州外域记》。
③ ［越］潘清简:《钦定越史通鉴纲目》前编卷二,北京图书馆,1956年。
④ 张秀民:《马援传》,载《立功安南伟人传》,台北王朝书局出版社,1990年,26页。
⑤ 余富兆:《越南历史》,军事谊文出版社,2001年,26页。
⑥ 恩格斯:《论封建制度的瓦解和民族国家的产生》,《马克思恩格斯全集》,人民出版社,456页。

为九真太守。光武帝刘秀亲自接见,赐其骏马和丝绸,令其妻子留守洛阳。九真俗以射猎为业,根本不知牛耕,民常告籴交阯,每致困乏。当地虽然有各郡县,但言语不通,需要重新翻译才能互通语言。"人如禽兽,长幼无别。项髻徒跣,以布贯头而著之。"①后来从中原地区迁徙过来一些罪犯,使犯人和当地人杂居。经过这样的改革之后,当地才稍知言语,礼仪风化渐渐改变。

任延到九真后,作为太守,他"教民牛耕,铸作田器,教之垦辟"。②并且进一步使当地的风化习俗接受中国的影响。由于使用先进的耕作方法和劳动工具,使得越南"田畴岁岁开广,百姓充给"。"其后九真一岁三熟",促进了当地农业的大发展。再加上当地"之民无嫁娶礼法,各因淫好,无适对匹,不识父子之性,夫妇之道"。可见,当地社会的落后。

汉朝时期,中国进入文明社会已经2000多年了,而在越南"嫁娶礼法和夫妇之道"还是依靠自己的喜好来完成,这样只能使得落后的社会更加混乱。任延"乃设媒官,移书属县,各使男年二十至五十,女年十五至四十,皆以年齿相配"。任延专设"媒官",专门负责百姓的婚姻,这在中国历史上可谓绝无仅有!由于当时百姓贫困,没有聘礼,任延则令官员节省出俸禄来赈济百姓完成婚礼。集体婚礼可谓盛况空前,"同时相娶者二千余人"。当年风调雨顺,"谷稼丰衍",获得了大丰收。结婚生子的人家,"始知种姓"。都相互奔告:"使我有是子者,任君也。"大多数把孩子取名为"任"。任延"又制为冠履,建立学校,导之经义。"对百姓进行教育。任延在九真任职四年,后来,接旨回到洛阳,与家人团聚。

任延任九真太守期间,传播了儒家文化,促进了当地文化、婚俗、礼仪和农业的发展,对当地百姓面貌的改变、生活水平的提高做出了极大的贡献。他和另外一名循吏锡光在当地深受爱戴,影响深远,"领南华风,始于二守焉"。③在任延之后清化地区"士尚文学,代出英才"。④这些都是任延在深受儒家文化的濡染之后,来到越南,传播儒家文化的重要缘由。

东汉末年长时间的战乱,使"中原户口,十不存一",而交阯地区相对安定,

① 范晔:《后汉书·南蛮西南夷列传》(卷86),中华书局,1975年,28~34页。
② 张秀民:《任延传》,载《立功安南伟人传》,台北王朝书局出版杜,1990年,20页。
③ 范晔:《后汉书·任延传》(卷76),中华书局,1975年,24~60页。
④ [越]《大南一统志》卷十六。

在此情况下,中原地区人士不少移居交趾,促进了两个地区经济文化的交流。士燮(137~226)字威彦,苍梧广信人。祖籍中原,先世为鲁国汶阳(山东宁阳)人,于王莽之乱时,迁居交州。士燮年轻时,游学京师洛阳,拜颍川名士刘子奇为师,"治《左氏春秋》。孝廉,补尚书郎"①。士燮统治交州期间为政开明,在他的统治下,"交州一区为当时世外桃源,居民富庶,安享太平之福者四十余年……中原人士亦以为乐土。"②不少中原人士为躲避战乱,被迫南迁,移居越南。

士燮为人谦虚,礼贤下士,重文风,"中国士人往依避难者以百数。"③当时中原名士桓晔、许靖、许慈、刘熙、程秉、薛综等都寄寓越南。在交州他们或以学问或以德行或以治绩而传颂于世。他们对安南文化的发展产生了较大的影响。使得安南士人"近来颇习文儒",士人可"应诸色乡贡"。由于众多名士硕儒深受儒家文化的濡染,受儒家文化影响至深,他们或是由于战乱躲避而来,或是朝廷派遣前往。他们的到来,使越南地区在教育、风俗、礼仪以及行政制度等方面都打上了深深的儒家文化的烙印,极大地促进了儒家文化在越南的传播与影响,在越南文化发展的过程中占有不可替代的作用。

佛学也在东汉时期传入交趾,其代表人物是牟子。牟子早年修经传诸子,诵五经,读兵法及佛道诸书,后来笃信佛学。牟子在东汉末年随其母移居交趾,并在那里写下了《理惑论》一书流传下来,成为佛学的重要典籍,对佛学在越南的传播起到一定的作用。越南著名学者阮文辉说:"中国文化在越南起了重要的作用,它对越南各项制度和人民的精神生活的一切方面,多留下了抹不掉的印记。"④

这些中原循吏和士人的到来,对当地社会风俗习惯和行政事业的发展做出了重大的贡献,促进了当时越南社会的进步。

三、中原移民对越南社会的重要贡献

秦汉时期,中原移民来到越南后,运用他们的知识与技术,辛勤劳动,努力开

①　张秀民:《丘和传》,载《立功安南伟人传》,台北王朝书局出版杜,1990年。
②　罗怀:《儒学在越南》,载:郭廷以等《中越文化论集》(1),台北中华文化出版事业委员会,1956年,179页。
③　《三国志·吴书·士燮传》(卷49),中华书局,1975年,1195页。
④　[越]阮文辉:《越南古代文明史》英文版,越南河内出版社,1995年,279页。

拓,推动了越南社会的向前发展,促进了越南国民经济与社会的全面进步。在这一时段,经过中原移民的开发,越南的社会生产方式发生了改变。中国在越南设置郡县之前,越南没有文字也没有真正意义上的国家,尚处在"文明的门槛上"[①]。社会经济文化十分落后。任延、锡光以及士燮等中原人士的到来,改变了落后的生产方式,使越南跨越社会发展阶段,从原始社会直接进入封建社会,使越南实现了跨越式的发展。

中原移民的到来使越南的许多不毛之地变成了繁华的城镇,促进了当地生产力的提高和社会的繁荣。伴随着移民的到来,不仅带来了中国先进的科学文化,而且在一定程度上促进了中越两国贸易的发展,推动了中越两国的经济文化交流。同时,中原移民带来了中原地区的习俗与文化,使越南的许多地区处处洋溢着中国文明的气息。百姓的日常生活,"冠婚丧祭之礼","依如中国";节庆节日,"多如华制度"。阮氏政权曾经公开提倡中国服饰,其"文武官服,参酌汉唐历代制度",使"士庶服饰器用,略如明人"[②]。在越南的教育上,"士尚诗书","国人皆学中国经籍",文人以中国诗词相唱和。

秦汉时期中原移民来到越南,改变了越南社会的面貌,对越南社会的政治制度、经济贸易、文化进步和社会发展都产生了深远的影响。中原移民开发越南的业绩为中越关系的发展做出了重要贡献,他们的业绩将永载史册。

(作者为洛阳师范学院历史文化学院副教授)

---

① 戴可来:《对越南古代历史和文化若干新认识》,北京北大亚太研究所,1993年,98页。
② 广西侨务侨史文集编辑组:《广西侨务侨史文集》,中国华侨出版社,1993年,40页。

南朝地下流民社会与客家形成初探

——兼谈客家形成过程中的"固始符号"

崔振俭　戴吉强

随着近年国内外华人寻根热的兴起，作为汉民族中很具特色的一支——客家人及客家文化，也越来越引起人们的广泛关注，参与研究人士日众，发表论文、著作渐多，这不论是对于客家文化，还是传统文化，都是一件好事。但依笔者愚见，目前研究客家文化的专家学者，大都偏重于客家文化形成的"节点"①，或客家文化自身特点，而对于客家文化形成的历史大背景及这种大背景下，北方特别是江淮移民群体及在不同历史时期、在不同迁入地所衍生的不同地域文化，最终形成客家文化及其他地域文化的因果关系，涉及相对较少。因此，笔者认为：在探索客家民系形成过程中，我们仅仅重视迁徙过程、经历"节点"是不够的，一种民系、一种文化的形成，与"一次到位"还是"多次到位"②并无直接的因果关系，它一定是在一种特定的历史、文化环境中，由于独特的地域环境、生产生活方式、内部亚群体文化的强弱，以及不同文化群体长期斗争融合的结果。这种思考，不仅可以解释在南北朝同样动荡的历史大背景下，北方军阀政治的统治环境中，军事坞堡形态无法形成客家或类似的文化族群；也同样可以解释，即使在南方相同的门阀政治的统治环境中，同样从中原、从江淮南迁的士民群体，在与当地的土

① 谭元亨：《客家南迁的"节点"与千里客家文化长廊的打造》，《华南理工大学学报（社科版）》2008年第3期；严雅英：《客家族谱研究》，黑龙江人民出版社，2007年，13页。

② 谭元亨：《客家南迁的"节点"与千里客家文化长廊的打造》，《华南理工大学学报（社科版）》2008年第3期。

著文化斗争、融合中,有的成了"广府人",有的成了"福佬人"等等,也只有在赣闽粤交界地区,能形成汉民族中一个全新的支系——客家人。以上,正是本文所选择的切入点。

一、南朝政治格局与地下流民社会

南北朝时期,是中国有文字记载的历史上最动荡、持续时间最长的时期。就这一时期的南朝而言,更是社会政治动荡,经济衰落。中央政权始终把持在士族和庶族地主阶级手中,政治黑暗,任人唯亲;经济上横征暴敛,民不聊生。特别是中央统治集团"禅让"连连,你唱罢了我登场,使整个南朝社会动荡不安,平民百姓痛苦不堪,加上连续不断的战争和农民起义,更加重了一般百姓的负担。据熊德基先生考证:南朝一般"编户"除了承担繁重的租调、徭役和兵役外,那说不清的杂调及临时派租就足以让平常农户倾家荡产,卖儿卖女①。因此,在整个南北朝大分裂时期的近一个世纪里,由于政治、经济等原因,南部小朝廷始终处在动荡之中,下层百姓除了负债、出家、参加农民起义队伍,只有逃亡山泽,成为地下流民。时任会稽内史的著名大书法家王羲之说的最贴切:"军兴以来,征役及充运,死亡叛散,不返者众。……百姓流亡,户口日减,其源在此。"②东晋时期已经如此,此后更每况愈下,在册编户渐少,地下流民渐多,这种现状不仅成为南朝官府的心病,更是南朝社会的一大特色。

由于流民社会多处于"地下",当时及后来正史及其他历史资料对此记载很少,我们只能从与之相关的史料中去收集,并作以综合分析。南朝地下流民社会的主体应是当地和南迁的平民百姓,而其核心则是由北方向南"下行流动"③的士族著姓。因为在那兵荒马乱的封建年代,只有士族著姓才能拥有族众,才有能力保护族众平安迁徙到上千里、数千里之外,才有实力在生疏荒凉的新居地披荆斩棘,开辟新的家园,这是单门小户和平民之家所无法实现的。南迁后的士族著姓,由于其固有的经济、文化和管理等方面的经验和优势,必然成为领导核心。所以张承宗、魏向东认为:魏晋南北朝时期的宗族组织分为:士族地主阶段经营

---

① 熊德基:《六朝史考实》,中华书局,2000 年, 280～288 页。
② 熊德基:《六朝史考实》,中华书局,2000 年,299 页。
③ 宗韵:《明代家族上行流动研究》,华东师大出版社,2009 年, 17 页。

的庄园,以宗族为核心的流民集团,由族长控制的武装坞壁①。为了实现他们南迁后平安、富裕的生活目标,面对南朝动荡的政治局面和门阀统治,面对当地百姓民不聊生的实际,南迁后的士族著姓大都会选择逃避官府,隐入山泽,召集族众与流民过上一种没有税役、团结奋斗、自满自足的隐民生活。之所以说,这种隐形、半隐形的地下流民社会的统治核心只能是南迁的士族著姓,而不可能是当地的名门望族,是因为南朝是门阀政治社会,皇族名义上是统治者,皇帝手中既无军队,也无钱粮,更无人才,他只好与诸姓门阀共天下,但诸姓门阀担心皇权做大,威胁他们的政治、经济利益,因而会在经济、人才等方面加强控制,皇族从门阀贵族那儿得到的钱粮人力很少,只好对佃民重税重役。在皇权与门阀治权的双重监督下,当地的名门望族一般情况下,一方面因为既得利益没有逃亡的必要,另一方面户名在册也没有进入"地下"的可能,一旦不得已逃亡"地下"且被官府捕获,那后果不堪设想。正因为如此,大名士陶渊明归隐后,既不想与刘宋王朝为伍,也无法到地下流民社会去安居,无奈之下,只好"结庐在人境",悠然"盼"南山了。显然那南山里面,有他理想的生活,但他却是可望而不可及。

　　南朝地下流民社会如何管理,如何生产生活,由于没有史载,详情我们不得而知。也许,陶渊明的《桃花源记》可以给我们一点启发。正如当代考古证明,秦皇帝的阿房宫根本没有完工,杜牧的《阿房宫赋》是用实笔写了一件没影子史事一样,我很赞同韩扑先生对于《桃花源记》的看法,陶是用虚笔给我们展现了南朝地下流民社会真实的生产生活场景,以及与官府争夺生存权的斗争。② 现选取《桃花源记》中几个细节演绎放大,以分析那"桃花源"中有怎样的景致与玄机——

　　布景:武陵山区,江南一处偏僻、秀美的地方,一个地下流民聚居地

　　人物:渔夫,官府寻查地下流民的密探

　　桃源中人,地下流民人群

　　开场:渔夫沿着武陵某处一个小溪出发了,他"缘溪"上行进山,看来不是为了捕鱼,是别有目的。他行到一处"极狭才通人"的洞口(洞里与外界有联系),

① 张承宗、魏向东:《魏晋南北朝时期的宗族》,《苏州大学学报》2000 年第 3 期。
② 韩扑:《左手翻历史》,春风文艺出版社,2008 年,117～119 页。

然后进入"桃花源"。他所见到的"男女衣着,悉如外人",只是这里更富裕一些。这渔夫所见,正是桃源人们正常的生产生活。

接着明显了,桃源人见到渔夫"大惊"(见了生人,不明来意),"问所何来"(揣测来意及后面是否有人),"便要'邀'还家"(把他看管起来),"设酒杀鸡作食"(稳住他),"村中闻有此人,咸来问讯"(小民惊慌,头领避后),"自云'先世避秦时乱,率妻子邑人,来此绝境,不复出焉,遂与外世间隔。问今是何世,乃不知有汉,无论魏晋……'"这就忽悠了!"无论魏晋",怎么都身着当时装,口说当时话?强调自己"避秦时乱",意在说明这里不归本朝管辖。

接下来双方都开始明白装糊涂:渔夫给桃源居民讲"外面的故事",桃源人们也都跟着"感叹"。渔夫装糊涂,他明白自己身份可能暴露,随时都有被灭口之险;桃源人们装糊涂,意在拖延时间,给他们的核心层有足够的时间商讨如何应付眼下危险形势,如何处置这个探子。

渔夫在桃源住了几天,双方表面上都很平静。桃源上层商讨结果,担心渔夫临行前有所交待,他如果失踪,家人会报官,或官府要追查下落,于是决定把他放归,临行前还专门告知"不足为外人道也。"但这个渔夫一脱险境,马上原形毕露:"便扶向路,处处志之。及郡下,诣太守,说如此。"行动非常迅速,他觉得这次探险收获很大,会得重赏。太守也很重视,"即遣人随其往,寻向所志。"可一回去渔夫才发现,自己的记号已被破坏,去桃源的路也被隔绝,"遂迷,不复得路"。很明显,一定是渔夫从洞口出来,就有人跟踪,见到记号就立即毁掉,并堵死桃源出口,就像阿里巴巴对付四十大盗。

闭幕:桃源平安,官府无获,回归往常。

这一幕笔者根据《桃花源记》胡编的情景剧,至少给我们以下启示:其一,地下流民社会由于没有官府压迫、剥削,人们生活富足,社会安定;其二,由于处在一个极不安定的大环境中,人们警惕性很高,团结互助,同甘共苦,一有险情,共同对外;其三,地下流民社会管理有序,长幼有礼,正是中原文化的传承与延续;其四,地下流民社会由于生产和生活需要,与外界经常发生必要的生产、生活资料交换,只是这种生产和交换是在没有官府税赋情况下进行,属于逃税和走私。这应当是当时地下流民社会的管理和文化形态的典型注释。

二、南朝地下流民社会是客家形成的源头

地下流民社会聚落的不断增多,给南朝中央和地方造成了严重的政治、经济困境,因此,他们想方设法收买、取缔地下流民群体。同时,由于南北朝之间及内部持续不断地战争,地处战争前沿的中原、江淮士民不断南迁,因而不断有北方移民进入地下流民行列,造成地下流民群体这边消亡,那边产生,成为整个南朝社会的痼疾。在这种形势下,南朝地下流民社会必然呈现多向发展态势。

与北方军事坞堡一样,南朝地下流民社会也应是一个社会机构比较健全的隐形民间组织,也应有军队或叫武装的自卫组织,以及其他生产生活管理系统。在南朝中央和地方官府的收买、封锁、围剿等多种政策高压下,有的地下群体领导层被收买,率领流民走出大山,成为官府的剥削对象;有的被官府军队攻破,流民改为"编户",也成为官府的奴役对象。直到隋唐时期,官府也没有放松对地下流民的搜剿。据陈支平在《福建六大民系》一书中记载,在唐玄宗开元十三年(725),福州长史唐循忠于潮州北界、福州西界的闽西地区,还检得避役百姓共三千余户。[①] 所谓"避役百姓",即是地下流民。只有少数地处偏僻深山、或武力足以与官府抗衡一时的流民群体生存下来,并不断吸纳来自北土或本土的士族百姓,壮大实力。其内部文化因为多方移民的加入,更显得丰富多彩。这种相对稳定特殊的"地下"、"半地下"生产生活环境,不断吸纳北方士族百姓,并以北方文化为主体,长时期吸收融合多种文化因素,正是客家文化形成的关键。

也正是在这种特殊的历史环境下,地处赣闽粤边境地区由于其封闭的地理环境,独特的人文生态环境,逐渐彰显其独有的特质。杨豪先生在《岭南民族源流考》中也认为:是因为该地处于一种特殊的地理环境位置,遗民经徙期间,均有能足以让他们生存发家的自然环境,他还比较详细地分析了该地区自然地理环境。[②] 总之,在这片以北方特别是江淮移民为主体的地下群体中,由于生活在共同的地域,进行着共同的社会经济生活,经过长期的矛盾、融合,用近于共同的语言交流,并形成了共具地域特色的社会心理和文化认同。具体到客家而言,他

---

① 陈支平:《福建六大民系》,福建人民出版社,2006 年, 114 页。
② 杨豪:《岭南民族源流考》,珠海出版社,1999 年, 193 ~ 194 页。

们共同生活在赣闽粤交界地区,形成了一种有别于相邻各民系语言的方言系统,过着带有显著山区特色的农耕经济生活,还形成了以团结奋进、吃苦耐劳和强烈内部凝聚力及自我认同意识为主要特征的族群心理素质。具有上述典型特征的文化就是客家文化,其居民共同体成员就是客家人①。

按照目前学术界通行的看法,客家民系经过隋、唐及五代的长期融合、孕育,大约在宋代形成,并逐渐从"地下"走向社会。在与外界交往中,客家人那种吃苦耐劳、讲信重礼的品格渐渐被外人所认可,同时客家人族群为上、团结对外的秉性也为外界所重视,特别是官府。目前,许多学者只看到因为客家聚居地生存空间有限,随着客家人口的增加,一定要外迁谋生,这只是原因之一。那些载入史志一连串的客家抗税、聚众起义和大规模械斗事件,使得官府必须用打击和分化的手段,迫使客家人外迁和分散,以便统治,这才应该是客家外迁的深层次的社会政治原因。当然,这只是笔者私见,未免贻笑大方。

三、客家形成过程中的"固始符号"

客家先民来自中原,来自江淮,史界已有定论。作为中原移民中转站和江淮移民出发地的"光州固始",在客家先民南迁和客家民系形成过程中,又发挥着怎样的作用呢?

在客家历史文化研究中,谭元亨、严雅英诸学者都用"节点"来表述客家先民迁徙中经过的主要地方,其中第一个"节点"就是"光州固始",并这么描述"光州固始"这个"节点"的特殊地位:光州是属于中原的,固始更一直是客家、福佬两大民系共同拥有的"节点"。要强调自身的中原文化身份,这个节点具有异乎寻常的意义,因为它位于河南东南部,再往东南走出几十公里,也便进入了安徽,传统上被视为江淮地区,也就不再是中原了。……可以说,固始成为两大民系最后告别中原的地方,他们正是在这中原的边地作了最后的停留,才惜别了中原,进入江淮。② 其实,这些学者对固始与中原、江淮的地理历史渊源不够了解,造成这些描述有一定的疏漏。现略作介绍:固始域地在三代前及夏商、西周初期属

① 谢重光:《客家源流新探》,福建教育出版社,1995 年,12 ~ 13 页。
② 谭元亨:《客家南迁的"节点"与千里客家文化长廊的打造》,《华南理工大学学报(社科版)》2008 年第 3 期;严雅英:《客家族谱研究》,黑龙江人民出版社,2007 年。

禹贡荆扬二州,为尧封皋陶之地,东夷文化是基本文化,光州及以东的安徽都属其文化范围。西周中后期,随着中央王朝及楚、吴、越政治势力进入该地区,相关文化也开始影响这里,并形成多种文化融合的地域特征。固始于秦属九江郡,汉与三国属豫扬二州,隋属弋阳郡,唐属淮南道,北宋属淮南西路,直到元代,固始方属河南江北行省。历史政区与文化,一直把固始指向东南,至今固始地方习俗同于江淮而不类中原,其方言仍是江淮方言。把固始入于中原、离于江淮是对固始历史沿革不了解。至于南迁先民如何理解固始及其文化,则是可探讨的。

固始及江淮地区先民在元代以前定向南迁,是由其历史原因造成的,汉武帝三迁闽越之民处于江淮间,沟通了闽越之地与固始(江淮)的联系,从永嘉之乱八姓入闽到唐初陈氏将军奉诏入闽,唐末"三王"义军入闽,再到两宋之季士民因循入闽,在长达千年的时间里,固始士民定向入闽成为中国移民史上的特例。当然,在南迁后的日子里,一定会有一些先民或后裔先后进入赣闽粤地区,成为客家先民。据严雅英考证①,固始入闽先民与客家有明确联系的有:

《客家姓氏源流汇考》载:唐初,有余氏族人自河南固始随陈元光入闽而至赣,后辗转入粤……

《武城曾氏重修族谱》载:武城曾氏向南方播迁的有唐光启年间(885~888)随王潮由光州固始入闽,初居于漳、泉、福州之间,后经"宋元兵扰,不能安居",迁长汀、上杭、永定……

《[武平]平川谢氏族谱》载:谢姓入闽西有多支:一支是唐末(约893)随王审知入闽的谢澄源与祖正吉、父得权,由河南固始迁邵武,复迁宁化石壁……

《客家姓氏源流汇考》载:唐末黄巢起义后,高纲为避乱由淮南西路光州固始迁江南福唐郡(福州怀安县)为高姓入闽始祖。

《[连城双溪山济阳堂]柯氏族谱》载:唐僖宗光启二年(886),柯敦颐受命由河南固始县入闽平乱(黄巢农民起义)后,留守福建定居晋江南圹。另一支柯绍安,随王审知入闽,居泉州西水巷(俗称柯厝)……

周氏入闽多支,有唐中和五年(885)周崇车随王潮、王审知兄弟南下入闽……

---

① 严雅英《客家族谱研究》,黑龙江人民出版社,2007年,37~52页。

《［连城四堡龙足］四修邹氏族谱》载:邹勇夫,河南光州固始人,唐末随王审知入闽开基泰宁,为该支邹氏入闽祖。……

《［永定］苏氏大宗族谱》载:唐末,苏氏105世裔孙苏益,字世进,又名利用,河南固始人,随王潮入闽,为苏氏入闽始祖。……

《中华庄氏族谱》载:唐光启年间(885～888),河南光州固始县人庄文盛,讳森,名一郎,随舅王潮入闽,开基永春县桃源里善政乡之蓬莱,为庄姓入闽桃源派始祖。

从上述族谱可知,固始南迁移民确有一些后裔先后进入赣闽粤交界地区,成为客家民系形成的有生力量,因而,不少学者都认为固始是福佬人、客家人公认的乡关祖地,南迁的第一站,是符合历史实际的。

综上所述,笔者认为,客家民系的形成,既有其大的历史原因,也有其特定的地理、文化背景,它的最终形成,是地下流民社会发展变化的必然结果。只有在这种大的历史背景下,去认识客家民系的渊源、形成过程、文化特色,才能全面深刻地认识客家人与客家文化,也才能深刻认识"光州固始"在客家形成中特殊的符号意义。

（第一作者为河南省固始县委统战部副部长,第二作者为河南省固始县史志研究室主任）

试论洛阳是中华姓氏文化的圣城

姬传东

姓氏文化具有历史性、民族性、人民性、连续性、广泛性、世界性的特点。中国姓氏具有6000多年的历史,中国是世界上最早使用姓氏的国家之一。姓氏文化是中华文化中极具特色的重要组成部分。中华姓氏反映出的基本特性是以血缘为基础、以亲情为纽带,阶梯式、等级化的宗法制度表现形式。姓氏文化的内容既包含姓氏根源、姓氏尊崇、寻根追祖、祖先崇拜,又包含家族生息、繁衍、家庭、婚姻、宗教信仰等,属于多元化的文化现象。

研究姓氏文化,其实就是研究人、研究人类、研究人类文明,是研究人类的文明史。姓氏文化与中华文明一样源远流长。中国与埃及、巴比伦、印度合称四大文明古国,都具有悠久的历史,创造过灿烂的文化。但是,埃及、巴比伦、印度三国先后出现过历史长期中断的局面,只有中国被称为"香火不断的金身。"难怪黑格尔在比较各国历史之后说过:"只有黄河、长江流过的那个中华帝国是世界上唯一持久的国家。"(《历史哲学·东方世界·中国》)由此可见,姓氏文化所产生的民族凝聚力起到的作用。河洛文化是中华民族的"根"文化,洛阳是中华文化的圣城。笔者根据多年的研究认为,姓氏文化是河洛文化的重要组成部分,洛阳堪称中华姓氏文化的圣城。

一、中华姓氏起源于河洛地区的最多

河洛地区地处中原,是华夏姓氏的重要起源地。"中国"、"河南"、"河洛",实际最早指的是今洛阳及其周边地区。《尔雅·释地》云:"河南曰豫州",则是广义的河南。从行政区划而言,河南与洛阳关系最为密切。如河南县,自西汉至西晋设置,北周、唐代也曾设河南县,城址在今洛阳涧河东岸。河南国,项羽封中阳而置,辖境在今洛阳为中心的周边地区。刘邦废河南国而改设河南郡,至隋初方废,治所在今洛阳市东北。唐代改洛州而置河南府,元代改称河南路,明代复置河南府,至1913年方废。因此,从地理沿革中,中国、河南、河洛之名的根在洛阳。洛阳地处河洛腹地,历史上长期是中国的政治、经济和文化中心,是中华姓氏的主要发源地。中国自古至今出现过22000多个姓氏,现仍在使用的10000多个,常用的3500多个,其中主要起源于河洛地区或部分起源于河洛地区的约占三分之二。前100个人口大姓中(根据2008年公安部身份证数据库资料,人口200万以上的姓氏),有77个姓氏的主支或一支直接起源于河洛地区。在当今中国前300个人口大姓中(人口14万),全部源于河洛地区或主支起源于河洛地区的有171姓氏。在宋代启蒙读物《百家姓》收录的504姓中,后人标注其郡望在河洛境域的达115个,居全国之冠,涉及当代华人的90%。这些姓氏的来源大致可分为两类:

1. 源头或祖根地(含一支)在洛阳的姓氏

(1)、单姓(130个):乙、九、川、山、门、尸、马、子、王、韦、支、止、毛、印、方、尹、甘、丙、龙、帅、史、册、冬、邙、汉、司、考、亚、成、师、同、年、伊、危、邬、刘、安、汤、关、阴、寻、严、杜、杨、李、投、励、利、余、沃、陆、武、范、林、拔、郏、晁、制、周、服、府、夜、单、官、阿、带、柱、秋、侯、泉、首、宪、洛、染、宫、贺、结、秦、敖、袁、桃、校、辱、钱、留、亳、郭、唐、凌、瓶、涓、涂、宰、姬、赧、梓、副、偏、盘、康、商、率、梁、谌、揭、裴、惠、郾、程、焦、舄、廋、滑、缑、蒯、裴、解、靖、褚、雒、精、翟、虢、篇、儋、镏、潘。

(2)、复姓(33个,按笔画排序):三川、大赘、上阳、王人、王子、王孙、王叔、甘庄、毛伯、公正、公帅、甘公、龙方、司马、司徒、司寇、西周、伊祈、巫马、扰龙、武疆、拓王、牧师、单伯、官师、封人、染女、高辛、宰父、康公、偃师、滑伯、詹伯。

2. 北魏迁都洛阳之后改少数民族姓氏为汉族单姓。

公元4世纪初,鲜卑族拓拔部在今山西北部、内蒙古等地,建立代国,后为前秦苻坚所灭,泜水之战后,拓拔珪于公元386年重建代国,称王,旋改国号为魏,史称北魏,也叫后魏、拓拔魏、元魏。398年建都平城(今山西大同),改号称帝,逐步并吞后燕、夏、北燕、北凉,439 年统一北方,与南朝对峙。493 年迁都洛阳,改姓元。当时随同迁洛的皇族宗支和鲜卑族、代北贵族及其部众约百万余人。

　　北魏迁都洛阳之后,孝文帝出于自身统治的需要而进行了大刀阔斧的改革,在一系列的改革中,尤为改鲜卑族等姓氏为汉姓最为引人注目。孝文帝于太和二十年(497 年),下诏将鲜卑族等姓氏改为汉姓,"诏迁洛之民,死葬河南,不得还北。于是代人南迁者,悉为河南洛阳人。"据《魏书·官氏志》、《通志·氏族略》、《唐书·宰相世系表》等古籍记载,所改姓氏达 160 多个。

序号	姓氏	由何氏所改	序号	姓氏	由何氏所改
1	王姓	高丽人拓王氏、代北姓可频氏、鲜卑族乌丸氏	24	卢姓	鲜卑族莫卢氏、豆卢氏(吐伏卢氏)
2	李姓	鲜卑族叱李氏	25	苏姓	拔略氏
3	周姓	鲜卑族贺鲁氏、普氏、普屯氏	26	吕姓	鲜卑族比丘氏、副吕氏、叱吕氏、俟吕陵(邻)氏、叱吕引氏
4	陈姓	鲜卑族侯莫陈氏	27	陆姓	鲜卑族步陆(六)孤氏
5	杨姓	鲜卑族胡卢氏	28	石姓	鲜卑族乌石兰氏、石兰氏、石真氏
6	刘姓	独孤氏	29	邱姓	鲜卑族丘敦氏
7	孙姓	拓拔氏	30	薛姓	比干氏
8	罗姓	鲜卑族破多罗氏、叱罗氏、吐罗氏,西城斛瑟罗氏	31	侯姓	鲜卑族胡(古)口引氏、侯奴氏、渴侯氏、古引氏、侯伏侯氏
9	胡姓	鲜卑族纥骨氏、胡掖氏(魏献帝时)	32	万姓	鲜卑族万忸于氏、吐万氏、统万氏
10	何姓	高车族贺拔氏、何拔氏	33	黎姓	鲜卑族素黎氏
11	高姓	鲜卑族是娄氏	34	莫姓	鲜卑族莫那娄氏、莫多娄氏
12	朱姓	鲜卑族可朱浑氏、渴浊浑氏	35	伊姓	鲜卑族伊娄氏
13	林姓	代北族丘林氏	36	温姓	鲜卑族叱温氏、温盆氏、温孤氏
14	梁姓	鲜卑族拔列兰氏	37	元姓	皇族拓跋氏
15	谢姓	直勒氏	38	窦姓	鲜卑族纥豆陵氏
16	韩姓	鲜卑族大出大汗氏	39	解姓	鲜卑族解毗(枇)氏
17	潘姓	鲜卑族破多罗氏	40	葛姓	鲜卑族贺葛氏

序号	姓氏	由何氏所改	序号	姓氏	由何氏所改
18	于姓	鲜卑族万忸(纽)于氏、勿忸于氏	41	穆姓	鲜卑族丘穆陵氏
19	杜姓	代北独孤浑氏	42	贺姓	鲜卑族贺兰氏、贺拔氏、贺狄氏、贺赖氏、贺敦氏、叱贺氏
20	丘姓	鲜卑族丘陵氏、丘林氏等	43	毕姓	鲜卑族出连氏
21	连姓	鲜卑族是连氏	44	嵇姓	鲜卑族纥奚氏
22	薄姓	鲜卑族薄奚氏	45	元姓	皇族拓拔氏
23	寇姓	鲜卑族古口引氏	46	楼姓	鲜卑族盖楼氏、贺楼氏
47	路姓	鲜卑族没路真氏	83	娄姓	鲜卑族匹娄氏、伊娄氏、乙那娄氏
48	甄姓	鲜卑族郁都甄氏	84	艾姓	鲜卑族去斤氏
49	狄姓	高车族厍狄氏、赤狄氏	85	单姓	鲜卑族可单氏、阿单氏、渴单氏
50	鲍姓	俟力伐延氏(《魏书官氏志》误为俟力延氏)	86	兰姓	鲜卑族乌洛兰氏(即赫连部之乌落兰氏)
51	和姓	鲜卑族素和氏	87	缑姓	鲜卑族渴侯氏
52	车姓	鲜卑族车焜氏、车兆氏	88	房姓	高车贵族屋引氏
53	昝姓	叱卢氏	89	谷姓	鲜卑族谷会氏
54	昝姓	鲜卑族叱卢氏	90	安姓	鲜卑族安迟氏
55	云姓	鲜卑族牒妘氏	91	卫姓	鲜卑族有改氏
56	辰姓	鲜卑族辟历辰氏	92	祝姓	鲜卑族叱卢氏、叱缶氏
57	柯姓	鲜卑族柯拔氏	93	费姓	鲜卑族费连氏
58	明姓	鲜卑族壹斗眷氏	94	骆姓	代北他骆拔氏
59	阎姓	代人姓氏所改	95	如姓	鲜卑族如罗氏
60	姒姓	姒先氏	96	兀姓	乐安王元鉴
61	芦姓	代北莫芦氏	97	桓姓	鲜卑族复姓乌丸氏、乌桓氏
62	尉姓	迟尉氏	98	步姓	代北步鹿根(孤)氏
63	伏姓	鲜卑族俟伏斤氏	99	豆姓	代北豆卢氏、赤小豆氏
64	若姓	代北若干氏	100	屈姓	复姓屈突氏、屈男氏
65	弥姓	鲜卑弥加是氏	101	出姓	出连氏、大汉氏

序号	姓氏	由何氏所改	序号	姓氏	由何氏所改
66	党姓	拓拔氏	102	阿姓	鲜卑族阿伏氏、阿贺氏、阿伏干氏、阿母氏
67	奚姓	北魏宗室达奚氏	103	茹姓	代北普陋茹氏、普介茹氏
68	可姓	鲜卑族阿伏干氏、可地干氏、可地延氏	104	干姓	鲜卑族纥干氏、库若干氏、扈地干氏
69	古姓	代北吐奚氏	105	门姓	鲜卑族叱门氏、吐门氏、库门氏
70	卜姓	鲜卑族须卜氏	106	口姓	若口引氏、口引氏
71	乙姓	鲜卑族乙弗氏	107	延姓	鲜卑族可地延氏
72	略姓	拔略氏	108	亥姓	侯亥氏
73	仆姓	鲜卑族仆兰氏	109	郘姓	大莫于氏、侯莫于氏
74	是姓	鲜卑族是云氏	110	浑姓	鲜卑族吐谷浑氏
75	副姓	鲜卑族副吕氏	111	扶姓	鲜卑族乞扶氏
76	几姓	鲜卑族侯几氏	112	兒姓	贺兒氏
77	扈姓	鲜卑族扈地干氏	112	舆姓	莫舆氏
78	沓姓	沓卢氏	113	奇姓	蠕蠕人奇斤氏
79	绵姓	尔绵氏、尔朱氏	114	宿姓	鲜卑族宿六斤氏
80	树姓	鲜卑族树洛干氏	115	眷姓	鲜卑族茂眷氏
81	稽姓	南方大洛稽氏	116	綦姓	其连氏
82	缓姓	和稽氏	117	狼姓	叱奴氏
118	就姓	代北菟赖氏	141	覆姓	达勃氏
119	越姓	越勒氏	142	库姓	鲜卑族库门氏、库傉官氏
120	味姓	可烛浑氏	143	蒌姓	一那蒌氏
121	羽姓	鲜卑族羽弗氏	144	一姓	一那娄氏
122	偻姓	改匠偻氏为氏	145	俎姓	鲜卑族鲍俎氏
123	山姓	鲜卑族吐难氏	146	似姓	鲜卑族时似氏
124	纥姓	鲜卑族纥单氏	147	僬姓	纥实僬氏
125	骨姓	鲜卑族纥骨氏	148	折姓	鲜卑族折掘氏
126	禄姓	鲜卑族骨咄禄氏	149	邴姓	鲜卑族秘邴氏
127	斤姓	库六斤氏	150	封姓	鲜卑族是贲氏

序号	姓氏	由何氏所改	序号	姓氏	由何氏所改
128	狼姓	叱奴氏	151	縣姓	蠕蠕人尔縣氏
129	纸姓	代北渴侯氏	152	牒姓	鲜卑族牒云氏
130	苟姓	鲜卑族苟干氏	153	衮姓	鲜卑族达勃氏
131	鹿姓	鲜卑族阿鹿桓氏	154	仇姓	鲜卑族鲜卑族侯氏
132	潞姓	鲜卑族没落真氏	155	俟姓	鲜卑族俟奴氏
133	乞姓	鲜卑族乞伏氏、乞特氏,高车族乞袁氏等	156	萨姓	鲜卑族萨孤氏
134	叔姓	鲜卑族叔乙旃氏	157	乌姓	鲜卑族乌石氏
135	拓姓	鲜卑族拓拔氏	158	雲姓	鲜卑族宥连氏、悉雲氏等
136	屋姓	鲜卑族屋引氏	159	襄姓	鲜卑族达勃氏
137	引姓	鲜卑族古口引氏	160	叔孙	鲜卑族乙旃氏
138	展姓	鲜卑族辗迟氏	161	长孙	鲜卑族拔拔氏
139	茂姓	代北茂眷氏	162	索卢	鲜卑族奚豆卢氏
140	迟氏	尉迟氏			

　　自北魏以后,大批的少数民族入居以洛阳为中心的中原各地,也有不少改为汉姓。起源于河洛地区的姓氏就更多了。

二、以洛阳为郡望、堂号的姓氏众多

1. 以洛阳为郡望的姓氏众多

　　郡望,是指历史上聚居于某郡(郡为古行政区划建置)的姓氏大族,这些家族世代有人做官,社会地位显赫,为地方民众所敬重和仰望。魏晋以来,郡望又称郡姓,用来区分姓氏贵贱等级。当时朝廷选官,主要看一个人的郡姓出身,即所谓"以地望明贵贱",形成了"上品无寒门,下品无士族"的门阀世族制度。如古代的范阳卢氏、清河崔氏、荥阳郑氏、太原王氏、阳夏谢氏、汝南袁氏、陇西李氏、彭城刘氏等,都是闻名天下的郡姓大族。五代以后,随着世族制度的解体,郡望逐渐演变成一些姓氏家族的"郡号"或"堂号",成为这些姓氏家族历史辉煌的追忆和祖地徽记。由于洛阳长时期是河南郡的治所,因此许多发迹于洛阳的姓氏家族均以"河南"或"洛阳"为本姓的郡望或堂号,在他们的宗祠和家谱上均标题"河南郡"、"河南堂",用来归宗睦族。

(1)单纯以洛阳为郡望的姓氏

仅以洛阳或洛阳县、河南郡(今洛阳)为郡望的姓氏,当视为单纯以洛阳为郡望的姓氏达105个,其中:

单姓(83个):夫、友、仆、方、凡、巴、可、夹、邧、仍、饥、弇(biǎn)、老、亘、毕、步、伟、衣、亥、宇、字、约、羽、芦、利、兑、灵、忌、若、奇、阿、昏、兒(ní)、兒(ér)、念、巷、茙(róng)、荀、柯、柱、战、省、显、郎、种、俟、(jǔ或chú)、浑、宪、姥、娀、统、逗、盎、狼、亳、涉、液、剧、副、脱、尉、犀、辇、校、乌、普、维、嵩、稚、褚、蕃、雒(或作洛、络)、舆、鄂、籥、稽、篇、僕、橄、薰。

复姓(22个):王孙、长勺、长桑、可朱浑、吐万、吐缶、伊秩、赤松、扰龙、辰州、有娀、叔孙、是连、是娄、是贲、贺兰、费连、闻人、悉云、渴烛浑、辟历辰、颊荀。

(2)郡望中有洛阳的姓氏

不少姓氏有多个乃至几十个郡望。郡望中有洛阳、洛阳县、河南(今洛阳)的姓氏,都视为郡望中有洛阳的姓氏,达99个:

单姓(92个):乙、卜、于、士、万、山、王、元、云、长、介、邓、孔、艾、石、平、卢、田、史、丘、吉、库、毕、朱、仰、向、伊、刘、许、寻、苏、扶、辰、步、利、延、邱、库、宋、张、陆、陈、苟、畅、周、郑、泥、房、视、屈、孟、荀、茹、胡、树、贾、柯、骨、侯、阁、祝、贺、骆、奢、袁、莫、婴、高、聑、堵、黄、猗、寇、率、常、盖、桑、傁、阎、宿、梁、扈、随、稽、程、甄、赖、路、鲍、窦、褚、疏、綦、翟、黎、縣、穆、潘。

复姓(7个):司马、仲长、宇文、南宫、闻人、独孤、淳于。

在洛阳以外的河洛境域形成郡望的姓氏129个,其中汝南郡(今上蔡县西南)29个:周、袁、蓝、廖、梅、穆、齐、商、沙、盛、危、言、仰、和、荆、汝、殷、应、昌、鞠、咸、盖、糜、宣、轩、应、衡、文、公良;南阳郡(今南阳)21个:张、赵、何、韩、叶、白、乐、邓、姬、滕、厉、井、隆、终、束、岑、翟、意、百、率、樊;颍川郡(今许昌)18个:陈、赖、荀、韩、许、库、钟、乌、车、苟、向、浩、干、邢、应、横、拓跋、鲜于;河内郡(今河南省黄河以北地区)15个:茹、乌、车、苟、向、浩、毕、平、怀、詹、司马、拓跋、南门、淳于;陈留郡(今淮阳)10个:谢、何、蔡、阮、伊、屠、伊、虞、防、公良;弘农郡(今灵宝)8个:杨、刘、张、晋、强、奚、刁、牧;谯郡(今豫东、皖北)7个:曹、戴、桓、娄、楼、稽、敖、夏侯;顿丘郡(今浚县)7个:葛、司、空、司空、间丘、公西、公羊;荣阳郡(今荥阳)5个:郑、潘、毛、经、阳;内黄县(今内黄县)4个:路、骆、扈、蓟;新蔡郡(今新蔡)3个:鄾、漆雕、百里;宋州(今商丘南)3个:张、宋、乔;滑州(今滑县东)3个:费、成公、上官;卫州、卫郡(今淇县、卫辉一带)3个:桑、璩、孙;新郑(今新郑)1个:佘;长葛(今长葛)1个:哈。

2. 以洛阳为堂号的姓氏众多

堂号中有洛阳、河南(今洛阳)、伊川(今洛阳市伊川县)、安乐(洛阳安乐)、香山(洛阳龙门东山称香山)的姓氏,当视为堂号中有洛阳的姓氏,计48个:卜、于、山、王、元、友、车、方、艾、卢、田、史、丘、毕、朱、向、衣、苏、李、邱、征、延、宋、张、邵、苟、药、单、房、贺、殷、阎、梁、寇,赖、储、鲍、稽、雒、窦、潘、雒、储、揭、宇文,另外,白姓有香山堂(因白居易居今洛阳龙门东山而得名),刘姓有豢龙堂(因刘累在今洛阳偃师养龙而得名),邵姓有安乐堂(因邵雍长居今洛阳安乐窝而得名),袁姓有卧雪堂(因洛阳令拜访客居洛阳的袁安的故事而得名),程姓有明道堂、伊川堂、立雪堂(均以洛阳伊川人程颐、程颢的事典而得名)。

如此众多的姓氏郡望、堂号集中于一地,在全国是绝无仅有的。这些姓氏的郡望、堂号成为他们寻根问祖的重要依据。

三、洛阳是中华姓氏融合的圣城

如上所述,发源或祖根地(含一支)在洛阳的姓氏166个,而前100个人口大姓中有77个主支或一支起源于河洛地区;单纯以"河南"(今洛阳)为郡望的达105个,郡望中有今洛阳的99个,在洛阳以外的河洛境域形成郡望的姓氏129个;以今洛阳为堂号的姓氏48个,以洛阳以外的河洛境域地名为堂号的129个。这些姓氏在以洛阳为中心的河洛地区得到大发展,成为中华姓氏融合与发展的历史见证。

伏羲、炎黄、颛顼、帝喾、周武王、周公、召公、管叔、蔡叔、霍叔等都长期活动于以洛阳为中心的河洛地区,夏、商、周、汉、魏、唐、西晋等朝代建都于洛阳,韩国、毛国、滑国故城均在洛阳境内,河洛地区的还有卫国、郑国、蒋国、虢国、焦国、戴国、赖国、罗国、邓国、蔡国、沈国、应国、南燕等古国。这些先人、朝代、古国都繁衍了诸多姓氏。

黄帝之子昌意后裔所建安息国,至汉朝遣王子世高来中国,定居洛阳,遂以国为氏。

早在北魏时期,原居于北部大漠地区的鲜卑族入主中原,统一中国北部,原以平城(今山西大同)为都,在与汉文化的长期交流中,魏孝文帝出于自身统治的需要而进行了大刀阔斧的改革,包括创颁"均田令",推行百官俸给制;加强对中原的控制;禁止鲜卑族人着胡服、说胡语,改鲜卑族姓为汉姓,鼓励鲜卑族人与汉人通婚;进一步完备北魏的封建国家政权。在这一系列改革中,尤其在洛阳改少数民族姓氏为音或义相近的汉族姓氏达160多个,最为引人注目,在当今300个人口大姓中(公安部2008年身份证数据库资料,人口在14万以上),其中北魏时期在洛阳改姓的占109个。可见这次改姓的规模之大,为华夏姓族注入的新鲜血液之多,对中华姓氏的演变和民族融合产生的影响之深远。

自北魏以后,大批的少数世族入居以洛阳为中心的中原各地,后来逐渐被汉人同化。比如:宋神宗时,位于中亚阿拉伯麦加的布哈国王和他的弟弟艾尔沙,率领家族和部下5300余人,沿丝绸之路东迁来中国,到达汴京(今开封),被北宋皇帝赐爵,令其定居中原。布哈拉国王的后代赛典赤丁有9子13孙,分别取姓,即人们常说的"回族十三姓"的演变由来。

以洛阳为中心的河洛地区作为诸多姓氏的发源地、祖根地、郡望和堂号,九朝或十三朝曾在洛阳建都长达1500多年,各个姓氏的才子佳人、商贾巨富、三教九流等汇聚洛阳,足以见证洛阳是中华民族融合与发展的圣城。

四、河洛是华人心中永远的圣地

以洛阳为中心的河洛地区不仅是中华民族的主要发祥地,而且是众多姓氏的集散地。河洛是华人心中永远的圣地。

全球一万两千客家人的根在河洛。河洛先民或逃灾荒,或避战乱,或因垦荒、戍边,不断南迁,足迹遍及四面八方。其中规模较大的迁徙主要有五次:

1. 西晋末年的"永嘉之乱"、"八王之乱"使河洛及中原人民饱尝战祸之苦,出现了北方人南迁的大潮;近百万汉人为避战乱,从西晋都城洛阳出发,迈出了客家历史上大规模南迁的第一步。有关这方面的史料记载甚多,举不胜举,《晋书·王导传》:"洛京倾覆,中州士女避乱江左者十六七。"《闽书》载:"晋永嘉二年,中原板荡,衣冠始入闽者八族,所谓林、黄、陈、郑、詹、丘、何、胡是也。"在今天的地名上还留着历史痕迹,如福州晋安河,泉州晋江,闽南洛阳江、洛阳桥,这都是晋代河洛人到福建后命名的。进入广东者,如蕉岭赖氏,世居颖州,晋八王之乱后经浙江松阳而迁至蕉岭。这些南迁移民就是客家人的先民。

2. 唐高宗总章二年(669),福建南部蛮獠叛乱,闽南行军总管河南人陈政率兵镇压,失利后退守九龙山。其母魏氏率河南58姓军校入闽救援,并在平叛获胜后留驻漳州,繁衍子孙。安史之乱也导致许多中原人南迁赣、闽和岭南等地。

3. 唐末至五代,北方动乱不安,于是又出现一次人口南迁高潮。河南人王潮、王审知兄弟乘时起义,率中原数万人南迁,经安徽、浙江进入福建。后来王审知建立闽国称王,统治福建达55年。中原数万之众,全部定居福建。罗香林《客家史料汇编》云,孙、邹、罗、刘、廖、温、薛、李等家族,都是这一时期由北方迁至福建者。

4. 宋元时期,有两次人口南迁高潮。靖康元年(1126)金兵攻破开封,北宋灭亡。不久高宗赵构定都杭州,中原人大批随之南迁至江浙,也有一部分进入福建及岭南。

1276年元军攻占临安后,张世杰、文天祥等人相继扶持宋帝端宗转战福建、广东沿海一带开展抗元斗争;失败后,元军到处追捕,迫使原来迁居闽粤的河洛人继续退往偏远的福建、广东东北部甚至北越的山区之中,在贫瘠的土地上定居拓荒。

5. 明末清初,国势日弱,战乱和灾荒促使无数河洛移民的后裔继续逃往更偏远的南方,如海南岛、台湾,甚至漂洋过海,流落泰国、越南、缅甸、马来西亚、新加坡、印度尼西亚、毛里求斯等地。

从客家谱系中,也可以看出客家人与中原的密切关系,如:李姓为唐昭帝之幼子李熙照,由洛阳避难迁逃于福建邵武开基,其后世因避金兵之扰又迁于宁化石壁。张姓自唐末由固始南迁宁化七都桂林场。刘姓开基祖刘祥与子刘天锡,因避唐末之乱而由洛阳迁居宁化石壁洞。孙姓开基祖孙俐原居河南陈留,因唐末平乱有功,而封东平侯,遂居虔州(江西宁都)。叶姓世居河南府(洛阳)东门兴福坊,赐进士出身,授江西临江府粮军厅,后迁居宁化新村里叶坊。温姓开基祖温尚简由洛阳迁居江西石城,其曾孙南臬,由石城迁居宁化石壁。丘(邱)、穆世居封丘县,自固始县迁居江西抚州藤桥,其后丘昆清因唐末避乱而自洪州移居建州,为入闽始祖。

在南迁的众多姓氏中有李、王、张、刘、陈、黄、胡、林、吴、沈、何、叶、杨、谢、魏、邓、钏、范、郑、宋、江、袁、冯、高、唐、韩、刁、蓝、丁、卜、庄、文、池、练、温、赖、廖、曾、汤、洪、侯、戴、共42姓为中原姓氏。丘、邱、刘、练、鲍等姓氏以"河南堂"(今洛阳)为堂号,邓、叶、曹等姓氏以"南阳堂"为堂号,周、范、沙、蓝、廖、尤等姓氏以"汝南堂"为堂号,赖、冯、陈、钟、韩等姓氏以"颖川堂"(今许昌)为堂号,均反映了客家姓氏与中原与河洛地区的亲缘关系。河洛永远是客家人的"根"。

由于这些人是从北方迁来,为区别于当地的原住民,而称为"客家人",从而形成了亿万之众的汉民族中最大的民系。客家人通用的语言为客家话。据专家考证,客家话多是中原古音宋音韵的遗留。客家人是中华民族最为卓越的族群之一,人才辈出,如洪秀全、孙中山、毛泽东、朱德、邓小平、叶剑英、宋庆龄、廖仲恺、郭沫若、蒋介石等,都是客家后裔。当今我国的客家人约有4500多万,主要分布在南方9个省(区)和台湾岛。近现代以来,有大批客家人移民海外,到达世界30多个国家和地区。海内外客家人总共达1.2亿左右。至今绝大多数客家人都认为自己的先人最早是来自河南的洛阳地区,有些人还以"河洛郎"自称,他们的堂联多为"河洛遗风"、"河洛世第"、"根在河洛"、"河南堂"等。许多地名带"洛阳",如"洛阳河"、"洛阳桥"、"洛阳镇"等,表明了他们对古都洛阳以及河洛文明的认同。当今客家人的寻根联谊活动也往往以姓氏血缘为纽带进行。

从河洛地区外迁的姓氏很多,据不完全统计,从洛阳外迁的姓氏有明确记载的如下:

序号	姓氏	迁出地	迁出时间	始迁祖	迁出原因	迁入地区
1	毛姓	宜阳县	春秋时期;西晋末年	不详;毛宝等	战乱、任职	先迁今河南原阳,又迁今浙江临海县、江西、云南、湖南韶山等地,后漂洋过海
2	林姓	洛阳市	东周时期	不详	战乱	济南、江南
3	白姓	洛阳市	春秋时期;元朝末期	不详	战乱	咸阳、太原;山东、江南
4	姬姓	洛阳市	周朝末年;宋朝;明朝中期;清初	姬昝;不详;王子晋后裔;姬光远;不详	被迫、避乱;任米脂县令	河南省汝州市等地;湖南省道县;日本等地;陕西米脂县;山西省灵石县、河南省宝丰县

序号	姓氏	迁出地	迁出时间	始迁祖	迁出原因	迁入地区
5	余姓	新安县	东汉	余安	逃难	迁江苏省邳州,至4世余槿迁福建省同安县
6	羊姓	洛阳市	不详	不详	不详	江苏省淮安市
7	谌姓	洛阳市	东汉和帝时	谌玉山,谌大节五世孙谌思	不详	江西省南昌市等地
8	方姓	洛阳市	汉朝	方紘	避乱	安徽省歙县
9	揭姓	洛阳市	汉朝	不详	因官	广东揭阳
10	郑姓	洛阳市	东汉;晋朝	郑众;郑庠、郑昭	因官、避乱	陕西省咸阳市;江苏省丹阳市、福建永太县
11	刘姓	洛阳市	汉朝末;289年;唐朝末;宋英宗时	不详;刘协;刘阿知、刘都贺;刘秀32世孙荃	战出使、避乱、遭贬等	东南;先迁河南省修武县,后迁朝鲜半岛、日本群岛;刘祥迁居福建省宁化县;高丽
12	梁姓	洛阳市;嵩县	西晋末年;唐朝末年	梁芬;梁肃	避乱	浙江省钱塘;江苏省南部
13	廖姓	洛阳市	晋朝	廖子璋;廖从宪;廖松宽	因官	江苏省南京市;浙江省松阳县;浙江省永嘉县
14	韦姓	洛阳市	东晋;宋朝	不详	避乱	江苏省南京市等地
15	姚姓	洛阳市	五代十国时	姚起铉	寓居	山西省洪洞县
16	谢姓	洛阳市	不详	谢希图、谢懿文	因官	浙江省嘉兴市、富阳市
17	赵姓	洛阳市	五代十国;宋朝初年	不详	因在南汉任职;遭贬	广东广州;湖北房县
18	周姓	洛阳市	宋朝	周从远	避乱	先迁湖南省宁远县,后徙道县
19	程姓	洛阳市	北宋末年	程端本、程端懿、程端中、程端辅	避乱	安徽省桐庐、江苏省南京市、安徽省南部、江苏省句容市等地
20	邵姓	洛阳	宋朝	邵伯温、邵溥、邵博;邵雅	避乱	四川省、浙江省;山西省洪洞县
21	宋姓	洛宁	明弘治间	宋礼	因守宋礼祠	山东省汶上县
22	郭姓	孟津县平乐	明朝中期;明末	郭恕;郭敏	不详	河南省登封市郭家寨;河南省济源市中马头
23	危姓	洛河地区	不详	不详	不详	先迁居河南汝南,后又迁徙江南

续表2

序号	姓氏	迁出地	迁出时间	始迁祖	迁出原因	迁入地区
24	安姓	洛阳	不详	不详	不详	先迁安定,后徙辽东,又徙武威,隋时居凉州
25	叶姓	洛阳	不详	不详	不详	逐步南迁
26	千姓	登封	明万历间	千万里	征战	朝鲜半岛,后有迁居日本
27	朱姓	洛阳	东汉末	不详	随刘阿知	日本
28	曹姓	洛阳	三国时期	曹植后裔	避难	日本
29	司马	洛阳	晋朝	司马懿后裔	不详	日本
30	杨姓	洛阳	隋朝	杨广后裔	不详	日本
31	温姓	洛阳		温尚简		迁居江西石城,曾孙迁居福建宁化石壁

五、洛阳现有姓氏众多

据统计,洛阳市现有姓氏达 1337 个,其中单姓 1325 个,复姓 13 个。一个 600 多万人口的省辖市,拥有如此多的姓氏,这在全国是极为罕见的,比有些省、直辖市、自治区的姓氏数量还多,这充分反映了古都洛阳移民频繁、民族融合而造成姓氏繁多的历史文化特点。洛阳现有姓氏名录如下:

1 画(1 个):乙。

2 画(11 个):二、十、丁、卜、几、乃、刁、刀、力、了、也。

3 画(37 个):三、干、于、土、士、工、才、下、寸、厂、大、与、兀、万、万俟、弋、上、上官、小、口、山、千、亿、凡、及、广、门、丫、义、弓、己、卫、也、子、习、马、幺。

4 画(78 个):丰、王、开、井、亓、天、夫、元、韦、云、专、木、支、五、戈、犬、太、不、友、屯、区、历、尤、瓦、车、牙、巨、片、少、水、中、内、冈、贝、牛、午、毛、升、长、仁、什、仉、仇、化、爪、从、介、仓、公、分、仓、月、丹、乌、风、心、勾、殳、六、卞、文、方、亢、火、为、斗、计、认、户、丑、巴、尹、孔、邓、双、允、毋、书。

5 画(94 个):玉、未、示、正、甘、艾、节、古、札、术、巧、功、可、丙、左、右、布、世、石、龙、平、东、东方、北、旦、目、卡、占、卢、业、甲、申、申鲜、田、由、电、帅、冉、四、归、叶、史、央、生、丘、付、代、仙、仪、白、印、乐、丛、全、令、令狐、兆、处、句、务、包、冬、鸟、主、立、汉、冯、玄、宁、闪、兰、让、训、礼、永、台、矛、弗、司、司马、司徒、民、皮、尼、邝、邰、加、辽、边、圣、奶、纠、母。

6画(141个)：寺、邦、刑、邢、共 、匡、臣、圩、吉、老、巩、亚、扣、执、场、芝、芨、朴、机 、权、西 、再 、吏、协 、尧、戎、戍、成、百、有、过、压、厌、列、毕、壮、贞、师、当 、吁、吐、时、同、团、因、回、吕、虫、曲、尖、光、刚、岁、年、朱、先、竹、乔、缶、廷 、迄 、伟、传、伍、优、伏、仲、任、仵、伊、仰、位、血 、伪、华、自、向、后、行、全、会、合、爷、兆、农、各、名、危、负、色、多、争、朵、旮、庄、庆、疗 、衣、齐、刘、次、亦、产、冲、次、充、忙、闫、江、汝、汲、池、汤、宇、祁、守、安 、字、米、羊、关、兴、军、许、牟、艮、寻、那、阮、阵、阳、阴、如、戏、欢、买、孙、妃、红、纪。

7画(150个)：寿、麦、运、赤、形、进、远、走、坏、贡、志、孝、汞、攻、苇、芽、芷、苌、芮、花、劳、芳、芦、苏、芭、严、克、豆、甫、求、扶、抚、报、抡、抑、抗、杜、村、李、束、杨、丽、巫、酉、邴、励、还、达、轩、连、来、步、坚、吠、呆、园、肖、呈、里、吴、足、员、串、时、别、吹、岑、旷、针、告、兵、利、秀、攸、邱、延、佐、何、佑、佔、但、住、伯、伽、邬、佟、犹、狄、希、佘、余、谷、含、采、迎、邸、奂、彤、邹、言、吝 、这、辛、库、序、应、庐、冻、况、冷、冶、冰、怀、忻、闰、闵、汪、沐、沙、沃、沈、沉、沪、完、宋、宏、兑、弟、良、评、罕、初、启、君、灵、层、改、张、迟、忌、妖、邰、邵、陆、际、阿、陈、纬、纲、纵。

8画(161个)：青、奉、表、者、其、武、拓、押、拍、拥、招、苦、苛、幸、茂、苗、英、若、茆、苟 、苑、范、茅、茎、林、枚、柏、松、构、杭、杷、欧 、欧阳、画、直、奄、郑、郁、卖、妻、郅、斩、软、事、卓、虎、叔、贤、尚、具、昊、盱、旺、典、国、固、果、杲、畅、昌、明、昂 、易、忠、呼、呼延、罗、帖、岩、岭、凯、竺、佳、郈、迮、知、委、牧、和、季、秉、岱、顺 、例、佰、侃、侣、侨、卑、依、征、禹、所、岳、狗、金、念、贫、郐、周、郇、咎 、肽、鱼、忽、变、庞、底、剂、府、疝、废 、庚、京、兖、於、育、怯、闸、闹、法、沾、注、泮、泥、治、沼、炊、炎、宝、宗、定、宠、宜、官、宛、羌、郑、单(shàn)、单(dǎn)、衬、视、郎、祈、诗、学、房、隶、录、肃、弥、居、屈、降(jiàng)、降(xiáng)、承、孟、练、组、经、绍。

9画(138个)：奏、春、玲、素、封、郝、赴、赵、将、项、政、拾、挑、荆、革、草、茵、茜、荏、荐、荏、荀、茹、药、荡、枯、柯、相、柘、查、故、胡、柏、柳、树、要、郦、南 、南官、咸、威、厚、战、省、是、冒、贵、星、胄、思、勋、哑、品、哈、咯、钟、钢、钞、钮、钦、拜、秋、香、重、种、复、俌、保、促、信、修、侯、段、俊、皇、皇甫、泉、独、郜、剑、律、很、须、俞、俎、昝、饶、度、弯、孪、奕、席、施、彦 、恒、恽、闻、闽、阁、宣、宫、宦、姿 、洪、洒、洗、洮、染、洛、洋、津、炼、美、姜、首、兹、娄、冠、举、祖、祝、误、貟、弭、建、既、费、胥、羿、除、骆、骈、院、姥、姚、娜、贺、勇、结。

10画(131个)：泰、秦、素、敖、班、起、聂、匪、袁、载、都、耿、捅、莱、莽、莫、莴、莉、莲、获、萍、晋、桂、郴、桓、桥、校、桃、栗、贾、速、夏、索、原、真、顾、顿、致、柴、桌、岖、晓、罡、晁、晏、恩、蚌、唢、党、　钰、铁、钱、铉、笑、特、积、称、租、秘、俸、颀、候、倪、倍、倾、息、徒、徐、卿、狼、殷、豹、奚、爱、胧、脏、皱、逢、逄、翁、留、凌、栾、恋、郭、高、旁、斋、离、旅、部、资、效、唐、阎、悦、宽、家、宾、宴、容、宰、涛、凉、酒、浦、消、海、涂、浮、涤、润、恙、益、兼、扇、请、诸、诸葛、谈、说、姬、娥、展、剧、陵、陶、陷、能、通、桑。

11画(100个)：理、琐、赦、堵、职、焉、掩、排、接、培、票、勒、黄、黄龙、菖、营、菊、菅、菜、萧、萨、梅、梓、梭、曹、雪、戚、盛、硕、龚、袭、虚、眭、匙、曼、唱、跃、常、雀、晨、鄂、啜、崖、崔、崇、铜、银、彩、笛、符、移、假、傀、得、盘、舷、象、祭、庼、麻、庚、率、鹿、康、旋、章、商、阎、焕、清、淑、鸿、淹、淮、添、渊、宿、寇、密、梁、粘、盖、谌、望、谚、谛、扈、逯、逮、閆、屠、隋、随、隆、巢、续、绳。

12画(99个)：琴、琳、瑛、琢、琚、越、趁、超、塔、提、揣、揎、彭、喜、颉、斯、联、辜、葛、黄、董、葱、葵、蒋、棱、森、椐、惠、覃(tán)、覃(qín)、厦、景、朝、粟、厨、雁、辈、紫、牌、赐、辉、喇、晶、喻、棠、掌、赏、喉、黑、遇、装、销、锁、锋、筛、策、智、嵇、程、稂、傲、傅、集、焦、储、奥、街、猴、舒、番、释、腊、鲁、然、曾、谢、谦、雇、登、隗、强、猴、敦、斌、童、港、湛、湿、温、渭、渴、滑、游、富、裕、善、普、奠、遂、道。

13画(69个)：瑞、鼓、鄢、勤、靳、幕、楚、蓝、蓦、蓬、蒙、蒯、蒿、蒲、献、槐、楼、赖、甄、裘、雷、零、雌、訾、牌、虞、睦、睢、戢、照、路、跳、歆、错、锡、锦、简、颊、傻、催、傺、敫、衙、遥、腰、腾、詹、鲍、解、新、靖、韵、廉、雍、慎、阖、阙、慈、满、源、溪、骞、窦、誉、福、褚、禄、谬、殿、群。

14画(39个)：静、裴、赫、撒、聚、慕、慕容、蔺、蔡、蔼、愿、蔚、稳、管、僧、臧、魆、貌、膜、鲜、雒、端、韶、廖、阚、漂、漆、漫、寨、赛、寥、察、谭、谯、肇、禚、翟、嫖、隧、缪。

15画(31个)：增、聪、蕃、綦、趟、樊、醋、飘、霄、磊、磖、操、憨、暴、踞、颙、墨、镇、稷、黎、德、膝、滕、颜、摩、毅、懂、潭、潘、翦、遵。

16画(20个)：燕、蕾、薛、薪、薄、融、霍、翰、冀、篡、穆、儒、衡、膳、赠、激、澹台、糙、糕、缴。

17画(13个):璩、戴、藉、鞠、檀、霞、魏、穗、襄、濮、谿、蹇、翼。

18画(6个):藏、瞿、鹪、瀍、鏊、戳。

19画以上(10个):藻、攀、露、霹、灥、巍、爨、衢、灌、襦。

六、洛阳有许多姓氏文化圣迹

洛阳是闻名天下的历史文化名城,号称九朝古都。特别是建都洛阳的周朝,由于实行分封制,出现了以国为氏、以地为氏、以邑为氏、以为祖上名字氏、天子赐姓、因故改姓等等,周朝当为中华姓氏的大裂变、大分化时期,这一时期产生姓氏最多,众多姓氏起源于洛阳及其周边地区,洛阳有不少姓氏文化遗迹,有的至今保护较好,有的有明确的遗址,为专家学者所认可。

1. 洛阳周山周明堂遗址

位于洛阳市高新区150医院西北面1.5公里处的周明堂遗址,文化品位极高,内涵非常厚重,是其他任何地方所不具有的历史文化资源。

该遗址位于一个高台上,台高30余米,底径180米,有清乾隆年间(1777)洛阳人俞学礼等200多人捐资重修文王太庙古碑一通。碑文明确指出:他们此次重修的文王太庙,是在"数千年于今无斁"的"废基"上而重建的,为使这个文化价值极高的文王太庙以后不致中断,他们特此立碑铭文,希望"传之奕世"。

《重修文王太庙记》原文是:"子孙尊神之有专祀兮,肇于高辛氏之元妃而姜嫄兮。厥初生民,越十有五世兮。唯诞文王圣神、文王之妃太姒兮,有子十人性不妒嫉兮,则百斯男之身。歌螽(zhōng)斯之延庆兮,子孙振振,子孙绳绳,子孙蛰蛰。颂麟趾之兆祥兮,振振公子,振振公姓,振振公族,则千百代尊文王、太姒而祀之,有由然也。唯尊神之有灵兮,有求必应,有祷必给。宜立庙之专祀兮,数千年于今无斁(音Yì)。唯秦山之巅兮,台由无类,有子孙之废基兮,悉为瓦砾。俞君学礼睹之而心悯兮,爰尽力募化四方。重建立金碧辉煌兮,庙貌神像尽熠熠。今将勒贞珉兮,求文为记。余次为其事兮,传之奕世。大清乾隆四十二年六月吉旦邑人俞学礼等二百余人捐资重修。"

《诗经·灵台》载:周王观望天象的灵台是和王家灵囿(古园林)、灵沼、辟雍(王家太学)均在一起。《孟子·梁惠王上》进一步解释道:"文王以民力为台为沼,而民欢乐之。谓其台曰灵台,谓其沼曰灵沼,谓其囿曰灵囿。文王之囿方七十里。"可知,周代灵台、灵沼、灵囿又可叫无类台、无类沼、无类囿。

周明堂不仅是中国国学儒家学说的发祥圣地,而且是中华众多姓氏最初的发祥地。根据众多古籍记载可以确认,周朝分封诸侯国的隆重仪式即在此举行,由众多诸侯国派生的姓氏数以千计,仅姬姓诸侯国繁衍的姓氏很多,如:姬、周、王、毛、茅、蒋、邢、于、鲁、祭、胙、韩、应、管、蔡、霍、魏、卫、唐、樊、凡、武、段、吴、康、郑、曹、毕、杨、冉、郜、郇、文、岑、沈、冯、孙、何、石、干、丰、公、方、巴、郎、韦、古、晋、宁、兰、司、桂、曲、后、季、秦、汪、闵、孟、符、寇、单、柳、侯、常、刘、苏、温、宫、简、翁、费、耿、顿、贾、羊、程、蔺、解、颜、潘、臧、鞠、宠、聂、翟、齐、戴、廖、韦、方、赖、洪、施、龚、路、凌、游、甘、滕、盛、冉、戚、虞、应、卫、蔺、东野、司马等等。还有在此分封的异姓诸侯国也繁衍很多姓氏。

2. 洛阳周公庙

为祭祀中国传统文化的奠基人周公姬旦,历朝相继修建立周公庙1500处,史料记载有明确位置的19座,洛阳周公庙是保护最好的三大周公庙之一(另两座为陕西岐山周公庙、山东曲阜周公庙)。洛阳周公庙位于市中心定鼎南路东侧,创建于隋唐,后屡有修葺,现为国家级重点文物保护单位。

周公的礼乐思想影响几千年,影响到日本、朝鲜、越南及世界华人居住的地方。

周公姬旦繁衍姓氏200多个,其中人口排在前300位(依据2008年公安部身份证数据库资料,人口在14万以上)、主支或一支为周公后裔姓氏的有40个:公、邢、仲、闵、汪、郁、季、周、郎、孟、荣、南、柳、施、宫、费、贺、秦、桂、宰、姬、展、符、蒋、鲁、管、樊、臧、颜、穆、鞠、成、庄、阳、匡、林、闻、简、党、缪。庙内有周公后裔姓氏资料简介和每个姓氏的牌位。姬姓、邢姓立有大型石碑,姬姓所立"元圣宗谱序碑"研究价值最大。周姓立碑事宜正在筹办之中。

1990年至1993年,台湾赖、罗、傅宗亲会先后两次到周公庙祭祖,并在定鼎堂前东侧立了"追本溯源,根在河洛"巨碑。赖、罗、傅三姓是周公之弟叔颍公的后裔。赖国在今河南息县,春秋时代被樊国所灭,国人以赖为姓氏,罗、傅与赖姓同宗。1993年全球董杨宗亲会到周公庙拜祖。杨姓属于《元圣宗谱》98姓之一。全球客家人、台湾河洛郎和海外侨胞姓氏甚多,其中不少皆为周公"姬门周姓"或从祀周公的历代先贤名宦的后裔,他们"永怀河洛间,煌煌祖宗业"。

有关单位先后多次在此举办寻根祭拜大典,邢燕子夫妇、市领导和周公后裔、周公信众近千人参加。

3. 洛阳有许多与姓氏文化有关的其他胜迹。邙山上埋葬着100多位皇帝,不少皇帝都曾赐过姓氏;洛阳还埋葬着不少历史名人,如:关羽、范仲淹、姚崇、程颐、程颢、邵雍等等;还有如山的三座周王陵、周王城、成周城、滑国、韩国、毛国、汉魏、隋唐故城遗址等等。世界邱氏已开始在偃师建设始迁纪念馆。

圣文化系列,是中原文化的最高称谓与最贴切的概括。黄河为中华文化的圣河,而河洛正是圣河之中的珍珠;中原是中华文化圣地,而洛阳正是圣地的核心;嵩山为中华文化的圣山,洛阳为中华文化的圣城,对东方文化的"朝圣之旅",洛阳当为首选。

洛阳的姓氏历史文化资源极为丰富,在全省乃至全国有着不可替代的优势,极具开发潜力。洛阳的姓氏历史文化资源亟待开发,大有文章可做,当前是发展洛阳姓氏文化资源的极好时机。

(作者为洛阳姓氏文化研究会常务副会长、洛阳周公研究会会长、洛阳姬姓文化研究会会长)

谈我国北魏时期的姓氏与特点

张　剑　孟昭芝

公元世纪末,北魏拓跋统治集团,经过数十年的战争,最后统一了中国北方广大黄河流域地区,建立起一个以鲜卑人为主体联合汉人参与的封建国家政权。魏孝文帝,为了进一步与汉族地主相勾结,保持他对黄河南北广大地区的统治,把都城从山西平城迁到洛阳,并先后实行了一系列"汉化"的改革措施,这就大大促进了少数民族特别是鲜卑族与汉族的融合。北魏时期是我国多民族大融合时期,同时也是我国各民族姓氏的大融合时期。下面就从三个方面谈谈我国北魏时期的姓氏特点。

一、孝文帝的汉化政策与北魏姓氏的大融合

北魏孝文帝迁都洛阳的同时,把他的六宫妃子宫女及文武官员以及家属、奴隶等,全部都迁到洛阳。为了加强和中原汉族地主阶级的合作,推行了一系列与汉民族相融合的政治改革。他规定"迁洛之民,死葬河南,不得还北,于是代人南迁者悉为河南洛阳人";他还禁止鲜卑人着胡服,在朝廷上说鲜卑语。在这种情况下,孝文帝发动了姓氏改革。他在太和二十年(496)的诏书中说,拓跋氏的祖先出于黄帝,"夫土者黄中之色,万物之元也,宜改姓元氏"。同时又下令:"诸功臣旧族,自代北来者,姓或重复皆改之"。于是复姓拔拔改为长孙、达奚改为奚,纥奚改为嵇,贺赖改为贺,尉迟改为尉,贺楼改为楼,独孤改为刘,三字姓丘穆亮改为穆,步六孤改为陆,勿忸于改为于,四字姓胡口古引改为侯。文帝把鲜卑族姓改为汉姓,是历史上最大的一次少数民族改为汉姓的改革,不仅大大地增加

了我国姓氏的数量,而且促进了汉族与各少数民族之间的文化大融合。我们可以通过《魏书》①列传、官氏志和洛阳出土的北魏墓志②、龙门石窟石刻资料中的人物姓氏③进行如下分析:

北魏时期的姓氏资料,主要包括四个方面,一是《魏书·官氏志》中记载北魏统治者所改的姓氏,前后共有 118 个;二是《魏书·列传》中的人物姓氏共 153 个;三是洛阳出土的 300 多方北魏墓志资料中的人物姓氏有 122 个;四是洛阳龙门石窟石刻资料中。记载了北魏人物的姓氏 130 个。如果以上四者相同的姓加上不同的姓,则共有姓氏 293 个(见附录:《北魏姓氏统计表》)。其中双姓 27 个,单姓 266 个。以上这些人物姓氏,,除洛阳墓志人物的姓氏仅是代表北魏都城洛阳地区的姓氏外,其他三条均包括了全国各地的,因此可以说,上述四个方面的资料,基本上代表了整个北魏时期全部的姓氏。从洛阳出土的 300 多方墓志不同姓氏的人物数量看,前十个大姓是元、李、王、杨、冯、刘、穆、韩、高、寇,他们所见的人物至少在 16 人以上,其次,较大的姓氏有于、胡、崔、卢、郑、吴、郭等,所见人物至少在 10 人以上。从北魏姓氏中可以看出,数量最多的仍然是汉族的姓氏,但是在这些汉族的姓氏中,加入了不少的少数民族,特别是鲜卑民族,他们也和汉人有了相同的汉姓。如鲜卑人的薛、杜、桓、卢、罗、刘、潘、陈、陆等,均与这些汉人的姓氏一样;又如《魏书》中的周几(《魏书》726 页)、刘尼(《魏书》721 页)、陈建(《魏书》800 页)、罗杰(《魏书》987 页)、贺狄干(《魏书》685 页)等,均属于代北鲜卑人,而改姓了汉人的姓;其次,鲜卑族所改的姓氏中,有乙弗、几、山、门、俟、叱罗、苟、那、狼、是、纥于、索卢氏等 70 多个,是以往汉代通用的 300 多个姓氏中所没有的,这就大大增加了我国姓氏的内容和数量;魏孝文帝的命氏改姓,又使我国姓氏中,出现了不少北方、东方和西方的少数民族和外国人的姓氏。从墓志资料看,在少数民族的姓氏中首先是鲜卑族姓氏,其中最多最重要的是由鲜卑拓跋氏改为的元氏,洛阳出土的 300 多方的墓志中,属于元姓的就有 60 余方,所占比例大约为五分之一。

北魏姓氏中涉及的少数民族姓氏,除鲜卑族之外,还有一些重要的少数民族

①　北齐魏收:《魏书》八册,中华书局,1974 年。
②　洛阳市文物局编:《洛阳出土墓志选编》,朝华出版社,2003 年,引文中的《选编》为该书简称。
③　刘景龙、李玉昆主编:《龙门石窟碑刻题记汇录》,中国大百科全书出版社,1998 年。

和外国人的姓氏①。所见的少数民族的姓氏如下②：

1. 匈奴族姓氏

宇文氏：龙门石窟古阳洞北壁弥勒造像题记载有"邑子俟文影浑"。魏书中之宇文福（《魏书》三 1000 页），在魏孝文帝吊比干碑碑阴题名为"给事臣河南郡侯俟文福"（《金石萃编》卷二七），可知"俟文"即"宇文"，故俟文影辉即为宇文辉；据魏书载宇文福、宇文忠之（《魏书》五 1795 页）、宇文莫槐（《魏书》六 2304页），其先均为"南单于之远属"，所以宇文影辉乃属匈奴族之豪绛。

赫连氏：都督建兖华三州诸军事华州刺史赫连悦（《选编》三五七），龙门石窟古阳洞和魏字洞分别题有平北将军平州刺史赫连儒、驸马都尉中书舍人赫连义，冠军将军略阳太守王悦（《选编》177）、其祖为赫连时，故王悦亦当为赫连氏。赫连族本系匈奴鲜卑混血人种之苗裔，赫连悦、赫连儒和赫连时之孙王悦，皆为大夏国赫连勃勃之后裔。

路氏：龙门石窟古阳洞东壁门拱上弥勒造像题记中有一位清信女路僧妙为亡夫舍造释迦像一区，此路姓乃出匈奴，当属屠各部之大姓。

2. 羯族姓氏

石氏：魏书载有羯胡其先匈奴别部，分散居于上党武乡羯室，因号羯胡。羯胡的著名人物石勒（《魏书》六 2047 页），曾建立后赵割据政权。

盖氏：龙门石窟古阳洞高树造像记中的盖定王。盖姓是由西域羯胡盖楼氏改来，又一说法，盖为天竺人姓氏，盖定王当为天竺盖姓的后裔。

3. 氐族姓氏

部马氏：龙门石窟古阳洞壁门拱上方景明四年（503）弥勒造像题记，载邑主中见有部马警苟郎之名，部马即为不蒙族望，为西羌部落中一豪门大姓。

苻氏：古阳洞南壁释迦造像题记，载有（清信女为高思乡为亡子苻四品追生；北魏辅国将军略阳侯苻承祖（《魏书》六 2025 页）"略阳氐人也"。可知此苻姓乃氐族豪姓。

杨氏：同窟北壁，有一龛题记为景明元年（500）仇池氐人杨大眼为魏孝文帝

---

① 郑宏峰、张红主编：《中国姓氏》，线装书局，2008 年。
② 张乃翥：《龙门北魏石刻中的若干民族史料考释》，《河洛春秋》1992 年第 2 期。

造像。杨大眼,为"武都氏难当之孙,仇池氏人。"

4. 羌族姓氏

党氏:龙门石窟西山火烧洞北侧西魏释迦像载有"清信干士党屈蜀"人,此像主党屈蜀氏,应是西羌别部党项之裔民。

5. 乌丸姓氏

桓氏:龙门石窟古阳洞北壁西端上层北魏弥勒像龛题记有邑子桓宋等人,魏书官氏志云,乌丸氏后改革为桓氏,所以桓宋当为乌丸杂部之裔民。

靳氏:上窟像龛题记又记有邑子靳洪畅等,晋书卷一〇四记有"迁乌丸靳氏于襄国",可知靳氏确实是乌丸旧部的姓氏。

6. 西域各国的姓氏

于阗氏:于阗国主之女于仙姬(《选编》九六)

和氏:天水侯他莫汗真之女和丑仁(《选编》一六七);

吐谷浑氏:吐谷浑国主柴之曾孙奉车都尉直寝汶山侯吐谷浑玑《选编》三九)、武昌王元鉴之妃吐谷浑氏(《选编》一三八),,吐谷浑国主胄胤、永安王斤之孙、永安王仁之长女。吐谷党是慕容氏建立的国家,在青海西。这里的吐谷浑氏乃是以国为姓氏的归化吐谷浑人之后裔。

高车解批氏:龙门石窟古阳洞北壁上层,有都绾阙口游击覆盖率尉司马解伯达造弥勒像一躯;该窟西侧又有北魏解伯都、解伯熏的题名。《魏书·官氏志》记,"解枇氏后改为解氏",同书《高车传》又载,"其种有狄氏、袁纥氏、解律氏、解批氏"。石刻中解伯达和解伯熏,当是北魏内徙高车之后裔。

乞伏氏:镇南将军襄州刺史(高车国)乞伏宝(《选编》一七四)、比丘尼慧静乞伏高月(《选编》四七)。《魏书·高车传》云,高车族十二姓,一曰泣伏利氏,泣伏利省作乞伏。可见乞伏宝为高车人。

鄯氏:侍中镇西将军鄯善王宠之孙征虏将军河州刺史临泽侯鄯乾(《选编》二六)。鄯善国是位居于今新疆境内的古国,鄯氏乃是以国鄯为姓氏,鄯乾是归降于北魏的鄯善王后代。此外,以鄯为姓的还有前部王车伯生息鄯月光(《选编》一三)。

大月支姓氏:龙门石窟古阳洞北壁宣武时期释迦造像题记有"蕉宝姜、孙子支法生",此支氏乃西域月支胡人之裔民。

7. 朝鲜人的姓氏

王氏：恒州刺史王桢（《选编》35）、处士王基（《选编》68）、王舒（《选编》168）均云"乐浪遂城人"；瀛州刺史王温（《选编》171），燕国乐浪乐都人。乐浪为郡，汉武帝初置，北魏重置，故治即今朝鲜平壤。

二、鲜卑族汉代姓氏成为北魏政权中的主导地位

北魏政权是以鲜卑族人所建立，因而在其统治集团中必然是以鲜卑人占居重要的地位。虽然魏孝文帝为了加强对汉人的统治，曾吸收了不少的汉族参与，但并改变不了鲜卑贵族在北魏政权中的主导地位。《魏书》十四十七卷至二十卷记载了北魏十三帝的子孙 207 人，其中封公的 10 人，封侯的 4 人，封王的 60 人。我们从洛阳出土的北魏墓志资料中可以看出，在北魏中央和地方的军政权中的主要官吏均是由鲜卑族拓跋氏改为元姓的皇族人来担任。所以元姓在北魏时的一等姓氏。在洛阳出土的北魏墓志中，与元姓有关的人物有：太祖平文皇帝之六世孙恒州刺史元龙（《选编》一二）、高祖昭成皇帝太尉府谘议参军元弼（《选编》五）、昭成皇帝冀州刺史尚书仆射元晖（《选编》五〇）、列祖道武皇帝之苗裔定远将军洛州刺史元广（《选编》四〇）、太祖道武皇帝之玄孙齐徐二州刺史武昌王元鉴（《选编》一六》，道武皇帝之玄孙骠骑大将军尚书令冀州刺史江阳王元义（《选编》九七）、太祖道武皇帝之七世孙侍中司空公太子太师清河文献王元怿（《选编》八八）、大宗明元皇帝之曾孙洛州刺史乐安王元绪（《选编》一八）、大宗明元皇帝之玄孙益州刺史乐安哀王元悦（《选编》二四）、恭宗景穆皇帝之孙都督扬州诸军事元嵩（《选编》一六）、恭宗景穆皇帝之孙冀州刺史征北大将军元遥（《选编》二四）、恭宗景穆皇帝之曾孙洛州刺史元彦（《选编》三八）、高宗文成皇帝之孙梁州刺史元演（《选编》二八）、高宗文成皇帝之孙泾州刺史元祐（《选编》四六）、高宗文成皇帝之孙冀州刺史尚书左仆射元诠（《选编》二七）、显祖献文皇帝之第六子太师司徒公元勰（《选编》一九）、显祖献文皇帝之孙恒州刺史宣公元慧（《选编》五一）、孝文皇帝之季弟献文帝第七子太傅司徒公北海王元详（《选编》二〇）、选高祖孝文皇帝之第四子太保司徒广平王元怀（《选编》四〇）、高祖孝文皇帝之孙安南将军河南尹大鸿胪卿广平武穆王元悌（《选编》一二一）、高祖孝文皇帝之孙侍中司徒公骠骑大将军平州刺史常山郡王元邵（《选编》一二二）、

高祖孝文皇帝之曾孙平西将军秦州刺史元宝月(《选编》九四)等100余人;在龙门石窟古阳洞的造像石刻中亦见有北魏皇室官吏,除以上北海王元详齐郡王元祐之外,还有景穆皇帝之孙征虏将军华州刺史安定王元燮、文成帝之子广川王元略等。

鲜卑贵族在北魏政权中,始终占据着重要的地位,除其中最重要的元姓之外,魏孝文帝明确规定鲜卑族的等第,将穆、陆、贺、刘、楼、于、嵇、尉等八姓列为第一等士族,这些姓氏人物当属"太祖巳降,勋著当世,位尽王公"。在这些姓氏人物中见有司空中书令青州刺史穆绍(《选编》160页)、太尉豫州刺史穆崇(《魏书》三661页)、洛豫二州刺史陆俟(《魏书》三930页)、安远将军贺讷(《魏书》五1812页)、使持节都督兖相二州诸军事于粟磾(《魏书》三735页)、鸿飞将军定州刺史尉古真(《魏书》二655页),平南将军北豫州刺史尉拔(《魏书》三729页)等,就是鲜卑一等士族中的显著人物。

北魏第二等姓氏当属与皇帝通婚的皇后嫔妃的姓氏,根据《魏书》卷十三皇后列传的记载主要有北魏十七帝二十七皇后,其皇后、嫔妃的姓氏有窦、封、兰、祁、王、慕容、贺、刘、姚、杜、赫连、常、冯、李、林、高、于、胡等19个。另外,除《魏书》皇后列传中的皇后外,在洛阳北魏墓志中亦见有皇帝的嫔妃人物如大魏文成皇帝的夫人于仙姬(《选编》九六、世宗宣武皇帝之嫔李氏(《选编》九九)、高宗(文成)皇帝之嫔耿寿姬(《选编》四三)、显祖(献文)皇帝嫔成氏(《选编》三四)、高祖孝文皇帝之九嫔赵充华(《选编》三一)、高祖孝文皇帝之贵人高照容(《选编》四九)、世宗(宣武)皇帝夫人高英(《选编》四四)、宣武皇帝左昭仪胡明相(《选编》一一四)等。随着皇后和帝王嫔妃的确立,所以与他们有关的姓氏,就显得十分重要。在《魏书》八十三卷中,就记载了21个重要的外戚人物。他们都在北魏政权中作了很大的官吏。

与鲜卑王族通婚的汉族姓氏,除以上作帝王皇后和嫔妃的以外,与帝王子孙通婚的还有:雍州刺史任城王元澄之妃李氏(《选编》八)、太师司徒公元勰之太妃长乐潘氏(《选编》一九)、冀州刺史元遥之妻梁氏(《选编》四二)、秦定二州刺史元固之妻河南陆氏(《选编》一一四)、显武将军左中郎将元飋之妻王氏(《选编》三〇)、彭城武宣王妃李媛华(《选编》七八)、雍秦二州刺史都乡侯元公之夫人薛伯徽(《选编》九一)、衢郡王元祐妃常季繁(《选编》三四)、大中正元谭妻司马氏(《选编》六七)、乐安王妃冯季华(《选编》八一)、将军廷卫卿元公妻薛慧命(《选编》一一八)、营幽二州刺史元懿公元子之妻陆孟晖(《选编》一五五)、武昌王元鉴之妃吐谷浑氏(《选编》一三八)等。

北魏姓氏中第三等的当属大批汉族官吏。魏孝文帝在对鲜卑贵族的姓氏划分等级的同时,又将汉族的四姓列为第一等,这四姓皆是范阳卢姓、清河崔姓、荥阳郑姓、太原王姓。一等以外的其他汉姓,则依"士第阀阅为之制":确立顺序,凡三世有三公者曰"膏粱",有令、仆者曰"华腴",尚书、领、护而上者为"甲姓",九卿若方伯者为"乙姓",散骑常侍、太中大夫者为"丙姓",吏部正员外郎为"丁姓"。魏书中记载的上述几姓的人物见有:宁朔将军散骑常侍范阳涿人卢玄(《魏书》三 1045 页)、中书郎国子博士范阳涿人卢景裕(《魏书》五 1859 页)、司空吏部尚书清河东武人崔玄伯(《魏书》二十 620 页)、平南将军青州刺史荥阳开封人郑羲(《魏书》四 1237 页)、使持节宁南将军太原晋阳人王慧龙(《魏书》三 875 页)等,就是一等汉姓的著名人物。在北魏政权作官的还有不少其他姓氏的人物,如在龙门石窟造像的官吏就有:银青光禄大夫波阳县开国伯苏方成、南面大都督清水县开国公李长寿、伊阳城骑兵氂军赵桃科、驸马都尉洪连义、阳烈将军樊道德、中散大夫颍川太守卫白犊、横野将军吴安、新城县功曹孙秋生、吏部令史刘智明、司空祭酒邓虎、前部荥阳郡从事刘显明、河南令魏双市、护军烩吏鲁众敬、阙口关功曹张英、犟弩将军抗庭令赵振等。

北魏时期佛教盛行,僧人数量很多,所以北魏时期僧人的姓氏显得十分重要。《魏书·释老志》记载的僧人有僧朗、法果、法猛、昙证、道彤、僧略、道恒、僧肇、道标、昙影、法显、法领、法业、智嵩、惠始、昙曜、惠香、僧遏、僧频、惠猛、惠辩、惠深、道钦、道晞、僧深、惠光、惠显、法荣、道长等。由此可见,佛教僧人的姓主要有僧、法、道、惠、昙、智六大姓。

三、北魏姓氏的籍贯分布与各种郡望的形成

北魏姓氏的籍贯,从墓志记载看基本上都记有其所在州郡县,就以所记郡来说,其数量有近五十个之多。现择其几个重要的郡,按魏书中州郡的顺序排列于后:

(一)河南郡:洛阳出土北魏墓志记载籍贯为"河南洛阳人"的有元悦(《选

编》34）、元则（《选编》108）、元悌（《选编》121）、元晖（《选编》50）、元贿（《选编》54）、元仙（《选编》64）、元举（115）、元顺（《选编》123）、长孙协（《选编》54）、长孙子泽（《选编》199）、和丑仁（《选编》167）、穆彦（153）、丘哲（《选编》120）、于景（《选编》41）、吐谷浑玑（《集释》220）、泾州刺史张敬（《辑绳》50）、穆亮妻尉太妃（《选编》50）等，记籍贯为洛阳县里或洛阳乡里的还在元姓之外的长孙瑱（《选编》32）、赵暄（《拾零》33）王基（《选编》68）吕通（《选编》80）、穆绍（《选编》160）、李彰（《选编》166）、程华珠（《选编》84）、薛慧命（《选编》118）、乞伏高月（《选编》47）、山晖（《选编》34）等。魏书记载籍贯为河南洛阳人的有綦儒（五1791）、山伟（五1793）、刘仁之（五1794）、宇文忠之（五1794）、宇文福（三1000）、孟威（三1005）、奚康生（五1625）等。河南郡，在《魏书·地理志》中，虽然未见列出，但根据洛阳出土的几件墓志，如长孙瑱（《选编》32）为"司州河南洛阳永乐里人"，元飏（《选编》33）为"司州河南郡洛阳县敷义里人"，元简（《选编》4）为"司州河南郡洛阳县都乡洛阳里人"，可以证明，河南郡是北魏时很重要的一个郡，辖属于司州，洛阳和河阴都是河南郡下属的两个县。

（二）清河郡：孟元华（《选编》62），清河人。魏书记有清河人崔浩（三807）、崔休（五1525）、崔亮（四1476）、房亮（一60）、傅永（五1550），有清河东武城人有崔玄伯（二620）、崔逞（三757）、张谠（四1369、张彝（四1427），有清河绎幕人房法寿（三969）。清河为郡，西汉初置，北魏时辖属司州。在今河北清河。武城、绎幕为清河郡之属县。

（三）勃海郡：墓志记载籍贯为冀州勃海条人的有文昭皇太后高照容（《选编》49）、皇内司吴光（《选编》37）等；记勃海条人的有世宗皇后高英（44）、徐州刺史高广（104）、冀州刺史高猛（69）；记"勃海阳信人"的有大魏傅姆王遗女（《释集》34）；记"冀州勃海郡修县广乐乡新安里人"的有李渠兰（《选编》44），记勃海南皮人的有江阳王次妃石婉（《选编》20）；魏书记载的勃海人有崔祜（四1259）、高允（三1067），记勃海条人的有高崇（《魏书》1707）。勃海为郡，西汉时设置，北魏时辖属于冀州，位于今河北的沧州。条为勃海郡之下的县名。

（四）太原郡：墓志记"齐（并）州太原人"的有宫内大监刘阿素（《选编》52），记"并州太原郡晋阳县人"的有高隰（《选编》83），记"太原晋阳人"的有河间太守郭定兴（《新续》6），记"太原祁人"的有王仲儿（《选编》76），记"太原祁县高贵乡吉千里人"的有凉州长史王昌；魏书有"太原人"崔提（三 795），太原晋阳人王慧龙（三 875）、郭祚（四 1421）。太原为郡，最初为战国时秦所置，北魏时辖属并州，位于今山西太原。晋阳、祁是太原郡下的县名。

（五）范阳郡：墓志有范阳清人卢令媛（《选编》61），魏书有范阳人李昕（三 1039），有范阳清人郦范（三 949）、卢玄（三 1045）、卢同（五 1681），有范阳遒人祖莹（五 1798）。范阳为郡，初是三国时魏所设置，北魏时辖属于幽州。涿为范阳郡下一个县。

（六）河内郡：墓志记"河内温人"的有司马显姿（《选编》55）、元谭妻司马氏（《选编》67）、齐郡王妃常季繁（《集释》166）[1]，记"河内人"的有寇治夫人司马氏（《选编》106）；魏书有河内人常景（1800）、河内修武人张蒲（778）、有河内温人司马休之（853）。河内为郡，初置于西汉，北魏时辖属于怀州，位于今河南省沁阳县，温是河内郡的一县。

（七）昌黎郡：墓志记"昌黎郡棘城县人"的有桑乾太守韩震（《选编》161），记"昌黎人"的有元氏妻兰将（《选编》144）、镇将宇文永妻韩氏（《新续》5）[2]、安州刺史长孙季妻慕容氏（《新续》10）；魏书有昌黎人谷浑（三 780）、韩秀（三 952），有昌黎棘城人韩麒麟（四 1331），有昌黎徒河人屈遵（三 771）、卢鲁元（三 802）。昌黎郡，三国魏初置，晋魏因之，北魏时辖属于营州。治所在今河北徐水县西二十五里。棘城，原为昌黎郡下之县，后与昌黎、柳城合并为龙城县。

（八）上谷郡：墓志记"上谷昌平人"的有洛阳令河州刺史寇治（《选编》106）、武阴太守寇侃（《选编》109）、汝南太守寇演（《选编》46），记"上谷郡居庸县崇仁乡修义里人"的有燕州治中从事史侯掌（《选编》75），记"燕州上谷郡岨阳县都乡孝里人"的有冀州刺史侯刚（《选编》101）、燕州刺史寇猛（《辑绳》18）[3]。魏书有上谷人寇讚（三 946），有上谷沮阳人张套（二 612），有上谷居庸人成淹（六 1951）。上谷郡，战国燕时初置，北魏因之，辖属东燕州，位于河北易县。昌平、居庸和岨阳，均为上谷郡管辖之县。

（九）乐浪郡：墓志主为"乐浪遂城人"的有幽州刺史广阳侯王埋奴（《新续》

---

① 赵万里：《魏晋南北朝墓志集释》，科学出版社，1956 年，简称《集释》。
② 乔栋等编：《洛阳新获墓志续编》，科学出版社，2008 年，简称《续编》。
③ 洛阳市文物工作队：《洛阳出土历代墓志辑绳》，中国社会科学出版社，1991 年，简称《辑绳》。

3)、恒州治中王祯(《选编》35)、王晓(《辑绳》36)、王基(《选编》68)、王育(《选编》156),记为'燕国乐浪乐都人"的有瀛州刺史王温(《选编》171),记为"乐浪人"的有安东府司马张问夫人王氏(《拾零》31)[1]。乐浪为郡,汉武帝灭朝鲜所置,北魏因之,辖属营州。郡治即今之朝鲜平让。遂城、乐都均为乐浪郡下之县。

(十)代郡:墓志记代郡平城人的有显祖嫔成氏(《选编》34)。魏书中记代郡人的近40余个,包含的姓氏有乙、于、古、万、马、车、吕、丘、薛、来、长孙、成、苟、燕、伊、许、刘、庚、罗、豆、贺、费、周、叔孙、奚、封、楼、陆、陈、孟、尉、樊、魏等33个(基本见于魏书列传)。代郡,北魏置,辖属于恒州,郡治在今山西大同大同县东。平城为代郡之下的县名。

(十一)荥阳郡:墓志记荥阳人的有郑道忠(《集释》234页),魏书记有荥阳开封人郑羲(四1237),"荥阳阳武人"元修之(《魏书》三960)。墓荥阳郡,北魏时属豫州,在今河南荥阳。开封当为荥阳郡之下的辖县。

(十二)琅邪郡:墓志有徐州琅邪人王普贤(《选编》31),有徐州琅邪临沂人平南将军王育(《选编》136),有徐州琅邪郡临沂县都乡南仁里人济州刺史王翊(《选编》145)、冀州刺史王绍(《选编》35);魏书有"琅邪临沂人"王肃(四1407)。琅邪郡秦时初置,北魏时辖属徐州,位于山东诸城

(十三)京兆郡:墓志有京兆人杜法师(《选编》178),魏书记载的京兆人有王洛儿(三799)、杜诠(三1018),有京兆杜陵人韦阆(三1009)。京兆为郡,西汉时初置,北魏辖属雍州,在今陕西西安。

(十四)陇西郡:墓志记秦州陇西郡狄道县都乡华风里人有怀令李超(《选编》85)、记陇西狄道县都乡和风里人有彭城宣武王妃李媛化(《选编》78);《魏书》有陇西人李冲(四1175),有"陇西狄道人李宝(《魏书》三885)、李琰之(《魏书》五1797)、辛绍先(《魏书》三1025)、辛雄(《魏书》五1691)等。陇西郡战国秦时所置,北魏时辖属秦州,在今甘肃临洮。

(十五)天水郡:墓志记天水寄人的有肆州刺史广平侯杨济(《新续》8)、记天水上封人的有东代郡太守尹祥(《新获》[2]13);魏书有"天水人"赵逸(四

---

① 赵君平、赵文成编:《洛阳墓刻拾零》,北京图书馆出版社,2007年,简称《拾零》。

② 洛阳市第二文物工作队编:《洛阳新获墓志》,文物出版社,1996年,简称《新获》。

1145)、天水冀人杨机(五1706)。天水为郡,西汉时初置,北魏是辖属秦州,位于甘肃通渭。冀为天水郡下之县。

(十六)恒农郡:墓志记为恒农华泠(阴)人的有宫内司杨氏(《选编》60),记恒农人的有清水太守杨乾(102)、兖州刺史刘昭(《辑绳》47),记为"恒农华阴潼乡习仙里人"的有华州主簿杨熙仙(《新续》4)。魏书有恒农华阴人杨播(四1279)。恒农郡即弘农郡,西汉初置,北魏时辖属陕州,在今河南灵宝。

(十七)南阳郡:墓志记为南阳白水人的有赵充华(31),记为"河南南阳菀县都乡白水里人"的有元氏夫人赵光(53),记为"南阳永平里人"的有衡州刺史严震(《辑绳》22),为南阳人的有张宁(《选编》174);魏书记有南阳西鄂人的有张熠(五1766)、为南阳赭阳人的有韩延之(三879)。南阳为郡,战国秦时初置,北魏辖属荆州,在今河南南阳。菀和西鄂均为南阳郡下之县。

从以上列举的人物姓氏的籍贯可以看出,北魏时期姓氏中的郡望十分明显,他们在表述自己的籍贯时都要突出所在的郡名。这些籍贯的郡包括了今湖南、河北、山东、安徽、辽宁、山西、陕西、甘肃等省,含盖了北魏绝大部分统治区域。北魏时期不同姓氏的人们,均居住在全国各州各郡。我们从姓氏分布上看,往往是每一个郡里有多个姓氏,除少数如乐浪、琅邪只见有一个姓氏外,大部分都在两个或三个以上,一般的为四至六个,最多的代郡、河南郡,可多达二十或三十以上;同时又可见到不少的同一姓氏又在不同的几个郡中同时出现,如王姓有太原王、琅邪王、渤海王、乐浪王等,崔姓有清河崔、太原崔、博陵崔,张姓有南阳张、清河张、西河张,刘姓有恒农刘、太原刘,高姓有博海高、太原高,李姓有陇西李、渤海李,杨姓有恒农杨、天水杨,韩姓有昌黎韩、南阳韩等,这些当是北魏时期各民族相互交流融合的结果,充分反映出北魏时期姓氏籍贯的复杂性和多样性。

河南郡和代郡姓氏数量之多,其主要原因就是这两个地方是北魏前后的国都所在地。北魏迁都洛阳以前,在鲜卑拓跋贵族的统一战争中,先后将占领的中原地区和西域地区的各族民众,迁徙到代北魏都平城①;魏孝文帝迁都洛阳前后,把洛阳城建设成一座规模宏大的国际性都会。这里居住着包括我国各民族和外国的僧人、商人。据范文澜《中国通史简编》二编载,孝文帝迁都后的洛阳

---

① 范文澜:《中国通史简编》修订本第二编,人民出版社,1964年,530～531页。

城人口数约有 100 万;又据杨衒之的《洛阳伽蓝记》载,北魏洛阳城里坊的编户数为"十万九千余",表明到北魏后期,洛阳城的总人口数还有 54.5 万人。洛阳城市人口的增加,必然促进洛阳姓氏的发展和数量的增多。在这里除了以鲜卑贵族为主的姓氏外,同时还有与鲜卑贵族通婚的汉族妇女,有到京城做事的各级汉人官吏等。因而他们的籍贯都成了"河南洛阳人"。正是由于这种不同民族和不同姓氏的人们的互相交流与融合,才促使北魏时期经济文化的大发展。

从汉代开始出现到唐宋时期最为盛行的郡望,在北魏时期已经承先启后十分明显。在上述例举的各郡姓氏分布中,相对比较集中的有清河崔、荥阳郑、太原王、范阳卢、京兆杜、天水赵、河南元、南阳韩、陇西李、渤海高、河内司马、上谷寇、侯等,这些郡姓与唐宋时期最为著名的郡望基本一致,反映出北魏时期我国的郡望制度已基本形成。

结   语

通过以上可以看出,北魏时期姓氏特点主要表现为:一是北魏统治者的姓氏改革,使我国姓氏中出现了以往汉姓中未有汉字姓氏;二是由人口的迁徙和民族的融合,中原地区增加了不少的少数民族的姓氏;三是在汉族的姓氏中,不再是为汉人所独有,许多少数民族姓了与汉人相同的姓,在同一的汉字姓中包括了不同的民族;四是每个地区每一个郡都包括了不同的多个姓氏,而每一个姓氏,都分布在不同的地区。五是我国姓氏中不少集中分布的大姓郡望已经越来越明显。这就使得我国姓氏的形式更为多样化,内容更为丰富多彩。

附件:北魏姓氏集录索引

姓氏后括号内的数字代表姓氏来源:(1)为魏书列传,(2)为洛阳出土墓志,(3)为龙门石窟石刻,(4)为魏书官氏志。下面按姓氏字的笔画和横、竖、撇、点、折顺序排列于后:

一画:一弗(3)、乙(2、4)、

二画:丁(2、3)、刁(1)、卜(4)、儿(4)、几(4)

三画:干(4)、于(1、2、3、4)、万(1、2)、山(1、2、4)、上官(3)、门(1、4)、乞伏(1、2)、马(1、3)、卫(1、3)、

　　四画:元(1、2、3)、云(4)、王(1、2、3)、车(4)、韦(1、2)、内(3)、毛(1、3)、仆(4)、仇(1、2)、仑(1、3)、公孙(1、2、3)、长孙(1、2、3、4)、方(3)、孔(1)、尹(2、3)、邓(1、3)

　　五画:古(1、2、4)、石(1、2、3、4)、平(1、2、3)、左(3)、龙(3)、卢(1、2、4)、申(1、2)、田(1、3)、史(1、3)、叱列(1)、叱罗(2)、尔朱(1、2)、丘(1、2、4)、丘穆(3)、他(2)、皮(1)、白(1、3)、宁(2)、冯(1)、兰(2、3、4)、边(3)、司马(1、2、3)、如(4)、邘(4)

　　六画:邢(1)、权(3)、艾(4)、成(1、3)、吏(3)、尧(1)、吕(1、2、4)、当(2)、吐谷(2)、吐谷浑(4)、伊(1、2、4)、任(1、2、3)、伏(1、4)、朱(1、2)、华(3)、延(4)、江(1、2)、许(1、2、3)、刘(1、2、3、4)、羊(1、2)、宇文(1、2)、亥(4)、买(1)、毕(1、4))、孙(1、2、3)、阴(1)、阳(1、3)、纪(1)、羽(4)、那(4)、纥于(2)

　　七画:苏(1、2、3)、芦(4)、李(1、2、3)、车(1、2)、连(4)、严(1、3)、杜(1、2、3、4)、扶(4)、吴(1、2、3)、步(2、4)、员(2)、何(4)、狄(4)、利(4)、谷(1)、宋(1、2、3)、辛(1)、库(4)、祁(1)、汲(1)、沈(1)、张(1、2、3)、妙(3)、邵(1)、陆(1、2、4)、陈(1、3、4)、阿(4)

　　八画:范(1、3)、苟(1、2、3、4)、苻(1)、茂(4)、杨(1、3)、林(1、4)、抱(1)、郁久闾(1)、郁(3)、枚(3)、武(3)、来(3)、奇(4)、明(1、3、4)、昙(1)、罗(1、3、4)、叔孙(1、2、4)、味(4)、沓(4)、鱼(2)、和(1、2、3、4)、命(4)、周(1、3、4)、瓮(2)、命(2)、宗(2、3)、郑(1、3)、单(4)、房(1、4))、河(1)、法(1、2、3)、泾(1)、孟(1、2、3)、姚(1、3)、屈(2、4)、

　　九画:茹(1、2、4)、荣(2、3)、胡(1、2、3、4)、赵(1、3)、封(1、2、4)、柏(2)、柳(1)、柯(4)、树(4)、郦(1)、闾(1、2、3)、骨(2)、是(4)、毗(2)、段(1、3)、侯(1、2、3、4)、侯骨(2)、俟(2、4)、咎(2)、亲(3)、娄(1、4)、浑(4)、洪(2)、染(2)、姜(3)、冠(2)、录(3)、纥于(2)、娥(1、2)、贺(1、2、4)、贺兰(3)、贺若(4)、费(4)、骆(4)

　　十画:索(3)、索卢氏(4)、秦(1、3)、贾(1、3)、荷(3)、莫(1、4)、袁(1、3)、夏(1、2、3)、夏侯(3)、耿(1)、桓(2、3、4)、敕(2)、晁(1)、恩(1)、阎(1)、奚(1、2、4)、徐(1、3)、殷(1、2)、狼(4)、高(1、3、4)、唐(1、2)、诸葛(3)、郭(1、3)、席(1、2、3)、祖(1、2)、祝(4)、朔(2)、悦(2)、陶(2、3)、展(3、4)、剧(1)、媛(2)

十一画:曹(1、2、3)、黄(3)、萧(1、2、3)、勒(3)、副(4)、略(4)、崔(1、2、3)、常(1、2、3)、斛斯(1)、斛律(2)、宿(1、4)、寇(1、2、4)、鹿(1)、混(2)、淳于(1、3)、渊(1)、梁(1、2、3、4)、盖(3、4)、扈(4)、鹿(4)、尉(1、2、4)、

十二画:董(1、3)、蒋(1)、萎(4)、雲(4)、惠(1、3)、辇(3)、韩(1、2、3、4)、越(4)、裳(3)、鲁(3)、程(1、2、3)、傅(1、3)、智(1)、嵇(4)、庾(1、4)、谢(2)游(1、3)、温(1、4)、敦(3)、就(4)、道(1、3)、登(1)、缓(4)、缑(4)、

十三画:葛(2、4)、蓝(2)、楼(1、4)、甄(1、4)、睦(1)、路(1、3、4)、督(3)、解(3、4)、鲍(4)、窦(1、4)、源(1)、渴(2)、慈(2)

十四画:蔡(2)、慕容(1、2)、綦(1、4)、蔺(2)、赫连(1、2、3)、嵩(1)、裴(1、2)、僧(1、2、3)、鲜于(2)、谭(2)、阚(1)、鄯(2)、翟(3)

十五画:樊(1、3)、麴(2)、慧(2)、黎(2、4)、潘(1、2、3、4)、褒(4)、绵(4)

十六画:燕(1)、薛(1、2、3、4)、薄(4)、穆(1、2、4)、稽(4)、

十七画以上:戴(2)、檀(2)、舆(2、4)、縻(3)、魏(1、3)。

(第一作者为洛阳文物工作队研究馆员,第二作者为洛阳市文物工作队馆员)

宋代河南移民南迁与饮食文化的传播

——以《东京梦华录》与《梦粱录》为例的研究

姚伟钧

　　宋代史学发达,史书众多,其中的饮食资料一向为学者们所重视,特别是杂史、方志中有不少反映地方饮食的宝贵资料,向来受到研究饮食文化史的学者的重视。如孟元老《东京梦华录》、耐得翁《都城纪胜》、佚名《西湖老人繁胜录》、周密《武林旧事》、吴自牧《梦粱录》等书分别反映了北宋都城开封和南宋都城临安的城市经济发展状况,有关宋代河南饮食文化在南方传播的资料更是十分丰富。下面,我们以《东京梦华录》与《梦粱录》为例,来看河南饮食文化对临安的影响。

　　《东京梦华录》,南宋孟元老撰。孟元老,号幽兰居士,生平事迹不详。清代开封老儒常茂徕提出,孟元老即主持修筑艮岳的户部侍郎孟揆。今人孔宪易先生考证孟元老为北宋末年供职于开封的孟钺。然二说皆推测成份居多,并无铁证。伊永文先生认为:"疑元老取宋人常见名字为讬名,其人或为孟姓贵胄子弟,或为浪迹京城出上入下书会先生。"①据《东京梦华录·序》称,作者在宋徽宗崇宁癸未(1103)始"卜居于京师开封州西金梁桥西夹道之南",至宋钦宗"靖康丙午之明年"(1127)因兵燹离京南迁。可知,孟元老在东京开封共生活24年。此书即是作者随宋室南渡后,追忆北宋都城的繁华盛况而撰。

　　此书撰成于宋高宗绍兴丁卯(1147),共10卷,主要记述北宋都城汴京的城

---

① 伊永文:《东京梦华录笺注·前言》,中华书局,2006年,1页。

市面貌、岁时物产、风土习俗等,反映出北宋城市经济发展和市民文化生活的若干侧面。书中还保存有宋代典章制度和讲唱文学的资料。诚如《四库全书总目》所言,"自都城、坊市、节序、风俗及当时典礼、仪卫,靡不核载。虽不过识小之流,而朝章国制,颇错出其间"①。

此书也是研究北宋饮食文化的重要著作,"与唐宋时期一般的饮食要籍不同,它主要是从'行业'的角度去表现饮食文化的兴盛情况,而不是从'饮食'角度去探究"②。《东京梦华录》"序"称:"集四海之珍奇,皆归市易;会寰区之异味,悉在庖厨。"寥寥数语,就把北宋东京的饮食业高度繁荣的特点给概括出来了。本书卷2"州桥夜市"、"东角楼街巷"、"潘楼东街巷"、"酒楼"、"饮食果子",卷3"大内西右掖门外街巷"、"马行街铺席"、"天晓诸人入市"、"诸色杂卖",卷4"筵会假赁"、"会仙酒楼"、"食店"、"肉行"、"饼店"、"鱼行"等条对北宋东京饮食业的发展状况记载得尤其详细。从这些记载中,我们可以看出北宋饮食业的发展摆脱了坊市制度的时空限制。在时间上,早市"每日交五更"开张,"夜市直至三更尽,才五更又复开张。如要闹去处,通晓不绝";在空间上,众多酒楼茶肆等饮食店肆与官署民居相杂,方便了人们的饮食生活,诚如卷3"马行街铺席"条所云:"其余坊巷院落,纵横万数,莫知纪极。处处拥门。各有茶坊、酒店、勾肆。饮食市井经纪之家,往往只于市店旋置饮食,不置家蔬。"这种情景是前所未有的。在饮食业内部,分工越来越细,并且出现了大量的雇佣关系。诸如酒楼、茶肆、食店、饼店、果子行、肉行、鱼行等属于饮食业范畴的行店不断增多。在大型食店内部,已有"主人"(老板经营者)、"铛头"(司厨烧菜者)、"行菜"(递送服务者)等人事分工。"行菜""一有差错,坐客白之主人,必加叱骂,或罚工价,甚者逐之"。书中还有南食店、北食店和川饭店的记载,反映了北宋地方区域饮食的发展与交流。由于本书着重突出饮食业的发展状况,书中虽然提及数百种名菜名点、风味小吃,但并无加工制作的烹调方法。从书中提到的这些菜点名称观之,当时的食物范围及内容十分广泛。从山珍海味到日常菜蔬应有尽有,琳琅满目。在烹饪制作的技术方法中,炒、爆、煎、炸、烧、炙、蒸、腌等

① 纪昀等:《钦定四库全书总目》卷70《史部二十六·地理类三》,966页。
② 陈伟明:《唐宋饮食文化发展史》,226页。

也样样俱全,食肴色香味美,展示了北宋开封城市饮食文化的丰姿。"《东京梦华录》尽管没有给后人留下佳肴名菜的制作方法,但其多姿多彩的食肴菜单,只要参考结合更多的旁证材料,古为今用,其重要价值未可估量。"①

《东京梦华录》中也有不少反映北宋东京饮食习俗的内容。在卷5"民俗"、"娶妇"、"育子"三条中,记载有饮食业的交易行俗、婚仪及育子食俗等内容。《东京梦华录》卷7至卷10按时令顺序罗列了当时的社会民俗及皇室活动,为我们考察北宋东京的节日饮食习俗提供了重要资料。如清明节,人们纷纷外出踏青,"四野如市,往往就芳树之下,或园囿之间,罗列杯盘,互相劝酬","节日坊市卖稠饧、麦糕、奶酪、乳饼之类";端午节的节日食品为香糖果子、粽子、白团等;七夕节,"又以瓜雕刻成花样谓之'花瓜'。又以油面糖蜜造为笑厣儿,谓之'果食'。花样奇巧百端,如捺香、方胜之类。若买一斤数内有一对被介胄者。如门神之像。盖自来风流。不知其从。谓之'果食将军'";中元节,"十五日供养祖先素食。才明即卖穄米饭,巡门叫卖,亦告成意也。又卖转明菜、花花油饼、馂𪎊、沙𪎊之类";秋社,"各以社糕、社酒相赍送。贵戚宫院以猪羊肉、腰子、妳房、肚、肺、鸭饼瓜姜之属切作棊子片样,滋味调和铺于饭上,谓之'社饭',请客供养人家。妇女皆归外家,晚归,即外公姨舅皆以新葫芦儿、枣儿为遗,俗云'宜良外甥'";中秋节,"中秋节前诸店皆卖新酒,重新结络门面、彩楼花头,画竿醉仙锦旆。市人争饮,至午未间,家家无酒,拽下望子。……中秋夜,贵家结饰台榭,民间争占酒楼玩月";重阳节,"前一二日各以粉面蒸糕遗送,上插剪彩小旗,掺饤果实,如石榴子、栗黄、银杏、松子肉之类。又以粉作狮子蛮王之状,置于糕上,谓之'狮蛮'";腊八节,"诸大寺作浴佛会,并送七宝五味粥与门徒,谓之'腊八粥'。都人是日各家亦以果子杂料煮粥而食也";交年,"备酒果送神,烧合家替代钱,纸帖灶马于灶上。以酒糟涂抹灶门谓之'醉司命'"。卷9"执亲王宗室百官入内上寿"条则记述了北宋宫廷宴饮的豪华场面。

《东京梦华录》问世后,历代都有不少学者模仿其体例续作此类著作。如南宋灌圃耐得翁《都城纪胜》、佚名《西湖老人繁盛录》、吴自牧《梦粱录》、周密《武林旧事》,元代陶宗仪《元氏掖庭记》、费著《岁华纪丽谱》、刘一清《钱塘遗事》,

---

① 陈伟明:《唐宋饮食文化发展史》,227页。

明代刘侗、于奕正《帝京景物略》、史玄《旧京遗事》、顾起元《客座赘语》,清代无名氏《燕京杂记》、李斗《扬州画舫录》、张焘《津门杂记》等。而其中吴自牧的《梦粱录》可以说是直接秉承了《东京梦华录》的神韵而敷衍成文,从而形成了都市民俗历史文学的庞大体系。

我们以吴自牧《梦粱录》为例,吴自牧,临安钱塘(今浙江杭州)人,生平事迹不详,该书是其仿《东京梦华录》追忆而成,记述了南宋都城临安的节令风俗,城市面貌、店铺商品、园林建筑、人物事迹、户口物产等。此书自序署"甲戌岁中秋日"。按:宋度宗咸淳十年(1274)为甲戌年,而此时南宋尚未亡国,故《四库全书总目》认为:"不应先作是语,意甲戌字传写误欤?"[1]也有人认为甲戌年应为元顺帝元统二年(1334)。

全书共20卷,书中有大量反映南宋临安饮食文化的内容,其主要内容、形式,基本上可以说是《东京梦华录》延续。其中,饮食业主要记载于卷13和卷16之中。卷13中的"团行"、"铺席"、"天晓诸人出市"、"夜市"、"诸色杂货"诸条,主要介绍了临安的饮食行市、店铺和早市、夜市的饮食;卷16则重点介绍了临安的饮食店肆,如"茶肆"、"酒肆"、"分茶酒店"、"面食店"、"荤素从食店(诸色点心事件附)"、"米铺"、"肉铺"、"鲞铺"等。中间记载有数百种肴馔、饮料的名称,对研究南宋的饮食市场及饮食烹饪极具参考价值。

饮食风俗也是本书记述的重点内容之一。其中,卷1至卷6介绍了各种节日饮食习俗,卷18"民俗"、"物产",卷19"四司六局筵会假凭",卷20"嫁娶"、"育子"等条,介绍了当时临安的其他饮食习俗。此外,本书卷9"诸仓",卷10"本州仓场库务"、"点检所酒库"、"安抚司酒库"诸条,介绍了南宋临安的重要粮仓酒库;卷11"井泉"介绍了临安的饮水。

从《梦粱录》有关饮食的记载来看,南宋临安的饮食业及饮食风俗直接继承了北宋汴京开封的传统。以饮食业的经营方式为例,南宋初年临安的饮食店肆多由南渡的中原人开设,从装潢陈设到经营管理,两地饮食店肆的面貌极其相似。如"杭城食店,多是效学京师人,开张亦效御厨体式,贵官家品件"[2],"汴京

---

① 纪昀等:《钦定四库全书总目》卷70《史部二十六·地理类三》,969页
② 吴自牧:《梦粱录》卷16《分茶酒店》,文化艺术出版社,1998年,256页。

熟食店,张挂名画,所以勾引观者,留连食客。今杭城茶肆亦如之,插四时花,挂名人画,装点店面"①。

北宋汴京食贩非常重视食具的整洁卫生,这种传统也被南宋临安食贩所继承,吴自牧《梦粱录》卷13《天晓诸人出市》载:"和宁门红杈子前买卖细色异品菜蔬,诸般饭,及酒醋时新果子,进纳海鲜品件等物,填塞街市,吟叫百端,如汴京气象,殊可人意。"同书卷18《民俗》亦载:"杭城风俗,凡百货卖饮食之人,多是装饰车盖担儿,盘盒器皿新洁精巧,以炫耀人耳目。盖效学汴京气象。"

在南北饮食文化交流与融合的基础上,河南移民也发挥了重要作用,据《梦粱录》记载:"南渡以来,几二百余年,则水土既惯,饮食混淆,无南北之分矣。"②当然,南宋临安与北宋汴京两地的饮食文化也有一定的不同。南宋饮食行业内部的分工更为细杂,诸如酒行、食饭行、面行、蟹行、姜行、菱行、茶行、鸡鹅行、肉行、米市、肉铺、米铺、酒肆、茶肆、面食店、点心店等饮食各行市铺店,如雨后春笋,不断出现,不断扩展。由于临安地处水乡,各种食物原料的供给发生了很大变化,导致人们的食物结构也呈现较大差异,大米及各种水产品的比重大大增加,面食及猪羊肉的消费则有所降低。

无论是在北宋汴京,还是在南宋临安,移民的不断迁入,城市人口增长,对饮食市场产生了重大的影响。随着都城社会经济的发展,都城人口数量骤增。宋神宗熙宁至宋徽宗崇宁年间30年左右的时间,东京人口增加了近30万,达到140万左右。后因都城南迁等原因,河南人口移民到临安,临安人口骤增的情形尤为突出。崇宁年间,杭州及其属县人口不过203,500余户、296,600余口,到南宋咸淳年间,已高达391,200余户、1,241,100余口,而其中流动人口,因其对饮食市场的依赖更大,故其数量的骤增对两宋都城饮食市场的影响则更显突出。

两宋都城的流动人口,除军队外,主要有移民、商贾、公干和科举试生等。都城邸店的发达正是移民人口增多的结果。孟元老在《东京梦华录》说:"京师以其人烟浩穰,添十数万众不加多,减之不觉少。"

---

① 吴自牧:《梦粱录》卷16《茶肆》,254页。
② 吴自牧:《梦粱录》卷16《面食店》。

　　两宋之际,宋高宗南迁,据《梦粱录》记载"从者如归市",致使临安"辐辏骈集,数倍土著"。为此,政府不得不设 10 多个接待站,大批安置北方来京的移民,这其中尤以河南移民为主。仅以今湖墅妙行寺为例,在 20 年内共接待流民达 300 万人次,平均每年 15 万人次,河南移民占一半以上。由此我们也不难理解河南移民南迁对临安饮食文化的巨大影响。

（作者为华中师范大学历史文化学院教授）

北宋时期河洛地区移民简论

张显运

20世纪80年代以来河洛文化逐渐成为学者们关注的一个重要课题。目前而言,有关河洛文化的研究可谓汗牛充栋,也取得了可喜的成绩。然而,河洛地区的移民问题尚未引起研究者的足够重视,虽有些论著或多或少地论及于此,如吴松弟先生《中国移民史》第四卷[①]对宋辽夏金元时期的汉族和周边少数民族的人口迁移进行了探讨,因其是一部断代史专著,故从总体上、宏观上对这一时期的移民问题予以研究,且重点放在靖康之变后北民的南迁,就河洛地区的移民尤其是外来人口的迁入问题鲜有论述;任崇岳先生的《中原移民简史》[②]对历史上中原地区的移民问题进行了梳理,剖析了中原移民给当地及南北方边陲带来的影响。书中对北宋时期河洛地区的移民有所论及,但其重点主要放在靖康之变后开封地区的移民上。移民问题是河洛文化的重要组成部分,也应是河洛文化研究的重要内容,是探究和解读河洛文化内涵的一把钥匙。历史上正是因为广大移民的移居河洛,才创造了如此灿烂辉煌的中华文明,同时也是广大移民的移出,才使得河洛文明泽被边陲,影响深远。北宋时期是河洛地区移民迁入的重要阶段,移民的到来不仅促进了当地的开发,在一定程度上推进了河洛文化的发展,创造了河洛文化史上又一个辉煌时代。有鉴于此,故笔者不揣浅陋,对北宋时期河洛地区的移民问题(移民迁入)予以粗浅地探讨,不足之处,敬请方家指

---

① 吴松弟:《中国移民史》第四卷,福建人民出版社,1997年。
② 任崇岳:《中原移民简史》,河南人民出版社,2006年。

正。

一

　　研究北宋时期河洛地区的移民问题,不能不对河洛地区的地理范围予以说明。综观以往的研究成果,不少学者对河洛地区的地理范围问题进行过探讨,见仁见智。诚如大部分学者所认可的那样,"河洛地区是指以洛阳为中心,东至郑州中牟一线,西抵潼关华阴,南以汝河、颍河上游的伏牛山脉为界,北跨黄河以汾水以南的晋南,河南的济源、焦作、沁阳一线为界。"①就北宋时期而言,河洛地区主要指京畿路、京西北路、永兴军路所在的广大地区。即3府5州45县。笔者依据《宋史》、《元丰九域志》等文献记载,将河洛地区的大致地理范围列表如下:

北宋时期河洛地区地理范围示意图

辖区	路名	府州军	级别
京畿路	开封府	府	中牟
京西北路	河南府	府	河南、洛阳、永安、偃师、颍阳、巩、密、新安、寿安、伊阳、渑池、永宁、长水、河清、登封
	颍昌府	次府	长社、郾城、阳翟、长葛、临颍、舞阳、郏
	孟州	望	汜水、王屋、河阳、温、济源、河阴
	汝州		梁、襄城、叶、鲁山、宝丰
	郑州	辅	管城、荥泽、原武、新郑、荥阳
永兴军路	陕州	府	平陆、陕、灵宝、湖城
	虢州	雄	栾川、卢氏、虢略

　　北宋时期,河洛地区是宋代移民的主要区域之一。所谓移民是指"以改变定居地点为目的而进行的跨地区、跨国界的人口迁移和流动。它既包括由各种灾变而引起的流民,也包括国家、政府出于政治、经济、军事目的而组织的有计划的人口迁移"。②就北宋时期河洛地区的移民而言,它既包括宋政府因政治、经济或军事、灾荒等因素而组织的移民,也包括居官、致仕、戍守避难等而卜居当地的人口。

　　唐末五代以来的战乱导致河洛地区人口锐减,地广人稀,劳力缺乏,经济凋

---

① 薛瑞泽、许智银:《河洛文化研究》,民族出版社,2007年,64页。
② 丁鼎:《中国古代移民述论》,载《移民史论集》,齐鲁书社,1998年,2页。

敝,这是北宋政府移民河洛的客观原因。唐朝中后期的安史之乱,给河洛地区的人们带来了深重灾难。史载"自东都(洛阳)至淮泗,缘汴河州县,自经寇难,百姓凋残,地阔人稀,多有盗贼。"①百姓除部分死于战火之外,不少人辗转漂泊,流离失所,成为流民。诚如《旧唐书·地理志》所载"自至德后,中原多故,襄邓百姓,两京衣冠,尽投湖湘"。五代十国时期,河洛地区又成为军阀割据称雄的舞台,政权更迭如走马灯。经过多次的战争摧残后,河洛地区"圜幅数千里,殆绝人烟"②。长期的战乱使得河洛地区人口大量迁徙,人烟稀少,经济凋敝。北宋初年河洛地区的经济一直未能恢复到隋唐时期的水平。宋太宗时期太常博士、直史馆陈靖上言:"今京畿周环二十三州,幅员数千里,地之垦者十才二三,税之入者又十无五六"③。《宋史·地理志》对河洛地区评价为:"东暨汝、颍,西部陕服,南略鄢、郢,北抵河津……(洛阳)土地褊薄,迫于营养……唐、邓、汝、蔡率多旷田。"包括河洛地区所在的大部分京西路经济贫瘠,人口稀少。甚至到宋仁宗时期,河洛地区的中心河南府洛阳"民性安舒,而多衣冠旧族。然土地褊薄,迫于营养"④。"河南虽赤县,然征赋之民,户才七八千,田利之入,率无一钟之亩,人稀,土不膏腴。"⑤郑州(今河南郑州)"南北更无三座寺,东西只有一条街。四时八节无筵席,半夜三更有界牌。"除了一些来往使节之外,更是人迹罕至。汝州(今河南临汝)"境土多榛莽,民力不足。"⑥总体而言,北宋中期以前,河洛地区地广人稀,农业生产比较薄弱。为了发展河洛地区的农业经济,宋政府将大批流民迁入到当地。

　　河洛地区优越的自然环境和深厚的文化底蕴也是吸引移民到来的重要原因。河南府洛阳"山水,风物甲天下",⑦宋代文学家常常用饱含深情的笔墨加以吟咏。

①　董诰等:《全唐文》卷46《缘汴河置防援诏》,中华书局,1983年。
②　薛居正等:《旧五代史》卷1《梁书·太祖纪》,中华书局,1976年。
③　脱脱等:《宋史》卷173《食货志》上,中华书局,1977年。
④　脱脱等:《宋史》卷85《地理志》一,中华书局,1977年。
⑤　欧阳修:《欧阳修全集·居士外集》卷13《东斋记》,中华书局,2001年。
⑥　李昭玘:《乐静集》卷28《李奉议墓志铭》,文渊阁四库全书本。
⑦　张耒:《张耒集》卷53《题吴德仁诗卷》,文渊阁四库全书本。

洛阳古帝都……其山川风气，清明盛丽，居之可乐。平川广衍，东西数百里，嵩高少室，天坛王屋，冈峦靡迤，四顾可挹，伊洛瀍涧，流出平地。故其山林之盛，泉流之洁，虽其闾阎之人与公侯共之。一亩之宫，上瞩青山，下听流水，奇花修竹，布列左右，而其贵家巨室园囿亭观之盛，实甲天下。①

夫洛阳，帝王东西宅，为天下之中，土圭日影得阴阳之和，嵩少瀍涧钟山水之秀，名公大人为冠冕之望，天匠地孕为花卉之奇。加以富贵利边，优游闲暇之士配造物而相妩媚，争妍竞巧于鼎新革故之际，馆榭池台、风俗之习、岁时嬉游、声诗之播扬、图画之传写，古今华夏更莫比。②

洛阳乃千年帝都，牡丹花城，有伊洛瀍涧的潺潺流水，嵩岳少室的钟灵毓秀，园林台榭的鳞次栉比，王公贵族的争妍竞巧，可谓名士荟萃的风水宝地。宋立国以后将其作为别都，谓之西京。孟州（今河南孟州东南）位于太行山以南，"得太行障其后，故寒稍杀，地暖故有梅，且山水清远似江南云"③。济源（今河南济源）"县僻人事少，土肥风物殊……竹不减淇水，花仍似洛都"④。如此优越的自然条件和人文环境自然吸引了大批致仕官员来此定居，司马光、文彦博、富弼、范仲淹等齐聚于此，他们或诗词唱和，游山玩水，修筑园林，增添了河洛的魅力。

二

北宋时期河洛地区的移民来源主要有周边国家的降民、因自然灾害而迁入的平民、致仕或卜居西京的官员和士大夫等三种途径。960 年北宋建立，为了结束五代十国的分裂局面，宋太祖和他的弟弟宋太宗南征北战。为了削弱敌国，他们接受了谋士的建议，采取釜底抽薪的办法，即大规模地将周边国家的降民迁徙到内地。史载，开宝二年（969），宋太祖久攻太原不下，"河东外有契丹之助，内有人户输赋"，"窃恐岁月间未能下"。绛州（今山西新绛）人薛化光向朝廷建议"凡伐木，先去枝叶，后取根柢"。在设据点阻断契丹援兵的同时，"起其部内人户于西京、襄、邓、唐、汝州，给闲田使自耕种，绝其供馈。如此，不数年间，自可平

---

① 苏辙：《苏辙集》卷 24《洛阳李氏园池诗记》，中华书局，1990 年。
② 张琰：《洛阳名园记序》，文渊阁四库全书本。
③ 周密：《癸辛杂识》别集上《汴梁杂事》，中华书局，1988 年。
④ 司马光：《温国文正司马公文集》卷 14《寄题济源李少卿章园亭》，四部丛刊本。

定"。宋太祖接受了薛化光的建议，"徙太原民万余家于山东、河南，给粟……用绛人薛化光之策也。"①后来，宋太祖攻破雁门关后，"尽驱其（北汉）人民分布河、洛之间，虽巢穴尚存，而危困已甚。"②大规模地迁徙太原降民于河洛地区，使北汉政府元气大伤。据《宋史》记载，仅此一次就迁徙北汉降民48000余口。③宋太宗即位后沿用了其兄的政策，太平兴国四年（979），宋太宗攻下太原，"毁太原旧城，改为平晋县。以榆次县为并州。徙僧、道士及高赀者于西京。"④把僧道和一些富家大户迁到洛阳。雍熙三年（986）七月，宋太宗讨伐契丹，派枢密都承旨杨首一等赴并（今山西大同）、代（今山西代州）等州，"徙山后诸州降民至河南府、许、汝等州"。这次迁入到河洛地区的移民达8236户，78262口，牲畜40余万头。⑤这种大规模地迁徙周边降民的移民政策一直持续到宋仁宗时期。庆历二年（1142），仁宗下诏："诏陕西蕃族内附而无亲属者，并送京西州郡，处以闲田。"⑥需要指出的是，除了普通降民移入河洛外，也有一些贵族移民当地。如宋太宗攻下南唐后，将其国主钱俶迁到西京洛阳，随行的还有后来《太平寰宇记》的作者乐史。⑦总之，宋初直到仁宗时期的移民政策，虽带有强烈的政治和军事意义，但河洛地区的地广人稀、劳力缺乏则是宋政府移民当地的客观原因。从其迁入地来看，基本上集中在京西路所在的河洛地区和京师开封（南方诸国的国主，贵族主要迁到开封所在的京畿地区）。大量的人口迁出，削弱了周边国家的军事力量，减少了税收来源。对迁入区而言，大大增加了人口和劳动力，"西北之人，勤力谨俭，今以富称于乡里者，多当时所徙之民也。"⑧移民不仅自己致富发家，也为河洛地区经济的发展作出了贡献。

　　北宋时期，其他地区频繁的自然灾害导致河洛地区的移民大量增加。宋代是我国历史上自然灾害极为频繁的时期。据康弘先生统计，宋代长达320年的

①　李焘:《续资治通鉴长编》，卷10，开宝二年闰五月己未，中华书局，2004年。
②　李焘:《续资治通鉴长编》，卷20，太平兴国四年正月丁亥，中华书局，2004年。
③　脱脱等:《宋史》卷482《北汉刘氏世家》，中华书局，1977年。
④　李焘:《续资治通鉴长编》，卷20，太平兴国四年五月戊子，中华书局，2004年。
⑤　李焘:《续资治通鉴长编》，卷20，雍熙三年七月壬午，中华书局，2004年。
⑥　李焘:《续资治通鉴长编》，卷135，庆历二年正月壬戌，中华书局，2004年。
⑦　王安石:《王文公文集》卷98《宁国县太君乐氏墓志铭》，上海人民出版社，1974年。
⑧　李焘:《续资治通鉴长编》，卷168，皇祐二年六月庚辰，中华书局，2004年。

时间里,发生水患 465 次,旱灾 382 次,蝗灾 108 次,大的瘟疫 40 次,①每一次大的自然灾害都会导致大批流民流离失所。尤其是水灾,几乎每年平均 1.5 次,不仅带来了巨大的财产损失,还使许多人丧失家园。据《宋史》记载宋代水患主要发生在黄河下游的澶州、河北境内,而河洛地区所在的大部分中游地区相对较少。因此,为了躲避水灾,有些人自发地移民河洛。如宋人王速的祖先和北宋名臣李清臣,均原居河北大名府(今河北大名),为"避大河之患",分别迁居洛阳和偃师。② 当然,这不是河洛地区移民的主流。北宋时期,为了躲避自然灾害,宋政府常常将受灾群众移民到河洛地区。如天圣七年(1029),契丹发生了严重的自然灾害,很多流民越过界河,流落到河北境内,宋仁宗"乃诏转运司分送唐、邓、襄、汝州,处以闲田,所过州县给食,人二升"③。到了仁宗庆历年间,河洛颍昌府(今河南许昌)地区的移民大量增加,"颍许之人,转流而占籍者,岁岁加益。"④每年都有大量移民迁入当地。当然,政府将大量流民安置在河洛地区,除了当地水患较少外,还和这一地区地广人稀,"多旷土"有关。如宋真宗年间河北发生了水灾,朝廷下诏允许来自河北的饥民在"境土多榛莽,民力不足"的汝州占垦荒地,在地方官的召集下,"至者如归"⑤。

外地官员和士大夫的卜居河洛也是当地移民的来源之一。前文提到,河洛地区优越的自然条件和人文景观吸引了许多士大夫或致仕官员来此定居,颐养天年。如北宋著名理学家邵雍在三十岁时"游河南,葬其亲伊水上,遂为河南人……名其居曰'安乐窝',因字号安乐先生"。与退居河洛的司马光、富弼、吕公著诸贤"恒相从游。"⑥洛阳是北宋理学的中心,"贤士大夫多居之",而且"其后居者众",竟使得洛阳"物益贵"⑦。元丰年间,司马光、富弼、文彦博等朝廷重臣因与王安石政见不合,离任后移居洛阳"自余士大夫以老自逸于洛者于时为多"。此三人与其他士大夫共 11 人组成"洛阳耆英会"⑧。司马光那部名传千古

---

① 康弘:《宋代灾害与荒政述论》,《中州学刊》1994 年第 5 期。
② 楼钥:《攻媿集》卷 90《王速行状》;晁补之《鸡肋集》卷 62《李公行状》,文渊阁四库全书本。
③ 李焘:《续资治通鉴长编》,卷 107,天圣七年二月庚辰,中华书局,2004 年。
④ 文同:《丹渊集》卷 37《钱君墓志铭》,四部丛刊本。
⑤ 李昭玘:《乐静集》卷 28《李奉议墓志铭》,文渊阁四库全书本。
⑥ 脱脱等:《宋史》卷 427《邵雍传》,中华书局,1977 年。
⑦ 周南:《山房集》卷 4《康伯可传》,文渊阁四库全书本。
⑧ 司马光:《温国文正司马公文集》卷 68《洛阳耆英会序》,四部丛刊本。

的史学巨著《资治通鉴》就是移居洛阳时编纂而成的。

宋徽宗时,由于皇族的人数大增,为了减轻京师开封人口的压力和财政困难,徽宗诏令一部分宗室迁居洛阳,谓之"西外"。[①] 这一时期迁居西京的宗室人数因史料缺乏尚不得而知,但其人数想必相当可观。笔者据吴松弟先生绘制的《靖康乱后南迁的北方移民实例》表进行不完全统计,靖康之乱后迁居东南地区有名字可考的宗室人数:平江府(今江苏苏州)11人,绍兴府(今浙江绍兴)11人,明州(今浙江宁波)24人,南方不明地区52人。[②] 其中南宋的第二代皇帝,也是南宋历史上最有作为的一位皇帝宋孝宗,就是从西京迁入杭州的宗室移民后裔。可见,这些西迁的宗室士大夫有着良好的教育和较高的素质,他们的到来无疑有利于河洛地区文化事业的发展。

北宋中后期,由于大批官员、宗室和士大夫的到来,洛阳和许昌并称为"士大夫之渊薮"[③]。河洛地区多名园古刹、名山大川,退居河洛的元老们在这里流连忘返:至龙门或歌吟登山,浸淫在佛教文化的香烟袅绕中;或荡舟于伊河之上,与清风明月作伴;或徜徉于嵩山少林,聆听这里的晨钟暮鼓。他们每次出游,百姓随而观之,场面极为壮观,成为西京一道令人瞩目的亮丽风景。[④]

据《宋史》和《洛阳县志》记载,北宋时期葬于河洛地区的达官显贵有钱俶、石守信、曹彬、潘美、张咏、范雍、寇准、范仲淹、范纯仁、文彦博、富弼、张商英、杨偕、陈希亮、吕诲、程颢、程颐、程琳、赵普、高怀德、蔡奇、包拯、曹玮等。除富弼、程颢、程颐、蔡奇为洛阳人外,其他均是移居当地的移民或死后葬于此地的外乡人。个别人生前没有完成移居河洛地区的夙愿,死后也要葬在北邙,了却一桩心愿。

随着大批移民的拥入和人口的自然增长,到宋神宗元丰时期,河洛地区的人口已有较大幅度的增加。为便于说明,笔者将河洛地区部分州府的在宋初和北宋中后期的人口数额绘表如下:

---

① 朱熹:《朱子语类》卷111《论才》,中华书局,2007年。

② 吴松弟:《中国移民史》,福建人民出版社,1997年,298～326页。

③ 张邦基:《墨庄漫录》,卷4,中华书局,2002年。

④ 洪本健:《两京地区人文自然环境与北宋大臣的致仕卒葬》,《湖北大学学报》2001年第6期。

北宋时期河洛地区部分州府个别年份人数统计表[①]

府州名	北宋初年户数	元丰初年户数	净增数额	增长率
河南府	81957	115675	33718	41%
颍昌府	40537	57452	16915	42%
孟州	21792	30075	8283	38%
郑州	17275	30976	13701	79%
汝州	24110	52375	28265	117%
虢州	9152	17571	8419	91%
陕州	9967	25367	15400	155%
合计	204790	329491	124701	61%

需要指出的是,本表并非是全部河洛地区州县户数的统计,比如中牟县的户数因资料缺乏尚未统计进去。但就是部分统计数额,仍然能够说明一些问题。如,北宋初年河洛地区主要州县的户数为 204790 户,到北宋中后期的元丰年间人口增长到 329491 户,净增值人口为 124701 户,增长率为 61% 。尤其是汝州和陕州户数增长更快,分别为 1.17 与 1.55 倍。当然,随着国家的统一,社会趋于稳定,人口也会自然增长,但不可否认的是,大量的外来人口的迁入,仍是河洛地区户数较大幅度提高的一个重要因素。

三

移民的大量迁入,促进了河洛地区农田的开垦和经济的发展。据史料记载,"京、洛、郑、汝之地,垦田颇广"[②]。宋仁宗嘉祐年间,赵尚宽、高赋先后在京西地区招募两河流民进行垦田,"益募两河流民,计口给田使耕……比其去,田增辟三万一千三百余顷,户增万一千三百八十,岁益税二万二千二百五十七"[③] 等到他们离任时,当地户数增加了,也为国家提供了更多的税收来源。宋徽宗时,河洛地区的汝州等地随着移民的云集,土地开垦有了显著增长。如政和二年(1112)九月京西路转运使王琦说:"本路唐、邓、襄、汝等州,治平以前地多山林,

---

① 本表参考了孔辉《试论北宋时期河南地区的农业发展》(华中师范大学 2006 年 6 月硕士学位论文)相关部分。

② 脱脱等:《宋史》卷85《地理志一》,中华书局,1977 年。

③ 脱脱等:《宋史》卷426《高赋传》,中华书局,1977 年。

人少耕殖,自熙宁中四方之民辐凑,开垦环数千里,并为良田。"①到北宋中后期,由于移民的大规模迁入和宋政府的积极努力,河洛地区许多州县都发生了翻天覆地的变化。如西京洛阳到宋神宗元丰年间,已是"满川浓绿土宜桑",②一改唐末五代以来的衰败景象。河洛地区北部的孟州(今河南孟州东南)据司马光记载,到神宗时期已是"土肥风物殊"。西部的虢州(今河南灵宝)经过近百年的开发,宋哲宗绍圣年间,"有洪淄灌溉之饶,被女郎云雨之施,四时无旱,百物常丰,宝产金铜,充仞诸邑;良材松柏,赡给中都……鱼肥鹤浴,依稀同泽国之风。"③农林牧副渔都得到了显著发展。南部的颍昌府许州(今河南许昌)和汝州(今河南临汝)也不甘落后,汝州到处呈现出"桑阴盖地牛羊困,麦秀漫山鸟雀肥。"④牛羊满地,五谷丰登的欢乐祥和景象。宋徽宗政和五年(1115),因汝州"比岁丰登,瑞祥屡发"而升为陆海军节度,⑤经济的发展促使了政治地位的提高。许州"田园极膏腴,豪吏多殖产其中"。⑥ 比较而言,河洛地区东部的郑州农业开发相对缓慢,直到宋徽宗宣和元年(1119)移民垦殖,其卤鹹之地才"悉垦为田",⑦经济有了一定程度的发展。需要说明的是,河洛地区经济的发展虽与宋政府的重视,实施一些惠农政策有关,但不可否认,移民的辛勤劳作仍是其经济显著提高的不可忽视的因素。

移民的到来促进了河洛地区文化水准的提高。如前文提到,北宋时期司马光、文彦博、邵雍等大批名师硕儒移居河洛,他们在这里潜心治学,结社集会,读书赋诗,品评人物,提高了当地的文化品位。如邵雍在这里建立了博大精深的先天象数之学,对后世产生了深远影响,邵雍和他的先天象数之学成为今天河洛文化研究的重要课题。据《宋元诗社研究丛稿》统计,由文彦博、司马光等人倡导,在洛阳成立的有"洛阳五老会"、"耆英会"、"同甲会"、"率真会"等,其中耆英会影响最大。据记载,每次耆英会召开"悉聚洛中士大夫贤而老自逸者","各赋诗一首"。如此众多的文化精英齐聚一堂,诗歌唱和,对河洛地区文学艺术的发展

---

① 徐松辑:《宋会要辑稿·食货》70 之 24,中华书局,1957 年。
② 司马光:《温国文正司马公文集》卷 14《和子骏洛中书事》,四部丛刊本。
③ 苏轼:《苏轼文集》卷 47《上虢州太守启》,中华书局,1986 年。
④ 陈渊:《默堂集》卷 2《汝州道中呈遵道》,文渊阁四库全书本。
⑤ 徐松辑:《宋会要辑稿·方域》5 之 1,中华书局,1957 年。
⑥ 孙觌:《鸿庆居士集》卷 33《朱绂墓志铭》,文渊阁四库全书本。
⑦ 脱脱等:《宋史》卷 182《食货志下》四,中华书局,1977 年。

当是一个很大的推动。除集会外,他们还常常游览名山大川,回来后将游览的心得结集成册。史载,司马光退居西京十五年,每次悠游山水,"凡所经游,发为歌咏,归叙之以为《洛游录》,士大夫争传之"。① 河洛地区的许都也是一个文化重镇,号称"衣冠渊薮"。范缜移居此地时召集当地的衣冠名流成立了"飞英会",他们在一起切磋诗文,交流心得,亦一时之盛事。②

移居河洛的士大夫还带来了大量的藏书。如司马光在洛阳的独乐园中,聚"文史万余卷",这些书是其史学巨著《资治通鉴》的资料来源。③ 原籍京东路徐州丰县(今江苏丰县)的著名藏书家李淑,其父亲年少时就迁居缑氏(今河南偃师西南),故其为河南人。李淑家藏书数万卷,依据所藏书编成《邯郸书目》10卷。④ 老年移居西京的张咏也藏有丰富的图书,史载其"平生嗜书,藏书万卷"⑤。靖康元年(1126)金军占领洛阳,"广求大臣文集、墨迹、书籍等。"⑥足见洛阳藏书名气远扬,为金军所垂涎。应该说,这些卜居洛阳的士大夫为西京地区藏书业的发展作出了贡献。

总之,河洛地区优越的自然环境和深厚的人文底蕴为外来士大夫提供了活动交往的平台,士大夫的交游、藏书又进一步推动了当地文化事业的发展,他们交相辉映,相得益彰,提高了以洛阳为核心的河洛文化的品位。

1126年靖康之变,北宋随之灭亡。中原涂炭,河洛地区也遭到了毁灭性的打击,原来的土著居民和外来移民纷纷逃亡江南,"衣冠人物,萃与东南"。⑦ 这是河洛地区历史上继永嘉之乱后最大的一次人口迁移,也是河洛文化的一次令人心酸的浩劫。因学者们已有诸多论述,故拙文不再赘述。

（作者为国际河洛文化研究中心研究员、洛阳师范学院历史文化学院历史学博士）

① 王辟之:《渑水燕谈录》卷4《高逸》,中华书局,1981年。
② 丁传靖:《宋人轶事汇编》,中华书局,1981年。
③ 费衮:《梁谿漫志》卷3,上海古籍出版社,1985年。
④ 陈振孙:《直斋书录解题》卷8,文渊阁四库全书本。
⑤ 曾枣庄、刘琳编:《全宋文》卷859,巴蜀书社,1993年。
⑥ 徐梦莘:《三朝北盟会编》卷63,上海古籍出版社,1987年。
⑦ 朱熹:《晦庵集》卷83《跋吕仁甫诸公帖》,四部丛刊本。

北宋末年的中原移民与河洛文化南传

任崇岳

　　靖康元年(1126)十一月,金人的铁骑攻陷开封,北宋覆亡,翌年春,徽宗、钦宗被俘北上。随从徽、钦父子北迁的除后妃、宗室外,还有中原的工匠、医官、乐工、妓女、内侍等约 10 万人(一说 20 万),这是北宋历史上规模最大的一次移民。不久,高宗赵构在南京(今河南商丘)即位,金兵继续牧马南寇,高宗无力回天,抵挡不住金人的凌厉攻势,只得退往江南。随高宗南迁的中原士民亦有 10 万之众,这批移民对江南文化产生了深远影响。

一、金灭北宋导致中原人北迁

　　金朝灭辽后,便紧锣密鼓地筹划灭宋事宜了。宣和七年(1125)十月,金太宗正式下诏"伐宋",以谙班勃极烈斜也(昊)兼都元帅,坐镇京师会宁府(今黑龙江阿城南白城),兵分东西两路,以宗翰(粘罕)为左副元帅,自西京(今山西大同)攻太原,是为西路;以宗望(斡离不)为主帅,自南京(今河北卢龙。此为金朝南京,宋南京为商丘)攻燕山,是为东路。宋兵大败,只得割太原、中山(今河北定县)、河间(今属河北)三镇之地,又以亲王、宰相为质,再加上犒师的金银绢帛,金人始退师而去。靖康元年(1126)金太宗再次以宗翰、宗望为统帅,分两路攻宋。这年闰十一月两支军队先后抵达开封城下。闰十一月二十五日,京城陷落,北宋灭亡,徽宗、钦宗成为阶下囚被押北上,中原地区沦入金人之手。

　　金人进入开封之初,除了烧杀抢掠外,便有计划地挑选有用之人押往金国。靖康二年(1127)二月,金人取详通经教德行僧数十人,经审查后,"所留仅二十人,待遇优厚,诸寨轮请斋供,殆无虚日。"①又取太学博士 10 人,太学生堪为师法者 30 人作"北方师资"。②金军在攻陷邓州(今属河南)后,又迁民北去;银术可已焚邓州,乃给寄居官上户车及牛各有别,迁之北去。这批人到西京(今河南洛阳)时已所存无几。尽管大部分邓州百姓因颠沛流离死于途中,但侥幸活下来的还是被迁入了北方。

以上所说只是小规模的迁徙,徽宗、钦宗北迁才是中原汉人一次大规模的迁徙。北宋灭亡后,金人"取索帑藏,所有应礼乐之具、服用之物、占天之璇玑、传国之宝玉,上自珍异,下及粗恶,悉取之。工匠人口、医官、乐工、妓女、内侍以至后苑八作、文思院及民工悉取之,约十万口。父子、夫妇生相别离,及扶老携幼,系累而去,哭声动天地。"③此次被迫迁徙北上者为 10 万人,但有的书上说是 20 万:"天会时,掠致宋国男妇,不下二十万。"④两个数目不同,是因为北宋灭亡时社稷丘墟,一片混乱,没有史官记载此事,各书的作者仅凭个人搜集来的资料入书,难免数目不统一。但无论如何,迁入北方的中原汉人应该有 15 万左右。

金人在颠覆了北宋,携掠了大批财物后,于靖康二年三月底撤军北归,徽、钦二帝及大批官员,百姓作为俘虏,被押解北上。《宋俘记》一书称:"天会四年(1126),十一月二十五日。既平赵宋,俘其妻孥三千余人,宗室男妇四千余人,贵戚男妇五千余人,诸色目三千余人,教坊三千余人,都由开封府列册津送,诸可考索。入寨(指金军统帅所居之地)后丧逸二千人,仅行万四千人。"⑤此处所说的 1.4 万人只是随徽、钦二帝北上且有案可稽者,大批被驱北上的百姓不在其中。

金人将宋朝俘虏分作 7 批,陆续押解起程。

第一批:宋朝宗室贵戚男丁 2200 余人,妇女 3400 余人。这批俘虏于靖康二年三月由开封青城国相寨起程,四月二十七日抵达燕山,居甘露寺。路途奔波一月,那些出身于簪缨之家的公子王孙不少人殒命途中,妇女只余 1900 余人。次年七月,这些人又被迁往韩州(今辽宁开原东北),绍兴元年(1131),这批俘虏只

① 徐梦莘:《三朝北盟会编》卷八十一,上海古籍出版社,1987 年。
② 徐梦莘:《三朝北盟会编》卷八十一,上海古籍出版社,1987 年。
③ 徐梦莘:《三朝北盟会编》卷九十九,上海古籍出版社,1987 年。
④ 《靖康稗史》呻吟语引燕人麈,中州古籍出版社,1993 年。
⑤ 《靖康稗史》宋俘记,中州古籍出版社,1993 年。

剩下500余人,金人将他们迁往北京(今内蒙古巴林左旗林东镇东南2里波罗城),男的编充兵役,女子充作婢女,把守宫院。

第二批:徽宗妃子韦氏(宋高宗之母)、徽宗之子、女儿等35人于靖康二年三月间由开封寿圣院、刘家寺皇子寨起程,五月下旬抵达上京,进入洗衣院。名为洗衣院,实际上是妓院。

第三批:钦宗妻妾等37人,四月一日从开封起程,十八日抵燕京,居悯忠寺,十月与徽宗会合。

第四批:徽宗及其子女、妻妾奴婢共1940余人,于靖康二年三月二十九日从开封刘家寺皇子寨起程,五月十八日抵达燕京,居住延寿寺。

第五批:帝姬(公主)、王妃等103人,靖康二年三月二十九日由刘家寺皇子寨、寿圣院起程,五月十九日抵达燕京,居住皇子寨府。

第六批:贡女3180人,其他僧道、秀才、监吏、裁缝、阴阳、技术、影戏、傀儡、小唱诸色人等3412人,于靖康二年四月一日起程,五月二十七日抵达燕京,路中贡女死亡近300人,其他诸色人等死亡1400余人,这是有案可稽的俘虏中人数最多的一批。

第七批:钦宗及其子女、朝廷大臣、侍女等数百人,于靖康二年四月一日从开封出发,途经大同,七月十日抵达燕京,与徽宗相会。

凄风苦雨,荆棘载途。宋徽宗一行人从开封刘家寺出发,途经封丘(今属河南)、胙城(今河南延津)、浚州(今河南浚县)、汤阴(今属河南)、相州(今河南安阳)、邯郸(今属河北)、邢州(今河北邢台)、都城店(今河北内丘县南)、柏乡(今属河北)、洺州(今河北永年县)、真定(今河北正定)、中山府(今河北定县)抵达燕京,一路上受尽了凌辱,挨尽了饥饿,一个个鸠形鹄面,面有菜色。随行官吏,不服水土,饮食不时,至燕京病者几半。到了燕京,徽宗才知道宋人被俘至此者甚多,"能执工艺自食其力者,颇足自存,富戚子弟,降为奴隶,执炊牧马,皆非所长,无日不撄鞭挞。不及五年,十不存一。妇人分入大家,不顾名节,犹有生理。分给谋克以下,十人九娼,名节既丧,身命死亡。"[1]一名铁工以八金买来一妇,细询之,竟是亲王孙女。许多妇女谋生无门,沦为娼妓,忍辱偷生。原知燕山府蔡

① 《靖康稗史》呻吟语,中州古籍出版社,1993年。

靖及其子松年,在燕京开酒肆谋生。那些医官、教坊、内侍、工匠等处境更惨,他们无论贵贱壮弱,途中死亡枕藉,尸骨遍野,身体健壮者才能抵达燕京。"有力者营生铺肆,无力者喝货挟托,老者乞丐于市。南人以类各相嫁娶。燕山有市卖人,凡军兵虏得南人,视人立价卖之。"①这些亡国之俘简直是生活在刀丛剑树之中!

建炎二年(1128)七月,传闻有人打算攻占真定、燕山、易州(今河北易县)、中山府等地归宋,金人怕徽、钦二人从中插手,将他们迁往上京(内蒙古巴林左旗南)。按:金初仍以辽上京为金上京,天眷元年(1138)始以会宁府为上京,故址在今黑龙江阿城县南白城,金太宗封徽宗为昏德公,钦宗为重昏侯,胡服归第。康王母韦贤妃、皇后邢夫人以下 300 余人没为奴婢,入上京洗衣院。另有 400 余宫眷,送入元帅府女乐院,供金人淫乐。宫眷有孕者 94 人一律堕胎,有病者调理,以备采选。那些绮年玉貌的女子,倘被达官贵人看中,便强行取入宫中,金太宗便从中取走 24 岁以上 114 人,诸王子取走妇女 300 余人,兀术取走 10 人。从此,"浣院日空,宫院日盛。"②

这年十月,金人再徙徽、钦二帝及诸王、驸马、内侍、宫眷于韩州(今辽宁昌图县八面城东南)。被俘到达燕京的宗室晋康郡王赵孝骞等 1800 人,自徽、钦离燕京后,金人发给每人带壳的粟 1 升,"拘禁若囚卒,一岁之间,死者过半",剩下的 900 余人,金人也把他们迁往韩州,"给田四五十顷,种莳自给。"③这些人虽然菲衣恶食,但比那些奴婢还略强一筹。那些奴婢"每人一月支稗子五斗,令自舂为米,那些不会纺绩的男女无衣可穿,只能终岁裸体,一旦外出取柴,再坐火边,皮肉便一层层脱落,几天内便在痛苦中死去。有手艺者如医人、绣工之类,境遇稍好。金人对他们的态度是任其生死,视如草芥。更有甚者,宗翰竟将所俘宋人至夏国换马,以 10 个奴隶换一匹马,他们境遇之惨,可想而知。

建炎四年(1130)七月,金人再迁徽、钦父子于五国城(今黑龙江依兰县)。绍兴五年(1135),宋徽宗卒于五国城,终年 54 岁。绍兴二十六年(1156)钦宗也悄然死在那里,终年 57 岁。

①　徐梦莘:《三朝北盟会编》卷九十八,上海古籍出版社,1987 年。
②　《靖康稗史》呻吟语,中州古籍出版社,1993 年。
③　《靖康稗史》呻吟语,中州古籍出版社,1993 年。

北宋末年向北方的中原大移民,都是作为俘虏迁去的,而且是分散居住,因此中原文化在那里影响很小,史书上几乎没有什么记载。

二、宋高宗南逃与中原人南迁

宋高宗在兵燹中即位,但他无力回天,抵挡不住金人的凌厉攻势,无奈之中,便打算退往江南。建炎元年(1127)八月间,高宗"徙诸宗室于江淮以避敌,于是南宫北宅皆移江宁府(今江苏南京),愿留京师者听之。南迁至江宁者三十余人。又移南外宗正司于镇江府,西外于扬州西外。"①哲宗废后隆祐太后也前往东南避难,六宫及卫士家属从行者甚众。天子如此,大臣们更是畏敌如虎。"士大夫奉公者少,营私者多;殉国者希,谋身者众。乞去,则必以东南为请;召用,则必以疾病为辞。沿流以自便者,相望于道途;避寇而去官者,日形于奏牍。甚者至假托亲疾,不候告下,携家而远遁。"②京师官员如此,地方上的缙绅也纷纷变卖田产,开始向南方迁移。这年九月、十一月,隆祐太后与宋高宗先后抵扬州,宰执、侍从、三司、百卫禁旅、御营使司、五军将佐皆扈卫而行。百姓跟随南下者更多。"高宗南渡,民之从者如归市。"③

与此同时,以张遇为首的北方武装流民集团,号称"一窝蜂",也自淮西渡过长江,水陆兼程,入据池州(今安徽贵池),这批人进入江南,使得南京人口大增。奉旨留在北方抗金者也弃城南下。如建炎三年(1129)八月京城副留守郭仲荀"自京师赴行在,随而行者数万。离京城三四日,有物可买,人始得谷食。至是到行在。自京师人来者遂绝矣。"④京城留守程昌寓"自京师退还蔡州(今河南汝南),未期月,又以蔡州粮食皆尽,王命不通,遂率领军民弃蔡州南归。"⑤而在京城陷落之时,号称能役使天兵神将杀退金人的骗子郭京"引所部神兵二千人至襄阳府(今湖北襄樊市),屯洞山寺,欲立宗室为帝。⑥"这可能是宋代最早南迁的中原人。

---

① 李心传:《建炎以来系年要录》卷八,台湾文海出版社,1980 年。
② 徐梦莘:《三朝北盟会编》卷一一二,上海古籍出版社,1987 年。
③ 脱脱:《宋史》卷一七八,中华书局,1977 年。
④ 徐梦莘:《三朝北盟会编》卷一三二,上海古籍出版社,1987 年。
⑤ 徐梦莘:《三朝北盟会编》卷一三七,上海古籍出版社,1987 年。
⑥ 李心传:《建炎以来系年要录》卷四,台湾文海出版社,1980 年。

　　高宗南渡在许多百姓家谱中都有记载。如陈姓,"金人灭亡北宋,中原百姓纷纷跟随宋高宗南迁,颍川(今河南许昌一带)陈寔的后裔陈魁等率众迁入福建宁化、上杭,这是陈姓第三次迁闽。如今,陈姓已是福建著姓、素有'陈、林、蔡,福建占一半'的谚语。"①中原地区的程姓则迁入了江淮地区。伊洛二程的子孙随宋室南迁,程颢的长子程端懿落户吴门(今江苏吴县),程颐的长子程端中殉难于六安(今属安徽),次子程端辅迁金城(今江苏句容),三子程端彦迁池州(今安徽贵池)。南宋绍兴年间,洛阳人程佑之流寓桂林,死后葬于当地,子孙遂卜居于此。与此同时,应天府宁陵(今属河南)人程迥则带领全家迁往绍兴余姚(今属浙江),开浙东程氏一派。②又如高姓,据光绪年间编修的《维扬裕民洲高氏族谱》记载,江苏扬州的高姓出自北宋初年名将高怀德之后。这一支高姓在北宋末年由汴州迁往高家堰(今江苏淮北境内),其后裔又有迁往南京、扬州者。再如袁姓。据光绪年间修的《暨阳(今浙江诸暨)浣东袁氏宗谱》,袁氏先祖世居汝南汝阳(今属河南),宋室南渡时护驾南迁,由宁波徙居杭州葛岭下,继迁暨阳西隅北门丫路。四世孙俦,南宋绍定年间由暨阳西赘居浣东,为始祖。应姓故居相州(今河南安阳),中兴南渡,散处于信(今江西上饶)、于婺(今浙江金华)、于台(今浙江临海)、于绍兴(今属浙江),君绍兴余姚人也。③又如叶氏世居光州固始(今属河南),其祖先有叶炎会者,随宋南迁,卜家仙游(今属福建)之古瀬。宛丘(今河南淮阳)人王速在建炎年间被金人掳往幽燕,后来逃归。"绍兴八年(1138),中原戍兵有自拔而南者,公与之俱,遂达行在所。"④洛阳陈与义是南宋初年的著名诗人,"金人入汴,高宗南迁,遂避乱襄、汉,转湖、湘,逾岭峤(即五岭)。"⑤河南人朱敦儒,靖康中被召至京师,朝廷欲授以学官,他辞而不就。高宗即位,欲授以官,又辞,"避乱客南雄州(今广东南雄)。"⑥相州人韩肖胄,"与其弟鹰胄寓居于越(今浙江绍兴)几十年。"⑦类似的例子甚多。鉴于北宋的士大夫

①　王大良主编:《中国大姓寻根与取名》,大象出版社,1999年,72页。
②　王大良主编:《中国大姓寻根与取名》,大象出版社,1999年,18页。
③　袁燮:《絜斋集》,丛书集成初编本。
④　楼钥:《攻媿集》卷九十,丛书集成初编本。
⑤　脱脱:《宋史》卷四四五,中华书局,1977年。
⑥　脱脱:《宋史》卷四四五,中华书局,1977年。
⑦　脱脱:《宋史》卷三七九,中华书局,1977年。

也多迁往江南,理学家朱熹就说:"靖康之乱,中原涂炭,衣冠人物,萃于东南。"①
在东南的许多城市里,都有中原人的踪迹,有些城市中原人甚至超过了当地土
著。如"临安移民的76%来自今河南,其中绝大多数又来自开封,并往往是在南
宋初年随高宗迁入的。"②建康府(今江苏南京)一度是高宗驻跸之地,兵燹之后,
遗民无几,北方流徙之民,往往聚居于此。"在宋建炎中,绝城境为墟,来居者多
汴、洛力能远迁巨族士家。"③与扬州隔江相望的镇江,"中原士大夫又多侨寓于
此。"④秀州(今浙江嘉兴)、池州、湖州、温州、台州等地均有来自中原的移民。

　　其实,不光是东南,就是在岭南也有许多中原移民。

　　建炎三年(1129)六月,驻跸扬州的宋高宗因金兵追袭,战事紧急,他让隆祐
太后率领宗室如江表,百司庶府与军旅无关之人可以先行,"官吏家属南去者,
有司毋禁。"⑤隆祐太后在一支卫队扈从下,于八月份抵达洪州(今江西南昌),只
隔了两个月,金军便跟踪而至,隆祐太后只得仓皇出逃,先至太和(今属安徽),
后至虔州(今江西赣州),于建炎四年(1130)八月来到临安(今浙江杭州),一路
上狼狈万状,历尽艰辛。一部分官员跟随隆祐太后到了临安,但大多数下层士兵
无缘到达临安,又无法北还,眼看金军将至,不得不南渡大庾岭,寻找安身立命之
地。《建炎以来系年要录》有一段记载说:

　　　　"直徽猷阁知静江府许中降职一等。时中原士大夫避难者多在岭南,
　　上数诏有司给其廪禄。中言:本路诸州赋入微薄,请禁寄居官毋得居沿边十
　　三郡,见寓止者皆徙之,仍毋给其禄。上恶之,乃有是命。⑥"

　　这里所说的"中原士大夫避难者多在岭南",但士大夫只是避难人群中的一
小部分,占比例最大的乃是平民百姓。文中所说的本路,是指广东南路,约略相
当于今广东省。当时南下岭南的难民,主要是从江西虔州渡大庾岭,不走荆湖南

①　朱熹:《晦庵文集》卷八三,四库全书本。
②　葛剑雄等:《中国移民史》卷四,福建人民出版社,1997年,280页。
③　《至大金陵新志》卷八,四库全书本。
④　《至顺镇江志》卷一九,四库全书本。
⑤　脱脱:《宋史》卷二五,中华书局,1977年。
⑥　李心传:《建炎以来系年要录》卷六三,台湾文海出版社,1980年。

路入桂林一带。因为渡岭的士民为数众多,他们从中原一路长途跋涉,餐风宿露,颠沛流离,困顿已极,渡岭以后,觉得这里比较安全,便暂时栖止于岭下的南雄,不再继续前进。因为人数众多,当地的政府官员许中认为吃住负担太大,将流寓者统统赶走,造成了社会动荡,高宗甚为不满,才降了他的官职。后来渡岭来南雄避难的百姓越来越多,生存的空间越来越小,其中的一部分人不得不再次向南迁移,于是如今广东省的许多地方便有了许多客家人。开封有一条街道,名叫珠玑巷,建炎南渡时,开封的士庶逃往南雄,将其聚居的街道取名为珠玑巷。后来这里一部分人又南下广州,又把珠玑巷的地名带到了广州。明代学者屈大均在其所著的《广东新语·珠玑巷》中说:

> "吾广故家望族,其先多从南雄珠玑巷而来。盖祥符(开封)有珠玑巷,宋南渡时,诸朝臣从驾入岭,至止南雄,不忘枌榆所自,亦号其地为珠玑巷,如汉之新丰,以志故乡之思也。"

在封建社会中,落叶归根、狐死首丘的观念是根深蒂固的,不管迁徙到何处,都忘不了生于斯长于斯的故乡。符祥县有没有珠玑巷这一地名还待考证,即使有,区区一条街道,也不可能有那么多人迁往江南,由此可见,南迁的中原人是把珠玑巷当做故乡的象征了。除了南雄、广州外,相当于今广西壮族自治区的广南西路少数民族居住的沿边 13 个州,也有了北方移民。

北宋灭亡后,金人扶植刘豫傀儡政权,一批不甘当亡国奴的士民继续南下,如邓州(今属河南)知州谭充率众奔入川中,知虢州(今河南灵宝)邵兴在卢氏抗金失败,率众退入兴元(今陕西汉中),后来便卜居在那里。一些反金义军败于金兵与伪齐联军,纷纷向南方撤退,如义军将领董先率军民 7000 余人从虢州退往襄阳。绍兴初年,宋金双方力量对比发生了变化,由宋弱金强变为势均力敌,不愿生活在异族统治下的中原百姓再次南迁,如原属于刘豫的将领、东京留守郭仲荀带领 5700 人先往镇江,高宗"召仲荀赴行在,仲荀因与刘豫之众五千七百余人南归。"①岳飞在开封朱仙镇被迫班师回朝时,百姓"从而南者如市。"②守卫白马山的宋知河南府李兴,"统率军民几万人南归",③到了鄂州(今湖北武昌)。绍兴十一年(1141)十一月,宋金第二次绍兴和议签订,双方止兵息戈,以淮水中流为国界,割唐(今河南唐河)、邓(今河南邓州)两州属金,"今后上国(指金国)逋亡之人无敢容隐,寸土匹夫无敢侵掠,其或叛亡之人入上国之境者,不得进兵袭逐,但移文收捕。"④从此以后,两国相对安定,中原人口大规模南迁的现象减少了。

三、中原文化对江南文化的影响

建炎南渡,大批中原士人迁往江南,不能不对江南的经济、文化产生重大影响。宋高宗定都临安,中原士民卜居于此者甚众,临安一下子变成了人烟稠密、户口浩繁之地,"城内外不下数十万户,百十万口,"⑤临安的移民主要来自北方,中原文化也很自然地传播到了江南。

有许多节日习俗是从汴京传往临安的。如立春。《东京梦华录》记载:"立春前一日,开封府进春牛入禁中鞭春。开封、祥符两县置春牛于府前。"⑥《梦粱录》也说:"临安府进春牛于禁庭。立春前一日,以镇鼓锣吹伎乐迎春牛,往府衙前迎春馆内,至日侵晨,郡守率僚佐以彩杖鞭春,如方州仪。"⑦可见临安因袭了汴京立春鞭牛的风俗。正月十五日为元宵节,北宋时在汴京大内前面对着宣德楼搭盖山棚,山棚装饰得色彩斑斓,上绘群仙故事,并摆设灯烛万盏,宛若游龙。徽宗亲上楼观灯,表示与民同乐。杭州亦有此俗。这日街道两旁灯烛辉煌,游人比肩继踵,"宫漏既深,始宣放烟火百余架,于是乐声四起,烛影纵横,而驾始还矣。大率效宣和盛际,愈加精妙。"⑧清明节前三日为寒食节,汴京百姓多"用面

① 李心传:《建炎以来系年要录》卷一三二,台湾文海出版社,1980 年。
② 脱脱:《宋史》卷三六五,中华书局,1977 年。
③ 徐梦莘:《三朝北盟会编》卷二六零,上海古籍出版社,1987 年。
④ 李心传:《建炎以来系年要录》卷一四二,台湾文海出版社,1980 年。
⑤ 吴自牧:《梦粱录》卷十六,中国商业出版社,1982 年。
⑥ 孟元老:《东京梦华录》卷六,中国商业出版社,1982 年。
⑦ 吴自牧:《梦粱录》卷一,中国商业出版社,1982 年。周密:《武林旧事》卷一,中国商业出版社,1982 年。
⑧ 周密:《武林旧事》卷二,中国商业出版社,1982 年。

造枣锢飞燕,柳条串之,插于门楣,谓之'子推燕'。"①南宋时杭州也加以仿效:
"大家(指富贵之家)则加枣于柳上,然多取之湖堤。"②清明节杭州城内还有玩
龙舟的习俗,乃是效法北宋时汴京金明池玩龙舟:"此日又有龙舟可观,都人不
论贫富,倾城而出,笙歌鼎沸,虽东京金明池未必如此之佳。"③杭州端午节,"如
春日禁中排当,例用朔日,谓之'端一'。或传旧京亦然"。④ 七月七日为七夕节,
杭州的妇人女子,在这天晚上对月穿针,饮酒作乐,称作乞巧。"小儿女多衣荷
叶半臂,手持荷叶,效颦摩睺罗(泥捏的小人)。大抵皆中原旧俗也。"⑤ 吴自牧
《梦粱录》则说:"市井儿童,手执新荷叶,效摩睺罗之状。此东都流传,至今不
改,不知出何人所记也。"⑥八月十五日为中秋节,节前汴京诸店皆卖新酒,市人
争饮,"中秋夜,贵家结饰台榭,民间争占酒楼玩月……闾里儿童,连宵嬉戏,夜
市骈阗,至于通晓"。⑦ 杭州也是如此。八月十五这天,王孙公子,富家巨室,莫
不登楼玩月,或酌酒高歌,以卜竟夕之欢。即使贫窭之人,也要当衣买酒,不肯虚
度。"玩月游人,婆娑于市,至晓不绝。"⑧ 九月九日为重阳节,"九月重阳,都下
(汴京)赏菊"⑨。此风也传到了杭州,"禁中与贵家皆此日赏菊,士庶之家,亦市
一二株玩赏"⑩。进入腊月直至新春,杭州更是沿袭了汴京的习俗。如腊月八
日,无论是汴京或杭州,诸大寺均作浴佛会,并送七宝五味粥与门徒,谓之腊八
粥;腊月二十四日夜于床底点灯,谓之"照虚耗";此月不论节序,富贵之家遇雪
即开筵、塑雪狮、装雪灯以会亲旧;春节前夕市井皆印卖门神、钟馗、桃板、桃符;
进入腊月便有贫苦之人三数人为一伙,装妇人鬼神,敲锣击鼓,挨门讨钱,俗呼为
"打夜胡";教坊使率伶人装扮成将军、钟馗、判官、土地、灶神之类共千余人,把
邪祟驱逐至宫外某地,谓之埋祟;除夕之夜士庶之家围炉团坐,达旦不寐,谓之守
岁等。汴京、杭州两地相距千里之遥,节日习俗竟是一脉相承,何其相似乃尔!

---

① 孟元老:《东京梦华录》卷七,中国商业出版社,1982 年。
② 周密:《武林旧事》卷三,中国商业出版社,1982 年。
③ 吴自牧:《梦粱录》卷二,中国商业出版社,1982 年。
④ 周密:《武林旧事》卷三,中国商业出版社,1982 年。
⑤ 吴自牧:《梦粱录》卷三,中国商业出版社,1982 年。
⑥ 吴自牧:《梦粱录》卷四,中国商业出版社,1982 年。
⑦ 孟元老:《东京梦华录》卷八,中国商业出版社,1982 年。
⑧ 吴自牧:《梦粱录》卷四,中国商业出版社,1982 年。
⑨ 孟元老:《东京梦华录》卷八,中国商业出版社,1982 年。
⑩ 吴自牧:《梦粱录》卷五,中国商业出版社,1982 年。

　　在饮食方面,杭州也多有仿效汴京之处。从中原南下的部分百姓因无田可耕,便经营饮食业糊口,加上不需要大规模投资,故从事餐饮业者甚多。如宋高宗有一次游西湖,"时有卖羹人宋五嫂对御自称:东京人氏,随驾到此。'太上(高宗)特宣上船起居,念其年老,赐金钱十文、银钱一百文、绢十匹,仍令后苑供应泛索"①。杭州城内凡是贩卖百货、饮食的商人,多是挑担或用推车,装食物、百货的器皿新洁精巧,以炫人耳目。此举"盖效学汴京气象,及因高宗南渡后,常宣唤买市,所以不敢苟简,食味亦不敢草率也"②。酒肆陈设也是从汴京学来:"如酒肆门首,排设权子及栀子灯等,盖因五代时高祖(指郭威)游幸汴京,茶楼酒肆俱如此装饰,故至今店家仿效成俗也。"③为招徕顾客,在茶坊中张挂名人书画,也是杭州的商贾从汴京学来的:"汴京熟食店,张挂名画,所以引观者,留连食客。今杭州茶肆亦如之,插四时花,挂名人画,装点门面。"④杭州的"都城食店,多是旧京师人开张,如羊饭店兼卖酒"⑤。早在北宋时期,因江南来京师的人吃不惯北方食物,汴京就开有南食面店、川饭分茶。"南渡以来,凡二百余年,则水土既惯,饮食混淆,无南北之分矣。"⑥南迁既久,吃面食的习惯南北方都一样了。猪胰胡饼是汴京特产,南宋初年传入杭州:"猪胰胡饼,自中兴以来只东脏三家一份,每夜在太平坊街口,近来又或有效之者。"⑦即使集市上的叫卖声,也是从汴京学来的:"今街市与宅院,往往效京师叫卖声,以市井诸色歌叫卖物之声,采合宫商成其词也。"⑧以上所说只限于面食、茶肆、酒肆几方面,其他如"饮屠苏、百事吉、胶牙饧、烧术卖懵等事,率多东都之遗风焉"⑨。

　　汴京的说唱艺术也传到了江南。如瓦舍是野合易散之地,"在京师时,甚为士庶放荡不羁之所,亦为子弟流连破坏之地"⑩。后来杭州也有了瓦舍。自高宗驻跸杭州后,殿帅杨存中所率士兵"多是西北人,是以城内外创立瓦舍,招召妓

①　周密:《武林旧事》卷七,中国商业出版社,1982年。
②　吴自牧:《梦粱录》卷十八,中国商业出版社,1982年。
③　吴自牧:《梦粱录》卷十六,中国商业出版社,1982年。
④　吴自牧:《梦粱录》卷十八,中国商业出版社,1982年。
⑤　吴自牧:《梦粱录》卷十六,中国商业出版社,1982年。
⑥　吴自牧:《梦粱录》卷十六,中国商业出版社,1982年。
⑦　耐得翁:《都城纪胜》食店,中国商业出版社,1982年。
⑧　吴自牧:《梦粱录》卷二十,中国商业出版社,1982年。
⑨　周密:《武林旧事》卷三,中国商业出版社,1982年。
⑩　耐得翁:《都城纪胜》瓦舍众伎,中国商业出版社,1982年。

乐,以为军卒暇日娱戏之地。今贵家子弟郎君,因此游荡,破坏尤甚于汴都也"①。唱赚也是唱腔的一种。"唱赚在京师日,有缠令、缠达。有引子,尾声为'缠令';引子后只以两腔互迎,循环间用者,为'缠达'。中兴后,张五牛大夫因听动鼓板中,又有四片太平令,或赚鼓板,遂撰为赚。"②可知唱赚在汴京时较为单调,到杭州后又加了鼓板。杂扮又称杂旺、纽元子、技和,是杂剧的散段。"在京师时,村人罕得入城,遂撰此端,多是借装为山东、河北村人,以资笑。"③杭州以前没有影戏,建炎南渡后由汴京传入:"凡影戏乃京师人初以素纸雕簇,后用彩色装皮为之。"④说唱诸宫调,汴京有个叫孔三传的人,编成传奇灵怪,入曲说唱,"今杭州有女流熊保保及后辈女童皆效此,说唱亦精"。⑤ 明人郎瑛在《七修类稿》一书中说:"(杭州)城中语音好于他处,盖初皆汴人,扈送南渡,遂家焉,故至今与汴音颇相似。"杭州人说话也变成汴京口音了,可见中原方言影响之大。

　　金灭北宋,造成田园丘墟,生灵涂炭,这固然是坏事,但从另一方面说,中原士民大批南下,把中原文化传播到了江南,促进了南北方文化的交流和融合。

（作者为河南省社会科学院研究员）

---

① 吴自牧:《梦粱录》卷十九,中国商业出版社,1982 年。
② 耐得翁:《都城纪胜》瓦舍众伎,中国商业出版社,1982 年。
③ 耐得翁:《都城纪胜》瓦舍众伎,中国商业出版社,1982 年。
④ 耐得翁:《都城纪胜》瓦舍众伎,中国商业出版社,1982 年。
⑤ 吴自牧:《梦粱录》卷二十,中国商业出版社,1982 年。

元代侨居河南的哈剌鲁家族文化考述

王梅堂

　　哈剌鲁氏是元代所订色目人之一,且名列三十一种其首①。文献中又称为合鲁、合儿鲁、匣剌鲁、罕禄鲁、哈剌奴儿、柯耳鲁、葛逻禄、郭罗洛、果罗洛等不同的汉字名,但均是同音异译。葛逻禄人,本为西突厥之一部,曾与西迁到葱岭以西的一支回鹘人共建喀喇汉朝。成吉思汗即位元年(1211)哈喇鲁国主阿儿思兰汗杀死西辽少监,降附蒙古。成吉思汗以女妻之。哈喇鲁后随蒙古军来到中原。从《元史》中看,元朝设有合儿鲁军千户所②,哈喇鲁万户府③,哈喇鲁军④等名称。由此可知元代哈喇鲁人当兵的不少,且其中有不少哈喇鲁人移居河南。如大德元年(1297)十二月徙原襄阳屯田的哈喇鲁军于南阳,"户受田百五十亩,给种、田牛、田具。"⑤大德二年(1298)置司南阳⑥。他们在屯田开发中与汉人及其他民族和谐相处,以汉人为师友,注意学习当地习俗,特别是取用汉语姓名字号,使哈喇鲁人姓名文化呈现出多元化,有的以部族知名为姓,有的以父名中的一字或本名中的一字为姓,有的以母亲之姓为姓。姓源不一成为研究元代河南民俗文化之课题。本文拟通过有关移居河南的哈喇鲁人的部分资料,探索其家族文化的演变。因本人所阅资料有限,学识不足,错误难免,请诸家指教。

---

① 陶宗仪:《辍耕录》卷一氏族。
② 《元史》卷86《百官志二》,2177页。
③ 《元史》卷86《百官志二》,2177页。
④ 《元史》卷133《也罕的斤》,3266页。
⑤ 《元史》卷19《成宗2》,415页。
⑥ 《元史》卷86《百官志二》,2177页。

一、姓氏与名字之演变

西域诸国初无氏系,唯随其部族以为号。盖其族淳庞,其事简略,所以易行。"若吾浦君居中夏,声名文物之区者,三世衣被乎,书诗服行乎,礼义而氏名犹存乎。于是与荐绅先生谋因其自名而定以浦为姓,使世世子孙不敢有所改易。"① 又入元之初"勋宗德阀类皆不以氏称,其名讳又多复出,非假谱牒图籍。"② 上述所指,"不以氏称"亦是无姓之冠。时哈喇鲁人的名字多半是突厥或蒙古名称,移居河南经与民杂居,姓名发生变化,这在《元史》人物传及文集中可得到证实,如:

《元史》卷122《铁迈赤》中载:"铁迈赤,合鲁氏,从行省铁木答儿定河南,子虎都铁木禄最显,好读书,与学士大夫游,字之曰汉卿,其母姓刘氏,故人又称之曰刘汉卿。至元二十八年,众荐汉卿,遣使即南阳家居驿致武昌……子塔海,天历元年冬十月,宣授金书枢院事。未几西军犯南阳,督诸卫兵往平之。"这里虽仅指出虎都铁木禄以母姓刘氏,称"刘汉卿"。其子仍以"塔海"名,这说明其家姓名开始了多元化,体现文化相互之影响。

《元史》卷132《沙全》载:"沙全,哈剌鲁氏,父沙的,世居沙漠,从太祖平金,戍河南柳泉,家焉。全初名抄儿赤。宋人以其父名沙的,使以沙为姓,而名曰全。……至元二十二年,召见,迁隆兴万户府达鲁花赤,得请,复旧名抄儿赤。"这里指宋人即汉人为他设姓命名,可见不是他因俗而改,故当元朝一统,又受召见改旧名,从中了解到姓名的政治性与民族情结。

《元史》卷190《伯颜》载:"伯颜一名师圣,字宗道,哈喇鲁氏,世居开州濮阳县。早丧父,其兄曲出,买经传等书以资之,日夜诵不辍。受业宋进士建安黄坦,坦曰:'此子颖悟过人,非诸生可比。'因命以颜为氏,且名而字之焉。"又元末文人潘迪所撰《伯颜宗道传》中详述:"侯名伯颜、字宗道,北地人也,其部族为曷剌鲁氏。分赐刍牧地为编民,遂家濮阳县南之月城村。时北人初至,犹射猎为俗,后渐知耕垦播殖如华人。侯父早丧,诸子皆华衣锦帽,纵鹰犬驰逐为乐,惟侯谦

---

① 《西域浦氏定姓碑文》,《宋学士文集》卷17。
② 贡师泰:《中山世家序》,《全元文》卷1398,179页。

恭卑逊,举止如儒素,恒执书册以游乡校。又数年,诸史百家之言无不遍观。所居有小斋曰"友古",学者云集村落,寄寓皆满,其后来者日众,则各为小房,环所居百余间,檐角相触,骈集如市,且广其斋曰"四勿",因自号曰:愚庵。于是颜先生之名,溢于河朔,虽田夫市人亦皆知之。……东昌沙刘二者,帅众来攻,先宣言曰:颜先生河北名儒,慎勿伤也。垒破,妻、子皆被执。与妻怯烈氏,子鼢儿皆遇害,同死者,宗族三十余口。"①此虽不能证实伯颜之兄曲出及其他兄弟之姓名变化,而伯颜以"颜"为姓始于其师黄坦,且后被世人皆知。因宗族三十余人与其家同死,其后裔仅有出嫁于唐兀崇喜之子理安的一女。②

《元史》卷132《哈刺䚟》载:"哈刺䚟,哈鲁氏,初从军攻襄樊,蒙古四万户府辟为水军镇抚。至元十五年,秋八月入觐,帝问曰:'汝何氏族?'对曰:'臣哈鲁人。'……大德十一年,以疾卒于汝州。皇庆元年,赠巩国公,谥武惠。子哈喇不花。"元文人危素撰《巩国公谥武惠合鲁公家传》,传中述:"合刺䚟公系出合鲁氏,父始名八合。我师伐金,大战三峰山,射中金恒山公武仙,睿宗时督战见而奇之,改赐奥栾拔都。其后因家汝州,赠汝南郡侯。子八人,公其长也。公在军中,卧不脱介胄。诘奸禁暴,民赖以安。内则惠养百姓,训齐诸军;外则怀柔岛夷,招降海寇。至元二十二年,世祖赐名哈刺䚟拔都。公以老病,乞还汝以便医药。大德十一年二月卒。公之遗爱及民,故浙水东山谷间多立庙以祀。太史氏曰:予过鄞,巩公孙沿海万户安坦出《战扬子桥图》相示。一时之意气,何其雄勇哉!然观公尝解《贞观政要》以进,则知公所以事其君,岂止匹夫之勇而已哉?"③哈刺䚟家族之姓名,因元廷先后赐名故均表现为蒙古文化之俗,拔都,英雄也。

迺贤,《新元史·表》中称:"合鲁氏,自南阳徙居浙东,仅列其兄塔海,字仲良,官宣慰使,迺贤字易之。"而其家族中哪辈先人始到南阳不详。

迺贤(1309～1368),字易之,号河朔外史,紫云山人,西域葛逻禄氏,汉姓马,以字行,文人称马易之,又称为葛逻禄易之,郭啰洛氏纳新易之④(郭啰洛亦葛逻禄,纳新亦迺贤,是清代四库全书之异译。)"葛逻禄氏马君易之。"⑤

① 《述善集》附《伯颜宗道传》,226 页。
② 《大元……唐兀公碑铭并序》,《述善集》,137 页。
③ 《全元文》卷 1476,378 页。
④ 欧阳玄序、黄谱:《全台集题辞》,《金台集》卷一。
⑤ 张以宁《马易之金台集序》,《翠屏集》卷 3。

　　迺贤在诗集《金台集》自称南阳人,如在《巢湖述怀·寄四明张子益》诗中云:"忆昔移家东海上,万斛龙骧跨鲸浪。……我家南阳天万里,十年不归似江水。秋来忽作故乡思……"①在《上京纪行·发大都》一诗中:"南阳有布衣,杖策遊帝乡。"②上述诗句说明其家已是屯田编民随哈喇鲁军由南阳迁到东海亦鄞县。到鄞县后,逐渐形成了汉文化圈,因而出现了对迺贤称谓繁多,从不同的称谓中探索到其姓名演变之规律。

　　迺贤有一子名安童,有七律诗《三月十日得小儿安童书》③。明洪武六年明州(即庆元)进士郑真到南京,"入吏部,见马易之子"④。洪武十七年郑真离家上任前,"至望春桥,见马鼎,携其迺父易之"《铙歌集》而行。壁上危太仆、张仲举二元老诗,揭以为赠,可知迺贤有子名马鼎。⑤ 此说明迺贤之后"马"姓已定。关于马姓之内涵,有二说:一是哈喇鲁之义为骏马,故译为"马"姓;二是哈喇鲁人信仰伊斯兰教,其教徒以先圣马合穆特名中首字马为姓,以示仰慕崇拜之意。

　　又具迺贤所撰《益清堂》诗序中述:"闽海宪使哈喇和木公归休嵩山之下,凿池引流,列植卉木,扁其燕处之堂曰爱莲。公没,堂池遂废。其孙国子生张闾伯高,谦恭好学,思继先志,迺复增缉而新之。国子先生陈伯敷易其名曰益清。伯高谓予曰:'与君世寓南阳,且支裔联属,不可无作。'因赋律诗十有四韵以复其命云:

　　嵩岳云峰近,高居水竹幽,筑堂依别墅,甃石带芳沟。翠荇含风弱,红蕖著雨柔。菱歌花外发,蘭桨月中游。卷幄红云乱,开尊碧露浮。使君曾弭节,持斧照南州。绿野池台莫,平泉草树秋。吾宗多秀发,公子独清修。屡接何蕃武,长怀贾谊忧。拾萤供夜读,走马散春愁。朋友频相过,琴觞每倡酬。籍通青琐贵,文擅胄闱优。归思劳清梦,高情忆故丘,卜邻端有约,岁晚共绸缪。"⑥此序及诗确切介绍了迺贤与张闾的关系,张闾之祖父"哈喇和木公归休嵩山"建爱莲堂,张闾思继先志,增缉而新之,且由国子先生陈伯敷易其名曰益清。伯高和迺贤"世

---

　　① 《金台集》卷一。
　　② 《金台集》卷一。
　　③ 《金台集》卷一。
　　④ 《记借录》,《荥阳外史集》卷97。
　　⑤ 《上任录》,《荥阳外史集》卷100;陈高华:《元代诗人迺贤生平事迹考》,《文史》二十二辑。
　　⑥ 《金台集》卷一。

寓南阳且支裔联属。"当为兄弟同辈,故在诗中称:"吾宗多秀发",这不仅说明其家族始居南阳,且人才涌现多,而散居四方。但愿实现"归思劳清梦,高情忆故丘,卜邻端有约,岁晚共绸缪"在河南相聚,显现出不忘南阳之情结。此张间之名应是民语音译,并非是汉字张姓。

综合上述"铁迈赤"家族之刘姓,且有字"汉卿","沙全"以父名沙之之沙为姓,名全,后又复旧名抄儿赤。伯颜以颜为姓,此颜字并不是以名中颜而取,而是以先哲颜渊之颜。哈剌之家族之名曾两代先后赐名奥栾拔都、哈剌·拔都。还汝,而浙水东山谷间多立庙以祀。迺贤姓名称谓繁多,而子以马为姓称马鼎,而另支裔张间字伯高,仅几家族可以窥探元代哈喇鲁人姓名之演变与文化交流中的民族之情结与政治性,形成多民族友人文化圈对中华一体多元文化发展之贡献。同时从上述姓名去探索元代姓名称谓的演变规律,认识到在多元文化社会中产生新的内容,丰富了姓氏文化,为河南地区民俗文化增添光彩。

二、伯颜与迺贤对文化的贡献

哈喇鲁部族,善骑射、武勇善战,为蒙元建国立下战功,入仕为官者多,移居中原,与汉民杂居,自然与汉地士大夫接触机会日多,耳濡目染汉人生活习俗,自不免开放其心胸,拓展其目光,文化上善顺人意,具有包容性与适应性,出现了好读儒书,喜与汉儒相交游的文人学士,其中史学大儒伯颜、诗人迺贤为汉人文人所赞颂。

据元末文人潘迪撰《伯颜宗道传》①述:伯颜其先祖早在宪宗之已未(1235年),就从蒙古军征宋,宋平,隶山东河北蒙古军籍,分赐刍牧地为编民,遂家濮阳县南之月城村。其家始改"射猎之俗,渐知耕垦播殖如华人。"此说明由草原文化向中原农业文化过度。期间,"诸子皆华衣锦帽,纵鹰犬驰逐以为乐,惟侯谦恭卑逊,举止如儒素恒执书册以游乡校。"真实地描写了当时家族成员在蒙古草原文化、西域民族文化与中原传统文化并存中的不同态度。伯颜在从尚武到崇文中采取积极对待汉文化,在其母亲支持下从学儒士黄履道。其师见他颖悟,欲教以诗赋,为禄仕计。侯雅不乐,无寒暑尽夜诵习不辍。诸史百家之言无不遍

---

① 《述善集》附《伯颜宗道传》,226 页。

观,而后为学专事讲解,务真知力践,不屑事举子词章,而必期措诸实用。这种观念正是元代儒学大师提倡的"理学"。

据清代光绪间《开州志》载:颜宗道书院,是北地哈喇鲁氏伯颜宗道创建的。以人名命书院说明其在教育上的影响。但《元史》伯颜传与潘迪所撰《伯颜宗道传》中均无记《书院》之名。不过潘迪对伯颜讲学及其门生倒有详述:亦"讲授之际,令弟子执书册,侯端坐剖析浪然,其傍引子史与其注文,皆哩识无遗,由是人大服之。所居有小斋曰'友古',学者云集村落,环所居百余间,檐角相触,骈集如市。且广其斋曰"四勿"。因自号曰'愚庵'。择隙地为祠堂以祀其先,弟子则春秋释奠先圣先师。其师黄履道之像设而事之。"①此述佐证却有书院,但设所祀其师之像并给予供奉在元代书院中少有,更说明哈喇鲁人更尊师,冲破儒学只供奉先哲之准则。

《伯颜宗道传》中还记有:"父母丧事,悉如礼制,浮屠葬师皆不用。"但其父早丧,伯颜时小,其母何时卒,不详,故笔者认为所谓礼制应是民族之习俗。伯颜曾以翰林待制之名,参与修《金史》,既毕,以疾辞归。后处在战乱之中,结其乡民、门生为什伍以自保。在彰德门生乡里从者数百家,他提出"筑营垒,团集固守",上可以为国御寇,下可以自固保家。忠义两得。遂筑垒彰南,远近闻之,归者殆将万人。但最终被俘而死,妻怗烈氏、子鼢儿皆遇害,同死者宗族三十余口。元廷制赠太常礼仪院同金,追封范阳郡伯,谥文节。

伯颜是哈喇鲁氏的史学家、教育家,是河朔名儒。近年出版的《全元文》第四十八册中收录了伯颜的《濮阳县尹刘公德政碑》、《龙祠乡社义约赞》、《节妇序》。

迺贤被元代著名学者危素称为哈喇鲁氏第一诗人。危素在《金台集》序中述:"易之《金台前稿》余既序之矣。及再至京师,又得《后稿》一卷,为之论曰:昔在成周之世,采诗以观民风。其大小之国,千又八百,西方之国,豳得七篇,秦得十篇而止。夫以雍州之域实在王畿,自豳秦而西未见有诗,岂其风气未开,习俗不能以相通也与?易之,郭罗洛氏也。彼其国在北庭西北,金山之西,去中国甚远。太祖皇帝取天下,其名王与回纥最先来附,至今百有余年。其人之散居四方

____
① 《述善集》附《伯颜宗道传》,226 页。

者往往诗书而工文章。易之伯氏既登进士第,易之乃泊然无意于仕进,退藏句章山水之间。其所为诗清丽而粹密,学士大夫多传诵之。然则郭罗洛氏之能诗者自易之始,此足以见我朝文化之洽,无远弗至,虽成周之盛,未之有也。昔余客鄞,为文送易之北来,以为祖宗取天下,丰功大业,宜制乐歌荐诸郊庙,易之之才足以为之,圣君贤相制礼作乐,岂终舍吾易之者哉?"①史官程文在跋中说:"《金台集》若干首,读之弥月不厌古人云:用功深者其收名也。远讵不信乎? 易之,郭罗洛人,在中国西北数千万里之外,而能被服周公、仲尼之道。家故有阀阅功劳,可借以取富贵,而弃不就爵,然一寒生专以诗名世,亦奇伟不群之士哉!"②学者杨彝说:"易之自幼笃学为诗,既长,访古河朔,历览山川,以达其趣。韩与玉能书,王子充为古文,易之与二人偕来江南,京师因目为'江南三绝'。而易之所为诗,尤传诵士大夫间。……及观承旨欧阳公(玄),祭酒李公(好文),侍讲黄公(溍),故侍书虞公(集),侍讲揭公(溪斯)所为序引,深详远论,惟恐不传也。……且诗自汉魏而下,至唐为盛,而其间,独推杜甫氏,以为不失风人之旨,然其时先后,若陈子昂、高适、韦应物、刘禹锡辈,亦各名家,盖诗由人情生也,情非有古今者,特有至有不至尔。是故越人之曲,《敕勒》之歌,其托兴写物,非素工于词者,而操瓠之士,有不逮也。何则? 情之所至,而语至焉。则不求工而自工也。故余谓易之之诗,如《颖州老翁》、《西曹郎》、《巢湖》、《新乡媪》、《新隄》等抚事感怀,若不经意,而尽所欲言。有得于风人之旨者,当不谢于古人,况其所工者復不下是,兹固可信其必传也。虽然,易之年未五十,平生故人多列官於朝,而当急贤之时,其能久于穷乎? 韩子云:天将和其声以鸣。国家之盛者,意其有在于是,则嗣而刻之。"③监察御史贡师泰之序称:"易之,郭罗洛氏。少居江南,长游齐鲁、燕赵之间,以客于京师。博学善歌诗,其词清润纤华,每出一篇,则士大夫辄传诵之。……近作一编来谒曰:仆于世甚拙,知焉不能出奇于时,钩连强近,以有禄爵;力焉不能操弓挟矢,驰骤风雨,以自效于时;又不能占逐利,如鹰鹯鸷鸟之发也。此心泊然无它好,其有好而得之者,尽在是矣。太史危君尝为仆序前所录稿,吾子幸更序之。予闻郭罗洛氏在西北金山之西,与回纥壤相接,俗相类。其

---

① 《金台集》后跋。
② 《金台集》后跋。
③ 《金台集》后跋。

人便捷善射,又能相时居货,谋取富贵。易之世出其族,而心之所好独异焉,宜乎见于诗者亦卓乎有以异于人也。"①写序者还有文人张以宁、李好文、黄溍、揭溪斯共计八人,可见《金台集》得到汉族学者之赞,从这些序文能探索到遁贤思想观念之演变,文化之提升。又据刘仁本的《送陆德阳摄东湖书院序》、《东湖书院先进祠堂记》载,南阳马君易之曾主持书院事,述:"自书院之创,多历年所,而先进有祠,始于南阳君。"②至正二十八年(1368)卒于军中。

另在《益清堂》中述:祖辈哈喇和木公归休嵩山建爱莲堂,而同辈人张间伯高思继先志,增缉而新之,易名曰益清。遁贤赞其家族"吾宗多秀发"说明其家族在从"尚武到崇文"的演变过程中人才辈出,是多方面的,且散居四方,但仍以南阳为籍。表不忘南阳之情结。

三、结束语

1. 哈喇鲁移居河南,以上数家之姓氏名字之演变,具有鲜明的民族性特点,显现出元代河南姓氏文化多元而形成多元民族在社会生活习俗变革中和谐相处,互相适应与包容,促进了社会之发展。

2. 从史学家教育家伯颜和诗人遁贤,他们两个都各自形成了以汉人为主的友人文化圈。文化圈内有不同民族,他们没有民族偏见,只有互相学习对中华文明的研讨。伯颜、遁贤都在"书院"出任要职,均按儒家尊师设祠堂祭祀先圣先师,说明二人是哈喇鲁氏崇文之代表,是周公、仲尼之道的宣传者、执行者。

3. 伯颜将"奉修之奉,余则分之族人,吉凶寡乏皆有数焉。"带门生乡里筑垒团集固守,上可以为国御寇,下可以自固保家,忠义两得。后被俘而遇害。遁贤写诗描述百姓疾苦,呼吁官员为百姓作善事等,同样在保"元"大战中而死。他们的行为都是儒家忠君爱民思想之体现。

(作者为国家图书馆副研究员)

---

① 《金台集》序卷首。
② 《全元文》卷 1839、1841, 318、361 页。

明清时期河南移民分析

霍宪章

关于河南移民问题,许多学者专家都有深入研究,取得丰硕成果。笔者长期从事地方志的编纂,在审阅志稿时,发现许多志书都有这方面的记载,引起对这个问题的兴趣,仅依据志书记载,发表一点浅见。

一、明清时期人口呈曲线波动

历史上人口的增减总是和政治、经济、战争、自然灾害、医疗条件、人口政策等因素关系甚密。由于封建社会的残酷剥削,天灾人祸,灾难重重,明清时期河南人口的繁衍极不稳定。据部分志书的记载:

明洪武年间(1368~1398),宜阳县有7856户,48566口;永乐十年(1412),7824户,54062口;成化十八年(1482),7852户,55062口;清乾隆四十四年(1779),39162户,184471口;同治三年(1864),33195户,146324口(人口减少原因:匪患);同治七年(1868),33431户,168027口;同治八年(1869),33445户,168081口;光绪七年(1881),33093户,166324口(增减原因:旱灾);光绪十五年(1889),34570户,161798人;光绪二十三年(1897),33723户,175665人;光绪二十九年,35582户,193473人。

明以前,叶县人口无考。明洪武二十四年(1391),全县有户2396,17463口。永乐十年(1412),有户2393,口20895。正德十六年(1521),有户4115,口32186。嘉靖十年(1531),有户4122,口39286。明末统计,叶县人口有14310丁,崇祯十三年(1640)后,天灾、兵燹,加上苛捐杂税逼迫,人丁死亡,流徙将尽,田地荒芜，"户口、田庐存者十仅一、二"。清初招徕外流人口，至顺治初年实得丁3013，康熙三十年（1691），实有5558丁。康熙五十年（1711），编审人丁11260，后又由于实行"新滋生人丁永不加赋"、"摊丁入亩"等政策，至乾隆六年（1741），共有20940丁，按丁人之比1比3.5计算，当时人口约有7.3万人。

明正统七年（1442），内黄县始有户口记载，全县共有2854户，14134人。里甲编制也由洪武初的18个里增加到天顺初的34个里，共辖村庄139个。崇祯末年，连年灾荒，战乱又起，人口死亡十之七八，到清顺治十四年（1657），人口仅至101820人。

唐开元年间，邓州居民43055户，165257人。宋崇宁年间，邓州居民114117户，297550人。明洪武二十四年（1391），邓州居民1266户，6363人；永乐十年（1412），881户，人口6053人；宣德七年（1432），938户，7686人；成化十八年（1482），3611户，34810人；正德七年（1512），3611户，34810人；嘉靖四十一年（1562），3594户，41911人。清顺治三年（1646），14248人；顺治十五年（1658），19385人；康熙三十年（1691），37408人；乾隆十一年（1746），46589人；乾隆二十年（1755），45247人；道光十六年（1836），46589人。

明洪武二十四年（1391），鲁山县有2476户，21369人。明永乐十年（1412），有2993户，29866人。明成化八年（1472）有3142户，31590人。明成化十八年（1482），有4112户，40886人。明弘治十五年（1502），有3712户，41840人。明嘉靖元年（1522），有4692户，48558人。清康熙三十三年（1694），有成年男子25000人。清乾隆三十六年（1771），有成年男子9100人，女27008人。民国元年（1912），有31759户，181031人。

明洪武二十四年，郏县有5115户，33974人。永乐十年（1412），有5455户，28215人。成化十八年（1482），有7491户，72810人。弘治十五年（1502），有8043，户，95089人。万历九年（1581），有94442人。崇祯元年（1628），有33650人。

清顺治元年（1644）有4100丁。康熙三十三年（1694），有20926人。乾隆元年（1736），有33334人。咸丰八年（1858），有21924户，85664人。光绪三十四年（1909），有25940户，158350人。

宝丰县境内户籍人口，有如下史料记载：明成化十八年（1482），5889户，

57380 人。弘治十五年（1502），6163 户，54640 人。清康熙二十四年（1686），16602 人。康熙二十五年（1687），19077 人。乾隆三年（1736），94035 人。乾隆八年（1741），15487 户，40853 人。嘉庆元年（1796），11618 户，50597 人。嘉庆十一年（1806），12753 户，56137 人。嘉庆二十一年（1816），33956 户，156847 人。道光六年（1826），33870 户，161107 人。道光十六年（1836），33892 户，161208 人。

南阳一向为人烟稠密之区，由于多次战乱，人口屡有减耗。金、元战争，使南阳人口耗减时间延续 200 余年，元皇庆元年（1312）南阳府只有 692 户，4893 人，占河南人口 0.58%，南阳人口濒于灭绝边缘。明朝初，招抚流民归业，境内人口有增。万历六年（1578）有 43608 户，388433 人。明末、清初户口稍减，以后则持续增长。清顺治十六年（1659），人口发展到 488025 人。康熙年间，推行"圣世滋丁，永不加赋"政策，使人口激增，至嘉庆二十五年（1820），境内有 477554 户，2316877 人，首次超过西汉接近东汉时的人口数量。

宋朝东京（今开封）人口不少于 150 万，约占全国的 3.21%，占河南的 47.57%。元惠宗至元元年（1335），汴梁大疫，人口又减，当时汴梁"入新宋门……弥望皆荒墟"，"新城内大抵皆虚，至有犁为田处"，"城外人物稀疏，城内亦凋残"。此时汴梁城人口约在五、六万人左右。明朝时期，开封人口有所增长。崇祯年间（1628～1644），开封城人口增加至 37 万余人，占全国人口的 0.56%，河南人口的 7.13%。明朝末年，爆发了农民大起义。崇祯十五年（1642），李自成率领农民起义军第三次攻打开封，百万农民义军围城六个月，明军做垂死挣扎。九月十五日夜，明军在开封城西北朱家寨和马家口两处扒开黄河大堤，一夜之间，城内一片汪洋，城中百姓十有八九被水淹死，残生者不足 3 万人。康熙三十年（1691），开封府人口达"六万五千四百七十八丁"，开封城内人口约为七、八万人。康熙五十年（1711），开封府人口又增至八万一千三百九十九丁，开封城内人口增至近 10 万人。

二、洪洞移民是河南人口的重要来源

（一）洪洞迁民的由来

元朝末年，由于频繁战乱及自然灾害，民不聊生，哀鸿遍野，造成中原地区

"白骨露于野,千里无鸡鸣"的惨景。王兴亚根据明成化年间的《河南总志》统计,洪武二十四年(1391),河南省所辖的七府十二州八十八县中,有十三个州县的户口数都在1000户以下。其中新蔡409户,2513人;考城县(今属兰考)432户,2682人;胙城县(今延津县)483户,3039人;宁陵县489户,4081人。

明朝建立后,采取迁民垦荒振兴农业的政策,在洪武、永乐年间的前后50年,疏散山西两府(平阳、太原)5州(汾、辽、蒲、潞、沁)51县之民,遣送至北京、河北、河南、山东、安徽、湖北、陕甘等广大地区。山西人口稠密,首推晋南,而洪洞地处交通要道,为晋南平阳一带人口稠密之县,作为迁民重点是很自然的。为此,明政府便在洪洞城北一公里处的广济寺设局驻员,集中移民,发放"凭照川资"。广济寺前的大槐树处成了移民荟萃、开发外迁集中之地,因此史称这次人口迁徙为"洪洞迁民"。

"问我祖先来何处,山西洪洞大槐树","祖先故居叫什么,大槐树下老鹳窝"。自明代以来数百年间,这些民谣在河南省城乡祖辈相传,妇幼皆知。还说,凡是从洪洞迁来之民,脚小趾甲有一裂缝,好像两个趾甲,时至今日仍有复形。又说被迁之民是背绑着押解迁出的,至今人们走路仍有背手习惯。

(二)洪洞迁民涉及的县市

这次洪洞迁民到底涉及今河南省哪些县呢? 王兴亚考证,有大名府所属的清丰、南乐、内黄、濮阳、长垣、浚县诸县;卫辉府的胙城、新乡、获嘉、汲县、淇县、辉县6县;怀庆府的河内、修武、武涉、济源、温县、孟县6县;开封府所属6州、36县以及南阳府、归德府所属州县。任崇岳根据家乘、地方志记载考证,洪洞迁民涉及河南103个县市,计有:郑州市区、荥阳、开封县、杞县、尉氏、新郑、登封、兰考、中牟、新密、巩义、新乡县、卫辉、封丘、获嘉、温县、博爱、济源、孟州、武陟、原阳、修武、沁阳、长垣、濮阳县、台前、范县、清丰、南乐、内黄、滑县、浚县、淇县、安阳县、汤阴、林州、商丘市睢阳区、永城、宁陵、虞城、民权、睢县、夏邑、柘城、延津、商水、扶沟、鄢陵、西华、太康、郸城、项城、许昌县、漯河市郾城区、舞阳、临颍、襄城、鲁山、叶县、宝丰、孟津、宜阳、伊川、新安、渑池、义马、灵宝、汝州、洛宁、长葛、陕县、郏县、罗山、商城、方城、汝阳、栾川、偃师、唐河、新野、邓州、淅川、南召、桐柏、镇平、西峡、新蔡、上蔡、固始、卢氏、嵩县、泌阳、正阳、确山、西平、潢川、息县、光山、鹿邑、沈丘、淮滨、辉县、汝阳等。

（三）洪洞迁民的影响

洪洞迁民弥补了当地人口的不足，促进了当地经济发展，这在志书中得到反映：

明洪武二十四年（1391），辉县2993户，15268口。永乐十年（1412），计6142户，38497口。21年中人口增长1.5倍，仅靠正常的人口繁衍不可能取得如此成就。人口激增的原因，主要是洪武二年（1369）至永乐十四年（1416），多次从山西洪洞等地往辉县移民所至。

鲁山县名门望族中，尹村之尹姓，原籍山西洪洞。明洪武年间，始祖伯通携家迁徙鲁山，于城西卜地建宅定居，称尹家村，今下汤、婆婆街、黑石头、鲁阳镇等地尹氏皆为伯通后裔。黄土岭张姓祖籍山西洪洞朝北镇，洪武年间，其始祖张兴携家迁汝州，逾2年又转徙鲁山，定居黄土岭阳沟村。今已发展到12代，共102户，443人，分居熊背、镶河、董周3个乡，67个行政村。杨孙庄杨姓祖籍山西洪洞。明洪武年间，迁济源苗店。明末清初，杨氏先祖春德携眷南下，流落鲁山县，今已传十二世，共1300余户，8000多人，分居张官营、肖营、白杜三、太平庄、安庄、小聂营、徐庄、孙庄、榆树湾、东三山、胡楼等地。马楼李姓祖籍山西洪洞，洪武年间迁移河南密县砦村。清初，其世祖李柱携家徙居鲁山县东南王家庄。今已繁衍90余户、370余人，分居王庄、南坡、老将庄、马庄等地。

明洪武三年（1370）至崇祯年间，先后由山西洪洞县大槐树向镇平县境移民5次，计205户。其中，明洪武年间移入56户，成化年间移入18户，嘉靖年间移入42户，万历年间移入31户，崇祯年间移入58户。

元末明初，战争于本地多次反复，有朱元璋"三洗怀庆"之举，人民死亡流离，温地十室九空，致有明初从山西大批迁来之移民。今温县姓氏结构中以"洪洞迁民"之后裔为主体，约占全县户数的80%以上。

明初已改淇州为淇县，因战乱，全县地广人稀，土地荒芜，明洪武至成化间，官府从山西洪洞县大槐树下，召聚泽、潞、沁、汾、千阳"有丁无田"之户，迁至彰德、卫辉、怀庆等地，来淇县约38户，分居迁民、董桥、马湾、西岗、黄堆、南阳、付庄、赵沟、七里堡、王庄10个村，垦荒生息。

武陟县大部分姓氏是从外地迁入，尤以明朝洪武年间从山西省洪洞县迁入者为多。根据对81个姓氏的调查和家谱记载，从山西省洪洞县迁来者有78个姓氏,占 96% 。万人以上的 8 个大姓(王、李、张、刘、杨、赵、郭、马)中,绝大部分来自洪洞迁民。

元末开封城残破,人口稀少。经过洪洞迁民,开封日趋繁荣,人口增多。《如梦录》载:"大街小巷,王府乡绅碑坊,鱼鳞相次,满城街市,不可计数,势若两京。"

三、东南沿海移民也不可忽略

尽管洪洞迁民是明清时期河南人口的重要组成部分,但来自其他省份的移民也不可忽略。志书记载:

商水县大武乡官路韩村韩氏人口,据考,其先祖是在明洪武四年从河北邯郸迁来。因始祖姓韩,又住在南北通达的大官路东侧,则谓村名官路韩村。现在,村中的韩姓人口,都是这个韩姓先祖的后裔。

明初虽从山西大量移民徙居汝州,但因天灾兵祸,至清朝初期,汝州人口一直停留在 7 万人以下。乾、嘉时期,又从晋、黔、浙、赣移民汝州,人口才由两万多猛增至 17 万。

今新野县沙堰马坟村的马姓人,祖籍陕西泾阳县永乐镇。

其中,来自东南沿海的移民是明清时期河南人口的又一重要来源。志书记载:明洪武年间,大规模迁山西、江西、福建等省人口至邓州。

商水县以李埠口乡苑寨集村为中心的苑姓家族,是商水县望族大姓之一。根据道光丙午二十六年(1846)苑虎林开始撰文的《苑氏族谱》记载:"先世原籍系山东省高唐州夏津县。明初洪武年间,始祖苑仲宽偕弟仲刚由夏津茶店屯徙居于豫东淮阳县境的颍水两岸,旋仲刚北上,惟仲宽仍留居于此。自后瓜绵椒衍,以臻于今。"

温县姓氏结构中以"洪洞迁民"之后裔为主体,还有鄂皖一带随明兵来温军屯之民户。

武陟县二铺营乡二铺营村的王姓,祖籍浙江,明初随驻军落户。

南阳县(今属南阳市宛城区)华氏始祖华福生,生于元顺帝二年(1336),浙江楚州府离水县人,任明太祖御前侍卫官。明建文元年(1399)率家人归隐南阳,御批建宅,取名华寨。华氏已传 22 代 500 余年,涉及 8 省 10 县 125 个村,共

5700户,1.5万余人,海外9户125人,南阳县约占70%,集中分布在青华乡的华寨、赵寨、张庄、大小方庄和陆营乡杨庄营、段寨及潦河镇的任寨、华张庄等村庄。

清康熙三年(1664),原郑成功部将黄廷率闽籍部属归清,清廷命其屯垦南阳,部分定居于镇平柳泉铺一带(称闽营人)。清乾隆年间,山西、陕西、山东、江西等地商人来县经商,定居者颇多。

原阳县葛埠口袁氏始祖袁真历明正德元年(1506),从江西南康府建昌县迁籍阳武城内小南街,清康熙年间迁葛埠口建村袁庄。梁寨梁姓陇北世家,鄢、兰、河内俱系宗族。始祖讳宽,先占籍延津文岩,后卜居阳武城东,名为淇河堤。后因避乱筑寨,遂改名为梁家寨。"

《项城县志》记载了几支从东南沿海迁居项城的姓氏:明洪武元年(1368),王氏兄弟二人由山东枣庄迁居槐坊店,一住南关,一住于河涯。后南关的徙居柳杭有三支。赵氏由青州府枣庄迁杭州,又由杭州迁项城,迁居范亭集。田氏始祖于明宣德元年(1426)来自山东,遂定居项城。吴氏始祖吴荣、吴贵兄弟二人,于明洪武年间自山东枣林庄迁于陈。吴贵的后裔徙项。高氏原籍山东枣庄,始祖高升徙项城槐坊店。另有万历戊戌(1598)《王廷谏传》云:"其先祖山东新城人也,于明弘治九年(1496)迁于项。"由江苏移民入项城的有:阎氏始祖自金陵至凤阳,又迁项,迄今400余载。马氏原籍句容,始祖义方迁来项城,结庐建基于官会店。余氏始祖远选,自江西迁项,爱城东鳌丘,遂安家落户。清顺治乙丑(1649)《束存敬传》云:"祖先东海兰陵人也,居吴之丹阳,明初一支迁项。"

郸城县虎头岗王氏宗族原籍山东青州府诸城县枣林庄,明洪武末年(一说为永乐初年)迁来鹿邑县旧脂集北(今本县虎头岗乡王老家),后因集废,遂迁于虎头岗,称为虎头岗王家。初来时只有叔伯兄弟2人,其弟后迁居郸城集南王寨。今已传28世,其人口遍及虎头岗、麦仁店、大小于庄、前后赵庄、大小王庄、连堂、大利寺、碱场、白庄以及郸城附近的王寨、小大庄、坟后庄、马腰庄、小马庄、赵寨、王楼、王小楼、堌堆张庄、英庄、祖师庙、崔庄、蔡庄、罗米庄等40多个村庄,总人口达数万人之多。石槽朱氏宗族是明洪武四年(1371)从山东单县枣林庄西北15(华)里小林庄分别迁至河南永城、鹿邑、淮阳一带。当年,其三门(排行居三)入迁来鹿邑县石槽集南李子园(今石槽乡范楼),有兄弟7人。至今,其后裔在本县有11000余人。除集中居住在石槽乡的石槽、朱楼、大小朱庄、查朱庄、东朱庄、姬庄、杏店、宋狄楼、洼张庄和秋渠乡的朱大楼、朱小楼、朱半截楼、朱小庄、范堂等 25 个村庄以外,还有少数分布在钱店、城郊、宁平、宜路、东风等乡的一些村庄。

清初,明朝王室避难鹿邑县南,改朱姓为仵姓,定居至今。清末民国年间,"逃反"的难民,购销贩运的商贾,来县定居者甚众。诸如城内的鄂氏、陈氏,王皮溜集的进氏,城郊的鲍氏、白氏,玄武镇的熊氏、危氏等皆来自山西、安徽、湖北等省。

淮阳县名门望族赵氏,从山东巨野县迁入。族谱记:"明初太祖母田氏携子归陈,于城南居焉。"高氏则由山东高唐州迁陈,世居郑集乡高楼、王店乡大高庄等地。邵氏由山东枣庄迁入分居于朱集乡邵楼、临蔡乡邵集、搬口乡邵寨等地。明末,部分商贾远道来陈(今淮阳)经商定居,白氏由陕西而来,世居城北白楼一带,后生意兴盛,家产万贯。时人以钱财论说,常有"南赵北白"之口碑。

鲁山县上汤徐姓原籍安徽太湖,清初其始祖徐继胜,觉得基业隘薄,欲远图而扩充之。闻河南地阔土沃,于乾隆二十四年携家徙居内乡县柴林坝。乾隆四十九年,又移于鲁山县,卜居上汤。今已繁衍 1000 多人,分居上汤、赵村、鲁阳镇等地。昭平台库区胡姓原籍安徽太湖县真君保。清乾隆年间,其十二世祖之一登状,携子庆德、庆二、庆欢及侄儿庆埙等卜徙鲁山县。嘉庆年间,又有同族庆育自太湖移入。胡氏迁入鲁山后,初居县城西北抱子坡。后因族众,支分于耿集、西马楼、仁义庄、石庙、王楼、三道渠、凉水泉、清水营等地。瀼河沈姓祖居浙江,系春秋时沈诸梁后裔,明末流徙洛阳。清康熙年间,其始祖沈克让,携家迁鲁山,定居瀼河村。从克让至今,已传十三世,繁衍 100 多户、700 余人,多数仍住瀼河外,其余散居平高城、南子营、婆娑村、三间房、鲁阳镇等地。虎营、杜庄叶姓为叶公诸梁后裔。明代,江西洪都知府叶琛,乃太祖朱元璋军师,死后被封为勋臣,子孙世袭十世。洪武二十三年(1390),琛之三子振声随燕王征战有功,遂赐他田 4 顷、马 8 匹于鲁山县虎营屯居。到清乾隆年间,发展到田百顷,人 5 门。交口陈姓祖籍福建,清初徙河南方城县拐河镇。清乾隆年间,迁鲁山县交口村定居,后代流居外地者甚多。此姓今居交口一带者有 54 户,366 人。宋口孙姓渊于福建,清康熙二年(1663),闽地大兵播迁时,今居鲁山县之闽裔孙氏基祖、拔贡孙荣,携家北上,流离转徙,以授徒谋生,康熙十一年(1672)任鲁山县丞。他卸伍后,阖家于城北孙蛮子庄落户。今孙荣后裔居鲁山者有 300 多户,2000 余人。

清乾隆、嘉庆年间,因湖北、江西、安徽等地连年遭受严重水灾,一批满族人逃荒避难陆续来到南阳一带,于荒山僻野垦荒种地,定居下来。今南召、内乡、淅川等县的满族人多为这批难民的后裔。据淅川县发现的道光九年(1829)淤氏碑文记载:"我淤氏湖北旧族也。家世武昌府大冶县永丰乡流水里前塘堡民……乾隆已亥年(1779),于河南南阳淅川县城东乡神泉铺武丁里小虎里沟落业聚居。"

四、回、蒙古、满等少数民族是河南人口的另一来源

河南向为多民族聚居地区。偃师二里头夏代文化遗址中出现的卜骨和奠基习俗,据考证为东夷族所传。明清时期主要少数民族是回族、蒙古族和满族。

河南省回族的来源可以上溯到唐宋时期。当时已有中亚、大食(今阿拉伯)、波斯(今伊朗)等地信奉伊斯兰教的少数"胡商"或"政客"来河南经商或留居。元朝有"回回人"来河南屯田。明、清时期因经商、避难、移民等原因,有部分回民迁入。蒙古族多是元朝或清朝政府派到河南的官兵及后裔,满族是清朝康熙年间派驻河南的八旗军的后裔,一部分则从安徽、湖北等省迁入。

(一)回族分布于全省各地,其居住特点是大分散、小集中,其移居河南的主要方式:

一是强迫迁徙。明太祖朱元璋称帝后,采取了削弱元大都基础势力,充实北京(今开封)的疏民措施。洪武元年(1368)十月下诏:徙燕京兵民于汴梁。今项城南屯李氏、刘氏,杞县玉皇庙村王氏,就是当时迁入开封的回民。明初的洪洞迁民中,其中也有回族人。现今分居于全省各地的回族人除说老家是洪洞县外,还加上枣林、枣营、石榴园等,以区别于汉族。孟县桑坡村丁姓系明洪武年间(1368～1398)从洪洞县迁来,后裔在明代即迁居全省各地,至清代又分散到国内十几个省。禹县山货厂回族乡赵姓也系明洪武年间从洪洞县迁来,淮阳县穆姓系明隆庆六年(1572)从洪洞县枣林移民而来。现居邓州市区小西关、城郊乡海营等村的海氏及文渠乡半店村的丁氏,镇平县贾宋镇桥北村的吴、闻、牧、马、李姓和城郊乡王庄村、柳泉铺乡水沟村的王、水诸姓,南阳县石桥镇和新野县横堤铺的丁姓,内乡县的海、李、丁、虎诸姓,均为明时由山西洪洞县迁入南阳各地

的回族人。

二是避祸隐居。明洪武十三年(1380),丞相胡惟庸以"谋反"罪被杀,株连15000人,一些官员逃到河南省避难。睢县刘姓、钱姓先祖都是因躲避捕杀而隐居者。

三是因战乱、灾荒迁徙。太平天国运动时期,南京、浙江、安徽、山东等地的回族人迁入豫东地区。西北回民起义失败后,有不少人为避难入河南省,开封市"马客伙"内有部分人即是此时迁入的。

四是因经商迁入。济源县袁姓族谱记载:该姓原系北京香椿胡同人,明代因经商迁居开封东大街,再迁沁阳县水南关,清初又迁至济源县庙街镇下街村。镇平县水姓原系陕西渭南县良天坡镇人,明末因经商而迁居镇平县。洛阳市瀍河回族区"油坊马""出于陕西扶风县,自明朝初经商于洛,因家焉。"山东济宁市和菏泽市的回族手工业较发达,不少人移居河南省东部经营皮毛、皮革业。

五是官宦入籍。清初,原籍山东的闻富喜,曾因出任南阳镇游击之职而入籍于镇平县闻家营,后代一支又迁居裕州(今方城县)阎岗村。道光年间,其后人闻远出任新野县守备。至今,闻姓家族在南阳、镇平、方城、新野、社旗诸县境内仍分布较广。邓县城的牌坊和东院马氏家族及内乡县马姓,原籍陕西西安鼓楼街,于清初在广东卸官后携眷返籍,途经邓州(今邓县)、内乡县时落籍为民。

六是阿訇迁入。河南省伊斯兰教清真寺实行阿訇聘请制,而且有聘请西北人来当阿訇的习惯。河北、北京、山东、安徽、江苏、湖北等地的回族人也有定居河南省任阿訇者。清朝康熙年间湖南辰州(今源陵县)回族人舍起灵(约1630～1710)曾在襄城县石羊街清真寺任阿訇。河南省也有因任阿訇而移居外省者。

(二)蒙古族主要散居在南阳地区和平顶山、开封市。其移居河南的主要方式是:

一是避祸移居。南阳地区的蒙古族是元末明初隐居下来的元朝官兵的后裔,分镇平县晃陂和淅川县九重两支。1368年明朝建立,镇平县晃陂王姓蒙古族的始祖迁入中原,隐居晃陂。其后代分散于镇平、南召、南阳等县,后又有一部分人陆续迁往邻近诸县。南阳地区大部分的县都有其后代,也有迁居到四川、湖北、陕西等地者。淅川县九重乡王姓蒙古族"祖籍东北辽东锦县金城人,讳脱脱木儿","元朝气数尽矣,公隐居以王为姓"。内黄县亳城乡马次范村有"元御史中丞河南右丞文贞公墓"。碑文记载,文贞公名铁木黎,蒙古族,为避明朝杀害,率五子逃难至内黄,命五子各随妻姓,另起汉名,故有董、李、马、关、陈五姓。五姓同宗一家,董、李、马三姓已传 26 世,共有人口 5000 余众,这支蒙古族后裔早已汉化。今内黄县高堤乡草坡,濮阳、安阳等地的韦姓始祖也是为躲避明朝军队围剿逃难至此。

二是官宦入籍。平顶山市的蒙古族是元朝官员马秃塔儿、宣帖木儿的后代。马秃塔儿任枢密院事,曾有功于元朝,元顺帝追封他为范阳(今北京城西南)郡侯,并敕葬叶县的荆山,其后代留居此地,繁衍下来。马秃塔儿之弟宣帖木儿曾被封为河南府尹。

三是军旅后裔。开封市蒙古族是清王朝派驻开封的军旅后裔。清康熙五十九年(1720),为镇守开封,皇帝派满、蒙族官兵八旗两翼进入开封。起初是三年换防制,后改为定防制。其防军全部居住在开封市里城大院的营房里,由省理事厅专管其内部事务,地方官无权过问。

(三)满族主要分布在豫西及豫西南的山区,其移居河南的主要方式是:

一是军旅后裔。清康熙五十九年(1720),清王朝派旗兵 1000 人到开封驻防,"建满洲城,西北隅城高一丈,蜈蚣架全围五里零一百九十二步"。八旗兵住在开封市里城大院,驻防初期,旗营事务由皇帝统辖,为三年换防制。清乾隆二十一年(1756)开封旗营改为河南巡抚统辖,由换防制改为定防,其家属亦陆续迁入,约 5000 人。

二是官宦入籍。南阳张姓满族人以清朝顺治三年(1646)任"南镇总戎"奎庵公为始祖。其后代留居南阳,繁衍下来。张姓多分散各地求生,也有改为汉姓者。

三是因灾荒迁徙。散居在南召、淅川、内乡、叶县、鲁山、宝丰、嵩县、栾川等县的满族人,大部分是清乾隆、嘉庆年间(1736～1820)为逃避水灾从湖北、江西沿江地带迁来的,长期自称汉族。

明清时期河南移民问题是一个大课题,以上只是笔者翻检手头部分志书,从散碎材料中归纳、整理出来的,一孔之见,抛砖引玉。

(作者为河南省地方史志办公室主任)

姓氏文化网站:现状、问题及对策

赵 戈

姓氏文化是和谐社会建设的重要组成部分,是文化大发展、大繁荣不可或缺的一部分。基于"姓氏为经、历史为纬、文化为根"的研究理念,姓氏文化研究领域博大精深,以互联网为工具梳理中华民族历史、文化、艺术资料的全新模式,突破了时空限制,为姓氏文化的研究与传播起到了巨大推动作用。因此,姓氏文化网站建设备受社会各界的关注并取得了较快的发展,它不仅架起了姓氏文化研究者与外界网络信息沟通的桥梁,而且开辟了姓氏文化研究走向世界的网络天地。

为全面加强姓氏文化网站建设,我们将收集到的相关网站运用类比分析法,对存在的共性问题归结分析如下:

一、网站建设现状与存在的问题

（一）网站建设水平参差不齐

从调查资料中可以看出,从网站规模上看存在明显不同,依据版权所有分析,具有一定规模的组织机构参与维护网站建设水平较高,已建成的网站基本都拥有独立的域名,有专门制作维护机构,网站栏目较多,资源比较丰富,形成了一定的规模,而成为一些著名门户网站的链接者。但近三分之二的网站则是以论坛,个人主页和链接的形式存在,没有独立域名,大多内容单一,栏目缺乏个性和创新。因此显得较为薄弱,存在着页面不美观、维护更新的时效性得不到保障等问题。

同为姓氏文化网站,依据不同标准,可以分为专题门户网站和某一姓氏专题网站两种类型,门户网站间的建设水平也存在较大差异。例如,依托河南炎黄姓氏历史文化基金会创建的"洛阳中华姓氏文化园"网站就属于门户网站,由于起步早,起点高,目前在此类网站中具有一定影响,成为姓氏文化研究和爱好者经常光顾的首选网站之一。也可谓一枝独秀,拥有独立的域名,有专门的制作维护机构,内容比较丰富,更新比较及时。

(二)网站设计缺乏创意,动态效果欠佳

网站的网页制作,包括文字排版、图片制作、平面设计、三维立体设计、静态无声图文、动态有声影像等,都涉及到文字与图形、文学与美术、多媒体技术与动态 Web 技术的有机组合,包涵了技术与非技术因素。非技术因素是影响网页制作成功的主要因素,网页的视觉效果将是衡量网页好坏的关键。这次调查的网站中,视觉效果比较好的往往文字比较简洁,图像与色调比较简单、明快。如"吴氏在线 http://www.cnwu.net"给人的总体感觉就不错。但也有些网站的页面信息组织方式过于简单,只是采取平白直叙的文本形式。也有一些网站存在诸如网络各层页面的风格不统一,页面背景各不相同,页面设计重复,图片处理粗糙,图片太大、太多,影响页面调用速度和文件下载速度,网页的字体、形状随意改动以及存在错字、别字等问题。有些虽然是细节问题,却也会影响到上网者再次光顾的兴趣。

(三)网站技术含量有待提高

调查几乎没有发现有数据库查询系统的姓氏文化网站,而数据库查询系统是网络的一个重要功能。随着姓氏文化研究不断深入,相关主题的文献信息日益增多,在给研究者带来方便的同时,也造成查询的困难,要让访问者从浩如烟海的信息中快速提取出自己所需的信息,目前最好的解决方法就是建立数据库,但还没有发现有专题数据库的网站存在。

互动性不够。讨论组、聊天室、电子邮件等实现网站互动功能的技术应用不多。尽管传统媒体也有"读者来信"、"编读往来"之类沟通编者与读者之间联系的渠道和窗口,但它受到时间、地域以及版面等因素的影响和制约,往往滞后严重、范围狭窄。网站应克服传统媒体的弱势,利用因特网所提供的留言板、BBS和其他语言或图像工具,实现双方之间或多方之间的超速互动,这是传统媒体所无法比拟的。尽管这次调查中不少网站设立有 BBS 论坛、留言板等工具,但是利用率并不是很高,有些论坛自开办以来还从来没人发过帖子。

(四)网站内容空泛,缺乏个性

网络只是手段,内容才是本质,读者要访问网站主要是被网站的内容所吸引。然而这次调查中,多数网站在内容上信息资源较贫乏,品种及数量不足。如不少网站内容多是姓氏相关的基本情况介绍或是摘编一些其他网站信息,具有该网站特色的信息较少,多是一些介绍性文字。比较而言,人口大姓的姓氏网站是这次调查中网站建设做得较好的部分,然而也存在内容贫乏的问题,特别是缺乏有深度的专业研究文章。随着姓氏文化研究的不断升温,越来越多的专业研究文章不断涌现,研究领域不断拓展,因此研究动态、新观点、新思想应该成为网站建设的一项重要内容,然而网站在这方面的内容依然显得很薄弱,有的网站干脆就是"网站建设中"一类的提示,也不知什么时候才能建设完成。而且就是在有限的上网信息中,还有相当大的一部分信息无法免费获得,以致往往在网上浏览半天,收获并不大。内容上还有另外一个问题,就是数网一面没有自己的特色,同一系统的网站在版块和栏目的设置上过于雷同,缺乏独特的个性。

(五)全文数字资源匮乏

尽管姓氏类网站信息资源从面上讲五花八门、种类繁多,但全文存取的文献非常有限,发表在姓氏文化网站上的学术信息资源的全文文献源不多,原创类学术研究文章则更是少之又少。开发和拥有丰富的文献信息资源,将给人们利用带来极大方便。中华姓氏谱牒网(http://www.pudie.com)在专题文献研究方面,属于一个点击率比较高的姓氏文化网站。总体来看,由于经费、技术等原因,这次调查的网站中自主开发的全文数据库寥寥无几,如果在研究深度和广度出发,推出一些地域特色的姓氏文化网站,对研究姓氏文化和对姓氏文化感兴趣的读者实为一件幸事,如上面讲的中华姓氏谱牒网能利用自己的资源优势设置一些专题栏目如:姓氏研究、家谱在线、寻根问祖、历史典籍等 20 个栏目,具备姓氏文化专题数据库的雏形,因此,具有一定的参考与应用价值。另外,由于经费限制,在姓氏文化网站上没有发现购买国内,如,中国期刊网、维普中文科技期刊以及超星数字图书馆等开发姓氏文化主题的网站。

（六）各自为战缺乏合作

互联网的互联、互通使资源共享成为可能,然而由于诸多的主客观原因,资源共享一直没有取得大的进展,姓氏文化网站主办方各自为战,结果是一方面资源的大量重复,另一方面资源严重不足。姓氏文化研究的兴起是近几年的事情,利用网站这种媒体形式研究、宣传和传播姓氏文化,更是一种新生事物,经济社会的发展,不断催生姓氏文化领域新的拓展,研究者从民间到学府,越来越得到国家的重视。比如一些研究姓氏文化较为集中的地区和单位,其创建的网站也在增设姓氏文化研究栏目,如河南省社会科学院、洛阳师范大学等,积聚了一批姓氏文化研究专家,具有明显研究优势,相关专题数据库的引进具有相对实力。但其他中小主题网站根本无力购买动辄数十万的专用设备及数万元的数据更新。资源共享由于涉及体制、版权、利益等问题,说起来容易做起来难,但对绝大多数姓氏文化网站来讲建设都是无法回避的问题。各自为战,面面兼顾,必然顾此失彼,面面难顾。

二、加强姓氏文化网站建设的对策与建议

（一）转变思想,加强组织,强化责任意识

对于网站建设而言,最重要、最需要的配置,既不是服务器,也不是数据库,而是一个综合的、看不见、摸不着的配置—观念。网站能不能上去,要看投资、看设备、看技术;但能不能取得发展,充分发挥效益和威力,则要看认识、看管理、看素质。网站主办方要在思想上高度重视网站建设,充分认识姓氏文化网站建设在文化大繁荣、大发展中的巨大作用。由政协河南省委员会等单位主办的拜祖大典(http://www.huangdinet.cn/)官方网站,以其大量的声频、视频、图片资源,丰富了网站的内容,正是由于强化了领导、加强了组织,使每年一度的拜祖大典网上宣传活动越办越好,充分发挥了网站在建设和谐文化中的作用。从网站实现功能可以看出,加强网络的基础设施建设,配置先进的网络服务器和网络运行软件,建立起技术含量高的技术平台,才能保证网站和网民之间有一个高速、高效的网络通道。

（二）准确定位,目标明确

姓氏文化网站建设必须根据自己的服务对象、资源状况确定网站建设目标。

如,中华百家姓(http://www.10000xing.cn)汇集了国内近300个姓氏,为姓氏研究者提供了一个了解相关信息的网络平台。因此,网站建设者应从用户出发,认真研究用户类型、层次、特征和信息需求,准确定位上网信息的范围,掌握上网信息的来源和针对性,精心选择和组织上网信息。只有加强特色,突出个性化,才能提升网站的的形象和品牌价值,最终打造成知名网站。

(三)强化管理,加强制度建设

网站管理是提高网站竞争力和应用效益的重要环节,优秀网站一般技术力量比较雄厚,信息技术人员素质较高,并有一整套管理制度和安全措施。网络信息资源的开放性是一个最突出的特点,网站管理涉及到诸多问题,因此加强网站管理,是网站正常运行的一个前提保证。按照网站管理层次划分,可以分网站管理委员会、网站运行指导小组、网站运行维护小组等三个部分。网站管理委员会由网站建设单位负责人和相关人员组织,包括法律顾问和管理规章制度,批准设备添置的大额经费项目,应对突发性事件等。网站运行指导小组具体指导网站建设,由网站研制、开发人员组成,是网站运行和维护的核心。其工作职责是组织人员对网络内容监控,具体指导网站研发小组开展工作,确定网站板块和具体栏目内容与形式,对网站工作人员进行指导、培训、管理和考核等。调查发现,不少姓氏文化网站缺乏主创人员,特别是主编的主要职位都不稳定,因此在一定程度上会影响网站的质量。另外,一般来说网站日常维护主要通过网站运行维护小组来实施,其人员由网站技术维护人员、各栏目采编人员和网站记者(通讯员)等组成,具有明确的分工和职责。

(四)突出主题,彰显个性

在姓氏文化网站内容的建设上,要求主题鲜明,富有个性,地域色彩浓厚。鲜明而富有个性的主题主要体现在资源与服务上。用户上网的目的是能够在最短的时间获取更多、更有效的信息。因此,信息资源的拥有量以及良好的服务功能就构成了一个网站的特色。如中国姓氏网(www.xs5000.com)网站发布的一些个性专题,寻根祭祖胜迹、家乘族谱资料、恳亲联谊等。因此在网站主页上,尽可能将最能显示网站内容特色、服务特色、质量特色的东西明确、鲜明而充分地体现出来,以保证上网者能在较短的时间内捕捉到网站的核心。如条件允许,应将该网站的服务宗旨和目标置于主页的醒目位置,或设"本站指南"栏目,对网站内容作一简明扼要、清晰的介绍。

（五）图文并茂,静动结合

一个好的网站首先应该做到构思清楚,脉络分明,有完善的导航系统,为用户获取信息提供快捷有效的途径。由政协河南省委员会等单位主办的拜祖大典（http://www.huangdinet.cn/）官方网站,丰富的（声）视频、图片资料引人入胜。因此网站要做到重点突出,布局合理,把使用率高、用户关心的内容放在显著位置,尽可能地使用户在最短的时间内获取最有价值、最丰富的信息;应对各服务项目做简明清晰的使用说明,帮助用户顺利使用信息资源,从而充分发挥效用。一个好的网站还应是合理性与艺术性相结合的产物。在合理、实用的同时,应加强页面的视觉效果,力争呈现赏心悦目的图文界面,给用户以美的享受。在网页制作方面,要求网站的各层页面保持完整的、统一的风格,也就是说,对于采用的背景图像,文字形状、大小、颜色以及共用边界和按钮类型等等,要有整体的构思和布局,并要与网站的主题内容相一致。成功的网页制作,除了在版面设计上有独到之处外,还要有简洁明快的文字,色调和谐的背景,精美小巧的图片以及各种多媒体技术和动态 web 技术的运用,并且在网站的每个页面顶端设置相同的网站图标。在网页的一些细节问题处理上,也要引起重视,如文字的大小、形状在不同分辨率下保持不变形,不要出现错字、别字等等。

（六）加强协作,实现资源共建共享

从目前情形看,姓氏文化网站信息资源多通过链接和转载的方式来实现,因此,信息资源成为姓氏文化网站发展的瓶颈之一。一个成功的网站就是一个巨大的信息资源库,其中包含了文字、图像、声音、信号、数据等各种类型的信息,仅凭上传一些低水平信息,是远远不够的。要充分发挥广大信息用户的积极性,使他们能提供更多的信息资源。同时,网站之间也应该加强合作,在资源建设方面努力做到资源共建共享,避免重复,在网页编辑制作及网站维护管理等各项技术工作中开展合作研究和技术攻关,始终保持网站在读者心目中的地位不发生改变。

（七）增强互动性,提倡参与

网上信息交互因其参与者的广泛性、信息更新的及时性以及信息交换的针对性,成为互联网站的一大优势,也是网站最具吸引力的特点之一。比如,较著名的每年一度河南新郑黄帝故里拜祖大典和陕西黄帝故里拜祖大典的盛况以及相关信息资源,通过其网站在互联网的传播引起海内外炎黄子孙的广泛关注,寻根拜祖热情空前高涨。网站与社会广大网民通过论坛、留言板等交互工具,参与到活动中来。因此网站的交互功能,包括用户与网站的交互和用户与用户之间的交互两个方面。用户与网站的交互,增强了网站综合实体的感觉,使用户对网站产生亲和力,网站也容易培养自己用户的选择度。这类交互性功能的应用有搜索引擎、电子邮局、注册用户、留言簿、网上调查等;用户与用户的交互则可以通过聊天室、电子论坛、虚拟社区等来实现。

(八)加强维护,注重时效性

调查发现,不少姓氏文化网站上的内容常年得不到更新,内容和版式陈旧,网站价值渐失。因此网站建设不是一项一劳永逸的工作,它需要不断地添加、更新、修改网站的内容,让上网者能经常发现一些新内容,保持新鲜感,以致对该网站乐此不疲;同时还要随着现代信息技术、万维网技术的不断发展而发展,只有这样,才能保证网站的永久生命力。因此,网站制作完成后,应定期检查作为支持系统的硬件、软件;及时更新相对过时的信息数据;不断补充提供高质量的信息资源;不断开发多样信息化的信息产品;追踪用户需求变化,根据需求评价信息资源体系,调整和优化页面结构,不仅网站内容要及时更新,而且每隔一段时间还应对页面设计做一些翻新,以保持新鲜感。网站内容更新工作应该纳入到日常例行工作中,专人专职,并与业务部门保持良好的沟通,以及时获得更新的资料。

(九)增加中英文对照,扩大对外宣传的力度

随着时空的变迁,华人的迁移遍及世界各地。认祖归宗、慎终追远是中华民族的传统美德,而随着国家的强盛和民族的富强,中华儿女的国家意识和民族自豪感得到了提升,因此姓氏文化的研究与发展将更具普遍性和国际性。以互联网寻根网站为例,据不完全统计,这类网站中中文网站有近 200 个,其中寻根问祖和炎黄脉络等都是综合性的专门网站,另有天下第一王、中华张姓网、陈氏宗亲网、孔孟之乡网、黄氏全球网和世界郑氏网等,都是较有影响的单姓寻根网站。调查发现,这些网站大多开设了同版网站的中文简体和繁体字对照版,唯独没有发现有中英文对照版的姓氏文化类网站。随着时光的流逝和语言环境的改变,

无论是那些早年移居海外的炎黄子孙，还是其对汉语逐渐生疏的后辈们，以及海外姓氏文化的研究者和网上寻根者，多会因中文识别的问题访问此类网站带来不同程度的麻烦。因此，姓氏文化网站的建设者在推出中文版的同时，应推出英文在线对照版。

（作者为河南省社会科学院网站编辑部主任、馆员）

闽台客家人与中原汉人的亲缘关系

杨　昶

一

闽台客家人与中原汉民族有着密切的亲缘关系。

今天台海两岸的客家人,往往自称为汉裔客家人;在海外,则多称华人、华裔及唐人。在他们的群体(或族体)中与中原华夏族人(汉人)的民族亲缘关系体现在哪些方面呢？

首先,今天台海两岸的客家人各宗姓中,还广泛传抄着其列祖姓名与迁徙历史的族谱,在祖祠门楼的上方,为铭记他们列祖当年自中原迁徙的原发地而刻立着标志祖籍之堂匾。

考稽其族谱,譬如兴宁《刘氏族谱》称:"自五湖乱华,永嘉沦覆,晋祚播迁,衣冠南徙,永公(刘永,刘备次子)之裔,亦迁居于江南……唐僖宗乾符间,黄巢叛乱,海内骚然,居民流离转徙……天锡公弃官,奉父祥公避居福建汀洲府宁化县之石壁洞,后世遂以祥公为宁化始迁之祖。"[1]其中既载录有该宗族于晋代由中原南迁原委;又缕述其先徙江南,后抵福建,再行迁粤与进入兴宁地域的流离转徙历程。又兴宁《温氏族谱》所志:"我温姓,发源于山西、河南,子孙蕃衍。逮西晋五胡乱华……我峤公时为刘崐记室。"《崇正系谱》"温氏条"谓:"后峤出镇洪都(即江西南昌),子孙因家焉。"[2]另,《崇正同人系谱》"氏族条"记卓姓:"晋

---

① 罗香林:《客家研究导论》,台北古亭书屋,1975 年。
② 罗香林:《客家研究导论》,台北古亭书屋,1975 年。

五胡之乱,中原望族,相率南奔。粤有卓祎者,为建安(即福建建瓯)刺史,后因家焉。"①均明白地记述着刘、温、卓诸宗姓自中原迁徙到东南的事实。

玩味其堂匾,匾上所刻"堂",是指该宗族亲祖原居的屋宇;而"堂"前所冠的地域名称,则为该亲祖早年始徙时之原发地。例如:杨姓立有"关西堂"匾;李姓立有"陇西堂"匾;林姓立有"西河堂"匾;廖姓立有"武威堂"匾;温、郭两姓立有"太原堂"匾;洪姓立有"敦煌堂"匾;陈姓立有"颖川堂"匾;伍姓立有"安定堂"匾;邓姓立有"南阳堂"匾;房、张两姓立有"清河堂"匾;熊姓立有"江陵堂"匾;黄姓立有"江夏堂"匾;刘姓立有"彭城堂"匾;谢姓立有"陈留堂"匾等等。

根据堂匾所冠地名,今居东南及海外上述宗姓,无疑多是早年从甘、陕、晋、豫、鄂、苏等地辗转徙迁而来的中原遗民。其中,杨姓之"关西"是指陕西函谷关与潼关一带;李姓之"陇西"在甘肃与陕西毗连地界上,约当今临洮县南一带;洪姓之"敦煌"即在今甘肃敦煌境内;廖姓之"武威"约当今甘肃西北武威县境;伍姓之"安定"在今甘肃镇原东南暨青海高平、宁夏固原一带;林姓之"西河"在今黄河西段陕西与山西、河南相邻地带;温、郭两姓之"太原"约当今山西太原境;房、张两姓之"清河"在今河南内黄以南,按《水经注》尚包括威县在内;陈姓之"颖川"在今河南禹县颖水流注的登封一带;邓姓之"南阳"在今河南南阳;谢姓之"陈留"即在今河南开封;黄姓之"江夏"约当今湖北云梦、江夏一带;熊姓之"江陵"在先秦楚国郢都,即今湖北江陵;刘姓之"彭城"在今江苏徐州境。

其次,今之客家人所使用的方言中,仍然保留着颇多古代汉语的语言词汇;有不少发音,至今仍遗存着当年古汉语中原有的发音或相近似的特征。其方言是从古汉语的语族中衍生嬗演而来,其迹象、例证犹为清楚明晰,著名客家学者罗香林在所著《客家研究导论》一书中列举有众多对应的语言词汇,加以比较分析,为避繁琐,兹不赘述。因此,在客家人当中长期流传着"打扁客话成官话"的说法。其官话就是中原的汉语言、普通话。即使客家人要与中原汉人交流往来,只要对客家方言略加修饰,就能达到倾谈无障碍的效果。

复次,今天客家人还保留着诸多中原汉人的风俗习惯,此以畜犬与嗜食狗肉的习俗为例。

---

① 罗香林:《客家研究导论》,台北古亭书屋,1975 年。

　　客家人(也包括闽粤台另外几支中原遗民,如广府人、福佬人等)对于畜犬与嗜食狗肉,可谓沿习成风,客家俗语中有"狗肉滚三滚,神仙企唔稳"的夸张说法。今天不少的中原人将此视为客家人奇风异俗,或已形成偏见。然而历史上,畜犬与嗜食狗肉习俗在中原居民圈内早已形成,屡见于周秦、秦汉时代的祭祀中。《周礼》卷三十五《小司寇》称"小祭祀奉犬牲";《礼记·月令》亦曰"以犬尝麻,先荐寝庙"。可见那时已有了以狗作祭祀牺牲的习俗。至于那时狗在牺牲中的等级,《礼记·礼运》载祝嘏时又云:"然后退而合亨,体其犬豕牛羊,实其簠簋笾豆铏羹。"句中"体其犬豕牛羊"郑玄注:"分别骨肉之贵贱。"则其时狗的排位还列于猪牛羊之前。至于宰杀烹食,《礼记·王制》记载:"诸侯无故不杀牛,大夫无故不杀羊,士无故不杀犬豕,庶人无故不食珍。"可见狗肉还被定为士阶层所专用的食物。当今中原汉人畜犬与嗜食狗肉,也随处可见。因此对客家人中保留的畜犬与嗜食狗肉的习俗,不仅不当视为奇风异俗,而且是自古代中原因袭流传而来的先民习俗。就所保留这一风俗习惯本身,也是客家人与中原汉民族亲缘关系的见证。

　　至于客家人热衷的"冬至狗",以及食后可以滋补及御寒一俗。《史记·秦本记》载,武公卒,立其弟为德公,其子孙饮马于河南龙门河,"以狗御蛊"。《正义》释曰:"蛊者,热毒恶气为伤害人,故磔狗以御之。"又曰:"按:磔,一也。狗阳畜也,以张磔于郭四门,一却热毒气也。"表明狗肉吃下以后所发生的功能早有发现,并非客家人的原创。

　　此外,从客家的称谓中可以寻绎到一系列中原汉民族的亲缘孑遗。

　　客家人的"客",早在东汉迄于三国孙吴的时期就已出现,初以自称存在,即自称谓客居、游客等。如《三国志·吴书·薛综传》载薛综上书孙权时有"自臣昔客至此之时"①,即薛综于孙吴初出任交趾太守时,便以"客"自称。后来出现的客,却都变成了他称,即私客、复客。客者,宾也。客家,便是"客而家焉"。《三国志·吴书·徐盛传》载徐盛"遭乱"时,"客居吴,以气闻"。② 同书《刘淳传》载刘"遭乱避地"时,"客游卢陵"。③

---

① 《三国志》卷五十二。
② 《三国志》卷五十五。
③ 《三国志》卷六十二。

　　当这些他称的"客"，于徙迁途中，一旦被仕宦、豪强收容，"流民多庇大姓以为客"①，便全被称之为私客、复客，都变成了他称。而此时的客，也已沦为寄人篱下的奴仆。《三国志·吴书·吕范传》载吕"避乱寿春"时有"将私客百人归策（孙策）"。②《三国志·吴书·潘璋传》载潘"徙会稽，璋妻居建业赐田宅"时亦有"复客五十家"。③《三国志·吴书·程普等诸将传》载程武战死，孙权哀之时，其《注》引《江陵传》曰："权命以其妻妾殉葬，复客二百家。"④等等。当这些客，再给赁耕了豪强、仕宦所圈占的土地，"都下人多为诸王公贵左右、佃客"，"佃客无过四十户"。⑤ 至此，他们又都变成为佃客，即佃户。

　　及晋，据《晋书·孝怀帝纪》载西晋末"益州流人汝班，梁州流人塞抚作乱于湘州"，和"当涂县流人渡江"⑥，"有秦国流人至江南"⑦时，南徙的中原人，不复称客而称为流人。

　　值中原"永嘉乱起"，继而"元帝渡江"，行政建制出现了侨州郡。据《晋书·地理志》载，当涂县流人渡江，帝令"侨立为县"。秦之流人至江南，改堂邑为秦郡后，亦以"侨立尉氏县属焉"。其间举凡已渡江和在侨郡、侨县生存的流人，又都称作侨人（或侨民）。如《隋书·食货志》所言："昔自中原丧乱，元帝寓居江左，百姓之自拔南奔者，并谓之侨人。"

　　这些流离转徙中以客、流人、侨人相称的中原移民，他们自经历江淮，或入江左、江右，其后再抵岭南闽粤地，他们本无在异地久留之意，有朝一日，当重回故土，即《魏书·世祖纪上》所谓："自今以后，亡匿避难，羁旅（客居）他乡，皆当归还旧居。"故"皆取旧壤之名侨立郡县"⑧。所谓旧壤，即故居原籍。这也就是客家人后世刻立堂匾和抄存族谱的由来。

　　然而事与愿违，这些已远徙南国的中原人始终无法"归还旧壤"。他们长期

---

①　《南齐书·州郡志上》。
②　《三国志》卷五十六。
③　《三国志》卷五十五。
④　《三国志》卷五十五。
⑤　《隋书·食货志》。
⑥　《隋书·地理志》。
⑦　《隋书·音乐志》。
⑧　《隋书·食货志》。

寄居为客，"流民失籍"①，均已丢了原有户籍；呆在侨郡、侨县中生存时，"庶有旋反之期，故许其挟注本郡"②。所谓"挟注"，便是允许他们在户籍上注明其原有籍贯，"客皆注家籍"③，客家人这时才开始拥有在异地侨居的户籍资料。"自迩渐久，人安其业，丘垄（坟墓）坟柏，皆已成行，虽无本邦之名，而有安土之实"，于是朝订"正其封疆，以土断人户"，对垦耕土地提出了法规，"明考课之科，修闾伍之法"④，就地施行地方管制的各项政策法令。至此，这些在异地生存的客家人，才真正确立起永久安居与衍传后裔的信念。

客家人身处在异地，当人丁又出现膨胀，耕地倍感不足时，自然会使得徙迁的祖传观念复萌。于是，又开始了没完没了的民族亲缘的扩张，循环往复，不断向更广阔的地域辐射。

二

下面笔者拟以客家人中的陈氏为例，探讨他们的迁徙历程及其与中原汉人的亲缘关系。

唐高宗总章二年（669），闽南地区发生"蛮獠"对朝廷、官府的抗争，声势逼人，地方向朝廷频频告急。唐高宗下诏命玉钤卫翊府左郎将归德将军陈政（河南固始人）为总岭南行军总管事，"率府兵3600名，将士自副将许天正以下123员，从其号令，前往七闽百粤交界绥安县地方，相视山源，开屯建堡，靖寇患于炎荒，奠皇恩于绝域"；要求"莫辞病，病则朕医；莫辞死，死则朕埋"⑤。陈政前往征伐，后因寡不敌众，只好退守九龙山，朝廷又命陈政之兄陈敏、陈敷率固始58姓军校前往增援。中途，兄弟俩相继病故，其母魏氏（传说是唐初宰相魏征之妹）足智多谋，带领军众入闽，屯兵福建云霄县。仪凤二年（677）四月，陈政卒，儿子陈元光才20岁，慨然代父领兵。陈元光，字廷炬，自小聪慧过人，他"博览群书，贯通子史"，13岁在光州的乡试中取得第一名。陈元光以鹰扬将军随父戍闽，代父领兵后，充分施展了他的军事指挥才能终于打败了蛮獠陈谦、苗自成等，平息了动乱。此后即从事漳潮地区开发。

---

① 《南齐书·州郡志上》。
② 《晋书·范汪附子宁传》。
③ 《隋书·食货志》。
④ 《晋书·范汪附子宁传》。
⑤ 唐高宗《诏陈政镇故绥安县地》，载《（嘉庆）云霄厅志》卷十七《艺文志》。

陈政父子入闽后对闽南的治理、开发,可以分为三个阶段。

第一阶段,稳定局势时期。这个时期以作战为主。陈政率兵进伐时,寡不敌众,退守于九龙山(今漳州南),奏朝廷请求加派援兵。朝廷命令以陈政兄陈敏、陈敷,领军校五十八姓来援,后来陈敏和陈敷死于道中,他们的母亲魏氏足智多计划,代领其众。援兵入闽后与陈政会齐,击败蛮獠,屯兵于云霄。这是陈政入闽后扎下根的第一阶段。

第二阶段,设置地方政权和恢复发展社会经济,这是陈元光入漳后第二阶段的主要活动,用了25年时间。垂拱二年(686),陈元光上表请于泉潮间增置一州,变原来的七闽为八闽,并委派地方官吏。朝廷同意了他的请求,于是因地为名在漳江旁建漳州,辖漳浦、怀恩二县。并且朝廷令陈元光兼刺史之职,自别驾以下,得自辟置。可见唐王朝对陈元光父子是很信任的。陈元光"乃率众辟地置屯,招来流亡,营农积粟,通商惠工,奏立行台于四境,时巡逻焉"①。从这时起,"从距泉兴,南逾潮惠、西抵汀赣,东接诸岛屿,方数千里,无烽火之惊,号称乐土。"②长期混乱的地区得到治理,老百姓自然十分感激陈元光,因而景云二年(711)当陈元光作战阵亡时,"百姓哀号,相与制服哭之"。

第三阶段:巩固与发展经济时期。陈元光死后,其部下和子孙继续进行开发闽南的活动。陈元光子陈响,孙陈酆、曾孙陈谟,历任漳州刺史。据史料记载,陈谟卒于元和十四年(819),即自陈政入闽至陈谟去世,在长达150年的时间里,陈家五代人及其从河南带来的部属,一直致力于闽南地区的开发,直到陈谟之子陈泳到外地做官为止,而陈泳最后的任职是在河南老家任光州司马。《旧唐书》记载,到天宝年间,漳州已有5346户,17949人。

天一阁本《嘉靖固始县志》中说:"固始衣冠南渡大较有三,按《闽中记》,永嘉之乱,中原士族林、黄、陈、郑四族先入闽,今闽人皆称固始人,一也……王潮之乱,十八姓之闽,二也……又靖康南渡、衣冠文物荡然一空,三也。"其中竟未曾提及陈元光入闽之事。乾隆五十一年撰修的《固始县志》也没有片言只字提到陈元光入闽,这的确是一件令人遗憾的事。其实中原几次南迁,对闽南影响最大

---

① 《(乾隆)漳州府志·宦绩·陈元光传》。
② 《(民国)云霄县志·名宦》。

的应是陈元光的入闽。从入闽的规模和人数来看，晋代一次人数较少；而唐初陈元光入闽人数较多，有先后两批，第一批由陈政带去的，有 3600 多人，已有文献可考，第二批由陈政的兄长带去的 58 姓，具体人数不详，但数量定然不会少于第一批，因为是聚族而行，兼带家属，其数量之大可想而知。

当年随同陈政从固始入闽，在军中担任军谘祭酒的丁儒，晚年曾写一首《归田二十韵》诗，兹迻录数阕如次：

漳北遥开郡，泉南久罢屯。归寻初旅寓，喜作旧乡邻。好鸟鸣檐竹，村黎爱慕臣。土音今听惯，民俗始知淳。烽火无传警，江山已净尘。天开一岁暖，花发四时春。杂草三冬绿，嘉禾两度新。……霜雪偏避地，风景独推闽。辞国来诸属，於兹结六亲。追随情语好，问馈岁时频。相访朝与夕，浑忘越与秦。……呼童多种植，长是此方人。

丁儒是开发漳潮地区卓有建树的人物，《福建通志》载有其事迹。这首诗十分生动地描绘出历经几十年开发后漳潮地区的社会经济状况和风土人情，也体现了从中原来的百姓业已同当地人水乳交融地结合在一起。

陈政、陈元光的入闽，实际上是一次有组织、有准备的大规模的迁徙。唐高宗的诏书清楚地表明要求他们去"相视水源，开屯建堡"，且"斯誓斯言，爰及苗裔"。陈元光等进漳之后，执行使命甚为坚决，做好了长期驻扎的准备。发展生产是长期扎根的必备物质条件，因此陈元光十分重视经济建设。他写下《示子珦》诗一首，诗中嘱咐其子陈珦"日阅书开土，星言劝驾农"，就是要陈珦时时不忘督促耕作。这些入闽的开拓者，从中原带去了当时比较先进的文化和生产方式，而漳潮地区气候温和，土地肥沃，非常适宜农作物生长。这两种因素的共同作用，带来了这一地区经济的迅速发展。

闽南的地名，至今仍保留陈元光入闽时所取的名字。漳江，是陈元光父陈政所命名。旧志载，陈政"尝渡云霄"，指江谓父老曰："此水如上党之清漳。"①因此命名为漳江。其实漳江命名的原因恐怕不仅如此。据《云霄县志·地理志·

---

①　《(民国)云霄县志·陈政传》。

山川》,漳河上游有两支流,一为清漳河,一为浊漳河,到河北省涉县合漳镇汇合而为漳河。漳江也是如此,上游分南北二溪,南清北浊,汇于西林村,激滟成章,因而称为漳江。后来又因江而置州,称漳州。漳州府址虽曾三次迁徙(初建于云霄,次迁于李澳川,再迁于龙溪),而州名至今未改。漳浦也是以江为名,即漳江之旁的意思。因陈元光的活动而产生的地名,在今云霄县还有大、小将军山,东海中有将军屿、将军澳等。

在遗迹方面,漳江北盘陀岭下留有故城,据传为漳州初建时的城址。云霄及漳州都有相传为陈元光驻军的军营遗址,这些遗迹带有浓厚的传奇色彩。如陈元光所建的巡逻台、演武亭。陈元光军队牧马的马坑,还有两块巨石:一称为磨剑石,传说陈元光曾在这里磨过剑;一为试剑石,传说是陈元光一剑把巨石劈为两半。在云霄还有陈元光所建的燕翼宫旧址,陈元光为祖母魏氏守制三年于墓侧建的墓庐。陈元光祖母魏氏,陈政夫妇,陈元光夫妇,陈元光女儿柔懿夫人,陈元光随征的一些部将等人的墓地,大都在云霄,后或迁至今漳州附近。

过去,闽南各地建有大量庙宇祭祀陈元光及其将领,有威惠庙、灵著王庙、灵侯庙、将军庙、功臣庙、沈李二公庙、祁山庙①。还有祭祀陈元光之女的夫人妈庙(相传其女从征,曾建战功)等。闽南的旧风俗,每年正月十五元宵节,各村还会抬着陈元光的神像游村,作为驱邪,则陈元光在闽南影响之深,可见一斑。

三

陈氏祖孙几代一直担任漳州的最高行政长官,历经100多年的治理开发,使蛮荒的东南边陲出现了繁荣的景象。陈元光父子和所率固始58姓军校、兵士,开辟漳州,繁衍后代,对福建、广东的历史产生了巨大的影响,闽粤尊奉陈元光为"开漳圣王"。继而延及台湾,远播海外。

在台湾,台北市内湖区碧山里的碧山岩,建于公元1811年,专祀"开漳圣王"陈元光;宜兰县礁溪乡集惠庙,俗称白石脚王公庙、"开漳圣王"庙,相传建于福建移民迁入白石脚村时,这些移民中自然有陈姓子孙。桃源县的景福宫,建于清嘉庆十八年(1813),祭陈元光及圣坛元帅、观音、释迦佛等,大门对联写着:"八闽捷报最首功,广拓河山怀梓里;七邑告成鹰庙祀,远移香火镇桃源。"其中

---

① 《(乾隆)福建通志·坊庙志》。

"香火"系双关语,暗示陈姓香火远移此地。

至今闽粤及台湾、南洋均尊奉陈元光为"开漳圣王"。陈圣王庙在福建有100多座,台湾有50多座,南洋诸岛也有20多座。闽南几座最大的"开漳圣王"庙,如燕翼宫、威惠庙等,其香火之盛,不亚于内地最著名的佛、道寺观。

台北县《清源陈氏家乘叙》载"入台始祖"是跟随郑成功收服台湾的陈永华、陈泽,而他们的"入闽始祖"就是陈政、陈元光父子。《武荣诗山霞宅陈氏族谱》记有:"我祖自颍川分派于河南光州固始,以抵入闽,至一郎公卜居武荣诗山霞宅。"经过数代的生息繁衍,陈姓在台湾形成了第一大族,散居于台湾各地。以居住在凤山县的万舟、茨顶、东港、佳冬、潮州(今屏东县)、梓官乡(今高雄县)、嘉义县的石龟溪一带以及台南府为主。此外,尚有散居于台北、淡水、艋舺、基隆、宜兰、桃园、新竹、彰化、鹿港、下淡水、盐水港、笨港、朗娇等地。造成这些陈姓移民在台人口不断增长的原因是:移民中既有家眷留在大陆的,也有赴台后婚娶的;携眷同往的现象普遍,此中部分男性归回祖籍,而眷属继续留台,最后葬在台湾;另外该族族人于清代后期至民国年间娶台湾女子为妻的很多,本族也有不少女子嫁到台湾去;移民或留居大陆的眷属抱养他姓之子为嗣,或以同姓兄弟的儿子为承嗣子的风气十分盛行。

陈姓声势赫赫,为外姓所仰,于是在台北市宁夏路有了一座德星堂,即全台陈氏宗祠。其大殿内的对联写着:"箕裘全子,袍笏文孙,颍川郡凤毛世胄;南国旌旎,东宫衣钵,李唐时虎拜龙庭。"可窥探陈氏一脉相承的衣钵。"箕裘",语出《礼记》,比喻继承祖先事业。"袍笏文孙",指陈实第七代孙陈宠,官尚书令;第九代孙陈弼,任天官大冢宰,封陈国公,都是官位极品,袍笏上朝。而"南国"指陈霸先在江南建立陈朝;"东宫衣钵",指后主陈叔宝的后裔;"虎拜龙庭",指陈元光为大将军。

近代的人口调查资料,也可以看出陈元光在闽粤及台湾地区的影响。以福建省云霄县为例,1946年曾做过人口统计,当时全县总人口为113802人,姓氏81姓。在族谱中写明先世从河南入闽的有方、吴、陈、柳、王、汤、蔡、林等九姓,总人数约9万人,占全县总人数的百分之八十。九姓中写有先祖随陈元光入漳的就有方、吴、张、陈、汤、柳6大姓(均有先祖姓名),人口6万余,占全县当时总人数的百分之五十三。还有一部分是族谱无考的。陈元光随父入闽时,随从的偏裨将 123 员,据《云霄县志》中保存的资料,可稽得姓名的 95 人、姓氏 62 种,后来陈敏带来相助的有 58 姓,则没有具体记载。现在福建的大量族姓,都称其先祖是随陈元光入闽的,不仅写在族谱上,而且刻石留示后代。如汤家的祠堂石柱上就刻有"宗由固始,将军及泽"的字样,至今仍保留着。这批入闽的中原人,先在闽南站稳脚跟并发展起来,然后又向广东发展,潮州、梅州一带的中原移民有许多就是从漳州一带往南播迁去的[①]。

从《台湾省通志》所提供的材料,也可以看出,台湾的居民姓氏主要结构和福建大致相似,这是因为台湾居民大多是由福建播迁到台湾的,尤以漳州和泉州地区移民为最多。据 1930 年台湾统计的人口资料,当时台湾总人数为 3751600 人其祖籍注明从漳州和泉州二府移去的为 3000900 人,占当时台湾省总人数的百分之八十。又据 1953 年一次户口统计资料,当时台湾总户数为 828804 户,737 种姓。户数在 500 户以上的 100 种姓,其中 63 姓族谱材料说明先祖在晋末、唐初、唐末这 3 次从河南迁往福建的。这 63 姓计有 670512 户,占台湾人口近 80%,其中陈、林、黄、郑、王、张、李、吴、蔡、杨、谢、曾、郭、丘、周、叶、廖、庄、何、萧、詹、沈等家族的族谱上,都记载着他们是光州固始县人的后代,其祖上在唐初随陈元光父子或唐末随王审知兄弟入闽,也有为抗清在明末又随郑成功迁入台湾。

王审知兄弟入闽,在陈元光入闽后 200 余年。时值唐末唐僖宗光启年间,蕃镇混战、农民起义、中原离乱纷生。固始县人王潮、王审知兄弟带领当地数万起义军辗转南下福建,在福州建立偏安一隅的闽国,当时跟随王氏入闽的有包括陈姓在内的 10 姓。台湾的移民和开发,主要是伴随着郑成功收复台湾的过程而进行的,大量的福建、广东百姓随郑成功移居到了台湾。因此追根溯源,今日大部分的台湾居民,300 多年前的祖籍在福建,1000 多年前的祖籍在河南(大多数为固始,还有部分从河南汝南、祥符、邓县等地迁徙去的)。

(作者为华中师范大学文献所教授)

---

① 参阅《台湾省通志·人民志·氏族篇》。

河洛文化对闽台文化的影响

（台湾）张履端

一、前言

　　河洛地区为我中华文明之主要发源地，中华博大精深的文化由河南（中州）为立足点，中华五千年前的文明史在中原孕育。河洛文化乃中华文化之母，也可说河洛文化是中华文化之根。而闽、台文化的渊源同样来自河洛，长期以来福建、台湾普遍用的语言、文字及全民认定为国语文的文学，与内陆各地区社会上公用的语言文字毫无差别。

　　河洛文化是中华文化的主要源头，长期以来居于主导地位。因为黄河是中华民族的母亲河，是中华民族主要的发祥地，河洛文化历史悠久，影响深远，形成一个连绵不断的文化成长系列。这一长期不断发展的文化，哺育了中华民族的先人，影响世代的炎黄子孙。河洛地处中原，交通四通八达，自上古以来一直是我中华民族前辈活动最早的一个中心地带，这一地区的文化发展领先于其他地区。在偃师二里头文化遗址发现有大型的宫殿遗址。这一宫殿遗址很可能是五千年前政治中心的所在地。而五千年前正是炎帝、黄帝活动的时代。夏、商、周三代的政治也都在这一地区。夏都斟鄩、阳城，就在现在的登封市（今天的告城镇）一带。商都亳、隞也在河洛地区。周代，周公营造洛邑，周公营造成周，常见于古籍记载，至平王东迁，此地就是东周的首都。夏、商、周三代河洛皆为其政治中心，也是中华文化与文明最发达的地区，真乃人文荟萃、腾蛟起凤。我们说河洛文化绝非一般的区域性文化，而确实是中华民族文化的一个非常重要的主体，是因为他对中华民族文化的形成与发展起着巨大无比的作用。如此的中原文化,对周围既有吸引作用,又有辐射影响。它既有强大的吸引力、包容力、凝众的力量,把周围地区的文化收纳过来,同时又把中原文化传播出去,渗透于各区域,影响周围地区。有专家学者说,河洛文化,一方面是很强有力的推动力,把中原文化推出去;一方面是很强有力的吸引力,把周围地区的文化吸进来,形成一"漩涡中心",不仅促进了河洛文化的光大,而且也带动了周围地区文化的成长。所以说,河洛文化在中华文化发展中确实有其无可替代的主导与带动作用。

二、河洛地区概说

所谓河洛地区应该是指黄河、洛水交汇处之广大区域,要更明白的说:"应是以洛阳为中心,西至潼关、华阴,东至荥阳、郑州,南至汝颍,北跨黄河而到晋南、济源一带等地区。"①又《史记·货殖列传》曰:"昔唐人都河东,殷人都河内,周人都河南,夫三河在天下之中。"关于古河南说,陈昌远指述河洛地区:"黄河由河曲,渭河而东,中经柢柱之险,过孟津、洛河出人丕,开始散为荥播,这一大段,大河以南之地。"②再说"河南"之正式作为行政区划,应晚于汉朝"河南郡":上溯自战国秦庄襄王元年(前249),秦於河洛及周边地区置三川郡(以境内有黄河、洛河、伊河,故名),郡治雒阳(今洛阳市东北,即汉、魏洛阳故城)。公元前205年,西汉高祖刘邦曾建都雒阳,后迁都长安,改三川郡为河南郡,治雒阳。辖雒阳,河南(汉置县,治王城)偃师缑氏,平(偃师西北)平阴(孟津东北)、新城(伊川西南)、谷城(新安东)、巩、新郑、中牟、开封等二十二县。东汉,光武帝时改河南郡为河南伊,隋置河南道、河南郡,唐置河南道、河南府,宋置河南府,元置河南江北行省,河南路、河南府,明置河南布政使司、河南府,清置河南省、河南府,民国设河南省。上述各朝代所称河南行政区划,级列不一,辖境范围也不一致,且有重叠者。

三、中原民族南迁

人说台湾人、客家人,实际上也就是福建人、广东人,也可说台湾就是福建

---

①　朱绍侯:《河洛文化与河洛人、客家人》,《文史知识》1994 年第 3 期。
②　陈昌远:《先秦河洛历史、地理与河洛文化历史地位考察》,《河洛文化论丛》1990 年第 1 期。

人、广东人的天下。

　　闽、粤等地同胞皆来自中原,秦、汉以前,长江以南各地统称为百越族,溯自各时期来自中原的汉民族,多为众族而居,自成一小社会,保有中原的风俗习惯,但也有和当地土著来往接触,互为通婚者,而当地土著虽被同化,但其原有文化特质亦被中原文化所吸收,而融会于汉文化中。如客家话、闽南语(河洛话),不仅保留有诸多中原的古音韵,这些音韵现在的国语文学中多已不存在,而且还吸取了当地土著的文化方言。所以不懂闽南语或客家话的人听了,不知所云。笔者河洛(闽南)话交谈中无障碍(语言与族群融合有帮助),客家话尚在学习中。

　　所谓台湾人实际上就是福建人、广东人,而这些福建人、广东人则是早年来自中原,也就是中原人。从他们的族谱看,仍然可以很清楚的查出他们的祖先是从中原的哪州哪县迁来福建、广东、台湾的人。

　　秦始皇并吞六国,统一天下后,即开发江南,在福建设置闽中郡,广东设置南海郡。秦亡汉起,鞭长莫及,闽、广地区又乱,汉武帝下令讨伐,被平定后,经过秦、汉再次开拓,中原的汉人已开始进入福建、广东,但为数不多,而且多数是被官方流放的罪犯。至于汉民族之大规模的南迁,则始于西晋。汉民族第一次大量南迁开始于公元四世纪初的永嘉之乱,西晋永嘉五年(307),五胡入寇,中原鼎沸,晋朝国都洛阳沦陷,怀帝被掳,皇室名门,乃纷纷逃亡避难,有到辽东,有到河西,有入巴蜀,有下江南。逃往江南的,一部分到达浙江,如琅牙王氏,陈留谢氏,范阳祖氏,谯国桓氏,颍川瘐氏,日后成为东晋政权的支柱。一部分进入福建,如林、黄、陈、詹、丘、何、胡、郑等姓氏,今天仍为福建的大姓。他们每到一地皆聚族而居,并给予当地新命名。如福建泉州最大的一条河流——晋江,就是因为晋朝的人士居住于沿江一带而得名。还有一部分中原南来的汉人由江南入广东、闽西,成为今天的客家同胞。所谓客家就是南来做客之家的意思,他们长期以来,永远保持其原有的血统、语言和风俗习惯,所以他们今天仍然是最纯真的大汉民族。

　　中原民族第二次南迁在唐朝唐高宗时代,河南光州(今天的潢川等地带)的陈元光以鹰杨将军的名义随其父陈政戍守福建,父殁,子继父职,率兵入漳州,驱逐乱民,平定叛乱,中原的汉人随之来闽者日众,但引起中原民族大迁移者,仍然是唐朝末年的黄巢之乱。黄巢之乱已起,四出攻掠州郡,取洛阳,下潼关,唐僖宗奔蜀,成为无政府状态,人心惶惶。安徽寿州的王绪,也乘机倡乱,陷寿州,扰河南,以固始县佐王潮为军正,光启元年(885),王绪率光、寿二州五千人马,南渡长江,转掠江西的江州(九江)、洪州(南昌)、虔州(赣州),攻陷福建的汀洲(长汀)、漳州(龙溪)等地,王潮与其弟审知奉母命随军南来。抵漳州后,王绪一面为减缩大军之负担与拖累,令所部勿以老弱相随,甚至于要杀王潮之母(后因谏而止),致引其所部之离心,一方面因轻信他人无稽之言,擅杀其所属之有勇略才能者,以免变生肘腋,结果弄得人心惶惶不安,所以,行军至南安时,王潮即说其前锋将军反缚王绪而杀之。

而后自领余众欲返河南,行抵安溪,应泉州(晋江)父老之请,攻打泉州,杀戮贪暴之刺史,然後遣使至福州,降于节度使陈岩,岩乃荐王潮为泉州刺史,王潮于是重归唐室。此次王潮入闽,中原士民逃难者,随之南来者众多,从此闽南经济文化,跻於中原。同时,由于这次王绪以河南兵进陷福建的汀、漳二州,引起闽南人之逃往广东潮州避难,他们日后渐渐繁殖,分布于潮安、潮阳、澄海、饶平、南澳、揭阳、普宁、患来等县,其语言与风俗习惯大致与闽南相同。

中原民族第三次南迁在两宋之间,宋朝军政制度失当,国势积弱不振,内有党争迭起,外则患乱频仍。钦宗靖康二年(1120),金兵攻陷汴京(河南开封),虏徽宗、钦宗两帝及太子、后妃、宗室等三千余人北去,北宋遂亡国,钦宗之弟旋即继位于南京(宋朝之南京乃今日之河南商丘)是为宋高宗。然而金人不久又来侵犯,于是高宗仓皇渡江,金兵乘机尾追,大江南北皆被蹂躏,迨金人北返,高宗乃都临安(今杭州),偏安江左。

金兵来侵,中原板荡,一般汉民族,有则不堪战乱暴政之骚扰,有则不甘臣事异族,多相率过江南渡浙江、福建、广东等地,另找归宿之所。其后蒙元崛起,南宋覆亡,浙江、江西、福建边境居民时有南下避难者。今天所谓台湾人,实际上为福建人或广东人,而这些福建人或广东人又是早年来自中原的中原人。今天所谓台湾人实际上其祖先都是来自中原的中原人。

河洛文化约在五千年前传入福建、台湾,三十年前台北市文献委员会举办"中原文化与台湾"研讨会。在考古论文中说:"五千年前海水下退的关系,中华文化传入台湾的遗物中,重要的有彩陶、黑陶,而这些彩陶首先在今天的河南渑池仰韶村发现,年代距离今天约为四五千年,台湾发现之地点,有澎湖的良文港、西屿乡的小池角、高雄的桃子园、南投县埔里镇的大马等地,据研究说是在辽东,杭州沿海地区向南传播渡海进入台湾。"就具体的史证:"中国自唐朝以来,福州与莆田已成为中原民族向南发展的必经之路,他们在南迁的过程中,是先到福州或莆田落户,其子孙则陆续向外发展到闽南各地区,或至海南岛、台湾等地。""中原人是福建、台湾人血缘之根","闽台文化虽有自己的特质,但与河洛文化根本上是无法分割的"。

四、后语

河洛文化之涵义,即"河图"、"洛书"的简称。依中国最早经书《书·顾命》云:"太王、曳王、天球、河图,在东序。"按孔传"伏羲氏王天下,龙马出河,遂则其文,以昼八卦,谓'河图'! 禹治水,出洛书,法而陈之,作洪范,曰'洛书'。"又《易·系辞上传》曰:"河出图,洛出书,圣人则之。"清儒黄宗羲《万公择墓志铭》云:"河洛图书……余以为即今之图军经、地理志也。"又闻一多与梁实秋两位学者讨论时亦说:"河图取义於河中马图,伏羲得之演为八卦,作成文字,更进而绘昼等等,所以代表中华文化之所由始也。"

河洛文化的体现是"八卦",本质是"中华文化的因种"。复引《史记》对禅书所言"昔日三代之君皆在河洛之间"。

河洛文化,乃指历史上"春秋"前,曾经孕育并发生在河洛之间的文化,至"春秋"末,被孔子发为"儒学"之基本素质。并逐渐融会于河洛文化,以儒学滋润中华民族,以后各时期奠定了河洛文化深厚基础,而呈现于儒学之"仁民爱物"的特质。因而,自我先民已培养出"厚德载物"、"自强不息"的精神,且"日新又新"。孔子所偈之"孝弟(悌)思想",是河洛文化的精髓! 在论语中,"仁"字出现百次以上。《说文解字》释仁为"仁·亲也,从人二",凡事当推己及人! 孝弟乃"仁"之始,孔子以孝顺父母,敬爱兄长为人类最基本、最切要的道德规范。也是人类最高尚的德性,即是"仁",或行"仁德的根基"。若说河洛文明,是在文化熔炉中产生的话,而在进入文明时代的商、周后,基于其深厚的文化内含,充分显示了文化的凝众力和影响力,同时也发挥其无比的力量辐射四面八方。

中华民族,因历史的战乱发生播迁的次数甚多,每经一次的变乱,即有一次民族的播迁融和作用,中原的汉民族早年迁移闽、粤后与当地土著,百越族发生了融和作用,唯保有原来血统者也大有人在,这些早年移居闽、粤的中原人,日后又移徙到台湾、澎湖,其子孙即是今天台湾人所谓的"台湾人"。台湾汉民族是指五代、宋、元、明、清等各朝代由福建等地来台湾的大陆人,今天一些有心人士把他们区分为台湾人,是从1945年抗日战争胜利后从大陆来台湾的大陆人,台湾人与大陆人之间,除了来台的时间有先后区别之外,没有其他任何异样。今天台湾内外一些政客、野心份子之所以公然划分台湾人、大陆人的界限,不是别有用心,就是愚蠢无矢口,可悲也!

台湾同胞不仅在血统上与中原人相同,而且还继承了中原文化的传统。而台湾虽然曾受荷兰(1624~1662)、西班牙(1626~1642)基隆、淡水一带、日本(1895~1945)先后侵占了八十八年,其文化对台胞影响甚微,如荷兰、西班牙侵据台湾时,虽是以传教为手段,实施殖民地的文化教育,但郑成功收复台湾后,代之而起的就是坚强有力的中华文化民族教育。日本人占据台湾后,企图利用日本皇民化教育及一些政治谋略,消灭我中华文化,然而我台湾同胞仍然在艰难困苦的环境中与日本搏斗,反抗暴力统制,维护我中华文化,所以今天的台湾文化亦然为中华文化。从这里我们可以看出台湾同胞对祖国的热爱与向心力,日本是永远无法以武力粉碎我台湾同胞民族意识的,而台湾也永远是无法与中华文化分割的。

"中原人是闽、台人血缘之根","闽、台文化虽有其本土特色,但与中原文化本质上是互为因果的"。这是一九九六年九月十八日,河南省郑州市"首届豫、闽、台姓氏源流研讨会",经出席学者所共同认定的"台胞祖根"两个部分再加申论,以证明彼此深厚之关联。

(作者为台湾中华易学研究会副理事长)

台湾地理、人文及主要姓氏略论

（台湾）高安泽

　　2004 年起，两岸交流熟络。此文介绍台湾地理人文之来源，虽早为马来印尼系，但长久以来，却由中华文化发展至今。中国优势南船北马，台湾处于海洋之中，容易接收外来优点，所以科技较为进步，人民享受富裕，地区小，治安好，卫生医疗先进，因此被称为美丽宝岛。

一、台湾地理位置及人文起源

　　台湾在东经 122°6′15″，至 119°18′3″；北纬 21°45′25″，至 25°37′53″，是南北长东西窄的海岛。西部为平原，中部为山脉，东部为溪谷。最高为玉山，海拔 3950 米。北部北投大屯山，为主要地震之源，但历年来花莲地震次数较多。1958 年台南曾发生大地震，1999 年南投日月潭附近大地震。台湾河流，北有淡水河，长 144 公里；中有浊水溪，长 170 公里，大甲溪，长度不详；南有下淡水河长 158 公里。台湾由 79 个岛组成，其中澎湖占 64 个。面积 35961 平方公里，澎湖占 126.68 平方公里。大于欧州比利时，小于日本九洲。南北长 377 公里，东西宽 142 公里。全岛平均雨量 2500 毫米。风土性情，西南季风，热带（嘉义有南回归线），地震、飓风、海岛等特性。

　　台湾人文最早为原住民，属马来印尼系，原住民有九族，先后迁来时间不同。1981 年陈奇禄教授研究，公元前 54 年有泰雅族、赛夏族。34 年有邵族、布嬷族、邹族和曹族。24 年有鲁凯族、排湾族、卑南族。西历后有阿美族。唐宋年间有雅美族。今日月潭有九族文化村可参观，台北市北投公园也有山地族展览馆，只是面积要小很多。

至于最早发现台湾岛的人,据《资治通鉴》杜预注,东吴孙权末年,大将诸葛恪北伐魏,兵员伤亡众多,曾派人渡海抓强壮的山民充任兵源。隋炀帝大业八年(612),伐高勾丽经台湾。元朝时发现澎湖与台湾是1291年。明郑和第七次下西洋在1430~1432年,途遇风浪,登上台湾岛。荷兰成立东印度公司后于1623~1624年占据澎湖与台湾,先后38年,移民汉人开发台湾,基隆建炮台,淡水建红毛城,台南建赤嵌楼,强调神之绝对性、传教、开垦与贸易。

郑成功反清复明,于1658年攻陷南京,渡江失败后于1661年攻下澎湖与台湾。1662年郑成功亡,子郑经继位,1680年郑经反攻又败于厦门,1681年郑经卒于台湾,次子郑克爽继位。1664年清提督施琅,不断攻台,1683年郑克爽降清,施琅入台湾。郑成功父郑芝龙,因日人田川氏,郑成功在日生活到七岁返国,18岁与明礼部侍郎董飏先侄女结婚,21岁入南京太学,拜钱谦益为师。1645年郑成功22岁,明隆武帝赐姓为朱,改名为成功(原名郑森),封忠孝伯,挂招讨大将军印,后被称为国姓爷。台湾民家非常尊敬国姓爷,许多处建庙祭祀。

施琅占领台湾后,早期属于福建省。1884年中法战争,法军登陆基隆(鸡笼),当时大学士左宗棠上疏,于1885年9月5日升格为"台湾省"。下辖台北府——淡水县、新竹县、宜兰县、基隆厅、南雅厅。台湾府(台中)——台中县、云林县、苗栗县、彰化县、埔里厅。台南府——安平县、嘉义县、恒春县、澎湖厅。台东直隶州。1811~1895年,人口由2003861人增至2545731人。1736~1812年,台湾学院有21处,义学、社学、民学、西学、电报学、番学等。由七岁至十六岁,定十年学制。经学由三字经、四书到五经。艺文以对联和诗为主,已奠定中国文化之良好教育。

二、台湾人口姓氏概况

台湾居民人数,据传说1163年,原住民大概200~300人,外来人口1000~3000人。荷兰1661年移民汉人开垦,增加到10万人,郑成功治台时人口约15万至20万人。清朝略有统计,1795年130多万人,1811年200多万人,1893年250多万人。日本占台湾的1905年,汉人280多万,原住民8万两千多人,1945年汉人600多万人,原住民8万6千多人。1950年690多万人,1955年800多万人,1960 年 900 多万人,1970 年 1300 多万人,1975 年 1500 多万人,2005 年 2300 多万人。陈奇禄教授 1935 年调查,台湾 2000 多万人,原住民占 2.4%,福佬(即闽南人)占 74.5%,客家占 13.3%,北京人占 9.8%。

据调查,台湾人口在 1960 多万人时,姓氏有 1694 个,比我们常见的百家姓多得太多了。但是其中只两三人一姓的就有 389 个,这中间很多一人一姓,不到十人一姓的也很多。姓氏笔画少的有乙丁刀力卜上等,姓氏笔画多的有观湾蔼显艳等,真是千奇百怪,大字典找不到的也有。

姓氏与地名官位有关系,堂号、郡望与自行立意有牵连,以下就由人口最多台湾一百大姓讲起。

台湾前十大姓:陈林黄张李王吴刘蔡杨。

台湾第 11~20 大姓:许郑谢郭洪邱曾廖赖徐。

台湾第 21~30 大姓:周叶苏庄江吕何罗高箫。

台湾第 31~40 大姓:潘朱简钟彭游詹胡施沈。

台湾第 41~50 大姓:余赵卢梁颜柯孙魏翁戴。

台湾第 51~60 大姓:范宋方邓杜傅侯曹温薛。

台湾第 61~70 大姓:丁马蒋唐卓蓝冯姚石董。

台湾第 71~80 大姓:纪欧程连古汪汤姜田康。

台湾第 81~90 大姓:邹白涂尤巫韩龚严袁钟。

台湾第 91~100 大姓:金 阮陆倪夏童邵柳钱。

《台湾区姓氏堂号考》书中,由乙丁开始到赞郁姓有 1694 姓,合计人口 16951904 人。一般常见的《百家姓》由赵钱孙李到盖益桓公,有 408 姓。复姓由万俟、司马到东门、西门等 64 姓。朱天民著《姓氏的尊号》一书,在公姓之后,增隋商石岳帅楚墨牟罩曲后余十二姓,为 420 姓。孙燕文注译《百家姓源流集成》,由卜丁刁起至丰郦从,从 2 画到 26 画排列,在 100 姓内含单与复姓,复姓可查上字笔画,以上书都可以作为参考。

三、结语

中华文化自周孔起,盛行于东亚,台湾常以河洛人和河洛为荣,近年民主社会采用选举制,玩政治的人,把 1943 年后来台人称外省人,先来的称台湾人,文化开始变质。2009 年两岸文化交流熟络,来台旅游人多,经商开始合作,文化自然可随着光辉再现,这使中国人的幸福文化必更优越。

安泽出生于豫北,甲骨文的发源故乡,在家因战乱没读多少书,抗日胜利后随青年军来台,才读完大学。本性喜爱写读,但早期不知书有优劣深浅,自己外文不好,却常看翻译的西方书刊,渐知中外大学者甚多。有段时间倾向西方进步,之后发觉中华文化最优。也曾厌恶清廷为外来满族,使中国落后西方三四百年,但看到《四库全书》,胜过明时《永乐大典》。上推宋朝武力太弱,但经济富裕,文化典盛,不次于春秋战国,宋版书远超出汉唐。有位学者写世界各国最优项目,中国有二,武力元朝,经济宋朝。开封古名汴京,汴河水运通四海,外来客商甚多,史载有犹太村,为西来移民,又言当时开封有百万人口,伦敦才只一万人。图书有《清明上河图》为证,文字可看《东京梦华录》,当时汴京街道建筑华丽,戏曲杂耍甚多,珠宝衣饰商店外,已有鹰猴猫狗饲料店等,民初留学美国学生,闻说有穷学生买狗罐充营养,不知宋时中国早已富裕。我常想的汉唐盛世,如今才知宋朝水运发达,影响到明朝郑和下西洋,海船前后出去七八次。

台湾居民几乎全是汉人,日统治时没全用日文,台湾先进人士创学院,设社学多以汉学为主,保存中国古文化最有贡献。不论福佬或客家,多尊敬开漳圣王、国姓爷,还建有张巡、许远二神庙,汉关羽关寿亭侯关公庙,宋岳武穆岳飞庙等。另有大庙公,原是在台牺牲之先民,因无从查明姓氏,就集体葬埋一起。后来建筑扩充,就把尸骨装入罐中摆放供桌内,上建庙宇称为大庙公祭祀。我曾知有大陆兵因思乡病殁,埋于小山坡,后建为社区,该五人就成为五神爷受活人祭拜。更盛行的是妈祖,保佑出海人的安全,所以林默娘常活在家人心中,不少台湾人还到福建去拜拜妈祖。

近年以来大陆各地方,都飞快进步,沿海地区高楼耸起,运输四通八达,穿戴华丽质美,已超过台湾很多。2009 年台湾开放直航与欢迎大陆人来台观光,看到来的旅客都非常富裕,大把出钱购买物品,在经济不景气之今天,许多台湾民心,亦慢慢欢喜两岸能永久合作。

参考资料:

1. 连雅堂:《台湾通史》,台湾古亭书屋,1995 年。

2. 台湾省文献委员会:《台湾史》,众文书刊公司,1984 年。

3. 陈丰祥、林丽月:《中国近代史》,五南图书出版股份有限公司,2003 年。

4. 周微微:《中国近代史》,学生出版社,1972 年。

5. 史明:《台湾人四百年史》,自由时代周,1980 年。

6. 陈水源:《台湾历史的轨迹》,晨星出版有限公司,2000 年。

7. 李筱峰:《快读台湾史》,玉山出版社,2003 年。

8. 林洋港题字、杨绪贤编撰、林藜译:《台湾区姓氏堂号考》,台湾新生报印行。

9. 朱天民:《姓氏的尊敬》,归主出版社,2009 年。

10. 孙燕文注译:《百家姓源流集成》,文国出版社,2001 年。

（作者为台湾《安阳文献》主编）

中华姓氏文化与近现代
海外华侨华人社会

（澳门）郑德华

前　言

　　中华姓氏文化的研究在近年已经成为国内热门的研究课题,而它的许多研究成果充分显示了它对中华文化,特别是传统中华文化研究起着深化的作用。由于文化的存在和特性不仅与历史的延续性有关,更与时间和空间这两个元素息息相关,文化的表象虽然会不断因时间空间的不同而产生变化,但我们仍然可以从现象中寻找到影响它发展变化的重要脉络和根源。本文拟从中华姓氏文化产生的源头,以及近现代海外华侨华人社会形成和发展的过程,看中华姓氏文化在海外华侨华人社会中的作用和影响。特别留意在当代时、空因素影响下的中华姓氏文化如何与中华传统文化结合而产生它的影响力,从而说明它在当代华人社会存在的意义。

一、中华姓氏文化的产生及其文化内涵

　　当我们研究海外华侨华人社会时,会清晰地看到它存在的一些文化特性与中华传统文化息息相关。原因很简单,因文化是跟着人走的,同时文化还有自然传承的特性,所以既然是华侨华人组成的社会,它无疑带着中华文化的因素。因本文讨论的是中华姓氏文化与近现代以及当代海外华侨华人社会的关系,所以以下只是谈及在这一范围下的有关问题。

中华姓氏文化有深厚的历史根源,是中华传统文化重要的一部分,它的存在和影响远远超出中国人姓名命名的范畴。为了弄清它的内涵,必须追索它产生和发展的历史。

当代学界一般都认同宋代郑樵在《通志略》中关于姓氏起源的解释。中华姓氏的起源早于夏、商、周时代。姓与氏在远古时期是两个不同的概念。

"三代之前,姓氏分而为二。男子称氏,妇人称姓。"①

姓是族号,是氏族的标识;氏是姓繁衍的分支,是家族的标识。可见,在历史上,先有姓,后有氏。

许慎在《说文解字》中指出:"姓,人所生也。"②即是说,姓是生人之物。由此得知,人最初的姓是从生他的人那里得来,亦即来自母亲。当然,在母系时代,人类的生活形态仍然处于群体性质,所以并非每个女性都有一个单独的姓,在这种社会形态下,人们所得的姓应该是氏族的姓。根据这一结论,当代有些学者进一步推断,早在母系社会时代,姓已经出现。而在中华上古时代的姓,很多是带有女字的,如姬、姜、赢等。③ 有学者更从文字学探索"姓"字的由来,进一步说明中华早期姓的命名与女性的关系。④

而氏的出现较晚,有人认为在父系时代。⑤ 我们觉得有一定的道理。根据是郑樵曾说:"氏所以别贵贱,贵者有氏,贱者有名无氏。"⑥按郑氏达的看法,"氏"这一概念的出现是为了规范人群中的贫富等级。《左传·隐公八年》:"天子建德,因生以赐姓,胙之土而命之氏。"⑦意思是说,周天子对于那些有公德的人,按他们始祖的出生而赐给他们姓,再给他们土地封邑而命氏。当然,得氏之名是多元的,除以封邑为氏之外,还有以国为氏,官为氏,以父王之字为氏等等。所以氏的得名,完全与社会的等级有关,而等级的划分说明原始平等的时代已经结束,人们的财富开始不均,有贫有富。私有财产的出现,正是社会出现贫富的

---

① 郑樵:《通志略·氏族略序》,上海古籍出版社,1990 年,1 页。
② 许慎著 崔枢华、何宗慧校点:《说文解字》,北京师范大学出版社,2000 年,519 页。
③ 何星亮:《中国图腾文化》,中国社会科学出版社,1992 年,98～99 页。
④ 张新斌主编:《中原文化解读》,文心出版社,2007 年,62 页。
⑤ 张新斌主编:《中原文化解读》,文心出版社,2007 年。
⑥ 郑樵:《通志略·氏族略序》,上海古籍出版社,1990 年。
⑦ 杨伯峻编著:《春秋左传注》,中华书局,1981 年,60－61 页。

根源,所以氏无疑是父系时代的产物。

从姓和氏产生的历史和早期的含义可以看出,它们是随着社会发展的需要而出现,并且具有各自不同的社会功能:"姓所以别婚姻,故有同姓、异姓、庶姓之别。氏同姓不同者,婚姻可通,姓同氏不同者,婚姻不可通。"①而姓氏这些社会功能,随着社会的前进亦不断改变,尤其是私有制和男性在社会的地位进一步巩固和加强,致使"姓"、"氏"的内涵也发生变化。

"三代之后,姓氏合二而一。皆所以别婚姻,而以地望明贵贱。"②郑氏非常明确地把姓和氏概念的混同定在春秋战国之后,说自此姓氏的界限开始模糊,而主要功能亦改变为决定婚姻,使用方法有称"姓"、"氏"或"姓氏";而区别贵贱的标志则转变为"地望"。所谓地望,就是六朝时代的"门阀",而有地望就是指那些世居某地为人们所仰望的家族,即世家大族。

从上文简述中华姓氏文化的起源和早期发展历史可以看到,姓氏在形成的阶段已经充分显示了它与血缘和地缘的密切关系,显示了它有鲜明的社会功能性。上文提及的"姓,人所生也",就是把生者规范为"姓"的来源,亦即把姓的血统因素规范下来。而得"氏"的方法,上文提及的"以国"和"封邑"则与地缘有关,"以官"和"以王父之字"就是与血缘有关。另外,三代以前的姓不仅用以表示同一血统,还用来"别婚姻",而氏则用以"别贵贱"。由此我们便可以领悟到中华姓氏文化从它的出现那天起,就有其特定的社会功能,也就是说,它是为人类的社会建构而产生的。

中华姓氏文化与血缘和地缘的密切关系以及具有鲜明的社会功能性这些特点,在三代以后的历史发展过程中虽然有所变化,但这些在原始时期形成的特性却成为中华姓氏文化最基本的特质而存在,并以不同的方式对社会产生一定的作用和影响,尤其在人类群体的划分方面,具有持续的影响。所谓"物以类聚,人以群分",说的就是在人类社会的发展过程中,人会分为不同的群体,当然用姓氏来直接划分不同的社会群体,随着时代的发展不断淡化,春秋战国以后,原来的姓氏制度基本瓦解,姓氏合一以后,代之的是"百家姓"制度。这种制度形

---

① 郑樵:《通志略·氏族略序》,上海古籍出版社,1990 年。
② 郑樵:《通志略·氏族略序》,上海古籍出版社,1990 年。

成的百家姓氏,一直沿用到今天。

所谓"百家姓"制度,实际就是三代以前姓氏制度的一种变化和延伸。我们可以透过百家姓氏的来源作一个简要的分析。

中国人百家姓的来源不仅存在地域的不同,而且时代也不同,所以很复杂,归纳起来主要有下面几种:

1. 以祖先的封国、封邑、食邑、居住地为姓;

2. 官职、爵位、谥号为姓;

3. 以祖先的字、号、名为姓;

4. 赐姓、贬姓、讳姓。①

从上述有关姓氏的主要来源可见,除第 4 类之外,第 1 类是与地域有关,第 2、3 类是与人,即血缘有关,说明在实行百家姓制度的时期,血缘和地缘仍然是其中的重要因素。虽然在百家姓时代,姓氏所带有的血缘和地缘因素不一定以直接的形式获得它的社会功能,亦即说不一定直接用姓氏作为社会等级的划分标准,但它在姓氏中潜在的影响力仍然是存在的。如称历史上某朝是"某家(按:指皇帝的姓)天下";现代社会上的流行语"同姓三分亲",称同姓的人"五百年前是一家"等用语。而最典型者莫过于在近现代历史时期,出现一些同姓会馆,以姓氏作为立馆的基础,说明姓氏有一种使人群凝聚的社会功能。我们可视此为中华姓氏文化特性的历史延续。

由于到目前为止,每一个人在社会上生存,都必须有一个姓氏,所以姓氏文化的影响不仅历史悠久,且非常广泛,但由于每个人所处的历史时、空不同,所以受姓氏文化的影响亦不一样。我们认为对海外华人也理应如此,所以必须对他所处的时代和环境作具体分析,才能得出较为合理的结论。

二、近现代海外华人社会的姓氏认同

虽然中国海外移民历史久远,但作为今天海外华人社会的分布和格局,是在 19 世纪中叶以后才逐步形成的。中国现代移民在海外的凝聚原因、过程和方式,不少人作过研究,但从姓氏文化的角度探讨中华文化对海外华人社会的影

---

① 郑樵:《通志略·氏族略序》,上海古籍出版社,1990 年,1~4 页。

响,虽然有文章提及,不过没有详细论述。①

　　要研究姓氏文化在近现代海外华人社会的认同,实际上就是要了解姓氏文化在近现代海外华人社会的影响和作用,而这种影响又主要表现在华人在近现代的海外移动和凝聚方式上。

　　近现代的中国海外移民运动的高潮出现在 19 世纪中叶以后。诱发的重要原因是鸦片战争以后西方在中国掀起的苦力贸易。② 从海外华人历史发展的过程看,虽然在 19 世纪中后期劳工向海外移动的数量占了大多数,但影响海外华人社会较大的还是华商,③所以我们在考察海外华人社会的文化现象时,不要单从海外华工的层面进行分析,而是要从近现代海外华人社会形成和发展的全过程,特别是要对海外华商的凝聚和影响加以分析,才能得出较为可靠的结论。

　　不少海内外学者对华侨、华人社会的认同问题作过研究,④但从中华姓氏文化的角度作分析的专门著述,目前仍未看到。

　　我们认为,中华姓氏文化在海外华人社会中的影响虽然有历史的延续性,但在不同的历史阶段,其影响的程度、方式是有所不同的。中华姓氏文化对海外华人的影响是属于思想文化研究的范畴,为了研究的方便,我们可以把中国近现代海外华人思想发展的历程大体上划分为两个阶段:第一,从 19 世纪中叶到第二次世界大战爆发前(1937),这是近现代海外华人社会发展到形成的阶段。在这个阶段,海外华人思想文化上最大的特点是"落叶归根";从第二次世界大战结束开始,海外华人社会进入近现代的重大转变时期。海外华人思想从"落叶归

---

① 如张新斌主编的《中原文化解读》,在"寻根:凝聚海内外华人的根脉与纽带"一章中,提及姓氏文化是联系海内外华人文化的根脉与纽带,但并没有展开论述。参考该书 50 页。

② 颜清湟著,粟明鲜等译:《出国华工与清朝官员》,中国友谊出版公司,1990 年;可儿弘明著,孙国群等译:《猪花——被贩卖海外的妇女》,河南人民出版社,1990 年。

③ 本文同意王赓武教授对历史上华人海外移民"四大类型"的划分:1 华商型(鸦片战争以前为主要类型)、华工型(十九世纪中至末期为主要类型)、华侨型(1900 年至 20 世纪 50 年代为主要类型)和华裔或再移民型(近年发展起来的新类型),并认为华商型在整个海外华人移民史中占有最重要的地位。参看王赓武:《中国与海外华人》,香港商务印书馆,1994 年,5～14 页。

④ 如麦留芳:《方言群的认同——早期星马华人的类法则》,台北中央研究院民族研究所,1985 年; Wang Gungwu:'the Study of Chinese Identities in Southeast Asia'in Jennifer Cushmen & Wand Gungwu(eds.),Changing Identities of the Southeast Asian Chinese Since world War Ⅱ,Hong Kong,Hong Kong University Press,1988 pp. 7－16;颜清湟:《东南亚华族文化:延续与变化》,载颜清湟:《东南亚华人之研究》,香港社会科学出版社有限公司,2008 年,315～344 页。

根"逐步转变为"落地生根"。①

在近现代海外华人思想发展的第一阶段,中华姓氏文化对海外华人的影响主要从三方面体现出来:1. 从家庭和宗族的观念和伦理道德方面;2. 从海外华人凝聚的方式方面;3. 从海外华人与故乡的关系方面。

在这个历史阶段中,海外华人的家庭和宗族的观念比较强,具体体现在以男性为核心的血缘关系意识在华人的思想中占有重要地位,它的影响力主要通过下面几方面表现出来:

1. 在海外,成为华人联系和重新结集的重要动力。

2. 成为以血缘关系为纽带的海外华人社团组织的凝聚基础。

3. 成为海外华人与家乡联系的纽带和"落叶归根"思想的原动力。

我们先以海外华人早期社团的组织形态作为切入点研究。以新加坡早期华人社团组织为例,当华人在新加坡开始凝聚时,便出现华人社团组织。早期新加坡华人大体上有三种类型:血缘组织(宗祠)、地缘组织(会馆)和业缘组织(公所),在此基础上,华人组织不断发展。从 1800 年到 1920 年,新加坡华人主要的华人社团如下:

血缘社团组织:20 个

地缘社团组织:32 个

业缘社团组织:22 个

(资料来源:吴华:《新加坡华族会馆志》第一、二、三册,新加坡:南洋学会出版,1975－1977 年版)

从上述统计数字可见,在新加坡早期华人组织中,血缘和业缘组织的数量较为接近,而地缘组织占的比例较大。

在这里我们需要进一步说明和分析的是,新加坡早期华人组织首先出现的是血缘组织。② 说明血缘在海外华人凝聚历史中的地位。新加坡华人以血缘关

① 麦礼谦:《从华侨到华人——二十世纪美国华人社会发展史》,香港三联书店(香港)有限公司,1992 年。

② 吴华:《新加坡华族会馆志》第二册,新加坡南洋学会出版,1975 年,1～4 页。

系组织起来的社团组织,其名称虽然比较庞杂,但以姓氏或地名加姓氏的却占大多数。①

而地缘和业缘组织表面上与中华姓氏文化没有直接的关系,但若对这两类组织进行进一步的分析便可以看到它们的内在联系。

建于1823年的新加坡应和会馆,是以嘉应五属(梅县、兴宁、五华、焦岭和平远)人为对象的地缘组织,但对会馆内各地成员的血缘(姓氏)关系亦相当重视。1875年,由"罗翰诚、刘恒兴和梁振丰等人又发起集资,在馆之右侧,附建五城福地一楹,为同乡纪念先人,安放牌位之用"②。由于中国广大农村一般是聚族而居,所以在地缘的因素中,往往已经包含有宗族,即血缘的因素。③

在业缘组织方面,我们只要观察历史上新加坡华人在经营事业上的家族化特色,便可以知道血缘关系在业缘组织中的影响力。正如吴华在《新加坡华族会馆志》中总结华人血缘和地缘与业缘的关系所说:"华人经营的事业的家族文化,例如以前陈嘉庚创立的公司的高级职员,大多数为姓陈的闽南人;胡文虎的机构的主要人员,大多数为姓胡的客家人……自从陈嘉庚奠定了他在橡胶业的地位后,扶掖了不少同乡,他本人的事业虽失败,然而他的亲友继承下去。"④

研究中国海外华人的著名学者颜清湟教授在《新加坡早期潮州社群的权力结构与权力关系》中,从政治学的角度,对新加坡华人社团的结构进行了深入探讨,其中对畬有进家族控制义安公司权力达数百年之久的原因进行了分析。畬有进起家的义安公司(Ngee Ann Kongsi)前身名"义安郡"(Ngee Ann Kun),约成立于1830年,其共创者是来自澄海和海阳县的十二姓氏。⑤ 十分明显的是,义安公司一开始就是以地缘和血缘作为社团组织的基础。而后来这个公司逐步由畬家控制,完全是白手起家的畬有进"精密计划的结果"。畬有进认为,要保留畬

---

① 在早期的新加坡华人20个血缘组织中,就有用"家馆"、"会馆"、"宗祠"、"家祠"、"公会"、"社"、"堂"、"公司"、"总会"、"书室"等10种不同称谓,而以姓氏或姓氏加地名作为组织名称的则有17个,显得较为一致,从一个侧面反映了中华姓氏文化的影响。参看《新加坡华族会馆志》第二册,新加坡南洋学会出版,1975年,213页。

② 吴华:《新加坡华族会馆志》第一册,新加坡南洋学会出版,1975年,51页。

③ 新加坡华人会馆多拥有坟山,作为乡人和宗亲人入土为安之用。参看《新加坡华族会馆志》第一册,新加坡南洋学会出版,1975年,4页。

④ 《新加坡华族会馆志》第一册,新加坡南洋学会出版,1975年,3页。

⑤ 十二姓氏为:陈、蔡、林、黄、郭、张、吴、沈、杨、曾、刘、王,参看《新加坡潮属社团简史》,载《新加坡潮州八邑会馆四十周年纪念暨庆祝新加坡开埠五十周年特刊》,205页。

家的财富和在潮州社群以至整个华人社会中的领导地位,就必须"依靠子孙延续下去",所以他精心培养他的儿子畲连城为接班人,而畲连城又培养了他的儿子畲应忠继承家业。① 这种从地缘和血缘为基础组成的公司,逐步走向以某一姓氏(血缘)为中心的管理模式,在 19 世纪末到 20 世纪中后期的海外华人社会中相当常见。

在中国传统文化中,姓氏和血缘、地缘的关系是非常密切的。姓氏文化中往往包含了血缘和地缘的成分,而血缘和地缘关系有时可以用姓氏代替。姓氏与血缘和地缘这种在文化上的关系,常常在海外华人社会的社团组织方式中表现出来。

"宁阳正副董事(主席)、通事、伙头(以小姓者充当),皆需担保。司数由邑人各商店轮流负责,称为值理,每月三户轮值,共四十六户。商董共三十七名,其中十一名由孙总领事扎派充当中华会馆商董。光绪二十二年(1896),宁阳照派轮值董事、副董事、通事,每年三名式。地震后,各姓轮值表全毁。光绪三十三年,适在甄良煜残部搜出各姓轮派董事凭据。……此表规定,二十六年轮值一番,周而复始。其中董事(主席),排定黄姓七名,李姓四名,陈姓三名,伍姓二名,其余朱、刘、马、赵、甄、雷、邝、谭、蔡、林、增,每姓一名。"②

成立于清朝道光二十七年(1847)的旧金山宁阳会馆是一个北美早期的华人社团。联谊乡里,关注华侨权益是其建立的主要宗旨,而其核心力量是商人,所以可以说它不仅是一个地缘组织,而且是兼有血缘和业缘特质的华人社团。非常明显的是,宁阳会馆是以姓氏作为该组织董事轮值的根据,表明了姓氏与会馆权力的密切关系。

在近现代海外华人社团组织中,我们还看到有直接以姓氏作为组织基础的组织。如美国的龙冈亲义公所,就是以刘、关、张、赵四姓作为参与成员的基本条件。姓氏被利用为组织的重要元素,充分显示了姓氏文化在近现代时期海外华人社会中的作用。

三、姓氏认同在当代海外华人社会中的意义

在研究中华姓氏文化在当代海外华人社会中的作用时,首先要认识的是海

①　参看颜清湟:《新加坡早期潮州社群的权力结构与权力关系》,《东南亚华人之研究》,48～61 页。
②　刘伯骥:《美国华侨史续编》,台北黎明文化事业公司,1981 年,198～199 页。

外华人社会历史变迁的存在。由于时代和国内外社会背景的巨大变化,使中国海外移民的阶级构成、移民方式以至在海外的凝聚以及与中国的联系方式等方面都发生重大改变。但是尽管如此,中华传统文化在海外华人社会中的影响仍然是十分重要的一部分,其最重要的原因首先来自文化传承的内在规律,只要引起文化传递的条件没有完全消失,文化的延续就会持续,文化不可能在短期内突然出现,也不会一下子消失。其次是中华传统文化本身的魅力,和海外华人社会对中华传统文化的历史积累,亦是重要的原因。由于中华传统文化在历史的发展过程中所形成的渗透力、张弛力和应变能力,使得它具有巨大的生命力。关于中华传统文化在海外华人的流播和影响,是一个复杂的研究课题,本文不可能作全面的论述,只能就有关中华姓氏文化的影响作具体的探讨。

我们认为,20 世纪末到 21 世纪初的海外华人社会,仍然存在姓氏文化影响这种重要社会文化因素。

其一是目前在海外约有 5000 万的华人,[①]他们不论是新老移民或是移民的后代,也不论生活在华人或非华人社区,大部分仍保留中华姓氏。虽然,单纯的姓氏并不等于中华传统文化,认同中华姓氏文化也并不等于认识和继承了中华传统文化。但是,中华姓氏文化往往是唤起海外华人认识中华文化的起点。从姓氏——祖籍——中华传统文化,这就是当代不少海外华人寻根意识的发展过程。这个过程实际就是海外华人潜在的中华传统文化意识抬头的结果。如果我们略为扩大一点研究的视野,从当代世界文化走向融合的角度看寻根意识,便可以知道在当今世界文化发展的进程中,国家、民族、地域文化意识抬头,正是世界文化交融的一部分。我们千万不要以为走向共性就要埋没个性,其实没有个性就不会有共性。共性是个性的融合。所以,我们不要把国家、民族、地域文化意识抬头统统看作是世界文化融合的对抗力量,而是要具体区别它的性质,看看它是否借用国家、民族、地域文化的旗号来排斥世界文化的交往和融合,如果不是,我们就应把它看作是世界文化发展进程必然的现象,因为正是由于有不同类型的文化存在,世界文化才具有丰富的色彩,它的融合才具有真正的意义。倘若是

---

① 　参考周兆呈:《新空间　新时间　新角色——博客对海外新移民与中国互动》,《华侨华人历史研究》2007 年第 4 期。

以一种强势文化去吞灭所有的弱势文化,实际是以超级大国文化统治世界的表现。所以世界文化走向融合潮流中出现的国家、民族、地域文化意识抬头,是一种具有积极意义的文化现象。而目前这种潮流的冒起,恰恰就是中华传统文化海外延续的重要契机,而中华姓氏文化则可以成为海外华人认识中华传统文化的切入点和门径。

其二是当代全球华人的社会网络虽然正在发展和更新,但是它并不是断裂式的质变,而是延续式的蜕变,亦即说在近现代历史上形成的以"血缘"、"地缘"和"业缘"为基础的海外华人的社会网络,向着更多元化和现代化的方向前进,而旧有的"三缘"因素不仅仍然存在,而且仍具有一定的影响力。① 不少研究成果已经充分说明,在当今跨国移民的时代,这"三缘"仍然是中国海外移民网络运作机制中的核心因素。② 这种现象说明,当国际移民网络一旦形成,它便具有一种特殊的生命力,即使历史上的某种移民原因改变或消失,其网络在某些因素的刺激下仍可以改造性地复制,使新网络迅速形成和运作。③ 所以我们绝不要以为由于时代的变化,当代的中国海外移民社会与历史上的海外移民社会已经有很多不同,便误认为它的延续性已经不再存在,影响它的因素亦完全消失。恰恰相反,由于海外华人社会在历史上形成了自己强大的网络和机制,使得表面隐退、淡化以至消失的某些因素,在一定条件的作用下,会以新的形式复活,从而产生新的社会作用。

我们在上文已经论述了中华姓氏文化和历史上海外华人社会中"三缘"的关系,说明了它是作用于华人社会的一种重要文化因素,而当今的海外华人社会仍然受着"三缘"的影响,亦即肯定了中华姓氏文化在当今海外华人社会中的作用。当然这种作用的发挥,有的是直接的,有的是间接的。这里我们仅以新兴的国际华人网络手段——博客的运用便可见一斑。

周兆呈博士在他的《新空间　新时间　新角色——博客对海外新移民与中

---

① 本文提出的"近现代"时期,是指 19 世纪中叶开始的中国近现代时期。

② 刘莹:《移民网络与侨乡跨国移民分析——以青田人移民欧洲为例》,《华侨华人历史研究》2009年第 2 期。

③ 本文有关当代国际移民网络理论的阐述,参考了上注刘莹的文章及其他有关论述(详见《华侨华人历史研究》2009 年第 2 期),不过在文字上作了部分改动,表明了笔者与他们有不尽相同的看法。

国互动的影响》一文中,对目前海外博客的主要形态、状况和功能作了颇为具体、细致的描述与分析,并把这些海外华人博客社区大致分为三大类:1. 地缘博客社区;2. 类缘博客社区; 3. 门户博客社区。① 最后,他在文章的结论部分写道:"本文论述的地缘、类缘等海外华人博客社区组成方式,在一定程度上体现出延续海外华人传统的'血缘、地缘、业缘''三缘'社群组织模式,已经产生诸多差异和变化,组织形式、组织内容和组织要求都大不相同,对传统华人社群的组织形式形成补充,但也将产生一定的冲击。比如地缘博客社区,既有传统意义上的以来源地为认同对象,也包括以居住地为认同对象;类缘的姓氏博客社区按照宗族、姓氏为认同对象,但又超脱传统血缘性社团的地域特征。其他类缘博客社区更拓展了业缘的范畴,任何小众社群都可能极为方便地建立自身的组织。"②周博士的研究具体对象虽然是当代的海外华人的博客问题,但其成果却为中华传统文化,当然也为中华姓氏文化在海外影响的延续提供了具体的例证,③充分说明了现代文明的发展仍然与传统文化有着不可分割的关系。

　　过去我们研究海外华人社会时,无论是采取综合研究或国别、个案研究的方式,一般比较注意的是华人的经济和身份认同,而近年以网络为研究视野的愈来愈多,从时空不同角度探索海外华人历史和现状越来越普遍,标志着华人研究的深入发展。④ 而随着海外华人研究的发展,海外华人与传统文化关系的研究亦得到深化。我们从当代海外华人社会网络的研究中,看到了姓氏认同的存在和作用,证明中华姓氏文化在今天海外华人社会中仍然是一股不可忽视的潜在力量。

(作者为澳门大学中文系教授、中国文化研究中心主任)

---

① 周兆呈:《新空间　新时间　新角色——博客对海外新移民与中国互动的影响》,《华侨华人历史研究》2007 年第 4 期。

② 周兆呈:《新空间　新时间　新角色——博客对海外新移民与中国互动的影响》,《华侨华人历史研究》2007 年第 4 期。

③ 周博士在论述类缘博客社区时,列举了直接用姓氏作为博客组织手段的社群:"华人王氏家族"、"陈氏家族"等,参看同注 28,14 页。

④ 林勇:《海外华人网络与 FDI 流入中国大陆的实证分析》,《华侨华人历史研究》2007 年第 3 期;廖赤阳,刘宏:《网络、国家与亚洲地域秩序:华人研究之批判性反思》,《华侨华人历史研究》2008 年第 1 期;Chan Kwok Bum(ed.),Chinese business Networks: State, Economy and Culture Singapore: Prentice Hall,2000 等。

看河洛文化辉煌历史
在现代化中再造辉煌

（台湾）张洪平

河洛文化乃是中原华夏之根，更是中华文明诞生的源头之地。中华民族是炎黄子孙，河洛地区乃是炎黄二帝诞生和活动的主要地区。三代期间，河洛地区诞生了一大批精英，如黄帝、夏禹、姜尚、周公、老子、庄子、墨子、商鞅等等，在政治、军事、经济、文化诸多领域中，形成儒、道、名、法、兵、墨、纵横等文化流派，以及各具特色的典籍，如《诗》、《书》、《易》、《礼》、《乐》、《春秋》等经典——指导人们：正心、诚意、修身、齐家、治国、平天下，一条完整且有根源有系统的明路。

《周易·系辞上》载："河出图，洛出书，圣人则之。"河图、洛书，出自河洛，是中国古历史中，流传下来的两幅神秘而内容丰富的图案瑰宝，凝结了先哲们超凡的智慧。至汉代，以河图洛书解说《周易》八卦与《尚书·洪范》五行，形成阴阳五行学说。河图洛书亦为中国儒家经典来源，蕴含古老原创思想，诞生出许多中国古代哲学、医学、天文、历算以及兵、刑、道、法等重要内容。

河洛地区山明水秀，风景幽美，地灵人杰，因此代有辈出的人才，如：伏羲，人文始祖，孟津龙马负图寺始建于晋永和四年，距今有 1600 多年的历史，因传说中伏羲在此降伏龙马、创制八卦而得名，是河洛文化中"河图"的出现地，"人根之祖"、"人文之祖"伏羲的祭祀地，是中华文明的重要发源地之一。

商汤，子姓，名履，灭夏后称为武汤。始祖契，曾辅佐大禹治水，封于商地，因以为族号。任贤臣伊尹为相，委以国政利用夏的最后一个君主桀无道，攻灭夏，建立商王朝。在位期间，推行善政，减轻征敛，鼓励生产，安抚民众，停止人殉，保护劳动力。即天子位,定都西亳。位于洛阳市城西、洛河北岸一带。

苏秦,字季子,洛阳人。传有头悬梁锥刺股发愤读书之故事。致力于纵横之术,先后游说六国,劝其合力抗秦,形成合纵之势力。苏秦为合纵约长,佩六国相印。归赵封为安君。后奉燕昭王命入齐,从事民间活动。

张衡,东汉文学家、科学家,东汉顺帝时,张衡在洛阳发明地动仪,成功测知永和三年陇西地震。是世界上第一台地震仪,比欧洲早1700多年。

玄奘,姓陈,名祎缑,洛阳人,被尊称为三藏法师。佛经以经、律、论为三藏,经为佛所自说,论是经义解释,律是纪条戒规。玄奘在26岁时,去印度求经,途经困难和危险。旅游17年历经50多国,带回657部佛经归国,着手翻译19年,译成73部经论,凡1330卷。古今以来,翻译经典最多。

总之,洛阳历史文化博大精深,无论在政治经济、哲学文学、医学歧黄、科技发明、天文历算以及兵学艺术大家等等,真可谓"河洛江山,山明水秀,造就古今,地灵人杰!"中华文化之根的"河图洛书",诞生于此;周公在这里制定礼乐,形成三代最具代表性的周礼;老子在这里研究典籍文献,并以此为基础完成《道德经》;《诗经》首篇《周南》,收集的便是洛阳当地的民歌;西周初年迁洛的"殷顽民",形成了中国最早的职业商人,东周时在这里诞生了商圣白圭。东汉时的太学,是中国历史上最早的公立大学,在学人数最多时有30000多人,校舍1850间,并形成了较为完整的招录与教学管理办法。王充在这里完成了《论衡》,许慎在这里完成了《说文解字》,班固在这里撰写了《汉书》,陈寿在这里撰写了《三国志》,司马彪在这里撰写了《续汉书》,司马光在这里完成了史学巨著《资治通鉴》。张衡在这里研制了浑天仪与地动仪,蔡伦在这里发明了造纸术,华佗在洛阳研究中医外科而知名。此外,《两都赋》、《两京赋》、《洛神赋》等文学名篇与洛阳有关,中国古代乐舞尤以洛阳百戏最为精华;真、草、隶、篆等书体的成熟也与洛阳有关,吴道子的《五圣图》完成于洛阳,中国最大的艺术宝库龙门石窟亦在洛阳。从以上挂一漏万的记述中,也可以看到洛阳文化的厚重。而就学术层面而言,道学肇始于洛,儒学渊源于洛,经学兴盛于洛,佛学首传于洛,玄学形成于洛,理学寻源于洛。因此,洛阳是中华文化的圣城。

缅怀过去的辉煌已成历史,梦想未来的美好还是虚幻,唯有把握现在大好时空,努力当下。普及全民教育,改善人们生活,提高生活素质。复兴河洛文化,培植艺文人才,养成雅成雅尚风气,提高文化素质。提升河洛文化、文艺,不但使之成为华夏之骄傲,属于整个中国;甚至是属于世界,成世界人类的楷模。

河洛文化是中华文化的代表与缩影。对于河洛文化的期望,也就是对整体中华文化的期望。河洛历史文化之博大精深,无论政经、文哲、歧黄、医技、历算、天文以及兵学艺术等各方面,皆有震古烁今的杰出成就。由于河洛江山,山明水秀,地灵人杰,造就人才! 历史上的河洛文化,是华夏之骄傲,属于整个中国;亦属于世界,可谓是世界人类难能可贵的楷模。

现今的世界,科技交通资讯之发展一日千里,东方的中国亦如一条巨龙,于沉寂多年后,和平崛起,快马加鞭地吸收学习,现代化世界各种资讯、交通、生化等科技与系统化管理技术。以雄厚的中华文化中庸哲学为基础,大同思想为后盾,以丰富的历史文物,风景古迹,人物事迹为教训教材。把握现在大好时空,努力当下再造河洛现代新文化,与世界接轨,逐渐迈向健康人类、环保地球、和谐社会及大同世界的终极目标,使河洛文化在现代化中再造辉煌。

(作者为台湾三益生实业总裁)

河南与中华姓氏寻根

张新斌

　　河南位于中国的中部,古称中原或中州,是中华民族的主要摇篮和发祥地。河南不仅是历史文化大省,也是人口大省、农业大省、新兴工业大省,在中国的整体发展中占据有重要的地位。

一、河南是海内外华人心中的圣地,河南寻根规模由小到大,已成为独特的文化风景线

　　自 20 世纪 80 年代开始的寻根潮是世界范围内寻根热潮的延续。早在 1976 年,美国黑人作家阿历克斯·哈利出版了小说《根》,不仅引起了黑人的寻根,也引发了海外华人的寻根热潮。1978 年,台湾举办了《根——台湾的过去和现在》的展览,出版了《五百年前是一家》,也拍摄了电影《源》。1981 年,厦门学者黄典诚教授到河南进行语言学考察,寻找闽南语的根,并发表了《寻根母语到中原》的文章,引起了较大反响。1982 年,香港实业家方润华致函河南省省长戴苏理,不仅要寻找方姓的祖根,也建议河南要派出巡回大使到东南亚去宣传河南的根文化。自此,海外华人到河南的寻根,不仅经历了三个高潮,也使河南的根文化成为凝聚海内外华人的纽带。

　　1. 80 年代末与 90 年代初是河南寻根的第一个高潮

　　这个时期,邓、谢、钟、南、许、林、郑、尹、柯、蔡、江、廖、叶等姓氏的海外华人,陆续到河南寻根。其中,1991 年,全欧客属崇正总会共 245 人,对河南的寻根,拉开了海外客家人集体到河南寻根的序幕;1993 年,卫辉举行了纪念比干诞辰

3085 周年纪念大会,吸引了十余个国家与地区的 527 位林氏宗亲到河南寻根,也开启了海外宗亲向祖地圣迹捐款的高峰;1992 与 1994 年,海外郑氏到河南荥阳寻根,树起了河南寻根的一面大旗。这一阶段,新郑黄帝故里的论证、炎黄二帝巨塑的创意,均得到了海外华人的热烈响应。河南也成立了中原族史学术委员会,并取得了初步的研究成果。

2. 90 年代末与新世纪初是河南寻根的第二个高潮

自 90 年代以来,李、张、刘、郑、陈、谢、许、宋、林、蔡、叶、钟、南、韩、詹、赖、黄、方、牛、温、禹、千、邱、范、尹、柯等姓氏均组团到河南寻根,并出现了新的趋势。1998 年,郑源实业公司在郑州举办"首届郑源国际经济贸易洽谈会",吸引十余个国家与地区的郑氏宗亲到河南参会,签约总额达 14.2 亿元人民币,举办单姓经贸会为河南首创;1999 年,在长葛举办了"世界舜裔联谊会第 13 届国际大会,姓氏全球盛会在河南举行,尚属首次;2001 年,在商丘创办了戴氏工业园区,这种情况亦为首次;国内诸多出版社推出的姓氏文化丛书,河南作者已成为主力军。

3. 2003 年至今寻根热潮此起彼伏形成河南寻根的第三个高潮

这一阶段,河南的寻根活动已由组团寻根,到世界大会的举行。如 2003 年,世界客属第十八届恳亲大会在郑州举行;2004 年,世界刘氏第四届(寻根)联谊大会在平顶山举行;2005 年,世界张氏总会第二届恳亲大会在濮阳举行,第二届温氏宗亲文化交流大会暨首届世界温氏祖地恳亲大会在温县举行,世界宋氏宗亲第一届恳亲大会在商丘举行;2006 年,世界舜裔宗亲联谊会第 19 届国际大会在濮阳举行,第二届世界韩氏恳亲大会在安阳举行,这些活动极大地提升了河南寻根的档次。2004 年,在周口举办了首届中华姓氏文化节,2006 年则提升为省级节会,已成为海内外较有影响的姓氏文化龙头节会。2006 年、2007 年,连续举办了两届高规格的新郑黄帝故里拜祖大典,2007 年在黄河岸边矗立的炎黄二帝巨塑的落成,均将河南寻根的活动推向高潮。可以说,河南的根文化资源,已成为连结海内外华人的重要纽带。

二、河南历史文化的本质是根文化,姓氏文化是中国特殊的资源,是维系海外华人的重要纽带

1. 河南历史文化资源的总体情况

河南是中华民族历史文化的重要发祥地之一。早在数十万年前,中原地区便已有了人类活动的足迹。史前文化谱系不断,"裴李岗文化"、"仰韶文化"、"河南龙山文化"等构成了早期农业文明的基本框架。"三皇五帝"等人文始祖与河南密切相关。自夏代开始,至元代以前近 3500 年间,共有 200 多位帝王建都或迁都在河南,夏商、东周、东汉、三国、北宋、金等朝代,均以河南为政治中心。中国八大古都中,郑州、安阳、洛阳、开封名列其中。河南是中华姓氏的主要发源地,其中起源于河南的古今姓氏达 1500 个之多,在当今 100 大姓中,有 78 个姓氏起源或部分源头在河南。河南名人辈出,群星璀璨,在"二十四史"中立有列传者 5700 余人,仅汉、唐、宋、明四个朝代河南籍名人即达 912 人,占总人数的 15.8%,名列第一。道圣老子、谋圣姜太公、墨圣墨子、商圣范蠡、画圣吴道子、字圣许慎、医圣张仲景、科圣许衡、诗圣杜甫、律圣朱载堉等名人在中国历史上均占有重要地位。在元代以前,绝大多数历史名人,即使不是河南人,也都是在河南长期活动并保留有大量的遗迹与传说。

目前,已查明的河南各类文物景点共 28168 处,文化资源单体总量为 25323 个。其中洛阳龙门石窟、安阳殷墟已经正式列为世界文化遗产。全省共有全国重点文物保护单位 189 处,河南省文物保护单位 954 处,市、县级文物保护单位 4000 余处。河南地上文物数量居全国第二,地下文物数量居全国第一,并且这些文物还以数量多、时间跨度长、品类齐全、价值高、分布地域广而著称于世。河南现有国家历史文化名城 8 个,省级历史文化名城(镇)21 个,馆藏文物达 140 余万件。身处河南就仿佛在阅读一部"看得见、摸得着、进得去"的中国历史文化的百科全书,举手投足都可以感受到物化的历史。

2. 河南根文化丰富的主要原因

河南是姓氏根文化大省。据我们最新研究,在依人口数量多少排列的 300 大姓(1987 年版)中,有 176 个起源于河南,有 134 个姓氏的郡望地在河南;其中,100 大姓中,有 78 个姓氏的源头或部分源头在河南,20 个姓氏在起源过程中与河南有关。据另外一项研究,在前 120 大姓中,有 97 个姓氏的源头或部分源头在河南,古今姓氏中根在河南者达 1834 个,可以说当代华人的祖根大半在河南。毫无疑问,河南姓氏根文化资源异常丰富,这与河南在中国古代文化中的地位紧密相关。

①姓氏起源于母系氏族社会而河南同期古文化最为发达。

中国的姓氏有多少,唐代的《元和姓纂》收录姓氏 1520 个,宋代的《氏族略》收录有 2368 个,明代的《姓汇》收录有姓氏 2500 余个,《姓觿》收录有姓氏 3625 个,清代的《姓氏寻源》收录有姓氏 4053 个,袁义达的《中华姓氏大辞典》收录有古今汉字姓氏 11969 个,其中单字姓 5327 个,双字姓 4329 个,其他为三到九字的复姓。我们常说的《百家姓》,为宋人所编,最常见的版本收录姓氏 438 个,明代的《增广百家姓》,收录的姓氏达 504 个。

尽管姓氏对当代人而言是一个通行说法,但在早期,姓与氏有着严格的区别,古人所云姓为"别血统",氏为"明贵贱"。古姓起源于母系氏族社会,与早期氏族的族徽与图腾有关,因此古姓都有一个女字旁,如姬、姜、姒、妫等。而氏则与血缘没有直接联系,也就是说,不同的氏可能出自同一个祖先,其得氏方式有多种,产生的时间可以晚到东周时期。

河南的早期文化十分发达,考古发现有距今 8000 年左右的裴李岗文化,6000 年左右的仰韶文化,这些文化不仅分布于河南,也分布在大中原的范围之内,但核心区在河南,因此古老的姓多与河南有关。

②中华姓氏的始祖大都与中原有关,这是河南姓氏根文化资源丰富的关键所在。

据研究,在前 120 大姓中,血缘可分作黄帝族系、炎帝族系与东夷族系,并以黄帝、炎帝、太昊与少昊为祖先。属于黄帝族系者 86 个姓氏,有王、张、刘、陈、杨、周、吴、孙、胡、朱、林、何、郭、罗、宋、郑、韩、唐、冯、于、董、萧、程、曹、袁、邓、傅、曾、彭、苏、蒋、蔡、魏、薛、叶、阎、余、潘、杜、戴、夏、钟、任、田、范、石、姚、邹、熊、陆、孔、康、毛、史、顾、侯、邵、孟、龙、万、段、钱、汤、黎、常、武、乔、赖、庞、樊、兰、殷、施、陶、翟、安、颜、倪、严、牛、温、芦、季、俞、鲁。属于炎黄族系者 6 个姓氏,有许、姜、崔、雷、易、章。属于东夷族系者 8 个姓氏,有李、赵、黄、徐、马、谭、郝、江。兼属黄帝与炎帝族系者 11 个姓氏,有高、谢、吕、卢、丁、方、邱、贺、龚、文、洪。兼属黄帝与东夷族系者 9 个姓氏,有梁、沈、任、廖、金、白、秦、尹、葛。

太昊伏羲氏,为传说中的"三皇"之首,伏羲画八卦开启了人类的文明,伏羲定姓氏也是开启中华姓氏的最早始祖,伏羲与女娲成为最早的创启中华文明的上古帝。伏羲,起于成纪,都于陈即今河南淮阳,淮阳至今还保留了太昊伏羲陵,为历代官祭伏羲的指定场所,在这里每两年举办的"中华姓氏文化节",已成为百家姓相聚的盛大节日。

炎帝神农氏,为中国上古农业的发明者,他生于姜水,都于陈,即以今河南淮阳为都,淮阳至今还有与之相关的遗迹。炎帝还有其他的别称,炎帝朱襄氏,为古代乐器的发明者,其居地离陈不远,在今河南柘城,至今还有朱襄氏陵,这些都是炎帝的重要遗存。炎帝后裔中有方雷氏,有申吕之国,有姜太公,太公故里在今河南卫辉,故国在今河南南阳,也是姜齐后裔的主要寻根对象。

黄帝轩辕氏,为中华人文始祖,《史记》将其列为"五帝之首"。他生于姬水,居轩辕之丘,国于有熊,都城在今河南新郑。黄帝在上古史占有重要地位,也是中国人公认的始祖,中国姓氏大部分与黄帝有关。黄帝族系有二大分支,一是黄帝的孙子颛顼,为黄帝部族中的首领,被后人列入五帝之列,其主要贡献是绝地天通,为上古宗教与制度的改革作出了较大的贡献。颛顼的后裔有舜、禹和陆终族,其中大禹为夏王朝的实际建立者,舜也被列入五帝之列,其后也衍生出重要的姓氏。二是帝喾,为黄帝的曾孙,颛顼之侄,号高辛氏,他与颛顼均以帝丘即今河南濮阳为都,他们的葬地在今河南内黄,即著名的"二帝陵",也是历代黄帝公认的祭拜二帝的指定场所。帝喾族系最众,以尧族、商族、周族为主,尤其是周王朝衍生出最多的姓氏,因而我们通常所说的中华百家大姓中多以黄帝为祖,实际上主要是讲以黄帝——帝喾族系为主。

③夏商周以河南为政治中心,其主要封国在河南,这是河南姓氏根文化资源丰富的重要原因所在。

夏、商为中国古代的两个奴隶制王朝,夏朝的实际建立者大禹的治水功绩,主要发生在河南,禹都阳城,一般认为在今登封的告成镇。登封还有启母阙等文物古迹,禹州也与大禹、启定都有关。夏代的另一个王杼(宁)居原,在今河南济源庙街。夏代晚期的都城斟鄩一般认为是太康桀等王的都城,偃师二里头遗址与斟鄩有关。商族起源于东方或北方,商朝建立前后多次迁都,有"前八后五"之说,多与河南有关。如商汤之亳都,在商丘、郑州或偃师。仲丁迁隞在郑州,河亶甲居相在内黄,祖乙迁邢在温县,盘庚迁殷在安阳,纣王所都朝歌在今河南淇县,尤其是郑州商城、偃师商城的考古发现,代表了商代前期的最高水平,安阳殷墟已被列为世界文化遗产。商为子姓,目前的许多姓氏,其先祖都与商有关,如林姓始祖为比干;李姓始祖为理利贞,也与大理一职有关。

西周建都在今西安一带,但西周初年在今洛阳兴建成周,东周时又正式迁都洛阳。西周实行分封制度,河南境内的古国古邑有 100 余个,重要者如温、苏、原、卫、郑、申、吕、宋、黄、蔡、虢、应、番、蒋、江、叶、许等,这些都与后来的姓氏有关。其中,郑国、卫国、宋国所衍生的姓氏达 500 余个,这些姓氏除以国以邑为氏外,还有以职业为氏、以职官为氏、以方位为氏、以次弟为氏、以谥号为氏、以祖名为氏等,可以说在中国姓氏大量衍生之时的东周,河南作为核心地区,成为诸多姓氏诞生的摇篮。

④中华民族的融合以河南为摇篮,大量的少数民族融合到汉族之中,这也是河南姓氏根文化发达的重要原因所在。

河南位处中原,自古有问鼎中原,逐鹿中原之说。河南为中国古代的建都地,中国的八大古都中河南有郑州、安阳、洛阳、开封 4 个。除夏商周之外,东汉建都在洛阳,曹魏与西晋建都在洛阳,隋唐东都与北宋西京亦在洛阳,宋金都城在开封。在中国古代的历次战乱中,亦形成了中原士民与先进文化南迁,北方少数民族入主中原,汉化并融入汉民族,尤其是北魏孝文帝在洛阳实行的汉化政策,鲜卑族全部改为汉姓,并与汉族士族通婚,仅《魏书·官氏志》所列出的鲜卑汉姓有 114 个,可以说汉族姓氏是华夏族与周边少数民族融合而成的结果。中华姓氏更多地体现了文化的认同,更多的是文化符号。

在中原士民南迁的过程中,对中国历史及东南地区最有影响的迁移有 4 次。一是西晋末年南迁的中原士民居住在江浙皖等地区,以后更向南方迁徙,这批移民实际上有相当部分成为"客家先民",即客家人的祖先。南北朝时期以今南京为核心的文化的发达与这次中原文化的南迁关系密切。二是唐初时闽南发生"蛮獠啸乱",固始人陈政陈元光父子到当地平叛后,就地屯垦,所带 3600 名固始将领直接在当地娶妻生子,这不仅是漳州作为行政建制的开始,也是漳州文化发达的开端,陈元光也被闽台人民奉为"开漳圣王"而顶礼膜拜。三是唐末黄巢起义之后,以固始人王潮王审知为首,中原光、寿两地之民到达福建,王审知建立闽国,不仅使福建地区局势稳定,也使中原文化在当地生根,为福建文化的发达打下了坚实的基础。四是宋元时期,由于少数民族入主中原,北宋王室南迁杭州,中原文化在浙江生根,中原文化中的精华也在这样一波又一波的迁徙中远播他乡。广东南雄的珠玑巷,实际就是北宋京城的地名,中原的士民来到南方,文化甚至地名也带到南方,并由东南沿海地区走到港台,以及世界各地。

三、以李、王、张、刘等为代表的中华大姓在河南姓氏根文化资源中占有十分重要的地位

1. 李姓:中科院公布的人口数量排序均为第1位,公安部公布的排序为第2位。《新唐书·宗室世系》:"李氏出自赢姓。帝颛顼高阳氏生大业,大业生女华,女华生皋陶,字庭坚,为尧大理。生益,益生恩成,历虞、夏、商,世为大理,以官命族为理氏。至纣之时,理征字德灵,为翼隶中吴伯,以直道不容于纣,得罪而死。其妻陈国契和氏与子利贞逃难于伊侯之墟,食木子得全,遂改理为李氏。利贞亦娶契和氏女,生昌祖,为陈大夫,家于苦县。"李氏祖地苦县为今河南鹿邑,李利贞的11世孙老子李耳,亦生于苦县,至今鹿邑还有太清宫、老君台等大量遗存,已成为海内外李氏宗亲寻根祭祖的主要对象。

2. 王姓:中科院公布的排序均为第2位,公安部公布的排序为第1位。王姓的来源是多源的,《姓氏考略》云:"大抵子孙以王者之后,号曰王氏。"王姓的来源主要有三支:一是姬姓之王。即周文王的宗裔,如文王第十五子毕公高之后,因为王族,故为王姓;东周灵王太子晋被废为庶人,其子宗敬为司徒,其后代被世人称为"王家";战国时魏国信陵君之孙卑子,被刘邦封为兰陵侯,世人称之为王家。二是子姓之王,即王子比干之后。三是妫姓之王。即妫满之后,田氏伐齐,秦灭田齐之后,其后裔亦被称为王家。其他还有赐姓、改姓等。王氏的主支王子晋之后,形成"太原"与"琅邪"两大王氏世族,王子晋的居地在今河南偃师,至今还保留有"太子升仙碑"等遗存。其他如魏都在今开封,陈都在今淮阳,比干墓在今卫辉。因此,王氏的祖地在河南。

3. 张姓:中科院与公安部公布的排序均为第3位。《元和姓纂》云:"黄帝第五子青阳生挥,为弓正,观弧星,始制弓矢,主祀弧星,因姓张氏。"挥,以发明弓箭而著称,并以弓正为官职,他与颛顼同时,其居地应在颛顼故都帝丘,即今濮阳,现已建成全球张氏华人的寻根祭祖圣地。

4. 刘姓:中科院与公安部公布的排序均为第4位。刘姓也是一个多源姓氏,有祁姓刘氏、姬姓刘氏、赐姓刘氏与少数民族改姓之刘氏。其中,祁姓刘氏为刘氏的主要来源。《左传·昭公二十九年》记载了刘氏的始祖刘累的事迹。传云:"陶唐氏既衰,其后有刘累,学扰龙于豢龙氏,以事孔甲,能饮食之。夏后嘉之,赐氏曰御龙,以更豕韦之后。龙一雌死,潜醢以食夏后,夏后飨之,既而使求之,惧而迁于鲁县。"刘累的前半生在当时的夏都斟鄩,在夏朝帝王孔甲手下为御龙大师,因龙死而潜逃于鲁县,斟鄩在今河南偃师,鲁县为今河南鲁山县。近年来鲁山昭平湖的刘累故里,尤其是刘累墓已全面整修,刘氏名人纪念馆、世界刘氏联谊中心也都修建完毕,已成为海内外刘氏的祭祖圣地。

5. 陈姓:中科院与公安部公布的排序,均为第5大姓。《史记·陈杞世家》称,舜帝之后为妫姓,禹封舜子商均于虞(今河南虞城),商朝末年商均的32代孙遏父投奔周,其子妫满,后封于太昊之墟陈地,即今河南淮阳县,妫满亦成为陈国的第一代国王,称陈胡公或胡公满。今淮阳县城附近有胡公墓,当地称之以"铁墓"。世界各地的陈氏宗亲每年都来河南淮阳祭祖。

6. 林姓:中科院公布的二次排序分别为16位、17位,公安部最新公布的排序为19位。《元和姓纂》云:"殷太丁之子比干之后,比干为纣所灭,其子坚逃难于长林之山,遂姓林氏。"《史记·殷本纪》对比干的事迹有所介绍,比干为商代的忠谏之臣,被纣王剖心而死。传说比干死后,其夫人携子逃难于"长林石室",因以为姓。比干墓位于商都朝歌之南,今卫辉市北,已形成前庙后墓,集祭祀、纪念为一体的大型文物建筑群,每年都有大批林氏子孙来此祭拜先祖。林姓的来源还有姬姓之林,少数民族改姓等来源。

7. 吴姓:在中科院的排序中均列第10位,在公安部的排序中列第9位。吴氏以国为氏,《史记·吴太伯世家》记载:周族首领古公亶父(周太王)有三子分别为太伯、仲雍、季历,其中末子季历有才干,所生儿子姬昌(周文王)很受太王的宠爱,太王有意将王位传给季历、姬昌。太伯与仲雍主动让贤,他们趁父亲有病以采药为借口,远奔到东南地区,将中原的先进文化带到当地,使当地文化逐渐发达起来,并受土著拥戴而建立了吴国。东周时期,仲雍的第19代孙寿梦正式称王,并一度成为强国,吴王夫差时国力达到鼎盛,不但攻破楚国,还曾一度到中原争霸。吴国灭亡后,其王族后裔以国为氏。吴国的祖地在江苏无锡的梅里村。吴姓历史上有几个重要人物,如吴王寿梦的第4子季札,为让王位而逃到延陵,被称之为"延陵季子",被后世称为"至德第三子",这也是吴姓号称"至德堂"的来历所在。西汉时吴芮被封为"长沙王",5代为王,成为吴氏发展的望族。东汉时云台二十八大将吴汉,祖籍南阳,至今在南阳宛城区还保留有相关遗存,许多吴氏宗亲还到南阳寻根。

8. 黄姓:在中科院公布的两次排序中分列第8、7位,在公安部公布的排序中列第7位,黄氏亦是以国为氏。帝舜时,东夷首领伯益因佐禹治水有功,被赐以"赢姓",其后裔14支中有黄氏。商末周初,黄氏正式立国,为子爵小国,春秋时在楚国的阴影下勉强生存,公元前648年,被楚成王所灭。黄国故城在今河南潢川,城址呈长方形,南北长约1500米,东西宽约1300米,为夯土所筑,城垣至今还有较多保存,并被国务院正式公布为全国重点文物保护单位,现已成为海内外黄氏宗亲的寻根圣地。

9. 孙姓:在中科院和公安部公布的排序中均列第12位,孙氏以祖字为姓,来源较为复杂,《新唐书·宰相世系表》所列有姬姓孙氏、芈姓孙氏、妫姓孙氏三支。姬姓孙氏,出于卫国。卫国的建立者为周武王同母少弟康叔,其后卫武公之子惠孙,惠孙之子耳为卫上卿,食采于戚(今河南濮阳),孙氏在卫国为上卿共9代,延历268年,其后以祖字为氏称为孙氏。芈姓孙氏,出自楚国。楚国君主蚡冒的儿子蒍章,蒍章的曾孙蒍支猎,名敖,字叔孙,官至令尹,史称孙叔敖。孙叔敖兴修的水利工程期思陂,为楚国北土的富强奠定了基础。孙叔敖的里籍在今河南淮滨,至今当地还有较多的孙叔敖传说。妫姓孙氏,出自陈国。厉公之子完,避难到齐国,其后裔子占,因伐莒有功而被齐景公赐姓孙氏,受封于乐安(今山东博兴),其后裔亦以孙为氏。以上三支,前二支直接源于河南,后一支总根也可以追到河南,因此河南为孙氏祖地。

10. 宋姓:中科院公布的排序中分列第22、23位,公安部公布的排序列第24位。宋氏也是以国为氏,《通志·氏族略》:"宋氏,子姓,商之裔也。"商朝灭亡,周公在平定"三监之乱"后,将微子为代表的商遗民分封到商族旧地商丘一带,建立宋国。自微子建国,至宋灭亡共传36代,历时700余年,公元前286年被齐所灭,其族裔以国命氏而称"宋氏"。

11. 郑姓：中科院公布的排序中分列第23、21位,公安部公布的排序列第21位。郑氏也是以国为氏,《史记·郑世家》亦谈到,西周末年周宣王姬静将其弟姬友分封于郑(今陕西华县东),姬友即郑桓公,为避犬戎之乱而将家属财产转移到中原,以虢、郐为根据地。郑武公随平王东迁后,借机灭掉东虢与郐两个小国,郑文公时正式建都新郑,共历23君,431年,于公元前375年为韩国所灭,其族裔以郑为氏,后形成以"荥阳"为堂号的望族大姓。

12. 谢姓：中科院排序中均列第24位,公安部公布的排序列第23位。谢姓的主要来源有二：一为源于任姓。《世本·氏姓篇》："谢,任姓,黄帝之后。"黄帝后裔中得姓的14人中,居第7位,其封邑在河南南阳。二是源于姜姓。《元和姓纂》："谢,姜姓炎帝之胤申伯,以周宣王舅受封于谢,今汝南谢城是也,后失爵,以国为氏焉。"任姓谢国与姜姓谢国,实际上同为一地,位于今南阳市宛城区谢家营,也有认为古谢邑在今河南唐河县,但二说均在今河南。

以上所述,为根在河南的姓氏中的代表者,可以说其相关姓氏数量极多,有关遗存多已经过整修,均已成为海内外华人的寻根圣地。

（作者为河南省社会科学院历史与考古研究所所长、研究员,河南省河洛文化研究中心执行主任）

河南部分主要姓氏源起的时空脉络

徐海亮

按河南省著名姓氏研究专家谢钧祥分析,源起河南的姓氏,占全国汉族姓氏的85%以上。中国人从古到今使用的8155个姓氏,起源于河南的单字姓1014个,双字姓484个,三字姓2个,共计1500个。按人口多少排出的全国100个大姓中,有73姓源于河南或其部分源头在河南,另有7姓虽出自兄弟省区,但其起源与河南密切相关或系在河南形成望族。其中,前5大姓中的李、张、陈均出自河南,王姓和刘姓最早的一支也都是在河南形成。在全国,李姓超过8700万人,王姓超过8000万人,张姓超过7800万人,刘姓超过6000万人,陈姓超过5000万人,累计3.5亿人。

谢先生认为河南是华人姓氏摇篮的主要原因,在于华人祖先太昊与炎黄二帝活动的中心地区在河南,而恰恰河南是姓氏肇始时期的文化中心,夏、商两代是姓氏发展时期,国都就在河南,政治中心和经济文化中心也在河南,而西周东周的姓氏普及高潮,河南又居于重要的地位。这里我们主要依据谢先生的《新编百家姓》所考证分析的100个姓氏起源中与早期河南有重要关联的样本,另加上之外有关姓氏样本,绘制"起源与河南相关联主要姓氏表",为分析需要,按该样本姓氏出现时期,分为三代以前与三代以来两表;再进一步就姓氏"出自"的主要分类,和源起地望参考作出分析和归纳,对照河南仰韶文化遗址分布图(附后),对三代和三代以前河南姓氏渊源的地理规律进行概括。

表1   起源与河南相关联主要姓氏表——三代以前

序号	姓氏	出自地/国名	出自氏族/祖先名	出自其他原因	源起地望参考	说　明
A	熊	○	○		新郑	有熊氏为国号
B	韩		○		新郑	昌意子韩流
C	高		○		新郑	黄帝臣高元
D	龙		○		新郑? 鲁山	黄帝臣龙行,豢龙氏之后
E	常		○		新郑?	黄帝臣常先
F	彭		○		新郑? 徐州	陆终子彭祖
G	杜		○		新郑?	黄帝造酒者杜康
H	晏		○		新郑?	祝融后晏安
I	张		○		濮阳、正阳	玄嚣子为弓正,以官职为姓
J	李			○	伊川、鹿邑	虞夏商世为大理,纣时出难改
K	董			○	临颍?	舜赐姓
L	姚	○			范县	舜生姚墟
M	孟		○		濮阳	颛顼臣姓孟
N	侯	○	○		南乐、辉县	仓颉后,共叔后封侯地
O	史		○		南乐	仓颉后
P	洪	○			辉县	共工后
Q	尹	○			宜阳	少昊子尹地为姓
R	苏	○			济源	昆吾氏后封苏
S	方		○		禹州	方雷氏封方山
T	雷		○		禹州	方雷氏后
U	许		○		登封	尧时高士许由
V	龚		○		辉县	出自共姓
		6	16	2		

简注:姓氏排序按笔者分析需要,不分大小先后。出自祖先名,包含出自人名、官职;出自其他原因,包含赐姓、原有、政权更迭改姓等。地望名称均为现今行政地名。

表 2　起源与河南相关联主要姓氏表——三代以来

序号	姓氏	出自地/国名	出自氏族/祖先名	出自其他原因	源起地望参考	说　明
01	王		○	○	洛阳、淇县	周王族之后,比干之后
02	刘			○	偃师、鲁山	刘累出生,手心有刘字
03	陈	○			淮阳	妫满封陈
04	黄	○			潢川	伯益后人封地
05	赵		○		巩义	夏桀臣赵梁后,伯益后裔造父
06	周	○			汝南	周王室之后
07	徐	○		○	淇县、徐州	伯益后裔,殷民六族
08	孙		○		濮阳、淮滨	卫宗室惠孙,孙叔敖后裔
09	胡	○			淮阳	胡公满之后
10	郭			○	登封	夏禹时已有郭氏
11	何			○	信阳	韩之后,秦灭后改
12	郑	○			新郑	起于郑国
13	宋	○			商丘	起于宋国
14	谢	○			唐河	起于谢国
15	唐	○			方城	周成王封刘累孙
16	陆		○		嵩县	陆浑戎之后
17	邱	○			淮阳	居宛丘之氏
18	夏		○		巩义	夏后氏之后
19	韦	○			滑县	夏封于韦
20	石		○		淇县	石碏之后
21	秦	○			范县	伯禽食采于秦
22	阎	○			荥阳	封地
23	段		○		辉县	共叔段之后
24	孔		○		商丘	成汤姓字组合
25	邵		○	○	汝南、安阳	召姓之后,加"阝"
26	毛	○			宜阳	封地
27	顾	○			范县	国名

续表 1

序号	姓氏	出自地/国名	出自氏族/祖先名	出自其他原因	源起地望参考	说　明
28	赖	○			息县	国名
29	武		○		安阳	武丁之后
30	邓	○			邓州	商高宗封国
31	冯		○		新郑、荥阳	冯简子后
32	程	○			洛阳	商封重黎子于程
33	蔡	○			上蔡	武王封弟于蔡
34	潘	○			固始	国名
35	袁		○		太康	陈胡孙伯爰，后为爰氏；后避难于河洛，改袁
36	于	○			沁阳	武王子封地邘国
37	叶	○			叶县	楚封食采于叶
38	吕	○			南阳	伯夷之后封地吕国
39	魏	○			开封	亡魏之民
40	蒋	○			淮滨	周公之后封国
41	田			○	淮阳	陈后完奔齐，改姓
42	沈	○			平舆	封国
43	姜			○	南阳	吕之后复赐姓
44	范	○			范县	杜姓之后，封地
45	江	○			正阳	伯益后封地
46	傅			○	安阳	商高宗梦傅地
47	戴	○	○		商丘、民权	宋公谥戴，戴国
48	康	○			禹州	卫康叔封地
49	严		○	○	洛阳	诸庄公后（王）以谥号为姓，后避讳改
50	牛		○		商丘	宋司寇牛义后
51	褚	○			洛阳	宋共公子封地

续表 2

序号	姓氏	出自地/国名	出自氏族/祖先名	出自其他原因	源起地望参考	说　明
52	葛	○			宁陵	封地
53	柳		○		濮阳	鲁国公室柳下惠之后
54	汤		○		偃师	成汤之后
55	项	○			沈丘	商之后,封地
56	林			○	淇县	比干之后,改姓
57	管	○			郑州	封国
58	焦	○			陕县	封国
59	白	○			西峡	封国
60	郦	○			内乡	封国
61	温	○			温县	封国
62	聂	○			清丰	封国
63	邢	○			温县武陟	周公之子封国

　　三代前(仰韶—龙山文化前、中期)和三代时期,是河南主要姓氏形成的关键时期。从以上两表初步统计来看,如果以姓氏源起来看:来自①)地名、国名,来自②)氏族名、人物名(或官职名),或是来自其他原因③)政治避难改姓、赐名等,在三代以前,出自地名的姓氏占研究样本的 25% ,出自氏族、人名的姓氏占样本 67% ,其他占 8% 。但是三代以来,情况发生显著变化,①)类占 58.8% ,②)类占 25% ,③)类占 16.2% 。初步显示了三代前,河南主要形成的姓氏来源,以与原来氏族名、人物名(或官职名)有关,出自地名为辅;而三代以来,出自地名封地、国名的姓氏,占样本比例激增,成为主要控制因素,而且因为政治斗争(政权更迭、政治避难)更改姓氏的样本比例也较前大大增加。如果这个统计基本标志着河南主要姓氏形成的时代主要特点,那么很可能在三代以前,河南重大姓氏的生成,显示了:人文社会发展,自然环境开发拓展,部族与原始氏族扩展、"解体"分群,父系氏族社会趋向稳定,姓氏从"姓"衍生"氏",身份贵贱分野、阶级分化、文明嬗变等等特征。夏、商、周三代是一个因分封建制而涌现、形成姓氏的高潮时期,从以上姓氏扩展形成的时空看,三代中又以周代、商代为主。

如果把以上两表的样本,按照参考地望分布到河南地图上(特别是河南仰韶文化遗址分布图,附后),我们也可以看出带规律性的倾向:三代以前,姓氏出自的地区,主要是豫中—嵩山的周围,如新郑、登封、禹州,其南翼的鲁山、临颍,豫北濮阳、南乐、范县,太行王屋山前的济源、辉县,豫西伊洛河地区的伊川、宜阳。这大致是河南仰韶—龙山文化的中心地区。三代以来,形成主要姓氏的范围扩大,从原有的中心区向四周扩散,向东部平原区和淮汉流域发展,有几个中心区域:豫中—嵩山周围,有郑州、新郑、登封、禹州、荥阳、巩义等处,并有其南翼的鲁山、临颍等地,濒临南北自然分界的沙河(古潩水)。豫西地区,以三代政治中心的洛阳、偃师和三门峡、宜阳为主;豫北地区,以殷商政治中心淇县、安阳和濮阳、范县、滑县为主,后一地区紧贴当时的河水、漯水,还有豫北西部古沁、济水流域的沁阳、济源、温县、武陟与太行山前的辉县。豫东地区,以商丘、开封——商代与周代的东部政治中心为主,以及宁陵、民权、太康、鹿邑等;由于分封与淮、汉流域的经济发展,豫南地区对于河南姓氏的贡献也是突出的,南阳盆地的南阳、方城、邓州、西峡、内乡、唐河成为新的姓氏产生地,淮河干支流(淮干、汝颍)的信阳、潢川、息县、固始、淮滨、平舆、上蔡、淮阳、沈丘主要成为周代(包括楚国)的分封姓氏地。可以说,这些望族姓氏集中活动的地区,依托古代的水系网络与陆上交通,形成了几个较大的中心城市,形成以其为核心的城邑群,绵延发展至今。

旅居海外的华人寻根,其姓氏大多源头在河南,我们归纳的两表所含姓氏,几乎包含了海外华人大姓,许多著名的华人学者、企业家、政治家和军人,其祖上都来自于河南。姓氏文化是河洛文化的一部分,中华姓氏的主根在河洛地区,台湾姓氏80%以上起源于河南,河南古代主要姓氏,对台湾人主要姓氏的贡献很大。1953年台湾人口统计资料,在82.9万户、737个姓氏中,500户以上的大姓有100个,在这100个大姓中有63姓的族谱明确记载其先祖自河南光州、固始迁福建,再由福建迁台湾。前10大姓氏人口占台湾总人口的一半以上。其中陈姓占12%,林姓占8%,黄姓占6%,祖居地大部分都在河南信阳,在固始县。

应该看到,这里依据的考证仍然不是姓氏的总体,特别一些双字姓和来自伏羲太昊时,反映更远古时期渊源于图腾、氏族的姓氏,尚未都包含在内;目前河南一些市县对于本地姓氏的研究方兴未艾,一些成果是耐人寻味的,而一些中原古姓,由于种种原因消亡或衰退,或隐入边疆少数民族姓氏,源头的文字与口头流传相对严重不足,也影响了对其起源的深入研究。所以,对于河南姓氏源头的时空分布,还需要在进一步外延和考证基础上,予以完善。

（作者为中国灾害防御协会灾害史专业委员会教授级高工）

关于叶姓文化研究中的几个问题

刘翔南

　　叶姓为中华著姓,历史悠久,名人代出,为中国社会的发展进步做出了卓越贡献。当前学界对叶姓的源流问题尚存一些歧议,特别是关于叶氏是出自芈姓还是出自姬姓的问题争议较大,对此,笔者不揣冒昧,依所见文献资料从以下三个方面作一初步探讨,以期对叶氏历史文化研究的深入开展有所助益。

一、沈尹氏的由来和世系

　　据有关文献记载,叶氏之先为沈尹氏。沈尹氏形成于春秋时期的楚国,系以官为氏。林宝《元和姓纂》"沈尹"条记载:"楚有沈尹戌、沈尹赤、沈尹寿、沈尹射,子孙以官为氏。"①郑樵《通志·以官为氏》说:"沈尹氏,沈邑之尹官也,沈姓。沈尹之后世为之。"②这表明,沈尹是楚国的官名;沈尹氏是因某贵族封于沈邑(或沈县)为令尹,其子孙以官为氏而形成的。但郑樵以沈邑之尹官为"沈姓",不确。沈尹氏和沈氏是两个不同的姓氏,沈邑的尹官未必一定姓沈,二者不可混为一谈。

　　沈尹氏最早显迹于史的名人是沈尹茎,其事在《吕氏春秋》一书中有记载。该书《不苟论第四·赞能篇》云:"孙叔敖、沈尹茎相与友。叔敖游于郢三年,声问不知,修行不闻。沈尹茎谓孙叔敖曰:'说义以听,方术信行,能令人主上至于

---

　　①　岑仲勉校记:《元和姓纂》卷七,中华书局,1994 年,1146 页。
　　②　(宋)郑樵撰,王树民点校:《通志二十略》上册,中华书局,1995 年,154 页。

王,下至于霸,我不若子也。耦世接俗,说义调均,以适主心,子不若我也。子何以不归耕乎? 吾将为子游。'沈尹茎游于郢五年,荆王欲以为令尹,沈尹茎辞曰:'期思之鄙人有孙叔敖者,圣人也。王必用之,臣不若也。'荆王于是使人以王舆迎叔敖,以为令尹,十二年而庄王霸。此沈尹茎之力也。功无大乎进贤。"由此可知,沈尹茎是楚庄王经营霸业时期的沈邑之尹。他与楚相孙叔敖为挚友,又与楚庄王关系密切。孙叔敖能够得以辅佐庄王完成霸业、成为一代名相,是与沈尹茎的大力推荐分不开的。《吕氏春秋》有关沈尹氏的记载还有三处,即:《仲春纪第二·当染篇》载:"荆庄王染于孙叔敖、沈尹蒸";《孟夏纪第四·尊师篇》载:"楚庄王师孙叔敖、沈尹巫";《慎行论第二·察传》载:"楚庄闻孙叔敖于沈尹筮,审之也,故国霸诸侯也。"此外,《墨子》记载:"楚庄染于孙叔敖、沈尹。"刘向《新序·杂事》云:"吕子曰:楚庄王学孙叔敖、沈尹竺。"从这些典籍的记述我们不难看出,沈尹茎、沈尹蒸、沈尹巫、沈尹筮、沈尹竺等都是楚庄王(前 613 ~ 前 591 在位)身边重臣,其活动事迹也基本相同,所以,这些人实际上是指同一个人,而茎、蒸、筮、巫、竺,字形或音义相近,乃同名异写而已。

另外,韩婴《韩诗外传》记述沈令尹推荐孙叔敖的故事说:"楚庄王听朝罢晏,樊姬下堂而迎之,曰:'何罢之晏也? 得无饥倦乎?'庄王曰:'今日听忠贤之言,不知饥倦也。'樊姬曰:'王之所谓忠贤者,诸侯之客欤? 中国之士欤?'庄王曰:'则沈令尹也!'樊姬掩口而笑。庄王曰:'姬之所笑,何也?'姬曰:'妾得于王,尚汤沐,执巾栉,振衽席,十有一年矣;然妾未尝不遣人之梁郑之间,求美女而进之于王也。与妾同列者,十人;贤于妾者,二人,妾岂不欲擅王之宠哉! 不敢私愿蔽众美,欲王之多见则娱。今沈令尹相楚数年矣,未尝见进贤而退不肖也,又焉得为忠贤乎!'庄王旦朝,以樊姬之言告沈令尹,令尹避席而进孙叔敖。叔敖治楚三年,而楚国霸。楚史援笔而书之于策,曰:'楚之霸,樊姬之力也'"[①]刘向《说苑》也记述了一则故事,说是孔子周游列国时,曾被困于陈、蔡之间,七日不食,弟子皆有饥色,而孔子犹读诗书治礼乐不休。他的大弟子子路对此不以为然,就劝说孔子道:"凡人为善者天报以福,为不善者天报以祸。今先生积德行,为善久矣,意者尚有遗行乎? 奚居隐也!"孔子听罢,把子路叫到近前坐好,对他

---

① 《韩诗外传》卷二。

谈古论今,大讲了一番关于古圣贤之所以有所作为、是与时运和机遇有关的道理。其中提道:"沈尹名闻天下,以为令尹,而让孙叔敖,则其遇楚庄王也。"①

综上所述,则沈尹曾当过楚令尹,后让位于孙叔敖,佐庄王称霸中原。《上海博物馆藏战国楚竹书(六)》《庄王既成》篇记录有楚庄王称霸之后,曾向沈尹子桱询问子孙如何能保住霸业之事。② 此中的沈尹子桱,也应是《吕氏春秋》里所说的沈尹茎。沈尹为其官名,"茎"、"子桱",似为其字。由此我们可以断定:沈尹茎(子桱)作为楚庄王的重臣,历史上是确有其人的,这在出土的"战国楚竹书"里得到印证。鉴于楚庄王之前楚国没有其他沈尹的记录,此沈尹茎可能就是楚国的第一位沈邑之尹。所以,他也应是楚国沈尹氏的始祖。

关于沈尹茎的先世,据《世本》记载:"沈氏:庄王生沈尹。沈尹生沈尹戌,戌生叶公子高诸梁。"③按此,则沈尹为楚庄王之子、叶公子高的祖父。《左传》记载沈尹的事迹有两条:一为宣公十二年(前597)楚庄王时,沈尹在晋、楚邲之战中"将中军";二是成公七年(前584)楚共王时,"楚公子重、公子反杀巫臣之族子阎、子荡及清尹佛忌及襄老之子黑要,而分其室。子重取子阎之室,使沈尹与王子罢分子荡之室,子反取黑要与清尹之室。"两事相隔13年。自楚共王七年之后,沈尹再也未见史载,大概是他与公子重、公子反瓜分了巫臣之族的财产之后不久就去世了。

庄王之世的沈尹,《左传》不显其名,但从其作为来看,他与《吕氏春秋》之沈尹茎为同一人无疑。在晋、楚邲之战中,孙叔敖坐镇后方,为庄王谋划作战方略;沈尹与公子重、公子反三人分别是左、中、右三军的统帅,在前方指挥战斗。其中沈尹是中军主帅,位置尤为重要,显系楚王族成员。不然,他就没有资格与公子重、公子反一起共同掌控楚国军队。楚庄王死、共王继位后,这三人又一起瓜分了子阎、子荡等屈氏贵族的财产,也可证明沈尹是楚公族身份。不过,他是否为庄王之子,尚存疑问。如前文所述,沈尹茎与孙叔敖同为庄王重臣,庄王对二人极为尊敬,事之如师。先让沈尹茎做令尹,后又采纳沈尹茎的建议以孙叔敖代之。庄王晚年,还曾向沈尹茎(子桱)请教如何保住霸业之事。由此观之,沈尹

---

① 《说苑》卷十七《杂言》。
② 田成方:《从新出文字材料论楚沈尹氏之族属源流》,《江汉考古》2008年第2期。
③ (汉)宋衷注,(清)秦嘉谟等辑:《世本八种》,北京图书馆出版社,2008年,297页。

茎不大像是庄王的儿子,而应与楚庄王同辈且年纪稍长,极有可能是楚穆王之子(或族子)、庄王的庶兄。否则,楚庄王怎么会把他像老师那样敬重?老子师事儿子,于人情世道不合。故《世本》及后世谱牒所言"庄王生沈尹",皆误。汉晋学者言沈尹出自庄王,大概是因沈尹最初活跃于庄王时期,并无实据。要而言之,沈尹茎为楚公族成员,极可能是楚穆王之子,本姓为芈。

沈尹茎之后,见于《左传》记载的沈尹氏有:楚康王时的沈尹寿,灵王时的沈尹射,平王时的沈尹赤,昭王时的沈尹戌及其子沈尹诸梁、沈尹后臧,惠王时的沈尹朱等。《吕氏春秋》还记有沈尹华,为战国时楚威王臣。按《元和姓纂》所说,这些人多半都是以官为氏的沈尹氏族人,其中能够确认为沈尹茎后裔的是沈尹戌及其子沈尹诸梁、沈尹后臧。《潜夫论·志姓氏》说:"左司马戌者,庄王之曾孙也。叶公诸梁者,戌之第三弟(子)也。"《左传·昭公十九年》杜注也说:"沈尹戌,庄王曾孙、叶公诸梁父也。"《左传·定公五年》载:"叶公诸梁之弟后臧从其母于吴,不待而归,叶公终不正视。"杜注:"诸梁,司马沈尹戌之子,叶公子高也。吴入楚,获后臧之母。楚定,臧弃母而归。"据此可以确定,沈尹戌等是庄王之世沈尹的后裔。但诸姓氏书皆言"沈尹生沈尹戌",疑其有误。史载沈尹"将中军"为公元前597年;沈尹戌出任左司马为楚昭王元年,即公元前515年。二事时间相距达82年之久,其间必有缺代,至少缺失二代。以此推算,沈尹戌应为沈尹的曾孙辈才比较接近实际。其世系大致为:楚王(穆王?)—沈尹茎—沈尹某—某—沈尹戌—诸梁、后臧。

二、楚公子贞和沈尹氏

今《叶姓族谱》多言沈尹氏为楚庄王之子公子贞之后,其说源于南宋郑樵《通志》。该书云:"沈氏,姒姓,子爵。《春秋》有沈子逞、沈子嘉。定四年,蔡灭之。其地,杜预云,汝南平舆县沈亭。按平舆故城在蔡州汝阳县东。此沈子国也,子孙以国为氏。又楚有沈邑,楚庄王之子公子贞封于沈鹿,故为沈氏,其地在今颍州沈邱。襄五年,楚子襄(襄误)为令尹。昭二十三年,子襄孙瓦为令尹。定四年,吴楚战于柏举,楚师败绩,襄瓦奔郑。宣十二年,楚子北师,次于郔,沈尹将中军。襄二十四年,舒鸠人叛楚,楚使沈尹寿让之。昭四年,吴伐楚,入棘栎麻。五年,沈尹射待命于巢。哀十七年,王与叶公枚卜子良以为令尹,沈尹朱曰:

'吉,过于其志。'"①郑氏将山西汾川的古嬴姓沈国与周代在今河南平舆县一带的姬姓沈国相混,又说楚国沈邑(沈鹿)在今河南的"颍州沈邱";进而将楚国沈尹氏与令尹子囊家族混为一谈,叙事前后交错,讹误颇多。现择其要者,略作分析:

首先,楚公子贞即令尹子囊。《左传·成公十五年》杜注曰:"子囊,楚庄王子,共王弟公子贞";《襄公五年》杜注又说:"楚已杀旧令公子壬夫,而以公子贞代。子囊,公子贞之字。"②据此,则公子贞、子囊为一人,是楚庄王之子、楚共王之弟。子囊于楚共王二十三年出任楚国令尹,死于楚康王元年冬(前559),在职九年。他的采邑,据《后汉书·郡国志》刘昭注云:"江陵县北十余里有纪南城,楚王所都。东南有郢城,子囊所城。"③由此可见,公子贞的采邑沈鹿在楚王都附近,即今湖北钟祥县境,与地处河南的"颍州沈邱"风牛马不相及。又据《世本》载:"庄王生子囊贞,贞生郤尹光唐,光唐生子常瓦。"可知公子贞之子名光唐,曾任郤尹。其孙常瓦,史称囊瓦,字子常,为楚昭王令尹。稽之诸史,公子贞(子囊)的子孙未见有任楚沈县或沈邑令尹者。

其次,依前文,沈尹即沈尹茎,活跃于楚庄王中晚期,子孙以官为氏,自成一族。而公子贞为楚共王晚期的令尹,他始任令尹时,距晋、楚郑之战"将中军"的沈尹已有29年,这时沈尹早已去世。由此可见,公子贞的年龄比沈尹茎要小得多,当为其晚辈。公子贞的后人,据陈廷炜《姓氏考略》说:"囊姓,出庄王公子贞,字子囊。其孙囊瓦,字子常,为令尹,以王父字为氏。……望出楚郡。"④可见公子贞的后代自成一族,为囊氏。囊瓦于楚平王十年(前519)出任令尹。四年之后,沈尹之子(疑为其曾孙)沈尹戍始任楚国左司马,与囊瓦同朝辅政。楚昭王十年冬,吴、楚两军在柏举激战,楚军大败,囊瓦弃军逃奔郑国,左司马沈尹戍战死。⑤ 囊瓦之后,史书无载,不知所踪。

再次,或说公子贞封于沈鹿,在今湖北钟祥,其后也有沈尹氏,为楚国沈尹氏的分支。此说倘若成立,也出现较晚。钟祥,春秋时为楚别邑,称郊郢,系楚国陪

①　郑樵:《通志二十略》上册,60～61页。
②　杨伯峻:《春秋左传注》,中华书局,1981年,873、944页。
③　《后汉书·郡国志》"南郡江陵"条,3480页。
④　臧励龢等:《中国人名大辞典》附录《姓氏考略》82页。
⑤　事见《春秋左传注》1546页。

都。西汉在其地设郢县，东汉初撤县。其名钟祥，始于明朝嘉靖十年(1531)。因嘉靖帝生养于此，故在该地设承天府，同年复立县，取"祥瑞钟聚"之意，改名"钟祥"。由此可见，"钟祥说"发端较晚，亦有附会之嫌。再者，其地也与郑樵所说的"颍州沈邱"毫不相干。沈邱即沈丘，春秋时名寝丘，属楚国，故地在今淮滨、临泉一带。今人张耀征《春秋沈国故城位置考辨》一文指出："安徽省临泉县境的所谓春秋沈国故城，实为春秋楚国寝丘，地近胡国。东汉名'固始'。隋代于弋阳郡蓼(城)置固始，该故城废。时陆路交通工具不便，漕运发达，继于颍水之滨的军事重镇丘头(武丘)置沈州与沈丘县，原固始县的主要区域分别改属颍州的汝阴县和沈丘县。寝丘故城改属汝阴县所辖。"还有说公子贞所封之地沈鹿，疑为沈邑之误，其地原属沈子国(在平舆县境)。那么，公子贞封于沈邑，应该是在楚国占据沈子国之地以后才有可能。公子贞死于公元前559年。在此之前，他能够封于平舆沈邑的唯一机会是公元前583年"晋侵沈，获沈子揖"以后至他出任楚令尹以前的15年之间，但其事于史无征。

　　总之，沈尹是楚庄王中晚期的朝廷重臣，公子贞(子囊)主要活动于楚共王后期，二人既不同时，也非同氏。其后代各成一族，人物事迹载于《左传》，有案可稽。郑樵合二者为一族，不知根据何在。

三、叶公为聃季载之后？

　　现有部分人力主"叶姓出自姬姓"之说。其主要依据是北宋欧阳修等所撰《新唐书·宰相世系》中关于沈姓的记载："沈氏出自姬姓。周文王第十子聃叔季，字子揖，食采于沈，汝南平舆沈亭即其地也，春秋鲁成公八年为晋所灭。沈子生逞，字循之，奔楚，遂为沈氏。生嘉，嘉字惟良，二子：尹丙、尹戊。尹戊字仲达，奔楚隐于零山，为楚左司马。生诸梁，诸梁字子高，亦为左司马，食采于叶，号叶公。"

　　《新唐书》的这些内容，主要取材于唐宋时的私家谱牒，并参考宋书《沈约自序》的部分内容编造而成，于正史多有不符，历来为史家所诟。但后世一些叶姓家谱多相袭用，并据此编造出一套适合本家族的完整世系，如将聃季奉为叶姓第一世始祖，把春秋楚国的沈尹戊列为第四十五世祖等。郑樵在《通志》中曾对《新唐书》的说法进行批驳，指出："据《春秋释例》，沈国，今言食采，则邑耳。又

《释例》所记沈子揖、沈子嘉、沈子逞皆本《春秋》,今《唐表》言聃季字子揖,何所本也? 逞字循之,嘉字惟良,此皆野书之言,无足取也"。① 再者,姬姓沈子国为周公旦的后裔所建,与周文王之子聃叔季无关,这已被出土的《沈子它簋铭文》所印证,详情参见笔者《叶姓考》一文,②此不赘述。

至于《沈约自序》,虽出自南朝梁史学家沈约之手,但其中亦不乏子虚乌有的内容。沈约所处的时代,正是门阀士族制度在中国盛行之时。当时朝廷选官,特重门第。郑樵《通志·氏族序》云:"自隋、唐而上,官有簿状,家有谱系;官之选举必由于薄状,家之婚姻必由于谱系。"清人赵翼《廿二史劄记》说当时的社会是:"高门华阀,有世及之荣;庶姓寒人,无寸进之路。"可见在南北朝时期,一个人的仕途、婚姻,均与其谱系息息相关,故家谱的编修事关重要。于是,许多流落到江南的寒门士子为寻求出路,往往攀附名门,冒袭祖先,甚至不惜重金收买名家为其伪造谱籍。如南齐著名谱学家贾渊在任长水校尉时,收受荒伧人王宝泰的贿赂,将其家族续入琅邪王氏谱中。后被人告发,"渊坐被收,当极法,子棲长谢罪,稽颡流血,朝廷哀之,免渊罪。"(《南齐书·贾渊传》)。这说明,家谱作伪现象在当时社会上还是比较严重的。作为一代文宗的沈约,虽已身居高层士族之列,但仍不能免俗,所撰自家谱系亦多攀附之辞。其文云:"昔少暤金天氏有裔子曰昧,为玄冥师,生允格、台骀。台骀能业其官,宣汾、洮,障大泽以处太原,帝颛顼嘉之,封诸汾川。其后四国,沈、姒、蓐、黄。沈子国,今汝南平舆沈亭是也。春秋之时,列于盟会。定公四年,诸侯会召陵伐楚,沈子不会,晋使蔡伐沈,灭之,以沈子嘉归。其后因国为氏。自兹以降,谱谍罔存。秦末有沈逞,征丞相,不就。汉初逞曾孙保,封竹邑侯。……史臣七世祖延始居县东乡之博陆里余乌。"沈约在《自序》里先说"自兹以降,谱谍罔存。"之后又不知从何处寻得先人的传替资料,为之加官进爵,一口气把自己的祖先续到秦朝末年的沈逞,进而上溯至远古的少昊金天氏,实属牵强附会,自相抵牾。南宋人洪迈在《容斋随笔·卷六·唐书世系表》中,对沈约、欧阳修等人不严谨的治学态度提出了尖刻的批评,兹照录于下:

---

① 郑樵:《通志二十略》上册,61 页。
② 叶县人民政府编:《叶姓溯源》,中州古籍出版社,2000 年,22 页

　　《新唐书·宰相世系表》皆承用诸家谱牒,故多有谬误,内沈氏者最可笑。其略云:"沈氏出自姬姓。周文王子聃叔季,字子揖,食采于沈,今汝南平舆沈亭是也。鲁成公八年为晋所灭。沈子生逞,字修之,奔楚,遂为沈氏。生嘉,字惟良,嘉生尹戊,戊生诸梁,诸梁子尹射,字修文。其后入汉,有为齐王太傅敷德侯者,有为骠骑将军者,有为彭城侯者。"《宋书·沈约自叙》云:"金天氏之后,沈国在汝南平舆,定公四年(前506),为蔡所灭。秦末有逞者,征丞相不就。"其后颇与《唐表》同。按聃季所封自是一国,与沈子不相涉。《春秋》成公八年,晋侵沈,获沈子揖。昭二十三年,吴败顿、胡、沈、蔡之师于鸡父,沈子逞灭。定四年,蔡灭沈,杀沈子嘉。今《表》云聃季字子揖,成八年为晋所灭,是文王之子寿五百余岁矣。逞为吴所杀,而《表》云奔楚,《宋书》云秦召为丞相。沈尹戊为楚将,战死于柏举,正与嘉之死同时,而以为嘉之子。尹射书于《左传》,三十四年,始书诸梁,乃以为其子。又春秋时人立字,皆从子及伯、仲,岂有修之、惟良、修文之比(辈)。《汉·列侯表》岂有所谓敷德、彭城侯,《百官表》岂有所谓骠骑将军沈达者!沈约称一时文宗,妄谱其上世名氏官爵,固可嗤诮,又不分别两沈国。其金天氏之裔,沈、姒、蓐、黄之沈,封于汾川,晋灭之;春秋之沈,封于汝南,蔡灭之,顾合而为一,岂不读左氏(传)乎?欧阳公略不笔削,为可恨也!

　　以上洪氏之言,对《新唐书》和《沈约自序》的谬误之处进行了全面分析,多切中要害。《新唐书》所谓"沈氏出自姬姓"及其所罗列的沈诸梁家世内容,漏洞百出,于史不符。《左传》记载,春秋沈国曾三次亡国,即:成公八年(前583)"晋侵沈,获沈子揖初";昭公二十三年(前519)沈子逞追随楚师伐吴,于鸡父(今固始县东)被吴人虏灭;定公四年(前506),蔡灭沈,杀沈子嘉。而《新唐书》却称"沈子生逞……奔楚,遂为沈氏。生嘉,嘉字惟良,二子:尹丙、尹戊。"《左氏传》明言沈子逞、沈子嘉皆年幼丧命,何来的儿子? 更何况在沈国第一次亡国前14年时(前597),楚国已有沈尹"将中军"了。可见《新唐书》所列的沈氏世系,纯系凭空杜撰。因此"沈诸梁为姬姓沈子国之后"的说法"无足取也"。如果说沈、叶二姓与姬姓沈国有些关系,那也应该是在楚国吞并沈国、并在其地置县设令尹以后的事。那时,或许有芈姓沈尹氏分出一支,将复姓"沈尹"简化为单姓"沈"者。

　　近世,有人为了证明"叶氏出自姬姓",依据《战国策·楚策一》"昔者叶公子

高,身获于表薄,而财于柱国。"以及南宋人鲍彪《注》:"表,野外。薄,林也。言
其初贱。"①等语,断定叶公"出身贫贱",不可能是楚国王族,而是沈子国逃亡到
楚国的族裔。此乃误读《战国策》之文,又对鲍氏《注》语望文生义所致。史载叶
公的父亲沈尹戌,为楚国公族,官居左司马,执掌楚国军政大权。叶公因出身于
这种官宦世家,才被封于叶邑。如果他"出身贫贱",凭什么会在身无尺寸之功
的情况下"食采于叶"。所以,鲍氏"言其初贱",应指叶公子高早先的个人境遇
而言,与他的出身血统没有任何关系。

　　《战国策》原文是:"昔者叶公子高,身获于表薄,而财于柱国。定白公之祸,
宁楚国之事;恢先君以揜方城之外,四封不侵,名不挫于诸侯。当此时也,天下莫
敢以兵南乡。叶公子高,食田六百畛,故彼崇其爵,丰其禄,以忧社稷者,叶公子
高是也。"这是楚贵族莫敖子华在回答楚威王提问时所说的一段话。其前半句
中,"身获于表薄"之"身",名词,指叶公子高自身,是句中主语;"获",动词,收
获、获取之意,为谓语;"于",介词。"表薄"二字,可从鲍氏之说,为野外、林(或
丛林)。"于表薄"这个介词结构,作谓语"获"的补语。因此,此段可直译为:
"叶公子高获取于林野之地"。这里,"获"的意思是指获取的待遇或处境,"于表
薄"用来形容叶公子高的处境低贱而不是出身低贱。结合前、后句,全文通释
为:"原先叶公子高虽然身处于荒野丛林之地,但柱国以他为栋梁之材。(按,此
依鲍注:财,材同。柱国以子高为材。)后来叶公平定了白公祸乱,使楚国的江山
社稷得到安宁,扩大了先王封给自己在方城之外的土地,使四境不受侵犯,名声
不下于诸侯。当时,中原诸侯没有敢以兵犯南乡(即叶邑)者。"

　　那么,"叶公身处林野"与鲍氏的"言其初贱"究竟有什么关系呢? 这就要从
叶公子高早年的境遇说起了。史载楚平王五年(前524年),叶公子高以公族子
弟的身份封于叶邑,其地位于楚国北部边疆的方城之外,是方城的屏障,战略地
位十分重要。楚人北扩时,曾与中原诸侯反复争战于此,自叶公进驻之后,才开
始对这片荒草丛生的"表薄"之地进行开发和治理,并使之成为楚国北部的边防
重镇。

　　叶公子高居叶邑18年之后,他父亲司马戌在吴、楚柏举之役中阵亡。当时,

---

　　①　《战国策·楚策一》,上海古籍出版社,1985年,515页。

楚令尹子常统领的楚军主力部队被吴人击溃,子常弃军而逃,司马戍率方城之外的军队赶来救援,在战斗中身负重伤,因不甘心作吴人俘虏,便让部下割下自己的头颅、藏好尸身,用布裹着他的头颅逃走了。不久,吴军攻入郢都,楚昭王出逃云中,吴将伍子胥为泄私愤,将楚平王尸体挖出来鞭打,还与吴王等一起淫乱楚王及其大夫的妻室。《左传·定公五年》记述其事说:"(十一月)庚午,吴入郢,以班处官。"杜注:"以尊卑班次,处楚王宫室。《榖梁传》云:'君居其君之寝而妻其君之妻,大夫居其大夫之寝而妻其大夫之妻。'《吴越春秋·阖闾内传》亦谓:'阖闾妻昭王夫人,武胥、孙武、白喜亦妻子常、司马城(戍)之妻,以辱楚之君臣也。'"①吴人退兵时,又将楚王及其大夫的妻女掠走,叶公的弟弟后臧与其母亲也于此时被掠往吴国。这时叶公驻守叶邑,闻噩耗而无能为力,其心境可想而知。

以后历昭王、惠王各代,至白公胜之乱爆发时,叶公驻守楚国北疆叶邑前后达45年之久,但他的爵位一直未能得到升迁,故孔子曾说:"荆公子高终身不显。"(见《说苑》卷十七《杂言》)叶公身居"表薄"数十年为邑尹,与朝中那些高官厚禄的权臣们相比,其职位、俸禄都显得低贱。但是,就是这位爵禄"微贱"的叶邑令尹,在已近垂暮之年、国家社稷危难之际,挺身而出,力挽狂澜,率领方城之外的军队入楚都平定了白公胜之乱,扶楚惠王复位,然后又身兼令尹、司马二职,独掌朝政三年,名震诸侯。所以《战国策》说他昔日"身获于表薄",晚年则"宁楚国之事……名不挫于诸侯"。鲍氏言其"初贱",就是对他原先官爵低微,晚年却身兼令尹、司马二职,名震天下的这种境遇而言的。

况且古人言"贱"者情况不一,不能一遇"贱"字,就认定他出身"贱"。在等级森严的封建时代,像嫡系与庶出、士族与寒门、高官与皂吏、富豪与贫民,以及所操职业不同等,都有高低贵贱之分,特别是有些身处于贫困阶层的平民,不一定都是"出身血统贫贱"。《左传》记载:楚国左尹郤宛,本系晋国宗族出身,为姬姓。一次他听说令尹子常要来他家饮酒,说:"我,贱人也,不足以辱令尹。"②这并不表示他的出身"贫贱",而因为他是逃亡到楚国的晋贵族,虽已做了楚国高

① 《春秋左传注》1485页。
② 《春秋左传注》1545页。

官,但寄人篱下,内心里总是感觉比楚国权贵身份低,故自称"贱人"。综观叶公一生的经历,虽然他早年的处境不是很好,在朝中的地位不高,但却没有丝毫"出身贫贱"的痕迹。因此,鲍氏"言其初贱",是指他的社会地位而非出身家世,不可随意曲解。总之,否定叶公为楚国贵族的身份,事出有因,查无实据,不能成立。

（作者为河南省地方史志办公室副编审、中原姓氏历史文化研究会常务副会长）

"沈尹"与叶氏姓源考略

陈建魁

　　叶姓始祖沈诸梁以封于叶邑(今河南叶县),称叶公,开启了叶氏发展的里程,这已为叶氏族人所公认。但叶公之父沈尹戌出于沈国或是出于楚国,是姬姓或是芈姓,沈尹戌与其以前的沈尹茎、沈尹射等又是什么关系,仍众说纷芸,莫衷一是,本文欲就这些问题略抒己见,以就正于方家。

一

　　沈诸梁之父为沈尹戌,这在史学界已基本得到公认,兹不赘述。《左传》一书中,"沈尹"一词共出现16次,除沈尹戌占9次外,还有沈尹2次,沈尹寿1次,沈尹射2次,沈尹赤1次,沈尹朱1次,时间从鲁宣公十二年(前597)到鲁哀公十七年(前478):

　　宣公十二年:楚子北,师次于郔,沈尹将中军,子重将左,子反将右,将饮马于河而归。

　　成公七年:楚围宋之役,师还,子重请取于申、吕以为赏田,王许之。申公巫臣曰:"不可。此申、吕所以邑也,是以为赋,以御北方。若取之,是无申、吕也。晋、郑必至于汉。"王乃止。子重是以怨巫臣。子反欲取夏姬,巫臣止之,遂取以行,子反亦怨之。及共王即位,子重、子反杀巫臣之族子阎、子荡及清尹弗忌及襄老之子黑要,而分其室。子重取子阎之室,使沈尹与王子罢分子荡之室,子反取黑要与清尹之室。

　　襄公二十四年:吴人为楚舟师之役故,召舒鸠人,舒鸠人叛楚。楚子师于荒浦,使沈尹寿与师祁犁让之。舒鸠子敬逆二子,而告无之,且请受盟。二子复命,王欲伐之。蒍子曰:"不可。彼告不叛,且请受盟,而又伐之,伐无罪也。姑归息民,以待其卒。卒而不贰,吾又何求? 若犹叛我,无辞有庸。"乃还。

昭公四年:冬,吴伐楚,入棘、栎、麻,以报朱方之役。楚沈尹射奔命于夏汭,咸尹宜咎城钟离,蒍启强城巢,然丹城州来。

昭公五年:楚师济于罗汭,沈尹赤会楚子,次于莱山。蒍射帅繁扬之师,先入南怀,楚师从之。及汝清,吴不可入。楚子遂观兵于坻箕之山。是行也,吴早设备,楚无功而还,以蹶由归。楚子惧吴,使沈尹射待命于巢,蒍启强待命于雩娄,礼也。

昭公十九年:楚人城州来。沈尹戌曰:"楚人必败。昔吴灭州来,子旗请伐之。王曰:'吾未抚吾民。'今亦如之,而城州来以挑吴,能无败乎?"

昭公二十三年:楚囊瓦为令尹,城郢。沈尹戌曰:"子常必亡郢! 苟不能卫,城无益也。古者,天子守在四夷;天子卑,守在诸侯。诸侯守在四邻;诸侯卑,守在四竟。慎其四竟,结其四援,民狎其野,三务成功,民无内忧,而又无外惧,国焉用城? 今吴是惧而城于郢,守已小矣。卑之不获,能无亡乎? 昔梁伯沟其公宫而民溃。民弃其上,不亡何待? 夫正其疆场,修其土田,险其走集,亲其民人,明其伍候,信其邻国,慎其官守,守其交礼,不偝不贪,不懦不耆,完其守备,以待不虞,又何畏矣? 《诗》曰:'无念尔祖,聿修厥德。' 无亦监乎若敖、蚡冒至于武、文? 土不过同,慎其四竟,犹不城郢。今土数圻,而郢是城,不亦难乎?"

昭公二十四年:楚子为舟师以略吴疆。沈尹戌曰:"此行也,楚必亡邑。不抚民而劳之,吴不动而速之,吴踵楚,而疆场无备,邑能无亡乎?"

越大夫胥犴劳王于豫章之汭。越公子仓归王乘舟,仓及寿梦帅师从王,王及圉阳而还。吴人踵楚,而边人不备,遂灭巢及钟离而还。沈尹戌曰:"亡郢之始,于此在矣。王一动而亡二姓之帅,几如是而不及郢?

......

哀公十七年:王与叶公枚卜子良以为令尹。沈尹朱曰:"吉,过于其志。"叶公曰:"王子而相国,过将何为?"他日,改卜子国而使为令尹。

在120年当中,《左传》出现了6位"沈尹",但是开沈尹先河者并无名字,那么这个"沈尹"叫什么,《吕氏春秋》等书给了我们答案。《吕氏春秋》中,"沈尹"

出现 12 次：

仲春纪：齐桓公染於管仲、鲍叔，晋文公染於咎犯、郤偃，荆庄王染於孙叔敖、沈尹蒸，吴王阖庐染於伍员、文之仪，越王句践染於范蠡、大夫种。此五君者，所染当，故霸诸侯，功名传於后世。

孟夏纪：神农师悉诸，黄帝师大挠，帝颛顼师伯夷父，帝喾师伯招，帝尧师子州支父，帝舜师许由，禹师大成贽，汤师小臣，文王、武王师吕望、周公旦，齐桓公师管夷吾，晋文公师咎犯、随会，秦穆公师百里奚、公孙枝，楚庄王师孙叔敖、沈尹巫，吴王阖闾师伍子胥、文之仪，越王句践师范蠡、大夫种。此十圣人、六贤者未有不尊师者也。

先识览：荆威王学书於沈尹华，昭厘恶之。威王好制，有中谢佐制者，为昭厘谓威王曰："国人皆曰：王乃沈尹华之弟子也。"王不说，因疏沈尹华。中谢，细人也，一言而令威王不闻先王之术，文学之士不得进，令昭厘得行其私。故细人之言，不可不察也。

慎行论：沈尹戍谓令尹曰："夫无忌，荆之谗人也。亡夫太子建，杀连尹奢，屏王之耳目。今令尹又用之杀众不辜，以兴大谤，患儿及令尹。"令尹子常曰："是吾罪也，敢不良图？"乃杀费无忌，尽灭其族，以说其国。动而不论其义，知害人而不知人害己也，以灭其族，费无忌之谓乎！

齐桓公闻管子於鲍叔，楚庄闻孙叔敖於沈尹筮，审之也。故国霸诸侯也。吴王闻越王句践於太宰嚭，智伯闻赵襄子於张武，不审也，故国亡身死也。

不苟论：孙叔敖、沈尹茎相与友。叔敖游於郢三年，声问不知，修行不闻。沈尹茎谓孙叔敖曰："说义以听，方术信行，能令人主上至於王，下至於霸，我不若子也。耦世接俗，说义调均，以适主心，子不若我也。子何以不归耕乎？吾将为子游。"沈尹茎游於郢五年，荆王欲以为令尹，沈尹茎辞曰："期思之鄙人有孙叔敖者，圣人也。王必用之，臣不若也。"荆王於是使人以王舆迎叔敖，以为令尹，十二年而庄王霸。此沈尹茎之力也。功无大乎进贤。

从《吕氏春秋》的"沈尹"可以看出，这 12 个"沈尹"包括三个人，一个是沈尹戍，即沈诸梁的父亲；一个是沈尹华，占国楚威王时名臣；一个名字错乱，称为沈尹茎、沈尹蒸、沈尹巫、沈尹筮，盖因字形相近而误。

沈尹茎举孙叔敖为相，为楚庄王称霸立了大功，与《左传》相印证，《左传》中的前两个没有详细名字的"沈尹"当为沈尹茎无疑。

二

从《吕氏春秋·不苟论》看，沈尹茎并未任过令尹一职，《说苑·杂言》也说："沈尹名闻天下，以为令尹，而让孙叔敖，则其遇楚庄王也。"但《韩诗外传·卷二》却有这样的记载：楚庄王听朝罢晏。樊姬下堂而迎之，曰："何罢之晏也？得无饥倦乎？"庄王曰："今日听忠贤之言，不知饥倦也。"樊姬曰："王之所谓忠贤者，诸侯之客欤？中国之士欤？"庄王曰："则沈令尹也！"樊姬掩口而笑。庄王曰："姬之所笑，何也？"姬曰："妾得于王，尚汤沐，执巾栉，振衽席，十有一年矣；然妾未尝不遣人之梁郑之间，求美女而进之于王也；与妾同列者、十人，贤于妾者、二人，妾岂不欲擅王之宠哉！不敢私愿蔽众美，欲王之多见则娱。今沈令尹相楚数年矣，未尝见进贤而退不肖也，又焉得为忠贤乎！"庄王旦朝，以樊姬之言告沈令尹，令尹避席而进孙叔敖。叔敖治楚，三年，而楚国霸。楚史援笔而书之于策，曰："楚之霸，樊姬之力也。"诗曰："百尔所思，不如我所之。"樊姬之谓也！

另外，在《史记·循吏列传》、《韩诗外传·卷七》、刘向《新序》、《说苑·杂事》、《乐府诗集》等书中提到让位于孙叔敖的人则是虞丘子：

《史记·循吏列传》：孙叔敖者，楚之处士也。虞丘相进之于楚庄王，以自代也。

《韩诗外传·卷七》：虞丘于天下以为令尹，让于孙叔敖，则遇楚庄王也；伍子胥前功多，后戮死，非知有盛衰也，前遇阖闾，后遇夫差也。

《新序·杂事第一》：樊姬，楚国之夫人也，楚庄王罢朝而晏，问其故？庄王曰："今日与贤相语，不知日之晏也。"樊姬曰："贤相为谁？"王曰："为虞丘子。"樊姬掩口而笑。王问其故。曰："妾幸得执巾栉以侍王，非不欲专贵擅爱也，以为伤王之义，故能进与妾同位者数人矣。今虞丘子为相十数年，未尝进一贤，知而不进，是不忠也；不知，是不智也。不忠不智，安得为贤？"明日朝，王以樊姬之言告虞子，虞丘子稽首曰："如樊姬之言。"于是辞位，而进孙叔敖相楚，国富兵强，庄王卒以霸，樊姬与有力焉。

《新序·杂事第五》：吕子曰："神农学悉老，黄帝学大真，颛顼学伯夷父，帝喾学伯招，帝尧学州文父，帝舜学许由，禹学大成执，汤学小臣，文王武王学太公望周公旦,齐桓公学管夷吾隰朋,晋文公学咎犯随会,秦穆公学百里奚公孙支,楚庄王学孙叔敖沈尹竺,吴王阖闾学伍子胥文之仪,越王勾践学范蠡大夫种,此皆圣王之所学也。"

《说苑·至公》:楚令尹虞丘子复于庄王曰:"臣闻奉公行法,可以得荣,能浅行薄,无望上位,不名仁智,无求显荣,才之所不着,无当其处。臣为令尹十年矣,国不加治,狱讼不息,处士不升,淫祸不讨,久践高位,妨群贤路……臣窃选国俊下里之士孙叔敖,秀赢多能,其性无欲,君举而授之政,则国可使治而士民可使附。"庄王曰:"子辅寡人,寡人得以长于中国,令行于绝域,遂霸诸侯,非子如何?"虞丘子曰:"久固禄位者,贪也;不进贤达能者,诬也;不让以位者,不廉也;不能三者,不忠也。为人臣不忠,君王又何以为忠? 臣愿固辞。"庄王从之,赐虞子采地三百,号曰"国老",以孙叔敖为令尹。少焉,虞丘子家干法,孙叔敖执而戮之。虞丘子喜,入见于王曰:"臣言孙叔敖果可使持国政,奉国法而不党,施刑戮而不骫,可谓公平。"庄王曰:"夫子之赐也已!"

《乐府诗集》卷029 相和歌辞四:刘向《列女传》曰:"楚姬,楚庄王夫人也。庄王好狩猎毕弋,樊姬谏不止,乃不食禽兽之肉。王尝与虞丘子语,以为贤。樊姬笑之,王曰:'何笑也?'对曰:'虞丘子贤矣,未忠也。妾充后宫十一年,而所进者九人,贤於妾者二人,与妾同列者七人。虞丘子相楚十年,而所荐者非其子孙,则族昆弟,未闻进贤退不肖也。妾之笑不亦宜乎?'王於是以孙叔敖为令尹,治楚三年而庄王以霸。"

对于沈尹茎与虞丘子是一人或是二人,史家历来看法不一。唐人余知古《渚宫旧事》云:"令尹虞丘子言于庄王曰:臣闻奉行法,可以得政,能浅行薄,无望上位,不名仁智,无求显荣,才之所不著,无当其处,臣为令尹十年矣,国不加治,狱不息,处士不升,淫祸不讨,久践高位,妨群贤之路,臣之罪,当稽于理臣,窃选国俊,下里之士曰孙叔敖,秀赢多能,其性无欲,君举而授之政,则国可使理,而士民可使附。王曰:子辅寡人,得以长于中国,令行绝域,遂霸诸侯,非子如何?对曰:久固禄位者,贪也;不进贤能者,诬也;不让以位者,不廉也;不能三者,不忠也。为人臣不忠,君又何用之。固辞。王从之,赐虞丘子采田三百,号曰国老,以孙叔敖为令尹。……沈尹筮孙叔敖相与交,叔敖至郢三年,声闻不知。沈尹筮曰:令主上至于王,下至于霸,我不如子;偶世接俗,说义均以适主心,子不如我。

子可归耕乎？尹箴至郢五年，王悦之，欲以为令尹，辞曰：期思之鄙人有孙叔敖者，彼圣人也。王必用之，臣不若也。虞丘子亦进之，王乃以王舆迎叔敖为令尹。①

余知古谓沈尹茎与虞丘子为二人，或近是。按惯例，在同一期间不可能有两个令尹。沈尹茎并没有当过令尹，而虞丘子任过十年左右令尹。

考楚庄王执政的时期，共有六人任过令尹之职，即子孔、子扬、子越、虞丘、孙叔敖和子佩。史家中还有认为沈尹茎和虞丘子都没当过令尹的，如清人顾栋高《春秋大事年表》就认为，孙叔敖任楚令尹是继子越之位。考之《左传》，楚庄公诛令尹子越的时间为庄公九年（即前605年），孙叔敖首次在《左传》一书中出现是在公元前597年，而孙叔敖为相时间一般认为在公元前599年到公元前597年之间，因而在子越与孙叔敖十人为相期间尚有一个缺环，虞丘子为相十年左右，正可弥补这个缺失。

三

楚国的尹民官众多。许慎《说文解字·又部》："尹，治也。从又丿，握事者也。"释"尹"的本义为"治理"。比《说文》早出现的《尔雅》已对"尹"的意义进行了训释，《尔雅·释言》："尹，正也。"郭璞注："谓官正也。"郝懿行义疏："尹者，兼官长、君长二义。"因此，"尹""正""治"意义相通，都有"治理、端正"之义。"尹"在古代的常用文献义为官名，主要存在于先秦时代。甲骨卜辞有王令尹，多尹，为从事农作或王寝之官，还有族尹为一族之长。春秋时期，中原各国以"尹"为官者不多，现能见到的文献中尹多为较低职位的官职，如称关吏、门吏为关尹和门尹。而在楚国，长官多称"尹"，最高长官称令尹。顾炎武《日知录》中记载："春秋时列国官名，若晋之中行，宋之门尹，郑之马师，秦之不更庶长，皆他国所无。而楚尤多，有莫敖、令尹、司马、太宰、少宰、御士、左史、右领、左尹、右尹、连尹、针尹、寝尹、工尹、卜尹、芋尹、蓝尹、沈尹、清尹、莠尹、嚣尹、陵尹、郊尹、乐尹、宫厩尹、监马尹、杨豚尹、武城尹其官名大抵异于他国。"②

① 余知古：《钦定四库全书·渚宫旧事卷一》
② 顾炎武：《日知录·列国官名》

　　"尹"前一、二字,多指所掌管的事务或地点,有的已不可确考。学界对"沈尹"的解释就有很大不同,或说为姓氏,或说为沈地的尹官,或说为官职名称。

　　宋郑樵《通志·氏族略》说到第二支沈氏:"又楚有沈邑。楚庄王之子公子贞封于沈鹿,故为沈氏。"有学者认为沈鹿系沈邑之误。

　　公子贞,楚庄王的儿子,名贞,字子囊,襄公十四年(前585)死。公子贞死79年后。沈国才被蔡国所灭。而在公子贞政治生涯开始的同时,沈尹早已登上历史舞台,而沉鹿在今湖北之钟祥,与沈子国及沈氏,均毫无关连,因此,沈尹不可能是公子贞的后代,也不可能因公子贞封于沈地而得名沈尹。

　　而《左传》中没有名字的"沈尹"显然是官职名称。

　　至于尹官为氏者,郑樵《通志·氏族略·以官为氏》列有如下十数条:

　　左尹氏:楚左尹宛之后。宛字子恶。榖梁:有左尹子息。

　　右尹氏:楚公子辛为右尹,子孙氏焉。

　　门尹氏:宋门尹般之后。宋又有门尹沮渠。

　　箴尹氏:芈姓,楚箴尹克黄之后也。楚又有箴尹宜咎,本陈人。

　　工尹氏:楚工尹寿之后也。楚又有工尹齐、工尹余、工尹赤、工尹麋,并见《左传》。《礼记》又有楚工尹商阳,则工尹氏盛于楚矣,由其世官故也。

　　厩尹氏:芈姓。姓纂云:楚大夫厩尹然之后。

　　连尹氏:芈姓。楚屈氏之后也。连尹襄老。

　　沈尹氏:沈邑之尹官也,沈姓。沈尹之后世为之。

　　陵尹氏:楚大夫陵尹喜、陵尹招之后。

　　季尹氏:楚有季尹然。齐有季尹明。

　　芊尹氏:楚有大夫芊尹,申无宇之後。

　　蓝尹氏:楚大夫蓝尹亹之后也。

　　乐尹氏:楚昭王以钟建为乐尹。

　　监尹氏:楚监尹大心之后也。

　　清尹氏:楚大夫清尹弗忌之后也。又楚有大夫清尹午子叔。

　　占尹氏:齐有占尹德,又有占尹应坚。

　　这里,郑樵把沈尹列入以官为氏之列。《左传·昭公五年》载沈尹赤、沈尹射均参加了楚灵王伐吴之役,两人同时活动,不应当都是是沈尹之官,即至少有一人是以沈尹为氏称。① 清人王梓材《世本集览》虽然把沈氏列入楚国公族,但也有"沈尹氏亦称沈氏"之语,在他看来,沈氏是出自沈尹的。

四

《新唐书·宰相世系》记述沈姓的起源时说:"沈氏出自姬姓。周文王第十子聃叔季,字子揖,食采于沈,汝南平舆沈亭,即其地也,春秋鲁成公八年为晋所灭。沈子生逞,字循之,奔楚,遂为沈氏。生嘉,嘉字惟良,二子:尹丙、尹戊。尹戊字仲达,奔楚隐于零山,为楚左司马。"这段话中错误颇多:平舆沈亭的沈子国是周公旦后裔封国,而非文王少子季载的封国;沈国灭于蔡,而非灭于晋;尹戊应为《左传》中的尹戌;等等。但有两条信息不应忽视:沈尹戌为姬姓;"沈尹"在楚国为外来户。

有学者认为沈姓把始祖沈尹戌列入姬姓是为避蛮夷后人之称,然国人还有一个传统,即"行不更名,坐不改姓",况且出于楚国芈姓的姓氏还有很多,没有必要刻意打造自己的身份。

那么,沈尹是何时由沈入楚了呢? 我们认为当在公元前七世纪末叶。

沈国位卑地小势弱,在春秋时代强国争霸中左右为难,因地近强楚,故多依附之,因而屡遭中原诸国的讨伐。公元前 624 年,晋、鲁、宋、陈、卫、郑等共伐沈,从此沈国一厥不振。沈尹作为沈国的有识之士,为获得更大的发展空间,遂在沈国衰落后到楚国游说,并成为庄王的师友。由于其为沈国的代表,而楚沈联盟紧密,因而得到庄王的信任。沈尹可能担任过沈国的令尹,因而有书中称其为"沈令尹",有的书中则称沈尹为相十年左右。沈尹初到楚国,出任楚国令尹的可能性不大,直到经过百年左右的发展,到沈诸梁时,这支沈姓才发展到了顶峰,并衍展出沈叶二姓。

我们推测,最初的"沈尹"是庄王专为沈尹茎而设的官职,主要负责楚国与沈国的外交联络以及楚国的外交事宜,在沈尹茎一族的发展中,此族不但世代担任沈尹之职,而且随着沈尹茎族人的发展,沈尹后来便成为沈尹茎一族的徽号,即沈尹氏。由于楚沈联盟关系重大,以及沈尹茎杰出的军事才能,沈尹成为当时

---

① 尹宏兵《楚沈尹戌族氏族属考》论证两人都是中央官员,在中央机构不可能同时存在两个沈尹。

仅次于令尹、司马的官职。沈尹茎之后,沈尹仍是楚国重要的中央官吏。

有学者认为沈尹为太室占卜之官。然楚国占卜吉凶的官称为卜尹或开卜大夫。例如春秋晚期,观从对楚平王夺得王位起了重要作用,平王即位后"召观从,王曰:'唯尔所欲。'对曰:'臣之先,佐开卜。'乃使为卜尹。"①观氏其后即世代守其职,春秋末年有观瞻为开卜大夫,当是观氏的子孙。②

楚国的沈尹一族发展到沈诸梁时,已在楚国百年左右,也迎来了沈尹族的鼎盛时期。沈诸梁平白公胜之乱,兼任令尹和司马,由沈尹姓改为沈姓,开沈姓之端;封于叶地,号叶公,后人以叶为姓,肇叶姓之始,成为中华沈、叶两支大姓的共同始祖。

（作者为河南省社会科学院历史与考古研究所副研究员、河南省河洛文化研究中心秘书长）

---

① 《左传·昭公十三年》
② 《春秋世族谱》卷下,《楚世次图》"沈氏"栏。

略论平顶山境内的古文化兼述
刘氏先祖最早在鲁山

杨肇清

平顶山市位于中原腹地,北和西北与洛阳市境内的偃师、伊川、汝阳接壤,东北与登封相连,东与许昌的禹州、襄城相邻,南与漯河的舞阳接壤,西和西南与南阳的方城、南召相接地区相连,正处于古代北上南下,走东进西的交通要道上。境内北有汝河从西北向东南流,中有沙河和南有灰河均从西向东流,三条河贯通全境。除北部、西部、中部有一点浅山区、丘陵地区外,其余多是平原地区。土地肥沃,气候温和,物产丰富,自古以来适合人类从事生产活动,至今还保存有丰富的古文化遗存。这块土地哺育出不少历史名人,确是人杰地灵,名人荟萃之地。

其境内有旧石器时代洞穴遗址和活动地点。新石器时代裴李岗文化、仰韶文化、龙山文化丰富,夏代文化也较多。现仅就平顶山境内的古文化略加论述,并兼谈刘氏先祖最早在鲁山的活动遗迹情况。如有不妥,敬请方家指正。

一

本市境内,至今保留有丰富的古文化遗存。其中有旧石器时代洞穴遗址和古人类活动地点;新石器时代遗址有:裴李岗文化、仰韶文化、龙山文化和夏文化等。现将这些主要的有代表性的遗址简述于后。

(一)旧石器时代活动地点和洞穴遗址各1处。

1. 大张旧石器地点 位于汝州市骑料乡张湾东侧的燕子河的四级台地上。1984年5月,在此台地的砾石层中发现21件打制石器。可分为石核、石片、刮削器、尖状器、打制石片等。其加工修理均用锤击法,打制石片不定型,制石技能一般,显得原始。并在同层中,出有较多的动物化石,其中有长鼻三趾马、野牛、板齿犀等。特别是长鼻三趾马,这是第三纪上新世广布品种,到更新世灭绝。说明张湾旧器石较早,距今约 100 万年。[①]

2. 庄科洞穴遗址位于宝丰县观音堂乡庄科村南。为一溶洞,深 7 米,高 1.7 米,面积 50 平方米。1977 年发现,洞内有大量的化石,种类有鹿、牛等,内有火烧痕迹,部分骨片经过初步加工。属于旧石器时代的有人居住的洞穴遗址,这些古人懂得用火来加工食物和制造石器和骨器工具。估计距今约 10 万年左右。[②]

(二)新石器时代

1. 裴李岗文化遗址发现 11 处,其中汝州 7 处,郏县 1 处,叶县 3 处,只介绍 2 处。

(1)水泉遗址 位于郏县县城东北 16 公里的水泉村东南部,遗址面积 15 万平方米。1986 年试掘,1987~1989 年先进行四次发掘,揭露面积 1890 平方米。发现陶窑、窖穴、墓葬等遗迹。出土了大量的陶器残片、陶器和石器等。

陶窑 2 座。位于遗址北部,南北向两窑并排相距 1.5 米。均已破坏,仍可看出为横穴窑。现残存火膛,后接窑室,窑周壁,红烧土厚约 10 厘米。可见使用了较长的时间。

窖穴 83 座。平面形状为圆形、椭圆形、圆角方形等。窖穴的壁有直壁、斜壁和壁外张为袋状等。

墓葬 120 座分布于遗址的东部,小渠以东分布 110 座,排列有序;小渠以西 10 座,分布零散。墓地东西并未到头。是已发掘的裴李岗文化中最大最完整的一处墓地。墓地从西向东,由北向南,墓共有 18 排,每排的墓数不等,最多的 10 座,最少的 3 座。墓坑为长方竖穴,一般长 2 米左右,宽 0.70~0.90 米,深 0.30 ~0.50 米,最长的 2.72 米,宽 1.5 米。最少的墓长 1.60 米,宽 0.60 米。

墓向基本一致,多为东西向,少为西南向。其中 117 座为单人仰身直肢葬,3 座为双人合葬,当中有两座并排葬,一座上下叠葬。

该墓地除 12 座无随葬品外,其余均有,少者 1 件,最多者达 31 件,一般 2~

---

① 张维华:《河南新发现的旧石器和人类化石》,《中原文物》1986 年第 2 期。

② 河南省文物局:《河南文物》(中册),文心出版社,2008 年。

5 件。随葬品多为生活用具,生产工具次之。其中 M29 是此墓地最大的、也是随葬器品最多的一座墓,墓主为一男成年男性。除二座墓外,石磨盘和磨棒不与石铲,斧等生产工具一起葬,葬石磨盘、石磨棒的墓主人除极个别外,均是女性;而葬石斧、石铲等生产工具的均是男性,可见男女在生产上是有分工的。还有两座墓用长方形石片随葬,上面附着红色痕迹,可能与宗教有关,这种现象在其他裴李岗文化遗址中是不见的。

生产工具主要是石器,一般均磨制,除个别精磨外,其余刃部磨制较好,多露有岩皮,刃部多为弧形。器形有:斧、铲、锛、凿、球,另有骨器等。

生活用具主要是陶器,陶质为泥质红陶、夹砂红陶和夹砂红褐陶,偶有灰陶。器表以素面为主,纹饰较少,有篦点纹、篦纹、乳钉纹,压印纹等。均为手制,火候不高。器形有深腹罐、双耳罐、三足钵、平底钵、圈足钵、小口双耳壶、器盖等。①

该遗址,面积大,陶器较多,同时又发现最大裴李岗文化的墓地。墓葬分区、墓圹排列有序,成排分布,除个别外均有随葬品,已出现随葬品有些悬殊,而葬品最多则是男性等现象。这对裴李岗文化葬俗、社会性质的研究提供了最新资料。

(2)中山寨遗址位于临汝纸坊乡中山寨村。其村建于遗址的中部。遗址总面积约 37 万平方米(含仰韶文化等的面积)。文化层最厚约达 6 米。以前定为仰韶文化遗址,1979 和 1982 年两次调查中发现在仰韶文化层下有裴李岗文化的遗物,1984 至 1986 年经过试掘与发掘发现裴李岗文化的灰坑,墓葬等遗迹,生产工具和生活用具等。

灰坑 9 座位。坑口为圆形,也有椭圆形等。坑壁为斜壁或直壁,底近平或圜底。

墓葬 4 座。均为长方竖穴土坑墓,长约 2 米,宽 0.60~0.90 米,深约 0.35 米左右。方向不一,均为仰身直肢葬,无随葬品。

生产工具主要是石器和陶器,骨器较少。石器有:斧、铲、锯齿镰、无足石磨盘和磨棒,还有打制敲砸器、磨石等。骨器仅有骨针、锥等。还有一件珍贵的骨笛(残),上有两排小孔,错位排列。有的专家认为是一只校音笛。

---

① 中国社会科学院考古研究所河南一队:《郏县水泉新石器时代遗址》,《考古学报》1995 年第 1 期。

生活用具主要是陶器,陶质是以泥质和夹砂红陶为主,少数的灰陶,火候较高,陶质较好,素面较多,纹饰有篦点纹、指甲纹、划纹、弦纹、线纹等;陶器器形有:侈沿罐、大口罐、角把罐、三足罐、双耳壶、平底盆、三足钵、篦点纹三足钵等。该遗址裴李岗文化的陶器火候较高,质量好,足见当时的制陶烧制技术已有一定的水平。① 其中三足罐、篦点纹三足钵,是受老官台文化的影响所致;有些器形如:罐形鼎、侈沿罐、钵、小口壶等与仰韶文化同类器相似,可以看出向仰韶文化演变的轨迹。可见它们间有渊源关系。在裴李岗文化层之上还有较厚的仰韶文化的遗存。这为仰韶文化的来源找到了地层和器物的演变依据。从出土物看是属裴李岗文化晚期的。

距今 8000 年前后,这里的先民已在平顶山地区的北部和西部一带从事农业,繁衍生息,留下了较多的文化遗存。

2. 仰韶文化

仰韶文化在本市除武钢市无外,其余各县、市均有分布,据统计以前发现的遗址达 43 处。其中汝州 16 处,鲁山 13 处,宝丰 5 处,郏县 4 处,叶县 3 处,平顶山 1 处。

现仅介绍汝州的阎村、大张、红山庙、鲁山邱公城等遗址。

(1)阎村遗址位于汝州纸坊乡北阎村以东。遗址总面积 2.8 万平方米。文化层厚 2～3 米。地表和断岩文化层中暴露大量的红陶片,灰陶较少,纹饰较少。1977 年在平整土地中采集了一些石器和陶器。生产工具有石斧、铲、凿等。生活用具主要是陶器,陶质是以泥质和夹砂红陶为主,器表纹饰有弦纹、附加堆纹、乳钉纹等,还有一定数量的彩陶,其中有白衣红褐色和红底黑彩两种,彩陶画案有弧形三角纹、圆点纹、方格纹,曲线涡纹以及写实的画面等。陶器器形有:釜形鼎、缸、瓮、盆、钵等。

特别是其中的 1 件彩绘陶缸,高 47 厘米,口径 32.70 厘米。在其腹上画一幅高 37 厘米,宽 44 厘米的彩画——鹳鱼石斧图。一鹳鸟昂首挺立,嘴长而直,叼一条大鱼,而鱼垂直俯首就范;与此画相对为石斧带柄直立。② 其图象形象生

① 中国社会科学院考古研究所河南一队:《临汝中山寨遗址的发掘》),《考古学报》1991 年第 1 期。
② 临汝县馆等:《临汝阎村新石器时代遗址调查》,《中原文物》1981 年第 1 期。

动,是一幅栩栩如生的图卷。这样大幅的仰韶文化彩绘画案还是首次发现。它的发现引起众多艺术家和学者的关注,从多方面进行研究,有的人认为是一幅生活图;也有认为两种动物是两个氏族的图腾,颧部落战胜鱼部落的真实写照。

(2)红山庙遗址位于汝州市区西北郊约 2.5 公里的骑岭乡洪山庙村东。遗址坐落于北汝河北岸的三级台地上。面积 5.72 万平方米,文化层深 0.5 米。1989 年配合焦枝铁路复线工程发掘了该遗址,1993 年又进行发掘,发现有仰韶时期的房基、灰坑和大型瓮棺葬墓。清理出大量的夹砂红陶、褐陶陶片。纹饰有线纹、弦纹、附加堆纹、划纹等,彩陶多为黑彩还有棕彩等,画案多种(详后)。可辨器形有鼎、釜、罐、钵、碗、尖底瓶、盆、矮领瓮、器座、器盖等,还发现有石斧、铲、镰、刀、镞和骨针、锥和镞等。

房基 1 座残,多被破坏,为地面建筑,平面形状为不规则形,残长 3.5 米,宽 0.2 ~ 2 米。地基为红烧土粒铺垫,地面用礓石粉与黄土混合夯实,经打磨平整有光滑,又经烧烤,而质坚硬,还可防潮。室中部一处地面为黑色,烧成龟裂纹,应是灶址。

灰坑 5 座。坑口平面多为圆形,次为椭圆形,形制规整,口径 1 ~ 1.65 米,现深 0.41 ~ 1.65 米,当中大而深的坑应是窖穴。

墓葬 1 座。为仰韶时期的大型的二次葬合葬墓。坑口为圆角长方形,东南角被平整土地时已破坏,东西长 6.3 米,南北宽 3.5 米,最深 0.65 米。坑内已清理出瓮棺 136 个(恢复可达 200 个瓮棺),坑内的瓮棺放置有序,南北成排。共分 13 排,每完整的一排放置瓮棺 16 或 17 个,大多数排放 10 个以上,最少一排 3 个。除西壁和西南角处为小瓮棺外,其余多为大瓮棺。瓮棺为大口缸,大口,斜壁,平底。底上中部均钻有孔,缸口外有一周有对称的鹰嘴式的附加堆纹,这是为与其盖捆绑而设的。缸竖直放于墓坑中。其内除放人的尸骨外,多不放置随葬品。在瓮棺上多有彩绘画案,每个缸的图案除宽带、平行线外,其余则不相同,其中有弧形三角、人物、男根、鹿、蜥蜴、鸟、龟、日、月、星、圆点、三角纹等。每排瓮棺可分若干组,每组 2 - 4 个瓮棺不等。每排瓮棺内男、女老、中、青均有。儿童集中分布在西壁和西南角处,仅有一小儿与成人葬在一起。[①]

---

① 河南省文物考古研究所:《汝州红山庙》,中州古籍出版社,1995 年。

这样的大型瓮棺葬合葬墓,在仰韶文化中还是首次发现。在瓮棺上绘各式各样的不同彩绘画案也是十分罕见,对研究仰韶文化彩陶艺术、葬俗和社会性质提供了新资料,具有重要意义。

(3)大张遗址位于汝州城西北约 9 公里的骑岭乡大张村西。面积 14 万平方米。1959 年发掘,发现有白灰面房基、窖穴、灰坑和瓮棺葬、成人葬及母子合葬墓等遗迹。

房基 1 座,残。为平地起筑的房屋。为长方形,在中部均匀地分布着四个柱洞,应是承重柱。房基经过铺垫,加工比较坚实,居住面是用料礓粉、砂、黏土混合铺垫一层,加水经过打磨光平,房基修成后经过烧烤,可以防潮湿,可见当时建筑技术是较高的。

灰坑 52 座。坑口部分为圆形、椭圆形、不规则形。其中袋状坑较多且大,应是窖穴。

墓葬 20 座,其中有瓮棺葬、土坑葬各 10 座。瓮棺主要是缸,内有尸骨,无随葬品;土坑有长方竖穴和灰坑葬,前者墓坑排列有序,方向一致,头向西北,均为仰身直肢葬,也无随葬品;后者是利用废弃的灰坑葬人,多者 5 个尸骨葬一处,有的还有随葬品。

生产工具主要是石器,器形有斧、铲、犁、刀、纺轮、矛、镞等;另有骨凿、镞等。

生活用具主要是陶器,陶质是以红色为主,还有灰、黑色陶也占一定比例;器表多素面,石器纹饰有弦纹、附加堆纹、镂孔、为数不多的绳纹。彩陶的图案有弧形三角纹、方格纹、平行线纹、S 纹、圆点纹等。出土物较多,主要有罐形鼎、盘形鼎、罐、大口缸、瓮、小口壶、豆、盆、钵、碗、敞口杯、器盖等。陶器的火候较高,质量好扣之有声。该遗址主要为仰韶文化中、晚期和向龙山文化过渡期,共分五层,陶器的演变和发展十分明显,反映出由仰韶文化向龙山文化过渡的面貌。[①]

(4)邱公城遗址 位于鲁山城西约 13 公里的昭平台库区乡中心邱公岛。为仰韶文化、龙山文化和汉代遗存。面积 30 万平方米,文化层厚 1～4.5 米。遗址可分三层,下层为仰韶文化,中层为龙山文化,上层为汉代文化。

为配合水库建设 1958 年对该遗址进行了试掘,发现仰韶文化的房基,瓮棺

---

① 河南省文物工作队:《临汝大张遗址发掘简报》,《考古》1960 年第 6 期。

葬墓。

房基 1 座。破坏严重,不能观其全貌,仍可认出为平地起建,为长方形,长5.76 米,宽约 3 米。地基用红烧土铺垫,居住面经加工、打磨而光滑,又经火烧烤而坚硬,在室内有一灶。

瓮棺葬 22 座。多在房基附近,葬具分三种:一是罐和钵扣合;二是用罐或鼎与钵等扣合,以上两种棺内有婴儿骨骼,应是埋小孩的;三是用大口缸与专制的钵形盖发相扣合。这种形式较多,缸口下有乳钉纹饰与钵形盖口外的乳钉相对,盖与瓮棺是用绳捆绑。棺内葬的成人骨骼,应是属二次葬。三种棺内均无随葬品。

遗物 生产工具,主要是石器,器形有斧、铲、锛、刀、凿、镞、研磨器和陶纺轮等。

生活用具主要是陶器,多红陶,泥质和夹砂均有,也有小数的灰陶,多素面,也有附加堆纹、弦纹、线纹、乳钉纹,彩陶片占一定比例,图案有弧形三角纹、圆点、平行线纹、方格纹等,白底黑彩较多。器形有鼎、罐、瓮、缸、钵、盆、盖等。另采集有龙山文化时期的灰和黑陶片,可辨器形有:罐、鼎、豆、杯、盆、盖长方形有孔石刀等。还有汉代时期的筒瓦、板瓦、盆、罐等。①

平顶山境内的仰韶文化遗存多与阎村一致,是洛阳王湾一、二期文化向南发展,又吸收当地古文化的因素形成一个新的类型——仰韶文化阎村类型。

仰韶文化在距今 5000~7000 年间的黄河流域的中下游地区,最发达的庙底沟一期文化在这一地区分布广泛,农业、手工业也相当发达,并对东方的大汶口文化、长城以北的红山文化、西南的大溪文化都产生了强大影响。在这一地区内文化的一致性,说明当时在黄河中下游地区第一次大融会、大统一,也是我国文明起源的最早源头。在这样广的范围内文化的一次性,正与我国口传历史的黄帝活动区域相吻合,故我们认为庙底沟一期文化是黄帝及其子孙创造的文化遗存。

3. 龙山文化

本市境内龙山文化遗址 52 处,各县市均有发现。其中市区内 1 处,汝州有

---

① 河南省文物工作队:《鲁山邱公城遗址发掘简报》,《考古》1962 年第 11 期。

10 处(含 4 处是仰韶文化层之上),郏县 8 处(含 2 处是在仰韶文层之上),宝丰 8 处(含 1 处是在仰韶文化层之上),鲁山 15 处(含 9 处是在仰韶文化层之上),叶县 7 处(含 1 处是在仰韶文化层之上),舞阳 3 处。现只介绍 2 处遗址。

(1)蒲城店遗址

位于平顶山市以东 9 公里的高皇乡蒲城店村北。遗址高于周围平地 1～3 米,为不规则形,现存面积 18 万平方米,文化层厚 3～4 米。2004～2005 年进行发掘,揭露面积 6200 平方米。遗址内涵丰富,有东周、二里头文化、龙山文化向二里头文化过渡的新砦期文化。其中龙山文化遗存较丰富。

龙山文化遗迹,发现有城址、房基、窑、灰坑和瓮棺葬等。

城址一座为东西向的长方形,现存东西南三面城墙,南城墙长 360 米,西墙残长 124 米,现存城址面积(含城壕)约 4.1 万平方米,城内面积 2.65 万平方米。现存城墙顶最宽 7.05 米,底宽 14.5 米。城墙是由主体墙和内外护坡组成,先夯筑主体,再堆筑护坡。城墙外有城壕,宽 23.4 米,深 4.3 米。城壕与城墙是同时进行,是挖城壕土筑城墙形成的。

房基多座。如 F29 为坐北朝南的长方形,是平地起筑,是多间相连,保存的墙体、柱洞、门道、火塘、散水和排水沟等墙。现墙外东西残长 4.8 米,宽 3.92 米。墙壁体宽 0.45 米,残高 0.4 米。土质坚硬,内外抹一层细泥,居住面为一层含砂的黄泥,与墙内抹的泥相连,经打磨,既硬且平。门道在南壁的中部,室内有灶。南墙外有散水,再南为活动面,长 3.82 米,宽 1.9 米。这是一座很讲究的房基。

窑 1 座。窑室上部已破坏,为半地穴式的横穴窑。由火门、火膛、火道、窑算、窑室组成。窑室近圆形,室下有窑算,现存算孔 10 个,算下为火道。是一座结构较好的一座窑。

出土物较多,生产工具主要是石器,器形规整,磨制精,刃锋锐利。器形有斧、铲、刀、镰、凿、镞、网坠等;骨器有锥、镞、笄、卜骨等;还有蚌刀和陶纺轮等。

生活用具是以陶器为主,陶质主要是泥质和夹砂灰陶,也有少量的红陶和黑陶。纹饰以篮纹为最多,也有绳纹和方格纹等。器形有鼎、篮纹侈口罐、深腹罐、瓮、盆、钵、碗、豆和器盖等。

在龙山文化之上还有新砦期文化;在其上是二里头文化,还发现有二里头文化城址(详后)。①

（2）煤山遗址位于汝州市区西,火车站北。属龙山文化和二里头文化遗址。面积21.5万平方米。文化层深4~5米。1970年以来经多次发掘。发现房基、灰坑、陶窑、水井、墓葬等遗迹。

其中房基数十座,成排分布,多为地面建筑,平面形状为长方形或方形,多为两间,或是多间相连的房子。房基的墙均挖墙基沟,挖有柱洞立柱,再逐层填土,夯实作基础,再上用草拌泥筑墙,成为木骨泥墙;室内地下用较纯的土铺垫,居住面,经过加工、打磨比较光滑而平整,有的现存有白灰面。一座房一般室内有一灶,还有睡觉的高于地平面的土台。每座房设有门。房外有散水。

灰坑40多个,形式多样。最大的坑口径2.75米,最深约2米,还有一些袋形坑,容积较大的是储存粮食的窖穴。

陶窑4座,相距较近,平面葫芦形,或圆形,均有窑门、火膛、窑室、烟道,在火道较宽处置有"土坯砖"。在其窑的附近还有一水井,且有路与窑相连,此井与制陶有一定的关系。从窑的集中分布,是制陶区,可能是制陶的作坊。

水井多眼。井口一般为椭圆形,斜壁、较深。均未清到底。最深清到水层下0.8米。

墓葬有长方竖土坑墓,有的有二层台,随葬品放置在台上,器物多为死者做的明器,其中有小罐、杯、豆之类;还有只容一身的窄小的一无所有的墓。也还有小儿瓮棺葬,葬具用鼎、罐和大口罐等,在其口上扣以钵和盆等为盖。除葬具外也无随葬品。

遗址内出土的遗物较多,主要是陶器。陶质是经夹砂和泥质灰陶为最多,泥质棕陶、红陶、夹砂红陶较少。纹饰主要是篮纹和方格纹,较晚的比例减少,绳纹增加。陶器主要是轮制,烧的火候高,质量好。主要器形有鼎、甑、罐、高领罐、甗、刻槽盆、折腹盆、钵、鬶、斝、瓬、杯、圈足盘、碗、盘豆和器盖等;石器有斧、铲、凿镞;玉戈、玉;骨器有针、锥、凿、铲、镞;蚌器有刀、镰等。

更为重要的是:发现有炼铜的钳锅残片,最大有一块长5.6厘米、宽4.厘米、厚2厘米,上面有6层铜液。可见已经过6次使用,这就足以证明龙山文化

---

① 河南省文物考古研究所:《平顶山蒲城店发掘简报》,《文物》2008年第3期。

时期已经炼铜了,它的发现意义重大。①

该遗址最先发现在龙山文化晚期的地层之上叠压二里头文化,煤山龙山二期的陶器陶质、纹饰、器形与二里头一期有不少是相同或相似的,说明龙山文化是二里头文化之源。

龙山文化时期距今 4000~4900 年间,是我国古文化大发展时期,出现石犁,大量的各种各样的石铲,长方形和半圆形钻孔石刀等生产工具,可见农业得到了充分发展。各遗址出现大量的袋形灰坑,而且容积大,足见当时粮食除吃之外,还有大量的剩余,用于酿酒,大量酒器的发现就是最好的证明。在墓葬上反映出了贫富分化,有的死者尸体不全,两手空空,一无所有;有大的墓葬,两侧有二层台,中置木棺,二层台上随葬物有十余件之多。出现钳锅,内有 6 层铜液,当时已能冶铸铜器。出有较多的卜骨,反映出当时祭祀也频繁。众多的龙山文化城址的发现。总之,文明形成的一些主要标志都在龙山文化中晚期已出现,正与文献记载我国方国形成的时期相一致。在龙山文化晚期时,以夏部落首领——夏禹为首的,联合中原各氏族,采取输导的方法,经过十三年艰苦奋斗,他“三过家门而不入”,最终治愈滔滔洪水,人民安居乐业,生活在“禹土之上”,从而得到各个氏族的拥护和爱载,成为最大的盟主,最终建立我国第一个统一的王朝——夏朝。

还要提的一点是,平顶山境内的龙山文化是由洛阳王湾三期文化发展而来,又吸收颍河同时期文化的因素又有新的发展,形成龙山文化煤山类型。

4. 平顶山境内夏代遗址也多。我们认为龙山文化晚期是属夏代早期文化,二里头文化是夏中、晚期文化。由于篇幅所限这里只介绍一处遗址。

蒲城店遗址除上述介绍的龙山文化外,还有二里头文化,还发现的的遗址有城址、夯土墙、房基、灰坑、水井、墓葬等。

城址位于遗址的西南部,略呈长方形。城址(含城壕)东西长 260 米,南北宽 204 米,面积约 5.2 万平方米。

---

① 洛阳博物馆:《河南临汝遗址调查与试掘》,《考古》1976 年第 5 期;中国社会科学院考古研究所河南二队:《河南临汝煤山遗址发掘报告》,《考古学报》,1982 年第 4 期;河南省文物考古研究所:《临汝北刘庄遗址发掘报告》,《华夏考古》1990 年第 2 期;河南省文物考古研究所:《临汝煤山遗址 1987 —— 1988 年发掘报告》1991 年第 3 期。

城墙是先挖基槽,开口于新砦期文化层之下,在其内用浅黄土和灰褐色土夯筑,墙体主要是用板筑而成,夯筑质量较好,比较坚硬,夯窝为圆形和椭圆形,直径 0.06 ~ 0.10 米。可见夯具是用木棍和卵石。夯土内出少数的陶片,具有龙山晚期或者龙山文化向二里头文化过滤的特征。

城壕在城墙之外,是筑城墙时挖土筑墙时形成了城壕,宽 9.1 米,残深 3.65米。壕内最下的二层堆积,内出二里头文化的陶片,应是使用时的遗存。根据城培基槽开口的层位,夯夯土内出的陶片和城壕使用期的陶片,故此城是二里头文化时期的。

夯土墙位于遗址中西部,南北走向,已发掘部分的宽 1.95 ~ 2.60 米,总长41 米。从此以东无房基,以西 4.6 米以外是成片的房址。故此墙是居住区的分界线。

房址 位于遗址西部,分布于龙山城以西,二里头城北。在东西长不足 100米,南北宽 20 的发掘区内发现 20 多座二里头文化房址,这些房址均为地面建筑,排列有序,有 1 ~ 6 间等多种形式。是东西向的排房,门道向北或向南,北部的门道向北的多,反之向南。建房时先挖出基坑,内现用纯净土夯筑,厚 0.10 ~0.36 米不等。再挖墙壁基槽,内挖柱洞,立柱、筑墙,居住面用灰褐土铺垫,经加工打磨比较平整坚实,上有踩踏痕迹。

如 F10,为一坐南朝北,方向 5o。共 6 个开间的房址,长 21.65 米,宽 6.5米,总面积 140 平方米。从东向西编为 A ~ F 间,B 间最大,面阔 4.7 米,进深3.3 米,余间较小。A 间单独开门于外,B、C、D 开一门向外,内隔墙有门相通,E、F 因被打破,门是向北,估计开一门,看来这些房址统一建筑,分给各家使用,一家 1 ~ 3 间不等,可能与人口多少或经济条件或地位来分配的。

墓葬 多座。仅发表一座,位于西北部,为长方竖穴。方向 10°。仰身直肢葬,无葬具。其墓底和人骨架上有珠砂,随葬品有平底盆、瓠、圈足盘共 4 件。

出土物二里头文化出的遗物非常丰富。石器有斧、铲、锛、凿、刀、镞,骨器有刀、锥、笄等;陶器较多,陶质是以夹砂灰为主,泥质灰陶次之,还有泥黑陶等。纹饰有以篮纹为主,其他还有绳纹、方格纹、弦纹、附加堆纹、花边纹、压印纹等。器形有深腹罐、捏口罐、小口罐、高领罐、圆腹罐、花边罐、罐形鼎、盆形鼎、瓮、大口尊、大口盆、深腹盆、圆底盆、刻槽盆、三足盘、豆、瓠、杯、簋、甑、碗、钵、盘、器盖等。这些器物与洛阳二里头文化一至三期均有,以二里头文化一期为最多根据地层叠压和出的器物特征,城址是二里头文化一期的一座城址。[①] 蒲城店二里头文化城址及其丰富的二里头文化遗存,可证明沙河、汝河流域也是该文化最早形成的地区之一,这为二里头文化的研究增加了新资料,具有重要的意义。

平顶山内古文化是非常丰富的,是这里的先民经过数百代的前仆后继,艰苦卓越的斗争,利用聪明的才智创造了光辉灿烂的古文化,进而迈入文明社会。

二

夏代养龙专家刘累是我国刘姓的始祖,是鲁山库区乡人。相传其生卒年均在龙年,他出生时一只手有纹,形似"刘累"二字,另一只手纹为"龙"字。似乎是天生的养龙专家。关于养龙之事,在《春秋左传》记得非常清楚。如:《春秋左传·昭公二十九年》载:"秋……魏献之问蔡墨曰:'吾闻之,虫莫知于龙,以其不生得也。谓之知,信乎?'对曰:'人实不知,非龙实知。古者畜龙,故国有豢龙氏,有御龙氏。'献之曰:'是二氏者,吾亦闻之,而不知其故。是何谓也?'对曰:'昔有飂叔安,有裔子曰董父,实甚好龙,能求其嗜欲以饮食之,龙多归之。乃拢畜龙,以服事帝舜。帝赐之姓曰董,氏曰豢龙。封诸鬷川,鬷夷氏其后也。故帝舜世有畜龙。及有夏孔甲,扰于有帝。帝赐之乘龙,河,汉各二,各有雌雄,孔甲不能食,而未获豢龙氏。有陶唐氏既衰,其后有刘累,学扰龙于豢龙氏,以事孔子甲,能饮食之。夏后嘉之,赐氏曰御龙,以更豕韦之后。后龙一雌死,潜醢以食夏后,夏后飨之,既而使求之,惧而迁于鲁县。'"即逃到今鲁山境内的邱公城这个地方,隐姓埋名。因此前在"邱"姓住地养龙,故改姓"邱",后人称其为"邱公"。称刘累隐居的城池为"邱公城",邱公即刘累。由此可见远在大约 4000 年前的夏朝初期,刘累就定居鲁山了。成为河南刘姓最早的一支。由夏至今,已历经数百代,他的子孙后代,人丁兴盛,向各地迁移,目前已遍及华夏大地和海外,也是我国的一大姓。刘累是我国刘姓的始祖,当之无愧。刘累因养龙而驰名天下。成为鲁山县上古时的历史名人。

刘累最早居鲁山的具体地点是原耿集附近的邱公城庄。现在已被昭平台水库淹没。邱公城已成一岛,随着湖水的涨落时隐时现,它是鲁阳城旧址。面积

---

① 河南省文物考古研究所:《平顶山蒲城店发掘简报》,《文物》2008 年第 3 期。

30 万平方米,文化层厚 1～4.5 米。遗址共分三层,下层为仰韶文化、中层为龙山文化、上层为汉代文化遗物,而且,文化内含丰富。其中又以中层的龙山文化保存得最好,据所出之遗物是属龙山文化中晚期的,一些学者认为龙山文化晚期应是夏代早期的遗存,与刘累所在的时代大致相同。

刘累在鲁山留下了许多古迹。一是尧山尧祠(石人山即古称尧山),二是金山环上之刘累亭和刘累墓(在刘姓人士的迫切要求和协助下,于 2000 年 2 月将刘累墓迁至招兵台山,现名"刘累祠"),三是邱公城(刘累故邑),四是刘累的传说。

刘氏作为中华大姓,其源也是多源的,但刘累则是最早见于先秦文献记载的刘氏第一人,因而刘累可以称之为"最早、最正宗"的刘氏先祖,并得到海内外刘氏华人的认同与尊崇。由于刘累与刘邦的特殊关系,中华刘氏与龙文化关系密切。据统计刘氏是在我国诸多姓氏中建立朝代和产生皇帝最多的姓氏,根据我国的历史记载:刘氏建立了西汉、东汉、蜀汉、前赵、南朝宋、梁燕、南汉、后汉等诸多王朝或政权,共有 45 个帝王,历时长达 648 年之久。尤其是以"刘累御龙"为先导,开创大汉基业的刘邦自称为"真龙天子",自此开始了"龙与帝王"的密切关系。由刘氏建立的汉王朝,承袭了秦制,又改变了秦代的暴政、繁重的劳役和征战,推行休养生息政策,人们富足安康,国家繁荣昌盛的大汉帝国。对中华民族的发展产生了很大的影响,并产生了汉族、汉语、汉字的专称。故一些专家在评价刘氏文化的贡献时,可以用"帝王之尊、民族之名、影响之巨"三句话来高度概括。

在鲁山境内的所有与刘累的遗迹主要以"保护为主,抢救第一,加强保护,合理利用。"的文物方针办事。有关刘累的传说也可组织人力进行整理研究,根据其经济发展情况,和文物保护法的相关规定,经过文物专家的论证,逐步对一些遗址有重点地加以恢复,已恢复的"刘累祠"已初具规模,已对刘姓的寻根祭祖起一定的作用。这些对开展旅游、研究夏代的历史将起到不可估量的作用。

综上所述,平顶山境内的古文化与河洛古文化,大致是相同的,由于地域相邻,其古文化是从河洛地区向南相传而来,如王湾的仰韶文化与平顶山的仰韶文化有不少是相同的,王湾仰韶文化向南发展而来,同时又吸收当地文化因素,又有新的发展。如众多的彩陶缸,彩绘图案除有与王湾相同的弧形三角形、几何纹、带方格纹外,还新出现写实的鹳鱼石斧图、狩猎图、鸟龟追逐图、人面纹、男根图等,变为仰韶文化新的类型——阎村类型。煤山龙山文化与王湾三期文化是紧密相承的,又有新的发展成为煤山类型。二里头文化与洛阳二里头文化是相同。可以说平顶山地区的古文化是从河洛文化向南发展,平顶山地区有其丰厚的古文化,为本地区文化的发展和众多名人的产生,奠定了深厚的基础。

从先秦文献记载,刘累是先秦文献最早记载刘氏的第一人,可见刘氏的先祖是在鲁山。刘累可以称之为"最早、最正宗"的刘氏先祖,并得到海内外刘氏华人的认同。在鲁山有很多刘累的遗迹,如刘累故居、故城、墓、和各种相关的传说等。保护好这些遗迹,待有条件时逐步恢复,对海内外的刘氏寻根祭祖,开展旅游和研究夏文化具有重要的意义。

（作者为河南省文物考古研究所研究员）

刘累与刘姓研究

韩高良

一、刘累其人

由于在历史文献记载中和民间,关于刘累其人和刘累御龙的故事,自古以来就流传着许多传说,因此,刘累其人、其事也就具有一定的神秘性。但是有一点是可以肯定的,那就是历史上确有其人、其事。而且刘累长期居住,并终老于鲁阳,即今天的河南鲁山县境内,关于这一点在经传和正史文献中均有相关记载。下面我们就对刘累的身世、名字的由来、御龙的故事及其祖居作一考究。

首先,我们考究一下刘累的身世。刘累出生于帝王之家,是帝尧陶唐氏的后裔,生活在夏朝后期。对此有大量文献记载,例如(春秋)左丘明的《左传·昭公二十九年》记载:"有陶唐氏既衰,其后有刘累……。"(汉)司马迁的《史记·夏本纪》记载:"陶唐氏既衰,其后有刘累,学扰龙于豢龙氏,以事孔甲。"(汉)王符的《潜夫论·志氏姓》记载:"帝尧之后陶唐氏,有刘累,能蓄龙,孔甲赐姓为御龙,以更豕韦之后。"(唐)林宝的《元和姓纂》记载:"帝尧陶唐氏之后受封于刘。裔孙刘累,事夏后孔甲,在夏为御龙氏,在商为豕韦氏,在周为唐杜氏。"(汉)班固的《汉书·高祖本纪·赞》记载:"春秋晋父蔡墨有言,陶唐氏既衰,其后有刘累学扰龙,事孔甲,范氏其后也。"(宋)邓名世的《古今姓氏书辩证》亦记载:刘氏"出自祁姓陶唐氏之后。生子有文在手曰刘累,因以为名。"《安徽凤阳刘氏谱序》记载:"我刘氏之先本出于帝尧苗裔,夏之时帝尧陶唐氏子孙生子有文在手曰刘累,因以为刘氏。此我刘氏之端也"。可见,无论是正史文献,还是刘氏族谱,关于刘累是帝尧陶唐氏的后裔的记载完全一致。而且刘累迁鲁后还在那里建了尧祠,以祭拜祖先。(北魏)郦道元的《水经注》记载:"尧之末孙刘累,以龙食帝孔甲,孔甲又求之不得,累惧而迁于鲁县,立尧祠于西山,谓之尧山"。(清)顾祖禹的《读史方舆记要》:"尧山在县城西北四十里,夏孔甲时刘累迁鲁立尧祠于山上,因名"。现在尧山和尧祠故址依然存在,因此,刘累是帝尧陶唐氏的后裔是毫无疑问的。

其次,我们考察一下"刘累"这个名字的由来。据说刘累一出生就很奇特,他生下来两手手掌中各有一个特殊的掌纹,看上去分别像当时象形文字的"留"和"累",先秦时"留"与"刘"通用。古人很迷信,刘累的家人认为这两个特殊的纹饰应该是上天给这个婴儿作的标记,代表上天的某种预兆,是神的意旨,因此,就为这位新出生的圣婴取名叫"刘累"。这个传说在古代文献、刘氏族谱和留氏族谱中均有记载。如(宋) 欧阳修,宋祁的《新唐书·宰相世系表》记载:"帝尧陶唐氏子孙生子有文在手曰:'刘累',因此为名。"《古今姓氏书辩证》也有记载,刘氏"出自祁姓陶唐氏之后。生子有文在手曰刘累,因以为名。"《清源留氏族谱》上还有这样记载说:刘累生下来两手掌中字形是:"卯在田上,系在田下",因此取名"留累"。另据《砂罗越刘氏源流考》记载:"刘累事夏孔甲,赐御龙氏。其生也,两掌成'刘累'二字,因以为姓氏"。还有上文中引用过的《安徽凤阳刘氏谱序》中的那段记载。由此可见,刘累名字的由来的这这种说法应该属实,一方面有文献记载,另一方面,古人都很迷信,谁也不敢也没有这个必要编造出这个理由为婴儿取名来愚弄上天。

第三,我们考察一下刘累御龙的故事。最早、最详细记载刘累御龙故事的文献应该是《左传》。《左传·昭公二十九年》记载:"秋,龙见于绛郊。魏献子问于蔡墨曰:'吾闻之,虫莫知于龙,以其不生得也,谓之知,信乎?'对曰:'人实不知,非龙实知。古者畜龙,故国有豢龙氏,有御龙氏。'献子曰:'是二氏者,吾亦闻之,而不知其故,是何谓也?'对曰:'昔有飂叔安,子曰董父,实甚好龙,能求其嗜欲以饮食之,龙多归之,乃扰畜龙,以服事帝舜,帝赐之姓曰董,氏曰豢龙,封诸鬷川,鬷夷氏其后也。故帝舜氏世有蓄龙。及有夏孔甲,扰于有帝,帝赐之乘龙,河汉各二,各有雌雄。孔甲不能食,而未获豢龙氏。有陶唐氏既衰,其后有刘累,学扰龙于豢龙氏,以事孔甲,能饮食之,夏后嘉之,赐氏曰御龙,以更豕韦之后。龙一雌死,潜醢以食夏后,夏后飨之,既而使求之。惧而迁于鲁县,范氏其后也。"

无论是正史文献记载,还是民间传说,关于刘累御龙的故事说法很多,但大意都一致,都是以《左传》上述记载为蓝本。

刘累御龙的故事是讲,上古时代就有人蓄龙了,豢龙氏和御龙氏就是专门养龙和驯龙的家族。豢龙氏的先祖董父非常喜欢龙,他熟悉龙的脾性,并能够找到龙的嗜好和习性来喂养它,因此很多龙都跑到董父那里,归他喂养。董父不但喂养龙,而且还对龙加以驯化,驯服之后来让这些龙为帝舜服务。因此,在帝舜时,世代就有畜龙的人。到了夏代有个君王名叫孔甲,因其德能顺于天,天帝赐给他四条龙,一对在黄河,一对在汉水。每对都是雌雄相配,四条龙为一乘。孔甲得到这些龙,但是不会喂养,也没有找到豢龙氏。当时帝尧陶唐氏已经衰微,他的子孙中有个叫刘累的,曾向豢龙氏学过养龙,就前来为孔甲养龙。刘累驯龙很出色,孔甲很高兴,为了嘉奖他,就赐给刘累家族以"御龙氏"的称号,并把原来彭氏的封地豕韦,赐给刘累作食邑。后来一条雌龙死了,刘累就暗中把死龙做成肉酱让孔甲吃。不久,孔甲要观看那四条龙,刘累难以使其成对,又怕孔甲知道事情真相后降罪于自己,只好逃到鲁阳,即今河南鲁山县躲藏起来。而且《史记·夏本纪》也有类似的记载:"帝孔甲立,好方鬼神,事淫乱。夏后氏德衰,诸侯畔之。天降龙二,有雌雄,孔甲不能食,未得豢龙氏。陶唐氏既衰,其后有刘累,学扰龙于豢龙氏,以事孔甲。孔甲赐之姓曰'御龙氏',受豕韦之后。龙一雌死,以食夏后。夏后使求,惧而迁去。"虽然《左传》和《史记》关于孔甲为什么能得到龙和得到龙的条数的记载稍有差别,但是关于刘累曾为孔甲养龙,因一雌龙死亡,而恐惧逃到鲁阳的记载却完全一致。显然,《史记》此处也出自《左传》,关于孔甲为什么能得龙和得到龙的条数这两个问题与本文讨论的主题无关,在此不再考究。由《左传》和《史记》的记载可知,刘累是夏朝后期一位蓄龙大师,而且为夏孔甲豢养过龙,并且被赐予"御龙氏"。由于龙历来被人们认为是神异的动物,又是吉祥的象征,能够喂养、驯服它的人,其社会威望可想而知。因此,刘累的家族"御龙氏"及其后代,在战国以前一直是非常显赫的。

我们知道在现实生活中真正的龙是不存在的,一说到龙,我们便会很容易联想到神话和传说,并因此对刘累其人、其事产生怀疑。那么刘累御龙故事究竟是事实还是属于神话,纯属子虚乌有呢?龙究竟是一种什么样的动物呢?(汉)许慎的《说文解字》说:"'龙'鳞虫之长。能幽能明,能细能巨,能短能长;春分而登天,秋分而潜渊。"《辞海》说:"龙是古代假说中一种有鳞有须,能兴云作雨的神异动物。"根据闻一多先生在《伏羲考·图腾的演变》一节中的论述,龙是一种图腾,并且是只存在于图腾中而不存在于生物界中的一种想象中的动物。现代古史研究已经证明:上古部落时代,各部落都有自己的图腾。而且龙是许多图腾糅合而成的一种综合体,因部落兼并而产生的混合图腾。因此,我们目前看到的龙的形象往往有马的头、有狗的爪、有鱼的鳞和须、有鸟的翼、有鹿的角。因为部落往往是强的兼并弱的,大的兼并小的,所以在混合式的图腾中,也必然是以一种生物为主干,而以其它生物的形态为附加部分。龙图腾的局部像马也好,或像鱼,或像鸟、或像鹿也好,但它的主干部分和基本形态却是蛇。由此可以推测,在众图腾合并以前,所谓龙只是一种大蛇,人们把这种大蛇就叫做"龙"。现在也有养蛇的人,把蛇驯服后为观众演出,夏朝也应该有这种人。如果这样来理解"龙",那么刘累御龙的故事也就存在无疑了。而且《左传》和《史记》均有记载,而《左传》和《史记》的作者左丘明和司马迁均以严谨博学著称,他们的记载应该是可信的。

最后,我们考察一下刘累祖居地。上文说到,刘累在为孔甲喂养龙的过程中,因一条雌龙死亡,而恐惧外逃到鲁阳。虽然关于刘累早期封地说法不一,文献记录也不多,但是刘累迁鲁之事,很多文献均有记载,这一点是史无异议的。

《左传·昭公二十九年》记载,刘累"惧而迁于鲁县,范氏其后也。"孔颖达注解说:"鲁县,今鲁阳也。"亦即今鲁山县。杜预在注解《左传》襄公二十四年传时说:"累寻迁鲁县,豕韦复国,至商而灭。"(梁)沈约的《竹书纪年》记载:"帝孔甲七年,刘累迁于鲁阳。"(汉)班固的《汉书·郡国志·南阳郡》记载:"鲁阳有鲁山,古鲁县,御龙氏所迁。"(宋)范晔的《后汉书·郡国志》记载:"鲁阳有鲁山,有尧山,封刘累,立尧祠。"《水经注·滍水》记载:"滍水出南阳鲁阳县西之尧山,尧之末孙刘累,以龙食帝孔甲,孔甲又求之,不得。累惧而迁于鲁山,立尧祠于西山,谓之尧山。……滍水又东经鲁阳县故城南,城即刘累之故邑也。"(宋)程公说的《春秋分记》记载:"在夏为鲁县,刘累迁于鲁。"

刘累迁到鲁阳隐居以后,果然躲过了灭族之灾,而且一直住在鲁阳故城,即邱公城。刘累死后就葬在邱公城的东侧,世人为了奉祀刘累还在鲁县城北牛兰山修建刘累亭以作纪念。《后汉书·郡国志·南阳郡》记载:"鲁阳有鲁山,有牛兰累亭"。又说:"鲁阳有牛兰累亭"。汉代张衡的《南都赋》也记载:"夫南阳者,真所谓汉之旧都者也。远世则刘后甘厥龙醢,祖鲁县而来迁。奉先帝而追孝,立唐祀乎尧山。"(宋)罗泌的《路史·国名纪四》记载:"鲁,御龙邑,鲁阳国,夏鲁阳县。亦号唐侯,汉属南阳。今汝之鲁山有鲁阳关,有大龙山、尧山,今曰大陌山,因累立尧祠……有鲁阳公墓、豢龙城。"明代孙铎纂《嘉靖鲁山县志·疆域·山川》(卷一)载曰:"尧山,在县西北十五里,滍水所出,昔尧之孙刘累以豢龙事夏后,惧罪而逃于鲁,立尧祠于此,故名。"《读史方舆纪要》说:"尧山在县西四十里,夏孔甲时,刘累迁鲁,立尧祠于山上,因名。"另当地健在的老年人讲:"邱公城东侧有个刘累墓,墓比一般墓大的多,小时候读私塾时经常和同学们在刘累墓地玩,墓前还有个三四尺高的石碑,上面刻着'豢龙故里,吾臣刘累之墓'"。上面这么多正史文献的记载,再加上今天河南省鲁山县境内的累亭、尧祠、尧山和刘累墓等刘累遗址之史实佐证,足以证明刘累长期居住、并终老在河南省鲁山县,鲁阳就是刘累的祖居地。

二、刘姓考究

在百家姓中,刘姓长期以来一直是一个人口众多的大姓,俗话说:"张王李赵遍地刘"。西汉时,全国共有五千多万人,刘姓人口就占十多万。东汉刘氏皇帝,不仅进一步扩充了刘姓人口,而且使刘姓分布更加广泛,为后来形成"遍地刘"的局面奠定了坚实的基础。早在1996年,刘姓就成为了中国的第四大姓,据《中华姓氏大辞典》记载,当时刘姓人口约占汉族人口的5.38%,即世界上刘姓有6000余万人。2006年《人民日报》报道的新百家姓顺序,刘姓仍列在第四位。而且刘姓可以说是一个帝王之姓,在中国历史上,刘姓称帝称王者达66人,其统治时间长达650多年之久,是建立封建王朝最多、最久的姓氏。除这些刘氏皇帝外,从古到今刘氏家族中还出现了许多杰出人物,像西晋竹林七贤的刘伶、南朝文学家刘勰、唐朝著名诗人刘禹锡、清朝清廉宰相刘墉,现代文学家、语言学家刘半农,现代无产阶级革命家刘少奇,等等。

"刘"的繁体字是"劉",在古代汉语中,"刘"字有着丰富而神奇的含义,据《辞源》等当今权威辞书的统计,"刘"字有多达11种的不同字义和解释。作为姓氏,它的意思应该是原始字义。通过查阅《中文大字典》、《汉语大字典》、《辞源》、《刘氏族谱》等10余种工具书,发现它的最原始、最基本的含义是"战斧"。《广韵》和《尚书》均称"刘"为斧钺。那么,战斧这种兵器的名称为什么会变成姓氏呢? 相传战国时期,晋襄公驾崩后,由于太子尚且年幼,于是大臣们为了国家的前途,商议准备废除太子,另立晋襄公的弟弟公子雍为晋君。而公子雍当时正在秦国,于是监国大臣赵盾派人到秦国接流亡在外的公子雍回国即位。就在迎接公子雍的队伍到达秦国之时,晋国国内发生了戏剧性的变化,诡计多端的晋襄公夫人缪嬴迫使监国赵盾立年幼太子为晋君。同时派重兵驻守秦晋边境,阻挡公子雍回国。秦国见晋国出尔反尔,背信弃义,决定以武力震慑晋军,拥戴公子雍为国君。于是秦晋两军在令孤大战,结果秦军兵力不济,大败而归。无奈,公子雍和他的随从只好再度流亡在秦国。所有流亡者为了表示与公子雍誓死相随的决心,全部改姓"留",为"留取丹心"之意。后来,刘氏后人便把"留"改为同音字"刘"。就这样,战斧之名,才和姓氏结下了不结之缘。

在中国诸多姓氏中,刘姓的渊源是比较复杂的。据(宋)郑樵的《通志·氏族略·同名异实》记载,刘姓渊源分为五支:"尧之后有刘累,为刘氏;成王封王季之子于刘邑,亦为刘;汉赐项氏、娄氏,并为刘氏;又匈奴之族从母姓刘。"其实刘姓的渊源可归纳为三支:

第一支是祁姓刘氏,这一支是帝尧陶唐氏的后裔。尧是传说远古部落陶唐氏的首领,名放勋,贤达善良,后成为部落联盟的领袖,被尊为五帝之一。因陶唐氏属黄帝之子十二姓中的祁姓部落,所以帝尧为祁姓。历史上正式见于经传和正史文献的第一位真正的祁姓刘氏人物就是尧的裔孙刘累,对此有很多文献均有记载。其中最早出现刘累还是上文中引用的《左传·昭公二十九年》中的记载,"有陶唐氏既衰,其后有刘累……"。《潜夫论·志氏姓》记载:"帝尧之后陶唐氏,有刘累,能蓄龙,孔甲赐姓为御龙,以更豕韦之后。"《元和姓纂》记载:"帝尧陶唐氏之后受封于刘。裔孙刘累,事夏后孔甲,在夏为御龙氏,在商为豕韦氏,在周为唐杜氏。杜伯子隰叔奔晋,为士氏;孙士会,适秦,后归晋,其处者为刘氏。"《新唐书·宰相世系表》亦记载:"刘氏出自祁姓,帝尧陶唐氏子孙生子有文在手曰:'刘累',因此为名。能扰龙,事夏为御龙氏,在商为豕韦氏,在周封为杜柏,亦称唐杜氏。至宣王,灭其国。其子隰权奔晋为士师,生士蒍,蒍生成伯缺,缺生士会。会适秦,归晋,有子留于秦,自为刘氏。生明,明生远,远生阳,十世孙,战国时获于魏,遂为魏大夫。秦还魏,徙大梁,生清,徙居沛。生仁,号丰公,生端,字执嘉,生四子:伯、仲、邦、交。邦,汉高祖也。"《古今姓氏书辩证》亦记载:刘氏"出自祁姓陶唐氏之后。生子有文在手曰刘累,因以为名。能扰龙,事夏王孔甲为御龙氏。商高宗武丁时,徙封豕韦,又有豕韦氏。商末,徙封于唐,居尧之故墟,又为唐氏。周成王灭唐,封其后于杜陵,又为杜氏。杜伯事周宣王,无罪见杀。其子隰叔奔晋,生士蒍,为士师,有功,因官命氏,又为士氏。蒍生成伯缺,缺生武子会。鲁文公元年,晋人使士会逆公子雍,不得入。士会遂留事秦,晋灵公八年,晋召士会于秦,秦人归之。其子孙处秦为刘氏。刘向颂高祖云:'汉帝本系,出自唐帝。降及于周,在秦作刘。涉魏而东,遂为丰公。'"班固在《汉书·高祖本纪·赞》记载:"春秋晋父蔡墨有言,陶唐氏既衰,其后有刘累学扰龙,事孔甲,范氏其后也。而大夫范宣子亦曰:'祖自虞以上为陶唐氏,在夏为御龙氏,在商为豕韦氏,在周为唐杜氏,晋主夏盟为范氏,范氏为晋士师(意为晋主华夏之盟,而范氏为正卿)。鲁文公世奔秦,后归于晋,其处者为刘氏。'刘向云:'战国时,刘氏自秦获于魏(言刘氏随秦出征,为魏所获),秦灭魏,迁大梁,都于丰,故周市说雍齿曰:'丰,故梁徙也。'是以颂高祖曰:'汉帝本系,出自唐帝,降及于周,在秦作刘,涉魏而东,遂为丰公。'丰公盖太皇父。"

　　通过以上诸书的记载,我们至少可以看到两点,第一点:以上诸书在论及祁姓刘氏起源时都提到了刘累,刘累生活在夏朝后期,没有文献显示有刘姓人物出现在刘累之前,刘累应该是祁姓刘氏的第一人。因此,目前我们可以断定刘累就是祁姓刘氏的始祖。这一点在上文中论述刘累的身世也有所论述,在此不再作过多论述。

　　第二点:我们也可以看到祁姓刘氏的衍变。上文说到刘累在夏朝为孔甲养龙时,孔甲赐给孔甲"御龙氏",并把原大彭氏的封地豕韦,赐给刘累作食邑。而当刘累喂死一雌龙,惧罪迁于鲁县后,孔甲不仅取消了刘累"御龙氏"的称号,而且收回了豕韦,把它重新赐给大彭氏。夏朝被殷商王朝取代后,商王成汤在消灭了亲夏王朝的大彭氏,又把封地豕韦封给了刘累后裔,并让他们继承豕韦氏的称号。后来,商汤又允许彭姓的豕韦复国,并封豕韦为伯爵。这时刘累的后裔,再次被取消豕韦称号。直到商朝中期,商高宗武丁再次消灭了彭姓豕韦国,又把它封给刘累后裔。从此刘累后裔的刘氏族人便以邑为氏,由刘氏改为豕韦氏。这样刘累的后裔就由夏朝的御龙氏衍变到了商朝的豕韦氏。

刘累后裔改为豕韦氏后,在豕韦(今河南省滑县韦乡)一带生活了数百年。直到商末周初,周成王伐纣灭商后大量追封三皇五帝后裔,将属于陶唐氏后裔的刘累之后豕韦氏封于陶唐氏旧地(今山西冀城西)。这支刘累后裔,以地为氏衍变为唐氏。几十年之后,因唐人与商人关系密切,周成王大概是对此不放心,便把刘累后裔迁到杜城(今陕西省长安县东南杜曲),改封为杜氏,降爵为伯爵。至此,刘累后裔的这支刘氏就在杜城建立自己的国家,并从此由唐氏改称为杜氏,或称唐杜氏。刘累的后裔就由商朝的豕韦氏衍变到了周朝的杜氏,或唐杜氏。

西周晚年,在西周任职的最后一个杜伯被周宣王无辜杀害了,刘累后裔的祁姓杜国同时也就灭亡了。杜伯被杀和杜国灭亡之后,他的子孙纷纷逃往他国避难。杜伯有个儿子叫隰叔,逃到晋国受到重用,官任士师。从此杜隰叔的后裔便以官为氏,改为士氏,在晋国繁衍开来。杜隰叔生子叫士蒍,士蒍生子名叫成伯缺,伯缺生子士会。隰叔的曾孙士会,春秋时为晋国大夫,在晋襄公死后,奉命出使秦国接公子雍回国,当到达晋国边境时,遭到了晋襄公夫人缪嬴和监国赵盾的武力阻挡,又逃到秦国。晋怕秦重用士会对晋不利,就用计把士会召回晋国,秦国把士会的妻、子送回了晋国。但士会还有子孙留在秦国,士会留在秦国的这些子孙恢复了刘累的旧姓而姓刘,世代相传。留在秦国刘氏的十世孙随秦伐魏,被魏国俘获,后秦国灭魏,就把刘姓迁至大梁(今河南开封),不久又徙于江苏丰县。在丰县生下了奉公,奉公生下了执嘉,执嘉生下了伯、仲、邦、交四子。由此可见,刘邦也是刘累后裔,通过刘累的支脉关系,刘邦就成为帝尧的后人了。对此《史记》和《汉书》也有记载,《汉书·高帝纪》记载:"高祖,沛丰邑中阳里人也,姓刘氏。"颜师古注曰:"本出刘累,二范氏在秦者又为刘因以为姓。"《史记·高祖本纪·索隐》记载:"高祖,刘累之后,别食邑于范,士会之裔,留秦不反,更为刘氏。刘氏随魏徙大梁,后居丰。刘端妻王氏,生四子,长名伯,次名仲,三名季即刘邦,四名交。"

第二支是姬姓刘氏,这一支是王季之子刘康公的后裔。周成王封王季的儿子刘康公于刘邑,在今河南偃师,刘康公的后裔便以封邑名称为姓,世代相传姓刘,刘康公也就是成了姬姓刘氏的始祖。《元和姓纂》记载:"又周大夫食采于刘,亦为刘氏,康公、献公其后也。"《通志·氏族略·以邑为氏》也记载:"成王封王季之子于刘邑,因以为氏,今河南偃师,此姬姓之刘也,以邑为氏。"可见这里的"刘"本来是邑名,《公羊传》襄公十五年对此有过明确的解释:"刘者何? 邑也。其称刘何? 以邑氏也。"而且《辞海》"刘"条下说:"古邑名,一作留。在今河南偃师南。春秋初期为郑国之邑。公元前712年为周平王所取得。至周匡王(姬班)封其少子于此,是为刘康公,传至贞定王时绝封。"这支刘姓形成虽晚于祁姓刘氏,但作为周天子的后代,连续五代世袭公爵,身份特别高贵,势力也相当强大,是春秋时期崛起的大族。

再往前追溯,我们发现祁姓刘氏和姬姓刘氏同出一脉,同为黄帝嫡系帝喾之裔孙。姬姓刘氏为周王室后裔,周的始祖后稷是帝喾之子,而祁姓刘氏远祖帝尧也是帝喾之子。(汉)宋衷的《世本·王侯大夫谱》记载:"帝喾元妃有邰氏之女,曰姜源,生后稷;次有妃娀氏之女,曰简狄,而生契;次妃陈锋氏之女,曰庆都,生帝尧。"而且姬姓刘氏传世较短,再加上两汉刘氏家族统治天下时间比较长,影响比较大,汉代以后,许多姬姓刘氏有意无意地改换门庭,宣称自己是汉室之后,自愿纳入到了祁姓刘氏的系统之中。这样同出一源的祁姓刘氏和姬姓刘氏终于融合在一起了,都成了祁姓刘氏。

第三支是汉室刘氏,这一支刘姓又可分为三支:

(1)赐姓刘氏。古代都以皇室的姓氏为高贵,因此古代皇帝奖赏有功之臣的一个方法就是赐之皇家姓氏。这一支刘姓就是刘邦赐有功之臣项伯和娄敬随其刘姓,使项伯、娄敬两族升格为皇族。公元前202年,刘邦在洛阳时,戍卒娄敬建议其定都关中。于是,刘邦就迁都长安,并重用了娄敬。为了感谢娄敬建议迁都之功,刘邦赐之刘姓。公元前206年冬,项羽约请刘邦来鸿门赴宴会谈。会谈期间,范曾命项庄舞剑助兴,想借机刺杀刘邦。项伯识破范曾意图,立即起身与项庄共同舞剑,保护了刘邦。为了报答项伯在鸿门宴救命之恩,刘邦赐之刘姓。

(2)从母姓刘。这一支刘姓是匈奴后裔从其母汉室女而姓刘。西汉初年,匈奴族强盛,汉高祖刘邦便采取和亲政策,把皇室宗女嫁给匈奴单于冒顿为妻。依照匈奴的习俗,贵者皆从母姓,单于的子孙于是都姓刘。对此《新唐书·宰相世系表》有所记载:"河南刘氏,本出匈奴之姓,汉高祖以宗女妻冒顿,其俗贵者皆以母姓,改为刘氏。"从血缘来看,这一支刘姓因其母是汉宗室之女,自然也属于刘邦的血统,也就成了刘累的后代。

(3)后起刘姓,由于汉代之后,天下的刘姓均称自己是汉高祖刘邦的后代,所以以后在长期民族大融合中,再有一些少数民族或者从其母为刘姓,或者冒充为汉室后裔,或者从其父为刘姓,或者改姓刘氏,这些刘氏也都应该归到汉室刘姓,也都是刘邦的后裔。

虽然刘氏起源繁杂,但是通过上面的分析,我们发现其实刘氏渊源也相当清晰,可分为三:祁姓之刘、姬姓之刘和汉室之刘。其中祁姓之刘最早,起源于夏朝的刘累。而姬姓之刘与祁姓之刘同出一源,汉代之后又融合到祁姓之刘。汉室之刘是刘邦的后裔,或自愿纳入汉家宗室系统的少数名族,当然也属于祁姓之刘。因此纷繁的刘氏渊源最后可归为一脉,即祁姓刘氏。而刘累就是祁姓刘氏的始祖,也就是天下刘姓的始祖。上文中我们已经分析了刘累长期居住、并终老在鲁阳,即今河南鲁山县,因此河南鲁山县就是刘姓的祖地。也正因为此,所以现在鲁山境内留下一系列与刘姓有关的地名,据不完全统计仅大小刘庄就有十多个,还有刘相公庄、刘泽庄、刘山 门庄、刘河、刘寨、刘沟、刘铁沟、东、西刘湾、灌刘、王虎刘等。

总之,通过以上引经据典的分析,我们得出一个无可辩驳的历史事实:历史上确有刘累此人,而且刘累就是天下刘姓的始祖,河南鲁山县就是天下刘姓子孙祭拜的祖地。

参考资料:

1.(春秋)左丘明.左传[M].长沙:岳麓书社,2001。

2.(汉)司马迁著.史记[M].长沙:岳麓书社,2001。

3.(宋)欧阳修,宋祁撰.新唐书[M].北京:中华书局,2000。

4.(汉)王符撰,(清)汪继培笺.潜夫论[M].上海:古籍出版社,1978。

5.(北魏)郦道元著,史念林等注.水经注[M].北京:华夏出版社,2006。

6.(宋)邓名世撰,王力平点校.古今姓氏书辩证[M].南昌:江西人民出版社,2006。

7.(清)顾祖禹撰,贺次君、施和金点校.读史方舆记要[M].北京:中华书局,2005。

8.(汉)许慎撰,(宋)徐铉校定,王宏源新勘.说文解字[M].北京:社会科学文献出版社,2005。

9. 辞海[M].上海:上海辞书出版社,1981。

10. 闻一多撰,田兆元导读.伏羲考[M].上海:上海古籍出版社,2006。

11. (梁)沈约.竹书纪年[M].上海:商务印书馆,民国26［1937］。

12. (汉)班固撰,(唐)颜师古注.汉书[M].北京:中华书局,2000。

13. (宋)罗泌撰.路史[M].北京:北京图书馆出版社,2003。

14. (唐)林宝著.元和姓纂[M].北京:团结出版社,1993。

15. (宋)程公说撰.春秋分记[M].上海:商务印书馆,1935。

16. (宋)范晔撰,(唐)李贤等注.后汉书[M].北京:中华书局,2000。

17. 嘉靖鲁山县志[M].上海:上海古籍书店,1982。

18. (宋)郑樵撰.通志[M].北京:北京图书馆出版社,2006。

19. (汉)宋衷注.世本[M].上海:商务印书馆,民国26［1937］。

20. 李立新,萧鲁阳.刘姓始祖及祖地考辨[J].企业导报,2000年第2期。

21. 朱绍侯.刘累、鲁山与刘姓的祖源[J].南都学坛(人文社会科学学报),2005年04期。

22. 徐希燕.刘累研究[J].殷都学刊,2000年第1期。

23. 谢钧祥.刘姓源流考[J].中州统战,2000年01期。

（作者为郑州大学公共管理学院硕士研究生）

林姓:妈祖与比干对话的基石

张富春

　　林姓是闽南妈祖文化与中原比干文化交融的基础。由湄洲林氏女而都巡检林愿女而莆田九牧林,妈祖获得了一个更高的传播平台。妈祖不仅在闽南与南下之比干同享南林宗亲的供奉,而且北上入住卫辉比干庙,为更多的人所瞻拜。"卫辉比干庙,天下林氏根",比干庙已成为林姓祭谒的圣地。本文拟从妈祖身世传说的形成对妈祖文化与比干文化的历史渊源作一探讨,以期有助于此两种文化的交流融合。

一、林氏女·都巡检愿女·莆田九牧林

　　同治十年(1871)《重刊兴化府志》卷二十五《礼记十一·群祀志·祠庙·天妃庙》云:"予少时读宋群志,得绍熙初本,亦称妃为里中巫;及再见延祐本称神女,今续志皆称都巡检愿女,渐失真矣!"①由里中巫而神女而都巡检林愿女,其原因均缘自不满妈祖地位卑贱之女巫的出身。

　　现存宋代有关妈祖文献言及其身世者均谓湄洲林氏女。廖鹏飞绍兴二十年(1150)《圣墩祖庙重建顺济庙记》云:"姓林氏,湄洲屿人。"②李俊甫嘉定二年(1209)《莆阳比事》卷七云:"湄洲神女林氏,生而神异,能言人休咎。"③丁伯桂

---

①　北京中国国家图书馆藏同治十年重刊明弘治周瑛、黄仲昭纂修:《兴化府志》。
②　蒋维锬:《妈祖文献资料》,福建人民出版社,1990年,1页。
③　《续修四库全书》,上海古籍出版社,第734册255页下。

绍定三年(1230)《艮山顺济圣妃庙记》云:"神莆阳湄洲林氏女,少能言人祸福。"①李丑父淳祐十一年(1251)《灵惠妃庙记》云:"妃林氏,生于莆之海上湄洲。"②黄岩孙宝祐五年(1257)《仙溪志》卷三"三妃庙"云:"一顺济庙,本湄洲林氏女,为巫,能知人祸福。"③

生活于宋元之际的莆田人黄仲元沿袭旧记之说,仍仅谓"妃族林氏",其《圣墩顺济庙新建蕃厘殿记》云:"按旧记:妃族林氏,湄州故家有祠,即姑射神人之处子也。"④元人程端学《灵济庙事迹记》云:"神姓林氏,兴化莆田都巡君之季女。"⑤此《记》作皇庆元年(1312)或稍后,程氏不采"旧记"而"谋诸寮案"谓妈祖乃兴化莆田都巡君季女,则此说盖于当时已经流传。然都巡君之名不详。

前揭《仙溪志》卷三"顺济行祠"云:"神父林愿,母王氏,庙号祐德。……详见《明著录》。"⑥《仙溪志》成书于宋宝佑五年(1257),至正十一年(1351)黄真仲重订。《明著录》之名当源于元世祖至元十八年(1281)以庇护漕运封妈祖"护国明著天妃",此条或为黄真仲所补。元人许禾谓林愿为五代唐闽王时都巡检。《万历兴化府志》卷六《建置志·坛庙·湄洲天妃庙》云:"或谓:(五代)唐,闽王时,都巡检林愿女也。……备见元许禾之记。"李献璋先生认为此"或谓"云云"大致是许禾《天妃庙记》所记"⑦。

至正十年(1350)黄溍《天妃林氏父母加封制》云:"(天妃)父积庆侯林字,母显庆夫人王氏。……积庆侯林孚可加封种德积庆侯,显庆夫人王氏可加封育圣显庆夫人。"⑧此异于《仙溪志》所引《明著录》及"许禾之记",以妈祖父为林孚。倪中亦持此说,并加以发展,以妈祖为都巡检林孚第六女。弘治《八闽通志》卷五十八《祠庙·福州府·闽县·弘仁普济天妃宫》云:"前翰林编修藁城(今属河北)倪中《记》云:'神姓林,世居莆田湄州屿,都巡检孚之第六女也,生于

① 潜说友:《咸淳临安志》卷七十三《顺济圣妃庙记》,《文渊阁四库全书》史部地理类都会郡县之属。
② 蒋维锬:《妈祖文献资料》,福建人民出版社,1990年,16页。
③ 《续修四库全书》,上海古籍出版社,第660册599页上。
④ 黄仲元:《四如集》卷二,《文渊阁四库全书》集部别集类。
⑤ 程端学:《积斋集》卷四,《文渊阁四库全书》集部别集类。
⑥ 《续修四库全书》,上海古籍出版社,第660册600页上。
⑦ 李献璋著、郑彭年译、刘月莲校:《妈祖信仰研究》,澳门海事博物馆,1995年,13页。
⑧ 黄溍:《金华黄先生文集》卷七《诏》,《四部丛刊初编》,商务印书馆,第304册71页。按:据下文,"林字"之"字"误,当为"孚"。

宋元祐八年(1093)。'"但以其与《莆阳志》出入较大,颇为人疑。"《莆阳志》云:
'妃为都巡检愿之季女,母王氏。生于五季之末,年三十余而卒。国朝永乐七年
(1409),加封弘仁普济天妃。'按庙记及《莆阳志》所述,妃之父名讳,并妃之生年
行次俱不同,未知孰是。然尝考之,妃莆人也,莆之林氏最盛,其谱谍犹有存者。
《莆阳志》之言,盖必有所据也。"①《莆阳志》为莆田人进士彭韶纂修,糅合许禾
与程端学及黄潜之说,谓妈祖为都巡检林愿之季女,母王氏,身世逐渐清晰。

　　《灵著录》更进一步,谓妈祖为都巡检林愿第六女。正德《琼台志》卷二十六
《坛庙》引《灵著录》云:"妃莆田人,都巡检林公愿第六女,母王氏,于宋建隆元年
(960)三月二十三日生妃于湄后林之地。"②

　　关于林愿,前揭《重刊兴化府志》卷十六《礼纪·明经科》云:"林愿:披之孙,
藻之子;林同:披曾孙,愿之子,莆田令……以上皆明经而不著年代。"③据此,林
愿为林披之孙,林藻之子。妈祖也因此与莆田九牧林结缘。

　　张燮《东西洋考》卷九《祭祀》则谓妈祖为五代闽王时都巡检林应第六女:
"天妃,世居莆之湄洲屿,五代闽王时都巡检林应之第六女也,母王氏。妃生于
宋元祐八年,一云太平兴国四年(979)。"④此谓妈祖父为林应,与上述各说不同,
影响较小。前揭《重刊兴化府志》卷十六《礼纪·明经科》云:"(德宗贞元)十七
年辛巳(801)林应,披之孙,苇之子。"

　　大体而言,以妈祖之父为林孚是福州及其以北地区的传说,而以妈祖父为林
愿大致只限于以本地兴化为中心,从莆田扩展到泉州之间。⑤ 前者如万历《福州
府志》卷九《祀典·天妃宫》引《旧记》云:"莆田林巡检第六女,生宋元祐间。"⑥

①　《四库全书存目丛书》史部第178册,齐鲁书社,1996年,390页下。
②　《天一阁藏明代方志选刊》,上海古籍书店,1964年。黄国华、陈豪《有关妈祖的录书与志书》
　　(上)云:"蒋维锬先生断定张燮是创建湄洲祖庙朝天阁的泉州卫指挥,可能即是《圣妃灵著录》
　　的修纂者,其具体年代当在洪武五年至永乐七年(1372~1409)之间。"(载《湄洲日报·文史》
　　2007年9月20日)
③　中国国家图书馆藏本。李献璋氏"按此记载,林披之子、孙、曾孙同时擢第,不仅难以认为事实
　　……"(氏著《妈祖信仰研究》,前引书,第17页)云云,将林愿等人"皆明经而不著年代"与《兴化
　　府志》此前所云"昭宗光化二年己未(899)林翙:翔之兄,校书郎"混而为一,误作林愿等均于光
　　化二年明经擢第,故有"披之子、孙、曾孙同时擢第"及"相当藻之子的林愿竟迟至百年以上才明
　　经及第,这不能相信"之论。
④　《文渊阁四库全书》史部地理类外纪之属。
⑤　李献璋:《妈祖信仰研究》,澳门海事博物馆,1995年,14页。
⑥　《日本藏中国罕见地方志丛刊》,书目文献出版社,1992年,74页下。

虽未言林巡检之名,但谓妈祖生于宋元祐间,或源于倪中说。嘉靖《邵武府志》卷十《祀典·天妃宫》云:"神姓林,世居莆阳湄洲屿,巡检林孚第六女也,生宋元祐。"①后者如前揭《莆阳志》所云。再如《乾隆泉州府志》卷十六《坛庙寺观·晋江县附郭·天后宫》引《隆庆府志》云:"神居莆阳之湄洲屿,都巡检愿之季女也。"②天顺五年(1461)修《明一统志·兴化府》载:"天妃庙,在湄洲屿,妃莆人,宋都巡检林愿之女。"③

《天妃显圣录》糅合诸说,为妈祖编制了更为精详的家庭世系:

> 天妃,莆林氏女也。始祖唐林披公,生子九,俱贤。当宪宗时,九人各授州刺史,号九牧。林氏曾祖保吉公,乃邵州刺史蕴公六世孙州牧圉公子也,五代周显德中为统军兵马使。时刘崇自立为北汉,周世宗命都点检赵匡胤战于高平山,保吉与有功焉。弃官而归,隐于莆之湄洲屿。子孚承袭世勋,为福建总管。孚子惟悫讳愿,为都巡官,即妃父也。娶王氏,生男一,名洪毅,女六,妃其第六乳也。④

《天妃显圣录》谓妈祖为林愿六女,愿为林孚子,孚为林保吉子,保吉为林圉子,圉为林蕴六世孙。尽管疑窦重重,但毕竟以传记的形式正式将妈祖纳入了莆田望族九牧林的谱系。这在妈祖信仰史上可谓功德无量。

首先,妈祖信仰的祖先崇拜功能被强化,由此多了一条重要的传播途径。妈祖有天妃封号,于林氏自是莫大之荣。《天妃显圣录》首列林尧俞《序》,云:

"考诸谱载:天妃,吾宗都巡愿公之女也,诞降于有宋建隆元年。……

---

① 《四库全书存目丛书》史部第191册,齐鲁书社,1996年,740页下。
② 《中国地方志集成·福建府县志辑》,上海书店出版社,2000年,382页下。
③ 《文渊阁四库全书》,史部地理类总志之属。
④ 《台湾文献丛刊》第七十七种,17页。蒋维锬《〈天妃显圣录〉现存版本及其纂修过程初探》(载《莆田学院学报》2008年第6期92~95页)云:"《天妃显圣录》应成稿于明天启六年(1626)之前,第一次修订并初刊于康熙十年(1671)左右,第二次应重修于康熙二十四年(1685),第三次重修则是在雍正五年(1727)。"又云:第三次修订时"因台湾朱一贵事件,其时'反清复明'又成为敏感话题,而林兰友、林嵋既是清初著名反清人士,而且两篇序文的落款署衔又均及南明唐王之任命,故为了避嫌,只好把两篇序文予以删除"《台湾文献丛刊》之《天妃显圣录》所采即第三次修订本。

裔侄孙尧俞熏沐拜题。"①

林尧俞(约1560~1628),字咨伯,莆田"九牧林"长房苇公裔,万历十七年(1589)进士。"吾宗"、"裔侄孙"云云见出尧俞颇为自豪之情。

《天妃显圣录》林兰友《序》末署名"赐进士河南道监察御史巡按江西等处裔侄孙兰友识"②。林兰友(1594~1659),字翰荃,号自芳、砥庵,崇祯四年(1631)进士。林兰友亦自称"裔侄孙",然林尧俞、林兰友均惟言与妈祖同宗,未细言妈祖身世。

《天妃显圣录》林岷《序》云:

> "林自晋安郡王禄公入闽,支衍派繁,虽瑰伟奇特之士,代不乏人。抗节西川,挺甓作塚,称南夫子者半天下。而慈柔灵淑之气间有特钟,则惟吾天妃为尤著云。天妃为都巡检愿公六女,学道莆之湄洲。……族孙岷熏沐拜识。"③

林岷(1618~1655),字小眉,别号蕊斋,崇祯十六年(1642)进士,亦为莆田"九牧林"后裔。林岷不仅自谓族孙,还于《序》中径以妈祖与林蕴相提并论。

清人林麟焻《序》则更是言之凿凿:

> "湄州天妃,吾有林氏唐邵州刺史公九世女孙也。林族俱出自唐明经擢第太子詹事上柱国披公后,则妃之高曾,余诸祖也。……族孙麟焻盥沐拜识。"④

---

① 《台湾文献丛刊》第七十七种,1~2页。
② 林清标:《妈祖图志》,江苏古籍出版社,2001年。是书《出版说明》云:"本书原名《天后圣母圣迹图志》,二卷,清康熙时福建惠安县儒学教谕孙清标在历代《显圣录》等书的基础上,分门别类,广搜博采,增删编订而成。"富春按:据是书林清标《敕封天后圣母图志原序》,"康熙"误,当"乾隆";"孙"误,当为"林"。
③ 林清标:《妈祖图志》,江苏古籍出版社,2001年。
④ 《台湾文献丛刊》第七十七种,5~6页。

"妃之高曾,余诸祖也"云云,较之尧俞、兰友、林嵋三人愈加情深意切。

其次,林姓还打破常规将妈祖编入族谱。一般而言,封建社会中本族女子是不列入族谱的。但妈祖作为林氏杰出的女性,有宋以降朝廷褒封有加,洵为林氏之骄傲。据前揭林尧俞"考诸谱载"云云可知其时已颇有将妈祖入谱者。《莆南渚林氏族谱》云:

> "蕴,披六子,小名己奴,字复梦,位十九。……(蕴)夫人何氏,子三:愿。其二失考。愿位三十七,国子监及第,授左统尉参军,次漳浦令,次国子祭酒。夫人王氏,子二:同、雠。同位四十六,明经及第,授武威将军,拜命掌书记,迁莆田令,夫人许氏,子三:昊、旻、矞。(矞),胡州主簿,终潭州澧陵令,夫人吴氏,子五:向、日、羽、年、义(?)。年生镇及灵女。"①

是谱前后均残,据林麟焻《重修族谱序》及康熙二十三年林爝等兄弟三人《序》知其修于康熙癸亥(1683)暮春,次年菊月(即农历九月)告竣。有关妈祖身世,此谱与《天妃显圣录》迥异,以林愿为林披六子林蕴夫人何氏生子,愿夫人王氏生同、雠二子,同夫人许氏生昊、旻、矞三子,矞夫人吴氏生向、日、羽、年、义五子,年生镇及灵女。灵女即天妃娘娘。据此林愿为妈祖曾祖,林同为其祖,林年为其父。

密云县档案馆藏《莆林族谱》是福建莆田林姓大宗族谱。此谱最早修于清康熙二十七年(1688),最后一次修谱为清光绪二十五年(1890)。期间曾多次修谱,现存族谱为光绪二十五年版。《莆林族谱》在介绍入闽二世祖林平乐及嫡孙林愿时,附有一篇《天妃灵异记》,全面介绍妈祖。②

《台湾雾峰林氏族谱》"十七世蕴公"则云:

> 十七世蕴公,字复梦,小名己奴,披公之六子。……配夫人何氏,生一子愿,为夏井村、行竹涧、南门棠村、留桥井头诸房祖。十八世愿公,蕴公之子;

---

① 《莆南渚林氏族谱》,134 页。还可参是书 127 页世系图。
② 林振洪:《比干、妈祖与林姓变迁——《莆林族谱》简介》,载 http://www. bjmydag. gov. cn/YYLF/YYLF1. htm. 。

明经及第，左骁尉参军，历著作佐郎、国子监祭酒。配夫人王氏，生四子：邕、同、围、赋。……十九世围公，愿公之三子，仕闽王审知，为州牧：即天后之高祖也。生一子保吉。……二十世保吉公，围公之子；周时，去官隐于莆之贤良港。生一子孚。二十一世孚公，保吉公之子；生一子曰惟悫。惟悫之第六女，即天后是也。①

是谱最末一次修谱时间为民国二十五年（1936），以林愿为林蕴夫人何氏生子，但林愿夫人王氏生邕、同、围、赋四子与《莆南渚林氏族谱》相异，林愿三子围为妈祖高祖，围生保吉，保吉生孚，孚生惟悫。妈祖即惟悫六女。谱谓林围为林蕴孙，与《天妃显圣录》所云林围为林蕴六世孙异，但其不仅继续了吸纳妈祖入谱的努力，而且兼收《天妃显圣录》妈祖世系，从而使之更加"完善合理"，为众多妈祖信徒所接受。《三城林氏（旧林）九牧本宗谱》之"第六房林蕴公派下"注云："此为九牧第六房林蕴公派下始祖，属渡台各派之共同祖先，尤其有天上圣母这一位台湾守护神之支脉，更其繁盛，故全谱最完整。"八五世惟悫公传述妈祖云："八五世惟悫公，其第六女林默娘，即天后圣母也。"②

前揭《八闽通志》亦"莆田林氏最盛"，由此妈祖获得传播平台。林氏妈祖信徒尊其为祖姑，宣扬不遗余力，崇奉有加，其功甚巨，成为一条重要的传播途径，闽北、广东、香港和台湾等地多有林姓倡建的天后宫。

二、太始祖比干南下与妈祖北上归宗

明卫辉府同知通政使右参议斐骞嘉靖十七年（1538）《重修殷太师祠堂墓碑记》云："比坚，比干子也，逃匿林谷，窃姓为林，武王封为河清公。春秋林放袭河清公，子姓延绵：一在河南光州，一徙福建莆田。今莆田之林盛天下，致身立朝，尤多忠贞节义之士，称文献邦，科第蝉联。语云'无林不开榜'是也。"③作为林姓

---

① 《台湾雾峰林氏族谱》，《台湾文献丛刊》第298种，93页。是书云："福建林姓，以禄公始；另编直系世次，故列为一世祖。"（81页）《林氏宗谱大全》"唐邵州刺史林蕴公遗像"云，（蕴）配夫人何氏生子一愿，愿子四：长邕，次同，三围，四□。围生保吉，保吉生孚，孚生惟悫，惟悫生弘毅及林默姑，为天上圣母（110页）。

② 同上，56页，57页。

③ 转引自何东成主编：《比干与林氏》，河南大学出版社，1993年，26页。

太始祖,比干文化随着林氏南迁逐渐流布闽南。永嘉之乱,晋黄门侍郎林颖(或曰林隶)随元帝南迁,生林懋、林禄。懋为下邳太守,即下邳林氏之祖。林禄由散骑常侍迁晋安(今福州一带)太守,卒后被追封为晋安郡王,为晋安林姓之祖。林禄子景、暹,景子绥,绥子孙始居莆田。林禄即莆田林氏始祖。林绥十二世孙万宠生子韬、披、昌。披为太子詹事,生苇、藻、著、荐、晔、蕴、蒙、迈、蔇九子,皆官刺史,世称莆田九牧。晋安林遍布今福建、广东、台湾、广西及东南亚一带,福建民间亦有"林陈半天下"之说,众多的林姓成为比干文化在闽南发扬光大的基础。

漳州林氏宗祠,因供奉先祖比干,被当地人称作比干庙,与卫辉比干庙遥相辉映,成为重要的林氏宗祠。漳州比干庙位于芗城区,南临洋老巷,北倚振成巷,分别与漳州市实验幼儿园、芗城区实验小学校舍相邻。原有建筑为三进带东西两庑式的平面布局,现仅存中进四方殿和东厢与主体相连的回廊。漳州比干庙由漳属七县林氏捐资而建,为其祭祖之所,"宗祠确切建筑年代已无考,经专家据主殿实物与结构分析、鉴定,始建于宋代,因清末曾修葺,故亦带有清式建筑的痕迹。"①

南安市官桥镇内厝村庋存的比干古画像与卫辉比干庙联称为"北庙南像"。每年农历十月廿五迎祖日供迎比干像成为闽南的重要习俗。

内厝村所存比干古画像上端有唐太宗皇帝赠殷太师比干诏书,下端有明世宗题赞,又经清户部郎中、监察御史叶题雁点眼。此画像最先由晋江县霞美、柑市等村供奉。相传供奉比干公画像能安境庇民,添丁进财,晋江的萧、钟、叶、林四姓各村竞相奉迎。鼓乐喧天,鞭炮轰鸣,仪仗之盛,乐队之多,队伍之长(常达数里),轰动闽南。②

古已有之的漳州林氏宗祠(比干庙)和比干古画像启示了今天的闽南比干后裔。为保护比干古画像与"少师殷比干忠烈公正印"等文物,内厝村成立武荣殷比干文化研究会,出版内部刊物《比干文研》,并集资兴建比干纪念堂。比干

---

① 《漳州文物·漳州市·国保单位·林氏宗祠》,http://www.fjzzww.com/zz/info.asp? fl = 9&classid = 20。

② 中国福建武荣殷比干文化研究会:《关于对统一比干公画像的几点意见》,载《比干文研》(内部刊物)第9辑,1~5页。

纪念堂 1995 年元月 10 日奠基，1997 年 11 月 24 日落成。主殿为比干殿，中门悬挂"比干纪念堂"匾额，殿内塑殷太师比干公像。

无独有偶，1996 年秋，晋江市永和镇马坪村晋江市比干学术研究会亦决定筹建闽南比干庙。2007 年 11 月，闽南比干庙暨晋江市比干学术研究会办公大楼落成。此比干庙由山门、戏台、月台、碑亭、铁塔、前殿、大殿、后楼组成。前殿大门牌匾书"闽南比干庙"五个镏金大字。大殿正中神龛上方高悬"文财神比干公"匾额，龛内为正襟端坐的比干神像。左边奉祀怀抱始祖林坚的比干夫人陈氏，右边奉祀妈祖。

此外，石狮市于 1995 年也成立了比干学术研究会，不定期出版学术刊物。2005 年 10 月举行比干学术研究会成立十周年暨比干纪念堂、比干大厦剪彩庆典大会。福州平潭县也成立有比干文化研究会。

借助于祖先崇拜，借助于后裔们的比干研究会，借助于旅居海外的闽南林氏宗亲的鼎力支持，比干文化得以在今天的闽南弘扬光大。如同闽南比干庙妈祖居于比干右侧，卫辉比干庙中也有了妈祖殿、妈祖像。

1992 年 5 月 5 日，卫辉市举办比干诞辰 3085 周年大型庆典活动，自此又举办了十数届比干诞辰纪念会。借此平台，妈祖随着祭祖的林氏宗亲"分灵"到了河南卫辉，妈祖殿建在了卫辉比干庙，逐渐为当地人所熟悉和认可。1993 年 5 月卫辉华龙实业公司在比干庙塑天妃林默像，碑文云："继承妈祖文化，林乡卫辉生辉。"

2008 年 5 月 8 日（农历四月初四），比干 3100 年诞辰庆典在卫辉举行，妈祖归宗是庆典活动的重要组成部分。大典前夕，台湾林祖姑世界天上圣母会捐资"后德配天"匾额和"功昭天下祖姑恩泽被苍生，派衍西河林氏幽光发圣母"楹联。湄洲妈祖庙董事会赠送"妈祖殿"匾额和乾隆五十三（1788）年圣旨。石狮市比干学术研究会捐献比干庙大典祭祀用香炉及庙内大殿前所有香炉（青石），重修妈祖殿后的圣水井及周边道路一百余米，镌刻妈祖像、林则徐像（汉白玉）及比干墓后石马，并认捐比干庙前广场，冠名长福广场。农历三月廿三日妈祖诞辰纪念活动开始后，湄洲祖庙董事会及港、澳、台、新、马、泰等海内外各地著名妈祖宫庙负责人护送由祖庙分灵的妈祖神像到卫辉比干庙，典礼时被安放在比干雕塑像一侧，后被供奉在比干庙西侧妈祖配殿中。2009 年比干诞辰 3101 周年前在比干庙长福广场两侧树立了妈祖像、林则徐像。

妈祖归宗活动的开展,进一步弘扬了妈祖精神,提升了妈祖在中原的影响力和知名度。据新乡市人民政府《比干诞辰纪念活动 2009～2013 五年规划》,2001 年卫辉比干庙拟举办"比干·妈祖文化论坛",以展现中原文化走向沿海、内陆文化走向海洋文化的迁移和演变,打造和谐文化品牌,进一步增强中华民族的向心力、凝聚力。① 相信诸多此类活动的举办将会进一步促进妈祖文化与比干文化的融合,进而促进妈祖文化与中原文化的融合。

（作者为山东大学历史学流动站在站博士后,河南师范大学文学院教授、硕士生导师）

---

① 《比干诞辰纪念活动五年规划及 2009 年活动计划》,载 http://www.biganmiao.cn/typenews.asp? id=379。

"蔡"的字形结构试探

（台湾）蔡世明

一、研究动机

根据"夏商周断代工程"的研究，周武王约在公元前 1046 年 1 月 20 日克服殷纣；武王平定天下后，分封功臣昆弟，于是封三弟叔鲜于管，封五弟叔度于蔡，①二人监督纣子武庚禄父，治理殷遗民。武王在位四年，卒于公元前 1043 年；武王崩殂后，成王即位，因为年纪小，由其四叔周公旦辅政；周公独揽王室的大权，管叔、蔡叔怀疑周公的作为不利于成王，于是挟持武庚作乱反叛；周公奉成王的命令，征伐武庚而诛戮之，并且杀死管叔，流放蔡叔。蔡叔被放逐时，赐给车辆十乘，随从七十人；在流放后，不久就亡故于郭邻。蔡叔的儿子蔡仲（胡），遵守规范，亲和善良，周公举用他为鲁卿士，鲁国得治，因此周公向成王报告，复封仲于蔡，其地当是今河南省东南部的上蔡县。蔡国从周武王封五弟叔度于蔡及蔡仲在上蔡建国起，总计传国二十三代，历二十六君，共六百一十九年，其子孙以

---

① 根据《国语·晋语》的记载，黄帝有 25 个儿子，得到姓氏的有 14 人，其中有 1 个姞姓；后来人口繁衍增多，又衍生出许多分支氏族，根据东汉王符《潜夫论·志氏姓》，姞姓又分出 8 个氏族，其中有一支名曰蔡氏，这是中国最早见于史载的蔡氏。作为姞姓分支的蔡国，早在商代已显露于世；安阳殷墟出土的甲骨文卜辞中有"壬寅卜，蔡其伐归"之句，这里的"蔡"就是姞姓蔡国。
　　刘翔南、周观武说："商朝末年，姞姓蔡国不再见于文献记载，可知它已经衰微，可能是随着商王朝的灭亡而被西周吞并。从周朝初年武王封其弟姬叔度于'蔡'的史实来看，姬叔度所封的'蔡国'，应该与已经灭亡了的姞姓蔡国的地望有关。在古代的典籍中，一般是把姬叔度称作'蔡叔度'或'蔡叔'，这也说明，姬叔度的初封地应该就是旧有的姞姓蔡国所在地，因而才会有这些称呼。"（《中华姓氏谱·蔡姓卷》，8 页）

国为氏。① 当代蔡姓的人口,根据 2006 年 1 月中国科学院遗传与发育生物学研究所发布的最新一次中国人姓氏调查结果,目前居全中国第三十四位。

从上述历史的演变,"蔡"字在商、周之际当已经存在,距今应有三千年以上的历史;可是目前在传世的甲骨文、金文中,却找不到与后世"蔡"字形体相同的字。中国社会科学院考古研究所编辑的《甲骨文编》,把 🔣 判读为"蔡"字,说:"金文蔡字作 🔣,与之同,今定为蔡字,古蔡、杀通用,重见杀下。"(卷一·十)容庚的《金文编》把 🔣 判读为"蔡"字,说"魏《三字石经》古文作 🔣,故得定为蔡字。"(一·十五)

考察目前发掘的古文献,"蔡"字已出现在秦至汉初的简帛文字里面,例如睡虎地秦墓竹简《编年纪》(三三)的隶书"蔡"字作 🔣、马王堆汉墓帛书《春秋事语》(四六)的隶书"蔡"字作 🔣。东汉时,许慎(67~148)撰《说文解字》,根据秦代丞相李斯所制定的小篆来解说文字的形、音、义,是我国第一本字典,其书"艸部"著录了小篆的"蔡"字,其形体作 🔣。东汉灵帝时,蔡邕(133~192)校刊《熹平石经》,后世所见《春秋》僖十九年的残石,其中隶书的"蔡"字作蔡。

以《说文》的小篆"蔡"字(🔣)为基准,往上与甲骨文的"蔡"字(🔣)、金文的"蔡"字(🔣),及曹魏年间所刊刻《三体石经》的古文"蔡"字(🔣)作比较,可以看出小篆的"蔡"字与甲骨文、金文、古文的"蔡"字,在形体上的差异实在很大。从小篆以下,与简帛、碑刻的隶书"蔡"字,或后世通行的楷书、行书、草书的"蔡"字,其字形演变的脉胳则是很有规则的。

我国文字属于意音文字,②早期的文字建立在独体为文的"象形"(象具体之形)、"指事"(象抽象之形)的基础上,然后发展出合体为字的"会意"、"形声"、"转注"、"假借"等造字法。历代各种字体的演变,基本上是有轨迹可寻的。然而当代所判读的甲骨文、金文、古文"蔡"字,其形体为何与流行于后世的隶书、楷书、行书、草书"蔡"字差异这么大呢? 东汉时,许慎所编撰的《说文解字》,是

---

① 刘翔南、周观武说:"以国得姓的蔡姓人,只是蔡姓人的最早部分(姞姓蔡人)和主流部分(姬姓蔡人),并不能涵盖后世蔡姓人的全部。"(《中华姓氏谱·蔡姓卷》,26 页)又说:"蔡姓不仅是汉族大姓,也是我国少数民族中常见的姓氏之一。"(《中华姓氏谱·蔡姓卷》,27 页)
② 胡双宝说:"意音文字说,既看到了汉字本质上是表意的,但又充分注意到大量形声字的表音成分。所以,从汉字表达汉语的方式讲,就意音文字是比较妥当的。"(《汉字史话》,20 页)

根据秦代丞相李斯(河南上蔡人)所制定的小篆来解说字形的结构,小篆是我国文字发展史上,第一次由政府明令公布的标准字体,是把前代的古文、大篆规则化而制定,决不是凭空臆造的。目前甲骨文、金文所判读的"蔡"字,是经过许多古文字学家审慎研究才认定的,学者专家所判读的结果,应该值得我们接受;然而彼此在字形结构上的明显差异,却消除不了我们心中的疑惑。笔者不揣浅陋,拟就手边所掌握的文献资料,综合古今学者的说法,尝试探讨"蔡"字的字形结构,希望能得到较为合理的解释。

二、论"蔡"字与"杀"字的关系

甲骨文、金文的"蔡"字,当代有些学者认为古时与"杀"同字,因为两字古代同音而互相假借;二十世纪三〇年代,商承祚《十二家吉金图录·蔡子佗匜》、强运开《说文古籀三补》卷一,即持此说。

关于甲骨文、金文"蔡"字的字形结构,有说象人腿上系物之形,也有说象肢体被截断的样子。

王延林编著的《常用古文字字典》,说:

> 蔡,甲骨文作🔣,金文作🔣,魏《三体石经》古文作🔣,小篆作🔣。《说文》:"蔡,艸也。从艸,祭声。"甲、金文与小篆字型不同,从甲、金文字形看,🔣象正面的人形,🔣象人之腿上所系之物,其本义难明,待考。金文中多作国名,如"蔡𢼸乍旅鼎"(蔡𢼸鼎)。《说文》中杀的古文作🔣。此🔣本蔡字,假作为杀字,故古文中蔡杀通用。①

陈初生编纂的《金文常用字典》,对"蔡"字的析形说:

> 金文蔡与小篆字形不类,魏《三体石经》蔡字古文作🔣,据此可知金文🔣及甲骨文🔣均可读为蔡……李裕民谓像以物断其下肢之形,其义与契、割相

---

① 王延林编著:《常用古文字字典》,39 页。

近。①

王文耀在《简明金文词典》中,对"蔡"字作这样的解说:

　　金文形体无艸可寻。字从大而截下肢形。或谓"杀"字之初文。蔡、杀
古音相通,古文字同字。②

徐中舒主编的《甲骨文字典》,认为"𡞞"是"希"的初文,用为"蔡"字,说:

　　𡞞即希之初文,金文作𡞞(蔡姞殷)、𡞞(蔡侯戈),用为蔡字;魏《三体石
经》残石有𡞞字,亦以为古字蔡。③

　　按:《说文解字·希部》:"希,修豪兽。一曰河内名豕也。从彑(段玉裁《注》
谓彑象头锐),下象毛足。"谷衍奎《汉字源流字典》说:"希与杀同源。在甲骨文
中皆像宰杀后悬挂的祭牲形。"④

　　此外,何琳仪、黄德宽所撰《说蔡》一文,认为𡞞是"衰"的简化字,从大,从倒
毛;亦可视为一说,附记于此。⑤

三、论"蔡"字与"𡴎"字、"艸"字的关系

　　许慎《说文解字》一篇下:":蔡,𡴎也。从艸.祭声。"段玉裁《注》:"𡴎读若
介。𡴎字本无,今补。四篇曰:𡴎,艸蔡;此曰:蔡,艸𡴎也;是为转注。艸生之散
乱也。"

　　马叙伦《说文解字六书疏正》说:"伦谓四篇之𡴎,乃书栔之栔初文,象形。
(详𡴎字下。)蔡者,艸𡴎之𡴎本字,义为艸之散乱。"⑥

①　陈初生编:《金文常用字典》,卷一,63 页。
②　王文耀编著:《简明金文词典》,406 页。
③　徐中舒主编:《甲骨文字典》,卷一,55 页。
④　谷衍奎:《汉字源流字典》,417 页。
⑤　何琳仪、黄德宽撰:《说蔡》,载《徐中舒先生百年诞辰纪念文集》。
⑥　马叙伦撰:《说文解字六书疏正》卷二。

张舜徽在《说文解字约注》里,认为"蔡"与"艸"双声,故古人亦以"蔡"为"艸";然而"蔡"的本义,当为芟草。"丰"即"割"之初文,"丰"训"蔡艸";知"蔡"亦以"芟艸"为本义,与"杀"之本义一也。他于"蔡"字下的注解说:

> 蔡与艸双声,故古人亦以蔡为艸。左思《魏都赋》:"蔡莽螫刺。"蔡莽即艸莽也。然而蔡之本义,当为芟艸。说解原文,当作"丰艸也。"丰即割之初文,此与四篇"丰,蔡艸也。"义可互明。①

于"杀"字下的注解说:

> 舜徽以为"祭"、"察"、"蔡"古声同,"杀"之音"察",犹"祭"音"蔡"也。"蔡"之古文作𥝆,见魏《三字石经》,与"杀"字古文作𥝆者形同,故"蔡""杀"实即为一字。……以古文考之,"蔡""杀"古盖一字。"祭"则"蔡"之省体,故《左传》亦以"祭"为"蔡"。然则"蔡"与"杀"同字,义果何取乎?曰:"蔡"之本义,亦当为芟艸,本书"丰,艸蔡也,象艸生之散乱也。""艸蔡"当为"蔡艸"之误倒,谓杀草也。艸之芟者散乱在地,故云象艸生之散乱也。……"丰"即"割"之初文,"丰"训"蔡艸",知"蔡"亦以"芟艸"为本义,与"杀"之本义一也。二字古文同形,知非偶然。②

胡吉宣于《释蔡杀》一文中,认为"蔡""丰"实为一字,"丰"与"祭"音近,古人叚"祭"为"丰",复以艸名而加"艸"为"蔡",假之既久,遂分为二字矣;"蔡"、"杀"同声通假,"杀"乃从"蔡"得声义,盖散乱之艸须芟除。他说:

> 《说文》"蔡,艸也,从艸,祭声"。段《注》改说解为艸丰也,以为与丰之训艸蔡也相转注。案《玉篇》"蔡,艸芥也",芥即丰之音近假借,与段增丰字合。然以古文考之,蔡丰实为一字。魏《三体石经》蔡之古文作𥝆,蔡大师

---

① 张舜徽著:《说文解字约注》卷二,六一,255 页。
② 张舜徽著:《说文解字约注》卷六,四六,825~826 页。

鼎作𧁻，蔡姞散作𧀼，蔡侯匜作𧀲。皆象艸散乱之形。小篆体取整齐，因变为
丰。丰部曰："艸蔡也，象艸生之散乱也。"丰与祭音近，古人叚祭为丰，复以
艸名而加艸为蔡，假之既久，遂分为二字矣。……杀之第三古文𢽳，与蔡之
古文𧀲正合，盖为省形存声，以丰为杀也。……昔人仅知蔡杀同声通假，不
知杀乃从蔡得声义也。盖散乱之艸须芟除"。①

上蔡县文物管理所研究员尚景熙在《蔡氏渊源史考》一文中，认为"蔡"字很
像割下的向下垂的一棵草，他说：

　　"蔡"字最早见于商代甲骨文，《戬寿堂所藏殷墟文字》作𡥉，《殷墟书契
前编》作𦯕。钟鼎文的写法与甲骨文类同。如蔡姞殷的铭文作𧀲，蔡大师鼎
的铭文作𧀲。从上面的古文字看，蔡字很象割下的向下垂的一棵草。《说文
解字》曰："蔡，草也，从草，祭声。"可见蔡的原始字为草形无疑。②

　　1975 年，湖北云梦睡虎地 11 号秦墓出土竹简 1155 枚，其中《日书》甲种《盗
者》章，出现 3 个"蔡"字（见例一、二、三）；1986 年，甘肃天水放马滩一号墓出土
460 枚秦代竹简，其中《日书》甲种，出现 1 个"蔡"字（见例四）；经过专家的判
读，其义皆当训为"草"。

　　例一："子，鼠也。盗者兑口希须，善弄手，黑色，面有黑子焉，疵在耳。臧于
垣内中，粪蔡下。多鼠鼷孔午郢。"王子今《睡虎地秦简"日书"甲种疏证》：

　　　　整理小组释文："臧（藏）于垣内中粪蔡下。"整理小组注释："蔡，《说
文》：'草也。'刘乐贤按：本篇下文'长耳而操蔡'的蔡字亦当训为草。"吴小
强《集释》译文："躲藏在围墙内中间位置粪草的下面。"③

　　例二："午，鹿也，盗者长颈小胻，其身不全，长耳而操蔡，疵在肩。臧于草木

---

① 胡吉宣著：《释蔡杀》，载《中山大学语言历史研究所周刊》，第十集，第一百一十四期。
② 尚景熙：《蔡氏渊源史考》，载《蔡国蔡氏溯源—首届蔡氏文化研讨会论文集》，55～56 页。
③ 王子今著：《睡虎地秦简"日书"甲种疏证》，452 页。

下,必依阪险。且启夕闭东方。名彻达禄得获错。"

例三:"戊,老羊也。盗者赤色,其为人也刚履,疵在颊。臧于粪蔡中、土中。夙得,莫不得。名马童巽思辰戊。"

例四:"戊,犬尔。在责薪粪蔡中。黑单多言句子宫,得。"①

段玉裁说"蔡"、"丯"古音相通,其义为艸生之散乱。马叙伦说"蔡"者,艸丯之丯本字,义为艸之散乱。张舜徽说"蔡"之本义当为芟艸。胡吉宣说"蔡""丯"实为一字,古人叚"祭"为"丯",复加"艸"为"蔡";"蔡"与"杀"同声通假,因此声义相通,盖散乱之艸须芟除。尚景熙说"蔡"字很像割下的向下垂的一棵草。睡虎地与放马滩出土的竹简,其中某些"蔡"字,专家都训读为"草"。以上的说法,认为"蔡"字的形、音、义与"草"或"割草"有关系。

四、"蔡"字当由"祭"字衍生而来

到底甲骨文、金文的"蔡"字,是像截肢,为"杀"的初文,或是像割草,其本字为"丯",何者为是? 笔者认为这个问题仍有待文字学家继续考证,所以不敢妄下论断;但是自古以来的各种字书都记载"蔡"字有"杀"义及"草"、"割草"义,这也证明了因为字音相通的关系,"蔡"字很早就假借了这些字义。

后世通行的"蔡"字,其形体与"杀"、"丯"二字实在相差太大;根据字形演变的轨迹,笔者认为"蔡"字当由"祭"字发展衍生而来,先秦时,两字互相通用;这个说法,清人高士奇、王引之已经提出来。高士奇在《春秋地名考略》卷一中说:"《后汉志》中牟有蔡亭,蔡与祭通,今在开封府郑州东北十五里。"王引之在《经义述闻》卷二十一《国语·晋语》"惠慈二蔡"条说:"蔡读为祭公谋父之祭。……祭与蔡古字相通。《吕氏春秋·音初篇》:'周昭王及蔡公拚于汉中',僖四年《左传正义》引此作祭公,《古今人表》亦作祭公。"

今人何光岳在《楚灭国考·蔡国考》说:"甲骨文,仅一见蔡字,而祭字甚多,且居重要地位,蔡实为祭字发展衍生而来,《说文通训定声》把蔡、祭同列在一起,属泰部韵,古音相通。《帝王世纪》载周昭王南征,与'蔡公俱没于水中而

---

① 李学勤著:《简帛佚籍与学术史》,166 页。

崩',而《吕氏春秋·音初篇》则作'蔡公'。可见先秦时,祭与蔡相通用。"①

　　近年出土的秦、汉间简帛文书及东汉镇墓文,亦出现"蔡"、"祭"二字通用的情形。睡虎地秦简《日书》甲种《除》章:"阳日,百事顺成。邦郡得年,小夫四成。以蔡上下,群神乡之,乃盈志。"王子今《睡虎地秦简"日书"甲种疏证》说:

　　　　整理小组释文作"蔡(祭)"。今按:"祭"写作"蔡",又见于马王堆帛书《春秋事语·卫献公出亡章》。东汉墓出土熹平四年镇墓文有"〔墓〕上墓下,中央大□,墓左墓右,云门蔡酒"字样。"云门蔡酒",即"魂门祭酒"。②

　　高亨纂著的《古字通假会典》里,举出古书中四组"祭"与"蔡"同属泰部祭字声系的例证:

　　　　①《左传·隐公元年》:"祭仲"。《易林》作"蔡仲"。②《墨子·所染》:"幽王染于傅公夷、蔡公谷。"《吕氏春秋·当染》蔡公作"祭公"。③《吕氏春秋·音初》:"王及蔡公抎于汉中。"《左传·僖公四年》孔《疏》引蔡公作祭公,《竹书纪年》同。④《吕氏春秋·音初》:"蔡公抎于汉中。"《汉书·古今人表》蔡公作祭公,《左传·僖公四年》《正义》引同。③

　　王辉在所撰的《古文字通假释例·月部》"蔡读为祭"条,举出马王堆帛书《春秋事语》与《左传》、《墨子》与《吕氏春秋》的例证,他说:

　　　　马王堆帛书《春秋事语·卫献公出亡章》:"献公使公子段谓宁召子曰:'后(苟)入我□正(政)必〔宁〕氏之门出,蔡则我也。'"此章事见《左传》二十六年及二十七年,此句《左传》作:"以公命与宁喜言曰:'苟反,政由宁氏,祭则寡人。'"按《墨子·所染》:"幽王染于傅公夷、蔡公谷。"《吕氏春秋·

---

　①　何光岳著:《楚灭国考》,70 页。
　②　王子今著:《睡虎地秦简"日书"甲种疏证》,23 页。
　③　高亨纂著、董治安整理:《古字通假会典》,64 页8。

当染》蔡公作祭公。①

此外,"管"字的古文作"官",似可作为"蔡"之古文作"祭"的旁证,程平山在《商周管邑地望考略》一文中说:

> 卜辞有管地的记载:"庚辰卜贞,在官"。(《甲骨文合集》1916)"戊戌卜,侑……父戊,用牛一官用。"(《甲骨文合集》22045)官即管,二者为古今字。《仪礼·聘礼》曰:"管人布幕于寝门外。"郑玄注:"古文管作官。"②

祭祀在上古神权社会是国家的大事,所以"祭"字在甲骨文、金文中出现很多。甲骨文作𝄇、𝄇、𝄇,有学者认为其形象手持酒、肉,点形为酒滴;但有学者主张其形乃象手持滴血之肉,点形为血滴,笔者倾向于这个说法。雷汉卿于《说文"示部"字与神灵祭祀考》一书中,说:

> 在祭祀活动中手持腥肉是为了献祭,献祭必先杀牲,所以"祭"的字形所反映的本义当是杀牲献血腥于鬼神,后来才泛指一般的祭祀。
> "祭"既然指杀牲献血腥,其义当与杀戮相关。
> ……然而论者却以为蔡、杀声相通,故义亦可通;祭、蔡古字相同,亦有杀义。③

根据近年殷墟考古的发掘,了解到商族人笃信鬼神,常常为了满足死者或神灵的"意志"而残杀生灵;中国社会科学院考古研究所安阳殷墟考古队队长唐际根博士因此感叹道:

> 濒危或已经消失的特有文化现象,是联合国世界遗产委员会高度重视的遗产内容。商代的大规模"杀祭"正是这样一种文化现象。虽然"杀祭"

① 王辉撰:《古文字通假释例》,758页。
② 程平山著:《夏商周历史与考古》,132页。
③ 雷汉卿著:《说文"示部"字与神灵祭祀考》,92页。

并非商文明所独有(中南美的玛雅人也曾热衷杀祭),并且显然不算得什么光彩面,但商王朝动辄成百上千人的"杀祭"规模以及"杀祭"方式的繁复程度,的确是不能轻松一笔淡然忘却的。①

金文的"祭"字作𥙊、𥚓、𥛠,字体没有点形,却多了"示",示即神明,其形象手持肉祭祀神明;甲骨文与金文的"祭"字,在字形上虽有一些差异,但两者的关联性是毫无疑问的。"蔡"字与"祭"字之所以音、义相通,当是渊源于上古时代"杀祭"的关系。

五、"祭"字加上"艸"头的蠡测

殷商时,姞姓蔡氏为商王担任祭司的职务,其采邑因此称为"祭";周武王克商以后,把祭地封给其五弟叔度,与管叔、霍叔一起监视殷遗民;从周代以后,"祭"字为何又加上"艸"头呢? 有人推测,可能是到了周代,除了龟卜以外,还盛行用蓍草来占卜吉凶;蔡字由草、祭组成,就是用蓍草祭神占卜的意思,河南大学历史系陈昌远教授、上蔡县文物管理所尚景熙研究员都认同这个说法。② 现在河南省上蔡县城东 15 公里的白龟祠,其蓍草依然葳蕤丛生,《本草纲目》、《群芳谱》都认为是最标准的蓍草。画卦台前的蔡沟,《上蔡县志·古迹》谓:"旧有元龟,缟身素甲,浮游其中。"姬姓蔡氏除了继承商代姞姓蔡氏的封地外,可能也传承了他们所担任祭祀、占卜的事业;相传《易经》的重卦,为周文王被纣王囚禁在羑里城(位于河南省汤阴县城北八华里羑、汤两河之间的原野)时所演画,由于家学的渊源,蔡叔度及其后裔对于占卜的事当有所承袭。

古代占卜之前要先举行祭祀,祭祀与占卜是有连带关系的两件事情。商代时,姞姓蔡氏担任祭司的职务,亦负责养龟以供占卜之用,因为其采邑的大龟,占卜时最为灵验,因此有"蔡龟"之词的产生。"大龟曰蔡"这个字义,出现在下列的古籍中:1.《左传》襄公二十三年:"臧武仲自邾使告臧贾,且致大蔡焉。"杜预《注》:"大蔡,大龟。大蔡,龟名也。一云龟出蔡地,因以为名。"2.《论语·公冶

---

① 唐际根著:《殷墟:一个王朝的背影》,8 页。
② 陈昌远著:《有关古蔡国史的几个问题》,载《蔡国蔡氏溯源—首届蔡氏文化研讨会论文集》,20 ~ 21 页。

长》："臧文仲居蔡,山节藻棁,何如其知也!"何晏《注》:"蔡,国君之守龟,出蔡地,因以为名。"3.《孔子家语》卷二《好生》第十:"臧氏家有守龟焉,名曰蔡。"4.唐·韩愈、孟郊《秋雨联句》:"筮命或冯蓍,卜晴将问蔡。"(《韩昌黎诗系年集释》卷五)5. 唐·元稹《芳树》:"清池养神蔡,已复长虾蟆。"(《元稹集》卷一)龟在远古时代,是被视为通灵而神圣的动物,《礼记·礼运》中说:"何谓四灵?麟、凤、龟、龙,谓之四灵。"然则龟到底具有什么灵性呢?孔颖达《正义》说:"龟以为畜,故人情不失。以龟既知人情,既来应人,知人情善恶,故人各守其分,其情不失也。"易玄在《谶纬神学与古代社会预言》中,论及古人运用龟策(龟甲与蓍草)来占卜吉凶的事情,说从史料与地下出土文物证明,至少在殷代,龟卜已为预占的主要形式,虽然有黄帝、夏代时的龟卜史料,但大量的运用龟卜却在殷代。……而龟卜必须在祭祝祖先的庙堂之上,以显示其神圣性。殷代以后,又盛行筮占,但龟卜仍然流行,并且有很大影响,以致在春秋时,当卜龟与筮占的预占吉凶不同时,还有从龟不从筮的说法。筮占是用蓍草来进行推算,演成《易》卦,据以推算吉凶的预占;这种预占较殷人的龟卜更加人文化,它不仅有物象的依凭,更有抽象的数学问题;蓍草被用以演成《易》卦,也出于古人对蓍草具有神灵的认识,《史记·龟策列传》中说:"蓍生满百茎者,其下必有神龟守之,其上常有青云覆之。"[①]从这里看来,上古时代姞姓与姬姓两支蔡氏,与祭祀及龟卜蓍占的文化当有深厚的关系。

六、附论"郑"字及古蔡国封地的所在

1."郑"当为西周畿内邑名

《说文解字》六篇下有一个"郑"字,许慎说是"周邑",段玉裁《注》:"《左传》曰:凡、蒋、邢、茅、胙、祭,周公之胤也。按《春秋经》、《左传》、《国语》、《史记》、《逸周书》、《竹书纪年》,凡云祭伯、祭公谋父,字皆作祭;惟《穆天子传》云郑父,注云:'郑父、郑公谋父;郑者本字,祭者假借字。'韦注《国语》云:'祭,畿内之国,周公之后也,为王卿士,谋父字也。'是则郑本西都畿内邑名,至东周时,隐元年祭伯来,庄廿三年祭叔来聘,尚仍其西都旧偶。"

---

①　易玄著:《谶纬神学与古代社会预言》,4~8 页。

按:《左传》卷第十五．僖公二十四年:

　　昔周公吊二叔之不咸,故封建亲戚以蕃屏周。管、蔡、郕、霍、鲁、卫、毛、聃、郜、雍、曹、滕、毕、原、酆、郇,文之昭也。邗、晋、应、韩,武之穆也。凡、蒋、邢、茅、胙、祭,周公之胤也。

　　周代的采邑中有一个祭国,吕文郁在《周代的采邑制度》中说"始封者为周公庶子祭伯","祭伯初封之地当在宗周畿内。段玉裁说:'郑本西都畿内邑名。'""祭氏春秋时仍任职于王朝。《左传》隐公元年有祭伯,桓公八年有祭公,庄公三十年有祭叔,皆为王朝卿大夫。祭氏不知何时为何国所灭。"[①]

　　近年出土的包山楚简、新蔡葛陵楚简,亦见到"郑"字。鄙见以为,郑地可能原是蔡叔度的封地,蔡仲改封上蔡以后,由周公的后裔所继承。

2. 古蔡国的封地

　　根据《史记·管蔡世家》,蔡国是周武王克商以后,封其五弟叔度于蔡而建立的,其所在当是继承商代姞姓蔡国的封地;刘翔南、周观武说:

　　周武王灭商之后,建都于镐,在今陕西长安县境。由于西周镐京距殷商的统治中心区域较远,为了安抚和治理殷商顽民,周武王把殷畿内之地一分为三,立殷纣王之子武庚于殷旧都守商祀,继承殷商香火,同时又对他不放心,于是设"三监"于朝歌(淇县)周围,以便就近监视武庚和殷商遗民,因此,作为三监之一的蔡叔不可能远封到今河南的上蔡。

　　对此,一些古文献也进行过论述。如《尚书·蔡仲之命》伪孔《传》云:"叔之所封,圻(畿)内之蔡,仲之所封,淮汝之间。圻内之蔡名已灭,故取其名以命新国,欲其戒之。"……该文明确指出了蔡叔与蔡仲的封地不是一处,蔡叔封地在今黄河以北殷京畿之内的蔡地,蔡仲的封地则在今汝河流减的上蔡一带。南宋史学家郑樵对此也给予肯定,他在《通志·都邑略》中说:"蔡本畿内之地,以为蔡叔之采邑,及蔡叔逆命,国除,至蔡仲始改封于

---

①　吕文郁著:《周代的采邑制度》,97~100 页。

汝南,故以汝南为'蔡'。"①

　　然则商代时姞姓蔡国的封地究竟在何处呢? 陈梦家于《殷墟卜辞综述》的第八章"方国地理"中曾涉及此事,在该书的第288页,他综合古今的说法,谓商代的蔡城约有三个地方:

　　1. 胡厚宣《殷代农业》(36～37)、《左传》成公四年杜预《注》、《周本纪正义》引《括地志》、《路史·国名纪》等书说——祭,伯爵,商代国,后为周圻内,今管城东北十五里有祭城,郑大夫祭仲邑。(世明按:管城即今河南省郑州市。)

　　2. 清·高士奇《春秋地名考略》卷一:"隐元年祭伯来……《后汉志》中牟有蔡亭,蔡与祭通,今在开封府郑州东北十五里。"

　　3.《后汉书·郡国志》:"长垣有祭城",属于卫地。

　　以上管城、中牟、长垣三个地方,都在今河南省境内的北方,何者为是? 陈梦家也不能断定,但他认为"卜辞之祭至少在殷代晚期似属殷国范围以内";鄙见以为这三个地方都有可能是殷代时姞姓蔡国的属地,因为他们为王室负责祭祀的事,可能跟随王都的迁移而更动其采邑。

　　殷代的蔡城既然有好几处,那么当年叔度封蔡的确切地点到底在哪里呢?《汉书·地理志》、《后汉书·郡国志》、《帝王世纪》、《逸周书·作雒解》等古文献所记都语焉不详,而且众说纷纭。刘翔南、周观武归纳出三种说法:

1. 蔡叔度的封地,在今河南省上蔡县。

2. 蔡叔度的封地,就在朝歌以西的古雍国附近,即今修武县境内古蔡城一带。

3. 还有认为蔡叔度始封地在今淇县以东之长垣县境,或说在淇县东南的卫辉市一带。

───────────────

① 李勤学主编,刘翔南、周观武著:《中华姓氏谱.蔡姓卷》,12～13页。

比较这三种说法,他们认为后两说较为接近史实。①

何光岳认为蔡叔度始封于卫地的祭城,应在殷之东,他说:

看来,三监之地,即系分殷畿内之地为三国,一来削弱殷的残余势力,二来则逼近殷都便于监视殷人。墉地在今河南"新乡县西南三十二里有墉城,即墉国",(杜佑:《通典》。王应麟:《诗地理考》卷一墉。)在殷南畿。"朝歌而北为邶国。"(《诗·邶风》郑玄笺。)在今汤阴县东南的邶城镇,在殷都之北。武庚所在之殷故都,即纣王焚死的朝歌,今为淇县。则卫在东。卫、墉、邶三国恰从东南北三面包围着殷,隔断殷人与东夷各国的交往。唯有西面空阙,因为是周的同盟诸国的境土,不须加以防卫。二说(世明按:指《汉书·地理志》、《帝王世纪》。)当以《地理志》所说为是,即蔡叔度始封于卫地之祭城,应在殷之东。②

陈昌远教授认为蔡叔度的封地,应在今河南省新乡市的卫辉市才对,他说:

《续汉书·郡国志》记载河内郡"山阳邑"有蔡城,刘昭注云"蔡叔邑此"。东汉山阳县在今河南北修武县,其地离新乡卫辉市不远,正在殷都朝歌(今淇县)之西南,蔡叔度始封地应在卫辉市墉城无疑。……今之上蔡,应是周公平定"三监"叛乱之后,将蔡叔度迁而被囚之地,不是蔡叔度的始封地。所以《逸周书·作雒解》谓:"乃囚蔡叔于郭凌。"此郭凌即在今之河南上蔡县境。③

七、结语

甲骨文的 字,金文的 字,当代古文字学家经过判读,隶定为"蔡"字;鄙见认为 、 二字的形体,与《说文解字》三篇下"杀"字的古文 近似,当是"杀"字的初文。由于商代盛行"杀祭","蔡"、"杀"二字,因为音、义相关,而彼此通假。

上古时代,姞姓蔡国为商王负责祭祀的事,鄙见以为"蔡"字当从"祭"字衍生而来。由于蔡氏与祭祀、占卜有着深厚的渊源,"蔡"字因此产生"龟"、"草"

---

① 李勤学主编,刘翔南、周观武著:《中华姓氏谱·蔡姓卷》,10~12页。

② 何光岳著,《楚灭国考》,页64~65。

③ 陈昌远著,《有关古蔡国史的几个问题》,载《蔡国蔡氏溯源—首届蔡氏文化研讨会论文集》,24页。

二义。西周以后,除了龟卜外,还盛行用蓍草卜卦,"祭"字因而加上"艸"头成为"蔡"字。"蔡"字产生"艸"义之后,因为字音相近的关系,而与"丯"字互相通假。

　　本文中某些推测性的论说,乃属于假设性的说法,笔者不敢自以为是,企盼能有相关的出土文献来证实,并祈请博雅诸君不吝斧正。

　　　　　　　　　　　　　　(作者为台湾台北县华侨中学教师)

豫闽台李姓源流

李龙海

李姓是当代中国人口最多的姓氏之一,其主要集中分布于我国的华北、西南、东北地区。另外,在东南沿海地区李姓也有相当数量的分布。如李姓在福建十大姓中排名第六,其占福建常住人口的 4.23%。在台湾,李姓人口排名第五,占其总人口的 5.11%,素有"陈林李蔡,天下一半"的说法。由大量的方志与李姓族谱等史料,可知目前生活在闽台地区的李姓,其祖源是在中原地区。他们的先辈是在相当长的历史时期由中原或其它地区相继迁徙而至的。

一、李姓的起源与发展

关于李姓的起源,学界主要有两种观点:一为李姓源于嬴姓说;一为李姓源于老姓(氏)说[①]。

(一)李姓源于嬴姓说

据《新唐书·宗室世系表》载:"李氏出自嬴姓,帝颛顼高阳氏生大业,大业生女华,女华生皋陶,字庭坚,为尧大理。皋陶生益,益生恩成,成虞夏商,世为大理,以官命族为理氏。"又据《史记·正义》引《帝王世纪》云:"皋陶生于曲阜。曲阜,偃地,故帝(舜)因之,而以赐姓曰偃。"皋陶长子伯益"为舜主畜,多,故赐

---

① 严格说来,先秦时期(至迟在战国中晚期以前),姓与氏是两个截然不同的概念。姓强调的是血缘,氏可以地名、官职等命名,同一姓下可有诸多不同的氏,且男子是称氏不称姓的,所以,不论称"理"或"李"只能是氏,而非姓。秦汉以降,姓氏合称,但因后人不察,误将先秦时期的氏视为姓。

姓嬴氏"。《说文》:"嬴,帝少皞之姓也。"段玉裁《注》说:"伯翳嬴姓,其子皋陶偃姓。偃嬴语之转耳。"①郭沫若也指出:"皋陶是偃姓,伯益是嬴姓。偃、嬴,一声之转,是从两个近亲氏族部落发展下来的。"②嬴、偃通转,除段、郭二氏所举例证之外,近年出土的马王堆帛书和阜阳汉简又提供了力证。《诗·邶风·燕燕》中"燕燕于飞"之"燕",帛书《五行》引作"婴",阜阳汉简《诗经》作"匽",燕、匽、偃声韵俱同,燕、匽、婴通用,是偃、嬴通转的最好旁证,故偃、嬴同宗不同姓。若依《新唐书·宗室世系表》说,李姓起于皋陶,则源于偃姓才更符合历史的真实。

皋陶在尧舜时担任掌管刑狱的理官,其子孙世袭了"大理"职务,并以官为氏,称为"理氏"。而理氏改为李氏又有两种说法:一说是《新唐书·宗室世系表》的记载,商代末年,皋陶后代理征因直谏于纣,被赐死,其妻陈国契和氏带着儿子利贞逃难于伊侯之墟,当时又饥又渴,见一树李子,便采来充饥,为了报答李子的救命之恩,也为了不忘这段蒙难的历史,遂改氏名"理"为"李",李利贞从此就成了李姓的得姓始祖。一说李氏是始于李耳称姓的。据《姓氏略考》载,周之前未见有李氏,李耳为利贞的后裔,因祖上世代为理官,理、李两字古音相通,便也以李为氏。

(二)李姓源于老姓(氏)说

唐兰先生认为:"据当时人普通的称谓,老聃的老字是他的氏族的名称,因为当时称子的,像孔子、有子、曾子、阳子、墨子、孟子、庄子、惠子以及其余,都是氏族下面加子字的",又言:"老聃在古书中丝毫没有姓李的痕迹"③高亨先生也说道:老、李一声之转,老子原姓老,后以音同变为李,非有二也。高亨从《老子》一书中引大量语句,证幽部、之部音韵通谐,并进一步指出:"老、李二字其声皆属来纽(即声母为L),其韵又属一部,然则其音相同甚明,唯其音同,故由老而变为李。"④依唐兰、高亨等人的说法,李姓不是由理姓演化而来,而是源于老姓。

关于李姓起源的两种观点中,第二种说法较之第一种说法更侧重于学术方面的探讨,论证也更有说服力,但起源早且影响最大,并被李氏族谱所认可的则

---

① 伯翳乃为皋陶子,这是段氏的错误倒记。
② 郭沫若:《中国史稿》(第一册),人民出版社,1976年,114页。
③ 唐兰:《老聃的姓名和时代考》,《古史辨》(第四册),上海古籍出版社,1982年,332,333页。
④ 高亨:《老子正诂》,载《高亨著作集林》,清华大学出版社,2004年。

是第一种说法。不论李姓源于嬴姓还是老姓(氏),在李姓的起源地域上,两种观点均无歧义,都认为是源于中原,尤其是豫东的鹿邑。

据《古今图书集成》载,李利贞亦娶契和氏女,生昌祖,为陈大夫,家于苦县,生彤德。彤德曾孙硕宗,周康王赐采邑于苦县(今河南鹿邑)。又据《元和姓纂》,李利贞第 11 世孙就是道家学派的创始人老子——李耳,老子是李姓里程碑式的人物。可见商末至东周的二百年间李氏一直居住在豫东。又据《李氏族谱》记载,李耳九世孙李昙生四子即崇、辨、昭、矶。李崇是秦时的陇西守,封南郑公,成为陇西房的始祖。后陇西房分为三十九房,李崇子孙以陇西为基地自此繁衍生息,建功立业,根深叶茂。四子矶为赵郡房,成为赵郡的始祖,赵郡房分为东、南、西三组,李矶的幼子李齐为辽东李氏始祖。

西汉时期,老子的后裔有一支已迁往今山东境。① 另根据相关史料记载,大约自东汉开始,有李氏族人陆续徙居西南,分布于川、滇一带,其中有的融入白、苗、壮、彝、满、回、土家、纳西等民族中。魏晋南北朝时,李氏已是全国的大姓,李与崔、卢、郑并称中原四大名门望族。不过,综合史料来看,在唐以前李姓主要是在北方播迁、发展。

二、唐以降李姓由北方向闽地的播迁

唐王朝建立后,李姓被奉为国姓,这是李姓的大发展时期,表现在李姓人口规模的急剧扩大,以及李姓人口或因分封或因北方战乱而向南方的迁徙。李氏入闽,即始于唐代。北方的李姓向闽地的迁徙大致可分四个阶段,时间跨度历经唐初至宋元时期。

第一个阶段是始于唐初太宗时期。唐朝宗室支系(唐高祖第二十子)李元祥一支为最早。李元祥十岁被封为"闽越江王"(贞观十一年,637),分派入闽。先入汀,徙状元崎。三十五岁(高宗龙翔二年,662)到永安大湖坑源开基,李元祥成为永安李姓的开基祖。今永安大湖坑源村存有"江王祠",祠堂大门对联书曰"祀开唐帝念一子,派衍闽邦亿万家"。元祥之子武阳袭爵为武阳王,后遭武

---

① 《史记·老子列传》:"老子隐君子也。老子之子名宗,宗为魏将,封于段干;宗子宫;宫玄孙假,假仕于汉孝文帝;而假之子解为胶西王邛太傅,因家于齐焉。"

则天所杀,武阳之子李皎袭封江王。到皎子李祖丛时,被武则天黜夺"武阳郡王"封爵,李祖丛在流放岭南途中落脚福建南安,卒葬南安德教乡超庭里皇平山天砚冢(今南安八都)。祖丛之子万康,名融,幼鞠养于南安县丞。李融于天宝十年(751)蒙敕申叙,得以恢复族人身份,授南安县丞,赠秘书监。李万康成为了南安李姓的开基祖。万康生四子:楚盌、晁唐、晁嵩、晁丛(晁隆)。天宝十四年(755)安史之乱,楚盌率诸弟侄和子尚昊五十余人勤王从军,授漳浦参军。甫宗干元二年(759)封五州节度使,因破安禄山有功,升云麾大将军。代宗宝应元年(762)封陇西开国公,后卒于南安德教乡嘉禾里半林村(今南安洪梅镇仁宅村与东园村)。楚盌苗裔分布在德化英山、绣溪、沙堤。唐德宗建中四年(783)十月,李祖丛曾孙李尚昊从长安避难回福建,并定居剑州尤溪皇历村(今永安槐南乡皇历村)。其后,元祥后裔逐步向外徙居。如元祥 14 代裔孙李伯玉于北宋初年由南安县迁徙至莆田县白塘定居,成为"白塘李氏",其 15 代裔孙李圣于五代后汉戊申岁(948)由南安县迁徙至仙游县永福里汾阳,成为"仙游李氏"始祖,又据永春县《官林李氏七修族谱》的记载,李元祥 18 代裔孙的一支于元末从沙县徙居永春县,后又于明初洪武初年,李祖友卜居永春官林村。

第二个阶段是始于唐初高宗时期。据《漳州府志》载:唐高宗总章二年(669),泉、潮间蛮獠啸乱,朝廷任命光州固始人陈政,掌管岭南军事,时有偏裨将领 132 员,随之入闽,而这些将领之中,就有唐开国名将卫国公李靖之孙李伯瑶(612~672)。《漳州府志》载:"李伯瑶者,固始人,随陈元光开漳州,平蛮獠三十六寨,战功推为第一。"《福建通志·唐宦绩篇》也载:李伯瑶(征闽中郎将),尝任开漳圣王陈元光之参军,因其佐政有功,赐号"辅信"。尔后,随开漳圣王征讨南蛮诸寨时,以骄兵之计,智擒贼酋,平三十六寨,遂奏封"司马"。又尝凿断鹅头山,平娘子峒诸寨,战功彪炳,卒谥"定远将军"。

据《开漳辅胜将军武侯公碑记》载,蛮獠啸乱平息后,李伯瑶及其十三子即随陈元光留守、开发漳州。李伯瑶成为李姓漳州开基祖,并成为闽南一大李姓宗系,其子孙散处福建漳州、龙溪、漳浦,广东潮汕等地。闽南的华安、渡东等地族谱,就直接写李伯瑶为其始祖。因李伯瑶智勇双全,功居第一,又被称为"辅胜将军"、"辅胜公"、"李辅胜爷"。今漳浦县旧镇等地皆有辅胜将军庙,李伯瑶殿奉祀。云霄火田村李氏家庙有联曰:"辅国屯军曾此地,承家衍派永朝宗。"云霄县成惠庙李伯瑶殿联云："竖柳为营操胜券,断鹅平洞扫妖氛。"古楼庙李伯瑶殿联曰："辅佐玉钤军,一家父子资襄赞;顺搜金浦志,半壁山河赖转圆。"无不充满着后代子孙对李伯瑶的敬仰之情。除李氏视为家族保护神外,李伯瑶还多配祀于开漳圣王庙。

　　第三个阶段为唐末五代时期。这次南下的李姓主要包括两类人:一是河南固始人王潮、王审知率众南下,并在福建创建闽国。随王审知入闽的 67 个姓氏中,就有祖籍为固始的李姓。这可有闽地李氏族谱之证。如浙江三江李氏的一支——蓝溪李氏房中,有裔孙李泌,字长源,封邺县侯。李泌房系中有光州刺史名杞,为避朱梁翦灭之祸,随王审知做官到福建,于是定居于福建长溪,成为长溪显姓。后人有秉义公,被送往福建江口服役筑堤,于是把家安在那里,江口李氏便自此始。再如南安市梅山镇《芙蓉李氏宗谱》载:"远祖在五季初,随王潮南下,分居八闽各地。吾乡一世祖广世公,生于元泰定元年,原籍河南光州固始县,携眷定居武荣(南安市原名)芙蓉乡,繁衍生息。"另据明朝正德十一年丙子(1516)李良策撰写的《同安地山李氏家谱引序》也载:"其始光州固始县人也,同闽王王审知入闽,遂卜于县南人(仁)德里地山保家焉。"清康熙六十年辛丑(1721)李挚中写的《重修地山李氏族谱序》亦言:"惟吾地山一脉,相传始自光州固始县居民,当唐末梁初之时,随闽王王审知入闽,兄弟叔侄散处闽地,分居五山。始犹时相往来,一二世后遂不相闻,各就所处之地建立宗祠,自立谱系,后人不能稽核古迹,各以其始至者为祖。"又言:"尝闻吾始祖之来此地山也,其始受命于太祖贞孚公曰:惟吾始至闽中,依山立家,后世子孙分居,勿忘山字。由是言之,凡以山为号者,皆吾宗人也。"①太祖贞孚公名君怀(1141～1207),君怀弟君迭,居南安浮桥(今属泉州),君怀堂兄君达传安溪湖头。君怀传五子:汝淳、汝谨、汝海、汝谟、汝谦,繁衍于大盈雄山、同安南山、集美兑山、漳州海澄巳山、南靖水头金山等漳泉五座名山,故号为"五山公"、"五山李",君怀被奉为闽南金台李氏始祖。"五山李"后裔又进一步向外衍迁。南安兑山始祖李仲文为李君怀以下的第三代曾孙。"溯源光州固始县入闽,仲文开拓地山人丁旺",兑山李氏孝祠堂这副对联正说明李氏与绝大部分闽南人一样,是由河南固始县迁入福建。

---

① 陈支平:《福建族谱》,福建人民出版社,1996 年,134 页。

台北《李氏族谱》也载："先世光州固始人，唐末随王潮入闽。"

河南固始李姓族人随王氏兄弟入闽者，定居于莆田、晋江，后又分支宁化、上杭、邵武、清流等地。

另一类是南下的皇室宗系，即邵武开基祖唐哀帝李祝之子李熙照及其后裔南方大始祖李火德宗系。

如据《福建上杭县志》、上杭县官田村李火德公祠《李氏史记》、《永定县文史资料》、安溪县《湖头李氏族谱》、仙游县《东屏李氏族谱》与《中华姓氏丛书·李姓》载，唐末，哀帝子李熙照被其堂叔李开来救出，并带回福建邵武县定居，其子孙就在闽北繁衍生息。李熙照下传7世至两宋抗金名将李纲（1083～1140），南宋末，李纲的孙子李燔为躲避金兵南侵战乱之祸，携五子逃到江西赣州石城定居①，幼子李孟成家立业后，又携四子迁居到邻省福建宁化县石壁村定居，李孟次子李珠（又称李宝珠）生有五子：金德、木德、水德、火德、土德。金德留居宁化，木德、土德迁长汀河田，水德迁邵武，四子火德（1206～1292）迁福建上杭县定居，渐成望族，俗称福建上杭李氏。② 李火德生有三子，长子朝文（三一郎）这一房，传至庆三郎，迁居福建永定，为湖坑开基祖，再传至孝梓，分居福建平和，其后人仲宗分传福建南靖；仲仪分传福建晋江；仲信分传福建诏安青龙山；仲文分传福建同安兑山，为兑山李氏开基祖；嘉龙分传福建安溪景仙，为景仙李氏开基祖，其后分传广西、江西等地。火德次子朝宗（三二郎）先移居福建长汀、连城，其后迁住广东嘉应州梅县、广西等地。火德三子朝美（三三郎），仍住上杭，后人迁往广东程乡、梅县、大埔和江西、浙江等地。由于李火德风范长存，裔孙众多，影响颇大！故被尊为南方陇西李氏的一大始祖，亦被称为闽台始祖。

---

① 《崇正同人系谱》卷二《氏族·李氏》条称："而南来之祖，则溯始于唐之末年。有宗室李孟，因避黄巢之乱，由长安迁于汴梁，继迁福建宁化石壁乡。"见邓迅之：《客家源流研究》，天明出版社，1982年，48～49页。李孟为两宋之际的抗金名将李纲的三世孙，生于1152年，为南宋时期人。故《崇正系谱》记载有误。

② 李火德之前的世系，各家系谱记载较为混乱。除正文中记李火德为李熙照后裔外，又有世界李氏宗亲会于1980年出版的《李氏源流》的另一种说法，即李火德为李元祥之后裔。后汉干佑元年（948），李元祥第十五世孙李其洪从皇历迁到沙县的崇仁里二十六都（今永安贡川镇双峰村）居住。李其洪又名"李大郎"。李大郎生有四个儿子，次子名李宏义；李宏义也有四子，老四曰"小廿三"；小廿三有六个儿子，分别以"金、木、水、火、土"加"德"字命名。其中老四火德就是后来被李氏所尊崇的"入闽汀州始祖火德公"。二说都认可李火德为唐皇室宗系裔孙，不过，依据方志与族谱，当以李火德为熙照后裔更可靠。

第四个阶段是宋元时期。大规模的一次发生在宋代"靖康之变"、高宗南渡时期,其间有许多李姓官绅士民,及抗金义军中的李姓将士南迁。如李兴领导一支抗金义军万余人(其中不少李姓人),南渡归附南宋,及至流入福建、潮汕等地。

又据《燕楼派家谱》载,其先世唐时居燕京东角楼,宋元间,有李善浦到福建泉州做官,便把家安在同安(今属福建泉州),这就是燕楼派李氏。

三、明清时期李姓由闽粤向台湾的播迁

在持续七八百年移民流入后,明清时代,福建山多田少,人口饱和现象很快突现,加上闽、台位置毗邻,从明末开始,闽、粤两地的李姓族人陆续移居台湾。明朝天启年间,颜思齐与福建南安人郑芝龙设寨于台湾的笨港(今北港),郑芝龙曾多次招徙福建漳州和泉州沿海的汉人到台湾垦荒。当时有李魁奇为郑芝龙守寨,这是入台最早的李姓人。

顺治辛丑(1661),沿海李氏族人大多因参加郑成功抗荷复台战斗和为反抗清朝"禁海迁界"的迫害,南安石井溪东李氏有数百人东渡台湾,涌现了郑成功护驾左都督李启轩及李仕荣、仕华、学老、卿发、李富等十八猛士,仕华、学老、卿发及其后裔参加郑氏父子在台湾的"开辟荆榛",[1]除此之外,《台南市志·人物志》也载有不少随郑成功入台的李姓,如延平郡王府兵都事李胤、思明知州李景、右先锋镇李茂、守卫澎湖的右先锋镇领兵副总兵李锡、右冲镇李昂、为郑经袭位立有大功的李思忠、水师二镇先锋营副将李富、总理官李瑞、中提督下副将李芳、果毅中镇下部司李升、游兵镇中营守备李忠、游兵镇管炮守备李受等多人。又连横《台湾通史》等文献也记述明郑时期李氏的在台活动,如:永历十八年[2],明朝遗臣李茂春随郑经入台,定居承天府永康里;永历二十二年,平和人李达入垦大糠榔西堡潭;永历三十七年,淡水通事李沧,获准前往卑南(今台东)采金。[3]这些迁台李氏及其后裔长期居留台南、高雄、嘉义、台中、澎湖等地。

清朝占领台湾后,于康熙二十三年(1684)置台湾府,不久,闽、粤李姓移民

---

① 郑成功诗作《复台》:"开辟荆榛逐荷夷,十年始克复先基;田横尚有三千客,茹苦间关不忍离。"

② 南明桂王朱由榔年号,始于1647年,郑成功及子经、孙克塈沿用至1683年。

③ 连横:《台湾通史》,华东师范大学出版社,2006年,13页。

接踵拥至台湾中部;雍正、乾隆时入台人数日渐繁多,垦殖地不断扩展。同安兑山李氏族人于康熙末年始迁居台北芦州,在清代渡台者多达 460 人。据永春县《官林李氏七修族谱》载:官林李氏子孙到台湾去的甚多,分布凤山、彰化、淡水、新竹、鹿港等地。至民国十七年(1928)第七次修谱时,见载的赴台子孙已达二百人左右。至清末,台湾的平原和盆地已经被开拓殆尽,入台的李姓人只好向山区求发展。三百多年来,闽、粤李姓络绎不绝于台海道上,他们定居台湾后,披荆斩棘,凿山辟田,为开发和建设台湾做出了应有的贡献。

台湾李姓支系众多,每个支系又以其来台的第一代作为始祖。并在族谱、郡望、堂号上与祖籍保持一致。这对实现两岸李姓的族谱对接,以及台湾李姓的寻根问祖提供了有力证据。据《高雄红毛港李氏家谱》记载,雍正年间,李远从泉州府渡海到台湾,当时同去的还有其三位兄长。最初,祖厝设落在"空地仔",也就在后来的高雄,李远成为红毛港李氏开基祖。近年,红毛港李氏族谱经过学者的努力,已与泉州石井溪东村成功对接。[①]

厦门大学的黄典成先生在 20 世纪 80 年代初曾就豫闽台的关系作为一个评价,他说:"台湾同胞的祖根,500 年前在福建,1300 年前在河南。"[②]现仅以李姓向闽台地区的播迁即可看出黄氏之言可谓一语中的。

（作者为中原工学院人文学院副教授）

---

① 《泉台族谱对接 台湾红毛港李氏源于石井溪东》,李氏网,2008 年 9 月 19 日。
② 黄典成:《寻根母语到中原》,《河南日报》,1981 年 4 月 22 日。

张姓根源及明清安徽
《张氏宗谱》版本述略

张殿兵

　　张姓是我国人数众多、分布极广的大姓之一。据今新的百家姓排名,仅次于李姓和王姓,排名第三。人口总数近一亿。张姓曾有几十个望族。该姓具有三个明显的特点:一是得姓较早,源远流长;二是族大支繁,遍及全国;三是人才辈出,数不胜数,从古至今,历代皆有张氏的杰出人才。他们在历史上为中华民族的繁荣昌盛起过非常重要的作用,及至今天张姓家族仍然为国家、社会的经济发展工作奉献着。

张姓根源始祖

　　关于张氏的得姓缘由,古文献有三种记载:一是"挥始制弓矢,官为弓正,世掌其职,赐姓张氏";二是"挥始造弦弧,以张网罗取禽鸟,世掌其职,遂以为氏";三是"挥封于张,为张氏"。尽管古文献关于挥的记载有分歧,但都承认挥制弓矢、任弓正和祭祀弧星这些基本事实。

　　但挥之后,张姓默默无闻,迁徙路线也不明了。到西周宣王(前827～前782)时期,陕西地区突然出现了张姓的踪迹。在出土的这一时期的青铜器皿上铭有"张伯"、"张仲"的人名字样,张仲是信史中可确定的第一人,他的居住地在西周都城镐京(今西安西南),已成为目前可确认的张姓人最早的栖息地。但张仲犹如夜空中的流星,其后代的传衍情况化为历史云烟,无影无踪。直到公元前6世纪,以字为氏的解张的后代才重新出现在历史舞台上。

关于张姓起源,还有始祖解张说。这种说法源自宋人郑樵在《通志·氏族略》:"按晋国有解张,字张侯,自此晋国世有张氏。则因张侯之字以命氏,可无疑也。赵有张谈,韩有张开地,赵韩分晋,皆张侯之裔也"。如果说晋之解张是张氏族中另一张姓得姓发源,也说得过去。倘若说为张姓始祖,并不是"无可疑也",而是大错特错。

因为早在周宣王时代就有一位叫张仲的人出现了。西周时宣王即位第五年,即公元前822年,派尹吉甫讨伐猃狁。为此《诗经》记载了尹吉甫得胜还朝受到宣王嘉奖后,从周都镐京(陕西咸阳)回到驻地中都邑(山西平遥)同好友欢宴时的情景。《诗经·小雅·六月》:"侯谁在矣,张仲孝友"。注曰:"张仲,吉甫友也。善父母曰孝,善兄弟曰友。此言吉甫燕饮喜乐……而孝友之张仲在焉"。由此可知,张仲以孝友著称于时,并能参加周宣王大将吉甫的宴会,可见他也是历史上一位赫赫有名的人物。这里《诗经》记载的周宣王时的张仲比晋国的解张要早250年左右。

宋代邓名世认为起源于挥,他在《古今姓氏辨证》说:"张,出自姬姓。黄帝子少昊青阳氏第五子挥为弓正。实张罗以取禽兽。主祀弧星,世掌其职,赐姓张氏。周宣王时有卿士张仲,其后裔事晋为大夫。"

欧阳修《新唐书·宰相世系表》载:"周宣王时有卿士张仲,其后裔事晋为大夫。张侯生老,老生趯,趯生骼,至三卿分晋,张氏仕韩。"欧阳修也认为是张仲的后代,尽管由挥到张仲之间出现一段历史缺环,由于史书失载,后人也无法使他衔接上,但从姓氏渊源来考,晋国张氏出于姬姓,而挥在得姓张氏之间也源出姬氏,故说张仲为张挥的后代。

张氏始祖张挥说,其实比宋人郑樵出生更早的唐朝林宝已经交待清楚了。他在《元和姓纂》一书说:"黄帝第五子少昊青阳生挥,为弓正,观弧星,始自弓矢,主祀弧星,因姓张氏。"比唐代林宝更早的东汉应劭在《风俗通义·姓氏篇》说:"张、王、李、赵,黄帝赐姓也。"而更早的《世本》(秦嘉谟辑补本)载:"张氏,黄帝第五子青阳生挥,为弓正,观弧星姓制弓矢,主祀弧星,因姓张氏。"春秋时期《庄子》书中提到黄帝时有张若,其似可根据此一线索进行张姓起源的考证。

关于张姓的发源地,即得姓地望。文献记载,目前有三种说法:一是河南濮阳,二是河北清河,三是山西太原或永济。

张氏得姓地望以及得姓始祖挥的活动地区，文献上没有明确记载。我们只能从挥的父亲玄嚣进行考证。《史记·五帝本纪》载："玄嚣，是为青阳，青阳降居江水。"即玄嚣降生在江水，封邑在青阳。江水在古代江同境内，就是今天的河南息县。但玄嚣的降生地与挥的活动地域关系不大，玄嚣的封邑青阳应该是挥成长活动的地方。

"清"和"青"两字古代通用。古代又以山南水北为阳，山北水南为阴。因此，人们认为，青阳就是清水的北面。

历史上清水有两个源头：一是今河南获嘉县北黑山；二是今山西省高平县。后者就是古代的丹水，它向南穿太行山，东流入吴泽陂，然后注入发源于获嘉县北黑山的清水。再向东北流，经今河南省新乡市、卫辉市、淇县、内黄县，然后进入河北省的魏县、清河县、沧州市，至天津入海。周定王五年（前602）黄河改道，南注黎阳（今河南浚县北），清水就由此流入黄河。由于年长日久，加之黄河改道因素，致使河道淤塞，或某段河道改名，于是清水隐没无闻。

张氏得姓于河北清河缘于明嘉靖年间张浚等人编纂的《张氏统宗谱》。认为尹城国（后清河郡）的清阳县是挥造弓箭的地方，也是张氏得姓的地方。但没有任何文献资料记载河北清河是"帝后所都"，黄帝、颛顼、帝喾等都没有在这一地区活动，因此，挥也不可能在这一地区生活。

河南濮阳古称帝丘，是传说中的五帝活动的主要地区。濮阳是颛顼的都城所在地，颛顼死后埋葬此地。帝喾地葬在"顿丘城南台阴中"，即今河南清丰县增内。既然颛顼和帝喾活动的主要地方都在濮阳，因此，同为黄帝部族的挥，在濮阳一带活动的可能性较大。

挥是弓箭的发明者，其部族以制造弓箭为业。因而挥生活的地方一定有制造弓箭的材料。我国最原始的弓箭用桑木作弓，蓬梗做箭，但更多的是用竹作箭，后来又用骨头制成箭头，称"骨镞"。因此文献资料有"桑弧蓬矢"。濮阳古代有"桑间濮上"的地名。濮阳西边的鄘国（今河南新乡市西北）地多桑树，因此，《诗经》中有《桑中》、《定之方中》两首诗歌载："期我与桑中"，"说于桑田"之说。虽然是春秋时期的情况，但足以证明古代帝丘、朝歌一带桑树很多。濮阳一带既有柔韧的桑树，又有坚硬的竹竿，为制造弓箭提供了材料。因此，濮阳有可能就是挥发明弓箭和制造弓箭的地方。

张氏得姓地望在青阳,也就是清水以北。相对而言,张氏得姓于濮阳一带可能较大。但清河张氏从郡望来说,确实是张氏中声望最高、影响最大的一支。

至于提出张氏得姓于山西一带的说法,则来源于宋郑樵《通志·氏族略》。其认为张氏始祖解张在晋国(今山西省太原),此说根本不足为据。因早在周宣王时代张氏就出现张伯、张仲两人,比晋国解张早出生 200 多年,怎么能说是张氏始祖呢?

通过以上论述,由此我们可知,黄帝之孙挥,最初源于现今的濮阳。濮阳是中国张氏的发源地,也是中华民族张氏的望族所在地。

<h2 style="text-align:center">张姓赐姓改姓产生的姓源</h2>

张姓起源,已为张氏族人所接受的是始祖张挥说,赐姓和改姓以及形成于少数民族中的张姓,都是张姓起源不可分割的组成部分。形成了张姓枝繁叶茂,亦为姓源。

一、赐姓

早在先秦时代已有赐姓的记载,不过那时的赐姓仅仅是姓氏起源的一种形式。到了汉代赐姓则特指皇帝出于褒赏、恩惠等目的赐给臣民的姓氏。张氏家族在历史上没有建立统一的王朝,因而没有以最尊贵的"国姓"赐姓为张氏的记录。但却有以"张"姓尚武,而赐武将为张姓的记载。据《南诏野史》记载:"诸葛武侯封白子国龙佑那为酋长,赐姓张氏……至十世孙张乐进求,唐太宗己酉(贞观 22 年,619)封为大首领大将军。"从三国时蜀相诸葛赐姓龙佑那为张姓后,张姓一直统领白子国即"白蛮"。到唐太宗时,才封龙佑那的十世孙张乐进求为大首领大将军。此后在南诏又推行了土司制,就出现了"土司张氏"。云南土司张氏是以白蛮为主体融合其他少数民族形成和发展起来的。这就是白族张氏以及彝族、哈尼族少数民族中张氏之由来。

在云南,张乐进求后裔是很有实力和影响的大家族之一。元代张乐进求后裔张兴,其家世为品甸千户。明洪武十七年(1384),明军进驻楚雄,张兴首倡率部归顺,并献战马,助攻石砦,因功授云南县土司主簿。自张兴起,世袭传位十二世。

明初朱元璋赐伯颜帖木儿为张姓。伯颜帖木儿,出生于后金山(今阿尔泰山,一说大兴安岭),蒙古将领,能征善战,以骁勇著称。但与朱元璋作战时败在手下,遂归附明朝。朱元璋佩服他的勇猛,赐姓为张。他的后代一直从军。传至玄孙张晟,官至都督金事。

明成祖朱棣,赐鞑靼人哈喇尔敦为张氏,并改名为隆善,称张隆善。在"靖难之役"期间,鞑靼人助战有功,哈喇尔敦尤为突出,深受成祖器重。永乐七年(1409)十月,明成祖任命张隆善为北京右军都督金事。永乐八年(1410),明成祖又赐女真族将领咎卜为张姓,咎卜,女真人(满族先祖),官女真千户,领兵征战,勇猛异常,名声大振。其事迹传至京师,成祖获悉后,十分欣赏。遂赐姓为张,并改名为志义。随后便任命他为建州卫指挥使,治所在今黑龙江省东宁县东大城子。四年后,治所又移至今跨吉林、辽宁两省的浑江流域。

明宪宗朱见深,继承了其先辈赐骁勇将领为张姓的传统,赐鞑靼人奴儿为张姓,并改名为友。成化八年(1472)八月,任命张友为金吾卫指挥使。从历代的赐姓为张氏者来看,全都是骁勇善战的军事将领,并且都受到重用。

二、他姓改张姓

他姓或他族因特殊原因改姓在中国历史上是极为常见的现象。张姓因为是汉族大姓,常成为改姓人选择的新姓氏。

范姓改张姓,战国时魏国人范睢因得罪大臣魏齐,遭到毒打,为免受其迫害,更姓张,名实禄,西入秦,以功封应侯。

聂姓改张姓。汉武帝时,汉人聂台献出马邑,诱匈奴入塞,西汉设伏兵企图伏击之,结果被匈奴发觉而退去。聂台为避怨仇而改张姓,循居贋门马邑(今山西省朔县)。三国魏名将张辽就是他的后代。

高姓改张姓。辽代辽阳渤海族高霸,因在外做官,改姓张氏。其子张佑,孙张匡均为辽代节度使。张匡有两个儿子,长名玄征,次名玄素,都是金代节度使。其后,次子玄素官至户部尚书。玄素之子汝弼为进士,官至参知政事、尚书左丞。汝弼之妹,为金世宗元妃。与玄素同一辈的张浩,字浩然,系张霸曾孙,也是近代显赫异常的大臣,曾为金代宰相,封南阳郡王。其子张汝霖,亦为金代宰相,封芮国公。

汪姓改张姓。明初大将军张德胜的养子,名兴祖,原本姓汪,后从养父改姓张。张德胜战死,追封蔡国公。张德胜的亲生子张宣年幼,遂由兴祖嗣爵。张兴祖嗣爵后,不负众望,他领兵打败陈友谅、张士诚,并数败元军,屡立战功。洪武初年,张宣长大成人,遂袭父爵,被任命为宣武卫指挥同知。与此同时,张兴祖被废封爵,恢复汪姓。后来,汪兴祖之子年幼,便由张宣抚养,直至长大成人。张、汪两家相互扶持,被传为佳话,广为流传。

褚姓改张姓。东汉末年黄巾军起义爆发后,常山真定(今河北)人褚燕聚众响应,多达万余人。其时博陵张牛角亦率众起义,与褚燕联合。褚燕推张牛角为帅,攻城略地,迅猛壮大。不久,张牛角战死,褚燕被推为领袖,遂改姓为张,以"捷速"过人,被军中称为"飞燕"。后被东汉招降,任命为平难中郎将。曹操占领冀州后,率军归属曹操,被拜为北平将军,封安国侯。其子张方,其孙张融先后嗣承侯爵,成为曹魏时期的一个贵族世家。

胡姓改张姓。原居江西饶州府鄱阳县的胡太,字长乙,号校圃,元明鼎革之际,迁至安徽桐西乡横峰。明朝初年编户受田时,因寄籍当地大户"清河张氏"户下,改姓张。清雍正二年(1724),张长乙的第十世孙张立远,首次编修《横峰张氏宗谱》,该谱以张长乙为一世祖。但在追溯其渊源时,仍以胡姓为本,并详载张长乙改姓为张的经过。其后,又以张长乙的五世孙兄弟八人,分为八房。八房之下,又各分若干支。乾隆、嘉庆、道光、光绪以及民国先后五次修谱。该谱旨在联络安徽桐西横峰张长乙更胡为张后之张氏子孙,故名《横峰张氏宗谱》。

少数民族在汉化过程中,不少人主动选择了张姓作为他们新的姓氏。汉唐时期,匈奴、乌桓、羯、高丽、回纥、契丹、蜀地巴族都有大批人改姓张氏。明清以来,东北满族人用张姓代替了他们冗长繁琐的姓氏,以致东北地区的张姓人口突然急剧增加。时至今日,在我国少数民族中的张姓人,绝大多数是自发改姓而来。

明清时期安徽《张氏宗谱》寻踪

从有史记载的西周张伯、张仲,至战国时代"三家分晋"后,韩赵魏三国又成为张氏先祖施展才华、建功立业的主要场所。西汉时,张氏先祖已遍布中原、齐鲁、燕赵、关中、汉中、巴蜀、吴越以及西域等地,到唐末五代,张氏先民已落户江南各地,成为覆盖全国的大姓。明清时期,许多谱学研究者和张氏族谱编纂者,依据史籍记载,整理出了各自的世系谱。这些世系谱代代可数,尽管有一些不足之处,特别是西周共和元年(前 841)以前的世系谱疑点颇多,但仍不失为中华民族一份珍贵的历史遗产。目前,在全国各省市档案馆、图书馆及大学图书馆还保存不少宋元明清时期的各种不同名称、不同地方、不同版本的《张氏宗谱》,为此,在这里,我仅略述安徽省现存的一些明清及民国时期的《张氏宗谱》。

(一)明代安徽宗谱

泾县《泾川张氏宗谱》三卷。(明)程文绣、张冲等纂修,明万历四十六年(1618),木刻本,三册,现藏于北京图书馆、河北大学。

徽州《新安张氏续修族谱》十卷。(明)张琏纂修,明成化十二年(1476)刻本,一册。现藏于安徽省图书馆(存卷1、2)。

徽州《新安王弼张氏家谱》十二卷,文翰不分卷。(明)张一桂、张玄镐纂修,明万历四十年(1612)家刻本,二册。现藏于北京图书馆、北京大学。

徽州《新安张氏续修族谱》。明天启(1621~1627)刻本,作者与卷数不详,现藏于安徽黄山市博物馆。

徽州《张氏统宗世谱》二十一卷。(明)张宪等纂修,明嘉靖九年(1530)修抄本,十册。现藏于河北大学。

徽州《张氏统宗世谱》,卷和作者不详,明刻本。现藏于安徽黄山市博物馆。

徽州《张氏会通谱外纪内纪》不分卷。明嘉靖十二年(1533),序列本,四册,现藏于日本和美国。

休宁《苏田山上张氏家谱》不分卷。(明)张应光修,清抄本,一册,现藏于浙江嘉兴市图书馆。

旌德《张氏宗谱》十卷。(明)张宪纂修,明嘉靖十四年(1535)刻本,现藏于安徽博物馆。

祁门《张氏统宗谱》十卷。(明)张阳辉修,明嘉靖十四年(1535)木刻本,一册。现藏于河北大学、安徽博物馆。

阜阳《颍襄张氏族谱》八卷,明崇祯九年(1636)编修。民国二十六年(1937),张动栋续修。现为太和私人收藏,阜阳档案局为影印本。

(二)清代安徽宗谱

合肥《张氏族谱》五卷,首一卷、末一卷。张树声等重修,清光绪二年(1876)

惇叙堂木活字本,四册,现藏于日本和美国。

合肥《张氏族谱》八卷。(清)张绍棠纂修,清光绪十三年(1887),绍忍堂刻本,八册,现藏于安徽省图书馆、日本、美国。

芜湖《张氏续存名录》六卷。(清)张兆才续修,清光绪二十五年(1899),孝友堂活字本,六册。现藏地:吉林大学图书馆、美国。

五河《张氏宗谱》一卷。(清)张师望张子静等重修,清同治七年(1868)手抄本,现藏安徽五河县教育局。

无为《濡须张氏(二修)宗谱》八卷。(清)张传禄纂修,清道光二年(1822)活字本,二册,现藏于中国社会科学院历史研究所图书馆。

徽州《新安张氏续修宗谱》三十卷。(清)张习礼、张士麟纂修,清顺治十六年(1659)家刻本。现藏于北京图书馆、中国科学院图书馆、安徽博物馆、安徽黄山市博物馆。

徽州《张氏统宗谱》十二卷。(清)张孔成等重修,清乾隆刻本,现藏于安徽黄山市博物馆(存三卷)。

徽州《张氏统宗谱》二卷。(清)张棐恭等修,清道光三年(1823)刻本,二册。现藏于安徽黄山市博物馆。

徽州《张氏宗谱》二卷。(清)张国范等修,清道光二十五年(1845)刻本,四册。现藏于安徽黄山市博物馆。

徽州《张氏宗谱》十八卷。(清)张昌奕等修,清光绪十二年(1886)刻本,十八册。现藏于安徽黄山市博物馆。

徽州《怀玉张氏宗谱》六十一卷,首一卷、末一卷。(清)张其淮等修,清光绪十三年(1887)刻本,十三册。现藏于安徽黄山市博物馆。

徽州《张氏宗谱》十四卷,首一卷,末一卷。(清)张文绣等修,清光绪刻本,十六册。现藏于安徽黄山市博物馆。

徽州《张氏宗谱》,清刻本,卷数、作者不详,现藏于安徽黄山市博物馆(存四卷)。

旌德·旌阳《张氏宗谱》三卷。(清)张庆彬、张书申等纂修,清光绪二十六年(1900),永思堂活字本,二十册。现藏于北京图书馆、中国科学院图书馆、吉林大学、安徽省博物馆、四川省图书馆。

桐城《皖桐张氏宗谱》十三卷,末一卷。(清)张鲁山等续修,清道光七年(1827)书鉴堂木活字刊本,十二册。现藏于日本、美国。

桐城《皖桐张氏宗谱》二十卷,末一卷。(清)张联元等修,清光绪五年(1879)书鉴堂活字本,二十册。现藏于美国。

桐城《张氏宗谱》三十二卷,首一卷。(清)张绍华纂修,清光绪十六年(1890)刻本,二十四册。现藏于安徽省图书馆、日本、美国。

桐城《张氏宗谱》二十八卷,末一卷。(清)张士端、张焕之等重修,清光绪二十八年(1902)木活字本,二十九册。现藏于安徽省图书馆、日本、美国。

太湖《怀宁三治堂张氏宗谱》十卷,首一卷。(清)张琮醇、张学魁纂,清嘉庆十八年(1813)三治堂木活字本。现藏于安庆市图书馆(存四卷)。

太湖《三治堂张氏宗谱》十四卷,首一卷。(清)张新炽重修,清同治五年(1866)三治堂木活字本。现藏于安庆市图书馆(存八卷)。

太湖《三治堂张氏宗谱》二十卷,首一卷、末一卷。(清)张新炽三修,清光绪二十三年(1897)三治堂木活字本,二十一册。现藏于安庆市图书馆。

潜山《张氏宗谱》十一卷,首一卷、末一卷。(清)张炳荣等续修,清光绪二十年(1894)绍渠堂活字本,十八册。现藏于北京图书馆。

潜山《张氏宗谱》十五卷,首一卷、末一卷。(清)张必玺等八修,清光绪二十九年(1903)百忍堂木活字本,十七册。现藏于日本、美国。

桐城《皖桐南湾张氏重修宗谱》十四卷。(清)张惕侬等重修,民国十三年(1924)一本堂重刊本,十四册。现藏于日本、美国。

(三)民国安徽宗谱

合肥《张氏宗谱》十卷。(民国)张士煐编,1921年合肥张绍忍堂木活字本,现藏于上海图书馆、华东师范大学图书馆。

天长《秦楠张氏家谱》四卷。民国二十四年(1935)纂修本,现藏于安徽天长县秦楠乡档案室。

徽州《清河张氏宗谱》四卷。(民国)张以惠等纂修,1944年刻本,四册,现藏于安徽黄山市博物馆。

徽州《清河张氏宗谱》四卷。(民国)张守度等纂修,1944年刻本,四册,现藏于安徽黄山市博物馆。

绩溪县城北城后巷《张氏统宗谱》八卷,首一卷、末一卷。(民国)张永年等修,1930 年叙伦堂木活字本,六册。现藏于美国。

桐城《桐城南乡姥乡张氏五修谱》二十六卷。张廷镇、张泽辛纂修,民国四年(1915)木活字本,二十六册。现藏私人手中。

桐城《横峰张氏宗谱》二十八卷。(民国)张宗铎等辑,1915 年笃亲堂活字本,二十八册。现藏于中国社会科学院历史研究所图书馆。

桐城《连城张氏双河股宗谱》二十四卷。张光麟、张光廷等纂修,民国十一年(1922)木活字本,二十四册。现藏于安徽博物馆。

阜阳《张氏家谱》6 册,张鸿声编修,民国三十八年(1949)毛笔手抄本。现藏于阜阳档案局。

桐城《连城张左塘公支谱》十二卷,首一卷、末一卷。(民国)张贤藩 张维藩等纂,1931 年活字本。现藏于江苏苏州市图书馆(缺卷 12)。

桐城《张氏宗谱》三十五卷,首一卷。(民国)张开枚等续修,1933 年铅印本,二十八册。现藏于北京图书馆、人民大学、安徽省图书馆、安庆市图书馆、美国。

太湖《张氏宗谱》九卷,首二卷。(民国)张泰升 张元顺纂修,1912 年孝友堂活字本,十册。现藏于北京图书馆。

太湖《孝友堂张氏宗谱》六卷,首一卷。(民国)张仪甫纂修,1940 年孝友堂活字本,六册。现藏于北京图书馆。

潜山《百忍堂张氏宗谱》二十四卷。(民国)张文彬续修,民国元年百忍堂木活字本。现藏于安庆市图书馆(存七册)。

潜山《百忍堂张氏宗谱》,民国二十四年(1935)百忍堂木活字本。现藏于安庆市图书馆(存 2、14、20 卷)。

(四)年代不详

安徽怀宁《留余堂张氏宗谱》,卷数、年代和作者不详。怀宁留余堂木活字本,现藏于安徽省图书馆(存卷 7)。

以上所列共计 51 部张氏宗谱,这是我从各种文献资料中搜集而汇总的。在这 51 部明清张氏宗谱中,其中明代 11 部家乘资料(清手抄本一部,民国本一部),清代 23 部(民国本一部),民国 16 部。同时,还有年代不详一部。

　　明代 11 部张氏宗谱,其中明程文绣、张冲等纂修的安徽泾县《泾川张氏宗谱》三卷;明张宪纂修的安徽旌德《张氏宗谱》十卷;明崇祯九年编修安徽阜阳《颍襄张氏族谱》八卷等 3 部较为完整外,其余 8 部皆为残卷。不过,明崇祯九年编修的安徽阜阳《颍襄张氏族谱》八卷为民国木刻本,笔者所见的是阜阳档案局一套影印本。

　　明代最早的张氏宗谱为明成化十二年(1476)刻本,张琏纂修的徽州《新安张氏续修族谱》十卷,现仅存 1、2 残卷。最晚的为阜阳《颍襄张氏族谱》八卷,明崇祯九年(1636)编修。其中藏于河北大学的徽州《张氏统宗世谱》的十册,为明张宪等纂修的手抄本。

　　清代 24 部张氏宗谱,11 部卷册家乘资料较为完整,另 13 部为残卷。其中,藏于黄山市博物馆的清光绪张其淮等修的徽州《怀玉张氏宗谱》刻本卷数最多,六十一卷,首一卷、末一卷。遗憾的是仅存 13 册。现在藏于安徽图书馆的桐城《张氏宗谱》二十八卷,末一卷,共计二十九册,目前是安徽册数最多的一部家乘史料。

　　清代最早的宗谱为清顺治十六年(1659),张习礼、张士麟纂修徽州《新安张氏续修宗谱》家刻本。最晚的为清光绪年间刻本,这一时期家谱较多。清代宗谱版本多为木活字刻本,但也有手抄本。现藏安徽五河县教育局的五河《张氏宗谱》一卷,为清同治七年(1868)的手抄本。也是唯一一部清代手抄本。同时,桐城《皖桐南湾张氏重修宗谱》为清代编修,但实为民国重刊本。

　　民国 15 部张氏宗谱,有 9 部资料完整,6 部为残卷。雕刻版本多为木活字刻本,极少石印本,仅有阜阳张鸿声编修的《张氏家谱》6 册为毛笔手抄本。

　　综上所述,明代 3 部,清代 11 部,民国 9 部张氏宗谱卷册完整,共计有 23 部张氏宗谱是资料完整,其余 28 部为残卷。其中多为木刻本,仅有 3 部手抄本,明清民国各一部手抄本。

　　我对张氏根源研究刚刚涉猎,只就所见资料钩稽一些史料,旨在抛砖引玉,其不妥之处尚请姓氏专家予以指正。

　　　　　　　　　　　　(作者为安徽阜阳《颍州晚报》社副刊部副主任)

参考资料:

刘巧云、张俊朴:《张姓渊源与历代名人》,群众出版社,2002 年。

邓洪波:《中华姓氏通史——张姓》,东方出版社,2006 年。

李学勤:《中华姓氏谱——张》,现代出版社、华艺出版社,2002 年。

程有为:《百家姓书库——张》,陕西人民出版社,2002 年。

袁玉骝等:《古今姓氏探源》,光明日报出版社,2003 年。

何兆吉、曲雯:《百家姓辈分字行》,江西人民出版社,2001 年。

王大良:《中国的百家姓》,百花文艺出版社,2004 年。

李浩然:《中华姓氏大探源》,中国长安出版社,2006 年。

赵国成主编:《根在河南》,中华书局,2002 年。

陈树兰、郭宴春:《中国姓氏起源探讨》,上海三联书店。

明崇祯九年(1636)编修:阜阳《颖襄张氏族谱》八卷。

(民国)张鸿声编修:阜阳《张氏家谱》6 册。

张殿兵:阜阳《颖州张氏家谱》,2005 年。

孙姓的八个来源和当今海外宗亲会简况

孙君恒　刘　娣　张　洋

孙姓起源的头绪很多。先秦时期,中国孙姓出现,不断有华夏子孙加入孙姓行列,使得孙姓源头特多,同时孙姓人口也越来越多。《新唐书·宰相世系》记载,孙姓有"出自姬姓"、"出自芈姓"、"出自妫姓"三支。先秦时期的卫、齐、楚、吴、晋、郑、秦,中原许多诸侯国都已出现孙氏。秦汉以降,时有家族通过改姓、赐姓诸途径,成为孙氏族人。唐宋以后,许多少数民族在汉化过程中,又有相当部族加入孙姓行列。明初,政府要求将复姓更为单姓,这样又有一批带孙字的复姓氏族变为孙姓族的一员。《新唐书·经籍志》载有南朝贾希镜所著的《孙氏谱记》15卷,也许是能够见其名的最早的以"谱"命名的孙氏家谱。唐宋两代孙姓出现了一些重要的家谱文献。

一般认为有以下八个来源:

一、最早来源于春秋卫国的姬姓,是最主要一支

姬姓卫国王室的后代姬惠孙之后姬武仲,将自己的姓氏改为"孙",以纪念其祖父惠孙。姬武仲就是这支孙姓的始祖。

姬姓孙氏是周文王之后。唐代林宝《元和姓纂》卷4"孙"姓载:"周文王第八子卫康叔之后,至武公和生惠孙,惠孙生耳,耳生武仲,以王父字为氏。"卫康叔,名封,是周文王姬昌的小儿子,原封于康(今河南禹州西北),史称卫康叔。周公姬旦平定武庚叛乱后,把殷原来统治的地区分封给康叔,仍然以殷的旧都朝歌(今河南淇县)为都城,监管殷的余民,同时把殷民七族陶氏、施氏、繁氏、(邽)

氏、樊氏、饥氏、钟葵氏赐封给他,建立卫国,康叔又称卫康叔。康叔受封之后,很快把殷都改造成为周的方国。后来,康叔到宗周做了司寇,把自己的封国交由儿子伯康管理。

卫康叔的八世孙卫武公(前852～前758),名和,春秋初年卫国国君,公元前812年～前758年在位。在位期间,国泰民安。武公四十二年(前771),犬戎、西弗等联军攻破镐京(今陕西长安),杀周幽王。他与晋文侯、郑武公、秦襄公合兵助周王室平定叛乱,护卫王宜臼东迁雒邑(今河南洛阳市内王城公园一带),被周平王赐给公爵。卫武公姬和有子惠孙,惠孙之子名耳,为卫上卿,食采于戚(今河南濮阳市),姬耳之子名乙,字武仲,依据周制,诸侯国国君的儿子公子,孙子称公孙,玄孙(公孙之子)不能称公孙,应以其祖父的字为氏,武仲即以父惠孙的字为姓,就是孙氏。

姬姓孙氏也是黄帝后裔:黄帝——玄嚣——蛟极——帝喾——后稷(周始祖)——不窋——鞠——公刘——庆节——皇仆——差弗——毁渝——公卯——高圉——亚圉——公叔祖类——古公亶父—季历—文王姬昌—卫康叔—康伯——考伯——嗣伯——庭伯——靖伯——贞伯——顷侯——厘侯——武公和——公子惠孙——耳——乙(始姓孙)。

二、来源于楚国芈姓

孙叔敖任楚国令尹时,为官清廉,政绩卓著,为一代名相。其后人为了纪念他,就以他的字中"孙"为姓氏。孙叔敖成为这支孙姓的始祖。

宋代欧阳修、宋祁撰的《新唐书·宰相世系表》说:孙氏"出自芈姓。"芈姓孙氏也是黄帝后裔:黄帝——昌意——颛顼——称——老童(卷章)——吴回——陆终——(芈)季连——附沮——穴熊。季连为荆楚先祖,始姓芈,季连的孙子穴熊为荆楚国君。楚君蚡冒(熊[目旬])——王子章([目旬])——叔伯吕臣——?——贾伯嬴——艾猎即茹敖(字孙叔,其子以父字为氏称孙氏)。

芈姓为先周时期南方楚国的国姓。《说文解字》说:"芈,羊鸣也,从羊象声。"据后人考证,芈姓族人应与北方牧羊民族有关系,楚民族是中原华夏族的一支南迁后与周围土著居民不断融合而成。

颛顼是黄帝之孙,根据历史传说,其后裔的一支称祝融氏,临江水与蛮族杂居。祝融后代陆终娶鬼方之女,该女怀胎十一年而不分娩,于是剖腹产,从其左右肋中各生出三人,其中第六子叫季连,其分支为芈姓,乃楚人的先祖。

大约在商朝时期,季连部族逐步南迁到汉水流域,在与当地三苗土著居民不断融合后,力量逐渐强大。商后期,为了求得生存与发展,该部酋长鬻熊决定投靠周族,并在营救周文王与协助周武王讨伐商纣王的过程中立下许多功劳。在后来分封中,鬻熊的曾孙熊绎被周王封为子爵,建立楚国。因为鬻熊的历史功绩,及其对楚族社会的影响,从此开始,楚国国君改为以熊为姓氏。

楚国是春秋时期南方的大国,其疆域最初主要在今湖北西部山区和江汉平原一带,后逐渐扩大,长江南北大部分地方都是楚国的领土。

西周时期,楚对西周保持相对独立,往往叛服无定。周昭王曾两次率师伐楚。周夷王时,王室衰微,熊绎的后代熊渠乘机出兵攻打庸和扬粤(即扬越),至于鄂(今湖北境内),分其土,封长子毋康为句亶王,中子挚红为鄂王,少子执疵为越章王。厉王时,熊渠畏周伐楚,去其王号。周宣王时,楚一度内乱。熊严有子四人,长子熊霜先立。熊霜卒,三弟争立:仲雪死,叔堪亡濮,而少弟季徇立,是为熊徇。熊徇之孙熊仪为若敖(楚君无谥称敖,冠以葬地名),其庶支称为若敖氏,是后来楚国的显族。

楚冒是春秋初期的楚国国君,若敖的孙子。其子蒍章封邑于蒍,他就以"蒍"为姓,蒍氏后来逐渐发展为楚国的一个望族,蒍章之子蒍吕成,字步伯,楚成王时曾被任命为令尹,其孙蒍贾,字伯嬴,在楚庄王时任工正(管理王宫各类工匠之类事务的官员)。贾之子蒍敖,字艾猎,即楚国名臣——孙叔敖。

孙叔敖约生于公元前630年左右,少以聪明仁厚著称。其父蒍贾官至工正后被权势所杀,孙叔敖率全家避难迁至期思(今河南淮滨)隐居,后在楚王亲信虞丘子的推荐下,出来辅助楚庄王。楚庄王因得孙叔敖辅助,国力大增,后打败晋国,一举成为春秋五霸之一。孙叔敖虽贵为楚相,但生活相当俭朴,没有多少积蓄。以致他死后,他的儿子回乡种田,生活贫困,不得不砍柴以补贴家用。后有宫廷艺人优孟模仿孙叔敖计说楚庄王,告之孙叔敖家后人穷困状。楚王乃召孙叔敖子,封以寝丘(今河南省固始县境内)四百户。孙叔敖后人为了纪念一代贤相,就以孙为姓,从而先秦时期的寝丘一带又出现一支孙氏族人。

三、孙氏来源于妫姓

《新唐书·宰相世系表》说:孙氏还有一支,"出自妫姓。齐田完字敬仲,四世孙桓子无宇,无宇二子:桓、书。书字子占,齐大夫,伐莒有功,景公赐姓孙氏,食采于乐安。"这是说齐大夫陈书有战功被赐孙姓,乃为齐国孙姓的由来。

《古今姓氏辨证》等认为孙姓出自妫姓,是齐田完后代。齐田完四世孙桓子之孙,因伐莒有功,景公赐姓孙氏,食采于乐安。田完是舜的后裔。许多孙姓族谱把虞舜视为本族第一始祖,不过,虞舜作为孙氏第一世始祖只能是传说,并无可靠世系记录可寻,孙氏祖上有确切的世系是从舜的后代虞阏父开始。

妫姓与姚姓同为虞氏部落之姓,相传舜生于姚墟而得姚姓,居于妫而得妫姓,为河流弯曲处,妫即妫水,在今山西省永济县南,源出历山,注入黄河。舜的族源,存在两种说法:《史记·三代世表》中说,舜是皇帝族的后代;而《孟子》说:"大舜,东夷之人也。"从各类古史记载分析,舜的出声地、居住地、生产作工之处,既有山西、河南诸中原地区,也有山东、浙江诸东夷之地。是否可以如此推测:舜族及其子孙,应是中原华夏族之一支与东夷部族融合杂交而产生的后代。

周武王伐纣时,虞阏父做周国陶正之官,执掌陶器制作,管理从事制陶的百工。由于其管理有方,器用齐备,又因他是古代圣贤虞舜的后代,周武王为奖励他的劳绩和褒扬他的祖先,就把长女嫁给虞阏父之子妫满,并把他分封到今河南淮阳一带,建立陈国。妫满死后谥号为陈胡公,古又称胡公满。

从胡公满开始,经过10代12个国君的世袭传承,到桓公时,陈国发生内乱。桓公卒后,其弟佗杀桓公太子免而自立,是为陈厉公。太子免的三个弟弟跃、林、杵臼为报杀兄之仇,又设计杀厉公,立跃为利公。利公立5个月后去世,君位传给其弟林,为庄公。庄公在位7年后卒,君位又传给其少弟杵臼,为宣公。宣公原本已立太子御寇,后又欲立宠姬所生之子款,便于公元前672年杀太子御寇。厉公之子完,字敬仲,与御寇交往甚密,因惧怕祸及自己,逃到了齐国,改姓田,称田完。由于他原是应该继立的诸侯,再加上他品德高尚,齐桓公欲命他为卿。但田完推辞卿职,当了管理百工之事的基层官吏。田完的四世孙田无宇(桓子),官为"上大夫";五世孙、无宇之子田书在齐国攻打莒国的战斗中立了战功,被齐景公封至乐安并赐姓孙氏。妫姓孙氏远古始祖虞舜,系黄帝后裔:帝——昌

意——颛顼——穷蝉——敬康——句望——牛——鼓叟——虞舜——虞阏
父——胡公满（封）——申公犀侯——相公皋羊——孝公突——慎圉戎——幽
公宁——厘公孝——武公灵——夷公——平公燮——文公圉——桓公鲍——厉
公佗——公子完（奔齐）——山巨孟夷——泯孟庄——文子须无——桓子无宇
田书（赐姓孙）。

得姓始祖是孙书。春秋时，陈（为周武王灭商后所封的妫姓国）厉公的儿子
叫陈完，在任陈国大夫时同太子御寇很要好，御寇被杀后，他怕受株连而逃到齐
国。到齐国后，陈完不愿再用 原来的国名为姓，就改成田姓（古时田和陈发音相
同）。田完的四世孙田桓子无宇有二子，小儿子田书，字子占，在齐国为大夫，因
为伐莒（周代诸侯国）有功，齐景公把他封在乐安（今山东省博兴县北），并赐他
孙姓。孙书就成为孙姓始祖。

姬姓孙氏在秦汉以前的几百年间主要是繁衍播迁于河南省境，其后则主要
繁衍于今东南沿海地区。妫姓的孙氏早期主要集中于山东境内繁衍，这一支孙
姓之所以显赫，主要是得力于兵家之圣的孙武，故后来孙姓人家便以"乐安"为
堂号，后因齐国内乱，孙姓子孙便首次南迁于江苏、浙江一带。这一支繁衍乐安
的孙氏，后成为了孙氏主要播衍于我国北方各地及南方浙江、江苏一带的主要来
源 。

四、出自子姓，为比干之后

比干之后，避难改姓孙氏。比干是殷末纣王叔父，官至少师。纣王淫虐无
度，国势危殆，却不听劝谏，他冒着被杀头的危险，连续三天进宫劝说纣王，希望
他能改过自新。纣王恼羞成怒，下令如若有人敢再犯颜直谏者，一律斩首。可比
干把自己的生死置之度外，继续劝说纣王。纣王暴跳如雷，让人当庭剖开比干的
胸取心。比干被纣王杀害后，其子孙纷纷避难隐姓，有的以本为王族子孙之故，
改为孙姓。

五、在汉代时，荀子后人因避讳而改孙姓

据唐代司马贞《史记索引》和唐颜师古在《汉书·艺文志》记载，汉代因为要
避汉宣帝刘询的名讳，荀姓都要改为孙姓，甚至连战国时代的荀卿（即荀子）都

要改称为孙卿。也成为汉代"孙"姓支脉的一个源头。

《战国策·楚策》、《韩非子·显学》、《汉书·艺文志》、《儒林传》及刘向《孙卿新书叙录》、《韩诗外传》等书篇中称荀子为"孙卿"、"孙子",荀卿自己的著作《荀子》中的《儒效》、《议兵》、《强兵》、《尧问》等篇中也多见"孙卿子"。

宋代赵明城在《金石录》卷17《汉安平相孙根碑》中记载:"考厥先出,自有殷立商之系,子汤之苗;又云圣武定周,封比干之墓,后裔分析,避地匿轨,姓曰孙焉。"

六、《汉书·夏侯婴传》载,夏侯婴之后也有一支改姓孙

夏侯婴(? ——前172),西汉沛县人,与刘邦是少时朋友,从刘邦起义,立下战功,后封为汝阴侯。书中说:"初婴为滕令奉车,故号滕公。及曾孙颇尚主,主随外家姓,号孙公主,故滕公子孙更为孙氏。"此话大意为,当初因为夏侯婴做过"滕令奉车"官职,所以号滕公。等到其曾孙夏侯颇娶公主为妻,该公主随母亲外家的姓,称"孙公主",这使夏侯颇的子女也跟随母亲外家的姓为孙。从此夏侯婴的后代中便有一支成为孙氏。

七、赐姓和改姓

孙姓在两汉以后,还有其他姓氏因多种因素不断地加入到孙姓行列之中。三国时期东吴将领俞河因功而被赐姓孙,因称孙河。孙河家族兴旺,是南方孙姓的一大支派 。

孙河,官拜东吴威寇中郎将,领庐江太守,镇守皖城(今安徽潜山县)。孙河,本姓俞,字伯海,和东吴孙氏同乡,也是吴郡人。俞河年少时即随孙坚征讨沙场,典领亲兵,常为前驱,孙坚视作心腹。后又随孙策平定江东,多立战功,孙策爱之,赐姓为孙,因而改姓。

孙河有四子:长子孙助,在东吴官任曲阿长;次子孙谊,官在海盐长;第三子孙桓,任安东中郎将,曾与大将陆逊共拒刘备,后以功拜建武将军,封丹徒侯;少子孙俊,为定武中郎将。孙子辈还有孙建、孙慎等,也都为将军。曾孙辈有孙丞,官为黄门侍郎,略有文采,作《萤火赋》行于世。孙河之侄子孙韶,亦少年从军,为广陵(今江苏扬州以北)太守。其子孙也较多,且官位显。

因政治避难,而改姓孙氏。今山东《郓城县志》据李集乡军李村《李氏族谱》载,李氏原姓轩辕氏,先祖轩辕斌,明初在朝为官,奉命往梁山平乱,便落籍郓城。后因奸臣陷害,为避灭门之祸,遂将轩辕氏改为孙、轩、李三姓,隐居四方。《明史》本传载,明朝中叶的士人孙一元,字太初,原是安化王宗族,应姓朱,因为安化王犯法被诛,作为其宗族怕受株连,所以变姓名而避难人太白山中隐居,又号太白山人。

孙姓在明朝又有不少新的支派加入。明朝初年,朱元璋禁胡姓,胡姓多为二字复姓,公孙、叔孙、长孙、土孙、王孙之类复姓也在被禁之中,这类含"孙"的复姓不得不省字而改孙姓。这些家族于是又成为孙姓族的又一庞大来源。

除以上带孙的复姓改为孙姓外,另外还有孟孙、仲孙、季孙、室孙、宫孙、大孙、唐孙、县孙、颛孙、臧孙、扬孙诸姓氏,估计在明初省字改姓的过程中,亦应大都改为"孙"姓。

明初改姓为孙的复姓一览

原复姓	姓氏来源	代表人物
公孙氏	来源于黄帝 古代诸侯贵族的后代子孙	公孙轩辕（黄帝） 齐国的公孙无知
叔孙氏	源于姬姓 源于北魏时期的拓跋族	春秋鲁国大夫叔孙豹 北魏的叔孙键
长孙氏	汉代已经有此姓 源于北魏时期的拓跋族	汉代博士长孙顺 唐代名相长孙无忌
士孙氏	源于先秦时期的爵位"士"	汉代的士孙张 北魏的士孙天与
王孙氏	源于姬姓	周代大夫王孙满
贾孙氏	源于王孙氏	春秋卫国大夫王孙贾
古孙氏	源于王孙氏	
孟孙氏	源于姬姓	鲁桓公之子庆父孟孙
仲孙氏	源于姬姓	齐国大夫仲孙湫
季孙氏	源于姬姓	鲁国大夫季孙肥
室（宫）孙氏	古代诸侯贵族的后代子孙	

原复姓	姓氏来源	代表人物
大孙氏	春秋楚国大孙伯的后人	
唐孙氏	源于祁姓 源于姬姓	
县孙氏	源于芈姓	
颛孙氏	源于妫姓	孔子的弟子颛孙师
臧孙氏	源于姬姓,以邑为氏	鲁国大夫臧孙纥
杨孙氏	以邑(扬邑)为氏	秦国杨孙皓

八、少数民族和台湾的孙姓

在古今少数民族中,也有不少孙姓,其中有些孙姓是汉族融入者,有些是各族中自行改姓者。

唐代安禄山部将孙孝哲,官至大将军,安禄山僭位后拜殿中少监,就是契丹族人。

满族建立清朝之后,把八旗统治制度推行天下,在原来的八旗中,有部分汉人沦为满人奴隶,后多与满族融合。如《清朝通志》卷八《氏族略》满洲旗分内尼堪姓:孙氏,孙天保,镶黄旗包衣旗鼓人,世居抚顺地方,任护军参领。又台尼堪姓:孙氏,獸;尚,正黄旗人,世居盖州地方,国初来归,其孙梦柯,任三等侍卫。

清朝,满族仿汉姓已成普遍现象,孙佳氏取其首音,选"孙"作为姓。另有鲁布哩氏改姓孙氏,如历顺治、康熙两朝的护军统领、太子太傅孙达哩,本来就是姓鲁布哩氏。

朝鲜族,源于朝鲜半岛,聚居于吉林延边,分布在东北等地。今《福山孙氏谱书》称,晋灭东吴之际,东吴孙氏族人中有一支渡海迁居三韩(马韩、辰韩、弁韩,今朝鲜半岛)。《宋书夷蛮传》载,高句丽国王高琏,有大将叫孙漱,估计应是汉族孙氏移民之后裔。高丽学者金富轼所撰《三国史记》中说,新罗初期,朝鲜移民分居山谷之间,分别为阏川杨山部、茂山大树部等六部,均为朴姓。到新罗第三代王朴儒理尼师今九年春,改六部名称,还分别赐姓,茂山大树部改名渐梁部,并赐姓孙。元代,蒙古军队屡次攻入高丽,将大批高丽人掳掠到中国;同时还有一些高丽人,因其他原因迁入中国。如当时有高丽人孙袭卿,官至礼部员外郎。《八旗满洲氏族通谱》卷73"附载满州旗分内高丽姓氏"中有"孙氏",《清朝通志》卷8《氏族略》,满洲其人中同样既有高丽姓:孙氏,世居望京地方。

在今朝鲜族人的一百多个姓氏中有孙姓。高丽学者金富轼撰著的《三国史记》中记述了孙姓的起源。新罗初期,朝鲜遗民分居山谷之间,分别为阏川杨山部、茂山大树部等六部,均以朴为姓。到新罗第三代王朴儒理尼师今九年春,改六部名称,并赐姓,茂山大树部改名渐梁部,并赐姓孙。《清朝通志》卷八《氏族略》满州旗分内高丽姓:孙氏,世居望京地方。玉兰,镶蓝旗包衣人,国初来归,其子谢秘,任郎中,其孙杭爱,任头等护卫。

在景颇族26个大姓中,格亮姓是起源最早的,是景颇族的祖先,其他各姓都是由它繁衍而出的,格亮姓汉化为孙姓。另有木如氏、堵引氏等小姓的汉姓也为孙。

明清时云南临安府方容甸长官司副长官孙氏,就是傣族人。

佤族中的木依库氏音译为孙姓。苗族、阿昌族、哈尼族中都有孙姓。

阿昌族,分布云南德宏傣族景颇族自治州及保山地区的一些县份中。云南民族出版社《阿昌族社会历史调查》中提到,阿昌族有孙姓人户,但其来源不详。参考阿昌族的赵、王、杨、曹诸姓原都为汉人,因迁徙和婚姻等原因而成为阿昌族,估计孙姓也有此可能。《中国人的姓名阿昌族》载,孙氏为今云南潞西县高埂田乡阿昌族的10姓之一。

根据《台湾姓氏之研究》记载,孙姓在台湾地区列为第49大姓,遍布全省以及北、高两市和其他各地区:

(1) 以台北市来说,孙姓族人约七万人之多,其中以外省籍占最多,约70%。

(2)闽南籍约20%。

(3)客籍族群0.4%,近万人。

(4)原住民亦占小部分0.1%左右。

以高雄市而言孙姓约八千人左右,其中闽南籍占60%,外省籍占30%。再其次为高雄县六千余人,其中闽南籍占70%,外省籍占20%。再其次为台南县四千余人,其中闽南籍占85%,外省籍占10%。至于其他县市分布亦不少,超过三千人者计有台北县及屏东县约三千多人,彰化县两千多人,云林县、嘉义县、花莲县、基隆市、台中市、台南市、新竹县、苗栗县、台中县等均一千多人。

明末清初,潮汕各县居民为了生计,渡海到台湾谋生,开荒垦植。《台湾省通志》载:早期移居台湾的孙姓,如清朝初期,广东镇平县(今蕉岭县)人孙其貌移居新竹新埔(明洪武二年至清雍正十年,镇平隶属潮州府管辖);陆丰县人孙明山移居新竹新埔;海阳(今潮安)人孙为发移居苗栗通霄;潮阳人孙理移居高雄大社;揭阳人孙永帝移居台南白河。清道光年间(1821～1850)镇平县人孙永科移居苗栗三义。(见《中华文化百科全书》)

台湾土著(含高山族等少数民族)有孙姓。台湾文献委员会编《台湾省通志》氏族编第四章"姓氏"中说,台湾土族居民近代受汉族影响,又改用孙姓者。台湾土族或山胞改汉姓,大都在1945年光复后。据1956年的统计,台湾"先住民"(即土族)中的孙氏人数占台湾总人口数的3.3%。

少数民族孙姓略表

民族	历史分布	孙姓概况	相关人物
羌	西北、西南地区,后集中在四川。	两汉魏晋时期已经出现孙姓。	后秦政权的孙太后。
回	分布广泛,早期在东南沿海等地。	明初改姓开始有改为孙姓的。	明代大臣孙继鲁、文人孙鹏等
壮	两广、云贵一带	唐宋时期开始有人改姓为孙。	
鲜卑	我国北部,后来逐渐被民族融合。	魏晋南北朝时期部分人改姓为孙	北燕尚书令孙护等
契丹	我国北部,鲜卑的一支,后被融合。	唐代孙姓人数已经较多。	唐朝将军孙敖曹、孙万荣等
朝鲜	东北地区,主要集中在吉林延边。	一源于东吴孙氏,二是新罗王赐姓	高句丽大将孙漱等
女真	东北、北方地区,后被融合。	元、明时期,部分改姓为孙。	孙信、孙义、孙仲兄弟三人。

续表

民族	历史分布	孙姓概况	相关人物
满族	东北地区	清代八旗里满人改姓为孙	清初护军统领孙达哩
蒙古	内蒙古草原及北方地区	明始有部分人改为孙姓。	
锡伯	东北地区	清代开始有人改姓孙	
傣	云南部分地区	明朱元璋赐当地土司为孙姓	孙略、孙萌宗等
黎	海南岛	明代有出现孙姓	首领孙恩弟
土家	湘西、渝东一带	明清时期开始有孙姓	
景颇	云南部分地区	近代,部分以"孙"姓。	
白	云南大理一带	古代白族招赘的汉人有孙姓,部分人改姓。	
彝	云贵、四川、广西	近代始部分人改孙姓,是大族。	
高山	台湾地区	近代开始产生孙姓	

九、海外宗亲会简况

(一)韩国孙氏

韩国《朝鲜日报》报道,韩国成均馆大学历史学系教授朴芬庆表示,大约在公元前1000年,生活在朝鲜最南端、今天的济州岛附近的古朝鲜人,曾组成军队为周朝作战。其中一部分由于战功显赫,被周文王封于孙(今河南省宜阳县境)。其首领称为孙伯,即孙国首领之意。《通志·氏族略·以邑为氏》载:"孙氏,周文王所封,世为周卿,士食采于孙,子孙因以为氏。"《翠亨孙氏家谱》二修一卷载:"吾姓系出周孙伯之后,世为周卿,因国为氏。"

由此证明,孙氏在韩国有一支起源。

（二）部分海外宗亲会简表

名称	负责人	联系方法
中华孙氏联会		sms 13266881803 00852— 6688 1803
香港孙氏宗亲会	孙志贤／孙立辉	00852—61620180 huian2008@ hotmail. com
永和孙氏宗亲会	孙锦聪总干事	台湾
旗津孙氏宗亲会		台湾高雄
新加坡孙氏公会		新加坡
西林孙氏宗亲会		新加坡
西林孙氏同乡会	孙会章	新加坡
槟城孙氏公会	孙金源（总务）	马来西亚
马六甲孙氏公会		马来西亚
泰国孙氏公会	理事长:孙其彬	02—2583150,2582957
泰国孙氏宗亲总会	总干事:孙碧攀	02—2611619
菲律宾孙氏公会		
印尼孙氏宗亲会		
美洲孙氏宗亲会	孙博任第一任会长	
世界舜裔宗亲联谊会	有陈、姚、虞、胡、田、袁、孙、车、陆、王等十姓	
世界华人宗亲会		

（第一作者为武汉科技大学文法学院教授）

关于韩姓的几个问题

——以韩棱为中心

潘民中

东汉政治家韩棱的故里在今河南省舞钢市庙街乡。庙街乡大韩庄西老金山东麓有韩姓世代祭祀的韩棱墓在。韩棱在韩姓发展史上是一个承上启下的关键人物。本文以韩棱为中心讨论韩姓的起源、郡望和脉延。

姬姓——韩氏——韩国——韩姓

我们知道，先秦时代姓与氏是分称的。姓起源于母系氏族社会，是用来别婚姻的；而氏则起源于父系氏族社会，是用来别贵贱的。这正如有专家研究的，西周铜器铭文所见姓，可以明确考定的不到 30 个，且几乎都从女旁；而所见氏则在 300 个以上，且少见女旁。直到秦灭六国之后，尤其到了西汉年间，姓、氏才合而为一，成了我们今天的姓。那么，在春秋时代出现的"韩"是姓呢，还是氏呢？对此，有关典籍说得很明白，是氏，而不是姓。韩氏的姓为"姬"。

《新唐书·宰相世系表》称："韩氏出自姬姓。晋穆侯费少子曲沃桓叔成师生武子万，食采韩原，生定伯，定伯生子舆，子舆生献子厥。从封，遂为韩氏。"说其出自姬姓，是因为获封第一世晋侯的是周武王姬发的儿子、周成王姬诵的弟弟唐叔虞。《史记·晋世家》载："唐在河汾之东，方百里，故曰唐叔虞。姓姬。"唐叔虞的儿子姬燮"以尧墟南有晋水，改曰晋侯。"晋穆侯姬费是晋侯姬燮的第八世孙。《通志·氏族略》第二《以国为氏·周同姓国》也称："韩氏，姬姓之别族。出晋穆侯之少子曲沃成师，是为桓叔，生万，是为武子，食采韩原。武子生厥，是为献子。晋景公之时，晋作六卿，献子在一卿之位。从其始封，遂为韩氏，世为晋卿。"足见"韩"为氏,其姓为"姬"。

公元前403年(周威王二十三年、韩景侯六年),世为晋卿的韩氏同赵氏、魏氏分晋而立,并得到周天子的认可,成为独立的诸侯国,其国号是以韩氏之"韩"为称的。韩国公族的姓仍为"姬"。"韩"成为韩国公族裔孙的姓,是180年以后的事情。公元前221年,秦灭六国。不久,汉又一统天下。作为维系周王室宗法体系重要标志的姓、氏制度,终于随着王室的彻底坍塌而消亡,王子王孙无不沦为庶民。先前代表贵族高贵出身的"氏"已失去了炫目的光彩,只剩下标记直系血统符号的作用,与先前用来别"婚姻"的"姓"已没有任何实质性区别,自然也就失去了区别的必要,于是乎姓氏遂合二为一。因此,明顾炎武在《日知录·姓》中说:"自战国以下之人,以氏为姓,而五帝以来之姓亡矣。"又说:"自秦以后之人,以氏为姓。以姓称男。"清钱大昕《十驾斋养心录》中也说:"秦灭六雄,废封建,虽公族亦无议贵之律。匹夫编户,知有氏而不知有姓久矣。以氏为姓,遂为一代定制,而后世莫能改焉。"

近些年,河南学人在研究起源于豫省的姓的时候,每每将"韩"姓摈弃于外。说其有理也似乎有理,因为"韩国"的韩确是源于晋穆侯少子桓叔成师之子武子姬万食采于韩原,而韩原在今陕西省韩城市境。说其乏理也不无根据,因为"韩"成为姓是秦灭韩以后的事情。韩国灭亡了,韩国公族的裔孙们便以国号为姓。《左传疏》就说:"韩为秦所灭,复以国为姓。"而自公元前403年韩景侯参与分晋立国,韩国的国都设在阳翟(今河南禹州),公元前375年韩哀侯灭郑迁都新郑(今河南新郑),到公元前230年被秦所灭,其政治中心一直在河南境内。为什么不能说以国为姓的"韩"姓起源于河南呢?

我们说,韩姓的形成经过了从姬姓到韩氏,再从韩氏到韩国,又从韩国到韩姓的漫长历史过程。今天我们所说的韩姓,源于韩国灭亡之后,其公族裔孙以国为姓。它根于河南。

颍川——南阳——昌黎

韩姓自汉至唐,先后在颍川、南阳、昌黎形成望族。故言韩姓郡望,必称出自颍川、南阳、昌黎。颍川成为韩姓郡望,是因秦灭韩置颍川郡,郡治在韩国故都阳翟。后来的新都新郑也在颍川属下,失去贵族身份的韩国宗室多聚居于此。公元前207年,刘邦受命西击秦,至阳城(在今河南登封境内)使张良以韩司徒徇韩地,得故国宗室信,以为韩将,将其兵从入武关。信参与灭秦,有功,被刘邦封为韩王,又从攻项羽。西汉开国,刘邦正式与韩王信剖符,使其王颍川。韩王信有子名颓当,文帝时获封弓高侯。吴楚反时,韩颓当功盖诸将。其后有裔孙名韩说、韩增。韩说武帝时以校尉衔击匈奴,有功,获封按道侯;韩增征匈奴,出云中,立大功,封龙额侯,任大司马车骑将军,领尚书事,至王莽时享国不绝。《汉书·魏豹韩王信田儋传》赞曰:"周室既坏,至春秋末,诸侯耗尽,而炎黄唐虞之苗裔尚颇有存者。秦灭六国,而上古遗烈扫地尽矣。楚汉之际,豪杰相王,唯魏豹、韩王信、田儋兄弟为旧国之后,然皆及身而绝。横之志节,宾客慕义,犹不能自立,岂非天乎! 韩氏自弓高侯显贵,盖周烈近欤!"

南阳成为韩姓郡望,在东汉、魏晋时期。西汉末年,韩增儿子韩骞避王莽乱,从颍川移家赭阳,又称堵阳(在今河南方城),属南阳郡东汉后期其裔孙韩术为河东太守,术子韩纯为南郡太守,纯子韩暨魏明帝时官至司徒,薨谥恭侯,其裔孙至西晋仍显贵。

昌黎之为韩姓郡望,在唐代最响亮。溯其渊源,系东汉南郡太守韩纯之裔孙有韩颖者,在后魏官从事郎中,其子韩播徙居昌黎郡之棘城县(在今辽宁义县),后裔世代为官于北朝之北齐、北周及隋,到唐代大为显赫,出了两任宰相。韩休相玄宗,韩滉相德宗,成为名副其实的当朝望族,引得颍川、南阳出身的韩姓人物争相以昌黎为郡望。

尽管在不同的时代,韩姓族人显望于不同的地方,但追根溯源都出自汉初颍川韩王信一脉。

韩王信——韩颓当——韩棱——韩愈

韩王信是被秦所灭的韩国的宗室,《汉书·韩王信传》称其为"故韩襄王孽孙"。韩襄王姬子仓,公元前310年~公元前296年在位。其后历釐王、桓惠王,至韩王安在位之第九年即公元前230年被秦所灭。秦末起义,项梁立六国后,于韩国立韩王安的儿子横阳君成为韩王,项梁死,韩王成无所依。项羽分封诸王时,韩王成无功不得封,有怨言,被项羽所杀。韩王信追随刘邦攻秦击项,多战功。汉朝开国,刘邦定封信为韩王,王颍川。《史记》、《汉书》所载"韩王成"、"韩王信"中的"韩",是刚刚亡去的故国的国号和所图谋恢复的旧国的国号。严格地说,在秦汉之际,刚刚亡去故国的韩国宗室还没有明确以故去的国号为姓。

以韩为姓当是韩王信子辈的事情。应该说,韩王信的儿子韩颓当才是以国为姓的韩姓的得姓始祖。

韩颓当之后在东汉一代最辉煌的应属韩棱家族。《后汉书·韩棱传》载:"韩棱,字伯师,颍川舞阳人。弓高侯颓当之后,世为乡里著姓。"其故里今属从舞阳分置出来的舞钢市。韩棱之父韩寻,建武年间(25~57)任职陇西太守。考其生平当是昆阳大战前后追随光武帝刘秀而发迹的。刘秀手下的大将王常就是舞阳人。韩棱四岁,其父韩寻就去世了。韩棱成人后立德立功,从郡功曹做起,凭着自己的品格、学识和智慧,在仕途上一路升迁,从尚书令到南阳太守,到太仆,最后登上司空高位。所奉明、章、和三朝皇帝都对他信任有加。韩棱的儿子韩辅在安帝时官至赵国相。孙子韩演顺帝时任丹阳太守,桓帝时入朝居司徒之位。韩棱一家四代为政历时几乎涵盖了东汉一朝,且祖孙两代进入最高权力中心。

文起八代之衰的唐代大文学家韩愈出自韩棱一系。韩愈在给侄子韩滂写的墓志铭中追述其先世道:"其先仕魏,号安定桓王。"安定桓王名韩茂,字元兴,任北魏尚书令、征南大将军。茂之上下世系,韩愈无书。皇甫湜《韩文公神道碑》则约略有记:"韩氏出晋穆侯。晋灭武穆之韩而邑穆侯孙万于韩,遂以为氏。后世称王。韩之兴,故韩襄王孙信有功,复封韩王,条叶遂著。后居南阳,又隶延州之武阳。拓跋后魏之帝,其臣有韩茂者,以武功显,为尚书令,实为安定桓王。次子均袭爵,官至金部尚书,亦能以功名终。尚书曾孙叡素为唐桂州长史,善化行于江岭之间。于先生为王父,生赠尚书左仆射讳仲卿。仆射生先生。先生讳愈,字退之。"茂以下已较连贯明了,茂以上至韩王信间仍付阙如。《新唐书·宰相世系表》对此有所补充:"弓高侯颓当裔孙寻,后汉陇西太守,世居颍川。生司空棱,字伯师。其后徙安定武安。后魏有常山太守、武安成侯者,字黄耇,徙居九门,生茂,字兴元,尚书令、征南大将军、安定桓王。二子备、均。均字天德,定州刺史、安定康公。生晙,雅州都督。生仁泰。仁泰生叡素。"足见,韩茂是韩棱之后。韩愈自然也就系出韩棱,其郡望在颍川。从而可知,李白为愈父仲卿撰《去思颂碑》称:"仲卿,南阳人",韩愈为文自署"昌黎韩愈"之郡望"南阳"、"昌黎"具为虚言,是当不得真的。

当今中华姓氏之林中的韩姓,实源于公元前230年韩国被秦所灭,其宗室以国为姓。汉初韩王信之后为韩姓之主脉。韩姓之郡望虽有南阳、昌黎,但颍川是其根本。韩愈为韩棱之后,韩棱故里所在之河南省舞钢市是韩愈之祖籍。

(作者为河南省平顶山市政协副主席)

参考资料:

1. 司马迁:《史记》,中华书局,1982 年。

2. 班固:《汉书》,中华书局,1982 年。

3. 陈寿:《三国志》,中华书局,1958 年。

4.《唐宋八大家全集》,国际文化出版公司,1997 年。

5. 郑樵:《通志略》,上海古籍出版社,1990 年。

6. 欧阳修:《新唐书》,中华书局,1975 年。

7. 钱大昕:《十驾斋养心录》,上海古籍出版社,1983 年。

8. 黄汝成:《日知录集解》,上海古籍出版社,1984 年。

9. 王先谦:《后汉书集解》,中华书局,1984 年。

10. 杨伯峻:《春秋左传注》,中华书局,1981 年。

11. 吴文志:《韩愈资料汇编》,中华书局,1983 年。

12. 王泉根:《中国姓氏的文化解析》,团结出版社,2000 年。

关于应氏起源的几个问题

李　乔

　　关于应氏起源,古今姓氏书籍皆称其源于应国,系周武王之后,如,《广韵》说:"应,姓,出南顿,本自周武王后。"①宋邓名世《古今姓氏书辩证》称:"应,出自姬姓,周武王子应侯之后,以国为氏。"②宋邵思《姓解》也说:"应,音鹰,出自南顿,周武王之后。"③应氏族谱亦称应氏为周武王之后,如,宋陈亮在《后杜应氏宗谱序》中称:"应自周武王之子封于应,以国为氏。"④万历四年《义乌应氏宗谱序》亦说:"吾应之始姓,考诸氏族,出于周武王封于应国,其后以国为氏。"⑤但由于史籍对于应国史实的记载较为零散,且有抵牾之处,致使人们对应氏来源中几个非常重要的问题,即应氏始祖、应氏得姓地、应氏得姓时间等还存在一定分歧。因此,很有必要对上述问题加以研究,以还历史之真。

　　一、应氏出自姬姓,系周武王之后。

　　应氏出自姬姓,除姓氏史籍外,还有其他传世文献佐证,如《国语·郑语》载史伯答桓公曰:"当成周者,南有荆蛮、申、吕、应、邓、陈、蔡、随、唐。"三国吴韦昭注曰:"应、蔡、随、唐,皆姬姓也。应,武王子所封。"⑥此外,一些文物资料也能证

---

①　宋·陈彭年等:《宋本广韵》卷二,中国书店,1982 年影印张氏泽存堂本,第179 页。
②　宋·邓名世撰,王力平点校:《古今姓氏书辩证》,江西人民出版社,2006 年,第245 页。
③　宋·邵思:《姓解》卷三,商务印书馆丛书集成初编本,1935 年,第90 页。
④　宋·陈亮:《陈亮集》,中华书局,1974 年,第183 页。
⑤　《义乌应氏宗谱》上,内部出版物,2005 年,第41 页。
⑥　三国·吴韦昭注:《国语》卷十六,《郑语》,上海古籍出版社,1978 年,第507～508 页。

实应国出自姬姓,如《应侯簋》铭曰:"应侯作姬原母尊簋,其迈(万)年永宝用。"①铭文中的"姬原母"是先秦时期女子姓名常见形式,其中的"姬"字便是其姓,表示其为姬姓。铭文告诉我们应侯簋是应侯送给女儿的一件媵器。

　　人们对于应氏出自姬姓,历来意见都是比较一致的,但在应国的始封国君问题上却存在一定分歧,光绪《叶县志》就说:"叶在周为侯国,或以为武王之子,或以为武王之弟。"②分歧的产生主要源于《左传》、《汉书》两种文献记载的不一致。《左传》认为,应国为周武王之子的封国,《僖公二十四年》曰:"邗、晋、应、韩,武之穆也。"晋杜预作注说:"四国皆武王子。"③《汉书》则说应国为周武王之弟的封国,该书《地理志》载:"父城,应乡,故国,周武王弟所封。"④围绕上述两种文献,后世学者对于应国的始封国君问题展开了热烈讨论。

　　一种观点认为应国为周武王之弟的封国。持这种观点者,除《汉志》外,其他直接文献证据并不是很多,一些文献仅对《汉志》注引应劭文提出了反对意见,如薛瓒就反驳说:"《吕氏春秋》曰成王以戏授桐叶为圭以封叔虞,非应侯也。《汲郡古文》殷时已自有国,非成王之所造也。"颜师古则将两说并存:"武王之弟自封应国,非桐圭之事也。应氏之说盖失之焉。又据《左氏传》云'邗、晋、应、韩,武之穆也',是则应侯武王之子,又与志说不同。"⑤当代历史学家陈槃先生依据上引《逸周书·王会解》文推测说:"今应侯位次曹叔之上,曹叔,武王弟,则应侯疑亦武王弟矣。"⑥

　　另一种意见认为应国系周武王之子的封国。除《左传》外,还有不少文献认为应国是周武王之子,成王之弟的封国,如,《汉志》颜师古注引东汉应劭曰:"《韩诗外传》周成王与弟戏以桐叶为圭,'吾以此封汝。'周公曰:'天子无戏言。'王应时而封,故曰应侯乡,是也。"⑦在应劭看来,应为周成王之弟的封国。《逸周书·王会解》"成周之会……内台西面者正北方:应侯、曹叔、伯舅、仲舅"

---

①　宋·吕大临:《考古图》卷三,文渊阁《四库全书》本。
②　光绪《叶县志》卷十:《杂记·辨疑》。叶,周属应国。
③　杨伯峻:《春秋左传注》,中华书局,1990 年,第 422 页。
④　汉·班固:《汉书》卷二十八上,《地理志上》,中华书局,1962 年,第 1560 页。
⑤　汉·班固:《汉书》卷二十八上,《地理志上》,中华书局,1962 年,第 1560 页。
⑥　陈槃:《春秋大事表列国爵姓及存灭表譔异》,中央研究院历史语言研究所,1997 年,第 676 页。
⑦　汉·班固:《汉书》卷二十八上,《地理志上》,中华书局,1962 年,第 1560 页。

西晋孔晁注曰："应侯,成王弟。"①《后汉书·冯异传》"从破王郎,封应侯"唐李贤注曰："应,国名,周武王子所封也。"②宋代文史学家郑樵在《通志·氏族略》中亦称："应,侯爵,武王第四子(所封)。"③近代学者汪远孙认为,《汉志》所云应为武王弟所封,"当是子之误"④。光绪《叶县志·辨疑》也说："叶在周为侯国,或以为武王之子,或以为武王之弟。……《左传》:'邢、晋、应、韩,武之穆也。'当以《左传》为据。"⑤清代文史学家陈逢衡认为《汉志》称应为周武王之弟所封,是将"武"字错讹为"成"字所致:"《传》序应于邢、晋之下,年必弱于唐叔。据《纪年》,唐叔在成王十(注:当作七)年始封,则谓应侯封于武王时者,误也……《汉志》周武王弟当作周成王弟。应为武穆,载在鲁僖公二十四年,传不闻武王有弟封应也。桐叶之事固讹,颜氏以为是武王弟亦未为得也。盖应是古国名,商盘庚时已有应后,至成王时,始灭以封其弟。"⑥清代史学家全祖望也认为《汉志》中的"成"字是"武"字所讹,他说:"'父城,周武王弟所封。'成字误作武。"⑦清末民初历史地理学家杨守敬也持这种观点,他认为:"武与成形近,《汉志》武为成之误,或以弟为子之误,非也。"⑧不过,无论是把"成"误作了"武",还是把"子"误作了"弟",都不影响应国始封国君的身份,他就是周武王之子,周成王之弟。

对于上述两种观点,笔者更倾向于后者。虽然成王桐叶封弟典故中的封国并非应国,但并不能因此说成王就没有封其弟于应。殷时应国已经存在,也并不能因此否认成王曾封其弟于应的事实,因为周初分封中有不少姬姓国就封在殷商旧地,如唐本为商时古祁姓诸侯小国,西周时成王封其弟叔虞于其故地,仍为唐,后叔虞之子燮父徙居晋水旁,才改国号为晋;又如,雍原为商代子姓小国,西周时改封文王第十三子于此,仍称雍。因此,薛瓒的观点的说服力还是有些欠

①　晋·孔晁注:《逸周书》卷五十九:《王会解》,文渊阁《四库全书》本。
②　南朝宋·范晔:《后汉书》卷十七,《冯异传》,中华书局,1965年,第641页。
③　宋·郑樵:《通志·二十略》,中华书局,1995年,第50页。
④　清·汪远孙:《汉书地理志校本》,载《二十五史补编》第一册,开明书店,1936年,第452页。
⑤　光绪《叶县志》卷十:《杂记·辨疑》。
⑥　清·陈逢衡:《逸周书补注》卷十七,载《丛书集成三编》第94册,(台湾)新文丰出版公司,1997年,第712页。
⑦　清·全祖望:《汉书地理志稽疑》卷三,载《二十五史补编》第一册,开明书店,1936年,第1262页。
⑧　北魏·郦道元注,杨守敬、熊会贞疏:《水经注疏》卷三十一,江苏古籍出版社,1989年,第2589页。

缺。而从颜师古先是指出应国为武王之弟，接着又引《左传》文可以看出，他对应国为周武王之弟封国还是缺乏自信的。按照陈槃先生的观点，成周之会，诸侯位次是以长幼、亲疏之序安排的。联系上下文来看，事实并非如此。同书又曰："唐叔、荀叔、周公在左，太公望在右。"唐叔作为武王之子、成王之弟①，其位次却在武王之弟周公之上，显然诸侯位次不是依长幼安排的。因此，说应国就是武王之弟的封国，证据还不够充分。

而《左传》所云"邘、晋、应、韩，武之穆"则更具合理性。任伟先生从"文昭十六国"地域分布特点的角度分析认为，姬姓应国之始封君当是武王之子，成王之弟。另外，邘、晋、韩皆为武王之子，亦可说明应国为武王之子的封国。邘为周武王第二子封国，《说文·邑部》曰："邘，周武王子所封，在河内野王是也。"②《新唐书·宰相世系表》也说："于氏出自姬姓。周武王第二子邘叔，子孙以国为氏，其后去'邑'为于氏。"③宋邵思《姓解》也说："邘，周武王子封于邘，后为氏。"④晋为周武王第三子封国，《史记·晋世家》："晋唐叔虞者，周武王子而成王弟。"⑤《元和姓纂》载："晋，周武王第三子叔虞封唐，唐有晋水，因改为晋。"⑥宋邵思《姓解》也说："晋，周武王之后也。"⑦韩亦为周武王之子的封国，宋邵思《姓解》说："韩，武王之子封于韩。"⑧颜师古在给《汉书》作注时说："《左氏传》云'邘、晋、应、韩，武之穆也'。据如此赞（注：《汉书·韩王信传赞》）所云，则韩万先祖，武王之裔。而杜预等以为出自曲沃成师，未详其说。"⑨邓名世赞同颜师古的观点，他说："《元和姓纂》、《唐·宰相世系表》皆云，晋曲沃成师生万，食采韩原，因以为氏……师古此注最为有理，今宜用其意，更之曰：韩氏出自姬姓。周武王庶子封为韩侯，奄受追貊之戎，以长北诸侯，其地谓之韩城，春秋时晋韩原也。"⑩还

① 陈槃认为唐叔为武王弟，任伟曾有较为详细的辩证，见任伟《西周封国考疑》，社会科学文献出版社，2004年，第83－89页。
② 汉·许慎撰，清·段玉裁注：《说文解字注》，上海古籍出版社，1981年，第288页。
③ 宋·欧阳修、宋祁：《新唐书》卷七十二下，《宰相世系表二下》，中华书局，1975年，第2815页。
④ 宋·邵思：《姓解》卷一，商务印书馆丛书集成初编本，1935年，第26页。
⑤ 汉·司马迁：《史记》卷十九，《晋世家》，中华书局，1959年，第1635页。
⑥ 唐·林宝：《元和姓纂》卷九，中华书局，1994年，第页。
⑦ 宋·邵思：《姓解》卷一，商务印书馆丛书集成初编本，1935年，第38页。
⑧ 宋·邵思：《姓解》卷三，商务印书馆丛书集成初编本，1935年，第119页。
⑨ 汉·班固：《汉书》卷三十三，《韩王信传》，中华书局，1962年，第1859页。
⑩ 宋·邓名世撰，王力平点校：《古今姓氏书辩证》，江西人民出版社，2006年，第117页。

有一种观点认为晋为晋曲沃桓叔之后。《国语·晋语》"其自桓叔以下嘉吾子之赐"韦昭注曰："桓叔,韩氏之祖曲沃桓叔也。桓叔生子万,受韩以为大夫,是为韩万。"①《史记·韩世家》:"韩之先与周同姓,姓姬氏。其后苗裔事晋,得封于韩原,曰韩武子。武子后三世有韩厥,从封姓为韩氏。"②《元和姓纂》云:"韩,出自唐叔虞之后。晋穆侯子成师生万,食采于韩,因以命氏。"③《新唐书·宰相世系表》亦谓:"韩氏出自姬姓。晋穆侯弟少子曲沃桓叔成师生武子万,食采韩原,生定伯,定伯生子舆,子舆生献子厥,从封,遂为韩氏。"④韩氏即便为曲沃桓叔之后,韩亦为周武王之后。

综上,应氏当出自姬姓,系周武王之后。

二、应氏祖地在今河南省平顶山市

应氏系以国为氏,其得姓地点就在姬姓应国故地。因此,只要弄清应国地望,应氏的得姓地问题也就解决了。

关于应国地望,文献记载较多,《汉书·地理志》认为应国在颍川郡父城县,"应乡,故国,周武王弟所封"⑤。《左传·僖公二十四年》"邘、晋、应、韩,武之穆也"杜预注曰:"应国,在襄阳城父县西南。"⑥《后汉书·冯异传》"从破王郎,封应侯"唐李贤注曰:"应,国名,周武王子所封也。杜预注《春秋》曰:'应国在襄城成父县西南。'"⑦由此可见,应国在父城县西南。

父城县又在今天的什么地方呢?《后汉书·光武帝纪上》"光武自父城驰诣宛谢"唐李贤注曰:"父城,县,古应国也,属颍川郡,故城在今许州叶县东北。"⑧《元和郡县志》载:"父城故城,在县(注:郏城县)东南四十里。"⑨《太平寰宇记》

---

①　《国语》卷十六:《郑语》,上海古籍出版社,1978年,第507－508页。

②　汉·司马迁:《史记》卷四十五,《韩世家》,中华书局,1959年,第1865页

③　唐·林宝:《元和姓纂》卷四,中华书局,1994年,第480页。

④　宋·欧阳修、宋祁:《新唐书》卷七十三上,《宰相世系表三上》,中华书局,1975年,第2854页。

⑤　汉·班固:《汉书》卷二十八上,《地理志上》,中华书局,1962年,第1560页。

⑥　晋·杜预:《春秋经传集解》,上海古籍出版社,1988年,第347页。"襄阳"为"襄城"之误。城父即西汉父城县。

⑦　南朝宋·范晔:《后汉书》卷十七,《冯异传》,中华书局,1965年,第641页。

⑧　南朝宋·范晔:《后汉书》卷一上,《光武帝纪上》,中华书局,1965年,第9页。

⑨　唐·李吉甫:《元和郡县志》卷七,《河南道二·汝州》,文渊阁《四库全书》本。

亦称："故父城,在县(注:郏城县)东南四十里。"①《舆地广记》:"二汉父城县属颍川郡,晋属襄城郡,后废入叶。"②《清一统志》对父城沿革作了较为详细的介绍,"父城故城,在宝丰县东四十里。春秋时,楚城父邑。《左传·昭公十九年》:楚城城父,而寘太子建焉,以通北方,故太子建居于城父。《史记》:秦李信攻楚鄢郢,破之,引兵而西,与蒙恬会城父。汉改置父城县,属颍川郡。《后汉书》:光武掠地颍川,攻父城不下是也。晋改属襄城郡。杜预《左传注》:城父,即襄城之父城。《括地志》:故城在郏城东南四十里。《县志》,今县东有父城保。"③尽管上述文献在确定父城位置时使用的参照物不同,但均指向今宝丰县东四十里,郏县东南四十里一带。

关于应国都城地址,《水经·滍水注》载:"滍水东经应城南,故应乡也,应侯之国……彭水注之,俗谓之小滍水,水出鲁阳县南彭山蚁坞东麓……彭水又东北流直应城而入滍。滍水又左合桥水,水出鲁阳县北恃山东南,迳应山北,又南迳应山西,《地理志》曰:故父城县之应乡也,周武王封其弟为侯国。"④《史记·秦本纪》"与魏王会应"《正义》引《括地志》云:"故应城因应山为名,古之应国,在汝州鲁山县东三十里。《左传》云'邗、晋、应、韩,武之穆也'。"⑤《太平寰宇记》卷八:"故应城,《左氏》:邗、晋、应、韩,武之穆也。注:应国在襄城父城县西南也。"⑥清顾祖禹《读史方舆纪要》称:"应城,在县东三十里。"⑦《春秋传说汇纂》也说:"今河南汝宁府宝丰、鲁山二县界有应城。"⑧《清一统志》载:"《元和志》:滍阳城,一名应城,在龙兴县南二十五里。旧志:今为滍阳镇,在宝丰县东南三十里。"⑨嘉庆《鲁山县志》于"应城"条下所加按语曰:"今应城在宝丰县,此地未经分置宝丰时,自属鲁山。"⑩上述信息告诉我们,应国都城就在平顶山市新城区的滍阳镇。这一点,从近些年来应国墓地的发掘也得到了证实。应国墓地位于今

① 宋·乐史:《太平寰宇记》卷八:《河南道八·汝州》,文渊阁《四库全书》本。
② 宋·欧阳忞:《舆地广记》,四川大学出版社,2003年,第220页。
③ 《清一统志》卷一百七十四,《汝州》,文渊阁《四库全书》本。
④ 北魏·郦道元著,陈桥驿校证:《水经注校证》,中华书局,2007年,第723-724页。
⑤ 汉·班固:《汉书》卷五,《秦纪》,中华书局,1962年,第206页。
⑥ 宋·乐史:《太平寰宇记》卷八:《河南道·汝州》,文渊阁《四库全书》本。
⑦ 清·顾祖禹:《读史方舆纪要》卷五十一:《河南六·汝州·鲁山县》,中华书局,2005年,2441页。
⑧ 《春秋传说汇纂》卷十四,文渊阁《四库全书》本。
⑨ 《清一统志》卷一百七十四:《汝州》,文渊阁《四库全书》本。
⑩ 嘉庆《鲁山县志》卷九,《地理志·古迹·应城》。

平顶山市西约 20 公里的新城区滍阳镇北滍村西南滍阳岭上,地当彭河、沙河(即《水经注》所说的滍水)之北,应河之东,现白龟山水库西北岸边。20 世纪 70 年代以来,在滍阳岭上先后出土了六批应国铜器和邓国媵器,引起了学术界的广泛关注。后经专家多方考察论证,确认滍阳岭一带为两周时期应国贵族墓地。自 1986 年开始,考古工作者对这一墓地进行了全面勘探和发掘,证实这是一处应国贵族墓葬区。墓地南北长 2500 米,东西宽约 100 米,面积约 25 万平方米。迄今在这里共发掘清理西周至东汉时期墓葬 300 余座,其中西周应国墓葬 40 多座,出土了大批的青铜礼器和玉器,及众多的铜车马器、兵器、工具和陶瓷器、金器等随葬品。

应国为侯爵封国,其等级较高,疆域也较大,《礼记·王制》曰:"王者之制禄爵:公、侯、伯、子、男,凡五等……天子之田方千里,公、侯田方百里,伯七十里,子男五十里。"①《春秋公羊传》曰:"王者之后称公,其余大国称侯,小者称伯、子、男也。"②依"方百里"计,今平顶山市区及宝丰、鲁山、郏县、叶县均应在应国的地域范围内。

三、应国于春秋早期被郑国所灭

西周初期地位显赫的应国,在进入春秋以后却不见经传,以至于后人对于其什么时间被灭,被谁所灭都难以搞清楚。清人顾栋高说,应国"不知何年绝封"③,郭沫若也说,应"不知为何国所灭"④。20 世纪 80 年代末以来,伴随着应国墓地的发掘,应国史研究成了一个不小的热点,学者们围绕应国灭亡问题展开了广泛讨论,提出了各自的看法。这些看法归纳起来主要有三种意见:

1. 应国在春秋之世被楚国灭亡。何浩据《左传》中的两条资料推测,应国从春秋诸侯兼并的政治地图上消灭的时间大约在楚文王六年(前 684 年)之前。这两条材料一是《左传·哀公十七年》载子谷追叙云,文王"实县申、息,朝陈、蔡,封畛于汝",二是《左传·成公十六年》,"楚子自武城使公子成以汝阴之田求

---

① 王维堤、唐书文:《春秋公羊传译注》,上海古籍出版社,1997 年,第 30 页。
② 清·陈立:《白虎通疏证》,中华书局,1994 年,第 7 页。
③ 清·顾栋高:《春秋大事表》卷五,《列国爵姓及存灭表》,中华书局,1993 年,第 588 页。
④ 郭沫若:《中国史稿》第一册,附表五《东周列国存灭表》,人民出版社,1976 年。

成于郑"。"封畛于汝"说明文王时,楚国疆域已达汝水,楚"求成"之事在公元前575年,即楚共王十六年,此条暗示,楚共王时,武城(今南阳市北百余里)以北的汝南地域已属楚。结合应国地望所在,联系春秋时楚国北上拓境的史实来看,应国至迟在楚共王时已经属楚,且有可能在春秋早期楚文王"封畛于汝"时就已被纳入楚之版图。① 何浩的观点得到学界普遍认可,何光岳的《应国的来源与迁徙》②、马世之的《楚灭应国及其文化》③、杨东晨的《"汉阳诸姬"国史考述》④皆从何浩观点。娄金山、王龙正认为:"应国灭亡时间史书无载,据研究大约在东周早中期之交,即楚文王灭申、息、缯诸国之后,时间约系公元前687-公元前679年之间。"⑤张正明说:"公元前648年……楚灭黄。两年后,楚灭英……还有姬姓的蒋、应两个小国,族姓不明的樊国,以及蓼国,大概都在成王中期被楚国灭掉了。"⑥李玉洁则认为:"楚文王任用申国俘虏彭仲爽,攻灭申、息,以申、息为县,迫使陈蔡臣服。楚国的疆域越过南阳盆地,达汝水,申、吕、缯、应故地皆纳入了楚国的版图。"⑦任伟先生也说:"结合春秋时期列国形势以及楚国北部疆域的变化发展分析,应国有可能是在春秋早中期之际被楚国所灭。"他还结合考古资料来印证自己的观点。⑧ 姜涛等从应国墓地各期各类墓葬的排列顺序,礼器组合,器物形制诸方面的情况综合分析认为,应国"墓地的始葬年代为西周初期,而姬姓之应国始封应稍前于此。至少在西周晚期之时,应国还犹存于此,整个墓地中唯属春秋早、中期墓葬尚属缺环,推测应国之灭国即或在此时。墓地所发现的属春秋晚期之墓葬,其葬者之身份推测应为'应'灭国之后的遗民。灭国不绝祀,在当时也可算作一种惯例。"⑨

　　2. 应国在春秋早期沦为楚国附庸,至战国早期灭国。刘绍明根据河南南阳出土的丁儿鼎盖推测,"应国在春秋早期楚文王时已沦为楚国的附庸,终春秋之

① 何浩:《楚灭国研究》,武汉出版社,1989年,第129-131页,第161~171页。
② 何光岳:《中原古国源流史》,广西教育出版社,1995年,第76页。
③ 马世之:《中原楚文化研究》,湖北教育出版社,1995年,第119页。
④ 杨东晨:《民族史论集》,香港国际文化艺术出版社,1996年,第345页。
⑤ 娄金山、王龙正:《应国史考》,《平顶山师专学报》,1993年第4期。
⑥ 张正明:《楚史》,湖北教育出版社,1995年,第101页。
⑦ 李玉洁:《楚国史》,河南大学出版社,2002年,第93页。
⑧ 任伟:《西周封国考疑》,社会科学文献出版社,2004年,272页。
⑨ 姜涛等:《商周时期的应国考辨及相关问题》,载《河南文物考古论集》,河南人民出版社,1996年,第325~326页。

世,应国并未绝袍。到了战国早期,应国故地成了楚国封君的封地,此时应国才完全绝招灭国,彻底从诸侯兼并的政治地图上勾消。"①对此,王龙正反驳说:"这种说法是难以成立的,因为河南固始县侯固堆 1 号墓曾出土有一件宋公栾簠,其铭文有'殷天乙唐孙宋公栾'这样的称谓,我们总不能据此认为商汤的国祚延至东周吧?"②

3. 应国在东周初年被郑国所灭。潘民中认为,《国语·郑语》郑桓公与史伯对话中,有"当成周者,南有荆蛮、申、吕、应、邓、陈、蔡、随、唐"之语,说明应国灭亡不会早于周平王元年(前 770);《左传》不载应国之事和应侯的活动,说明应国在鲁隐公元年(前 722)以前已经亡国;传世应器和近年在应国贵族墓地考古发掘的应器均为西周器物也说明应国在西周、东周之际以后就不存在了。而应国位于"谢、郑之间",正处于史伯给桓公设计的郑国发展的区域内,随着东周初年,郑国国势的强大,应国被灭也就顺理成章了,原本应国的古邑在春秋时期均先后属郑也说明应国是被郑国灭亡的。③

潘民中先生所说极是,如果联系一下郑国发展史,应国灭亡的时间点还可进一步缩小至公元前 743 年至公元前 722 年间。周宣王二十二年(前 806 年),封周厉王幼子友于郑(今陕西华县),史称郑桓公。周幽王时期,郑桓公身为周王室的司徒,看出西周马上就要灭亡,于是,在太史伯的建议下,于桓公三十三年(前 774)"东徙其民雒东,而虢、郐果献十邑"④。桓公三十六年(前 771),犬戎杀死周幽王,郑桓公也一起殉难,其子郑武公护送周平王东迁洛阳,并于次年攻灭郐国,郑国东迁,都新郑(今河南新郑一带)。公元前 767 年郑又灭东虢,成为地处"右洛左沛,食溱、洧"⑤的中原中心国家。武公在位二十七年去世,儿子庄公登基。郑庄公即位后,采取远较近攻的策略,联合齐、鲁,灭掉许国,扩大了疆土。又联合齐、鲁,击败宋、卫,制服陈、蔡,打败北戎。应国或于此时被郑国所

① 刘绍明:《丁儿盖鼎与应国存亡问题》,载《楚文化研究论集》第 4 集,河南人民出版社,1994 年,第 384 页。
② 王龙正:《应国史研究的里程碑:平顶山应国墓地》,载《中国十年百大考古新发现(1990 – 1999)》,文物出版社,2002 年,第 382 页。
③ 潘民中:《姬姓应国灭亡考》,《平顶山师专学报》,1997 年第 4 期。
④ 汉·司马迁:《史记》卷四十二,《郑世家》,中华书局,1959 年,第 1758 页。
⑤ 汉·班固:《汉书》卷二十八下,《地理志下》,中华书局,1962 年,第 1560 页。

灭。

　　郑庄公在位四十三年,于公元前 701 年去世,其子厉公驱逐太子自立为君。厉公在位期间,郑国大乱,国力日益衰落。相反,南方楚国却日渐强大起来,公元前 689 年,楚文王即位,迁都于郢(今湖北江陵),不断向北扩张,六年,已"封畛于汝"。此后,楚与郑在应国故地上展开了拉锯战,《左传》于此有较多记载:

　　成公六年(前 585 年),楚伐郑。"晋栾书救郑,与楚师遇于绕角"杜注:"绕角,郑地。"

　　成公十六年,"楚子自武城使公子成以汝阴之田求成于郑"杜注:"汝水之南近郑地。"

　　襄公十八年(前 555),"楚师伐郑,次于鱼陵……子庚门于纯门,信于城下而还。涉于鱼齿之下,甚雨及之,楚师多冻,役徒几尽"杜注:"鱼陵,鱼齿山也,在南阳犨县北。郑地。"又云:"鱼齿山之下有湍水,故言涉。"

　　昭公元年(前 541),"楚公子围使公子黑肱、伯州犁城犨、栎、郏"杜注:"犨县属南阳。郏县属襄城。栎,今河南阳翟县。三邑,本郑地。"

　　昭公十三年,楚平王即位,"使枝如子躬聘于郑,且致犨、栎之田"杜注;"犨、栎,本郑邑,楚中取之。平王新立,故还以赂郑。"

　　上述提及的一些郑国地名,如绕角城、犨、郏、鱼齿山,均不出故应国地域范围。绕角城,在今鲁山县东南,唐杜佑《通典》曰:"古绕角城,在县(注:鲁山县)东南。"[1]宋乐史《太平寰宇记》载:"绕角城,在今县(注:鲁山县)东南。"[2]清顾祖禹《读史方舆纪要》:"绕角城,在县东南。春秋时郑地。《左传》成六年:'楚伐郑,晋救郑,与楚师遇于绕角。'《郡县志》:鲁山县有绕角城。"[3]

　　犨,在今鲁山县东南。《通典》曰:"(鲁山县)有汉犨县故城,在今县东南。"《太平寰宇记》云:"犨故城,汉县也,在今县东南存焉。"宋程公说《春秋分记》载:"犨,后属楚,在汉为犨县,后废。故城在汝州鲁山县东南。"[4]明傅逊《春秋左传属事》谓:"犨,今河南鲁山县东南有犨城。"[5]《明一统志》称:"犨城,在鲁山县

①　唐·杜佑:《通典》卷一百七十七,《州郡七·临汝》。
②　宋·乐史:《太平寰宇记》卷八,《河南道八·汝州》,文渊阁《四库全书》本。
③　清·顾祖禹:《读史方舆纪要》卷五十一,《河南六·汝州·鲁山县》,中华书局,2005 年,2441 页。
④　宋·程公说:《春秋分记》卷二十九,《郑地释名》,文渊阁《四库全书》本。
⑤　明·傅逊:《春秋左传属事》卷十八,《楚》,文渊阁《四库全书》本。

东南,汉县,属南阳郡。"①秦蕙田撰《五礼通考》卷二百九,《嘉礼八十二·体国经野》:"犨,昭元年,是城犨栎郏杜注犨县,属南阳,本郑邑,此时已入楚。史记沛公与秦南阳守庄齕战于犨东即此。今汝州鲁山县东南有犨县故城。"②

郏,即今郏县,《国语·郑语》"惟谢、郏之间"韦昭注曰:"郏,后属郑。郑衰,楚取之。"③《春秋分记·郑地释名》:"郏,后属楚,颍昌府郏县。"同书《地理释异上》又说:"郏,昭元年,犨、栎、郏,郑地也。后属楚,今汝州襄城县。"唐李吉甫《元和郡县志》:"郏城县,本春秋时郑地,后属楚。"④《御批历代通鉴辑览》卷六:"夏,公子比奔晋,葬楚子于郏"注曰:"今河南汝州郏县,春秋郑邑,后属楚。"⑤《清一统志》:"郏县故城,今郏县治。春秋时郑邑,后属楚。"⑥咸丰《郏县志》:"郏,春秋郑邑也。其后为楚边。"⑦

鱼齿山,在今鲁山县东,《元和郡县志》:"鱼齿山,在县(注:鲁山县)东六十里。"《太平寰宇记》云:"鱼齿山,在县东南三十里。"《明一统志》:"鱼齿山,在州(汝州)城东南五十里。"

综上,应国当被郑庄公所灭,其后,应国故地再归楚国所有。

(作者为河南省社会科学院文学研究所研究员)

① 明·李贤等:《明一统志》卷三十一,《汝州》,文渊阁《四库全书》本。
② 清·秦蕙田:《五礼通考》卷二百九,《嘉礼八十二·体国经野》,文渊阁《四库全书》本。
③ 三国·吴韦昭注:《国语》卷十六,《郑语》,上海古籍出版社,1978年,第515～516页。
④ 唐·李吉甫:《元和郡县志》卷九,《河南道二·汝州》,文渊阁《四库全书》本。
⑤ 《御批历代通鉴辑览》卷六,《周景王四年》,文渊阁《四库全书》本。
⑥ 《清一统志》卷一百七十四,《汝州》,文渊阁《四库全书》本。
⑦ 咸丰《郏县志》卷一,《沿革志》。

论西晋末年谢姓南迁与河洛文化的传播

谢纯灵

西晋末年的"永嘉之乱",少数民族进入中原,洛阳陷落,晋怀帝司马炽被杀,谢姓居住的阳夏(今太康)也成了干戈扰攘的战场,中原百姓大量南迁,谢安的祖父谢衡也带领全家迁到了始宁(今浙江上虞)东山,经过多年的繁衍,已成为江南望族。谢姓人才荟萃,对传播河洛文化作出了巨大贡献。

一、永嘉之乱与谢姓南迁

西晋末年的"永嘉之乱",促使中原士民大举南下,我国历史上出现了汉族南下的浪潮,谢姓也在其中。永嘉为晋怀帝年号,始于公元 307 年。西晋在经历了"八王之乱"后,国力急速下降,匈奴族乘机崛起。永嘉五年(311)六月,刘曜、石勒、王弥率兵围攻洛阳,怀帝司马炽被掳,后被杀死。刘曜等"焚烧宫庙,逼辱后纪","百官士庶死者三万余人",洛阳到处都是断壁颓垣,一片瓦砾。百姓在锋镝之下辗转沟壑,星散四方。自洛阳陷入刘曜之手后,"中州士女避乱江左者十之六七,《晋书王导传》上的话也许言过其实,但逃难人群相当之多当是没有疑问的。这些百姓的遭遇如何呢?《晋书·刘琨传》说,当时民众"流移四散,十不存二,扶老携幼,不绝于路。及其在者,鬻卖妻子,生相捐弃,死亡委厄,白骨横野,哀呼之声,感伤和气。"这真是一幅血泪斑斑的图画!在大规模南迁浪潮中,人们通常是按籍贯聚集若干家,以便路途中有个照应。然后是节节迁移,即在一个地方稍作停留,然后再往前进,这样就形成了一个又一个流民群。南渡的官僚士族在逃难的同时,还带着宗族部曲,沿途又收集流散,以壮大自己的势力。据已故的翦伯赞教授在《中国史纲要》中估计,到达长江流域者至少有 70 万人,另有 20 万人因种种原因,未能到达长江,而是聚居到了山东境内。为了安置这些南迁的汉人,东晋政府在长江一带设置了不少侨州、侨郡、侨县,如南徐州、南豫州、雍州、秦州等,官吏都是用的北方人。

永嘉五年九月,石勒袭击阳夏,谢缵的家乡成了战场。其时谢缵已经亡故,居住在阳夏的是他的儿子谢衡。谢衡仕于晋武帝、惠帝时,历任守博士、国子博士、国子祭酒、太子少傅等职,"以儒素显",被誉为"硕儒"。为躲过兵燹,谢衡全家跋山涉水,由陈郡阳夏辗转来到了始宁(今浙江上虞),以作求田问舍之计。唐代谢肇写的《谢氏宗支避地会稽序》云:"西晋祭酒公衡,又本于阳夏永嘉不兢,来寓于始宁(今浙江上虞),至太傅安石、大元帅万、石、诚为江左望族。"现藏上海市图书馆的浙江上虞北门《江左世家》(谢氏族谱)称:"晋太傅安石之祖衡公,由陈留阳夏徙居会稽,遂为越人。"广东梅县《谢氏族谱》说得更为详尽:"谢衡,西晋太康七年(286)任国子监祭酒,当晋八王之乱,继五胡十六国乱华之初,衡从阳夏迁居于浙江绍兴始宁东山,为东山会稽派始祖。"

谢衡率子南迁后,子孙繁衍,散处山东及江南各省,诚如宋人苏老泉《赠谢氏谱序》所说:"迄晋,吏部尚书讳衰,字桓彝,生子六:长奕、次据、三安、四万、五石、六铁,俱为公侯将相。厥后繁衍各省,有迁于建康、歙州者,有迁于姑苏、云间者,有迁于绍兴、宁波者,有迁于江西吉安者,有迁于福建汀州者,有迁于山东济南、兖州者,有迁于湖广宣城、广德者,皆出于衰之一脉也。"苏老泉是宋代文学家,诗人苏轼(东坡)、苏辙是他的儿子,他们父子三人合称"三苏",这篇谱序中的话是绝对可信的。这就是说,江南谢姓多是谢衰之后,也即谢缵的后裔。

二、谢氏家族在东晋南朝的兴衰

这支南迁的谢姓人在魏晋南北朝时期有着一段荣辱兴衰的历史。

由于谢衡笃守传统的儒学,没有玄学习气,因而不为士林看重。他有二子,一名谢鲲,即谢安的伯父;一名谢衰(也写作裒),即谢安之父。谢鲲年少时,正当玄学盛行,由儒人玄是进入名士行列的必要条件,不懂玄学,不善清谈,便与名士无缘。所谓清谈和玄学乃是魏晋时期地主阶级的一种思潮,这种风气源于东汉,至两晋愈演愈烈,东晋的丞相王导便是清谈领袖。在这种情况下,谢鲲不得不改弦易辙,弃儒入玄,专攻《老子》、《庄子》、《易经》等玄学书籍,算是得到了清谈家的认可。按照惯例,一般名士都要到宗室诸王那里求得出仕之路,谢鲲虽侧身于名士行列,但没有家世背景,因而不为诸王所看重。他当过东海王司马越的掾属,后来避地豫章(今江西南昌)时,被王敦引为长史。他在任豫章太守时,关心民瘼,清正廉明,深受百姓爱戴。可惜他享年不永,43岁时便猝然死于任上。

谢氏进入江南之初,社会地位还不高,不受旧士族的尊重。如谢鲲死后葬在建康(今江苏南京)城南石子罡,那里是三国时期孙吴的乱葬之所,冢墓相连,难以识别,稍有身份的人死后便不葬于此。谢鲲埋葬在这里,说明谢氏当时还不具备择地而葬的条件,只好厝葬于此。谢鲲之弟谢裒才兼文武,曾在朝廷任吏部尚书,他向地位显赫的世家大族诸葛恢为儿子谢石求婚,求娶他的小女儿为妻,结果被诸葛恢拒绝。诸葛恢死后,诸葛氏势力衰落,谢氏地位逐渐兴起,为朝廷所倚重,谢裒之子谢石才得娶诸葛恢小女为妻。

谢鲲为谢氏的兴盛打下了基础。他的儿子谢尚被人称为儒家复圣颜回,又被比为竹林七贤之一的王戎,兼具儒玄气质。他由司徒掾起家,一直做到豫州(治所为姑孰,即今安徽当涂)刺史,跻身封疆大吏,成为屏藩东晋朝廷的重要力量。继谢尚之后任豫州刺史的是他的从弟谢奕、谢万,谢氏中有3人先后在豫州做刺史,长达14年之久,表明豫州是谢氏赖以发达兴旺的地方,是腾蛟起凤之所。不过谢奕、谢万为人处世与谢尚不同,他们比较放达,不像谢尚那样尽心王室,尤其谢万不是将帅之才,"简傲虚放",也就是恃才傲物,与部下的关系不很融洽。虽经胞兄谢安调停,但终未能消除隔阂。晋穆帝升平三年(359)谢万奉命迎击前燕入侵,行至下蔡,见敌人势大,单人独骑逃回豫州,被朝廷废为庶人。至此,谢氏不得不离开惨淡经营了十几年的豫州。

谢万的胞兄谢安本来高卧东山,无意仕进,因为谢尚、谢奕、谢万先后在朝廷做官,可以代表谢氏家族的利益,他自"可放情丘壑","出则渔弋山水,入则言咏属文"。东晋政权是以北方迁徙南下的世家大族为主要支柱的,因此很注意培养世家大族中的优秀子弟,这些人的子弟参加统治集团的人愈多,东晋政权也就愈稳固。就谢安本人来说,经文纬武,满腹经纶,自然是治国安邦必不可缺的人才,于是便有了"东山不起,如苍生何"的话题。东晋统治集团几次敦请他出仕,甚至采取"禁锢终身"的手段强迫他,他都漠然置之,无动于衷,仍然"吟啸自若"。到了谢安40余岁的时候,谢尚、谢奕、谢据已先后撒手而去,谢万兵败,被剥夺了一切职务,成为一名普通的老百姓。这样,好不容易跻身于世家大族的谢氏便有门户中衰的危险,接之而来的便是社会地位的下降,经济利益受到影响。处在这种不利形势下,要保持家门富贵,便只有谢安出山这一种办法,因此史书上说:"及万黜废,安始有仕进志,时年已四十余矣。"

　　不久,谢安应桓温之请,出任司马。晋哀帝隆和元年(362),朝廷封谢万为散骑常侍,谢万喜极而卒,时年42岁。谢安于是辞职,东归会稽。兴宁二年(364)出为吴兴(今浙江吴兴南)太守,时称"东山再起"。要维持摇摇欲坠的家族地位,必须出仕与联姻齐头并进。谢安已走入仕途,儿子谢琰拜为著作郎,侄子谢朗(谢据之子)为东阳太守,另一侄子谢韶(谢万之子)任黄门侍郎,弟弟谢铁(铁石)为永嘉太守,小弟弟谢石(石奴)为秘书郎。这些人都官职不高,但前程辉煌。究竟与谁家联姻,谢安在深思熟虑之后,选择了在朝中权势炙手可热的琅邪王氏。于是谢安胞兄谢奕之女道韫嫁给了大书法家王羲之的次子王凝之,弟弟谢万之女嫁给王导之孙王珣为妻,谢安的女儿则嫁给了王珣之弟王珉。谢家三女嫁与王家三子,在当时门当户对,可算是天作之合。谢安娶沛国刘耽之女为妻,他的堂兄谢尚娶同郡袁耽之妹,长兄谢奕娶陈留阮氏,另一弟谢万娶太原王述之女。谢尚有两个女儿,长女僧要嫁给庾亮之子庾和,次女僧韶嫁给陈郡殷歆。殷歆之父殷融是殷浩的叔父,因此殷浩就成了谢尚之婿殷歆的从兄弟。殷浩之妻是陈郡袁耽之妹,袁耽的另一个妹妹嫁给谢尚为妻。谢尚与殷浩有着双重婚姻关系,殷浩北伐失利被黜,失去的权力通过谢尚任职而得到填补。谢道韫是王凝之之妻。王凝之的叔父王彪之与谢安一起,在阻止桓温代晋这一问题上立下了功劳。谢万之妻王荃是王述的女儿,而王述的孙子、王坦之的儿子王国宝又娶谢安的另一女儿为妻,因此王、谢两家有两代相继的婚姻关系,可算是奕世朱陈。王坦之任过桓温长史,是桓温的下属,桓温曾为儿子向王坦之之女求婚,坦之之父王述以"兵,那可嫁女与之"为由,拒绝了桓温的要求,可见王谢两家关系不同寻常。这样,谢氏家族在婚姻领域中先后与琅邪诸葛氏、琅邪王氏、颍川庾氏、太原王氏以及陈郡殷氏等都建立起了姻亲关系。这些世家大族地位显赫,都有人在朝廷居官,在政治领域受到朝廷特别的任用与庇护。谢氏家族通过联姻巩固了自己的地位。

　　谢安出仕时朝廷上举足轻重的人物是桓温。他官高位崇,总揽朝纲,他的弟弟桓豁、桓冲也都称霸一方,桓氏家族威震朝野,连朝廷都惧怕三分。特别是桓温废海西公为东海王,立会稽王司马昱为简文帝后,已将朝政牢牢地控制在了自己手里。在10余年的时间里,桓温除了废立外,还打击士族范、郗、殷、庾等,又退居姑孰都督中外,录尚书事,等等。桓温权势咄咄逼人,但谢安与他没有什么纠纷,官职也一再升迁,由吴兴太守升为侍中,再升为吏部尚书、中护军,中护军为领兵之官。这说明谢安善于韬光养晦,以保全自己的门户为首要任务,不能与桓温发生任何冲突。50岁以后,谢安做了两件惊天动地的大事:一是晋简文帝死后,权臣桓温想乘机篡位,过一把皇帝瘾,朝野人心惶惶,恐惧不安。谢安略施小计,在桓温要求加九锡(九锡是古代帝王赐给大臣的九种器物,这是神位之前的一种荣典)时,故意拖延了几个月,桓温没有等到加九锡那一天便一命呜呼,这样,东晋王朝又延续了40余年。二是淝水之战,以少胜多,大败前秦符坚,使晋朝危而复安。谢安立了大功,却受到权臣的猜忌与排挤,不得不离开京城建康(今江苏南京),出镇广陵(江苏扬州)的步丘,在那里筑垒,取名为新城(在扬州城北60里)。不久因病回到建康,66岁时溘然长逝。孝武帝念谢安有大功于社稷,追封他为庐陵郡公,封谢石南康公、谢玄康乐公、谢琰望蔡公。谢氏一门四公。荣耀无比,家族声望在淝水战后达到了辉煌的顶点。但随着谢安的去世,谢氏失去了在中枢机构的权力,这是一个巨大的损失。

　　谢安有两个儿子,长子谢瑶袭爵,官至琅邪王友,早卒。从子谢该曾任东阳太守,无子,谢该之弟谢模以子承嗣,后因罪国除。谢安的次子名琰,字瑗度,小字末婢,颇有才华,步入仕途后任著作郎,转秘书丞,又升为散骑常侍、侍中,淝水之战时与堂兄谢玄领兵8000破敌,被封为望蔡公。谢安病逝,丁忧去职,守丧3年期满后任征虏将军、会稽内史,未几升任尚书右仆射,讨平王恭之乱,因功升任卫将军兼徐州刺史。安帝司马德宗隆安三年(399)十月,孙恩领导的农民起义军攻入上虞,杀上虞令,袭破会稽,当时任吴兴太守的谢邈(谢安侄)、永嘉太守谢逸、南康公谢明慧(谢石孙)、黄门侍郎谢冲(谢邈弟)、谢安侄女谢道韫的丈夫王凝之等人先后遇难。谢琰奉命攻打孙恩,不料打了败仗,被部下张猛杀死,长子谢肇、次子谢峻同时死难。后来北府兵将领刘裕捉到了张猛,送往谢琰的小儿子谢混处,谢混挖出张猛的心肝生食之,以报杀父兄之仇。谢混字叔源,小字益寿,是谢琰的第三子。他少有美誉,擅长诗文,娶晋孝武帝女儿晋陵公主为妻,是天子的乘龙快婿。他承袭了父亲官爵,历任中书令、中领军、尚书左仆射。因与刘毅交往密切,受到刘裕猜忌,被杀国除。刘裕篡晋建宋后,后悔杀了谢混,以致没人为他起草即位诏书。

谢玄是谢安之侄,人丁不旺。谢氏中人才出众者,称封、胡、羯、末。封指谢韶(谢万子),胡指谢朗(谢据子),羯指谢玄(谢奕子),末指谢川,川原名渊,改作泉,又改作川,是谢奕长子。谢韶、谢朗、谢川享年不永,英年早逝,谢川无子,谢韶两子,谢朗、谢玄各有一子,都没有什么业绩,因此名声不大。谢玄之子谢涣死得比爷爷辈的谢安还早,所幸的是,他的儿子谢灵运天赋过人,是享誉千古的大诗人。谢玄在淝水战后积极率兵北伐,因受制于奸佞小人,功败垂成,被迫撤军,返回途中得病,多次上疏请求解甲归田,回到了会稽始宁。孝武帝太元十三年(388)病逝,那年才46岁。这年十月,谢玄的叔父谢石也撒手尘寰,一年之内,康乐公、南康公相继去世。东晋时期最突出的谢氏人物是谢尚、谢安、谢玄,他们三位是辅弼晋室的关键人物,如今都凋谢了。

三、谢姓传播河洛文化的贡献

从东晋至南朝,是陈郡谢氏在历史上最辉煌的时期。在这两个多世纪里,谢氏见于史册者就有100余人,进入统治阶级权力中心的三品以上衮衮大员便有33人。王谢比肩,传誉千古;淝水一战,震古铄今;大谢小谢,文采风流;乌衣望族,宝树家声。但隋朝统一全国,这一切都不复存在了。正如唐代诗人刘禹锡一首诗中所说:"朱雀桥边野草花,乌衣巷口夕阳斜。旧时王谢堂前燕,飞入寻常百姓家。"

值得一提的是东晋时任奥东学政的谢鲲。那么,谢琨又是何许人也?虽然《晋书》未为他立传,《世说新语》等笔记小说亦不载其事迹,但《谢氏家谱》及清代重修的谢琨墓碑,却大致勾勒出了他的生平。遗憾的是,辈分记载舛误严重,雍正、乾隆年间镌刻的《重修琨公墓碑》均称庄太君是其祖母,许多族谱也跟着讹误,甚至有说庄太君是谢琨母亲者。只有1994年谢德华先生主持纂修的《谢氏族谱》才正确地称庄太君是谢琨的曾祖母。

东晋哀帝兴宁三年（365），谢琨出生于金陵（即建康，今江苏南京）乌衣巷。他年青时风神秀彻，才华横溢，倚马走笔，文思泉涌，常与族中谢灵运、谢瞻、谢晦等以文相会，诗词唱和，时人称为"乌衣之游"。成人后仿效"二十而游江淮，上会稽，探禹穴，窥九嶷，浮于沅湘"的司马迁，进入福建游历，见这里水甘土肥，景色秀丽，便卜居于莆田县井头村。元熙元年（419）司马德文登基，是为恭帝，他知道谢琨才富学赡，便任命他为粤东学政，掌管一方教化。凑巧的是，谢琨的高祖父谢衡当过国子祭酒，隔了四代，谢琨也掌管地方学校，这可算是谢氏历史上一件盛事。《晋书·职官志》载，晋代中央设国子学，由国子祭酒、博士、助教等人掌管，地方则设学官掌管教育，也称学政。当时的雷州半岛还是瘴疠蛮荒之乡，这里居住的多为少数民族，"人性凶悍，果于战斗，便山习水，不闲平地。四时暄暖，无霜无雪，人皆裸露徒跣，以黑色为美，贵女贱男，同姓为婚"（《晋书·南蛮传》）。由于这里地处边陲，习俗迥异，士人视岭南为畏途，不愿在这里居官，而谢琨却无怨无悔，欣然登程。他所至之处，兴庠序，葺州学，到处书声琅琅，弦歌不辍，既提高了少数民族的文化水平，又促进了民族融合。同时他又改革陋习，推广中原先进的农业技术。说谢琨是东晋王朝在岭南的擎天一柱，是传播中原先进文化、开发雷州半岛的功臣，并非溢美之词！

最值得称道的还是谢姓在文学上的成就。谢灵运、谢惠连、谢朓是中国文学史上熠熠闪光的诗人。

谢灵运是南朝宋人，祖籍陈郡阳夏（今河南太康），世居会稽始宁，祖父谢玄为东晋名将。幼年丧父，祖父恐他不能成人，把他寄养于钱塘人杜明师的道馆，直至15岁时才接回都城建康家中，因此名叫"客儿"，后人称他为谢客。

灵运天赋超人，阅历丰富，因此写起诗来用笔轻灵，婉约细腻，如"池塘生春草，园柳变鸣禽"、"云日相辉映，空水共澄鲜"、"明月照积雪，朔风劲且衰"等皆为传颂不衰的名句。每当他有新诗传至京城，"贵贱莫不竞写，宿昔之间，士庶皆遍，远近钦慕，名动京师。"他被誉为"山水诗祖"。后人辑有《谢康乐集》传世。

南朝宋诗人谢惠连（397～433），系谢方明之子，其诗与族兄谢灵运不相上下，世称"大小谢"。10岁时诗篇即已出名，谢灵运对他很是赏识，曾说，每当我构思诗篇时，只要有惠连在座，便能觅得佳句。谢灵运任永嘉太守时，在西堂构思诗篇，坐了一整天也没想出佳句，昏昏欲睡之际，忽然梦见了谢惠连，马上咏出了"池塘生春草,园柳变鸣禽"的句子,并说,我想出这两句诗,似乎有神人相助,不是我自己的话。

惠连成年后,被召为州主簿,推辞不就。他和会稽郡的一个下级官吏杜德灵私交甚好,赠给他10多首五言诗,这些诗清新婉约,意味隽永,流传很广,不少人都会背诵。但因内容涉及当朝政治,为当朝权贵所不喜,因而仕途蹭蹬,没人任用他。尚书仆射殷景仁甚为喜爱他的才华,一次在宋文帝刘义隆面前为他求情说,我还没有走入仕途的时候,就读到过那几首涉及朝政的诗篇,怎么会是谢惠连写的呢?很可能是误传,冤枉谢惠连了。宋文帝接着说,如果你说的属实,那就应该量才录用,给他官职。

宋文帝元嘉七年(430),谢惠连才被擢用为司徒彭城王刘义康的法曹参军。刘义康修筑城池时挖出一座古墓,让惠连写篇祭文。这篇文章写得华丽富赡,人们广为传抄,一时洛阳纸贵。惠连还有一篇《雪赋》,立意与众不同,用笔清新流丽,很受世人欣赏。惠连的作品在社会上流行得很广泛,谢灵运每见他的诗作便拍案叫绝说,惠连写的诗文恰到好处,即使是西晋的大家张华再世,也没法改动他的作品。元嘉(433),37岁的谢惠连病逝。明人辑有《谢法曹集》,新中国成立后,上海古籍出版社出版《三谢诗集》,收谢灵运诗40首,谢朓诗21首,谢惠连诗5首。

南朝齐山水诗人谢朓(464~499),字玄晖,谢据玄孙,祖父谢述为吴兴太守,父谢纬为散骑侍郎,母亲是宋文帝刘义隆的女儿长城公主。谢灵运堂侄,人称"大小谢"。

步入仕途后,谢朓任豫章王太尉行参军,随王萧子隆镇守荆州时,欣赏谢朓的才华,将他罗致幕下。萧子隆喜欢吟诗,常与谢朓等幕僚饮酒赋诗,相处甚得。长史王秀之向齐武帝萧绩进谗,谢朓被调回京师。竟陵王萧子良也喜爱文学,把谢朓、王融、沈约、任防、萧深、萧衍等7人罗致门下,一起吟诗作赋,人称"竟陵八友"。大臣萧鸾辅政期间,任谢朓为骠骑咨议,领记室,掌管幕府文案及中书召浩。萧鸾对他非常信任。萧鸾即位,是为明帝,对他更是倚畀有加。建武年间,谢朓出任宣城(今属安徽)太守,世称"谢宣城"。不久又改任晋安王镇北咨议,加南东海郡太守兼南徐州太守。他的岳父王敬则阴谋叛乱,谢朓毫不犹豫地向朝廷告发,明帝甚为高兴,升迁他为尚书吏部郎。

齐永元元年(499)东昏侯萧宝卷称帝,中书令江祏与其弟侍中江祀想废黜萧宝卷,改立江夏王谢宝玄,后又想改立始安王萧遥光,派人向谢朓游说,胡说东昏侯昏庸,江夏王又太小,还是立始安王稳妥,目的是求得国家的长治久安。

谢朓知道事关重大,不肯表态。萧遥光不死心,又派亲信刘讽找谢朓,想用官职笼络他,又被婉拒。萧遥光甚为恼火,打算把谢朓赶出朝廷,让他去东阳当太守,但江祏等人必欲置谢朓于死地而后快,诬告他谋反,先以东昏侯的名义公布其"罪状",交廷尉审讯。遭此不白之冤,谢朓悲愤莫名,含冤死于狱中,时年36岁。

谢朓的山水诗在我国文学史上占有重要地位,他与沈约等人开创了"永明体"。他的山水诗在灵运的基础上有所发展,不仅彻底摆脱了玄言诗的影响,而且更为清新绮丽。如"余霞散成绮,澄江静如练";"天际识归舟,云中辨江树";"鱼戏新荷动,鸟散余花落"等皆为后世传颂。李白曾写诗称赞谢朓:"蓬莱文章建安骨,中间小谢又清发";"我吟谢朓诗上语,朔风飒飒吹飞雨"、"解道澄江静如练,令人常忆谢玄晖"。明人辑有《谢宣城集》。

谢姓南迁是中原移民史上的重大事件。谢姓对传播河洛文化作出了巨大贡献。

(作者为全球谢氏宗亲联谊总会副会长、《谢氏天地》主编、太康县谢氏文化研究会会长)

汝州梁城是中华梁姓的起源地

尚自昌

在中华姓氏中,梁姓是一个多民族、多源流的姓氏群体,最新资料显示,梁姓在当今姓氏排行榜上名列第二十位,属于超级大姓系列,人口约 1353 万,占全国人口总数的 0.85% 左右。广东是梁氏人口分布最稠密的地区,梁氏占全省人口的 4.7%,占汉族梁氏的 35%;梁性人口在北京排名 21 位,在台湾排名第 44 位。梁氏后裔在港、台、澳,东南亚等华侨聚集地名门望族很多,影响力也较大。在新家坡,有两个注册的梁姓宗亲团体:南洋梁氏公会与星洲梁氏总会,没有注册的可能还不少。近年来不断有新加坡的梁姓宗亲到汝州寻祖,他们对汝州是梁姓的祖籍地深信不疑。他们希望找到祖坟、祠堂等有代表性的祭拜地。

梁姓的起源很多,汝州梁城由姬姓而来的梁姓被认为是最早的梁姓源头,是梁姓族人心仪的祖地。因此,河南汝州是世界梁氏寻根的主要地点。

一、汝州梁地的变迁

漫长地质时期的沧桑变化,造就了汝州两山夹一川汝水东西穿的独特地理格局,为汝河儿女的繁衍生息造就了良好的生存条件,使这里成为华夏文明的中心地带,至今境内已发现有新、旧石器时代古人类居住的遗址 20 多处。大禹治水将龙门口打开,汝州境域成为中国西北至东南的主要通道,优越的区位优势使汝州长期处在地方政治、经济、文化中心的地位和兵家常争之地。

三皇五帝时,汝州是颛顼部落的辖地。商代汝州为要地霍国,由商王派直系管辖。西周为王畿地,由周天子直接管理。东周初周平王在汝州设梁邑,由儿子姬唐管理,梁人用勤劳和智慧的双手在这里创造出灿烂的梁文化:将霍阳山改为梁山,将发源于霍阳山的河改为梁河,都城叫梁城,"梁"的旗帜在这里四处飘扬。从梁邑设置始,"梁"在汝州存在数千年。

戎蛮族赶走了梁侯,却保留了叫"梁"的都城。

楚灭戎蛮后保留了梁的建制。

战国时,梁地归韩国管辖,为区别山西的梁改称为南梁。《战国策》的《南梁之役》就发生在这里,此役孙膑设计将庞捐从南梁撤兵,并将其诱至马陵道杀死。

秦始皇灭东周后,将周末代天子周赧王姬延安置在梁城,可能是周天子考虑到这里他的族人较多而提出的要求。

秦统一中国后,实行郡县制管理。将梁城设梁县管理,归三川郡。

汉承秦制,这里仍为梁县。东汉刘秀将开国大将邓禹封梁县侯。邓禹村就在梁城西不远。

魏、晋、南北朝承之,均为梁县。

隋代在汝州设伊州,管辖梁县等八县,州治在梁县。唐代汝州管七县,州治仍在梁县。后来因汝河发水冲了梁城的北部,政府将汝州和梁县迁到今汝州城,梁地降为梁城里归梁县管辖,唐代名相柳浑汝州梁县梁城里人。大唐名相姚崇因少年在汝州外婆家生活,被封为梁县侯。

宋代汝州是辅州,领梁县、襄城、叶县、龙兴、鲁山五县,治所在梁县。这期间汝州的工匠创造出了名列宋代五大名瓷之一和之二的汝瓷和宋官瓷。

1127年,汝州被金占领,由金中央直辖,领梁郏城、鲁山、宝丰、叶县、襄城六县,州治仍住梁县。金汝州为军事家完颜宗弼(金兀术)地封地,封号为梁王。金兀术死后葬汝州,墓在汝州东完庄附近。

忽必烈建立元朝,形成了军政合一的省一级地方建制。汝州属河南江北省南阳府管辖,领梁、郏县、鲁山三县,宝丰废县为镇,归梁县管辖。州治住梁县。

1368年,朱元璋建立明朝,对元行省作了大的改革,改省为"承布宣政司",只管民政,但人们习惯上仍叫行省,简为省,省下设郡(州)、县。汝州仍为南阳府管辖,将梁县省入汝州,领郏县、鲁山两县。梁县这个名字从此与汝州合二为一,但明清汝州的文人常以梁人自居,常说汝州为南梁地。

汝州现在两个梁城遗址,一个是今汝州城,是唐代新迁的梁城,有1000多年的历史。一个是东周始建的梁城,有2780年的历史,为梁故地,现为省级文物保护单位,城垣大部分还在,城内有春秋时期的冶铁遗址。

二、汝州梁城是中华梁姓的起源地

汝州商代为霍国,为商王直接控制区。周武王伐纣攻占朝歌,霍侯带军增援,因得知商王已亡,遂回兵沿汝河固守。周大军占领朝歌后,挥师包围霍都,霍侯投降。武王将霍国封给了弟弟霍叔,由他监管商的后代。后来霍叔与蔡叔会同商的后人造反,失败后将霍叔及家人迁到山西,霍地由周天子直接管辖,为周王畿地。公元前770年,周平王姬宜臼在洛阳建都,历史进入东周,此时周朝已经衰弱,周天子仅管辖洛阳周围山西东部不大的地方。其年周平王将霍地封给了小儿子姬唐,就是梁邑。姬唐及邑人就以梁为姓。《路史》载:"周平王子唐封南梁,安定梁出此"。

东周的春秋初期,周平王在位50年,社会比较安定,加上汝州有姬唐的兄弟姬烈等的周邑和汝邑为邻,梁邑在周天子的呵护下经济、文化得以发展,人口迅速增长,汝州成为周平王最放心的地方。《诗经·汝坟三章》就出自这个时期。

周平王死后,东周力量进一步收缩。春秋中期,汝州西南部山区一带戎蛮族发展壮大起来,逐渐侵吞梁的领地。戎蛮族在与梁的交战中战胜梁侯,梁城成为戎蛮子国的都城。梁城王族和部分贵族逃到秦晋一带,建立新的梁城,这就是后来的西梁。一些贵族就近分散汝州各地,贫民则成为奴隶。后来楚国的叶公沈诸梁带兵打败了戎蛮,这里成为楚国的地盘,梁人成了楚的臣民。

梁姓人自得姓后,在汝河流域度过了辉煌岁月,就开始了流亡和被奴役的生活。迁往西北的进一步发展壮大,不少人仕晋为官。留在当地的小心度日,成为本土梁民,在梁河边继续繁衍生息。部分南下仕楚,或成为贵族,或成为平民。

秦汉之际,梁姓裔族散居于河东地区,到西汉末年,又陆续由河东移居西北,逐渐形成了安定(今属甘肃)、天水、扶风(今属陕西)等郡望。其中安定梁氏形成最早,影响最大,扶风梁氏是安定梁氏的分支。东汉时,居于西北地区的梁姓人又陆续返迁中原,并在洛阳一带发展成新的郡姓望族,号称河南梁氏。这也是汝州梁的回迁。

汝州对梁姓文化的关注

汝州是姓氏文化非常厚重的的县市,已知源于汝州的姓氏包括梁、周、霍等大姓的姓氏有 10 多个。最早研究汝州梁姓的是平顶山政协副主席潘民中老师,他在《源于平顶山的姓氏》一文中对梁姓有详细叙述。

2004 年 3 月,汝州市旅游局接到郑州旅行社的电话,说是新加坡一梁姓旅行团二十多人想在清明节回河南祭祖,点明祖籍在汝州,要求最好能找到祖坟或者祠堂。市旅游局又将这信息传达给汝州休闲旅行社经理王红强,王红强找到笔者说明情况。王红强回电答应接待这个祭祖团后,我们就开始了接待的准备工作,并将这一情况用电话向潘主席做了汇报,潘主席要求重视起来。汝州市委统战部侨台联主席何振国先生闻讯后,向时任统战部部长的樊占营作了汇报。樊部长家就在梁城故里,就批示加紧调研准备。在统战部副部长王银亮的带领下,我们进行了半个月的调研,搞清了汝州梁姓的分布和对外联谊情况。从梁姓后人梁浩先生处得知,近年来不断有新加坡梁姓和南方族人来汝州寻祖,他为此做了大量的工作。梁浩先生是王寨乡乡中的校长,他的家族是本土梁,他记得祖坟没平时两丈多高。

调查中得知,汝州带梁的村庄有 10 多个,分布在梁城周围的三个。庙下乡北刘村有个小梁庄,村里的人大部分姓梁,他们自已说不清是从哪里来的,但村周围存在许多东周时的古墓,出土有非常珍贵的文物,有小编钟,玉器,钱币、鎏金铜壶等。据一盗墓者讲在这个村的一个元代的墓葬里曾出土一个瓷碗,写有"梁一"字样。由以上我们想到这个梁庄可能是本土梁。

2006 年,汝州市志办崔素霞主任接到广西北流梁姓族人的电话,寻找南宋汝州进士梁遗的后人,并用传真发来了资料。梁遗,南宋汝州进士,官至朝廷谏议大夫。南宋亡后,隐居广西北流一带。梁遗有三个儿子,一去美国,一在北流,一回汝州。美国和北流的已联系上,每年集会一次。汝州的没找到,他们要求汝州帮忙。这件事让我们又想到庙下乡小梁庄所在的北刘村,北刘与广西的北流(县级市,广西著名侨乡)的关系。因南宋时北方人逃到南方后往往把自己家乡的村名、河名等侨寄在南方,因此有许多地方与北方相同。当年,我与市政府外事办主任王君需先生以书面形式向时任常务副市长的箫根胜同志提出了举办梁姓文化寻根活动的建议,爱好文化的箫市长给批了 5000 元经费,让拿出可行的方案,后因箫市长调离而作罢。

2007 年,何振国先生以书面形式向时任市委书记的吴孟铎提出了举办梁姓文化寻根的建议,很快得到批复,由于时机不成熟没有落到实处。

2009 年是周平王迁都洛阳和梁城建城 2780 周年,我以书面形式向市委宣传部长陈国重提出了《关于举办庆祝汝州梁城建城 2780 周年暨世界梁姓首届宗亲大会的建议》,陈部长认为很好,但因汝州已决定举办中国首届曲剧节等活动,指示做好准备工作,待条件成熟举办。

今年 4 月,汝州市炎黄文化研究会成立,我们把姓氏文化研究做为研究会的一项重要内容,特别把梁姓文化做为姓氏文化的重中之重,并成立了汝州梁姓文化联谊会,由梁浩同志任会长,全面负责梁姓文化的研究工作,以尽快促成梁姓文化寻根活动的举办。相信汝州厚重的梁文化一定会成为汝州一个闪亮的文化品牌。

(作者单位为汝州市炎黄文化研究会)

汤姓源流考

徐春燕

汤姓是当今较常见的姓氏之一,约占全国汉族人口的 0.19%,在中国姓氏排名中,居第 90 位。分布广泛,尤以福建、湖南、江苏、湖北等省为多,四省汤姓约占全国汉族汤姓人口的 56%。

汤姓公认的始祖是契,契的祖先是距今 5000 年的黄帝轩辕氏。据《通志·氏族略》等载:契辅佐大禹治水有功,被舜任命为司徒,掌管百姓教化,赐姓"子",并得封商地(今河南商丘南),契的 14 世孙商汤,夏朝末年成为商族的首领。商汤,名履,又名天乙,汤是他取得天下之后的名号。他本来居于亳,即现在河南省商丘市东南,又名南亳,是夏朝的方伯,专管征伐之事。当时正逢夏朝最后一位国君桀在位,他暴虐凶残,淫乱无道,失尽人心;而汤在他的封国内却能仁政爱民,深得百姓拥护,周围的一些小国也纷纷前来归附,其势力逐渐强大起来,同时他又得到了贤臣伊尹的帮助,如是便有了取夏桀之位而代之的想法。汤亲自率领军队实行灭夏的计划,这个计划先从征服商附近的小国葛开始,并逐步扩大灭夏和统一周围方国的战争。经过 11 次征战将夏王朝的 3 个重要同盟国豕韦、顾国和昆吾灭掉后,基本上剪除了夏朝的羽翼,占据了兖、豫大平原,最后集中力量大举灭夏,把夏桀放逐到南巢(今安徽巢县西南)。这样,汤就建立了中国历史上第二个奴隶制国家——商(这很可能和其祖契最早被封在商地有关)。汤死后,他的子孙中有一支为纪念其丰功伟业,以其号命氏,即汤姓,这是汤姓最早的姓氏起源。而汤都亳地,今河南商丘,则被公认为后世汤氏家族最早的发源地。

到秦时,又有一批子姓人改汤姓。这要从周朝初年说起。公元前 11 世纪,周公平定武庚叛乱,周王为表示不灭殷商之意,特把商的旧都周围地区分封给商纣王的庶兄微子启,建立宋国,建都商丘(今河南商丘南)。启去世以后,其弟衍继位,后传位至偃时,偃自立为王。宋国于公元前 286 年被齐、魏、楚三国联合灭掉。当时,宋国的子孙大多以国为氏,偃王的弟弟昌改姓子姓。秦始皇统一六国时,为加强中央集权,焚书坑儒,昌的儿子隆,畏其祸及,于是改"子"姓为"汤"姓。

从目前资料来看,汤姓除了源出子姓以外,在后来不同时期还有其他 20 多个姓氏加入到汤姓这个大家庭中来:

庚姓改汤氏　庚姓是殷天子祖庚的后人。东周初年,周平王把庚姓的商朝遗民迁至汝水,并封祖庚第 16 世裔孙庚太宝为"汝水君"。庚太宝思恋故国,祀奉"成汤",并改以汤为姓。事实上,这支商遗民在汝水并没能安居太久,32 年后,也即公元前 638 年,秋,汝水为蛮氏戎强占,汤太宝的族人只好又四散逃亡。一部分逃至陈留郡,以汤为氏,后来陈留郡成为了汤氏郡望。还有一部分则在楚国定居,他们恢复庚姓,故《千家姓》云:"庚姓为楚郡族"。

殷姓改汤姓　殷姓同样也是商王盘庚之后。商天子盘庚曾徙国都于殷(今河南偃师),后来其后裔中的一支以地为姓,即殷姓。宋朝建国后,因为太祖赵匡胤之父名弘殷,故而殷姓人为避讳而改姓同祖的汤姓。其著名人物有五代时秋浦(今安徽贵溪)人殷崇义。他善于文辞,以文章出名,高官南唐宰相。入宋后,改名汤悦,其文笔同样为宋王室所器重,被封光禄卿。另据《夏阳汤氏族谱》记载,江西永新汤氏也是北宋时期由殷姓改汤姓的。永新汤氏是晋朝荆州刺史殷仲堪的后人,传至其十三世裔孙汤文蔚时,正值北宋初年,也因为避讳而改汤姓。后来这支族人在江西永新钱市和夏阳一带繁衍生息。

汤古氏改汤姓　汤古氏是立国于天山汤谷的天皇后人,因汤与唐通音通用,又曰"唐古"。满族的汤古氏、汤务氏、汤古拉氏、汤氏都是天皇后裔,他们为满族建国立下汗马之功。入关后,他们先后汉化,纷纷改称唐氏、汤氏和杨氏。其中,满族的汤古氏新中国成立后皆改汤氏,成为汤氏一支。

阳姓改汤姓　汉晋时期,河北无终阳姓世为官宦。南陈末年,有族人阳慧朗因为官贪污受贿一时臭名昭著。隋文帝灭掉陈以后,把阳慧朗处死,其后人为了免受侮辱,因而改阳姓为汤姓。

荡姓改汤氏　荡姓是共工氏汤明之后,因其后裔四处游荡,史称"荡氏"。春秋时,商宋有荡邑(今河南睢县),宋桓公御说封其三子原于此,史称"荡原",其后裔荡泽因为企图篡国最后为宋国华氏杀害,幸存的族人为了躲避灾祸,去掉"荡"字的草字头而为汤氏。公元前530年,楚灵王封荡原裔孙荡侯为楚军元帅。后来楚国内乱,荡侯在率军返国途中为吴国俘虏,荡姓至此入吴国为奴。荡侯子孙为了避祸,也改汤氏。江苏苏州《汤氏家谱》曰:"吾祖宋公子意诸,以祖封邑为荡姓,其子孙因避祸,去草字头为汤氏。"就是记录的这段历史。

砀姓改汤姓　砀与汤,上古时同音通用。汉时有一个叫砀鲁赐的学者,他是著名经学家申培的弟子。因为能干多才深得汉武帝信任,被封为东海太守。因为汉高祖曾为砀郡长,砀鲁赐为避讳,更姓汤,其后为汤氏。

张姓改汤姓　张姓源于少昊汤挚。宋初有进士张振祖,曾经以"无念无营,有情有色"制诗一联而名闻当朝。他遍查古籍,知道自己的祖先为汤挚,为纪念其祖,以示重振祖风之意,遂改汤姓。其后皆以汤为姓。

唐姓改汤氏　明时有江苏嘉定(今属上海)人唐蟠,字穆如,号冰庵,崇祯年间诸生,师从王时敏,以书画闻名于世,著有《柳东阁诗草》、《睡贤处稿》传世。后改姓为汤,史称其为汤蟠。自此,汤蟠后裔改姓汤氏,成为汤氏的一支。

袁氏改汤姓　江苏吴县袁珪一族,在当地本属名门望族,其裔孙袁盘,字德铭,幼时流落到姑苏,由汤儒收养,因改姓汤,史称"汤盘"。明嘉靖十年(1531)汤盘中举人,任富阳县(今杭州市富阳县)知县。

朱姓改汤姓　清朝咸丰年间,有四川朱洪顺,移居云南江川县,出家为道,更名汤朝阳,号汤道人。因为不满清王朝的横征暴敛,率县民揭竿起义,于咸丰七年(1857)5月,攻占江川县置,自代县政。6月在清军和叛徒里外夹攻中,战斗身亡,起义失败。四川、云南的朱姓族人,害怕株连,多改汤姓。

梅姓改汤氏　广东新会人梅命夔,是康熙五年(1216)举人,曾任广西新桂县知县。因其由汤姓人家抚养长大,所以改姓汤氏,史称汤命夔。其后成为汤氏的一支。

黄姓改汤氏　四川安岳黄姓,战国时期的春申君黄歇之后。清时有子弟黄谊,入药肆习医。学习刻苦勤奋,钻研诸家所长,遍观百家之书,融为己学,因此医道十分高明,兼之其人正直无私,不为官邸富室厚利所聘,立誓为百姓解除疾苦,受到时人的尊敬,有"隐君子"的美称。黄谊以汤药治病救人,故而更名汤谊,后世子孙沿用汤字为姓,成为汤氏一支。

尽管汤姓的来源如大江汇海,但其主流还是商汤之后,所以今天的汤姓族人都公认商汤是自己的祖先,故有"共此一家,别无分号,只要是汤姓,就是商汤的后人"的说法。

岁月荏苒,在这五千年的发展过程中,汤姓族人瓜瓞绵绵,子孙繁茂,如今已经迁徙分布于大江南北,世界各地。

汤姓早期的传播和迁徙主要与商王朝统一周围地区的军事行动有密切的关系。商朝自商汤建国到纣王丧国,七迁其都,其范围都在中原地区。商族人开疆拓土,播迁徙居,一定程度上促进了政治的稳定及经济文化的发展,从另一个方面来说,迁都的重大意义更在于使这个子姓家族的苗裔,自此遍布中原地区,即在中国古代社会的早期,商王朝就已遍及中原大地,其活动区域广泛地涉及到今河南、河北、山西诸省,成为古老中华民族的一支主流。

秦汉之际,汤姓主要以"中山"和"范阳"两郡为活动中心,世代相承,一直到今天,汤氏后裔依然奉此二望。这个时期一部分汤姓开始南迁。据广东蕉岭《汤氏族谱》记载,微子启的后代中有一支汤姓在豫东商丘、开封和鲁西南一带发展较快。这支汤姓中有一位叫汤隆的长者,其玄孙汤德新在汉文帝时曾在晋陵(今江苏常州一带)任太尉之职,其部分族人也随之自开封徙居江苏,汤姓播迁全国的序幕自此拉开。后来,汤德新的儿子汤璋又奉命徙居交趾,从现在地图上看,交趾在今天的越南河内市西北,故而汤璋被视为汤姓徙居海外第一人。魏晋南北朝时期,散居在北方的游牧民族部落大举入驻中原,此时的中国北方政权林立,战争频仍,多灾多难。为了生存,汤姓人或在北方聚族而居,或举族迁居到相对平静的南方。这几乎是与全国大迁徙的浪潮相同步的。

隋唐五代时期,全国政局相对稳定,汤姓家族人丁兴盛,子孙出将入仕,人才济济。唐朝有汤瞿公居长安,封光禄大夫;有汤天柱居河南,官翰林院学士。五代时,有著名才子汤悦,他是名人文圭之子,博学多识,才华出众,入宋后,封光禄大夫,位列三朝。这位汤悦公,本不姓汤,原名殷崇义,归宋后因为避讳而改同源汤姓。这一时期汤氏族人也有南迁的记载,一方面是由于为官任职而定居南方,有的还是携家人和族人迁往。福建《漳州府志》中记载,唐初,陈政、陈元光父子奉命南下入闽,开辟漳州,有汤姓将佐自光州固始(今河南信阳固始)随从前往,定居福建。另一方面是因为唐中后期,北方社会矛盾和阶级矛盾又再度激化,八年的"安史之乱"和数年的唐末黄巢大起义等农民战争,使昔日繁华的黄河流域荆棘弥望,哀鸿遍野,因而又有一部分汤姓子孙被迫向南方迁移流亡。

自汉以来,汤姓子孙在徙居南方某地后,又通常以此为基地向四围播迁,而这个过程主要完成于明清时期。象宋代由商丘迁居宁化石壁的汤庆后人,于明初洪武年间,为避祸乱,其裔孙汤益隆携二子迁上杭、武平,益隆妻何氏携另外二子迁居广东蕉岭,此后,他们的后人又散居广东兴化、五华、汕头、广州、增城和曲江等地。这些南迁的汤姓人或为任职,或为生计,或避战乱,多次分迁徙居,终遍及全国各地。从现存的全国各地的汤姓祖谱看,安徽肥东汤氏是其祖汤昭于明初因军功,被嘉奖赐土地于肥东县镇山,其子孙世代遂生息繁衍在此;松阳汤氏始迁祖在明朝前期迁入此地;萍乡的萍西东桥汤氏于明朝宣德年间迁入此地;桃源汤氏始迁祖汤倍在明代迁居桃源南乡之白马渡钦山湾。

明朝汤氏杰出人士以濠州(今安徽凤阳)人汤和发其端。汤和是太祖朝开国元勋,幼有奇志。元末兵起,率子弟投郭子兴部下,后归朱元璋,南征北战,屡立大功,累官至御史大夫,封信国公,晚年益为恭谨,主动请释兵权,以功名终。汤和后人也能克保家族令誉,其曾孙汤允勣,文武全才,景泰初求将才,试于兵部,古今将略及兵事,应对如流。后迁指挥佥事,在守卫孤山堡时战死。其在京师时,与刘蒲、王淮等人唱和,号十才子;六世孙汤绍宗,孝宗时任南京锦衣卫指挥使,封灵壁侯;八世孙汤世隆,隆庆中协守南京,改提督漕运,以劳进少保。临川(今属江西)汤显祖、汤开远父子名闻天下。汤显祖万历朝进士,其临川四梦,名重一时,子汤开远,崇祯间以由举人为河南推官,屡上书言时政,语皆恳切,擢按察佥事,监安卢二郡军,数有战功,进秩副使,以劳卒于官。埭(今安徽石埭)人汤九州家族也以忠烈垂名青史。汤九州,崇祯时为昌平副总兵,曾奉命与左良玉等同破明末农民军,因功加署都督佥事。九年(1636)二月,在与反明军事力量的战斗中误入深崖,战殁。其从孙文琼伏阙三上书请恤,不被获准。汤文琼授徒京师,见国事日非,建策言事不能为当政者所采用,后清军入关,京师陷落,文琼投缳而死。有明一代汤姓名人不胜枚举,其他还有江苏丹阳汤道衡,万历进士,官金事御史;江苏宜兴汤兆京,万历进士,官御史,居官廉正,遇事慷慨;邳州卫(今江苏邳州)汤庆、汤克宽父子,父庆,任嘉靖中江防总兵官,克宽官至广东省总兵,数破倭寇;江阴(今江苏江阴)汤沐,弘治进士,授御史,不附宦官刘瑾,以廉洁称;嘉善(今浙江嘉善)汤性方,官终陕西行军副使,治狱严正;安岳(今四川安岳)汤绍思,嘉靖进士,历绍兴知府,有惠政;乌程(今浙江吴兴)汤盘,明至官监察御史,正直敢言,京师肃然;寿州(今安徽寿)汤鼐成化进士,授御史,首劾大学士万安误国少傅刘吉奸贪等,言路为之大开。

　　终明一代,遍布全国各地的汤氏依然人才鼎盛,中山汤氏、范阳汤氏,声名远播,为天下所知,睢州汤斌的祖孙三代,以及武进的汤大奎一门,并主朱学,享有盛誉。汤斌是顺治朝进士,曾官工部尚书,沉心易理,为康熙一朝著名"理学名臣",卒谥文正。其二子汤溥、汤準均为当时的名士,其孙汤之昱也以诗文书画著称于世。武进汤大奎亦数代享有盛名,他本人是乾隆年间进士,其孙汤贻汾工诗善画,焚香鼓琴,悠然世外,海内名士多与之游。汤贻汾的三个儿子也都禀承父祖的才华,诗文绘画闻名于世。仪封(今河南兰考仪封乡)汤豫诚,康熙进士,历任山东东昌府知府、山东粮道、布政使等职,晚年闭门潜学,研习程朱理学,为一代理学大师。溧水(今属江苏)汤天池,将绘画艺术运用到冶铁行业,勇于创新,勤奋学习,终于成为我国一代铁画艺术的宗师。仁和(今杭州)汤右曾,康熙进士,生性刚直,为官公正,才学过人,颇受康熙帝的欣赏,目为"诗公"。临川(今江西临川)汤储璠,自幼以宗贤汤显祖为楷模,天资聪慧,过目成诵,嘉庆进士,迁内阁中书,擅长骈体文,因而被内阁所倚重,内阁所进奉文字多出其手。另有临川汤嗣若,光绪年间举人,授知县,迁部主事,因不满朝廷的腐败,挂冠而归。1911年,接受民主思想,率部回乡发动革命,后为抚州知县诱杀牺牲,为我国民主主义革命的先驱。

　　自从清朝收复台湾以后,汤氏先人便从广东、福建等地陆续迁到台湾。广东镇平和福建宁化迁居台湾的始迁祖是汤四十七郎,他是唐汤柱公二十五世孙。此后汤辉元、汤民榜、汤文民等带领镇平的另一些汤姓人陆续抵台;又有汤显相、汤彦等率领福建宁化的一支汤姓迁居台湾。有确切历史记载的是广东人汤洪梅、汤简英于康熙六十年(1721)移居下淡水港,以后雍正九年(1731)和乾隆初年(1736)又有广东汤姓人入台开垦。从汤姓人口在台湾的分布来看,苗栗、桃园、新竹、南投和台南等地最为集中。

汤姓徙居海外始于汉代。汉臣汤璋受命徙居交趾,交趾大致相当于今天越南首府河内市的西北部,汤璋是汉文帝时太尉汤德新的儿子。明朝中后期,政府海禁政策稍松,为南方沿海地区百姓与海外交流带来了方便,像汤姓较为集中的漳州、梅州与日本和南洋诸国联系密切,许多人从事海外贸易,这也为汤姓人迁居海外提供了条件,这时有一部分汤姓人迁居南洋。清时,台湾成为汤姓迁居海外的基地。乾隆年间,汤姓中的一支从苗栗、新竹和桃园等地出发,陆续迁往巴西、日本、马来西亚、毛里求斯、印度尼西亚、新加坡、泰国、帝汶和澳大利亚等国家和地区。近代,又有一批汤姓人或为寻求救国救亡的真理,或迫于生计,大量移居海外。东南亚、东非,欧洲的荷兰、英国、法国,美洲的巴西、加拿大和美国等都有汤姓人的足迹。在国外,汤姓人勤奋耕耘创业,今天,这些人大都与当地人融为一体,为世界经济文化事业的发展做出着自己积极的贡献。

(作者为河南省社会科学院历史与考古研究所助理研究员)

中华黄姓 根在潢川

余保洲 黄运庚

孔子说:"慎终追远,民德归厚矣"。改革开放后海外兴起的寻根热,实际体现的是中华民族的凝聚力和向心力,是海外华人对民族文化的认同和感情归宿。20世纪90年代起,菲律宾、新加坡、马来西亚等东南亚地区的华人黄姓宗亲先后到潢川寻根问祖。随后不断有中国内地福建、江西、四川、重庆、湖北、广东等省市的黄氏宗亲到潢川拜谒先祖。这都表明潢川作为黄姓发源地,在海内外黄姓族人心中的神圣地位。

黄姓的起源

黄,商、周赢姓国。《世本·氏姓篇》云:"江、黄,赢姓。"黄族源自东夷,是少昊的后裔。《后汉书·东夷传》说:"夷有九种,曰畎夷、于夷、方夷、黄夷、白夷、赤夷、玄夷、风夷、阳夷。"黄、白、赤、玄,是以服色而别。黄族先民即早期九夷之一的黄夷。《竹书纪年》载:"(夏)后相即位,二年,征黄夷。"表明夏王朝曾与黄人兵戎相见。据甲骨卜辞载,商代黄已立国于淮水之滨。《殷墟书契前编》云:"壬寅卜,在潜……王贞:王其至于黄霍,亡灾。"周灭商后,对古黄国重新分封,作为成周东南的屏障。

《左传·桓公八年》:"夏,楚子合诸侯于沈鹿(沈鹿,楚地,在今湖北钟祥县东30公里),黄、随不会。"黄国由于未参加沈鹿之会而受到楚人的责备。当时楚武王只是刚开始经营汉东,势力尚未达于江、黄间的淮南地区,因而对黄无可奈何。公元前675年,楚文王在郢都附近败于巴师,楚文王为了找回面子,"遂伐黄,败黄师于踖陵"。踖陵在潢川县西南,这是楚国首次对黄国兴师问罪。公元前656年,鲁僖公因陈国有亲楚倾向,便与江、黄伐陈。次年,楚国进行报复,乘虚偷袭,灭亡黄国的同姓联盟弦子国,"弦子奔黄"。于是,楚国的国境扩展至黄国的西境和南境,随时可以进攻黄国。公元前648年,楚成王借故责备黄国不向楚国献贡,黄君认为自楚国郢都到黄国有九百里之遥,不会有危险,没有理会楚国的责问,也不做防御准备,结果被楚国所灭。黄自夏初封,历经夏、商、周,顽强地生存了1400多年。亡国后的黄国子孙,以国为姓氏,就是黄氏。

《元和姓纂》云:"黄,陆终之后,受封于黄,为楚所灭,以国为氏。"宋郑樵所著《通志·氏族略》载:"黄氏嬴姓,陆终之后,受封于黄,今光州定城西十二里有黄国故城,在楚与国也,僖公十二年为楚所灭,子孙以国为氏。"北宋江夏黄氏族谱序中亦称:"考我黄氏,始于神农、黄帝、少昊、颛顼高阳氏曾孙陆终之后有南陆公,兄弟三人,公居其二,食邑于黄,遂因地而赐姓焉,黄地在河南汝宁府光州十二里,有黄城。"北京、湖南、山西等地出版的姓氏专著以及出自广东、福建、河南等地的黄氏族谱,均有类似的记载。这里所说的"定城"、"光州"都是潢川古代的别称,大量史实证明,黄姓源于黄国,根在潢川。

黄姓的播迁

黄姓家族在4000多年的历史长河中,虽历经沧桑,几度兴衰,但却顽强地生存繁衍下来,并逐步发展壮大。经过无数次地分衍播迁,一代接一代地拼搏拓展,如今黄氏族众已遍布神州环宇,成为中华第七大姓。

黄国亡国后,黄氏第一次大迁徙。据《中华姓氏通书》记载,楚灭黄后,国破家亡的黄国子民,除一部分仍然留居黄国故地外,大多带着亡国之痛,被迫离乡背井,迁至楚国腹地,分别定居于今湖北省的黄州、黄冈、黄陂、黄安、黄石等地,这些地方,均因黄姓遗民迁居于此而得名。一部分迁至湖北江夏安陆一带,其后裔与黄歇被害后逃迁至江夏的黄氏族人融合后,发展成为汉代最著名的江夏黄氏,并最终形成为华夏黄氏公认的郡望。还有一大批人被"俘诸江南,以实海滨"。据《左传·宣公十二年》记载,"俘诸江南,以实海滨",这也是历史上楚国对被灭国贵族和遗民的一个惯用政策。其目的,是使被灭国遗民离开世代生活过的故土家园,又远离楚国政治中心地区。这样,遗民既不会对楚国京都地区构成威胁,而且还能起到开发楚国边远地区的作用。楚国灭黄后,对黄国遗民也不例外。他们把大批黄国遗民强行驱逐出黄国故土,迫使其迁至广大的江南地区。这些地区当时是巴、濮、蛮、越等少数氏族生活和栖息的地区,被人们视为"南蛮荒芜"的不毛之地。这些被"俘诸江南"的黄国遗民,面对非人的恶劣环境,顽强生存。经过几百年的辗转迁徙流变,到秦汉时期,便在我国南方特别是湘、鄂、闽、粤、川、黔各地繁衍开来,成为较早到达这些地区的黄姓族人。有一部分则由于长期与当地的土著蛮越杂居生活,渐渐被同化、融合到我国南方的土著蛮越氏族中去。不过他们却始终保留住了自身的血缘印记"黄"字,从而形成了我国南方蛮越土著氏族中的黄姓,中国历史上最著名的少数氏族黄氏,兴起于南北朝时代的"黄洞蛮",就是由这个南方蛮越黄氏族姓发展演变而成的。

春申君被害,黄姓第二次大迁徙。楚灭黄后,留居在黄国故地的那部分遗民并没有沉沦,经过300年的奋斗、进取,又重获新生,其中代表人物便是战国四君子之一的春申君黄歇。权威的史学家司马迁浓笔为黄歇立传,他在《史记·春申君列传》中说:"春申君者楚人也,名歇,黄氏,游学博闻,事楚顷襄王。"邓明世在《古今姓氏辨证》中也讲:"楚灭黄,其族仕楚,春申君黄歇即其后。"黄歇任楚相25载,封地原在黄国故地的淮北十二县,后改封江东吴地(今江苏无锡、苏州、上海一带)。黄歇的极度辉煌,使沉寂了三百余年的黄氏家族赫然崛起,如日升空。他富甲一方,门客尽皆珠履。他的十三个儿子皆领邑分治各地,人丁众多,都邑广袤,威可当国。公元前238年,黄歇被李园谋害,其子孙散奔四方,这是黄姓的第二次大迁徙。有记载说其子孙至少有五支幸存并传衍延续下来。他的长子黄尚一支,形成了后来的江夏黄氏,次子黄俊一支,形成为中原的阳夏黄氏,五子黄堂一支,形成为后来的东吴黄氏。

秦始皇时期黄氏第三次大迁移。据《前汉演义》记载:秦始皇三十三年,略定塞北,复思征服岭南。因兵员奇缺,特令因反秦治罪、不服而逃,又被抓获的"赭农"充军,连同当时被视为"贱奴"的赘婿、商人,共10多万人,由大将统领,克日南行,平定岭南,这是秦始皇南征的先头部队。由于岭南地域辽阔,秦始皇又强迫"犯罪农民"南移。据考证,所谓"犯罪农民",就是6个战败国的士兵、宦官和不满秦朝暴政的人民群众。有50多万人被充军,统一派到南方,分别驻守在大庾岭、骑田岭、都庞(永明)岭,萌渚岭和越城岭等地。后来当上南越王的赵佗,就是这次南下而驻佗城(今龙川县属)的。秦始皇统一中国后,这批南征的队伍没有再返中原,而是就地寓居,被称为"客籍",以区别当地原来的居民。这批南迁的军民中,有相当部分的黄氏先民。经查考赣、闽、粤三省数十本《黄氏族谱》,其中6成的《黄氏族谱》记载了他们的先民是从秦朝时期南迁来的。黄氏先民迁到南方后,与当地部族杂居,和睦相处,兴家创业。据《黄氏族谱·宋朝遗序》说:"秦汉裂而且散,子孙四布,不可纪矣!"今天分布在福建、江西、江苏、浙江、湖南、两广和海南等地的一部分黄姓,就是在那时迁来的。

此外,周灵王时,23世祖黄渊元帅,早年从河南潢川迁至湖北江夏。在江夏地区繁衍的子孙,其中一部分参加了这次南迁的行列。先驻梅岭,随后便向广东南雄珠矶巷定居,接着向南韶连迁移,再向北江和东江流域发展。现在居住在始兴、曲江、英德一带的黄氏,有一部分就是那时南迁黄氏的后裔。

黄姓遗民到江南后,由于长期与当地的土著蛮越杂居生活,渐渐地被他们影响、同化,其中一部分被完全同化而融合到南方少数民族中。尽管如此,他们始终保留着自身的血缘、徽记即黄姓,从而形成了我国南方蛮越土著民族中的黄姓。到西汉中期,以黄同为代表的山越黄氏和以黄霸为代表的中原淮阳黄氏同时崛起,南北辉映,大振黄氏族姓的声威。

黄氏第四次大迁徙。在东汉、魏、晋时期,北方和西方的少数民族不断地向中原内迁。内迁的少数民族有匈奴、鲜卑、羯、氐、姜等,历史上称他们为"五胡"。西晋初年,内迁的各族人民有几百万之多。他们长期同汉人杂居,虽然缩小了民族界限,但由于边疆长期纷争,也造成了社会不安,人心思迁。在不得已的情况下,中华民族内地人民只得向南迁移。不少黄氏先民也汇入了南徙的洪流。

居住在河南和江夏地区的黄氏先民,为了躲避战争,便开始大量拥向南方。迁徙目标是浙江和福建,迁徙路线很多,主要的是北路和南路两条:一条由江夏徙迁河南光州固始,然后从固始南下,跨武胜岭而入闽北邵武;二是从江夏沿长江南下安徽婺州,然后转迁浙江金华。两者虽然路线不同,但目标是一致的。这两支迁徙大军,构成了日后邵武黄氏和金华黄氏两支巨大的黄姓家族。

据《黄氏族谱》记载,黄氏在两晋、南北朝时期,南迁的人口最多,分布的地区最广。先期南迁的黄姓经过艰辛的耕耘之后改善了生活,有的甚至成了贵族。

就是后来从北方流入的子孙也逐渐安定下来,有了自己的住房、农具和耕地,有一部分开始富了起来。值得一提的是,到福建的黄氏,已逐步形成财丁两旺的大家族,并被称为"中原士族林、黄、陈、郑"四大家族之一。那时,黄姓已有了很大的发展,分布在湖南、浙江、福建、江西等地。从此,开创了黄氏开发江南地区的新纪元。

黄氏第五次大迁徙。据《中国通史》记载,自五代十国之后,基本上持续唐朝的经济体制和社会制度,没有进行任何改革,社会经济处于停滞状况。中原,经过长期的封建割据混战,生产倒退,一望千里,"不见人烟"。南方则另一番景象:生产发展,六畜兴旺;江浙成了"地上天堂",闽粤进入"偏安盛世",四川仍是"天府之国"。此时,早期迁徙到河南和江西的黄氏子孙,又一次南迁。

在河南的黄氏,不但原来黄国遗民陆续南移,就是早期从江夏返迁光州的黄侃后裔也分批南迁,其目的地就是福建邵武,他们的后裔形成了黄姓巨族即邵武黄氏。从光州迁邵武比较有影响的有三支:黄膺、黄裳、黄璞。黄姓家喻户晓的大显祖峭山公就是黄膺的三世孙。黄璞的后代黄滔,五代时为王审知幕僚,并成为东南儒士之首领。中原文豪李绚、韩偓、王涤等都远道前来投附黄滔。黄滔一生著作甚丰,今天,在泉州开元寺仍可见到他的文采。

明朝,是黄姓第六次迁徙。明初实行的一系列振兴经济的改革,把地少人多之乡的人民,移到地多人少之乡及边远地区,以扩大耕地,发展经济。于是,出现历史上最大的一次移民。据《客家黄姓史略》记载,移民的路线如下:

一是江西吉安一带的农民移到湖南。规定新垦地区允许插标占地;二是苏州、松江、嘉兴、湖州、杭州等地的农民移到临濠。第一批迁出的无地农民就有4000多户;三是京西山后的农民移到诸卫府。首批迁去的有35000多户;四是32000户沙漠遗民移到北京附近的县市;五是江南14万农民移到凤阳。

上述地区的不少黄姓先民,跟随移民大军迁到新的落居地开基创业。

据《广安州新志》记载,邓小平在四川的开基祖鹤轩公(南京兵部员外),也是在明初洪武十三年(1380)从江西庐陵迁到四川广安姚平立基的。

在这次大规模移民中,江苏、浙江和江西三省黄姓迁出的人数最多,他们中的大部分迁入福建、广东、广西三省。《明史·食杂志》记载与《黄氏族谱》记载吻合。《黄氏族谱》称:"适大明英策,吾祖出窄地于今马子江开基立业焉"。

在清代,黄氏有过三个时期的移民,统称第七次迁徙。构成黄氏移民的历史背景:一是四川地多人少,加上张献忠滥杀百姓,人口锐减。为了开发四川,特明令招募劳力,前往开荒垦殖;二是清廷为了加强统治,防止沿海闹事,实施过界政策。实践证明是失策之后,又决定复界,招募劳力迁居开发;三是因"广东西路事件"和太平天国失败影响,而向广东南路和海南岛迁移。由于上述三个因素,促成黄氏大迁徙。

从各地《黄氏族谱》记载看,黄氏先民迁入四川后,分布较广,主要集中在,东自洛陵、重庆,经荣昌、隆昌、泸县、内江、资中,西至成都,华阳,新都、广汉、新繁、灌县,也有散居别地的。据四川乐山市委党校刘明成校长调查:"四川的广东籍居民基本上都是广东的客家人,金堂县的客家人则居首位,今成都市城区以东到龙泉山脉一带,客家籍的居民一直居首位,尤以黄姓为多。"四川荣昌县黄君说:"我祖先是清初从广东兴宁迁来泸州,复由泸州徙居荣昌。子孙在此聚居,至今保持客家语言;子女婚姻,亦以客家人为对象;生活习惯仍是客家人的意味。"又据原二机部属下的工程师黄栋清实地查访:"今天四川的会理县(属原西康),还有不少清代初期从广东、福建迁去的黄姓后裔,他们中相当一部分人仍讲'土客家话'。"

迁海政策,黄氏和其他姓氏一样,又有了一次向外迁移发展的机会。当时居住赣、闽、粤三省的黄氏,特别是在福建西南部、江西南部和广东东部的黄氏,正值人口膨胀期,急于寻求出路的时候,听到准许迁到沿海去的信息都非常高兴,个个喜出望外。据《黄氏族谱》称:他们中大多数是"举家徙垦于广州属之新宁,肇庆府属之鹤山、高明、开平、恩平、阳春、阳江等州县,多与土著(应为当地成民)杂居,由于复界的关系,给黄氏提供了一个从山区迁平原,在沿海地区发展的极好的机会。"

现在居住在香港、九龙和新界的黄氏,绝大部分是在迁海复界时迁入的。香港及其周围岛屿原属新安县(今深圳)管辖,是康熙元年强令内迁的重点地区。待康熙廿三年恩准复界时,香港地区"土广人稀,招垦军田"。居住在惠州、潮州、嘉应州(今梅州)以及江西和福建黄氏居民,便"负耒横维,相率而至"。他们迁入的路线,是从惠州至深圳而至大埔、沙头角、元郎、西贡、汴田、官圹、屯门、筲箕湾、荃湾、九龙等地,从事开荒创业。

清代同治年间,因为"广东西路事件"的关系,原住在广东西路的黄氏先民从公元1867年开始又一次的迁移。

综观黄氏在清代的三次迁徙,不论是在康熙时迁入四川,还是同治时跨海到海南黄氏经历了300多年的繁衍之后,虽然有的京考高中及第,有的身居高官要职,有的极其发达富贵,但他们始终没有忘记祖籍,经常组织省亲团不远万里回到祖地认亲、拜祖、上匾。

黄氏在清代的三次迁移,对黄氏的发展有着积极的意义,既解决了原居地人口膨胀的问题,又提供了从贫困山区迁到平原、沿海发展的机会,还为后来向境外迁徙、出洋创造了有利条件。

黄姓迁徙主要原因。中州汉人南迁,多因战争动乱或自然灾害的关系而被迫搬迁,而黄姓先民则不然。黄姓的南迁,一是因官职调动关系,家属、亲属和随从人员随着迁入。二是富有开拓精神,主动地有计划进行南迁。原因在于:黄氏世代儒家,读书人较多,知书识礼,有较广阔的胸怀,且有中原遗风;由于历史的原因,子孙繁衍过快,人口膨胀,原居地发展潜力不大,急需分地而聚,分头发展;身居高官,任职地方多,巡察地域宽,见识广,了解待开发处女地的简况,对迁往的目的地心中有数,有的放矢。他们看到东南沿海浙江、福建、广东、广西等地,地多人少,土质肥沃,气候温和,盛产作物,很有发展前途,便积极动员、组织子孙迁移,到南方垦殖、开发;黄氏先民受过严格的家族教育,牢记"郢州江夏递移乡","行年翰苑擅文章"的传统,不墨守陈规、固步自封,而是富有敢闯的开拓精神,决心"创业兴家离祖地","不授官爵出朝堂",原于"信马登程往异乡,任寻胜地振纲常",坚信"年深外境皆吾境,日久他乡即故乡",只有"当自强",才能"总炽昌",只要勤劳勇敢,以诚待人,就一定可以"到处和邻世业昌"。

黄姓祖地辉煌再现

黄国故城位于潢川县城西北6公里隆古乡境内,遗址至今保存完好,2006年被国务院公布为全国重点文物保护单位。据考古专家考证,黄国故城最迟在西周时期已经形成规模。故城呈长方形,周长6720米,总面积为2.8平方公里。现存城墙系用黄土夯筑而成,城垣高处为7～8米,低处为4～5米,基宽59米,上宽10～25米,并尚存三处城门豁口,其墙之厚、路之阔、基之硬,均可见当年之巍峨。如今在故城遗址内,仍遍布着陶片、瓦当和多处青铜器作坊遗址,从这里曾铸造出许多精美作品,仅在潢川、光山等当年黄国疆域内出土的黄国青铜器就有 800 多件,其中有铭文的为 38 件,现珍藏于中国历史博物馆的黄太子伯克盘、黄父盘、黄君簋、叔单鼎 4 件青铜器,均出土于潢川,被郭沫若收录入其所著的《两周金文辞大系图录考释》中。1978 年,考古工作者又在潢川县李老店磨盘山收集到一批青铜器,其中有的铜器肩部有"黄孙须子亚伯"铭文。铭文中所提"黄孙"就是黄国贵族,"须子"即须颈子,是亚伯臣的称号,由此又证明黄国在潢川。

多年来县委、县政府始终致力于黄姓文化的研究交流和黄国故城的保护开发工作,早于 1995 年县政府就成立了中华黄姓历史研究会,并先后编辑出版了《黄姓文化春秋》一书,摄制了《黄姓源流》电视片,制作了《黄国、黄姓、潢川》光碟,编印了《中华黄姓之根》和《中华黄姓寻根游》宣传画册。潢川黄姓文化研究会也多次出席在香港、马来西亚、泰国等地举办的世黄大会及国内黄姓文化研讨会和联谊会,广交了黄姓朋友,增强了彼此友谊,逐步达到了"让黄姓了解潢川,让潢川走向世界"的良好愿望。

黄国,是黄姓儿女共同守望的祖根圣地;黄姓,是黄氏族人永续传承的血脉链条;潢川,是黄姓宗亲共同依恋的精神家园。2007 年 10 月,潢川县成功举办了黄国故城晋升"全国重点文物保护单位"一周年揭牌暨海内外黄姓宗亲祖地祭祖大典活动,届时来自全国十六省市、港澳台地区及海外黄氏宗亲 300 余人参加了这一祖地盛会。活动的成功举办,点燃了广大黄姓人士关注祖地、建设潢川的激情,黄如论先生当即表示捐资 1500 万元兴建黄氏祖庙,这一义举,正式拉开了黄国故城保护开发建设的帷幕,成为凝聚黄姓人士之心、汇聚黄姓人士之智,共创祖地辉煌的强大动力。

黄国故城保护开发工程预计总占地 1000 余亩,总投资 2 亿元,规划分三期实施建设。2009 年潢川县政府投资近千万元,兴建了黄姓客家人南迁圣地标志性纪念坛(天下第一大"黄")、编制了黄国历史文化景区规划,并为黄国历史文化园一期工程进行征地、拆迁、修路。一期工程祭祀区建设已于 2009 年 4 月份正式启动,目前,由黄如论先生捐资兴建的黄氏祖庙基础工程基本完成,整体工程正夜以继日,抢天夺时,快速推进,力争在 10 月份世黄大会召开前主体工程全部完工,届时参加江夏世黄大会的黄氏宗亲将到潢川举行祖庙落成大典。

二期工程神道建设也正在进行征地和工程前期准备工作。全部工程建成后,黄国历史文化园规模宏大、历史厚重、功能完善,是集黄国历史文化精髓展示、文化娱乐、旅游休闲于一体的中华黄姓历史文化研究和交流的中心,海内外黄姓人士寻根祭祖的圣地,再现黄国辉煌历史、展示氏族民俗风情园的世界级旅游景区,既可以了却各地黄姓人士情系祖地、建设祖地的夙愿,又能满足海内外黄姓儿女寻根拜祖的需求。

（第一作者为河南省潢川县黄姓历史文化研究会副秘书长,第二作者为潢川县黄姓历史文化研究会副会长）

邓州习氏源流考

杨德堂

姓氏是人类社会发展进化的产物,在人们的社会活动和传统风俗诸方面都起着重要作用。中华民族具有世界上最久远的姓氏传统,自古至今,曾产生过上万个姓氏,故而中华民族的姓氏文化源渊流长、丰富多彩。

习姓,为中华姓氏之一,总人口 8 万,居中华姓氏第 296 位。虽称不上大宗巨族,然其源渊流长,英雄辈出,俊才迭显,在中华姓氏文化史上占有重要一席。

树有根,水有源。邓州习氏源渊,可追溯到三千多年前的夏朝。那时有一个少习国,故址在今陕西省商洛地区丹凤县东武关一带,因当时有少习山、少习关(战国时改为武关)而得名少习国。是封予炎帝神农氏后裔的一个小诸侯国,君王称习侯。春秋时被楚所灭,其王室子孙及国民逃散于各地,其中一部分为纪念自己的国家,便以国为姓,即为习氏。他们在全国各地,谋求生存,顽强拼搏。到了汉代,形成了两个望郡,即今浙江金华地区的东阳郡和湖北襄樊一带的襄阳郡。其代表人物习郁(字文通),因跟随刘秀征战有功,封襄阳侯。他在襄阳凤凰山南麓建府第,依范蠡养鱼法,引白马泉水建池养鱼,后人称习家池。习家池保存至今,成为一处历史悠久的私家园林,也是东汉习氏辉煌的历史见证。习郁后裔,三国人习珍,任蜀汉零陵北部都尉,加裨将军。东吴吕蒙破荆州杀关羽后,派人劝降习珍,习珍"宁为汉鬼,不为吴臣",登山坚守,因粮尽援绝,伏剑自刎。刘备闻习珍殉国,赠为邵陵(今邵阳)太守,建忠烈堂。此后,忠烈堂便成为习氏的堂号。

历史进入到东晋,习郁的后裔、文学家习凿齿(字彦威,号半山),生于咸和三年(328),官至荥阳(今郑州)太守,著有《汉晋春秋》五十四卷等书。据新干县塘头《习氏族谱》载,习凿齿在前秦王苻坚攻占襄阳后,因不愿为苻坚所用,遂携妻子儿女由襄阳长途跋涉到江西,先隐居万载书堂山,后迁新喻,途经一个叫缑岭的地方时,正值隆冬,见一株老梅傲雪怒放,喷珠吐玉,洁白芬芳。齿大喜曰:"即此老梅乃吾宜家之兆也。"遂隐居于此,并取地名为白梅(今江西省新余市欧里镇白梅村)。自此,习凿齿便在这里生息繁衍,成为江西新余习氏始祖。

北宋宝元元年(1038),习凿齿后裔习有毅任吉州刺史,于北宋庆历五年(1045)卸任后在古石阳县安家建院,繁衍生息,是为湖州花门楼(今江西省峡江县水边镇湖洲村)习氏始祖。南宋绍兴三年(1133),湖州习有毅第五世孙习文德,博古好诗,游淦城,路见其山水秀丽,遂卜居塘头,为临江府新淦县华城门村(今江西省吉安市新干县金川镇塘头村委会习家村民小组)习氏始祖。

元朝至正十一年,邓州人王坚以邓州城为据点,起兵抗元,称红巾军,在南阳卧龙岗大败元军,杀元军首领铁木尔,乘胜攻进南阳,擒斩元军将领达鲁葛齐、知府周喜同等元文武官员二十七人。后元军反击,元将矢剌巴都攻破邓州,屠城烧房,王坚被杀,邓人非死即逃,此后邓州二十年无官府治理,百姓仅剩数百人。明洪武二年(1369),明帝朱元璋派金吾卫孔显任邓州知州,重建邓州城。孔显挑选五十人随其来邓落户,其中江西籍三十多人,南京籍十多人。习思敬便是其中的一员(也有研究认为习思敬是随江西大移民潮而来的,两种说法待进一步考证)。邓州习氏始祖思敬公夫妇墓碑记载:"余族,祖籍江西,临江府新淦县人也。"经考证,习思敬,元朝末年出生于江西临江府新淦县华城门村,为华城门习氏始祖习文德第八世孙。习思敬兄弟四人,长兄思新,二兄思淦,三兄思乡,思敬排行第四。

孔显到邓后,在州城废墟上安营扎寨,采取召回流民、组建军队、整顿治安、恢复生产等措施,并于洪武四年(1371)建成邓州内城。之后,孔显派其随员分驻四乡,发展生产。习思敬便选择了堰子里居住,成为邓州习氏始祖。

堰子里,位于邓州西北部,北枕灵山,南依扒鱼河。扒鱼河,发源于与邓州毗邻的内乡县师岗,它沿岗而下,到堰子里犹如一条巨龙,沿村西、村南绕了九曲十八弯后奔东南而去,在扒鱼河南岸平地凸生一岗与堰子里相呼应,人称卧龙岗。这里土地肥沃,流水潺潺,绿树成阴,真可谓繁衍生息、养育人才的风水宝地。习思敬便在九曲十八弯的腹地,面对卧龙岗的扒鱼河之阳居住下来。果然人丁兴旺,家道日昌,遂形成堰子习营村。后因老营拥挤,子孙相继分居周围的小习营(称西户、习仲勋祖居地);汤河里小张营、习楼及十林街(称北户);张村镇冠军、小李凹村(称南户)。后又有后裔相继迁徙南阳的内乡、桐柏、淅川及陕西、新疆、湖北、四川、青海、甘肃、山西、贵州、北京、内蒙、台湾等十一个省市 20 多个地区定居。从明洪武二年至今,历经 640 年,邓州习氏已经繁衍成为近四千人的一大支族(其中在邓州居住的有三千人)。也就是说,全国每二十个习姓人中,就有一个邓州习氏。

清光绪八年(1882),因河南南阳一带发生战乱灾荒,习思敬十五世孙习永生(盛),带着妻子儿女逃荒至陕西富平县,先在淡村附近的南堡子一个黎姓人家栖息。为了生计,习永生除佃租种地外,还挑起货郎担,做些小买卖,以维持家庭生计。后因病饿交加,猝死于富平城西一座刻有"释迦如来第十六所真身舍利宝塔"的圣佛寺塔下。习永生妻子张氏身体硬朗,善理家事,带着子女昼耕夜织,维持生计。到 1900 年,在慈禧太后卫队当"廷卫"(下级军官)的习永生的大儿子习老虎随护慈禧太后抵陕,顺道回家留下六十两银子一去再未消息。张夫人便在淡村刘堡子附近置薄田几十亩和宅基一处,挖窖建屋,定居下来,这便是现在的富平县习家村。1911 年,习永生的二儿子习宗德与逃荒定居富平都村的河南淅川籍姑娘柴菜花结婚。婚后生二子五女,两个儿子按祖谱"国玉永宗,中正明通"的辈次,取名中勋、中凯,为邓州习氏第十七世。习中勋读小学时,老师严木三先生认为"中勋"含有中国元勋之意,怕招惹是非,遂在"中"字旁加了个"人"字,取意为人中正、处事公道。

习仲勋从小就受到良好家风家规熏陶,在幼小的心灵中形成了憎恨黑暗、向往光明、不畏强暴、勇于反抗的性格和尊老爱幼、正直朴实的美德。他 9 岁入学,13 岁加入中国共产主义青年团,15 岁加入中国共产党,是陕甘边区根据地的主要创建人和领导者之一。1956 年 9 月,他在党的第八次全国代表大会上当选为中央委员。1959 年 4 月任国务院副总理。1962 年 9 月,因所谓"《刘志丹》小说问题",遭康生诬陷,在"文革"中又受到残酷迫害,被审查、关押、监护前后长达16 年之久。1978 年得到平反,在党的十一届三中全会上被增选为中央委员。他是中国共产党十一届中央委员会书记处书记,第十二届中央政治局委员、书记处书记,第五届、第七届全国人民代表大会常务委员会副委员长。习仲勋同志为中国人民的解放事业和新中国的诞生,为社会主义革命和建设,为改革开放和建设有中国特色社会主义,顽强奋斗七十余年,立下了不可磨灭的功勋。逝世后,新华社发布的电文中称他是"中国共产党的优秀党员,伟大的共产主义战士,杰出的无产阶级革命家,我党我军卓越的政治工作领导人"。

　　习仲勋虽未出生于邓州,但他一生对祖籍地怀着深厚的故土情结。在国内革命战争时期,与邓州习氏亲朋多有联系,并引导多位乡亲参加革命工作。新中国成立后,对老家的发展一直非常关注。1958 年 6 月,时任国务院秘书长的习仲勋,随周恩来总理到十三陵水库工地劳动,休息时谈到河南,他说:"我的祖籍地在河南邓县(1913 年改邓州为邓县,1988 年改邓县为邓州市——作者注)。当时,祖父只有二亩半地,日子过得很苦,加之天灾、匪祸不断,全家逃到了陕西富平。"80 年代,他关心、支持南阳创建了张仲景国医大学,为国家培养了大批中医药人才。他在 1986 年的全国信访工作会议上,特意向出席会议的原邓县县委书记殷文欣了解邓县发展情况。1996 年,邓州市委书记王英杰、副书记贺国祥专程去深圳看望身体欠佳的习老,受到习仲勋家人的热情接待。他还非常关注邓州习氏家谱的修订。2000 年,邓州市市长方瑜垠借参加厦门会议之机,将邓州习氏族谱带到福州,呈交给了担任福建省省长的习近平。2002 年习仲勋逝世后,治丧委员会遵习老遗愿,发电通知了南阳和邓州。邓州市委书记崔振亭、副书记孙天朝,赴京参加了习老的追悼会。2004 年,时任邓州市市长的刘树华和政协主席杨德堂,专程去深圳拜访习仲勋夫人齐心同志,并向齐老汇报了家乡建设情况以及邓州习氏族谱修编、习氏陵园建设和习仲勋展馆筹建情况,齐心同志感谢老家所做的工作,并兴致勃勃地题写了"邓州习氏"四个字,还一再表示,一定抽空回老家看看。

　　习仲勋之子习近平同志,生于 1953 年 6 月,1969 年响应毛主席号召,离开舒适的城市生活,到陕西延川县文安驿公社梁家河大队插队落户,曾任大队党支部书记。30 岁任河北正定县委书记。此后历任福建厦门市委常委、副市长,宁德地委书记,福建省委副书记、福州市委书记,福建省省长,浙江省委书记,上海市委书记。2007 年以来任中央政治局常委、书记处书记、中华人民共和国副主席、中央党校校长。

2004 年 2 月,邓州市委、市政府组织 70 多人的考察团去浙江学习,在杭州受到了时任浙江省委书记习近平同志的热情接待。习近平同志拨冗接见了考察团全体成员,谈话中介绍了其曾祖父习永生从邓州迁徙富平、勤俭持家、繁衍生息的历史,还深情地回顾了其父生前对祖籍邓州的关注和期望。对于家乡的建设和发展,他希望邓州要学浙江的神,不要学其形,要联系邓州的实际,走出自己的路子。接见后又与考察团共进晚餐,席间还为家乡题了词:"祝邓州市经济社会不断发展,再上新台阶";"祝十林镇家乡繁荣昌盛,越来越发达"。习近平同志还特意安排考察团列席了全省的经济工作会议。

几年来,邓州市委、市政府认真落实习近平同志的指示精神,联系实际,探索出了"负重拼搏、敢于创新、坚韧不拔、实干兴业"的邓州精神和农村基层工作的"4+2"工作法(即农村重大事情要四议二公开:党支部提议、村支两委商议、党员大会审议、村民代表或村民大会决议,决议结果和执行结果公开),使邓州的经济社会发展迈上了新台阶,走出了特色之路。2009 年 3 月 31 日至 4 月 3 日,习近平同志来河南视察工作期间,数次讲到他老家是河南人。在听取了中共南阳市委常委、邓州市委书记刘朝瑞同志汇报后,对于邓州工作给予充分肯定,并指示总结推广邓州市农村基层工作的经验。

从 1882 年至今,富平习氏经历 127 年,永生夫妇在富平生子宗德、宗仁,是为富平第二代。宗德夫妇生仲勋、仲凯,宗仁夫妇生中辉、中杰、中耀、中法,是为第三代。习中法仍健在,已 80 岁高龄,在习家村过着平静的农民生活。从习永生之后,富平习家村已繁衍四代 50 多人,是邓州习氏的一支重要族群,以习仲勋为代表的习氏英豪,成为邓州习氏和中华民族的骄傲。

(作者为河南省邓州市政协主席)

论荥阳郑氏祖地的历史形成

吴爱云　陈　玮

中华有一支望族,在海内外都有着巨大的成就和巨大的影响。他们的宗祠,尊崇地彰显"荥阳堂";他们的支脉,岸然在自诩"荥阳衍派";他们世界宗亲总会的会徽和会旗,醒目地标示"荥阳郑氏"。由此可见,中华望族郑氏和荥阳血脉一体,应是不言而喻的。可近些年来,有人把荥阳和郑氏历史赋予的关系,作了"多种多样"的解释,让人莫衷一是。这些论据,多拿荥阳郡和荥阳郡所属的区域来做文章,好像郑氏与荥阳的血脉是由于荥阳郡方才形成。这实在是忘却根本、肢解历史。荥阳郡始登历史舞台,是在242年,而荥阳这一方热土与郑氏(郑,以国为姓,与郑国的关系,即是与郑氏关系的根源)血脉一体,当是在此千多年前开始,并逐渐深化、浓厚涵载而形成。

桓公寄孥与武公初都京城

西周末与春秋初,中国的历史发生巨变,社会震荡猛烈,周室王权进一步削弱,众多诸侯兼并发展纷纷活跃于历史舞台,郑国因先天性的不足(西周末年,处于无地可以裂土封侯的景况下,封到京畿内巴掌之地的棫林),域小势弱,且又依附于周王室,致使在巨变中首当其冲,濒临危绝之境地。郑国立国之君郑桓公是一位有大智慧的人,当他无力挽救西周王室免于毁灭之时,便将郑国的基本国力转移,以求死里逃生,另谋发展,这便是历史上有名的"桓公寄孥"。"桓公寄孥"之地,《史记》、《国语》、《资治通鉴》等经典史籍都有所记载。尽管这些史籍在有关文字上有些区别,但他们所记述的大致地区却惊人一致。"独洛之东土,河济之南可居"、"地近虢郐"(《史记》);"友徙其民于虢、郐之间。遂有其地,今河南新郑是也"(《资治通鉴》胡三省注);"其济、洛、河、颖之间乎?是其子男之国,虢、郐为大。……若以周难之故,寄孥与贿焉,不敢不许。……若前华后河右洛左济,主芣、马鬼而食溱、洧,修刑典以守之,是可以少固"(《国语》);这些资料,若全面地、有头有尾地、发展地来认识它,当不会发生岐义。如今,急需阐明的是一个剧变的年代,是郑国死里逃生且崛起于中原的全过程。这样一个过程,变化的年代短,变化的情势大。有人依据《国语》"主芣、马鬼而食溱、洧",宣称:"桓公寄孥于溱洧"、"武公东迁后初都于溱洧",就是犯了片面地(对史料掐头留尾),静止地(忽略了当时情势的急剧发展和变化)研究历史的大忌。"桓公寄孥于溱洧"、"武公初都于溱洧"之说,有三点不符于上面经典史籍所记载的史实。一,溱洧交流处的古郑城,乃是郐地,说郑国寄孥、初都于此,则置"虢"于不顾,不符"寄孥虢、郐"的记载;二,同样置洛水、黄河、济水的地望于不顾,不符"洛之东土,河济之南"的记载;三,更为可笑的是置同一句史料的主体部分于不顾,不符主体部分"前华后河右洛左济"的记载(这句话中的"华"指的是华国,华国的都城在今新郑市郭店镇北面三里处,"前华"也就是说,南到华国)。除此而外,郑国"寄孥于溱洧"、"初都于溱洧"之说,还有更为违背历史、甚至抛弃历史的要害。我们知道,溱水、洧水交流处的古郑城,其实就是郐国的都城;古郑城,是郐国灭亡之后郑国曾迁都于此而得到的称呼。郐国灭于公元前769年,郑桓公寄孥于前772年,可能寄孥到 人家的都城内吗?郑武公东迁于前770年,可能把都城设立在人家的都城所在地吗?只有灭了郐国之后,方有可能把人家的都城变成自己的都城,这一史实不容篡改。我们还知道,郑国是在前765年才迁到溱洧去的,《竹书纪年》十分明确地记载"晋文侯十四年郑人灭虢,十六年迁溱洧"。为了争"桓公寄孥"之地、争武公东迁后郑国的"初都",竟罔顾历史的明确记载,实在不可取 。

我们从未否认过古郑城曾作为郑国都城的史实,由陈玮编导,新华社河南分社和荥阳电视台共同制作的电视专题片《话说郑文化》,不仅专程到古郑城拍摄,而且作为重要内容给予如实表述。只不过《话说郑文化》这部专题片,是忠实地依据《竹书纪年》的记载来"话说",不敢胡说八道而已。

严格地按照郑国历史的发展来看,从前772年"桓公寄孥"到前765年郑迁溱洧,有 7 年多的时光,从前 770 年武公东迁到 765 年郑迁溱洧也近 6 年的时光,这一段时间虽短,但对死里逃生、奋发图强终于灭郐并虢占有十国之地而崛起中原的郑国来说,实在是至为重要。在这一段时间里,桓公寄孥不会寄于毫无安全保障的荒郊野外,武公迁国也不会一直在马背上动荡,那么应该在哪里呢?我们说,京城最符合历史记载的地理位置。她符合《史记》的"洛之东土,河济之南"、"地近虢、郐";符合《资治通鉴·周纪》胡三省注释的"虢、郐之间",她离郐都 27 公里,离虢都 22 公里;符合《国语》的"前华后河右洛左济"这一范围;符合《左传·昭公十六年》"昔我先君桓公,与商人……世有盟约"的独具特殊含义的记述。再者,她的城池规模也符合桓公寄孥的需要。桓公寄孥是为了保存郑国的基本实力以谋发展,京城是这一地区城池规模最大、最坚固、最适于聚居的地方。另外,《列国志》一书中指明京城是郑国的"上都"。《列国志》虽是野史,难以单独地凭信它,可作为佐证,也不属于空穴来风。还有一个今人容易忽略而古代作为都城必须符合的祭祀体制"先君宗庙"。《左传》告诉人们:"邑有先君宗庙曰都",京城至今尚存有桓公庙。庙,屡毁屡建,古代祭祀的石祭案经历多少风云变幻,仍摆列在神主之前。这一事实也从一个特殊的角度,证明"京城"曾作过郑国的都城。

关于"桓公寄孥"和武公东迁初都之地,是"溱洧"交流处的古郑城(郐都城)还是京城之争议,说穿了,是寄孥于虢、郐,还是寄孥于郐之争。显然,只有寄孥于虢、郐之间,才符合历史的真实。说到历史的真实,要想弄明白它,还得进一步澄清几个问题。首先,要认清《资治通鉴》胡三省注解中"友徙其民于虢、郐之间"与下句"遂有其地,今河南新郑是也"的关系。如若把这两句当作一句,视为贯穿式的表述,语句中本身就产生了矛盾:新郑其地并不在虢、郐之间,则不可解。所以,我们认为这两句是递进式的,发展性的叙述,叙述两层意思。即:郑桓公先寄孥虢、郐之间;后来(或者说"接着"),占有了虢、郐两国之地,这就是河南新郑。再者,还要认清《国语》中"若前华后河右洛左济"与"主芣马鬼而食溱洧"的关系。我们认为这句话上半句和下半句是主从的关系。即:"前华后河右洛左济"是主;"主芣马鬼而食溱洧"是从。也就是说:桓公寄孥于"前华后河右洛左济"这个范围之内,控制、掌管芣、马鬼两座山,食邑于溱、洧两条水的流域。而不是寄孥于溱洧,把溱洧当作初都。至于后来郑都迁到此地,那是周平王六年

（前765）以后的事了，根本和前772年的寄孥与前770年郑国东迁的初都，搭不上界。

我们在《郑立国中原钩沉录》中，为郑国早期的历史描绘了一条轨迹：前772年，桓公寄孥于京城；前771年桓公殉国于骊山；前770年武公继伯位、为周平王司徒，佐平王东迁，郑国也随之东迁，初都于寄孥之地京城，前769灭郐；前767年灭虢，遂有10国之地；前765年实施"武公之略"，迁溱洧；前672年与前654年之间，郑文公又迁都"郑之新城"（即新郑，见《世本》）。

郑氏祖茔地广武山武公岭与广武原

近几年，广武原又发现了好多座唐代以前的郑氏墓碑，唐户部尚书郑善果曾孙女波罗蜜的墓志铭并序，可以说是其中的代表。

"夫人讳波罗蜜……以开元廿九年八月遘疾，终于江都县官舍，即以其年十一月十三日合祔于广武原之旧茔，礼也！其词曰：桓公善职，实宣世德；郑武从王，始大方国……制岩西指，荥水东流；地仍居郑，祔乃从周……"

爱女归葬于祖茔，无独有偶。唐工部尚书郑郎的第五女字子容，也"葬于……广武原大茔，礼也。"

再如郑道育碑："……以开皇十一年闰十月薨于私第。……与夫人刘氏合葬于荥阳之山，礼也！"

再如郑进思碑："……以上元二年二月廿□，于襄阳官第，享年五十，夫人权氏……享年八十九，即以开元□□□廿八日葬于广武原。礼也！"（□，碑文剥蚀缺字；等，为引者补入之字。）

再如郑群碑，此碑文出于唐代著名文学家韩愈之手："……以长庆元年八月二十四日卒，春秋六十。即以其年十一月二十二日，从葬于广武原先人之墓次。"

再如郑儋神道碑，碑文亦出于韩愈之手："……户曹殡于凉。凉，地入西戎，自景谷、徐城（按：碑文中户曹指儋父洪、徐城指儋祖抚俗、景谷指儋曾祖嘉范）三世皆未还荥阳葬。公解官，举五丧（按：除父、祖、曾祖外，还有祖母、曾祖母）为三墓，葬索东。"（指小索城以东与前文"葬索上"，意同。）

还有许多碑文，不再一一列举。这些碑文中，有三点共同的内容。一为"葬于广武原(或'索上'、'三皇山之阳')";一为"祔于先人墓次";一为依周礼("礼也!"、"祔乃从周")。这,便告诉人们:他们归葬于广武原,是遵循周礼,归葬于"先人之墓次"。从墓碑发现和出土的地点来看,"荥阳之山"即广武山、"三皇山之阳"和"索上"即广武原的一部分或同一地区的另一种称谓,这无可置疑。关于"祔先人墓次",所指的"先人",可以是父、是祖、是曾祖、直到始祖。那么,这么多郑氏后裔归葬于广武原,他们各自的先人自然是距他们辈数较近的祖上,而一直往上推呢?他们不会无缘无故地都选择广武原作茔地,他们的共同的"先人"只能是他们郑氏的始祖,最先迁葬于此的始祖——东迁始祖。这里的山,原名叫做三皇山和敖山,是郑国东迁立足于此的北部的高山;而后呢?叫做广武山,山的最高岭,恰恰叫做武公岭,也叫做飞凤顶。这,不能不让人注目于"祔乃从周"和归葬于此的"礼也"。要弄明白居官在外,千里万里仍要归葬于广武原的深刻内涵,必须弄明白周礼的深刻含意。

我们知道,郑氏乃姬周的分支,郑氏的族俗是周俗的继承与发展。关于祭祖的周礼和周俗,不仅史书多有记载,而且还有近日考古的最新发现作为佐证。《大河报》2004年10月19日载:"周人最高等级的墓葬周公庙遗址西周大墓正式发掘";又刊载:"周公庙遗址位于岐山县城以北约7公里的凤凰山上"。我们从文献中早已知道:周迁丰镐的始祖古公亶父因"凤鸣岐山"而葬于岐山之高处,其子子孙孙的安葬随着在山之阳"祔于祖茔",形成了周原和岐山方域广大的墓葬群。唐代,人们虽然未能准确地知晓周公旦的墓葬所在地,仍于凤凰山之南的山梁上立庙祭祀。同样,我们认为郑从姬周的丧葬礼俗,其东迁始祖郑武公的陵寝绝不会脱离"周礼"的范畴。不仅,广武山最高处的武公岭(飞凤顶)与"周礼"规范惊人的一致,广武原作为郑氏祖茔也和岐山周原完全一脉相承。这,便是所有墓碑"祔乃从周"和"礼也"的根本所在。

另外,还有一点应该提及:位于广武山与广武原接合处的郑王庄,在明代还于老宗庙的旧址上修建了郑氏宗庙,祭祀始祖,遗传至今。这一境况,也和岐山的周公庙颇为近似。

总之,广武山和广武原的郑氏祖茔地是历史形成的客观现实。

郑氏祖地根于荥阳这方热土著于荥阳郡

早在公元前772年,历史上还没有"荥阳"这个地名时,荥阳这一方热土就和郑国结下了休戚相关的血脉之缘。随后,郑国死里逃生在这儿立稳足、扎下根、屹然崛起。这儿,也因郑国立国之君和东迁始祖的英明决策和治理而成为当时中原最昌盛、最发达的地区。荥阳作为这一地区的地名,最早于前323年出现在史籍上(见《史记·张仪列传》)。自秦(前249归秦)、汉设县到三国曹魏正始三年(242)初次设郡,共经过了491年。这期间,西汉大司农郑当时,西域都护郑吉,东汉大司农郑众,大经学家郑玄等人,不论他们出生于何地,均在籍贯上冠以"荥阳"二字,表示其是荥阳人,祖籍在荥阳(当然,有些人的"荥阳"称谓,可能是后人加上的。即使如此,也表明后人对他们祖籍在荥阳的承认)。郑氏二十七世祖郑奇任河南郡太守时,又举族迁回荥阳(约在前20年前后)。可以说,郑氏祖地早在荥阳(古荥)设县建制之前,已在这一方热土被历史铸为一体;更在荥阳设郡之前完全形成。到荥阳进一步发展,成为郡治,郑氏族人兴旺发达,不断迁出荥阳县,首先在左近荥阳郡所属的几个县内发展,荥阳便在历史上成了郑氏的郡望。这一段时间内,郑氏名贤辈出,遂成为中国历史上著名的望门大族,荥阳的郡望遂更加彰显。按时代顺下来的历史的轨迹在在昭示:郑氏祖地根在荥阳这片热土,到荥阳郡之后,进一步发展为中华望族。

(第一作者为荥阳市文化局干部,第二作者为荥阳市文化局干部、河南省作家协会会员)

荥阳郑氏在三明的分布

郑建光

一、荥阳郑氏入闽及其渊源

根据《新唐书·宰相世系表》和《元和姓纂》等资料记载,郑姓为黄帝之后,出自西周时的姬姓,其血缘的始祖可追溯至后稷。传说中,后稷是农业神,其母有邰氏是炎帝的后裔、帝喾的元妃。《史记·五帝本纪》载:帝喾高辛者,黄帝曾孙也。可见,郑姓混合有炎黄二帝的血缘。后稷下传二十五代是姬友,即为周宣王同父异母的幼弟。《通志》载:周宣王静二十二年(前806),周宣王分封其弟友于林(在今陕西华县以东)。姬友,受封为郑伯,谥桓公。所以,《新唐书·宰相世系》说:"郑氏出自姬姓。"

西周周幽王宫湼八年(前774),郑桓公任周朝司徒,掌管教化,周幽王为人性暴寡恩,喜怒无常、狎昵群小。郑桓公见周幽王荒淫无道,宠幸褒姒,重用奸臣,王室内部矛盾激化,加之戎狄威胁,形势严峻。在这内外交困中,文武百官都明哲保身,不求安邦治国之道。郑桓公看着周王朝面临的严峻形势,多次上书劝谏,未能奏效。他预感到大乱将要发生,向掌管古籍的太史伯请教前途之事。太史伯建议他可先到地处洛水以东、黄河以南的荥阳广武的虢,和地处新密交流寨的郐之间的地方,借一块地安置家小财产,将来可以有所作为。郑桓公听从太史公的建议,于周幽王宫湼十年将眷属、亲信、家产安顿在北距虢国都城20公里、南距郐国都城27公里之间的一个叫"京"(今荥阳市豫龙镇京襄城村)的地方居住下来,史称"虢郐寄孥"。第二年,周幽王为博得美人褒姒一笑,点燃战争时用来向诸侯发信号台的烽火台,终于酿成了亡国之祸。当诸侯们一路烟尘滚滚领兵而至，不见敌情，只见幽王与褒妃在城上饮酒作乐，褒姒偎在幽王怀中，凭栏远眺，各路军马擎火炬漫山遍野奔跑的狼狈状，不禁嫣然一笑。申侯上表责备周幽王弃皇后、废太子、宠褒姒、戏诸侯四事，烽火戏诸侯的献计者虢石父反诬说申侯与太子宜臼打算谋反，幽王发兵讨伐申国。申国国小兵微，难以抵御，于是向犬戎求援。犬戎发兵五万，杀奔京师，将城围得水泄不通。幽王大惊失色，再点烽火向诸侯求救时，诸侯以为幽王又想戏弄他们来博取美人一笑，所以都不当回事。不久镐京陷落，周幽王狼狈逃往临潼，在骊山下被追杀，西周灭亡。这次事件史称“犬戎之乱”。郑桓公也在这次事件中为国捐躯。郑世子掘突袭位，他就是郑武公。

周平王继位后将周室东迁洛阳，建立东周。郑武公协助王室东迁后，出任王朝卿士。他为了兴建郑国，于东周周平王宜臼（前769）灭了南边的郐国，两年后又向北面的虢国用兵，将八个附属小国纳入郑国版图，这就是著名的“武公之略”。郑武公在京襄城建成郑国东迁后的第一个都城。不久，日渐强大的郑国与东周发生了地盘上的争执，周平王收回部分因“武公之略”的失地，迫使郑武公放弃京城，到郐国故地重建新都（今新密市曲梁乡交流寨村）。周平王宜臼二十七年郑武公病逝后，由寤生嗣位，是为郑庄公。至郑文公嗣位后，又在新郑兴建了郑国东迁后的第三个都城。郑国共立业431年，传14世，共23位君主，至战国周烈王元年（前375）为韩国所灭。郑国亡国后，王室后裔流亡于河南淮阳（陈）、开封（启封、大梁）、周口、商丘（宋）交界一带，以原国名为姓氏。

由此可见，郑姓最早发源于陕西华县及河南荥阳、新密、新郑一带，而古代河南中部一带曾是荥阳郡的管辖范围，因此就有了“天下郑姓出荥阳”的说法。

西晋“永嘉之乱”后，“中原板荡，衣冠始入闽者八族”。郑姓就是最早入闽的八姓之一。河南荥阳的龙骧将军郑昭便是第一个进入福建郑姓人。郑昭最早是迁徙至福州一带，以后又陆续从福州迁徙长乐、闽侯、晋江、泉州、莆田等地。其中，郑昭裔孙“南湖三先生”分衍出泉州郑氏，漳州郑氏等，散居于福清、永泰、永春、同安、南安、龙溪等地。唐初，河南郑氏又有随陈政、陈元光父子入闽，居泉、漳一带，后向闽中腹地发展并进入广东。唐末，又有曾为唐武宗宰相的郑肃曾孙郑摄，偕同姓十八人从固始县随王潮、王审知入闽。

宋、元时期，郑姓在江南已繁衍为大族，尤其是福建、浙江两省郑姓人口居多,成了典型的南方姓氏。在江苏、湖南、河北、贵州、广东、安徽等地均为望族,尤其以福建、浙江两省为最多,约占全国郑姓总人口的半数以上。浙江浦江郑氏以"九世同居"而闻名于天下。福建自今还保护完好的浦源郑氏宗祠,该祠堂始建于宋代,为河南荥阳迁居浦源的朝奉大夫郑尚公的第八世孙郑晋十所建。宋代,郑姓人口已遍布福建汀州、建州、建宁、宁德、连江、霞浦、崇安、宁化等地。

二、郑氏进入三明及分布情况

郑彦华辅佐李昇灭吴建立南唐后,官至左千牛卫将军。他致仕后迁居宁化招贤里郑坊(今三明市宁化县水茜庙前)。其子郑文宝,字仲贤,北宋太平兴国八年(983)进士,官至刑部员外郎。宋末时,郑文宝的长房裔孙郑原林迁居三明辖县明溪夏坊(见明溪夏坊《郑氏族谱》)。郑文宝有三个儿子:长子郑云龙留居宁化;次子郑云虎随父入朝,解职后卜居永安桃源洞;第三子郑云熊游学连城定居表籍里,其裔孙郑国瑚于明永乐八年(1409)回迁宁化安乐新村里三大村(见宁化安乐(三大)《郑氏族谱》)。

北宋庆历二年(1042),郡望荥阳、原籍河南固始的光禄大夫郑章被调征南闽藩镇兴化仙游县。由于遭奸臣弹劾,他弃官与同来的兄弟叔侄各自隐遁。郑章徒步龙岩经沙县转入大田桃源隐居,为郑氏入大田县桃源镇开基始祖。郑章娶妻吕氏,一胎生下四子,即天、地、日、月四房,继后子孙十八户建有大祠堂一座,享有桃源"九胎十八子"之誉(大田县桃源《郑氏家谱》)。约在北宋末,大田桃源郑氏后裔郑晋五从大田桃源经太华徐山、均溪金山,迁徙至均溪东坑开基立业。"金祖一支传至玄孙郑五六,郑五六生有四个儿子:仲七、仲九、三十、伯八分居尤溪县的四十一都、第二保坂头(今永慈岩)、第六保郑湾墩、第二保后墩。"(三元《白砂郑氏家谱》)。郑章的第三子郑金紫从大田桃源移居到永安青水枫林(今三房村)。因此,永安青水郑氏尊郑章为开基始祖。永安青水三房《荥阳郑氏族谱》以郑冲为始祖(郑章为第三世);其第二十六世郑产仁和郑梦扶分别移居大田徐山乡和三明市中村,第二十七世郑忠六移居大田县建设镇建明村。郑万一从大田县桃源镇迁居广平镇上筹,裔孙郑兴九又迁居尤溪县八字桥乡洪田村上田,部份上田裔孙又迁往尤溪新阳镇上地村。郑四十又从尤溪新阳镇上地村迁居新阳镇建新村呈祥。郑念大从桃源迁往新阳镇溪坂村溪口。郑念五从大田县桃源镇十八祠迁居新阳镇建新村高彰自然村。郑念六从大田县桃源镇迁居新阳镇池田村。如今,新阳镇郑姓已有3000多人,分布在上地村、建新村呈祥、高彰、溪坂村溪口、池田村、瓷厂村山头宝、双鲤村等地。明永乐二年(1404),郑宗兴从尤溪县新阳镇上地村迁徙至尤溪县西城镇北宅村吴坑自然村。明朝嘉靖年间(1522~1566),郑春金从四十九都(新阳镇土名鱼崙)迁入尤溪县西城光林村安洲岭。尤溪西城郑姓有2349人,主要分布在文峰、三山、秀村、联建、郑庄、北宅等村。明崇祯四年(1631),郑思高从尤溪新阳上地村迁居尤溪管前村尾。尤溪管前郑姓有350人,主要分布在洪村,村尾两地。

北宋时,郑世章从大田县桃源乡迁居尤溪县联合乡连云村上厝坪,为联合乡郑姓开基始祖。郑世章迁居连云村后,再分支南平湖头,后由郑满世迁居尤溪县十一都七里(今西滨镇七里村);明嘉靖年间(1522~1566),郑满世的第五子郑积德迁居尤溪县联合乡湖洋村,为湖洋郑姓之始祖。明正德十四年(1519),郑福孙从连云村分支尤溪联合的吉木村。联合乡郑姓主要有连云、湖洋、吉木、联东、东边等支系,有1231人,主要分布在连云、湖洋、联东、东边、惠州、吉木、联合等村。

郑宣义,唐末时居福州,宋高宗年间(1127~1162),郑宣义孙郑继颢(字安辅)从福州迁徙崇安美俗坊(今武夷山市),有后裔留居福州。南宋初年,郑继颢有两支后裔迁居三明将乐县:一支是郑继颢后裔郑秉全从崇安县美俗坊迁居将乐县安仁里大坪村,郑秉全的部分后裔先后播迁将乐县的安仁乡洞前村张坡下自然村、蜈蚣鼻村、余坑村西坑自然村、泽坊村洋坑、泽坊自然村、石富村、高唐镇班州村上墩、班州自然村、高唐村、楼杉村、常口村。将乐安仁乡洞前村大坪自然村位于将乐县北,是将乐郑氏主要支派的发祥地。另一支是郑继颢后裔从福州一带迁居将乐县古镛镇建设街玉华巷郑厝大院,其后裔散居将乐县百花、龙池等社区和水南镇渡头、溪南、水南、新兴等村。

南宋嘉定年间(1208~1224),郑光仁、郑光义兄弟从候官迁居尤溪坵墩(今尤溪县尤溪口镇尤墩村)。

元代初,原尤溪县四十一都郑仲七三子郑富三迁居三明沙县,生有一子郑贵六。郑贵六有两个儿子:长子郑先一(乾房)迁居历西(今三明市梅列区列西);次子郑先二(坤房)迁居白砂(今三元区白砂)(三元《白砂郑氏家谱》)。

元至元年间(1271～1294),郑达因置田产于尤溪县中仙乡苏峰村,遂由德化县水口乡淳湖村迁居苏峰,为苏峰郑氏开基始祖。苏峰郑姓已有 3000 多人,主要分布在苏峰境内的苏畬、后山洋、小岭、后厝云、芹山、蒲洋柄六个自然村。

元至元二十年(1283),郑进兴从大田县桃源迁居尤溪管前的洪村,为管前洪村郑氏的开基始祖。清康熙元年(1662),郑积盛从管前洪牌迁居尤溪西城联建村长榴自然村。

元至正元年(1341),郑六千从尤溪县水南马坑口迁居尤溪八字桥后曲村黄厝。明洪武元年(1368),郑魁一自大田四十五都上筹迁至刘地(今尤溪县八字桥乡下佘村)。明代,郑万一长子郑先九从上筹(今大田广平镇上筹村)迁居尤溪二都上田林兜文星寨(今八字桥乡洪田村)。八字桥乡郑姓有 3275 人,主要分布在洪田村、下佘村、后曲村。

元末明初,郑亮从漳州府德化县迁居尤溪十三都杨厝庄后,又迁徙至尤溪上云村。后裔一支开基尤溪县三都上地。明正德四年(1510),郑进大从德化上涌乡半林村迁居尤溪县东华村际头自然村。

明洪武二年(1369),郑里二从侯官迁居尤溪县西洋(今尤溪县西滨镇西洋村)。郑里二生有六子,长房原迁居尤溪洋中镇后楼村米菇林,后因匪患迁回西洋;二房迁居沙县、梅列;三房迁居建宁;四房仍居原西洋禾埕底;五房迁居厚泽(今西滨镇厚丰村);六房定居西洋。

明正德初,郑承泰之裔孙郑世忠携带家眷到尤溪任官,后落籍于尤溪。郑世忠有三子:郑添寿、郑添财、郑添富,分居于尤溪科第、拥口、七斗。纲纪郑氏开基始祖郑忠孙姒潘氏居七斗村,明正德八年(1514)四月价买小宁纪氏庄基(土名光梗),后改呼纲纪。纲纪郑氏第二世孙郑继大移居福建长乐,第三世孙郑仁富裔孙郑光绸移居三明市梅列。纲纪郑姓有 1035 人,主要分布在下园路、祖祠边、井头垅、董摸兜、对面洋山兜尾、前后坑头、岭头、下曲、后埔、炉下、坡夹、大桥头、寨下、大坡、道尾隔、宫后、路下垅等地。

明嘉靖年间(1522～1566),大田县桃源里郑氏迁居尤溪中仙善邻村山坑。

明末,郑昺从德化县上涌"霞美堂"迁居尤溪十七都王坑门自然村,为洋中村王坑门自然村郑姓始祖。

明末清初,郑朝仕兄弟三人从永春小溪尾卓铺里迁居尤溪楼止八都台口后、无祠坪、八都五墩,清同治四年(1865)移居尤溪水东村。同期,建宁府牛栏角郑氏迁居沙县的郑墩村、岭头村。莆田仙游上一支郑氏迁居沙县的高砂村。

清初,郑从根随父从上杭临江迁居三明明溪县雪峰镇岭干四贤祠附近,后迁居明溪东门杨家巷(见明溪雪峰《郑氏家谱》)。

清咸丰年间(1851~1861),大田县一支郑氏迁居尤溪坂面村下坂。郑已生从泉州石井村迁居尤溪坂面乡大坪村后湾,为大坪村郑姓始祖。

清乾隆二十五年(1760),德化东头郑氏迁居尤溪西洋坊。

清乾隆四十五年(1780),郑鑅因经商举家从福建仙游迁居尤溪汤川二十都下府店(今汤川光明村罗德兴厝边),为汤川光明郑氏的开基始祖。据《荣阳郡郑氏谱》载,郑鑅是郑氏入闽始祖郑昭的后裔,系郑氏仙游屏山支系郑三秀派下第十一公裔孙。

清康熙三年(1664),郑英扬从永春迁居尤溪联合的山坑林前湾。

清康熙二十五年(1792),郑伯道从大田县东坑迁居联合乡惠州村。

清代,原居泉州府的郑继颢二弟一支,从永春县迁居三明将乐县古镛镇积善村三涧渡自然村。同期,江西郑姓到将乐经商,后定居古镛镇解放街(现迁居龙池社区),其远祖为河南固始的郑君乙,与大坪、建设街、水南等地的郑氏同一个远祖。

抗日战争时期,有郑姓后裔从福建沿海地区避难至三明各地。二十世纪中期,有沿海郑姓移民三明各地。

郑姓为三明市的第九大姓,共有人口75328人,占全市总人口的3.52%。其中,大田县25676人,尤溪县21151人,永安市7607人,三明市区7226人,沙县5299人,将乐县2596人,宁化县1848人,明溪县1269人,清流县1178人,泰宁县869人,建宁县609人。大田、尤溪两县的郑姓人口有46827人,占全市郑姓总人口的62.16%。

各县(市)详细人口分布如下:

三明市区:郑姓人口有7226人,占全市区总人口的2.54%;其主要分布在三元区的白沙村、中村乡,梅列区的列西村等地。具体分布为:三元区3299人,分布于城关街道639人,白沙街道1006人,富兴堡街道510人,荆西街道167人,岩前镇128人,莘口镇48人,中村乡283人,城东乡518人;梅列区3927人,分布于列东街道 1863 人,列西街道 1250 人,徐碧街道 603 人,陈大镇 162 人,洋溪乡 49 人。

大田县:郑姓人口 25676 人,列全市首位,为大田的第三大姓,占全县总人口的 7.01%;分布在全县的 13 个乡镇的 52 个村庄,其中百人以上的村庄有 32 个。全县郑姓人口最多的村庄为广平镇的梅仁村,有 3268 人。具体分布为:城区 307 人,华兴乡 1399 人,武陵乡 75 人,谢洋乡 115 人,文江乡 4 人,梅山乡 20 人,均溪镇 3250 人,上京镇 87 人,广平镇 6132 人,桃源镇 3250 人,太华镇 2986 人,建设镇 2070 人,石牌镇 1592 人,奇韬镇 3182 人。

尤溪县:郑姓人口 21151 人,列全市郑姓第二位,占全县总人口的 5.05%;具体分布为:城关镇 2079 人,梅仙镇 820 人,台溪乡 230 人,管前镇 805 人,八字桥乡 3512 人,联合乡 1291 人,新阳镇 3302 人,洋中镇 618 人,西城镇 2353 人,中仙乡 2811 人,溪尾乡 867 人,汤川乡 157 人,坂面乡 244 人,西滨镇(含尤溪口)2061 人。

永安市:郑姓人口 7607 人,占全县总人口的 2.38%;其主要分布在青水畲族乡的青水、汀海、槐甫、三房、过坑、龙吴村,贡川镇的南坂村,西洋镇的新街、林田村,槐南乡的隔坪村。

沙县:郑姓人口 5299 人,为沙县的第十大姓,占全县总人口的 1.55%;具体分布为:凤岗街道 1880 人,虬江街道 392 人,夏茂镇 156 人,青州镇 679 人,高砂镇 458 人,高桥镇 60 人,富口镇 152 人,大洛镇 101 人,南阳乡 107 人,南霞乡 110 人,郑湖乡 1164 人,湖源乡 40 人。其中,凤岗街道的城区、村头村小竹、三姑村岩下,虬江街道的安坪村、城南社区,青州镇的坂山村大科、小科、洽湖村、涌溪村,高砂镇的高砂主村、阳溪洋口仔,富口镇的白溪村、堆积坑村、富口村、郭坑村、荷山村、延溪村,大洛镇的高坑洋村,南阳乡的大基口村、木科村、南阳村,南霞乡的东周村董盂,郑湖乡的郑墩村、岭头村都是郑姓人口主要的居住地。

将乐县:郑姓人口 2596 人,占全县总人口的 1.54%。郑姓居住地有 17 个自然村和 3 个社区,其中大坪村郑氏开基祖郑秉全的后裔占三分之二。郑秉一支的郑氏居于安仁里大坪(今安仁乡洞前村大坪自然村)、安仁乡洞前村张坡下自然村、蜈蚣鼻村、余坑村西坑自然村、泽坊村洋坑、泽坊自然村、石富村、高唐镇班州村上墩、班州自然村、高唐村、楼杉村、常口村。另外三支郑氏分居于古镛镇建设街玉华巷郑厝、水南镇渡头、溪南、水南、新兴、古镛镇积善村三涧渡自然村等地。具体分布为:古墉镇724人,高唐镇236人,光明乡32人,漠源乡23人,南口乡117人,白莲镇41人,黄潭镇30人,万全乡33人,万安镇152人,安仁乡829人,大源乡102人,水南镇262人。

　　明溪县:郑姓人口1269人,占全县总人口的1.10%;具体分布为:城关(含雪峰镇)478人,瀚仙镇57人,胡坊镇141人,沙溪乡119人,夏阳乡42人,盖洋镇193人,夏坊乡66人,枫溪乡31人。

　　清流县:郑姓人口1178人,占全县总人口的0.80%;具体分布为:龙津镇281人,嵩溪镇477人,嵩口镇200人,林畲乡95人,灵地镇3人,沙芜乡2人,田源乡6人,温郊乡42人,余朋乡19人,里田乡4人,李家乡4人,赖坊乡3人,邓家乡5人,长校镇2人,东华乡35人。

　　宁化县:郑姓人口1848人,占全县总人口的0.53%;其主要分布在城区、湖村、泉上、方田、安乐、中沙、河龙、水茜、安远等地。

　　泰宁县:郑姓人口869人,占全县总人口的0.68%;具体分布为:杉城镇362人,朱口镇114人,上青乡4人,新桥乡4人,大田乡32人,下渠乡268人,开善乡26人,梅口乡46人,大龙乡13人。

　　建宁县:郑姓人口609人,占全县总人口的0.42%。

　　但是,由于历史材料缺失,有些乡村的郑氏源流不是十分清楚,以尤溪县西滨镇厚丰村为例,即可见一斑。

三、尤溪县厚丰郑氏源流

　　厚丰村郑氏远祖郑威随王潮入闽,致于播迁厚丰的路线尚未发现确切记载,根据有限的资料考证,由大田桃源迁侯官再迁尤溪较为可信。那么,又是于什么年代从哪里开基厚丰呢? 根据世代口耳相传,桂陆公于明嘉靖年间从西洋到厚丰奠定鸿基,应该也是没有疑义。需要指出的是,于清朝中期由郑世秉主持修撰的西洋《郑氏宗谱》,因遭特大洪灾而遗失,重修于一九八七年的《西洋郑氏宗谱》没有了旧谱依据,许多记载语焉不详。大田桃源一九九八年版《荥阳郑氏宗谱·第一册》记载,入闽祖第十世孙郑维政于南宋嘉定年间(1208~1224)定居在尤溪口一带。二〇〇七年版《西洋郑氏宗谱》称西洋郑氏于洪武二年(1369)

开基,开基祖是里郑二公还是郑维政没有定论。综合多方面资料,从郑氏入尤与开基西洋大约相距 145～161 年,间隔大约七、八代推断,西洋郑氏开基祖应当是郑里二,而非郑维政。又据西洋谱记载,郑里二生六子,第五房郑融丰生郑大郎,郑大郎生郑桂陆,是为厚丰开基祖。但是,郑氏开基厚丰在明嘉靖年间(1522～1565),与郑氏开基西洋的洪武二年相距约 153～196 年,间隔大约有七至十代,这样,厚丰的开基祖就不是西洋郑里二的第三、四世。从西洋郑氏传三十三世,厚丰郑氏传二十三世来看,也不难推论郑桂陆与郑里二之间的代差不止三四代。这中间如何播迁,有待考证。

　　另一种观点认为,坵墩、西洋、厚丰郑氏的入尤祖是长乐玉田郑明顺,这一论点值得商榷。根据长乐二〇〇七年版《玉田郑氏谱志》提供的信息,玉田始祖郑遂良生于元世祖至元二十四年(1287),郑明顺是郑遂良的第七世孙,与玉田谱二修主纂人郑明坚同辈。根据玉田郑氏第二次修谱的时间推算,郑明顺迁居尤溪大约在 1470～1510 年之间。然而,郑里二开基西洋是洪武二年(1369),比郑明顺入尤早了 145～161 年,更不用说南宋嘉定年间(1208～1224)郑氏定居在尤溪口的记录了,时间不相吻合。就算郑明顺入尤溪直接定居西洋,也才 500～540 年,世代传衍还达不到三十三代。显然,郑明顺不是西洋郑氏的先祖,当然也不是厚丰郑氏的先祖。

　　尤溪口镇尤墩村根据 1906 年编纂的《坵墩郑氏族谱》残本,于 2006 年进行续修,《坵墩郑氏族谱》续修本称郑光仁、郑光义兄弟在南宋嘉定末,从侯官迁徙尤溪坵墩接壤之地定居,为郑氏入尤提供了史料依据。坵墩谱的世系图与桃源谱也比较接近,还有许多完全相同之处,只是桃源谱记载的迁尤者为入闽八世穀公,坵墩谱记载为入闽十二世郑光义,相隔四代。坵墩《郑氏族谱》始修于明代,明隆庆三年(1569),乡进士茂名县知县吴航撰著“鼎建坵墩郑氏族谱序”;该谱于明崇祯十三年(1640),由福塘庠生陈捷主持重修;清道光六年(1826),由府学生员杨继山主持重修;清咸丰八年(1858),由郑氏姻侄欧良海与第三十一代孙郑世璧分别撰著;清光绪三十六年(1906)再次修族谱;1963 年,又由樟湖溪口人编纂。该谱多次续修,衔接有序,具有参考价值。但新续修的坵墩谱没有郑氏迁居西洋的相关记录,甚为遗憾。厚丰郑氏先祖及开基年代,只有待日后有新的史料,比如厚丰旧谱抄本的现世以及考古发现,才能定论。

四、三明古代郑氏名人

历史上三明郑氏为推动社会的发展产生过积极的影响,以尤溪、大田两县显贵者为多,有史料可查的主要人物有:

郑彦华,宁化水茜人,南唐时任左千牛卫大将军。

郑文宝(953～1013),字仲贤,20岁左右承父荫入仕,授职为奉礼郎,后迁任校书郎。北宋开宝八年(975)宋灭南唐后,郑文宝仍被宋朝廷录用,被任命为广文馆生。太平兴国八年(983),郑文宝参加北宋朝廷举办的科举,中进士,被授与修武(今河南获嘉)主薄。淳化二年(991),郑文宝调任殿中丞,并奉命出使四川、陕西负责清理整顿税收。郑文宝在川、陕期间,正逢夔州广武驻军叛乱;叛军四处抢劫,惊扰百姓。郑文宝作为朝廷钦差大员果断担负起平叛重任。他当机立断,率军乘船顺流而下,一夜行程数百里,以迅雷不及掩耳之势,发起进攻,一举歼灭叛军。因此,他获得朝廷嘉奖,赏赐五品朝服,升任陕西转运副使。郑文宝先后12次亲自带队从环庆(今甘肃环县与庆阳一带)穿过沙漠,督运粮草到灵武(今宁夏灵武县)。景德三年(1006)郑文宝奉诏回京时在途中染上疾病,留居在他儿子任职的襄城县养病。大中祥符元年(1008),朝廷任命郑文宝为兵部员外郎、暨忠武军行军司马。郑文宝因病未能到职。大中祥符六年,郑文宝逝世于襄城,后归葬宁化故里。郑文宝一生著作颇丰,除《江表志》、《南唐近事》之外,流传下来的还有《历代帝王谱》、《谈苑》、《玉玺记》、《郑文宝集》等著作。

郑安道,尤溪人,北宋熙宁六年(1073)进士,曾任金紫光禄大夫。

郑木,沙县人,南宋绍兴二十四年(1154)进士。

郑渊,尤溪人,南宋进士。

郑勋,尤溪人,南宋嘉定四年(1211)进士。

郑子实,尤溪人,南宋嘉定十年(1217)进士。

郑铿(生卒不详),字子声,将乐县人。元至正年间(1341～1368)曾任教谕。他多才多艺,对诗歌颇有研究,书法、绘画亦精妙,尤其擅长绘图。乾隆六十年(1795)冬,他的一帧长幅画"剑门风雨",满纸雾气弥漫,栈道或断或续于山崖树梢间,道中骡马络绎、肩负行李者多人,或牵马戴笠披蓑步行的,或戴斗笠穿草鞋、张伞、赤足而行的,山顶一雄壮关隘,人马由此入关,态若生辉。《福建通志》

称此画"洵名笔也"。郑铿与邵武诗人黄镇成交谊甚厚。郑铿去世后,黄镇成写诗怀念:"能书能画郑广文,丹成挥手谢尘氛。不知笙鹤游何处,留得潇洒一片云。"

郑小六,大田桃源镇玉田人,明洪武年间(1368~1398)封右总旗之职即令副总府。

郑时敏,明代将乐人。明宣德年间(1426~1435),郑时敏与李在、周文靖、周鼎、黄济、林景时、郑克刚一起征召入宫为宫廷画师,被封为锦衣镇抚。据《中国名人大辞典》、《福建名人辞典》载:郑时敏"善画山水。有显宦久官京师。母未迎养。思亲入梦。时敏为绘萱花图。题诗其上。显宦为之感泣。即日乞养。"可惜,郑时敏作品失传,后人无缘见识。

郑永祖(?~1449),尤溪县人。明正统十三年(1448)二月,郑永祖与尤溪炼铁场的炉主蒋福成一起响应沙县邓茂七起义活动,率领炼铁工人和农村贫民造反,10多天,聚众万余人,攻破尤溪县城。再进军沙县与邓茂七部汇合,攻占延平府,北上破顺昌、邵武,攻光泽,据杉关。正统十四年二月,邓茂七被叛徒出卖,在延平陷入明军伏击圈不幸阵亡。四月,义军仍在各地坚持与官军战斗。后因官军不断增援,义军终被各个击破。郑永祖和其他将领,改拥邓茂七之侄邓伯孙为首,继续抗拒官军。但因寡不敌众,最后战败。郑永祖等18人,被官军都指挥雍野、蒋贵部下俘获,全部壮烈牺牲。

郑宽,大田县人,明天顺六年(1462)进士。

郑主敬,大田人,明正德三年(1508)进士,授户部主事。

郑纪,大田人,明正德十五年(1520)进士,曾任南京户部右侍郎。

郑亮,大田铭溪桃源镇人,明万历十五年(1587)曾任广东琼山县知县巡察御史。

郑沛,大田人,明万历二十七年(1599)曾任户部尚书主事。

郑光世,大田均溪镇下安人,举人,明天启元年(1621)曾任河南延津知县。

郑龙光,大田人,明天启年间(1621~1627)曾任知县。

郑以济,大田人,明崇祯四年(1631)曾任广东惠来知县。

郑克敏,明朝将乐人,曾任延平府儒学训导、监察御史。

郑瑚,明代永安人,曾任浙江慈溪县丞。

郑朝爵,明代尤溪人,曾任太仓州同知。

郑武烈,明代尤溪人,曾任德州长史。

郑金砖,明代大田桃源镇人,曾任武略将军。

郑尚,明代大田广平镇栋仁人,曾任广东东莞县知县。

郑宽,明代大田广平镇栋仁人,曾任琼山知县兼署连平府日事。

郑克敬,明代将乐人,曾任延平府儒学训导、监察御史。

郑天羽,沙县人,清康熙年间(1662～1722)任嘉定知县。

郑居南,尤溪八字桥人,清康熙六十一年(1722)预选进士。

郑天宠,尤溪新阳镇建新村人,清乾隆六年(1741)举人,任陕西直隶吴堡知县。因政绩显著,他在告老还乡时,受皇帝破例召见,并刺封其祖父母、父母为"文林郎"、"好人"等号。这道"圣旨"在文革中被毁。

郑逢秋,尤溪新阳镇建新村人,清乾隆十年(1745)武举人,任江南太仓州护守府。

郑辅世,尤溪西华人,清乾隆三十年(1765)任浦城训导。

郑梦凤,尤溪西华人,清嘉庆元年(1796)进士,翰林院检讨。

郑国庆,尤溪西华人,清嘉庆九年(1804)升教授入翰林。

郑槐,尤溪西华人,清嘉庆六年(1801)任漳州府训导。

郑世漠,尤溪西华人,清咸丰九年(1859)封正五品正大夫。

郑世名,尤溪西华人,清咸丰九年(1859)授正五品奉政大夫。

郑世围,尤溪西华人,清咸丰九年(1859)授正五品奉政大夫。

郑延生,尤溪西华人,清咸丰九年(1859)例授州同。

郑延清,尤溪西华人,清咸丰九年(1859)例授州同。

郑佛仁(1861～1940),生于清咸丰十一年(1861),永安城关人,是当时负有盛名的建筑雕塑师。他所承建的房屋庙宇,宏伟壮观;雕塑作品,构思深邃,别具情趣。城内的唐王庙、龟山庙、桥尾临江阁、百丈岩仙娘庙,半岭亭、桥厝、益口畲大帝宫的重修和拓建以及大户人家的住宅新建,屋内雕梁、画栋、画屏,均出自他手。他的作品大部分在抗日战争和"文革"中被焚毁,现幸存的尚有百丈岩大殿的泥塑花瓶和狮像。

郑梦秦,清朝将乐人,曾任任州同知。

郑景山,清代尤溪八字桥人,官职五品进士。

郑厚朗,清代尤溪八字桥人,进士,官职五品。

郑鹏,清代尤溪梅仙科第村人,曾任户部尚书。

郑鳌,清代尤溪梅仙科第村人,曾任礼部尚书。

郑居得,清代尤溪新阳镇建新村人,举人,任舍山县左堂兼典史。

（作者为福建省尤溪县朱子文化研究会研究室主任）

略论中国姓氏的科学性

袁义达

一、姓氏的历史

人类的姓氏在世界各地出现的时间相差很大,而且,其产生的过程和文化背景均不相同。最早使用姓氏的国家是中国,大约发生在五千年之前的传说历史时期,包括伏羲氏时期、炎黄时期和尧舜时期。也就是中国北方地区开始出现父系社会的时期,那是一个没有文字记录的社会。这一时期的有关姓氏的说法均属于后人在有了文字之后的回忆记载,传说并带有神奇的色彩。有关姓氏的内容相对很少,谈到姓氏时多以父系的方式传递的,也附带了一些来自母系传递的痕迹。

进入3~4千年前的夏商西周时期,在甲骨文、青铜器上留下了世界上最古老的姓氏记录,这是真正记录了当时有关姓氏的历史,所以中国人有文字记载的姓氏历史应有3300年。这是值得我们全体中国人自豪的姓氏的信史。

春秋战国时期,人们已经普遍使用了姓和氏,并以父传子的方式一代一代地传递着。这一时期开始出现了家谱,这种血脉传递的记录从此没有中断过。特别要提到的是在战国末年成书的《世本》,它是先秦史官们记录和保存的三皇五帝至春秋时期的帝王诸侯的姓氏谱牒档案,是中国最早的姓氏谱牒专著,极为珍贵。

两千年前,进入秦汉时期,中国人的姓氏制度发生了重大变革,姓和氏合二为一,统称为姓氏,以父系方式稳定地世代传递,至今没有中断过。

当今的中国人和世界上的华人均是他们的直系后裔。

而在世界其他地区,当地人的姓氏的产生时间比中国要晚得多。比如,欧洲大陆的姓氏的产生大约在 1000 年前,普遍使用姓氏的历史只有 400 年。有些地区直到 20 世纪初,姓氏的使用尚未普遍。比如,到 1935 年土耳其人才以法律的形式规定使用姓氏。犹太人很晚才使用姓氏,而且是在被迫的情况下使用的。美洲大陆的姓氏历史也只有 200 多年,是欧洲移民带去的。与我国隔水相望的日本一直受到中国文化的熏陶和影响,但是直到 1875 年日本国民才有了真正意义上的姓氏。

二、姓氏的科学价值

中国科学院在上个世纪 80 年代中提出了研究有关中国人姓氏的课题,这是很出人意料的,当时的媒体特别关注这方面研究的动向。这是为什么? 因为,中国人姓氏有几千年的历史,自始至终与血统、封建和家族联系在一起的,一直属于社会科学的范畴。姓氏与自然科学相联系,自然让人要问为什么? 回答这个问题其实很简单,因为姓氏是"遗传"的,既然姓氏具有生物遗传的"特征",那么通过自然科学方法研究,她自然就属于自然科学了。我们正在研究的姓氏确切地说应归于横跨社会和自然两大学科的边缘学科——文化群体遗传学。

在中国,姓氏是父子相传的。如果这种传递有规律,而且不中断的话,那么,通过中国历代的户籍登记和文献中姓名的记录,我们就能获得几百年、甚至上千年的有价值的"遗传学"资源。对于这一点,在 30 年以前,拥有 5000 年文明历史,同时拥有 5000 年姓氏历史的中国人并不清楚,而只拥有几百年姓氏历史的欧洲人早在 130 多年前,已经开始从自然科学方面研究姓氏了。1875 年,英国人乔治·达尔文医生通过英国人在教堂中登记结婚的人名册中,发现姓氏可以研究医学中的近亲现象,这是科学家第一次利用姓氏揭示生命科学中的一些问题。

1875 年,世界上还发生了一件与姓氏有关的重大事件,那就是日本国的明治维新。为了强国富民,日本新政府首先是调查日本的国情,人口调查是其中一项。但是日本人的名字重复的太严重了,于是政府要求每一位日本人必须给自己找一个姓,以区别与他人的不同,因为日本人在这之前是没有姓的。于是乎,在短短的时间内日本人就出现了三万多个姓,多数是以地名、河川和环境特征为姓,什么井上、河边、松下、田中等等。这是姓氏在国家重大政策中的应用,姓氏成了重要的国情资源之一。随后,世界各地对姓氏的研究和应用迅速扩大到了人口迁移、民族融合、人群结构、经济发展、疾病分布和家族遗传病等等领域。所以,姓氏是一种文化,也是一门科学。

姓氏的传递本质是什么呢? 大家都知道,每一代的子女的遗传物质一半来自父亲,一半来自母亲,经过 10 代后,后裔中的血液的遗传物质在理论上只有1/1024 与第一始祖相同。所以,社会上大家对姓氏寻根的科学性一直持以怀疑的态度。恰恰就在这一非常通俗的常识上,大家忽略了一个生物进化上的重要现象:Y 染色体(男性遗传物质)的遗传! Y 染色体的遗传几乎是世代不变的,只有拥有了 Y 染色体精子的受精卵才能发育成男孩。这是人类进化中的一条永恒的法则,谁也改变不了的。

我们定位姓氏作为生物学中的一种可以研究的"材料",其原则就是:姓氏是父传子的,其传递方式类似于 Y 染色体遗传的表现。所以把姓氏看成人类 Y 染色体上的一个特殊遗传"位点",每一种姓氏则相当于这个遗传"位点"上的一种"等位基因",我们称其为"姓氏基因"。这就是姓氏的传递本质。因此,在中国,通过姓氏进行寻根问祖活动和家谱研究是有科学依据的。

三、中国人姓氏的数量

自古以来,中国人总共有过多少种姓氏呢? 从来没有人统计过。从历代出版的重要姓氏专著上,我们还是可以了解到各个历史时期中使用姓氏的情况。比如,战国末期的《世本》收录了 893 个姓氏,西汉史游的《急就篇》列出 300 多个姓氏,东汉应劭的《风俗通·姓氏篇》收录了约 500 个姓氏,唐朝林宝的《元和姓纂》收录了 1232 个姓氏,流传最广的宋朝《百家姓》收录了约 500 个姓氏,宋朝郑樵的《通志·氏族略》收录了 2255 个姓氏,元朝马端临的《文献通考》收录了 3736 个姓氏,明朝王圻的《续文献通考》收录了 4657 个姓氏,近代台湾的王素存的《中华姓府》收录了 7720 个姓氏。

上世纪九十年代,由国家自然科学基金支持完成的《中华姓氏大辞典》(袁义达著)收录了 11969 个姓氏,这是至今收录中国人姓氏最多的一部姓氏专著。到底中国 5000 年来出现过多少种姓氏呢? 我们仍然无法作出明确的回答。但有一点可以肯定,中国人5000年来,可以收录到的在历朝版图内汉族和少数民族的姓氏总数应远远不止这些。目前,我们继续在收集和整理中国人姓氏,将要出版的、仍由国家自然科学基金支持完成的《中国姓氏大辞典》(袁义达著)收录的姓氏达到了23813个。但是,至今全国仍在使用的姓氏仅剩7000种左右。

目前全中国(包括台湾)排在前3位的大姓是:李,王,张。李、王两姓的人口已均超出9000万,而张姓人口逼近9000万,它们分别占人口的比例是7.4%、7.2%、6.8%,它们是世界上最大的同姓人群。人口最多的100位大姓的总人口已经占到全国人口的85%。其他近7000种姓氏的人口只占总人口的15%。

四、中国人姓氏的特征

中国人姓氏有三个明显的特征:第一个特征是遗传的,是以父系方式遗传的,类似于人类Y染色体的遗传。第二个特征是,环境、气候、疾病等一系列因素对姓氏是没有选择性的,因此,姓氏是中性的。第三个特征是,姓氏是人类社会进化中的文化产物,他标志社会结构中一种血缘关系的符号,可以从文字史书中追溯其传递的痕迹。其时间跨度很大,是一般意义上的生物学标记所不具备的。正是这三个特征,自然科学家对姓氏有了极大的兴趣,并从生物学的角度,即从科学的角度来研究姓氏。

在中国人姓氏群体学的研究中,大家先后发现了多个现象:

1. 当代的姓氏地理分布与遗传基因的分布是一致的。

2. 南北汉族的遗传组成上存在差距,大于南北汉族与南北其他少数民族之间的遗传差距,其分界地带在南岭和武夷山。

3. 自宋朝以来的1000多年中,宋、元、明和当代的中国人姓氏分布曲线基本重叠,反映了中国人姓氏的传递的稳定性和连续性。

4. 发现中国人姓氏分布不均衡,但是分布有规律。100个大姓大约占中国总人口的85%,是组成各地人群遗传结构的主要成分和决定历史上人口的迁移;而几千个小姓往往表达地域性特性,是相对比较完整地保存着中国人遗传多样性基因库的最好隔离群体。

5. 中国几十种疾病分布地理图谱与百家大姓分布地理图谱之间存在高度重叠的现象。说明中国人姓氏是一种重要的科学研究材料,她可能包含了更深内涵的自然和社会科学的内容。

五、科学姓氏

"参天之树必有其根,环山之水必有其源"。中国人的宗族观念根深蒂固,同姓同宗是一种很强的联系纽带。实际上自西周春秋三千年以来,在宗法制度下,中国人是以父系为中心,论亲属的亲疏。父系家族的延续被认为是至关重要的事。祭祀祖宗,延续香火,被认为是每个家庭的头等大事,无后被认为是最大的不孝。古代的国家观念,也与家族观念相联系,所谓一家一姓的天下,实际上是父系家族观念的无限扩大。在这种宗法制度和宗族观念的几千年中,中国人十分重视姓氏,养成了同姓聚居的习俗,很多地区存在着修谱联宗的现象,在中国大陆和世界其他地区,尤其大陆的东南和华南地区,以及东南亚华人比较集中的地区,形成了无数群大小不等的同姓人群和宗亲联盟。所以,华人姓氏和宗亲联盟是华人团体的重要社会基础。认识华人社会的这一现象,正确引导和利用这一关系,是十分有利于国家或地区的人气凝聚、社会稳定和经济发展的。

有的人认为姓氏不过仅仅作为一个人的称呼的符号而已,没有研究的必要,甚至担心研究姓氏和家谱的学问会不会走向搞"封建迷信"或者"宗派"?!这实际上反映了这部分人对中国传统文化缺乏信心,也对中国人(不管文化程度高低)热爱和传承中国传统文化的素质缺乏信心。上世纪八十年代,两个国家最权威的研究机构——中国科学院和中国社会科学院的科学家们不约而同地对中国姓氏进行了科学研究,从不同的角度和用不同的方法已经得出了一个共同的结论:中国人姓氏是一种重要的国情资源!姓氏已深深地埋在每一位中国人的心内、是抹不去的根亲烙印、是一种能世代遗传的血缘"基因"。中国姓氏文化不但在社会学、历史学、民族学、考古学等传统的文化领域中有着深远的影响,而且在自然科学领域中也占有一席之地。中国人姓氏的历史和传递规律,决定了她在探讨人类起源、民族形成、中国人遗传基因的进化和保护、乃至药物学等领域的研究中的作用,同时也科学地证明了中国家谱的历史价值。这一点确实使国人大开眼界,著名学者季羡林先生为此评论说:"原来在这些普普通通的姓氏里面,竟隐藏着这样重要的含义……,治中国历史而不注意姓氏的研究,是根本不行的。"

　　科学的发展和发现,给了中国姓氏文化和谱牒学新的生命和机遇。通过用现代自然科学的方法,结合社会科学的传统分析来探索和研究中国人姓氏,大大提高了中国人对血统记号——"姓氏"的了解和对历史追思的兴趣。这方面研究的中间结果已经引起了社会的反响,以不同的方式转化融入到了现代社会生活之中,特别是文化产业化的进程之中。姓氏的科学文化研究已经是当前我国文化研究的一大热点,是宣传爱国主义、促进祖国统一、弘扬先进文化的一个重要载体。大陆改革开放以来,海内外华人对祖先和祖地的寻根一直没有中断过,以各种形式来表达他们对先祖先宗的崇拜和同脉血亲的深情。中国人姓氏的传递如同血脉遗传,中国人姓氏的表达如同山河画卷,不管地区和方言、还是本土或海外,黄皮肤的华人都认同汉字姓氏,她始终维系着中华民族大家庭的生存完整和发展。

　　我们确信,中国人的姓氏是一项国情资源。她既是一种传统文化,又是一门现代科学。姓氏作为文化,凝聚着民族性格民族精神、蕴涵着民族的真善美,是中华民族认同的标志,是同胞百姓沟通的纽带。拓展姓氏研究领域,是认知历史的需要,是传承文明的责任,也是构建和谐的内容。她从远古走来,向未来奔去,在中国源远流长的历史长河中始终高举凝聚和大统的旗帜。

　　(作者为中国科学院遗传与发育研究所研究员,华夏姓氏源流中心主任)

神话源流下的炎黄二帝及其后裔姓氏

闫德亮

华夏姓氏滥觞于远古神话时代,其主要源头是神话中的"始祖赐姓"与"图腾为姓",中国第一古姓"风"就是图腾崇拜的结果。炎帝黄帝及其后裔的繁衍壮大,使中华姓氏不断衍生,姓氏文化趋于丰富。当今华夏姓氏前 100 大姓其祖姓几乎都出自神话时代的古姓,神话帝王及其后裔为当今华夏子孙的血缘祖先。

一

华夏姓氏起源于远古的神话时代。姓氏主要神话来源形式为:一是"始祖赐姓"。传说创世神女娲造人时因嫌用手捏人效率太低,于是用草绳沾着泥浆挥舞,甩出的泥浆随即变成了小人。女娲于是就规定,落在石头上的人姓石,落在树叶上的人姓叶,落在花朵上的人姓花,落在河里的人姓何,落在池塘里的人姓池。造人之后,女娲为了人类的代代相续,永不绝嗣就教人类如何自己生殖繁衍,"因置婚姻",发明通婚制。从此以后,人类自生自育,华夏大地有了真正的人类。一是"图腾为姓"。图腾产生于远古神话时代,当时人类的生存环境是非常恶劣的,生产力水平低下,对大自然及自身不了解,先民依靠大自然养育得以生存,于是对自然界万物顶礼膜拜,把它们神化为雷公、电母、风伯、雨师、山神、水神、火神、太阳神、动植物神等,把它们视为自己的亲祖,在敬畏中加以崇拜,这样不仅产生了神话,也产生了本氏族的图腾。图腾是氏族群体的标志和徽号。中国最早的一批古姓,即由氏族图腾演化而来的。如伏羲的"风"姓是龙图腾崇拜,意为"天下第一龙";东夷族少昊部落以鸟为图腾,故以鸟为官名,以鸟为姓氏;夏祖女志因食神珠薏苢而孕育大禹,故夏人以薏苢为图腾,以姒为姓(姒即芪的演化);周祖姜嫄因践巨人迹(熊迹)而生后稷,故周人以熊为图腾,以姬为姓(巨为熊迹之形,巨从女旁而为姬);等等。清顾炎武从《春秋》三传中考订的22个古姓中,凤、子、祁、华、曹、董、归、熊、漆、允10姓属上古图腾感生姓。社会学家李玄伯说,姓即图腾的结果,在文字内现在尚能看见种种遗痕。凤——凤姓之图腾,羊——姜姓之图腾,扈鸟——扈姓之图腾。祝融八姓来源于图腾:蛇——己姓之图腾,龙——董姓之图腾,虫——妘姓之图腾,鼓——彭姓之图腾。

二

伏羲为三皇之一,他自定"凤"姓,为中华第一古姓,他"正姓氏"的目的是"制婚姻","同姓不婚"是姓氏的最原始功能。伏羲时代后,是有名的炎黄时代。炎黄时代生产力水平提高,人口增加,地域扩大,氏族不断分化,衍生出了很多新的姓氏,当今华夏姓氏根据人口多少排在前100位的大姓(据1987年版中国科学研究院遗传研究所《百家姓》)几乎都能在此时找到祖源祖根。

炎帝神农氏,为三皇之末,又称烈山氏、厉山氏、连山氏、伊耆氏,他是其母有蟜氏女任姒(或曰安登、女登)感神龙而生,故号神农氏,因长于姜水,是为姜姓。后来姜姓子孙世代相传,成为大姓。

炎帝"纳奔水氏女曰听谈,生帝临魁,次帝承,次帝明,次帝直,次帝厘,次帝里,次帝榆罔。自炎帝至榆罔,凡八世(《册府元龟》卷一《帝王部》)。"炎帝时代520年,最后为黄帝所败。在神话传说中炎帝与黄帝在阪泉展开了有名的炎黄之战,战败后的炎帝族大部并入黄帝族并顺渭水东下,沿黄河南岸向东发展,形成姜姓国,如申、吕、齐、许等,这些都是炎帝的后代,至周时这些国都发展成了姓氏。

炎帝很有名的后代有祝融、共工、后土、修、信、夸父、蚩尤、伯陵等。《山海经·海内经》言:"炎帝生炎居,炎居生节并,节并生戏器,戏器生祝融。"《国语·郑语》记载祝融氏后裔别为八姓,称为"祝融八姓",即"己、董、彭、秃、妘、曹、斟、芈"。后来历经夏商周,己姓又分出昆吾氏、顾氏、苏氏、温氏、董氏;董姓又分为豢龙氏、鬷夷氏;彭姓又分出大彭氏(彭祖氏)、豕韦氏、诸稽氏,等等。

当今前100大姓中出自炎帝的姓氏有13姓,其中来自炎帝姜姓的有11姓:高、谢、许、吕、崔、邱(丘)、赖、贺、易、雷、方。炎帝的后裔蚩尤一支是当今前100大姓"邹"姓始祖,黄帝在打败蚩尤后迁其遗民至邹屠,其子孙以地为邹屠氏,又称邹氏。另外,与炎帝有关的当今前100大姓的"白"姓其得姓始祖是炎帝的大臣白阜,其子孙以白为姓,称白氏。

黄帝为五帝之首,继炎帝而立。史载黄帝与炎帝是兄弟,亦为少典之子,姓公孙,因居姬水,故改姓姬。黄帝,又称轩辕氏,因建都于有熊亦称有熊氏。"有熊氏"为当今排在前100大姓的"熊"姓始祖,另说"熊"姓出自黄帝的子孙鬻熊(商人)的字"熊"而得氏。

玄嚣(少昊青阳氏)与昌意(颛顼高阳氏之父)是黄帝与嫘祖所生二子,黄帝以后的神话帝王都是出自玄嚣与昌意这两支系:少昊——帝喾——帝尧,颛顼——帝舜——大禹。这两大支系交互执掌正权,也皆因居地而得氏,其延续顺序为:少昊青阳氏(也称金天氏)、颛顼高阳氏、帝喾高辛氏、帝尧陶唐氏、帝舜有虞、帝禹夏氏禹等。

少昊(少皞),即玄嚣,字青阳,名挚、质、挈,姬姓。又叫青阳氏、穷桑氏、桑丘氏。神话帝王少昊虽不是历史五帝,但他却是五方大帝之一,在神话中有着很重要的地位。少昊青阳氏是以鸟为图腾的,其部落支族以鸟来区分,分别是"凤鸟氏、玄鸟氏、伯赵氏、青鸟氏、丹鸟氏、祝鸠氏、雎鸠氏、鸤鸠氏、爽鸠氏、鹘鸠氏、五雉氏、九扈氏"(《左传·昭公十七年》),这里标出的是不同支族的名称,或者是不同支族首领人物,即为当时的姓氏,这也是后来的某些"姓氏"的源头。

因少昊是西方大帝,居金位,故亦称金天氏,其后裔是以其"金天氏"命姓的,出自金天氏当今前100大姓的姓氏有:黄、沈、金、尹。

《国语·晋语四》说:"凡黄帝之子二十五宗,其得姓者十四人,为十二姓,姬、酉、祁、己、滕、箴、任、荀、僖、姞、儇、依是也。"在黄帝所赐十二姓之外,黄帝后裔在周代因受分封得"氏"而为"姓"的有虞、虢、焦、肖、滑、霍、杨、韩、魏、芮、狐、贾、耿、骊氏、鲜虞、祝等十六个。

"姬"姓,为黄帝之姓,也为黄帝十二子姓之一。另外,周族的祖先后稷为帝喾之子,而帝喾是黄帝的曾孙,故周朝的天子姓姬。出自姬姓的当今前100大姓的姓氏有42个:王、张、刘、杨、周、吴、孙、郭、何、郑、唐、韩、曹、冯、蔡、潘、于、魏、蒋、沈、江、方、龚、汪、傅、戴、廖、贾、石、孟、秦、阎、侯、白、段、邵、毛、常、赖、武、康、乔。

"祈"姓,为黄帝十二子姓之一。另《帝王世纪》(辑本)载,帝尧陶唐氏,祁姓也。出自祈姓的当今前 100 大姓的姓氏有：刘、唐、杜、范。"任"姓，也为黄帝十二子姓之一，出自任姓的当今前 100 大姓的姓氏有：薛、谢。"姞"姓，也为黄帝十二子姓之一，出自姞姓的当今前 100 大姓的姓氏有：蔡。《潜夫论·志氏姓》载，出自黄帝的姞氏封于燕。姞氏之别有阚、严、蔡、光、鲁、雍、断、须密氏。

　　"己"姓，是黄帝十二子姓之一，在"祝融八姓"中也有。祝融即是炎帝的后代，也是颛顼的后代。据《山海经·大荒西经》载："颛顼生老童，老童生祝融。"另《绎史》卷七引《大戴礼记》载："颛顼产老童，老童产重黎及吴回，吴回氏产陆终，陆终氏娶于鬼方氏，产六子。孕而不粥，三年，启其左胁，六人出焉。其一曰樊，是为昆吾；其二曰惠连，是为参胡；其三曰籛，是为彭祖；其四曰莱言，是为云郐人；其五曰安，是为曹姓；其六曰季连，是为芈姓。昆吾者，己氏也；参胡者，韩氏也；彭祖者，彭氏也；云郐人者，郑氏也；曹姓者，邾氏也；季连者，楚氏也。"由此可知"陆终六子姓"："己、韩、彭、郑、曹（邾）、楚"。"己"姓在颛顼后裔"陆终六子姓"中也有。姓氏所说"己"姓一般称出自颛顼。当今前 100 大姓出自己姓的姓氏有：董、苏、廖。

　　《路史·后记五》载，嫘祖还生有一子叫龙苗，而"龙苗生吾融，为吾氏；吾融生卞明，封于卞，为卞氏。"《路史·后记五》还载昌意生的第三子"悃迁北上，后为党项之辟，为拓跋氏"。这里告诉我们，"吾氏"、"卞氏"党项族"拓跋氏"为黄帝之后。

　　另外，与黄帝有关当今前 100 大姓中还有"张、宋、周、龙、史"。"张"姓，出自黄帝后裔挥，挥为弓正，始制弓矢，子孙赐姓张；"宋"姓，源于宋国，而宋是黄帝的后裔；"周"、"龙"、"史"姓皆出自黄帝的大臣。

　　颛顼是黄帝之孙，他的的后代也很多。鲧是颛顼的后代，《山海经·海内经》载"黄帝生骆明，骆明生白马，白马是为鲧。"禹是颛顼的后代，《史记·夏本纪》载"禹者，黄帝之玄孙而帝颛顼之孙也。"还有秦人，也是颛顼的后代。《山海经》记载了很多颛顼的子孙国，如"季禺之国、伯服之国、淑士之国、叔歜之国"等。这些记载明确地告诉了我们颛顼的后裔氏族。

　　由颛顼一氏衍出很多姓氏，有名的上古姓中有其后裔的"祝融八姓"，《山海经·大荒西经》载"颛顼生老童，老童生祝融"；"陆终六子姓"也是颛顼的后裔姓氏。

　　"彭"姓,"祝融八姓"之一,也是"陆终六子姓"之一,衍生出了当今前100大姓中的"彭"姓。"曹"姓,"祝融八姓"之一,也是"陆终六子姓"之一,衍生出了当今前100大姓中的"朱"、"邹"姓。"妘"姓,"祝融八姓"之一,衍生出了当今前100大姓中的"罗"姓。"芈"姓,"祝融八姓"之一,衍生出了当今前100大姓中的"叶"、"白"姓。

　　《史记·秦本纪》载:"秦之先,帝颛顼之苗裔孙曰女脩。"嬴姓出自黄帝之孙颛顼高阳帝的后裔,秦氏嬴姓最后统一了中国,建立了中国第一个封建王朝。当今前100大姓出自嬴姓的姓氏有:李、黄、赵、徐、马、梁、江、钟、秦。

　　另外,与颛顼帝有关的当今前100大姓的姓氏有:陆、钱、吴姓等。

　　帝喾高辛氏可以说是黄帝后裔中最风光的人物,因为他生下了颇有地位和影响的儿子。《帝王本纪》辑本载"(帝喾)纳四纪,卜其子皆有天下。元妃有邰氏女曰姜嫄,生后稷;次妃有娀氏女曰简狄,生契;次妃陈丰氏女曰庆都,生放勋;次妃娵訾氏女曰常仪,生帝挚。"后稷是周祖先,契是商祖先,放勋即尧为五帝之四。

　　"子"姓,出自帝喾高辛氏。商族的始祖为契,契是帝喾高辛氏之子,因契母吞鸟卵而生下契,故被赐姓子。商族建立商朝后,其封了很多子姓诸侯国,后来都成为新的姓氏。出自"子"姓的当今前100大姓的姓氏有:邓、萧、钟、戴、姚、邹、郝、孔、汤。

　　帝喾之子后稷建立了周朝,姬姓,与黄帝同姓,"姬"姓衍生出42个当今大姓(见上文)。另外,高辛氏的妃子常仪是当今前100大姓"常"姓的始祖。

　　帝喾高辛氏也可以算瑶族的祖先。据《汉书·南蛮西南夷传》载,帝之少女评皇公主与盘瓠犬婚配,生有六男六女,繁衍为瑶族。帝喾各赐一姓,是为"盘瑶十二姓",即"盘、沈、包、房、李、邓、周、赵、胡、唐、雷、冯"。

　　帝尧陶唐氏,祁姓也;尧母曰庆都,伊氏,尧初生时寄于伊长儒之家,又姓伊祁。出自祁姓的当今前100大姓的姓氏有:刘、唐、杜、范。当今前100大姓与帝尧有关的姓氏有:黎、龙、许。

　　舜帝是颛顼的五世孙,黄帝的七世孙,受尧禅让而为帝,相传帝舜姓因生在姚墟而姓姚,后来又因他住在妫汭河畔,其后裔很多姓"妫"。

　　"妫"姓,为帝舜后裔之姓。出自妫姓的当今前100大姓的姓氏有:王、陈、孙、胡、袁、田、姚、邱（丘）、夏、薛。另外与舜有关的当今前 100 大姓的姓氏还有"吴、朱、龙"姓。"吴"姓，源于"虞""吴"音近；"朱"、"龙"两姓得姓于舜帝的两位大臣。

据传舜帝有八子二女，因此后裔众多。舜帝后裔姓氏多达数百，初步统计直系舜裔有 5 亿之多。在中国当代人口较多的姓氏中，属于舜裔的姓氏常见的有：虞、姚、妫、王、陈、吴、孙、胡、袁、田、陆、孔、车等。如果把舜帝女婿伯益以及舜帝的爱臣皋陶、大禹等的后裔都考虑在内，则李、张、周、赵、刘、薛、潘、陶、夏、邹、黄、徐、马、梁、江、柏、邓、沈、曾、林、宋、汤、钟、孔、何、郑、杨、欧阳、罗、谢、韩、于、唐、彭、董、武、毛、蔡、聂等常见姓氏中均与舜帝沾亲带故，总人口约占全国人口的 70%～80%。

"姒"姓，为夏禹之姓氏。相传鲧的妻子因食薏苡而生禹，故帝舜赐予禹姒姓。出自姒姓的当今前 100 大姓的姓氏有：邓、曾、邱（丘）、谭、侯。

三

据明代学者顾炎武《日知录》记载，上古三皇五帝时姓氏中有 22 个，加上五帝之外的其他姓，大约 50 个左右。宋代郑樵《通志·氏族略》所录姓氏 2255 个。当代杜若甫、袁义达编撰的《中华姓氏大辞典》，确定中华民族的姓氏多达 11969 个，其中单字姓 5327 个、双字姓 4329 个，三字以上姓氏 2313 个，目前仍在通用的汉姓约 3000 个。这 3000 多个姓氏，绝大多数成于三朝，其祖源在神话时代，具体祖先是炎帝与黄帝，尤其是黄帝。这一点两千多年的司马迁在《史记·五帝本纪》就有记载："自黄帝至舜、禹，皆同姓而异其国号，以章明德。故黄帝为有熊，帝颛顼为高阳，帝喾为高辛，帝尧为陶唐，帝舜为有虞，帝禹为夏后而别氏，姓姬氏。"

炎帝黄帝两大世系姓氏是当今 100 大姓的两个主要源头，在当今 100 大姓中，炎帝后裔姓有 13 个，黄帝后裔姓有 80 多个。当今 100 大姓中，黄帝姬姓后裔繁衍姓氏多达 42 个，几近一半，原因是姬姓是周天子姓，而周朝实行分封制，对王公贵族及有战功者封国封邑，周武王封其兄弟立国的有 15 人，姬姓立国的有 40 人，其后子孙便以国以邑为姓，这就是周朝或说姬姓多姓氏的原因。

起源于中国神话时代的姓氏，从伏羲氏至炎帝神农氏，再到黄帝轩辕氏，从黄帝再到少昊、颛顼、帝喾、尧、舜、禹，中华古姓伴随着龙的图腾一脉相传。

华夏民族称为炎黄子孙,这是一种姓源的认同,一种血缘的认同,一种地缘的认同,更是一种文化的认同。华夏民族同祖同姓,其共同的祖先是炎黄。

（作者为河南省社会科学院副编审）

台湾客家人与炎黄二帝

刘文学

2006 年,台湾中国国民党副主席江丙坤在河南新郑参加"丙戌年黄帝故里拜祖大典",题词"怀念先祖"。2007 年,台湾中国国民党荣誉主席连战携夫人参加河南新郑"丁亥年黄帝故里拜祖大典",为黄帝故里新郑题词"扫蒙昧,定中原,世胄文明於焉开"。2008 年,台湾新党主席慕郁明参加河南新郑"戊子年黄帝故里拜祖大典"。台湾一位名叫陈镇的客家人也参加了这次拜祖大典,题词"两岸同为炎黄子孙,一脉相承何必分""中华一统民族万万年"。2009 年,台湾亲民党主席宋楚瑜也前来河南新郑参加"己丑年黄帝故里拜祖大典",并欣然提笔题词:"河洛原乡追远,黄帝故里归宗。"历年来,台湾客家人不断到河南新郑黄帝故里寻根拜祖,这说明,无论是台湾的高层人士,还是普通百姓,只要良心未昧,都认同自己是炎黄子孙,两岸同胞是一家。

一、台湾客家同胞的祖先多从我国南方转徙台湾地区

在中华民族形成过程中,从五帝(黄帝、颛顼、喾、尧、舜)至三代(夏、商、周)是以炎黄族系为主体的华夏族。秦汉以后,是以汉民族为主体的中华民族,汉民族主要是由炎黄族系传承,而其后历史上所形成的客家人则是汉民族在中原地区长期南迁过程中形成的一个分支,其中部分南迁的客家人又转徙至台湾地区。关于客家人的南迁,史学界和民族学界一般认为是从晋代永嘉之乱开始南迁的。其实不然,中原族民最早南迁起自新石器时代。台湾的高山族,史书称之为"土人",1590 年,葡萄牙人经过台湾海峡时,称高山人为"福摩萨人"。高山族人的

来历有学者说是土著人,而张光直、凌纯声等论证高山族人则是大陆移民,其"主要根据是在台湾考古发现的有段石锛、有肩石斧、绳纹陶、网纹陶、黑陶、彩陶等,均与大陆东南沿海一带的原始文化同属一个类型。因而认为台湾高山族来自大陆古越人的一支。"①《中国历史大辞典》"民族史"辞条也说"高山族是百越的一支",应是从祖国大陆迁居台湾的②,而"百越人"正是我国南方的土著居民,其后世越人则尊奉夏代少康庶子无余为祖先。《国语》说:"少康之庶子,封于会稽,自号于越。"无余为黄帝10代孙。帝喾高辛氏时,黄帝第7代孙祝融氏陆终在有熊(今河南新郑)为火正,其第六子季连为芈姓。《世本》说他是"越人",《贾逵国语注》说"夔越皆芈姓。实夏后之苗裔。少康之庶子,封于会稽,自号于越",后以国为氏。③ 由此可见,芈姓在夏商之前已迁居长江以南的吴越之地,其裔孙熊鬻在商时居于荆地,为楚族首领。彭祖是祝融氏陆终第三子,祝融氏,据《左传·昭公十七年》说:"郑,祝融之墟也。"彭祖是帝喾高辛氏时代人,被封于大彭(今江苏铜山),建彭国,自尧时为举用,其后夏商,至商王武丁时被灭。由此可见,彭氏一族自帝喾高辛氏时已南迁。出自"有熊国"(今河南新郑)的熊姓在西周时已有子孙迁居江南一带,《中国人名大辞典·姓氏考略》说:"《姓纂》:黄帝有熊氏之后。《世本》:鬻熊为文王师,成王封其曾孙熊绎于楚,子孙以熊为氏。"吴姓,吴姓的始祖是吴太伯,为周太王古公亶父之子,居今陕西周源(今歧山县东北),在公元前11世纪被封于吴地(今江苏无锡)。刘姓,战国时,河南开封人刘清已迁居江苏沛县。黄姓起源于黄国(今河南潢川),春秋时为楚所灭,黄国士民以黄为姓大批逃往江南黄岗、黄陵、黄梅、黄安等地,这批人在汉时又有南迁湖南、江西、四川等地。

　　中原人大规模南迁始于秦,据《史记·白起王翦列传》、《秦始皇本纪》和《南越列传》等记载,公元前225年,秦始皇曾派大将军王翦率60万大军"南征百越之君",军队深入到岭南(今广东、广西及越南北部一带)、番禺(今广东),后在岭南设桂林、象、南海三郡,又从中原强迁大批囚徒、商人和15000多名缝衣妇女至岭南。这些妇女嫁于戍守岭南秦军官兵为妻,在当地定居。这批南迁的男女汉

---

①　施宜圆、林耀等主编:《千古之谜·民族宗教》,中州古籍出版社,1996年,764页。

②　《历史研究》,1980年第12期。

③　臧励和:《中国人名大辞典·姓氏考略》。

人,被称为"中县人",即中原人。这是中原人第一次大规模南迁。西汉时,中原人又曾几次南迁,公元前120年,西汉政府曾组织一批人南迁会稽郡(今江苏苏州一带)。东汉末年,因战乱,中原人许多逃亡江苏、浙江、湖北、四川、广东、越南等地定居。第二次南迁是在晋代永嘉年间,五胡(匈奴、鲜卑、羯、氐、羌)入主中原,后汉主刘曜攻入洛阳,杀官吏士民3万余人,焚洛阳为废墟,中原风声鹤唳,大批士民沿长江、赣江南迁。《闽书》说:"永嘉二年,中原板荡,衣冠入闽者八族,所谓林、黄、陈、郑、詹、丘、何、胡是也。"又有书说:"两晋之际,京洛倾覆,中州士女避乱江左者十之六七。"《台湾通志·人民志·氏族篇》记载,晋代从中原仅进入福建省的就有13姓,即林、黄、张、刘、杨、郑、邱、何、詹、梁、钟、温、巫等。第三次南迁是在唐高宗至唐末乾符年间,由于安史之乱和黄巢起义挥师南下浙闽,中原汉民大部流入襄阳、江陵、武昌、苏皖和江西的北部、中部。在唐高宗时,朝廷派陈政为岭南行军总管,带官兵3600名入闽,后陈政亡故,其子陈元光代军,又有大批中原人入闽。据福建《云霄县志》及《唐开漳龙湖宗谱》记载,这次从中原南迁于闽的汉人有60多个姓:陈、许、卢、戴、李、欧、马、张、沈、黄、林、郑、魏、朱、刘、徐、廖、汤、涂、吴、周、柳、陆、苏、杨、詹、曾、萧、胡、赵、蔡、叶、颜、柯、潘、钱、余、姚、韩、方、孙、何、庄、唐、邹、丘、冯、江、石、郭、曹、高、钟、汪、洪、章、宋、丁、罗、施、蒋、欧阳、司马等。同时由第一、二次南迁至皖、赣的汉民,再次南迁,到达闽、粤。这次移民之规模,《旧唐书·地理志》说:"自至德后,中原多故,襄邓(豫南、鄂北)百姓,两京(长安、洛阳)衣冠,尽投江湘,故荆南井邑,十倍其初,及置荆南节度使。"另据《十国春秋》记载,还有许多人迁往福建、江西、广东等地。这次人口大批南迁,使中国人口重心由北向南转移。第四次南迁是在两宋之间,由于金、元人相继入主中原,汉民南迁相继了半个世纪,即从靖康元年至南宋灭亡,移民多达500多万,这是历史上最大规模的一次中原汉民南迁。特别是文天祥率数万大军转战闽、粤、赣等地,兵败被俘,余部散居各地山岭,安居下来,有的逃往台湾和南洋群岛。第五次南迁是在明末清初,由于李自成农民起义和满族入主中原,大批中原士族一部分迁往广东中部及海滨地区与四川、广东、台湾,有一部分迁往贵州南部。第六次南迁是在清末同治三年,清军攻占南京,太平天国起义失败。中原部分士族迁往广东、海南岛等地。据《大中华文化知识宝库》关于《客家人源流说》记述:"计全国有客家人的县200多个,总人口在 7000 万到 1 亿,海外客家人也有 700 万到 1000 万人,遍布 50 多个国家和地区,香港约占总人口 1/4,台湾约有 450 万人。"

二、台湾客家人始祖是炎黄二帝

生活在台湾的客家人,他们都是炎黄子孙。现将他们族谱中 100 个大姓的根脉追寻于下(一姓多说者采用主流说):

丁出自姜姓。齐太公姜尚子名丁,称丁公,其子孙中有以丁为姓(宋郑樵《通志·氏族略》)。姜尚为炎帝之后。

高出自姜姓。姜太公吕尚六世孙齐文公吕赤之子封于高(今属山东),称公子高。公子高之子傁以祖父封邑为姓,名高傁,子孙以为姓(宋欧阳修《新唐书·宰相世系》)。姜太公为炎帝之后。

纪出自姜姓。西周,封炎帝的后代(其名不详)于纪(今山东寿光),为诸侯国。春秋为齐所灭。纪国子孙以纪为姓。

姜出自神农氏炎帝。炎帝为有熊国君少典之子,与黄帝异德,从有熊国迁徙陕西姜水,改姓姜,为姜姓始祖(春秋《国语·晋语四》)。

卢出自姜姓。齐文公曾孙名傁,食采于卢(今山东长青),子孙以邑为氏(唐林宝《元和姓纂》)。齐文公为姜太公之后,炎帝后裔。

吕出自姜姓。夏初,伯夷治水有功被禹封于吕(今河南新蔡),称吕侯。春秋时为吕国,后为楚所灭,子孙以国为氏(宋欧阳修《新唐书·宰相世系》)。伯夷为炎帝之后。

邱出自姜姓。姜太公封于齐营丘(今临淄),其庶民居者以邱为姓(宋郑樵《通志·氏族略》)。此为炎帝裔孙。

谢出自姜姓。周宣王时封其舅申伯于谢(今河南宛县),后被楚灭,子孙以国为氏(宋郑樵《通志·氏族略》)。申伯为炎帝后裔。

许出自姜姓。尧舜时有贤人许由,居箕山(今河南登封),后世以许为氏。许由为炎帝裔孙。

白出自芈姓。春秋,楚平王时太子建之子胜,被封于白(今河南息县),称白公胜,子孙以邑为姓。楚出自陆终氏之子季连,为芈姓,季连为黄帝 8 代孙。

蔡出自姬姓。西周,周武王为监视殷遗民设"三监",其中封王弟叔度于蔡

（今河南上蔡），称蔡叔度，后因叛乱，被周公旦平定。蔡叔度有子名胡，甚贤，成王时复封胡于蔡，为蔡国，后为楚灭，其公族以国为氏（汉司马迁《史记·卫康叔世家》）。胡为黄帝 21 代孙。

曹出自姬姓。周文王第 13 子叔振铎受封于曹（今山东曹县），后被宋灭，其子孙以国为氏（《姓源》）。叔振铎为黄帝 20 代孙。

陈出自妫姓。西周，武王封帝舜裔孙阏父之子妫满于陈（今河南淮阳），建陈国，妫满死后谥号陈胡公，子孙以国为氏（宋欧阳修《新唐书·宰相世系》）。妫满为黄帝 42 代孙。

程出自祝融氏。重黎裔孙商时封于程（今河南洛阳），建程国，为程伯，子孙以国为氏（宋郑樵《通志·氏族略》）。重黎为黄帝 6 代孙。

戴出自姬姓。西周，封同姓诸侯姬璞建戴国（今河南杞县），后为郑灭，公族以国为氏（宋郑樵《通志·氏族略》）。戴国为周姬姓侯，周祖后稷为黄帝 5 代孙。

邓出自子姓。商王武丁封其叔父曼季于邓（今河南邓州），建邓国，春秋时，为楚所灭，子孙以国为氏（宋邓名世《古今姓氏书辩证》）。曼季为黄帝 27 代孙。

董出自祝融氏。祝融氏陆终居有熊，其子名参胡，董姓，封韩墟（在今山西境内）（宋郑樵《通志·氏族略》）。参胡为黄帝 8 代孙。

杜出自黄帝臣。黄帝臣名杜康，为宰人，善造酒，而黄帝所居之"轩辕丘"在今河南新郑。杜康为杜氏之祖（谢均祥《新编百家姓》）。

范出自姬姓。春秋，晋国上卿范武子，受封于范（今河南范县）。其子孙有以居地为氏（唐林宝《元和姓纂》）。范武子为帝尧之后，尧乃黄帝 5 代孙。

方出自黄帝臣。黄帝臣方雷氏，战蚩尤有功，被封于方山（今河南嵩山），子孙以方为氏（东汉应邵《风俗通义》）。

冯出自姬姓。周文王第 15 子毕公高之后毕万受封于魏，子孙有食采于冯城（今河南荥阳）者，以冯为氏（唐林宝《元和姓纂》）。毕公高为黄帝 20 代孙。

傅出自子姓。黄帝裔孙名大由，封于傅邑（其地不详），其子孙有以傅为姓（清陈廷炜《姓氏考略》）。

龚出自黄帝臣。黄帝居有熊，其臣名共鼓，善造舟车，子孙以"共"为姓。

古出自姬姓。周族祖先古公亶父居岐山，称古公。其子孙有以祖字古为姓

（东汉应邵《风俗通》）。古公亶父为黄帝 17 代孙。

郭出自姬姓。西周，周武王封文王弟虢叔于东虢（今河南荥阳），又封虢仲于西虢（今陕西宝鸡），后迁上阳（今河南陕县）。东、西虢国先后被郑、晋所灭，因虢、郭同音，两国子孙以郭为姓（唐林宝《元和姓纂》）。虢叔、虢仲为黄帝 19 代孙。

韩出自姬姓。周成王弟唐叔虞裔孙景侯虔建韩国，都平阳（今山西临汾西南），至哀侯灭郑，徙都于郑（今河南新郑），后被秦灭。其子孙以韩为姓（唐林宝《元和姓纂》）。韩景侯虔为黄帝 39 代孙。

何出自姬姓。周成王弟唐叔虞裔孙景侯建韩国，徙都于郑（今河南新郑），至韩王安被秦灭。其子孙以国名为姓韩（汉司马迁《史记·韩世家》）。为避秦兵，改为何姓。韩王安为黄帝 48 代孙。

洪出自姬姓。郑庄公弟太叔奔共国（今河南辉县），有子孙以共为姓，为避仇改为洪（《元和姓纂》）。共叔段为黄帝 31 代孙。

侯出自姬姓。春秋，郑庄公弟共叔段叛乱，庄公平之，封其子共仲，赐姓侯（《金乡张侯成碑》）。共叔段子共仲为黄帝 32 代孙。

胡出自妫姓。周武王封帝舜裔孙妫满于陈（今河南淮阳），为陈侯，死后谥号陈胡公，其长子申公以谥号胡为姓（唐林宝《元和姓纂》）。胡公之子申公为黄帝 43 代孙。

黄出自祝融氏。陆终氏之后。周初周武王封陆终之子南陆公于潢（今河南潢川），建黄国，后被楚灭，其子孙以国名为氏（宋郑樵《通志·氏族略》）。陆终为黄帝 7 代孙。

简出自姬姓。春秋，晋国公族大夫名狐鞠居受封于续（其地不详），死后谥号为简伯，子孙以谥号简为姓（唐林宝《元和姓纂》）。狐鞠居先祖为周武王之子唐叔虞，叔虞为黄帝 21 代孙。

江出自嬴姓。西周初，封伯翳之后元仲，建江国（在今河南正阳县境，一说在河南息县），后代以国为氏（宋邓名世《古今姓氏书辩证》）。伯翳为黄帝 6 代孙。

蒋出自姬姓。西周，周公旦第三子伯龄封于蒋（今河南淮滨县），子孙以国为氏（唐林宝《元和姓纂》）。伯龄为黄帝 21 代孙。

金出自黄帝。黄帝子名挚,受封于穷桑,后迁曲阜,号金天氏。其子孙有以金为氏。

康出自姬姓。西周,周文王子叔食采于康(今河南禹州),名康叔,后建卫国,子孙以"康"为氏(宋邓名世《古今姓氏书辩证》)。康叔为黄帝20代孙。

柯出自姬姓。古公亶父长子太伯奔吴地,建吴国,其公族之中有名柯庐者,其后代以祖字柯为姓(清陈廷炜《姓氏考略》)。太伯为黄帝18代孙。

赖出自姬姓。西周,周武王弟名叔颖,受封于赖(今河南省许昌市一带),建赖国,鲁昭公四年为楚灵王所灭,其后代有以国名为姓。叔颖为黄帝20代孙。

蓝出自嬴姓。梁国国君惠王封秦子向于蓝(今陕西蓝田),称蓝君,其子孙以蓝为姓(《竹书纪年》)。秦子向始祖为伯翳,伯翳为黄帝6代孙。

黎出自姬姓。黄帝裔孙北正黎之后,商时因功封侯于壶关(在今山西长治县境),建黎国,曰黎,子孙以国为氏(《黎氏族谱》)。

李出自嬴姓。帝颛顼高阳氏孙皋陶为尧大理(司法长官),子孙以理为氏。裔孙理利贞逃难食李果,遂改姓李(清陈廷炜《姓氏考略》)。皋陶为黄帝5代孙。

连出自芈姓。祝融氏陆终居有熊(今河南新郑),其子名季连,其子孙以祖名连为姓(清陈廷炜《姓氏考略》)。季连为黄帝8代孙。

梁出自姬姓。周平王子唐受封于南梁(今河南汝川市),子孙以邑为氏(宋罗泌《路史·国名纪》)。周平王子唐为黄帝32代孙。

廖出自嬴姓。尧、舜的贤臣皋陶的裔孙夏时受封于廖(今河南唐河县境),子孙以国为氏(东汉王符《潜夫论》)。皋陶为黄帝5代孙。

林出自子姓。商纣王叔父比干(一说商王太丁之子),忠谏被诛。其子坚逃匿山林,遂改林氏(唐林宝《元和姓纂》)。比干的儿子林坚为黄帝33代孙。

刘出自祁姓。帝尧第9子源明受封于刘(今河北定陶),称刘氏。源明18世孙刘累子孙以为氏(《客家姓氏源渊》)。源明为黄帝6代孙。

柳出自姬姓。春秋,鲁孝公曾孙展禽为鲁士,食采邑于柳下(今河南濮阳县),史称柳下惠,子孙以柳为氏(宋欧阳修《新唐书·宰相世系》)。展禽为黄帝29代孙。

罗出自祝融氏。陆终之子季连受封于罗(今湖北省宜城),后为楚灭,子孙以国为氏(战国《世本》)。陆终之子季连为黄帝 8 代孙。

骆出自田姓。战国时,齐太公的后代公子骆,其子孙以王父字为姓骆(《元和姓纂》)。齐太公名田和,是黄帝 61 代孙。

马出自嬴姓。战国,秦侵赵,赵奢败秦军。赵惠王封赵奢为马服(今河北邯郸)君。其子孙有以封地"马"为氏(宋郑樵《通志·氏族略》)。赵奢为伯翳裔孙,伯翳为黄帝 6 代孙(汉司马迁《史记·赵世家》)。

毛出自姬姓。周文王第 9 子伯明食采于毛(今河南宜阳),子孙以邑为氏(宋郑樵《通志·氏族略》)。伯明为黄帝 20 代孙。

倪出自曹姓。周宣王时,邾国(今山东曲阜)国君邾公夷父(一作仪父)封少子肥于倪(今山东滕县),为倪国,其后遂以国名为姓。夷父为颛顼之后,亦黄帝裔孙。

欧出自姒姓。越王吴疆次子蹄封于欧余山之阳(在今浙江吴兴东),其子孙以地欧或欧阳为姓(《路史》)。越开国君无余为黄帝 10 代孙,吴疆次子蹄约为黄帝 40 多代孙。

潘出自姬姓。周文王孙伯季食采于潘(今河南固始),子孙以邑为氏(唐林宝《元和姓纂》)。周文王孙伯季为黄帝 21 代孙。

彭出自祝融氏。帝喾高辛氏封祝融氏重黎于有熊(今河南新郑),为火正。其子陆终氏的第 3 个儿子名篯(篯铿),封于彭(今江苏徐州),建彭国,为大彭氏,后被商王武丁所灭,子孙以国名为姓。彭祖为黄帝 8 代孙。

钱出自祝融氏。陆终之子彭祖的裔孙彭孚,西周时,任周钱府上士(钱府为管财务的官署)。彭孚以官为氏,姓钱(宋郑樵《通志·氏族略》)。彭祖为黄帝 8 代孙。

阮出自偃姓。皋陶之后商时受封于阮(今甘肃泾水),为阮国,西周时为周文王所灭。阮国国君之后以阮为姓(宋郑樵《通志·氏族略》)。皋陶为黄帝 5 代孙。

邵出自姬姓。周初,周文王庶子姬奭食采于召(今陕西岐山),称召公奭,建燕国,后为秦所灭,王族于"召"旁加邑为"邵"为氏(唐林宝《元和姓纂》)。姬奭为黄帝 20 代孙。

沈出自姬姓。周文王第 10 子聃叔季食于沈(今河南平舆),为沈子国,后被蔡国所灭,子孙以国为氏(唐林宝《元和姓纂》)。周文王子聃叔季为黄帝20代孙。

施出自姬姓。春秋,鲁惠公之子公子尾,字施父,其子孙以其字为姓(宋欧阳修《新唐书·宰相世系》)。鲁惠公之子公子尾为黄帝28代孙。

石出自姬姓。春秋,郑穆公曾孙名印段,字子石,其后有以字石为姓。印段为黄帝37代孙。

宋出自子姓。殷王帝乙长子微子启,周武王时封于宋(今河南商丘),后为齐灭,子孙以国为氏(唐林宝《元和姓纂》)。微子启为黄帝34代孙。

苏出自祝融氏。陆终长子昆吾之子受封于苏(今河南济源西北),称有苏氏,其后有以封邑苏为姓(清陈廷炜《姓氏考略》)。昆吾之子为黄帝9代孙。

孙出自姬姓。周武王同母弟康叔封于卫(今河南淇县)。康叔九世孙名惠孙,其孙武仲以祖父惠孙之名为姓,名孙仲,子孙以为氏(宋欧阳修《新唐书·宰相世系》)。惠孙为黄帝29代孙。

汤出自子姓。契佐禹治水有功,被封于商(今河南商丘),传14世至履,建商朝,谥号成汤。子孙有以号为氏(宋郑樵《通志·氏族略》)。契为黄帝5代孙。

唐出自祁姓。帝尧初封于唐(今河北唐县),舜封尧子丹朱为唐侯,周成王时灭唐,子孙以国为唐氏(后晋刘昫《唐书·宰相世系》)。尧子丹朱为黄帝6代孙。

田出自妫姓。春秋,陈厉公之子公子完奔齐,被齐桓公封于田(其地不详),称田氏(宋邓名世《古今姓氏书辩证》)。其后以邑名田为姓,公子完为黄帝52代孙。

童出自姬姓。帝颛顼之子名老童,其子孙以童为姓(唐林宝《元和姓纂》)。老童为黄帝5代孙。

涂出自姬姓。春秋晋国执政荀林父5代孙智徐吾任涂水县(今山西榆次)大夫,其子孙以涂为姓(《中国姓氏寻根》)。智徐吾为公族大夫,姬姓,为黄帝后裔。

汪出自姬姓。春秋,鲁成公庶子满食采于汪(今山东省境内),其后代有以邑汪为氏。鲁成公为黄帝33代孙。

王出自子姓。商纣王的叔父比干忠谏被诛,子孙以其"王子"改姓王(宋郑樵《通志·氏族略》)。比干为黄帝32代孙。

魏出自姬姓。周文王之子毕公高后代毕万,被晋献公封于魏(今山西芮城),子孙以魏为氏。至魏桓子驹与韩氏、赵氏三家分晋,建魏国,后被秦所灭,王族以国为氏(《魏世家》)。毕公高为黄帝20代孙。

温出自姬姓。周武王子唐叔虞裔孙受封于温(在今河南温县),其子孙以邑为氏(宋欧阳修《新唐书·宰相世系》)。唐叔虞为黄帝21代孙。

翁出自姬姓。周昭王庶子溢受封于翁,其后代以邑为姓(清陈廷炜《姓氏考略》)。周昭王庶子溢为黄帝24代孙。

巫出自黄帝臣。黄帝臣名巫彭,善处方、煎药和针刺,为中医始祖,亦为巫姓始祖(宋罗泌《路史·疏仡纪·黄帝》)。

吴出自姬姓。古公亶父长子太伯、次子仲雍离周至句吴(今江苏无锡),建吴国,后为越灭,子孙以国为氏(唐林宝《元和姓纂》)。古公亶父子太伯、仲雍为黄帝18代孙。

夏出自姒姓。帝舜禅让于禹,为天子,国号夏后。禹的儿子启建夏朝,都阳翟(今河南禹州),为商汤所灭,王族以国为氏(汉司马迁《史记·夏本纪》)。禹为黄帝5代孙。

萧出自子姓。宋公子大心,被封于萧(今安徽萧县西北),称萧叔,建萧国,后为楚灭,其子孙以国为氏(唐林宝《元和姓纂》)。公族大夫大心为黄帝裔孙。

徐出自嬴姓。伯翳之子若木夏时受封于徐(今江苏泗洪县一带),至偃王32世为周所灭,复封其子宗为徐子。至宗11世孙章禹为吴所灭。其子孙以国为氏(宋欧阳修《新唐书·宰相世系》)。伯翳子若木为黄帝7代孙。

薛出自任姓。颛顼13代孙奚仲,夏时为车正,封于薛(今山东滕州东南),为薛侯,后为楚灭,后代以国为氏(宋郑樵《通志·氏族略》)。奚仲为黄帝15代孙。

严出自芈姓。楚庄王侣的子孙有以谥号为氏,姓庄。东汉明帝名刘庄,庄氏为避刘庄之讳改姓为严(宋郑樵《通志·氏族略》)。楚庄王为黄帝裔孙。

颜出自姬姓。颛顼5世孙名安,周武王封其裔孙于邾(今山东曲阜东南),建邾国,邾武公名夷父,字颜,其子孙有以颜为姓(清陈廷炜《姓氏考略》)。安为黄帝 7 代孙。

杨出自姬姓。西周宣王姬静之子尚父,周幽王时被封于杨(今山西省洪洞县东南),建杨国,为杨侯。其子孙以国为氏姓杨(宋郑樵《通志·氏族略》)。周宣王姬静之子尚父为黄帝 30 代孙。

姚出自祁姓。舜生于姚(今河南范县南),子孙以邑为氏(宋郑樵《通志·氏族略》)。舜为黄帝 8 代孙。

叶出自芈姓。楚国左司马沈尹戎之子沈诸梁,食采于叶(今河南叶县),称叶公,子孙以邑为氏(东汉应邵《风俗通》)。楚出自"祝融八姓"之一芈,芈姓出自祝融氏陆终第六子季连,季连为黄帝 8 代孙。

尤出自沈姓。周文王子聃叔季受封于沈(今河南平舆),建沈子国,后为蔡灭,子孙以国为姓。五代时,王审知据闽(今福建一带),建闽国。闽地沈姓者,为避"审"音(沈、审同音),去"水"改沈为尤姓。聃叔季为黄帝 20 代孙。

游出自姬姓。春秋,郑穆公之子公子偃,字子游,其后代以父字为氏(宋郑樵《通志·氏族略》)。郑穆公子子游为黄帝 35 代孙。

余出自姬姓。春秋时晋人由余降秦为官,其子孙以其名余为姓。

袁出自妫姓。陈胡公满 11 世孙名诸,字伯爰。古时,爰音同袁,其孙涛涂以祖父字为氏,姓袁(唐林宝《元和姓纂》)。伯爰为黄帝 52 代孙。

曾出自姒姓。禹的 7 代孙曲烈,夏少康时被封于鄫(今山东仓南),建鄫国,春秋时被莒国灭,鄫国太子巫逃亡鲁国,去"邑"为曾姓(《姓源》)。曲烈为黄帝 11 代孙。

詹出自姬姓。春秋,郑大夫詹伯,其后以詹为姓(清陈廷炜《姓氏考略》)。詹伯为郑公族大夫,为黄帝裔孙。

张出自黄帝子。黄帝居有熊(今河南新郑),次妃肜鱼氏生挥,挥受封于张(其地不详),为张氏(宋罗泌《路史·疏仡纪·黄帝》)。

赵出自嬴姓。颛顼高阳氏之后伯翳裔孙造父,周穆王时被封于赵(今山西洪洞),其子孙以赵为氏(《广韵》)。伯翳裔孙造父为黄帝 15 代孙。

郑出自姬姓。周宣王封姬友于咸林(今陕西华县)为郑,号桓公,后因犬戎之乱迁于河南新郑溱洧水之间,后为韩灭,子孙为纪念灭国,以国名为氏(《郑世家》)。姬友桓公为黄帝 29 代孙。

钟出自子姓。宋桓公曾孙伯余仕晋,生州黎,在楚为太宰,食采于钟离邑(今安徽省临淮关一带),其子孙以邑为氏姓钟(《名贤氏族言行类稿》)。州黎为黄帝52代孙。

周出自姬姓。古公亶父迁于周原,国号周,后为秦灭,子孙以国为氏(宋邓名世《古今姓氏书辩证》)。古公亶父为黄帝17代孙。

朱出自姬姓。周武王封颛顼裔孙挟于邾(今山东曲阜),后为楚灭,子孙去邑为氏(宋欧阳修《新唐书·宰相世系》)。颛顼为黄帝孙。

庄出自芈姓。楚国国君庄王侣的后代有以谥号庄为姓(清陈廷炜《姓氏考略》)。楚开国君熊绎为黄帝裔孙,庄王侣亦黄帝裔孙。

卓出自芈姓。春秋时,楚国公族大夫卓滑,其子孙以卓为姓(《战国策》)。卓滑当黄帝裔孙。

邹出自子姓。春秋时,宋湣公之后正考父食邑于邹(今山东邹县),生叔梁纥,以邑为姓,姓邹(《通志·氏族略》)。叔梁纥为黄帝51代孙。

三、台湾客家人心系故土

1. 台湾史学家对黄帝始祖的确认。国学大师钱穆《黄帝故事地望考》说:"《左》昭十七年,梓慎曰:'郑祝融之墟也。'《元和郡县志》,今郑州新郑县,本有熊之墟,又为祝融之墟。于周为郑武公之国都。《方舆纪要》,新郑故有熊地。黄帝都焉。周封黄帝后于此为桧国。"[1]

著名考古学家张光远《从考古展现黄帝时代的中国文明》说:"有熊:黄帝都邑,学者称其地在今河南省的新郑县西北,此处有黄水,出于有熊山之黄泉,黄帝是因居于黄水而得名。"[2]

著名作家柏杨《中国人史纲·传说时代》说:"黄帝者,即黄颜色的神祇。这正是姬轩辕所期盼的地位。他把首都设在他部落的根据地有熊(今河南新郑),建立黄帝王朝。"[3]

台湾中央大学教授汪清澄《黄帝的贡献和影响》:"黄帝生于轩辕丘(今河南

---

①　钱穆:《古史地理论丛》,生活·读书·新知三联书店,2004年,151页。

②　《故宫文物月刊》第185期,68页。

③　《中国人史纲》,同心出版社,2005年,58页。

新郑），故当时人称他为轩辕氏，因建都于有熊（新郑县），故号有熊氏。""在研讨黄帝对中华文化的贡献及影响以前，让我先念一首打油诗：两岸人居各一方，溯源同衍自炎黄。要知对岸归来客，不是台湾是老乡。"①

1983 年，台湾三军大学《中国历代战争史》："黄帝姓公孙，名轩辕，为少典氏之子，初期立国于有熊（今河南新郑县一带），盖为夏族集团内这五氏族领袖。"②

台湾中华文化研究所林尹、高明《中文大辞典》："黄帝，上古帝号，少典之子，姓公孙，长于姬水，又姓姬。生于轩辕之丘，故曰轩辕氏，国于有熊，故亦曰有熊氏……轩辕，地名，在今河南省新郑县。"③

2. 客家人对炎黄始祖的认同。据研究客家文化的专家冯秀珍在《客家文化大观》提供的一个"梅州客家 100 姓考查表"所列，在梅州 100 个客家人姓氏中，其中所列为黄帝裔孙的有 72 个，帝舜裔孙的 12 个，炎帝裔孙的 12 个，蚩尤裔孙的 2 个，安息裔孙的 1 个，其他 1 个。其实详考，帝舜与安息皆为黄帝子孙，蚩尤亦为炎帝族。由此，黄帝裔孙有 85 个姓氏，炎帝裔孙为 14 个姓氏，出自莒天氏 1 个。④

另据福建漳州市客家文化研究联谊会编《海峡客家》中，师丹所写《璀璨的家家民间文学》所述："客家人的族谱，不仅记载他们从黄帝到近现代的列祖列宗的简历，更是丰富的民间文学。特别是民间故事的定库。如东峰公、江氏族谱就详细地记载着他是黄帝的玄孙伯益的一百二十三代裔孙。"⑤

3. 台湾客家人到中原寻根。台湾客家人同我国南方以及移居海外的客家人一样，前往中原寻根的地方主要有两个：一是河南新郑的黄帝故里。自 20 世纪 90 年代以来，几乎每年都有台湾客家同胞到黄帝故里寻根，人数累计达 1 万多人。最早的是 1990 年 5 月台湾世界同源会会长赵海金率 7 个国家 24 位同胞到黄帝故里寻根拜祖。第二年 4 月，他又率台湾客家同胞 18 人到黄帝故里拜祖。1992 年 9 月 9 日，台湾世界客属总会理事长陈子钦率 6 个国家和地区的 150 多名客家代表，到黄帝故里寻根拜祖。同年 10 月，台湾轩辕教组团 24 名客

① 《黄帝与中国传统文化学术讨论会文集》，陕西人民出版社，53 页。
② 《中国历代战争史》第一册，军事译文出版社，1983 年，23 页。
③ 《中文大辞典》第三十二册，1962 年～1968 年版，334 页。
④ 冯秀珍：《客家文化大观》下册，经济日报出版社，2003 年，1333～1338 页。
⑤ 《海峡客家》，中国文史出版社，2006 年，270 页。

家人前来黄帝故里拜祖。1996年,台湾客家同胞先后3次组团50多人到黄帝故里拜祖。1997年4月,台湾企业界、金融界、新闻界、旅游界等组团66人到黄帝故里拜祖。1998年,台湾各界客家同胞先后7次组团约200多人到黄帝故里寻根拜祖。2002年1月,台湾客家同胞39人到黄帝故里寻根拜祖。2003年7月,台湾世界客属总会理事长刘盛良率10多名客家同胞到黄帝故里拜祖。同年10月27日,世界客属第十八届恳亲大会在黄帝故里举行"根在中原"拜祖大典,来自世界各地的客家同胞3000多人在黄帝故里拜祭始祖黄帝。新郑每年举行的炎黄文化节或"黄帝故里拜祖大典",都有许多台湾客家同胞前来黄帝故里拜祖。2008年,台湾新党主席郁慕明在参加河南新郑举行的"戊子年黄帝故里拜祖大典"仪式上,接受新闻媒体采访时说:"黄帝是中华民族的共同祖先,河南新郑是中华民族的根,海峡两岸同胞同是炎黄子孙。我们要友好相处,共同发展。"二是到陕西省黄陵县祭祖。陕西黄陵是黄帝的墓葬地,每年清明节有大批台湾客家同胞到黄陵祭祀黄帝。据陕西省地方志编纂委员会编《黄帝陵志》记载,最早是在1980年清明节时,有台湾同胞到黄陵参加祭祖(人数不详)。1982年清明节,来自全国各地的台湾同胞、去台人员亲属、归侨、侨眷30多人参加祭扫仪式。其后几乎每年的清明节都有台湾同胞前来(具体人数不详)。除陕西省政府主办的清明节公祭黄帝外,民间祭祀最早是在1989年重阳节时,有44名台湾客家同胞到黄陵祭祀,1992年重阳节有台湾客家同胞参与祭祖(人数不详)。河南新郑的黄帝故里和陕西黄陵县的黄帝陵已成为台湾客家同胞寻根拜(祭)祖的圣地。著名炎黄文化专家许顺湛呼吁说:"海内外炎黄子孙如果祭陵就去陕西黄陵,如果朝圣就到河南新郑。"①

　　(作者为中华炎黄文化研究会理事、河南新郑黄帝故里文化研究会副会长、副编审)

---

　　①　许顺湛:《从黄帝故里说起》,载刘文学《黄帝故里志》,中州古籍出版社,2007年,4324页。

姓名起源与阴阳太极

郭崇华

中国姓名学,古来系玄学中的一枝奇葩,是逻辑学中的一棵怪树,又是命运学中的一株异卉。总之,它属于中国神秘文化的一个组成部分。

姓名,依赖于滋生繁衍在地球上的人类而存在的。人类现象,是宇宙间最复杂、最奇特的现象。那么,作为地球上每个人的具体代号与符号——姓名,自然也少不了具有某种奇特和神秘的文化色彩。

中国的地理位置在亚洲,中国人的姓名特征古来不仅与西方人的姓名特征大相径庭,而且与亚洲许多国家的姓名特征也不尽一致。尽管如此,中国人的姓名组合形式,对周围邻国,诸如日本、越南、朝鲜、南韩、新加坡等国家的姓名组合,影响颇深。

一、姓名之源和文字

汉字,是滋生中国人姓名的沃土。换句话说,中国人的姓名离不开汉字的基本因素。

中国的文字,起源甚早。它的源头,是由各种形态的原始符号作为标志的。河南舞阳贾湖新石器时代遗址中出土的占卜龟甲,其上的原始符号距今已有7000多年的历史,前者与晚于它5000年的汉代出现的"日"或"月"字相似,后者与晚于它3000年殷商甲骨文中的"目"字相似。

在仰韶文化遗址、西安半坡遗址、浙江河姆渡文化遗址中,亦出现过许多异样的原始符号。考古学家们称,在我国诸多文化遗址中出土的这些原始文字标志,实质上就是文字的源头。

文字的源头,其实也是姓名的源头。古代的姓,是一部分有血统关系的种族符号标志。姓的来源是出自同一母系始祖的种族共有的图腾崇拜物象。氏,则是姓的分支。正如《通鉴外纪》所云:"姓者,统其祖考之所出;氏者,别其子孙之所自分。"古代姓氏,有的以毒虫猛兽图腾定姓,有的以鸟类定姓,有的以昆虫为姓,还有的以各种植物、花草、鱼类、什物及天象、地理为姓的。

名,一般氏紧连着姓的。姓为种族的符号,名为个人的代号。名是为区别社会中的每一个人而产生的,单就"名"字为"夕下之口"的结构,就能看出些端倪。原始时期,人们无有名姓,只是靠夕阳西下劳动归来以每个人的音容来识别其人的。

名与姓相比,名晚于姓氏的出现。早在新石器时代中晚期,也就是神话传说的伏羲时期,神农时期,只传下华夏种族的主要姓氏和代表人物,而传下各个氏族中优秀人物的名字甚少。诸如太昊氏、女娲氏、燧人氏、神农氏、有巢氏、丹鸟氏、古襄氏、阴康氏,就反映了那个时期有关个人名字流传甚少的情况。而到了黄帝时期,则出现了许多表志某个优秀人物的姓名,被史载而流传到今天。

例如,黄帝征服的蚩尤,造文字的仓颉,作甲子纪年的大挠,黄帝之妻缧祖,黄帝之子玄嚣、昌意,黄帝之孙颛顼等等。

追溯中国姓名学的形成及其历史,可以说,它基本上是起源于伏羲、女娲时期而形成于炎黄时期。

在外国,欧美许多西方国家姓名的出现,据有关外国姓名学的专家考证,认为多产生于中世纪,最早可追溯到古希腊和古罗马的神话传说时期。

据翦伯赞主编的《中外历史年表》提供的资料反映,古希腊与我国夏末和商代基本上同步,古罗马则与我国周代同步。

而巴比伦的文化较早,等于我国的夏末时期。

距今三千多年的《圣经》曾论述过名字产生的问题。

《旧约·创世纪》一章曾这么说:

耶和华上帝说,(他造的)那人独居不好,我要为他造一个配偶帮助他。耶和华上帝用土所造成的野地各样走兽和空中各样飞鸟。都带到那人面前看他叫什么,那人怎么叫各样的活物,那就是他的名字。那人便给一切牲畜和空中飞鸟、野地走兽都起了名。

据世界考古学的新发现,认为《圣经》学的《旧约·创世纪》神话,直接来源于巴比伦泥板文书中的创世史诗。那部距今约三、四千年的史诗,名叫《艾努玛·艾利什》。

美国学者李明在《神话学》一书中载出这篇史诗的开头:

在天上还没有命名,

下地也还没有名称的时候,

只有天地之父阿卜苏和摩摩,

以及万物之物提阿马特。

那时沼泽还未形成,

岛屿还无处可寻;

神灵尚未出现,

即没有获得名称,

也没法确定身份。

在这众人混流之中,

后来才造出神灵,

而且获得了名称。

据中国姓名流传的历史看,与外国相比,起码早于欧美许多国家出现姓名一两千年。由此,我们可以骄傲地说,中国的姓名学,属世界上出现最早、最神秘的一种学问。

二、中国人姓名的特征

中国人的姓名,与西方和东方许多国家人的姓名不同之处,表现在外国人的姓名、字、号基本上是由两个字组成。

例如:伏羲、女娲、轩辕、高辛、蚩尤、许由、太康、嫦娥、少康、王亥、孔甲、武丁、妲己、比干、伯夷、叔齐等等。

从字号方面看,三国的曹操,字孟德;刘备,字玄德;关羽,字云长;张飞,字翼德;诸葛亮(诸葛为姓,等于一个字),字孔明……

那么,古人为什么起名、命字爱用两个字呢? 为什么中国古代的姓名没有一例类似像西方人由多字组成的名字呢?

早在公元前 3000 年左右,古埃及的第一任法老是美尼斯约。接下来,后几任法老的名字也多为四个字。古印度哈拉巴文化的奠基人摩享约·达罗,用的字母就很多。古希腊文化的奠基人就是用多文字组成的名字。公元前 2540 年,拉格什城邦的统治者安那吐姆也是四个字组成的名。与我国夏商文化同时代的古提·鸟尔、埃及、巴比伦、赫梯、亚述、希腊等的领袖人物之姓名,都在三、四个字以上,而唯有中国人的名字,均由两个字或一个字构成。

那么,中国人的姓名特征是如何形成的呢?

说来很简单,中国人的姓名产生于我国古老的阴阳太极学说。

三、阴阳太极和命名

阴阳太极的理论,贯穿了整个中华文明史,贯穿了古今人们的社会生活,正如宋代大学问家朱熹所言:"人人有太极,物物有太极。"

《周易》理论中有一句名言是"一阴一阳之谓道"。这其中"道"的含义极为广泛,极为复杂。

《周易》中还有一句名言氏"无极生太极,太极生两仪,两仪生四象,四象生八卦。"这里的两仪指的就是阴阳两大属性。

老子文化中也体现了这种观点。《道德经》第 42 章就明确提出"道生一,一生二,二生三,三生万物。万物负阴而抱阳,冲气以为和"。

写到这里,读者自然会恍然大悟:中国古代人姓名中两个字的名,或两个字的字号,说穿了就是由阴阳太极的理论派生出来的。或者说,中国古代姓名学是阴阳太极的一个分支。

古人命名,正是按太极阴阳之理进行,包括给人起的字、号,也基本上采用两个字。

不仅如此,古代许多地名也是用的两个字。如夏商周朝代的许多地名:洛邑(洛阳)、洛汭、洛涧、西岐、朝歌、成周、大夏、大宛、商丘等等,这也是受阴阳太极的影响而形成一定的命名规律。直至今天,我国许多大中小城市之名,仍是古人沿袭夏商周的地名命名习俗而承袭下来的。

诸如首都北京,直辖市上海、天津、重庆,大城市成都、西安、武汉、郑州、广州、长沙、南宁、济南、昆明、杭州、沈阳、长春等,就记载着两个字命名的漫长历史。

古时候,尤其是两汉之前,大至国名,郡名,州名,一般都市之名,中至部落之名,都邑之名,市镇之名,以及省、军、监、府、厅、县、行政地区之名,小至城、堡、寨、坞、垒、道、路、驿、馆、堂、街、衙、巷等名字,大都是跟人名一样,完全按阴阳太极之理,用两个字为之命名的。当然,上述的例子少数民族除外。

只要我们随意翻阅一下史书、典籍,就会看到我国历史上传下来的国名、地名、人名及各种各样的名称,无不是遵循一种特定的规律而进行的。

不仅如此,浏览一下我国的朝代名,诸如西周、东周、春秋、战国、先秦、西汉、东汉、三国等,用两个字命名者极为普遍。

各个朝代的年号,诸如丁丑、人庆、人中、上业、上元、广顺、开元、天宝、开皇、天皇及通过电视媒介使大家都熟悉的清代康熙、雍正、乾隆、嘉庆等,哪个不是由两个字组成的呢?

还有诸多典籍之名、乐器之名、用具之名及五花八门的名称之名,大都是以两个字为主体而命名的。

古代阴阳五行学命名示例表

（以城市或地名为例）

阴	阳	实　例	五　行	实　例
仄	平	沈阳　北京	木	杭州　桂林
偶	奇	武汉　成都	火	敦煌　烟台
虚	实	长春　广州	土	封丘　城阳
暗	明	昆明　洛阳	金	锦州　镇江
下	上	下邳　上海	水	湘潭　酒泉
小	大	小宛　大同		
低	高	低栗　高唐		
后	前	后营　前门		

四、单字·双字命名之理

只要我们随意翻开我国许多古文献，或者翻开当今出版的许多专业性很强的辞书，就会发现我国古代命名史上的一个特殊的现象：就是用一个字命名。

看，我国的国名"中国"，实际上就是一个"中"字。"国"字只是表示名称的实质性内容，不是路，不是州，不是府，而是一个国家。尽管现当代为了人们称呼上的简便，许多国家之名也用一个字，诸如美国、英国、德国、法国、韩国等，而"中国"之名与现当代诸多一个字称呼的国名不同之处，它不是现当代人为了称呼上的简便而起的，早在两汉之间，我国的一些典籍上就出现了"中国"之名。它的一个字之名，具有深厚的内涵。

我国的历史上，正如《三国演义》开篇词中所说的"合久必分，分久必合"。从夏、商、周以至两宋，中国出现了多次"合久必分"的阶段，而我国历史上诸多国名，除了上述说的两个字以外，也多是用一个字命名。

像周朝时候，卫、齐、晋、燕、鲁、宋、蔡、吴、越、魏、韩、徐、毛、郑、曹、莘、邶、应、鄂、虢、滑、管、纪、谭、吕、息、杞、梁、赵等等，诸侯国的国名基本上都是一个字。

实际上我国一个字命名的制度，从夏商就开始了。周初，周武王和八百诸侯会孟津，以备伐纣，当时所谓八百诸侯国之名，诸如温、桧、郑等，都是用的一个字命的名。

古代的九州之名，像扬、青、豫、冀、荆、幽、雍、徐等，虽然在历史有所变化，而一个字命的名却是不变的。

西汉十三刺史部之名：有的沿袭九州之名，有的也是单字之名。之后，各地行政州几百个名字中，用一个字命名者极多。在古代，因为命名制度，或者说人们命名时遵照着一定的规律进行，所以，在我国产生一个字为国、为州命名之时，自然也会用一个字为人起名。像尧、舜、禹、鲧、启、弈、汤、稷、弃、桀、纣等等。

然而，古代人用一个字为人起名，并非是为着追求简单易呼的随意行为，而是有深邃的道理并按之遵循的。

这个深邃的道理就是"大道之简"，简成为一个"一"字。

一、是事物的本原。因为，天下万物始于一，在《易经》的内涵中，一就是太极。古人正是处于一是太极的理论，也常常把太极成为"太一"。《吕氏春秋·大乐篇》就认为万物"本于太一"，并云："太一出两仪，两仪出阴阳，阴阳变化，一上一下，合而成章，混混沌沌，离则复合，合则复离，是谓天常。"

这里的"太一"，和《周易·系辞》中说的"易有太极，是生两仪"中的"太极"，和老子说的"道生一"，所阐述的奥义，从根本上说是趋于一致的。

中国的老百姓，把这种深奥的阴阳太极理论，用极为通俗的语言说事物可以"一分为二"，也可以"合二为一"。

这实际上将中国姓名学史上常用二字命名和一字命名的理由，算刨到了根上。

二字命名，是为着取太极的阴阳两个属性；一字命名，是为着取合而为一的太极内涵。

诸如上述三皇五帝时的尧、舜、禹，因为在遥远的古代，他们被人们信奉为"天子"，是代表"天"的意志，来统辖大地的。那么，他们完全可以取一个字的名字，使得他统辖的天下成为一个完整的"一"。

羿，是古代射日的大英雄。羿，为什么用单字名呢？这与他履行的职责有关。他要射日，而在古代，日就是天，老百姓故称日头为老天爷。而日在阴阳属性中是阳，大地则代表阴。羿要射日，就是代表大地的根本利益而除掉阳。那么，他要完成大业，就也以一个字命名。

他与尧、舜、禹不同之处,就是前者代表天,代表阳,而后者则代表地,代表阴。

启,是夏禹的儿子,也是夏朝第一位统治的天子,因寄希冀戴天行道而取一字,以代表天。商代第一位天子,也属此意,而取一个单字为"汤"。

汤是伐桀而当上开国天子的。桀,为什么也是一个字呢?他希冀自己掌管的夏代王朝像祖上许多天子掌管的天下那样,使得国泰民安。然而,他言行不一,执政暴虐无道,尽管桀时天象出现过"二日并出"的盛阳态势,还改变不了他最后灭亡的命运。

纣是商代的最后一位君王,他也想使自己的统治光照千秋,也以替天行道之意为自己取一个字的名以代表天。而他却是想一套做一套,步了桀的后尘,也当了亡国之君。

远古传说的人物和史载的历史人物,在没有产生辞姓之前,有许多人都是以一个字命名的。还有的本来是一个字的名,后人为了方便,给他们按上了两个字的名。例如伏羲最早的名字"牺",人称他"牺皇";黄帝之臣"挠",人称"大挠";"羿"人又称"后羿";"稷",人又称"后稷";"亥"人称"王亥"等。

五、三字姓名命名之道

古代人的姓名中,除了上述的两字姓名和单字姓名之外,较为流行的就是三个字的命名。

三个字命名,多是从春秋战国以及两汉逐渐形成的。最初,一般三个字的名字,前两个字为复姓,例如:百里奚,九方堙,孙叔敖,柳下惠,火正卯,公冶长,伍子胥,欧冶子,公输般,公孙衍,孟尝君,高渐离,桑弘羊,东方朔,皇甫嵩,司马徽,夏侯渊,诸葛亮,宇文泰等等,之后,经过漫长时间的转变,使三字之名,成了当今中国姓名的主流。

三个字命名的规律也离不开易经和老子的奥义。远古时伏羲所画的八卦,每个卦的符号都是由三画组成的。另一重意思则体现了易经中的三材天、人、地。

老子说的"三生万物"则更为直接。

尤其是三个字的命名,大都由复姓(算一个字)的两字之名,演变而来,更说明阴阳太极与三个字的姓名有着千丝万缕的联系。

上述的一些有关古代命名的现象,既然是从神秘的古卜书《周易》中派生,既然与老子文化的精髓具有不可分割的关系,这足以告知人们:中国人的姓名,亘古以来就充满了神秘的色彩。

事实上,姓名学深奥之处正如《周易》、《老子》的深奥之处一样,并非我们当代人写两三本书而完全能说得清楚的。"名可名,非常名",这里的含义除了哲学家们通常的那种解释以外,寓意还有一重意思,即姓名的玄奥能完全用言语说清楚的,也不是姓名学之道了。

随着现代科学领域的迅速扩展和科学技术的进步,许多知识界人士,诸如许多作家,学者,专家,工程师等,将周易范畴的命理学,五行学,太极学知识,应用到现代科技中,对我国的科学进步无形中起到某种促进和推动作用。

（作者为洛阳老子学会副会长）

试论甲骨文金文中所见中国最早家谱

李立新

　　家谱也叫族谱、宗谱、家乘、谱牒等,是中国古代记述家族渊源、世系和事迹的书籍,"家之有谱,犹国之有史。"家谱是家族历史和宗族文化的重要载体,历来被视为与正史、方志并列的三大史学体系,而家谱的历史甚至比正史、方志还要悠久。

　　中国迄今发现最早的一批家谱出现在商代,以甲骨刻辞和青铜器铭文的形式被保存下来。甲骨卜辞大部分是用于占卜的,但也有一少部分是非占卜用的刻辞,陈梦家将其分为卜事刻辞、记事刻辞和表谱刻辞,而表谱刻辞又被他分为三类,即:干支表、祀谱和家谱[1],家谱刻辞共发现三片,最有名的一件是《库方二氏藏甲骨卜辞》第 1506 片刻辞,亦即《英国所藏甲骨集》第 2674 片,见图一。虽然胡厚宣等学者一直认定这篇甲骨是伪刻[2],但也有陈梦家、于省吾、李学勤等学者认定它是真刻[3],这件刻辞刻在一大片牛肩胛骨上,现藏大英博物馆,所载内容是一段非常完整而典型的商人家族世系,全篇共 14 行,除第一行 1 字,第二行 5 字外,其他 12 行均为 4 字,共 54 字。其文曰:"儿先祖曰吹,吹子曰,子曰,子曰雀,雀子曰壹,壹弟曰启,壹子曰丧,丧子曰养,养子曰洪,洪子曰御,御弟曰,御子曰,子曰商。"这片家谱刻辞陈梦家判定为武丁时代,武丁是商代第 10 世第

---

①　陈梦家:《殷墟卜辞综述》,中华书局,1956 年,44 页。
②　胡厚宣:《甲骨文"家谱刻辞"题再商榷》,《古文字研究》,第四辑。
③　陈梦家:《殷墟卜辞综述》,中华书局,1956 年,499 页。于省吾:《略论甲骨文"自上甲六示的庙号以及我国成文史的开始》,《社会科学战线》,1978 年创刊号。又见《甲骨文字释林》195 页。李学勤、齐文心、艾兰:《英国所藏甲骨集》下编上册,中华书局,1991 年,213 页。

图一

23 任国王,据夏商周断代工程所排定的夏商周年表,武丁处于商代后期,在位年代是公元前 1250 年～公元前 1192 年,也就是说这篇家谱距今已有约 3200 余年的历史。这篇家谱是以男子为世袭的专记私名的谱牒,共记录 13 个人名,其中 11 人为父子关系,2 人为兄弟关系,其形式和后世的家谱一般无二,只是其中的两个弟名的出现,显现出商代宗法制度与周制及后代的嫡长子继承制有所不同,除了父子相继,还存在着兄终弟及的现象。这篇家谱所记录的人名均非商代先公先王,并非王室成员,可见早在商代,一般的贵族已经有了记录本家族世系的家谱了。这篇家谱共记录了武丁时的一个贵族"儿"11 世祖先的私名,以每一世 30 年计,这篇家谱记载武丁之前 300 余年的家族谱系,可以上溯到商代初期。可见我国以表格形式记录家族世系人物家谱的历史源远流长。

此外还有两片家谱刻辞,一片最早见于容庚等编的《殷契卜辞》第 209 片,亦即《甲骨文合集》第 14925 片,见图二,"……子曰……,……子曰,……,"这片家谱刻辞虽然残缺得很厉害,但是行与行之间有三道竖线隔开,是标准的表格形式谱牒。另一片见于董作宾编的《殷虚文字乙编》第 4856 片,亦即《甲骨文合集》第 21727 片,这片刻辞文字很多,其中有一句:"壬辰子卜,贞:妇子曰戠,妇妥子曰",见图三。

除了上述三件家谱刻辞外,在甲骨卜辞中,还存在着大量祀谱,记录着祭祀

14925

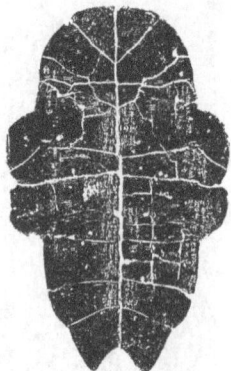

图二　　　　　　　　　　　　　　　图三

先祖的时间、祭祀方式和祭品书目等内容,虽然这些祀谱并非专门的家谱,但是由于它们严格按列祖列宗的次序排列,也可看作是一种变相的家谱,最著名的有两片,其一是《甲骨文合集》32384 片,如图四,文曰:"乙未系品,上甲十,匚乙三,匚丙三,匚丁三,示壬三,示癸三,大乙十,大丁十,大甲十,大庚七,小甲三……三祖乙……"。另一片是《甲骨文合集》32385 片,见图五,文曰:"……卜,自上甲,大乙,大丁,大甲,大庚,大戊,仲丁,祖乙,祖辛,祖丁,十示率。"学者们就是根据这些祀谱,排列出了商代先公先王的世系序列,并证明司马迁《史记》对商王世系的记载是基本正确的。甲骨文卜辞中的祀谱,大部分可视为商代王室的家谱。

　　商代的家谱实物除了甲骨刻辞外,还有三件青铜器,这就是著名的"易州三戈",或称之为"商三勾兵",现存于辽宁省博物馆,出土于河北省东部与河南交界处,地当太行山之东。其铭文如下:《六祖戈》:"大祖日己,祖日丁,祖日乙,祖日庚,祖日丁,祖日己,祖日己。"见图六。《六父戈》:"祖日乙,大父日癸,大父日癸,中父日癸,父日癸,父日辛,父日己。"见图七。《六兄戈》:"大兄日己,兄日戊,兄日壬,兄日癸,兄日癸,兄日丙。"见图八。① 王国维《商三勾兵跋》曰:"器出易州,当为殷时北方诸侯之器"。"三器之文蝉嫣相承,盖一时所铸。"②铭文中涉及 8 个祖名、6 个父名和 6 个兄名,分别代表着祖辈、父辈和兄辈,全部以天干为名,而"大祖"、"大父"、"大兄"应为祖辈、父辈、兄辈的最长者,可能即"大宗"

① 中国社会科学院考古研究所编:《殷周金文集成释文》第 11401、11403、11392 器,香港中文大学出版社,2001 年。

② 王国维:《商三勾兵跋》,载《观堂集林》,河北教育出版社,2001 年,547 页。

32384

32385

图四　　　　　　　　图五　　　　　　　　图六

的称谓。虽然这三件商代铜戈铭文的确切含义尚不明了,但是三件铜戈铭文所记的是同一家族世系的家谱却得到学术界的普遍认同。

11403
且日乙戈

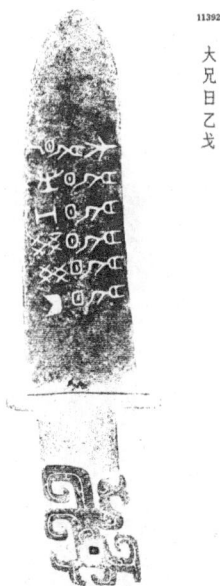
11392
大兄日乙戈

图七　　　　　　　　　　　　图八

综合分析现存商代这批家谱实物,我们可以得出这样的结论:其一,起码在商代后期的武丁时期,我国就出现了专门记录家族世系的家谱,距今约 3200 余年。如果从家谱所记录的世系算起,可以上溯至商代早期,即距今3500~3600年左右。实际上武丁时期的家谱能够精确地记录10多世的家族世系,说明这种记录是有传统的,可以认为中国最早的家谱大约出现于夏商之际。其二,商代家谱大约是出于对列祖列宗的祭祀活动,甲骨卜辞显示,商代盛行祖先崇拜,非常重视对祖先的祭祀,祭祀祖先需要准确严格的世系,这是我国家谱出现的直接原因。其三,商代的家谱不仅盛行于王室之内,而且整个贵族阶层都有记录家族世系的传统,甚至方国贵族也不例外,很有可能当时已经形成了某种记录家谱的制度。甲骨文金文中幸存下来的这些家谱资料,只是片鳞半爪、冰山一角,而大量书于简帛皮革上的商代家谱,由于时间久远而消失在历史的尘烟之中了。其四,我国最早的一批家谱都是表格式的,有些甚至还用竖线把文字隔开,这成为后世谱牒格式的滥觞。其五,我国家谱产生的根源是宗法制度,虽然完备的宗法制度出现在西周,其实在整个商代早已大行其道。

（作者为河南省社科院历史与考古研究所副所长、副研究员）

殷墟甲骨文中的"姓"和"生"

章秀霞

在人类数千年文明历史的演变进程中,"姓"有着特殊的意义。在我国先秦时期,"姓""氏"有别,意义不同,但到汉代以后,"姓""氏"合一,统称为"姓"。因此,"姓"不仅是宗族、家族的一种标志,其演变过程更是直接反映了社会组织的重大变迁。我国众多姓氏中,相当大的一部分其起源都非常古远。但是,就"姓"、"氏"文字的使用而言,目前的出土资料则仅能追溯至商代后期的殷墟甲骨文时代。殷墟甲骨文中的"氏"字仅见一例,且辞残,含义不明,故这里不再论及。

"姓"字,东汉许慎《说文解字》中解释该字为"人所生也。从女从生,生亦声。"而殷墟甲骨文中的"姓"字也从女从生,但左右无别,作 🐾 或 🐾 状。该字在殷墟甲骨文中并不多见,仅见五例左右,其辞例也不太完整,多有残缺。从辞例用法上看,当时的"姓"字也不是一个表示姓氏意义的文字,与《说文》中所列的"姓"字似有不同。殷墟甲骨文中含有"姓"字的卜辞如下(图一):

(1)……旬🐾,□申夕……孽龚妇姓……(合集 2861)

(2)甲子……姓冥……(合集 13963)

(3)……姓冥,不其嘉。(合集 14027)

(4)……王……姓……(合集 18052)

(5)甲申卜,贞:妇姓女有子。(合集 19998)

上述引用的甲骨卜辞辞例中,"□"表示该处缺少一字,"……"表示该处有缺文,但缺少几字不明,下同。殷墟甲骨文中,"妇某"常见,如妇好、妇姘等,

"妇"后之"好"、"妌"等字乃指女子之名。与此相类,上述(1)(5)两例中的"妇姓"也应指女子之名,即一位名"姓"的妇女。"冥"字殷墟甲骨文中多作🔲、🔲等形,读作挽,即今之"娩",常表妇女生育之意。因此,综合而论,上述甲骨文辞例中,除(4)例残缺过甚,不知所卜为何事外,(2)(3)两例中,"姓"前之字均残缺掉了,当为"妇"字之残缺,两辞均是卜问名叫"姓"的这个妇女生育之事的。(5)例大致是卜问"妇姓"是否有"子",也是卜问该女子生育之事。殷墟甲骨文中可以确定的"姓"字我们仅见到这几例残辞,从其

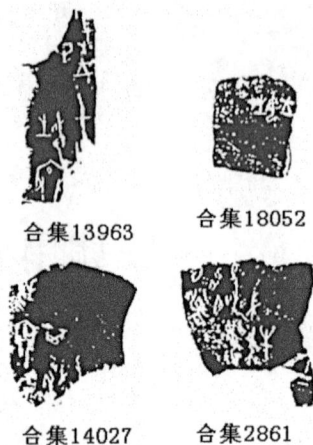

图一　殷墟甲骨文中的"姓"

大致的用法可知,这几例中的"姓"字都是属于表示人名的女性字,与宗族、家族观念中的姓氏意义相差甚远。可见,"姓"字承载起姓氏意义的功能当是后起之事。

我们知道,目前所见西周和春秋时期的铜器铭文中并没有从女从生的"姓"字,往往是以"生"为"姓","姓"一般都被写作"生",当时的铭文中常见"百生"一词,"百生"即"百姓"。那么,殷墟甲骨文中"生"字的情况又如何呢?

殷墟甲骨文中的"生"字从屮从一,作"生"状,像草木生出于土上之形,学者释其为"生"。"生"字在殷墟甲骨文里的用法大致有以下几种:

一、生长、长出。此当为"生"字的本义,如下面一例卜辞:

(1)甲申卜,宾贞:呼耤,生。王占曰:丙其雨,生。●贞:不其生。(合集904)

该例卜辞是在甲申日进行占卜,由"宾"这个人从正反两方面贞问呼人耤田,是否能"生"之事,即种植的东西能否生长出来。从占辞来看,商王做出的判断是,第三日丙戌日将会下雨,作物会长出来。

二、与生育有关之事。"生"字由作物的长出、生长意可引申为有关生育事之意,如常见的"祷生"之辞。殷墟甲骨卜辞中"生"字常与"祷"字连用,是为

"祷生"。祷，从冀小军先生说，[①]为祈求、求祀之意，原篆隶定为"莱"，也有学者读该字为"拜"。祷生，即祈求生育之事，大概是已婚未孕时期为求能受孕有子而进行的祭祀。卜辞中所见殷人"祷生"的对象基本上为其先妣，这里举几条辞例较完整者（图二）：

（1）乙未卜：于妣壬祷生。（合集 22050）

（2）癸未，贞：其祷生于高妣丙。（合集 34078）

（3）庚辰，贞：其祷生于妣庚、妣丙。在祖乙宗卜。●辛巳，贞：其祷生于妣庚、妣丙牝、羊、白豭。（合集 34082）

（4）乙巳，贞：丙午酒祷生于妣丙牡三、羊一、白〔豭〕。（合集 34080）

（5）□辰，贞：其祷生于祖丁母妣己。（合集 34083）

这些卜辞均是向先妣祈求、求祀能受孕有子之事。（1）至（5）例中祈求的对象分别是妣

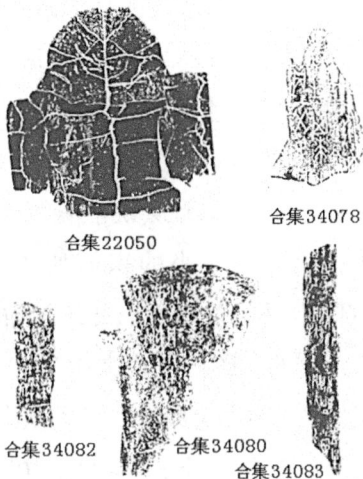

图二　殷墟甲骨文中的"生"

壬、高妣丙、妣庚和妣丙、妣丙、祖丁母妣己等六位先妣。其中，第（3）例中还涉及到殷人为求祷生之事而对先妣进行祭祀的地点（在祖乙宗）和具体使用的祭牲（牝、羊、白豭），（4）例更是提及了祭牲的具体数量（牡三、一）。

除"祷生"外，含"生"字的殷墟卜辞中还有其他一些与生育事相关者，如：

（1）丁酉卜，宾贞：妇好有受生。王占曰：吉。其有受生。（合集 13925）

（2）己卯卜，㱿贞：壬父乙妇好生，保。（合集 2646）

妇好是商王武丁的配偶，这两条都是武丁时期的王卜辞，即其占卜主体都是商王武丁。（1）例卜辞中的"受生"也应与生育事有关，该辞大意是在丁酉日由"宾"这个人贞问妇好生育之事，商王还亲自视兆并作出判断，认为妇好生育事会大吉。（2）例中的"壬"字，在殷墟甲骨文中的写法从人从土，作 𡈼 状，像一个

① 冀小军：《说甲骨金文中表祈求义的字——兼谈字在金文车饰名称中的用法》，《湖北大学学报》1991 年第 1 期。

人站立于土堆之上,卜辞中该字像人挺立有所企求、希企之意。① 该辞大意是,己卯日由殼这个人贞问有关企求父乙佑护妇好生育之事的。

三、读为"姓",指姓族、族人而言。西周、春秋时期的金文中"姓"字一般被写作"生",而春秋时期的铜器铭文中还有写作从亻从生的"性"字(图三),在战国晚期的秦诅楚文中才出现"百姓"一词。"百生"(姓)本来是对族人的一种称呼,因在周代宗法制度之下,社会统治阶级基本上是由统治者们大大小小的宗族所构成的,所以,"百生"(姓)又被用以指统治阶级而言。可见,当时的"百生"(姓)与姓氏还是有距离的。殷墟甲骨文中虽然未见"百姓"一词,但有个与此意义近同的同义词,即"多生"。殷墟甲骨文中有关"多生"的卜辞有以下几条(图四):

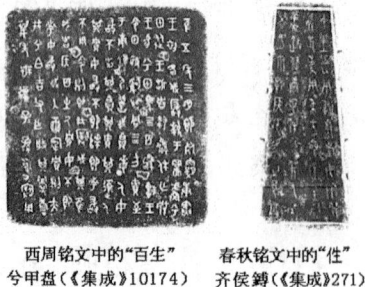

西周铭文中的"百生"　　春秋铭文中的"性"
兮甲盘(《集成》10174)　　齐侯镈(《集成》271)

图三　西周春秋铭文中的"生"和"性"

(1)□子卜,即[贞]:祖辛岁,惠多生[射]。(合集 24141)

(2)……大庚……惠多生射。(合集 24142)

(3)□寅卜……翌辛[卯]岁,惠多生射。(合集 24143)

(4)辛卯卜,即贞:惠多生射。(合集 24140)

(5)惠多生飨。● 惠多子[飨]。(合集 27650)

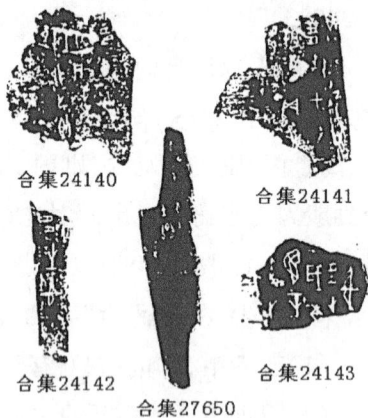

合集24140　　合集24141

合集24142　　合集24143

合集27650

图四　殷墟甲骨文中的"多生"

这些辞例中,"[ ]"表示其内的甲骨文字原文残,乃据辞例所补,下同。上述辞例中,(1)至(4)例是出组卜辞,(5)例是无名组卜辞,均属于王卜辞,其占卜主体都是商王。(1)至(4)例中的"射"是指祭祀时的射牲而言。(1)例卜辞大意为,对先王祖辛进行岁祭时,让多生来进行射牲好不好;(2)例卜辞大意为,对

---

① 黄天树:《黄天树古文字论集》,学苑出版社,2006 年,345 页。

先王大庚进行祭祀时,让多生来进行射牲好不好;(3)例卜辞大意为,辛卯日进行的岁祭,让多生来进行射牲好不好;(4)例卜辞大意也是贞问让多生来射牲好不好。(5)例中的"飨",裘锡圭先生指出应是指祭祀时对祖先行飨礼而言的,[①]该例中的两条卜辞属于选贞卜辞,其大意为,进行祭祀时是让多生来行飨礼还是让多子来行飨礼呢。林沄先生曾指出,"子"是商代家族首脑们通用的尊称,[②]"多子"则是指多位贵族族长,而在殷墟卜辞里,多子又可以与商王进行对贞,如合集27644:"惠王飨,受祐。● 惠多子飨。"其大意为,是由商王来行飨礼还是由多子来行飨礼呢。可见,这里的多子可以代替商王行飨礼,而"多生"也是可以代替"多子"或商王来行飨礼的,所以多生与商王的关系也极为密切。

　　根据古代典籍的记载,只有同姓族人才能参与祭祀本族先祖的活动。如,《左传》僖公十年曾记录晋国太子申生的亡灵告诉狐突说准备将晋国给予秦国,并认为秦国将会祭祀自己,这时,狐突对曰:"臣闻之,神不歆非类,民不祀非族,君祀无乃殄乎!"又《左传》僖公三十一年也曾记录宁武子在阻止卫成公命令祭祀夏人祖先相时所说的话:"鬼神非其族类,不歆其祀。"可见,在我国先秦时代,只有同姓族人才能参加对本族先祖的祭祀,即祭祀必由同族。1957 年,于省吾先生曾经提出判断卜辞中商王本族族人的这个标准。[③] 前述(1)(2)两例卜辞中,都直接显示出了祭祀的对象是祖辛和大庚,他们都是商人先祖,能对商人先祖进行祭祀的应该是商王的同姓亲族。因此,多子和多生都应该属于商王的同姓族人。(3)(4)(5)三例也都是王卜辞,其占卜主体都是商朝时王,其中的"多生"也应该和(1)(2)两例一样,当属商王的同姓族人。裘锡圭先生曾分析指出,在商代,跟在西周、春秋时代一样,各大小统治者的宗族的族人,基本上也都应该属于统治阶级,殷墟甲骨文中的"多生"和西周、春秋时期的"百生"大概反映了商人和周人用语习惯的不同。[④]

　　另外,在最近刊布的《北京大学珍藏甲骨文字》[⑤]一书中,第 960 片上有一条卜辞,其辞为"辛未卜,贞:乞入丁羌二生。"该辞中的"生"极有可能也读为

① 裘锡圭:《古代文史研究新探》,江苏古籍出版社,2000 年,317 页。
② 林沄:《从子卜辞试论商代家族形态》,《古文字研究》第一辑。
③ 于省吾:《从甲骨文看商代的社会性质》,《东北人民大学人文科学学报》1957 年第 2、3 期。
④ 裘锡圭:《古代文史研究新探》,江苏古籍出版社,2000 年,318 页。
⑤ 《北京大学珍藏甲骨文字》,上海古籍出版社,2008 年。

"姓",卜辞大意是,在辛未日贞问,是否最终向丁进献二族姓的羌人。再者,合集20637上有这样一条卜辞,其辞为"[己]巳卜,王贞:呼弜共生于东。"该辞中的"生"也可能与上文"多生"之"生"一样,应该读为"姓"。"呼弜共生于东"是指呼令"弜"这个人在东方征集"生",即征集族人之意。

四、活着的。殷墟甲骨文中又有"生鹿"、"生豕"等,如下:

(1)其获生鹿。(合集10270)

(2)癸酉卜:有生豕。(合集15068)

两例中的"生"为活着的意思,其大意是卜问狩猎时,是否会擒获活着的鹿和豕。另外,甲骨卜辞中还有"生刍",如合集116上有一条卜辞,其辞为"呼取生刍于鸟。●勿取生刍鸟。"该辞是从正反两方面贞卜要不要从鸟地征取生刍,这里的"生"也应是活着的意思。

五、下一个。殷墟甲骨文中常见表时间的"生月"、"生夕",其中的"生"可能即为下一个之意。这里选录以下三例:

(1)戊寅卜,争贞:王于生七月入于[商]。(合集1666)

(2)辛巳卜:惠生月伐夷方。(合集33038)

(3)丙午卜:其生夕雨。癸丑允雨。(合集20470)

其中,(1)例是贞卜王是否会在下一个七月进入商地;(2)例是贞卜下一个月是否要征伐夷方;(3)例则是贞卜是否会下雨。

六、疑用为祭名。"生"字在甲骨文中还见有与祭名连用者,如生馭、生汜、生齄等,其中的"生"也可能属于祭名,此不再举例说明。

七、含义不明。还有一些"生"字在卜辞中的含义我们并不明确,如:

(1)惠生王陷王。(合集34525)

(2)贞:执生。(合集13924)

另外,合集34072上有一条卜辞,合集释文读为"癸丑,贞:亡生祸。"核实原片后我们发现,其实该辞中的"生"字是"至"字误识,拓片中该字上部残却,故合集释文误为了"生"字。

从上述殷墟甲骨文中"姓"与"生"两字的具体用法来看,"姓"字本是用为女子个人之名,与姓氏意义并不相干,"生"字则由其本义作物的生长、长出而引申为与人的生育有关之事,并进一步引申指有血缘关系的族、族人之意,可以读为"姓"。殷墟甲骨文中的"多生"（姓）和周代铭文中的"百生"（姓）意义相近，尽管与姓氏还有距离，但其中的"生"字有族、族人之意，后世的姓氏意义应当是由殷墟甲骨文中"生"字的这种意义引申演化而来，并且到后来由"姓"字承载起了姓氏意义的功能。

（作者为河南省社会科学院历史与考古研究所助理研究员）

甫族、甫地卜辞中的农耕文化

王建军　陈智勇

一　甲骨文中所见的"甫"字及甫之地望

殷墟甲骨文中有一个字,写作下列诸形:①

〖图〗《合集》20234(自肥笔类)〖图〗《合集》20235(自小字类)〖图〗《合集》13505正(宾 2 类)

〖图〗《合集》19430(宾 3 类)〖图〗《合集》24376(出 2 类)〖图〗《合集》36962(黄组)

以上诸字,其构形象田上生出苗芽状,乃苗圃之本字。该字在青铜器铭文中写作:〖图〗(《集成》10.5395 宰甫卣)、〖图〗(《集成》15.9676 殷句壶)、〖图〗(《集成》14.9052 乍甫丁爵)等形。通过梳理甲、金文有关材料,古"甫"字已见于著录的相关

---

① 本文使用古文字著录简称如下:《合集》,中国社会科学院历史研究所:《甲骨文合集》,中华书局,1978 ~ 1983 年。《集成》,中国社会科学院考古研究所:《殷周金文集成》,中华书局,1984 ~ 1994年。《屯南》,中国社会科学考古研究所编:《小屯南地甲骨》,中华书局,1980 年。《明后》,许进雄:《殷墟卜辞后编》,台北艺文印书馆,1972 年。《英藏》,李学勤、齐文心、艾兰编:《英国所藏甲骨集》,中华书局,1985 年。本文有关卜辞的"分类与断代"主要参考了以下著作:陈梦家《殷虚卜辞综述》,科学出版社,1956 年。姚孝遂、肖丁《小屯南地甲骨考释》,中华书局,1985 年。李学勤、彭裕商:《殷墟甲骨分期研究》,上海古籍出版社,1996 年。黄天树《殷墟王卜辞的分类与断代》,科学出版社,2007 年。

辞条 100 余例,上举字例只是其中的一部分。如果从字形看,甲骨文"甫"字各形体的上部表苗芽状的构件个别出现了折笔,而下部所从的"田"形基本没有发生变化;铭文的三个字例应是由原字上部逐渐变形音化作从父,下部讹为从用,而别为"甫"字的。另外,如果从时间因素来考察,作为一个族名或地名符号,除在武丁时期的宾组卜辞出现外,自武丁之后,经庚甲、廪康直至乙辛时期的黄组卜辞,仍可见到这个"甫"字。然而,随着时代的推移,作为族徽铭文的"甫"字,在形体上却出现了逐步繁化的倾向。

关于"甫"字用作族、地名的讨论,学界曾有不同的看法。唐兰先生释此字为"苗",①陈梦家等学者从其说。陈氏认为其地望相当于古晋地之苗亭,即今河南济源县西五十里处。② 岛邦男、郑杰祥等学者将此字释作"甫",这种意见是正确的。但是,岛氏认为甫之地望在山西西南部蒲县一带;③郑先生考证古甫地当为后世之蒲原城,在今山西省桓曲县南旧城关镇以西一带。④ 这些看法可备一说。近年,王蕴智师认为殷墟甲骨文中的甫地,应和文献所记载的圃田泽及其偏南的广大地区相印合,甫地与奠(郑)、曼、等地为邻,其地望大致在今郑州市所辖的中牟县圃田乡以南至许昌地区之间。⑤ 王蕴智师通过出土文献与传世文献的相互印证,他所提出的意见是可信的,本文从其说。

二　甫地卜辞所见的农作物

殷商时期,甫地作为商王国的一个管辖区域,甫族族长带领族众在甫地世代延续,甫族与甫地的关系就变得密不可分。甫地作为商王国一个较为发达的农业区,甫族人常受商王之命从事各种农稼活动,其间商王也曾多次亲临此地,并在那里举行占卜。见于甫地卜辞的农作物品种主要有黍、秜(旱稻)、禾(谷子)、來(麦)等。请看下揭:

① 于省吾主编:《甲骨文字诂林》,中华书局,1996 年,2120 页。
② 陈梦家:《殷虚卜辞综述·方国地理》,中华书局,1988 年,260 页。
③ [日]岛邦男:《殷墟卜辞研究》,弘前·中国学研究会,1958 年,380～381 页。
④ 郑杰祥:《商代地理概论》,中州古籍出版社,1994 年,309～311 页。
⑤ 王蕴智:《商代甫族、甫地考》,《郑州大学学报(社会科学版)》2000 年第 2 期,100～104 页。

1.……甫弗其受〔黍〕年？ 《合集》09779（宾2类）

2.甲戌卜，宾贞：甫受黍年？/贞：甫不其受黍年？ 《合集》10021乙（宾1类）

3.贞：甫不〔其受〕黍年？ 《合集》10022乙（宾1类）

4.〔贞〕：甫弗其受黍年。 《合集》10022丙（宾1类）

5.〔甲〕辰卜，□〔贞〕：〔甫〕其〔受黍年〕？/贞：甫弗其受〔黍年〕？ 《合集》10023（宾3类）

6.贞：乎甫秜于始，受㞢（有）年？ 《合集》13505正（宾2类）

上揭第1～5辞，皆见于商王武丁时期的宾组，都是贞问甫地是否“受黍年”的卜辞。从上列所示，商王为什么既卜问“受年”，又屡次卜问“受黍年”，但从不卜问“受禾年”呢？对此，裘锡圭先生这样解释：“这应该是禾（谷子）的种植量比其他谷物大得多，卜问是否受年，实际上就是卜问是否受禾年，所以就不必再专门为它卜问的缘故。”①卜辞有关“受年”的辞例较多，杨升南等学者已做过很好的总结与研究，②此不赘举。而对于辞中所见禾、黍、等农作物品种的区分，裘先生在对字形进行仔细整理后，认为“谷子的穗是聚而下垂的，黍子的穗是散的，麦子的穗是直上的。”③卜辞中的禾指谷子，就是粟，去皮称小米。黍即黍子，去皮称黄米。我们同意裘先生的这种分析。于省吾先生曾把禾间带点的字释作，认为是来字的初文，也就是今天所称的小麦。④

笔者曾对上举辞例的字形作过一一比对，此皆作“散穗下垂”状，所以甫地种植的这种农作物，应该是裘先生所说的“黍”字。黍为禾属谷类，而不是麦类作物，卜辞称作黍，即今天北方所说的黍子或糜子，去皮后叫大黄米。此外，甲骨文中的“黍”字有多种异体，其中对从水或不从水的字形，过去一律释作黍，实有未妥。实际上，黍也有黏与不黏之分，黏者谓之黍，不黏者称作糜（或叫穄）。另外，卜辞中尚有白黍之称（《明后》2548、《合集》32014、《英藏》2431），白黍似为

① 裘锡圭：《甲骨文中所见的商代农业》，《古文字论集》，中华书局，1992年，154页。
② 杨升南：《商代经济史》，贵州人民出版社，1992年，113页。
③ 裘锡圭：《甲骨文中所见的商代农业》，《古文字论集》，中华书局，1992年，154页。
④ 于省吾：《甲骨文字释林》，中华书局，1979年，247～249页。

穈子。①

殷商时期,黍是甫地所种植的一种高产农作物。甲骨文习见商王令某臣或某妇督众种黍之事,如"贞:王立黍受年"(《合集》9525),"贞:王往省黍"(《合集》9525)等。"立"即莅临;"省"即省视、视察。以上二辞记录了商王不仅对农事进行占卜,还常常亲往田间视察黍的种植或生长情况,足见统治者对农业生产的高度重视。有学者指出,在有关农业卜辞里,黍的地位较突出,提到的次数比其他作物多得多,说明在殷人心目中,黍是最好的一种谷物,主要为统治阶级所享用,一般平民平时是吃不到的。②

除了黍之外,甫地的农作物品种还见有"秜",如上揭第6辞所示。为此,于省吾先生曾结合文例指出:"耤是踏耒以耕,即言耤于,又言秜于,应是先翻耕,后种秜。可见商人已经从自然的野生稻进一步加以人工培植。"③关于殷人培植野生旱稻的记载,迄今在卜辞中尚属仅见。考古发掘资料表明,郑州商城白家庄遗址中即曾发现稻壳遗存,解放前殷墟遗址的科学发掘中也出土过稻谷的遗存。④

卜辞中的"麦"(字从来从倒止),或用作地名,为田猎之地(《屯南》736、《合集》29369、24228),或为农作物品种,如"月一正,曰食麦。"(《合集》24440)"食来。"(《合集》914正)此辞所言"食麦"就是食麦子,可以和《礼记·月令》"孟春之月,食麦与羊"的习语同。⑤ 商代的"麦"和"来"具体所指,究竟何为大麦,何为小麦? 由于资料太少,这个问题难下结论。卜辞亦有"告麦"的记载(《合集》9621、9624),"告麦"即报告麦子成熟。但从甫地卜辞中,我们尚未见到有关麦的记载。

————————

① 齐思和:《毛诗谷名考》,《燕京学报》,第36期,1949年6月,又见《中国史研究》,中华书局,1982年,5页。关于黍、穄之分,亦可参看王宇信、杨升南主编:《甲骨学一百年》,北京:社会科学文献出版社,1999年,523页。

② 裘锡圭:《甲骨文中所见的商代农业》,《古文字论集》,1992年,158页。

③ 于省吾:《甲骨文字释林》,中华书局,1979年,251~252页。

④ 张光直、李光谟编:《李济考古学论文选集》,文物出版社,1990年,283页。许顺湛:《灿烂的郑州商代文化》,河南人民出版社,1957年,7页。又见杨育彬:《郑州商城初探》,河南人民出版社,1985年,22页。

⑤ 郭沫若:《卜辞通纂》,科学出版社,1983年,2页上。

三　甫族卜辞中的农业田役

甫族人除在本地从事农耕外,卜辞还记载甫族族长常常率领族众受命到外地为王室服田役。从下列几则卜辞中,我们可以清楚的看出来:

7. 贞:屮伐于上甲十屮五,卯十小、豕?　/　贞:屮伐于或?　/　□酉卜,宾贞:姷受年?　/　□:姷□其受年?　/　丁酉卜,㱿贞:我受甫耤才姷年?三月。　/　丁酉卜,贞:我弗其受甫耤才［年］?　/　自今庚子［至］于甲辰帝令雨?　/　至甲辰帝不其令雨?　/　于且(祖)乙一,正?　/　叀癸未用?

《合集》00900 正(宾 2 类)

8. 今日不其雨?　/　三日癸未屮尞于上甲?　/　王占,卜曰:我其田,甫耤才姷年。

《合集》00900 反(宾 2 类)

上揭第 7~8 辞,属同版之正反面刻辞。该版系由若干龟甲碎片缀合而成,惜版残。第 7 辞为本版的正面,其反面即第 8 辞。反面卜辞与正面相连接,另有残辞未录释文。从残存的卜事可知,仅围绕"甫耤才"受年之事,就卜问了三项内容:

其一,先卜祭祀祖先。据研究,过世的先王往往是商族人祈求年成的对象,但在过世的先王之列能够干扰天象者却只有上甲一位。因此,辞中显示商王先贞问是否向上甲进献十五个人牲用作伐祭,祭祀过程中又问是否还要剖杀十只圈养的羊以及去势的公猪(仪式活动的目的可能是祁求雨水或丰年);后者问是否用一只圈养的羊向祖乙致侑祭。可见上甲的地位要比祖乙的地位高得多。

其二,丁酉日分别由贞人宾、卜问甫族人受命到地耕作,是否会有好收成。卜甫族人异地耕作,这在当时或许是一种普遍的田役现象。

其三,庚子日为祈雨又进行卜问,此辞的神祇是天帝,殷人尊天帝为神。很显然,这版卜辞既向祖神祁年求雨,也向天帝卜问雨情。这次围绕"甫耤才"受年之事的占卜,诸辞干支相连,祭祀、问雨和受年的活动融为一体,加上反面是否派甫族人到地耕作的占问,并由商王亲自主持。可以想见,殷商时期,甫地这座粮仓已与当时的商王朝之命运息息相关。

通过对上揭卜辞的研读,我们了解到甫族人为王室服田役的地,也应是一个丰产的农业区。有关的地望,饶宗颐先生考证为后世的地。[①] " "见于《说文》邑部:",汝南邵陵里。从邑,自声,读若奚。"段玉裁注:"今河南许州郾城县东四十五里有故召陵城,者,召陵里名。"[②]对于古地的今属情况,郑杰祥先生认为"古召陵在今郾城县东20余公里处,古姁(郎)地当在古召陵城附近。"[③]笔者同意饶氏、郑氏的看法。从卜辞看,甫、两地亦当相距不远。由此,我们推测,甫、姁一带很可能就是当时商王国一个比较大的粮食产区。

四　甫族卜辞中的农具

殷墟甲骨文记载的农业资料比较丰富,农业虽是商王国的主要生产部门,但其生产力仍处在比较落后的阶段,这与生产工具的笨拙以及耕作方法的简单有着必然的联系。考古发掘出土的商代农业工具有镰、锄、铲以及耒、耜等,这些生产工具多数是由木、石、骨、蚌等材料制成的,也有少量的青铜农具。但这些出土农具,卜辞未见有明确的记载。对于耒与耜的耕作方法,我们可从一条同版卜"甫耤于"与"甫耜于"的辞例中进行分析,请参:

9. 贞:乎甫耜于姁,受屮(有)年? ／丁酉卜,争贞:弗其受屮(有)年? ／旃众㱿、甫耤于姁,受年? ／贞:弗其受(有)年? ／受年? ／弗其受? ／贞:受年? ／弗其受屮(有)年?　　　　　　《合集》13505 正(宾 2 类)

从以上内容看,甫族人在地除了种黍之外,还兼而培植"耜"这一农作物品种。此辞中的"耤"字,象人侧立推耒,举足刺地之形。《易》曰:"揉木为耒,斫木为耜。"据文献与考古资料印证,早期耒、耜这两种工具,都是用树枝加工而成,即在一根较长的距尖头不太远的地方固定一个短小的横木,刺土时以手刺上端,以脚踏横木入地,这就是最初的单齿耒,后来逐步改进成曲柄斜尖的耒。单齿木

① 饶宗颐:《殷代贞卜人物通考》,香港大学出版社,1959 年。又郑杰祥:《商代地理概论》,中州古籍出版社,1994 年,236 页。
② 段玉裁:《说文解字注》,上海古籍出版社,1994 年,291 页下。
③ 郑杰祥:《商代地理概论》,中州古籍出版社,1994 年,236 页。

耒向两个方向改进，一是在耒的下部增加耒尖，变单齿耒为方字形双齿耒；一是将耒尖加宽，形成略如后世的锹头，使翻土的面积增大，这就是耜。1958～1959年，在殷墟不少窖穴壁上发现清晰的木耒痕迹，都是双齿。如在小屯西地 H305坑发现的大型耒痕，齿长十九厘米、齿距七厘米、齿距八厘米；大司空村 H112 发现的小型耒痕，齿长十八厘米、齿距四厘米、齿距四厘米。① 耒、耜的耕作方法，包括"推"与"发"两个动作，前者是刺土，后者是翻土。这种耕作方法应与卜辞所载的"（协）田"意思相近。

　　殷商时期农业生产是否使用了犁耕，从卜辞中，尚不能找到确凿的证据。甲骨文中习见"从牛从勿"的字形，此字写作：（《合集》23217 出 2 类）、（《合集》37045 黄组）、（《合集》29495 无名类）等形，王国维先生将此字释作"物"，意为杂色的牛。② 这一释读，可谓不易之论。但在江西新干县大洋州商墓中，曾出土过两件青铜犁铧，呈三角形，上面铸有纹饰，一件宽 15 厘米、长 11 厘米、高 2.5厘米，另一件宽 13 厘米、长 9.7 厘米、高 1.7 厘米。这是目前仅有的两件经过科学发掘，且有明确出土地点和年代判断的商代铜犁铧。它证明商代确实使用过铜犁。为此，李学勤先生曾指出："青铜农具的出现，对我国科技史的影响是很大的。今天对于古代（至少是南方）曾较多的使用青铜农具，不应再有怀疑。"李先生在谈到 1973 年山东济南东郊出土的一件铜犁铧，两件商代铜戈及锛、削等器时说"当时北方也应有使用铜铧的犁耕了。"③目前，尽管我们从卜辞中还无法确定殷商时期是否使用了牛耕，但青铜犁的出现为以后铁犁的使用开辟了道路，因而在我国农具史上占有重要的地位。

---

① 中国科学院考古研究所安阳发掘队：《1958～1959 年殷墟发掘简报》，《考古》1961 年第 2 期。又白寿彝总主编，徐喜辰、斯维至、杨钊主编：《中国通史·第三卷·上古时代（上）》，上海人民出版社，1994 年，213～215 页。另学术界对耒、耜的起源有不同看法，此不具引。以下为具有代表性的参考文献：刘明科：《宝鸡关桃园遗址早期农业问题的蠡测——兼谈炎帝发明耒耜和农业与炎帝文化年代问题》，《农业考古》2004 年第 3 期。李崇州：《试探〔考工记〕中"耒"的形制》，《农业考古》1995 年第 3 期。梁家勉：《释耒》，《农史研究》（第四辑），1984 年，第 73 页；李学勤：《力、耒和踏锄》，《农业考古》1990 年第 2 期。徐中舒：《耒耜考》，《农业考古》1983 年第 1 期。刘亚中：《"耒"的演变与"犁"的产生》，《中国农史》1997 年第 3 期。
② 王国维：《观堂集林·释物》，中华书局，1959 年。又王宇信、杨升南主编：《甲骨学一百年》，北京：社会科学文献出版社，1999 年，527 页。
③ 《江西新干发现大型商墓》，《中国文物报》1990 年 11 月 15 日。夏萍：《江西新干发现大型商墓》，《江西文物》1990 年第 4 期。李学勤：《新干大洋洲商墓的若干问题》，《文物》1991 年第 10期，后收入《当代学者自选文库·李学勤卷》，安徽教育出版社，1999 年，161 页。

五　余　论

以上结合卜辞,我们对甫族、甫地的农耕文化进行了粗浅的探讨。此外还有几条署有月份的农业卜辞,如下所示:

　10. 庚辰卜,王:甫往黍,受年? 一月。　　　　《合集》20649(自小字类)

　11. 甲戌卜,贞:甫受黍年? / 贞:受年? 二月。

　　　　　　　　　　　　　　　　　　　《合集》10022 甲(宾 1 类)

　12. 丁酉卜,㱿贞:我受甫秸才姐年? 三月。　《合集》00900 正(宾 2 类)

上揭 10～12 辞,记载了"受年"的三个月份,同时反映了甫族人的农事活动与殷代历法之间的关系。关于殷历何时建正,有以下几种说法:其一、殷正建丑(即相当于现今夏正十二月)。董作宾先生主张此说。① 其二、殷正建子。陈梦家先生认为:"古今历法不同,所以卜辞某月相当农历何月,尚难确定。"不过,他又推测"似乎卜辞的正月相当于农历的二、三月"②照此说法,殷正一月相当于夏正十一月,所以陈氏基本上认同"殷正建子"。其三、殷正建未。郑慧生先生提出"商历的岁首,在一年的麦收之后,相当于夏历的六月、周历的八月;用后世月建之法,应该称它作'商正建未'的。"③竺可桢先生通过研究认为,商代安阳正月份的平均温度,会高出现在 3～5℃,近于现今汉江流域的气候。④ 黄天树先生对此亦做过分析。⑤ 我们同意"殷正建丑"之说。

鉴于此问题较为复杂,本文不作具体探讨。但在前贤研究的基础上,我们认为组小字类卜于"一月",宾 1 类卜于"二月",宾间类卜于"三月",三条卜辞署记三个相连的月份,根据殷正以建丑之月为一月,殷正一月相当于夏正十二月,殷正二月相当于夏正一月,殷正三月相当于夏正二月。所以殷商时期北

---

① 董作宾:《殷历谱》,中央研究院专刊,下编卷四,1945 年,6 页。
② 陈梦家:《殷虚卜辞综述》,科学出版社,1956 年,540～541 页。
③ 郑慧生:《古代天文历法研究》,河南大学出版社,1995 年,11 页。
④ 竺可桢:《中国近五千年来气候变迁的初步研究》,《考古学报》1972 年第 1 期。又郑慧生:《甲骨卜辞研究》,河南大学出版社,1998 年,88 页。
⑤ 黄天树:《殷墟王卜辞的分类与断代》,科学出版社,2007 年,10～11 页。

方气温应比现在稍暖些,这批卜辞很可能是在同一个时期围绕开春后的农事而预卜的。

（第一作者为郑州大学历史学院古文字学博士研究生,第二作者为郑州市惠济区人民政府副区长、博士）

"姓源"新考

（台湾）黄博全

推翻旧说谈"姓源"

李宗侗先生于民国四十三年九月初版的《中国古代社会史》，是最早用图腾现象解释中国古代社会的少数学术著作之一，其第一章图腾与姓、第四章图腾团及图腾的地域化、第八章个人图腾与名，使从西方引进的图腾学与中国的古代社会史，进行了未曾有过的第一次接触，可惜由于汉语已然是举世独一无二的单音语族，以致于没能在接触的瞬间即刻爆出灿烂的火花。

法国人杜尔干说："图腾是一种生物或非生物，大多数是植物或动物，这团体自信出自牠，牠并作为团体的徽帜及他们共有的姓。"信同种图腾的人合成一个团体，这个团体称为图腾团。他们相信不论以前的祖先，或现在的人或将来的子孙，皆直接出自图腾。较原始的初民社会中，人知有母而不知有父，同一图腾团的人，皆相信所有的团员都是由于女子同图腾的接触而生的。这里所谓接触，指广泛的接触，比如走到图腾面前而有所感动即是。初民在某一个阶段，是相信图腾团的团员皆直接出自图腾。图腾的原意在于生生，只有生物可以生生不已，这必是初民以生物为图腾的理由。

图腾与姓的关系，可以用几种的理由来证明：例如《左传·隐公八年》："众仲对曰：天子建德，因生以赐姓。"《说文解字》女部："姓：人所生也。"《礼·曲礼》："纳女于天子，曰备百姓。郑注：姓之言生也。"《白虎通·姓名篇》："姓者，生也，人所禀天气所以生者也。"《诗·麟趾》："振振公姓。毛传：公姓，公生也。"

可见姓是表示人所以生,与现在初民对图腾之观念相同。并且较古的时代,姓与生只是一个字,所以公羊、谷梁传定公四年蔡大夫公孙姓,左传作公孙生。古文尚书汩作、九共、槁? 序:"别生分类。"亦即"别姓分族"。在周代铜器中,例如史颂敦"百生"、兮甲盘"诸侯百生"、齐侯镈"保护百生",百生皆系百姓,可见东西周人尚称百姓曰百生。

　　婴儿自脱离母体"呱呱坠地",所发出的哭叫声无不都是"哇"。接连两声"哇"之间,必胶着出一"Na"音,此音与"哇"合音听起来就像女娲。传说"女娲"抟黄土造人,实即最原始之图腾名。上古人本操复音语、奉"龙"为图腾,龙就是"鳄",女娲音协你我、弄瓦(生女)、黎元、人员、人烟等,倒装为吾人、我俩、吾侬、婴媜(人始生)、日本语谓鳄的"わに(Wani)"等,分化出你、我或龙、鳄等两组音。吾人既为龙所生,即自称为龙,稍音转为侬,又音转为人。所有一切的复音语词均为"女娲"或其倒装的"卧龙"所衍生,至"肃慎"及其倒装的"赛夏"共计可分成110组,再由音生义,及至有了文字之后,再依音韵觅字。图腾名与幼鳄及幼儿的哭叫声相结合,人类的文明于焉展开。

　　《中国古代社会史》第四章第一节讲得好:"不只地名由于图腾团的定居,山名、水名亦皆如此。考证家每谓地由水得名,但水名又何自来? 这不过将解释的困难退后,而非得到确切的解释。其实地、水、山的得名,皆由于图腾团的定居其地。"这段话可以破千古之妄,盖中国文人最喜望文生义、穿凿附会,如释"天目"山云"上有两峰,峰顶各一池,若天左右目。"、释"峨嵋"山云"两山相对如峨眉"、释"??"县云"其地下多?? 虫,因以为名。"、释"秭归"县云"屈原此县人,被放,姊来,因名其地。"其实古地名即是社名、部族名,也就是图腾名,而最初仅是记音,不必定有若何含意,例如钱塘、义乌、博罗、番禺、合肥、即墨、邯郸、洪桐、阳谷、仪征、梓潼、扶风、鳌屋、敦煌、蒙自、个旧、越嶲、犍为、米脂等一定有确切的答案乎? 金陵、江宁固皆南京之旧名也。

　　《通志·氏族略》:"葛氏有三,嬴氏之后以国为氏。又,诸葛,有熊氏之后有詹葛氏,齐人语讹以詹葛为诸葛。"此外又有"葛婴之后居诸县,谓之诸葛。"诸葛瑾"其先葛氏,本琅琊诸县人,后迁阳都,阳都先有姓葛者,时人谓之诸葛。"等说法。中国人素来强调"行不改名、坐不改姓","诸县葛氏,故称诸葛"之说不足采信。浙江省也有个叫诸葛的地名,又有个叫做"诸暨"的县名,春秋时代的越国有"诸稽"这个复姓,詹葛、诸葛、诸暨、诸稽实乃一音之转,复音语词是人类语言最基本的型态,詹葛、诸葛省音为葛才是历史的真象。鲜卑三部大人分别以宇文、慕容、拓跋为姓,部名即其部酋之姓;匈奴单于姓虚连鞮氏,异姓名族为呼衍氏、须卜氏、丘林氏、兰氏四姓,兰氏似即匈奴的本支。鲜卑、须卜、粟末、室韦、兴安一音之转,古鲜卑山即今兴安岭,古人以为"依鲜卑山,故因号焉",正确的说法是山岭因族群的栖息而得名。

根据统计数据显示,全中国目前使用的汉字姓氏约为三千零五十个,而在汉民族中有百分之八十七的人仅用了一百个常用姓氏,亦即在十一亿人口中约有九点五亿多人只用了一百个姓氏。在这一百个姓氏中,前十九个大姓的人口却占了汉族人口的百分之五十五点六,也就是全国大约有一半人口只使用这十九个姓氏。而在这十九个大姓中,居于前三位的李、王、张三个"超级大姓"则占了汉族人口的百分之二十二点四,也就是说全国约有二点五亿的人只用了这三个姓。由于中国最常见的一百个汉族姓氏都是单音,而单音本自复音省略而来,其省略的途径每复杂而多变化,事实上已到了莫可究诘的一个程度,例如流黄、留黄、硫黄、鸳黄、内黄、飞黄、外黄、大黄、地黄、贴黄、翠黄、雌黄、仓黄、乘黄、中黄、黄池、黄藏、黄泽、黄目、黄门、黄口等都有可能是黄姓的源头,出自金天氏、陆终、伯益的分别是哪一支? 恐怕就不易说得上来了。

在台湾占人口上绝大多数的闽南移民后裔,把自己叫做台湾人,称自己所讲的话叫台湾话。无论是闽南人或客家人,无不都以正统的汉人自居,但是却有一个奇特的现象,那便是惟独客家移民在邸宅的大门上标示有堂号与郡望,闽南移民的后裔则无此作风。台南县七股乡的笃加村,是全村都姓"邱"而未杂外姓的单姓部落,该村建有一座奉祀邱姓祖先的"河南堂",祠堂墙壁上还立有石碑,详述祖先曾赴唐山探亲的经过。然而据已故地方耆宿吴新荣先生的说法,谓该村老少本是平埔原住民的后裔,然则该村的祠堂岂非有意的造假? 客家(Hakka)本是族名的音读,世人望文生义,误以其人为晚期南下之客,然则误会导致客家族人以最纯正的汉人自居;客家话又音讹畬客口中的"奥老"为"河洛","瓯骆"后裔的闽南人乐得以正统的汉人自居,何尝知道中华民族根本就是民族的大熔炉?

何乔远《闽书·卷152》谓:"永嘉二年中原板荡,衣冠始入闽者八族,所谓

林、黄、陈、郑、詹、丘、何、胡是也。"今陈、林、黄高居台湾前三大姓,而詹、丘二姓
则显然有客家人高过瓯骆人的趋势,可见其入于瓯骆就成为瓯骆、入于客家则成
为客家,这就是"汉化"的真象。自命为西拉雅平埔族之研究专家的杨森富,说
"姓'利'者,原姓为'利毒'"、"'李'姓,乃原姓'礁巴李(Tabari)'的简称"、
"'卓'姓族人来自旗山镇碌碡坑"、"'哀'姓族人来自新市乡道爷"、"'来'姓族
人来自六龟乡宝来"、"'冬'姓及'佟'姓族人来自里港乡茄苳脚"等,这个说法
如果属实,则其得姓的途径与古代的中国人并无不同。《隋书》东夷传流求国
条,谓当时的流求国(按:即今台湾):"其王姓欢斯氏,名渴刺兜。""欢斯"音协
"扶西","扶西"是菲律宾国父"扶西·黎刹"的姓,当年陈棱率兵攻打流求国的
登陆处(波罗檀至低没檀),若仍有"欢斯"一姓,当是甚有兴味的一件事。

　　自"女娲"及其倒装的"卧龙"开始,衍生出女皇—黄龙、女魃—蟠龙、女禄—
龙龙、女隤—毒龙、女古—亢龙、女娇—蛟龙、女虔—螭龙、女希—蜥龙、女禄—骊
龙等带"女"字头"龙"字尾的复音语词。又音转为有虞—榆罔、有扈—夫余、有
庳—百越、有牧—闽越、有邰—大越、有鬲—句吴、有祖—江疑、有巢—蚩尤、有熊
—轩辕等带"有"字头"越"字尾的复音语词。又音转为瀚海—防风、旱魃—彭
亨、濊貊—靺鞨、黄帝—帝鸿、回鹘—可汗、府君—君侯、海沧—沧海、伏牺—夏后
等"厂"、"匚"系统的复音语词。又音转为蚌埠—蒲阪、北冥—蒙亳、拔都—拓
跋、盘古—戈壁、辟疆—詹卑、阪泉—赤壁、彭戏—鲜卑等"勹"、"夂"系统的复音
语词。又音转为孟买—蛮莫、冒顿—头曼、蒙古—昆莫、膜昼—邹牟、莫愁—魑
魅、么些—粟末等"万"、"冂"系统的复音语词。又音转为鞑靼—帝台、独孤—孤
独、突厥—邹屠、屠耆—契丹、唐山—玄菟等"勹"、"去"系统;共工—高絅、古宗
—斟灌、τν—仓庚、广信—少广等"巜"、"丂"系统;鸠兹—诸稽、激楚—仓颉、颛
顼—神州等"丩"、"业"系统;蚕丛—穷奇、赤县—夏池等"く"、"ち"系统;肃慎
—赛夏等"丅"、"厶"、"尸"系统的复音语词,愈前面的在历史上出现的年代也愈
早。

　　王泉根《华夏姓氏之谜》以为李、刘、赵、朱等世族望姓往往在历史上就是
"国姓",而王、张、陈、杨、孙、高、郭、马等也曾为"帝王之姓",本就已经是声势
大、影响广,再通过赐姓,有不少别的姓氏改为帝王之姓,经过历史的长期累积,
这些姓氏的人口就急剧增加,以致造成今天这样的大姓人口"爆炸"的状况。其

实,前一百大姓的李、刘、林、罗、梁、吕、卢、任、廖、陆、龙、雷、黎、赖等十四姓都是"女"的协音;王、杨、吴、于、袁、魏、叶、阎、余、汪、姚、万、尹、易、武、文等十六姓都协音"娲";而排行第三的张、第五的陈之间,竟就有着《广韵》:"陈,张也。"的训义。《字汇补》:"震旦,中国也。"国语"陈"音同"辰",日本语的"陈"音(ちいん)近"震",闽南语的"陈"音近"旦",分化自"震旦",故"唐山—少典"、"震旦—突厥"、"屠耆—契丹"这三组复音语词,在《中国各省县名协音(含倒装)排名表》中,分别高居第16、25、26,非关帝王赐姓也。

美国常用男名有亚伦(Alan)、查礼士(Charles)、安东尼(Antony)、阿瑟(Arthur)、戴维(David)、狄克(Dick)、克拉克(Clark)、乔治(George)、卡尔(Karl)、爱德华(Edward)、霍华(Howard)、詹姆士(James)、亨利(Henry)、马克(Mark)、保罗(Paul)、约翰(John)、路易(Louis)、雷诺(Reynold)、劳勃(Robert)、约翰逊(Johnson)、纳尔逊(Nelson)、史蒂夫(Steve)、菲利普(Philip)、彼得(Peter)、威廉(William)等,凡此皆系沿用图腾名,中古以前的中国人亦有此风,如晋惠公名夷吾,管仲亦名夷吾、齐景公名杵臼,晋有公孙杵臼、齐宣王名辟疆、卫侯毁亦原名辟疆、楚有大臣司马子期,伯牙有知音之交名锺子期、魏公子信陵君名无忌,楚有大夫费无忌,唐有长孙无忌、赵有蔺相如,汉有司马相如等,古代人名不分男女很长一段时间亦均沿用图腾名,终因汉字之特殊功能而逐渐消失。

《周礼·春官·大宗伯》:"合天地之化。注:能生非类曰化。疏:鸠化为鹰之类,皆身在而心化。若鼠化为鴽,雀化为蛤、蜃之等,皆据身亦化,故云能生非类。"《易·系辞》:"拟议以成其变化。"由于有了"化"的概念,上古人以为万物皆图腾所化,所以尽管图腾所呈现出来的面貌林林总总,追溯其源头却只有一种,那就是"龙",也就是"鳄"。李宗侗不明此理,把"齐"字释为齐禾,把"秦"字释为"秦禾"——,于某一姓以某物为图腾,宛如拆字作说文解字一般。虽然有了"昆吾即壶"、"踟蹰两字中,保存朱之初音"、"台读台加怡"等发现,却未能进一步证明"昆吾分化出壶、壶二音"、"蜘蛛、踟蹰、踌躇、踯躅、蹢?、跱?、跢跦、蹉跎等皆一音之转,再由音生义"、"台有狐音,台骀当读如狐骀",是以没能在图腾学、音韵学等方面有更进一步的突破。"昆吾"音协"鲧禹",传说遂讹鲧、禹为父子二人;《书·吕刑》:"乃命重黎。传:重即羲,黎即和。"《书·尧典》:"乃命羲和。传:重黎之后羲氏、和氏,世掌天地四时之官。"重黎、羲和均被一分为二;罗斛音协老虎,大理白族语"罗"即"虎",复音逐渐省略而为单音;满姓"钮姑禄"音协狼狗,故有"狼"之义,又改写作"郎"。

本文题目之所以冠"推翻旧说"者,古人所列得姓受氏之(一)以国为氏(二)以郡国为氏(三)以邑为氏(四)以乡为氏(五)以亭为氏(六)以地为氏(七)以姓为氏(八)以名为氏(九)以字为氏(十)以次为氏(11)以族为氏(12)以官为氏(13)以爵为氏(14)以基德为氏(15)以凶德为氏(16)以技为氏(17)以事为氏(18)以谥为氏(19)以爵系为氏(20)以国系为氏(21)以族系为氏(22)以国爵为氏(23)以邑系为氏(24)以官名为氏(25)以邑谥为氏(26)以谥氏为氏(27)以爵谥为氏(28)代北复姓(29)关西复姓(30)代北三字姓(31)皇帝赐姓(32)以树为氏(33)以嫡庶为氏(34)以所业为氏(35)以居处为氏(36)以认字为氏(37)以入籍为氏(38)以入赘为氏等因素,本文一概不予理会,本文所追求的不过如关西复姓、代北复姓、代北三字姓等,再也纯朴不过的古人得姓的原始真象。古地名、国名、部族名等皆与姓氏有关,瓯骆、倭奴、夜郎、窝泥、哀牢、文郎、瓦剌、乌垒、伊列、俄洛、鸭绿、阿兰、阿荣、阿怒、伊朗、尉犁、郁立、挹娄、伊耐、乌喇等皆一音之转,或为国名、或为地名、或为姓氏,若能在这样的基础下结成联盟、定期集会、出版刊物、文化交流,想必是颇饶兴味的一件事。

(作者为台湾台南县公务员)

刍论姓氏郡望堂号、堂联

林作尧

　　姓氏郡望堂号、堂联内容丰富,可反映历史时代背景和地方人文景观,它是祖国的文化遗产。

　　1. 郡望:是指某姓氏的发迹兴旺的地方;现代语文学家为"郡望"一词下的定义是:郡望是某郡显贵世族为标明家族身份而用的称号,意即世居某郡为当地所仰望。"郡望"是某郡境内的名门望族,后来在宗族文化中代表形成望族的地方,是宗族的标志之一。

　　2. 郡:是春秋至唐代的行政区域;春秋末年,始于边地设置;郡的面积虽大,但地广人稀,地位低于县。战国时期,边地逐渐繁荣,故在郡下设县,形成郡县两级制。郡自春秋战国至秦代也逐渐形成地方政权组织。春秋、楚、秦、晋、齐、吴等国先后在边地设县,后推行到内地。春秋末年,由于战争需要,各地开始在边地设郡,面积较为县大,战国时在边郡下设县,内地也普遍设郡。秦统一中国后,健全郡县制,分全国三十六郡,后增至四十多郡,下设若干县。

　　3. 堂号:堂号是中国家庭文化中的一种用以慎终追远,弘扬祖德,敬宗睦族的符号标志,是寻根意识与祖先崇拜的体现,且有浓厚的宗亲色彩与精神纽带作用。每个姓氏都有自己的郡望。同样每个姓氏都有自己的堂号,一般来说郡望名就是堂号,但堂号名都不一定就是郡望名;因为堂号有总堂号和分堂号之分。总堂号即该姓氏发祥地的郡为堂号,就是以郡名为堂号。如林姓的"西河郡"就是"西河堂"、"济南郡"就是"济南堂"。这是郡望和堂的共同之处,分堂号是指姓氏分支支派所自立的堂号,但它照样不脱离总堂号的含义。分堂号分为两类:

一为姓氏始迁祖发祥地为堂号;二是以先世的道德文章、功名科第,或取义吉利祥瑞,或取义训勉后人向上进取而本支脉自立的堂号,以区别于其他支派。

由于郡望堂号历史悠久,名声响亮传播广泛,具有强大的凝聚力和向心力,所以,姓氏堂号使用最广泛,普遍用于祠堂、祖屋、学校、灯笼以及作为家庭个体的庭院、厅堂、店铺、书斋等处,以此区别姓氏,标明族属。

4. 堂联(对联的一种):是中华民族的特殊文化形成之一,也是一个姓氏的特殊标帜;它显示姓氏发源的地缘关系("根"的所在),蕴含着祖先的业绩或取义训勉后人,目的是启示应发扬光大祖先的光辉业绩,希望后代为国为民多做贡献。堂联:其上联多点出发祥地或望出地的郡号;下联则多炫耀祖德、点出其本族历史名人的官衔或嘉言懿行,只要一看其门联,便知其族之来源与历史名人。

5. 世泽:是先辈给子孙的影响,亦指祖宗遗留给子孙的余荫。家声:指一家素有的声誉,优良好的家风,崇美之声誉。

一、林姓的郡望堂号、堂联

堂号有西河堂、济南堂、忠孝堂、九牧堂、九龙、博陵、问礼、下邳、晋安、双桂、十德、南安等堂号。

西河堂:西河即是西河郡,从堂号就知道林姓是发祥于西河的地方。西河(郡名),在古黄河西河南端(今陕西省榆林县以东,黄河之西)。西河是林姓第一个发祥地,林姓后裔建立宗祠或编修族谱时尊称"西河衍派"、西河堂。

堂联:九龙世泽,十德家声;西周姓著三仁第,河郡贤推九牧家;西山瑞蔼三仁著绩,河水祥中双桂流芳;九龙衍派家声远,双桂遗风世泽长;忠孝有声天地老,古今无数子孙贤;十德堂中深树德,九龙门内再腾龙……

三仁:《辞源》指殷商的微子、箕子、比干。孔子曰:"殷有三仁焉。"比干为三仁之一。

九龙十德:其故出自战国时代赵国宰相林皋(36世)生九子,九子皆有文才,且行仁积德,都是赵国官员,人称九龙之父,十德之门。

双桂:晋时下邳太守林懋(64世),生六子,六子皆成才,其后裔发展为徐州望族。林懋(晋时下邳太守)的弟弟林禄为晋安主,是福建的开基祖,其子孙散居福建、广东、江西、广西、台湾等地达千万之众,后人称之为"双桂六龙"。

九牧:林披(85世)唐朝封上柱国公,生九子,九子皆登科中进士,兄弟九人都任州牧刺史,世称。"莆田九牧"、"九牧世家"。

济南堂:林挚(44世)之玄孙林遵(47世)汉宣帝时博士,官任太子太傅,生五子,世居济南,为济南望族,其后裔为纪念济南是林姓的第二故乡,所以有一部分林姓堂号为"济南堂"。堂联:济美衣冠承恩宠,南郡品格世泽长;济美衣冠承圣哲,南疆开发涌群英。

忠孝堂:林姓世代忠良,孝悌传家,历代为官者众;宋仁宗皇帝盛赞比干太师忠烈,侍御史尽孝,为此宋仁皇帝对林氏族谱衔书"忠孝"并赐诗两首褒奖林氏家族,诗曰:"忠孝有声天地老,古今无数子孙贤……"

九牧堂:林按(85世)唐玄宗天宝十二年(753),120岁时选明经博士,后任潭州刺史、康州刺史,政绩可佳,赐紫金鱼袋,封上柱国公。林披生九子,贞元年间九子皆登科中进士,兄弟九人都任州牧刺史,世称"莆田九牧"又称"九牧传家"、"九牧世家"。

林姓后裔的西河堂、济南堂、忠孝堂,九牧堂……太部分都以"十德家声、九龙世泽"为堂联。

十德堂中深树德,九龙门内再腾龙。此联深刻而又精确地表述了先祖建立的丰功伟业和高尚德行以及对后辈们的殷切期望。

从林姓堂号、堂联的解读中,可以说明不论哪个姓氏的堂号、堂联中都涵盖着本姓氏祖先的发祥地、祖先的业绩和社会影响及对后裔的殷切期望。

二、娃氏堂号、堂联的内容大致可概括为以下几类:

1. 史迹联(蕴含着先祖业绩、功名)。

2. 训勉联(提倡俭朴、乐善好施、清廉正直节操)。

3. 启迪联(希望后代成大器,发扬光大祖先业绩)。

4. 寻根联(说明"根"的所在)。

三、下面分类进行探讨性的解读:

1. 史迹联(蕴含着先祖业绩、功名)。这类堂联数量比较多,举凡文臣、武将、隐士、孝子、节妇、文学家、科学家、医学家等的事迹。

林姓堂联:九龙衍派,双桂遗风。上联是指战国时赵相林皋生九子,皆称贤(行仁积德,才华横溢,都是赵国官员),故国人号林皋为"九龙之父"。下联典出,晋时下邳太守林懋公生六子,六子皆成才,其后裔发展为徐州望族。林懋公的弟弟林禄公为晋安王,后人称之为"双桂六龙"。

董姓堂号:"陇西堂"。堂联:千秋良史,百代儒臣。

董姓发祥于陇西,在那里成望族,因名为"珑西堂"。堂联典出董狐和董仲舒。董狐是史官,是我国著名秉笔直书的史学家,董仲舒是西汉著名哲学家,提出"罢黜百家独尊儒术"。

朱氏:其堂联为:紫阳世泽,沛国家声。

"紫阳"系指南宋名儒朱熹之父松公读书于"紫阳"。"紫阳"为山名,在今安徽合县城南。后来朱熹居福建崇安,仍标榜其所居之所听事堂曰"紫阳书堂",以事不忘,遂以"紫阳"为朱子之堂。朱熹是南著名的思想家、教育家、哲学家,在大宋时期曾以"亚父圣"名震天下,称为南宋大儒。"沛国"指朱氏源于沛国郡(今安徽濉溪西北)。

游氏堂联:"程门新世第,立雪旧家风。"此联指著名典故"程门立雪"。游酢与杨时来到程家,拜见程颐。他们"初见颐时,颐瞑目两坐,二子待立不去。颐觉谓二子曰:"贤辈尚在此乎?今已晚,且体。及出门、门外雪深三尺。"

张姓堂联:汉侯门第,唐相家风。上联指汉代韩地人张良,为刘邦谋士,佐汉灭秦、楚,封留侯。下联指唐代韶州(今韶关)曲江工张九龄,官至丞相,以刚直不阿闻名于世。

从上述例子可以看出史迹联内容十分丰富,内涵深刻,阅读这些堂联,从中可以学到许多文史知识。

2. 训勉联(提倡俭朴,乐善好施,清廉正直节操)。

这类堂联内容是教导族人继承祖先的优良传统,孝义、耕、读、俭朴生活,为善积德,为政清廉正直,热爱乡梓的言行、思想的人生观、价值观。

如:"欲光门第须从尊祖敬宗做起;要好儿孙还是读书积善来。""百年燕翼惟修德;万里鹏程在读书。""耕可养身、读可养心、身心无恙定可安泰;饥能壮士,寒能壮气,志气不凡必成大器。""读书好,积德好,学好更好;创业难,守业难,知难不难。"

肖姓堂号:"兰陵堂"、"师俭堂"。堂联是"兰陵世泽,师俭家声"。汉朝的第一功臣肖何曾告诫说:"后世贤,师吾俭。"是要其后裔继承和发扬肖何提倡的俭朴生活方式。肖姓另一个堂联:"乡贤世泽,相国家声。"上联是赞美清朝肖璒,他家居三十余年,孝义行于乡里,有朋友寄放白金在其家中,友死后如数归还其子。他常赈济灾民,出资埋葬路尸。由于肖璒的德行,清廉熙二十年被崇祀为乡贤。相国家声是指汉朝的丞相肖何。

沈姓堂号:"吴兴堂"、"三善堂"。这是弘扬宋代枢密副使沈义为人正直,为官清廉,宋帝命其吴越赈灾,沈义以扬泗军储代居民,救活了许多灾民,人称其居为"三善堂"。"三善堂"突出的是善,是告诉后人要行善积德。

曾姓的堂号是"鲁国堂"、"三省堂"。堂联有"道德崇二省,文章著八家","三省世第,一贯家声"。堂联内涵是弘扬被后人尊为"宗圣"、"大贤"的曾子(曾参),他在《论语·学而》篇中说:吾日三省吾身,为人谋而不忠乎?与朋友交而不信乎?传而不习乎?以"三省堂"作堂号,正是让后人领悟并发扬先祖自我反省修身洁行、严于律己的道德风范。

周姓的堂号是"汝南堂"、"爱莲堂"。原来宋代理学的创立者周敦颐写过一编极富盛名的小品文,《爱莲说》,文章以拟人化手法赞美莲花"出淤泥而不染,濯清涟而不妖"的高尚品格,歌颂了清廉正直的节操。

吴姓堂号是"延陵堂"、"至德堂"。堂联有"至德家声远,延陵世泽长"、"治平称最,让德流芳"。堂联是赞扬吴姓先祖泰伯不与其弟季子争王位,主动避走廷陵,后来季子被立为王。孔子在论语中称赞说:泰伯"三以天下让,便是至德"。

杨姓堂号是"弘农堂"、"关西堂",其堂联有"四知世泽,三相家声"、"关西夫子弟,理学大儒家"。在东汉时期杨姓先祖杨震被誉为"关西孔子",他任过荆州刺史、涿州太守、司徒、太尉等职。在任职期间曾举王密为山东昌邑县令,王密为感其恩,怀金数百两,深夜谒见馈赠,杨震拒绝接受。王密说:收下吧,在黑夜里没有人知晓。杨震说:"天知,地知,你知,我知,怎么没有人知道呢?""四知"由此而来。"四知世泽"正是弘扬杨震为官清廉,其后裔也以此为荣。这堂联起着告诫训勉后裔的作用。

刘姓堂联有"彭城世泽,铁汉家声","御龙衍庆,殿虎流徽"。宋哲宗绍圣年间左谏议大夫宝文阁待制刘元城,为人光明磊落,论事刚直不阿,知无不言,言无不尽,正色立朝,声若洪钟,文武百官誉他为"殿上虎",苏东坡称他为"真铁汉",堂联"铁汉家声""殿虎流徽"是弘扬这种精神和品德。

包姓堂联:"秉政清廉第,执法严峻家。"此联指历史上的包拯为官正直无私,清正廉洁,不畏权贵,执法严明。

3. 启迪联(希望后代成大器,发扬光大祖先业绩)。

谢姓的堂号有"陈留堂"、"宝树堂"。根据《晋书·谢玄传》记载,曾经指挥过历史上著名的"淝水之战"的谢安曾问其侄谢玄,为什么人人都希望自己的子弟成器? 谢玄答道:正像人们都希望自己的庭前生长着茂盛的芝兰玉树一样。由于谢安的功绩,晋穆帝曾赐其"宝树生辉"匾;唐代大文学家王勃在他的名文《腾王阁序》中有"非谢家之宝树,接孟氏之芳邻"之句。用"宝树堂"作堂号,正是希望其后裔成为大器的佳子,能为国为民作出更大的贡献。

王姓堂号有"太原堂"、"三槐堂"。堂联是"三槐世第,两晋家声"。原来北宋兵部侍郎王祐,其文章"清节兼著",曾手植三槐树于庭,且教子有方,次子王旦真宗时任宰相。王旦生三子:王雍、王仲、王素,在仁宗时分别任兵部尚书、户部尚书、工部尚书,钦赐其父为"旦公",赐匾"三槐"。取"三槐堂"作堂号,是希望后裔效法祖宗善于教育子女,为国家社稷培育挑大梁的人才。

郭姓的堂号:"太原堂"、"汾阳堂"。堂联有"太原家声远,汾阳世泽长"。这副对联的内涵是因为唐肃宗时代的大将军郭子仪对平定"安史之乱"配合回纥兵收复长安、洛阳立过大功,曾被封为"汾阳王",身系国家安危20多年之久,堂号由此而来,也启示后人,应发扬先祖的荣光,为国建功立业。

以上堂号、堂联都蕴含着祖先的业绩,希望代代传承,启示后人发扬光大。

4. 寻根联(说明"根"的所在):这类堂联记录着族姓渊源、迁徙、发展、对祖先的怀念、依恋故土的情结和追根思源的情怀。如:

丘姓的堂号"河南堂",堂联"河南世泽,渭水家声",是说明丘姓远祖伯夷食邑于河南南阳县西,渭水是伯夷后裔吕尚(姜太公)隐居的地方。

陈姓的堂号"颍川堂",堂联"颍川世泽,太史家声"说明陈姓的远祖居住在古代的颍川郡(今河南许昌一带)。

上杭江姓堂联:封伯益出济阳振绪三房派衍南闽东粤,历铙州越宁化隶杭百代祠环秀琴江。此联表明江姓是伯益之后,济阳(今河南兰考一带)是郡望。三房是指江姓110世万顷生三子:十八郎、念二郎、念三郎,他们的后裔派衍于闽南、粤东。下联表明其迁徙路线是铙州→宁化→上杭。

台湾高雄美浓林姓堂联:祖籍本梅州始松源继巴庄惟考惟忠诗礼兰台芳百世,宗友移大学迁凤邑徙美浓克勤克俭书田润渥耀千秋。从堂联上就能知道台湾美浓的林姓是梅州松源→巴庄→大学迁来台湾凤邑→美浓。

从上面姓氏堂号可以发现,这类堂联一看便知道本姓的来龙去脉、迁徙轨迹,为后人寻根问祖提供方便。

结束语:

姓氏堂号、堂联叙述本姓的来龙去脉,揭示宗亲的亲缘关系,对族人起到联宗睦族的作用,也利增强宗亲的凝聚力。

姓氏堂号、堂联注重记述上祖的功名业绩。已强调了本姓氏宗族血缘的高贵和显赫,也以此来激励家族子孙以上祖为学习榜样,奋发进取,成就一番事业,光宗耀祖。

姓氏堂号、堂联都是对远祖的怀念和追思。

(作者为广东梅州市梅江区台联会永远名誉会长、梅州《嘉应客家文化》主编)

参考资料:

1. 林善珂主编:《百家百姓源流郡望堂号联汇考》。

2.《梅县、梅江区林姓渊源与宗族文化述略》,林作尧出席"岭南客家文化学术研讨会"参会论文(2004年12月10日在华南理工大学客家研究所召开)。

3. 梅县地方志办公室编写:《梅县客家姓氏源流》。

4.《农民的儿子》,林飞虎自传。

5. 林义椿主编:上杭西河《林氏族谱》。

北魏迄隋胡姓、汉姓转变及其意义

王东洋

孝文帝迁都洛阳实行汉化改革,河洛地区成为民族融合的重要区域,但民族融合的进程并非一帆风顺,而是充满了反复和曲折甚至是一时的倒退。就姓氏改革而言,北魏、东魏、北齐与西魏、北周、隋的胡姓和汉姓呈现出交替转变的境象。本文拟从姓氏变迁的角度,即胡姓与汉姓的转变视角,来考察姓氏变迁所彰显的历史意义。①

一、北魏孝文帝姓氏改革:胡姓→汉姓

（一）北魏前期的姓氏变革

早在孝文帝改定姓氏之前,北魏早期即出现胡姓变为单姓的现象。顺应汉化的趋势,早期北魏政权将十六国时期的诸胡族姓氏,变为汉人的姓氏。

《魏书》卷三十《宿石传》:"宿石,朔方人也,赫连屈子弟文陈之曾孙也。……祖若豆根,太宗时赐姓宿氏,袭上将军。"所载"太宗"即北魏明元帝拓跋嗣。宿石原为赫连氏,而赫连氏为十六国时期匈奴族的著名姓氏,如十六国之一的夏即为赫连勃勃所建,威震一时。宿石祖父在明元帝拓跋嗣时被赐姓为宿氏,则赫连氏变为宿氏。

《周书》卷一九《豆卢宁传》:"其先本姓慕容氏,前燕之支庶也。高祖胜,以燕。皇始初(396),归魏,授长乐郡守,赐姓豆卢氏,或云避难改焉。"豆卢宁原姓

---

①　有关北朝姓氏,姚薇元先生的《北朝胡姓考》(科学出版社,1958 年)版颇有参考价值。

慕容氏,而慕容氏在十六国时期十分活跃。慕容氏在北魏前期被赐姓豆卢氏,可见北魏前期所赐之姓并非仅限于汉姓。

(二)孝文帝的姓氏改革

北魏孝文帝一生中进行了一系列改革活动,史称孝文帝改革。孝文帝改革具有明显的阶段性,即迁洛前后改革内容和目的不尽相同,互有侧重。迁都洛阳前的改革,主要集中于社会经济领域,如俸禄制、均田制、三长制及新租调制等;迁都洛阳后,其改革的重点体现在风俗文化上,如姓氏、服饰、语言、籍贯、婚姻等。①

就姓氏改革而言,孝文帝太和二十年(496),"春正月丁卯,诏改姓为元氏"。《资治通鉴》卷一四〇《齐纪六》:太和二十年(496)春正月,孝文帝诏曰:"北人谓土为拓,后为跋。魏之先出于黄帝,以土德王,故为拓跋氏。夫土者,黄中之色,万物之元也;宜改姓元氏。诸功臣旧族自代来者,姓或重复,皆改之。"孝文帝姓氏改革情况,《魏书·官氏志》有详载。

《魏书》卷一一三《官氏志》:魏氏本居朔壤,地远俗殊,赐姓命氏,其事不一,亦如长勺、尾氏、终葵之属也。初,安帝统国,诸部有九十九姓。至献帝时,七分国人,使诸兄弟各摄领之,乃分其氏。自后兼并他国,各有本部,部中别族,为内姓焉。年世稍久,互以改易,兴衰存灭,间有之矣,今举其可知者。

献帝以兄为纥骨氏,后改为胡氏。次兄为普氏,后改为周氏。次兄为拓拔氏,后改为长孙氏。弟为达奚氏,后改为奚氏。次弟为伊娄氏,后改为伊氏。次弟为丘敦氏,后改为丘氏。次弟为侯氏,后改为亥氏。七族之兴,自此始也。

又命叔父之胤曰乙旃氏,后改为叔孙氏。又命疏属曰车焜氏,后改为车氏。凡与帝室为十姓,百世不通婚。

可注意者有:其一,鲜卑族早期姓氏命名有着自己的独特的风格,与中原汉族迥异,多如"长勺"、"尾氏"、"终葵"之类。其二,"七族之兴,自此始也"、"凡与帝室为十姓",说明魏收在撰写《魏书》时将"姓"、"氏"和"族"视为一体,三者的涵义已无很大差异。华夏族的姓氏制度发展至北朝时期,出现了重大变化。其三,孝文帝汉姓改革时,除了将皇室拓跋氏变为元氏外,还将其余九姓分别变

---

① 迁洛前虽也曾进行了官制改革,但与迁洛后的措施相比,显得较为零散和不系统。

为汉族姓氏。改革后出现的"长孙氏"和"叔孙氏"虽为复姓,但为汉人姓氏无疑。

现将上述所载,列表如下:

类别	原有姓氏	孝文帝改革后姓氏
帝室	拓跋氏	元氏
七族	纥骨氏	胡氏
	普氏	周氏
	拔拔氏	长孙氏
	达奚氏	奚氏
	伊娄氏	伊氏
	丘敦氏	丘氏
	侯氏	亥氏
叔父之胤	乙旃氏	叔孙氏
疏属	车焜氏	车氏

注:所列"拔拔氏"系根据《魏书·官氏志》校勘记二三。

查阅《魏书·官氏志》,所载北人姓氏共 120 个,其中,以皇室元氏为首的宗室诸姓计 10 姓,以穆姓为首的内入诸姓计 75 姓,以东方宇文、慕容氏为首的四方诸姓计 35 姓。经过姓氏改革,鲜卑旧的较冗长的姓氏改为汉族姓氏。若单从姓氏上看,很难将鲜卑族人与汉人区分。孝文帝的姓氏改革,大大促进了当时的民族大融合。

需要说明的是,孝文帝将姓氏改革与定姓族结合起来,通过皇权的力量,逐渐建立起北朝的门阀制度。《魏书》卷一一三《官氏志》载孝文帝太和十九年(495),诏曰:"代人诸胄,先无姓族,虽功贤之胤,混然未分,故官达者位极公卿,其功衰之亲,仍居猥任。比欲制定姓族,事多未就,且宜甄擢,随时渐铨。其穆、陆、贺、刘、楼、于、嵇、尉八姓,皆太祖已降,勋著当世,位尽王公,灼然可知者,且下司州、吏部,勿充猥官,一同四姓。""宗室十姓"和"勋臣八姓"被确定为鲜卑第一等贵族。此外,孝文帝还确立了其他鲜卑勋贵进入姓族的标准和途径。《隋书》卷三三《经籍志二》:"后魏迁洛,有八氏十姓,咸出帝族。又有三十六族,则诸国之从魏者。九十二姓,世为部落大人者,并为河南洛阳人。其中国士人,则第其门阀,有四海大姓、郡姓、州姓、县姓。"唐长孺先生认为:"以朝廷的威权采取法律形式来制定门阀序列,北魏孝文帝定士族是第一次。"①孝文帝改定鲜卑族姓族,不仅制定了详细的标准,而且也制定了具体的步骤。北魏孝文帝定姓族,建立门阀制度,是顺应历史发展潮流所作的重大变革,它对推动北魏社会的封建化和加速鲜卑拓跋族自身社会的发展,都具有重要的历史意义。②

孝文帝迁都洛阳后进行的风俗改革,可谓一场文化革命,对拓跋鲜卑影响深远。风俗文化改革进一步巩固了北魏的正统地位,取得了汉族士人的拥护。《魏书》卷二四《崔玄伯附崔僧渊传》载迁洛之后,南朝齐明帝遣使赠书,劝崔僧渊归入南朝,僧渊复书曰:"(北方)三光起重辉之照,庶物蒙再化之始。分氏定族,料甲乙之科;班官命爵,清九流之贯。礼俗之叙,粲然复兴;河洛之间,重隆周道。……加以累叶重光,地兼四岳,士马强富,人神欣仰,道德仁义,民不能名。……文士竞谋于庙堂,武夫效勇于疆场,若论事势,此为实矣。"崔僧渊在书信中描绘了北魏迁洛后政治、经济和文化的巨大变革。拓跋鲜卑通过风俗变革,实现了本民族的跨越式发展,也使得"礼俗"和"周道"得以复兴,文士和武夫各展其能,北魏的正统地位得以进一步巩固。孝文帝通过姓氏汉化改革,使得胡人与汉人在姓名上融为一体,加速了当时北方各民族的融合,具有重要的影响。

二、北齐、北周:汉姓→胡姓

(一)北齐时期(含东魏)

北齐时期,鲜卑化势力重新抬头,胡汉矛盾非常尖锐,出现了鲜卑共轻中华朝士局面。高欢起兵时与六镇鲜卑约定"不得欺汉儿"③。汉人杜弼曰"鲜卑车马客,(治国)会须用中国人",高德,"常言宜用汉,除鲜卑",都被高洋杀死。④在东魏北齐,汉族士人与鲜卑权贵有三次较大冲突,都以汉族士人的失败告终。正是在这种背景下,北魏孝文帝的汉化成果在东魏北齐遭到挫折,呈现出明显的胡化倾向。相应地,在姓氏上,出现了多由汉姓变为胡姓的情况。

---

① 唐长孺:《论北魏孝文帝定姓族》,《魏晋南北朝史论拾遗》,中华书局,1983 年,91 页。
② 张旭华:《九品中正制略论稿》,307 页。
③ 《北齐书》卷一《神武上》,7 页。
④ 《北齐书》卷二四《杜弼传》,353 页。

　　高氏掌权后,北魏皇室后裔为保自身性命,求赐胡姓。如《北齐书》卷四八《外戚传·元蛮》:"元蛮,魏太师江阳王继子,肃宗元皇后之父也。历光禄卿。天保十年,大诛元氏,肃宗为蛮苦请,因是追原之,赐姓步六孤氏。"在北魏皇室元氏遭杀戮时,元蛮为保自家性命,向北齐高氏乞姓步六孤氏。

　　东魏、北齐对臣子赐姓高氏。《北齐书》卷三八《元文遥传》:"元文遥,字德远,河南洛阳人,魏昭成皇帝六世孙也。……天统二年,诏特赐姓高氏,籍属宗正,子弟依例岁时入朝。"可知,元文遥原有姓氏为拓跋氏,在孝文帝改革时变为元氏,在北齐时期被赐姓国姓高氏。元文遥姓氏在北朝的变迁,反映了时代的巨大变化。

　　《北齐书》卷四一《元景安传》:"元景安,魏昭成五世孙也。……天保初,加征西将军,别封兴势县开国伯,带定襄县令,赐姓高氏。"《元景安传》接着云:"天保时,诸元帝室亲近者多被诛戮。疏宗如景安之徒议欲请姓高氏,景皓云:'岂得弃本宗,逐他姓,大丈夫宁可玉碎,不能瓦全。'景安遂以此言白显祖,乃收景皓诛之,家属徙彭城。由是景安独赐姓高氏,自外听从本姓。"可知,作为北魏皇室的元氏在北齐惨遭杀戮,元景安为保身之策,请求高氏,而元景皓因不愿放弃本姓而被杀。这可看出元景安由元氏变为高氏的政治背景。在王朝更替的特殊时期,往往对前朝皇室成员进行杀戮,以排除后朝的顾虑和障碍。

　　(二)北周时期(含西魏)

　　西魏北周实行关中本位政策。宇文泰先把将士籍贯改为关中,如辽东襄平李弼改为陇西成纪人,随后恢复了拓跋部的三十六姓和九十九姓。宇文泰还恢复使用鲜卑语。孝文帝的汉化改革成果,在西魏北周遭受重大挫折,民族融合的趋势也遭受逆流。

　　西魏北周通过赐姓,将众多姓氏恢复到孝文帝姓氏改革以前的状态。北魏皇室元氏改为拓跋氏。其他姓氏也多复旧,如《周书》卷二九《王勇传》:"王勇,代武川人也,本名胡仁。……进爵新阳郡公,增邑通前二千户,仍赐姓库汗氏。"王勇本为代武川人,在西魏是被赐姓库汗氏,不过从"仍"字可看出,王勇原本姓氏即为库汗氏。很可能是在孝文帝汉姓改革时被赐予汉姓,至西魏时再被赐回旧姓。

　　查阅正史,笔者所见赐姓共62例,涉及28个姓氏,具体为:赐姓步陆孤氏者,陆通;赐姓车非氏者,周摇;赐姓叱利氏者,杨绍;赐姓大利稽氏者,蔡佑;赐姓尔绵氏者,段永;赐姓纥干氏者,田弘;赐姓和稽氏者,耿豪;赐姓侯伏侯氏者,侯植;赐姓侯吕陵氏者,韩褒;赐姓侯莫陈氏者,刘亮;赐姓可频氏者,王雄;赐姓库汗氏者,王勇;赐姓莫胡卢氏者,杨纂;赐姓普屯氏者,辛威;赐姓徒何氏者,李弼;赐姓拓跋氏者,李穆;赐姓拓王氏者,王盟;赐姓万纽于氏者,樊深;赐姓尉迟氏者,陈忻;赐姓叱罗氏者,有郭衍、张羡2人;赐姓大野氏者,有李虎、阎庆2人;赐姓独孤氏者,有高宾、李屯2人;赐姓普六茹氏者,有杨忠、杨尚希2人;赐姓若口引氏者,有寇和、寇洛2人;赐姓乌丸氏者,有王德、王轨2人;赐姓乙弗氏者,有赵贵、赵肃2人;赐姓贺兰氏者,有苏椿、裴文举、梁台3人;赐姓宇文氏者有李和、刘雄、柳庆、赵昶、王悦、刘志、韩雄、叱罗协、韦瑱、韦孝宽、薛善、令狐整、李彦、李昶、申徽、柳敏、张轨、崔猷、薛端、李吴氏、郑孝穆、崔谦、崔说、王杰、唐瑾等26人。[①] 由上可见,宇文泰在创建帝业过程中,许多汉人因军功被赐胡姓,其中赐国姓宇文氏者最多,达26例,足见赐国姓具有重大象征意义和号召力。

下面我们来看几个典型案例:

李弼。《周书》卷一五《李弼传》:"李弼字景和,辽东襄平人也。……迁太保,加柱国大将军。魏废帝元年,赐姓徒河氏。"李弼为柱国大将军,被赐姓徒河氏。

赵贵。《周书》卷一六《赵贵传》:"赵贵字符贵,天水南安人也。……寻拜柱国大将军,赐姓乙弗氏。"赵贵拜柱国大将军,被赐姓乙弗氏。

李虎。《旧唐书》卷一《高祖纪》:"皇祖讳虎,后魏左仆射,封陇西郡公,与周文帝及太保李弼、大司马独孤信等以功参佐命,当时称为"八柱国家",仍赐姓大野氏。"李虎被赐姓"大野",为八柱国之一,而李虎为唐高祖李渊之祖父。

杨忠、杨坚。《周书》卷一九《杨忠传》:"魏恭帝初(554),赐姓普六如氏,行同州事。"隋文帝杨坚之父杨忠为十二大将军之一,被赐姓"普六茹"氏。《隋书》卷一《高祖纪上》:"皇考从周太祖起义关西,赐姓普六茹氏,位至柱国、大司空、隋国公。"内史王轨骤言于北周皇帝曰:"皇太子非社稷主,普六茹坚貌有反相。"可见,杨坚沿用其父杨忠普六如氏,在北周被称为普六茹坚。

---

① 李文才:《略论西魏北周时期的赐、复胡姓》,《民族研究》2001年第3期。

西魏实行府兵制,李弼、赵贵、李虎、于谨、独孤信、侯莫陈崇分别为柱国大将军。李弼、赵贵、李虎分别被赐予胡姓徒河氏、乙弗氏、大野氏。独孤信和侯莫陈崇本身即为胡姓。史书没有明确记载于谨是否被赐胡姓。这样担任柱国大将军的汉人,多数被赐予胡姓,以与府兵制的精神相符合。① 赐姓制度对于西魏北周具有特别重要的意义。② 通过隋文帝杨坚之父和唐高祖之祖父分别被赐予胡姓普六茹和大野氏,确能感受到中国中古时期地方大族地位的沉浮和变迁。

三、隋代:"悉宜复旧",回归汉姓

杨坚建隋,对姓氏又进行了改革。《周书》卷八《静帝纪》载大象二年(580)十二月诏曰:"《诗》称'不如同姓',《传》曰'异姓为后'。盖明辩亲疏,皎然不杂。太祖受命,龙德犹潜。篆表革代之文,星垂除旧之象,三分天下,志扶魏室,多所改作,冀允上玄。文武群官,赐姓者众,本殊国邑,实乖胙土。……不可仍遵谦挹之旨,久行权宜之制。诸改姓者,悉宜复旧。"从诏书可知,周太祖宇文泰对文武百官多行赐姓之举,以笼络人心,但赐姓之举"实乖胙土",因此现在要将已改姓者重新改回旧姓。"悉宜复旧"主要恢复为西魏北周赐姓之前的汉姓,即北魏孝文帝汉化改革后确立的汉姓。这样,在北魏孝文帝汉化改革时由胡姓变为的汉姓,经过西魏北周的胡姓反复,至隋重又变为汉姓。诏书虽由周静帝下发,但当时实际掌权者为杨坚。这标志着胡姓与汉姓的又一次重大变革。

"悉宜复旧"的诏令颁发后,出现了由胡姓改回汉姓的潮流。《周书》卷二十《阎庆传》:"(西魏时)累迁使持节、车骑大将军、仪同三司、散骑常侍、骠骑大将军、开府仪同三司、云州大中正,加侍中,赐姓大野氏。"据《新唐书》卷七三下《宰相世系三》:"(阎)进少子庆,字仁度,后周小司空、上柱国、石保成公,赐姓大野氏,至隋复旧。"可见,阎庆曾为北周上柱国,被纳入府兵系统,被赐姓大野氏,至隋又变为阎氏。《隋书》卷五五《周摇传》:"周摇字世安,其先与后魏同源,初为普乃氏,及居洛阳,改为周氏。……周闵帝(宇文觉)受禅,赐姓车非氏,封金水郡公。……高祖(杨坚)受禅,复姓周氏。"周摇先祖为鲜卑族人,姓普乃氏,孝文

---

① 李文才:《略论西魏北周时期的赐、复胡姓》,《民族研究》2001 年第 3 期。
② 西魏北周将赐姓集成图书,据《隋书》卷六六《鲍宏传》:"初,周武帝敕(鲍)宏修《皇室谱》一部,分为《帝绪》、《疏属》、《赐姓》三篇。有集十卷,行于世。"

帝汉姓改革时改为周氏,北周时改为车非氏,至隋又变为孝文帝汉化改革时的周氏。再如牛氏。《周书》卷三七《裴文举附寮允传》:"又有安定寮允,本姓牛氏,亦有器干,知名于时。历官侍中、骠骑大将军、开府仪同三司、工部尚书、临泾县公,赐姓宇文氏。……允子弘,博学洽闻。宣政中,内史下大夫、仪同大将军。大象末,复姓牛氏。"①牛弘先祖在北魏时姓牛氏,在西魏北周时赐姓宇文氏,至杨坚掌权后复改为牛氏。牛弘和周摇之例非常典型,其先祖经历了北朝至隋胡姓和汉姓变动的全部阶段,从中我们可以管窥各民族姓氏变动的大致轨迹。

隋代亦出现赐姓现象,不过所赐之姓为汉姓。如《隋书》卷七八《卢太翼传》:"卢太翼,字协昭,河间人也,本姓章仇氏。……(炀)帝常从容言及天下氏族,谓太翼曰:'卿姓章仇,四岳之胄,与卢同源。'于是赐姓为卢氏。"卢太翼由胡姓(章仇氏)被赐姓汉姓(卢氏),这与北周北齐动辄赐姓胡姓已有很大差别,彰显了时代的重大变迁。

隋赐臣子国姓杨氏。《隋书》卷六三《杨义臣传》:"代人也,本姓尉迟氏",后被隋文帝杨坚赐姓"杨氏"。相关记载亦见《隋书》卷六六《鲍宏传》:"时有尉义臣者,其父崇不从尉迥,后复与突厥战死,上嘉之,将赐姓为金氏。访及群下,宏对曰:"昔项伯不同项羽,汉高赐姓刘氏,秦真父能死难,魏武赐姓曹氏。如臣愚见,请赐以皇族。"高祖曰:"善。"因赐义臣姓为杨氏。杨义臣本为鲜卑族人,姓尉迟氏,后被赐予皇族杨氏。即使被赐姓金氏,亦为汉姓。在赐姓问题上有意让群臣讨论,足见隋朝对赐姓问题非常重视。

四、结语

在北魏迄隋这段复杂的历史变革时期,由胡姓与汉姓反复曲折,我们可以深刻地感受到当时民族融合的曲折历程。胡姓与汉姓的互动变迁,为我们研究北朝历史和民族融合提供了一个新的视角。

新的王朝建立后,往往对有功人员赐皇朝国姓,以此来拉拢人心,稳定统治,同时这也是维持本家族地位的有效手段。在门阀制度居于重要地位的中国中古时期,赐姓制度与门阀制度相结合,彰显了赐姓对于门阀制度的维持和运转有着

---

① 据《隋书》卷四九《牛弘传》:"弘字里仁,安定鹑觚人也,本姓寮氏。"

重要意义。

　　河洛地区成为北朝民族融合的重要区域,姓氏变迁是其外在表现。毋庸置疑,胡姓多表现为复姓,汉姓多表现为单姓。北魏孝文帝将众多胡姓变为汉姓,相应地,姓氏在外在形态上呈现出由复姓变为单姓;东魏、北齐、西魏、北周将汉姓变为胡姓,姓氏呈现出由单姓变为复姓;隋代将胡姓回归汉姓,姓氏呈现出由复姓变为单姓。北魏迄隋所定姓氏与今日中华姓氏的继承关系,尚需进一步研究;但可以肯定的是,今日汉族姓氏多单姓,与北魏迄隋的胡姓与汉姓变动有着直接或间接的关联。当然,在该时期的姓氏变革中,大量复姓也得以保留,丰富了中华民族的姓氏宝库,使得中华民族的姓氏文化以独特的面貌呈现于世人面前。

　　　　　　　　　　（作者单位为河南科技大学河洛文化研究所）

吐鲁番出土文书与姓氏文化

陈习刚

20 世纪初,河南安阳殷墟出土的甲骨文片,甘肃敦煌、居延与新疆罗布淖尔等地出土的汉晋木简,甘肃敦煌莫高窟、新疆吐鲁番高昌古城墓地出土的纸质文书,成为我国考古划时代的三次重大发现,也是震撼世界社会科学界的三次重大发现,并由此在我国形成了甲骨学、简牍学、敦煌吐鲁番学三门新型学科。研究敦煌吐鲁番学的热潮在世界范围内掀起,敦煌学、吐鲁番学成为世界瞩目的显学。吐鲁番文书是吐鲁番学的主要研究对象和内容。[①] 吐鲁番文书是学界对吐鲁番古城、佛寺石窟、烽火台、古墓群藏存并出土的主要从高昌郡到唐西州历史时期大批汉文和诸少数民族文字古文书的统称,是我国中世纪的官私档案文书,是国家一级文物,计有汉文、梵、佉卢、粟特、突厥、龟兹、于阗、焉耆、吐蕃、回鹘、西夏、蒙古等民族文字文书数万种,内容涉及社会各个领域,博大精深,为社会科学各个领域的研究提供了新的原始档案资料。如吐鲁番文书中的大量的籍账文书,像西州文书中的一批"手实"、"户口账"、"户籍"、"点籍样"、"户等簿"、"家口簿"、"征役名籍"等有关户籍、赋役等籍账,为户口、田土、赋役等研究提供了

---

①　应该说,吐鲁番文献是吐鲁番学的研究对象和研究内容,吐鲁番文献包括三种,一是丧葬文献,主要是随葬衣物疏与墓志;二是随葬的文献,最多的是儒家经典;三是公私文书,即吐鲁番文书,数量最多,是吐鲁番文献的主体。参见孟宪实、荣新江:《吐鲁番学研究:回顾与展望》,《西域研究》2007 年第 4 期,51~62、143 页。其实,墓志是很重要的历史文献,对姓氏文化的研究,如郡望、人物、播迁等具有重大研究价值。这方面有不少成果,如施新荣:《也谈高昌麹氏之郡望——与王素先生商榷》,《西域研究》2001 年第 3 期,53~63 页;(日)白须净真:《吐鲁番的古代社会——新兴平民阶层的崛起与望族的没落》,《西域研究》1999 年第 4 期,45~54 页等。

新材料,学术界利用这些新材料取得了丰硕的研究成果。^① 但同时,这些籍帐材料等也为我们的姓氏文化研究提供了宝贵的资料,不过相对而言,有关这方面的研究要薄弱得多。^② 吐鲁番文书中有着丰富的姓氏文化内容,对推进和拓展姓氏文化的研究具有重大而深远的意义。本文拟从姓名字号、姓氏繁衍播迁、姓氏家谱、姓氏文化意蕴等方面揭示吐鲁番文书与姓氏文化研究之间的密切关系,以对促进吐鲁番文书姓氏资料的研究起到抛砖引玉的作用。

一、吐鲁番文书所见姓名、字号

吐鲁番文书中有大量的涉及姓名、字号的文书,这些文书为姓氏的考察提供了极为生动真实的材料,也为姓名中所反映的当时社会文化的考察开辟了道路。如《唐蒲昌府终服、没蕃及现支配诸所等名籍(宁乐一三(1)、一六(5)号)》^③提供了大量的姓的情况,兹移录如下:

(前缺)

1 [   ]□ 建 智 鄯 发 住

2   人 终 服

3 史石子 刘喫木 □□□ □□□

4 [   ]康赤子

5 人 没 蕃 孙行智 孙申海 氾建住

---

① 如唐长孺主编:《敦煌吐鲁番文书初探》,武汉大学出版社,1983 年;韩国磐主编:《敦煌吐鲁番出土经济文书研究》,厦门大学出版社,1986 年;杨际平:《均田制新探》,厦门大学出版社,1991 年;卢向前:《唐代西州土地关系述论》,上海古籍出版社,2001 年;(日)池田温:《中国古代籍帐研究》,龚泽铣译,中华书局,2007 年;等等。详见孟宪实、荣新江:《吐鲁番学研究:回顾与展望》,《西域研究》2007 年第 4 期,51 ~ 62、143 页,此不赘述。

② 这方面的研究成果主要有李方、王素编著:《吐鲁番出土文书人名地名索引》,文物出版社,1996 年;沙梅真:《敦煌吐鲁番文书中的人名研究》,西北师范大学 2007 年硕士学位论文;沙梅真:《吐鲁番出土文书中的姓氏资料及其文化意蕴》,《敦煌研究》2007 年第 1 期,94 ~ 98 页;王素:《吐鲁番出土〈某氏族谱〉新探》,《敦煌研究》1993 年第 1 期,61 ~ 69 页;王素:《吐鲁番出土〈某氏残族谱〉初探》,《新疆文物》1992 年第 1 期;高丹丹:《吐鲁番出土〈某族谱〉与高昌王国的家族联姻——以宋氏家族为例》,《西域研究》2007 年第 4 期,84 ~ 92、143、144 页;等等。另外,王素《吐鲁番出土高昌文献编年》(新文丰出版公司,1997 年)、陈国灿《吐鲁番出土唐代文献编年》(新文丰出版公司,2002 年)两书也为吐鲁番文书姓氏资料的研究提供了便利。

③ 陈国灿、刘永增:《日本宁乐美术馆藏吐鲁番文书》,文物出版社,1997 年,97、98 页。

6　[　　]孙师智　康君胜　张康师　樊建通

7　[　　]郭永达　王洛海　安仟贞　康伏通　田通子

8　人　见　支　配　诸　所

9　[　　]□善通　龙毛(右有白字)子　竹祥定　窦申表　刘喫木终服
准例帖上

10　[　　]□思念　张车相　狼泉烽主帅严定远　孙才名

11　[　　]毛奕本　曹龙表　长探竹思敬　赵武刚

12　[　　]□帅樊孝通　张申敬　白记生　贾定满

13　[　　]礼　范玄傲　达匪邢立奕　范小远

14　[　　]腾立节　孙申住　令狐阿通　鄯长寿

15　[　　]亭康思礼　塞亭左君住　康节进　王才达

16　郭立住　胡麻泉李仁则　米善文　程感子

17　[　　]捍烽杨安升　令狐行达　竹阿屯　车坊安胡子　苏文行

18　[　　]悬泉烽赵慈道便长探　赵长才　王守一

19　[　　]仁 感 [　　　]

(后缺)

该文书 53 人中就有鄯、史、刘、康、孙、氾、张、樊、郭、王、安、田、龙、竹、窦、严、毛、曹、赵、白、贾、范、邢、腾、令狐、米、程、杨、苏 29 姓。高昌时期的《僧尼财物疏》(75TKM99:9(a))①,反映经济情况,另一方面提供了丰富的姓名方面的材料。《高昌僧义迁等僧尼得施财物疏》②,该件文书计 16 片,涉及可确认的人名近 600 个。《高昌僧弘润等僧尼得施财物疏》③,该件文书计 14 片,涉及可认识

①　唐长孺主编:《吐鲁番出土文书》(图录本)(壹),文物出版社,1996 年,97 页。

②　72TAM170:110/1(a),110/10(a),110/18(a),110/2(a),110/3(a),110/4(a),110/5(a),110/6
(a),110/7(a),110/8(a),110/9(a),110/11(a),110/12(a),110/17(a),110/13(a),110/14
(a),110/15(a),110/16(a),110/19(a)。唐长孺主编:《吐鲁番出土文书》(图录本)(壹),文物
出版社,1996 年,146 ~ 153 页。

③　72TAM170:109/1(a),109/2(a),109/3(a),109/17(a),109/18(a),109/4(a),109/10(a),109/
12(a),109/15(a),109/20(a),109/5(a),109/21(a),109/6(a),109/7(a),109/8(a),109/9
(a),109/13(a),109/14(a),109/16(a),109/19(a),109/22(a),109/23(a)。唐长孺主编:《吐
鲁番出土文书》(图录本)(壹),文物出版社,1996 年,154 ~ 159 页。

的人名也近 300 个。《高昌樊寺等僧尼名籍》(69TKM50:3－1(a),3－2(a),3－3(a)等)①文书计 23 片,《高昌僧僧義等僧尼财物疏》(72TAM169:82/1(a),82/2(a),82/3(a)等)②文书计 17 片,各涉及可认识的人名也都是数百之多。据沙梅真对公元 4 世纪中～7 世纪吐鲁番地区居民姓氏家名 2 不完全统计,高昌郡至高昌国时期约有 547 个姓氏,如下表:

表 1　公元 4 世纪中～7 世纪吐鲁番地区居民姓氏、人口简表

姓氏	人数	位次	今位次	姓氏	人数	位次	今位次	姓氏	人数	位次	今位次
张	177	1	3	孙	20	27	12	绍	7	53	
阿	85	2		明	19	28		胡	7	54	15
赵	82	3	8	渊	19	29		寅	7	55	
康	60	4	92	冯	19	30	31	朱	7	56	
麴	54	5		樊	19	31		周	6	57	9
曹	51	6	27	延	17	32		杜	6	58	47
孟	37	7	73	子	17	33		袁	6	59	37
范	35	8	51	杨	16	34	6	春	6	60	
高	35	9	19	何	15	35	18	陈	6	61	5
元	34	10		韩	14	36	26	润	5	62	
氾	32	11		海	13	37		沙	5	63	
文	30	12		陬	13	38		苻	5	64	
田	29	13	46	林	12	39	17	贪	5	65	
李	29	14	1	牛	12	40	98	浑	4	66	
索	29	15		董	12	41	38	迦	4	67	
宋	29	16	23	婆	11	42		祁	4	68	
令	26	17		车	11	43		成	4	69	
孝	25	18		宜	11	44		姜	4	70	50
严	25	19	94	双	10	45		解	3	71	
马	25	20	14	阚	10	46		郑	3	72	21
安	24	21		罗	9	47	22	吕	3	73	43
曇	22	22		毛	9	48	86	雅	2	74	
众	22	23		贤	9	49		申	2	75	
左	22	24		苏	8	50	41	姚	2	76	62
刘	22	25	4	永	8	51		鄯	2	77	
阴	20	26		苟	8	52		78 — 547		749	

该表在沙梅真《4 世纪中～7 世纪吐鲁番地区居民姓氏人口表》基础上略作

---

① 唐长孺主编:《吐鲁番出土文书》(图录本)(壹),文物出版社,1996 年,184～190 页。
② 唐长孺主编:《吐鲁番出土文书》(图录本)(壹),文物出版社,1996 年,209～217 页。

修正①,今位次指在 2006 年版《百家姓》中的排位②。沙氏表对只有一人一姓的,在表中没有列入,僧、道号也未列入,统计的人数仅 2263 人。但由此表可以看出,吐鲁番文书中的姓氏是非常丰富的,也是十分重要的,就是这 77 个姓氏中,有 33 个位于 2006 年版《百家姓》之中。同时看到,吐鲁番文书中的姓氏研究仍有巨大的空间,如吐鲁番地区的实有姓氏数,唐西州时期的姓氏数等,还需要进一步研究。

吐鲁番地区的人名也有很多特点,这在吐鲁番文书中有大量反映。高昌有一种可以买卖和继承的"作人",如《高昌西南坊作人名籍一》(72TAM154:20,22,27,28)、《高昌西南坊作人名籍二》(72TAM154:32/1,32/2)、《高昌作人善憙等名籍》(72TAM154:24(a),30(a),31(a))、《高昌史延高作人阿欢等名籍》(72TAM154:24(b),30(b),31(b))、《高昌作人西富等名籍》(72TAM154:23,29)、《高昌作人相儿名籍》(72TAM154:16/1,16/2)、《高昌作人令奴名籍》(72TAM154:16/3(a))③等文书中的作人,他们没有姓,是类似"部曲"的贱口,构成了一个特殊的封建隶属性阶层。④

奴婢也无姓。如《奴婢月廪麦帐》⑤:

(前缺)

1　合给肆斛贰斗。奴文德、婢芳容二人,人日廪麦五
2　升,合给麦叁斛。奴子虎生一人,日给廪麦二升,合
3　□□陆斗。都合柒斛捌斗,请纪识。

(后缺)

75TKM91:17

① 沙梅真:《吐鲁番出土文书中的姓氏资料及其文化意蕴》,《敦煌研究》2007 年第 1 期。
② 陈建魁:《中华姓氏文化》,中原农民出版社,2008 年,14、15 页。
③ 分别参见唐长孺主编:《吐鲁番出土文书》(图录本)(壹),文物出版社,1992 年,364、365、365、366、366、367、367 页。
④ 朱雷:《论麹氏高昌时期的"作人"》,载《敦煌吐鲁番文书初探》,武汉大学出版社,1983 年,32 ~ 65 页。
⑤ 唐长孺主编:《吐鲁番出土文书》(图录本)(壹),文物出版社,1996 年版,77 页。

该文书年代不详,同墓所出纪年文书起西凉建初四年(408)止缘禾五年(436),年代应与此相近。文书中奴文德、婢芳容及其儿子虎生都无姓。

很多稀有姓氏,如十六国时期《相辞为公乘芰与杜庆毯事》(72TAM233:15/1)①中的"公乘"姓。高昌时期的《高昌主簿张缩等传供食帐》(75TKM90:20(a))②中的"若愍提懃"、"吴儿折胡真"、"作都施摩何勃"、"阿祝至火下"、"储论无根"、"陒巳隆",《高昌某年永安、安乐等地酤酒名簿》(72TAM517:06-1(a),20/3(a),06/2:(a))③中的"脾贤弥胡"等音译胡姓人名。

古代吐鲁番地区有双名略写为单名的习惯。如《北凉承平(?)七年(449)八月三日高昌郡仓曹掾杜琐符为宋平差遣事》中宋平是宋方平的双名单称,《北凉承平(?)七年(449)八月五日高昌廉和辞为诊病事》中廉和是廉和谦的双名单称。④

约高昌末期的《古抄本〈谥法〉》(60TAM316:08/2,08/3)⑤,无疑增进了我们对吐鲁番文书人名字号的认识。

二、吐鲁番文书所见姓氏播迁繁衍

吐鲁番文书中的姓氏人口,也反映出姓氏的分布状况。吐鲁番文书中的大量籍账文书,如北凉时期的《赵广等名籍》(66TAM59:4/10)⑥、《李超等家口籍》(66TAM59:4/4-5(a))⑦、《樊谥等名籍》(75TKM96:43(b))⑧,大约西凉时期的《细射、步稍等兵人名籍》(75TKM91:41(b))、《无马人名籍》(75TKM91:39)⑨,高昌时期的《高昌永平二年(550)十二月卅日祀部班示为知祀人名及谪罚事》(73TAM524:32/2-2)⑩、《高昌和婆居罗等田租簿》(64TKM5:22,23,24,27,

① 唐长孺主编:《吐鲁番出土文书》(图录本)(壹),文物出版社,1996年版,105页。
② 唐长孺主编:《吐鲁番出土文书》(图录本)(壹),文物出版社,1996年版,122、123页。
③ 唐长孺主编:《吐鲁番出土文书》(图录本)(壹),文物出版社,1996年版,256、257页。
④ 荣新江、李肖、孟宪实主编:《新获吐鲁番出土文献》(下),中华书局,2008年,273页。
⑤ 唐长孺主编:《吐鲁番出土文书》(图录本)(壹),文物出版社,1996年,471页。
⑥ 唐长孺主编:《吐鲁番出土文书》(图录本)(壹),文物出版社,1996年,20页。
⑦ 唐长孺主编:《吐鲁番出土文书》(图录本)(壹),文物出版社,1996年,21页。
⑧ 唐长孺主编:《吐鲁番出土文书》(图录本)(壹),文物出版社,1996年,43页。
⑨ 唐长孺主编:《吐鲁番出土文书》(图录本)(壹),文物出版社,1996年,81页。
⑩ 唐长孺主编:《吐鲁番出土文书》(图录本)(壹),文物出版社,1996年,136页。

29,25,26,30/1,30/2,30/3,28)①、《高昌计人配马文书》(72TAM153:31～33)②
等,提供了姓氏人口的数据、姓氏的分布情况。

如《北凉户口籍》③:

(一)

(前缺)

1　魏奴三口

2　荆诬二口

3　成保二口

4　李酉兴二口

5　石卯弘三口

6　解生三口

7　马诬四口

8　李渊七口

9　□□六口

10　[　　]四口

(后缺)

79TAM382:6-4

(二)

(前缺)

1　李隅三口

2　赵汉五口

3　左茛四口

4　胡进四口

5　李富四口

6　张繁兴一口

---

① 唐长孺主编:《吐鲁番出土文书》(图录本)(壹),文物出版社,1996年,275～278页。
② 唐长孺主编:《吐鲁番出土文书》(图录本)(壹),文物出版社,1996年,281页。
③ 柳洪亮:《新出吐鲁番文书及其研究》,新疆人民出版社,1997年,17、18页。

（后缺）

又如《唐开元二年(714)帐后西州柳中县康安住等户籍》,本籍共四片,兹移录其中(一)片如下:

（一）

（前缺）

1　[　　]课户见[　　　]

2　妻曹年叁拾贰岁　丁妻

3　男□诚[　　]　岁□男

4　壹段贰亩永业常田城西肆里　东蒲陶(葡萄)　西孙德　南还公　北还公

5　壹段肆拾步居住园□

6　□主康安住年柒拾贰岁　老男垂拱贰年疏勒道行□落

7　弟安定年伍拾肆岁　白丁垂拱元年金山道行□

8　弟安義年肆拾玖岁　白丁垂拱贰年 疏　勒　道 [　　　]

9　右件壹户没落

10　[　　]年□拾柒岁　白丁代父贯见输下中户　课□□输

11　[　　]叁岁　老男开元贰年[　　　]

（后缺）

我们从表 1 的不完全统计中,多少了解到高昌郡、高昌国时期的姓氏人口状况,其中的姓氏排位还需要更多的具体数字来检验。这项工作还有待于深入下去。姓氏个案的考察就显得很有意义。

关于姓氏的播迁,也是文书的一大内容。晋末永嘉之乱,五胡乱华,中原人

---

① 唐长孺主编:《吐鲁番出土文书》(图录本)(肆),文物出版社,1996 年,127 页。

民掀起向南和向西北第一次大移民高潮,无论高昌郡(327～459)还是高昌国(460～640)居民主要是由中原迁入的汉人。《魏书》卷一〇一《高昌传》载:"彼之甿庶,是汉魏遗黎。自晋氏不纲,因难播越,成家立国,世积已久。"不少文书反映了姓氏的播迁史实。如《唐李贺子上阿郎、阿婆书四》(64TAM5:79、83、80)①的做书人李贺子常年寄居于洛州,并在该州娶妻生子。该信写于贞观二十一年(647)至总章元年(668)反映了贞观十六七年(642、643)由西州移户洛州的李贺子获知西州官府推行均田制的事实。② 又如《北凉承平十六年(458)武宣王沮渠蒙逊夫人彭氏随葬衣物疏》(79TAM383:1)③,揭示了沮渠蒙逊有一位夫人彭氏随无讳、安周兄弟西逾流沙,葬身高昌的历史。《晋书》卷一二九《沮渠蒙逊传》只载有蒙逊正妻"孟氏",关于"彭氏"史籍失载,这件文书也补阙了北凉王室西迁高昌的史实。

三、吐鲁番文书所见姓氏家谱与姓氏文化意蕴

关于姓氏谱牒的内容,吐鲁番文书中也有反映。文书中的《某氏残族谱》(73TAM113:35)④、《某氏族谱》(66TAM50:33,36,35,34,37/2,37/3,37/4,37/1)⑤,学界或从谱主郡望、姓氏、生活时代,或从体例、格式、内容等谱牒修撰,或从图表式谱牒功能等方面进行了研究,揭示出吐鲁番文书姓氏家谱的巨大价值。⑥

姓氏研究的更深层意义,就是揭示出姓氏背后所蕴含的时人的社会心理、审美观念、价值取向、时代特征和社会环境。关于吐鲁番文书中姓氏文化的整体考察,沙梅真《敦煌吐鲁番文书中的人名研究》一文是突出的例子。该文既有对公元4～7世纪"吐鲁番出土文书姓氏、名字的分类及其特点"的整体考察,包括文书中姓名的特点、人名的类别及其形成的原因分析,佛号和道号及其特点;还有

① 唐长孺主编:《吐鲁番出土文书》(图录本)(叁),文物出版社,1996年,205、206页。
② 卢向前:《唐代西州土地关系述论》,上海古籍出版社,2001年,31、32、54页。
③ 柳洪亮:《新出吐鲁番文书及其研究》,新疆人民出版社,1997年,20～22页。
④ 唐长孺主编:《吐鲁番出土文书》(图录本)(壹),文物出版社,1996年,333页。
⑤ 唐长孺主编:《吐鲁番出土文书》(图录本)(壹),文物出版社,1996年,382～384页。
⑥ 高丹丹:《吐鲁番出土〈某氏族谱〉与高昌王国的家族联姻——以宋氏家族为例》,《西域研究》2007年第4期。

对"吐鲁番出土文书中的曹姓人名"的个案探讨。[1] 吐鲁番文书对姓氏研究的重大意义,可见一斑。这也为我们指出了一个研究姓氏文化的新途径。唐西州时期姓氏文化的整体考察及与魏晋南北朝时期姓氏文化的比较研究,姓氏个案研究,都是我们今后的有意义的研究课题。

（作者为河南省社会科学院历史与考古研究所副研究员）

---

① 沙梅真:《敦煌吐鲁番文书中的人名研究》,西北师范大学 2007 年硕士学位论文。

台湾姓氏溯源河洛

黄隆洋

　　台湾是多元的社会,现有人口总数 2300 万人,闽南人占 73%,客家人占 13%,外省人(1949 年随国民政府由中国大陆迁来台湾的军民)占 12%,原住民占 2%。自 1987 年台湾先后开放赴大陆探亲、旅游及外劳来台工作,经过二十多年至 2009 年,计有 80 万人的新移民,包括来自中国大陆配偶 28 万人,外籍配偶 14 万人(来自印尼、菲律宾、泰国、越南、日本、韩国等),外侨长期在台居留 4 万人,以及外籍劳工 34 万人。

　　台湾的方言,除少数原住民的母语外,约有 1500 万人方言是闽南话,也就是台湾当地人说的"河洛话"、"福老话"。另有将近 400 万人讲"客家话"。根据史籍资料及各姓氏族谱记载,台湾的闽南人、客家人来自福建、广东)而闽粤的居民大多来自中原,称为河洛人。河洛是指黄河与洛水,也就是黄河中游洛阳盆地一带,河洛地区指河南境域,北到安阳,东至豫东,南到淮河沿岸,西达潼关。

　　中华历史在宋朝以前,各朝代大多建都黄河中下游地区,尤其河洛是全国政治、经济、文化的中心。由于战乱和灾荒中原聚居众多人口,向人口稀少以及开发较晚的江南地区迁移散居各地。西晋末年的永嘉之乱,唐代中期安史之乱,宋金的靖康之难,可说是中原汉人东南迁的三大潮流。

　　晋末南迁来自河洛地区陈郡、荥阳、南阳、汝南、河内诸郡,居民有姓王陈谢袁殷邓钟韩蔡江范郑李张周吴等 30 多姓,辗转迁移福建为数不少。唐末黄巢起义,咸通十五年(874)王潮、王浦兄弟起兵响应,后来南下到达闽地,会合早期来此的移民进行大规模的开发与治理。

南宋末金兵进犯江南,原迁徙浙赣苏湘等地的移民,再度南迁至福建各地如汀州。后来元兵入侵,汀州赣州移民又再移居梅州等地成为"客家人",台湾大多数客家人缘自闽粤讲的方言就是客家话。

明朝末年(1628～1631)福建旱灾,郑芝龙招募数万人及郑成功为反清复明率军民迁移台湾,诸多是中原移民的后代子孙,迨至清朝又陆续移民来台湾。其实不论是闽客老移民或新移民(1949 年迁移来台的百万军民)都在台湾至少居住了60 年以上,融合在台湾多元的社会,寻根问祖来自中国大陆各省地,都是溯源河洛。

中华姓氏源远流传,经数千年分支分流不断演化增减,"中华姓氏大辞典"收录二万三千多姓,但目前在中国大陆实际使用约四千个姓氏。大姓人口越来越多,小姓人口越来越少,普遍使用的仅有五百个姓,其中有一百个姓氏占人口总数85%。

中国大陆一百大姓排序如下:

王李张刘陈	杨黄赵吴周	1～10
徐孙马朱胡	郭何高林罗	11～20
郑梁谢宋唐	许韩冯邓曹	21～30
彭曾萧田董	袁潘于蒋蔡	31～40
余杜叶程苏	魏吕丁任沈	41～50
姚卢姜崔钟	谭陆汪范金	51～60
石廖贾夏韦	傅方白邹孟	61～70
熊秦邱江尹	薛阎段雷侯	71～80
龙史陶黎贺	顾毛郝龚邵	81～90
万钱严覃武	戴莫孔向汤	91～100

台湾一百大姓排序如下:

陈林黄张李	王吴刘蔡杨	1～10
许郑谢郭洪	丘曾廖赖徐	11～20

周叶苏庄江	吕何罗高萧	21～30
潘朱简钟彭	游詹胡施沉	31～40
余赵卢梁颜	柯孙魏翁戴	41～50
范宋方邓杜	傅侯曹温薛	51～60
丁马蒋唐卓	蓝冯姚石董	61～70
纪欧程连古	汪汤姜田康	71～80
邹白涂尤巫	韩龚严袁钟	81～90
黎金阮陆倪	夏童邵柳钱	91～100

台湾和中国大陆比较前十大姓,有八姓相同,只有顺序有所差别,台湾的前十姓未列入中国大陆前十大姓只有林蔡两姓。台、闽、粤、豫查阅相关资料,显示前十大姓诸多雷同,例如陈张李王刘等姓,尤其台湾与广东福建关联更为接近一致。

中华历史悠久,幅员广大,各姓氏繁衍分支流传,经时间与空间源流和分布,姓氏的演化及人口数的消增,变化颇大。例如王李两姓在中国大陆人口数,不相上下,二三十年前大家认为李姓是中国第一大姓,但最近的调查统计结果王姓排名第一,将来应用计算机精确地统计,势必百家大姓有新的排行榜。

"郡望"与"堂号"是中华独特的姓氏文化。郡是秦汉时期的地名,望是名门望族,郡望合用表示某一郡中的望族。秦始皇将全国划分为 36 郡,汉代增加至 105 郡,当时的郡比县大,但小于省(当时称州或道)。汉后历经各代以至随唐,各大氏族纷纷以自家郡望做为显贵的象征。在一百多个较为著名的郡望中,与河南有关最多,例如汝南(今河南上蔡)周袁廖姓使用,河南(今河南洛阳)方元于丘,南阳(今河南南阳)韩邓叶白,济阳(今河南兰考)江蔡丁。堂号本意是厅堂居室的名称,同姓族人为祭祀供奉祖先在其宗祠的匾额上题写堂名,表示家族的源流,此堂名通常以先祖发祥的郡县为名,或以显赫的功业、科第、德望或嘉言懿行有关者加以命名。

台湾十大姓的源流与郡望堂号,分别概要叙述如后:

[陈]

台湾第一大姓,在中国大陆第五大姓,发源河洛,西晋末年中原战乱,陈林黄郑家族率先东迁徙居闽粤一带。唐初陈政、陈元光父子率 58 姓经江西移入福，陈姓成为东南沿海地区之大族，明清陈姓族人大量来台成为台湾第一大姓。陈姓之郡望堂号有颍川、汝南、广陵、东海、河南（以上是郡号），德星、三格、存诚（以上是堂号），其中以颍川、汝南使用最普遍。

　　［林］

　　台湾第二大姓，在中国大陆为第十九大姓。林姓郡望堂号有数说，其中一说林坚生于长林，位于淇河（今河南）之西。汉宣帝时，林间设教于西河，为西河郡著族，林姓以西河为郡号。又宋仁宗时御史林悦呈阅族谱，仁宗皇帝以林家世代忠孝，于谱首御书"忠孝"二字）林姓族人遂以忠孝为堂号。林姓郡号有西河、南安，堂号有问礼、忠孝、永泽、林本、普庆、崇本。

　　［黄］

　　台湾第三大姓，在中国大陆第七大姓。在华中华南是显著的大族，两广地区具有很大的影响力，早期即来台开垦。在台湾分布较多的县市依序有台北县、台北市、桃园县、高雄市、高雄县、台中县。

　　台湾黄氏大宗谱载以，陆终长子昆吾之子高为一世祖，又说十三世石，佐周有功赐姓黄，世居江夏，由此传衍各地，族人遂以"江夏"为郡号。又载世居江夏郡后迁居河南固始。九十世黄峭在宋干德三年（965）进士，累官至天斗阁直学士，娶三妻，各生七子，共八十三孙，以诗遣诸子散迁各地，诗曰：骏马匆匆出异方，任从胜地立纲，年深外境犹吾境，日久他乡即故乡，朝夕莫望亲命语，晨昏须荐祖宗香，但愿苍天垂庇佑，三七男儿总炽昌。黄姓郡号有江夏、栎阳、安定、房陵、汉东、上谷，堂号是紫云、种德。

　　［张］

　　张姓是第四大姓，在中国大陆排名第三，分布于山东、河南、河北、四川、江苏、湖北、广东、安徽、辽宁、黑龙江各省地。张姓郡号有清河、南阳、吴郡、安定、敦煌、武威、范阳、沛国、梁国、河内、高平，堂号有百忍、金鉴，以清河最为著名，古之清河郡即今之河北省清河县。

　　［李］

　　李姓是第五大姓，在中国大陆排名第二，曾经是第一大姓。唐朝李渊开国创基，李姓宗族大受庇荫，唐代皇帝大量赐姓给功臣诸将，是以李姓族繁散布各地。

主要分布在河南、四川、山东，其次为河北、湖南、广东、湖北。聚居北方较多，迁徙来台不如东南方的陈林黄姓宗族。李姓有十余个郡望堂号，以陇西（今甘肃临洮）著名。

[王]

王姓是第六大姓，是中国大陆第一大姓。先秦汉晋以华北为聚居活动地区，唐末河南固始人王审知南迁福建，建立闽国成为五代十国之一，是福建王姓开山祖。明永历年间这支王姓氏族迁徙台湾。王姓郡号甚多，诸如太原、琅邪、北海、陈留、东海、高平、京兆、天水、新蔡、山阳、中山、河东、金城、长沙、河南，以太原最著名。

[吴]

吴姓是第七大姓，在中国大陆排名第九。吴姓在五代南迁后移居福建，唐僖宗中和四年（884），吴祭偕其兄弟由河南固始移居福建福州后，分传漳州、泉州及广东潮州各地。吴姓郡号有延陵、渤海、濮阳，堂号有让德、树德、源远、五凤，以延陵（今江苏武进）最为有名。

[刘]

刘姓是台湾第八大姓，在中国大陆排名第四。刘邦开创大汉王朝，后裔子孙受封王侯分布全国各地，现今刘姓人口聚居四川、河南、山东、河北等地。刘姓郡号有彭城、沛国、弘农、河间、中山、南阳、河南、东平，堂号有黎照、德馨，以彭城最为有名。

[蔡]

蔡姓是第九大姓，在中国大陆是第四十大姓。在两岸的排名差距甚大。蔡姓发祥于中原。在台湾的蔡姓族谱有较多不同的分支派，最后大多由闽粤迁移来台。蔡姓郡号有济阳（今山省定陶），堂号是贺岁。

[杨]

杨姓是第十大姓，在中国大陆排名第六。杨姓发源河洛地区，西汉进入四川，东汉已达浙西。杨坚建立隋朝，杨姓大放光彩并繁衍各地。杨姓郡号有弘农、天水、河东、安阳，堂号有四知、栖霞、鸿仪，以弘农堂最为有名，古之弘农郡即今河南洛阳、嵩县、内乡地区。

台湾百家姓相关史料及各姓族谱的记载郡望使用颍川、汝南、河南、东海、西河、江夏、清河、南阳、沛国、河内、高平、陇西、太原、陈留、濮阳、济阳、彭城、弘农、荥阳、汝南、淮阳、洛阳等等,计有二百八十多个,有些不同姓使用相同的郡号也为数不少,这些郡在现今的河南、河北、山东、山西、陕西、四川、甘肃、湖南、湖北、山东、江苏各省地,少数在长江流域,大部分位于黄河流域,尤其河洛地区。各姓氏有自家的族谱,寻根问祖来自何方何人,各姓也成立宗亲会,来自相同地方另外也成立同乡会。例如台湾世界陈氏宗亲会(1974 年成立),世界林氏宗亲会(1982 年成立),世界黄姓宗亲会(1980 年成立),除全球性也有省县级各姓宗亲会或地方分会,更有数姓合并成立宗亲会,例如张廖简宗亲会台湾总会成立于1995 年,桃园县韩何蓝麦宗亲会,基隆市韩何蓝纪韦卓宗亲会,最早都是来自共同的祖先祖地,例如韩何蓝麦渊源来自颍川、南阳。

台湾的移民历经三四百年,由于最近半世纪来的努力建设,经齐发展工商发达,现代化、工业化以及都市化的结果,旧式四合院宗祠建筑日渐式微,高楼大厦建筑兴起,郡望、堂号难得看见。不过两岸一水之隔,历史文化以及地缘的关系,都市的街道名称有中国大陆的地名,例如 300 万人口的台北市有上海路、杭州路、南京东(西)路、汉口街、洛阳街、开封街、天津街、济南路、松江路、青岛路、广州街、福州街、兰州街、贵阳街等。在 30 万人口的都市街道名称也出现宁夏路、甘肃街、桂林路、广东路、四川路、昆明街、厦门街、南阳街、重庆路等等。在多元的台湾社会,有趣的是吃的方面,街道上的招牌大街小巷可以看到四川菜、江浙菜、湖南馆、河南馆、福州饭馆等等各种中华料理,这都源自中国大陆及移民的影响。探讨台湾姓氏的源流,论证台湾与中国大陆的史缘、地缘、血缘以及语言、生活文化,都可以说源远流传,溯源河洛。

(作者为台湾中华两岸农渔牧经贸暨科技文化促进会副理事长)

台湾姓氏与河南渊源关系史录

杨静琦　杨　暍

中国是世界上最早采用姓氏规范的国度,丰富多彩的姓氏文化是支撑民族向心力、凝聚力的最基本点,也是深入了解中华文明的一个独特视角。姓氏起源于母系氏族时期,迄今已有 7000 年的历史,是基于区分血缘,防止血亲婚配影响下一代的需要而创设的。姓氏制度对人类的进步和社会的发展所带来的影响不亚于四大发明。有人称这是中华民族的第五大发明。在当今经济、社会的全球化过程中,文化的多样性正遭受着前所未有的威胁,民族国家和地区的文化认同,正面临着巨大的挑战与危机。大众文化是文化传承和发展的重要力量,我国的汉语言、方块字、中医药、和理念、民俗节、姓氏根等大众文化是传承中华文明的独特力量。姓氏文化是上述大众文化的源头文化、基础文化,蕴含着跨时空的穿透力,独特的超结构的凝聚力。下面通过姓源河南,播迁闽粤,再迁台湾,台民迁豫等方面史实的记述,解读豫台姓氏渊源关系,直连两岸的民众血缘文化神经,唤起国家、民族、文化认同意识,从而为祖国的和平统一和中华民族的伟大复兴贡献力量。

一、姓源河南

(一)河南是中华姓氏的重要起源地。

姓氏是人类历史进化的产物。在距今 7000 年前的母系氏族时代,中华人文始祖伏羲氏在今河南的淮阳,创立了男女婚配的规矩提出"制嫁娶,定姓氏"。就是规定:一、同一族群的育龄男女不许结婚,只能按一定的规矩同另一个族群的育龄男女谈婚论嫁;二、将人群分成不同的姓族。

由于在"正姓氏,别婚姻"之时,当时未发明代表语言,书写记述种种事物的文字,此时的"姓",仅为标志家族系统的称号。在这种婚配形式中,子女往往知其母不知其父,因而当时人们使用的"姓"是母系血缘的标志,与现在的"姓"一般用作标志父亲血缘功能正好相反。从母权制向父权制过渡之时,姓的一个分支,代表贵族标志宗族系的称号氏,便产生了,此时女子称姓,男子称氏。传说,4000年前,黄帝姓公孙,生于轩辕之丘,称轩辕氏,长于姬水边,又得姬姓,建都于有熊(今河南新郑市),融炎帝,战蚩尤,一统天下,作甲子,创文字,定律吕,定算数,著内经,创药方,养蚕制衣,开物成务,肇造中华文明,姓氏始有文字记述。

夏、商、周三代,中华民族进入家天下的奴隶制时代。文字也随着生产力的发展而出现表象形的文,表会意的字,合并使用,表示姓氏的文字符号便产生了。姓氏仍然并用。到了秦汉时期姓氏合二为一,均表示姓,而用郡望别贵贱,随着人口的增加,家庭、族系的分化,用作表达家族系统称号的"姓"也多样化、复杂化了。有以国为氏、以邑为氏,以乡亭地名为氏。以父祖先人的官职、姓名、谥号为姓氏。还有赐姓,改姓、冒姓等。但任何事都离不开时间与空间,姓氏也不例外。

中国历史的发展中,河南长期处在全国的政治、经济文化中心地位。据统计,目前,中国常用的姓氏4100多个,但有1500多个姓氏起源于河南。

其中前100位姓氏占中国人口数量的82%,有40个姓氏完全起源于河南,43个姓氏部分起源于河南,这样就有83个姓氏起源于河南。

(二)据专家考证,前300位大姓人口占中国人口的97%,其中有159个姓氏起源于河南。

源于河南159个大姓祖根地简表

姓氏	族源地名	姓氏	族源地名
李	鹿邑	王	淇县、卫辉、洛阳、开封
张	濮阳	刘	鲁山、偃师、洛阳
陈	濮阳、长葛(颍川)、平舆(汝南)、固始	杨	灵宝(弘农)
黄	潢川	周	洛阳、汝南

续表1

姓氏	族源地名	姓氏	族源地名
孙	濮阳、淮滨、卫辉	胡	濮阳、郾城、洛阳
林	淇县、卫辉、洛阳	何	新郑、洛阳
郭	郑州、陕县	梁	汝州、洛阳、开封
罗	罗山、洛阳	宋	商丘
郑	荥阳、新郑、新密、开封	谢	南阳、唐河、新野、太康
韩	新郑、洛阳	唐	方城、唐河
冯	荥阳、西平	于	洛阳、沁阳
董	唐河	韦	滑县
程	洛阳	袁	太康、洛阳、商水
邓	邓州、新野	许	登封、许昌、郾城
傅	安阳	沈	平舆、沈丘
吕	南阳、新蔡、洛阳	苏	温县、洛阳
卢	洛阳、卢氏	蒋	淮滨
蔡	上蔡、新蔡、兰考、民权	魏	开封、内黄
叶	叶县	潘	固始、洛阳、中牟、荥阳
杜	洛阳	戴	商丘、民权
夏	登封、巩义、偃师、淮阳、杞县	钟	商丘、长葛(颍川)
范	范县、南阳、洛阳	方	登封、洛阳、禹州
石	淇县、温县	姚	范县、濮阳
廖	唐河、固始	熊	新郑
陆	嵩县、洛阳	孔	商丘、濮阳、新郑、淮阳
白	息县、南阳	康	淇县、禹州、开封
毛	宜阳、原阳	邱	淮阳、洛阳
秦	范县、洛阳	江	正阳、民权
史	南乐	顾	范县
侯	新郑、洛阳	邵	汝南、安阳、济源
孟	濮阳、洛阳	龙	新郑、偃师
段	新郑	雷	登封

姓氏	族源地名	姓氏	族源地名
汤	偃师、商丘	尹	宜阳、洛阳
常	新郑、开封、温县	武	安阳、商丘
贺	洛阳	赖	息县
文	许昌、开封、濮阳	庄	商丘、民权
游	新郑	温	温县、洛阳
古	安阳、淇县、许昌	柳	濮阳
殷	安阳、淇县、许昌	葛	宁陵、洛阳
褚	洛阳	管	郑州
杞	杞县	娄	杞县、洛阳
申	南阳、信阳	庾	鄢陵、新野
穆	商丘、洛阳	苟	许昌
樊	济源	项	沈丘
房	遂平	戚	濮阳
卫	淇县、濮阳、泌阳	应	平顶山
顿	项城	柏	西平
毕	洛阳	安	洛阳
丁	商丘、开封	甘	洛阳、安阳
耿	温县	关	偃师
虢	郑州、陕县	国	新郑、淇县、登封
华	商丘	惠	洛阳
吉	延津	焦	陕县
蒯	洛阳、濮阳	骆	洛阳、内黄
门	洛阳、濮阳	牛	商丘、荥阳
屈	洛阳	荣	巩义
单	孟津、洛阳	鹿	濮阳、洛阳
谷	洛阳	司	新郑、洛阳、濮阳
商	商丘、淇县	司	新郑、洛阳、濮阳
司马	洛阳、温县	宛	南阳、新郑

续表 3

姓氏	族源地名	姓氏	族源地名
时	商丘、安阳	尉	新郑、尉氏、洛阳
燕	延津、洛阳	阳	济源
养	沈丘、宝丰	伊	伊川、洛阳
虞	虞城	禹	登封
原	原阳、济源	苑	新郑
展	内黄、洛阳	宁	修武、获嘉
滑	偃师		尉氏、洛阳
息	息县	翟	汝南
詹	新郑	祖	商丘
雍	沁阳	甘	洛阳、安阳
祖	温县	阴	淇县、卢氏
相	内黄、商丘	郗	泌阳
邢	温县	苗	济源
郦	内黄、内乡	成	洛阳、范县
寇	温县、濮阳、洛阳、开封	库	洛阳、开封
匡	长垣	州	温县
聘	平舆、安阳、鹿邑	窦	偃师
边	商丘	敬	淮阳、开封
解	洛阳	汴	开封
覃	温县、武陟	卜	温县

二、播迁闽粤

在数千年的历史发展过程中,河南是中华先民内聚的深潭、旋涡、族姓融炉,既将人口吸进来,又将其播迁出去。河南长期的建都史,独特的地理位置,使其先氏不断迁入,又不断迁出。有得中原者得天下之说,中国历史上,河南先民大批南迁闽粤有四次。

(一)永嘉南渡

西晋末年,中原板荡,中原士族大批随晋室南迁,先后达上百万人,形成了中国历史上首次大规模由中原向东南移民潮。据记载这次入闽的衣冠姓氏有八族,即林、黄、陈、郑、詹、丘、何、胡。也有人考证,这次移民,不只上述八姓,还有范、蔡、于、王、袁、谢、周、荀、江、阴等多个姓族南迁。

(二)陈氏开漳

唐总章二年(669年),泉州、潮州之间发生山民骚乱。唐高宗诏光州固始(今河南固始县)人陈政为岭南行军总管事,率府兵3600名,将校123员,前往闽粤镇抚。初战获胜,因将士不服水土,病死较多,退守九龙山(今漳州西南)请求朝廷增援。朝廷又命陈政兄、陈敏、陈敷率兵增援。军队行至浙闽交界,陈敏、陈敷染病卒。其母魏氏,率众继续南下同陈政会合,不久陈政卒。仪凤二年(677),陈政子陈元光代父领兵,镇抚闽南。为了开发漳州,陈元光于垂拱二年(686),向朝廷呈递了《请建州县表》。疏上后,大臣裴炎、狄仁杰等在朝前极力推动,垂拱四年(688)元月二十九日,武则天准奏并下《敕速建漳州郡县》诏书,在闽南设漳州建制,下辖漳浦沛、怀恩两县,并任命陈元光为首任刺史。之后陈元光,把将士们与当地居民结合起来,进行屯垦荒田建房宅,兴修水利,种植农桑,开展文化教育,使漳州经济、社会得到了大力发展。

据后人考证,唐初随陈政、陈元光父子入闽将士和眷属有近万名,其中涉及的姓有陈、许、卢、戴、李、欧、马、张、沈、黄、林、郑、魏、朱、刘、徐、廖、汤、涂、吴、周、柳、陆、苏、欧阳、司马、杨、詹、曾、萧、胡、赵、蔡、叶、颜、潘、钱、余、姚、韩、王、方、孙、何、庄、唐、邹、邱、冯、江、石、郭、曹、高、钟、汪、洪、章、宋、丁、罗、施、瞿、卜、尤、尹、韦、甘、宁、弘、名、阴、麦、邵、金、种、耿、谢、上官、司空、令狐、薛、蒋等84姓。

(三)王氏居闽

唐僖宗光启元年(885),秦州人王绪率农民军攻险光州,固始东方人王潮、王审邽、王审知三兄弟奉母董氏命率领乡民5000人从义军入闽。

唐昭宗在大顺二年(891),王潮为福建节度使。光化元年(898),王审知任威武军节度使。后梁开平三年(909)王审知封为闽王。王审知在居闽30年中,以安民保境,睦邻友好,任贤用能,鼓励农桑等政策,促使八闽安定,生产、文化均获得了很大发展。随从将士及后来的中原族群,入籍散居八闽各地,与当地人联姻融化。今日,福建到处可以看到表明先祖来自中州固始的墓碑、墓志、家乘。

在府、县志、家谱中，也记录着与中原的渊源关系。

据后人考证，这次中原入闽的移民涉及的姓氏有：包、袁、骆、赖、关、蒋、王、陈、林、刘、郭、谢、吴、张、黄、周、许、杨、苏、邹、詹、薛、姚、朱、李、郑、程、兵、董、吕、孟、连、湛、虞、庚、戴、蔡、庄、邓、柯、沈、萧、卓、何、孙、缪、赵、高、施、曾、卢、廖、马、傅、韩、释等 57 姓。

（四）两宋南渡

靖康元年（1126），金兵攻入汴京，俘虏徽、钦二帝，宋康王赵构率领宗室、朝臣逃至江南，定都临安（杭州），史称南宋。据统计，自宋建炎以来至绍兴十一年（1141）的 15 年间，有 500 多万人从中原移民定居江南。

北宋灭亡时，中原士民一部分随赵构奔东南，还有一部分随隆祐太后到赣南地区。后来在动乱中继续南下，陆续到达珠江流域一带定居下来。南宋灭亡时，文天祥等拥皇子赵昰为帝，从温州沿海路到福州。元军自浙江入福建，宋军残部节节败退，幸存 10 万余人，大部分隐匿于闽粤各地。

南宋末年，为避战乱逃入广东的中原人，在南雄珠玑巷一带一同南奔。据记载这批中原移民涉及 33 姓：罗、湛、郑、张、尹、文、苏、陈、麦、卢、汤、温、胡、赵、伍、费、区、李、梁、吴、冯、谭、蔡、阮、郭、廖、黄、周、黎、保、陆、高等。

上述四次中原汉人大规模迁移到闽粤大地，随着时间的推移，移民同当地人联婚融合，闽粤逐渐被中原汉人同化，大部分闽粤居民即为本地化的中原汉人后裔。但他们始终不忘自己的根，宗谱中无不记载着同中原的地缘、血脉、文缘关系。

三、再迁台湾

明清时期，居住闽粤的中原移民后裔大批赴台。据史载，闽粤居民迁徙台湾，规模较大的有三次。

（一）在明末，崇祯元年（1628）郑芝龙被明廷招抚后，上疏朝廷，要求派人开发台湾。这次入台有数万人。

（二）郑成功收复台湾后，誓以台湾为基地，反清复明。为此，从漳、泉、潮、惠一带大量招募入台之人。一边屯垦，一边训练，此次入台者有七万人。

（三）康熙二十二年（1683）六月，统一台湾后，设置台湾府。事后明令废除

"禁海令"和"迁界令",因而闽粤沿海居民不断迁入台湾。

明清时期,由大陆入台的确切人数,已无法进行统计。迁台的大部人是从中原播迁闽粤的各个姓氏的后裔。郑成功的祖先就是"从王潮自光州固始入闽"。国民党荣誉主席连战的先祖是"唐光启元年(885)随王审知从河南光州固始入闽",清康熙年间由漳州入台。

据20世纪70年代台湾地区统计,其通用汉姓1027个,排在前100位的汉姓中,有71个姓起源于河南。另据考,前100位汉姓中,除童、倪、蓝、巫、纪、田、翁、龚、简、彭、田、游等12个未考出同河南的关系外,其余88个姓同河南具有渊源关系,要么起源于河南,要么是从河南播迁而来的。

台湾地区前100大姓起源河南的姓氏一栏表

序号	姓	起源时期	肇兴祖	起源地	郡望	名胜古迹
1	陈	西周初年	陈胡公	淮阳	颍川	陈胡公墓
2	林	商末周初	林坚	卫辉	西河	比干庙
3	黄	夏朝	南陆公	潢川	江夏	黄国古城
4	张	颛顼时期	张挥	濮阳	清河	张挥公墓
5	李	西周初年	李利贞	鹿邑	陇西	太清宫
6	王	商朝末期	王翼	卫辉市	太原	比干墓
7	吴	西周初年		濮阳	延陵	吴
8	蔡	西周初年	蔡仲	上蔡	济阳	蔡
9	刘	夏孔甲时	刘累	鲁山、偃师	沛县	刘累
10	杨	西周初期	杨杼	洛阳、山西洪洞	弘农	杨邑遗址
11	许	帝尧时期	许由	登封、许昌	高阳	许由墓
12	郑	东周		新郑、新密	荥阳	郑国古城
13	谢	西周后期	谢申伯	南阳、唐河	阳夏	谢邑遗址
14	郭	春秋时期	郭仲	陕县	汾阳	虢国公墓
15	赖			息县		
17	洪			卫辉		
18	邱	西周	邱贷	淮阳	河南	

续表 1

序号	姓	起源时期	肇兴祖	起源地	郡望	名胜古迹
19	周	周末秦初	周赧王	汝阳	河南	崱孤遗址
20	叶	春秋时期	叶公诸梁	叶县	南阳	叶公墓
21	廖	春秋时期	廖皋申	固始	汝南	蓼国遗址
22	徐			安阳、淇县		
23	庄			商丘民权		
24	苏	商朝	苏护	温县、辉县	武功	苏国遗址
25	江	春秋时期	江太泉	正阳	济阳	江国遗址
26	何	秦末	何修	新郑	庐江	韩国古城
27	萧	春秋时期	萧太心	淇县	兰陵	卫国都城
28	罗	夏初	季连	罗山	豫章	天湖遗址
29	吕	春秋时期	吕夷汲	南阳	河东	吕国遗址
30	高	春秋时期	高服	新郑	渤海	高邑遗址
32	朱		朱浑氏之后	洛阳		
33	詹			新郑		
34	胡	西周初年	胡公妫满	柘城	安定	胡襄古城遗址
36	沈	春秋	沈子逞	平舆、沈丘	吴兴	沈亭
39	卢	春秋	卢俣	洛阳卢氏	范阳	卢邑遗址
42	潘	春秋	潘崇	固始	荥阳	潘国故城
43	游			新郑		
44	魏		魏毕万	开封	钜鹿	魏国故都
46	梁	东周	梁唐	汝州	安定	梁邑遗址
47	赵			巩义市		
48	方	西周	方叔	禹州、登封	河南	方邑遗址
49	孙	东周	孙武仲	濮阳	乐安	东周戚邑遗址
50	钟	东周	钟烈	长葛、商丘	颍州	钟鬴故里
51	戴	西周	戴璞	民权	谯郡	戴国遗址
52	杜			洛阳		
54	宋	西周	宋微子	商丘	京兆	宋微子墓

序号	姓	起源时期	肇兴祖	起源地	郡望	名胜古迹
55	邓	春秋	邓子尤	邓州	南阳	邓国遗址
57	侯	春秋		新郑、洛阳		
58	温	春秋	温郤锜	温县	平原	温邑遗址
59	傅	商朝	傅说	安阳	清河	傅岩寨
61	姜			南阳		
62	冯	春秋时期	冯简子	荥阳	始平	冯城遗址
63	白	战国时期	白公胜	息县	南阳	白邑遗址
65	蒋	春秋时期	蒋伯龄	淮滨	乐安	期思城遗址
66	姚			范县		
68	唐	舜帝时期	丹朱	方城唐河	晋阳	唐邑遗址
69	石	春秋	石骀	淇县	武威	卫国故都
70	汤	商朝	成汤	商丘、偃师	中山	西亳遗址
75	董	舜帝时期	董父	唐河	陇西	蓼邑遗址
78	康	西周	康封	淇县	京兆	卫国故都
81	古			鹿邑、洛阳		
82	薛	春秋时期	薛登	商丘	河东	薛国遗址
83	严			洛阳、鹿邑		
85	程	西周	程休父	偃师	安定	程国故都
86	龚	西汉	龚尉	卫辉		
87	丁	西汉初	丁方	商丘	济阳	齐国遗址
91	韩	战国时期	韩安	新郑	南阳、颍州	韩国故城
93	夏			登封、巩义		
94	袁	春秋时期	袁涛涂	太康	汝阳	阳夏遗址
97	柳			濮阳		
98	毛	西周	毛伯明	宜阳	西河	毛国遗址
99	骆			洛阳、内黄		

四、台民迁豫

清康熙三年(1664)郑成功部将黄廷与清帝讲和,七年(1668)黄廷奉命屯垦中原落籍邓州。俗称"闽营"五里四十八村。黄廷的部下有来自台湾的阿美、泰雅、布农、邹族的将士苪今天的邓州高山族的祖先。这次从台湾奉命屯垦河南的将土,高山族仅为特例,是个别,大部分将士是台湾化或闽粤化的中原汉人后裔,又回到了自己的祖地。据记载黄廷屯垦邓州将士就有5600人,另外在平顶山鲁山县与康熙帝讲和的将士林顺所领的垦军将士也有800多人。

据《清史稿》卷二二《郑成功传》记载:"及至郑成功从荷兰殖民者手中恢复台湾,又招漳、泉、惠、潮四府民,辟草莱,兴屯聚,令诸将移家实之。"这说明郑成功将士都是带家眷移台湾的,即"令诸将移家实之"。据黄廷部将洪亮的家谱记载,当时黄廷部将的家眷都是留在台湾的。这样就形成了一家分成豫台两地的情况。据鲁山县马楼乡林应先提供的《闽豫林氏近支家谱》记载,林姓的始祖为林顺,福建海澄人,生于1625年。林顺为郑成功的旧将。康熙三年(1664)正月,卒金门,镇压郑兵与清帝讲和。康熙七年,林顺奉命带领43名将官和806名士兵到鲁山县驻扎屯垦。

邓州、鲁山两地的"闽营"人,绝大部是中原汉人南迁闽粤,再迁台湾,又从台湾回迁祖地的。他们的家眷都在台湾,兵将在河南。涉及多家多姓,这是豫台两地姓氏关系更加密切的有力实证。

总之,河南与台湾虽然远隔数千里,但是两地的居民都有着血缘、亲缘、地缘、文缘等相通的渊源关系。姓氏是最常见、最普遍、最应引起人们重视的文化现象,但物化的姓氏,都承载着传承中华文明的重任,有了姓氏的传承,才有了中华文明五千年毫不断代的维系。

上述大量史实充分说明,海峡两岸的同胞是一脉相承。同根同源的,同宗共祖的。在当今经济全球化、市场体化、政治多极化、文化多样化、信息数字化的时代,中华文化面临侵袭、挑战与威胁,中华民族面临统一与团结的挑战与威胁。为此,以姓氏文化为切入点,掀起全球华人华侨,尤其是台湾同胞的寻根中原的热潮,唤醒两岸同胞的民族、文化认同意识,培育民族自豪感,增强民族自信心和凝聚力,增强社会责任感,时代使命感,从而为祖国的和平统一大业和民族伟大复兴做出贡献。

（第一作者为河南省地方史志办公室原总编室副主任、编审，第二作者为河南省杨氏文化研究会秘书长）

参考资料：

杨静琦主编：《中原姓氏寻根·崔》，中国经济文化出版社，2004 年。

谢钧祥：《新编百家姓》，中州古籍出版社，2007 年。

完颜绍元：《姓氏百问》，上海古籍出版社，2002 年。

宋效忠主编：《根在信阳》，湖北教育出版社，2008 年。

张人元：《炎黄始祖一体血脉百家姓》，吉林文史出版社，2006 年。

宋光宇：《台湾史》，人民出版社，2007 年。

连横：《台湾通史》，九州出版社，2008 年。

杨海中：《图说河洛文化》，河南人民出版社，2007 年。

刘翔南主编：《豫闽台姓氏渊源》，1997 年编印。

《固始县市》

《福州市志》

《泉州市志》

《潮州市志》

《梅州市志》

两岸和谐关系推进与河洛姓氏
文化的无形融合

（台湾）陆炳文

　　在学术领域之中，早有一门"文化人类学"存在，是以人类文明为比较研究的学科，包括文化的起源、成长、变迁及进化之过程，及各民族间的异同，理论上倾向主张求同存异，强调同中存异，也不反对异中求同，以包容、融合、和谐之基本心态，寻求世界人文的协和性、普遍性与个别性。我曾将此一专门学问，务实应用到探讨多宗族、多族群的国族特具之族性差异，暂时搁置争议，从中找出共识，先试图解决如何共创和谐文化，又如何共建和谐社会的当前首要课题，则发展出所谓"文化民族学"，再演绎成紧扣住文化包容、氏族融合及国族和谐的人文社会学之一个环节。因此，我透过对中国姓氏源流之考证，配合在台闽地区进行广泛的田野调查，其结果部分汇集成广播电视主持人稿本，分别于台北的中国广播公司、汉声广播电台和中华电视台、莒光日电视教学，辑成一系列带状节目推出，并亲力亲为播出十多年，后来又并同曾发表在报章杂志的专文，有如：《台湾日报》、《青年日报》、《台湾新生报》、《台湾画刊》、《胜利之光》画刊等上百万寻根探源文字，整编为"台湾各姓祠堂巡礼"、"金门宗祠大观"、"金门祖厝之旅"，合称"姓氏三书"，不但在十余年前登上了畅销排行榜，且系迄今仍历久不衰的常销书，诸君若以"陆炳文"关键词点阅上网，或许还能找出一些蛛丝马迹。

　　三年前的2006年召开第五届河洛文化国际研讨会时，我所发表之长篇论文《请问贵姓——河洛姓氏文化渡海过台湾》，便是上项研究具体成果之一，该文中随处可见"文化民族学"的斧凿痕迹，尤以子题"台湾姓氏宗祠均具河洛文化的特色"，把表现在台湾各姓祠堂上的包容性、宗姓郡望上的融合性及宗祠堂号上的和谐无间，充分说明论述无疑，试举三段以印证此言不虚。第一，台湾祠堂载明各姓祖先发祥根源和变迁过程，显示各姓宗派都源自黄河流域，与大陆有着脐带相连的宗族血缘关系；金门实为河洛文化过渡到台湾的转继站，所以大陆、金门、台湾两岸三地，共有一个历史传承，共源一个血脉脐带，共被一个文化胞衣，有容乃大诚为铁证。第二，促成家族之和合融洽，宗族之精诚团结，其间实大有赖于姓氏堂号之维系；"姓氏三书"共收入台湾 49 个核心姓氏的 114 座宗祠，这些台湾姓氏与河洛姓氏，或称源于中原、系出河南的姓氏，姓字几乎全数相同。第三，台澎金马地区自古以来，历代各姓人士皆广事兴建宗祠，标明堂号郡望，入祀祖宗牌位，岁时洒扫祭拜，具有浓厚的河洛文化影子和中原文化色彩，也显示崇高的和谐精神和无上的文化价值。依我长期的观察与体会，河洛文化就是和谐文化，河洛姓氏文化亦即通过文化包容、氏族融合两阶段后，自然而然形成社会和谐状态，这样长久稳定、真正落实的和谐社会，由于各族各阶层均能共存共荣，所以国族和谐必然性大增，两岸和谐可能性也大增；话说从头，这一切的一切，皆应从文化建设起头，从文化交流做起。

　　就在同一时间，我邀集有志一同者，组织"海峡两岸和谐文化交流协进会"，旨趣在于共策促进文化的包容、氏族的融合及国族的和谐。其中对文化来讲，多元才需要包容，多元文化是有冲击的，可是识者全不希望发生冲突，而文化包容指的是一种融合的方式，共有三种可能情况：其一，产生第三类文化体系；其二，失去原本两类文化的基本架构；其三，维持原先的框架不变，文化内涵只会变得更丰富、韧性加大变得更富生命力。我中华文化有 5000 年悠久的历史，历久而弥新，博大而精深，正是典型的第三种，它长期以中原文化、河洛文化为轴心，不停地转动吸纳其他周边文化之精粹，不断地壮大到足以摆脱其他落后文明之羁绊，真可说是传统与现代、固有与先进，多元包容下的成熟结晶体。其次对氏族来说，稽考正野史乘，包合各姓氏族谱牒，中原诸氏率族大举南迁者，先后计有西晋末叶五胡乱华、唐初陈元光开漳、唐末王潮入闽、北宋末叶避金人、南宋末叶避元兵、闽粤之人随郑成功跨海渡台和 1949 年大陆各省人士来台，约有七次民族大迁徙发生过，每次氏族南迁甚至于入台以后，悲欢离合的故事层出不穷，或同族异处、兄弟离散、或异姓同村、入境随俗，这时的确会有本位主义作祟，或排他性现形作怪,所有住民都被分众,分别被贴上本省人、外省人或外籍人士之标签;在台湾的本省人略加细分,又有原住民族、闽南人及客家人之分。然深究其根源,实同系一家人,经过民族大熔炉形成了全民族,几乎无人不是发祥于中原,以河洛一带为生长之基地,更以黄河流域为孳息之中心,闽粤居民既然来自中原,台湾居民又多中转金门、澎湖而来自闽粤,其源出一脉、脐带相连之本质,此由本人所写"姓氏三书"各篇,即可获得实证;众人皆知,中国国国民党荣誉主席连战的祖父 – 连横名著《台湾通史》风俗志明载:"台湾之人,中国之人也,而又闽粤之族也"。连氏所记乃史家之笔,更属信而有征。有称闽南人为河洛人,此一说法亦其来有自。

　　现在定居台湾的人,即使是外国人,或少数已归化入籍的不同族群居民,久而久之也成了一家亲,这绝对不是氏族融合为一族的个案,整个中华民族就是经过千锤百炼,经过深度融合后的伟大产物;我国历史发展进程上显然可见,在这块1140 余万平方公里土地,孕育成长的诸族人民,不管其人数多寡,皆已自然融入大中华民族,揆其根本缘由,文化因素应居首要之作用;换言之,且不论其种族当初有何区别,均因认同于中华文化,而自成炎黄子孙之一分子。再来对国族来谈,中华民族是一个古老的民族,也是文明古国的主要基干,其余均属枝节或细微末节问题,这种大国族的概念,体现在五大因素里,此即革命先行者、国民党总理孙中山所指:血统、生活、语言文字、宗教及风俗习惯之谓,这在他国他族或许并不能全盘成立,然而存在于分久必合、合久必分的华夏大地上,已是可以理解的历史小常识。编印中国近代史的一次手民(指活板印刷时代之检字工人)误植,一甲子前史书被开了次大玩笑,台湾与大陆既有的一体关系,竟然横遭海峡一衣带水的分治,所幸两岸并没有分裂,更不要说是会长久分割。这样分久必合前的短暂性楚河汉界,亦非全然没有一丝好处,比方大陆"文革"期间,因为台湾大张旗鼓复兴中华文化,而抢救了不少文化遗产,得让民族资产幸存生机;反观台湾第一次政党轮替后不久,当局不愿以多数民意为依归,执意强行全面推动(去中国化),幸好大陆拜改革开放见效所赐,在物质建设行有余力之后,大力推动精神文明工程,如此这般接力互保,如此这般优势互补,才使得两岸人民因生活水平逐渐拉近,始有机会挽回民族的自强自信心,以及建立起彼此间的互信与互谅基础,也才有连主席接受胡锦涛总书记之邀首访大陆,自此开启了两岸和谐关系和平发展的新契机,更对国族和谐进展,乃至构建和谐大中华、和谐新世界,相继都产生极大、极高的指标性意义。

其实,这种历史性机遇是可遇不可求的,就在台湾有可能重现蓝天前一刻,换句话说,国民党极有机会重新拿回执政权之际,中共胡总书记在 2007 年 10 月 15 日十七大报告强调再造中华时,提到 31 次"和谐"字眼,内中最紧要的两段话:"和谐文化是全民族团结进步的重要精神支撑";"团结一切可以团结的力量,促进海内外同胞关系的和谐"。相信这话是讲给党内同志听的,讲给大陆同胞听的,应该也是讲给台湾同胞听的。好话不一定不出门,这回更出了远门,还传了千里到达台湾,2008 大选国民党候选人马英九也许听到了,2 月 24 日世纪电视首辩结辩中才会做出回应:"恢复以前的和谐","打造和谐的社会"。一般解读"以前"双关语,可以指今天以前,也可指以前的国共合作时期;至于"社会"一词,可以说是台湾社会,也可以说是两岸社会或中国社会。2009 年 5 月 15 日,中国近代史遗址博物馆应邀来台,展出大陆著名画家巨幅作品"国民党开国大典史诗画",全称为:共和之光——1912 年 1 月 1 日 11 时,国民党主席吴伯雄专为这次画展题写贺词:"共建和谐国族";海峡交流基金会董事长江丙坤也送了贺联:"共和有望诗载史,相谐无敌史如诗",嵌入当做对和谐两岸的祝愿。稍早的 4 月 4 日清明时节,连主席第一次率团到陕西黄帝陵,祭拜了民族共同始祖轩辕氏,又第一回走访三原的于右任纪念馆,向国民党元老、真诚的爱国者致敬,并用于右任笔名串句,题字"半哭半笑啼骚心,髯翁春雨写太平",抒发自己当下的感慨,这实在就是全体中国人普遍的心情写照。

我黄帝子孙遍布海内外,不论是台湾人,抑且为大陆人,或者系华人华侨,每个人心中不都是期盼社会和谐,期盼世界太平! 心想固虽可成事,心动却不如付诸行动,在此历史性的关键时刻,我们两岸的国人同胞,尤需充当领头雁或排头兵,引领者最迫切的实际行动,便是首先要牢记:慎终追远、民德归厚,是中国人根深蒂固的文化素养;报本返始、尊祖敬宗,是河洛人天经地义的民族美德;怀念故土、落叶归根,是炎黄华胄高尚尊贵的国族情操,如果大家能够秉持善用这些无形的祖宗遗产,充分发挥大公无私的包容、融合、和谐之传统精神,并有效落实在今后的具体行动上面,一起高举民族大义的旗帜,向前迈开整齐划一的步子,实将有助于顺利推进良好的两岸关系,进而完成一统山河的世纪伟业,迎接中华太平盛世的到来,这才能不辜负列祖列宗的明训,也才能彰显至情至性的华夏儿女真本色。

(作者为海峡两岸和谐文化交流协进会会长、台湾文化艺术界联合会理事主席)

台湾姓氏、祖籍与中原亲缘关系

吴纳宇　姜爱公

大陆台湾连根同源,台湾是大陆亲人,台湾先民是大陆南部迁徙过去的。闽粤移民拼搏奋斗开发台湾荒山野林,建成宝岛。两岸同祖同姓,同血缘。台湾考古学家、政治家、史学家连横、连战、宋楚渝、吴伯雄等都承认这个史实。从台湾姓氏、祖籍、族谱、郡号等可论证台湾人是中原河洛人的的后代。

一、台湾先住民是大陆移民祖先

中国闽台缘博物馆、台湾专家认为先住民是在远古时大陆迁移至台。由中央领导李长春倡议、指导成立的中国闽台缘博物馆(泉州)以铁一般史实展览与记载台湾海峡迁变史。远古时两岸相连,“海峡人”曾来往。台湾考古学家文物中记证明与大陆文物一致。《台湾百姓探源》作者许明镇、林永安写道:18000年前台湾与大陆一脉相连,互相可通。台湾最早的原住民是从南中国地区移民过去的。史学家翦伯赞说:台湾番族(原住民)是百越之族的支裔。最早迁移南方的河洛是越国勾践的先祖,夏禹的后代,即中原人。中原是中华民族发源地,也是姓氏主要产地。其移民开发了闽台各地。河南距今六十万年前“南召猿人”已会制造简单的劳动工具,学会用火。在此建立夏朝。华夏就是豫闽台人的祖先。

二、台湾人自称河洛人,以中原人为荣

“得中原者得天下”,可见中原极为重要与尊贵。河洛地区是中华文明的重

要发祥地,有中国历史自然博物馆之美称。七大古都中有洛阳、开封、安阳,历史悠久,文化积淀丰厚,名胜古迹甚众,地下文物居全国第一,地上文物居全国第二,在全国至今仍占重要地位,肩负壮大与统一祖国的重任,与闽台有着亲密特殊的亲缘关系。在闽台等地的中原移民后代为中原的历史功勋、辉煌文化与建设成就而自豪。台湾人素称"河洛郎"(台湾话:郎即人)。1918 年,史学家连横摸仿《史记》体例撰写中国首部台湾史籍《台湾通史》记述闽粤移民开拓台湾历史,说明台湾是中国领土,"夫台湾之语,传自漳泉,而漳泉之语传自中国"(笔者按:指中原)。《台湾通志·氏族篇》记载闽台姓氏发展时写道,台湾人自称为河洛郎,大多数人祖籍在中原,移民主要来自泉州、漳州。《台湾省通志》指出:本省人系行政上之一种名词。其实均为明清以来大陆闽粤移民即河洛人与客家之苗裔。台北清源陈氏家乘叙:入台始祖为随郑成功父子的陈永华、陈泽。《武荣诗山霞宅陈氏族谱》写道:我祖自颍川分派于河南光州固始,以抵入闽,至一郎卜居武荣诗山霞宅。2005 年 4 月 27 日,国民党主席连战在北京大学演讲时说:在台湾我们有原住民,有客家人,我们大多是"河洛郎"。他们满怀激情地参观访问向往已久的少林寺、洛阳、开封等,参加黄帝故里拜祖大典。又回漳州祭祖。他们的言行说明台湾人思念祖乡与热爱美丽壮观的河洛故土的热切心情,说明台湾人的根在河洛之滨的祖家。连战之祖宗也曾居住固始。1953 年台湾官方统计:在 500 户以上的 100 个大姓中有 63 户去自固始,共 670512 户,占台湾人口总户 828804 户的 80.9%,相当于闽南人在台人口,而闽南人恰恰是河洛人。

三、台湾人是炎黄姓氏传人

姓氏是中华优秀传统文化,是凝聚宗族民族的坚强的钢链,是中华民族人生的重要标志。中国有志气,光明磊落,坐不改姓,行不改名。伟大的祖先炎帝黄帝创造了中国人的姓氏,团结了中华民族,自立于世界民族之峰经久不衰。中国成为极少数保留 5000 多年文化的文明古国,有其深刻的历史因素。而中原大地成为姓氏发源地,河南成为姓氏大省。炎帝后代有姜、吕、许、高、卢等姓,黄帝后代有张、郑等姓。河南产姓有 1834 个,占有源可据之全国姓氏 4820 个的 38%,占 120 个大姓的 52%。比如李源自鹿邑,张源自濮阳,黄源自潢川,林源自淇县,郑源于新郑。部分源自河南之姓有王、刘等 45 个。加上全源姓共 97 个,占

120 大姓的 81%。闽台大多姓氏源自河南（见《河洛文化与闽台文化》一书 75 页吕清玉论文）。

四、台湾人重视中华姓氏文化与调研

作为炎黄子孙的台湾人热爱崇敬祖先，很重视姓氏文化，做了大量工作。其重视程度超过某些省、区。比如，自 1956 年台北世界书局出版（宋）郑樵的《通志·氏族略》，1960 年台北出版王素存《姓缘》后至 2007 年台湾共出版《台湾百姓探源》等 173 本有关姓氏文化的书。数量很可观，内容很丰富，数据很具体，许多书在大陆见不到。这些书反映了台湾姓氏情况与文化。水平甚高，工作量大，工作很细，学术论文质量颇高，作用很大，值得学习研究与珍藏。这对弘扬中华优秀文化起很大作用，促进了两岸同胞感情，密切了两岸亲缘关系，增进了相互了解与情谊。

自 1930 年至 2007 年台湾共进行 6 次全省姓氏调查。其一，1930 年台湾大学教授富田芳郎等人据当年人口普查资料抽调 21003 户口，得出陈、林等 193 姓氏。其二，1953 年台湾文献会在 12 县 1 局调查 828804 户口，得出陈、林等 737 姓氏。其三，1968 年台湾大学教授陈绍馨与哥伦比亚大学合作抽样调查台湾 1/4 户口，得出陈、林、王、李、黄、郑等 1027 个姓，其中单姓 1017 个。其四，1978 年，台湾调查人共 1675 万人，得出陈、林、黄、郑、吴等 1694 等个姓氏，其中单姓 1611 个，复姓 81 个。其五，2005 年台湾内政部户政司开展电脑化调查，台湾人口 2270 万，得出陈林等姓 1989 个，其中单姓 1417 个，复姓 81 个。其六，2007 年台湾内政部户政司开展电脑化口调查，共 2289 万，得出陈、林、黄等姓 1542 个，其中单姓 1422 个，复姓 120 个。台湾十大姓为陈、林、黄、张、李、吴、王、刘、蔡、杨。

五、从谱牒看台湾与中原亲缘密切

中国人具有根深蒂固的宗族观念，无论何时何处都不会忘记自已的根。台湾移民远离故乡，特别重视谱牒的收集、传递、编修与珍藏。台湾闽籍移民族谱是闽谱的近近延续其编纂目和原则体例、内容方法等都相同。因为同祖宗台湾许多族谱抄录福建族谱。有些人将闽族谱带回台。近年台湾编了不少族谱，编写不少书。2007 年至 2009 年台湾代表参加在福州厦门举行的闽台论坛族谱展览,轰动一时,厦门馆延长 2 天。闽台族谱对接的有吕姓族谱等,盛况空前。闽台族谱展前言指出中原移民到福建的人数、路线、时间、住址等。也介绍闽粤外省人到台湾的情况。

六、从宗族祠堂看台湾与中原亲缘关系

祠堂宗祠是供奉祖先神的地方,家族活动场所。为了缅怀祖先,增强宗族家族凝聚力。明代福建已建祠堂。台湾最早的祠堂是 1611 年于台南创建的陈氏家庙德聚堂。1918 年台湾有 120 座宗祠,仅澎湖就有 48 座。近年来大姓都有宗堂。许多中小姓也有。其建筑与闽相似。从祠联中可发现台湾与中原的关系。比如台北陈姓大祠堂写道:"漳江军叔侄二难,颍川郡父子三杰。"台北周姓大祠堂写道:"武赠王公,裔固始分支淡水;功颂傅保,终卓源溯派芦山"。台南郑氏写出宗族来自河南,还宣传祖宗伟业。如"昭烈显宗坊,疆开毗舍;格诚兴祖庙,派衍荥阳"。"昭代伟人,不愧于秋俎豆;格天烈士,直堪万世馨香。"

七、台湾使用中原郡号堂号

中华民族讲究家承渊源,永记祖宗恩德,常在大门立匾额上书郡号堂号表明家世渊源。从台湾各姓的郡号堂号可知台湾的祖根在中原。比如第一大姓陈以颍川(在河南)为郡号,以德星为堂号。林姓祖先比干是河南淇县人,郡号牧野在河南淇县西南,卫辉西北。李氏郡号有陇西等,入闽始祖李伯瑶由河南入闽。张姓郡号清河,是黄帝后代。江夏黄后代泉州紫云黄入闽始祖守恭之远祖元方是固始人。王姓郡号有新蔡、河南等。刘姓郡号有南阳、河南、彭城等。邱姓郡号有河南。赖姓郡号有颍川。

八、台湾人冠用大陆姓、藉为地名

在新地名上冠姓冠藉是中华民族一大特征,以此纪念祖先与故里。中国人初次见面就先问贵姓? 后问贵处? 再问仙乡何处? 爱乡思亲观念很重。晋朝子民自河洛初到泉州时将大江改称为晋江,寄托对先朝故里的思念。还取名有洛阳桥、洛江区、南少林寺、少林路等。台湾许多地名与闽粤移民相关。他们团结

一心,同族聚居,同甘共苦,创造了许多村庄并冠籍为地名,如:在农村常见泉州厝(闽南话屋的意思)、同安兴化宫漳州寮客家庄等,构成台湾地域文化的一大特色,说明新移民胼手胼足,筚路蓝缕,饱受辛酸,血泪交加开荒垦种的成果。还冠姓为地名,如陈厝、林厝、刘厝、吴厝寮、江厝店、许厝港等。这些地名明了清楚,使人亲切易记。一听到地名就知那个姓的住处,方便相互往来。

九、台湾主要祖籍姓氏中河南占 73%

台湾人由闽南人、客家人、外省人等。先住民组成。1956 年,台湾人口500788 人,共 1027 个姓:以下以 87 个较大的姓氏人数多少秩序排列表格,提供详细情况:序号,姓别,占全省人数比例,闽南人,客家人,外省人,先住民的所占人口比例。河南所属的姓共 63 个,占总数的 73% 。

台湾各族祖籍姓氏比例与河南渊源对照表

序号	姓别	1956 年人数	占台湾人比例	闽南人占比例	客家人占比例	外省人占比例	先住民占比例	2007 年该姓人数	河南产姓地
1	陈	1046524	11.3%	84%	8.3%	5.8%	1.9%	2546360	淮阳
2	林	787928	8.5%	85.5%	8.2%	3.8%	2.7%	1899698	淇县、洛阳
3	黄	577256	6.2%	79.9%	13.9%	4.6%	1.6%	1379250	潢川
4	张	487152	5.3%	69.8%	13.9%	11.5%	1.8%	1211330	濮阳
5	李	472676	5.1%	76.9%	9.7%	11.3%	2.1%	1177571	鹿邑
6	吴	375132	4.1%	81.5%	11%	6%	1.5%	25760	濮阳
7	王	374724	4%	78.7%	3.4%	15.9%	2%	44345	卫辉、洛阳
8	刘	292420	3.2%	54.6%	29.9%	13.6%	1.8%	726754	鲁山、洛阳
9	蔡	271685	2.9%	93%	3.2%	2.7%	1%	667575	上蔡、新蔡
10	杨	245060	2.7%	79.8%	8.2%	11.1%	1.9%	60878	
11	许	215064	2.3%	91.5%	3.8%	3.6%	1.2%	532386	登封、许昌
12	郑	181288	2%	83.6%	7%	7.7%	1.6%	431604	新郑、开封
13	谢	165344	1.8%	75%	18.5%	4.8%	1.7%	402895	唐河、南阳
14	郭	141492	1.5%	87.4%	4.6%	7.1%	0.9%	343671	登封、侠县
15	洪	139648	1.5%	95%	1.5%	2.2%	1.3%	342487	辉县
16	邱	137592	1.5%	58.2%	37%	3.2%	3.2%	334324	淮阳、洛阳
17	曾	134804	1.5%	68.7%	23.8%	4.4%	3.1%	329089	
18	廖	129260	1.4%	82.3%	14.4%	2.3%	1%	307232	唐河、固始

续表1

序号	姓别	1956年人数	占台湾人比例	闽南人占比例	客家人占比例	外省人占比例	先住民占比例	2007年该姓人数	河南产姓地
19	赖	127896	1.4%	76.8%	19.7%	1.5%	1.9%	301777	息县
20	徐	118252	1.3%	36.2%	48.4%	13.5%	1.8%	289572	安阳
21	周	113020	1.2%	75.8%	5.4%	16.6%	2.1%	280097	汝南、洛阳
22	叶	111404	1.2%	67.8%	23.5%	6.8%	6.8%	270378	叶县
23	苏	102124	1.2%	90%	5.3%	3.4%	1.3%	258701	温县
24	庄	22414	1%	83.6%	11.6%	2.9%	1.9%	216467	
25	江	86372	0.9%	77.7%	14.1%	4.9%	3.3%	208868	正阳
26	吕	83704	0.9%	82.6%	10.8%	4.7%	1.9%	209672	南阳、洛阳
27	何	78336	0.9%	72.4%	13.3%	12.1%	2.1%	194013	信阳、洛阳
28	萧	77976	0.8%	72.5%	13.3%	12.1%	2.1%	191135	安阳、淇县
29	罗	75580	0.8%	41.8%	44.7%	9.4%	4.1%	189687	洛阳
30	高	74360	0.8%	76.2%	3.5%	10.6%	9.7%	175175	新郑、洛阳
31	潘	68444	0.7%	64.8%	4.1%	9.5%	2%	156558	固始、洛阳
32	简	65404	0.7%	95.9	1.7%	0.4%	2%	155609	
33	朱	59880	0.7%	58.4%	15.3%	23.1%	3.2%	152752	洛阳
34	詹	57186	0.6%	60.1%	38.1%	1.1%	0.7%	33362	
35	游	55772	0.6%	89.5%	7.2%	1.7%	1.6%	135646	
36	彭	54176	0.6%	16.5%	73.4%	8.4%	1.7%	136101	
37	钟	54024	0.6%	25.9%	65.2%	6.5%	2.4%	149776	
38	施	50804	0.6%	92.1%	0.5%	5.5%	1.9%	124711	安阳、淇县
39	沈	50340	0.5%	77.8%	6.7%	13.9%	1.6%	119264	沈丘、平舆
40	胡	48456	0.5%	55%	15.9%	22.4%	6.7%	125304	淮阳、洛阳
41	余	46848	0.5%	63.9%	21.4%	21.4%	4.8%	116165	
42	卢	44388	0.5%	77.2%	11.4%	9.4%	2%	109727	洛阳
43	颜	41412	0.5%	92.9%	1%	4.2%	1.9%	101055	
44	柯	41196	0.4%	91.4%	0.9%	4.3%	3.4%	99368	
45	梁	40452	0.4%	59.9%	20.3%	18.8%	1%	104823	洛阳
46	赵	40350	0.4%	80%	15%	3%	2%	105236	巩义
47	翁	36564	0.4%	86.9%	6.6%	5.8%	0.7%	90785	
48	魏	36168	0.4%	70.9%	17.5%	10.8%	0.8%	88144	开封、郑州
49	孙	32232	0.4%	52.8%	5.2%	38.7%	3.3%	84990	濮阳、淮阳

续表 2

序号	姓别	1956 年人数	占台湾人比例	闽南人占比例	客家人占比例	外省人占比例	先住民占比例	2007 年该姓人数	河南产姓地
50	戴	31880	0.3%	62.1%	23.4%	11.5%	3%	81203	商丘、民权
51	方	30440	0.3%	78.4%	2.2%	16.2%	3.2%	76354	禹洲、洛阳
52	宋	29444	0.3%	36.3%	37.4%	21%	5.3%	74976	商丘
53	范	29220	0.3%	16.3%	71.4%	9.7%	2.6%	73599	范县
54	邓	22744	0.3%	34.9%	44.6%	19.5%	1%	61229	邓州
55	杜	22588	0.2%	73%	3.9%	15.8%	7.3%	52765	新郑、洛阳
56	温	22524	0.2%	36.9%	52.3%	5.7%	5.1%	40033	温县、洛阳
57	傅	21256	0.2%	31.8%	47.8%	19.2%	1.2%	52569	安阳
58	侯	20108	0.2%	87.9%	2.2%	9.6%	0.3%	51971	辉县、洛阳
59	薛	19608	0.2%	79.9%	4.2%	14.9%	1%	49427	洛阳
60	钟	18948	0.2%	77.7%	15.6%	4.9%	1.8%	27798	
61	丁	18056	0.2%	71.8%	0.3%	26.8%	1.1%	47217	开封
62	曹	17968	0.2%	68.8%	2.9%	26.9%	1.4%	51785	
63	蓝	17272	0.2%	82.2%	8.9%	6.7%	2%	40899	新郑、洛阳
64	连	17080	0.2%	84.3%	9.4%	3.9%	2.4%	39096	
65	卓	16744	0.2%	75.8%	12.9%	4.2%	7.1%	43593	
66	马	16332	0.2%	36.5%	6.2%	49.9%	7.4%	43162	
67	石	16316	0.2%	78%	1%	14.8%	6.2%	40182	淇县、洛阳
68	蒋	16196	0.2%	55.7%	6.1%	34.9%	3.3%	40445	淮滨
69	古	16000	0.2%	12.2%	75.2%	3.5%	9.1%	39682	
70	欧	15716	0.2%	86%	6.4%	5.7%	1.9%	37018	
71	纪	15512	0.2%	93.8%	1.2%	4.1%	0.9%	39658	开封
72	董	15300	0.2%	65.5%	1.1%	29.3%	4.1%	41724	临颍
73	唐	15260	0.2%	49.4%	5.7%	43%	1.9%	4106	方城
74	姚	15176	0.2%	71.7%	2.1%	25.7%	0.5%	39447	范县
75	程	14360	0.2%	68.9%	0.8%	29.8%	0.5%	36208	洛阳
76	冯	14218	0.2%	38.4%	26.8%	31.9%	2.9%	37257	新郑、颍阳
77	汤	13940	0.2%	38.6%	43.5%	13.8%	4.1%	35544	商丘
78	康	0.2%	89.3%	2.2%	7.9%	0.6%	0.6%	34827	禹州
79	田	13364	0.1%	33.7%	23.5%	23.2%	19.6%	34542	
80	汪	13356	0.1%	75.4%	4.2%	15.4%	5%	33152	

序号	姓别	1956 年人数	占台湾人比例	闽南人占比例	客家人占比例	外省人占比例	先住民占比例	2007 年该姓人数	河南产姓地
81	白	13268	0.1%	82%	0.8%	12.4%	4.8%	32332	息县
82	姜	12884	0.1%	29.1%	43.9%	25.3%	1.7%	33982	南阳
83	尤	12288	0.1%	88.1%	2.9%	4.1%	4.9%	31194	
84	邹	11376	0.1%	32.4%	42.2%	25.1%	0.3%	31693	
85	巫	10964	0.1%	59.2%	35.6%	3.5%	1.7%	28166	
86	龚	9996	0.1%	77.2%	3.3%	19%	0.5%	24909	新郑、辉县
87	严	9176	0.1%	54.6%	14.4%	28.5%	2.5%	21797	洛阳

十、台湾崇敬名人与豫闽一致

台湾人崇敬祖先与英雄豪杰,甚至神化崇拜。许多名人是中原后代。比如民族英雄郑成功生于南安石井,墓在固始,闽台妇幼皆知,名闻中外。自固始到闽平定暴乱的开漳圣王陈元光庙在闽有 200 多座,在台有 70 多座。固始先人王审知之庙或塑像在福州厦门与台湾等地受膜拜敬仰。2009 年上半年王审知神像自福州到台湾巡游,在台轰动一段时间。王金平之兄曾到闽谒祖。妈祖在台湾有 1 千多万信徒。她姓林名默娘,祖先自中原移民到莆田。台湾同胞们曾不顾当局者阻挠多次集队开船到湄州岛拜谒,开创了两岸水路直通先例,精神令人感动不已。福建四贤有三名(杨时朱熹罗从彦)出生于三明,其理学师自二程(洛阳人),创造了闽学,在台湾影响极大。台湾学者常寄有关新儒学的书给我,他们探讨新儒学对台对新加坡等地的影响与作用等,水平甚高。此外闽人天天吃油条,痛恨奸臣秦桧夫妇害死大忠臣岳飞。岳飞是河南人,在闽台也很受尊敬。

十一、做好"五缘六求"工作与联谊,促进祖国统一

福建省委书记卢展工在会见海交会与商交会的主要客商时说,新形势下发展闽台关系要做到"五缘(地、血、文、商、法缘)六求(求经贸合作、交通联系、旅游合作、农业合作、文化交流、载体建设)",加强闽台联系。豫闽台也有亲缘等关系,应加强联谊合作,促进共同发展,并携手开拓海外市场。因为闽台在外的

华侨华人一亿多人,他们爱国爱乡,愿共同建设祖国,振兴中华,尽快统一祖国,为民造福,为世界和平与幸福共同奋斗。

明伦追先远

（台湾）杨祥麟

　　夫姓氏之起源,相传始自风姓羲氏,继之有史籍可稽者,乃姜、姬二姓,即神农与轩辕两氏也。嗣后来源不一,据《国语》注:"黄帝之子二十五宗,其得姓者十四人,同姓者二人。"考其得姓之由,依传记载述,《左传》隐公八年:"天子建德,因生以赐姓,胙之土而命之氏。"据以证诸古封建时代对于王孙诸侯均以封地为氏。按晋杜预《春秋经传集解》:"立有德以为诸侯,因其所由生以赐姓,谓若舜由妫汭,故陈为妫姓,报之以德,而命氏曰陈。"尤见古时姓与氏并非合而为一,盖称氏系表示其部落之居地,称姓则表示部落之血统,姓与氏意义不同,称呼自异,又据宋代郑樵《通志·氏族略·序》云:"三代之前,姓氏分而为二,贵者有氏,贱者有名无氏,故姓可呼为氏,氏不可呼为姓,姓所以别婚姻,故有同姓、异姓、庶姓之别,三代以后,姓氏合而为一,皆所以别婚姻,而以地望明贵贱。"此一由分而合之演进,自春秋战国以降,姓氏孳生杂陈,数千年来,历经五胡之乱,南北朝五代之割据,金人之侵扰,蒙古满洲之入主,时代更替,朝流冲激,纷争扰攘,致使我文化传统,不无影响,益以文字书法,几经改革,原命姓氏,或受书法笔画组成之不同而迥异其义,或以门衰祚薄中经杂乱而淘汰,或以字义欠雅与古文深奥及帝王赐姓与其归化等关系而更改,原因多端,不一而足,至于书集姓氏,林林总总,有单姓、复姓、三字姓,共5652个姓氏,而此外尚有元、清时归化之复姓与三字姓、四字姓,因姓氏繁琐而译音复杂,均未列入。其次,更有边疆少数民族,以其本族语译改归化部分姓氏,因散处边陲、文献短缺,无法查寻,以致挂漏,而付阙如。

我国姓氏之作用，一是表明生所自出，《通鉴外纪注》："姓者，统其祖考所自出，氏者，别其子孙所自分"。准此以观，姓氏乃谱系家乘之源本，统宗别族而使长幼有序亲疏有分之要件。二是别婚姻崇伦类，古籍中有所谓"姬姓为周之宗室，姜姓系周之外戚"，此为同姓不婚规范之明证，崇伦尚德之体统，盖人类自穴居野处以至家庭宫室，其能繁衍生息者，莫不是以婚姻为之开端。婚姻是为家室之根由，亦是人类社会最原始关系，人类文化之推演，即由此原始关系而产生。换言之，人类生活动态，即有赖此原始关系之社会基本组织有进步，才能形成文化，此一古代人类自然行为规范，沿演至今，业已收到融和民族感情与灌输伦理教育之功效，至其统宗别族与同姓不婚体制之实行，是为伦理、道德、文化推进发扬之表征。当今世事，社会混浊，道德败坏，世风日下，应高呼文化复兴之秋，我海内外，同系炎黄胄，应如何憧憬觉悟，慎终追远，饮水思源，躬亲履践，庶不致数典忘祖。每念及此，就想起了我先祖父杨公逢甲，是清末举人，民国时任县议会议长，河南省省议会第二、第三届省议员。撰了一付祖德铭言："文教绍关西夫子，武功追代北将军"。宗祖杨震公在四川作官，夜深一部属前来行贿，被拒绝并云不止你与我。你知、我知，还有天知、地知，不可为。以后遵为祖训："正谊明道，廉垂四知。"武官宗祖杨继业公为国尽忠满门忠烈，文官不要钱，武官不怕死，祖德万代流芳，身为杨门后裔与有荣焉，铭诸肺腑。

中国人的重视姓氏源流，几乎到了"执拗"的地步。望族大姓固不必说，即使是罕姓小民，在颠沛播迁中也无不带着自己的族谱，一代一代地记载下来。历史上，就曾有过不少感人的"护谱"事件，例如三百年前，明亡后，闽南的郑成功与张世杰拥福王继续抗战，誓死不降。清廷原想剿灭闽南的郑、张两族以为惩罚，消息传到闽南，郑、张两姓就动员人手，把族谱分抄许多副本，交给少壮族人携出逃难。后因清廷接受降臣洪承畴的建议，对闽南采取安抚政策，这两姓族才免于死难。又近如台湾地区的同胞，先世多从闽粤两地迁来垦殖，尽管当时筚路蓝缕，生存时受要胁，加之日本统治五十年，极力要消灭汉族文化，但后经各县文献会调查结果，其中除极少数外，几乎都保存有族谱，并有专人管理，记载从不中断。

重视谱系，是中华民族最优秀的传统之一。每一族谱，对于自己族姓的源流，祖先光荣的事迹，都有扼要的记述，尽管祖先的光荣并不就是子孙的光荣，但多少总是一种警惕与鼓励的规范。而这种规范作用，从个人的修身进德，以至于造福社会，报效国家，都是一种无形而巨大的推动力，例如宋朝，岳飞受了奸相秦桧陷害之后，有很长一段时期，中原的岳姓少女誓不嫁给秦姓，理由是："不作奸佞后代的媳妇!"这就是家族与国族的不可分，敦亲睦族本就是中国人共有美德文化，优于任何国家民族。

（作者单位为台湾河南运台古物监护委员会副主任委员）

道德经暨离骚韵读印证河洛汉语之
古老兼论台湾谢姓与河南之渊源

（台湾）谢魁源

　　台湾话是闽南话,台湾人却称之为"河洛话",意谓台湾话,就是"古汉语",就是古代"河南洛阳"地区汉人使用的语言,是汉字所记录的"最纯古汉语";与"五胡乱华"后所形成的近代汉语——普通话相较,台湾话依旧保有平、上、去、入分阴阳"四声八调"的"汉语基因",依然保存"前位移音"、"连读变音转调"的汉语特色。现在台湾地区所谓的国语也就是大陆地区的普通话,则丧失了阴入、阳上、阳去、阳入四声,语言沟通虽无问题,但对"河洛汉文化"的保存流传是有害的;因为缺少了阴入、阳上、阳去、阳入四声的关系,对于《诗经》、《楚辞》、汉赋、唐诗、宋词及骈文的押韵"韵脚",完全无力解读,致使"诗沦为文"。我想体会最深刻的,应该是大学中文系的学生吧!

《道德经》第一章

【韵脚标示】

道,可道;非恒道;名,可名;非恒名。

无名,天地之始;有名,万物之母。

故

常无欲,以观其妙;常有欲,以观其徼。

此两者,

同出而异名,同谓之玄。

玄之又玄,众妙之门。

【谢按】

一、韵分平仄，仄者不平之谓也；故《道德经》本文之仄韵韵脚，皆以红绿色斜体字表之；平韵韵脚，以正体蓝色字标之。

二、古代汉人有避讳之举，若："道，可道；非恒道；名，可名；非恒名"中之"恒"，坊间通行本皆采"常"，此盖后世不知汉人为避文帝刘恒之名而改成"常"；本人据帛书将之改正，"恒"、"常"虽同义，然与经本文之韵音有违。

三、离骚之常、惩亦然，江晋三之"楚辞韵读"，竟牵强谓之常、惩相协，为阳、蒸借韵；大名家若江氏者，乃不察其为避讳故，亦患"随意取音"之病而疑惑后人，谬矣哉！

四、其他避讳者若"秀才"为避汉光武帝刘秀讳，改称"茂才"；今南京市古名"建业"，为避晋愍帝司马邺讳改称"建康"；今河南临漳古称"邺"亦因之而改名；尤有甚者如"观世音菩萨"，为避唐太宗李世民讳，硬是减一字改为"观音菩萨"；似此"避讳改名"，迷惑后世者，不可胜数！

五、老子《道德经》乃空前绝后之大作也，既说理且押韵，其押韵之多样化，虽《诗经》、《楚辞》不如之甚也；汉后之注经者，大抵以训诂为主，鲜有兼及声韵者；去岁大陆行，购得中国社会科学出版社出版之李先耕先生所著《老子今析》一书，译文后附有"韵读"，并举出每章之韵脚，唯与本人家传之学多有相异之处；兹列李氏所举"韵读"如下：

道、道（幽部）；名、名（耕部）；始、母（之部）；欲、欲（屋部）；妙、徼（宵部）；"帛书"出、谓（物部）；玄（真部）、门（文部）（真文合韵）。全章凡换七韵，可视为七段。

六、宝树谢家，申伯遥支，原乡河南；先祖自中原徙至台湾，谢氏后人，犹能操河洛古汉语之文言与口语两种古汉音；于《诗经》、《楚辞》、老子等古韵文之解读，尚游刃有余；愿将所学、所知，公诸于世，以减当代不谙古汉语之声韵学者——"沿误承讹、但能笔谈，无能口说"之病，不亦乐乎？

宝树谢家所注韵脚

本章凡用五韵如下（二及六遥韵，同为阳平声 eng 韵）：

一、道、道。

二、恒、名、名、恒、名。名、名。

三、地、始、物、母。（地、物为句中押韵）

四、欲、欲。

五、妙、徼。

六、名、玄、玄、玄、门。

韵脚注音

教会罗马字

一、道：to^7（阳去声）

二、恒：heng^5（阳平声）

三、名：beng^5（阳平声）

四、地：ti^7（阳去声）

五、始：si^2（阴上声）

六、物：biN^2（阴上声）

七、母：bi^2（阴上声）

八、欲：iok^8（阳入声）

九、妙：biauN^7（阳去声）

十、徼：kiau^2（阴上声）

十一、玄：heng^5（阳平声）

十二、门：beng^5（阳平声）

※N 表示其字有鼻音※

玄、门二韵解析印证

※总论※

"一字多音"，汉字之特色也，操普通话国语者，难窥其堂奥；本章"阳平声"之韵脚共有：恒、名、名、恒、名、名、名、名、玄、玄、玄、门等十二韵字；以普通话国语读之则"恒、名、玄、门"四字,其韵声不协;即或古今能说河洛汉语之顶尖声韵学家,亦不知其妙;"玄、门"二字其韵声必有不协之误觉;即便老子同时期之绝大多数人,亦不竟知,遑论元、明、清后,根本不识河洛汉语为何物之汉语声韵学家(包括洋人高本汉及其徒子徒孙);近代,亦有些许莫明其妙之学者专家,指称:《道德经》系汉代学者托古之滥作;直至"马王堆帛书"及"郭店楚简"出土后,始平息此等谬论。

一、"玄"音($hian^5$),另音($heng^5$);($heng^5$)音,闽南汉裔,率多知其然而不知其所以然;兹以尚通行于台湾"一字多音"之河洛汉语印证之。

1. "先生"有二音,文言曰($sian^{1-7}\ seng^1$),口语曰($sian^{1-7}\ siN^1$)。
2. "头先",有二音,文言曰($thoo^{5-3}\ sian^1$),口语曰($thau^{5-3}\ seng^1$)。

※"先生"之"先",文言韵为 ian,"头先"之"先",口语韵为 eng;故证知"先"有 ian 声及 eng 声,而"名"韵为(eng),是以"名玄通韵",尚有此等汉语可证。

3. "一千"音($zit^{8-4}\ ceng^1$)——(口语音)。
4. "千万"音($cian^{1-7}\ ban^7$)——(文言音)。

※"一千"之"千"其口语韵为(eng)、"千万"之"千"其文言韵为(ian);再度举证(ian)(eng)有所通韵。是以"名玄通韵",亦有此等汉语可证。

5. "比肩"音($pi^{2-1}\ kian^1$)——(文言音)。
6. "肩头"音($keng^{1-7}\ thau^5$)——(口语音)。

※"比肩"之"肩"文言韵为(ian),"肩头"之"肩"口语韵为(eng);再次证明(ian)(eng)有所通韵;是以"名玄通韵",还有此等汉语可证。

※总结※

据上六例,证明"恒、名、名、恒、名、名、名"暨"名、玄、玄、玄"其通韵之不谬也。

二、"门"音(bun⁵),另音(beng⁵);(beng⁵)音,闽南汉裔,亦皆知其然而不知其所以然;试举"一字多音"之河洛汉语印证如下:

1. "身体"音(sin$^{1-7}$ the^2)。

2. "身躯"音(seng$^{1-7}$ khu^1)。

3. "身躯"亦音(hun$^{1-7}$ su^1)。(此宜兰漳腔古汉音之残留也)

※依上可知"身"有 in、seng、un 三韵,故知"门"可与"名玄通韵";此不才之管见而上接千古也者。

离骚首段选
【韵脚标示】

皇览揆余初度兮　肇锡余以嘉名

名余曰正则兮　字　余曰灵均

纷吾既有此内美兮　又重之以修能

【韵脚注音】
教会罗马字

※本段三句一韵(平声 eng 韵)

一、名:beng⁵。

二、均:keng¹。

三、能:leng⁵。

※"均"本音(kun¹),其与 eng 通韵之理,与上述《道德经》之"门"可与"名玄通韵"相同,兹不赘述。

※江有诰楚辞韵读之病例※

皇览揆余初度兮　肇锡余以嘉名
名余曰正则兮字余曰灵均
纷吾既有此内美兮又重之以修能
扈江离与辟芷兮纫秋兰以为佩
汨余若将不及兮恐年岁之不吾与

一、"名、均、能"三韵脚,江有诰氏竟弃能韵,但取"名、均",谓"真耕通韵";将"能"归与下句"佩"互押,大谬也;"能"有(leng^5)、(liN^5)两音,皆属"阳平声",而"佩"有(phoe^3)、(phoe^7)、(pi^7)三音,前者系阴去声,其后者属阳去声,全皆仄声,平仄如何能互为押韵?

二、"与"有(u^2)与(i^2)两音,全属"阴上声",系仄声;方可与仄声字佩(pi^7)押韵;江氏将"能、佩"互押,归属于"之"部,令在下百思不解其所以;有清以降之声韵学者,率皆因之,能不沿误承讹乎?

(作者为台湾中华艺术欣赏交流协会理事长)

豫、闽、台叶姓源流浅考

杨晓宇

　　在中华民族形成的历史过程中,产生着一个非常奇异而神秘的文化现象,这就是姓的形成、发展与流变。自历史上"百姓"一词的产生至今,已有近万个姓氏存在。每个姓氏都有着自己非常鲜明而丰富的群体象征和文化内涵,其发展过程如果详加探究,都是一副绚丽夺目的历史长卷。也就是这一幅幅历史长卷,组合成了中华民族五千年文明史,组合成了世界上任何民族都无与伦比的灿烂文化。作为中华民族的重要发源地之一,我们河南又是姓氏产生最多的地区,因此,姓氏文化较其他地区更为丰富多彩,近年到河南寻根问祖的海外华人也就最为兴盛,叶姓即其中之一。我们经过多方面的考察与研究,对叶姓的起源及豫、闽、台叶姓流徙情况,现作如下考述:

一、叶姓的起源

　　对叶姓的起源,历史上有两种说法:其一,是桐叶封地说,《汉书》注曰:应乡故国,周武王弟所封。应劭曰:《韩诗外传》:周武王与弟戏言,以桐叶为圭,"吾以此封汝"。周公曰:"天子无戏言。"王应时而封,故曰应后乡是也。对此说法,颜师古早有异议,进行了辩驳,他说:"武王之弟,自封应国,非桐叶之事也。应氏之说,盖失之焉。汲郡古文,殷当时已自有国,非成王之所造也。"明确指出应劭是把叶与应混为一谈,所谓桐叶封地之说不能为据,"应后乡"之说也与应国历史不甚相符。因而清《叶县志》在"辨疑"篇中讲:按《左传》邢、晋、应、韩,武之穆也,当以《左传》为据。考近年在平顶山市西郊薛庄南土岗上出土的应国墓群及众多出土文物为证,这里即春秋时期应国王室墓地,而原中州名镇滍阳,即古应国都城所在地,20 世纪 50 年代修建白龟山水库时,已淹没无存。而叶在当时只是应国辖内一古邑而已,在五霸之一的楚庄王向北推进灭了邓、应等江淮姬姓封国之后,拓地千里,封畛于汝,以"汉水为池,方城为城"之后,这里才成为军事重镇,先是迁许于此,后又选派王室宗亲、左司马沈尹戌之子、春秋名将沈诸梁领尹叶邑,镇守"方城之外"广大地区以为三楚屏障。因此,说叶为古应国之都城是没有根据的,说叶姓源于桐叶封弟之"叶",更是无稽之谈。

叶姓起源的第二种说法,是以叶公沈诸梁为始。叶公原姓沈,字子高,名诸梁,楚国贵族。公元前 505 年被楚昭王封于古叶邑,成为叶地的第一任军政长官,其后代以封地为姓。这一说法,现已为海内外叶姓华人所普遍认同。至今发现的叶姓族谱,对祖源情况均持此说。如清《叶县志》称:"叶氏之先本与楚国同姓,春秋时沈诸梁之后也,食采于叶,号叶公子孙,因以为氏……叶之得姓始此,自是支流散漫四方,不能悉究其颠末。"佛岭一系叶姓繁衍较广,因而此段文字虽摘自马来西亚雪阑莪叶氏宗祠百年纪念特刊之中,但亦见于槟州南阳堂叶氏族谱、台湾南阳堂叶氏族谱及闽粤诸谱之中,说明在姓氏起源方面,该姓族内认识是一致的。清《叶县志》也都持此说,我们经考证认为,这一说法比较符合历史事实,这是因为,叶公沈诸梁是春秋战国之际楚国第一流的政治家、军事家,在楚文化与中原文化的交流融通过程中居于重要位置,为中华民族的文明进步统一作出了杰出的贡献。但是,长期以来,因"叶公好龙"这一寓言而蒙受两千多年的不白之冤,虽然每一本关于中国历史名人的词典、事典、介绍中都少不了他的英名,但一直没引起史学界的重视。固然,他没有像诸子百家那样有代表其思想言行的经典著述传世是一个非常重要的原因,但也不能排除春秋以来受儒家"夷夏之辨"的思想影响。因为叶公出身楚国贵族,划入"夷蛮"之列,尽管有孔子适楚、叶公问政的历史记载,尽管受到孔子"近者悦,远者来"的赞扬,也免不了受到历代治史者的冷遇。《论语集解》、《论语集注》、《元和郡县图志》等书都在介绍叶公时说他:"楚大夫,食采于叶,僭称公。""僭"乃超越本分、冒用封号之意,加上刘向在《新序》中杜撰的"叶公好龙"故事,哪还有历史上真实叶公的一席之地?即便是古代叶姓后人,在修谱之时,还以叶公出身"楚蛮"为羞,强拉硬拽地把叶公祖源列入周室姬姓之列,致使如今的多支叶姓族谱在叶公以上祖源问题上相互矛盾,在一定程度上影响了对叶公的研究和对叶氏文化的弘扬,这是撰谱者当时所始料不及的。关于叶公祖源问题,笔者另章细述,在此不加深谈。总之,今天应该给叶公正名,还这一历史伟人以真实的面目。

根据历史资料记载,叶公尹叶期间,有多项政绩:他带领当地百姓,修建了东西二陂,使百姓免洪涝之苦,得农牧之利,开了我国小流域治理的先河,比西门豹、郑国、李冰都要早;他以法治国,使叶地民风清淳,赢得孔夫子赞誉;他治理军队,纪律严明,攻伐必胜,平定了白公胜之乱,征服了西巴、吴越及陈蔡等地,安定了四境;他高风亮节,在身兼令尹司马二职、掌握楚国军政大权,出将入相,功盖当世之时主动让贤,悄然身退,成为中国历史上一段美谈;他热衷于楚文化和中原文化的交流,成为南北文化交流的使者;他致力于楚国中兴,在文治武功之中,不自觉地加快了中国历史由春秋列国纷争走向战国七雄并立,进而使后来强秦一统的发展进程。叶地百姓爱之如父,三楚将士拥之若母,这就是历史上真实的叶公形象。正因如此,叶公后裔不忍失乃祖之英名,以叶为姓。今河南省平顶山市叶县旧县镇,即古叶邑。旧县镇西北三里澧水之滨有叶公墓,现已辟为叶公陵园,每年清明前后,海内外叶姓同胞纷纷至叶县寻根祭祖。旧县东北有沈湾,又叫诸梁寨,相传亦为沈诸梁后裔之一支,因而叶县自古就有沈叶一家,互不通婚之说。

二、豫闽台叶姓的流徙情况

叶姓的后裔流徙情况,同我国其他各姓后裔年代流徙情况一样,是极其复杂的,出于史料原因,很难条分缕析一一弄清,我们只能结合史籍记载、族人分布、谱牒传录、民间口碑等去作比较考察,把握叶姓流徙概况。经过梳理,笔者认为叶姓的流徙情况可分五次大的行动。

第一次迁徙,是在叶公去世,历经战国时代,秦灭楚国之后,这是为避灭族之祸,又不至于使后代忘记祖居地而采取的完全之策。所以说,叶姓以叶公为始祖,以叶公封地为姓,始于强秦灭楚之后、楚王室贵族逃亡避地之时。史料记载叶公参与楚国最后一次国事活动是在楚惠王十三年,即公元前475年,是年正是春秋到战国的转折点,吴、楚、越三国又开始打仗,叶公从此隐于史载,可能不久就去世了。若不然像他这样智勇过人的定国股臣是不会等闲视之的。进入战国时期,楚国一直走下坡路,最后被秦国灭掉。楚国在中原的贵族难再立足,叶公后人也即在此时逃离叶邑。为让后代牢记其祖居地,其中一支或数支改沈为叶,尊沈诸梁为祖而成为叶姓之始传。后辗转流离于河北河间,陕西雍州、江苏下邳等地。这也是叶县虽为叶姓发源地,而叶姓族人并不多的主要原因。而河南一带叶姓,多为后来南迁重返故乡留下来的。

第二次大迁徙,是在晋末。随着晋王朝的摇摇欲坠,各周边民族纷纷问鼎中原。人们为躲避战乱,再次背乡离井,陕西、河北等地叶姓也随着往南流离,也就在这一时期,他们重返中原,祖居地当然是主要选择,有的留下来在中原繁衍至今,有的为生计所迫,继续南行,长期流转无定,或社会稍安,便安家立户,重创基业,因而难有脱颖之才。但这一时期,却使叶姓形成了“南阳堂”的祖居地概念,因而现在闽台及海外叶姓支系,都冠以南阳堂的谱名,这也证明了晋唐数百年间,叶姓之主体族系,一直在南阳一带生活定居。考南阳和南阳郡的设立,是在秦昭襄王三十五年(前272),辖宛襄地区。汉代之后,一直是江淮大郡,叶地亦归其辖,无论从祖源地或是祖居地说,闽台港等地叶姓冠以南阳堂都是对的。

第三次大迁徙,是在唐宋间,这一次因支系众多流迁往返不安,有避唐末之乱的,有在宋为官随宋室南渡的,情况较为复杂,其从南阳一带迁出,到达豫皖交界,大别山麓之光山、固始一带,伴山而居,是有可能的。考今豫皖交界处叶集,为一大镇,是叶姓先民唐末南迁的重要间居地之一,这里北有淮河,南有大山,人口稀少,土地肥沃,是理想的避乱养息之所。再一个旁证是,中原他姓流民也纷纷在此扎根,即闽台许多客家人所讲的“根在固始”。这个根,多是在唐宋间南迁避乱时扎下的,叶姓当不例外。《仙游古濑叶氏族谱》载:“始祖叶诣,世局雍州,五季之乱,举族流徙莫定,至宋,卜居光州固始,若祖有叶炎会者,随宋南渡,卜家仙游之古濑。”《拂岭叶氏谱序》曰:“吾稽叶氏,居雍州,徙居光州固始县。”《思实公重修族谱序》曰:“吾祖河南固始人也。”《明元公谱序》曰:“吾宗始自光州入闽。”这些足可证明,起码叶姓之一支,在唐末大迁徙中流居固始。宋皇帝南逃后,叶姓不愿沦为金人亡国奴,才又翻越大山,渡过长江,在福建仙游、江西松阳、浙江丽水等地定居。赴闽叶姓为叶昂、叶洙、叶霆三人,分别为安柄、拂岭、莲溪之始祖。后叶大经初据开封为官,宋末流寓广东,其后裔散居潮汕、惠州、嘉应等地。世居下邳之叶姓,亦在此时南迁浙江括州、宁波一带。自此,叶姓成为江南望族。唐宋两季,族贤辈出,仅《唐书》、《宋史》所立传者,就有二十余位,其中不乏像叶括那样的哲学家,叶梦得那样的文学家,叶衡、叶颙那样的政治家。《泉州莲溪叶氏族谱》说:"始祖叶文柄,祖居河间府,有子三,曰颜、曰顥、曰颙。颙事宋。当高宗之世,颙父文炳之南,应在北宋之末。"这也说明,叶姓在唐宋期间,有多支南迁。《通志·氏族略》称:"叶,在宋为著姓。"是有一定道理的。

第四次迁徙,是在明清期间,随着海外资本主义思想的传入,沿海一带有志之士纷纷谋求到海外去发展,如《海澄大观叶氏族谱》所述:"世居大观山麓,自明季滨海播迁,旧谍散失,亡其世系,战事之故,历代播迁,均付阙如。"虽然该系旧谱无存,不知所祖,但在明代过海到台湾是无疑的了。入清之后,到台湾开辟基业的就更多了,可以说苏、浙、闽、赣、粤的叶姓客家人,无一族不下海的,现居港、澳、台各个地方。无论军、政、商、学、科技、文化种种行业,无所不包。据台湾有关方面统计,叶姓在台湾人口已达二十余万,在各大姓中排在第二十位。

第五次大迁徙是在近代,主要在清末民初和抗战之后,有的为实业发展,有的为谋求出路,有的为求取学业,有的为生计所逼,沿海和港、澳、台地区的叶姓儿女们又开始向更远的地方进军,他们到南洋诸国,特别是新加坡、马来西亚、菲律宾的最多,再就是美、加、澳、日等国。也出现了一批叶姓的贤达与精英,如旅居马来西亚的叶亚来,就是吉隆坡的开埠功臣。他是一个极富传奇的人物,海内外有关他的传记有五十种之多,其后裔在马来群岛人丁兴旺,成为大族。如今的叶姓华人,已经遍布全世界许多国家和地区。

综上所述,叶姓一族,同尊叶公沈诸梁为其始祖,以叶县为发源地,自秦至清,两千多年间屡屡迁徙,逐步南向,闽、浙、粤、台等地的叶姓族人成为客家人的重要组成部分,大规模迁徙行动有五次之多,其间,各支系小的行动更不计其数,终于形成了今天叶姓华人遍天下的煌然大族,也形成了引人注目的氏族文化现象。

三、研究叶姓文化的意义

叶姓作为祖国大家庭的重要一员,与广大中华儿女一起,为祖国和旅居地社会进步作出了积极的贡献,特别是港台叶姓,是数百年来开发台湾和香港的一支重要力量。我们从以下一些材料,可以看到叶姓族人从台湾原始开发中的作用。

"康熙末年,有叶姓入垦打猫东堡叶仔内庄;六十年,朱一贵反,有粤籍义民叶运成等,居于下淡水港;乾隆初年,有叶五常入垦嘉义西堡永虞厝过沟庄,以及粤人叶古,入垦港东中里凝仔口庄、南埔一带;乾隆末年,有叶坤入垦今台北县汝止镇东山里作坡内;嘉庆五年,有同安人叶天佑,入垦台北县八里乡古庄村山猪堀,以及闽人叶聘,入垦台北县石碇乡格头村大湖,及叶委入垦同村大烧祎;道光六年,有叶、邱二姓入垦河速堡内茅埔庄,道光八年,有粤人叶云入垦今台中县东势镇。""来自福建泉州府者,康熙末年,叶仲勤入垦今彭化市,叶雄入垦今台北市;雍正年间,叶继貌入垦今苗栗竹南,乾隆末年,叶再、叶天祈、叶志入垦今台北市;道光年间,叶邦入垦今高雄阿莲。来自福建彰州府者,乾隆末年,叶田入垦今桃园市,叶恒章、叶子文父子徙居今台南市;来自广东惠州府者,康熙末年,叶奕明先迁澎湖,后垦桃园市,乾隆末年,叶必达入垦今新竹竹东,叶笃秀入垦今屏东内埔;来自广东应州者,乾隆初年,叶文兴入垦今台中丰原……"(台·《叶氏之根·流长篇》)是他们用自己的辛劳与汗水书写了当地文明历史,创造了当地灿烂文化,促进了当地经济繁荣。叶姓族人在台湾的发展历史,亦可证明台湾自古就是中国的神圣领土,其每一步的发展,都是历代中华儿女努力奋斗、艰苦创业的结果,它永远和祖国连在一起,谁也不可能把她分开。

对于叶姓文化的研究,从史学角度说,可以使更多的人了解叶公沈诸梁,还叶公以清白,澄清一桩历史冤案,把这一历史名人推向世界,也对研究楚文化与中原文化的交流与融通,对研究华夏文化的形成有着积极的意义。还可以了解叶姓的渊源、形成和发展,从而对祖国优秀传统文化加以弘扬。从现代角度讲,它可以唤起海内外叶姓同胞和广大爱国侨胞的祖根意识,燃起热爱祖国、向往祖国、建设祖国的炽热感情,增强中华儿女的向心力和中华民族的凝聚力,为广大叶姓同胞寻根问祖提供真实的历史依据。在更深的层次上和更广的范围内,参与叶姓文化研究,弘扬祖国灿烂的传统文化.

(作者为平顶山市文明办副主任)

台澎居民姓氏与河洛文化之关系

（台湾）齐卫国

　　本文主要从河洛文化之由来、文化之定义与功效、河洛文化随战乱之南迁、我国姓氏溯源、台澎居民姓氏与河洛文化之关系等几个方面探讨台湾居民与河洛地区是一脉相承，同根同祖。最后得出台澎同胞来自闽粤，闽粤同胞来自河洛；四方民族融贯中华，吸收广被合炉而冶；中华文化儒家为宗，富之教之，以进大同。

一、河洛文化之由来

　　1. 所谓"河洛"，"河"是指黄河，"洛"是指洛河，这两河交流于河南省的巩县，河洛地区概括黄河中下游的河南及其外围地带，这个地理位置，在古中国时居九州岛的中心（按禹贡九州岛：冀、兖、青、徐、扬、荆、豫、梁、雍，其中豫州即今河南境地，所以河南省简称豫），称为中州，也称中原。习惯上把中原也当做中国的代称，如"问鼎中原"，就是意图治理中国。以后各朝代逐渐扩张，而有了现在的版图，吸收新纳入的族群，而广被以文明，则为中华文化。

　　2. 在《易经·系辞上传》有"天地变化，圣人效之……河出图，洛出书，圣人则之……"则，是效法之意，这个河出的甚么图？这个洛出的甚么书？孔安国注河图八卦也，洛书九畴也，宋人以五行数当之，依尚秉和先生批注：此说皆误也，以河图洛书皆出于伏羲时，则之，以画卦，较为可信。

　　在《论语·子罕篇》有"子曰：凤鸟不至，河不出图……"朱熹集注："凤，灵鸟，舜时来仪，文王时鸣于岐山；河图，河中龙马负图，伏羲时出，皆圣王之瑞也。

引张氏言曰:凤至图出,文明之象,伏羲、舜、文王之瑞也。"由是言之,河中龙马负图,伏羲则之以画八卦,此说较为合理。

以上说明"河洛文化"即是中原文化,中原文化即是中华文化。与世界的古代文化——埃及、巴比伦、印度、波斯、希腊文化相比,它们有的消灭,有的中断,有的转易,唯我中华文化一脉相承,且日见昌炽,光耀寰宇。

二、文化的定义及功效

"文化"的定义,众说纷纭,各是其是,狭义的说法,是指文字、文学、学术、教育、出版等而言。广义的解释,可引用下列诸学者的话予以说明,钱穆先生说:"文化就是人生,就是人类的生活。惟此所谓生活,并不指个人生活而言,是指集体的大群的人类生活而言。"

梁漱溟先生说:"文化就是吾人生活所依赖的一切……其本义应在经济、政治乃至一切,无所不包。如音乐、戏剧、文学、艺术,乃是精神食粮,人生需要岂徒衣食……。"

梁启超先生说:"文化者,人类心智所开积出来的有价值的共业也。易言之,凡人类心智所能开创、历代积累起来有助于正德、利用、厚生之物质的和精神的一切共同的业绩,都叫做文化。"

综合各说,即知"文化"是人类运用智能所开创的一切。就时间言,是人类从草昧到文明,不断地积累和进步,都是文化的过程;就空间言,凡人类智能所及,言行所表,生活所依,不论是物质的和精神的都是文化的领域,由此可知文化的定义了。

至于文化的功效,可以我国历史证明其力量之宏伟。我中华民族有五千年悠久的历史,有时光芒万丈,照耀寰宇,有时衰弱不振,奄奄一息,但是终能危而复安,亡而复存,繁衍绵延,不绝如缕,成为世界上无与伦比的国家,此不是财富所能买,亦非武力所能开,一言以蔽之"文化"而已! 例如魏孝文帝的禁胡服胡语,奖励胡汉通婚,再如唐朝的文成公主,下嫁吐番弃宗弄赞,因好佛法,人民普受其感化而渐染华风,于是西藏内附。我们是吸收其文化,而广被以文化,我们是和平同化,而不是武力征服。这在在说明文化的功效,岂可小觑之哉!

三、河洛文化随战乱南迁

（一）西晋五胡乱华而南迁——西晋惠帝时，汝南王亮、楚王玮、赵王伦、齐王冏、成都王颖、长沙王乂、河间王颙、东海王越，这八王互相攻伐，连年征战，弄得民穷财尽，生灵涂炭。这时北方的五胡——匈奴、鲜卑、羌、氐、羯，见有机可乘，先后入寇，于是中原大乱，晋都洛阳陷落，晋室怀帝被虏，巨室名族，纷纷逃亡避难，有的到辽东，有的到西蜀，而往江南者尤众，形容为"多如过江之鲫"，这南迁者，一部分到浙江，一部分入福建，还有一部分到广东，当地人认为是南来作客，故称客家人。

（二）唐代黄巢之乱而南迁——唐僖宗时，黄巢之乱已起，四出攻掠州郡，取洛阳，破潼关，陷京师，唐僖宗奔蜀。此时，安徽寿州的王绪，乘机倡乱，陷寿州，扰河南，占了广大土地，以固始县佐、王潮为军正（一军主将）。骈黄巢之乱，南渡长江占九江、洪州、赣州、汀州、长州、漳州等地，王潮入闽，中原士民避难者，随之南来，从此闽南之经济、文化，大有中原之规模。

王绪擅杀所部，不得人心，被部下杀之，此一变乱，引起闽南人之逃往广东潮州避难，后来繁衍绵延人口日众，分布于潮安、潮阳、澄海、饶平、揭阳、普宁、丰顺等地，其风俗习惯，大致与闽南相同。

（三）北宋金兵之乱而南迁——宋朝时开国即"重文轻武"各项制度措置失当，国势积弱不振，内则党争迭起，外则祸乱频仍，北方之金兵，觊觎中原已久，于钦宗靖康二年（1127）发兵攻下汴京（河南开封），虏徽宗、钦宗二位皇帝及太子、后妃、亲王、宗室等三千余人北去，北宋遂亡。

钦宗之弟高宗，旋即在南京（今之河南商丘）继位，是为高宗。金兵仍向南攻，大江南北皆被蹂躏，高宗慌忙渡江，乃都临安（杭州）、偏安江左。中原汉族，或着不堪战乱暴政之骚扰，或着不甘臣事异族，相率南渡于浙、闽、粤等省以为归宿之所。

（四）明末随郑氏来台者——明朝崇祯十七年，李自成陷北京，皇帝朱由检自缢死。吴三桂守山海关，其爱妾陈圆圆被李自成抢去。此时"恸哭六军俱缟素，冲冠一怒为红颜"（吴梅村曲）的吴三桂，引清兵入关，清朝封他为藩王，以攻打李自成之事占据了大陆河山。

郑成功树起"反清复明"的大纛,在广东、福建一带招募志士,从者甚众。并在金门、厦门、舟山等地训练部队。于永历(明、桂王年号封郑成功为延平郡王)十一年(1658)率17万军反攻占了南京。因中了清军缓兵计而失败。遂带军到台湾,驱逐荷兰人,占领了台湾,仍保持明朝正朔,大兴文教并实行"屯田政策",寓兵于农以给军食,这些军人分驻台湾各地,现今地名如新营、后营、左营、林凤营、官田、营盘田等等,这些军人即在此落地生根,繁延其后代了。

(五)清朝开放海禁来台者——郑成功入台之后,整军经武。清廷打下南京,切断大陆人民给郑氏之接济,即下令沿海各省近三十里居民,尽迁内地居住,严禁渔舟商船入海,此即所谓的"海禁"。不幸郑成功入台仅五个月,即英年逝世,其子郑经,继承父志仍高举"反清复明"旗帜;吴三桂因清朝削藩而反清,郑经即联络三位藩王乘机出兵福建,惜无所成,失败回台。心中抑郁,在康熙二十年而殁。郑经之子克塽,年仅十二岁继为延平郡王。清廷见台湾主幼军乱,于康熙二十二年(1683)攻下台湾。置台湾府治之。

清、康熙二十三年(1684)下令取消"海禁",至乾隆朝,闽、粤居民来台者日众。至嘉庆年全台汉人已达二百余万。

(六)台澎光复后大陆人来台者——在清朝光绪二十年(1894),岁次甲午,朝鲜有东学党之乱,请求中国出兵平乱,清廷乃派兵入朝鲜,并照会日本,日本亦出兵朝鲜。东学党乱平,中国撤兵而日本不但不撤反而增兵袭击清军,中日之战遂起。清廷海、陆军皆败,订定《马关条约》,将台湾、澎湖割与日本。1945年8月15日,日本无条件投降,台、澎得以光复,重回祖国怀抱。

从本章第一至六节所述,说明一个重点,那就是"台、澎同胞来自闽粤,闽粤同胞来自河洛。"所来者,带来的是中华文化,明乎此,然后再将我国姓氏溯源及台湾姓氏与河洛文化之关系陈述于后。

四、我国姓氏溯源

《说文解字·十二篇下》"感天而生者母也(姓会意字,因人是母生,从女生)。神农母居姜水因以为姓,黄帝母居姬水因以为姓,舜母居姚墟因以为姓是也。春秋传曰:天子因生以赐姓;……天子建德因生以赐姓,胙之土(以土地酬谢有功的人)而命之氏。"这说明姓之原委。

查《通鉴外纪》注:"姓者,统其祖考之所自出,氏者,别其子孙之所自分。"《郑樵通志》在《氏族略·序》"三代之前,姓氏分而为二,贵者有氏,贱者有名无氏,故姓可呼为氏,氏不可呼为姓;姓所以别婚姻,故有同姓、异姓、庶姓(与王无亲的异姓诸侯)之别;氏同姓不同者,婚姻可通,姓同氏不同者,婚姻不可通,三代之后,姓氏合而为一。皆所以别婚姻而以地望明贵贱。"这即是我们至今仍然沿用的"同姓不婚"之依据。愚以为:我们老祖先没有"优生学"之理论,但是近亲结婚所生子女不健康,是从经验中得来,故有此说。以今日观之,可见其高明矣。

按《辞海》之解释"氏族"云:"氏族是人类社会最原始之血缘集团。普通以母系为中心,同氏族之人,禁止通婚,行共产制,常崇拜一种动、植物为祖先,谓之图腾。"依此解看来,这氏族即是母系社会为中心,至今在亚洲各少数民族中仍沿用此种制度,至于崇拜图腾的社会,中外皆同。有的以蛇为图腾,有的以鹰为图腾,我们河洛文化发源最早、历史最久,从未中断、屹立不摇的中华民族,还不是自称是"龙的传人"以龙为图腾吗!

前已言之:"母以居地以为姓,天子建德因生以赐姓。"可知我们今日所称之"氏",除上述者外,尚有(一)古时之国名、朝代名皆系以氏,如葛天氏、无怀氏;(二)古官名,以业为官,如太史氏、虎贲氏;(三)妇人称氏,妇人之姓曰某氏,如蒋门王氏、李门张氏;(四)男子亦称氏,习惯上多附在名下或略名直附于姓下,如孔氏、胡适氏。由此可知姓、氏合而为一,那"姓"就多了。兹举例如下:

以职业为姓者:从事占卜者姓卜,从事巫师者姓巫,从事漆者雕刻者姓漆雕,管理马牛者姓司马……

以官职为姓者:居司马官者姓司马,居教育官者姓司徒,居掌管南宫之官者姓南宫,官居政治者姓宗政……

以住地为姓者:封于夹谷地者姓谷,封于甘者姓甘,住于松树之下者姓松下,尧生于伊水姓伊祁氏……

以国为姓者:天子可赐姓,天子可对国家有功勋的人赐封地(采地),在这地上之人,即以国为姓了。在《百家姓》之批注上,以国为姓者,比比皆是,那就不胜枚举了。

我想大家都知道《百家姓》一书,列有四百多姓,历代天子赐姓、连同外人入中国籍而用同音者,不知凡几,如今可能有千姓以上。俗语说:"张、王、李、赵、刘,走遍天下稠(多也)。"除此之外,罕见之姓亦日渐增多,我们不强调"同源"而强调"合流",凡沐浴我河洛文化者皆吾类也,即是"入中国者皆中国也"有此胸襟,则"以进大同"可期也。

五、台澎居民姓氏与河洛文化之关系

台澎同胞来自闽粤,闽粤同胞来自河洛——可能人有怀疑到"台湾原住民有十一族,是从哪里来的?"据中外的考古学者研究的结果,皆认为原住民来自中国大陆,是古代的"百越民族"。这从河洛文化、仰韶文化(也称彩陶文化)、龙山文化、山顶洞人文化的时代,就是随战乱南迁的,那么,推断台湾的原住民从上列时代迁来者,是十分合理的,每一次的播迁,即发生一次民族融合。

至于原住民的姓名,因抗日胜利,台澎重回祖国后,在政策上都依他们名字的音阶写成三个字的华人姓名。虽近几年为尊重他们的意愿,可以改回原音的名字,但改者寥寥,因他们原音名字有十几个字,太不方便而不愿改回原音了。说到台澎居民姓氏与河洛文化之关系,可从不列两项说清楚,讲明白:

(一)从"堂号"看:台湾之居民,凡是四合院房子,正房门上面写着堂号三个字,标示他们祖先光荣的事迹如:

"四知堂",系东汉时杨震,清廉自持,做太守时,有县令王密夜送黄金十斤,说"夜间无知者",震曰:"天知、神知、你知、我知,何云无知?"县令赧然退。此事传扬出来,杨姓认为"四知"是后人榜样,故标示于正门墙上做匾额。

"颖川堂",系秦朝初陈轸做楚相,封颖川侯。至东汉时陈实,做太丘长,故其宗祠大门对联"太丘家声远,颖川世泽长";有喜庆婚丧时,写"万年陈"的,即是这支脉的,其后人引以为荣。

"渭滨堂",系姓齐的一族人,因其先人姜子牙在不得志时,钓于渭滨,遇周文王访贤请他做军师。至周武王尊他为"师尚父",待灭了殷纣王建立周朝,武王封他于齐国,因此齐家以国为姓,奉姜太公为祖先。大家看《封神榜》时,把神封完了,竟没有他的位置,真是"大公无私"。因此就在众神议定下,来了个"太公到此,诸神让位"。这种无私精神,后人引以为傲。

"江夏堂",系黄姓的光荣事迹。东汉时,江夏地方出了一位黄香,《三字经》

上有"香九龄,能温席",就是说他九岁的时候,他母亲死了。他对父亲孝顺,夏天替父亲扇凉枕席,冬天温暖被子,京师称他"天下无双,江夏黄童"他官至尚书令(部长)。黄姓后代视为无上光荣,即取堂号为"江夏堂"。

"陇西堂",大家都读过王昌龄的诗《出塞》吧:"秦时明月汉时关,万里长征人未还。但使龙城飞将在,不教胡马渡阴山。"这是赞美飞将军李广的。李广在汉景帝时,守陇西、雁门……广大地区,与匈奴大小七十余战,匈奴畏之称他为"飞将军"。他猿臂善射,多所斩获,士卒皆乐为之用,故战功卓著。他的孙子是李陵,这更是家喻户晓的人物。后世李家因祖先守"陇西",故取堂号为"陇西堂"。

从堂号看来,这是民间和立族谱一样的心情,抱持着"慎终追远,报本返始"的孝思,是对祖先的重视和崇敬。

(二)从族谱看,族谱是记述氏族世系之文字,犹国之有史也。古人咸以"国有史以记贤佞,家有谱以序昭穆;国无史则贤佞不着,家无谱则昭穆不明。"所谓昭穆,是别父子、远近、长幼、亲疏之序而无乱也,后代子孙名子不与前辈相同也。世上无论哪个民族,都是在纵的系统上求延续,在横的方面上讲发展。立族谱是值得继承和推广的事情,千万不要以为迷信而废弃也。

兹根据台北、阳明山地区的族谱加以分析,不仅可以看出台澎同胞与福建、广东的关系,而且看出台胞的祖先,是从前述各个时代中,从河洛地区南迁者,现在摘要叙之。

1. 晋代南迁者:

台湾有句俗话"林陈二姓,台湾一半",由此可知这两姓之多。林姓以林禄为入闽始祖,居晋安,后代又迁至蕉岭,在广东与福建之林氏原属一族;陈姓是帝舜之后,传至陈常,改陈为田,后又复为陈,至陈实为太丘长,即奉陈实为颍川始祖。"太丘家声远,颍川世泽长"即本此。至于晋代南迁者之黄氏、詹氏,其族谱都有记载。

2. 唐代南迁者:

蔡氏族谱记载:其先人为河南光州人,在唐朝垂拱二年(这是武后年号),从陈元光将军出征入闽,以后即在此落地生根;陈氏自河南固始入闽居建阳,后代子孙迁于清溪;洪氏一世祖洪忠,原籍陕西万年,二世祖洪邕,在唐中宗(神龙二年)中进士,官升至太子、太傅。以后入闽居漳州之郭氏、詹氏、王氏、曾氏、李氏、周氏……之族谱都有记载,限于篇幅,不多引用。

3. 宋代南渡者:

赵氏在《百家姓》上为首姓。谱载:因佐禹治水有功,后代佐周穆王出征有功,赐封赵城,即以赵为姓。传说此书为宋代人所编,宋是赵匡胤首位皇帝,故列为首姓;黄氏因护宋代宗室而入漳州;花氏随南宋迁居浙江台州,以后定居于闽南之同安;至其他谱载姓氏,真是"族繁不及备载",这说明了闽粤汉人来自中原一带是有根有据的。

从族谱看出,台澎同胞就是大陆迁来的,他们来时,不单独是"人"来,而他们自幼承袭的"文化"都随身带来。如"宗教信仰"——佛教、道教;"语文和教育"——闽南话(河洛话)、客家话、书籍(《百家姓》、《千字文》、"四书五经"等)、考秀才、举人、进士;"社会习俗"——春节、元宵节、清明节、端午节、中元节、中秋节、重阳节、冬至、除夕以及婚嫁风俗、丧葬风俗、家族制度;"日常生活"——衣饰、饮食、居住、民间工艺、娱乐等等,都证明台、澎的一切大都与大陆相同,就关系而言,是十分密切的,是血浓于水的,真的是同文同种同文化,任何人研究了这些史实,都会额手称庆的。

六、结论

(一)台澎同胞来自闽粤,闽粤同胞来自河洛——自伏羲氏效法河图洛书而发明八卦,因而逐步发明文字,创造出河洛文化,也即是中原文化、中华文化,后因北方战乱而南迁闽粤,又从闽粤迁来台澎,从上面逐节分析中,这个结论是值得肯定的。

(二)四方民族融贯中华,吸收广被合炉而冶——北方民族南迁时,未迁的人民,受到入侵民族的统治,不但文化未被灭绝,反而吸收了异族文化而广被以文化,如晋室南迁称东晋,北方统治者"北魏"统一了北方,禁胡服,禁胡语,禁同姓结婚而与汉人互婚,如此一来,各民族融合相通,合一炉而冶之,同称为丰富灿烂的中华文化,成为泱泱大国。

(三)中华文化儒家为宗,富之教之以进大同——我们博精的中华文化,由河洛起源,经伏羲、神农、黄帝、尧、舜、禹、汤、文武、周公、孔子、孟子……代代相传发扬光大,虽有百花齐放,百家争鸣之现象,而仍以儒家为宗。我中华民族有最多的人口,有最大的土地,有最优秀的文化,现正走向富之、教之的道路,实践天下为公的目标,世界和平之目的,发奋图强,济弱扶倾,继绝兴废,以进大同。

这种理想不是自我吹嘘,以前的英国哲学家汤恩比曾说:"21 世纪是中国人的世纪",现在 1988 年世界诺贝尔得奖者三十余人,在巴黎开会时的结论:"要想使世界和平人民安乐,惟有实践中国孔子的学说,才能达到这种目的。"由此可见我中华文化之伟大,受到世人的肯定。愿我中华儿女庄敬自强,踵武前贤,世人安乐、和平,如此,则中华幸甚! 世界幸甚!

（作者为台湾台北市南港区公务员）

炎黄螽斯繁闽台

许竟成　杨爱民　李新堂

　　孔子纂辑《诗经》,其中《风·周南·螽斯》,就是歌颂昆虫"螽斯"生命力强,子孙绵延繁盛。炎帝、黄帝子孙,生生不息,人文昌盛,好似螽斯。炎黄子孙胜于昆虫,有文化,有姓氏。历代修撰谱牒,习以螽斯比喻世代子孙繁盛。炎帝传八世,得姓氏十余;黄帝二十五子得姓十二。其后,炎黄子孙世代姓氏以百计、千计,系着人口百万、千万、亿计。姓氏形成了炎黄子孙延传的线索,体现开创文明以来的进程。夏、商、周三代,帝胄王裔之炎黄子孙,不断向河洛京畿之地以外区域分封。汉晋洎唐至明清,炎黄子孙遍及福建与台湾,海峡两岸都是"赵钱孙李……"百家姓。海峡两岸姓炎黄,炎黄子孙皆是中国风情。

一、炎黄螽斯有姓氏

　　中华人文始祖,是五千多年前的炎帝与黄帝。炎、黄二帝之称谓,春秋时期著作中就有。左丘明《国语·鲁语》溯述:"黄帝以姬水成,炎帝以姜水成",炎帝在先,黄帝继后。五千多年前,就有姓氏,《史记·五帝本纪》中有"百姓"之称,有姜姓与姬姓。炎帝、黄帝,相继统一部落,建置都城,建立国家,分封子孙诸侯,建立周围邦国,统治天下。并修德建制,创建文明,赐土、封国为姓,使人民生息得安,使社会发展有序。炎帝八代,三国至晋时皇甫谧撰《帝王世纪》记为:神农、炎帝、帝临魁、帝承、帝明、帝直、帝厘、帝哀、帝榆罔。炎帝八代时姓氏衍出有姜、烈、山、柱、雷、方、吕、洪、句龙、蓝、后等十余。黄帝二十五子,得姓者十二,《史记·五帝本纪·索隐》释为姬、酉、祁、己、滕、箴、任、荀、僖、姞、儇、衣。黄帝传世代,少昊、颛顼、帝喾、高辛、帝尧、帝舜,得姓众多。帝王裔胄分封因地而得姓氏,大夫因功因贤而得姓氏。时间越千年,人口增百万,繁衍越广,聚落邑地越多,分封建置越远。夏、商、周三代,一千八百多年,炎黄裔胄封国数以百计。每个封国、食邑采地,都是一个姓氏。不论出自姜姓还是姬姓,皆因帝王裔胄建功,或大夫贤能。后世裔孙,姓氏与身俱来,代代传递,永保往古信息。

夏代,禹王奠九州疆域,封土赐姓。《史记·夏本纪》记载“九州攸同”,王于“中国赐土姓”。《集解》郑玄疏:“中即九州”,九州封土赐姓,以敬天子之德,以便政教所行。太史公曰:“禹为姒姓,其后分封,用国为姓,故有夏后氏、有扈氏、有男氏,斟寻氏、彤城氏、褒氏、费氏、杞氏、缯氏、辛氏、冥氏、斟戈氏。

商代姓氏,见于《春秋左传》定公四年(前506)条记,分与鲁公及康叔的殷氏,其族姓氏既有十三:条氏、徐氏、萧氏、索氏、长勺氏、尾勺氏、陶氏、施氏、繁氏、锜氏、樊氏、饥氏、终葵氏。

周初,封国得姓,见《春秋左传·滑公二十四年传》记载的有管、蔡、郕、霍、鲁、卫、毛、聃、郜、雍、曹、滕、毕、原、酆、郇、邘、晋、应、韩、凡、蒋、邢、茅、胙、祭等二十六姓氏。

夏商周三代,不仅有姬姓黄帝裔孙的封国得姓,也有姜姓炎帝裔孙袭封、再封的得姓。《诗经》、《春秋左传》中反映的姓氏,源出姜姓炎帝的已有越百。

自汉有史书记载人口,前汉《地理志》记平帝原始(1~5),人口59594978;后汉《郡国志》顺帝年间(126~144),人口49150220。两汉,《汉书》、《后汉书》人物“传”显出的士族姓氏212个,有出自炎帝,有出自黄帝,诸如:刘、王、庞、张、李、彭、卢、陈、邓、来、寇、冯、岑、贾、吴、盖、臧、耿、铫、祭、任、万、邳、朱、景、杜、马、傅、坚、窦、卓、鲁、魏、侯、宋、蔡、赵、牟、韦、宣、郭、承、郑、桓、种、鲍、郅、杨、郎、襄、孔、廉、苏、羊、夏、陆、樊、阴、虞、周、梁、曹、范、丁、法、滕、度、江、班、寒、乐、何、徐、胡、袁、韩、翟、应、霍、爰、桥、黄、姜、栾、谢、左、荀、钟、延、史、段、宗、巴、尹、单、苑、檀、符、许、陶、吕、卫、秦、孟、仇、童、董、阳、孙、洼、戴、高、薛、召、甄、楼、程、服、颍、葛、崔、边、郦、祢、温、谯、缪、雷、谅、廖、折、唐、华、费、蓟、计、甘、向、严、台、矫、黡、季、田、萧、灌、蕲、窭、蒯、伍、石、黾、汲、邹、枚、路、卜、兒、终、车、云、辛、常、隽、疏、丙、眭、京、翼、匡、谷、师、施、林、辕、后、房、文、袭、颜、甯、义、咸、子、白、猗、毋、刀、剧、原、乌、公孙、申屠、谆于、第五、钟离、仲长、皇甫、欧阳、叔孙、索卢、任文、公沙、上成、解奴、息夫、直不、吾丘、主父、诸葛、夏侯、瑕丘等。

两晋及南北朝，氐、匈奴、羯、羌、鲜卑族民进入中原，北魏匈奴族姓改为汉姓。溯其源，氐、羌、羯族出自三苗，三苗系出姜姓，炎帝之苗裔。匈奴、鲜卑族，系出姬姓，黄帝之苗裔。据《史记·五帝本纪·匈奴传》、《魏书·序记》、《周书·文帝》、《新唐书·宰相世系》等书记载，以上五族有炎帝裔孙、黄帝裔孙，并相互有融合。

隋唐，人口大体与东汉相当。唐代开元二十八年（740），户部账记人口48143690。士族姓氏比汉代更多，依据《隋书》和《唐书》人物传，比汉代多出的姓氏有柳、于、贺、元、源、豆、伊、和、明、陆、裴、麦、沈、鱼、鲍、郎、荣、阎、敬、游、尧、包、房、褚、顺、庚、潘、祖、临、罗、辅、钱、殷、柴、武、丘、封、姚、郝、狄、解、毕、牛、曲、班、乔、蒋、洪、齐、邵、奚、归、熊、柏、穆、金、富、员、席、祝、燕、俞、索、吉、毛、成、强、时、权、倪、俱、舒、长孙、宇文、吐万、独孤、尉迟、屈突、司马、司空等80姓氏。

宋元，北宋人口，《宋史·地理志》记：大观四年（1110）有46734784；《百家姓》记姓氏有480个。辽、金，与宋代并存。辽与北宋并存，其祖原为契丹部族，契丹于秦汉之际称为鲜卑族。鲜卑于《魏书·序记》中记：源出黄帝，昌意之少子，受封于北土，"国有大鲜卑山"，因有鲜卑族。金与南宋并存，其源于《金史》中记为出自靺鞨氏，属古肃慎族。肃慎族，《书·舜典》记尧时"流共工于幽"，以地而名肃慎，是为炎帝之裔。元代，蒙古族入主中原。蒙古族，于唐时仍为鲜卑族蒙兀室韦部。元代，人口在4600多万以上，姓氏在《百家姓》480以上。

明代，人口，《明史·地理志》记：洪武二十六年（1393）为60545812；姓氏，陈士元著《姓觹》记有3635（单字姓2195）。吴沈等据户部"黄册"等编《千家姓》，收录1968个姓氏。

清代，人口，《清史稿》记道光二十九年（1849）为412986649；姓氏，在明代的基础上又增加了一些满族姓氏。满族，即宋时的女真、唐朝的靺鞨、南北朝时的勿吉、帝舜时的肃慎、帝尧时的共工，炎帝族裔。

现今，中国人口十三亿，都带有姓氏符号，大陆与台湾现存姓氏3000多个，其姓氏溯源，都可以上溯到黄帝、炎帝氏族，都是有姓氏的炎黄鑫斯。

二、海峡两岸姓炎黄

炎黄蕃斯有姓氏，天涯海角都有炎黄符号。福建与台湾，也是如此。千百年来，古越国族裔孙，"唐人"、"河洛郎"之裔孙，布满福建与台湾，开发建设其地。福建、台湾满是炎黄氏族姓氏。

(一)炎黄氏族姓氏弥福建

福建，于夏商周三代为闽越地，属古越国。古越国族民，是为蛮族，亦曰闽族、越族，亦曰南蛮。因其居地衍播江、浙、闽、粤，也称百越，也书为百粤。溯其源，百越族为九黎族繁衍，也有三苗族融入。《史记·历书》："少昊氏衰，九黎乱德"，帝尧时"三苗服九黎之德"。九黎、三苗"乱德"，在江淮间为乱，被往南驱赶，在扬州沿海地带生息，三苗部族之大部甚至被迁至"三危，以变西戎"。九黎部族，《史记·五帝本纪·正义》孔安国疏：其君号是蚩尤。《路史·后纪四》："蚩尤姜姓，炎帝之裔也。"三苗部族，《史记·五帝本纪·正义》孔安国疏："缙云氏之后为诸侯，号饕餮也。""集解"贾逵解："缙云氏，姜姓也，炎帝之苗裔。"

夏代，炎帝氏族九黎、三苗之裔蛮民，在南方广泛繁衍，繁衍在东南沿海扬州区域者，为越国之庶民。越国，禹王之后少康庶子无余受封之地，都会稽。越国之君，出自夏禹姒氏，源自姬姓黄帝之裔。越国君民，既有炎帝氏族，也有黄帝族裔，是炎黄氏族的融合体。

秦汉，秦始皇统一天下，于闽越地建置闽中郡，以越王勾践之后"无诸"、"摇"者为君长。西汉初年，闽中郡君长"无诸"、"摇"者助汉灭秦有功，复封为闽越王(都东冶)、东海王(都东欧)。武帝朝，闽越王"余善"反复无常，"诏军吏将其民徙处江淮间"，东越(闽越、东欧)遂虚其地。事后，由闽中逃亡者又复聚，"自立为冶县"。后汉，光武帝将冶县更名为章安县。《后汉书·郡国志》会稽郡章安县下注："故冶，闽越地，光武更名。"闽越，自汉武帝元鼎朝徙民以后，人烟稀少，据《郡国志》记，东汉顺帝永和五年(140)，会稽郡领县十四均算，每县人口仅34371，闽地章安县或不及此数。

三国及南朝宋，吴置"建安郡"，领县七。据《晋书·地理志》建安郡七县是：建安、吴兴(今浦城)、东平(今南安)、建阳、将乐、邵武、延平。七县"户四千三百"。西晋太康三年(282)置"晋安郡"，领县八，原丰、新罗、宛平、同安、侯官、晋安、温麻(今连江)、罗江(今宁德),"户四千三百"。《宋书·州郡志》记,建安郡七县"户为三千四百四十二,人口一万七千六百八十六"。晋安郡"领县五,户二千八百四十三,口一万九千八百三十八"。南朝宋泰始年间(465～471)建安、晋安二郡人口 37524。其郡县职守及庶民,有中原河洛衍出的炎黄姓氏。

西晋末年,晋室八王纷争,匈奴、羯、鲜卑、氐、羌,五个炎黄裔孙氏族,乘势争占中原,河洛京畿之地陈、林、黄、郑、何、胡、詹、丘等仕族逃难,有些进入较为安宁的闽地,闽地出现了中原望族姓氏。何乔远著《闽书》记:"永嘉二年,中原版荡,衣冠始入闽者八族"。衣冠者,搢绅宦族也。实际不只八姓族,从闽地族谱看,还有张、叶、阮等姓。这些入闽姓氏,都可以上溯至周室,乃至黄帝裔孙。

隋唐以后,闽地户口既繁。这与唐初陈元光、唐末王审知带众入闽有关。南宋梁克家《三山志·人物类·科名》:闽地于"隋唐户口既蕃,衣冠始集"。其原因主要在于唐代光州士民南徙。唐初,陈政、陈元光父子带领光州府兵与眷属八千多人入闽,在梁山地区开发建设漳州与属县;唐末,王潮、王审邦、王审知兄弟带领光州义军与眷属万众入闽,开发建设福建都府州县。两次近两万人,大多数是光州固始县籍民,一百一十多个姓氏,其先于汉末、晋末由河洛迁入奥区光州的士族姓氏。这两次具有军事行为和开发建设地方为目的之大批移民,是整体性的行动,风行朝廷德政,整体上提高了福建社会生产力,改善了庶民生活环境,使户籍人口增长较快。《新唐书·地理志》记载天宝元年(742),福州县十、建州县五、泉州县四、汀州县三、漳州县三、五州二十五县,人口 410587,是南朝宋泰始年间(465～471)人口 37524 的近 11 倍。《宋史·地理志》:福建路州六、军(同下州)二,县四十七,绍兴三十二年(1162)人口 2828852 人,是天宝元年的6.9 倍。

河洛氏族与后裔,经过汉唐盛世王风教化熏陶,有较高的文化素质,爱国、爱家,落地生根;事农耕,喜读书,追求美好的文化生活,追求仕宦。《宋史·地理志》福建路下载:其风气"多向学,喜讲诵,好为文辞,登科第者尤多"。

晋唐入闽的二万多士民,来自河洛京畿之地和光州固始,他们祖根意识强,不忘自己祖根在河洛、在河洛奥区,不忘自己姓氏的根源,不忘炎黄;到了几千里之外的闽南,还仍然骄傲地自称"唐人"、"河洛郎"。"唐人"、"河洛郎",表明了他们的来历。这样世世代代沿传,其后裔保持了大爱精神,在大是大非面前能为人杰。

(二)炎黄氏族姓氏满台湾

台湾,古为扬州域外荒服岛屿,其土著称为东番高山族,与闽越同属古越人,同是炎黄氏族裔孙。《台湾源流》第二期张品端文《台湾原住民源流考》引翦伯赞《台湾番族考记》:"台湾的土著高山族的先民,就是古代分布于长江中、下游以南地区的古越人的一支。"《史记·越王世家》记载:楚威王兴兵伐越,"大败越,杀王无疆","而越以此散,诸子争立,或为王,或为君","滨于江南海上,服朝于楚"。《集解》徐广释楚灭越为"周显王之四十六年(323)"。"滨于江南海上",有居于海岛今台湾者。三国沈莹《临海水土志》:"山夷(台湾)有越王射的(靶心)正白,乃是石也。"《太平环宇记·卷九八》:"夷州,四面是溪,顶有越王钓的石在焉。"(《台湾源流》第二期陈国强文引)连横《台湾通史》:"楚灭越,越之子孙迁于闽,流落海上澎湖。"

汉代,东越(治今闽侯县地)君民有亡入海岛者,也为开发台岛之先驱。《史记·东越列传》记载:建元六年(135),越王馀善,因隙与朝廷存二心,有"不胜,即亡入海"的谋划。《汉书·闽粤传》也有如是记载。今台湾省文献委员会编纂《台湾省通志稿·同冑志》载语:台湾"原住民族群包括泰雅、赛夏、布农、邹、鲁凯、排湾、卑南、阿美、雅美等九族","其祖先是在公元两千年前后由中国大陆迁入台湾"的。

三国吴,孙权黄龙二年(230),吴主欲以声教讫于海岛,遣将卫温、诸葛直,率"甲士万人",浮海"得夷州(台湾)数千人"。

隋至元朝,台湾岛名流求国。《北史》、《隋书》,都有"流求"的记载,文字意思相同。流求岛"当建安郡(隋大业初治地闽州今福州市)东"。流求王姓欢斯氏,"所居曰波罗檀洞,堑栅三重,环以流水,树棘为藩"。"俗无文字,望月盈亏,以纪时节,候草药枯荣以为年岁"。大业四年(608),炀帝遣武贲将军陈棱、朝请大夫张镇,自义安(治今潮安县)浮海至高华屿,又东行二日至鼋鼊屿,又一日便至流求(即水行五日)。流求王不从诏谕,"虏其男女数千人载军实而还"。流求王及庶众内迁,其后于唐代不显史载。

宋代,海岛土著复聚,又立流求国。《宋史》记载:"流求国在泉州之东,有海岛曰彭湖",与之"烟火相望"。"其国堑栅三重,环以流水,植棘为藩"。"视月盈亏以纪时"。海岛之上不仅有流求国,其"旁有毗舍邪国"。淳熙年间(1174～1190),毗舍邪国之"酋豪尝率数百辈猝至泉之水澳、围头等村,肆行杀掠"。其人"喜铁器及匙箸"。此习俗,具有古越族种落族群之特征。

元代,《元史》记流求"在南海之东",在"漳、泉、兴、福四州界内,彭湖诸岛与琉求相对"。世祖至元二十八年(1291),朝廷从臣议,往谕招服。次年,往谕者浮海已至而怯登岛。成宗元贞三年(1297),福建省平章政事高兴,派遣省都镇抚张浩、福州新军万户张进赴流求,"禽生口一百三十余人"。流求王遭此袭击,王城治所迁徙于另外岛屿。(《明史》记,明代"流求"有三王:中山王、南山王、北山王,皆为尚姓。洪武十六年(1383),受册封,赐金银印。奉朝始终。《清史稿》记"琉球",奉朝笃勤。光绪五年(1897),日本入球琉,灭之,夷为冲绳县。)

明清,明初琉球徙治于另岛,流求本岛以"鸡笼"显于史,亦名北港、东番,万历后期易名为台湾。《明史·鸡笼》记载:"鸡笼山在彭湖屿东北,故名北港,又名东番,去泉州甚迩。"其聚落星散,"无君长,有十五社,社多者千人,少或五六百人"。"四序,以草青为岁首"。民喜铜铁器,永乐(1403～1424)时,郑和遍历东西洋,献物争先恐后,"独东番不至"。郑和不悦,使人"家赉一铜铃",以让番民挂在颈上,比为"狗国"。番民拾到铜铃,没有感到受诬,反而"宝之"曰"此祖宗所遗"。嘉靖末(1566),"遭倭焚掠,乃避居山。倭鸟铳长技,东番独恃镖,故弗格。居山后,始通中国"。万历三十年(1602),连江人陈第赴东番后著《东番记》,记"永乐初,郑内监航海谕诸夷,东番独远窜不听约,于是家赉一铜铃,使颈之,盖狗之也。至今(已二百年)犹传为宝"。鸡笼与中国通,与漳州、泉州沿海诸澳贸易日盛,以"玛瑙、瓷器、布、盐、铜环之类",易"鹿脯、皮角"等。有漳、泉诸澳之民"遗之故衣,喜藏之。或见华人一羞,旋复脱去。得布亦藏之,不冠不履,裸以出入,自以为易简云"。此为古越先人流落荒岛,生活愈易愈简,愈复荒也。陈第于此感叹曰:"其无怀葛天之民乎?"这是中国无怀氏、葛天氏时代之民遗传乎? 全岛之民,约"中国一县",估计万人耳,是为炎黄氏族古越族裔孙。万历三十年,"明沈(有容)将军往剿"倭寇以后,漳州、泉州诸澳商渔舟楫过往频繁,鸡笼山北港贸易日盛,便开市井、建垣、门、街道,其地名称之为台湾(万历四十四年1616年已有台湾名称),遂以台湾之名称全岛。随之有漳州泉州沿海陈、林、黄、郑、李、杨、刘、王、袁、钟、吴等姓氏族人入台,事商贸或垦植,开发建设台湾。台湾,"北自鸡笼,南至浪峤,可一千余里,东自多罗满,西至王城(原流求王城),可九百余里"。天启四年(1624),荷兰人侵占台湾。明末,永历十八年(1661),将领民族英雄郑成功率军收复台湾,有沿海二万五千多人移居台湾岛,置承天府,领二县,意复明。清康熙二十二年(1683),福建水师提督施琅,率军二万统一台湾,东南沿海大批居民徙居台湾,置一府三县,隶属福建省。《清史稿·食货·户口》记载:嘉庆十五年(1810),台湾"检查户口,漳州人四万二千五百余丁,泉州人二百五十余丁,粤东人百四十余丁"。其当地土著,自雍正十三年,准生番汇入户籍,"以兴教化","番民衣冠言语悉与其地民人无异,亦有读书应考者"。光绪十三年(1887),台湾府改置台湾省,有三府、一州、三厅、十一县,人口三百多万,百分之八九十为明清之际迁入的闽粤籍民,都姓"赵、钱、孙、李……"百家姓。

1949年,又有一大批中华姓氏族人迁居台湾,带着对帝国主义列强侵略中国的义愤,开发建设台湾。今天,台湾2300万人口,都是炎黄氏族之裔孙。

炎黄子孙,素有爱国保疆之志。战国时期,越国遭败有徙居台岛者,仍"服朝于楚";三国及隋,皆有朝廷派将帅至台岛抚绥;宋元,于澎湖设巡检司,兼司巡检台岛,明万历四十四年(1616),日本有侵占台湾之谋,琉求王(居今冲绳岛)尚宁遣使报于朝,朝诏海上警备;明末,荷兰人侵占台湾,民族英雄郑成功率部收复;清初,郑经不归,福建水师提督领军统一;光绪二十一年,日本趁清廷腐败,强行割占台湾。台湾丘氏逢甲离台,痛心作诗:"春愁难遣强看山,往事惊心泪欲潜,四百万人同一哭,去年今日割台湾。"哭诉道出了两岸同胞的伤痛。炎黄蓥斯繁闽台,海峡两岸姓炎黄,炎黄子孙是中华领土的保护神。

(第一作者为固始县地方志编委会副编审,第二作者为固始县政协副主席,第三作者为固始县旅游局局长)

中州移民入闽后文化特征的变迁
及其原因探究

黄英湖

众所周知,历史上曾有许多中州河南人由于各种原因而移民到福建。尤其是两晋之交的"五胡乱华"后,以及唐初武则天时期和唐末五代,更是出现了三次较大的移民潮。因此,在福建现在的居民中,有许多人都是这些中州移民的后裔,关于这一点,我们可以从众多的史籍记载和民间族谱中得到验证。

这些中州移民南迁入闽后,由于福建背山面海的特殊地理环境,以及土著居民闽越族和外来民族阿拉伯人等因素的影响,而逐渐改变了原来的文化特征,不仅在身体和生理上适应了福建的地理及气候环境,而且在心理和生活习性等方面也逐渐"福建化",成为地道的福建人。

本文将对他们在文化特征上的变化及其原因进行一些探讨。

一、中州移民入闽后文化特征的变迁

这里所说的文化特征,是指人们日常所表现出来的生活习性、风俗习惯、脾气性格等文化层面的东西。由于自然地理和人文社会环境的不同,各地居民所表现出来的文化特征都存在着一定的差异,从而形成不同的地域文化,也构成了同一民族中各种不同的民系。

(一)中州的农耕民系及其文化特征。

中州河南的地势平坦,土地肥沃,河流众多,水源丰沛,十分适合农耕生活。优越的的自然地理环境,使这里的农业自古以来就很发达,人们都过着"日出而作,日落而歇"的传统农耕生活。因此,中州河南是一个农业特征十分显著的农耕社会,这里的民众也成为一个具有很强农耕文化特征的民系。

在农业社会里,土地是最重要的生产资料,人们的一切生活来源都必须依靠它的产出,土地也因此成为人们赖以生存的命根子。由于土地开发的长期性及其不可移动携带的特殊性,使得人们只能终其一生,乃至多少代人都围着它转,而不能轻易地离开它。因此,人们都十分重视土地,一直对它怀有深厚的感情,从而产生了留恋家乡,安土重迁的思想意识,非到万不得已,大家都舍不得离乡背井,移民前往外地。

农业社会的生产和生活都比较平稳,有规律,人们每天都是"日出而作,日落而歇";每年也是按照时令季节,反复地进行播种和收获。长年累月的平稳而有规律的农耕生活,培养了农民按部就班、循规蹈矩的生活习惯和人文性格。因此,一般地说,农耕民族的思想比较中庸,性格也比较平和、稳健。

在农业社会里,人们长年累月地围着一块土地转,长期过着自给自足的自然经济生活,而不需要和外界进行接触与交往。有的人一辈子都没有离开自己所居住的地方,许多人甚至连县城也没有去过,更别说到外面去看世界,开阔视野了。长期这样的农耕生活,自然会培育出封闭、狭隘和保守传统、因循守旧的心理状态。所以,在传统的农业社会里,人们的思想比较保守,求安稳、不冒险,安于现状成为农耕文化的特征和主流。

在南宋政治中心南移前,中州河南一直是我国的政治中心,河洛文化也因此长期成为我国的正统文化。这种文化以儒家思想为核心,强调农为本,商为末,治国之道,必须重农抑商。尤其是产生于洛阳的以二程为代表的理学,更是极力提倡"存天理,弃人欲",其对"利欲"的排斥,在中国传统文化中达到从未有过的极致。在这种思想的熏陶下,人们耕以固本,读以致仕,使"耕读传家"成为一种理想的生活模式,读书做官则成为人生的最大成功。反之,为贾经商不仅被认为是"舍本逐末",不务正业。而且,在人们的心目中,无商不奸,无奸不富,奸伪欺诈乃是商人的本性。因此在古代,歧视商人成为一种社会风气,商人的地位低下,有时甚至要穿与他人不一样的衣裳以示区别。

(二)福建人的文化特征。

中州居民南迁成为福建人后,他们的文化特征也随之发生了较大的变迁。

经过长期的演变,逐渐形成一种新型的地域文化,其显著特征为:

1. 海洋性:

中州居民是一个典型的农业民系,农耕文化特征比较显著。可是他们南迁成为福建人后,却变成一个海洋性特征明显,海洋文化发达的民系。其主要表现是"以海为田",大力发展海上渔业和种、养殖业,向大海要食物和财富。至少到宋代,福建从南到北的许多地方就已经有了海洋渔业。① 从明代开始,福建还进一步拥有远海渔业,成群结队的福建渔船浩浩荡荡地北上舟山渔场。② 现在,福建仍是全国排名前三位的渔业大省。福建人不仅继续到舟山等传统渔场捕鱼,而且还组建远洋船队,到南太平洋乃至非洲和南美洲等地生产。三都澳、罗源湾等地的海上养殖更是成规模上档次,使福建成为全国最大的海上养殖省份。

福建人"以海为田"的另一重要表现是海上贸易发达。据史书记载,早在南北朝时,福建就与东南亚等地产生了海上贸易。③ 到盛唐时期,泉州已成为我国海上贸易的四大港口之一。进入南宋和元代,泉州更是超越广州,成为我国海上贸易的第一大港,并和埃及的亚历山大并列,成为意大利旅行家马可波罗盛赞的世界两个最大港口。明、清以后,漳州月港和厦门港又相继而起,成为我国著名的海上贸易大港。今天的福建经济,仍与海外有很大的关联性,全省对外贸易额在国民生产总值中的比重,一般都达 60～70%,呈现出很强的海洋性特征。

福建人的海洋性特征,还表现在善于造船。三国时孙吴就在福州设"典船校尉"、在温麻(今霞浦县)设船屯,专门负责造船工作。到了宋代,福建的造船业更是有了长足的进步,沿海各个州、郡都有造船厂,泉州则成为我国的造船中心之一。所以,《太平寰宇记》把海舶列为泉州和漳州的特产。宋人徐梦莘的《三朝北盟会编》中则说:"海舟以福建为上"。到了南宋,福建和广东人为主的中国船就超越外国船,在东南亚和印度洋上占据主导地位。元代阿拉伯旅行家

---

① 据《蔡忠惠集》卷八所载,宋代大书法家蔡襄夜宿龙海海边一寺庙后,曾赋诗一首:"潮头欲上风先至,海面初明日近来。怪得寺南多语笑,蛋船争送早鱼回。"由此可见当时福建已有海洋渔业。

② 明万历时闽县人董应举的《崇相集·条议》"护渔末议"中说:每年一到八九月的渔季,"福兴泉三郡,沿海之渔船,无虑数千艘,悉从外洋趋而北",由此可见当时福建远洋渔业的兴旺发达。

③ 据《续高僧传》卷二"拘那罗陀传"记载,南朝的陈武帝永定二年(558),印度僧人拘那罗陀从建康入闽,到泉州搭乘商船前往马来半岛的棱伽修国,遇风而返。陈文帝天嘉六年(565),他又乘船到泉州,改乘大船回国。由此看来,那时泉州已有通往东南亚的海上航线,并与海外有贸易往来关系了。

伊本·白图泰在其《游记》中说,从中国到印度的海上交通,完全依赖中国船舶维持。

福建人海洋性特征另一表现就是擅长航海。东汉前期,由于福建人的擅长航海,福州已成为我国南北海运的中转枢纽。据《后汉书·郑弘传》记载,当时的"旧交趾七郡贡献转运,皆从东冶(今福州),泛海而至"。进入三国后,福建的航海事业又有很大发展,拥有许多优秀的水手和船员。左思的《吴都赋》中描写建康航运盛况时说:"弘舸连轴,巨舰接舻。……篙工楫师,选自闽禺。"可见当时福建人的驾驶技术已经闻名于世。明初郑和把下西洋的后勤基地选在福建,也与福建人擅长航海,水手众多有很大关系。现在的长乐、福清、莆田、惠安等沿海县市,还有许多人在国内外轮船上充当水手。

2. 外向型:

与农耕民系留恋家乡,安土重迁不同的是,福建人自古以来就敢于向外闯荡,开拓发展,外向型特征十分明显。这不仅表现在从唐代开始,福建的海上贸易就发达起来,历经宋、元、明、清直至今天,福建与海外的各种联系和交往都十分密切,经济的外向型程度很高,而且也表现在从古到今福建的对外移民上。

在我国历史上,曾出现过许多次的大移民。"要问我家在何处,山西洪洞大槐树"这个民谣,讲述的是明初由官方组织从山西向河南等地的强制性大移民。像这样由官方统一组织的大移民,还有著名的"湖广填四川"。到了清代,又有大量的山西人通过"走西口",移民到广漠的蒙古草原。而山东、河北人则不顾清王朝的禁令"闯关东",到地广人稀的东北垦殖谋生。通观历史上的这些大移民,都是属于一种内陆性的人口迁徙,就是在中国大陆的疆域范围内,从一个省迁往另外一个省。

而福建人的移民则不同,他们更多的是跨洋过海,向国外发展,带有很强的外向型特征。这种移民从唐、五代开始,经久不衰,为数众多,到鸦片战争后更是达到高潮。经过1000多年来的长期向外大量移民,使福建成为全国第二大侨乡,1200多万闽籍华侨华人分布在世界160多个国家,"侨"也因此成为福建的一大特点和优势。

3. 求末重商:

中国的传统文化重农抑商,歧视乃至排斥商人。可是在福建,却不存在这样的社会风气。在人们的心目中,士农工商都一样,不论是入仕做官,还是种田经商,都是人生的一种职业和谋生手段,只要能养家糊口,就都是正业、本业,而没有高低贵贱之分。在福建,人们经商成功,发家致富了,不但不会受到社会的歧视,反而会得到人们的敬慕,也就有了社会地位。

由于福建人的商业意识强烈,商业文化发达,人们争相经商逐利,以富为荣,整个社会浸透着一种浓厚的商业氛围。所以,福建自唐代以后就商业繁荣,海上贸易发达,不仅成为我国数一数二的对外贸易大省,而且国内贸易也十分繁荣发达。从古至今,福建商人北上京津乃至东北,南下广东以及西南,在全国许多地方都留下他们的经商足迹。天津著名的历史文物马祖庙和澳门标志性建筑马祖阁,就是历史上走南闯北的福建商人所留下的重要印记。在近代广州对外贸易的著名"十三行"中,伍家等三个排名前列的商行,也是南下经商的福建人开办的。因此,明清以后,"福建商帮"就已成为我国的一个著名商帮。

4. 性格强悍:

一般地说,农耕民族的思想比较中庸,性格也比较平和、稳健。而福建人,尤其是闽南人却是崇尚硬汉,性格强悍。那些挺直腰杆,坚强勇敢的"血汉"、"男子汉",都会得到人们的敬仰和社会的尊崇。因此,福建民风强悍,人们骁勇尚武,争强好胜,动不动就"比拳头(武力),比人头(势力)",彼此之间的一些争端和纠纷,往往是用拳头来说话,靠武力去解决。所以,福建民间械斗频发,不仅有村与村、姓与姓之间的械斗,而且还有同村之中不同角落,同姓里面不同房族之间的械斗。① 这种械斗又往往比较剧烈,搞得双方都有死伤,损失严重。这种剧烈多发的民间械斗,虽然有时是为了争夺水源、土地、山林等资源,但有时却仅仅是个人之间发生口角或小纠纷,由于双方脾气刚硬,争强好胜,互不相让,使卷入的人越来越多,结果导致了大规模的械斗。② 这也是福建人性格强悍的一种外

---

① 福建的大多数村庄都是聚族而居,一村一姓。所以,村与村的械斗,其实也就是姓与姓的械斗。而同姓中的不同房,往往集中居住在村里的不同角落,所以,各房之间的械斗,也就是不同角落的械斗。

② 以福建移民占绝大多数的台湾为例:乾隆四十七年(1782)漳化县漳、泉籍移民之间的械斗,是由聚赌时换用破损钱币引起的。嘉庆十一年(1805)漳化的又一次漳泉械斗,是由漳籍乡勇路过泉州人占多数的鹿港时,与泉籍轿夫发生争吵引起的。云林县廖姓与李、钟两姓的械斗,则是由同时举行迎神赛会引起的。

在表现。

　　不过,这种强悍的性格也使福建人敢于拼搏,勇于奋斗。在福建民间,人们常常会说:"输人不输阵,输阵料罗(罗汉)面。"意思是说,虽然我的个头、体格等先天条件可能不如人家,但只要一上阵比拼,我就会竭尽全力去拼搏,不但不输给人家,而且还要力争赢过对手。可以说,"输人不输阵"这句话,十分形象地折射出福建社会那种敢于冲锋陷阵,勇于拼搏奋斗的强悍民风。所以,在现实生活中,福建人"个个猛",他们坚信:"三分天注定,七分靠打拼","爱拼才会赢"。在"少年不打拼,老来无名声"的理念激励下,许多福建人就是依靠敢于拼搏奋斗的精神白手起家,拼出一片事业新天地,也推动了福建经济的繁荣发展。

　　5. 敢于冒险:

　　敢于拼搏,敢作敢为的精神发挥到极致就是冒险。与农耕文化求安稳、不冒险不同的是福建人比较"敢死",富有冒险精神。他们一贯认为:"三分本事七分胆","不敢没窗(不能)做阿嬷",这个世界就是"惊死没胆的,涨死大胆的","敢的拿去吃"。有时为利所驱,人们甚至敢于冒险犯禁,铤而走险,这也就是所谓的"蚀本生理(意)没人做,杀头生理有人做"。所以,福建自古以来就走私风盛。早在北宋时期,福建人就敢于对抗朝廷的禁令,北上高丽进行走私贸易。明代实行"海禁"政策,不许人民出海贸易,福建人就公然违反禁令,在漳州月港搞起大规模的走私贸易。到了明朝后期,更是形成颜思齐,郑芝龙、刘香这些为数几千甚至上万的海上武装走私集团。20世纪80年代初,石狮又成为闻名遐迩的走私集散地,港、澳、台的走私货通过石狮流向全国各地。90年代的远华特大走私案,金额高达数百亿元人民币,成为新中国以来数一数二的走私大案。而且,由于民风强悍,人们敢于冒险犯禁,也造成福建社会匪患严重,强盗众多。尤其是在民国年间,这种情况更为严重,仅在闽南地区,较大的匪帮就有近30股,扰得人民不得安生。海外华侨回国后,也往往得驻足厦门,让老家的亲友前去相会,因为他们担心回老家也会被土匪绑架。现在成为联合国世界文化遗产的众多福建土楼,也是为了防范严重的匪患而建筑起来的。居住在其中的人们可以凭楼守望相助,抵御土匪的侵扰。

　　当然,敢于冒险的"敢死"性格也使福建人具有了敢于进取,勇于开拓创新的精神。所以,在航海技术落后的古代,福建人就敢于驾驶帆船这种原始的交通工具,冒着触礁和被风浪吞没的风险,经过长达几个月的漫长远航,前往东南亚等地去开拓发展,使福建的海上贸易繁盛,海外移民众多。而商海的风浪也是变幻莫测,没有敢于冒险的心理素质,是万万不能到商海去拼搏的,否则,就可能发生因经商失败而跳楼自杀的人间悲剧。而福建人却有"输赢笑笑"的心理素质,抱着"也敢趁(赚),也敢了(亏)"的心态,投入波涛翻滚的商海去冒险,去拼搏奋斗,使福建自古以来商业繁荣,经济发达。

综上所述,众多的中州移民南迁福建后,逐渐改变了身上原有的一些农业社会文化特征,使自己融入到福建地域文化之中。中州移民为什么会出现这种文化特征的变迁,这与福建独特的地理和人文环境有很大关系。

二、中州移民文化特征变迁的原因探究

(一)地理环境的影响

福建被称为"东南山国",地理环境多山,猿径鸟道,山高路险,交通十分不便。人们为了生活和劳作,经常要在这些陡峭险峻的山间小道上往返行走,十分艰难和辛苦;而且,由于背山面海的地势,福建境内的河流都比较短小,水流湍急,险滩众多,在上面航行十分艰险;还有,福建面临烟波浩瀚的大海,海上风高浪急,变幻莫测,在其中进行生产和航行,更是带有较大的风险性。这些特殊的地理环境,使长期生活于其中的福建人练就了不畏艰难险阻的坚韧耐力和坚强勇敢、吃苦耐劳、勇于面对风险的精神,逐渐变得性格强悍,敢于拼搏冒险了。所以,闽越社会民风强悍,早在2000多年前的西汉时期,汉武帝在诏书中就有"闽越悍,数反覆"的评说。

中州移民南迁入闽后,同样也必须面对福建这样特殊的地理环境。经过在这种环境中的长期生活与磨练,加上在与闽越族的交往融合中,受到土著居民强悍民风的影响,使得这些南迁入闽的中州移民,逐渐改变了在平原大地上长期从事农耕生活所形成的那种平和、稳健、不冒险的性格,也像闽越土著居民那样,变得勇敢强悍,敢于拼搏冒险起来了。

(二)闽越遗风的影响

闽越先民对南迁中州移民的影响,除了上面所说的强悍民风外,还有他们显著的海洋性特征,"以海为田"。早在远古时代,临海而居的福建先民就懂得"靠

海吃海",向大海索要食物了。在大约距今 5000 年前新石器时期的坛石山文化遗址中,出土了一些陶网坠大量贝壳遗存,说明那时的福建先民就已经开始从事浅海和滩涂渔业了。

另外,这些闽越先民的海洋性特征还表现在善于造船和水上航行。由于面临浩瀚的大海,境内又是江河溪流众多,这种多水的地理环境和长期的水乡生活,使得临水而居的闽越族很善于与水打交道,很早就能制造出船舶这种征服水、利用水的生产和生活工具。武夷山崖洞中的船式棺材说明,早在公元前 2000 年左右的夏商之际,闽越先民就懂得造船和水上航行了。在我国的史书中,也有许多越族、闽越族善于造船和水上航行的记载①,如《越绝书》中的:"以船为车,以楫为马","水行而山处"②,《汉书》中的"习于水斗,便于用舟"③,等等。汉武帝统治时期,闽越首领余善还曾以帮助汉廷讨伐反叛的南越为名,带领 8000 人的军队航海南下至广东揭阳。余善能开展如此大规模的海上军事行动,说明当时的闽越族已具有发达的造船和航海技术了。

中州移民南迁入闽后,在与闽越族的接触中,不仅融入了他们的血统,而且也吸收了他们的一些文化。闽越先民善于造船与航海,以及"以海为田"的海洋文化,必然会对这些移民产生影响,从而也使他们变得"海洋性"起来。

(三)人口压力的影响

福建背靠武夷、戴云两大山脉,面向浩瀚的大海,地形以丘陵山地居多,民间历来就有"八山一海一份田"的说法,全省的可耕地不多。而且,除了沿海的闽江、晋江、九龙江和木兰溪这几块江口小平原外,全省可耕的土地又多为贫瘠缺水的山坡地。唐代以后,随着漳、汀这两个州的设立,福建的开发基本完成,人口也大量增加。进入南宋后,大量北方人口为逃避战乱纷纷南迁入闽,使福建开始出现人多地少的社会问题。南宋官员廖刚的《高峰集》中就说:"七闽地狭人稠,为生艰难,非他处可比。"④南宋人谢履《泉南歌》中"泉州人稠山谷瘠,虽欲就耕

---

① 这里是指居住在浙江的越族。越国被楚国灭亡后,一部分越人就南迁入闽,与福建的闽族融合成闽越族,这些越人相对先进的造船和水上航行技术也随之传入福建。

② 《越绝书》卷八"越绝外传记地传第十"。

③ 《汉书》卷六四上《严助传》。

④ 廖刚:《高峰集》卷二。

无地辟"这两句的诗①,也是对这种情况的形象描绘。显然,南宋以后的人多地少,使福建人仅靠务农耕种已不足以丰衣足食。而另一方面,福建濒临大海,海岸线曲折漫长,澳湾良港众多。通过大海可以远航各地进行海上贸易,为福建人提供大量就业谋生的机会。所以,宋代人口过剩后,众多的福建人自然就会利用滨海的地利优势,进行"以海为田"了。他们或造船下海,从事远洋渔业生产;或经营海上贸易,商贩四方,使"谋海为生"成为"地狭人稠"的福建人一个很好出路,所以,谢履《泉南歌》的后两句就接着说"州南有海浩无穷,每岁造舟通异域"。

（四）外来民族的影响

至少从南北朝开始,福建的海上贸易就已经繁荣起来。不过,一直到北宋时期,这种海上贸易仍是外国人驾船载货前来福建进行交易的多,而福建人出去的少。在海上贸易发达的泉州,就出现"船到城添外国人"②、"涨海声中万国商"的景象。③ 这些外国人来自印度、阿拉伯、波斯（伊朗）、狮子国（斯里兰卡）等西亚和南亚地区,还有一些来自东南亚各地。他们中的不少人还在福建定居下来,娶当地女子为妻,使福建社会出现"市井十洲人"的奇特情景。④ 福建泉州现在的郭、丁、李、金等姓氏,就是这些外国人衍传下来的后裔。由于他们为数众多,泉州还专门设立这些人聚居的"蕃客坊"。以后,他们中的一些人还成为泉州的大户豪族,甚至掌控了泉州的军政大权。如宋朝末年的蒲寿庚兄弟,就曾提举泉州专管海上贸易的市舶司30年之久。以后他投降了元朝,还被任命为福建行省左丞,掌握了更大的政治权力。元朝末年,波斯人在泉州的势力也强大起来。他们不但控制市舶的财源,组织起军队,掌握了泉州的政治大权,而且还出兵攻打莆田和福州,盘踞省会3年多,左右了福建的政局。所以说,这些前来经商的外国人,对福建的政治、经济和社会、文化等方面都产生了不小影响。他们敢冒着波涛汹涌之险,不远万里前来福建经商的敢于冒险,勇于向外开拓发展精神,必

---

① 王象之:《舆地纪胜》卷一三〇。
② 唐末诗人薛能:《送福建李大夫》:"秋来海有幽都雁,船到城添外国人。行过小藩应大笑,只知夸近不知贫。"见《全唐诗》卷五五九。
③ 《舆地纪胜》卷一三〇"风俗形胜",引《清源集·李文敏诗》:"苍官影里三州路,涨海声中万国商。"
④ 包何:《送泉州李使君之任》:"云山百越路,市井十洲人。执玉来朝远,还珠入贡频。"见《全唐诗》卷二〇八。

然会对福建人民产生影响。在与这些外国人的长期交往与融合中,不但使福建人学会了经商的方法和技巧,变得善于从商起来;而且也使福建人学会了大海远航的高超技术,变得更善于海上航行了。以后,许多福建人也循着他们的航路,驾船前往东南亚等地进行贸易,使这种海上贸易的模式从过去只是外国人前来进行,变成也有福建人出去经营,有来有往了。到了南宋时期,福建和广东人所驾驶的商船甚至取代阿拉伯等外国船只,掌控了印度洋和南中国海的海上航线。

　　上面这些论述都足以说明:"一方水土养育一方人。"外来移民所处的地理和人文环境,必然会对他们产生各种重大影响,从而使他们逐渐改变原来的生活习性和风俗习惯,入乡随俗地适应迁入地区的各种环境,以便更好地在当地生存与发展。环境改变人,这就是对中州移民南迁入闽后文化特征改变的最好诠释。

　　　　　　　　　（作者为福建省社会科学院华商研究中心副主任、研究员）

论河洛移民与赣中著姓望族的历史形成

——以赣中袁氏为例

施由明

一、引言

赣中即江西中部,这是一块山清水秀、风景秀丽、由南向北倾斜的平原地区,东西两侧群山相对,长江中下游的重要支流——赣江纵贯其中,赣江的许多重要支流如蜀江、泸水、乌江、遂川河、蜀河、禾水等分布其间。

这是一块光照充足、雨量充沛、宜于稻作的亚热带区域。自古以来,人类就在这块宜于生存的大地上繁衍生息,创造了灿烂的农业文明。1989 年新淦发现的青铜器曾让世界震惊,这里的商代青铜文明水平竟如此高! 1975 年在新淦界埠发现的四座战国粮仓至今仍然是我国所发现的那一时代最大的粮仓!

正因为这里宜于生存、宜于安居乐业,加之自唐至元末近 750 年间,这一区域相对稳定,没有大的战争破坏,尽管唐代中后期黄巢领导的农民起义军两次过境赣中区域,但没有造成大的战争破坏。元末明初和明末清初,两次惨烈的战争对赣中区域破坏很大,但又先后经过了明代和清代两百多年的稳定发展,因而,形成了赣中区域著姓望族多,也就是明代赣中的文人们常说的"多故家"。

早在明代前期的新淦人金幼孜(1400 年进士)在《赠周子宣还吉水序》中就说道"吉水多故家"①,在《宋惟学墓志铭》中也说道"吾新淦自宋元以来多大家

---

① 金幼孜:《金文靖集》卷七《序》,影印文渊阁四库全书,上海古籍出版社,1987 年(下同)。本文所引用的唐、宋、元、明人文集或其他著作,以及《江西通志》、《河南通志》均出自影印文渊阁四库全书。

硕族"①。泰和人王直（1402 年进士）在《文溪曾氏族谱序》中谈道"予泰和多故家"②。所谓"故家"，即世家大族，曾因其族大、因其家族官宦多而传续着显赫的家族声名。明代前期著名文人泰和人杨士奇（1399 年荐入翰林充编撰官）在《西昌梁氏续谱序》一文中对所谓"故家"有过一番解释："人之先尝有贵富则不复计其功，行世率谓之故家，此自流俗之见耳。夫所谓故家者，必其先文行有诸躬，功利及於人，声誉有闻於时，子孙克嗣於后，而岂徒富贵之云哉？"③杨士奇的论述已很明确地指出了在明代人们的观念中，何为"故家"，不是仅指其先辈们曾是富贵之人，而是指其先辈们有文名、有功业并对当时的社会做出了贡献，不仅其本人在其所处时代有好的声名，而且其子孙也先后相继。

无论是金幼孜、王直还是杨士奇所述，都反映了自宋元以来整个赣中区域的一种显著社会状况，即赣中在宋元明时代著姓望族多。

从宋、元、明赣中文人们所著文集中的族谱序、墓志铭、行状等文章可知，赣中的著姓望族们追根溯源，竟大多是唐宋时代及其以前来自河洛地区或广义的河洛地区——中原。他们从唐宋时代或其以前从河洛地区来到赣中做官而因家赣中，或因躲避战乱，从河洛几经迁徙来到赣中繁衍传续，并不断分支开基或分支外迁，在较好的生存环境中传续成了著姓望族。

本文试以赣中区域的著姓望族之一——袁氏为个案，来解读河洛移民与赣中区域著姓望族的历史形成之关系。

二、河洛移民与赣中袁氏源流

袁姓，是中国百家姓中的大姓，在中国百家姓中排名 100 位之内。据有关史料记载，袁姓有着深远的历史来历，唐代林宝所撰《元和姓纂》卷四记载："袁，妫姓，舜胡公满之后，字或作爰、辕，其实一也。"宋代嘉定年间建安人章定所著《名贤氏族言行类稿》卷一三则这样记载："袁姓纂妫姓，舜后陈胡公之胤，胡公生申公，申公生靖伯甫，甫生七代孙庄爰伯诸生涛塗，以王父字为氏，代为上卿，字或作爰、辕，其实一也。"而有关袁氏族谱则这样叙说："袁氏盖自武王克商有天下，

① 金幼孜：《金文靖集》卷七《序》。
② 王直：《抑菴文集》后集卷一〇《序·文溪曾氏族谱序》。
③ 杨士奇：《东里集》卷五《序》。

下车即封舜胡公于陈,追胡公七世孙庄伯辕仕陈大夫,孙涛塗以祖字为氏,后世去车为袁,盖庄公伯为我受姓之始祖也,后因官任汝南,此汝南郡之所由名也。自周而秦,自秦而汉,至我盎公以上茫茫宗祖毋容考敚,盎公以后绵绵支派旧牒可稽,故又以为一世祖也。"①

秦汉时期,袁氏已产生了不少历史名人,如战国时期的袁盎,汉代的袁安、袁闳、袁绍等。

袁氏后裔很早就从其祖居的河南汝南散居到了江西西北的袁州和北部的洪州(今南昌)一带。

据江西方志的有关记载,赣西北袁州之名的由来就是与袁氏有关。雍正《江西通志》卷三九《古迹二》记载:"袁京故居,《太平寰宇记》:宜春县东北五里有袁山,晋隐士袁京居其下,卒葬以侧,今高士坊是也。山以人名,州以山名。"又据乾隆二十五年刊本的《袁州府志》卷一《地理·山川》记载:"袁山,府城东五里,峰峦秀拔,汉高士袁京隐居於此,卒墓其侧,故名。有大袁山、小袁山相对。唐人诗:'袁山大小双螺并,秀水东西一带横。'"②同书卷一《地理·沿革》也对袁州之名的由来有一番记载:"袁於三代为荒服,在扬州,春秋战国吴楚相继奄有其地,秦并天下置三十六郡,袁属九江郡地……隋开皇九年平陈废安成郡,因袁山之名置袁州,此袁为州之始也。大业初,改州为郡,依汉制置太守以隶刺史相统治,而袁复为宜春郡,领县三:宜春、萍乡、新喻。唐初改郡为州,太守为刺史,又置都督府以治之,复置袁领县如故。贞观元年分天下为十道,袁属江南道。开元二十一年,以江南道分东西,袁属江南西道。"③

又据江西方志、河南方志等书的记载,袁氏族人很早就来到了豫章(即今南昌一带)为官,其子孙一部分留在赣北一带繁衍,(雍正)《江西通志》卷五九《名宦》记载魏晋南北朝时的齐(479~502)时,"袁昂,字千里,阳夏人。永明中出为豫章内史"。雍正《河南通志》卷五七《人物一》记载:"袁君正,字世忠,阳夏人,昂子,早有时誉,梁武帝时为豫章太守。"其后代子孙有的留在赣北一带,也就成

---

① 清袁芝秀纂修《万载袁氏族谱》卷首《源流新序》,清道光二十一年汝南堂木活字本,藏江西省图书馆。
② 中国地方志丛书华中地区第 844 号,台北成文出版有限公司,1989 年。
③ 中国地方志丛书华中地区第 844 号,台北成文出版有限公司,1989 年。

就了袁氏成为赣北南昌等地的著姓。

然而，赣中一带的袁氏却并非从赣北一带分迁过去的，而是与唐初从河洛地区来到赣中为官的袁邯有关。

明代著名文人、泰和人王直在他的《抑菴文集》后集卷二三中的《袁氏族谱后序》中写道："西昌袁氏为著姓，盖吉州刺史邯之后。邯则唐司徒滋之少子也。"在《袁中暹墓志铭》中又写道："袁氏出唐尚书右丞滋，滋之子邯为吉州刺史因家泰和。"①

明代著名文人、泰和人杨万里在《东里集》续集卷一三中的《西昌袁氏家谱序》中写道："袁，虞舜之后，系出陈郡，见唐韩公《袁氏先庙碑》。自司徒滋少子邯为吉州刺史，遂家西昌，遂为西昌人。"在《宏冈袁氏家谱后序》则记载了袁邯的子孙分支的一些情况："《宏冈袁氏家谱》曰：'先世本唐吉州刺史邯家西昌，今城西袁家巷是故居之处。迨宋一徙居万安禊唐，一徙居邑东中埠，一来居宏冈。宏冈始祖曰谔。'"

明代著名文人、赣中偏北的新淦县人金幼孜在《金文靖集》卷九中的《袁处士墓志铭》中谈到新淦县袁氏的来历："袁氏为汉司徒安之裔，世居河洛间，至南宋时有颢者，仕为雍州都督，实安之十四世孙也。颢之后九世曰滋，为唐吉州刺史，终于官，子孙遂依吉州而家焉。又若干世曰致安者，始徙居淦之沙坊，世久族大以蕃，衣冠相承。"

上文中谈到的袁安，据章定在《名贤氏族言行类稿》卷一三《袁》中的记载："后汉袁安，字邵公，汝南人，举孝廉，除阴平长、任城令，所在吏人畏而爱之，为河南尹，政号严明。"另据《后汉书·袁安传》记载，袁安任河南尹后，又曾历任太仆、司徒、司空等要职，汝南袁氏在东汉已成为中原一带有名的世家大族。

上文中曾谈到的袁滋，是初唐时期的著名官员，《旧唐书》卷一八五下《袁滋传》记载，"袁滋，字德深，陈郡汝南人也。"曾官校书郎、詹事府司侍御史、工部员外郎、御史中丞、祠部郎中、谏议大夫、尚书右丞知吏部选事、华州刺史兼御史中丞、潼关防御史、镇国军丈，"与杜黄裳俱为相、拜中书侍郎平章事"、剑南节度

---

① 西昌即泰和县在汉晋时期的名称。《大清一统志》卷二四九《吉安府》记载："西昌故城，在泰和县西，三国吴置县，隋改为泰和，自后因之。"雍正《江西通志》卷四《形胜·吉安府》记载："泰和县据郡上游，城於古西昌地，控途水陆，道交广者由之，行商往来，通货南北。"

使、彰义军节度使，"贬抚州刺史，未几迁湖南观察使，卒年七十，赠太子少保"。又据《新唐书》卷一五一《袁滋传》记载，袁滋在剑南节度使任上，曾贬官为吉州刺使，但很快又迁义成节度使，并非如上文金幼孜所说"为唐吉州刺史终于官"。金幼孜所说的实际上是袁滋之少子袁郇。

上文中金幼孜所谈到的袁颛，是晋末五代时的重要人物，梁时的沈约所著《宋书》卷四四《袁颛传》记载："袁颛，字景章，陈郡阳夏人。"初为豫章主簿，后官至雍州刺史、青州刺史等职。

从上述可知，赣中袁氏是来自河洛间袁氏的后裔，不是因为躲避战乱而来到赣中地区，而是到赣中为官而定居赣中，这也是河洛移民江西的一种重要形式。

三、传承和发展河洛文化与赣中袁氏著姓望族的历史形成

自袁郇之后，袁氏子孙在赣中一带繁衍传承，不断分支开基，不仅成为泰和县的著姓望族，而且袁氏子孙遍布赣中各县，成为赣中的著姓望族。这种著姓望族的形成，不仅是因其人多族大，而且更如开篇中杨士奇所说，既富贵又有文名、有功业，并且子孙相继。赣中袁氏正是自袁郇之后，传承并发展河洛文化，形成了"袁氏积忠累厚，代有显者"[1]。或"衣冠相承，式昭德音"[2]。或"世有诗书缵绂"，[3]或"西昌袁氏为著姓，盖吉州刺史郇之后。郇则唐司徒滋之少子也。郇以来，衣冠盖不绝。宋之世以科目显者相继仕於郡县，累累有焉"[4]。

关于何为河洛文化，专家们已有诸多的讨论（见历次河洛文化国际研讨会论文集），简单地说，河洛文化就是产生于河洛地区的文化，因河洛地区是中国最早的几个王朝都城所在地，从而在夏商周时期河洛地区的文化便在蕴育成为中国传统文化中的核心文化（如礼制、儒家学说等），尽管河洛文化的原始形态也是一种和全国各地区原始文化一样富有地域特色，如裴李岗文化、仰韶文化和龙山文化，都是富有地域特色的文化，但东汉以后，河洛地区的文化的地域性便进一步隐去，由于东汉、三国魏、西晋、北魏时期洛阳为国都所在，河洛地区的文

---

① 杨万里：《东里集》续集卷二三《袁氏谱后》。
② 王直：《抑菴文集》后集卷三三《墓志铭·袁处士仲彬墓志铭》。
③ 杨士奇：《东里集》续集卷三一《墓表·袁处士墓表》。
④ 王直：《抑菴文集》后集卷一三《序·袁氏族谱后序》。

化进一步发展成为了中国传统文化中的核心文化,即以儒释道为核心内容的文化。

东汉以后南迁的河洛移民,正是传承了已成为中国传统文化中的核心文化的河洛文化,即以儒释道为核心的河洛文化,并且移民们在传承河洛文化的核心精神的同时,又在各自的生存环境中演变与发展河洛文化,如移民赣南闽西的河洛移民与其后裔们将河洛文化演变与发展成了客家文化,而移民赣中的河洛移民与其后裔们则将河洛文化演变与发展成了具有明显地域特色的望族文化。关于这种由河洛文化演变与发展而来的望族文化的特点,我们仍然不妨以赣中袁氏为个案来分析。

(一)在宜于生存的环境中,传承着业儒、好儒的家风,并以儒雅为家族人格魅力。

如前所述,赣中是一块以平原、丘陵为主的区域,良好的水、热等地理环境,使得北来的移民们都乐意在这可耕可读的环境中安居乐业、繁衍生息。特别是定居赣中的北来移民中,有相当一部分不是因为躲避战乱,而是因为来到赣中为官之后,见其环境良好而定居来,在赣中的著姓望族中有相当一部分的开基祖正是这种情况,如产生过著名文学家、史学家欧阳修的赣中欧阳氏家族的开基祖欧阳琮,及产生过著名文人士大夫杨邦乂、杨万里、杨士奇的赣中杨氏家族开基祖杨辂,以及产生过著名文人士代周必大的赣中周氏家族开基祖周利建等,都是为官吉州而定居吉州。赣中袁氏家族的开基祖袁郇也正是如此。

这些来自河洛地区文化世家的移民们,带着深厚的河洛文化积淀,在赣中地区生根发芽,传承着对儒家文化的深深眷恋,以好儒、业儒为性趣趋向,以耕读传家为生存方式,从而世代传承着儒雅、宽厚的儒家人格魅力。

以赣中袁氏为例,明代著名的文人士大夫、泰和人王直对其同乡袁氏的描写:"诵诗读书,依仁蹈义"[1],"宗族姻属亦以礼相亲爱,交朋友重然诺,其行於家及教乡人子弟必以孝弟忠信礼义廉耻,待臧获(佃仆——作者)下人尤有恩,其是非好恶必以公不以情,见人有为不善必面斥其非"[2]。这是典型的儒家的人格

---

[1]　王直:《抑菴文集》后集卷三三《墓志铭·袁处士仲彬墓志铭》。
[2]　同上注。

情趣和人格魅力。同样,金幼孜对其新淦同乡袁氏也有相类似的描写:"昆季之间,友于彬彬,庭无间言,尤笃意教诸子,处族里以和,待朋友以诚,周穷恤匮,孜孜不息。"①杨士奇对其泰和同乡袁氏的相类似描述:"谨静和厚,恂恂于乡……处兄弟友恭隆,至性澹泊,重义轻利,屡推有余以济不足,族姻闾巷有竞争,质之折服以义……延名师以训子孙,闲居读书诵诗,虽老不厌。"②

此外,元末明初泰和人陈谟在《袁宁宪墓志铭》中有一段对宋代嘉定年间建宁通判袁宁宪的描述,也是对赣中袁氏族人具有代表性的描写:"赋性纯厚,敦尚礼法,衣不贵华食,不事希笃,於姻族义,於朋友处毅以和,未尝闻叱咤之声,教子孙勤以俭胥为良善之归,平居暇日,园涉成趣,莳花艺果,移接必时……其风致可想也。"③

正是在优越的山水环境中、在河洛文化核心精神的浸染下,形成了赣中北来移民们喜儒、业儒及以儒家人格魅力为特点的区域人文特性。地方志对赣中人文特性的概述:"衣冠所萃,艺文儒术斯之为盛,虽闾阎贱力役之际吟咏不辍。"④即是说,赣中为北来官宦之家的聚集地,人们喜儒、好儒、读书风气浓厚。

(二)以科举仕进为个人与家族的价值追求,并在代代相传的科举仕进中取得显著的成绩,从而使姓氏成为著姓,家族成为望族。这不仅是赣中袁氏的特点,也是整个赣中著姓望族的特点,仍然不妨以赣中袁氏为例。

杨士奇在《西昌袁氏家谱序》说:"西昌以科第名家者十数姓,袁氏在宋登第凡七人……是时科举取士以经义诗赋,袁氏皆以赋著,名其文物,又何其盛也。"⑤

杨士奇在《袁进士墓表》中又写道:"袁故邑中文献家,科第仕宦累累有闻於宋。入国朝以科第进昉见於和又遽已矣,知者焉得而不惜哉!……和字淑景,自少颖悟过人……江右十三郡六十九邑之学皆知慕和,既选中乡试及会试中副榜。"

陈谟在《袁宁宪墓志铭》结尾时感叹道:"袁氏之先显于大唐,宋三百年科第

①　金幼孜:《金文靖集》卷九《墓志铭·袁处士墓志铭》。
②　杨士奇:《东里集》后集卷三一《墓表·袁处士墓表》。
③　陈谟:《海桑集》卷八《墓志铭》。
④　同治十二年刊本《庐陵县志》卷一五《风俗》,台湾成文出版有限公司影印本。
⑤　杨士奇:《东里集》续集卷一三《序》。

相望,蔚为名宗,冠于西昌。"①

杨士奇、陈谟等人之所以感叹袁氏在宋代出科举人才之多,那是因为宋代泰和县袁氏出了 15 位进士,在宋代的泰和县尽管不算是最出类拔萃的,但也是名列前茅。明代和清代分别出了 20 和 13 位进士②,同样是在泰和县尽管不是很突出的,但也可算是名列前茅。

赣中袁氏正是在科举的道路上成绩显著,奠定了成为望族的重要基础。

(三)形成了以家族文化为凝聚的地域社会。

从唐代经过六七百年或从宋代经过二三百年的传承,按 25 年一代,一人传五人计算,一个人可以传续成一个人口很多的家族。赣中地域正因为唐宋时代定居下来的北来移民多,到元明时代形成了较多的大家族,即所谓世家大族、巨家大族、著姓望族等,因而也就形成了以家族为凝聚的社会,正如常建华先生在《明代宗族研究》一书所说:"明代吉安宗族制度已相当发展、相当成熟。这主要表现在宗族在建祠祭祖的同时,往往伴随着修族谱、行墓祭、置祭田、设义塾等举措,有意识地采取制度'创新'来合族,维持乡族社会秩序。"③

在家族的逐渐形成过程中及形成之后,源于河洛地区的移民在赣中这块区域里逐渐将河洛文化演变与发展成为了家族文化,通过家族来传承将河洛文化具体化。我们仍然以袁氏宗族为例。

首先是修谱,通过族谱将河洛文化的核心精神(即儒家的思想观念)化为家族的精神追求与思想理念。

赣中袁氏何时开始修谱已难搞清,毕竟整个社会在数百年间经历了许多的战火与动荡,保存下来的族谱不多,特别是至今仍能看到的明代江西族谱极少,但从明代文人士大夫所写的族谱序等文章中可做些推断。

明代前期的文人杨士奇(1365～1444)曾为其泰和县袁氏撰写过《西昌袁氏族谱序》、《宏冈袁氏家谱后序》、《袁氏谱后》④,明代前期泰和文人王直(1378～1642)也写过《袁氏族谱后序》,说明在明代前期,泰和县的袁氏已形成了很明确

---

①　陈谟:《海桑集》卷八《墓志铭》。

②　见吴宗慈:《江西通志》卷三四《氏族略》,江西博物馆,1982 年整理本。

③　《明代宗族研究》,上海人民出版社,2005 年。

④　分别见杨士奇:《东里集》续集卷一三、续集卷二三。

的家族形态。明代中期吉水县著名文人罗洪先(1504~1564)也写过新淦县的《玉峡罗田袁氏族谱序》①,说明从泰和分迁新淦的袁氏在明代中期也已形成了明确的宗族形态。

族谱是凝聚宗族的重要媒介,宗族的源流、世系、族规、祖墓地址、人物小传、祭祖仪规等都记载在族谱中。即河洛文化核心精神的具体化汇聚在族谱中了。罗洪先在《玉峡罗田族谱序》中写道:"人道莫大于亲亲,亲亲故尊祖,尊祖故敬宗,敬宗故睦族。族凡支分派别,而族属不等於途人者,皆谱之所系也。故苏氏作谱以教孝,颜氏作谱以教弟,诚以长幼、昭穆、尊卑、大小、亲疏之伦不明,将以富贵而加於父兄、宗族者矣。抑以先人之有德行、功名、勋劳、爵位、学问、文章而不知著,娶不知其氏,生不知其日,卒不知其年,葬不知其所,类由无纪传焉。故谱之所系顾不重哉。"

罗洪先是在阐述为什么要修谱,其阐述的修谱的原因正反映了河洛文化的核心精神在宋代以后的中国南方已演化为宗族的精神。

其次是建祠、祭祖、置族产等,都是河洛文化的演变与发展。对于赣中袁氏是何时建祠及如何祭祖、置族产等更多的关于将河洛文化具体化的文化行为,因为至今尚未找到明清时代赣中吉安地区的袁氏族谱(目前仅只看到赣西北一些县如宜春、万载及赣中丰城等地袁氏族谱),也就无法更多地阐述赣中袁氏将河洛文化贯彻于宗族文化的具体文化行为。

总之,河洛文化在宋元明清时期,由于河洛移民在赣中区域走向了宗族化,甚至望族化,从而河洛文化在宋元明清(特别是明清)时期,在赣中伴随着著姓望族的形成而演变与发展成了望族文化,同样,在河洛文化演变与发展成望族文化的过程也就是赣中著姓望族形成的历史过程。

四、余论

从上述可知,河洛文化南传之后,在不同的地域环境中演变与发展成了带有不同地域特色的文化形态,如在赣南多山的生存环境中,演变与发展成了客家文化,在赣中以丘陵、平原为主的生存环境下,演变与发展成了望族文化,但不管如

① 见罗洪先:《念菴文集》卷一二《谱序》。

何演变与发展,以儒家精神为核心的河洛文化精神不会变,仍然传承着,这是河洛文化始终具有强大生命力的重要原因。

（作者为江西省社会科学院历史所副所长、研究员）

王潮兄弟南播河洛文明对闽台的影响

陈榕三

河南与闽台在历史上有着同宗同祖、同根同源的紧密联系,据估算,全台湾人中汉族占98%,其中80%是由福建去台湾的"河洛人"。在河洛儿女南迁及赴台的过程中,河洛文化也深深地扎根于福建和台湾。这种祖根文化,在维系海峡两岸同胞亲情乡谊和民族感情上成为重要的精神纽带,在民族认同、民族复兴中一直发挥着巨大的作用。"

一、王潮兄弟其人其事

固始城东60华里外,分水亭乡王堂村。史书记载:这里是五代十国时期"闽王"王潮兄弟的旧居。在陈元光之后200多年,王潮兄弟又进行了一场更大规模的河洛入闽运动。

唐朝末年,在黄巢起义的影响下,王潮兄弟率众起事,领河洛义兵数万人转战安徽、浙江等地,后在福建创建闽国,据传:王审知少时在村中常骑一白马,有"白马三郎"之称。这一美称跟随在他此后的戎马生涯中,同子孙经营福建达50余年。

严格地说,闽国是由王潮开创的。王潮原为河南固始县佐,随王绪起义军南下。王绪起事是有唐广明元年(880)十月,次年九月,王绪又攻占了光州。"绪获光州后,于境内召士民以广部伍。"王潮三兄弟就是这个时候加入起义军的。据《王审知德政碑》载:王潮"志尚谦恭,誉蔼乡曲,善于和众,士多归之"。王绪自然不会轻易放过这样一个人才。王绪"闻潮名,乃召徕署为军正,使典赍粮,阅士率,颇信用之。并其二弟亦召置军中"①。王绪起义军南下入闽的原因虽然复杂,但却不是事先有意识的"率从前往统治福建"。王绪起义军原只是活动于河南寿州、光州一带。据《旧五代史·王潮别传》载:"黄巢犯阙,江、淮间群盗蜂起,有贼帅王绪者自称将军。""黄巢率农民起义军自岭南返师,流淮西攻长安。江淮间诸种势力乘时蜂起。有寿州屠者王绪与妹婿刘行全亦聚众起事,据霍丘县自为镇使。"②中和元年(881)三月,王绪攻占了寿州,杀寿州刺史颜璋,起义军"有众万余"。当时,奉国节度使秦宗权称霸蔡州一带,自制帝号,补署官吏,"恃势侵凌四境"。王绪自知自己的势力还不足以与其分庭对抗,便投靠了秦宗权求一时之平安。秦宗权封王绪为光州刺史。可是,秦宗权毕竟是个野心勃勃的人,光启元年(881),秦宗权突然向王绪发难,迫王绪撤离光州南下。

王绪为什么"南奔",《闽王墓志铭》载:"时秦宗权居淮西以利啖四境,而固陵不从。宗权势不可遏,席卷五陵,三龙(指王潮三兄弟)于是奉版而南下。"这有点奉王命,南下"统治福建"的味道。当时天下大乱,各地封疆大吏拥兵自重,占地为王。可怜的唐王朝只能制河西、山南、剑南、岭南西道数十州了,还能令谁去"奉版南下"呢?更不要说秦宗权也只是蔡州一恶霸,势力范围也染指不了远在千里之遥的福建省了。可见,这只是后来的御用文人为王氏美誉的饰词,不足采信。

《通鉴》载:光启元年正月,"秦宗权责租赋于光州刺史王绪,绪不能给;宗权怒,发兵击之"。这种说法可信。因为王绪占有光、寿两州,而又去依附秦宗权,只不过是势不如人时的权宜之计,岂能长久寄人篱下。秦宗权同样明白这个道理。在强权就是一切的纷乱世道,只有绝对的强大,才能保持自己的绝对权利。再说,卧榻之下,岂容他人酣睡? 秦宗权要挤压欺辱王绪的法子,当然是无穷无尽地"责租赋于光州刺史王绪","赋不如期,宗权切责"。王绪当时的处境,《重修忠懿王庙碑》里有一段文字说得十分清楚:"及秦宗权窃弄五兵,遍侵四境。绪内乏婴城之计,外无善邻之助,遂率众以作鄦,欲辟地而偷安。"王绪要"率光、寿兵五千人,并携吏民南奔",不是一件容易的事。许多光、寿两州的将士或拖

---

① 《闽国史事编年》第184页。
② 《闽国史事编年》第94页。

儿带女,举家随军,或"违坟墓,捐妻子,羁族外乡为盗"。一点也没"奉版而南下"的轻松和惬意。王绪军离开光州后,进军的方向十分明确,只有尽快摆脱秦宗权的追击,往南寻求发展。因为当时中原一带以及向北方一带都是拥兵自重,势力强大的地方军阀的地盘,很难有立足之地,只有势力比较薄弱的南方一带,才会有一线生机。他们迅速穿过淮南道地境,直抵江南西道地域(今江西省地界)的江州(今九江)、洪州(今南昌)。企图假道洪州继续南下。可是,在洪州受到了洪州节度使时钟传的阻拦。不过王绪在洪州逃过一劫。王绪军继续南行经吉州(今吉安),一度占领虔州(今赣州)。南康人潭全播聚兵,立卢光稠为主,"所向多捷,兵势渐强,遂破王潮之众,入据虔州"。王绪只好继续"率众南奔,所至剽掠,自南康入临汀(今长汀)"①,进入福建,寻求发展。绪猜刻不仁,为军中仁士所擒(后自杀),选潮继任领导。"五代乱世,凡人投身行五,稍有功勋,即任命为刺史乃至节度使。光启二年八月,潮先克泉州,得其地。景福二年(893),潮入福州。九月间,唐帝以潮为福建观察使。"

王潮领军后,起义军面临着一次何去何从的重大决择。《闽中录·王潮别传》载:"王潮自南安返师,北还光州。"从现有的资料分折,确有其事。义军是从泉州过境后,折向闽北方向进发,所以永安青水留有王审知驻军的遗址,并且发现了王审知母亲的古墓等等都是佐证。至于义军为什么突然向北进发,有种种传说。《新唐书·王潮传》说:"南安之变后,潮欲出交、广,入巴、蜀,以干王室。"显然是有悖情理的。如果王氏兄弟真得心系王室,也就不必造反了。义军长期奔波作战,疲于奔命,很难找到立足之地,是事实。王潮义军中的主要将领皆河南籍人,"与行全拔众南走,略浔阳、赣水、取汀州,自称刺史,入漳州,皆不能有也"②。产生思乡之情,是情理之中的事。他们想回到熟山熟水的故土,可能更有发展的机会,这种想法是合乎情理的。所以他们决定向北进发,欲杀回河南。

可是一件突发的事件,打乱了义军的计划:义军经王潮领军后一改王绪时"所至剽掠"的作风,军行整肃地过境泉州,给泉州的老百姓留下了十分好的印象。那时泉州的百姓正饱受刺史廖彦若贪暴的苦难。于是泉州耆老张延鲁等众

---

① 《新五代史·闽世家》第14页。
② 《闽书·王潮传》第104页。

奉牛酒赶到沙县请求王潮军回师泉州,解救泉州百姓于水火之中。真是上天有意给了王潮义军一个立足福建的机会。于是,王潮义军顺应了民心,回师围攻泉州。泉州之战打得也够艰苦,城池坚固,守军力量也比较强,王潮军围城整整一年,至"唐僖宗光启二年八月,王潮拔泉州,杀刺史廖彦若。王潮围泉州岁余,州民弃戈不守。潮兵于本月入其城,杀州刺史廖彦若,遂有其地"①。可见,王潮军围攻泉州是得到了泉州市民的大力支持的,否则一支四处游动作战的军队拿什么来支撑打了近一年时间的持久战呢。王潮军得泉州后迅速采用一系列行之有效的措施:平定狼山的流寇薛蕴、投顺福州观察使陈岩和"悉心治郡"。光启四年十一月,唐王朝正式敕授王潮为泉州刺史、加检校右散骑常侍;翌年又晋封为工部尚书,大顺元年(890)加户部尚书。

　　大顺二年冬,"福建观察使陈岩疾病,遣使以书召泉州刺史王潮,欲授以军政"②。王潮便将泉州事务交二弟审邽打理,自己与三弟审知赶赴福州受命。可是,王潮兄弟还没有到福州,陈岩已病逝。陈岩妻弟、兵马使范晖自称留后,拒绝王氏兄弟入城。景福二年(882)二月,王潮令从弟彦复为都统、王审知为都监共同领兵攻打福州。王潮攻福州得到了民众的支持,"民自请输米饷军。平湖洞及滨海'蛮夷'皆以兵船助之"。王潮虽然得天时地利人和,但福州毕竟是一座城池坚固的省城,加之范晖得到陈岩翁亲、威胜节度使董昌的支援。董昌派五千温、台、婺州兵助守。王审知率军久攻不下,将士又伤亡惨重,一度想"欲罢兵更图后举"。倒是王潮清醒地认识到这是关系到能否立足福建,生死存亡的一战。他亲临前线,对将士们说:"兵尽添兵,将尽添将;兵将俱尽,吾当自来。"全军只好孤注一掷,全力攻城。景福二年五月初二,王潮军攻陷福州。

　　王潮、王审知占领福州后,声威大震,"建、汀二州皆举籍听命,潮乃尽有五州地(即福、建、漳、泉、汀)"③。同年十月初四,唐王朝任命王潮为福建观察使,王审知为副使。至此,王潮、王审知完成了对福建省的统辖和治理。乾宁三年(896)九月,唐升福建为威武军,拜潮为节度使、检校尚书左仆射。王审知被大哥任命为副使,他没有一点骄横之气,因为他喜欢骑白马,因此将士们称他为

---

①《闽国史事编年》第 44 页。
②《通鉴》第 284 页。
③《新唐书·王潮传》第 321 页。

"白马三郎"。王审知很有度量,有过错时被大哥责打斥骂也毫无怨言,这使王潮对这个弟弟异常信任器重。在王潮病倒后,没有让四个儿子主政,而是把军政大权交给了弟弟王审知。王潮死后,王审知想让位给二哥,二哥说他没有三郎功劳大,坚辞不受,王审知只好继任。

不久唐朝廷任命王审知为威武军节度使,后又封他为琅邪郡王。朱温建后梁之后,封王审知为闽王。一为笼络他,二是用他牵制杨行密。王审知不管朱温怎么想,一直对朱温称臣纳贡。即使杨行密占据江淮地区,阻挡了进贡的通道,他也让人走海上到达山东的登州或莱州,再到开封,没有间断。海上风浪很大,每次都有不少船出事,但王审知知恩图报,不因这些困难而中止。

李存勖灭掉了后梁,王审知便向后唐进贡称臣,后唐也封了他官爵。

二、王潮兄弟南播河洛文明

唐昭宗景福二年(893)王潮、王审知兄弟攻占福州,并逐渐据有福建全地。王潮、王审知称臣中原,交好邻国,提倡节俭,减轻赋役,以保境息民为立国方针,他还建立学校,奖励通商。在他在位期间,闽地的经济、文化都得以迅速发展。后唐长兴四年(933)审知子王延钧称帝,建都长乐(今福建福州),国号闽,年号龙启。延钧弟王延政于公元943年在建州(福建建瓯)称帝,国号殷,年号天德。天德三年(945)王延政复国号为闽。不久,闽即为南唐所灭。闽共历6主53年。

王潮、王审知兄弟前后主政福建三十多年,对闽地进行了卓有成效的治理。这为中原文化在闽地的传播和发展提供了充足的条件。

积极发展闽地经济。王氏兄弟采取轻徭薄赋、与民休息的政策,大力发展传统农业和海外贸易。经济的发展为中原文化的传播和发展提供了相应的物质基础。同时,稳定的政治环境是文化传播发展的必要条件,同时政治也是文化的重要组成部分。

大力延揽各方人才。王氏兄弟对士人持欢迎态度。士人的聚集为中原文化的传播和发展准备了足够的人力资源。

王审知重视发展文化教育事业。他重视使用人才,到福建以后,安置了大批的中原流民,特别对文人业士很爱惜,专门设招贤院等机构来接待他们。当时避乱入闽的有知名进士徐寅,还有中原人士杨承休、郑璘、韩偓、归傅懿、杨赞图、郑戬等,王审知聘任他们做闽国官员,发挥他们的才干;王审知对福建的知名文人也礼聘他们做官,如任翁承赞为相,黄滔为节度推官等;王审知对义存、师备、神晏等宗教界名流也很尊重。王审知如此爱护文人,使当时福建,特别是福州地区诗文进步很快,古闽史家陈衍说:"文教之开兴,吾闽最晚,至唐始有诗人;至唐末五代,中士诗人时有流寓入闽者,诗教乃渐昌,至宋而日益盛。"

五代时,北方战火纷飞,生活不安宁,人民群众则相率南方逃亡。传说河南固始有"黄、陈、林"等八姓随员来闽,或有其事,因为"毛锥子"没用了。毛锥子,谓笔也。

唐末黄河流域的战乱,使河洛文化的发展受到很大影响。在黄河流域遭受战争破坏的环境下,黄河流域的人口不断外迁,有的甚至不远万里迁居遥远的北疆南土。随着人口的外迁,河洛文化也随之得以传播。五代十国时期,黄河流域以外的闽、前蜀等许多地方政权均为河南人所建立。

在唐末五代十国的混乱状态下,河洛文化的外传时或依靠流民进行,时或依赖战争状态的强力推进。王潮、王审知兄弟入闽的过程是在唐末战乱的情况下出现的,与当时的社会大环境有关。唐僖宗中和元年(881)八月,寿春人王绪、刘行全聚众五百人攻占寿州(今安徽寿县),一个月后,队伍发展到万余人,并攻占了光州。当时蔡州刺史秦宗权发兵进攻王绪,王绪裹挟民众南逃,军民有的甚至扶老携幼而行,最为典型的就是王潮兄弟在行军时还带着自己的老母亲。

风雨飘摇的唐王朝已是自身难保,而对难以控制的王审知的一系列任命使他通过合法的手段实现了在福建地区的割据,特别是获得了三品以下官员的任命权,为其实现政治上的独立奠定了条件。但是,王审知也深深知道,在政局动荡的环境下,要想真正地独立是很困难的,所以,当唐王朝灭亡后,他并未宣布独立,而是接受了梁太祖朱温的任命,并极力与朱温搞好关系。王审知继立后,还对当地土著割据势力进行了平息,实现了当地的稳定发展。从王潮、王审知兄弟进入福建建立政权开始,到其后所建立的闽国,前后经历了六十余年。在这期间王潮兄弟在位时可以看做与中原王朝关系密切的时期,也能通过朝贡等方式与后梁和后唐保持良好的关系。而闽国后期,因为政权内争连绵,经济发展受到了严重的影响,对外也处于弱势,最终走向了灭亡的道路。

唐末五代时期,王潮、王审知兄弟进入福建建立政权,使河洛文化继续南播到了遥远的东南海疆。王潮兄弟继续传播黄河流域河洛文化的政治理念,以效忠封建王朝作为政权建立的根本。王潮兄弟的政权在建立之始就以得到唐王朝的认可作为存在的根本,所以唐王朝的册封在他们看来就很重要。王审知发展海外贸易是使更多的南下民众移居海外,促进了河洛文化的进一步发扬光大。王潮兄弟到闽地站稳脚跟以后,又大力发展当地的农业经济,使黄河流域的重农思想在福建地区得以进一步实践。王潮兄弟进入闽地后,更重视文化教育事业的发展,传播黄河流域已经成熟的儒家文化,加速了河洛文化在福建地区的传播。

闽王王审知在福建建立闽国。此时又有"十八姓从王"大规模的人口南迁,使得福州汇集了中原众多文人贤仕。唐朝宰相王溥之子王淡和杨涉之弟杨沂都被他招进幕府,参与军政事务。

王审知重视人才、兴学、刻书、传播中国文化。天祐二年夏,唐学士韩偓挈族来奔,审知接纳之。韩偓族来闽。还有一些中原社会人士芟避乱来到福州,也为审知所留。甚至唐朝公卿子弟多依以仕宦。这样,在他身边辅佐的人就多了,因此后人都称赞王审知"礼贤下士,选贤任能"。有了一批文化人,文化也得到发展了。闽国诗人陈陶以战争为题材,写过四道《陇西行》(七绝),其中第二首:"拆扫匈奴不顾身,五千貂锦丧胡尘。可怜无定河边骨,犹是青闺梦里人。"至今尚脍炙人口,当代评论者认为:在五代,有杨忆、柳永的诗词,郑樵、袁枢的史学——这是闽中文化之花,不能不归功于审知兄弟的尽心培育和扶持下的基础。

王审知重视发展教育。他采纳了翁承赞的建议,在福州建四门学(高等学府),以教闽中之秀者,选知名人士黄滔等担任"四门博士"。在王审知的倡导下,当时州有州学,县有县学,乡僻村间设有私塾,"幼已佩于师训,长者置国庠",使文化教育事业大大发展。

王审知重视搜求书籍。天祐元年(904),王审知组织了大批知识分子,搜集缮写各家遗书,奉献给唐政府,充实编史资料,又为徐寅刊印《钓矶文集》等,为抢救和保存祖国的文化遗产作出了贡献。王审知还修复和创建许多寺和塔,他在主政时,兴建和修复了260座寺和6座塔,这些寺塔有的为后代留下了有价值的文物,也就是旅游资源之一。

在王审知主闽年间,当时的《琅琊王德政碑》中有过这样的描述:"草莱尽辟,鸡犬相闻,时和年丰,家给人足",这首诗是对闽王王审知歌功颂德的溢美之词,可见福建在王审知管辖内,当时的人民安居乐业,温饱无虞。

文人韩偓留居福建时,在《南安寓止》也有诗云:"此地三年偶寄家,织篱茅屋共桑麻,蝶矜翅暖徐窥草,逢倚身轻凝看花。"都说明从中原来的文人名士,对王审知统治下的福建乐土,很有感情,也都乐于在八闽大地久居。从这些诗句都可看出王审知对福建的贡献之大,王审知的时代,不仅饱含对国家的热爱,更多的是包含着一种坚毅的时代步伐精神。

王氏兄弟对闽地治理的措施大大便利了中原文化在福建的传播,极大地提高了福建的文化发展水平,具有重要的文化意义。

王氏兄弟到来之前,和全国其他地区相比,福建所受中原文化的影响还不够深刻全面。当时福建文化更多的是宗教文化和本土文化为主的局面,体现中原文化程度的重要指标——进士的数量极少。

王审知治闽有方,前后历时 29 年(897~925)。这一时期,福建"时和年丰,实给人足",出现了空前的经济、社会、文化大发展的好时期。先后设:闽中、冶城、侯官、建安、晋安、东峡、闽州、长乐、闽县、福安、福州等县府治。

历史上,福州城垣经闽王两度拓宽城池,奠定都市规模。至南宋时,福州已与大名(北京)、江宁(南京)、苏州、临安(杭州)并列为全盛之邦。并且,曾两度作为中央流亡政府的临时首都:一是公元 1276 年,南宋益王在福州登基、世称宋瑞宗,把福州更名为"福安府";二是公元 1645 年,明末,唐王隆武政权在福州定都,改福州为"天兴府",号"福京"。

福州作为历史文化名城,全兴时期始于王审知治闽。闽王重仕兴教,"延揽中原文学之士";采劝保境息民",开辟甘棠港,发展海运贸易。经济的繁荣也促进了文化发展,为以后各个时期英才辈出打下良好基础。唐、宋、明、清以来,福州籍进士达 3600 多人,其中,文状元 16 人,武状元 7 人,位居全国各城市的前列。

王审知自身生活俭朴。《十国春秋》载:"王虽遽有一方,府舍卑陋,未常葺居,恒常蹑麻屦,宽弄薄赋,公私富实,境内以安。"又说:"太祖虽起盗贼,而为人俭约,常衣袖袴败,乃取酒库酢袋而补之。"内政方针方面,他提倡廉政。因此他属下的官吏也多清廉。这些,也是值得后人敬仰的。

王审知一直没有称帝,有人劝他,他说:"我宁为开门节度使,也不做闭门天子。"百姓很喜欢他,有一次,雷电将海边劈出一个优良港口,百姓们纷纷说这是王审知的仁政感动了上苍。[①]

三、河洛文明对闽台的影响

一千多年前,王审知三兄弟率领"光州固始"籍 18 姓将领、50 余姓义军挥师南下,拜剑开疆,一统八闽。用中原河洛文化、农耕文明和"修齐治平"的仁风德政与经世方略,改写了福建这一乱世蛮荒之域军阀割据、盗匪蜂起、饥民遍野、流民塞道的历史,开创了八闽大地的历史新纪元,使之成为社会稳定和谐,人民安居乐业,经济繁荣昌盛,文风蜚声四海的"海滨邹鲁"。时至今日,海峡西岸的福建人民乃至台湾人民,依然还在享受着王审知兄弟励精图治的物质与精神成果。因此,千百年来,人们用不同方式,追思他们的业绩,缅怀他们的功德,弘扬他们的精神,可谓代代相传,历世不辍。

在一街一巷都铭记着王审知兄弟丰功伟绩的历史文化名城福州市显要位置,安放有闽王塑像,供市民和海内外游人瞻仰;市区内古老的闽王宅第,业经修缮,兼作王审知纪念馆与爱国主义教育基地;分别坐落于惠安盘龙山、泉州皇绩山和福州莲花山的王潮、王审邦、王审知墓园,受到国家和民间极为妥善的保护。每年都有成千上万的闽台和海外王氏族亲、义军后裔和各界人士前来扫墓凭吊,祭奠英灵。2008 年 1 月 9 日至 12 日,应金门王氏宗亲的盛情邀请,闽王王审知金身塑像在 70 余位福州王氏宗亲文化交流访问团成员护送下,由厦门直航渡海,赴金门巡安。金门王氏族人和各界人士,以祥狮献瑞、鼓吹吉乐、神舆旌旗等五个规模庞大的"阵头"迎驾,并依照唐礼古制举行盛大仪式,共祭闽王,体现了闽台人民对闽王的共同拥戴之情。

闽王祠,正是 1100 多年前开发福建有功的闽王王审知的纪念堂,在福州市鼓楼区庆城寺左侧。据悉五代后晋开运三年(946),闽国灭。吴越国王钱俶下令将闽王王审知故第改为庙,以纪念闽王对八闽大地的贡献。这是建祠庙之始。

---

① 《十国春秋》第 222 页。

历代皆重修,现存建筑为清代所建,后又经过多次的重修。

公元 925 年 12 月,王审知病死于闽州。王审知死后被迫谥为太祖。祠貌红墙碧瓦,顶作燕尾脊,轻盈高挑,墙头呈流线型,剔地阴刻着生动的花卉图文,飞檐厚壁,墙开三个圆拱形门洞,门前雄踞赤石狮一对,并配有抱鼓石一双。左门上嵌额"报功",右额"崇德",大门上碑"奉旨祀曲"四大字,下额"忠懿关王祠",一派古朴庄重。

自宋到清的 1000 多年中,每到立春这天,地方官员都要率官民来此祭祀,并在祠前取泥土捏成春牛,而后开始春耕。庙毁于元代,仅存一厅。明万历三十一年(1603)奉旨重建。清以后旧址大部分被浸圮,仅存府第前门的一部分,即今闽王祠大厅、聏太后享堂、拜剑台等。1962 年重修。"文化大革命"中被毁。1981 年又重修。

从整体上看,闽王祠,主体建筑是大殿,木结构,七架椽,悬上顶殿内雕刻纹里分明,线条流畅,缕刻精工。前庭间有一亭翼然,亭中树立的《恩赐琅琊郡王德政碑》中记载着王审知的家世及其治闽前期军事、政治、经济、文化方面的政绩,还记载有当时福建与印度尼西亚苏门答腊岛往来的史料。第一进东墙上还嵌有隶书"乞土胜地"碑。第一进与第二进之间的隔墙上,镶有"绍越开疆"石刻,赞颂闽王开发福建的功绩。二进的正祠厅陈列有介绍王审知生平事迹的图片和从王墓出土的闽王与任氏夫人的墓志铭、闽国的大铁钱、铅钱及闽国宫殿兽面瓦当和铺地花砖等文物。祠厅后座正中是王审知的坐像。三进是一座双层楼阁,楼后还有巨碑一通,是北宋开宝七年(974)刺史钱昱撰书的《重修忠懿王庙碑》。据当地民众介绍,每年春耕前一天都来闽王祠宰牲醑酒,取祠土与其他土混合捏成春牛,抬出游行,以迎春耕,祈盼丰收。

王审知墓在福州市北郊莲花峰麓,是一座有五代时期江南风格的保存完整的石构坟墓。坟墓气势雄伟,深约 150 米,宽约 30 米。墓室的封顶形如一双拖鞋,上下有 3 层拜台,台前有一条宽约一丈的石砌大道,道旁有四尊石翁仲,两文两武,高约丈余。还有 6 只石虎、石马、石羊蹲于左右。台正中有两列并排的长方形砖墩,长 12 米,高宽各 3 米,两墩下面可能是通往香殿和顿棺处的隧道。两墩后面是用石砌的一条半圆形的墓壁,前面树立石碑,上镌"唐闽忠懿王墓"。这座古墓的布局和房屋一样,前后仅两间,前一间祀闽王绘像,像前的横桌上,陈列着金石制作的五供。后一间墓室中,是王审知和他妻子的两口红棺,红棺悬空吊挂,手推即动。王审知的陵墓是福建历史上保存在地表上的最古老的一座墓,1961 年被列为省级文物保护单位。1981 年重修时,在墓侧另建两条隧道,供游客进入墓室参观。

王审知是福建的"开闽王"。在王审知治闽期间,奉行保境、安民政策,使福建出现"时和年丰,家给人足"景象,至今仍是福州标志性景点的雪峰寺、鼓山涌泉寺、白塔、开元寺,都是在他手中修建完成的。

而台湾的"河洛郎",是历史上三次大迁徙中由河南经福建再到台湾的。第一次是西晋"永嘉之乱"。中原陈、林、黄、郑等八姓举族迁入闽越。第二次是唐高宗年间,河南固始人陈政、陈元光父子率兵入闽平乱。这次人口迁徙对台湾的影响最大,1953 年台湾官方的户籍统计,每五户台湾居民中有四户先民来自"光州固始"。第三次是唐朝末年,王潮、王审知兄弟响应黄巢起义,由河南固始起兵,进入福建。这三次迁徙到福建的中原"河洛郎",部分又从闽南渡海到了台湾。

"台湾有名谚语叫'陈林半天下,黄州排满街',这'陈林黄郑'四大姓追本溯源,根都在河南。有人曾形象地说,台湾之根五百年前在福建,一千年前在河南,台、闽、豫一千年前是一家。"

到了五代,福建人口上升到 46 万多户,王审知被尊为"王氏闽台祖"。后闽国内讧,王氏子孙为避祸,纷纷改姓叶、游、沈。王又被推为闽台叶、游、沈始祖。

史载:随王审知入闽者有陈、张、李、王、吴、蔡、杨、郑、谢、郭、曹、周、廖、庄、苏、何、高、沈、卢、孙、付、黄、薛、韩等 27 姓,台湾流传家谱中写明源于"固始"的有 18 姓。其中"苏"姓为都统军使固始人苏益,福建厦门同安文管处资料显示,元朝时,苏氏后裔被官府追杀,族人为避祸,改姓连、许,或从外祖姓周。苏益又被连、许、周、苏共推为始祖。

有许多记载与传说涉及福建人到台湾下南洋,如南宋洪迈的《夷坚志》。明、清之际,大批福建人移居台湾,与台湾先住民一道开发台湾,台湾因而日渐繁荣。现在的台湾"本省人"其实多为福建人分脉而去,他们到福建来追根寻祖,绝大多数都可认到老家。

据史载,闽王王审知与其兄王潮、王审邽合称"开闽三王"。其中王审知还被尊为"八闽人祖"和"开闽王"。目前,闽台和海内外"三王"子孙宗亲共有 200 多万人,其中台湾岛内有 50 万人,金门当地有 1 万余人。

据福建《忠懿王氏族谱》,公元 885 年义军由王潮、审邽、审知三兄弟等率领入闽,至公元 909 年建立闽国,其三兄弟中的王审知为开闽王。后于公元 927 年开闽三王之子王思义兄弟 10 人卜居于晋江青阳的杏厝王,是为晋江王氏开基始祖。

以王思义兄弟 10 人为杏厝王一世祖,于八世四郎移居罗山镇杏田村。十一世有礼从杏田迁居金井镇洲村。杏厝王的十七世王崎山迁至青阳莲屿的沿塘,明末清初沿塘的王佰荣迁居青阳的高岑(高霞)。王审邽派下二十世王质文于元朝至正年间开基安海大山后村,十八世王国和开基车厝。二十世的王安明居大山后,至十七世孙宽宏、宽正兄弟徙居小布林。

据谱牒所载,晋江王氏迁衍路线:晋江—泉州—龙海—漳州;晋江—泉州—惠安—莆田—仙游;晋江—石狮—南安—金门—同安。

进入晋江后王姓发展较快,目前晋江市王姓聚族而居的主要村落为:金井镇洲、钞岱、南埕、曾坑等上百个村落王姓分堂号均为开闽传芳。

上述村居不断有族人向外地播迁:青阳杏厝王四世王德顺于清代咸丰年间,迁居台湾的台南,如今已传至十三至十四世,已是枝荣叶茂,其成村落。1928 年青阳镇杏厝王的王维汾曾往台南探亲。

据《罗山沙塘族谱》记载:王毅轩于明代咸化(1471)移居龙岩;王横山于清末迁居于福州;王亦昌于抗战期间迁居龙海;王若亏、王秋庚于民国期间迁居石狮;王国祯等于清代末年移居菲律宾;王思夺等于民国期间迁往香港、澳门;王厨当等于民国期间到美国、墨西哥谋发展。目前沙塘已有万余人口,迁往石狮有200 多人;迁居龙岩有 1000 多人;移居龙海有 100 多人;移居香港、九龙有近千人,居住于澳门的有 100 人左右。

明代永乐(1417)郑和第五次下西洋,经泉州征用民工,晋江各姓不少人被征之。清康熙二十二年(1683)复界,开海禁后于道光二十三年(1821)沙塘王姓不少人到新加坡。

晋江王氏在唐、五代、宋、元、明、清科举中有文科进士 110 人(唐、五代 1 人,宋代 77 人,明代 23 人,清代 9 人)武科进士 6 人(宋代 1 人,明代 2 人,清代 3

人),文武进士共计116人。考中文科举人140人(明代68人,清代72人),考中武科举人32人(明代19人,清代13人),共计文武科举人172人。还有清及清以前21人以荫补官(文职),清及清以前以荫补官23人(武职)。历代较有声望的名流,明嘉靖五年龚用卿榜的王慎中官至河南参政,时人称"嘉靖八才子"之榜首。明代隆庆二年,罗万化榜的王用汲官至南京刑部尚书。

(作者为福建社会科学院现代台湾研究所研究员)

畲族姓氏的河洛文化记忆

赵晓芬

　　畲族的姓氏是盘、蓝、雷、钟四姓。由于畲族有自己的语言,无本民族文字,因而,对本民族的姓氏文化通过民俗文化表达,畲族姓氏文化中处处表达出他们的河洛情结,即畲民认为他们的姓氏是高辛帝所赐。畲族姓氏源于河洛。

　　畲族,中国东南沿海之主要少数民族。有1个畲族自治县(浙江景宁)、48个畲族乡(镇)。以"大分散、小聚居"形式分布在福建、浙江、江西、广东、安徽、贵州、湖南等省的山区、半山区,主要在闽东和浙南。2000年第五次全国人口普查统计,人口数为709592(台湾还有数万的盘、蓝、雷、钟姓人未计入),全国55个少数民族人口中排在第17位。其中盘姓30人,蓝、雷、钟姓各为20多万人。

　　畲族非常重视姓氏。畲民认为,是畲族人,必须是"盘、蓝、雷、钟"这四姓,否则,就不是畲族。盘、蓝、雷、钟,是畲族的姓氏。畲族传统的婚嫁方式是"男嫁女",不是女的嫁到男方,而是男的嫁到女方。婚后自然是男方从妻方居住。男到女方要改女方的姓,子女也姓女的姓。对自己的父母不承担赡养义务,也没有对父母财产的继承权。称女方的父母为父母,承担赡养义务,继承财产,死后同女方的男子一起排列位名。汉族的男子到女方后,还必须学会畲语。改姓意味着什么?俗语讲"大丈夫行不更名,坐不改姓",头可断,血可流,而姓不可改。为何"姓"如此重要,它是什么东西?"姓"是一种代表同一血统关系的符号。在堪称中国文字之祖的甲骨文中,"姓"是从生从女。左边的"生"上部是禾苗或草芽之形,下面的"一"表示土地,会意为禾苗或草芽从土地上生长出来,象征出生、生育之意,在此是表示人的出生;右边是"女",表示人生之所由来。"生"与

"女"组合出了表示生命血缘的"姓"。故《说文》云,"姓,人所生也,古之神母,感天而生子,故称天子,因以从女,女生亦声也"。去其神秘成分,可以得出"姓"产生于人知其母而不知其父的母系社会,因此"姓"字从女。由同一女所出的氏族的人都同一姓。也就是说,"姓"原是母系血统关系。但当社会发展到父系氏族社会后,血缘关系按父系计算,于是"姓"也就转变为父系血缘关系了。所以,当男子"从妻居",改了姓,意味着他加入了女方的血缘集团,自然就得承担这个家族职责,享有这个家族的权利。不改姓,表明没有加入女方血缘集团,生下的子女从父姓,这样即使男子不回原父母处,也等于这个家庭加入他父亲的血缘集团,而女方集团却"断了香火"。

姓氏为盘、蓝、雷、钟的,在我国很多,但多数不是畲族,有汉族,还有其他少数民族,自然对盘、蓝、雷、钟四姓的文化记忆也不同。

汉族及其他少数民族民间、学界对盘、蓝、雷、钟姓的来源,观点不一。盘姓渊源有三:源于盘古氏;源于姬姓;源于子姓,出自商王朝君王盘庚;都以先祖名字为氏。蓝氏姓源有四:出自芈姓;出自嬴姓;出自华姓;也有的说是神农皇帝赐姓。雷姓源出有三:出自方雷氏,炎帝神农氏的九世孙方雷之后,以国名为氏;出自黄帝有臣子名雷公,其后以祖名为氏;出自他族改姓。钟姓起源有五:源于周朝时代的宋国君偃的三弟公子烈;源于和公子烈同宗同源的宋桓公三子遨;源于春秋战国时楚国的属官钟师;出自嬴姓,为钟离氏改钟氏;是不少少数民族的姓,最多的是畲族。

而畲民一致认为,他们的姓氏是高辛帝所赐,源于河洛。据畲族有关志书和宗谱所载及神话相传:畲族始祖龙麒卫国有功,高辛帝赐配第三公主,生了三男一女,一一上朝奏请高辛帝赐姓。因长子是用盘托奉上朝的,高辛帝就赐姓盘,名自能,后来封南阳郡"武骑侯";次子是用篮装上朝的,高辛帝就赐姓蓝,名光辉,后来封汝南郡"护国侯";三子抱上朝的,天空正响一声雷,就赐姓雷,名巨祐,后来封冯翊郡"立国侯";女儿赐名淑玉,后来招女婿赐姓钟,名志清,封颍川郡"国勇侯"。

畲族的史诗《高皇歌》中,关于畲族姓氏来源唱道:

　　亲生三子相端正,

皇帝殿里去讨姓。

长子盘装姓盘字,

二子篮装便姓蓝。

第三小子正一岁,

皇帝殿里讨名来。

雷公云头响得好,

笔头落纸便姓雷。

当初出朝在广东,

亲生三子女一宫。

招得军丁为夫妇,

女婿名字身姓钟。

三男一女甚端正,

同共皇帝管百姓。

住落潮州名声大,

流传后代去标名。

　　畲族的"族宝"——祖图,用配有汉字的彩色画卷描绘了畲族姓氏起源:高辛皇后耳痛三年,太医取出一条三寸长的金虫,放在金盘中,变作龙孟丈二长,取名为"龙麒"。番王作乱,高辛帝为反击犬戎的侵犯,征聘勇士,谁能收服番王,三公主嫁给他做妻子,而且再加封。龙麒应征奋勇前去番国,趁番王酒醉,将番王首级割来献于殿前。公主和龙麒结了婚,生了三男一女。长子"盘装"就姓盘,次子"篮装"就姓蓝,三子雷公云头响,便姓雷,淑女招婿姓钟。

　　畲族家谱的内容一般是先叙家族得姓的原由、源流和世系,然后指明郡望及分派和迁徙的原因、始末,接着详载所谓恩荣,有关该家族的制诰、敕命、封赏。蓝、雷、钟三姓族谱都有《重建盘瓠祠序》。

　　重建盘瓠祠序(一):朔自三才定位,厥有阴阳,而人立焉,轩辕锡姓赐氏以来,支分派别,谱牒遂兴者,无非欲后世子孙,虽千支万派而有以知其所自出也。我姓之源原天星下降于高辛帝后,变生子于耳,后因燕王日侵,疆土难以收伏,我祖潜至番邦,斩其首,复疆土,帝遂以女招为驸马,而生三子一女,迄今世远年湮,

4-8、讨姓受封

4-7、招为驸马

百有余世,子孙之散处南京江浙等地者,不知其数,家谱不修,乌知千支万派之所出哉。兹广东潮州府凤凰山重建盘瓠氏总祠,议修家谱,我姓凡为一脉者,期为踊跃开以便汇修合刊,流传不替,庶我族姓,历千百万世,有以知其亲疏,序其昭穆,不致纲罗散失,则亲其亲、长其长,上不坠祖宗之贻谋,下不失子孙之联属矣。是为序。

重建盘瓠祠序(二):盖闻木则有本,水则有源。自轩辕氏立极锡姓赐氏,遂有谱以纪世序,而知祖宗之所自出,支派之所以分,与吏之纪世统,叙帝王上下相承,其义一也。我姓之源天星下降出于高辛帝后,变生平耳,后因番国燕王作乱,侵害国家我祖收燕复疆,帝以宫女招为驸马,遂生我祖光辉焉,封护国侯,赐姓蓝,但世远年湮不知祖宗之所自出,支派之所以分者,谱未修也。兹广东潮州府凤凰山重建盘瓠氏总祠,议修家乘,期我族姓,凡为蓝氏者,务宜踊跃开明,以便汇而合刊,庶千百余代而有以知,某某出于某支,出以某派,则上有以识祖宗之源流,下有以连族姓之亲疏,不亦休哉。是为序。

盘瓠氏重建祠序(三):当思家有谱,犹国之有史,无史则不知兴衰理乱之由,无谱则不知世系流源之辨。谱与史虽不同,而其为不可无,则一也。彼世之为谱,有援挺生为其祖而尊之者,有引奇功为其祖而祀之者,亦有祖实挺生,问其子孙而不知者,有奇功问其子孙而不知者,甚矣。谱之不可无也,明矣! 夫我祖原出自高辛帝正宫刘氏,锡名盘瓠,生不犹人,而非挺生者乎,后值燕王作乱,咬斩燕王之首,国家安如泰山,万民乐其产业,而非奇功者乎,然自古在昔以迄至今,并未有谱以彰祖宗之功德,以连世系之支流,迁派无稽,昭穆难序,为子孙者能不对祖宗而有愧乎。兹广东潮州府凤凰山重建盘瓠总祠,使不会移居闽浙之族姓,合而谱之,则世远年湮,不知某派为大小,某派为千万,呜乎! 可故酌议。雷德清蓝荣将券牒传单到各处地方询问,不论远近亲疏共为盘瓠一脉者,汇修一谱,一以志祖宗功德之源流,一以示子孙瓜瓞云尔,是为序。

《勅书》中关于本民族姓氏文化的记载:"盘匏与公主生得一位男儿,缘无名姓,抱上金銮殿前求帝赐姓,帝赐姓,用盘盛之,因此姓盘;又生一子,用篮盛之,因此姓蓝;再生一男,又抱金銮殿上求姓,忽然雷鸣一声,即安姓雷。因此姓蓝盘雷之人,仍见三位男儿。又过三年,又生一女,名英,配婿姓钟,名志深长远之事,时代相继,万古流传。高辛皇帝勅赐宫女与忠勇王共生三男一女,长男姓盘名自能,封柱国侯,次男姓蓝名光辉,封护国侯,三男姓雷,名巨佑,封武骑侯,女婿钟名志深,封敌勇侯,驸马之女,皆勅封品级。又勅赐御书铁券与忠勇王子孙,世代流留为照。朕有东夷王宁馨所贡三女,冠世美貌,长奇珍,赐卿长男,次奇珪,赐卿二男,三奇珠赐三男,以继宗祧,螽斯衍庆,世代相传,旨勅悉免粮税丁役,世代不纳永为乐人。至于秦始王无道,天下纷争,忠勇王三十九世孙,盘蓝雷钟同迁于广西地方栖避秦乱。楚平王五年五月,授封勅赐照身图付与忠勇王子孙及钟,共一千八百户,散行广东西路,路途以望而去,所遇田山,自耕自种为业,不纳粮税丁役,收执存照。大隋开皇五年五月十五日,给盘、蓝、雷三姓,立大船三号,出於海洋,后盘姓一船,不知何方去向,唯独蓝、雷两姓,洋中直到福建兴化连邑马鼻上山。吾祖迁马鼻南洋居住安业,俟后又分支派,移连邑尖沧大坵兰,其中久远,族繁知胜纪。"

此外,畲族的传说、故事都讲述了畲族姓氏源自河洛。四姓畲民中堂的香火榜上都标明祖居河洛的望籍,盘姓是南阳郡,蓝姓是汝南郡,雷姓是冯翊郡,钟姓是颍川郡。祠堂或堂屋正柱上必题有"安邦定国功建前朝帝眷高辛亲敕赐，附马金卿名垂后裔皇子王孙免差徭"的族联。畲民"话酒"溯源时，畲族蓝姓说的"汝南出头"，雷姓说的"冯翊出头"，钟姓说的"颍川出头"。畲民认为自己源出"河洛"。人死后，墓碑上盘姓刻的是南阳郡，蓝姓刻的是汝南郡，雷姓刻的是冯翊郡，钟姓刻的是颍川郡，回归河洛。

上述畲族关于姓氏起源的记忆基本上是神话传说，但非无中生有。

首先，符合每一民族的文化记忆。几乎每一个民族的历史都是从"废除了时间顺序本身"的特殊的非理性的社会记忆——神话传说开始的，畲族也不例外。神话是与历史同步形成与发展的，并构成了历史观念和历史常识的基础，此种观念和基础成为民族意识的组成部分。当民族团结成为不可缺少的要素时，神话必应运而生。畲族有语言，没有自己的文字，旧时又被剥夺了上学受教育的机会，有关畲族的文献资料欠缺，所以，无法从历史文献中，全面而详尽地了解畲族的发展史，这也给畲民家族文化的研究带来了困难。但是，畲族的历史却以另一种形式存活在家族成员的集体记忆中，这便是家族的传说。传说作为一种文化象征符号是一种社会记忆形式，"它在横向上能巩固占据特定空间的人类共同体的成员认同心理，使他们目标一致地按照既定的模式改造自然和社会；它在纵向上能传承于后代，是民间教育的重要部分，对于新一代人它永远是不依其意志为转移的价值载体并表达着历史积淀下来的价值取向"[1]。在家族成员中家族传说是神圣的，也是神秘的，它有一种非个人所能驾驭的既定力量和控制力量；家族成员将传说看成是家族演进史和家族精神史，家族传说融入了畲民家族的信仰体系、价值观念和操作系统之中。同时，家族传说既有稳定的精神内核和基本的母题，又具有能产性、增值性与变异性，随着历史的更迭、时代的转换和环境的变迁，家族成员会对家族传说进行重新解读、宣讲和再编码，形成具有崭新的生命力的家族记忆。当将传说的"口头历史"尽可能全部地汇集而成后，再将现存的仅有的文字资料作为一种互证，便可以探寻得畲族历史演进的行踪。

其次，符合"姓氏"产生的历史。"姓"是如何产生的？它源于什么呢？追根寻源，与古代的图腾崇拜有关。在母系氏族社会，社会细胞是由一位老祖母领

① 纳日碧力戈：《"民族"的政治文化评析：人类学视野》，载《民族研究》2000 年第 2 期。

导他的子孙们组成的血缘集团，在各氏族集团之间，有经常性的协作或者对抗冲突等外交上的联系，为了便于相互区别与称谓，各氏族就选用一种实物，或是虚构一种图象，绘成图形作其氏族的标帜，这就是图腾。自图腾产生后，人类才意识到各群体之间的不同，而首先用来区分的标帜和名称，就是图腾徽帜和图腾名称。而当时的图腾名称也就是现在所谓的"姓"。法国著名学者 E. 杜尔干在谈到这个问题时说，图腾群体"自信出自图腾，图腾既做徽帜，亦做他们共有的姓。若图腾为狼者，各员皆信他们曾有狼祖，他们亦各有狼姓。于是他们就自称为狼"。而从中国古代文献的记载和古姓的考察来看，也充分说明了这一问题。汉代的王充在《论衡·诘术篇》中说："古者，因生以赐姓，因其所生赐之姓也。若夏吞薏苡而生则姓苡氏。商吞燕子而生，则姓为子姓。周履大人迹，则姬氏其立名也。"这是说古人生下来就赐姓，并且是以生其之物为姓的，如夏之始祖是其母吞薏苡而生，所以夏族以"苡"为姓；商的始祖是其母吞燕子而生，则以"子"为姓；而周的始祖是其母踩上图腾足迹而生，所以周族以"姬"为姓。可见汉代人已理解"姓"来源于"生人之物"，也就是今人所说的"图腾"罢了。畲族姓氏的形成既体现这一规律，又证明了这一观点。

再次，与畲族发展的进程相一致。畲族，历史悠久。考古资料表明，早在新石器时代，粤北一带就有人类活动。学术界认为，这些人类是畲族的先民。汉文史籍上，不同时期用不同名称来称呼这个民族。有文字记载东南山区时，畲族先民就已居住在闽、粤、赣三省交界山区，被称为"蛮"、"蛮僚"、"峒蛮"或"峒僚"。根据《资治通鉴》和《云霄厅志》等有关资料记载，唐初在闽、粤、赣交界之地，畲族先民已有相当数量的人数。粤东、闽南，是开发较晚的地区，隋唐之际，这里还属边远荒凉地带，内地汉人不愿去，这里的畲民过着封闭的生活，仍沿用着原始的刀耕火种耕作方式。封建统治者在畲区开始设置郡冶，推行封建统治，强迫畲民承受"贡赋"和"徭役"，霸占他们的土地，掠夺他们的财产。"贵家辟产，稍侵其疆，豪干诛货，稍笼其利，官吏又征求土物密腊、虎革、猿皮之类。畲人不堪，诉于郡弗省，遂怙众据险，剽掠省地。"①海洋县凤凰山诸处畲，遁入山谷中，不供徭赋。南宋莆田人刘克庄的《漳州谕畲》："畲民不悦（役），畲田不税，其来久矣。"

---

① 宋刘克庄：《后村先生大全集》，卷九三，《漳州谕畲》。

这与畲族史诗《高皇歌》的叙述相同。刘克庄还指出漳州畲民与蛮、瑶、黎、蛋等其他民族不同，"凡溪洞种类不一：曰蛮、曰徭、曰黎、曰蛋，在漳者曰畲。西畲隶龙溪，犹是龙溪人也。南畲隶漳浦。其他西通潮、梅，北通汀、赣"。嘉庆《云霄县志》所载"高宗总章二年（669），泉、潮间蛮獠啸乱"，指的就是畲民等土著民族不服朝廷统治引发的战乱。陈政、陈元光父子率中原五十八姓将士南下平乱，才有了汉族大量进入，使这一带由畲民聚居区变成"民獠杂处"之地。历史记载与《高皇歌》唱词相同。

现各地畲族宗谱记载："唐光启二年（886），盘、蓝、雷、钟、李有三百六十余丁口，以闽王王审知为向导官，由海水（路）来闽连江，至马鼻登岸，时徙罗源大坝头居焉。"而盘王驶一船被风漂流不知去向，故盘姓无传（可能漂居海外）。以上是畲族迁往闽东的最早记载。从宗谱上记载与当时王审知入闽的史实考证，迁徙的时间是相符的，说明宗谱的这一记载是有历史依据的。

最后，现有的发现也证实了民族传说。如清嘉庆《云霄厅志》中载有云霄镇五通庙"石柱镌有盘、蓝、雷氏字样，盘、蓝、雷氏系陈玉钤（即陈政）所征蛮獠，庙柱为蛮所舍，则建庙必在开屯之先，云霄宫庙维此最古的记载"。由此可知早于唐之前，就有盘、蓝、雷诸姓。

《勅书》、宗谱记载，"忠勇王世孙盘、蓝、雷、钟同迁广西栖避秦乱……共数千户散行广西"。全国人口普查，广西只有盘、雷、蓝诸姓的瑶族，而没有畲族。据上记述，部分畲族是因避世乱迁散飘流他处，逐渐融入他族或演变成其他单一的少数民族。

福建漳州市政协近来在姓氏调查时发现，全市共有蓝姓 34114 人，钟姓 24045 人，雷姓 651 人，盘姓 23 人。漳州至今留有不少体现古代畲民生活的遗迹。如华安汰内仙字潭石刻被认为是畲族先民的杰作。《闽中记》记载，"南安郡西南有汰溪，古畲邦之域也"。明代陈天定的《北溪纪胜》写道："汰水西汇大江，以小舟入，古称桃源洞，蓝、雷所居，今号汰内。"畲族民歌也唱道："桃源洞里是我家。"可见仙字潭所在的九龙江北溪是古畲民居住地。除仙字潭石刻外，华安还有新圩镇蕉林群蛇图腾石刻、湖林乡石井放牧图石刻、马坑草仔山岩刻、高安星像图石刻等出自古畲民之手的文化遗迹。当地畲民有独特的节日习俗。还流传着一套联系暗语和辨亲法。如"汝"字的三点水代表先祖生下的三个儿子，加上"女"字旁,恰好是先祖所生的三子一女。如果同是畲族,一定能够准确解释。还有:"一根竹劈几片?""三片半",也是相同的意思,三男一女中,女算半子,所以称"三片半"。漳州浦南镇松川村钟姓珍藏手抄古本《钟姓族谱》记载:"钟姓皆是朝一脉,有图书所载作证,俱要相认,若不识汀州府所传图书者,是为冒名混入的,不认为一家人。"

祖图中有一幅图描述盘姓海上迁徙中,遇台风狂浪,没了踪影,不知去向。

千百年来,畲民都在找盘姓这一支。近年在福州罗源经商的台商吴清菊、张环城,了解到在台湾新竹湖口有盘姓。就赶到新竹,一到湖口乡就惊住了:这里人语言与罗源霍口畲家人几乎一样;他们同认自己的祖籍地在河南汝南县,后来一路南下,到了广东凤凰山,也认龙麒为自己的始祖,习俗、为人行事风格都与霍口畲家人相似。新竹盘家长老盘治盛得知张环城从福州罗源来,兴奋地跳起来:"我们一直想找在大陆的兄弟姐妹。但畲家没有自己的文字,靠口口相传,有的家族传下来说我们与罗源有关,但我们搞不清罗源是地名还是人名,也搞不清这两字怎么写。前年,我们请厦门大学的专家帮我们寻根,最近他们也告诉我们,我们与罗源霍口畲族是一家。"并递过《台湾盘姓族谱》,指着《开台概况与原族谱遗失经纬》一章说:"你看上面记得很清楚,据宗族前辈称吾宗十五世祖以上,乃定居于广东省惠州陆丰县吉康吉卢竹坑,以务农为业……迄至十六世祖时,清兵入关,原先入闽粤之大姓,又相率随郑氏迁台,吾祖亦不后人,渡大海、入荒陬,以拓殖新天地。"并组织一批人来到罗源霍口,与蓝、雷、钟姓的兄弟姐妹们团聚。张环城说:"明年我们还想当红娘,让罗源的蓝姓、雷姓、钟姓兄弟到新竹去,在那里再办一次团圆会,亲戚总是越走越亲。"当年畲民从泉州下海到福州、罗源,在台湾海峡行船,结果被风吹到台湾,这是可能的。

　　除此之外,历史上许多畲民去了台湾,为开发台湾作出了贡献。如漳浦赤岭畲族乡的群山之间,坐落着一处明嘉靖年间建造的两进宫殿式建筑,它就是两岸蓝姓畲胞共同信奉的总祖祠种玉堂。堂内雕梁画栋,装饰典雅,悬挂着古色古香的匾额以纪念蓝姓中的杰出人物:"所向无敌,康熙丙子年福建水师提督蓝文山";"平台大将军,康熙辛丑年授闽台水陆提督蓝廷珍";"三赞大臣,雍正十三年授闽台水师提督蓝元枚";"公正廉明,授广州府正堂蓝鹿州"。这四位蓝姓先贤都是开发台湾的名人,他们都是畲族人。

　　　　　　　　　　　　　　　　　　（作者为贵州省委党校教授）

大禹故里在开封市陈留考

李玉洁

大禹是我国家喻户晓的治水英雄、夏王朝的开国国王。关于大禹有很多的传说。《史记·夏本纪》云:"禹者,黄帝之玄孙而帝颛顼之孙也。"大禹的父亲鲧因治水不成,被帝舜殛死于羽山。舜命禹接替其父治水。《韩非子·五蠹》云:大禹"身执耒臿,以为民先;股无胈,胫不生毛,虽臣虏之劳不苦于此矣"。大禹治水,三过家门而不入,终于制伏了洪水,成为我国万世敬仰的英雄。但是大禹出生何处,古来众说纷纭。笔者认为,根据史籍记载及大禹治水的地域,大禹的故里当在今河南省开封市陈留镇。

一、关于大禹出生地望的说法

大禹出生何处的问题,学术界自古就有很大的争论。由于古史不详,又加上很多神话色彩,所以关于大禹的出生地,学术界主要有多种说法:

(一)绍兴说:

《史记·夏本纪》云:"帝禹东巡狩至于会稽而崩。"汉赵煜《吴越春秋·越王无余外传》载:"启使使以岁时春秋而祭禹以越,立宗庙于南山之上。禹以下六世而得帝少康。少康恐禹祭之绝祀,乃封其庶子于越,号曰无余。余始受封,人民山居。虽有鸟田之利,租贡才给宗庙祭祀之费;乃复随陵陆而耕种,或逐禽鹿而给食。无余质朴,不设宫室之饰,从民所居,春秋祠禹墓于会稽。禹祀断绝十有余岁。"注引:"《地理志》山上有禹井、禹祠,相传下有群鸟耘田也。《水经注》鸟为之耘,春拔草根,秋啄其秽。"《史记·始皇本纪》:公元前210年,"始皇三十七年十月……上会稽,祭大禹"。《竹书纪年》:禹"八年春,会诸侯于会稽"。《吴越春秋·越王无余外传》:禹"即天子之位,三载考功,五年政定,周行天下归,还大越登茅山"。南山、茅山,皆指的是绍兴会稽山。

这些记载皆只说是大禹之死,并没有说大禹的故里;更重要的是关于"山居"、"鸟田之利"、"鸟为之耘,春拔草根,秋啄其秽"的记载,说明会稽还处于非常原始的状况,而不像《尚书·禹贡》所记载的"九州",把土地分类,对土地的性质进行研究。生长在这样环境中的部族是不会到中原地区去争夺国家权力的。

绍兴说当与商汤灭夏之后,夏人的一支南迁有关。《史记·越世家》云:"越王勾践,其先禹之苗裔,而夏后帝少康之庶子也,封于会稽以奉守禹之祀。南迁在绍兴会稽的这支夏人,他们怀着对先祖的崇拜,渴求先祖的庇护,在迁徙之地建立禹井、禹祠、禹陵等以对先祖祭祀和膜拜,是完全可以理解的。

(二)西羌说:

西羌说是学术界最多的说法。大禹治水出生在西羌(今四川茂汶一带)。《吴越春秋》卷四云:"鲧娶于有莘氏之女名曰女嬉,年壮未孳,嬉于砥山,得薏苡而吞之,意若为人所感,因而妊孕,剖胁而产高密。家于西羌,地曰石纽。石纽在蜀西川也。"注曰:"《世本》曰:鲧娶有莘氏女,谓之女志,是生高密。宋忠曰:高密,禹所封国。《世纪》曰:鲧妻修己见流星贯昴,梦接意感,又吞神珠薏苡而生禹,名文命,字密史,记以文命,为禹之名。孔安国谓禹为名。张晏谓禹为字,今并存之。在茂州石泉县,其地有禹庙。郡人相传禹以六月六日生。《元和郡县志》禹,汶山广柔人,生于石纽村。《水经注》县有石纽乡,禹所生也。广柔,即今石泉军。"

明曹学佺《蜀中广记·名胜记·川西道》云:"《郡国志》云:石纽山今在石泉县南。《帝王世纪》以为鲧纳有莘氏,胸臆坼而生禹于石纽,郡人以禹六月六日生。"

《绎史》卷一一《禹平水土》引:"《帝王世纪》伯禹夏后氏,姒姓也。父鲧妻修己见流星贯昴,梦接意感,又吞神珠薏苡,智拆而生禹。于石坳虎鼻大口,两耳参漏,首戴钩钤。智有玉斗足文履已,故名文命,字高密,身长九尺二寸,长于西羌。西羌,夷人也。"

《绎史·禹平水土》引:"《遁甲开山图》古有大禹,女娲十九代孙,寿三百六十岁,入九嶷山,仙飞去后三千六百岁,尧理天下,洪水既甚,人民垫溺。大禹念之,乃化生于石纽山泉,女狄暮汲水得石子如珠,爱而吞之有娠,十四月生子。及长,能知泉源,代父鲧理洪水。尧帝知其功如古,大禹知水源,乃赐号禹。"

《皇王大纪·五帝纪》云:"鲧之妻,有莘氏女曰修纪。感流星之祥,生子禹于石纽。长于西羌,师于大成挚,学于西王国,伤先人之非度,将釐改制量,乃潜心图书,南游衡山,东登宛委,见石匮发之,得金简玉字,洪范九畴;究天地之理,知万物之性。舜荐禹为司空,往平水土。"

笔者认为,鲧和大禹活动的地望和治水的地域在今黄河流域(后面将详述),大禹不可能出生在西羌(今四川茂汶一带)。

(三)山西说:

《左传·定公四年》:"分唐叔以大路、密须之鼓、阙巩、沽洗、怀姓九宗,职官五正,命以唐诰,而封于夏墟,启以夏政"。古代帝王之都的遗址称"虚"。杜预注"夏虚大夏,今太原晋阳也。亦因夏风俗,开用其政。"又《史记·吴太伯世家》:"武王克殷,求太伯,仲雍之后……乃封周章弟虞仲于周之北故夏墟。"《集解》引"徐广曰:在河东大阳县"。《索隐》云:"夏都,安邑。虞仲都大阳之虞城,在安邑南,故曰夏虚。"夏墟就是夏后禹早期的都城和活动的地方。夏后禹即位为天子之后,仍居于帝尧、帝舜的故都,即晋南之地,故这里又称为山西夏墟。夏墟在今山西夏县一带,夏王朝初曾都于此。

夏王朝稳定之后,为了避开帝舜的影响,又迁至今豫西的伊洛河流域。《逸周书·度邑解》:"自洛汭延于伊汭,居易无固,其有夏之居。""有夏之居"在河南洛阳的伊、洛二水之间。《汉书·地理志》说:"颍川郡阳翟,夏禹国。"阳翟,今河南禹县。阳翟是夏王朝的后期都城。

(四)陈留说:

此说认为大禹的母亲部族有莘氏,即古有莘国在今河南省开封市陈留一带,并且认为大禹最早的都城——阳城也在今河南省开封市的陈留县。夏王朝灭亡之后,西周王朝又把夏人后裔封于杞(今河南省杞县),是为杞国,说明河南省杞县可能就是夏禹的故里和活动的故地。这些都向人们传递着大禹故里在今开封市陈留的信息。

二、从鲧活动的地域看大禹故里

鲧是大禹的父亲,鲧活动的地域应该与大禹的故里有关。崇伯鲧主要活动在今河南、山西、山东一带。

宋王应麟《通鉴地理通释·历代都邑考》"夏都"条下云:"《世纪》鲧封崇伯国在秦晋之间。"大禹的父亲崇伯鲧的崇伯国在秦晋之间,许多学者认为"崇",就是进河南省西部的嵩山。崇,古文通"崈",曾名"外方"山;即今河南省嵩山。《尚书·禹贡》云:"至于太华、熊耳、外方、桐柏,至于陪尾。"明胡广等《书经大全·夏书·禹贡》卷三释曰:"外方,地志颍川郡崈高县有崈高山。古文以为外方,在今西京登封县也。崈,音崇。"元陈师凯《书蔡氏传旁通》卷三《禹贡》云:"颍川郡崈髙县有崈髙山,古文以为外方。地志云是为中岳,有太室、少室山庙。崈,古崇字。西京登封县,今河南府路登封县嵩髙山也。"

《东观汉记·帝纪三》记载:东汉孝灵帝熹平四年(175),"使中郎将堂溪典请雨,因上言复崇高山为嵩高山。"《后汉书·灵帝纪》记载:孝灵帝熹平五年"夏四月癸亥,大赦天下。益州郡夷叛,太守李颙讨平之。复崇高山,名为嵩髙山"。唐章怀太子李贤注:"前书武帝祠中岳,改嵩髙为崇髙。"

由以上记载可以看出,崇伯鲧之"崇"地,指的是今河南省的嵩山。

今本《竹书纪年》卷上云:(帝颛顼髙阳氏)"三十年,帝产伯鲧,居天穆之阳。"《山海经·大荒西经》云:"西南海之外,赤水之南,流沙之西,有人珥两青蛇,乘两龙,名曰夏后开。开上三嫔于天,得九辩与九歌以下,此天穆之野,髙二千仞。开焉得始歌九招。"郭璞曰:"《竹书纪年》颛顼产伯鲧,是维若阳,正谓此也。"

今本《竹书纪年》和《山海经·大荒西经》说伯鲧在"天穆之阳"或者"天穆之野",今已不知其确指何处,当是鲧兴起的地方豫西嵩山一带。

鲧是一个治水的部族。《史记·五帝本纪》记载:"帝尧时期,汤汤洪水滔天,浩浩怀山襄陵,下民其忧。"鲧作为一个管理土木建设、治理水患的部族领袖,带领他的部族前去治理水患。后世在黄河北岸还遗留许多鲧堤。宋朱熹编《二程遗书》卷一五云:"河北只见鲧堤,无禹堤。鲧埋洪水,故无功。禹则导之而已。"清人朱鹤龄《禹贡长笺》卷一云:"今河北多有鲧堤,太原、岳阳、帝都所在,鲧必极意崇防。"

《太平寰宇记·河北道四·相州》云:"(安阳县)鲧堤、尧城,禹之父所筑,以捍孟门,今谓之两城是也。"《大清一统志·彰德府》卷一五七:"鲧堤在府城东。乐史《太平寰宇记》安阳县鲧堤,鲧所筑,以捍孟门外,今谓之三刃城。旧志在永和镇东。"《河南通志·古迹上》云:"鲧堤在内黄县,高一丈六尺,厚二丈五尺。《汉书·沟洫志》曰:内黄界中有泽方数十里,环之有堤,盖鲧所筑,以捍孟门者也。"

《太平寰宇记·河北道六·澶州》云:"鲧堤在县(清丰县)西十五里,自黎阳入界,尧命鲧治水筑堤无功,其堤即所筑也。"《太平寰宇记·河北道七·贝州》云:"鲧堤在县(邺县)西三十里自宗城县来鲧治水时筑。"《大清一统志·济南府二》云:"鲧堤在德平县西南二十五里,相传伯鲧所筑,约十余里。县志土河两岸,旧有堤甚高广。明嘉靖间,土人沿堤壅种,遂尽平之。每夏涝无以捍水,为秋成害。"

鲧被殛于羽山。羽山何处呢?《左传·昭公七年》杜预注:"羽山在东海祝其县西南。"祝其县,在今江苏省赣榆县内。

但亦有说法,认为鲧所被殛死的羽山在今山东省的蓬莱县一带。《太平寰宇记·河南道二十·登州》云:"(蓬莱县)鲧城在县南六十里。古老相传云:是魏将田预领兵御吴将周贺筑之。盖近殛鲧之地,因名。"

无论鲧被殛于羽山,是在今江苏省赣榆县内,或是在山东省的蓬莱县一带,总之是在东方的海边。

由以上记载可知,鲧的治水活动也是在今河南、河北、山东地区。鲧之子大禹的故里当然在黄河流域。

三、从大禹治水地域看其故里

大禹长成之后,接替其父治水,与鲧一样,也在黄河流域治理洪水。

大禹的父亲鲧因治水不成而被诛杀,但鲧部族是一个有治水经验和能力的部族。舜处死了鲧,但洪水并没有被制服,因此在四岳的推荐下,帝舜又起用了禹为司空去治理洪水。《左传·僖公三十三年》云:"舜之罪也,殛鲧;其举也,兴禹。"舜曰:"嗟然,禹! 汝平水土,维是勉哉!"①

《吕氏春秋·恃君览·行论》记载:当鲧被殛死之后,"禹不敢怨而反事之官为司空,以通水潦,颜色黎黑,步不相过,窍气不通,以中帝心"。高诱注:"禹,鲧子也;不敢怨舜,而还事舜治水土者也。"

《史记·夏本纪》云:"禹为人敏给克勤,其德不违,其仁可亲,其言可信。声为律,身为度,称以出;亹亹穆穆,为纲为纪。禹乃遂与益、后稷,奉帝命,命诸侯百姓,兴人徒以傅土行山表木,定高山大川。禹伤先人父鲧功之不成受诛,乃劳身焦思,居外十三年,过家门不敢入,薄衣食致孝于鬼神,卑宫室致费于沟淢,陆行乘车,水行乘船,泥行乘橇,山行乘檋,左准绳,右规矩,载四时,以开九州,通九道,陂九泽,度九山,令益予众庶稻可种卑湿,命后稷予众庶难得之食。食少调有余相给,以均诸侯。禹乃行相地宜所有以贡,及山川之便利。"《周礼·冬官·考工记》郑玄注:"禹治洪水,民降丘宅土,卑宫室,尽力乎沟洫,而尊匠。"

《水经注·河水》较多地记载了大禹治水的地方和情况。在黄河的上游的洮水流域(今甘肃兰州东南),大禹见一个长人,并在洮水接受长人所授的黑玉书,学习水的习性和治水的方法。《水经注·河水》云:"洮水又东径临洮县故城北,禹治洪水,西至洮水之上,见长人受黑玉书于斯水上。"

大禹治水主要是在黄河的中下游治理。在黄河中游有名的中流砥柱之处,大禹破山通河,把大山辟开,就是现在的三门峡,让水从中间流过。《水经注》卷四《河水》云:"昔禹治洪水,山陵当水者凿之,故破山以通河。河水分流,包山而过山,见水中若柱然,故曰:砥柱也。三穿既决,水流疏分,指状表目,亦谓之三门矣。山在虢城东北大阳城东也。"

在洛水流域,大禹又见到一个"白面长人鱼身",授他以河图,交给他黄河的水路图。《水经注》卷五《河水》云:(在孟津)"昔禹治洪水,观于河,见白面长人鱼身,出曰:'吾河精也。'授禹河图而还于渊。"

在古雒邑,大禹又凿开了龙门、劈开伊阙,让河水通畅。《汉书·沟洫志》记载:"昔大禹治水,山陵当路者毁之;故凿龙门,辟伊阙,析厎柱,破碣石。"为了治水,大禹三过家门而不入,为中华民族的文明史作出了极大的贡献。

---

① 司马迁:《史记·五帝本纪》,中华书局,1982 年。

《史记·李斯列传》云："禹凿龙门,通大夏,疏九河,曲九防,决淳水,致之海;而股无胈,胫无毛,手足胼胝,面目黎黑,遂以死于外,葬于会稽,臣虏之劳不烈于此矣。"《史记·夏本纪》大禹在治水的过程中,"劳身焦思,居外十三年,过家门不敢入。薄衣食,致孝于鬼神;卑宫室,致费于沟洫。陆行乘车,水行乘船,泥行乘橇,山行乘檋。左准绳,右规矩,载四时,以开九州,通九道,陂九泽,度九山。"大禹采取了疏川导滞的办法,行山表木,定高山大川,终于治服了洪水。大禹是我国第一个为治水作出巨大贡献的古帝王。

大禹治水主要在今黄河的中下游一带。今黄河中下游不仅留下了关于大禹治水的许多美丽的传说,而且立下了许多与大禹有关的地名。如今河南省的三门峡,洛阳的龙门,河南省的禹州,禹山,山东省的禹县,陕西省的夏县等。

四、大禹故里在开封陈留说

宋王应麟《诗地理考》卷六云:"前莘后河,《郑语》曰:前莘后河。注:莘,莘国也。《郡县志》故莘城在汴州陈留县东北三十五里古莘国。"那么,有莘氏之女所生儿子禹的时候当在距莘不远的地方。《诗·大雅·大明》毛亨传曰:"莘,大姒国也。"莘国的姓是姒,也是夏禹之姓。

王应麟《诗地理考》卷五《周颂》云:"故莘城在汴州陈留县东北三十五里,古莘国地。汤伐桀,桀与韦顾之君拒汤于莘之墟,遂战于鸣条之野。"即古莘国在今河南省开封市的陈留县。

王应麟认为禹都阳城也在今河南省开封市的陈留县。他在《通鉴地理通释·历代都邑考》"夏都"条下云:"《皇王大纪》禹都于安邑。《世纪》鲧封崇伯国在秦晋之间。禹受封为夏伯,在《禹贡》豫州外方南于秦汉属颍川,本韩地;今河南阳翟是也;受禅都平阳,或在安邑,或在晋阳。《世本》言:夏后居阳城,本在大梁之南,今陈留浚仪是也。"

古帝王的都城是经常迁徙的。也许大禹初都其故里,其故里名曰阳城。当大禹为帝舜治理洪水,随着权力的扩大,夺取了帝舜的政权,先以帝舜之都城为都(今山西临汾)。而当大禹建立了夏王朝之后,为避开帝舜的影响,大禹又把都城迁到了今河南西部,即原来崇伯国的境内,今豫西古雒邑一带。

考古工作者在河南登封告成镇东北面发现了一座春秋至汉代的古城遗址。

其中出土的陶豆等器物上有"阳城"、"阳城仓器"字样的陶文,该城址当是春秋至汉代的阳城。《世本》云:"禹都阳城。"地下出土实物与文献材料对照,表明"禹都阳城"可能就在附近。

河南偃师二里头遗址是一处都邑遗址。二里头遗址有很厚的文化堆积。遗址中一号宫殿是由夯土台基、殿堂、廊庑、庭院、殿门组成的宫殿建筑。檐柱外侧还留存有一圈挑檐柱洞。据柱洞的位置分析,这座殿堂应为一面阔八间、进深三间的双开间建筑。屋顶可能为四坡出檐式。这座殿堂四坡出檐式结构与我国最早的"四阿重层"宫殿建筑基本相符。① 二里头的宫殿遗址,是我国迄今发现的最早的宫殿遗址。遗址年代在夏王朝的纪年之内,当与夏王朝所建都城有关。

古籍中所载夏代都邑,也基本在今山西、河南两省境内。

当夏王朝灭亡之后,历经殷商,周王朝建立之时,寻找夏人后裔封于杞(今河南省杞县,距陈留 20 公里),是为杞国。这是大禹母亲部族有莘氏的故国之地,也是夏禹的故里和活动的故地。《通鉴地理通释·历代都邑考》引"《世本》言夏后居阳城,本在大梁之南,今陈留浚仪是也"。这些记载都说明今开封市陈留与夏王朝的开国国王有密切的关系。开封市陈留是大禹的故里,今开封市有规模宏大的禹王台,每年都要举行祭祀大禹的活动。

根据古籍记载、大禹治水的地域、崇伯鲧所在之地、大禹所建都城分析,大禹的故里当在今河南省开封市的陈留镇县一带。

（作者为河南大学黄河文明与可持续发展研究中心教授、博士研究生导师）

---

① 《河南偃师二里头早商宫殿遗址简报》,《考古》1974 年第 4 期。

孔子之陈、蔡、叶周游
——孔子与河南东部文化

（日本）冈本光生

一、存在问题

依据《孟子·滕文公》上篇,战国时代中期的儒家孟子在滕跟"为神农之言者许行"之徒陈相对社会性分业问题论战过。

论战的对方是宋人陈相,他的老师是"楚产"之儒陈良,可是老师去世以后,他听了滕文公"贤君"而"行仁政"的名声而到滕移居,在滕感动了以"为神农之言而皆衣褐捆屦织席以食"为教义的许行思想而从儒家到许行之徒叛变了。

孟子指责他的叛变而说:陈相的老师陈良原来"楚产",可是"悦周公仲尼之道,北学于中国,北方之学者未能或之先。彼所谓豪杰之士也",反而陈相从儒家到许行之徒叛变了。"吾闻用夏变夷者,未闻变于夷者也。许行,南蛮鴃舌之人,非先王之道"。换句说话,他的语言不是"中国语",不是"雅言"。

批判许行、陈相"自给自足"论的孟子主张从分业论的观点来说有道理,可是从别的观点来说,在对"楚产"陈良的赞赏和对"南蛮鴃舌之人"许行的批判之中,我们看出了一心一意地评击"蛮夷文化"的毫无道理的文化性优越感和"中国至上主义","种族中心主义"(ethnocentrism)。

于是,我们应该考察以下的问题:儒家之宗孔子对异种文化,特别是楚文化有怎么兴趣。

众所周知,从五十六岁到六十九岁的晚年,孔子和他的弟子从祖国被驱逐而到中原的卫、宋以及正在受到楚文化影响的陈、蔡、叶诸国周游而过着十五年流亡生活《史记·孔子世家》。

这个流亡生活，对作为"政治家"的孔子，是不幸的生活，但是，对作为"思想家"的孔子，应该说"一件考验"又"一件幸运"的生活，因为通过这个流亡生活之中的体验，孔子作为一位思想家更加成长了。因此，我们应该考察以下的问题：在跟鲁以及中原地区不一样的正在受到楚文化影响地区的体验，对于孔子的思想成长过程，有怎么意义。

二、"鲁人"孔子——站在"殷文化"与"周文化"的交界线的人

依据《史记·孔子世家》，孔子是宋人的子孙，生于鲁的属邑，陬邑。祖先之地，宋是在周初殷之后裔被封建的地方，其民也是"宋之余民"《史记·宋微子世家》，换句话说，宋文化继承着殷文化。从周初淮夷的叛乱来看，孔子的老家，在这里他成长了的鲁，其基层文化也是殷文化，因此，我们可以说：孔子在殷文化圈成长了，他的思想的基础是殷文化。依据《礼记·檀弓》上篇，临终时，孔子说"丘也，殷人也"。当然，这个故事是不是事实，有问题。可是，在孔子后学之中，这样的发言相传，这是一个事实。所以，在这样的传说背后，有一个看法，就是孔子跟殷文化有亲密的关系。

可是，周初为了防备东夷的叛乱，于鲁周公的儿子伯禽被封建了，于齐太公望吕尚被封建了，换句话说，齐鲁两国都是周的东方统治的据点，所以鲁的统治阶层是周人，其精英文化属于周文化。换句话说，鲁的文化情况是以下的：鲁的上层文化、精英文化属于周文化，基层文化、民众文化属于殷文化，鲁的全体文化是双重结构文化。在这样文化情况之中，孔子开始形成他的思想。

老年孔子说："甚矣，吾衰矣。久矣，吾不复梦见周公"（《论语·述而》）。这是老年孔子的叹息。这个叹息反而意味着年青时代他常常梦见周公的事实。他又憧憬而说"周监二代，郁郁乎文哉。吾从周"《论语·八佾》。当据费邑叛鲁的公山不扰邀请孔子的时候，他起劲地说"吾其为东周乎"（《论语·阳货》）。如此而孔子常常说对周文化的憧憬，这是意味着原来殷人的孔子之意识构造跟鲁文化一样，就是说殷文化与周文化的双重结构意识，换句说话，他是一种"站在交界线的人，marginal man"

依据孔子的看法，周文化的本质当然不在形式而在精神。因为当年的鲁文

化只是承袭周文化的外面形式而忘却其内里精神,所以他对当年的鲁精英文化倒采取批判性态度。

子入大庙每事问。或曰,孰谓鄹人之子知礼乎。入大庙每事问。子闻之曰,事礼也。(《论语·八佾》)

大概孔子想起开始仕官时候的事而对他的弟子说,弟子也感动而纪录了这件话。有人嘲笑"入大庙每事问"的孔子而说:孰谓鄹人之子知礼乎。鄹,就是鲁的属邑,孔子的父亲尝当鄹邑的官吏,所以嘲笑在"乡下"成长的孔子,孔子对他说:当大庙之礼时,礼之一礼、一礼重新确认,这是真的"礼"。孔子的反驳意味着:您正是不考察"礼"的精神,在鲁的上层文化之中不自觉地且因循守旧地埋没而行作为习俗的"礼"。于是我们可以看出以下的孔子:因于"鄹人之子",所以以周文化为"异文化"而对自(fur sich)地把握,于其起源把握周文化精髓的"礼",探求其根源精神而重新确认愿望继承周文化,而且自觉地认识到那样的自己立场,那样的孔子。

三、孔子与楚文化

五十六岁的时候,孔子跟他的弟子从鲁到卫逃亡了,以后十五年间从卫、宋到正在受楚文化的影响的陈、蔡、叶周游。在周游南方诸国中,他经验了过到那时还没经验的两种特异体验。于是,我们考察其体验的具体性情况和给他思想的影响。

于南方周游,孔子经验了两种思想体验:一种遭遇所谓"隐者"的体验,一种接触畜牧共同体的民众伦理的体验。

这条三章互相密切地保持联系,就是孔子和"隐者"的对立情况从第一次文章到第三次文章愈深刻,这三条文章保持一种"寓言"性构成,所以不能说忠实地纪录历史上事实。可是,通过这一系列虚构性三条文章,我们可以了解于南游中的孔子,跟"隐者"对思想上问题论战的事是最重要思想上课题。

最初,孔子遭遇了楚的狂接舆。他的生业不明白,又有没有家属,不明白。他"歌而过孔子曰,凤兮凤兮,何德之衰。往者不可谏。来者犹可追。已而已而。斤之从政者殆而"。他朗诵这样的韵文,所以他可能诗人,时人叫他"狂",所以没有生意、家属而孤独放浪的"自由诗人"。孔子"下欲与之言,可是他趋而避之",换句话说,拒绝跟孔子对话。

其后,孔子遭遇了长沮桀溺。《论语》把这个遭遇描述如下:

> 长沮桀溺,耦而耕。…曰…而且语其从辟人之士也,岂若从辟世之士哉。耰而不辍。子路行以告。夫子怃然曰,鸟兽不可与同群。吾非斯人之徒,而与谁与。天下有道,丘不与易也①。(微子)

这两个人"辟世","耦而耕","耰而不辍",就是他们从事农业,而且从"耦而耕"来看,他们两个人都没有家属而可能共同营生。孔子说"吾非斯人(长沮·桀溺)之徒"而明确地拒绝他们的生活方式。可是,他还没说明其根据。

最后,子路遭遇了"荷蓧丈人",子路对孔子报告"荷蓧丈人"的想法。孔子反驳。就其间的情况,《论语》说明以下的:

> 子路从而后。遇丈人以荷蓧。…曰,四体不动,五谷不分。孰为夫子。植其丈而芸。子路拱而立。止子路宿。杀鸡为黍而食之。见二子焉。明日子路行以告。子曰,隐者也。使子路反见之。至则行矣。子曰,不仕无义。长幼之节,不可废也。君臣之义,如之何其废之。欲洁其身而乱大伦。君子之仕也,行其义也。道之不行,已知之矣②。(微子)

于是,从孔子的批评,我们可以说:"荷蓧丈人""不仕",就是在君臣关系之外从事农业,而从"止子路宿,杀鸡为黍而食之。见二子焉"的记述来看,他有房屋保持家属而搞比较富裕的生活,可是从"使子路反见之。至则行矣"记述来看,他可能是"移动性农民"——"农业"与"移动"互相矛盾。因此,这篇文章可能是一种寓言。而且以孔子为不农耕不劳动的存在的典型而批评"四体不动,五谷不分"的孔子。所以,"荷蓧丈人"不但在君臣关系之外从事农业而且否定不劳动的存在,就是否定君臣关系,君主制度。对这个批评,孔子反驳而批评他

① 这篇文章的解释从宫崎市定。同氏著《论语之新研究》,岩波书店东京,1974 年,146~148 页。
② 原文曰:子路曰"不仕无义…"。宫崎以子路的"路"为衍字。从宫崎的见解,以这个发言为孔子的发言。参阅宫崎前揭书 98~101 页。

是"欲洁其身而乱大伦"的"隐者"。依据"荷蓧丈人"的看法，只在家属关系之中人搞生活，他拒绝在超越家属关系的社会关系，就是君臣关系之中人搞生活的话。依据孔子的看法，人不但在家属关系之中搞生活而且在社会关系、君臣关系之中搞生活。保持家属关系，可是拒绝跟社会保持关系，"荷蓧丈人"是这样的人的典型，这样的人真是孔子应该拒绝的存在。于是，孔子对"隐者"的生活方式明确地提起疑问而明说拒绝"荷蓧丈人"的根据。

"荷蓧丈人"有家属，从事农业，加之辟世，而否定君臣关系，否定"四体不动"的存在，就是不劳动，不生产财富的存在。而在楚文化圈，有不少的有这样思想倾向的人。

依据《墨子·鲁问》篇，鲁之南鄙人，大概从吴到鲁移居民的子孙①，吴虑搞"冬陶夏耕"的生活，说"义耳，义耳。焉用之哉"而批评墨子的言论活动说言论活动是跟生产财富没有关联的活动。墨子反驳吴虑的批评而说"翟尝虑耕而食天下之人矣。盛，然后当一农之耕。分诸天下，不能人得一升粟。藉而以为得一升粟，其不能饱天下之饥者，既可睹矣。翟尝虑织而衣天下之人矣。盛，然后当一妇之织。分诸天下，不能人得尺布。藉而以为得尺布，其不能天下之寒者，既可睹矣"，所以我们可能推测吴虑的生产活动是"男耕女纺"的活动。

吴虑这样地把握人民的生产活动而否定墨子言论活动。可是从先引用了记述和"故翟以为虽不耕而食饥，不织而衣寒，功贤于耕而食之，织而衣之者也"的记述看来，墨子的对人民生产活动的看法跟吴虑的看法一样，只"男耕女纺"是人民的生产活动。从这个观点来看，我们可以说吴虑和墨子站在同样的立场。

从楚到滕移居的许行"衣褐捆屦织席以食"，他弟子陈相也以为"滕君则诚贤君也。虽然未闻道也。贤者与民并耕而食，饔飧而治。"而主张"君民并耕"，否定不劳动的存在，跟孟子论战。在论战最后的阶段，陈相反而自己说"百工之事，故不可耕且为也"，如此而别存在的经济活动介入许行生产和消费活动过程。换句话说，从他自己的主观来说，许行经营自给自足性经济活动，可是从客观来说，在分业体制中，他经营交换经济活动。

论破陈相之后，孟子只管说下去"治天下独可耕且为与。有大人之事，有小

---

① 依据郑樵《通志·氏族略》。

人之事。…劳心者治人,劳力者治于人。治于人者食人,治人者食于人"而用分业体制的概念说明统治被统治关系成立的必然性。换句话说,"不劳力者","不耕者"的故有劳动是"劳心"而"治人",就是一种精神劳动。

在南游中,孔子经验了还有一件思想上事件,就是叶公子高对孔子说"吾党有直躬者。其父攘羊,而子证之"。孔子回答"吾党之直者异于是。父为子隐,子为父隐。直在其中矣。"(《论语·子路》)。依据以往的解释,这篇对话的主题是国家秩序与血缘秩序的矛盾①,叶公子高是带有法家性色彩的君主②。

可是,从白公之乱的时候他的言谈举止来看,他不是法家性君主。例如:他说"周仁之谓信,率义之谓勇。"(《左传·哀公十六年》),"弃德从俗,其可保乎。"(同上),"天命不慆。令尹有憾于陈。天若亡之,其必令尹是与"(十七年),就是他尊重"仁"与"德"而信仰天命与血缘的连续。

有人对他说"国人望君如望慈父母焉。…国人望君如望岁"。他好像慈父一样,秋熟一样。以是观之,他对人民的态度不严格而慈祥。依据这样的记述,我们不能看出在直躬故事中国家秩序与血缘秩序的矛盾。当考虑直躬父子是畜牧民时,我们应该了解在直躬的背后有畜牧共同体的民众伦理——如果有一个畜牧共同体容许攘迷入自己的羊群的羊,就那个共同体可能濒于崩溃的危境。以是观之,在孔子与叶公子高的矛盾背后,有以直躬为代表的畜牧共同体的民众伦理与以孔子为代表的农耕共同体的民众伦理③。在南游中,孔子遭遇了否定社会关系的"隐者"而且保持跟农耕民不一样的伦理观念的畜牧民,换句说话,他接触了异种文化。

在南游中或是回国以后,当孔子洞察周文化的本质时,这样体验给他怎么影响了,最后,由于分析他的对"夷狄"看法,我们考察这个问题④。

---

① 郭齐勇编:《儒家伦理争鸣集——以"亲亲互隐"为中心——》湖北教育出版社,2004年。
② 白川静:《孔子传》,中央公论社,2003年,144页。
③ 冈本光生:《古代河南牧畜——关于〈论语·子路篇〉的直躬的故事》,载《何洛文化与闽台文化》,河南人民出版社,2008年,631~636页。
④ 冈本光生:《古代河南牧畜——关于〈论语·子路篇〉的直躬的故事》,载《何洛文化与闽台文化》,河南人民出版社,2008年,第631~636页。

四、孔子之对夷狄的观念

《论语·八佾》篇说"夷狄之有君。不如诸夏之亡也"。对这章,皇侃疏而曰"此章重中国贱夷狄也。夷狄虽有而不及中国吾君也。孙绰曰,诸夏有时无君,道不都丧。夷狄,强者为师。理同禽兽。"他以中国的文化程度比夷狄的当然高的前提为自明之理而解释这篇文章。邢昺也疏而曰"夷狄虽有君无礼义。中国虽偶无君,若周召共和之年,而礼义不废",就站在同样的前提而解释这篇文章。

朱子的解释不一样,引用伊氏而曰"伊氏曰,孔子伤时之乱而叹之也"。于是,丧失了无君诸夏的文化程度比夷狄的当然高的前提,从这点看来,"中国至上主义","种族中心主义"性倾向愈少了。

日人伊藤仁齐(ITOU Jinsai 1627～1705 的《论语古义》认为这篇文章意味着无君诸夏的文化比有君夷狄的比不高而说:"今,诸夏礼义之所在,而曾夷狄之不若,则为变亦甚矣。虽周衰道废,礼乐残缺,典章文物尚未湮坠。孰知诸夏之不若夷狄。然夫子宁舍彼而取此。则圣人崇拜实而不崇文之亦,可见矣"。今人宫崎市定(MIYAZAKI Ichisada 1901～1995)的理解跟仁齐一样。他把"夷狄之有君"为强调句法而训"不如的'如'"为"不如是的'如'"(同样的例,子张篇"纣之不善,不如是之甚也")。依据他的解释,夷狄有君,诸夏无君,所以夷狄有秩序,诸夏无秩序,而说跟"子欲居九夷"章这篇文章内容上有关联①。

他说:"道不行,乘桴浮于海"("公冶长"),从这个戏言,我们也可以看出对夷狄,孔子没怀抱没有道理的优越感。仁齐也注曰:"此与欲居九夷章同意。盖夫子之素志也。当时君昏臣骄。天下无所之往。故乘桴浮海,化岛夷之民,以为礼义之俗"。依据他,"礼义"不是只在地理性"中国"可能实现的"俗",而且在全世界,当然在海上的岛,也可能实现的"俗"。换句说话,在"理念上的中国"可能实现的"俗"。

《论语·子罕篇》说:"子欲居九夷。或曰,陋如之何。子曰,君子居之,何陋之有"。对这章,汉代注释家马融注而曰:"君子所居则化",皇侃、邢昺、朱子的

---

① 宫崎前揭书184 页

解释都一样,换句说话,他们的解释带有"中国至上主义""种族中心主义"的色彩,可是,反对这样的解释,仁齐说一下的:

夷狄之地,无文饰之伪。故或仁以为陋也。彼九夷之地,尝有君子而居,则必是不若或人之所称。彼所谓陋者,反是忠实之所致,彼不凡陋也。…此章及浮海之叹,皆非遇设也。夫天之所覆,地之所载,均是人也。苟有礼义,则夷即华也。无礼义,则虽华不免于为夷。舜生于东夷,文王生于西夷。无嫌其为夷也。九夷虽远,固不外乎天地。亦有秉彝之性。况朴则必忠,华则多伪。宜夫子之欲居之也。

依据这个解释,孔子对诸夏的文化情况怀抱着不满而又"欲乘桴浮海于海",又"欲居九夷"。从这样愿望看来,我们可以说:把实现真的周文化的愿望他寄托于海外或九夷之地——跟其事关联"舜生于诸冯,迁于负夏,卒于鸣条,东夷之人也。文王生于岐周,卒于毕郢,西夷之人也"(《孟子·离娄上》)的传说很有兴趣。

通过年青时代的"入大庙每事问"的故事,我们可以看出孔子怀抱着对当代既成周文化不满的事实。以是观之,"子欲居九夷"章大概意味着:在九夷也存在着君子,所以九夷之地绝不是陋地。当把这篇文章理解"我到九夷去,那时九夷之地从陋变成不陋的意义时候,孔子成为顽固的"中国至上主义者","种族中心主义者"。可是,孔子绝不是这样的人。在鲁以及中原,他失望当代周文化,在南游中,跟"隐者"就思想上问题对立,接触畜牧民的伦理,所以把真的周文化实现寄托"忠实"而"朴"的夷狄。孔子的"中国"是超越地理上"中国",就是理念上"中国"。何处也"真的周文化"实现了,那处也是"中国",就是,孔子相信周文化的普遍性。他绝不是"中国至上主义者","种族中心主义者",也绝不是"文化相对主义者",却是一种"文化普遍主义者"。

在南游体验之中,大概孔子怀抱了这样信念,以后他重新发现而确认周文化的普遍价值。

五、结语

以上考察"殷人"孔子的周文化、楚文化经验,就是异种文化的体验的意义。通过这样异种文化体验,孔子扬弃(aufheben)"中国至上主义"以及"种族中心主义"而成为从他自己主观性观点来说"述而不作"的继承普遍文化的存在,从客观性观点来说创造普遍文化的存在。

（作者为日本琦玉工业大学教授）

墨子"和"哲学的致思方式和境界追求

曾凡朝

　　"和"是中华文化的核心精神。儒、道、墨皆重视"和",老子讲"道法自然"①,重出世的道家追求天地人之和;孔子讲"和而不同"②(《子路》),重入世的儒家追求"天时地利人和"③与"和为贵"④(《学而》)的实现和达成。战国之时,与儒并称为"显学"⑤的墨家学派是如何理解和演绎中国的"和"文化的呢? 墨子从当时的社会现实和中国的文化传统出发,提出了"和"的理论架构、社会理想和境界追求。墨子所说之和,既在生活日用、自然事物意义上使用,如"声不和调"⑥(《非乐上》)、"五味之调,芬香之和"⑦(《节用下》)等;又在社会人伦意义上使用,如"父子、兄弟作怨仇,皆有离散之心,不能相和合"(《尚同中》)、"师不众,卒不和"⑧(《非攻下》)、"万民和"⑨(《天志中》)等;也在宇宙天地意义上

---

① 陈鼓应:《老子今注今译》,商务印书馆 2003 年,169 页。
② 刘宝楠:《论语正义·诸子集成》,中华书局,1954 年。
③ 《孟子·公孙丑下》:"天时不如地利,地利不如人和。"《荀子·王霸》:"农夫朴力而寡能,则上不失天时,下不失地利,中得人和而百事不废。"
④ 刘宝楠:《论语正义·诸子集成》,北京:中华书局,1954 年。
⑤ 孟子说:"杨朱、墨翟之言盈天下。天下之言,不归杨,则归墨。"(《孟子·滕文公下》)《韩子·显学》:"世之显学,儒墨是也。""至汉世犹以孔墨并称。"(俞樾:《墨子序》,孙诒让:《墨子间诂》,《诸子集成》(四),中华书局,1954 年。钱穆先生称:"墨为先秦显学,顾无论矣。""儒、墨之为显学,先秦之公言也。"(《先秦诸子系年考辨》,上海书店,1992 年,229 页)
⑥ 孙诒:《墨子间诂·诸子集成》,中华书局,1954 年。
⑦ 孙诒:《墨子间诂·诸子集成》,中华书局,1954 年。
⑧ 孙诒:《墨子间诂·诸子集成》,中华书局,1954 年。
⑨ 孙诒:《墨子间诂·诸子集成》,中华书局,1954 年。

使用,如"阴阳之和"、"天地和"①(《辞过》)等;还在国家社会理想意义上使用,如"天下和"[3](《尚贤下》)、"一天下之和"②(《非攻下》)等。下面从五个方面就墨子的"和"哲学略述管见,就教方家。

一、墨子"和"哲学的渊源

(一)墨子对前贤关于"和"之思的继承发展。

"和"从总体上集中代表了中华民族对于天地宇宙与人生境界的最高追求,是中国文化人文精神的精髓和首要价值。

和(咊、龢)的甲骨文(🔲)从龠(口吹排箫),禾声;金文(🔲)大同;古文(🔲)简化,省作从口,禾声;篆文(🔲🔲)整齐化;隶变后楷书分别写作龢、咊;俗又改作和;如今皆用"和"来表示。和之本义为声音相应,乐声和谐。《说文·龠部》:"龢,调也。从龠,禾声。读与和同。"又《说文·口部》:"咊,相应也。从口,禾声。"和又引申为和睦、协调、和顺、平和、太平、相安。③

在中国思想史上,尚"和"的观念在商周早已流行。约成书于商末周初的《易经》兑卦初九爻辞云:"和兑吉","和"为平和、和气,平和欣悦待人而获吉祥。中孚卦九二爻辞云:"鸣鹤在阴,其子和之。"九二当"中孚"之时,以"刚中"之德居下卦中位,笃诚信实,声闻于外,与上卦九五以诚相接,犹如鹤鸟虽鸣于山阴,而其类亦能遥相应和。

西周末年的史伯从哲学高度揭示了"和"的内涵,提出了"和实生物"的命题。史伯批评周幽王排弃明智有德之臣和贤明之相,而宠爱奸邪昏庸、不识德义之人,从周幽王用人"去和而取同"之方法断定周将衰败,国家必亡,从而提出:"夫和实生物,同则不继。以他平他谓之和,故能丰长而物归之;若以同裨同,尽乃弃矣。故先王以土与金木水火杂,以成百物。"④(《郑语》)史伯认为"和"与"同"是两个不同的概念,二者的差异,在于"和"是"以他平他",是不同事物和因素的掺合、协调、谐和,实指差异性的统一,五行、五味、四肢、六律、七体、八索、

①　孙诒:《墨子间诂·诸子集成》,中华书局,1954年。
②　孙诒:《墨子间诂·诸子集成》,中华书局,1954年。
③　谷衍奎:《汉字源流字典》,华夏出版社,2003年,363~364页。
④　上海师范大学古籍整理组:《国语》(全二册),上海古籍出版社,1978年,515页。

九纪、十数,均为"和"的表现;"同"是"以同裨同",是同类事物或因素的相合或单一事物或因素的相加与重合,是同一事物无差异的混同,实指无差异性的同一。"和实生物","同则不继",不同因素的"和"才能导致事物的生成,而相同因素的简单相加则缺乏生机,难以发展。声调单一就不好听,同一颜色就没有文采,一种味道就不可口,一种东西就显不出好坏。所以,"和"是百物产生的直接原因,是自然、社会不同事物的矛盾统一。晏婴在史伯"和同之辩"的基础上,进一步从和羹、和声、君臣之可否等各个不同角度层面对和同关系进行论述,阐发了各种要素的相反相成、相辅相成、相济相成,对立物的和谐统一。①(《昭公二十年》)

孔子认为要和谐而不苟同,他说:"君子和而不同,小人同而不和"②(《子路》)。孔子企慕"和"的政治生活。他赞赏郑子产与子大叔的为政之道,说:"政宽则民慢,慢则纠之以猛。猛则民残,残则施之以宽。宽以济猛,猛以济宽,政是以和。……(《诗》)又曰:'不竞不求,不刚不柔,布政优优,百禄是遒。'和之至也!"③(《昭公二十年》)。孔子的弟子有子说:"礼之用,和为贵。"④(《学而》)治理国家内部事物,处理国际关系,要以"和"为标准,尊重各种不同的意见和利益,在差异基础上进行融合。

"和"的思想反映了古代思想家对不同事物和因素相互作用的重要性的探讨。墨子在对前贤关于"和"之思的基础上形成了自己的"和"哲学。

(二)墨子对春秋战国时期现实冲突的深刻反思。

对社会现实的极度关注是墨子思想的一大特点,墨子之"和"来自墨子对现实社会的忧患和对未来可能世界的理想。"墨子的全部思想,并没有含着形而上的神秘气息,而且对一切问题都是从社会的实际生活中去寻求解决。"⑤

春秋战国时期,大一统政治格局被打破,周王朝失去天下共主的地位,已威权坠地、名存实亡,传统的宗法制度逐渐解体,政治机能丧失,社会面临剧变。诸侯之间为争夺利益,对外大肆扩张,相互冲突,纷争频起,战事不绝,"争地以战,

---

① 《左传》,岳麓书社,1988 年,334 页。
② 刘宝楠:《论语正义·诸子集成》,中华书局, 1954 年。
③ 《左传》,长沙:岳麓书社,1988 年,334 页。
④ 刘宝楠:《论语正义·诸子集成》,中华书局, 1954 年。
⑤ 《严灵峰论墨子》,蔡尚思:《十家论墨》,上海人民出版社,2004 年,262 页。

杀人盈野；争城以战，杀人盈城"[8]（《离娄上》）。在诸侯内部，各卿大夫为一己私利，互相争权夺利，君臣、天子间相互残杀，弑君弑父，横征暴敛，纲纪废弛，礼乐崩坏，导致社会经济、政治、文化等社会结构系统的解体与重组。战事连绵和社会动荡的混乱政局，给社会和民众带来了极大的危害和巨大的创伤。墨子分析了天下大乱的现象："逮至昔三代圣王既没，天下失义，诸侯力征。是以存夫为人君臣上下者之不惠忠也，父子、兄弟之不慈孝弟长贞良也。正长之不强于听治，贱人之不强于从事也。民之为淫暴、寇乱、盗贼，以兵刃、毒药、水火，退无罪人乎道路率径，夺人车马、衣裘以自利者，并作。由此始，是以天下乱。"[3]（《明鬼下》）空前激烈的现实动荡使得古代哲人大多追寻逝去的时光，以古代的圣哲和社会作为一种理想模式来加以实现对现实社会的反抗与消解，寄托对美好蓝图的希冀。墨子同样采用"托古改制"的方法，将尧、舜、禹、汤、文王、武王赋予以正义的代表、历史的开拓者、文明的创造者形象，而三代圣王之后，天下失义，诸侯用武力相互征伐，致使君臣上下之间不施恩、不尽忠，父子兄弟之间不慈爱孝顺、不关爱恭敬、不忠贞善良，官长不勤勉治政，平民不努力从事生产。凶暴淫乱、抢劫偷盗并作，无辜之人无端遭受兵刃、毒药、水火，天下失和，混乱不堪。社会、人际失去了原本应然的和谐关系，不论在血亲的父子、兄弟，家族的长幼、上下，社会的民与民的关系、正长、贱人，国家的君臣关系，都失去了应有的礼节与秩序。恰恰是这种冲突的社会现实促使墨子对"爱"、"义"、"和"等问题进行深入的思索和探求。

二、墨子"和"哲学本义

（一）和：天地万物的应有本真。

万物生长发育是各种自然现象相互作用、相互调和的结果。墨子认为，"和"是天地万物的本真状态，也是天地万物有序运行的基础。所有活动在天地之间、包容于四海之内的事物，无不包含天地之情，阴阳调和之道。墨子用其特有的判断言论、行为、是非准绳的"三表说"（"本"、"原"、"用"）中之"本"——"上本之于古者圣王之事"[3]（《非命上》），加以证明。墨子曰："凡回于天地之间，包于四海之内，天壤之情，阴阳之和，莫不有也，虽至圣不能更也。何以知其然？圣人有传：天地也，则曰上下；四时也，则曰阴阳；人情也，则曰男女；禽兽也，则曰牝牡、雄雌也。真天壤之情,虽有先王不能更也。"[3](《辞过》)墨子认为,四时代御,阴阳大化,天地万物各得其和以生,"阴阳之和"乃"莫不有"的天地之情实,是真正的天地万物的根本道理,"和"是宇宙自然、社会人生发生和延展的规律、存在和持续的常态,即使是至圣明君治国理政,对此亦皆不能改变违逆,必须与之顺应。阴阳和谐,四时调顺,则五谷丰茂,六畜繁盛,疾病灾祸瘟疫凶饥不生,否则,天下大乱,万民乖违,灾害频现。

墨子用"天志"这一神秘化的方式增强天地自然、社会人生之和的权威性。"天志"是墨子思想体系中的重要范畴。汤一介先生认为"天志"是墨子思想的核心,是衡量一切事物最高和最后的标准。① 墨子认为天是一切合法性的来源,天意不欲天下大乱,而欲阴阳协调、万民和谐。墨子用"天志"对"和"的反面——"乱"加以否定,对"顺天之意……万民和"加以印证。

子墨子曰:天之意,不欲大国之攻小国也,大家之乱小家也。强之暴寡,诈之谋愚,贵之傲贱,此天之所不欲也。不止此而已,欲人之有力相营,有道相教,有财相分也。又欲上之强听治也,下之强从事也。上强听治,则国家治矣。下强从事,则财用足矣。若国家治,财用足,则内有以洁为酒醴粢盛,以祭祀天鬼;外有以为环璧珠玉,以聘挠四邻。诸侯之冤不兴矣,边境兵甲不作矣。内有以食饥息劳,持养其万民,则君臣上下惠忠,父子弟兄慈孝。故惟毋明乎顺天之意,奉而光施之天下,则刑政治,万民和,国家富,财用足,百姓皆得暖衣饱食,便宁无忧 。②(《天志中》)

墨子认为,天之意不欲大国攻打小国,大家侵扰小家,强大侵凌弱小,狡诈算计愚笨,尊贵傲视卑贱。天之意希望人们有力量则相互帮助,有道义就相互教导,有财物则相互分配;天之意希望居上位者努力听政治事,居下位者努力从事劳作。这样,则"国家治"、"财用足";诸侯之间仇怨不生,边境兵争不作;君臣上

---

① "墨子哲学可以说由两个相互联系的组成部分:一是具有人文精神的'兼爱'思想,另一是具有宗教性的'天志'思想。这两方面看起来似乎有矛盾,但在墨子思想体系中却认为'兼爱'是'天'的意志最根本的体现,所以'天志'应是墨子思想的核心。墨子的'天志'思想认为'天'是有意志的,它的意志是衡量一切事物最高和最后的标准,它可以赏善罚恶,它是一外在于人的超越力量,或者说它具有明显的'外在超越'。"(汤一介:《论禅宗思想中的内在性与超越性问题》,《汤一介学术文化随笔》中国青年出版社,1996 年,第 90 页。)

② 孙冶:《墨子间诂·诸子集成》,中华书局,1954 年。

下相互施惠尽忠，父子兄弟之间慈爱孝顺；刑事政务治理，万民和谐，财用充足，百姓暖衣饱食，安宁无忧。

（二）和：社会人伦的理想状态。

墨子在社会人伦的理想上追求"万民和"的状态。"刑政治，万民和，国家富，财用足，百姓皆得暖衣饱食，便宁无忧。"墨子从多角度、多方面对社会人伦意义上之"和"进行了分析。古者民之始生、未有刑政之时，人人异义，交互相非，"不能相和合"。"内者父子兄弟作怨恶，离散不能相和合。天下之百姓，皆以水火毒药相亏害。至有余力，不能以相劳。腐朽余财，不以相分。隐匿良道，不以相教。天下之乱，若禽兽然。"①（《尚同上》）在这样的原始状态，无君臣上下长幼之节和父子兄弟之礼，"皆有离散之心，不能相和合"②（《尚同中》）。在天的庇佑下，古代圣王秉承"天意"治理天下万民，教之以爱，导之以义，体之以利，先民从"禽兽然"进步到真正的人的状态。在社会人伦的基本方面——家庭关系上，墨子认为，"兄弟不和调"乃是"天下之害"："今若国之与国之相攻，家之与家之相篡，人之与人之相贼，君臣不惠忠，父子不慈孝，兄弟不和调，则此天下之害也。"③（《兼爱中》）"和调"是相爱的结果。"父子相爱，则慈孝。兄弟相爱，则和调。"④（《兼爱中》）

在墨子看来，君王治国、官吏理事，必须注重"上下调和"。上下关系调适和顺，同志一心，加之粮食储备充足、城郭修筑坚固等其他条件，敌国则不敢觊觎。"是故凡大国之所以不攻小国者，积委多，城郭修，上下调和，是故大国不耆攻之。无积委，城郭不修，上下不调和，是故大国耆攻之。"⑤（《节葬下》）在战场上，更要强调团结一致，齐心对敌。"和合之"[3]（《兼爱中》）以进，"和心比力兼左右，各死而守"⑥（《迎敌祠》）。否则，一旦出现"将不勇，士不奋，兵不利，教不习，师不众，卒不和"⑦（《非攻下》）等诸情况，那么敌对之心就会产生而共同对

① 孙冶:《墨子间诂·诸子集成》,中华书局,1954年。
② 孙冶:《墨子间诂·诸子集成》,中华书局,1954年。
③ 孙冶:《墨子间诂·诸子集成》,中华书局,1954年。
④ 孙冶:《墨子间诂·诸子集成》,中华书局,1954年。
⑤ 孙冶:《墨子间诂·诸子集成》,中华书局,1954年。
⑥ 孙冶:《墨子间诂·诸子集成》,中华书局,1954年。
⑦ 孙冶:《墨子间诂·诸子集成》,中华书局,1954年。

敌的意志就减弱了,就会引发战败祸乱、家亡国破。

谈到墨子把"和"作为社会人伦的理想状态,我们不可不讨论"兼爱"的问题。"和"是墨子所追求的至高境界,"兼爱"是实现"和"境的基础。俞樾、张惠言等认为墨子思想的实质与根本是"兼爱"。俞樾称:"窃尝推而论之,墨子惟兼爱,是以尚同,惟尚同是以非攻,惟非攻是以讲求备御之法。"①(《墨子序》)张惠言认为:"墨之本在兼爱,而兼爱者,墨之所以自固而不可破。兼爱之言曰,爱人者人亦爱之,利人者人亦利之,仁君使天下聪明耳目,相为视听,股肱毕强,相为动宰,此其与圣人所以治天下者,复何以异? 故凡墨氏之所以自托于尧、禹者,兼爱也。尊天、明鬼、尚同、节用者,其支流也。非命、非乐、节葬,激而不得然者也。"②(《张惠言书墨子经说解后》)梁启超亦持相同观点:"墨学所标纲领,虽有十条,其实只从一个根本观念出来,就是兼爱。孟子说'墨子兼爱,摩顶放踵利天下为之。'这两句话实可以包括全部墨子。非攻是从兼爱衍出来,最易明白,不用多说了。'节用'、'节葬'、'非乐'也出于兼爱。因为墨子所谓爱是以实利为标准;他以为有一部分人奢侈快乐,便损了别部分人的利了;所以反对他。'天志'、'明鬼'是借宗教的迷信来推行兼爱主义。'非命'因为人人信有命便不肯做事不肯爱人了;所以反对他。"③台湾王讚源也认为,"'兼爱'是墨家思想体系的核心内容……尽管墨子的主张名目繁多,但万变不离其宗,那就是为推行他的兼爱学说而创造条件。"④"和"是墨子所追求的至高境界,不"和",也就是"乱"、"害",所产生的根源是什么呢? 墨子称:

子墨子言曰:今若国之与国之相攻,家之与家之相篡,人之与人之相贼,君臣不惠忠,父子不慈孝,兄弟不和调,此则天下之害也。然则察此害亦何用生哉? 以不相爱生邪? 子墨子言:以不相爱生。今诸侯独知爱其国,不爱人之国,是以不惮举其国,以攻人之国。今家主独知爱其家,而不爱人之家,是以不惮举其家,以篡人之家。今人独知爱其身,不爱人之身,是以不惮举其身,以贼人之身。是故诸侯不相爱,则必野战;家主不相爱,则必相篡;人与人不相爱,则必相贼;君臣

---

① 孙冶:《墨子间诂·诸子集成》,中华书局,1954 年。
② 孙冶:《墨子间诂·诸子集成》,中华书局,1954 年。
③ 梁启超:《墨子学案》,上海书店 1992 年,15～16 页。
④ 王讚源:《再论墨家的兼爱思想》,《职大学报》2007 第 1 期。

不相爱,则不惠忠;父子不相爱,则不慈孝;兄弟不相爱,则不和调;天下之人,皆不相爱,强必执弱,众必劫寡,富必侮贫,贵必傲贱,诈必欺愚。凡天下祸篡怨恨,其所以起者,以不相爱生也。①(《兼爱中》)

墨子认为,圣人治理天下,不可不察乱之所起。子不爱父,弟不爱兄,臣不爱君;父不慈子,兄不慈弟,君不慈臣,诸如此类的"乱""害"之根在于人们不能兼爱,不相爱而自爱自利,他称此为"别"、"交别"、"交相亏贼"②(《兼爱下》)。盗贼亦然,"盗爱其室,不爱异室,故窃异室以利其室。贼爱其身不爱人,故贼人以利其身。此何也? 皆起不相爱"③(《兼爱上》)。大夫乱家、诸侯相攻亦然。"大夫各爱其家,不爱异家,故乱异家以利其家。诸侯各爱其国,不爱异国,故攻异国以利其国。"④(《兼爱上》)由于不能兼相爱,才出现了"国之与国之相攻、家之与家之相篡、人之与人之相贼、君臣不惠忠、父子不慈孝、兄弟不和调"的局面[3](《兼爱中》);由于不能兼相爱,造成了社会上"强之劫弱,众之暴寡,诈之谋愚,贵之傲贱"的现象⑤(《兼爱下》)。由于只爱自身、自家、自国,所以才出现相攻、相乱、相夺、相残的惨象。"天下之乱物,具此而已矣! 察此何自起,皆起不相爱。"⑥(《兼爱上》)

如何消"乱"除"害",实现国家大治、天下和平?"兼爱"或"兼以易别"是其解决妙方和理想选择。墨子认为,"兼者,圣王之道也,王公大人之所以安也,万民衣食之所以足也"⑦(《兼爱下》)。他说:"视人之室若其室,谁窃? 视人身若其身,谁贼? 故盗贼亡有。""视人家若其家,谁乱? 视人国若其国,谁攻? 故大夫之相乱家,诸侯之相攻者亡有。若使天下兼相爱,国与国不相攻,家与家不相乱,盗贼亡有,君臣父子,皆能孝慈,若此则天下治。"⑧(《兼爱上》)。一旦"视人之国若其国,视人之家若其家,视人之身若其身"⑨(《兼爱中》),实现了"兼以易

① 孙冶:《墨子间诂·诸子集成》,中华书局,1954年。
② 孙冶:《墨子间诂·诸子集成》,中华书局,1954年。
③ 孙冶:《墨子间诂·诸子集成》,中华书局,1954年。
④ 孙冶:《墨子间诂·诸子集成》,中华书局,1954年。
⑤ 孙冶:《墨子间诂·诸子集成》,中华书局,1954年。
⑥ 孙冶:《墨子间诂·诸子集成》,中华书局,1954年。
⑦ 孙冶:《墨子间诂·诸子集成》,中华书局,1954年。
⑧ 孙冶:《墨子间诂·诸子集成》,中华书局,1954年。
⑨ 孙冶:《墨子间诂·诸子集成》,中华书局,1954年。

别","天下之人皆相爱",则"强不执弱,众不劫寡,富不侮贫,贵不傲贱,诈不欺愚,凡天下祸篡怨恨,可使毋起者,以相爱生也"①(《兼爱中》)。换言之,"诸侯相爱,则不野战;家主相爱,则不相篡;人与人相爱,则不相贼;君臣相爱,则惠忠;父子相爱,则慈孝;兄弟相爱,则和调"②(《兼爱中》)。"若使天下兼相爱,国与国不相攻,家与家不相乱,盗贼无有,君臣父子皆能孝慈,若此则天下治。"这样,人与人之间相互理解宽容、平等尊重、互通互爱、互利互惠、互谅互敬,"有力相营,有道相教,有财相分",通过彼此帮助,把个人的优点,变成所有人的长处,使饥者得食,寒者得衣,疾病得治,死丧得葬。人人相爱相利,社会上互相残杀与争夺的现象也就消失,也就能达到了天下太平的大治局面。

(三)和:天下太平的最高追求。

墨子从诸侯兼并、战乱不已、民不聊生的社会现实出发,视"和"为天下太平的最高追求,提出了"天下和"③(《尚贤下》)、"一天下之和"④(《非攻下》)的国家社会理想,倡导和平,反对非攻。以至于任继愈认为,"如果用一句话来概括墨子哲学的全部精华,那就是他热爱和平、反抗侵略的思想"⑤。方授楚提出礼运大同学说源出于墨家。"然大同之义,虽见于《礼记》之《礼运》,实原于墨家。"⑥

墨子以先哲圣王、仁人兼士治国为例,积极推崇"天下和,庶民阜"的社会理想。墨子说:"古之仁人有天下者,必反大国之说,一天下之和,总四海之内。"⑦(《非攻下》)古时享有天下的仁人,必然反对大国的攻战说,"一天下之和"。与此相应,墨子提出了与为人民兴利除害的"诛"不同的"非攻"思想,反对对外掠夺、兼并和扩张的侵略战争。《非攻上》以"窃桃李"、"攘犬豕鸡豚"、"取人马牛"、"杀不辜人"以至"攻国"等生动形象的比喻,层层深入,说明攻打别国是比盗窃、杀人更为严重的罪过,是最大的"亏人自利"的不义。《非攻中》从攻战对

---

① 孙冶:《墨子间诂·诸子集成》,中华书局,1954 年。
② 孙冶:《墨子间诂·诸子集成》,中华书局,1954 年。
③ 孙冶:《墨子间诂·诸子集成》,中华书局,1954 年。
④ 孙冶:《墨子间诂·诸子集成》,中华书局,1954 年。
⑤ 任继愈:《墨子与墨家》,商务印书馆,1998 年,36 页。
⑥ 方授楚:《墨学源流》(下),中华书局、上海书店,1989 年,101 页。
⑦ 孙冶:《墨子间诂·诸子集成》,中华书局,1954 年。

发动攻战的国家自身所造成的难以估量的生命、财产损失,说明了攻战的害处:"春则废民耕稼树艺,秋则废民获敛……今唯毋废一时,则百姓饥寒冻馁而死者,不可胜数。……丧师多不可胜数,丧师尽不可胜计"①(《非攻中》)用众多诸侯因攻战而亡的历史事实对发动攻战者的理由进行了逐一批驳,说明了自恃强大、穷兵黩武者必然自取灭亡。战争的结果就是"上不暇听治,士不暇治其官府,农夫不暇稼穑,妇人不暇纺绩织纴。则是国家失卒,而百姓易务也"。"天下之害厚矣。"②(《非攻下》)墨子"维护和平、反对侵略的'非攻'思想也仍然是今天国际关系的一个准则"③。非攻是墨子为解决当时国家之间矛盾,实现其"天下和,庶民阜"④(《尚贤下》)理想的必然结论。"这种憎恨侵略战争、向往和平的优良传统,直到今天也还鼓舞着我们。"⑤

　　"和"是中华文化的核心精神,是中华民族对于宇宙人生理想境界的最高追求。墨子在继承中华文化重视"和"的思想文化传统的基础上,通过对冲突的社会现实的深刻省察和理想世界的不懈探寻,在宇宙论意义上提出了宇宙之"天地和"的应有之态,认为"和"是天地万物的本真状态和有序运行的必然前提,"和"是宇宙自然、社会人生发生和延展的规律、存在和持续的常态;通过对大乱之源、祸害之根的探求分析,提出了"兼以易别"的解决妙方、君王治国官吏理事必须注重"上下调和"的主张、社会人伦之"万民和"的理想愿望;通过对"非攻"的强烈抨击,提出了实现"天下和,庶民阜"⑥(《尚贤下》)天下世界之最高理想诉求,构建了墨家"和"哲学的理论架构、社会理想和境界追求。

(作者为山东教育学院政法分院副教授、博士后)

---

①　孙诒:《墨子间诂·诸子集成》,中华书局,1954 年。
②　孙诒:《墨子间诂·诸子集成》,中华书局,1954 年。
③　杨俊光:《墨子新论》,江苏教育出版社,1992 年,10 页。
④　孙诒:《墨子间诂·诸子集成》,中华书局,1954 年。
⑤　任继愈:《墨子与墨家》,商务印书馆,1998 年,36 页。
⑥　孙诒:《墨子间诂·诸子集成》,中华书局,1954 年。

光耀千秋的墨学思想

李永翘　　茹建敏

2008 年 8 月 5 日,河南省平顶山市政协、市委宣传部、市炎黄文化研究会联合召开新闻发布会,正式公布了"鹰城十大历史名人"名单。经过全市上下近四年的严格评定,平顶山市评出了以我国墨家学派创始人墨翟为首的十人名单(其他九人是刘姓始祖刘累;叶姓始祖沈诸梁(叶公);西汉大谋略家张良;东汉军事家冯异;东汉政治家韩棱;唐代医学家、食疗学鼻祖孟诜;唐代文学家元结;宋代抗金名将牛皋;清代文学家李绿园)。平顶山评出的这十大历史文化名人,是物华天宝、人杰地灵、拥有悠久历史与深厚文化积淀的"鹰城"的生动见证,同时他们也是"鹰城"优秀传统文化的承载者和体现者。以墨翟为首的这十大历史文化名人,不但是中州大地的骄傲,同时更是全体中华儿女和博大精深、源远流长、光辉优秀的中华文化的自豪!

一、墨学的主要著作《墨子》

在春秋战国时期,人们的思想空前活跃,当时"处士横议",纷纷著书立说,在中国文化史上形成了一个百家争鸣的非常繁荣的局面,由此形成了诸子百家。在先秦的百家中,据《韩非子·显学》载,由孔子创立的儒学和由墨子创立的墨学,被并称为两大显学,由此可见墨学影响的巨大。

墨子,姓墨名翟,尊称为墨子,是我国战国时期著名的思想家、政治家、教育家,军事家、社会活动家、杰出科学家和优秀发明家。他创立了我国著名的墨家学说,并有《墨子》一书传世。

《墨子》一书，主要有《亲士》、《修身》、《所染》、《法仪》、《七患》、《辞过》、《三辩》、《尚贤上、中、下》、《尚同上、中、下》、《兼爱上、中、下》、《非攻上、中、下》、《节用上、中、下》、《节葬上、中、下》、《天志上、中、下》、《明鬼上、中、下》、《非乐上、中、下》、《非命上、中、下》、《非儒上、下》、《经上、下》、《经说上、下》、《大取》、《小取》、《耕柱》、《贵义》、《公孟》、《鲁问》、《公输》、《备城门》、《备高临》、《备梯》、《备水》、《备突》、《备穴》、《备蛾傅》、《迎敌祠》、《旗帜》、《号令》、《杂守》等数十篇，其中有一些篇目的文字已佚。乃至目前，《墨子》一书只存在约五十三篇了。

二、墨学的主要思想

根据《墨子》一书，墨学的主要思想有以下十点：即兼爱、非攻、尚贤、尚同、节用、节葬、非乐、天志、明鬼、非命等十项。墨学的内核，可说是以"兼爱、非攻"为中心，以"尚贤、节用"为基本点。下面分别叙述：

（一）"兼爱"：墨学的主旨是："仁人之所以为事者，必兴天下之利，除去天下之害。"《墨子·兼爱》曾曰："若使天下兼相爱，国与国不相攻，家与家不相乱，盗贼无有，君臣父子，皆能孝慈。若此，则天下治。""故天下兼相爱，则治；交相恶，则乱。故子墨子曰：'不可以不劝爱人者，此也。'"所以墨子提出：天下人应当"兼相爱，交相利"。那么，"兼相爱、交相利"又应怎样实现呢？墨子则言："视人之国，若视其国；视人之家，若视其家；视人之身，若视其身。是故，诸侯相爱，则不野战；家主相爱，则不相篡；人与人相爱，则不相贼；君臣相爱，则惠忠；父子相爱，则慈孝；兄弟相爱，则和调。天下之人皆相爱，强不执弱，众不劫寡，富不侮贫，贵不傲贱，诈不欺愚。""此则天下无害，而万民之大利也！"

（二）"非攻"：这也是墨学思想的核心，更是墨子的政治、经济、军事、哲学、伦理等种种思想的集中体现。春秋战国时期，是中国历史上的一个大动荡年代，各个诸侯国互相攻伐，战火连绵，田园荒芜，哭声震天，人民群众渴望着弥兵息战，休养生息。墨子代表着广大黎民的利益，提出了"非攻"的主张，并用自己的言行，坚决反对侵略战争。《墨子·非攻》曾说："今（不义）至大为不义攻国"，"计其所得，反不如所丧者之多。今攻三里之城、七里之郭，……杀人多必数于万，寡必数于千，然后三里之城、七里之郭且可得也。……然则土地者，所有徐也;王民者,所不足也。今尽王民之死,……以争虚城,则是弃所不足而重所有馀也。为政若此,非国之务者也!"

(三)"尚贤":这是墨学思想的重要范畴。《墨子·尚贤》说:"国有贤良之士众,则国家之治厚,贤良之士寡,则国家之治薄。故大人之务,将在于众贤而已。"又说:"故古者圣王之为政,列德而尚贤,虽在农与工肆之人,有能则举之,高予之爵,重予之禄,任之以事,断予之令。曰:'爵位不高则民弗敬,蓄禄不厚则民不信,政令不断则民不畏。'举三者授之贤者,非为贤赐也,欲其事之成。"墨子更进一步主张:"故官无常贵,而民无终贱。有能则举之,无能则下之。举公义,辟私怨,此若言之谓也。"墨子还强调:"尚贤,为政之本也","故古者圣王,甚尊尚贤,而任使能,不党父兄,不偏贵富,不嬖颜色。贤者,举而上之,富而贵之,以为官长。不肖者,抑而废之,贫而贱之,以为徒役。是以民皆劝其赏,畏其罚,相率而为贤。是以贤者众,而不肖者寡,此谓'进贤'。然后圣人听其言,迹其行,察其所能,而慎予官,此谓'事能'。故可使治国者,使治国;可使长官者,使长官;可使治邑者,使治邑。凡所使治国家、官府、邑里,此皆国之贤者也。"总之,不分贵贱,唯能是举,正是墨学的尚贤。

(四)"尚同":即上下一致,同呼吸,共命运。墨子主张,身为天子、国君、和地方长官者,应是"选择天下之贤可者"和地方之"仁人"担任,他们更必须要公正不阿,以身作则,任用贤能,体察下情,顺从民意,扬善惩恶,赏罚分明,为地方兴利除弊,引导社会前进。且"上有过,则规谏之。下有善,则傍荐之。"以做到上下同心,政治清明,强其国家,富其人民。墨子强调:"尚同,为政之本而治要也。"统治者要达到"治天下之国若治一家,使天下之民若使一夫"的目的,更必须"尚同"。即"古之圣王治天下也,其所差论以自左右羽翼者皆良,外为之人助之视听者众。故与人谋事,先人得之。与人举事,先人成之。光誉令闻,先人发之。唯信身而从事,故利若此。"所以,"古之圣王皆以尚同为政,故天下治。"(《墨子·尚同》)墨学思想从"尚同"角度出发,大声疾呼要"一同天下",训诫了封建统治者,必须要重视人民的意志与呼声,并与群众共苦同甘!

(五)"节用":墨子从当时的实际情况出发,大力抨击了王公贵族们不顾百姓死活,自己却奢侈无度的享乐生活,认为这是"其使民劳,其籍敛厚,民财不足,冻饿死者不可胜数也"的"寡人之道",并认为"今天下为政者,……寡人之道多!"墨子为之痛心疾首。墨家站在"仁者之为天下度也"的高度,提出了"圣人为政一国,一国可倍也;大之为政天下,天下可倍也。其倍之,非外取地也,因其国家去其无用之费,足以倍之。圣王为政,其发令兴事、使民用财也,无不加用而为者。是故用财不费,民德不劳,其兴利多矣!"其途径,是"去大人之好聚珠玉、鸟兽、犬马"等等诸多浪费。"故子墨子曰:去无用之费,圣王之道,天下之大利也。"为此,墨子提出:"古者明王圣人所以王天下、正诸侯者,彼其爱民谨忠,利民谨厚,忠信相连,又示之以利,是以终身不餍,殁世而不卷。""是故古者圣王,制为节用之法,曰:凡天下群百工,轮、车、鞼、匏、陶、冶、梓匠,使各从事其所能。曰:凡足以奉给民用,则止。诸加费不加于民利者,圣王弗为!"(《墨子·节用》)

(六)"节葬":在节用的基础上,墨子进一步提出"节葬"说。他针对"今王公大人之为葬埋,……必大棺、中棺,革阓三操,璧玉即具,戈剑、鼎鼓、壶滥、文绣、素练、大鞅、万领、舆马、女乐皆具","今王公大人之有丧者,曰棺椁必重,葬埋必厚,衣衾必多,文绣必繁,丘陇必巨"的种种厚葬做法,提出了尖锐的批判,认为"此为辍民之事,靡民之财,不可胜计也。其为毋用若此矣!"同时,墨学对于儒家倡导的"久丧",亦严厉批评说:"君死丧之三年,父母死丧之三年,妻与后子死者,皆丧之三年。然后伯父、叔父、兄弟、孽子,其族人五月,姑姊甥舅皆有月数,则毁瘠必有制矣。使面目陷凹,颜色黧黑,耳目不聪明,手足不劲强,不可用也!"因此,墨子断言说:"厚葬、久丧者为政,国家必贫,人民必寡,刑政必乱。""此非仁非义、非孝子之事也,为人谋者不可不沮也。仁者将求除之天下,相废而使人非之,终身勿为!"(《墨子·节葬》)

(七)"天志":墨学认为,在人们的头上,有一个"天",人间的所谓"天子"(国君),不过是"代天行政"而已,他也必须要服从和顺从"天志"。而所谓"天志",就是"爱天下之百姓"!"不欲大国之攻小国也,大家之乱小家也,强之暴寡,诈之谋愚,贵之傲贱,此天之所不欲也。"故墨子言:"天意不可不顺。顺天意者,兼相爱,交相利,必得赏。反天意者,别相恶,交相贼,必得罚。"墨学认为:"顺天之意者,兼也。反天之意者,别也。兼之为道也,义正。别之为道也,力正。曰:义正者何若?曰:大不攻小也,强不侮弱也,众不贼寡也,诈不欺愚也,贵不傲贱也,富不骄贫也,壮不夺老也。""此必上利于天,中利于鬼,下利于人。三利无所不利,故举天下美名加之,谓之圣王。"(《墨子·天志》)因此,墨子大声疾呼,各国的国君们,都必须要爱护黎民,行仁行义,顺应时代潮流,遵守"天志"。

(八)"明鬼":与天志相呼应,墨学认为有鬼神存在,但其主要目的,是"以鬼神能赏贤而罚暴也",故要"明鬼",以使人们能产生敬畏之心,"是以吏治官府不敢不絜廉,见善不敢不赏,见暴不敢不罪。民之为淫暴寇乱盗贼,以兵刃、毒药、水火,退无罪人乎道路,夺人车马、衣裘以自利者,由此止。是以莫放幽閒,拟乎鬼神之明显,……畏上诛罚,是以天下治。"同时墨子认为:"古之今之为鬼,非他也,有天鬼,亦有山水鬼神者,亦有人死而为鬼者。""鬼神之罚,不可为富贵众强、勇力强武、坚甲利兵,鬼神之罚必胜之。"(《墨子·明鬼》)因此墨家的倡"明鬼"之说,是使所有的官、民警畏,"举头三尺有神明",不敢乱来,只做善事,不行邪恶,以兴天下之利,除天下之害!

(九)"非命":与"天志"及"明鬼"相反,墨学认为,人的命运,全由自定,并不是由什么先天决定的——即所谓"有命",而是"吉凶福祸,惟人自招"——命运是掌握在自己手里,故是"非命"。同时墨学认为,上至王公大人,下到百姓庶民,都必须要善良仁义,勤劳工作,努力奋斗,自强不息,才能够达到富强、高贵、安宁、饱暖的目的。在这一点上,墨学有着非常积极的意义。

(十)"非乐":墨子从"节用"的原则出发,认为当时王公大人们受到"礼乐"的蛊惑与束缚,大造大钟鸣鼓、琴瑟竽笙等乐器来作乐,这一将"亏夺民衣食之财";二是在作乐和听乐时将占用大量的劳力,影响生产;三是作乐对于政事和生产丝毫无补。因而"子墨子言曰:仁之事者,……利人乎即为,不利人乎即止。且夫仁者之为天下度也,非为其目之所美,耳之所乐,口之所甘,身体之所安,以此亏夺民衣食之财,仁者弗为也!"(《墨子·非乐》)故墨家强调,要"非乐"。

除此之外,墨子在哲学、逻辑学、伦理学等方面,都作出了很大贡献。与此同时,墨子还是一个伟大的科学家,他在天文学、数学、物理学、机械学、军事学等方面,都有重大贡献,为当时的诸子所望尘莫及。墨家在科学技术上的辉煌成就,为近代的众多学者所赞叹。如著名教育家、北大校长蔡元培就曾说:"先秦,唯墨子颇治科学。"

三、墨学思想在当下的重要意义

墨子生活在大分化、大动荡的战国时代,干戈不息,战乱频仍,但墨家学派却始终站在绝大多数人的立场上,为广大人民群众讲话,为他们的利益大声摇旗呐喊,由此引领了时代的风潮,在中华文明史上闪耀着夺目的光辉。

若是将当年的中国战国,与如今的世界形势相比,虽然已过去了二千多年,人类社会的发展已与两千多年前不可同日而语,但目前的世界上,不是照样子攘攘扰扰,仍然存在着《墨子·非乐》中所说的"今有大国即攻小国,有大家即伐小家,强劫弱,众暴寡,诈欺愚,贵傲贱,寇乱盗贼并兴,不可禁止也"的种种不平等现象么?!不是仍存在着《墨子·非乐》中所说的"民有三患:饥者不得食,寒者不得衣,劳者不得息。三者,民之巨患也"的种种令人痛心的情况么?!

这些,正如目前一本畅销的经济书所说:"在金融战争时代,弱肉强食的丛林法则,比人类尚处于蛮夷时代时更加残酷和血腥!"(时寒冰著《中国怎么办》,北京,机械工业出版社,2009,第2页。)

在这样的情况下,墨学思想对于我国今天的发展,有着巨大的现实意义。例如,我国对外,在推行和平外交,维护世界和平,反对战争,反对霸权主义,建设和谐世界等等方面;对内,在建设和谐社会,建设小康社会,建设节约型社会,以及对于我国坚持的以人为本,坚持全面、协调、可持续的科学发展,以把我国建设成为一个民主、自由的社会主义现代化法治国家等等上面,墨学思想都有着极大的理论意义和参考价值。由于篇幅有限,这里就不再一一阐述了。

因此,我们今天在建设有中国特色社会主义的过程中,当全体中华儿女正在为中华民族的和平崛起而努力奋斗的时候,作为中国文化百花园中奇葩之一的墨学思想,仍然是光照千秋,葆存着青春的活力,在当下仍有着十分重要的积极意义。

综上所述,伟大的民族创造了伟大的文化,伟大的文化推进着伟大民族的复兴。2009年7月11日,中共中央政治局常委、全国政协主席贾庆林在《海峡两岸经贸文化论坛》开幕式上讲话说:"文化是一个民族的灵魂,孕育着民族的生命力、凝聚力和创造力。""中华优秀文化曾经创造了五千年的灿烂文明,成就了泱泱大国的历史地位,今天仍然是两岸中国人共同实现民族富强的宝贵资源和强大动力。"因此,伟大民族的复兴,更需要伟大的文化。作为中华文化优秀代表之一的墨学思想,是中华民族宝贵的精神财富,我们一定要发扬光大,它也必将在今日中华民族的伟大复兴中,发挥出更加巨大的作用!

（第一作者为四川省社会科学院文学所研究员,第二作者为四川省地方志编纂委员会副研究员）

墨子家庭伦理思想初探

梅良勇　王夫寿

墨子是我国战国初期著名的思想家,墨家学派的创始人。面对战国时期的社会动荡,为了维护社会的稳定,墨子提出了"兼爱"、"非攻"等观点。同时,墨子对家庭成员关系的调节和维护提出了许多深刻的见解,主要有"夫妇互爱"、"父慈子孝"、"兄亲弟恭"、"爱人如己"等家庭道德命题,从而形成了相对独立的家庭伦理思想体系。

一、形成的社会背景

春秋战国时期的社会状况可以用"天崩地解"四个字概括,政治、经济关系剧烈变动,社会处于大变革时期。经济上,井田制先后在一些国家被打破,出现了大批拥有土地的自耕农、手工业者和其他的私有者;政治上,周朝王室地位衰微,名存实亡,诸侯各自为政,新的社会秩序还没有形成,各个阶层的利益关系处在不断变化调整当中,存在着许多不稳定因素;在社会结构上,"大禹王夏"开创了数千年的"父传子、家天下"政体,国家以家族为基础,而在实质上是家族的放大。由这种社会结构所决定,国家的政治体系也就只能是家族本位、皇权至上的宗法等级制,无论是先秦时期的宗法分封制,还是秦汉以后的中央集权制,都是如此。与之相应,家族本位也就成为了普遍存在的价值取向,也逐渐成为了一种民族心理。

具有忧患意识的先秦诸子面对"礼崩乐坏"的全面社会危机,代表不同阶层的利益,站在各自的立场上,纷纷提出对"礼"的态度,发表对社会问题的看法,思想领域内出现了"百家争鸣"的现象。孔子主张"克己复礼",提倡"孝、悌、忠、信、温、良、恭、俭、让"等;墨子从"国"、"家"秩序的维护和调节出发,提出"兼爱非攻""尚贤尚同"的道德理想,阐述了处理这些关系所应选择的道德行为和对家庭及其家庭成员所应承担的道德义务。孟子提出"父子有亲、君臣有义、夫妇有别、长幼有序、朋友有信"(《孟子·滕文公上》)的"五伦"思想;荀子主张"隆礼",把"礼"的地位与作用推到极峰,宣称:"礼者,法之大分,类之纲纪也。"(《荀子·劝学》)"国之命在礼。"(《荀子·强国》)。

二、思想渊源及主要内容

(一)思想渊源

"伦理"一词,最早出现于《礼记·乐记》:"乐者通伦理者也。"西周至春秋时期的伦理思想,主要保存在《周书》、《诗经》、《周易》等先秦典籍中,它为后来的孔子、墨子、孟子、荀子等所继承,发展成为各自的伦理学说体系。其中,《周易》堪称我国文化的源头,内容极其丰富,对中国几千年来的政治、经济、文化等各个领域都产生了极其深刻的影响。《周易》、《诗经》是家庭伦理思想的重要渊源,它为先秦诸子家庭伦理思想的形成提供了极其丰富的思想资料。

墨子家庭伦理思想的渊源可以说,一方面源于尧舜禹和夏文化,《韩非子·显学》云:"孔墨皆道尧舜,而取舍不同。皆自谓真尧舜。尧舜不复生,将谁使定儒墨之诚乎?"司马迁说:"墨者,亦尚尧舜道,言其行德。"(《论六家要旨》)在这里,韩非子、司马迁都认为墨子是以尧舜作为言行的最高典范;另一方面源于儒家学说,刘安说:"墨子学儒者之业,习孔子之术,以为其礼烦扰而不说,厚葬靡财而贫民,久伤生而害事,故背周道而用夏政。"(《淮南子·要训略》)墨子虽学习儒家思想,但又因革创新。正是在与儒家的论争中从分化出来,墨子形成了迥异于儒家的家庭伦理思想体系。

(二)主要内容

1. 夫妇关系——互敬互爱

夫妇关系是家庭关系的基础,《周易·序卦》云:"有天地然后有万物,有万物然后有男女,有男女然后有夫妻,有夫妻然后有父子,有父子然后有君臣,有君臣然后有上下,有上下然后礼义有所错。"这里指出了夫妇关系是父子、兄弟、婆

媳、妯娌关系形成的基础。《墨子·非乐上》云"农夫蚤出暮入,耕稼树艺,多聚
菽粟,此其分事也。妇人夙兴夜寐,纺绩织纴,多治麻丝葛绪细布,此其分事
也。"在此,墨子认为"男耕女织"是社会的合理分工。《墨子·兼爱下》又云:
"为人君必惠,为人臣必忠,为人父必慈,为人子必孝,为人兄必友,为人弟必悌。
故君子莫若欲为惠君、忠臣、慈父、孝子、友兄、悌弟,当若兼之不可不行也。"墨
子再次重申了在家庭伦理关系中的不同位置和角色,都要遵守"相爱"的原则,
家庭内部的夫妇关系也应是互敬互爱。

　　另外,墨子认为夫妇关系应该从属于父子关系。《墨子·非儒下》云"取妻
身迎,袛褕为仆,秉辔授绥,如仰严亲,昏礼威仪,如承祭祀,颠覆上下,悖逆父母,
下则妻子,妻子上侵事亲,若此可谓孝乎?"墨子认为,儒家的结婚礼仪与祭祀祖
先差不多,太过于隆重,甚至超过了尊父母之礼,颠倒了尊卑,这在伦理上是不可
取的,不是所谓的孝道。

　　2. 父子关系——父慈子孝

　　在我国传统文化里,父子关系是一个家庭内部最基本的血缘关系之一。孔
子主张"君君、臣臣、父父、子子"(《论语·颜渊》),反对"父不父、子不子"的状
况。在等级社会初步形成的时代,墨子同样主张"父慈子孝"。

　　墨子认为,子女应遵守伦理礼节,孝敬自己的父母。《墨子·兼爱上》云:
"子自爱,不爱父,故亏父而自利。弟自爱,不爱兄,故亏兄而自利。臣自爱,不
爱君,故亏君而自利。此所谓乱也。"墨子认为,如果子、臣自利而不孝,则人伦
关系就混乱。墨子还举了一个很现实的例子来倡导"子孝父"。《墨子·公孟》
云:"鲁有昆弟五人者,其父死,其长子嗜酒而不葬,其四弟曰:'子与我葬,当为
子沽酒。'劝于善言而葬。已葬而责酒于其四弟。四弟曰:'吾未予子酒矣。子
葬子父,我葬吾父,岂独吾父哉? 子不葬则人将笑子,故劝子葬也。'"这里虽然
是墨子讲得一个故事,但从字里行间不难发现,儿子对其父应行丧葬之礼,不然
就会被人所耻为不孝。

　　那么对父母的"孝"是不是百依百顺呢? 墨子提出疑问。《墨子·法仪》云:
"当皆法其父母奚若? 天下之为父母者众,而仁者寡,若皆法其父母,此法不仁
也。法不仁,不可以为法。"墨子认为,作为子女的不应完全以父母的言行作为
做事的标准,而要以"法"为准。

墨子认为,父母也应慈爱自己的子女。《墨子·兼爱上》云:"虽父之不慈子,兄之不慈弟,君之不慈臣,此亦人下之所谓乱也。父自爱也,不爱子,故亏子而自利。兄自爱也,不爱弟,故亏弟而自利。君自爱也,不爱臣,故亏臣而自利。是何也?皆起不相爱。虽至天下之为盗贼者亦然。盗爱其室,不爱异室,故窃异室以利其室。贼爱其身,不爱人,故贼人以利其身。此何也?皆起不相爱。"《墨子·兼爱下》又云:"又与为人君者之不惠也,臣者之不忠也,父者之不慈也,子者之不孝也,此又天下之害也。"墨子认为,作为人伦关系的双方是相互的,父、君、兄同样也要爱护尊重子、臣、弟,互相敬重。

3. 兄弟关系——兄亲弟恭

在宗法父权社会里,兄弟关系的和睦与否,影响到家庭乃至宗族的兴旺发达。《墨子·兼爱中》云:"兄弟不相爱,则不和调。"因此,墨子很重视兄弟之间的关系。如前所述,《墨子·兼爱上》中讲:"虽父之不慈子,兄之不慈弟,君之不慈臣,此亦天下之所谓乱也。"兄长应该"亲"、"友"弟,弟也应该"尊"、"恭"兄长。《墨子·天志中》云:"天下盖有不仁不详者,曰当若子之不事父,弟之不事兄,臣之不事君也,故天下之君子,与谓之不祥者。"墨子认为,"弟之不事兄"违背伦理道德,不仅不仁,而且天下人都会把它当作不吉祥之人。

墨子进一步指出,兄弟之间和睦关系的调节和维护,应是以利益均衡为基础。《墨子·节葬下》云:"若苟不足,为人弟者求其兄而不得,不弟弟必将怨其兄矣。"《墨子·尚同中》又云:"内之父子兄弟作怨雠,皆有离散之心,不能相和合。至乎舍余力不以相劳,隐匿良道不以相教,腐臭余财不以相分,天下之乱也,至如禽兽然,无君臣上下长幼之节,父子兄弟之礼,是以天下乱焉。"墨子认为,兄弟之间不能和睦相处,有"余力"而不"相劳",有"良道"而不"相教",有"余财"而不"相分",就会没有君臣、上下、长幼之节,天下就混乱不堪了。墨子主张家庭伦理关系的"和调"是以利益均衡为前提,不然这种关系也会变得矛盾。

4. 邻里关系——爱人如己

墨子认为,邻里关系的处理也应遵循"兼爱"的原则。《墨子·兼爱中》云:"人与人不相爱,则必相贼。"《墨子·修身》又云:"亲者不亲,无务来远;亲戚不附,无务外交。"意思是说,对身边应该爱的人不爱,就不会得到其他亲戚朋友的亲爱;亲戚朋友都不愿与你交往,就不可能在外广交关系。墨子认为,人若要得民心,必须从身边的邻居朋友做起,这样才能慢慢得到更多人的支持。《墨子·法仪》云:"爱人利人者,天必福之;恶人贼人者,天必祸之。""爱人利人以得福者有矣,恶人贼人以得祸者亦有矣"《墨子·兼爱上》又云:"若使天下兼相爱,爱人若爱其身,犹有不孝者乎? 视父、兄与君若其身,恶施不孝? 犹有不慈者乎? 视子弟与臣若其身,恶施不慈? 故不孝、不慈亡。"墨子认为,如果天下"兼爱",爱人如己,就不会有不孝不慈之人了,邻里之间也就会和睦相处了。

中国古代伦理思想自产生后最看重的是宗法制度和血缘关系,为此特别强调家族本位、服从意识和整体观念。通过以上论述,我们可以看出墨子作为一介布衣,其思想是平民要求的直接反映。墨子从小生产劳动者利益出发,表达了有关社会、家庭秩序维护的愿望和理想。其有关家庭伦理思想的言论,阐述了以"和调"为主导下的"夫妇互爱"、"父慈子孝"、"兄亲弟恭"、"爱人如己"等家庭道德范畴和准则,从而建立起了别具一格的家庭伦理思想体系。墨子的家庭伦理思想以其本身合理的内涵与时代需要相契合,对构建社会主义和谐家庭具有特殊的价值和意义,为当代中国的道德建设提供了极为丰富的思想资源。

(第一作者为徐州市师范大学教授、中国哲学与宗教研究所所长,第二作者为徐州市大学法政学院硕士生)

沈诸梁身世及仕途再研究

郭　霞

　　作为春秋末期的政治家、军事家、叶姓始祖沈诸梁"食采于叶",史称叶公,守卫边境"恢先君以掩方城之外,四封不侵,名不挫于诸侯。当此之时也,天下莫敢以兵南乡"①。后逢白公之祸,沈诸梁率兵攻入都城,挽楚国政局于风雨飘摇。战国时楚莫敖子华称其"财(财通才字)于柱国"。就连教育家孔子也曾想通过他在楚国谋个一官半职,不过未能如愿。

　　然而,千百年来围绕在叶公身上的疑点,一直未有消解。其中有关叶公的姓氏族属问题被探讨的最多,古今看法各异:一、沈诸梁属芈姓,是某位楚王的后代,《风俗通》、《元和姓纂》、《通志·氏族略》等古代典籍有这样的记载。二、叶公为姬姓,是周文王第十子聃叔季的后人,此观点见载于欧阳修所著《新唐书·宰相世系表》,欧氏的主要论据是其收藏的《叶有道碑》拓片,该碑是唐初名臣叶法善请人所刻,记述有叶家身世和叶姓之源。如今部分叶姓族谱的记载与欧氏观点相同。三、近年来,刘玉堂先生根据一些青铜器的铭文,"番尹"、"番君"等字眼,推测叶公的祖先是楚化的扬越人,"番君"是其祖先入楚前的爵号。②

　　对于以上这些有关叶公族属的争论,前辈学者已作出较为深入的研究。本文以先贤的研究为基础,着重探讨叶公自身的一些疑点。如,生母的出身问题、如何崛起于楚国中央政坛、平定白公之祸后有无作出让贤举动等。通过对这些

---

① 《战国策·楚策》。
② 刘玉堂:《沈氏族属初探》,《江汉论坛》1987 年第 4 期。

问题的研究,可以帮助我们更全面地了解叶公的政治生涯。

一、"身获于表薄"与母亲身份

春秋末期的中国,早已迈入父权时代。"亲亲尊尊"是社会的基本法则,虽然各诸侯国在选官方面出现了一定的用人唯贤,但官位世袭仍具有普遍性,父贵则子显。在晋国,六卿长期把持政权走向;鲁国是三桓执政;楚国的政局基本上由王室公子主导。叶公之父沈尹戌为楚国左司马①,叶公的身份理应不会低到哪儿。

不过,《战国策·楚策》的记载却让人颇感疑惑:

(楚)威王问于莫敖子华曰:"自从先君文王,以至不谷之身,亦有不为爵劝,不为禄勉,以忧社稷者乎?"莫敖子华对曰:"昔者,叶公子高身获于表薄,而财于柱国;定白公祸,宁楚国之事;恢先君以掩方城之外,四封不侵,名不挫于诸侯。当此之时也,天下莫敢以兵南乡……叶公子高食田六百畛。故彼崇其爵,丰其禄,以忧社稷者,叶公子高是也。"

莫敖子华认为叶公"忧社稷"的内在动力是"崇其爵,丰其禄",是为了那"六百畛"的食田。结合此一语境,其开篇所言"叶公子高身获于表薄"②,译成白话则是,叶公子高出身卑微。父亲贵为左司马,儿子何以出身卑微?这牵涉到当时的社会法则:子以母贵。周代是允许一夫多妻的,如果母亲是正室,儿子在家中自然高贵。倘若是妾所生之子,其继承人地位就要大打折扣。《礼记·内则》:"适(通"嫡")子、庶子,见於外寝。"郑玄注:"庶子,妾子也。"引发白公之祸的令尹子西,就是楚平王庶弟,《史记·楚世家》记载:十三年,平王卒。将军子常曰:"太子珍少,且其母乃前太子建所当娶也。"欲立令尹子西。子西,平王之庶弟也,有义。子西曰:"国有常法,更立则乱,言之则致诛。"乃立太子珍,是为昭王。

子西因为是王之庶子,所以婉拒了子常的好意,可见,在当时的楚国,嫡庶观念是根深蒂固的。循着这一思路,莫敖子华说叶公"身获于表薄",其实无意中透露出叶公身世:沈诸梁的母亲并非正室,而是妾,妾的儿子是庶子,所以子华称

---

① 《左传·定公四年》"左司马戌及息而还"。
② 南宋鲍彪注《战国策·楚策·楚子问于莫敖子华》:表,野外;薄,林也;言其初贱。

叶公"身获于表薄"。由于母亲在家中地位不高,叶公更多地需要个人努力,才能赢得功名利禄,"崇其爵,丰其禄,以忧社稷"。

关于叶公母亲的确切身份,目前所知史料均未提及。叶母唯一见诸文字的是在《左传·定公五年》,不过也只有廖廖数语:"叶公诸梁之弟后臧从其母於吴,不待而归。叶公终不正视。"杜预注曰:"诸梁,司马沈尹戌之子,叶公子高也。吴入楚,获后臧之母。楚定,后臧弃母而归。"此处后臧之母究竟是不是叶公之母,目前尚难认定。假设诸梁与后臧同母,后臧弃母归楚固然不对,但叶公为何不采取措施将母亲迎回楚国?其时叶公之父沈尹戌已然战死(受伤后令手下人将自己斩首,送于楚王以示忠心),可供叶母依靠的只有儿子们,随着后臧的离去,叶母的孤单可想而知。况且当初沈尹戌曾奉王命追杀伍子胥,此时叶母在吴为虏,伍子胥为吴国当政者,叶母处境必是十分困苦。叶公鄙视弟弟的行为,但他才是有能力迎回母亲的人。从子西自吴国召回太子建之子胜来分析,叶公迎母应非难事,他责怪受难的弟弟,而不检讨自己。其原因不外乎一个:母亲并非正室。迎回母亲将凸显出身"表薄",不利于自己在楚国的政治威望,基于此,叶公对母亲也只好袖手旁观。

虽然如此,叶母滞吴还是深深影响了叶公的仕途。吴军被击退后,楚国政局暂时安定下来,叶公进入中央决策层。刘向《新序·杂事一》记载,子西、叶公曾一同作为楚贤臣会见秦国使者。而在白公之乱时,《史记》《左传》均称叶公在蔡地。两相比照,可佐证此一时期叶公在政坛的失势。同时期楚国政坛的最大变化,就是令尹子西自吴国召回平王之孙胜(太子建之子,即白公胜)。至于子西为什么召回胜,依笔者拙见:叶公政治地位的提高,使得令尹子西感受到了某种压力,于是后者就采取措施予以消除。子西与楚惠王协商自吴召回胜,名义是守卫吴楚边境,实则是借以打击叶公在楚国决策层的地位,召回胜映衬出叶公拒母的不孝,沈诸梁被迫离开都城回到封地。

二、受封叶地后政治地位的逐渐提高

关于叶公受封的时间,史学界普遍接受的观点是在楚平王五年,即公元前524 年。这一年,楚左尹建议将许人迁出叶地,因为许国被郑所灭,许人居叶,难免时有复国之念,郑国忧之。"郑若伐许,而晋助之,楚丧地矣。"①叶地作为楚国北望中原的门户,是不能丢失的。所以平王迁许人至析(原名白羽),同时封左司马沈尹戌之子沈诸梁于叶。

沈诸梁居叶时,已是春秋末期,吴越方兴,楚国自顾不暇,无力北向,晋楚通过公元前 546 年的弭兵大会,在一定程度上维持了和平局面。叶地在楚北方,远离抗吴前线,加上叶公的努力,经济获得较大发展。《水经注》曾记载叶公修水利:"(叶县)陂东西十里,南北七里,二陂并诸梁所筑也。"②

楚昭王十年(前 506),楚兵败于柏举,都城郢被吴攻破,令尹子常奔郑,左司马沈尹戌战死,楚国国力空前削弱。雄居边关的叶公顺势进入中央政坛。《新序·杂事一》记载了叶公和令尹子西一同接见秦国使者的事例:秦使者至,昭奚恤曰:"君,客也,请就上位东面。"令尹子西南面,太宗子敖次之,叶公子高次之,司马子反次之。昭奚恤自居西面之坛,称曰:"客欲观楚国之宝器,楚国之所宝者贤臣也。理百姓,实仓廪,使民各得其所,令尹子西在此。奉王圭璧,使诸侯,解忿口之难。交两国之欢,使无兵革之忧,太宗子敖在此。守封疆,谨境界,不侵邻国,邻国亦不见侵,叶公子高在此。理师旅,整兵戎,以当强敌,提抱鼓以动百万之众,所使皆趋汤火,蹈白刃,也万死不顾一生之难,司马子反在此。

值得注意的是,此时叶公的政治地位在司马子反之前,可见当时叶公已进入楚国中央决策层。《左传》曾记载:楚惠王二年(前 487),令尹子西决定自吴国召回已故太子建之子胜,遭到叶公反对,叶公认为胜"诈而乱"、"好复言(重承诺)",如若召回肯定是个祸害,并警告子西"子必悔之"。然而子西坚持召回胜,"使处吴竟,为白公"。子西子高之辩虽以叶公的失败而告终,但此事也显露出叶公在楚国中央政坛的地位,在重大人事问题上拥有发言权。

身处高位的叶公,无可避免地卷入了上层的权力斗争。前文已经分析,子西召回白公胜,目的就是打击叶公在中央的威望。子西曾明确表示:"胜如卵,余翼而长之。楚国,第我死,令尹、司马,非胜而谁?"③坦承将安排胜出任令尹或司马的职位。而叶公是反对任用白公胜的,白公得势无疑意味着叶公失势。

---

① 杨伯峻:《春秋左传注》,北京:中华书局,1981 年。
② 郦道元:《水经注》,北京:中华书局,2007 年。
③ 《左传·哀公十六年》。

白公胜自惠王二年归国,到惠王十年作乱为叶公所败,此数年间叶公之事迹不见于史料。惠王八年晋国伐郑,史载子西救郑,与郑邻近的叶公在做什么,史书未提。及白公之祸,《左传》乃载叶公在蔡(杜预注曰:蔡迁州来,楚并其地)。《史记》更明言白公为祸"月余"叶公方领兵至都城,勤王何其慢也! 合理的解释应为:白公归楚后,叶公在中央失势,无奈之下回到封地叶。救郑之战,子西也未给叶公表现机会,而是亲自挂帅击退晋兵。白公之乱时叶公不急于进兵都城的深层次原因,是想借白公之手除去更多的政治对手。

三、平定白公之祸并主导楚国政局

楚惠王十年,白公胜袭杀令尹子西、司马子期,欲立子闾为王,子闾不从,遂杀之。楚国中央政坛陷入严重混乱。叶公率方城外之兵击败白公,白公奔入山中自缢,叶公"乃烹石乞(叛乱者)"[1]。

此时,楚国中央重臣经过白公的杀戮,已所剩无几,叶公因平定祸乱有功,再次崛起于中央政坛。《左传·哀公十六年》记载:"沈诸梁兼二事。"杜预注曰:二事,令尹、司马。此后,叶公参与并主导了这一时期的楚国中央决策。以下试举两例:

其一:楚既宁,将取陈麦,楚子问帅于大师子穀与叶公诸梁。子穀提出,右令差车与左史老两位曾随令尹子西伐陈,可以胜任。叶公反驳了子穀的观点,主张用子西的儿子伐陈。结果叶公的意见占了上风,子西之子公孙朝率师灭陈。

其二:王与叶公枚卜子良(惠王弟)以为令尹。卜言"吉,过于其志"[2]。叶公认为,王子而相国,如果志向过于令尹,将于王不利。于是改日再卜子国(子西的儿子宁)而使为令尹。

令尹为楚国最高行政长官,叶公与惠王共同决定其职位人选,充分证明了这一时期叶公在楚国中央政坛的地位。

多数历史学者认为,叶公平乱后担任了令尹、司马一职。而笔者认为,叶公应是代理而非担任。楚宁后伐陈,楚王"问帅于大师子穀与叶公诸梁"(子国尚

---

① 《左传·哀公十六年》。
② 《左传·哀公十七年》。

未为令尹），《左传》此处不称沈诸梁为令尹，仍称其为叶公，倘若叶公正式任职令尹，《左传》没有理由不称令尹而称职位较低的叶公。

另有部分学者根据"国宁，（叶公）乃使宁为令尹，使宽为司马，而老于叶"[①]。认为叶公感觉自己年老而主动让贤，笔者对此也不甚赞同。叶公使宁为令尹在楚惠王十年（前 479），而在楚惠王十三年秋天（前 476），叶公率楚军伐东夷，三夷男女及楚师盟于敖（清代学者江永考证，敖在浙江滨海处）。由此可见，叶公第二次崛起于楚国中央政坛后，并未随即退出。"老于叶"是指最终归宿，并不是立即交权。实际上，叶公利用选拔令尹和司马，相当程度地保持了自己的政治影响力。

（作者为河南商业高等专科学校教师）

---

① 《左传·哀公十六年》。

略论先秦宗族传统对王官之学的影响

——以晋国范氏为例

吴国武

商周宗族多有自己的传统,而且又与世官世卿制紧密相连。"诸子出于王官论"有一定的道理,但相应世官世卿的宗族传统对先秦诸子百家形成的影响也是不容忽视的。有学者曾经讨论过农家学派许行受神农氏传统影响的情况。本文以晋六卿之一的范氏为例,考察和讨论这支拥有久远司法传统的宗族是晋魏系法家的重要来源,并对法家思想有较大的影响。我们认为,透过宗族传统可以更深一层理解王官之学、理解先秦诸子百家的形成。

一

远古氏族在长期发展过程中逐渐形成了各自的传统,这些材料既有传世文献也有考古文物可以得到证实。远古氏族集团的分类,无论是二分法的夷夏说(以傅斯年为代表)、三分法的蛮夷夏说(以蒙文通、徐炳昶为代表),还是四分法的胡蛮夷夏说(以田昌五为代表),应当说是对氏族传统的一次确认。当众多氏族被改造成商周宗族时,氏族传统在分合重组中又形成了宗族传统。《国语·晋语四》云:"同姓则同德,异姓则异德"。"姓"是宗族组织的初级形态,"德"则是指传统。这句话的意思就是说同宗族必有相同的传统,宗族不同则传统也就不同。《左传·隐公八年》云:"天子建德,因生以赐姓。"这显然是周王根据传统的异同来组合宗族。文献上常出现"舜德"、"夏德"、"殷德"和"周德"等词,实际上包含有各氏族或宗族传统之涵义。

内以宗法,外以分封,周代的所谓内外朝就是这样建立起来的。《国语·鲁语下》说:"自卿以下,合官职于外朝,合家事于内朝",这就是所谓的"宗族世官制"。很早的时候,职官大多源于各氏族的传统,"百姓"即"百官"就是一例。《左传·昭公十七年》载:"昔者黄帝氏以云纪,故为云师而云名。炎帝氏以火纪,故为火师而火名。共工氏以水纪,故为水师而水名。大昊氏以龙纪,故为龙师而龙名。我高祖少昊挚之立也,凤鸟适至,故纪于鸟,为鸟师而鸟名。"这里所谈的五氏应当属于五个氏族集团,而五名就是五种不同的传统,后世往往以其传统为其职官。接着又谈到少昊氏鸟名官的具体情况:"凤鸟氏,历正也。玄鸟氏,司分者也。伯赵氏,司至者也。青鸟氏,司启者也。丹鸟氏,司闭者也。祝鸠氏,司徒也。睢鸠氏,司马也。鸟鸠氏,司空也。爽鸠氏,司寇也。鹘鸠氏,司事也。五鸠,鸠民者也。五种,为五工正,利器用,正度量,夷民者也。九扈,为九农正,扈民无淫者也。"这表明,氏族集团内各氏族又都依传统而分工,这种分工可以视作职官的萌芽。商周时代,氏族、家族一变而为宗族,职官与族名开始分离,但兼官仍旧很多。可以说,"宗族世官制"是职官与宗族名称不同而摄事大体相同的习惯制度。自此,官职与家事互为条件,一方面赐官多以各宗族的传统为基础,另一方面世官制又促进了这种传统的丰富和发展。

自西汉刘向以来,"诸子出自王官"之说(包括后来衍生出的诸子出自职业说)在学术起源诸说中影响最大。当然这种说法不无道理,只是还可以考察到与之相关的宗族传统。其实在这点上,刘向本人也在"王官"论中谈到了。以"阴阳家"为例,《汉书·艺文志》上说:"阴阳家者流,盖出于羲和之官,敬顺昊天,历象日月星辰,敬授民时,此其所长也。"

"羲和"是否真是王官之名呢?从《尚书·尧典》可知,羲和是氏族之名。其语云:"乃命羲和,钦若昊天,历象日月星辰,敬授人时。"比较可知,《汉志》之说当本《尧典》。据《史记·历书》记载:"(颛顼)乃命南正重司天以属神,命火正黎司地以属民……其后三苗服九黎之德,故二官咸废所职……尧复遂重黎之后不忘其旧者,使复典之,而立羲和之官。"所以,很有可能羲和之族为重黎之后,一直保有观象天地四时的传统,后来其族名也就被后人理解为官名了。"诸子出自王官"之说,其所以为刘向最先提出恐怕和新莽复周制、周官有关。近人胡适、傅斯年、冯友兰继之又力主"诸子出自职业""出自士之阶级"之说,其实这种修正只是把"王官"民间化罢了①。

当然，宗族传统只是学术起源和发展的一个背景，它有时直接作用于学术，有时却通过职官（尤其世官）和职业等外化形式作用于学术。有学者曾就氏族、宗族传统对某派学术的影响作过探讨，比如今人王博讲到了战国农家学派的许行。② 他说，许行之所以提倡"贤者与民并耕而食，饔餮而治"（见《孟子·滕文公上》）等"神农之言"，最主要的原因是此人本为神农氏的后裔。像这种世官不明或丧失职官的宗族有很多，但坚固的宗族传统却可以持久地传递并成为某派学术的一个源头。

二

这里，我们打算以晋魏范氏之族为例作个案分析来阐明该族的司法传统如何影响晚周法家思想及成为其一支系的主导因素？

《世本》以来的文献一致认定，范氏出自祁姓，陶唐氏帝尧的后代。范氏在晋国原为士氏，后因士氏被晋侯赐封范邑（今山东范县东）而得范氏。士氏得之于范氏之祖士蒍在晋国首任"士"官即理官，主管司法。《汉书·艺文志》云："法家者流，盖出于理官"，理官在《周官》中分作六十五种，"士师"是仅次于大小司寇的理官。《左传》有两处详细叙述了范氏之族入晋前的谱系。

其一是在襄公二十四年（前549）："（范）宣子（即士匄）曰：'昔匄之祖，自虞以上为陶唐氏，在夏为御龙氏，在商为豕韦氏，在周为唐、杜氏。周卑，晋继之，为范氏。'"其二是在昭公二十九年（前513）：

"蔡墨曰：'有陶唐氏既衰，其后有刘累，学扰龙于豢龙氏，以事孔甲，能饮食之。夏后嘉之，赐氏曰御龙，以更豕韦之后。龙一雌死，潜醢以食夏后。夏后飨之，既而使求之。惧而迁于鲁县，范氏其后也。'"

这两段话虽出自不同的人之口，史实却大体一致，只是"在商为豕韦氏"和"以更豕韦之后"两句有些矛盾。根据今人杨伯峻的说法，当以后句为是。③ 范氏之族自陶唐氏开始便与"士师"一职紧密相连，在传统及其世官这一外化形式的作用下该族经历了从德刑兼备到礼法并用的学术发展过程。

---

① 冯友兰：《原儒墨》，《清华学报》第10卷第2期。
② 王博：《老子思想的史官特色》，文津出版社，1993年，第124～125页。
③ 杨伯峻：《春秋左传注》，中华书局，1990年，第1087～1088页。

　　先说"陶唐氏"。尽管文献上记载陶唐氏即帝尧由来已久,但这一说法仍有偏误之嫌。我们认为,尧和皋陶都是陶唐氏,为同一族名。今人刘起釪曾从古音、字形、语源、地名和考古学等方面论证了"皋陶"是从"尧"分化出来的,其实都是陶唐氏。① 此外,《尚书》中的《尧典》和《皋陶谟》两篇相类似的词也有不少。我们知道,最早的史料是不称"尧"的,周人心目中称得上"代"的也只有虞、夏、商。皋陶与虞舜为东夷民族中的两支世婚氏族,在一同西进的过程中因加速了和华夏民族的融合而被编造成黄帝之后,其中皋陶和尧成了一氏二名以明华夷之辨。② 至于同一氏族或为偃姓、或为祁姓的问题,可以理解为陶唐氏在西进中分化成东、西两支,只不过后世以西支祁姓为正宗而视东支偃姓为异端罢了。史载,皋陶为虞舜的法官,故《史记·夏本纪》云:"皋陶作士以理民。""法"字,古为"廌"。据考,"廌"(音志)即就是麒麟,为东夷之仁兽。有学者进一步解释道:"廌不是一个个人,而是传说时代(自黄帝始)世代主管军事和司法事务的部族的图腾。"③严谨的东汉学者王充在《论衡·是应》里曾记载皋陶治狱以觟角虎(即廌)判罪的故事,可见他就是廌部落的后裔。他与以往力主兵刑罚罪的人不同,率先提出德刑并用的主张,这对后世法家尤其晋魏系和齐国系影响很大。在《尚书·皋陶谟》中他提出:"天命有德,五服五章哉。天讨有罪,五刑五用哉。"此句意谓以五服五章来奖赏有德之人,以五刑五用来惩罚有罪之人。更早的"德"字大体指某族传统和利益,而皋陶所说的"德"已经具备了道德意义。蚩尤时代往往对背叛或"异德"的族群施用兵刑,而这个时期皋陶以"九德"来衡量官吏、以"五刑"来对付罪人。《汉书·刑法志》总说远古刑法的产生时便是引用皋陶所说的"天秩有礼"和"天讨有罪"作开始的。不过,皋陶的"五刑"并非三苗的五种肉刑,而是五种象刑。④ 皋陶的德刑并用说,一方面其族东支的传承为《吕刑》及齐国系法家的一个源头;另一方面其族西支的传承构成了晋魏系法家的主体思想。

　　接下来谈谈"御龙氏"和"豕韦氏"的情况。陶唐氏之衰应当是指官失其职,

① 刘起釪:《古史续辨·古史词条四则·尧》,北京:中国社会科学出版社,1991 年。
② 段连勤:《关于夷族的西迁和秦嬴的起源地、族属问题》,《人文杂志》1992 年特刊《先秦史论文集》。
③ 武树臣:《中国法律文化》,北京大学出版社,1994 年,第 127 页。
④ 金景芳、吕绍纲:《〈尚书·虞夏书〉新解》,辽宁古籍出版社,1996 年,第 226 页。

而不能理解为该族传统衰败。我们同意龙与麒麟实际是同一种动物的说法,而"御龙氏"应是"御麃氏"的异称。甲骨文中出现过"御麃"一词,据近人郭沫若考证它是商代司法官的名称。依上古多以族名为官名的惯例,"御龙氏"毫无疑问是主管司法的氏族。这样,麃部落在夏王孔甲之时恢复了司法世官。刘累"学扰龙于豢龙氏"又是怎么一回事呢?豢龙氏为叔安之子董父的氏族名,又作"董氏"。"董"即"理",监督、守正的意思,可见此族也有主管司法的传统。也许是由于不满孔甲的统治,豢龙氏弃官而由御龙氏刘累继之。关于"御龙氏"取代"豕韦氏"的史实,除《史记·夏本纪》附膺《左传》外东汉贾逵却认定:"祝融之后封于豕韦,武丁灭之。以刘累之后代之。"(见《史记集解》引)稍后的韦昭虽然没有明确指出武丁所为,但也首肯"其后商灭豕韦,刘氏自御龙代豕韦。"(见《国语·晋语七》韦注)。《汉书·韦贤传》记载韦贤曾谈到豕韦氏为刘氏所取代以后原氏族的情况,他说:"总齐群邦,以翼大商,迭彼大彭,勋绩惟光。"可见,原先的豕韦氏以大彭之国维系宗祀。也许是因为商代官名族名的分离趋势已经很明显了,"御麃"为固定官名而"御龙氏"只好改为"豕韦氏"。

商末,宗族的移动和变更开始加剧,豕韦氏也因此而改国为唐氏,恢复了旧号。周初殖民,成王灭唐氏并封弟唐叔虞(晋国之祖)于此。《新唐书·宰相世系表》载:"(唐氏)其后更封,刘累裔孙在鲁县者为唐侯,以奉尧嗣,其地唐州方城是也。鲁定公五年楚灭唐,子孙以国为氏,分仕晋、楚,有唐雎为魏大夫。"这表明,唐氏之后留晋魏者仍有不少。唐氏大宗被更封于杜,史称杜伯。《汉书·杜周传》中班固赞其为唐杜苗裔,根据杜周及其后代世为西汉酷吏可以推测当年的唐杜氏是继承了司法传统的。"杜伯为(周)宣王大夫,宣王(无故)杀之,其子隰叔去周适晋"(见《国语·晋语七》韦注),隰叔便是晋国范氏之祖。《汉书·地理志》云:"河东土地平易,有盐铁之饶,本唐尧所居,《诗·风》唐、魏之国也。"唐、杜氏在晋,故而"唐风"也就范、晋皆指了。后人在谈晋文化特点时往往停留在夏、周、狄三种文化融合方面,对于唐、杜氏的重要影响注意得很少。其实,史书上记载的晋国五种"法"都与唐杜氏有密切的联系。

晋国范氏的谱系,《国语·晋语七》记载详细:"訾祏对曰:'昔隰叔子违周难于晋国,生子舆(即士蒍),为理,以正于朝,朝无奸官。为司空,以正于国,国无败绩。世及武子(即士会),佐文襄,为诸侯,诸侯无二心。及为卿以辅成、景,军无败政。及为成师,居太傅,端刑法,辑训典,国无奸民,后之人可则,是以受随、范。及文子(即士燮),成晋、荆之盟,丰兄弟之国,使无有间隙,是以受郇、栎。"子舆做了晋国理官后便改氏为"士",严格地讲范氏只是"士氏"大宗罢了。始任理官一事表明,晋国士氏继承了陶唐氏至唐杜氏以来的司法传统,重建该族的"宗族世官制"。不仅如此,士蒍在兼任大司空时还鼓动晋献公翦除群公子,为晋国异姓公族日后的发展和以刑法来相互约束创造了条件。这样,士氏凭借"正朝"和"正国"的政教力量影响着晋国的政俗。也许是受骊姬之乱的冲击,士氏第二代并不怎么显耀。尽管如此,士蒍的一个儿子士縠仍旧做过司空。到第三代士氏,该族主要的大小两宗便沿着卿位和理官两系给晋国注入德刑到礼法的传统。周代宗法常以嫡子继承卿大夫之显位,而以庶子继承其世职,范武子(即士会)和士穆子就是如此。

先看作为大宗的范武子一系。

位至正卿、并兼太傅的范武子拥有晋国的政教权,所以在他的领导下"端刑法"、"辑训典",促进了晋国礼法并用传统的形成和发展。他说:"德立刑行,政成事时,典从礼顺,若之何敌之"(见《左传·宣公十二年》)。史载:"(范)武子宣法以定晋国,至于今是用",可以想见当年范武子曾修订礼法,并在晋国施行。正因为如此,晋国上下颂扬他的故事不绝于口。我们举出自晋卿赵文子(即赵武)之口的两个例子。其一见《国语·晋语八》,是讲武子治国的精神:"纳谏不忘其师,言身不失其友,事君不援而进,不阿而退。"后来,他的做法往往成了为臣治国的典范。其二见《左传·昭公二十年》,是讲治家的原则:"夫子之家事治,言于晋国,竭情无私。其祝史祭祀,陈信不愧。其家事无猜,其祝史不祈。"这里顺带需要补充说明范氏治家方略中特别重视家教,以至于史书都加以详载。如果不是宗族传统牢不可破,又会是什么能使范氏治家为人称道呢?

继承武子大宗地位的是范文子(即士燮)。尽管他和他的弟弟彘共子(即士鲂)位仅副卿,但他的文德却足以名垂晋史。史书云:"(范)文子勤身以定诸侯,至于今是赖"(见《国语·晋语七》),这里所说"赖"当指时人所谓"范叔之教"。一方面,他指出:"惟厚德者能受多福。无德而服者众,必自伤也。"一语道出了"德"的重要性;另一方面他又斥责晋国失刑的现状:"今吾司寇之刀锯曰弊,而斧钺不行。"(二处均见《国语·晋语六》)应当说,文子继承了武子刑德并用的传统。直到他的侄子士贞子（即士渥浊）于公元前573年担任晋悼公太傅之时，"范武子之法"才得以续修。

真正把礼法传统正式定格于晋国的是文子之子范宣子（即士匄）。尽管晋国本为姬周旧邦，但内唐杜、外夷狄的影响无时不在，到春秋时期周礼已经荡然无存。身为正卿的范宣子秉持德刑不偏废的原则，同时汲取鲁礼的精华，使"德"上升到成文的"礼"。《左传·成公十八年》云："（鲁）公至自晋。晋范宣子来聘，且拜朝也。君子谓：'晋于是乎有礼。'"除了这则评价外，《左传》还有若干处记载宣子重礼的史实，其中公元前560年辞让中军将一职便是一例。《左传》"君子"对此论道：让，礼之主也。范宣子让，其下皆让。栾黡为汰，弗敢违也。晋国以平，数世赖之。刑善也夫！一人刑善。百姓休和，可不务乎？另一方面，宣子制刑书又是众所周知的。很可能，宣子的刑书是以武子之法为核心而作。古语云："刑不上大夫，礼不下庶人。"但这个时候，对礼法并用的宣子而言晋国应该有自己的成文法。不过，宣子不像子产那样急于公布自己的刑书。到前513年，晋卿赵鞅、荀寅为了挽救时局正式"铸刑鼎，著范宣子所为刑书。"后来孔子对此十分鄙薄，他说："夫宣子之刑，夷之蒐也，晋国之乱制也。"这说明，范氏的礼法和鲁儒的礼制很不相同。至此，晋魏一系的法家思想基本形成。

在范氏礼法传统的发展过程中，作为小宗的士穆子一系起到了巨大的作用。前面谈到了士穆子之子士贞子（即士渥浊）续修"范武子之法"的事。到贞子之子庄子（即士弱）之时，他担任晋国主狱大夫一职，主管狱讼，为礼法并用提供了操作机会和实际经验。当宣子之子献子（即士鞅）因"贪而弃礼"而使士氏大宗开始衰败时，庄子之子文伯（即士匄，与范宣子同名）却为晋国顾问，并曾对子产铸刑表示不满。文伯之子景伯（即士弥牟）仍旧做晋国理官，史书多载他替周王、诸侯、卿大夫等上层人物断讼，继续为晋魏一系的法家思想做实验。

范氏之衰的关键人物是献子之子昭子（即士吉射）。此人喜欢聚财富室，并率范氏之族与中行氏为乱晋国，最后导致散族失势。《列女传》记载他父亲的一席话："终灭范氏者，必是子也。夫伐功恃劳，鲜能布仁；乘伪行诈，莫能久长。"果真，后来范氏为乱不成，士吉射逃到了齐国，士鲋逃到了成周（大概是由于周卿刘氏与范氏世代通婚的缘故），从此其族人便很少见之于史书。据春秋灭族的实例，范氏之族当有居留晋魏者。史载战国末年魏国有范痤、范睢等人，很可能是范氏之后。范痤曾为魏相,可惜其言行史书鲜见。范睢则是由魏入秦的客卿,尽管有纵横家倾向但总的说来仍为法家。以《上昭王书》为例,他力主"明主莅正,有功者不得不赏,有能者不得不官,劳大者其禄厚,功多者其爵尊,能治众者其官大",并引用古语云:"庸主赏所爱而罚所恶。明主则不然,赏必加于有功,刑必断于有罪。"(见《战国·秦策三》)这种以赏罚代礼法的做法与此前同为亡魏入秦的客卿商鞅的变法极为类似。战国中后期,魏人入秦之事层出不穷,而且这些人包括张仪在内都为法家。[①] 据此可知,晋魏一系的法家此时已发展到了弃礼趋法的阶段。至于商鞅"以刑去刑"的极端做法,应当还与卫国的司寇传统有关,即"以佐王刑邦国、诘四方"、"以五刑纠万民"。这一点,章太炎曾指出:"卫康叔为司寇,刑名之学在焉。故商鞅、嗣君兴于卫。"[②]

三

　　回过头来,我们再讨论一卜春秋末到战国初晋魏一系法家的情况。范氏、中行氏散族失势后,晋六卿一变为四卿,举国以宣子之刑为法。稍后,三家灭智,晋四卿再变为三卿。"赵北有代,南并智氏"(见《史记·赵世家》),赵国始有荀氏,荀况即其后。三家列为诸侯,魏国占据晋旧都,以安邑(今山西夏县北)为都城。魏文侯礼贤下士,全国多礼法之人。子夏、田子方、段干木、吴起、李悝等,都对晋魏一系法家的发展起了扭转性作用。钱穆在谈到魏文礼贤时论道:"世局之变者,一为礼之变,一为法之兴。何言乎礼之变……自古贵族间互相维系之礼。一变而为贵族平民相对抗之礼,此世变之一端也。何言乎法之兴……(李悝、吴起)皆以儒家而尚法,盖礼坏则法立,亦世变这一端也。"[③]可见,魏文时期已经是礼坏法立了。我们不同意李悝、吴起为儒家的说法,实际上晋国用宣子之刑应是李悝、吴起等法家的思想源头之一。《晋书·刑法志》载:"律文起自李悝(即李克),撰次诸国法,著《法经》。以为王者之政,莫急于盗贼,故其律始于盗贼。盗贼须劾捕,故著《网经》一篇。其轻狡、越城、博戏、假借、不廉、淫侈愈制,以为《杂律》一篇。又以其律具其加减,是故所著六篇而已。商君受之以相秦。"

　　《汉书·艺文志》列《李子》三十二篇为法家之首,可见李克是法家。吴起为

---

①　蒙文通:《古学甄微·法家流变考》,巴蜀书社,1980年。

②　《章太炎全集》第四册,上海人民出版社,1982年,第101页。

③　钱穆:《先秦诸子系年考辨》卷二,中华书局,1985年,第136~137页。

楚变法,也是法家。为何此二人是儒是法常引来争议呢? 我们认为,与他们处于礼坏法立的转变期有关。后来,魏惠王于公元前 364 年迁都大梁(今河南开封),因地近鲁卫而重鲁儒,从此魏国(包括卫国)操法之士只好入仕秦国了。

　　总而言之,晋魏法家的形成和发展跟范氏的司法传统是密切相关的,诸如武子之法、宣子之刑对学术思想的影响应当引起学者的高度重视。很希望这种初步探索可以为学者提供一条理解王官之学的思路。

　　　　　　(作者为北京大学中国古文献研究中心副教授)

鬼谷子生平事迹新探

王永宽　　解少华

　　鬼谷子是春秋战国时期诸子百家中的一家,古代称他为纵横家。传世的《鬼谷子》一书是一部典型的纵横家的专著。关于鬼谷子其人与《鬼谷子》其书,在前代不少文人的著作中曾予以考辨,当代又新出版了多种《鬼谷子》的注释本与研究著作。但是,关于鬼谷子的生平事迹、隐居之地及现存《鬼谷子》一书的真伪等问题,仍然是众说纷纭,莫衷一是,疑点很多。对此,笔者又作了较详细的考察,有所发现,与同仁探讨。

一、生平事迹资料辑补及辨析

　　关于鬼谷子的生平事迹的资料,最基本的事实应当依据《史记》中的苏秦、张仪列传。《苏秦列传》中说:"苏秦者,东周洛阳人也。东师事于齐,而习之于鬼谷先生。"①《张仪列传》云:"尝与苏秦俱事鬼谷先生。"②由此来判断鬼谷子生活的时代,当在战国时期。鬼谷子既然为苏秦、张仪之师,当和苏、张同时,但其年龄长于二人。《史记》裴骃"集解"引应劭《风俗通义》云:"鬼谷先生,六国时纵横家。"其他有关史籍谈及鬼谷子,多谓其为战国时期人。

　　但是,对于鬼谷子的生活时代也有不同的说法。明代杨慎《丹铅余录》云:"《汉书·艺文志》鬼容区三篇,注即鬼臾区也。《汉书·郊祀志》,黄帝得宝鼎冕

---

①　《史记·苏秦列传》第七册,中华书局,1959 年,第 2241 页。
②　《史记·张仪列传》第七册,中华书局,1959 年,第 2279 页。

侯问于鬼臾区云云,注即鬼容区。容臾声相近,今按鬼谷即鬼容者,又字相似而误也。高似孙《子略》便谓《艺文志》无鬼谷子,何其轻于立论乎?"①这里杨慎批评宋代高似孙的轻率,但却认为鬼谷子即黄帝时期的鬼容(臾)区之误,却发生了更大的偏颇。于是,陈耀文的《正杨》根据《史记》中鬼谷子是苏秦、张仪之师的记载,认定鬼谷子是战国时人,而批评杨慎说"今以为谷区,岂见鬼耶? 仪、秦亦岂黄帝时人耶?"②胡应麟《少室山房笔丛》又附和陈耀文,讥讽杨慎"以鬼容为鬼谷,直当一粲耳"③。

　　其实,杨慎的说法并非是凭空杜撰,或许他有一定的根据,因为传说中鬼谷子是神仙,在黄帝时已有其人。《录异记》云:"鬼谷先生者,古之真仙也,云姓王氏,自轩辕之代历于商周,随老君西化流沙,洎周末复还中国,居汉滨鬼谷山。"④这里说鬼谷子从黄帝时代经夏、商、周数代,其年龄当在千岁以上。如果他是凡人的话,这显然是不可能的,因为神话传说不可作为史籍实证。又有一种传说,谓鬼谷子在秦始皇时代还在世。《金楼子》云:"神洲之上有不死草,似菰苗,人已死,此草覆之即活。秦始皇时,大苑中多枉死者,有鸟如乌状,衔此草坠地,以之覆死人,即起坐。始皇遣问北郭鬼谷先生,云东海瀛州上不死之草,生琼田中。秦始皇闻鬼谷先生言,因遣徐福入海,求金菜玉蔬,并一寸葚。"⑤明陈继儒《香案牍》记列仙72人,第四位为鬼谷,据《金楼子》亦记云:"秦时疫死者,有鸟如乌,衔草覆其面,遂活。有司上闻,始皇遣使赍草以问先生。"⑥从苏秦、张仪时期到秦统一中国又有一百余年,鬼谷子不可能享有如此高龄,说他活到秦朝也不过是把鬼谷子神仙化之后的夸饰之词。如果排除神话的虚幻意味,认定鬼谷子的生活时代在春秋与战国之际,大抵是可信的。

　　有的书中谓鬼谷子是晋平公时人。如《太平广记》云:"鬼谷先生,晋平公时人,隐居鬼谷,因为其号。"⑦又《东周列国志》卷八七写到鬼谷子也如此说。但

---

①　杨慎:《丹铅余录》,《升庵集》卷七二,文渊阁四库全书本。
②　陈耀文:《正杨》卷二"鬼谷子",文渊阁四库全书本。
③　胡应麟:《少室山房笔丛》卷二五"艺林学山"七。
④　五代后蜀杜光庭:《录异记》卷一,明胡震亨、毛晋同订,《津逮秘书》本。
⑤　南朝梁萧绎:《金楼子》卷五"志怪篇十二",又见卷一"箴戒篇二",文渊阁四库全书本。
⑥　《香案牍》,《丛书集成初编》本。
⑦　宋李昉:《太平广记》卷四"鬼谷先生",中华书局,1961年,第一册,第25页。

是,这种说法却站不住脚。因晋平公在位为公元前557~前532年,假定鬼谷子在晋平公末年(前532)不小于20岁的话,那么他当出生于公元前551年之前,而到孙膑下山时,即战国时期魏惠王十四年、齐威王元年(前356)之后,鬼谷子的年龄在已将近二百岁,这是不可能的。

《东周列国志》中还写鬼谷子和墨子同时,又说墨子在孙膑将下山时曾会见鬼谷子,并且亲自往见魏惠王引荐孙膑,这也不能成立。关于墨子的生活时代,当代学者钱穆、胡适、任继愈、张岱年等诸名家都有论说,综合言之,其生年约在公元前480年,其卒年约在公元前420年。① 据此,即使鬼谷子能和墨子同时在世,但是在齐威王元年前后墨子已去世60年以上,他不可能见到孙膑和魏惠王,由此可知书中写他见鬼谷子的情节也不过是小说家言,不能作为学术考证的依据。

鬼谷子的真实姓名,《史记》中没有明言,《录异记》仅谓其姓王。前代著作多说鬼谷是他隐居处的地名,因此以鬼谷为号,后人便称他为鬼谷子。晋代葛洪《神仙传》说鬼谷子姓王名诩,这是关于鬼谷子姓名的最早的记载。有的书中说鬼谷子名王训,训当是由"诩"而误。《少室山房笔丛》谓鬼谷子"姓王名诩,亦名利,一号玄微子"②,"诩"当是由"诩"形论讹而来,"利"当是由"诩"音讹而来。《太平广记》卷四引《仙传拾遗》亦谓鬼谷子姓王名利。《广博物志》等书又谓"鬼谷子为太玄师,治青城山"③。《东周列国志》写鬼谷子姓王名栩,"栩"当是由"诩"而误。

前人或谓鬼谷子的姓名为留务滋。《古今姓氏书辩证》介绍"公仲"之姓说:"子华子曰,程子聚徒著书,门人之著书者曰公仲承,最能传其道,与留务滋同学,务滋即鬼谷子也。"又介绍"留"姓说:"《子华子后序》云,子华子程叔本,聚徒著书,自号程子。门人甚多,其著书者曰留务滋子,又曰鬼谷子,姓留,即务滋也。"④今存本《子华子》未见《后序》,而其卷下中记有留务兹,云:"留务兹从子华子游者十有二年,目相属而言不接也。业成而辞归,将隐居于五源之溪。"⑤这

---

① 参见徐希燕:《墨子生卒年考》,已收入《中原墨学研究》,中州古籍出版社,2001年。
② 胡应麟:《少室山房笔丛》卷二七"玉壶遐览"二,文渊阁四库全书本。
③ 明董斯张:《广博物志》卷一四,文渊阁四库全书本。
④ 宋邓名世:《古今姓氏书辩证》卷二"公仲"、卷一八"留",文渊阁四库全书本。
⑤ 今存《子华子》见《道藏·太清部》,又见《四库全书·子部杂家类》,俱无《后序》。

里只记述了子华子在和留务兹分别时的一段嘱咐之语,并未明言留务兹就是鬼谷子。后世据此说鬼谷子即是留务滋(兹),还需要有其他旁证。

关于鬼谷子的相貌,《玉管照神局》说:"仲尼头生窝,鬼谷子露齿结喉……按相法中谓之怪。"①古代常见说奇人有异相,鬼谷子的相貌自然也与平常人不同。"露齿结喉"只是一种文字的描述,究竟如何奇异,没有见到有关的画像资料。

关于鬼谷子的老师,一般的说法认为鬼谷子的学说来源于《老子》,如宋代高似孙《子略》中说"一翕一张,老氏之几也"②,明代王世贞也说"至所以捭阖张翕之机,大要出于老氏"③。但是,鬼谷子生活时代距老子甚远,他不可能直接见过老子,说他以老子为师只是就道家根脉而言的。王应麟《困学纪闻》记《程子》一书时云:"《后序》谓鬼谷子之师水心铭巩仲至所谓程子,即此书也。"④这里说鬼谷子的老师"水心铭巩仲",然而未见于他书记载。

关于鬼谷子教授弟子的情况,王充《论衡》中云:"苏秦、张仪纵横,习之鬼谷先生,掘地为坑,曰:'下,说令我泣;出,则耐分人君之地。'苏秦下说,鬼谷子泣下沾巾。"⑤此事常见后世有关著作引录,但《论衡》之前的典籍未见记载。

关于鬼谷子的弟子,据说除苏秦、张仪、孙膑、庞涓之外还有尉缭子。今见《四库全书》中《尉缭子提要》中说尉缭子"或又曰齐人,鬼谷子之弟子"。尉缭生平事迹已难详考,史学界一般认为他是战国时人,约魏惠王时(前 369～319)在世,大抵与苏秦、张仪同时。说他是鬼谷子弟子只是推测,尚无其他确切的文献依据。

关于鬼谷子的奇技,古人或谓他曾制作指南车。《意林》记云:"指南车,见《周官》,亦见鬼谷子先生作。"⑥这里记述时没有说明出处,其实大概是误传。因为《鬼谷子·谋篇》中有"故郑人之取玉也,载司南之车,为其不惑也"一句,后世

---

① 五代南唐宋齐邱:《玉管照神局》卷上,文渊阁四库全书本。
② 宋高似孙:《子略》卷三"鬼谷子",文渊阁四库全书本。
③ 王世贞:《弇州山人四部稿》卷一一二"读鬼谷子",文渊阁四库全书本。
④ 南宋王应麟:《困学纪闻》卷一〇,文渊阁四库全书本。
⑤ 汉王充:《论衡·答佞篇》,又《明雩篇》亦云:"苏秦、张仪悲说坑中,鬼谷先生泣下沾巾。"文渊阁四库全书本。
⑥ 唐马总:《意林》卷五,文渊阁四库全书本。

或许有人据此说鬼谷子造司南之车。

古籍中还见记载说鬼谷子精通术数命相之学。唐代李虚中的《命书》,旧本题作鬼谷子撰,原书并有序云:"昔司马季主居壶山之阳,一夕雨余风清月朗,有叟踵门,自谓鬼谷子。季主因与之谈天地之始,论河洛之书。"司马季主是汉初人,距鬼谷子在世已一百多年,这里说他和鬼谷子交谈,是后世谈命相之学者的一种故弄玄虚手法,意在渲染奇术的来历不凡。然而,由此却制造出一种舆论,把鬼谷子说成是一位通晓道家术数之学的大师。南宋初年还出现了一种命书为《珞琭子赋》,今传世的一种注释本《珞琭子赋注》题释昙莹撰,有"建炎丁未"(1127)序。卷上云:"鬼谷子曰:'胎中如有禄,生在贵豪家。或值空亡中,贫穷起怨嗟。'盖谓此也。"卷下又说:"鬼谷子云,禄马在望,则官崇而位显。"①珞琭子是古代江湖谈命的术士,从《珞琭子赋》书中的内容可以看出他生活于战国时期,此书是否实为珞琭子所著已难详考。书中涉及鬼谷子,或者也是和李虚中的《命书》假托鬼谷子的意图相似。对此,前人已有辨析。南宋时赵彦卫《云麓漫钞》记云:"今取世俗所谓命书观之,往往皆近时语,推尊珞琭子。尤非古文,益知始于李常容明甚。业其术者托名鬼谷子。"②李常容即李虚中,赵彦卫的辨析指出了历代流行的一种普遍做法。

明代归安人吴景旭介绍一种名为"镜听"的民间方术时,还提到了鬼谷子的"卜灶法"。这种方术,又叫"响卜",欲占卜者拿着一面镜子,到通衢要道,根据听到的行路的人所说的第一句话,来判定吉凶祸福。他写道:"余观李廓亦有《镜听》词云'匣中取镜祭灶王',盖听者必先灶前跪拜,按鬼谷子卜灶法云:元旦之夕,泛扫爨室,置香灯于灶门,注水满铛,置勺于水,虔礼拜祝,拨勺使旋,随柄所指之方,抱镜出门,密听人言,第一句即是卜者之兆。"③据此可知,所谓卜灶法在明代已成为浙江一带民间的一种习俗,最早是否为鬼谷子所创,未见古代典籍记载,或者只是传说而已。

---

① 南宋释昙莹:《珞琭子赋注》,文渊阁四库全书本。
② 南宋赵彦卫:《云麓漫钞》卷一三,文渊阁四库全书本。
③ 明吴景:《历代诗话》卷五〇"镜听",文渊阁四库全书本。

二、隐居之地寻踪

鬼谷子因隐居之地为鬼谷而得号,然而鬼谷究竟在何处,历代却有许多不同的说法。归纳起来主要有阳城说、关中说、两湖说、贵溪说、淇县说等五种。如果对古代史籍中的相关记述稍作梳理,诸说的缘起和演变还是有迹可寻的。

（一）阳城说。

《史记·苏秦列传》记苏秦、张仪师从鬼谷子学,裴骃"集解"引徐广语云:"颍川阳城有鬼谷,盖是其人所居,因为号。"徐广是东晋末至南朝宋初人,裴骃是南朝宋人,他们的说法是最早把鬼谷指定为"颍川阳城"的。晋代郭璞的《游仙诗》中写道:"青溪千余仞,中有一道士。云生梁栋间,风出窗户里。闾阖西南来,潜波涣麟起。借问此何谁? 云是鬼谷子。翘迹企颍阳,临河思洗耳。"①诗中指出的"颍阳"即是"颍川阳城",这可以作为裴骃说法的旁证。所谓的阳城,即今河南登封东南告城镇一带。当代考古学家安金槐先生考证说:"登封告城镇古称阳城,位于县城东南约 11 公里的颍河、王渡河与石淙河相互交汇处的河谷盆地中,是我国著名古城之一。"②这里秦朝时即置为阳城县,汉因袭旧制,唐武则天万岁登封元年（696）改称告成县。唐代中期司马贞为《史记》作"索隐"则记云:"鬼谷,地名也。扶风池阳、颍川阳城并有鬼谷墟,盖是其人所居,因为号。"这里的记述把鬼谷指为两处,颍川阳城之外增出扶风池阳（见下文）。但是在唐代时,学者对于鬼谷的地点仍然认定为阳城。唐宪宗元和年间,李吉甫主持编纂的《元和郡县志》记告成县道:"鬼谷在县北,即六国时鬼谷先生所居也。"③

阳城说在后世的信从者较多。南宋晁公武《郡斋读书志》著录《鬼谷子》,记其作者"战国时隐居颍川阳城,因以自号"④。南宋马端临《文献通考》卷二一二著录《鬼谷子》引述晁公武语。《东周列国志》第八十七回《辞鬼谷孙膑下山》写道:"周之阳城,有一地面,名曰鬼谷。……内中有一隐者,但自号曰鬼谷子。"《明一统志》卷九"河南府"、《大清一统志》卷一七四"汝州"、清代顾祖禹《读史

---

① 郭璞:《游仙诗》十九首,其二,见《先秦汉魏晋南北朝诗》中册,中华书局,1983 年,第 865 页。

② 安金槐:《河南古阳城文化遗址》,原发表于《城乡生活报》1986 年 72～73 期。

③ 《元和郡县志》卷六"河南府"。

④ 宋晁公武:《郡斋读书志》卷三上。

方舆纪要》卷四八"登封县"都记有鬼谷子隐居地。康熙《河南通志》记鬼谷子云"今伊阳城东南八里有石洞存焉，苏秦、张仪尝受书于此三年"，又说"或曰嵩高之阳城亦有鬼谷"①。这些方志书籍或说汝州，或说伊阳，都距登封不远，和颍川阳城之说实为一处。

（二）关中说。

《史记·苏秦列传》司马贞"索隐"说鬼谷在"扶风池阳"，是由于此地确有地名为鬼谷。《史记》张守节"正义"于此处特别注解说"此鬼谷，关内云阳，非阳城者也"，又明确强调这是关中秦地的鬼谷，而不是颍川阳城的鬼谷。秦地的鬼谷得名由来已久。《史记·甘茂传》中写苏代说秦王云"自殽塞及至鬼谷，其地形险易皆明知之"，又说"使彼来则置之鬼谷，终身勿出"②。这里所谓的鬼谷即是关中秦地的鬼谷。《后汉书·郡国志》中"左冯翊池阳"后注，引《地道记》云"有巀嶭山，在北；有鬼谷，生三所氏"③，这也是指池阳的鬼谷。池阳即今陕西泾阳县，古时曾属扶风郡。由于司马贞"索隐"提到"扶风池阳"的鬼谷，后世就有人把这里和鬼谷子的隐居地扯在一起。

由此引发开来，陕西的其他一些地方也出现了与鬼谷子相关的鬼谷。其一是今陕西省三原县西北的清水谷。北宋初成书的《太平寰宇记》记载三原县清水谷说："巀嶭山水自云阳县界流入，一名鬼谷，昔苏、张师事鬼谷先生，即在此谷中也。"④三原和泾阳相去不远，这里所记或者是受到司马贞《史记》"索隐"的影响。其二是在眉县。《陕西通志》记郿县有太白山，并云："麓有鬼谷，即鬼谷子授苏秦捭阖图处。"⑤其三是在石泉县。《陕西通志》又记石泉县有鬼谷子墓，云："在邑北云雾山中，名鬼谷子岭，相传先生隐处，有废地，其铁棺尚存。周回奇花异卉，一本五色者，大如碗。"⑥其四是在汉中。《大清一统志》卷一八六记汉中府有鬼谷子墓，在"褒城县西北五十里黄草坪"⑦。褒城县即今勉县，属汉中

---

① 康熙《河南通志》卷七〇。
② 《史记·樗里子甘茂列传》，中华书局，1959年，第七册，第2316~2317。
③ 《后汉书·郡国志》，中华书局，1965年，第十二册，第3205页。
④ 宋《太平寰宇记》卷三一"耀州三原县"。
⑤ 清雍正《陕西通志》卷八。
⑥ 清雍正《陕西通志》卷七一。
⑦ 《大清一统志》卷一八六。

市。《汉中府志》中也有同样的记载。上述四处之外,《隋书·地理志》记冯翊郡韩城县"有鬼谷"①,这是陕西另一处同名的鬼谷,但是没有明言这里就是鬼谷子讲学之地。

(三)两湖说。

由于《隋书·经籍志》引皇甫谧语说鬼谷子是楚人,于是从宋代起在湖北、湖南等地就陆续出现了有关鬼谷子的遗迹。其一是在湖北峡州(今宜昌)。这大概是由于晋郭璞《游仙》诗中有"清溪千余仞"一句,而峡州有地名为清溪,于是传说由此而生。北宋时,《太平寰宇记》记"清溪在峡州远安县南六十五里,源出清溪山下,冬夏无增减"②。苏辙有诗《寄题清溪寺》寄其兄苏轼,题下注云"在峡州,鬼谷子故居",诗中有"清溪鬼谷子,雄辩倾六国"句。③苏轼回赠同题诗,诗中也发表了对于鬼谷子的议论。④南宋时潘自牧《记纂渊海》记"荆湖北路·峡州"云:"金龙洞,在远安,鬼谷子隐处。"⑤这种说法影响到后世,清雍正《湖广通志》卷九记"夷陵州·远安县"亦云:"鬼谷洞,清溪寺迤南十里,洞门高阔,内有石龛,相传鬼谷子讲易之所。"⑥其二是在湖南临澧县。光绪《湖南通志》记云:鬼谷洞"在安福县西天门山下,石室深邃,下有清流,世传鬼谷子尝游此",安福即今临澧县;又记鬼谷洞"在慈利县天门山下,相传鬼谷子居此学《易》。今石壁上有甲子篆文"。⑦

(四)宁波说。

这种说法出现较早,也是源于郭璞《游仙诗》中所说的清溪。宁波附近有四明山,而在古代宁波府及鄞县又称为四明。南宋理宗宝庆年间罗浚编纂的《宝庆四明志》记云:"鬼谷先生祠,在县之东六十里,太白山南,沧崄水帘洞幽深阒寂,人迹罕到,夏侯曾先《(会稽)地志》云,鬼谷子庙三面连山,前有清溪之水,泉源不竭,山崖重叠,云雾蔽亏,晋郭璞曾到,有游仙诗曰……即此祠也。"⑧元代袁

---

① 《隋书·地理志上》,中华书局,1973年,第三册,第809页。
② 宋《太平寰宇记》卷一四七"峡州远安县"。
③ 苏辙:《栾城集》卷一,文渊阁四库全书本。
④ 苏轼:《苏诗补注》卷一,文渊阁四库全书本。
⑤ 南宋潘自牧:《记纂渊海》卷一四,文渊阁四库全书本。
⑥ 清雍正《湖广通志》卷九。
⑦ 清光绪《湖南通志》卷二七"山川"、卷二八八"艺文"。
⑧ 南宋罗浚:《宝庆四明志》卷三,文渊阁四库全书本。

桷编纂的《延祐四明志》所记略同《宝庆四明志》，并说"又有一祠在县东三十里"①。清代雍正《浙江通志》卷一一九又引《成化四明志》及《名胜志》等，也记载宁波府有鬼谷子祠。

（五）贵溪说。

贵溪县在古代属信州，今属江西省上饶市。这里有鬼谷的说法源于《子华子后序》，南宋时朱熹已经对此提出质疑。他说:云:"大抵地名古迹亦多沿袭讹谬，如《子华子后序》乃言鬼谷子所居在今信州贵溪县，盖其图经之说如此，岂有此理哉! 以它书考之，地名鬼谷者凡数处，疑特俚俗相传，物魅之区尔，未必仪、秦之师所居也。"②尽管如此，明代彭大翼的《山堂肆考》卷一七仍然继续记载说:"广信府贵溪县南有鬼谷山，山峰峭拔，两石对峙，如龙昂虎踞之状，道书为第十五洞天。上有苏秦台、张仪井，世传鬼谷子居此，故名。"③

（六）淇县说。

淇县在春秋战国时为卫国地，今属河南省。当代编纂的《淇县志》中收录有不少关于鬼谷子的资料。第二十七篇"文物"部分，记"战国军庠遗址"，谓本县境内的云梦山即古代的青岩山，上有景龙观，其东南有水帘洞。并引录明代《淇县志》及清代《河南通志》中的记载，说水帘洞为"世传鬼谷子修道处"；洞口刻有"鬼谷先生隐处"六字，落款为"桂川豆文"，此豆文在明代万历年间曾任洛阳通判。第三十篇"旅游"部分又记载说，鬼谷子名王蝉，又名王翊（诩）、王利，清雍正六年（1728）重修王蝉老祖庙铭记云:"王蝉老祖隐于洞内，孙膑、庞涓、苏秦、张仪均在此拜王蝉为师。"民国三十一年（1942）《修毛遂殿铭》云:"云梦山，鬼谷先生隐地也。"由于有这些古迹，淇县的云梦山水帘洞一带在当代被淇县政府及相关部门认定为"中华第一军校"。

另外还有其他的说法。一说鬼谷在山东。元代于钦《齐乘》记梓桐山云:"般阳府城东十余里，后有石垒圜洞。古老相传鬼谷子隐居于此，名鬼谷洞。"④般阳即今山东淄川县，梓桐山就是梓橦山。民国《山东通志》记淄川县"梓橦山

①　元袁桷:《延祐四明志》卷一五，文渊阁四库全书本。
②　朱熹:《晦庵集》卷七一"杂著"，文渊阁四库全书本。
③　明彭大翼:《山堂肆考》卷一七，文渊阁四库全书本。
④　元于钦:《齐乘》卷一，文渊阁四库全书本。

在县东北十五里,与黉山相接"①,并引录了《齐乘》的文字。又有一说,谓"鬼谷"即是"归谷"。《拾遗记》云:"张仪、苏秦二人,同志好学……尝息大树之下,假息而寐。有一先生问:'二子何勤苦也?'仪秦又问之:'子何国人?'答曰:'吾生于归谷,亦云鬼谷,鬼者归也。'又云:'归者,谷名也。'"②至于这"归谷"为何处,并未明言,今亦不详。

上述各种说法,阳城的说法出现最早,是其他各地传说产生和演变的基础,较为可信。关中、两湖、宁波、贵溪等地都是由阳城的传说及郭璞的《游仙诗》附会而来,因为在春秋战国之际鬼谷子不可能在秦国或楚国地面讲学,更不可能在遥远的长江以南隐居。淇县的说法在元代以前没有见到有关文献资料记述,至明代后期才在地方志中出现,显然也是受其他地方的传说的影响而附会出来的。

三、《鬼谷子》一书的真伪问题与价值考量

相传鬼谷子所著书名曰《鬼谷子》,但是,从古代直至当代学界有些人认为《鬼谷子》一书是后人伪作。对于《鬼谷子》一书的价值也众说纷纭,褒贬悬殊。

汉代,司马迁作《史记》记述有鬼谷子,但没有提到他所著之书;班固作《汉书·艺文志》也没有列《鬼谷子》一书。《隋书·经籍志》著录《鬼谷子》两种,各为3卷,一为皇甫谧注,一为乐一注。并且有一段评议云:"纵横者,所以明辩说,善辞令,以通上下之志者也。……至于贼害忠信,覆邦乱家。"③如今所能看到的《四库全书》中所收的《鬼谷子》,卷首有一篇《鬼谷子序》,则写道:"《隋书·经籍志》,《鬼谷子》三卷,皇甫谧注。鬼谷子楚人也,隐于鬼谷。梁有陶弘景注三卷,又有乐一注三卷。"此后的一段文字与《隋书·经籍志》全同,并在文末题注云"监修国史赵国公长孙无忌等上",这是因为《隋书》是唐初魏徵、孔颖达等人共同撰修的,长孙无忌是监修官。比较《隋书·经籍志》和《四库全书》的《鬼谷子序》,可以看出这样几点事实:其一,唐初长孙无忌等人曾亲自见过《鬼谷子》的3种注本,即皇甫谧、乐一、陶弘景各有一种注本;其二,长孙无忌等人对鬼谷子撰作《鬼谷子》一书没有提出异议;其三,《隋书·经籍志》中的一段评

---

① 民国《山东通志》卷二二"山川"。
② 王子年:《拾遗记》卷四。
③ 《隋书·经籍志》,中华书局,1973年,第四册,第1005~1006页。

议文字即是长孙无忌所写,同时题于《鬼谷子》一书卷首,后人把它作为《鬼谷子序》)。

唐代后期,柳宗元《辩鬼谷子》①一文虽然对《鬼谷子》一书进行批评,但却没有否定鬼谷子为作者。五代时,《旧唐书·经籍志》著录《鬼谷子》3 种,一为 2 卷,苏秦撰;一为 3 卷,乐台撰;一为 3 卷,尹知章注。北宋时重新纂修的《新唐书·艺文志》记述同《旧唐书》。《史记·苏秦列传》中有唐司马贞“索隐”谓“乐壹注鬼谷子”,乐壹即乐一,因“壹”字与“台”字的繁体“臺”形似而又误作“乐臺”。但是,乐一(乐台)和尹知章注释的《鬼谷子》原本已经失传。《唐书》中提到一种 2 卷本的《鬼谷子》为“苏秦撰”,这是引发关于此书作者异议的缘起。

南宋时王应麟《汉艺文志考证》论及“苏子三十二篇”时记云:“《鬼谷子》三卷,乐壹注云,苏秦欲神秘其道,故假名鬼谷也。《史记》正义《战国策》云,‘乃发书陈箧数十,得太公《阴符》之谋,伏而诵之,简练以为揣摩’。《鬼谷子》有《阴符》七术,有《揣》及《摩》二篇,乃苏秦书明矣。”②王应麟所编纂的《玉海》卷五三介绍《鬼谷子》一节中也有这样的记述。这里王应麟引用乐壹的注文,好像是他见过乐壹的《鬼谷子》注本,那么最早提出鬼谷子为苏秦作的应是乐壹,而王应麟不过是表示了赞同的意见,其实并没有提出确凿的证据。明代胡应麟《读鬼谷子》一文则有不同的看法,认为《鬼谷子》是东汉时人的著作,托名鬼谷子而行世的。他说:“案《隋志》纵横家有苏秦三十一篇,张仪十篇,隋《经籍志》已亡。盖东汉人本二书之言,荟萃附益为此,或即谲手所成,而托名鬼谷,若子虚、亡是公耳。”这里,胡应麟说《鬼谷子》是东汉人把张仪和苏秦二人的著作捏合为一书,又怀疑是皇甫谧所伪托,也都是推测之语,同样没有确凿的证据。

明代以后关于《鬼谷子》非鬼谷子所作的议论,大体上是附和王应麟和胡应麟的推测。如今,对于《鬼谷子》的作者问题,最好还是维持唐以前人的说法,即相信《隋书·经籍志》的记载。皇甫谧(215～282)是三国至西晋初时人,他为《鬼谷子》作注,说明在那时《鬼谷子》一书已经现世。今存《鬼谷子》书中注文有“陶弘景曰”字样,当是陶弘景所注,因此,明正统年间《道藏·太玄部》所收

---

① 柳宗元:《柳河东集》卷四“辩鬼谷子”,文渊阁四库全书本。
② 王应麟:《汉艺文志考证》卷七。

《鬼谷子》和当代《四部备要》所收《鬼谷子》都题作陶弘景注,也是可信的。

当然,王应麟和胡应麟的质疑也不是完全没有道理。在皇甫谧之前,汉代人没有提到《鬼谷子》其书,说明它在汉代还没有被发现,后来它在魏晋之际突然现世,这自然会引起人们联想起一些类似的情况。先秦时期诸子的著作,并非都在春秋战国时期问世,而是有相当大的一批在汉代及其以后陆续被发现。在汉代文化发展、学术繁荣的大背景下,其他一些诸子著作纷纷问世,其间真伪并出,鱼龙杂陈。如《管子》并非管仲所撰,而是秦汉之际的假托之作;《六韬》也不是姜太公的兵书,而是汉代文人假托吕尚之名而作;《吴子》虽然见于《汉书·艺文志》著录,但其中内容未必出自吴起之手。把这些现象联系起来进行思索,《鬼谷子》非鬼谷子所作也不是没有可能的。但是,怀疑归怀疑,要做出准确的学术判断还必须严肃认真地对待。否定鬼谷子作和肯定鬼谷子作,同样都需要可信的文献依据来支撑。在尚未能有明确的结论之前,我们不妨暂且认定《鬼谷子》是鬼谷子所著,而更要着重于关注《鬼谷子》其书本身的内容。

历代对鬼谷子其人的评论基本上都是赞誉的声音。由于鬼谷子的弟子苏秦、张仪等人的才智业绩名列青史,鬼谷子在后人的心目中便成为超凡脱俗的隐士,成为智慧谋略的化身,甚至被神化而名列仙籍。后世文人的诗文中写到鬼谷子,无不表现出崇仰与敬慕之情。晋代郭璞的《游仙诗》写鬼谷子是一位隐居的道士,奠定了鬼谷子形象的基调。唐初陈子昂诗云:"吾爱鬼谷子,青溪无垢氛。囊括经世道,遗身在白云。七雄方龙斗,天下久无君。浮荣不足贵,遵晦养时文。"[1]此诗常见被后世诗集选收或被其他著作引录,可见陈子昂对待鬼谷子的态度也为众多文士认同。人们谈到苏秦、张仪的玩弄权术与肆行欺诈,一般都予鄙视,但是却把苏、张的行事和鬼谷子分开,认为他们背离了其师的教诲。明初高启诗云:"我闻鬼谷子,乃是古仙真。避世青溪中,不污战国尘。……著书十三章,当年授仪秦。二子不善用,竟皆杀其身。"[2]这里以苏、张二人不得善终的卑劣衬托鬼谷子的知几绝尘的高洁,爱憎的情感异常鲜明。

然而论及《鬼谷子》其书,历代的评论却有很大的差异。柳宗元《辩鬼谷子》

---

① 陈子昂:《感遇诗三十八首》第十一首,见《全唐诗》卷八三。

② 明高启:《赠谈鬼谷数瞽师金松隐》,《大全集》卷四,文渊阁四库全书本。

是持批评态度的,他说《鬼谷子》一书"七术怪谬异甚,不可考校,其言益奇而道益慑,使人狙狂失守,而易于陷坠"①。柳宗元是唐代大家,其言论对后世影响较大。元末明初著名儒家学者附和此论,出言更为偏激。吴海《读鬼谷子》云:"读之使人神志遁叛,道德消丧,真世之大贼也,岂探囊发柜而已哉?人非内有所定而遽观之,未必不为所惑。既贼于心,必贼于人,用而贼天下国家,传而贼于来世。若是之书,惟当弃而不观,若是之人,惟当绝而不交。妄与之言,必为所诱。……是人固当诛,是书固当焚也。"②宋濂评《鬼谷子》云:"是皆小夫蛇鼠之智,家用之则家亡,国用之则国偾,天下用之则天失天下,学士大夫宜唾去不道。高氏独谓其得于《易》之辟阖翕张之旨,不亦过许之哉?"③胡应麟盛赞宋濂的观点,说"其论甚卓,足破千古之伪"④。

宋濂所批评的高氏,就是宋代的高似孙,他对《鬼谷子》一书大加推崇。其《子略》云:"《鬼谷子》书,其智谋,其数术,其变谲,其辞谈,盖出于战国诸人之表。……其一代之雄乎!"⑤高似孙既赞赏《鬼谷子》其书,又赞赏鬼谷子其人,他的观点独抒己见,与众不同,见识卓异,对后世亦有一定的影响。今见清代田雯《读鬼谷子》云:"战国之士隽迈谲变者多矣,而骋其才气以自放于文章者,唯鬼谷子最著。今读其捭阖、反应、内揵、抵巇、飞箝、忤合、揣摩、权、谋诸篇,抑何奇也!大约出自阴符,深于老氏而自遑一代之雄,此其所以奇也。"⑥这一见解与高似孙遥相呼应,同工异曲,也充分肯定《鬼谷子》一书的奇才与奇谋。对《鬼谷子》一书的褒与贬如此悬殊,这正说明此书不是平凡之作,它具有独创性的品格和超常规的思想,也具有丰富的内涵和深邃的智慧。后人从不同的角度,或者以不同的心态来观照它,自然会有不同的领悟,同时也会做出截然不同的评判。而这些,正是《鬼谷子》一书在今天仍然值得重视的根本原因。

（作者为河南省社科院文学研究所研究员）

---

①　柳宗元:《柳河东集》卷四"辩鬼谷子",文渊阁四库全书本。
②　元吴海:《闻过斋集》卷八"读鬼谷子",文渊阁四库全书本。
③　宋濂:《文宪集》卷二七"鬼谷子",文渊阁四库全书本。
④　胡应麟《少室山房笔丛》卷三一丁部"四部正伪中",文渊阁四库全书本。
⑤　高似孙:《子略》卷三"鬼谷子",文渊阁四库全书本。
⑥　清田雯:《古欢堂集》卷三四"读鬼谷子",文渊阁四库全书本。

论 冯 异

程有为

　　冯异字公孙,两汉之际颍川郡父城县(今河南宝丰县东古城村)人。他早年随光武帝刘秀征伐,始为主簿,后历任偏将军、征西大将军,攻城略地,多有克捷,又多献良谋,决胜千里,功勋卓著,为东汉王朝的建立做出了巨大贡献,成为"云台二十八将"之一。本文先对其里籍略加探析,然后就其为人与功勋略加叙述和评论。

一、冯异的里籍

　　史称:"冯异字公孙,颍川父城人也。"唐李贤注云:"父城,县名,故城在今许州叶县东北。汝州郏城县亦有父城。"①李贤等人说有两个"父城",但他们更倾向于冯异的里籍是许州叶县东北的"父城"。然披览《旧唐书·地理志》,许州所辖九县为长社、长葛、许昌、鄢陵、扶沟、临颍、襄城、阳翟、叶县;《新唐书·地理志》亦言:许州颍川郡领县九:长社、长葛、阳翟、许昌、鄢陵、扶沟、临颍、郾城;《元和郡县图志》又说许州管县七:长社、长葛、许昌、鄢陵、临颍、舞阳、扶沟。上述三种唐代地志关于许州辖县的记载虽有所不同,但是均无"父城县"。因而李贤注可能有误,汉代的父城县在唐代应属汝州。

　　父城县始设于西汉,属于颍川郡,其地理位置在郏县南,其西南有应乡。②

---

①　《后汉书》卷一七《冯异传》。下引文不注出处者,均出于此。
②　《中国历史地图集》第二册第 36～37 页,《西汉·豫州、兖州、徐州、青州刺史部》。

东汉因之。[①] 三国魏亦因之。[②] 西晋在此设父城(侯相),隶属于襄城郡。[③] 北魏太和年间,在此地置顺阳郡,领县二:龙阳、龙山。[④] 龙山县的地理位置,就在原父城县。[⑤] 隋代设有襄城郡,统县八,其中有郏城。其注云:"旧曰龙山。东魏置顺阳郡及南阳郡、南阳县。开皇初改龙山曰汝南,三年二郡并废。十八年改汝南曰辅城,南阳曰期城。大业初改辅城曰郏城,废期城入焉。有关官,有大留山。"[⑥]唐因隋旧置郏城县,又在其附近新置龙兴县,"本滍阳,武德四年置,贞观元年省"[⑦],属汝州临汝郡。

宝丰县东的父城遗址至今尚存。"城址在今县城东18公里古城村。城址分内外二城,外城呈长方形,城垣痕迹隐约可见。……内城位于外城西北隅,俗称'紫禁城',为长方形土台,面积7.7万余平方米。城墙高3米,城址内古城、马庄二村先后出土有春秋及战国时期之大型青铜壶、铜鉴等。"[⑧]此处发掘所见主要是春秋战国时期城父邑的遗存,但是汉代的父城县就是在城父邑的原址设置的。

综上所述,从西汉至西晋,今河南宝丰东有"父城县"。北魏在此设龙山县,隋改为汝南,再改为辅城,最后改为郏城,延续至唐代。辞书言:"父城县:西汉置,属颍川郡。治所在今河南宝丰县东三十六里古城村。西晋属襄城郡,东晋废。"[⑨]而且史载:光武初起兵时,冯"异以郡掾监五县,与父城长苗萌共城守,为王莽拒汉",其"老母"也"在城中"。因此,我们认为,这个父城县应该是冯异的家乡。

二、冯异的为人

览冯异生平事迹,可以见其为人。史称他"好读书,通《左氏春秋》、《孙子兵

①　《后汉书》卷二《郡国志二》。
②　《中国历史地图集》第三册第18～19页,《三国魏·兖州、豫州、扬州》。
③　《晋书》卷一四《地理志》。
④　《魏书》卷一六〇中《地形志中》。
⑤　《中国历史地图集》第四册第40～41页,《北朝魏·司、豫诸州》。
⑥　《隋书》卷三〇《地理志中》。
⑦　《新唐书》卷三八《地理志二》注。
⑧　《宝丰县志》第八章《文物古迹》,方志出版社,1996年。
⑨　史为乐主编:《中国历史地名大辞典》(上),中国社会科学出版社,2005年。

法》"①,可谓一名儒将。他对上忠诚恭谨,对同僚谦让不争。又明察时势,懂得兵法,足智多谋。

（一）对上忠谨

冯异归附光武帝刘秀后,被署为主簿。刘秀自兄伯升败死之后,不敢显其悲戚之情,每独居,辄不御酒肉,枕席有涕泣处。冯异是一位有心人,知光武内心悲痛,"独叩头宽譬哀情"。后刘秀经营河北,长途跋涉至饶阳无蒌亭（今河北饶阳东北）。时天寒烈,众皆饥疲。冯异供上豆粥。次日,光武谓诸将曰："昨得公孙豆粥,饥寒俱解。"及至南宫（今河北南宫西北）,遇大风雨,光武引车入道旁空舍,冯异抱薪,邓禹燃火,光武对灶燎衣,冯异复进麦饭菟肩。可见,他对主上的体贴可谓无微不至。

冯异既平北地（今甘肃庆阳及宁夏北部一带）,上书言状,不敢自伐,诸将或欲分其功,光武帝患之,乃下玺书曰："征西功若丘山,犹自以为不足。孟子反奔而殿,亦何异哉？ 今遣太中大夫赐征西吏士死伤者医药、棺敛,大司马以下亲吊死问疾,以崇谦让。"

冯异久在外,心不自安,上书请求还朝,光武帝不许。后人有人上章言冯异专制关中,斩长安令,威权至重,百姓归心,号为"咸阳王"。光武使人以章示异。冯异惶惧,上书表明心迹："臣本诸生,遭遇受命之会,充备行伍,过蒙私恩,位大将,爵通侯,受任方面,以立微功,皆自国家谋虑,愚臣无所能及……当兵革始起,扰攘之时,豪杰竞逐,迷惑千数。臣以遭遇,托身圣明,在倾困混淆之中,尚不敢过差,而况天下平定,上尊下卑,而臣爵位过蒙,巍巍不测乎……伏念明主知臣愚性,固敢因缘自陈。"诏报曰："将军之与国家,义为君臣,恩犹父子。何嫌何疑,而有惧意？"因为冯异平生忠诚恭谨,方不为光武怀疑,得以保全身家,建立功业。

（二）对同僚谦让不争

冯异作为将领,不时"敕吏士,非交战受敌,常行诸营之后,相逢引车避之,由是无争道变斗者"。他"为人谦退不伐……每所止舍,诸将并坐论功,异常独屏树下,军中号曰'大树将军'"。于是"军士皆言愿属大树将军,光武以此多

---

① 《后汉书》卷一七《冯异传》。

之"。他的谦退不自伐,不仅得到军中吏士拥戴,也得到了光武帝的称许。

（三）明察时势,足智多谋

冯异通史书,晓兵法,能明察时势,足智多谋。在关键时机,常为光武帝出谋划策。可谓"运筹帷幄之中,决胜千里之外"。

刘秀渡河北,冯异因间进说:"天下同苦王氏,思汉久矣。更始诸将纵横暴虐,所至掳掠,百姓失望。今专命方面,施行恩德。夫有桀、纣之乱,乃见汤、武之功;民人饥渴,易为充饱。宜急分遣官属,巡行郡县,理怨结,布惠泽。"①此言被光武采纳。官属所至,"辄平遣囚徒,除王莽苛政,复汉官名。吏人喜悦,争持牛酒迎劳"②。刘秀因此得到河北吏民拥戴,河北地区成为他争夺天下的根据地。

及冯异与寇恂合势,击败朱鲔,洛阳成为一座孤城。冯异移檄上状,诸将皆入贺,马武等并劝光武即帝位。光武犹豫未决,乃召冯异诣鄗（今河北柏乡北）,问四方动静。冯异说:"三王反叛,更始败亡,天下无主,宗庙之忧,在于大王。宜从众议,上为社稷,下为百姓。"光武曰:"我昨夜梦乘赤龙上天,觉悟,心中动悸。"冯异因下席再拜贺曰:"此天命发于精神。心中动悸,大王重慎之性也。"冯异遂与诸将定议上尊号,又有人献符瑞,于是光武遂在鄗称帝。

建武六年（30）春,冯异朝京师,光武帝数引谯见,定图蜀之议。四月,光武帝遂遣虎牙大将军盖延等七将军从陇道伐公孙述。

总之,冯异诸生出身,好读书,受儒家伦理道德影响较深,通达事理;对上忠诚恭谨,对同僚谦让不争;明察时势,足智多谋,堪为一位儒将。

三、冯异的功勋

冯异追随光武帝刘秀以后,不仅多献良谋,而且专任一方,屡建奇功,先后破朱鲔,败赤眉,定关中,拓陇东等,为东汉王朝的建立和巩固作出了重大贡献。

（一）破朱鲔

时更始帝刘玄使舞阴王李轶、大司马朱鲔等领兵号三十万,与河南太守武勃共守洛阳。光武帝以冯异为孟津将军,统魏郡、河内二郡兵,与河内太守寇恂合

---

① 《御览》卷四六一引《东观汉记》。
② 《后汉书》卷一上《光武帝纪上》。

势,以拒朱鲔等。冯异遗李轶书信,分析天下形势,劝他归顺刘秀。李轶心不自安,报冯异书曰:"轶本与萧王首谋造汉,结死生之约,同荣枯之计。今轶守洛阳,将军镇孟津,俱据机杼,千载一会,思成断金。唯深达萧王,愿进愚策,以佐国安人。"李轶自通书之后,不再与冯异争锋。冯异既无后顾之忧,于是北攻天井关,拔上党(今山西长治)两城,又南下河南成皋(今荥阳汜水)以东十三县,及诸屯聚,皆平之,降者十余万。武勃领万余人攻诸叛者,冯异引军渡河,与武勃战于士乡(今河南洛阳东)下,大破斩勃,获首五千余级。李轶又闭门不救。光武帝故意宣露李轶书信,令朱鲔知之。朱鲔大怒,遂使人刺杀李轶。由是洛阳城中人心乖离,多有降者。朱鲔乃遣讨难将军苏茂带数万人攻温(今河南温县),自领数万人攻平阴(今河南孟津东北)以缀冯异。冯异遣校尉护军将兵,与寇恂合击苏茂,破之。冯异因渡河击朱鲔,追至洛阳,引军环城一匝而还。

冯异战败朱鲔,消除了更始政权对刘秀势力的巨大威胁,为刘秀称帝奠定了基础。

（二）败赤眉

时赤眉、延岑暴乱三辅,郡县大姓各拥兵众,大司徒邓禹不能平定,光武帝乃遣冯异代禹讨之。冯异受命引军而西,所至皆布威信。弘农(郡名,治所在今河南灵宝市北)群盗称将军者十余辈,皆率众投降冯异。冯异与赤眉军遇于华阴(今属陕西),相拒六十余日,战数十合,降其将刘始、王宣等五千余人。会邓禹率车骑将军邓弘等引军归,邀冯异共攻赤眉。冯异主张先以恩信倾诱,再以计破之。邓禹不从,遂与赤眉军战,大败。冯"异弃马步走上回溪阪(今河南陕县雁翎关南),与麾下数人归营。复坚壁,收其散卒,招集诸营保数万人,与贼约期会战。使壮士变服与赤眉同,伏于道侧。旦日,赤眉使万人攻异前部,异裁出兵以救之。贼见势弱,遂悉众攻异,异乃纵兵大战。日昃,贼气衰,伏兵卒起,衣服相乱,赤眉不复识别,众遂惊溃。追击,大破于崤底(今河南洛宁西北),降男女八万人。余众尚十余万,东走宜阳降"。冯异在崤底大破赤眉军迫使赤眉军降汉,使东汉政权逐渐巩固。

（三）定关中

时赤眉虽降,关中寇乱犹盛。延岑等各称将军,拥兵多者数万,少者数千,互相攻击。冯异且战且行,屯军长安(今陕西西安)上林苑中。延岑引军来攻,冯异击破之,斩首千余级,诸营保守附岑者皆归降冯异。延岑转攻析(今河南西峡),冯异遣复汉将军邓晔、辅汉将军于匡邀击延岑,大破之,降其将苏臣等八千余人,延岑遂自武关逃奔南阳。冯异兵食渐盛,乃稍诛击豪杰不从令者,褒赏降附有功劳者,悉遣其渠帅诣京师洛阳,散其徒众使归本还农,于是威行关中。次年,蜀公孙述遣将程焉将数万人就吕鲔出屯陈仓(今陕西宝鸡),冯异与赵匡迎击,大破之,程焉退走汉川。冯异追战于箕谷(今陕西汉中市北),复破之,还击破吕鲔,营堡降者甚众。其后蜀复遣将间出,冯异辄摧挫之。关中为汉朝要地,邓禹不能平定,而冯异终定之,充分显示了他的军事政治才干。

(四)拓陇东,御隗嚣

建武六年(30)夏,诏冯异进军栒邑(今陕西旬邑东北)。未至,隗嚣亦遣行巡取栒邑。冯异决定抢先据城,以逸待劳。乃潜行前往,关闭城门,偃旗息鼓。行巡不知,驰赴之。冯异出其不意,击鼓建旗而出。行巡军惊乱奔走,冯异追击数十里,大破之。于是北地诸豪长耿定等悉叛隗嚣降汉。青山(今内蒙古大青山)胡数万人亦降。冯异又进击卢芳将贾览、匈奴薁鞬日逐王,破之。上郡(郡治今陕西榆林东南)、安定(郡治今宁夏固原)二郡皆降。光武帝复令冯异行天水(郡治今甘肃天水)太守事,攻公孙述部将赵匡等且一年,皆斩之。次年,冯异与诸将攻落门(今甘肃武山县冬洛门镇),发病,死于军中。

光武帝曾给予冯异许多殊荣。建武二年(25),"征贼还过阳翟,诏异上冢,别下颍川太守、都尉及三百里内长吏皆会,使中大夫致牛酒,宗族会郡县给费"[1]。同年,"遣冯异西击赤眉于关中,车驾送至河南,赐以乘舆七尺玉具剑"[2]。

关于冯异的巨大功勋,光武帝刘秀有很高评价。华峤《后汉书》曰:冯"异身为征西大将军。时三辅大乱,异讨之,与赤眉贼会,大破于崤底,追击之。又大破行巡(隗嚣将),上书言状,不敢自伐。诸将或欲分其功,诏云:'征西功,若丘山也。'"[3]冯异为东汉王朝的建立做出了卓越贡献,光武帝称他"功若丘山"。冯异官至征西大将军,爵封阳夏侯,名列"中兴二十八将",明帝时又画其像于洛阳

---

① 《御览》卷四七〇引《东观汉记》。
② 《艺文类聚》卷二九引《东观汉记》。
③ 汪文台辑、周天游校:《七家后汉书》第 319 页,河北人民出版社,1987 年。

南宫云台,以为褒奖。古人曾将"云台二十八将"喻为"二十八宿"在天空中永远熠熠生辉。

　　总之,冯异是东汉的开国元勋之一,是一位足智多谋的儒将。他自称"诸生",好史书,通兵法;为人忠谨谦退,善于处理人际关系;在战争中能以谋略取胜,功勋卓著;最终献身疆场,鞠躬尽瘁,不愧为东汉初年的一位著名军事家、谋略家。他建立的巨大功绩永远彪炳于史册,其恭谨谦退、鞠躬尽瘁的品格和超常逸群的谋略才干也在人们心目中熠熠生辉。

　　　　　　(作者为河南省社会科学院历史与考古研究所研究员)

从左思《魏都赋》看邺都的建筑与管治

（香港）何祥荣

　　"邺城"遗址位于今日河南省临漳县西南，是河洛地区的重要古都。《魏都赋》是左思《三都赋》的其中一篇。左思《魏都赋》所描画之"魏都"便是"邺都"。《文选》李善注："魏曹操都邺，相州是也。太冲三都，以吴蜀递相顿折，以魏都依制度。"①《魏都赋》细致地描述了邺都的地理优势、营建的原因、原则、布局、建筑特色等，成为今日研究"邺都"的主要文献之一，也可说是"河洛文化"中的"古都研究"的重要文献。虽然《魏都赋》毕竟是文学作品，与现实未必完全相符，然其对邺都的描画，不少均与古籍所记相合。再者，左思去魏较近，其对邺都的描述应与魏时面貌距离较近。了解其文章的描写，实有助吾人理解邺都的真貌。

　　此外，从文学角度来说，《魏都赋》是辞赋文学，也是河洛文学的重要文献。赋文以细致的笔墨，重塑邺城恢宏的都城景象，也表达了左思的哲学思考，是一篇出色的辞赋，也是研究河洛文学、辞赋发展及左思思想的重要根源。然而，过往辞赋研究，对《魏都赋》的内容仍欠细致的分析，故本文旨在梳理《魏都赋》的思想内容要点，以求深入理解邺都的建设与管治特点，以及左思的哲学思考等，从而对"河洛文化"的研究，有更深入的开拓。

---

　　① （唐）李善注，（民国）高步瀛疏：《文选李注义疏》卷六，中华书局，1985 年，第 1259 页。

一、左思《魏都赋》的主题思想

（一）根源于儒家的本体与治道

左思相信"太极"是宇宙万物的本体，经过自然的化育，便形成天地、昼夜、清浊，更进一步发展成江海、山岳、星宿、荒野等。《魏都赋》云："夫泰极剖判，造化权舆。体兼昼夜，理包清浊。流而为江海，结而为山岳。列宿分其野，荒裔带其隅。"高步瀛云："'泰'、'太'同"。故"泰极"即"太极"。左思所言"天地、昼夜、清浊"，均为相对而又统一的概念，正与《易经》的太极、阴阳衍生万事万物的观念如出一辙，具见左思的"宇宙观"根源于《易经》。《易经·系辞上》曰："易有太极，是生两仪。"①

《魏都赋》开端便说明作者的天道观是有特别用意的。下文续提及《魏都赋》的另一主题思想便是崇魏而抑蜀吴。魏都的建设，是顺应天命所授予的王气而成，是有着正统的地位，符合天道的安排。魏国的建立就像万物的化生，由太极、阴阳而逐渐变化，是顺应自然的必然结果。

左思也继承了儒家"以德服人"的治国思想。《魏都赋》云："长世字甿者，以道德为藩，不以袭险为屏也。"《说文》：田部云："甿者，国民也。"吕向曰："字，养也"。故"长世字甿"即统治者治养人民之意。左思认为治养人民应以"道德"化育为首要考虑而不是依靠地理的屏障。李善注引《东方朔集》曰："文帝以道德为篱，以仁义为藩。"②故左思的治道观实与汉人一脉相承。盖汉人亦以儒家的道德仁义为治国之本。

左思也有"大中之道"的皇极论。《魏都赋》云："正位居体者，以中夏为喉，不以边陲为襟也。"这是承继《易经·坤卦·文言传》："正位居体，美在其中，而畅于四支。"③左思以喉、襟为喻，说明魏国正处于人体的中心，也是至为关键的地位。《魏都赋》又谓："附丽皇极，思禀正朔，乐率贡职"。魏国既处于"大中"的位置，也是顺应天衷而生，故四周八荒的人民便应归顺。

---

① 〔魏〕王弼注，〔唐〕孔颖达正义，《周易正义》，《十三经注疏》本，中华书局，1991年，第82页。

② 李善注，高步瀛疏，《文选李注义疏》卷六，第1271页。

③ 王弼注，孔颖选正义：《周易正义》《十三经注疏》本，第19页。

（二）崇饰大魏，贬抑蜀吴

左思运用两个方法去崇饰大魏。一是贬抑蜀、吴；一是借夸耀魏国京都以达目的。在正本清源后，左思便进一步指出魏国的正统地位，蜀、吴不过是次等的附庸，也细致地分析了蜀吴的素质不及大魏的原因，共八点：

1.《魏都赋》云："而子大夫之贤者，尚弗曾庶翼等威，附丽皇极，思禀正朔，乐率贡职。"西蜀公子和东吴王孙没有和众庶一起勉力拥戴大魏，也没有接受大魏的正统历法，这也是从儒家治道出发，《尚书·皋陶谟》云："庶明厉翼"孔安国曰："众庶皆明其教而自勉厉，翼戴上命"①。故地位次等，如吴、蜀的臣民，便应辅翼正室，以治理好天下。

2. 左思也进一步指摘了蜀、吴没有心悦诚服地率领百姓向大魏进贡："而徒务于诡随匪人，宴安于绝域，荣其文身，骄其险棘"，反倒甘心追随欺诈虚伪，行为不正的顽民，或安然自得于荒僻之地，甚至炫耀断发纹身的陋俗，以山岳的险阻骄傲自满等。

3. 蜀吴也不能辨别甚么是该说或不该说的常理，只懂借用诡辩来夸大其辞，"缪默语之常伦，牵胶言而踰侈。"

4. 蜀吴两地，地方狭小，偏邪不正，更矜然自夸，美化其丑，以张扬暴烈的性情自诩："饰华离以矜然，假倔疆而攘臂"。

5. 他们也没有精纯伟大的言论，而是千方百计乖违王者之义："非醇粹之方壮，谋蹉驳于王义"。

6. 在地理上，蜀国只凭剑阁的天险，是不足以固守帝业的："凭之者蹶，非所以深根固蒂也。"吴国亦然，洞庭湖再深，也不是长治久安的依靠："洞庭虽，负之者北，非所以爱人治国也。"赋文的末段更以大段篇幅从地理上贬斥蜀吴：蜀汉居处山林中，与鸲鹊同巢；东吴则处于水泽，与蛙黾同一洞穴。蜀人自以像禽鸟；吴人则自以为是鱼鳖。蜀地的山冈曲折幽深，崎岖险峻；吴地则泉流聚集，堵塞不通；一是土壤渗水，地势低湿；一是山林多石，贫瘠荒芜。远山常有云雾缭绕；日月常被遮蔽。土宅酷热，吴蜀两地交界多瘴气和瘟疫。野草、毒草，利刺螫人，各类昆虫，毒害伤人："摧惟庸蜀与鸲鹊同窠，句吴与蛙黾同穴。一自以为禽鸟，

① 孔颖选正义：《尚书正义》《十三经注疏》本，中华书局，1991年，第138页。

一自以为鱼鳖。隰壤瀸漏而沮洳,林薮石留而芜秽。穷岫泄云,日月恒翳。宅土
熇暑,封疆障疠,蔡莽螫刺,昆虫毒噬。"

7. 吴蜀两地是被流放的罪人的后人,无论相貌或体质均非素质高尚之人:
"汉罪流御,宵貌蕞陋,禀质遳脆,巷无杼首,里罕耆耇。"秦汉时,流放罪人到吴
蜀之地,以御魑魅,其后裔也就成为罪犯的后人。这些人的相貌矮小,体质脆弱,
巷中并无长寿相貌的人。乡里中也不见有年老高寿的人。

8. 吴蜀两地人民的风俗习惯诡异,欠缺讲究威仪容止的礼义与典章。"或
魋髻而左言,或镂肤而钻发。或明发而嬥歌,或浮泳而卒岁。风俗以韰惈为婳,
人物以戕害为艺。威仪所不摄,宪章所不缀。由重山之束阨,因长川之裾势。"
巴蜀人头梳椎髻,语言与中原音韵相左;句吴人则身刺花纹,不蓄长发。巴蜀人
喜欢黎明破晓时分载歌载舞;吴地多水,故句吴人以浮泳渡日。风俗以狭隘果敢
为痛快,人民以残忍刺杀为技艺。人们并不讲究威严的容止,也不受典章制度所
约束。只是靠着崇山峻岭的险阻,依赖长河大川的形势,扼守远关,窥望上国,凭
恃险要的地势,拘制臣民。

因此,吴蜀的守卫薄弱,就像蜘蛛结网般脆弱;土卒兵甲力量零碎单薄,无异
于螳臂挡车。两地的先世便是如此,即使有险要的地势,权力终归被灭绝。考察
蜀吴覆亡的历史,恐怕也成将来的覆辙。成都既已倾覆,建业也分崩离析。危险
的形势就像累卵放在棋子上,不待观其形也感动魄惊心。蜀吴只是暂借太阳的
余晖,苟延残喘,正如木槿,朝华夕落一样。东吴可高唱《黍离》和《麦秀》之歌,
为期不远。故曰:"时高樯而陛制。薄戍绵幕,无异蛛蝥之网;弱卒琐甲,无异螳
蜋之卫。与先世而常然,虽信险而剿绝。揆既往之前迹,既将来之后辙。成都迄
已倾覆,建业则亦颠沛。顾非累卵于叠棊,焉至观形而怀怛。权假日以余荣,比
朝华而庵蔼。览麦秀与黍离,可作谣于吴会。"

贬斥完蜀吴之后,左思便名正言顺地赞美魏国即使是落日的余晖,也胜似长
庚星初升的光芒,更何况魏国处于宽敞的中原大地,不是长江沿岸的狭仄低温的
河岸可比的:"彼桑榆之末光,逾长庚之初辉。况河冀之爽垲,与江介之湫湄。"
故总的来说,魏都是超然俊异,是天下的枢纽:"故将语子以神州之略,赤县之

畿,魏都之卓荦,六合之枢纽。"

（三）《魏都赋》推尊曹魏的原因

1. 确立晋朝为正统。

左思在《魏都赋》中一直强调大魏的正统,并贬抑蜀吴,其原因至此昭然若揭。尊魏云云,不过为尊晋铺垫,盖左思写作《三都赋》的时代,正值晋承大魏禅让而立,中国也再次进入大一统的时代。大魏为正统,为崇高,亦即大晋为尊崇伟大,遂使左思身处的晋朝,更形尊贵,其建名立国,更为名正言顺。王鸣盛《十七史商榷》亦云:"左思于晋初,吴蜀始平之后,作三都赋,抑吴都、蜀都,而申魏都,以晋承魏统耳。"①故推尊大魏,亦把晋朝定性为历史正统。

2. 重北轻南的文化视角。

魏、蜀、吴三都在地理上显然有着南北地域色彩。魏都位处河南、河北交界,属黄河中游;蜀都位处长江上游,吴都则位处长江下游。黄河与长江自古已为南北文化分野,各自有其文化特征,自成体系。左思为临淄人,属黄河下游,其心态归属黄河文化之区,亦属自然。据王文进《三分归晋前后的文化宣言》一文的考究,三国时期已有北人轻蔑南人的事例。②可见,左思的重北轻南的文化视角或有以影响其对"三都"的文化评价。

二、邺都营建的原委

（一）拨乱反正

魏都营建之前,正值汉室兵连祸结,内忧外患的厄运,洛阳城也毁于劫火之中,"于时运距阳九,汉网绝维。奸回内赑,兵缠紫微"。庄严宏伟的王室,深邃的宫殿,都如鸟巢般被焚毁,也像燎原的大火,遂使宫殿残破荒废,荆棘丛生,"翼翼京室,眈眈帝宇,巢焚原燎,变为煨烬,故荆棘旅庭也"。此亦符合史实,据《后汉书·灵帝纪》载,袁术攻宦者时,曾火绕东西二宫。③《孝献帝纪》载董卓焚洛阳宫庙,挟汉帝迁洛阳。④繁华富庶的洛阳城化为兵刃纷陈、血染刀锋的杀戮战

①　〔清〕王鸣盛:《十七史商榷》,中国书店,1987 年,卷五一,第 3 页。
②　王一进:《南北朝山水长城想像》,里仁书局,2008 年,第 335 页。
③　〔宋〕范晔撰,〔唐〕李贤等注《后汉书》,北京:中华书局,1965 年,第 351 页。
④　〔宋〕范晔撰,〔唐〕李贤等注《后汉书》,第 370 页。

场,最后也沦为麋鹿栖息的废墟,"殷殷寰内,绳绳八区,锋镝纵横,化为战场,故麋鹿寓城也"。除洛阳城外,伊洛流域、崤山、函谷关、齐地、楚地都不能幸免而变得荒芜一片,"伊洛榛旷,崤函荒芜。临菑牢洛,鄢郢邱墟"。魏国的建立,正值劫火余生,百废待兴之时,而魏国相比其他灾区,处处显得繁华昌盛,国富民安,故曰:"而是有魏开国之日,缔构之初,万邑譬焉。"魏国与甚他地区比较,就像丑男子"雠縻"与美男子"子都",又或是小土山与仙山"方壶"对比强烈一样,故曰:"亦独雠縻之与子都,培塿之与方壶也。"

(二)虞夏旧都,王气所钟

魏地是毕宿和昴宿相应之地,是传统天文学中毕昴的分野之地,更是虞夏的遗民所居处,并为圣贤舜、禹定都之地,自古已为帝王之都,渊源久远。再从地理上说,魏地处于四面八方的中央位置,寒热的气候也很平均,适宜作帝王之都,故云:"且魏地者,毕昴之所应,虞夏之余人,先王之桑梓,列圣之遗尘。考之四隈,则八埏之中,测之寒暑,则霜露所均。"

魏地的繁荣兴盛,早在春秋时已有预言和验证。"卜偃前识而赏其隆,吴札听歌而美其风。虽则衰世,而盛德形于管弦。虽逾千祀,而怀旧蕴于遐年。"魏地是春秋时晋国善卜者"卜偃"早已预言必将兴隆的帝都[①];吴公子季札受聘于鲁,并观乐,在歌魏风时,季札也十分赞赏魏地:"大而婉,险而易行,以德辅此,则明主也。"[②]在春秋的衰世,魏地的盛德仍能在乐曲中反映出来。即使相隔千年,但魏都所积聚的优良传统依然存在。

再者,天地之气交接,显得融会贯通,正是大魏兴起的祥瑞显现。王者之气象,也记载于谶纬之书和竹帛之中。经过长久以来,历史沉默地流逝之后,到了曹魏时代,终于气数应时运而发扬昌盛。魏武帝曹操龙飞受禅,实在是应天命而君临天下:"乾坤交泰而絪缊,嘉祥徽显而豫作。是以兆朕振古,萌柢畴昔,藏气谶纬,闶象竹帛。迥时世而渊默,应期运而光赫。暨圣武之龙飞,肇受命而光宅。"

事实上,魏都营建之初,经过龟筮和占卜的程序,结果是大吉,可说是顺应天

---

① 据《国语·晋语》记载,晋献公封大夫毕万于魏地。卜偃说,毕万的后人一定兴旺。
② 〔唐〕孔颖选正义:《春秋左氏传》,《十三经注疏》本,中华书局,1991年,第2007页。

意而建,"爰初自臻,言占其良。谋龟谋筮,亦既允臧。"

三、邺都的地理优势

魏地周边地理均呈优势,特别是天然资源丰富,拥有淇水、漳水、滏水,并有盗泉、墨井、盐地、原野、低地、丘陵等不同地貌。

魏国两旁尽据齐、秦的故土,腹地结集冀、道两个古国。前拥殷、卫的封地,北跨燕、赵的山河。山林幽远深邃,河川、水泽缭绕不断,"尔其疆域,则旁极齐秦,结辕冀道。开胸殷卫,跨蹑燕赵。山林幽映,川泽回缭。"

山川包括:北面有高峻的恒山和碣石山;水势浩大的黄河、汾水也在这里显得无边无际。"恒碣礧于青霄,河汾浩而皓溔。"向南可瞻望河南北部的淇水和水边茂盛的绿竹。"南瞻淇澳,则绿竹纯茂。"北面也有位于河北河南两省交界的漳水以及源出河北磁县西北滏山的滏水,"北临漳滏,则冬夏异沼",滏水的特点是河水冬暖夏凉,《文选李注义疏》:"漳、滏,二水名,经邺西北,滏水热,故曰滏口。水有寒有温,故曰冬夏异沼也。"[1]相比寒冷的漳水,则又有着冬漳冷滏热的异趣。

邺城西北鼓山上也有一个神圣的石鼓,又名"神钲",可作通报兵事之用,《冀州图》:"邺西北有鼓山,上有石鼓之形,俗云时时自鸣,故称灵响,时有灵响惊惊也。"[2]这个位于山峦上的神锣,既高且远,灵音鸣响,可使四表之人为之惊异,故谓:"神钲迢递于高岑,灵响时惊于四表。"

魏地也有一个水流湍急,波浪汹涌的独特的温泉,泉水清澈,可祛除病,使人轻身不老,"温泉毖涌而自浪,华清荡邪而难老"。魏地也有奇特的墨井和盐池,"墨井盐池,玄滋素液",是珍贵的天然资源。《文选李注义疏》:"墨井,为冰室内藏石炭之所,即在邺城中。"[3]墨井还有黑液,而盐池中则有白色的盐水。魏地的土质尚算优厚,"厥田唯中,厥壤唯白"。据《尚书·禹贡》冀州的田地的土质在九州岛中排行第五,《禹贡》曰:"冀州,厥土唯白壤,厥赋惟上上错,厥田唯中

---

① 李善注,高步瀛疏:《文选李注义疏》卷六,第 1291 页。
② 李善注,高步瀛疏:《文选李注义疏》卷六,第 1291 页。
③ 李善注,高步瀛疏:《文选李注义疏》卷六,第 1306 页。

中。"①魏地既有原野和低湿之地;也有起伏的丘陵,开阔广大,"原隰畇畇"。有的地势高低不平,有的地方则明亮宽广。

四、邺都营建的原则

(一)借鉴古代帝都

经过龟卜的程序,知悉大吉的结果后,魏国便修筑邺都的外城,整治城壕。营建之前,也参考历代帝王的都城制度,包括长安、洛阳、唐尧、夏禹、古公亶父、周宣王等:"修其郛郭,缮其城隍。经始之制,牢笼百王。画雍豫之居,写八都之宇。鉴茅茨于陶唐,察卑官于夏禹。古公草创而高门有闶,宣王中兴而筑室百堵。"邺城仿效长安、洛阳的宫院,比照天下都城的殿堂,又借鉴唐尧的简陋茅舍和夏禹的俭约卑宫;还有古公亶父率周人迁居岐山下草创的都邑和高门;周宣王中兴时复修的百堵宫室等。

(二)取法圣贤,文质相兼

营建邺都的总原则是遵循圣明帝王的法度。因此,邺都的特色之一,是既有朴实的一面,也有文采藻饰的一面。既考虑富丽堂皇的气度,也注重简约朴实的平衡,并按照当年先圣经营的规模,量力而为:"兼圣哲之轨,并文质之状,商丰约而折中,准当年而为量。"又从圣贤的典籍中吸取教训,包括周易、荀子、萧何等:"思重爻,摹大壮,览荀卿,采萧相。"《易经·系辞下》云:"上古穴居而野处,后世圣人易之以宫室,上栋下宇,以待风雨,盖取诸大壮。"②大壮卦干下震上,干为天,野外的天似穹庐,比喻房屋;震比雷雨,像房屋可避风雨。此外,又阅览荀卿,《荀子·富国》篇:"为之宫室台榭,使足以避燥湿、养德、辨轻重而已,不求其外。"③第三,是采取汉丞相萧何修建未央宫的做法。《史记·高祖本纪》:"萧丞相营作未央宫,立东阙、北阙、前殿、武库、太仓。"

---

① 孔颖达正义:《尚书正义》,《十三经注疏》本,第146页。
② 孔颖达正义,《周易正义》,《十三经注疏》本,第86页。
③ 荀子:《荀子》,青海人民出版社,1998年,第156页。

五、邺都的布局与建筑特色

(一)木质结构

邺城的建筑主要为木质结构。思考了圣贤建筑的哲理后,由主山林之官“林衡”准备两手合拱的大木,并由木匠专家“梓匠”负责规划,工匠们都能尽力设计和施展技巧,远近的百姓也群起响应,反应热烈。他们运用的“钧”“绳”等用具都能继承古代良工的传统技艺,“授全模于梓匠。遐迩悦豫而子来,工徒拟议而骋巧。阐钧绳之筌绪”。每当春分与秋分之时,便会取春秋分际之日影以定南北,并测度日影,考究星宿:“承二分之正要。揆日晷,考星耀。”这也符合《周礼·考工记》所记的建筑原则:“匠人营国,昼参诸日中之景,夜考之极星,以正朝夕。”①之后便兴建宗庙和宫殿,“建社稷,作清庙。筑曾宫以回匝,比冈隒而无陂”。

(二)以文昌殿为核心的方形格局

邺城的宫殿讲求宏伟巍峨,而且需曲折回绕,有如山崖特立却无倾侧的危险。文昌大殿,栋宇恢宏,规模空前,高峻如崇山崛起,崔嵬耸峙。宫殿的色彩鲜丽,像乌云中展开的虹霓,在高处飘然下垂。珍奇之材,举世无双。错落参差,交叉复结,栾椽重迭,“造文昌之广殿,极栋宇之弘规。㟥若玄云舒蜺以高垂。瓌材巨世。枌橑复结,栾栌叠施”。

红色的大梁如同长虹伸展横亘,朱椽排列众多而四处分散。大殿的顶端,有一行行稀疏的藻井,还有花蒂倒悬而下,并有秀美的莲花,而枝叶是倒披散开。椽头绘画了龙头,可承接雨水,仿佛滮池(在今西安市西北)在流淌。殿堂的前柱排列优闲整齐,光辉远照半个殿堂。椽头漆黑,台阶高耸,栏干层层重叠,长长的殿庭平如砥石,两旁有钟架相对而立。即使风吹也不会沾惹尘埃;雨淋也不会湿润起来,“丹梁虹申以并亘,朱桷森布而支离。绮井列疏以悬蔕,华莲重葩而倒披。齐龙羞而涌溜,时梗概于滮池。旅楹闲列,晖鉴挟振。长庭砥平,钟虡夹陈,风无纤埃,雨无微津”。

巍然挺立的北城楼,城门的样式与南门相同。故南北城楼,双双对峙。城门

---

① 贾公彦疏:《周礼注疏》,《十三经注疏》本,第927页。

开阔,可让两车并驾齐驱走过。西建"延秋门",东则开辟"长春门",是诸侯朝觐天子之处,天子也在此宴享群臣,"岩岩北阙,南端逌遵,竦峭双碣,方驾比轮,西辟延秋,东启长春。用觐羣后,观享颐宾"。

可见邺城是以"文昌殿"为中心而布以东、西、南、北四方各开城门的方形格局。

(三)邺城左边的布局

邺城左边是内朝辉映红光的宫殿。用作听政的大殿名为"听政殿"。"听政殿"的建筑是崇尚俭朴,洗净浮华,这也应验上文提及的文质相兼的建筑原则。楹柱去除了雕镂,阶陛也不着文饰。这是秉承圣贤至德的教化而来,也符合国风崇尚俭约的精神,"左则中朝有桡,听政作寝,匪朴匪斲,去泰去甚。木无雕镂,土无绨锦。玄化所甄,国风所禀"。

1. 听政殿前:官府的核心。

听政殿前是听政门,听政门前是"升贤门",升贤门的左面是"崇礼门"、右面是"顺德门",三门并南向。升贤门前是"宣明门","宣明门"前是"显阳门"。宫门重重,但却贯穿通达。这里往往是尊贵的大臣和济济多士聚集之处。周遭环境也颇优雅,包括珍贵的茂密的树木,丛生的奇花异草,宛如芳草熏香的和风,还有好像平和美酒的甘露。皇帝的宫室,若非侍御者不得轻易进入,"于前则宣明显阳,顺德崇礼。重闱洞出,锵锵济济,珍树猗猗,奇卉萋萋。蕙风如熏,甘露如醴"。

各种官署,通房连门,高廊相对。值班官吏,都由此进出,一般典章文献也收藏在此处。众多的侍从官员,每每头戴金蝉的冠饰,齐放光芒。还有"纳言之官",于早朝时,陪侍天子于帷幄之中,出纳王命,文采也可观。其次是佩戴惠文冠的"御史大臣"、执行法令的"内侍"、掌赞受事的"谒者",掌玺的"符节令"等。还有"膳食之官",负责调理佳肴醇酒,顺乎时令;"医药之官",防患于未然,疗治疾病,"禁台省中,连闼对廊。直事所繇,典型所藏。蔼蔼列侍,金蜩齐光。诘朝陪幄,纳言有章。亚以柱后,执法内侍,符节谒者,典玺储吏。膳夫有官,药剂有司,肴醳顺时,腠理则治"。

2. 听政殿后:后妃之所钟。

听政殿的后方,则有皇后的"椒房"、"鸣鸾堂"、"文石室"、"永巷"、"壶术",

都是后妃所居住的。还有"楸梓坊"、"木兰坊",宫舍依甲乙分上下等。宫舍的门户方向,或向西而设,或向南而开。修建迅速,不需多日便建成。设计特异的"温室殿",殿内有画像赞,鲜明华美。图画多刻画天地宇宙之形,也有历代圣贤的人像,各种祥瑞的景象,再合以文藻的赞颂,一直追溯至远古。天子借此可知安危之理,以古为鉴。这也是承继圣贤虞舜作画以为鉴戒,即《尚书·益稷》篇所谓:"舜曰:'予欲观古人之象,日、月、星辰、山、龙、华、虫,作会。'"①,故赋云:"于后则椒鹤文石,永巷壶术。楸梓木兰,次舍甲乙。西南其户,成之匪日。丹青焕炳,特有温室。仪形宇宙,历像贤圣,图以百瑞,绛以藻咏。芒芒终古,此焉则镜。有虞作绘,兹亦等竞。"

（四）邺城右边的布局

1. 园池和驰道。

邺城右边是开阔的园圃和曲折的池水,低平的田地上有园亭。池中小洲,兰草茂密。石上清流,湍急迅疾。树木的细枝垂着果实,风吹嫩叶,引发芳香阵阵。池中有奔动的龟和跃动的鱼,高耸的断石,有如悬挂瀑布的石梁。皇帝车马所行的驰道回环曲折,经常有珍贵的"果下马"行走,往往在连绵不断的阁道楼宇间来回周旋。"果下马"是马中的珍品,高三尺,乘之可行果树之下,故曰:"右则圃曲池,下豌高堂。兰渚莓莓,石濑汤汤。轻叶振芳。奔龟跃鱼,有晾吕梁。驰道周屈于果下,延阁胤宇以经营。"

2. 三台胜迹。

从又高又宽的殿阶两驾并驰,直向西面可至"三台",即"铜雀台"、"冰井台"、"金凤台"。"三台"列峙峥嵘,巍峨的三台建筑在坚实的地基上,平地突起如华山的陡峭山崖。层层的栋梁,重重的檐溜。台下则有"冰室",清阴寒凝。长廊有窗,高可及云,回旋于半空之中。红色的殿阶,直插云霄,狂飙腾起。层楼高峻,清风无尘,故云:"飞陛方辇而径西,三台列峙以峥嵘。亢阳台于阴基,拟华山之削成。上累栋以重溜,下冰室而沍冥。"

铜雀踏在层楼的顶端,振翅翘首欲飞,在青天中展开镂花的羽翼。半楼之下,乌云密布,雷雨倾盆。半楼之上,则显得阳光明媚,笼罩花窗。高台危楼,令

---

① 孔颖选正义《尚书正义》:《十三经注疏》本,第141页。

人登临悚惧,一步一惊心。另一方面,在此逍遥地穿上春服,八方极远之处,尽收径寸的眼目中,万物也显得齐一。阁道上的楼宇,蔓延相连,巡行之道,交叉相通。晷漏依时报唱,昼夜界限分明。层楼保卫森严,内设兵器插架,有天子禁兵居住。还有卫尉负责防止罪恶,遂使后宫安然不惊,治安良好,故谓:"云雀蹠薨而矫首,壮翼摛镂于青霄。雷雨窈冥而未半,曒日笼光于绮寮。习步顿以升降,御春服而逍遥。八极可围于寸眸,万物可齐于一朝。长途牟首,豪徽互经。晷漏肃唱,明宵有程。附以兰锜,宿以禁兵,司卫闲邪,钩陈罔惊。"

3. 城楼。

邺城的城墙高耸,城边挖有深沟。城上筑有"女墙",城墙下有池水围绕如带。城楼大厦,重重叠叠,高峻依天,仿似天然生成一样,并超越尘土借混然之气而生成。层楼绝顶邈远,基址高竦,与焦原山相比也毫不逊色,因此,强劲的登高之辈也不免心神不定。城楼永远坚固如山,不能以年代计其久远。阳光停照在城楼上,云雾迷漫其中,故曰:"于是崇墉浚洫,婴堞带涘。隆厦重起,凭太清以混成,越埃壒而资始。巍巍标危,亭亭峻趾。临焦原而不悦。与冈岑而永固,非有期乎世祀。阳灵停曜于其表,阴祇蒙雾于其里。"

4. 玄武苑。

邺城西边有"玄武苑",背靠茂密的树林,还有墙垣缭绕,而且殿宇众多,遥相对望。灌木中硕果累累,围木也极其高峻。园中有绿竹和荫浓的葡萄。池水曲折,积水也深。兼葭强力地争地而出,蒲苇也茂密而生。红莲则鲜艳地凌波于水上,绿色的菱叶也沉浸在水面上。鸟儿上下飞舞,鱼龟则在池水中浮沉。飞禽择木而栖息,雏鸟则发出动听的鸣声,就像在渤澥和吴山上尽情鸣叫,一时也像仙鹤在树荫上和鸣。这个禁苑有标记,畋猎没有禁止。虞箴古训,依然警惕着君主,使之忧心国事为先,不沉迷于畋猎。打柴的樵夫在苑中取草,毫无禁忌,猎人追逐麋鹿也没有禁令,故曰:"菀以玄武,陪以幽林。缭垣开囿,观宇相临。硕果灌丛,围木竦寻。篁筱怀风,蒲陶结阴。回渊灈,积水深,兼葭赟,菫萭森。丹藕凌波而的皪,绿芰泛涛而浸潭。羽翮颉颃,鳞介浮沉。栖者择木,雏者择音。若咆渤澥与姑余,常鸣鹤而在阴。勒虞箴。思国　,忘从禽。樵苏往而无忌,即鹿纵而匪禁。"

5. 水利与农田。

玄武苑中尽是肥美的郊野,茂盛的田地野菜于此生长,稻麦众多。先有西门豹引漳水入邺,后有史起完善水利工程,灌溉农田,共修治澄流十二渠,水源灌注不同的渠口。蓄水时,如乌云堆聚;排水时,如暴雨倾泻。水稻得到充足的沾润,高地也可种植稷黍。桑拓光亮,纻麻则绿油油一片。田地各按等级平均分配,划定界限。房屋藩篱,交错排列。生羌、白芋也充实丰富。桃李枝叶繁茂。家家都能安居乐业,良食甘美,人人满怀喜悦。在太平盛世中,人人自给自足,以致隔绝终世,不相往来,故赋谓:"膜膜坰野,奕奕畜畞。甘荼伊蠢,芒种斯阜。西门溉其前,史起灌其后。澄流十二,同源异口。畜为屯云,泄为行雨。黝黝桑拓,油油麻纻。均田画畴,蓄庐错列。姜芋充茂,桃李荫翳。家安其所,而服美自悦;邑屋相望,而隔逾奕世。"

6. 邺城街里。

邺城内的街道四通八达,像车辐一样向轴心集中,红色的阙里与城隅会合。石窦桥犹如飞梁,向下控引着漳河。水边身畔,满渠畅通;长街两旁,青槐树罗列整齐,遮荫道路。渠水清澈,好比可以濯缨的沧浪之水,胜过可遮荫的长廊。这里冠盖云集,黎民百姓也熙攘往来。斑白老人不用提挈重物,行旅之人互相让路。

这里也是官署部门聚集之处,夹杂在府寺之间,分布在百姓的里间之中,包括相国府、御史大夫府、奉常寺、大农寺、大理寺等,可见当时官府的盛况。府寺内,相国、御史大夫位比三公,官阶超越六卿,有"奉常"及"大理"等称号。各处大厦房庑同一规格,雕花屏墙,齐放光华。台阶排列严整,门户重重深锁。主管国事的高级官员,在这里主事,辅助王政。里坊中包括"长寿里"、"吉阳里"、"永平里"、"思忠里",也有君主姻亲居住的戚里,安置在皇宫东面。里巷中出入的尽是长者和公侯。都护宫内的大殿,装有刻花的窗户,繁多的朝贡车马,都在都护府内聚集休息。里巷中遍布"客馆","客馆"装饰华美,高门宏伟。在建安年间才开始建立墙室,加工异常精美,房檐也错杂掩映。这儿经过长时间不停的修建,工匠也反复地雕琢,因此战国时秦的馆舍"广成传"和汉时长安的各国使节的邸第"藁街",也有所不及,故曰:"内则街冲辐辏,朱阙结隅。石杠飞梁,出控漳渠。疏通沟以滨路,罗青槐以荫涂。比沧浪而可濯。习习冠盖,莘莘蒸徒。斑白不提,行旅让衢。设官分职,营处署居。夹之以府寺,班之以里闾。其府寺则位副三事,官逾六卿。奉常之号,大理之名。厦房一揆,华屏齐荣。重门再扃。师尹爰止,毗代作桢。其闾阎则长寿吉阳,永平思忠,亦有戚里,寔宫之东。闬出长者,巷苞诸公。都护之堂,殿居绮鸎。舆骑朝猥。营客馆以周坊,宾侣之所集。玮丰楼之闿阆,起建安而首立。葺墙幂室,房庑杂袭。剞劂罔掇。匠斲积习。广成之传无以畴,櫜街之邸不能及。"

7. 市集。

邺都内的市集,每日依《周礼》日开"三市",即"大市"、"朝市"、"夕市",每市的对象均有不同。《周礼·地官》:"大市,日昃而市,百族为主;朝市,朝时而市,商贾为主。夕市,夕时而市,贩夫贩妇为主。"[1]沿着大路,可通往各个不同的地区。沿途商铺林立,百货罗列,市中巷道之多,就像衣带绕襟一样。货物得到适当的调节,既不缺少,也不会囤积。每天中午,商贾便会聚集交易。市楼高耸而立,登楼眺望,可见市集的广阔伟大。上百的道路上,车毂相击,车与车相连,数以万计。驾车者凭着车轼击马,衣袖一挥,多如帷幕,皆因四面八方的人和货物都聚集此地,奇风异俗,蔚成大观。他们用《周礼·地官》所说的"质"、"剂"作为买卖的契卷,公平方便;也会用无数的刀布作贸易。市场供应的器物,都由工匠制造,各种货物由商业流通。但这里并不容纳远方异物和难得的珍宝,而是着重用途广泛,经久实用。器物不允许粗制滥造,而是讲求坚固结实;也不容许出售劣质产品和虚抬物价。因此,市场到处流露淳厚的政风和民情。库房丰厚充裕,使国内宝库充足有余。巴人所贡之赋堆积如山,珠玉和布帛也充斥其中。贡赋的衡量,非常公平,定有不同的等级。燕地的强弓堆满府库,冀北的良马也聚满邺城西下的马厩,故曰:"廓三市而开廛,籍平逵而九达。班列肆以兼罗,设阛阓以襟带,济有无之常偏,距日中而毕会。抗旗亭之嶕峣,侈所俯之博大。百隧毂击,连轸万贯。凭轼捶马,袖幕纷半。壹八方而混同,极风采之异观。质剂平而交易,刀布贸而无筭。财以工化,贿以商通。难得之货,此则弗容。器周用而长务,物背窳而就攻,不鬻邪而豫贾,着驯风之醇酿。白藏之藏,富有无堤,同账大内,控引世资。賮幐积墦,琛币充牣。关石之所和钧,财赋之所厎慎。燕弧

① 贾公彦疏:《周礼注疏》,《十三经注疏》本,第734页。

盈库而委劲,冀马填厩而驵骏。"

六、邺都的统治原则:先王治道、仁德之治与禅让之德。

邺都的管治,仍以儒家治道为主。魏帝好比远古的尊卢氏、赫胥氏、伏羲氏、神农氏和黄帝,因他们的治道都能体现尊崇儒家大道、推崇教化、使世风笃厚,与天同道。魏帝诚能追随古圣的足迹,与他们的高风齐同。邺都的营建,计量了他们修建的国都,考析他们的都邑制度,咨询其宫室奢俭,评议他们的废置和擢用,反复而不厌倦。所以,不是低贱之士所能精算,鄙俚之言所能说明的,故曰:"尊卢赫胥,羲农有熊。虽自以为道洪,化以为隆,世笃玄同,奚遽不能与之踵武而齐其风。是故料其建国,析其法度。谘其考室,议其举厝。复之而无斁,申之而有裕。非疏粝之士所能精,非鄙俚之言所能具。"

魏帝也能显示仁明之德,藏功不露,沉静而行,少说话,多做事,陶冶染化其学,校对篆籀等文字,尽览篇什文章,用人唯贤才,不因亲情偏私,"显仁翌明,藏用玄默。菲言厚行,陶化染学。雠校篆籀,篇章毕觌。优贤着于扬历,匪孽形于亲戚。"

一个朝代的帝位,传授往往有期限;天禄也有终结之时。大魏天数已尽,最终亦能传业让位于大晋,继承儒家先圣的"禅让之德"。皇恩浩荡,帝德深厚,禅让天下,自退为臣,是至公之德。魏主有辞让之德,是美操高行,实在难得。超过历代百王,包括卷领结绳时代的君主,使人不禁缅怀"重华"禅让的美德,故曰:"筭祀有纪,天禄有终。传业禅祚,高谢万邦。皇恩绰矣,帝德冲矣。让其天下,臣至公矣。荣操行之独得,超百王之庸庸。追亘卷领与结绳,睠留重华之比踪。"

七、结语

《魏都赋》揭示了左思的本体论与政治论,均渊源自儒家思想。其对宇宙生成与演化的论述,"以德服人"的治国思想的阐发,无不与《易经》相合。《魏都赋》也有浓厚的尊魏色彩,对蜀、吴大加贬抑,究其原因,主要在于为其身处的晋朝建立正统的地位,加以其柢固的重北轻南的北方文人相轻的思想,遂以"尊魏"为主导。《魏都赋》也细腻地重现了"邺城"建筑格局:以"方形"为主,并以

"文昌殿"为核心。邺城左面是以"听政殿"为主的官府核心,亦为后妃所居之处。邺城右方有园池、驰道、三台、城楼、玄武苑、农田、街里、市集等。从文学角度说,是一幅繁华的、气象恢宏的邺都图景。至于邺的管治原则,仍以儒家的先王治道、仁德之治为主,并承继了禅让之德。

（作者为香港树仁大学中文系教授）

汉魏六朝荀氏家族的文化风尚

薛瑞泽

汉魏六朝是中古大家族兴盛的历史时期。在这一历史时期,中国历史舞台上出现了一批靠学问起家的世家,他们以学问立世,在政治上也表现出特立独行的为官风采。其中在汉魏六朝政治舞台上活跃长达数个世纪的颍川荀氏家族,以其独有的文化风采给中世纪中国文化史增添了纷呈的异彩。关于荀氏家族学术界曾给予关注,并有多项成果问世。[①]

一、入世与出世之间:东汉时期淡弃官位而注重学问

颍川荀氏相传为荀况的后代,至十一世孙荀淑而显于汉安帝至汉桓帝时期。《后汉书》卷六二《荀淑传》叙述其事迹云:

安帝时,征拜郎中,后再迁当涂长。去职还乡里。当世名贤李固、李膺等皆师宗之。及梁太后临朝,有日食地震之变,诏公卿举贤良方正,光禄勋杜乔、少府房植举淑对策,讥刺贵幸,为大将军梁冀所忌,出补朗陵侯相。莅事明理,称为神君。顷之,弃官归,闲居养志。产业每增,辄以赡宗族知友,年六十七,建和三年

---

① 刘静夫先生:《颍川荀氏研究——魏晋南北朝士族门阀个案研究之一》,《南充师院学报》1987 年第 3 期。孟祥才:《论荀彧》,《史学月刊》2001 年第 1 期。对荀氏家族及其个体进行研究。

卒。①

从《后汉书》本传所记述荀淑的事迹可以看出，荀淑是东汉中期的名士，为当世名士李固、李膺等所效法。其为官最高至当涂长和朗陵侯相，这在当时都是微不足道的小官，但他因在答梁太后的对策时，"讥刺贵幸"，引起梁冀的猜忌，被赶出朝廷，从而引起了社会的关注。在士人眼中，荀淑两次去职行为是其品行高洁的象征，因而有"为士大夫所归慕"②的说法。甚而在他死后，身为尚书的李膺"自表师丧"③，他曾经任职的当涂、朗陵二县"皆为立祠"。

荀淑在东汉政治舞台上之所以引起注意，除了品行高洁外，还因他善于发现人才。即使是年幼的少年才俊，他也褒奖有加。荀淑曾至汝南慎阳（今河南省正阳县），遇见年仅14岁的黄宪，"竦然异之，揖与语，移日不能去"，并且对黄宪曰："子，吾之师表也。"他还对袁阆称黄宪为颜子④，以荀淑的身份拜黄宪为师表，充分说明了荀淑的知人。⑤《先贤行状》曰："荀淑字季和，颍川颍阴人也。所拔韦褐刍牧之中，执案刀笔之吏，皆为英彦。"⑥这也是赞美荀淑善于发现和举荐人才。

荀淑的高风亮节对其家族的后代也有影响，因而后人有"荀淑以盛德及子"的赞语。⑦ 荀淑有子八人，"并有名称，时人谓之'八龙'"。荀淑的八个儿子或遵守父道，不愿仕宦，或者为官嫉恶如仇，或在政治斗争中显露才华。如延熹九年，荀爽被举荐为郎中，面对朝廷内部政治混乱的状况，他随即弃官。党锢之祸

---

① 《太平御览》卷四三二《人事部七十三·强记》引袁山松《后汉书》曰："荀淑与陈寔神交，及其弃朗陵而归也，数命驾诣之。淑御慈明，从叔慈抱孙文若而行，寔亦令玄方侍侧，季方作食，抱孙长文而坐，相对怡然。尝一朝求食，季方尚少，跪曰：'高闻大人荀君言甚善，窃听之，甑坏饭成糜。'寔曰：'汝听谈解乎？'谌曰：'惟因令与二慈说之。'不失一辞，二公大悦。"由此可见退归乡里的荀淑所交往的皆为贤达。

② 《三国志》卷一三《魏书·钟繇传》裴注引《先贤行状》曰："时郡中先辈为海内所归者，苍梧太守定陵陈稚叔、故黎阳令颍阴荀淑及皓。少府李膺常宗此三人，曰：'荀君清识难尚，陈、钟至德可师。'"

③ 《后汉书》卷六七《党锢传·李膺传》云："膺性简亢，无所交接，唯以同郡荀淑、陈寔为师友。"

④ 《后汉书》卷五三《黄宪传》。李贤注曰："颜子，颜回也。"

⑤ 《后汉书》卷六十七《循吏传·序》云："自章、和以后，其有善绩者，往往不绝。如鲁恭、吴祐、刘宽及颍川四长，并以仁信笃诚，使人不欺。"李贤注云："谓荀淑为当涂长，韩韶为嬴长，陈寔为太丘长，钟皓为林虑长。淑等皆颍川人也。"

⑥ 《世说新语·德行》刘孝标注引。

⑦ 《全唐文》卷三二一李华《太子少师崔公（景晊）墓志铭》。

发生后，逃至海上避祸。中平五年九月，汉灵帝在下征召荀爽、陈纪、郑玄、韩融、李楷等人的诏书中，称颂诸人"耽道乐古，志行高洁，清贫隐约，为众所归"，因而以诸人"各补博士"。① 董卓之乱发生后，中平六年十二月，荀爽官至司空。迁都长安后，"爽见董卓忍暴滋甚，必危社稷，其所辟举皆取才略之士，将共图之，亦与司徒王允及卓长史何颙等为内谋"。然而荀爽因病死亡，最后王允与吕布完成了灭董卓的计划。荀昱与荀昙作为荀淑兄长之子，也参与到东汉反对宦官的政治斗争中，荀昱官至沛相，荀昙为广陵太守。"兄弟皆正身疾恶，志除阉宦。其支党宾客有在二郡者，纤罪必诛。昱后共大将军窦武谋诛中官，与李膺俱死。昙亦禁锢终身。"这说明荀氏家族的人皆以当时的价值取向为指归，在与宦官的斗争中显露出士人的铮铮铁骨。荀爽兄荀俭之子荀悦，在汉灵帝"阉官用权"之时，"士多退身穷处"，荀悦"乃托疾隐居，时人莫之识，唯从弟彧特称敬焉"。荀悦后被征辟为曹操镇东将军府，"时政移曹氏，天子恭己而已。悦志在献替，而谋无所用"。可以说在东汉末年错综复杂的政治环境下，荀悦也没有发挥其政治上的才能。

虽然荀氏家族的诸人在东汉中后期在政治上建树不多，但其家族诗书传家的文化传统对中国文化史的贡献可谓功勋卓著。从荀淑开始，荀氏家族在东汉时期就凭借学问修养而影响后人。荀淑"少有高行，博学而不好章句，多为俗儒所非，而州里称其知人"。其子荀靖"少有俊才，动止以礼"，虽然终身不仕，但与其弟荀爽在家乡都赢得了美名，汝南许章评价兄弟二人曰："皆玉也。慈明（荀爽字）外朗，叔慈（荀靖字）内润。"所以，当荀靖死后，"学士惜之，谥靖者二十六人"。② 荀淑第六子荀爽，"幼而好学，年十二，能通《春秋》、《论语》"。因太尉杜乔赞颂他"可为人师"，荀爽"遂耽思经书，庆吊不行，征命不应"，潜心于学问，其故乡颍川因而流传着"荀氏八龙，慈明无双"的谚语。党锢之祸发生后，他逃到汉滨十余年，"以著述为事，遂称为硕儒"。他一生著述丰富，"著《礼》、《易传》、《诗传》、《尚书正经》、《春秋条例》，又集汉事成败可为鉴戒者，谓之《汉语》。又作《公羊问》及《辩谶》，并它所论叙，题为《新书》"③。对于荀爽传播《易经》的贡

①　袁宏《后汉纪》卷二五。
②　《后汉书》卷六二《荀淑传》李贤注引皇甫谧《高士传》。
③　《后汉书》卷六二《荀淑传附子爽传》。

献，《后汉书》卷七九上《儒林·孙期传》云："陈元、郑众皆传《费氏易》，其后马
融亦为其传。融授郑玄，玄作《易注》，荀爽又作《易传》，自是《费氏》兴，而《京
氏》遂衰。"《隋书》卷三二《经籍一·经》记载，"《周易》十一卷，汉司空荀爽注"。
"《周易荀爽九家注》十卷。""《春秋公羊传问答》五卷，荀爽问，魏安平太守徐钦
答"。隋代流传下来的有"后汉司空《荀爽集》一卷"，其中有"梁三卷，录一卷"。
荀俭之子荀悦，"悦年著述"。在曹操镇东将军府中，因汉献帝喜好文学，荀悦、
荀彧以及孔融等人，"侍讲禁中，且夕十二，能说《春秋》。家贫无书，每之人间，
所见篇牍，一览多能诵记。性沉静，美姿容，尤好谈论，累迁秘书监、侍中"。他
曾作《申鉴》五篇，"其所论辩，通见政体"。因汉献帝喜好史书，"常以班固《汉
书》文繁难省"，乃命荀悦按照《左传》的体例"以为《汉纪》三十篇"。所述"中兴
以前，明主贤臣得失之轨，亦足以观矣"。他"又著《崇德》、《正论》及诸论数十
篇"[1]。

　　在东汉末年，朝政混乱的情况下，荀氏家族凭借学问起家，因厌恶政治斗争
的险恶，多远离政治斗争的漩涡，隐居而从事著述，从而为中国学术事业留下了
一批宝贵的财富。当然这种无奈的出世之举，也反映了中古时期知识阶层的价
值取向。

二、入世之际：汉魏之际荀氏家族择主而侍

　　风云际会的汉魏之际，给荀氏家族在政治上显露头角提供了机会。在动荡
不定的汉末，为了家族的生存，他们以自己的才华，参与到军阀混战争霸的活动
中，为天下复归统一出谋划策。这其中以荀彧、荀攸最有影响。

　　荀彧为荀绲之子，因荀绲"畏惮宦官，乃为彧娶中常侍唐衡女"。我们知道，
唐衡为汉桓帝时五县侯之一，飞扬跋扈，为害甚巨。荀绲为荀彧娶唐衡之女，虽
然是无可奈何之举，但因荀彧"少有才名，故得免于讥议"。南阳名士何颙"名知
人，见彧而异之"，称他具有"王佐才也"。[2] 中平六年，荀彧被举荐为孝廉，拜守
宫令，董卓之乱发生后，任亢父县令，荀彧"弃官归乡里"。后至冀州，袁绍虽然

---

①　《后汉书》卷六二《荀淑传附孙悦传》。
②　《后汉书》卷七〇《荀彧传》。

"待彧以上宾之礼",但荀彧"度绍终不能成大事"。① 在初平二年,荀彧归附在东郡的曹操。曹操非常高兴,先后任命他为奋武司马、镇东司马。

　　归附曹操之后的荀彧,为曹操统一黄河流域出谋划策,立下了汗马功劳。兴平元年,在曹操征讨陶谦时,张邈、陈宫以兖州反,暗中迎吕布。在危急关头,荀彧稳定了局势,坚守鄄城,使曹操能够自徐州回师进攻濮阳的吕布。陶谦死后,曹操向东攻取吕布占领的徐州。荀彧建议曹操以兖州为根据地,曹操因此"大收麦,复与布战,分兵平诸县。布败走,兖州遂平"。在曹操迎汉献帝于洛阳的过程中,荀彧的建议对曹操起了决定性的作用。荀彧曰:"自天子播越,将军首唱义兵,徒以山东扰乱,未能远赴关右,然犹分遣将帅,蒙险通使,虽御难于外,乃心无不在王室,是将军匡天下之素志也。今车驾旋轸,东京榛芜,义士有存本之思,百姓感旧而增哀。诚因此时,奉主上以从民望,大顺也;秉至公以服雄杰,大略也;扶弘义以致英俊,大德也。天下虽有逆节,必不能为累,明矣。韩暹、杨奉其敢为害! 若不时定,四方生心,后虽虑之,无及。"曹操听从荀彧的建议,至洛阳迎汉献帝都许。荀彧为汉侍中,"守尚书令"。"常居中持重,太祖虽征伐在外,军国事皆与彧筹焉"。在此期间,荀彧向曹操举荐了荀攸、锺繇、戏志才、郭嘉等人。在与袁绍官渡决战前,曹操又听从荀彧的建议,于建安三年"破张绣,东禽吕布,定徐州",解除了后顾之忧。荀彧还为曹操分析了与袁绍力量对比的优势。荀彧认为:"今与公争天下者,唯袁绍尔。绍貌外宽而内忌,任人而疑其心,公明达不拘,唯才所宜,此度胜也。绍迟重少决,失在后机,公能断大事,应变无方,此谋胜也。绍御军宽缓,法令不立,士卒虽众,其实难用,公法令既明,赏罚必行,士卒虽寡,皆争致死,此武胜也。绍凭世资,从容饰智,以收名誉,故士之寡能好问者多归之,公以至仁待人,推诚心不为虚美,行己谨俭,而与有功者无所吝惜,故天下忠正效实之士咸愿为用,此德胜也。夫以四胜辅天子,扶义征伐,谁敢不从? 绍之强其何能为!

　　荀彧又帮助曹操分析了袁绍内部的情况,使曹操坚定了灭袁绍的决心。在官渡之战时,荀彧在曹操因缺粮打算退守许时,劝说曹操坚守于官渡前线。在曹操平定袁绍后,面对有人劝说曹操立九州的建议,荀彧又劝说曹操不应立九州,

────────────

① 《三国志》卷一〇《魏书·荀彧传》。以下引文未注明出处者均出自该卷。

以免造成树敌太多。"

荀彧因为忠于汉朝廷,所以当曹操在建安十七年晋爵为公时,荀彧"以为太祖本兴义兵以匡朝宁国,秉忠贞之诚,守退让之实;君子爱人以德,不宜如此"。曹操也因此对荀彧不满,当曹操征讨孙权时,请汉献帝将荀彧派往至谯劳军,曹操"因辄留彧,以侍中光禄大夫持节,参丞相军事。太祖军至濡须,彧疾留寿春"。《魏氏春秋》曰:"太祖馈彧食,发之乃空器也,于是饮药而卒。"现实与理想的迥异,使荀彧的梦想破灭,也因此成为东汉王朝的殉葬品。

荀彧作为汉代的遗臣,在汉末动荡的环境下,本欲借曹操的力量匡复汉室,并为曹操出谋划策,使曹操在艰难的环境下能够多次转危为安。但是,当曹操夺取汉朝政权的政治野心逐渐暴露后,荀彧内心的痛苦是显而易见的。陈寿评价曰:"荀彧清秀通雅,有王佐之风,然机鉴先识,未能充其志也。"孟祥才先生指出:"荀彧的悲剧在于:为了延续东汉皇朝的国祚,他必须选择曹操作为辅佐的对象,利用他的实力达到自己的目的;但是,曹操势力的日益强大却又威胁到东汉皇朝的存在并最终导致国祚的转移。"当荀彧感觉到自己选择错了的时候,"历史却无法给他提供重新选择的机会,他只能为自己的选择付出生命的代价"①。孟祥才先生的总结可以看出荀彧人生抉择的悲剧,也是传统知识阶层在动荡环境下的悲剧。

荀彧的从子荀攸早年成为孤儿,在何进掌握政权后,"征海内名士攸等二十余人",荀攸被任命为黄门侍郎。董卓之乱发生后,荀攸曾联络议郎郑泰、何颙、侍中种辑、越骑校尉伍琼等人,准备谋杀董卓,因谋泻,"事垂就而觉,收颙、攸系狱,颙忧惧自杀"。适逢董卓死而荀攸免祸。为了躲避战乱,荀攸求任蜀郡太守,"道绝不得至,驻荆州"。曹操迎汉献帝迁都许后,征荀攸为汝南太守,入朝为尚书。曹操对荀攸非常钦佩,在与张绣作战时,因最后采纳了荀攸的意见,转败为胜。在征讨吕布时,采取荀攸的建议,"乃引沂、泗灌城,城溃,生禽布"。官渡之战前,曹操用荀攸之计,"遂以辎重饵贼,贼竞奔之,陈乱。乃纵步骑击,大破之,斩其骑将文丑,太祖遂与绍相拒于官渡"。官渡之战时,荀攸又建议曹操遣将"烧其辎重",破袁绍。建安七年,在灭袁谭过程中,又采纳荀攸的建议,"乃

① 孟祥才:《论荀彧》,《史学月刊》2001 年第 1 期。

许(袁)谭和亲,遂还击破尚。其后谭叛,从斩谭于南皮"。曹操在冀州平定后,表封荀攸曰:"军师荀攸,自初佐臣,无征不从,前后克敌,皆攸之谋也。"因此封荀攸陵树亭侯。建安十二年,曹操下令论功行封,曹操曰:"忠正密谋,抚宁内外,文若(荀彧字)是也。公达(荀攸字)其次也。"曹操还赞扬荀攸曰:"公达外愚内智,外怯内勇,外弱内强,不伐善,无施劳,智可及,愚不可及,虽颜子、宁武不能过也。"而且荀攸在政治场合的表现更为老到,"攸深密有智防,自从太祖征伐,常谋谟帷幄,时人及子弟莫知其所言"①。这也是荀攸在政治上的表现更为成熟的象征。荀攸的长子荀缉,早亡。次子荀适,无子。黄初年间,续封荀攸孙荀彪为陵树亭侯,后改封丘阳亭侯,其子孙在后世不显。

　　汉末魏初是中国社会剧烈动荡的历史时期,在这一大的社会环境之下,社会上层的知识群体都做出了自己的选择,选择不同的对象加以追随。荀氏家族荀彧、荀攸叔侄在这一动荡的环境下,从初期的进入东汉朝廷担任小官,到后来的进入曹操阵营,虽然其所选择曹操的目的不同,但都代表了当时知识阶层的价值取向,即依赖某一军阀获取政治上的靠山和资本,以图施展自己的政治才华,这与先辈远离政治,求得自保已经完全不同。洪迈赞说:"曹操为汉鬼蜮,君子所不道,然知人善任使,实后世之所难及。荀彧、荀攸、郭嘉皆腹心谋臣,共济大事,无待赞说。"②王夫子评曰:"曹孟德推心以待智谋之士,而士之长于略者,相踵而兴。孟德智有所穷,则荀彧、郭嘉、荀攸、高柔之徒左右之,以算无遗策。"③这些评价对于我们理解荀彧、荀攸叔侄的选择很有帮助。

三、入世之后:显露政坛的荀氏家族

　　魏晋时期,荀氏家族的后辈虽然没有太多的政治才华,但因先辈的功荫,在政坛上频频显露,参与到政治活动中。

　　荀彧的子嗣在政治上并不顺利。在灭袁尚以后,"太祖以女妻彧长子恽,后称安阳公主"。荀彧死后,"恽,嗣侯,官至虎贲中郎将"。然而,荀恽因为与魏文帝曹丕关系紧张,"文帝与平原侯植并有拟论,文帝曲礼事彧。及彧卒,恽又与

---

　　① 《三国志》卷一〇《魏书·荀攸传》。
　　② 《容斋随笔》卷一二《曹操用人》。
　　③ 《读通鉴论》卷一〇《三国》。

植善,而与夏侯尚不穆,文帝深恨恽"。虽然如此,荀恽因早卒,曹丕无法对荀恽施加报复。他的两个儿子荀甝、荀霬"以外甥故犹宠待"。"恽弟俣,御史中丞,俣弟诜,大将军从事中郎,皆知名,早卒。弟顗,咸熙中为司空。恽子甝,嗣为散骑常侍,进爵广阳乡侯,年三十薨。子頵嗣。霬官至中领军,薨,谥曰贞侯,追赠骠骑将军。子恺嗣。霬妻,司马景王、文王之妹也,二王皆与亲善。咸熙中,开建五等,霬以著勋前朝,改封恺南顿子。"从荀彧的子孙在曹魏统治集团中的任职情况可以看出,荀彧虽然对曹操篡夺汉朝政权心怀不满,但随着曹丕建魏,政治环境已经发生了重大变化,曹魏统治者对于早期曾经为政权建设立下汗马功劳的荀彧的后人还是给予更多的信任的,而荀彧的子孙也能够顺应时代的变化,在曹魏统治集团中获得一定的位置。

荀頵之子荀崧因为家族的原因,从小就受到重视。其同族曾祖荀颢"见而奇之,以为必兴颢门"。荀崧甚为当时名流欣赏,当时的士族太原王济"甚相器重"。西晋时期,荀崧在泰始年间代兄继承父亲的爵位,补濮阳王司马允文学。与当时的政客、文人王敦、顾荣、陆机等人"友善"。赵王司马伦曾以其为相国参军。司马伦篡位后,荀崧转护军司马、给事中,逐步升任尚书吏部郎、太弟中庶子,累官至侍中、中护军。永嘉之乱发生后,黄河流域陷于战乱,荀崧在这场动乱中死里逃生。其族父荀藩秉承皇帝旨意任命荀崧为监江北军事、南中郎将、后将军、假节、襄城太守。荀崧因派遣主簿石览率兵进入洛阳,修复被发掘的帝陵。晋朝廷"以勋进爵舞阳县公,迁都督荆州江北诸军事、平南将军,镇宛,改封曲陵公"。后荀崧被反叛的晋新野王司马歆帐下的南蛮司马杜曾围困,后赖襄城太守石览和南中郎将周访率军解围。晋元帝即位后,荀崧被"征拜尚书仆射,使崧与刁协共定中兴礼仪"。后转任太常。当时朝廷在百废待兴的情况下准备兴建学校,选择诸经博士,"置《周易》王氏、《尚书》郑氏、《古文尚书》孔氏、《毛诗》郑氏、《周官礼记》郑氏、《春秋左传》杜氏服氏、《论语》《孝经》郑氏博士各一人,凡九人,其《仪礼》、《公羊》、《谷梁》及郑《易》皆省不置"。荀崧认为朝廷对其他诸经都应设置博士,并且上疏表达自己的看法。最后晋元帝下诏"《谷梁》肤浅,不足置博士,余如奏"。虽然因为王敦叛乱,这一建议没有实行,但也由此可以看出荀崧对经学传播的重视。晋明帝在位期间,虽然因平王敦叛乱之功,官位有所上升,但政治上建树不多。晋成帝咸和二年,苏峻、祖约之乱时,荀崧因与王导、

陆晔保护成帝之功,所以在平定叛乱之后,虽然荀崧不久死去,但仍受到朝廷的
重视。

荀崧的长子荀蕤与当时所有的士族子弟一样,从秘书郎起家,后升至尚书
左丞。因为荀蕤"有仪操风望",所以深受晋简文帝的看重。他还建议简文帝
不要将豫章郡封给桓温,以免桓温坐大。后出补东阳太守,除建威将军、吴国
内史。荀蕤死后,其子荀籍继承其职位,官至散骑常侍、大长秋。荀崧的次子
荀羡在晋成帝时尚寻阳公主,弱冠之年,"与琅邪王洽齐名,沛国刘惔、太原王
濛、陈郡殷浩并与交好"。后来又官拜秘书丞、义兴太守。征北将军褚裒以其为
长史。后又迁任建威将军、吴国内史。随即又被任命为北中郎将、徐州刺史、监
徐兖二州扬州之晋陵诸军事、假节。荀羡在任此职期间,"发二州兵,使参军郑
袭戍淮阴。羡寻北镇淮阴,屯田于东阳之石鳖"。不久又加监青州诸军事,又兼
任兖州刺史,镇守下邳。当慕容儁进攻青州,并派军进攻琅邪、鄄城后,引起东晋
的"北境骚动"。荀羡率军大败慕容儁的军队,重新布防,使北部边境危机转危
为安。[1]

荀彧的第六子荀顗在魏晋禅代之际把握时势,在曹魏末年错综复杂的形势
下,荀顗依靠司马氏,取得了政治的资本。"魏时以父勋除中郎。"司马懿非常赏
识他,"擢拜散骑侍郎,累迁侍中"。他曾为齐王曹芳执经问难,又与钟会讨论
《易》有无互体,还与扶风王司马骏论仁孝孰先,并因此"见称于世"。高贵乡公
即位后,因在平定毌丘俭、文钦的叛乱中,荀顗"预讨俭等有功,进爵万岁亭侯,
邑四百户"。因此之故,荀顗深受司马氏的重视。官职一再升迁。魏末,建五等
爵位时,荀顗与羊祜、任恺、庾峻、应贞、孔颢共删改旧文,撰定晋礼。西晋建立
后,荀顗在政治上无所建树。但因对西晋建立有功,被"进爵为公,食邑一千八
百户"。不久晋武帝又任命他为司徒、太尉、都督城外牙门诸军事,为其"置司马
亲兵百人"。因为西晋的《正德》、《大豫》雅、颂未合,晋武帝还命荀顗订正音乐。
因而史家评论荀顗"明《三礼》,知朝廷大仪"。然而他为了自身的需要,在为人
上"无质直之操,唯阿意苟合于荀勖、贾充之间"。特别是晋惠帝在纳妃问题上,
荀顗"上言贾充女姿德淑茂,可以参选",这种参与到朝廷内部斗争,不顾实际的

---

① 《晋书》卷七五《荀崧传》。

信口雌黄,引起世人的诟病,"以此获讥于世"。荀颛没有后人,泰始十年,荀颛死后,朝廷"以从孙徽嗣"。东晋建立后,"以颛兄玄孙序为颛后,封临淮公。序卒,又绝,孝武帝又封序子恒继颛后。恒卒,子龙符嗣。宋受禅,国除"①。荀颛已经没有其先辈那样的骨鲠之气,成为游走政坛的政客。

　　荀爽的曾孙荀勖在曹魏末年曾为曹爽的属官,曹爽被杀后,转依司马昭。钟会谋反后,荀勖劝说司马昭驻扎长安,以防钟会兵入关中。荀勖作为钟会的从外甥,以朝廷的利益为重,受到司马昭的器重,蜀乱平定后,"与裴秀、羊祜共管机密"。司马炎继晋王位后,"以勖为侍中,封安阳子,邑千户。武帝受禅,改封济北郡公"。随后"拜中书监,加侍中,领著作,与贾充共定律令"。荀勖在西晋错综复杂的政治环境下,投靠贾充,使晋惠帝娉娶贾充之女贾南风为妃,引起士人的鄙视。"当时甚为正直者所疾,而获佞媚之讥焉。"但是,晋武帝对他仍然信任有加,他因此参与了朝廷内部许多重大事件。比如乐律的制定,汲冢竹书发现后,"诏勖撰次之,以为《中经》,列在秘书"。此外,在是否遣王公之国、裁省州郡县吏员、设立都水使者等方面都提出了自己的意见,受到晋武帝的重视。然而久经官场的黑暗,荀勖为官明哲保身,"久管机密,有才思,探得人主微旨,不犯颜忤争,故得始终全其宠禄"。太康十年,荀勖死后,其十个儿子,"其达者辑、藩、组"。其子孙依赖祖上的门荫在官府中任职的颇多。荀辑官至卫尉,其子荀绰"博学有才能,撰《晋后书》十五篇,传于世"。永嘉之乱后,荀绰投降石勒。荀藩在元康年间从黄门侍郎累官至尚书令。永嘉之乱时,为留台太尉。荀藩死后,他的两个儿子荀邃、荀阊都在永嘉之乱中先后躲过战乱渡江。晋元帝先后以荀邃为军谘祭酒、侍中、太常、尚书。"苏峻作乱,邃与王导、荀崧并侍天子于石头。"荀阊"历御史中丞、侍中、尚书,封射阳公历御史中丞、侍中、尚书,封射阳公"。荀组在西晋时期"初为司徒左西属,补太子舍人。司徒王浑请为从事中郎,转左长史,历太子中庶子、荥阳太守"。八王之乱时,荀组虽然官位一再升迁,但时局已乱,难以有所作为。晋元帝称帝之前,荀组"乃遣使移檄天下共劝进",荀组被拜授司徒。而此时荀组在许昌一带活动,面临石勒的军事压力,难以生存。太兴初年,荀组"自许昌率其属数百人渡江",晋元帝"给千兵百骑,组先所领仍皆统

---

① 《晋书》卷三九《荀颛传》。

摄。顷之,诏组与太保、西阳王兼并录尚书事,各加班剑六十人"。永昌初年荀
组死后,其子荀奕补散骑常侍、侍中,对朝廷宫城的修建是否征发夫役以及元会
日是否拜敬王导等都提出了中肯的建议,受到晋元帝的赞赏。①

　　荀氏家族的子弟在进入魏晋政坛之后,因为已经远离夺取政权的险恶环境,
其晚辈已经没有先辈那样能够在政治上为夺权着出谋划策的条件,加上自身的
因素,其在政治上有所作为并不多,显露了家族势力衰退的迹象。

四、入世之余绪:逐渐衰落的荀氏家族

　　东晋末年,荀氏家族在政治上已经无所作为,仅仅依赖祖上的门荫获取官
职,成为东晋南朝典型的士族。

　　荀羡之子荀猗为秘书郎,荀猗之子荀伯子起初担任官职为驸马都尉,奉朝
请,员外散骑侍郎。著作郎徐广举荐他及王韶之担任佐郎,助撰晋史及著桓玄等
人传。迁尚书祠部郎。荀伯子后任征房功曹,国子博士。其妻弟谢晦推荐他入
朝为尚书左丞,又外出补临川内史。因为荀氏家族为当时的名门望族,荀伯子
"常自矜荫藉之美",甚至对王弘说:"天下膏粱,唯使君与下官耳。宣明(谢晦
字——引者注)之徒,不足数也。"并迁任散骑常侍,本邑大中正。随后又任太子
仆,御史中丞。因为依仗祖上的门荫,在朝为官虽然勤勉,但言行无所顾忌,"莅
职勤恪,有匪躬之称,立朝正色,外内惮之。凡所奏劾,莫不深相谤毁,或延及祖
祢,示其切直,又颇杂嘲戏,故世人以此非之"。因此之故,出补司徒左长史,东
阳太守。荀伯子之子荀赤松官至尚书左丞。荀伯子族子荀昶,在元嘉初年,"以
文义至中书郎"。荀昶之子荀万秋,"亦用才学自显"。宋孝武帝初年为晋陵太
守。后来因为在郡立华林阁,置主书、主衣,被下狱免官。前废帝末年,为御史中
丞。荀伯子凭借家族的声望在刘宋王朝居于高位,特别是担任大中正之职,负责
官员的选拔。沈约评价荀伯子说:"虽以学义自显,而在朝之誉不弘,盖由才有
余而智未足也,惜矣哉!"②这说明东晋末年,荀伯子已经显示出依赖家族的声望
来待人处事,其士族的特性表露无疑。

---

①　《晋书》卷三九《荀勖传》。
②　《宋书》卷六○《荀伯子传》。

　　荀勖的九世孙荀匠,其祖孙三人在梁朝显达,是因为孝行感人。"祖琼,年十五,复父仇于成都市,以孝闻。"其父荀法超,齐和帝中兴末年为安复令,卒于官。闻听父亲的丧闻,荀匠"号恸气绝,身体皆冷,至夜乃苏。既而奔丧,每宿江渚,商旅皆不忍闻其哭声号恸气绝,身体皆冷,至夜乃苏。既而奔丧,每宿江渚,商旅皆不忍闻其哭声"。而其兄荀斐作为郁林太守,在征伐俚人时被流矢所中,死于阵前。荀匠为父兄服丧四年,足不出户,行感路人。梁武帝萧衍中书舍人为其除服,擢为豫章王国左常侍。但并未到任,最后死于家。① 荀氏家族在此时已经沦落为担任县令和郡太守,还要带兵打仗,其社会地位的衰落是显而易见的。在梁武帝时,还有荀朗与荀淑家族可能也有关系,但不明其世系。其"祖延祖,梁颍川太守,父伯道,卫尉卿"。荀朗起家梁庐陵王行参军。侯景之乱发生后,荀朗参与了平定侯景之乱。侯景之乱平定后,"又别破齐将郭元建于踟蹰山"。梁元帝承圣二年,率部曲万余家济江,入宣城郡界立顿。陈霸先入梁辅政时,荀朗曾打败北齐的进攻。陈朝建立后,荀朗被"赐爵兴宁县侯,邑二千户",并以荀朗兄荀昂为左卫将军,弟荀晷为太子右卫率。不久,陈霸先派遣荀朗随陈蒨抵抗王琳。陈霸先死后,朝廷内部争权,"宣太后与舍人蔡景历秘不发丧,朗弟晓在都微知之,乃谋率其家兵袭台。事觉,景历杀晓,仍系其兄弟"。陈蒨即位后,解除了对荀朗兄弟的羁押。荀朗又参与了平定王琳的战争。并因此迁使持节、安北将军、散骑常侍和都督霍、晋、合三州诸军事及合州刺史。荀朗之子荀法尚,从江宁令起家,陈宣帝太建五年,随吴明彻北伐。先后担任泾县令、梁、安城太守。陈后主祯明年间,为都督郢、巴、武三州诸军事、郢州刺史。隋灭陈后,荀法尚投降秦王杨俊,历任邵、观、绵、丰四州刺史,巴东、敦煌二郡太守。②

　　从梁、陈两朝荀氏家族所任的官职可以看出,因为世道的轮替,家族的衰落已经成为不可逆转的态势,昔日辉煌显要的家族,因为南朝时期门阀制度的逐步衰落,为了家族的生存,其后代不得不担任过去在他们看来属于武人所任的职务,甚而带兵打仗,逐渐退出社会的上层,而进入隋朝以后,随着科举制度的兴起,其家族赖以自豪的门第已经逐步失去,才出现了进入隋朝以后,荀法尚担任

　　①　《梁书》卷四七《孝行传·荀匠传》。
　　②　《陈书》卷一三《荀朗传》。

巴东、敦煌二郡太守的现象。显赫一时的荀氏家族的辉煌已经成为历史的追忆，透过荀氏家族的兴衰可以折射出中古时期士族盛衰的轨迹。

（作者为河南科技大学河洛文化研究所所长、教授）

中国文学的形象思维诞生于《诗经》论

郑志强

　　形象思维,是文学艺术领域里思想观念的一种主要运动方式。尽管我们可以看到许多文化产品里常有思维方式互渗的现象,但这并不妨碍我们提出如下论点:在纯理论概念的领域,形象思维毫无疑问完全可与哲学思维、逻辑思维相对而立,形成三种互相区别、各具特色的思维方式。实践早已证明,在人类文明的创造过程中,这三种思维方式又是三种催化剂,催生出各不相同而又互相补充、交相辉映的非物质文化产品。简要言之,哲学思维(应主要存在于人类自身利害关系及目的探究的领域)催生出的主要是人文文化作品,逻辑思维(应主要存在于自然规律探究的领域)催生出的主要是科学文化作品,而形象思维(应主要存在于对人类不同性格、情感和审美理想展现的领域)催生出的主要是文学艺术作品。

　　如果上述论述能够成立,那么,就应该看到"形象思维"在文学艺术领域的极端重要性。然而,在历代出版的中国文学艺术史里,特别在建国以后的文艺理论界,对这一重要问题的研究、讨论不仅十分浮泛,而且迄未定论,没有理出清晰的头绪。举要言之,近六十年来关于形象思维的讨论,形成了三个较为明显的错误观点:(1)仅仅将形象思维视为作家艺术家表达思想的"表现方法"[1];(2)认为"作为严格的科学术语,并没有一种与逻辑思维相平行或独立的形象思维",

---

[1]　高凯:《形象思维辨》,《社会科学战线》1978 年第 3 期。

因为"人类的思维都是逻辑思维"①;(3)认为形象思维是一个"外来词汇"②。

本文认为,上述三种观点毫无疑问都是值得商榷的。"逻辑"是一个标准的"外来词汇",尽管它用的是中国字,但它却是"Logic"的音译;这一概念所确认的思维方式,我们从亚里士多德至黑格尔那里能够充分了解,那是完全非中国的思维方式。若说"人类的思维都是逻辑思维",则中国的"五经四书"、诸子百家著作和思想就都被排斥在"思维"之外了。至于哲学思维与文学思维的各自独立存在的铁的事实,就更难闭着眼睛予以否认了。当然,"形象思维"作为一个固定的词汇,也许是近代以后才有的;但作为一种思维方式,无论从中国古典文艺理论里还是文艺创作实践中看,都不能讲它不是中国本土的产品。从《诗大序》到陆机的《文赋》、刘勰的《文心雕龙》,虽用辞稍有差异,但理论概念的内涵早已明确。那么,造成上述三种糊涂认识的主要原因在哪里? 一言以蔽之,在于我国近现代相当多的文艺史家对"形象思维"这一重大现象重视不够,研究总结用力甚少、甚浅,因而出现了数典忘祖的盲区。这倒应了一位外国思想家的一句名言:"理论是灰色的,实践之树常青。"《诗经》中的形象思维方式就象一簇常青树,两千多年来一直屹立在整部作品集中,而我们现当代的许多著名文艺史家却视而不见。鉴于象陆侃如和冯沅君这样写出《中国诗史》的中国诗学名家、顾颉刚和钱钟书这样的诗经学大家、游国恩等写出《中国文学史》这样的文学史专家群体,以及当今像洪湛侯先生写出《诗经学史》和其他写出诗经学专论的新秀们,均未充分注意到形象思维存在于《诗经》这一重大文学现象,本文认为更加需要作出这样一篇研讨性文章以醒视听。

应当指出,作为一种思维方式,我国形象思维的萌芽甚至在《诗经》时代之前即已产生了。如果说,它的远源可追溯到中国文字创制过程中的"象形思维",那么,它的直接生母则可追溯到我国的哲学经典《易经》。《易·系辞》中讲:"古者包牺氏之王天下也,仰则观象于天,俯则观法于地,观鸟兽之文,与地之宜,近取诸身,远取诸物,于是始作八卦,以通神明之德,以类万物之情"③;又讲:"天尊地卑,乾坤定矣。卑高以陈,贵贱位矣。动静有常,刚柔断矣。方以类

---

① 李泽厚:《形象思维再续谈》,《文学评论》1980 年第 3 期。
② 易孟醇、易维:《诗人毛泽东》,人民出版社,2003 年,第 604 页。
③ 南怀谨等译注:《白话易经》,岳麓书社,1988 年,第 379 页。

聚,物以群分,吉凶生矣。在天成象,在地成形,变化显矣"①;又讲:"圣人有以见天下之赜,而拟诸形容,象其物宜,是故谓之象"②;还讲:"子曰:书不尽言,言不尽意,然则圣人之意其不可见乎? 子曰:圣人立象以尽意,设卦以尽情伪,系辞焉以尽其言,变而通之以尽利,鼓之舞之以尽神"③。上述这些古语,从不同侧面追述了我国上古文化领域形象思维的发生过程、形象思维的特征、内涵及其目的。这些话清楚地告诉我们,自我们极远的先祖包牺氏开始,就在"天人合一"观念的指导下,创造出了哲学中的形象思维方式。当然,这种方式中的"形"、"象"后来直接演变成为"卦形"和"卦象",而"思维"则走向哲学特别是人生预测学的领域,并渐与逻辑思维发生互渗。作为它的衍生品,中国文学中的形象思维正是在这种哲学领域形象思维的熏陶、孕育下诞生的。因此,在讲述中国文学形象思维之前,应当指出,中国原始哲学里的形象思维方式是中国文学形象思维的母体。那时,哲学与文学尚混融为一。随着中国文化的发展,巫文化一部分从神坛走进世俗。新生儿的分娩在所难免。中国文学的形象思维就从上古文哲合一的文化母腹内诞生了。

　　儿子与母亲,是两个既有联系而彼此又完全独立的个体;儿子不可避免地遗传有母亲的基因。这一命题同样适用于中国文学的形象思维。如果说,中国原始哲学的形象思维保存在《易经》、《焦氏易林》等这样的经典里,那么,中国文学的形象思维形态则首先较为完整而明确地展现在《诗经》里。若将这两种类型的经典作比较研究,你会处处看出彼此某些相似的基因。但同时,谁都不能否认,《诗经》中的形象思维形态已经演变成为与母亲《易经》判然有别的、独具中国文学艺术特色的思维方式。下面,我们的任务是把它的几个主要特点揭示出来。

　　在分析归纳《诗经》中的形象思维现象时,理应先明确"形象思维"的含义。古今汉语词典和类书很多,定义已各具特色,其中不乏为求定义周密而涉嫌繁琐者。李泽厚先生虽然说出了"人类的思维都是逻辑思维"这种不确当的观点,但他将"形象思维"同"艺术想象"两个词汇等同起来,提出了"艺术创作过程中的

---

①　南怀瑾等译注:《白话易经》,岳麓书社,1988 年,第 354 页。
②　南怀瑾等译注:《白话易经》,岳麓书社,1988 年,第 362 页。
③　南怀瑾等译注:《白话易经》,岳麓书社,1988 年,第 373 页。

创造性想象,叫作'形象思维'"①的见解,我们还是完全赞同的。因为这种解释既简明扼要、抓住了概念的核心内容,又赋予其一定的弹性空间;况且这一定义有朱光潜阐释"phantasie"一词时认为"实即形象思维"②的支持,可为确论。

就总体而言,《诗经》应该被界定为我国上古原始诗歌的完成形态和经典范本。那么,作为经典范本,它的形象思维运动方式的突出特点是什么呢? 在此,我们可以明确地说,是充满创造性的艺术想象。这种艺术想象,则又是围绕精心选择的"意象",经过"比"、"兴"等艺术手法和独特的诗章形式结构来完成的。举要申论,其有机构成主要有以下三个方面。

一、在《诗经》大部分诗作中,普遍注重了独特意象的精心选取与引比联类的巧妙利用。从这种丰富运用的效果看,它们收到了逻辑推理所收不到的艺术效果

关于"意象",袁行霈先生概括得极为精辟。他说:"意象是融入了主观情意的客观物象,或者是借助客观物象表现出来的主观情意。"他还指出:"意象可分为五大类:自然界的,如天文、地理、动物、植物等;社会生活的,如战争、游宦、渔猎、婚丧等;人类自身的,如四肢、五官、脏腑、心理等;人的创造物,如建筑、器物、服饰、城市等;人的虚构物,如神仙、鬼怪、灵异、冥界等";他并强调:"一个物象可以构成意趣各不相同的许多意象"③。

在现存《诗经》文本中的全部六种体裁的诗歌里,诗人使用精心选择、五光十色的独特意象来塑造形象、表达作者的情感、意趣乃至价值选择的精彩画面,可谓达到了俯拾皆是的程度。因而,我们不能将其仅看成是一种偶然发生的修辞手法,其中当然有强烈的形象思维意识作指导。尤其在近九十首"比体诗"和"兴体诗"中体现得最为突出。细考《诗经》中的"意象",共出现了袁行霈先生概括出的五大类中的四大类,唯独没有"人的虚构物"这一大类。这是由《诗经》所遵守的写实主义原则所决定的。

《诗经》中的比体诗是运用"意象"进行"思维"的代表性诗作。就题材的宏

---

① 童庆炳、冯新国主编:《文学理论学习参考资料》(中),北京师范大学出版社,2005 年,第 1450 页。
② [德]黑格尔:《美学》(第一卷),朱光潜译,商务印书馆,2006 年,第 357 页。
③ 袁行霈:《中国诗歌艺术研究》,北京大学出版社,1987 年,第 63 页。

观视角言,它们均属于"人生与社会哲理诗"。而"哲理"在本质上属于"形而上"的"抽象"之"理"。那么,在这类诗歌中,诗人们是通过什么艺术方法将属于抽象思维的内容,转换为"形象思维"呢?我们认为,是通过引比联类来实现的。所谓"引比",就是作者首先展现出经过精心挑选的"喻体",其次再把被比喻的人事并列其后,借助于那个时代人们普遍掌握的文化常识,以及在阅读文本过程中通过潜意识架起的那座称为"类比联想"的无形桥梁,把有形的"物象"与作者所需要表达的无形"哲理"沟通了。换句话说,假如在这种思维领域里"引比"是"搭桥"的话,那么联想、类推之"联类"则是"过桥"。按照保罗·利科的分析,这种沟通过程,是"在阅读行为中起作用的'看作'保证了词语的意义与想象的丰富性之间的结合"①。这里的"看作",正是引比联类运行的必然结果。当然,诗中的"物象"并非指某一事物普泛的、整体观照的"形象"。用当代结构主义语言学家索绪尔的话讲,这种"形象"并非"能指"意义上的形象,而是"所指"意义上的形象;用我国古典哲学的语言讲,是"圣人立象以尽意"之"象",是指"物象"所体现出的某种为诗人所需要的"特点",即作者主观上想让读者引起特别注意的"意中之象"。申论之,这种意象是经过诗人主观选择的特殊物象,而这一"特殊物象"即"意中之象"所引申出的"理",正是诗人要启发读者通过"类比联想"转移到被比喻对象身上的。这种"转移"成功之际,也就"形象思维"达成之际。因此,《诗经》比体诗中的意象虽指形象的某种显著特征或某一特定的动态过程,但它却包含了现代"格式塔"心理学意义上的"完形质"。这就是《诗经》比体诗所遵循的"形象思维"之秘径,这也是我国古代文学史上"形象"与"思维"的第一次成功融汇。人类思想观念的发展有一个明显的经验路径,即以"相似点"为原则,通过已知事物来猜想、判断、研究、归纳、综合和推理未知事物,从而生发并逐渐完成对新思想、新观念的表达。当某种新观念、新规律、新法则的轮廓大致清晰,但尚不适宜作确切的抽象表达时,人们必然更多使用比喻等属于形象思维的方式来表达这种观念。这样,亦给读者留下了广阔的参与联想和再创造的空间。《诗经》比体诗的作者们正是这样做的。他们把握了自己生活的那个时代的许多人生哲理,为了博得读者认同,他们殚精竭虑地使用了丰富

---

① 〔法〕保罗·利科著,汪堂家译:《活的隐喻》,上海译文出版社,2004年,第294页。

多彩的比喻手法,希望读者看到由他们经过精心挑选所提供的形象所体现的某种自然特性,通过"物"与"人"的类比联想,自己悟出这些人生的社会的哲理,进而遵循这些哲理。在此应当指出两点:第一,《诗经》作者们使用"形象思维"的行为不是偶发行为,而是一种自觉的、有系统的行为;也就是说,作者们那时实际上已掌握了较为系统的"形象思维"的知识和经验。第二,《诗经》作者们所使用的"形象"与古代其它几部著名经典——我国的《山海经》和印度史诗《摩诃婆罗多》、《罗摩衍那》以及荷马史诗《伊利亚特》和《奥德赛》中的"形象"有明显区别:《山海经》中的"形象",绝大多数带有明显的"神化"和"巫化"色彩;《摩诃婆罗多》和《罗摩衍那》中的"形象"带有明显的"魔幻"色彩;而《伊利亚特》和《奥德赛》中的"形象",则带有明显的"半神化"色彩。在以上五部经典中,作者均不同程度上允许了"幻想"的放纵,其中的形象一定程度上属于"幻想中的形象";而《诗经》的作者则不然,他们不允许自己的"幻想"放纵,他们只根据自己所掌握的自然和社会的常识来挑选和使用"形象"。《诗经》"意象"中所展现的形象均在自然界和人类社会实有或可有其"象",并没有任何纯主观虚构的形象,因而总体上属于现实中的形象。

那么,就《诗经》比体诗而言,作者究竟使用了多少类型的比喻手法呢?归纳起来主要有以下五种:第一是排事比。这是《诗经》比体诗中一个突出的单章结构手法。这种手法把比喻事物和被比喻事物按书写顺序直接摆在一首诗的一章里。南宋陈騤曾称这种手法为"对喻",认为其特点是"先比后证,上下相符",比较贴切。第二是联事比。这是《诗经》比体诗中的又一个突出的单章结构手法。这种手法的特点是联结两个以上的比喻组合成章。这种手法通过几个意思不同但有密切逻辑联系的比喻联缀起来,从而形成一种意象丰富、内容复杂的诗章。第三是对事比。这是一种把两种相反的现象和事物放在一起作对比的构章方法。两个形象的特征因其截然相反,所以形象的观念含义因而更加鲜明。第四是博喻比。所谓"博喻",陈騤定义为"取以为喻,不一而足"[①]。也就是说,一首诗一般只讲一个"主旨",但为了强调这一主旨,使用了许多喻体来比喻同一个被比喻的"理",结果使"理"通过多种比喻中显示的共同点而得到更明确、更

---

① (宋)陈騤:《文则》,郑奠等编《古汉语修辞学资料汇编》,商务印书馆,1980年,第213页。

充分把握。第五是隐喻讽喻比。《诗经》中的隐喻讽喻比是一种特殊的"形象化表达"方式。关于"隐喻",保罗·利科有一些著名的论断,他认为,所谓"隐喻",即"以另一种更为明显、更为熟悉的观念符号来表示某种观念","以一种相似性来表示这种事物,……是以一种可以感知的迂回方式来表示事物:这一动机是'形象化表达的灵魂'"①。至于讽喻,则是通过比喻表达某种劝谏。《诗经》中的隐喻讽喻诗,即是通过隐喻暗示出哲理以劝谏人们不要无视这些哲理,因为这些哲理"给人以教导,并因此有助于开辟和发现不同于日常语言的现实领域"②。关于《诗经》比体诗中对引比联类丰富运用的精详例释,笔者另有专文发表,此不赘述。总之,这类诗中所体现出的生动意象以及意象所表达出的深刻人生哲理和纯正价值观,都是我们当今乃至后世所不易超越的,堪称形象思维艺术作品的最早典范。

二、以借代、借喻和象征为代表的修辞手法的娴熟运用,使诗歌中形象的特点及思想活力比哲学思维的运用显得更栩栩如生、更富有张力

在《诗经》六体诗歌中,广泛使用了借代、借喻和象征的修辞手法,这使得诗歌中的形象思维过程更加瑰丽多彩。这几种修辞手法的成功使用,可以兴体诗为突出代表。在诗经研究史上有一种影响较大的观点,认为毛公所标的"兴也"的句子,大多没有实际意义,只是为了"压韵"或"引起所咏之辞"③。这种观点不仅与《诗经》文本实际不符,也大大降低了兴体诗中"兴体"的价值。今天看来,在"兴"这种体裁的诗歌中,产生喜乐、忧伤、思念之情的历史人物背景、事件背景乃至诗歌主题,往往是通过借代、借喻和象征的艺术手法的运用,以某种特定的事物或物象画龙点睛交待出来的。我们知道,所谓"借代",就是用与本事物有某种关系的另一事物代替本事物;所谓"借喻",就是在被比喻的事物和比喻词均不出现的情况下,直接以比喻物代替被比喻物;而所谓"象征",亦即用某种具体事物来表示另一种具有特殊意义的事物。所以,借代、借喻、象征,在意义上既有区别,又往往能够相通。《诗经》中的所有抒情诗,没有一首是诗人关在屋子里无中生有抒发出的抽象感情;相反,每一首抒情诗背后都有其特定的"本

---

① 　[法]保罗·利科著,汪堂家译:《活的隐喻》,上海译文出版社,2004 年,第 202 页。
② 　[法]保罗·利科著,汪堂家译:《活的隐喻》,上海译文出版社,2004 年,第 205 页。
③ 　顾颉刚主编:《古史辨》第三册,海南出版社,2005 年,第 442 - 451 页。

事",即具体的历史人物和事件。正是由于这些具体人物和具体事件特别具有典型意义,才激发诗人写出了这些抒情诗。但在这类诗中,诗人显然不想用"赋"的笔法将这些具体人物和事件具体叙述出来。他把这些有意留给史传作者去做,但又不愿意让读者忘掉这些具体人物和事件。因此,借代、借喻和象征的修辞手法就取代了陈述和描写的地位。而这种利用特定的"替代物"(即所谓"兴体")来表达某种特定的含义、使用"替代物"以表现题材和主旨的艺术手法,在诗经学史中常常被引申为"兴象"或"兴者喻"、"兴兼比",其功能多被错误地解释为"先言他物,以引起所咏之辞"(朱熹语)。这种解释是与《诗经》兴体诗的文本实际不相符的,是隔靴搔痒之论。其所以产生这种含混不清的误释,逻辑学思维方式的缺位是主要原因。事实上,《诗经》中的"兴象",应准确地解释为"兴体诗中所使用的借代、借喻或象征物"。利用特定的借代、借喻和象征物以提示主题,这种手法在"兴体诗"中被大量使用,而每首诗中所"言"的"它物",有时是借代,有时是借喻,有时是象征,但均非与全诗毫无意义上的关联;相反,这些"它物"均属于"特指型"借代物、借喻物或象征物。正是这些"它物"的"特指"性质,才限定了全诗的题材和内容,使其不得任意曲解诗义。当然,如果读者并不理解这些"替代物"的"特指内容"为何,那么曲解诗义也就在所难免。例如,《陈风·泽陂》之"彼泽之陂,有蒲与荷"一句,借代"隐居之地",因为隐者常隐居山野或山泽河谷,所以用此地之常有景物以借代。再如,《诗经》兴体诗中的"美人"是一种借喻,特指"品貌俱佳的贤人",而不能解释为"美丽的女人";"君子"则特指"德才兼备的贤人"或五等诸侯国的"国君",而非一般庶民百姓。这在我国的经典"五经四书"中讲得十分清楚。有些"特指"性质的词如《召南》中的"小星",是借喻为国君收集情报的"附耳"小臣;而"肃肃宵征"则正应"附耳入毕中,兵起"①这一"天人感应"观念。所以说,从"三五在东"、"维参与昴"对它的限定来看,"小星"不能解释为"小妾"而应为"附耳",前提是读者必须了解古代天文学知识。另外,《邶风·二子乘舟》中的"二子",必特指卫宣公的儿子伋与寿,而不能泛解为"两位男孩"。因为诗人作诗的目的,在于歌颂这一典型事件中"二子"体现出的"舍生取义"的高尚情操;否则,阅读此诗就没有什么

----

① 司马迁:《史记·天官书五》。

意义了。再如《郑风·风雨》中的"风雨如晦,鸡鸣不已"这一"物象",已然成为"守时"、"守信"的同义语,从这个意义上讲,黄节说"朱熹以此诗为淫奔之女,言当此之时见所期之人而心悦之。则大谬,不可从"①,是十分正确的。而《郑风·子衿》中的"青青子衿"则成为"学子"的象征;《郑风·野有蔓草》中的"野有蔓草,零露瀼瀼",《秦风·晨风》中的"山有苞棣,隰有树檖",则借代"贤人在野",成为与"在朝"相对而在"野"、在"山"、在"隰"的贤人不遇、孤零凄寒的同义语。这种借代手法,在《诗经》兴体诗中在在皆有。另外,许多诗中皆有"美人",但且不可将其直解为"漂亮女人",因为它其实是"贤者"的象征,这种象征也可以通解为借代;而彼"采葛"、"采萧"、"采艾"、"采薇"者,则是"隐者"的象征;又如"期我乎桑中"之"桑中",必定特指与"上宫"一样重要的宫殿之名,绝不能泛解为"桑树林里"。但由于后来我国上古文化观念的传承出现了"失忆"和"断裂",没有搞清楚《诗经》时代的系统文化知识,对于《诗经》运用借代、借喻和象征语言中的特定自然景物和事物的特指含义不能准确把握,就产生了"兴者喻"、"兴而比"等缠夹不清的错觉。以今天的学术视角看,兴体诗中频繁使用了借代、借喻和象征的艺术手法,但不能就说这种艺术手法是"兴者喻"或"兴兼比"。因为"兴体诗"与"比体诗"在艺术特色上有本质上的区别,二者不能混淆。简要言之,比体诗中主要使用排比、对比、联比、比附等艺术手法,而兴体诗中则多使用借代、借喻和象征的手法。如"有兔爰爰,雉离于罗"(《王风·兔爰》),象征社会秩序颠倒了;"有狐绥绥,在彼淇厉"(《卫风·有狐》),借喻"之子"受到冷遇;"泉源在左,淇水在右"(《卫风·竹竿》),象征"社会阻力"之大;而"泛舟"则常用来借喻"心绪飘荡不定",等等。这些艺术手法的广泛运用,无疑增加了《诗经》兴体诗中所塑造的形象的奇异、瑰丽、变幻莫测和难寻确解的艺术魅力,难怪古人屡屡兴叹"《诗》无达诂"。

三、双声叠句叠韵组句的形式构成、反复咏叹倡和的重章结构组合,强化了诗歌形象思维的感情向度与浓度,使动态意象的色彩和感染力达到了经久不衰的程度

《诗经》中以双声叠句叠韵组句的诗章很多,形成一大艺术特色。最集中地

---

① 黄节:《诗旨纂辞》,中华书局,2008 年,第 313 页。

体现在风体、雅体、比体、兴体诗中。应当说明,这种双声叠韵的组词成句形式,不管你从哲学的角度,还是从逻辑学的角度来审视,大概都分析、解剖不出个所以然来,更归纳不出有什么奥妙之处。但是,如果从形象思维有宣泄感情、强化感情向度和浓度表达力的功能这一角度来审视这种现象,那么其中的奥妙和魅力立刻就明瞭无疑。诗句韵律的迭宕起伏大大强化了诗的节奏性和可歌可诵美妙动听性。对于这种现象,当代诗论家亦有深刻论述,明确指出:"诗歌的领域也许是最强烈地感到倍受限制的领域,因为在这里汇集了既是语言又是体裁方面的限制。每一种文学都有自己独特的一个和几个类型的作诗法,有时涉及到音节的数量、长短的交替、重音的回复、语音的重复(叠韵押韵等)。"①"作诗法"在此主要指诗歌的句子以及章节结构形态,而结构的功能和意义,保罗·利科也讲得简明扼要:"诗歌的结构表达了某种'心境'、某种感情价值",而"这种'心境'远远不是主观的情绪,它是一种根植于现实的心境,是一种本体论的索引,指称物会与它一同出现,但在一种相对于日常语言的全新意义上的出现。"②当代学者的论述对阐释《诗经》比体诗的组句形式及意义是适用的。例如,比体诗中的双声叠韵特色是由其乐歌需要富有节奏的且舞且歌、一唱三叹的性质所决定的,这种现象在当代可歌可舞的歌词中仍然存在。

"反复咏唱的重章形式构成",是《诗经》特别是风、雅、比、兴四种体裁诗歌的又一大特色。有的学者将这种形式称为"套语式"结构,其特点是"由不少于三个字的一组文字所形成的一组表达清楚的语义单元,这一语义单元在相同的韵律条件下,重复出现于一首诗或数首诗中,以表达某一给定的基本意念。"③这种概亦不无道理,但我们更倾向于使用"反复咏唱的重章形式构成"来概括。所谓"反复",按陈望道先生所下的定义就是:"用同一的语句,一再表现强烈的情思的,名叫反复辞。"④按照陈先生的说法,"反复"修辞手法似乎完全是为抒情文体而存在的。因为"人们对于事物有热烈深切的感触时,往往不免一而再、再而三地反复申说;而所有一而再、再而三显现的形式,……也往往能够给予观者以

① [法]伊夫·谢弗勒著,王炳东译:《比较文学》,商务印书馆,2007年,第155页。
② [法]保罗·利科著,汪堂家译:《活的隐喻》,上海译文出版社,2004年,第204页。
③ [美]王靖献著,谢谦译:《钟与鼓——〈诗经〉的套语及创作方式》,四川人民出版社,1990年,第52页。
④ 陈望道:《修辞学发凡》,上海教育出版社,2006年,第195页。

一种简纯的快感,修辞上的反复就是基于人类这种心理作用而成"①。对照《诗经》风、雅、比、兴四体诗中普遍存在的"反复"修辞手法的运用,其意义和功能完全与陈先生的论述相一致。从总体上看,在《诗经》中,特别是在风、雅、比、兴四体诗中,有许多首诗均使用了这种结构方式。每首诗无论几章,每一章不仅在字数上、句数上均是相同的,而且在意思上也基本上是相同的,每一章只是在个别字词上略有区别。有学者简单将其贬为"冗余句式",这是对这种结构形式的抒情功能和意义体会不深,是用当代的(以利于阅读为原则的)审美趣味苛求古典(以利于口诵、演唱为原则的)而产生的误评。因为在那个时代,作诗是有特定规则的,即"诗言志,歌咏言,声依永,律和声";而其功能必须达到"八音克谐,无相夺伦,神人以和"②。就《诗经》总体上看,决定各首比体诗容量差异的因素主要有两个。其中之一是受所选乐调的影响。有的乐调所规定的"成"数少,则同一题材内容"复叠"的章数就少;有的乐调所规定的"成"数多,则同一题材内容"复叠"的章数就多,那么对主旨强调的力度就愈大;与此相对应,在一些比较规则的诗章中,偶尔会出现多一字、少一字或少两字、多两字的"杂言"现象,这均是由当时所配乐调的旋律、节奏及调子变异所决定的,并往往伴有相关内容的微妙变迁。毫无疑问,正是为了强化抒情诗的感情色彩。因为只有用同一的语言句式、同一的乐曲进行反复咏唱,才能"一再表现强烈的情思"。从形式构成上看,它们体现出的功能是十分明显的:诗人的感情通过反复宣泄,视者、听者、读者大多都能产生一种久久难以消散的强烈感染和印象。这正是诗人所希望收到的效果。因此,这种结构形式,对《诗经》此类诗歌中形象思维的情感向度及浓度、色彩的表达及其强化,不仅不是什么"冗余",而且是那个时代形象思维活动不可或缺的有机构成部分。

《诗经》中的形象思维方式对我国《楚辞》、汉唐诗歌及其它文学样式的影响是十分深远的。就中国文学的形象思维而言,《诗经》是源,而以后更丰富多彩的形态则是流变与发展。其实,"形象思维"作为中国文学的主要思维方式诞生于《诗经》,这一观点并非本文作者的首创。十九世纪末、二十世纪初欧美兴起

---

① 陈望道:《修辞学发凡》,上海教育出版社,2006 年,第 195 页。
② 《尚书·虞书》。

了"意象派"。在英国以特·伊·休尔姆和理查德·阿丁顿为代表,在美国以艾兹拉·庞德和爱米·洛威尔为代表。尤其是庞德,首次成功地英译了《诗经》许多名篇,从而被英国大诗人艾略特誉称"为当代发现了中国诗的人"。在"意象派"的理论著作中,多次直言不讳自己受到以《诗经》为代表的中国古典文学的极大影响。在总结《诗经》中的形象思维方式时,他更多地用"Image"或"Thinking in(terms of)images";而在黑格尔的《美学》中,却只有"phantasie"。由此可见,在中国古典诗歌特别是《诗经》研究领域,以庞德为代表的"意象派"远远超过了黑格尔。黑格尔在著《美学》时还未读到《诗经》,"意象派"则成功地把中国古典文学形象思维方式介绍到欧美诗坛并开花结果。他们不仅成功翻译了《诗经》等许多中国古典诗歌名篇,而且还宣言"作家必须使用直觉的语言手段,即通过创造意象而表达新颖的形象,在视觉中使事物呈现出来,通过对客观事物的描写暗示给读者";以及"意象派"提出的"创作三原则"即:"(1)直接处理客观的'事物',(2)绝对不用任何无益于表现的词,(3)节奏以用音乐性短语的反复演奏为主进行创作"①,等等。从中完全可见《诗经》中的形象思维经验对他们的理论和创作的明显影响。

无独有偶。在中国,最明确承认"形象思维"诞生于中国本土者,莫过于伟大的政治家、军事家和杰出诗人毛泽东。他在《给陈毅同志谈诗的一封信》中写道:"诗要用形象思维,不能如散文那样直说,所以比、兴两法是不能不用的。赋也可以用,如杜甫《北征》,可谓'敷陈其事而直言之也',然其中亦有比、兴。'比者,以彼物比此物也','兴者,先言他物以引起所咏之词也'。韩愈以文为诗。有些人说他完全不知诗,则未免太过。如《山石》、《衡岳》、《八月十五酬张功曹》之类,还是可以的。据此可以知为诗之不易。宋人多数不懂诗是要用形象思维的,一反唐人规律,所以味同嚼腊。以上随便谈来,都是一些古典。要作今诗,则要用形象思维方法,反映阶级斗争与生产斗争"②。

毛泽东在此明确强调了"形象思维"与"比"、"兴"之间的血肉关系。他虽然没有直接提出"形象思维"诞生于《诗经》,但这一观点已经呼之欲出了。因为

---

① 章宏伟主编:《西方现代派文学艺术辞典》,社会科学文献出版社,1989 年,第 54 页。
② 童庆炳、马新国主编:《文学理论学习参考资料》(中),北京师范大学出版社,2005 年,第 1433 页。

在中国古典文学中,《诗经》是全面运用以"比"、"兴"为特色的形象思维方式的最早范本。

就总体而言,《诗经》中的形象思维形态及艺术经验十分丰富和深厚,绝非一篇论文所能全面发幽阐微、囊括无遗。本文的任务,只是提出"中国文学的形象思维诞生于《诗经》"这一命题,并揭橥其主要特点及文学意义与美学意蕴,以期在推进"形象思维"研究方面收到抛砖引玉之效。

（作者为《中州学刊》杂志社副社长、副研究员）

宗祠建筑的风水理念与
生态文学的表现形式

杨天才

　　宗祠文化的情结实际源于人们对祖先的追忆,一代代追忆的思想逐渐累积成教育后世子孙的题材,它们或以故事来表达,或以传说来神化,其总体的结构其实就是通过一系列的建筑艺术和文学形式来表达和强调历史在今天的存在意义。而且比诸现实的存在,宗祠的存在形式比活生生的现实生活的存在似乎更加重要,因为,在那些建构宗祠的后人心灵中,他们之所以活着是因为祖宗的恩赐和保佑,而他们之所以存在也是因为祖宗血脉的延续。因为宗祠文化在赞颂祖先功德时,在很大程度上,神化了他们在历史上的作用,这就使得宗祠有了初级的宗教作用,使得中国古代的人们用不着奉承一个神灵并为其建筑一个教堂来起到精神安慰和灵魂归宿的作用,因此,中国人天生的宗教情绪和情结也就自然地通过宗祠的文化的方式得到转移。按儒家"慎终追远,民德厚矣"的孝道理念,宗祠将原本属于天上的宗教转移到地上,于是他们的精神世界也就是由崇高落实到世俗,这是植根于农业文明的一种求实精神在文化上的体现方式。这种体现方式之所以不同于游牧民族的和工商文明的习俗,就在于他们重视实际,重视那些可以看到的、和他们有直接关系的事物。为此,他们以极大的热情,小心翼翼地、费尽心思地保护和雕琢他们的视为精神家园的祠堂。

地理形势的选址定向与生态环境的照应回顾

　　由于中国自古以来就以农耕文化为主,所以,在中国古人认知世界的思维方式里,也就特别重视人与自然之间的关系。这和那些远离山区的城市文明有很大的不同,因为,他们眼中的世界多为山水村落,于是,人的重要性不仅受到位置的影响,即他们在山水村落中的生存空间,而且这些生存空间在岁月的长河中也累积着时间对空间的影响力。在中国古人的生存意识中,由阴阳、五行、八卦等观念集合而成的空间理论"风水术"似乎比"地理决定论"起着更切实的作用。古代中国人在三个空间领域认识、解释、调整、规划着他们的生存意识,一个是阳宅;一个是宗祠;一个是阴宅。三者之中,宗祠的地理位置成为整个族群的大事,因为它寄寓着整个族群的希望。因此,运用风水学的原理为宗祠选址就成为宗祠文化中的重要因素之一。在这方面,徽州更甚于其它地方,正如俗言之所谓:"女人是扬州的美、风水是徽州的好","生在扬州、玩在杭州、死在柳州、葬在徽州"。当饱尝战乱的中原人来到小桥流水人家的徽州时,就如同走进了世外桃源的梦幻世界,而经过剧烈动荡的徽州先人,也期望有一个稳定、和谐、美丽的家园。多山多水的徽州地貌,为徽州先人选择亲近自然的和谐家园提供了较大的文化空间,也为他们以文学的形式表达、欣赏生态和谐的愿望提供了丰富的素材。总的说来,各地宗祠对这些素材的阐释,基本从三个方面展开:其一,是从地理形势的选址定向方面照应回顾生态环境的自然景象;其二,是在整体布局的聚合统一中找到对称与和谐的方法;其三,是以借景自然的外部结构来实现内部装饰的寓意生情。

宗祠建筑总是要符合"左祠右居"的传统村落布局习惯,其建筑的选址基本上遵循依山面水、负阴抱阳的传统格局。而根据这个格局建筑的宗祠,其地理形势也必然在整个宗族的心理中居于中心位置,并成为这个宗族的信仰凝结在宗祠建筑的形式及其与周围生态环境的关系之中,如《新安吴氏家谱》的开头不仅有地理形势图来标示新安吴氏在风水方面所占据的优势,而且还撰写《濂溪山水形势记略》,以风水的观点分析其地理形势的概况:

> 新安处万山中,聚族而居者,往往依山麓,相阴阳,面形势得山水之佳胜,而濂溪吴氏上下祖居尤山乡之关中也。山多佳泉,悬涯瀑布,奔流渐大,汇于双泾,澄澈可鉴,故曰濂溪。其山之镇曰高湖。插日连云,一望无际,大江鄱湖,俱在指顾间。山势北降复起,奇峰曰鸡头尖,逶迤而下,大开土障,

东南复合水局结狮形,复起木火……南条之大概尽矣!①

其实,"相阴阳"的方法在《诗经》、《礼记》等先秦文献已多有记载,这种方法本身与风水术并无直接关系,但是,它后来却成为风水术中的根本原理和合理因素得到广泛一致的遵循。濂溪吴氏的在寻找整个宗族的生养之地时,如同其他的宗祠建筑一样不仅在选址与定向方面,遵循着"道生一,一生二,二生三,万物负阴抱阳"法则,而且还运用五行生克的原理来分析山水形势所形成的格局。在中国古代的建筑学里,阴阳、五行和"八卦"理论是必须遵循的法则,如果说中国建筑有什么法则可循,这个法则不是西方的几何图形和艺术方法,而是阴阳、五行、八卦学说所形成的相生相宜的哲学原则。作为中国文化的核心"五行学说"几乎毫例外地融入到中国所有的建筑物体之中,并成就了中国另一种传统观念极强的风水文化情结,李约瑟说:

在很多方面,风水对中国人来说是一件好事,比如风水建议栽植树木和竹子以防风,而且强调宅基近旁有流水的好处。而在其他方面,风水则发展成了彻头彻尾的迷信。不过,我认为,风水自始至终含有一种很明显的审美成分。在中国各地,有许多农庄、房屋和村落,其选地择处之足美足观,都是这一审美成份的作用。②

① (清)吴庭议等撰:《新安吴氏家谱》,乾隆四十五年本。见张兆麒所撰之《序》。
② 李约瑟:《中国科学技术史(第二卷)》,剑桥大学出版社,1956 年,第 361 页。风水的理论在民间称之为地理(异于现代之地理),学者称之为堪舆,据《后汉书·王景传》注:"堪,天道也。舆,地道也。"天高为阳,地低为阴,"一阴一阳之谓道"。古人最初并没有"风水"观,只有阴阳观,所以,《诗经·公刘》篇记载公刘"相其阴阳,观其流泉"的情况,就是最初的相地卜宅的方法。《逸周书》也曰:"别其阴阳之利,相土地之宜,水土之便,营邑制。"因此,虽然最初的相地卜宅的方法只有"阴阳"说而没有"风水"学,但是,后来的"风水"学却以"负阴抱阳"为基本法则。时至魏晋后,五行与八卦的理论也纳入风水学的体系之中,至郭璞撰《葬书》曰:"气乘风则散,界水则止。古人聚之使不散,行之使有止,故谓之风水。"至此,"风水"作为完整的名称和体系被首次提出。中国建筑设计的核心内容就是运用"风水"理论而形成的审美情趣去创造出人与自然的和谐关系。李约瑟在同书中又说,"风水"自始至终含有一种很明显的审美成分,可见李约瑟认知的"风水"并不是像现在世人所谓的"科学"。实际上,许多迷信和禁忌,如果我们非要加以特别的解释,都含有"审美成分"。所以,风水的作用并不是独立于人的心灵世界的客观世界,而是通过人的心灵感觉去实现地理对人的影响力。

因为"风水术"的基本原理通过儒家思想和民俗文化在民间传播,深入人心,所以它所表现的内容和形式就不仅仅局限于阴宅、阳宅和宗祠建筑等方面,更重要的是它成为中国人实现沟通社会人生与自然生态的一种心灵方式。有了这种方式,自然就不再是纯然客观的存在,而是被心灵美化的对象,无论这种对象是否具有生命,它都会被中国古人视为人的存在的一部分,即人的生命延续部分而得到人们的广泛重视和应用,同时,这种实现心灵沟通的方式在宗祠建筑方面得到更为完整的表现,因为,比诸阴宅、阳宅,宗祠建筑不是单个家庭成员的寄托和希望,而是整个家族成员的精神领地和文化家园,因此,其他建筑的价值在很大程度上是以宗祠的存在为中心展开的。

整体布局的聚合统一和相互之间的对称和谐

一般而言,中国的村落往往是一村一姓。其传统的村居模式是:枕山、环水、面屏,河流或溪水从村前潺潺流过,如此便形成了村头一棵树,村尾一座山神庙,村中或村东一座祠堂,村西或西北有一所学校,这样的格局在中国的大多数村居建筑中具有相同或相似之处。但是,比诸其他的地方的宗祠建筑,徽州宗祠建筑不仅相当集中,形式精美,内容丰富,而且保存完整。究其原因,主要是因为地僻山高的徽州很少遭受战火兵燹的侵害,使得徙居此地的人民能安享当地山水之美,富庶兴旺,诗礼传家,又因为这里居住的人大多由山东、河南等地迁徙而来,其追念先祖的情感更甚于其他地方。但是,无论这些宗祠是哪一家族建设的,大都很重视风水的原理,尤其是当这个家族人丁兴旺,科第发达,功勋在策时,其先人根据风水原理选址建祠的故事也就为后人津津乐道地流传下来。如徽州歙县的龙川村位于县城东北约 12 公里处,是一个胡姓聚族而居的古村落,已有 1600余年的历史。据龙川胡氏祠堂门前的碑刻记载:

> 龙川,大坑口之古称,东晋散骑常侍镇守歙,羡龙川东耸龙峰,西峙鸡冠,南则天马奔腾而上,北则长溪蜿蜒而来,遂于咸康元年(337)举族从青州濮阳迁此定居,宗祠始建于宋,明嘉靖胡宗宪扩张。

龙川村地势雄伟,风景优美。村前有龙须山高大巍峨,村中有一条小溪蜿蜒穿村而过,整个村庄布局呈船型,远看像一艘大船静静地依在山跟,清澈甘美的登源古溪沿村东由北而南围绕着村落。据《龙川胡氏宗谱》记载:龙川胡氏宗族的始祖胡炎,原居山东青州濮阳(现属河南省辖区)。东晋大兴四年(318),敕封散骑常侍兼中领军随元帝南下,镇守歙州(今歙县)。后于咸康元年(335)元月,与绩溪王氏结为连理,两年后迁居此地。

据《龙川胡氏族谱》记载,胡氏自徙居此地,传至第十五代胡念五,得到风水先生的指点,以为龙川村像一条大船,无水不能撑船;水"涨"船高,有水才能行舟;但水涨则船漫,水不能太多,水多了,这条船就要浮(胡)走;为使船不至浮走,唯有用铁"丁"(钉)将其铆住,才能稳住船;但是"丁"不能太多,多则船不堪负载,也要沉船。于是胡家从外村请来了一家"丁"(钉)姓和张(涨)姓,划给了他们一定的山与田,并入主胡氏宗祠旁边的"特祭祠"。为了使丁姓人不会因为人丁兴旺而分走风水发出的灵气,更为避免"丁"(钉)多沉船,风水先生又在丁姓的祖坟上做了手脚,使得丁姓世代单传。按封建设会的礼教,只有男孩才算传宗接代。建国后,丁家地与胡家处于平等地位,但至今24代人已经过去,实际情况仿佛应验着赖氏之说,因为村里只有一户姓丁的人家。而且当丁姓人家迁居龙川之后,龙川村人果然才辈出。椐《龙川胡氏宗谱》记载,仅宋、明、清三朝龙川就有进士11名,明朝就有进士7名,其中最著名的是"一族开三府"的户部尚书胡富、兵部尚书胡宗宪、副都御史胡宗明三人①。龙川还为他们三人建立二座牌坊:奕世尚书坊和都宪坊。龙川村的溪水穿村而过。倚在两岸的村落形成"水街长廊",祠堂前的溪水将村落分成两边,两边皆有通行的廊道。水不仅孕育了古村的一生命,也汇聚、流动着村落的灵性。这种布局充分体现着"得水为上"的徽州古民居建筑规划宗旨。水不仅是改善生态环境的要素,而且也是文化积淀的最佳印证。两岸徽派民居高低错落着马头墙,或在斜阳中辉映着凝重与稳当,或倒映在清清的溪水中,或衬托着浣洗村姑的倩影相映成趣。翼然高翘的飞檐、错落有致的马头墙、厚重沉稳的石板路,溪流婉转着粼粼的波光,一步一种如画的景致,一步一段如歌的历史。沉积厚重的徽州建筑文化与美丽宁静的

---

① 胡宗明撰:《绩溪龙川胡氏宗谱》,民国甲子刊本。按绩溪的家谱资料与婺源谱牒对胡炎迁龙川的说法不同,但根据婺源《清华东园胡氏勋贤总谱》所言推之,于南唐间迁居绩溪的可信度相对较高。

山水风光和谐地对接成船形村落:这里有幽然恬静、千回百转的廊桥巷道;这里有历经千年、古拙苍然的雄伟祠堂;这里有一门三尚书的古牌坊;这里有三江汇流的荆林水口。当讲究风水成为中国建筑的文化元素得到欣赏、理解和遵循时,那些大大小小的散落在全国各地的宗祠建筑实际上就成为这种文化的典范,同时,那些由里而外的风水印记也成为一个个文化符号以文学或哲学的方式解释着其中的生态意义和美学价值。以新安吴氏地理形势记略为例:

> 其北条自土障发脉……向南逆转复起屏风山,山腹铺阳,中抽细缕,夭殇交换。翻身逆转,面朝高湖。金星坠礼,水聚沙团,五星会聚,内外暗拱,此上游阳居之胜概也。然山势雄迈,复自屏风右转中结象形,逆西奔腾,由金生水,吐出平阳。坐屏风,面高湖,外流暗拱,内外缠腰,余枝回抱,此万山阳局之胜概也。然其间四时风景之不同,春则红卉满山;夏则白云堆海;秋则霞流万壑;冬则雪积千岭,虽志趣各殊,然为上下游之胜则一焉,故特志之,以附基图之东也。①

由此可见,古人建筑艺术中的每一个表现形式大都以象征的方式与建筑之外的山水发生着某种程度的联系。这种联系,往往以五行相生为吉利,并依据五行相生的原理来调整内部的结构。文中描述北面的屏风山,实际是南北风水理论共同重视的方面,这是因为作为季风性气候的中国,春夏之际多吹温暖湿润的东南风,而到了冬季则吹起凌厉严寒的西北风。所以,若一地之北有高山屏障,就会在很大程度上缓解严冬和寒风给人们造成的侵害。按风水原理,南方为火。实际是指位于北半球的中国大地,阳光是由南面照射过来,所以面朝南就是面向阳。向阳的一面为了缓解酷热,应该临水而居,如新安吴氏"坐屏风,面高湖",实际上指的就是依山临水的格局,而且南面有水,也会通过阳光的蒸发,生发出更多氧气来,有益于人们的身心健康。山水成为古代以宗祠建筑为中心的民居最为重视在地理因素,也成为人们在生态文学的解释方面两个重要文化符号和心理情结,如《中庸》曰:

---

① （清）吴庭议等撰:《新安吴氏家谱》,乾隆四十五年本。见张兆麒所撰之《序》。

今夫山，一卷石之多，及其广大，草木生之，禽兽居之，宝藏兴焉。今夫水，一勺之多，及其不测，鼋鼍、蛟龙、鱼鳖生焉，货财殖焉①。

山水，是造就生命和美丽的大自然，从古到今，中国人的文化情结总是与山水血脉相连，深深的依恋着山水。按中国建筑风水的理念，凡主体建筑要坐北朝南，依山临水，也就是说，建筑物要北面靠山，南面见水。正应合了老子之所谓"道生一，一生二，二生三，三生万物，万物负阴而抱阳"的"道法自然"。也应合了孔子"仁者乐山，知者乐水"的人文情怀。在中国古人的五行学说中，水是地球上唯一存在的流动物体，《水经注》有《序》言曰：

《易》称天以一生水，故气微于北方，而为物之先也。《玄中记》曰：天下之多者，水也。浮天载地，高下无所不至，万物无所不润；及其气流届石，清薄肤寸，不崇朝而泽合灵宇者，神莫与并矣②！

中国古代园林、村落、城镇等建筑皆围绕着水展开，当"水"作为生存的基本条件存在后，中国古代建筑又将其纳入到生态美学的范围内认知并加以利用，因此，水也就成为中国古代建筑的灵魂。这个灵魂不是存在于建筑物本身，也不像西方建筑之喷泉的造作，她虽然存在于建筑物本身之外，却成为这个建筑体本身的组合分子，其形于外，而理则在其中。孔子以为君子见水"必观"，或赞叹"美哉水"，或慨叹"水哉！水哉！"水，在成为古人建筑文化的核心时，同时也就成为生命之歌。水，不仅为乡村文明的东方文化所重视，而且也为城市文明的西方文化所重视。歌德在谈到人类的创造力时说："水有助于创造力，空气尤其如此，空旷田野中的新鲜空气对人最适宜。在那里，仿佛上帝把灵气直接嘘纵给人，人

---

① 朱熹：《四书章句集注》，中华书局，1983 年，第 35 页。古人对山水的认识，主要是由从拟人化的描绘达到人性化的境界，所以，古人眼中的山水，实际上已经与客观物象有很大的区别，他们往往用山水的外在表象去解释对他们的内心世界，因而很多"山水"实际上在形象化过程中被赋予理性的意义。

② 陈桥驿：《水经注校释》，杭州大学出版社，1999 年，第 5 页。

由此受到神力的影响。"①当水性与人性结合起来时,大自然也就因此具有灵性和美丽。杜甫的诗,"舍南舍北皆春水";李白的诗,"青山横北郭,白水绕东城";王维的诗,"空山新雨后,天气晚来秋。明月松间照,清泉石上流",都是以诗的形式讴歌中国人心灵里的"水"的情结,因为这个情节是联结、贯穿、连续着他们对美好生活的主流。因此,我们可以通过认真分析理解到,以宗祠为中心的中国民居建筑,在运用风水原理方面给中国人带来的好处是多方面的,而最为有益的作用当然是生态建设方面的意义,它们不仅在艺术形式展开着美丽的风景,而且成就了中国人灵性多发的文学天赋。

外部结构的借景自然与内部装饰的寓意生情

借景山水,借景是中国园林建筑的重要法则,按中国古代的建筑艺术的构思,其建筑之外的景物并非独立于主体建筑之外,而是主体建筑的延伸部分。具体就宗祠建筑艺术而言,借景除了像中国园林建筑艺术那样实现美学的意义之外,更重要的是,通过借景自然山水来实现风水的理想。因此,我们完全可以说,没有山水形成的风水格局,也就没有宗祠建筑的艺术布局。因为,如果将祠堂当作一个单个孤立的建筑物来看时,其中的很多内容是无法得到解释的,它只有在与祠堂之外的自然景物发生联系时才有情趣,才有意义。实际上,祠堂内部以文学艺术描述出来的内容,在时间和空间方面,都不属于这个宗祠固有的内容。作为中国园林建筑法式的《园冶》在谈到"借景"时说:"如远借,邻借,仰借,俯借,应时而借,然物情所逗,目寄心期,似意在笔先,庶几描写之尽哉!"②计成提出借景的几种方法,更强调"借景"要有如同文学艺术创作中的"意在笔先"的先机,也就是说,在建筑之前,首先应该考虑的是如何将周围环境的山水纳入到建筑的内容之中。长久以来,借景成为中国古代园林建筑的审美原则得到遵从。《红楼梦》第十七回,贾宝玉谈到大观园里的"借景"时说:

---

① 爱克曼辑录:《朱光潜·歌德谈话录》,人民文学出版社,第 169 页。歌德对"水"的认识反映了人类在重视"水"的作用方面有着通感和共识,其实,水不仅使人类具有创造力,而且她还创造着人类本身,是世间万物的生命之源。

② 计成著,陈植注:《园冶注释》,中国建筑工业出版社,1981 年,第 238 页。

此处置一田庄,分明是人力造作而成;远无邻村,近不负廓,背山无脉,临水无源,高无隐寺之塔,下无通市之桥,峭然孤出,似非大观……非其地而强为其地,非其山而强为其山,即百般精巧,终不相宜。

大观园的田庄,想的是借景,其实是"移景",因为"借景"要因地制宜,将内景与外景相结合,虚实相间,从自然中借来,借得自然。大观园里的"借景","无邻"、"无源"、无来处的,因而"不相宜"。

与古代园林建筑一样,宗祠建筑也通过"借景"来实现美化建筑与和谐自然的理想,在这方面徽州祠堂尤为显著。徽州祠堂气势阔大,庄严雄伟。最好的祠堂有两座,其中一座就是龙川胡氏宗祠,它以"木雕艺术博物馆"和"民族艺术殿堂"闻名于世。胡氏宗祠在"借景"上实际就是通过内部结构的装饰来实现与外部结构的联系,同时,这种联系又以丰富多彩的文化符号的文学样式将存在于宗祠之外的内容移进宗祠之内。祠堂建筑集徽派砖、木、石三雕和彩绘为一体,尤其是祠堂内的600多件木雕,不仅技法巧妙精湛,而且个个寓意深长。匾额上"宗祠"两字彰显了权贵的特质,屋顶上的瓦一层叠一层逐级累积而上,瓦槽勾成一条条分明的流水槽。历经400年的沧桑,木门的颜色已是斑驳昏黄,仿佛进进出出的岁月抹着当日的印记,它深深的刻在人们的记忆里。而堂前的溪水则流淌着走出了这里相对安宁的世界,把这里的讯息通向外面,溪水的轻盈秀逸,更衬托出宗祠的庄严和肃穆,熠熠生辉的门前石级,已不知印了多少人的脚印,轮回着多少同样的故事,然而,当踏进宗祠大门的瞬间,它像是一道无形的界限,过滤着那怕是一丝一毫的喧嚣和烦躁。一进院落,有一个大大的天井,就像是一块青天落在院子里。天井的作用,一方面可排泄雨水,另一方面暗喻聚天水、"四水归一"之意。天井由花岗石铺地。站在天井的中央,仰面望着蔚蓝的苍穹,一缕缕阳光从天井洒下,使辉映古老的祠堂洋溢着活泼可亲的生机。按风水原理,水象征着财富,天井有广聚天下之财的吉祥之意。天井的四周排列有20根石柱,上与月梁衔接,擎起东西两廊和前、中两进的南北房檐。过了天井就进入中进,也就到了祠堂正厅。这里有14根直径为166厘米的银杏树圆柱托架着大小19根冬瓜梁,每根屋梁的两端皆套固着椭圆形梁托。梁托上雕有彩云、飘带,中间分别镂刻成龙、凤、虎。梁与梁之间悬浮着朵朵云彩,楔上也镶嵌着一片片花雕。正厅两侧各有高达丈余的落地窗门,每扇窗上镂的空心花格,内容以荷为主体,间以水禽、池边春草。正厅的上首还有一排落地窗门,花雕的画面是一幅百鹿图,有各种形态的梅花鹿,或悠悠漫步;或跃然奔跑;或饮水溪畔;或口衔灵草。还有幼鹿吮乳,母鹿抚舔,群鹿的亲切可爱映衬着水光山色,竹木花草。生动逼真,绘声绘色,惟妙惟肖。

天井的南端,也就是门楼后侧的木雕图案,记录了兵部尚书胡宗宪凯旋归来的欢庆场面。我们想象他,毅然决然地抛开家乡的取暖火笼,穿过三月的淫淫雨帘,远赴边疆抗击倭寇,保疆守土,护国为民。二进院落,东西两侧各摆放了四把椅子。这也是宗室、家族里举行重要活动的场所,它肩负了祭祀、议事、规化等大事。东西两侧是二十四幅以荷花为主的木雕,荷花里配以螃蟹、鸳鸯、龙虾、黄鹂等小动物,寓意和谐、和平、和美、和睦,一句话,表达着"和为贵"的治家理念。三进院落,布局的格调同前,东西两侧厢房的门楣上的木雕以花瓶为主,同样配以各种动物,寓意平安、平和。北侧则是祖宗的牌位。整个建筑里的装饰、摆设、格局、情调,既贯穿着平静安宁、亲亲和睦的伦理关系,又包含着警世、醒世、喻世意思。楼柱狮子共有九只,以谐音寓意"九世同堂",传述着唐代张公艺九世同堂典故。左窗栏板雕的是刘备"兵救徐州",右边为"诗人盛会",模仿的是王羲之兰亭会的寓意,二窗寓意"文武双全"。同时,在二窗上横条上,还刻有挂满大小南瓜的绵绵藤蔓,寓意《诗经》"瓜瓞绵绵"的意思,传达、暗示着代代相传,子孙昌隆。

门楼前后两厢各有六根石柱,五根月梁和四根方梁,结构严谨,布局匀和对称。方梁的梁面上雕刻的图案精致奇巧,中间前一根为"九狮滚球遍地锦",后一根是"九龙戏珠满天星"。门楼上砖雕图,浮雕着四块"元宝",依次为"琴、棋、书、画"。中横枋为"绵纹"、"菊花"。锦纹,暗指"锦绣徽州第一家","菊"与"居"谐音,有安居同乐的意思。额枋板中间的鹿、鹤、松树、喜鹊,寓意着禄(鹿)来报喜,"松鹤延年"。左为"文武一堂",右为"宾客来贺"。下截图左为三狮、彩球、金钱,暗喻三代荣华富贵。右边双狮、彩球、书,暗喻"太狮少狮,文经武略",事事如意。大门加平息木门阶,意谓"步步登高,连升三级"。祠堂里的会官厅门前立了一对"鳌鱼鼓"石,据传是尚书府的"五怪"之一。石鼓雕成"鳄鱼吐珠"式,喻示"吉祥门第",石雕细腻圆滑,光可鉴人。二底座的麒麟、凤凰寄望子孙事业发达,前程美好。男为麒麟神童,女具凤骨母仪。

　　一般而言,宗祠内的装饰总是以艺术的形式寄托着这个家族期望美好生活的心愿,但是,这种象征性的图画和文字往往以活灵活现艺术方法寓意着人们对万物人生的文学理解,而不是哲学阐释。不过,哲学的意义并没有被文学的表达方式所冲淡,相反,几乎每一种饱含文学情趣的文化符号都在以灵活生动的方式蕴涵着深刻的富有哲理性的智慧。但是,通过以上的例子我们可知,存在于宗祠建筑内部的这些文学艺术形式,实际上不仅仅是一个宗族的愿望,而是整个中华民族的理想。因此,这些内容也就往往在相同的建筑形式得到复制,这种重复性长久地延续下来,其内容本身也不仅仅是一种形式的简单重复,而是在反复强调中实现着人与自然的精神感应和心灵交流。于是,那些建筑在方寸之间表现着天地自然的阔大无限和丰富多彩。虽然星罗棋布的宗祠建筑其风格样式各不相同,但建筑宗祠的人们总是在教育作用和风水讲究二个方面保持着高度的一致。如果说宗祠一开始主要是作为人们追念先祖,慎终追远的精神殿堂,那么,随着这种精神和情绪的持续和增强,建筑这个精神殿堂的后人们,也逐渐将他们对世界的认识和祖宗的情感通过风水的方式倾注在那些一砖一瓦形成的结构之中。因此,无论是哪个宗祠,也无论这个祠堂建在哪里,它们的共同点和突出作用实际上已经从原来存在于内部的教育作用转移到建筑风水的美学价值方面来,也因此,当我们看到一个典型的宗祠建筑时,我们也就同时会欣赏和领略到蕴藏在其中的风水含义。这些连同供奉在祠堂里的祖宗一起形成一个个神奇的传说和故事,用文学性语言和传奇性故事演绎和赞颂各自祖先的创业史,当这些创业史成为他们整个家族的荣耀时,那么,也就使得那些依附祖宗身上的传说和蕴含在建筑中的风水意义成为解释这个荣耀的合理性而得到理解和尊重。

（作者为浙江林学院中文系讲师）

元德秀、元结、元好问与鲁山

徐玉清

　　鲁山县历史悠久,涌现出众多优秀人物,有南宋名将牛皋、明代抗倭英雄赵珽、回族著名武术家买壮图、当代著名作家徐玉诺、全国著名劳动模范苏殿选和辛自修等,而唐代中期名臣元德秀和中唐杰出政治家、诗人元结更为鲁山增辉。元结的裔孙元好问在河南期间曾游历鲁山,曾留下诗篇。

一、元德秀治鲁留美名

　　元德秀(696~754),字紫芝,今河南洛阳人。出身北魏皇族后裔,官宦之家,书香门第。开元二十一年(733),登进士科,任邢州南和县尉。因治政有贤名,擢升为龙武录事参军。后因遭受车祸伤足,不胜军职。开元二十三年调任县令。

　　元德秀上升伊始,即以诚信化民。当时鲁山境内有只老虎危害百姓,没有人能够制伏,引起了全县人的恐慌。而县中有一入监的盗贼自告奋勇地请求出去杀死老虎,将功赎罪。元德秀救民心切,就答应了他的请求。他的属下极力阻止他不要轻信:这个人肯定想趁打虎之际逃走,你不怕因此受牵连吗? 元德秀回答:"许之矣,不可负约。即有累,吾当坐,不及余人。"①第二天,罪犯果然背着打死的老虎回来,全县人都佩服元德秀知人善任,料事如神。

　　元德秀不畏权贵,犯颜直谏,为民请命。开元二十三年(735),唐玄宗游东

---

　　① 《新唐书·元德秀传》。

都洛阳,在五凤楼下聚会饮酒五天,命令三百里以内的县令、刺史携带歌姬、舞女到洛阳集中。当时人们传言唐玄宗还要对艺人的表演进行评判,决出名次,由此确定官员的升黜。为了赢得皇帝欢心,许多刺史、县令都百般取悦皇上。河内太守用车子送几百歌姬舞女到洛阳,让她们身着锦绣,扮作犀牛、大象,光怪陆离,令人眼花缭乱。元德秀仅仅携带几十名乐工赴会。表演期间,这些乐工们拉着袖子一起合唱他自编的《于蒍》歌,反映鲁山地僻土瘠,灾荒连年,民不聊生的现实。玄宗听罢,赞扬《于蒍》为"贤人之言",称赞元德秀真是有德行的人。郡州官吏为此免除鲁山不少赋税徭役。这件事以后,元德秀的名气从地方扩大到朝廷,影响更大了。

鲁山人民为报答元德秀为民请命的功德,在县城筑琴台,为他歌舞致贺。此后,德秀公暇之时或农闲季节,常登台弹琴,对围观听乐的百姓,问寒问暖,了解下情。由于他平易近人,和蔼可亲,百姓都愿意接近他。每遇他弹琴时,四乡闻之而聚者常达百人。德秀利用这个机会,宣布施政措施,征求百姓意见。

元德秀为官清廉,生活十分俭朴。他不仅不聚敛赃财略物,而且自认为没有对父母尽到赡养的义务,心中十分自责,"老吾老以及人之老"的古训促使他把所得的俸禄都送给孤寡无依的老人。至元二十六年任职期满后,他的行囊中仅剩有一匹绢。他在《归隐》一诗中写道:"缓步巾车出鲁山,陆浑佳处恣安闲。家无仆妾饥忘爨,自有琴书兴不阑。"

正因为元德秀治鲁期间,政绩卓著,为官清廉,赢得了历代人民的爱戴,后人尊称他为鲁山大夫、元鲁山、元神仙。他去世后,他的学生李华为之撰写《墓碣铭》,另一位学生元结撰写《墓表》,著名书法家颜真卿书丹、李阳冰雕刻,后人称之为四绝碑。自唐代以来,皮日休、孟郊等著名人士都写有称赞元德秀的诗文。孟郊在《吊元鲁山(之六)》写道:"言从鲁山宦,尽化尧时心。豺狼耻狂噬,齿牙闭霜金。竟来辟田土,相与耕山岑。当宵无关锁,竟岁饶歌吟。善教复天术,美词非俗箴。精微自然事,视听不可寻。因书鲁山绩,庶合箫韶音。"位于鲁山县城的琴台,在明清时多次重修,已经成为文人骚客凭吊元德秀的最佳去处。明清时陈孜、高信、姚裕、宋名立等留下吟琴台的诗,陈孜《琴台善政》写道:"贤侯德政爱民深,百尺高台静抚琴。一曲清风絃上调,满腔和气轸中吟。伯牙昔日堪同操,单父当年不易心。流水高山非独乐,至今追慕仰遗音。"

二、元结功业诗文传后世

1. 元魏苗裔官宦之后。

元结（719～772），字次山，是唐朝一位正直有为的政治家，也是文学史上杰出的少数民族作家。元结先后用过许多名号，在《自释》中说："结，元子名也。次山，结字也。少居商於山，著《元子》十篇，故以元子为称。"后又曾号传猗玗子、浪士、漫郎、聱叟等。

元结是古代鲜卑族的后代，祖上北魏皇室苗裔。根据颜真卿所撰《唐故容州都督兼御史中丞本管经略使元君表墓铭并序》（以下简称《元君表墓碑铭》），元结的祖先原来姓拓跋，到北魏孝文帝时才改姓元，寄籍河南（今洛阳）。他的远祖是北魏昭成皇帝，他是北魏皇族常山王遵的第十五世孙，出身官宦人家，"自遵七叶，王公相继，著在惇史"。他的高祖元善祎是唐尚书都官郎中，常山郡公；曾祖元仁基是朝散大夫、襃信令，袭常山郡公；祖元亨，字利贞，是唐高祖第十四子霍王（元轨）府参军。

2. 弃武从文受教名师。

从元结祖父开始，决计弃武从文，从传统的牵黄犬擎苍鹰的尚武家风转为研习儒学之家。元亨曾说过："我承王公余烈，鹰犬声乐是习，吾当以儒学易之。"

元结父亲元延祖，曾任魏成主簿、延唐县丞。他生性"清净恬俭"，认为"人生衣食，可适饥饱，不宜复有所须"①，所以，不久即挂冠归田，"以鲁（山）县商余（一作於）山多灵药，遂家焉"②，在这里过着灌畦斸薪的生活。元家也就在这时起移居鲁山县。安禄山发动叛乱，元延祖已经年老，他特地教导元结："而遭逢世多故，不得自安山林，勉树名节，无近羞辱。"

元结自幼聪颖，有大志，倜傥不羁。作为后原射手的苗裔，多少还保留着北方民族刚劲尚武、义勇纯真的气质。正是父亲不慕荣利的品格，以及挺身救世、"勉树名节"的教诲，对元结日后参与军事，实行清明政治，惠及民众，有深刻影响。可以说，父亲元延祖是他人生的第一个老师。

---

① 《新唐书·元结传》。
② 《唐故容州都督兼御史中丞本管经略使元君表墓铭并序》。

元结真正师从的老师就是曾任鲁山县令的元德秀,此人也是他的宗兄。少年元结,本来是放荡不羁的,直到十七岁,才"折节向学",老师就是元德秀。元德秀曾以"才行第一"登进士第,为人古道热肠,孝顺母亲,友爱兄弟,关心民众。他并不留恋于利禄功名,担任鲁山县令三年秩满,"南游陆浑,见佳山水,杳然有长往之志,乃结庐山阿"①。元德秀曾对元结训导多年,尽力扶植。元德秀的立身行事、解惑授业,深深熏陶了元结。元结对元德秀深为景仰,曾写下《元德秀赞》:"英英先生,志行卓异。口唾珠玑,心怀奎壁。家而孝弟,国而忠赤。至今鲁山,琴台百尺。"

青少年时期的元结,居于商於山中,接触草野,知悉下情,养成了敦实俭朴的作风。他既习儒家经世济民之学,也受躬耕退隐思想的影响,这一切在元结以后的生活和创作中起了重要的作用。

3. 挺身而出平叛安民。

天宝六载(747),唐玄宗下诏广求天下之士。这时,元结和杜甫等一大批士子,由所在郡县长官推荐,到长安应试。元结写下了《皇谟》三篇、《二风诗》十篇、《二风诗论》一篇,提出了改革时政的种种建议。由于奸相李林甫对取士百般阻挠,结果使待制举人全部落第。天宝十二载(753),元结擢登进士第。

安史之乱爆发后,元结率领家族逃往江南,来到异地猗玗洞中居住。随后又迁到瀼溪(今江西瑞昌),一直居住到肃宗乾元二年(759)。就在元结举族避难的时候,唐朝战局危急,朝廷急需人才来解救危难。肃宗向朝臣问天下士,国子司业苏源明向朝廷推荐元结。肃宗征召元结,合诣京师。元结秉从父训,欣然就诏。元结刚到京师就向皇上献上《时议》三篇,受到肃宗称赞。不久,拜结为右金吾兵曹参军,摄监察御史,担任南山西道节度参谋,并派往唐、邓、汝、蔡等州招募义军,抗击史思明叛军。

时势造英雄,乱世磨练才干,元结的军事才能很快就脱颖而出。他一路奔波,招募义军。泌阳南路一支战斗力很强的义军高晃等所部五千余人归附到他的麾下。元结命令将在泌南战死者的尸骨收埋,取名曰"哀丘",将吏无不感激元结,纷纷勇猛杀敌,屡传捷报,受到朝廷多次褒扬,所以元结威望日崇。肃宗皇

① 《旧唐书·元德秀传》。

帝想亲征史思明,元结上言认为不可与敌人正面交锋,应该施以谋略,避其主力,击其侧翼。皇帝同意元结的建议,命令征发宛、叶军队,以挫敌南翼。元结屯兵泌阳,阻止了史思明叛军,保全了十五个城池,对当时的战局做出了一定贡献。元结也因讨贼有功而迁升监察御史,充任山南东道节度使幕府参军。乾元三年(760)七月,皇上晋封元结为水部员外郎兼殿中传御史,任节度判官,充当荆南节度使吕谭的副手,辅佐吕谭抗击叛军。后吕谭去世,元结代理几个月的荆南节度观察使,其间上《请节度使表》,希望另择重臣。代宗继位,又上《乞免官归养表》,于宝应元年(762)辞去官职,归养武昌樊上。

广德元年(763)九月,唐朝任命元结为道州(今湖南道县)刺史,这时,道州已被西原夷攻破。元结迁延至广德二年(764)五月,才到道州任上。当时,战乱以后,道州残破不堪,居民从4万余户锐减到4000户,大半人家不胜赋税。元结上任不到五天,就接到了二百多封催征赋税的符牒。元结认为当地人民贫困不堪,不忍收取赋税,随即上奏朝廷,申明道州百姓战后生灵涂炭,粮食财产被劫掠一空的惨状,请求放免百姓历年积欠的租税及其他赋税共十三万绪,并根据现存户口实数,征收租庸赋税,得到朝廷批准。第二年,租庸使又向道州索取上供十万缗。元结再次上奏朝廷,要求每年除正租庸外,所收取的其他赋税应该根据实际情况随时减免,并得到了朝廷许可。后元结曾一度被撤去道州刺史职务。代宗永泰二年(766),元结再返道州,招抚流亡,赈济灾民,修营房舍,安置贫弱。督劝百姓垦荒耕种,繁殖蓄养,增加经济收益。并要求官员清廉率下。几年下来,经受沉重创伤的道州百姓,逐渐恢复了元气,一万多转徙流亡在外的人户陆续回归故里安居。正因为元结治政惠及百姓,道州人曾为其立石颂德。

大历三年(768),元结调任容管经略使,并授予容州(今广西容县)都督,加左金吾卫将军职衔。元结接受任命后,以非凡的识见和异常的气魄,改变了过去经略使穷兵黩武、一味镇压的方针,对少数民族采取抚慰、劝勉的做法,以坦诚的态度取得夷胞的信任。他单车入洞,深涉夷区,亲自和夷族首领会面结盟,交心说理,使他们心悦诚服,战乱自消。元结用短短的六十天,就恢复了八州秩序。元结在容州任上先后上《让容州表》《再让容州表》,最后以母丧丁忧而离任归去。当他离开容州时,百姓再三挽留,纷纷前往节度府请求元结留任。离任后,百姓十分怀念他的教化,遂为他立石碑以颂扬他的功德。

大历七年(772)正月,元结奉命朝京师,得病。四月,逝世于长安水崇坊旅舍,终年 50 岁(一说 54 岁)。同年十一月葬于鲁山县青条岭泉陂原。朝廷赠赐礼部侍郎。元结去世后,中书舍人杨炎、常衮为其撰碑志,表述其业绩。元结好友颜真卿撰文并手书《唐故容州都督兼御史中丞本管经略使元君表墓铭并序》。

4. 乐府先声古文先驱。

元结博览群书,作为诗人、散文家,在文学上颇有造诣,一生写过不少诗文,他的作品有强烈的现实性,敢于触及天宝中期日益尖锐的社会矛盾。其代表作就是在道州任上写作的《春陵行》和《贼退示官吏》。元结这种耿直的态度,深受杜甫赞赏,杜甫对元结的诗才也极为推崇。元结继承《诗经》、乐府传统,主张诗歌为政治教化服务,要"极帝王理乱之道,系古人规讽之流",认为文学应当"道达情性",起"救时劝俗"的作用,反对当时诗坛"拘限声病,喜尚形似"①的不良风气,开新乐府运动之先声。他的诗歌有强烈的现实性,触及天宝中期日益尖锐的社会矛盾。如《春陵行》、《贼退示官吏》,揭示他的诗歌不但内容富有现实性,而且几乎不写近体。除少数四言、骚体与七古、七绝外,主要的是五言古风,质朴淳厚,笔力遒劲,颇具特色。元结的散文,特别是那些杂文体的散文,或直举胸臆,或托物刺讥,都出于愤世疾俗,忧道悯人,具有揭破人间诈伪、鞭挞黑暗现实的战斗功能。他的文章大抵短小精悍,笔锋犀利,绘形图像,逼真生动,发人深省。元结其他散文如书、论、序、表、状之类,也都刻意求古,意气超拔,和当时文风不同。唐代裴敬论及当代文学时,把元结与陈子昂、苏源明、萧颖士、韩愈并提,其后论家又把他看做韩(愈)柳(宗元)古文运动的先驱。不过,元结受道家影响,作品杂有消极退守的成分。

元结著作据古书着录的有《异录》、《元子》、《文编》、《猗玗子》、《浪说》、《漫记》等,均已亡佚。现存的集子已非原编。其常见者有《四部丛刊》影印明正德郭勋刻本《唐元次山文集》10 卷,附"拾遗"及"补",不计卷;明陈继儒鉴定本《唐元次山文集》10 卷,另"拾遗"及"拾遗补"各 1 卷。又有淮南黄氏刊本《元次山集》12 卷(后 2 卷亦为"拾遗"及"拾遗补"),原刻未见。今有石竹山房翻印孙望校点《元次山集》,即以《四部丛刊》本为底本。所编诗选《箧中集》,尚存。

---

① 《箧中集序》。

三、元好问南下游鲁山

五代时,元结的裔孙中有一支迁居河东广阳县(今山西平定),这支元氏诞生了金元之际杰出的文学家元好问(1190～1257)。北宋宣和年间(1119～1125)元好问高祖元谊任忻州神武军使,曾祖元春任隰州团练使,举家由宋平定军(今山西平定),移居秀容,从此再未迁徙,世居于此。

史称,元好问自幼聪颖过人,未满周岁即过继于叔父元格,年仅5岁便随其赴掖县(今山东莱州)任上,并在叔父教诲下开始学诗。7岁时便以诗句隽永,被称为"神童"。14岁时叔父迁任陵川令,好问亦随之离开掖县来到陵川,师从名儒郝天挺。6年中,元好问在郝天挺的精心指教下,贯通百家,精读典籍,具备了良好的思想教养和较高的文化修养,为后来的成就打下坚实的基础。他21岁时,叔父逝于陇城(今甘肃泰安)任上,他千里迢迢扶柩回到秀容老家。为避战乱,金贞祐四年(1216)好问携母离乡背井,流亡河南,先后寓居,先后流寓福昌(今宜阳)、登封、昆阳(今叶县)。金宣宗五年(1221),考中了进士。金哀宗正大元年(1224),好问再中鸿词科,充任国史院编修,两年后又放任镇平、内乡、南阳等地县令。元好问就是在这种情况下游历鲁山的,他在这里晋谒了其远祖元结墓,又到琴台凭吊元德秀,留下了《琴台》这首诗:"荒城草木合,破屋风雨浸。千年一琴台,眷焉涕盈襟。遗爱食县社,公宁不堪任? 此台即甘棠,忍使无余阴。旁舍高以华,大豪自捐金。苍云玄武暮,鬼物凭阴岑。尚德抑清虚,坠典谁当寻? 我欲荐寒泉,百拜公来临。公来不能知,落日下饥禽。怀哉空山里,鹤飞猿与吟。当年于蔿歌,补衮一何深? 承平始得意,犹能正哇淫。君相此一时,又复悟良箴。谀臣坐废黜,合亦起幽沉。蒲轮竟推谷,香草深空林。寂寞授书室,孤甥举遗衾。生平谅已然,薄俗矧来今。千山为公台,万籁为公琴。夒旷不并世,月露为知音。人间蹄涔耳,已矣非公心。"

元德秀因为担任一任鲁山县令遗泽后世,受人世代尊崇。在鲁山度过了青少年时代的青年才子元结离开鲁山后,从政者忧国恤民,清廉为政;为文则被奉为新乐府运动的开路人,古文运动的先驱。鲁山元氏后裔元好问心系鲁山,曾来祭祀远祖、凭吊先贤,留下著名诗篇。"三元"与鲁山结下不解之缘。

(作者为河南省地方史志办公室副处级调研员)

台北知府陈星聚事略

杨海中

　　陈星聚(1817~1885)字耀堂,河南省临颍县城西小陈村人,因曾任台北知府,死后追封为道台,后人怀念其德,尊称其为"陈官",村子也因而易名为"台陈村"(今台陈镇政府所在地)。

　　陈星聚史迹不载《清史稿》,连横《台湾通史》在《循吏》中曾为其立传,但语焉不详,《临颍县志》和闽台地方志所记事迹也十分零散。为便于人们全面认识这位台湾首任知府、抗法斗争中的民族英雄,现将各种资料进行初步剔拢扒梳,整理分述如下。

一、数任知县

　　陈星聚道光二十九年(1849)为举人,时年33岁,候缺在乡。咸丰十年(1860),捻军势力北扩,大军道经临颍,百姓闻讯惊恐,于是,陈星聚出资组织乡团,在保村的同时,又全力支援守护县城,从而使县城一带未遭劫掠。由于他德行乡里,百姓有口皆碑,地方官也因此极力向朝廷保举,言其贤而有能。

　　1. 顺昌治盗。

　　同治三年(1864),朝廷选授陈星聚为县令,首任为福建顺昌县。时顺昌贼人猖獗,兵痞凶顽,土豪横暴,百姓深受其苦。陈星聚到任伊始,便召集吏胥乡老宣示法度,实施训规。他刚柔并用,兼施威惠,官民协手,彰勇奖善,惩恶锄匪,社会秩序很快得到改善。陈星聚在顺昌的作为,深为一贯做事雷厉风行的左宗棠所称赞,并向有司推荐,交军机处记名升用。民国二十五年重修的《顺昌县志》

卷一五"职官·知县"一节,对陈星聚的政声有简略的记载,曰:"陈星聚,道光己酉举人,河南人,同治三年任,兴利除弊,政绩颇多。"

之后又分别任过闽县、建安(今建瓯)、仙游、古田等地知县。

2. 闽县斥夷。

他在任闽县知县时,从清理积案入手,法不阿贵,平反冤狱,受到百姓称颂,福建省督抚赞其为"纯儒良吏"。当时在闽的英国、法国人无理要求在闽县海口修建炮台,考虑到这将严重影响我国海防的安全,陈星聚据理驳斥,当面提出抗议并加以制止。但这不仅开罪了"洋大人",也有违于当时清王朝的媚外政策。于是,陈星聚被调离该县,到仙游县为令。

3. 古田清弊。

同治十年(1871),陈星聚调任古田知县。至古田后,他接到当地乡民举报,言粮官在征收田赋时,暗中在秤上捣鬼,多收粮谷,从中渔利,坑害百姓。他经过私访查实后,将几个多年来为非作歹、中饱私囊的"硕鼠"严加惩处。在挑试选拔童子军时,他不论家庭穷富,他要求一律按条件上报,使很多出身寒门的贫民子弟得以入选,从而保证了这支地方武装力量的后备人才生气勃勃。对此,《古田县志》予以很高的评价,曰:"莅事精明,存心慈恺。甫至,厘剔粮胥,积弊豁然清。试童子军,关防严密,无敢作奸。所拔多宿学寒门。为政宽严并济,泽下于民。"

清代后期,台湾官员多从福建选调,一是台湾与福建关系密切,为福建所辖;二是福建距台最近,且百姓多由闽至,福建官员对台情况较内地不仅熟悉,而且容易适应。

4. 淡水剿匪。

同治十二年(1873),陈星聚升补淡水(在今台北县境)厅同知。

淡水厅同知的全称为"台湾府淡水抚民同知",正五品。时淡水厅辖北从基隆南到嘉义的广大地区,淡水同知实为北台湾地区的父母官,全面负责该地区的政务与军事。

时淡水突出的问题是治安状况不好,尤其是三角湾、大嵙崁地区。陈星聚到任后,即从缉匪擒盗入手,很快抓获匪首吴阿来及其同伙,并予以严惩,境内匪贼或敛或藏,盗风遂止。据清光绪二十年沈茂荫《苗栗县志》卷八载:光绪二年七月二十二日庚辰,淡水厅同知陈星聚、游击乐文祥擒鸡笼山土寇吴阿来,斩之。初,吴阿来及其弟富聚匪徒邱阿郎等肆毒居民,几无暇日。因掳萧羌梏死,台湾道夏纶饬地方官剿办在案,未经举行。于光绪二年闰五月间,吴阿富率匪徒掳掠居民,被苎、中、七庄乡勇铳毙;而吴阿来遂起匪徒攻苎、中、七三庄不克,还断绝水源。三庄人赴淡水厅告急,同知陈星聚委大甲司许其棻勘验。甫至鸡笼山,吴阿来率匪围之。大甲司走脱,奔告游击乐文祥,因会营到地剿办。六月间,进兵鸡笼山,相拒十余日,擒获匪党邱阿郎,斩之。吴阿来仍复坚其营垒。会天霖雨,匪徒多受病,至七日,擒获吴阿来。械至竹堑,斩于市曹。由是,鸡笼山平。之后,陈星聚一方面鼓励百姓恢复农业生产和海上捕捞,一方面发展商业和教育,不仅添设了义塾,多收了生员,还为原有书院增加了经费。为补教育经费之不足,又筹银生息,以资不足。同时还创建了一所养济院,对无力自养的鳏寡孤独残进行收养。

台湾苗栗县原属淡水厅,故光绪二十年《苗栗县志》卷一四为陈星聚立有传,其中曰:"以军功保举知县,升补淡水厅同知。居官廉洁,省约自奉。治民,一以爱恤为心;而待于士,则尤厚。同治□年,议筹番银二千圆,交殷绅生息,每届乡试,视厅属应试之人数多少,将所入利息照数分摊,至今,子士犹沾润焉。"

光绪二年(1876)末,陈星聚曾调任为鹿港(在今台湾彰化境)厅同知。光绪四年(1878)初,又回任淡水(见《苗栗县志》卷一二:陈星聚,河南许州临颍县人,举人。同治十二年任。林达泉,广东大埔人,举人。陈星聚见上,光绪四年回任),时清王朝对台湾建制进行变动,裁去淡水厅。不久任命陈星聚为台北知府。

二、台北首任知府

康熙二十二年(1683),清王朝收复台湾,将其隶属福建省,第二年设台湾府,下辖台湾、凤山、诸罗三县。随着台湾的开发,光绪元年(1875)年,又增设台北府,辖淡水、新竹、宜兰三县和基隆厅。

台北开府在光绪三年(1877)。当年和第二年,清廷曾任命过向熹—林达泉—向熹为知府,但向熹并未到任,林达泉时为台湾知府试署台北,也未到任,真正到任是光绪五年(1879)年初任命的陈星聚,故此,史称陈星聚为台北首任知府。

光绪六年(1880)，清廷曾任赵钧为台北知府，接替陈星聚，但赵未上任而改任为台湾府，于是，陈星聚继续留守，第二年，清廷再颁公文，任星聚为知府。从而可知，在台北立府之初，清廷曾六次任命知府，但实际上只有陈星聚一人至任。陈星聚自1879年至1885年夏病逝任上，前后在职7年。从1877年到1895年签订《马关条约》，清廷先后任命过13任台北知府，陈星聚两任连续任职7年，是任职时间最长的一位，因而也是对台北做出贡献最大的一位。

三、建设台北

陈星聚在台北知府任上政绩卓著，其中最突出的兴修水利、修建台北府城和抗击法国殖民军的入侵。

1. 规划府城。

由于台北刚刚筹建，政治中心设在哪里十分重要，加之日本及西方殖民主义侵略者对台湾虎视眈眈，陈星聚更感到筹建台北府治所刻不容缓。于是，到任半年后，他就集中精力与属下一起进行总体谋划与实地勘察，初步勘定了主要街道、官舍、学校等城市框架及重要部位，为其后的具体实施打下了良好的基础。

为继承和光大传统文化，陈星聚在台北府城设计和兴建时，即把文庙和武庙的建设列入了整个规划之中。文武二庙皆在府城南门之侧，坐北面南，左文右武。两任台湾兵备道夏献纶、刘璈对文武庙的兴建都很支持并亲自督办。文庙即后来的孔庙，光绪七年(1881)即完成了大成殿、仪门与崇圣祠的修建。第二年，在士绅捐助下，又修造了礼门、义路、棂星门、泮池及万仞宫墙，至光绪十年(1884)全面峻工。至此，台北学人每年于孔子生日之时，在此举行隆重的祭拜仪式。

陈星聚任知府期间，很重视教育和发现人才。光绪六年(1880)，他将台北考棚加以扩改，建为书院，并起名为"登瀛书院"。何以"登瀛"而名呢？目的在励学，其楹联极能体现其宗旨："登云有路志为梯联步高攀凤阁，瀛海无涯勤是岸翻身跳进龙门。"为保证教学质量和正常运行，特聘台北府儒学教授陈季芳兼任院长，管理工作则直属知府。时淡水佳腊庄人杨克彰，读书精大义，所为文章，尽扫陈言，为同辈传诵。艋舺黄氏请其设教于祠，距家六七里，杨克彰为人至孝，因事其母,每夕必归,风雨无间。克彰为教 30 年,培育了不少人才,如江呈辉、黄希尧、谢维岳、杨铭鼎等人,尤为出类拔萃,嗣为学海、登瀛两书院监督。陈星聚闻其事迹后,立即决定推荐其为孝廉方正。杨克彰因母年迈无意离乡而坚辞,敦促再三而终不能改其志,陈星聚为此惋惜不已。

2. 治理大甲溪。

大甲溪是台北的一条较大河流,但因从未治理过,因而年年汛期瀑涨时泛滥成灾。光绪二十年沈茂荫所修《苗栗县志》卷二载:"大甲溪:在三堡大甲土堡南门外,距县南五十六里。其源出台湾县之水底寮。……由水底寮算起,计五十余里入海。溪阔三四里……一遇暴雨,则水势汹涌横流不可涉,行人每为所阻。"在记述大甲溪渡口时曰:"官渡,大船一、小船一。遇有洪水横流,水道不通,渡筏则随时添设。"

同治十三年(1874),日军侵台,清王朝以 50 万两白银的赔款换来了一纸《中日北京条约》。鉴于日本侵台的教训,为改变台防不力的局面,慈禧决定让年富力强而又有军事才能的岑毓英负责督办台防事务。光绪七年(1881)四月初八日,清廷任命岑毓英为福建巡抚,督办台湾防务。

岑毓英至台后立即到各地查看,勘验炮台,部署防务,并提出:"台湾之事,当以省刑薄敛、固结民心为上,分路屯兵、严守陆地次之,添扎营垒,保守海口炮台又次之。而三者俱宜相辅相行,不可偏废。"这一思想打破了单纯军事防御观念,在优先考虑政治的前提下,将经济与军事并提,符合当时台湾地情。

陈星聚深知岑毓英是一位为民谋利之官,在陪其视察过程中,向他汇报了治理大甲溪的想法。

岑毓英沿溪视察后不仅对陈星聚的想法大加支持,并建议清石挖河,用铁丝或竹子编笼,将河中乱石装入,筑成"八"字喇叭状长堤,既可将上游来水约束在溪中,缓缓泄入大海,又可以行船通筏,凿渠修堰,引水灌田。陪同视察的台湾兵备道刘璈也表示大力支持,所用竹篾铁丝诸物及资费,从台湾、台北两府旧存海防经费支出。

当年 11 月下旬,岑毓英亲自主持了大甲溪工程开工仪式,之后,工程在陈星聚等人的具体组织下,经过 100 多天的奋战,于光绪八年(1882)三月初,一座长620 多丈、高 1 丈余、宽 4 丈多的大堤正式竣工。当地百姓见此,无不慨叹称颂。

按照陈星聚的想法,大甲溪疏浚与治理后,不仅使两岸的荒地得到了开垦,田地得到了浇灌,又使台湾南北交通得以改善,这从一个方面来说,也提高了台湾的防卫能力。可惜的是,大堤虽然修成,但由于缺乏经验,对汛期的水量及破坏力估计不够,大堤的基础仍不够深厚,第二年汛期时又遇特大洪水,数日不退,大堤等损坏严重。《苗栗县志》卷二:"光绪七年,巡抚岑公毓英悯行旅跋涉艰难,即于此修筑石垒、架造桥梁,以便行旅。计费番洋数万元,迨其明年,大雨淋漓,溪水浩潮几阅月,而所造冲流几无存矣。"

3. 修建府城。

光绪元年(1875)十二月二十日,清廷根据沈葆桢六月的奏案,批准撤淡水厅、废艋舺县丞,设台北府,下属淡水、新竹、宜兰三县和基隆厅。因台北府暂无府治,府治及行政官署暂设原淡水厅。光绪四年(1878)陈星聚调任台北知府,第二年正式开府,陈星聚经过广泛征求各方意见,并初步标定了台北府城城基与街道。考虑到府城新址在艋舺与大稻埕之间,地处于台北盆地,地质松软,陈星聚提出,城墙之基必须用石才能保其永固。

光绪七年(1881),陈星聚将规划图交台湾兵备道刘璈审查,经过刘璈的更改,规划进一步完整和具体化了,最后由岑毓英审定。深信风水的刘璈认为岑毓英所定南北轴线直对大屯山,后无祖山可凭,一路空虚,犯了"五凶",故将城基略转向东北旋十三度,使城内中心轴线对准大屯火山群第一高峰七星山,不偏不倚,与玉皇大帝、北极星君完全一致。这就是城内街道与城墙不平行的原因。陈星聚也懂风水,但他认为重要的是城固池坚,故所关注的主要是城墙的质量、炮台的设置及经费,对刘璈的改动表示同意,同时建议城门门洞可仿北方城市,以条石作弧形拱券,确保坚固。

光绪八年(1882)一月二十二日,台北府城建设工程正式动工。在陈星聚的指挥和具体策划下,所有资费除各县分派之外,富商大绅也纷纷响应号召,解囊捐助。全台首富林维源(1818~1905)与厦门人李春生一起,捐资兴建了"千秋"和"建昌"两条街,吸引了很多商户到此开办商行店铺,在台北的繁荣中起到了表率作用。由于当时修城的主要目的是防御外患,因而在营建过程中,添扎炮台、营碉诸事也一并进行。

经过陈星聚、刘璈等人两年多的辛苦经营,耗资白银42万两,中国历史上最后一座依风水而建的石城杰作——台北府城,于光绪十年(1884)十一月顺利竣工。

建成后的台北府城略呈长方形,南北长 412 丈(1236 米),东西宽 340 丈(1020 米),城墙高 1 丈 8 尺,厚 1 丈 2 尺。城墙外侧以条状青石砌成,内侧为砖,中间夯以土砂细石。府城设城门 5 座,北门面向京城,曰承恩门,意为"承接皇恩"之意。东南西三门分别曰景福门、丽正门、宝成门。另有小南门曰重熙门。

台北府城的及时修建,为其后抗击法军的入侵打下了坚实的基础。

四、抗法御侮

1. 基隆、淡水抗法。

1883 年 12 月(光绪九年十一月),法军远东舰队司令孤拔下令进攻驻扎在越南境内的清军和刘永福率领的黑旗军,中法战争正式爆发。

西南边境危急,慈禧太后此时感到非张之洞不能担任此危急时期的封疆重任。于是,1884 年 5 月,在李鸿章与法国侵略者签订《中法简明条约》的同时,张之洞从山西巡抚调任两广总督。

为了得到更大的利益,法国侵略者一方面诬蔑清廷不执行条约,一方面进行军事挑衅。7 月 12 日(闰五月二十),法国茹费理政府以最后通谍的方式,要清廷赔款 2.5 亿法郎,第二日又电孤拔派舰艇到福州、基隆进行威胁。

台湾四周环海,海岸线长 1500 多公里,时台湾有守军 40 营,号称 2 万人。鉴于兵力不足,且无船只,驻守台南安平的兵备道刘璈早有准备,筑炮台,修营垒,购置枪炮、水雷,并将作战区分为前、后、北、中、南五路,积极进行防御,同时还组织乡民办了水、陆团练。孤拔军舰抵安平时曾通过英国驻台领事见到了刘璈,出言不逊进行军事讹诈,威胁说:以台南城池之小、兵力之弱,将何以战?刘璈不卑不亢,义正辞严地答道:诚然。然城土也,兵纸也,而民心铁也!孤拔见刘璈早有准备,且有 31 营兵驻守,便离开台南,直扑基隆、淡水(沪尾)和台北。

为了加强台湾的防卫指挥和抵御法军的入侵,6 月 26 日,清廷特诏"刘铭传著赏加巡抚衔督办台湾事务"。

刘铭传(1836~1896)字省三,安徽肥西县人,为李鸿璋手下一员大将,曾任直隶总督,1868 年奉旨督办过陕西军务。清廷为使刘铭传全力督办台湾事务,在授予其福建巡抚之职时,特加兵部尚书衔。张之洞为支援台湾作好抗法准备,从所筹饷银中拿出 2 万两送刘铭传,并支援洋枪 1400 支,子弹 52 万发,火药 600 桶。时在台北的陈星聚闻讯,也号召台北军民全力准备,随时给入侵者以痛击。

刘铭传于 7 月 16 日(闰五月二十四)以福建巡抚的身份抵达台湾,随行而来的有军事教习 134 人,旧将提督王贵扬等 10 余人还携毛瑟后门枪 3000 支,前门炮 10 尊、后门小炮 20 尊及饷银 54 万两。刘铭传经过考察,决定以基隆为防御重点,同时加强了淡水、台北的防务。

7 月 31 日,孤拔奉命进攻基隆。

8 月 4 日(六月十四),在法国远东舰队副司令利士比率领下,侵略者战舰炮击基隆。刘铭传亲临前线指挥反击,炮火击中敌舰两艘。法军凭借炮火威力,占领了港口。面对侵略者的坚船利炮,刘铭传感到:非诱之陆战不足以折彼凶锋。第二天,他命令总兵曹志忠以退为进,撤出阵地,诱敌上岸,出其不意地对进入埋伏圈之敌三面夹击,法军手忙脚乱,死伤 100 多人,1 中队长被击毙,溃退时又溺死于海水中多人。清军生擒敌兵 1 人,缴得大炮 4 门和帐篷数十顶,取得了胜利。

法军在台受挫后,退到马祖,并利用海上快速转移的优势,于 8 月 23 日(七月初三)对福州马江水师发动突然袭击。由于毫无准备,清军 11 艘战舰全部被击沉,死伤官兵 1000 余人,南洋水师几乎全军覆没。26 日,清廷在国内强大压力下对法宣战。

法军在解除后顾之忧后,经过稍事休整,又集中全力进攻台湾。9 月 30 日(八月十二),孤拔率军舰 5 艘进攻基隆,意在尽快使军舰得到岸上的煤炭补给;利士比率军舰 3 艘进攻淡水,意在威胁台北府。时法军有军舰 11 艘,另外 3 艘泊于海上为后援。10 月 1 日(八月十三),孤拔率军以猛烈炮火轰击并攻占了基隆,之后又分出兵力与利士比一起攻击淡水(沪尾)。鉴于淡水距离屯集辎重粮饷的台北仅 30 里,淡水若有所失则必然影响台湾全局。刘铭传力排众议,当机立断,孤注一掷,下令基隆守军立即驰援淡水。法军攻占基隆后,也回师支援淡水。10 月 8 日,法军在淡水登陆。淡水 3000 守军在总兵孙开华与章高元、刘朝孤等人指挥下,士气高昂,仍用"地营"的伏击之法,诱敌进入埋伏圈中。双方在丛林中短兵相接,法军不惯陆战,被台湾军民击杀 100 余人,惊慌失措的法军不顾陆战队司令方丹首级被割,狼狈逃回舰上。第 3 天,刘铭传所率清军赶到淡水,使兵力达 6000 人。法军见大势已去遂退向基隆。

淡水大捷沉重地打击了法国侵略军的嚣张气焰,使抗法保台取得了决定性的胜利。

法军占领基隆后,遭到当地军民的抗击。1895 年 1 月、3 月的两次月眉山交锋,双方激烈战斗,死伤惨重。法国政府见法军无法在台湾立足,就把目光盯在了澎湖。1895 年 3 月 29 日(光绪十一年三月十三),孤拔率远东舰队 8 艘战舰进攻澎湖,清军死伤惨重,守将梁景夫虽率众死战,但最终失利,澎湖失陷。不料当年夏天疾疫流行,法军近千名士兵染病身亡,孤拔也因疾命丧黄泉。

2. 保卫台北。

台北保卫战是陈星聚在刘铭传指挥下抗击法军殖民者入侵台湾的重要一役。

台北府城虽然已经建成,但尚未经受战火考验。为确保台北无虞,在基隆、淡水(沪尾)屡遭攻打下,陈星聚丝毫不敢懈怠,他未雨绸缪,进一步加固城池、增加炮台,并亲率军民日夜巡防。

在知府的影响与感召下,台北绅士林维源先后捐银 70 万两,陈星聚将其全部用于购置守城武器。

为增强守卫能力,陈星聚还向奉命驻守台北的湘军将领孙开华、曹志忠提出建议:在百姓中招募义勇军。台北百姓纷纷响应,不久,便有数千人报名。经过挑选,募民军 1500 人,由台北府自备军械,交哨官奚松林统领。

法国殖民军 10 月 1 日占领基隆后,经过休整,气焰更加嚣张,一方面集中兵力攻打台北之门户淡水,一方面派兵攻打台北。

当时台北方面兵力十分单薄,淡水只有孙开华部湘军两个营,形势不容乐观。刘铭传亲自在淡水指挥,陈星聚负责台北的防卫。虽然陈星聚此时年已 68岁且身患有疾,但面对来犯之敌,他精神却格外抖擞,日夜在城头巡守。他对守城的将士说,洋鬼子不可怕,洋枪洋炮威力也有限,只要大家众志成城,就能打败红毛鬼子。由于台北备战较早,军需充裕,军民士气高昂,大家同仇敌忾,誓与城池共存亡,因而虽守如攻,非常主动。

但陈星聚也作好了台北失守的准备。在形势最危急的那天,他将自己的妻子、女儿叫到跟前,神情严肃地对他们说:洋鬼子可能疯了,不要命地进攻。如果城墙倒塌,台北就会不保。我们全家生为大清的人,死为中华的鬼,决不能落入夷人之手。他说,如果台北不保,他就会与红毛鬼子在城头同归于尽,不可能再回到家中。他指着后衙的一口水井说:你们就坐在井台边,城在人在,城毁人死!十九岁的女儿忍不住落下了眼泪。陈星聚深情地望了望女儿,用手抚了一下腰间的宝剑,毅然转身走出了院门。

此后,陈星聚三天四夜未曾归衙。

刘铭传深知淡水的重要性,在法军调兵遣将的同时,急速将兵力调至淡水,并进行了精心的部署。10月8日,当法军再一次向淡水发动进攻时,清军采用以逸待劳法,在山岗和树林中预设阵地,部署伏兵。当法军进入埋伏圈后,清军呼啸而出,从北、东、南三面实施夹击,火力十分猛烈。法军立即乱了阵脚,胡乱开枪,四散奔向海滩,逃向军舰。此战共击毙法军300余人,砍杀25人,俘获14人。遭此溃败后,法军惊魂难定,再也不敢上岸,只能以舰只封锁淡水河口。台北保卫战取得了重大胜利。

1885年3月,老将冯子材率军在镇南关—谅山取得抗法大捷,全线击溃法军。执政的茹费理内阁以此而倒台。侵略者见损失惨重,胜利无望,表示愿意停战议和。清廷惧怕法军占领台湾,也"乘胜即收"。光绪十一年四月二十七日(1895年6月9日),双方在天津签订了《中法合订越南条约》,条约规定,清廷承认越南是法国的保护国,中国开放蒙自、龙州为通商口岸,法军撤出基隆和澎湖。

由于积劳成疾,加之背上毒疽发作,天津条约消息传来,陈星聚心情更加忧郁,从此一卧不起。光绪十一年(1885)夏,终因病势加重,不治而逝,终年69岁。

五、河南之光

陈星聚病逝任上,台北士人闻讯大恸,士民缙绅联名上奏清廷,要求予以旌表。清廷为彰其德,追封陈星聚为三品道台,"御赐祭葬如例"。作为一位勤政、爱民、清廉、爱国的民族英雄,陈星聚的英名永远刻在了闽台及故乡的大地上,台北曾为其修建了"陈公祠",年年追祀;顺昌县志、古田县志、临颍县志均载其事迹,连横先生所撰《台湾通史》,其《循吏》中专为他立了传。

陈星聚逝世后不久,由其部属及家人扶榇,将其遗体渡海至闽,再由水路至浙江,之后沿大运河北上,再转内河至河南西华县逍遥镇,又陆行数十里至故里。

陈星聚墓园始建于清光绪十一年(1885),按照清廷追封他为三品道台、"御赐祭葬如例"的规制和要求,墓园修建了四年,至光绪十五年(1889)落成。陵园有神道、翁仲并石马、石羊,另有石碑数通,其中有"清光绪十五年皇清授诰通议大夫陈星聚墓"碑和"皇清诰授通议大夫陈长公星聚耀堂三品夫人张太君郭太君之墓"碑

20世纪60年代末,陈星聚墓园遭到破坏,80年代之后又陆续有所恢复。2008年,省有关部门又斥资1500万元,将陵园扩建为陈星聚纪念馆。2009年3月31日,纪念馆举行了隆重的落成及开馆典礼,海峡两岸关系协会副会长王富卿、河南省政协主席王全书及台湾亲民党主席宋楚瑜、副主席张昭雄等为纪念馆开馆剪彩。王全书在讲话中对陈星聚纪念馆的落成表示庆贺。宋楚瑜说,今天参加这样的活动很荣幸,我们不仅要缅怀先贤,还要一起为两岸的未来加油。参观中,宋楚瑜为纪念馆题词曰:德泽台北,保家卫国,亲民至善,河南之光。

(作者为河南省社会科学院原纪委书记,副研究员)

清初河南理学名儒与书院教育

张佐良

明清鼎革之后,重建社会伦理秩序成为清朝统治者面临的紧迫任务。在满洲家法祖制和中原儒家学说的艰难抉择中,清廷最终确立了程朱理学的主导意识形态地位。当时,以孙奇逢为首的一些理学家明确提出了主敬躬行的主张,并致力于用理学来恢复和维护儒家伦理纲常。河南诸多理学名儒躬行实践,创复书院,主持讲坛,传道授业,有力地推动了清初理学的发展与传播。

一

康熙元年,汝宁府知府金镇考书院之由来,认为"自宋迄明,书院几遍天下"。后"虽天下郡若邑多书院之设",然已"非若鹅湖鹿洞发明道学德性之分,剖晰喻义喻利之辨",往往"教之以连篇累牍为工勉,其特试于乡校,角艺于制科,至于洙泗之源流,伊洛之终始,漫不加省,则犹然章句文字已尔"。金镇叹曰:"古人之书院果若是乎!"①重理学,重举业?正确认识与处理两者之间的关系,成为清初书院发展所面临的首要问题。河南理学名儒认为:

理学举业是一非二。清因明制,八股取士。曾有人问孙奇逢:"八股之业,即无关于圣贤,又无关于经济,今英雄杰士困顿棘闱,风尘皓首,不亦劳而无用乎?"孙奇逢说:"八股之业,体不益性,用不经国,致恨于安石之作俑者多矣。然祖宗三百年功令,名世叠出,谁受此八股累者?"所谓"国家数百年功令,行止斯

---

① 金镇:《重立天中书院记》,陈伯嘉修,李成均等纂:《重修汝南县志》卷二〇,艺文志上,民国 27 年石印本。

文系盛衰"①。且"英雄杰士无所以寄其才而用其心者,则必别有所用,故为此制以收束之"。"大圣人一代之制度,固非苟焉而已也。"康熙二年八月,清廷曾命"乡会考试,停止八股文,改用策论表判"②。孙奇逢于此甚为忧虑,他说,"八股废,将无所以安顿此人心也"③。时人称,"盖士生今日,除科举外无进身之地,且立身行道扬名显亲,皆资于此"④。"舍此无以自见"⑤。

举业无妨于理学。昔"阳明谓学正有益于举业,迩木忻亦谓举业无妨于学"。"鹿忠节(善继)与及门子论举业而兼之论学,人谓其多此论学也。没二十余年,学人读其遗集,又谓其多此论举业也。"孙奇逢称,"举业不妨德业"⑥,"予谓无时而非学,无一事而非学。况举业,以吾之心灵发圣贤之蕴,而谓其有妨于学也,岂不谬与? 不知非举业与学异,而举业之心与学异,遂成岐响耳。周程诸大儒,孰非举业之人?"⑦耿介指出,"明洪永间,颁四书五经、性理通鉴大全于天下学宫。当此之时,为秀才便将数部书熟烂胸中,体认精切,政欲明体达用,异日为国家桢干,功名事业皆从此出,所以三百年理学名臣接迹比肩。理学何尝妨举业也?"⑧孙奇逢认为,"国家庠序育才,科目取士,亦不过借此功名之途引人以道德之路,使之藏修游息于诗书礼乐之席,为异日公辅之器,非仅欲得文章之士也"⑨。"而理学不专在文章,如耽于文章,则一文章士而已矣!"⑩他在《示淳孙》中说,"夫读圣贤书,是欲做圣贤之人耳。圣贤之人,岂专在举业哉? 亦岂有外于举业哉? 茂才、明经、孝廉、贤良、文正,皆非举业也,然皆精于经术。□心学问之人,举业其绪余耳"⑪。若"此业精,何业不可精,何妨于圣贤,何妨于经济?"⑫因此,他勉励杜孟南说,"今日攻举子业,读圣贤书,明圣贤理,功名富贵听之于

① 孙奇逢:《日谱》卷二〇,康熙二年八月十八日。
② 《清圣祖实录》卷九,康熙二年八月癸卯。
③ 《日谱》卷一九,康熙二年四月二十一日。
④ 耿介《与刘凫山》,《敬恕堂文集》卷六。
⑤ 金镇:《重立天中书院记》。
⑥ 孙奇逢:《励学文》,周际华修,戴铭等纂:《辉县志》卷一八,艺文,光绪二十一年补刻本。
⑦ 孙奇逢:《与杜孟南语二则》,《日谱》卷一八,康熙元年九月初九日。
⑧ 耿介:《理学举业是一非二解》,《敬恕堂文集》卷三。
⑨ 耿介:《与彭广文》,《敬恕堂文集》卷四。
⑩ 孙奇逢:《中州人物考》卷一,理学,第26页。
⑪ 孙奇逢:《示淳孙》,《日谱》卷二九,康熙七年七月初二日。
⑫ 《日谱》卷十九,康熙二年四月二十一日。

天,此便是真实学人,真实举业"①。

举业理学原只是一事。耿介形象地将理学与举业"譬之种树",理学为"根本",举业为"枝叶","只培植其根本,枝叶自然茂盛","故举业理学原只是一事"。他认为,"今则习举业者,闻理学二字,则曰恐妨举业。不知此所谓拔去根本而求枝叶茂盛也。父勉其子,师教其弟,都只以此为取功名之路,而身心性命之学,毕生无闻,究之理欲之辨不明,义利之界不严,一事蹉跌,身名俱丧,人心既失,风俗随坏,日复一日,愈趋愈下,有人心世道者,所以一复致叹于今日也"②。而"古之学者,体用一原,所以性道文章未尝判为二事。自科举兴,而体用稍分矣。虽竭毕生攻苦之力,揣摩成熟,只是为文章用语以性道,则群起而疑之。讵知性道文章犹根本枝叶,根本不培,则根叶不茂。前辈冯少墟云:'以理学发挥于词章便是好举业,以举业体验诸身心便是真理学。'旨哉,何其言简而意尽也!"耿介指出,"论学正不必烦多,其辞只是于举业上加一行字"③。"盖今之为举业者,都是把圣贤言语作举业料用,如此则与吾人身心性命无涉。"④窦克勤认为,"举业之与理学诵读不异,所异者求道德邀功名之一念耳。此即所谓孳孳为善舜之徒,孳孳为利跖之徒,但能移孳孳为利之心,去孳孳为善,便是圣贤之归。若移邀功名之念去求道德,其去圣贤奚远哉?"耿介深是其言,并与之相发明,"愚亦尝谓治举业者,讲理学者,能外六经四子之书否?六经四子之书所言者,有一不是阐发身心性命之旨否?今举业何尝不说辨别义利,何尝不说去人欲存天理,何尝不说毋自欺谨其独?往往流于小人之归。病在以此作文字,不知反求诸身心,而乏躬行实践耳。故曰:只于举业上加一行字,则即举业即理学矣。而人往往谓举业有妨理学,治举业者不足与言理学也。今国家庠序育才,科目取士,天下士子,无虑尽治举业矣。天下尽治举业,天下尽不足与言理学矣。则必求不治举业者与之言理学而后可。而又不能外六经四子之书,身心性命之旨也。况天地生一人,即以天地万物之责寄之,必不使了却一身之事而止。若使人人了却一身之事,是虚无寂灭之学也,非天地生我之意也。且使举业之外有学,是有

<hr />

① 孙奇逢:《与杜孟南语二则》,《日谱》卷一八,康熙元年九月初九日。
② 耿介:《理学举业是一非二解》,《敬恕堂文集》卷三。
③ 耿介:《辅仁会约》,《敬恕堂文集》卷三。
④ 耿介:《回洛中齐广文书》,《敬恕堂文集》卷六。

二理也。有二理是有二心也。今讲理学者,此心此理;治举业者,亦此心此理。然有终年治举业而不知为理学者"①。"异日如何任得天下国家事?毋怪乎人才日坏,而风俗日偷也。"耿介满怀信心地说:"诚知理学举业原非二事,博学审问,慎思明辨,而加之以笃行,则伊洛之间"必"大儒辈出",人将"谓两程子数百年之后"洛学重兴!②

<h2>二</h2>

有明以降,学者登坛讲学之风甚盛。时"有讲学京师者",郭湄直言,"此如老僧在人烟凑集处诵经,言是而意不诚也"③。孙奇逢不主张讲学。友人曾问孙奇逢,如何是道学?孙奇逢曰:"日用间,凡行一事,接一人,无有不当理中情之处,此所谓道也,即所谓学也。"若"必待聚众上坐开讲,拟程拟朱,恐其名是而实非"。因此,"道学之实不可无,道学之名正不必有"④。孙奇逢"尝谓士大夫,各务讲学之实,不必立讲学之名,乃所以为天地留元气也"⑤。顺治十八年,"卫河督水田华石(本沛)檄郡县诸生会于百泉书院"⑥,请孙奇逢前去讲学。孙奇逢辞而不往。

汤斌秉承师志,主张学在力行,认为"今之讲学者只是说闲话耳,诋毁先儒,争长竞短,原未见先儒真面目。学者不从日用伦常躬行实践,体验天命流行,何由上达天德?何由与千古圣贤默相契会?"⑦汤斌"抚吴时,闻有当事登坛讲学",慨然曰:"学当躬行实践,不在乎讲。讲则必有异同,有异同便是门户争端。当初,孙夏峰先生为一代大儒,未曾应聘开讲。不过于一室中二三同志从容问答而已。若必登坛,南面聚众而谈,何异禅门家数!"⑧"聚数十百人于堂,而语之曰天命云何,心性云何,将大本大原,皆为口耳影响之谈,学者于俄顷之间与闻性道之秘,其不至作光景玩弄,视诗书为糟粕,礼仪三百,威仪三千,为粗迹也几希矣!

① 耿介:《与窦敏修先生书》,《敬恕堂文集》卷六。
② 耿介:《回洛中齐广文书》,《敬恕堂文集》卷六。
③ 河南省新乡县史志编委会办公室:《新乡县续志(清康熙)》(再版本)卷九,艺文志,孙奇逢:《大宗伯郭公(湄)传》,1994年版,第320页。
④ 《日谱》卷二,顺治七年八月二十二日。
⑤ 《日谱》卷八,顺治十三年三月二十四日。
⑥ 《孙夏峰先生年谱》,顺治十八年四月。
⑦ 汤斌:《答黄太冲书》,《汤子遗书》卷五,四库全书本。
⑧ 《汤子遗书》卷一。有学者认为孙奇逢曾讲学百泉书院,以孙、汤师徒言行证之,当为子虚乌有之事。

斯亦讲学者之过也。"①汤斌言行相随。时有请讲学者,汤斌曰:"尽吾职即学也。今人以讲学钓名隳本业而长奔竞,吾未见其可也。"有请为汤斌立书院者,汤斌曰:"吾不讲学,安有书院?"②师徒二人衣钵传承,于讲学之论可略窥其奥。

　　清初河南理学名儒对讲学之用有不同认识。孙奇逢认为,"学问之事,有为己为人之别"。他主张,"真修君子朴实做去,不求人知,人亦莫得而知之,直至遁世,不见知而不悔,此才是真实学问。"③汤斌认同师说,谓学问之道,"师友讲习,为益最多"④。"师友讲论一番,则此心光明一番,乃为已非为人也。"⑤然耿介对此却别有一番见解,其言有云:"或问:'讲学何用?'曰:'古之学者为己,盖身心性命原与他人无干涉。若说到用处,便是为人。'"⑥耿介正是以此"为人"之心,致力于"兴复嵩阳书院","日孜孜以讲学为事"。⑦

　　嵩阳书院在登封县城北,五代周时建,宋至道三年赐名太室书院,景祐二年,"勅西京重修,更名嵩阳书院"⑧。"二程夫子讲道于此。"⑨"金元废。明嘉靖间,知县侯兴复之。"⑩"明末兵乱倾圮殆尽。"⑪耿介自大名道家居后,"毅然修复,特建祠祀两程子、朱子,举数百年坠而不举之事,一旦化草莱为弦诵之地,四方学者闻风向往,从之者众。及吴门张公㻞如来宰是邑,加意书院,极鼓舞作兴之法。先生更建圣殿讲堂、诸贤祠,及东西两斋,并捐赠田数百亩,而规模大备"⑫。康熙二十三年,河南巡抚王日藻"建藏书楼五楹"⑬,学道林尧英建讲堂。后知县王又旦"添修斋房十间,巍峨轮奂,殊改常观"⑭。

①　汤斌:《嵩阳书院记》,《汤斌集》上册,卷三,中州古籍出版社2003年版,第135页。
②　《汤子遗书》,附《汤溥等述行略》。
③　《汤斌集》上册,卷一,语录,第23页。
④　汤斌:《与田箕山书》,《汤斌集》上册,卷四,第162页。
⑤　汤斌:《答楚怀万书》,《汤子遗书》卷五。
⑥　《敬恕堂文集》卷六,自课。
⑦　陆继萼修,洪亮吉纂:《登封县志》卷二一,先贤传,乾隆五十二年刊本。
⑧　《登封县志》卷一七,学校志,附书院。
⑨　薛国瑞:《嵩阳耿逸庵先生文集纪年序》,《敬恕堂文集》卷一。
⑩　《登封县志》卷一七,学校志,附书院。
⑪　汤斌:《嵩阳书院碑记》,张圣诰修,焦钦宠等纂:《登封县志》卷一〇,艺文志中,康熙三十五年刊本。
⑫　窦振起:《嵩阳耿先生纪略》,《敬恕堂文集》。
⑬　耿介:《与徐健庵先生》,《敬恕堂文集》卷七。
⑭　耿介:《寄张㻞如父母书》,《敬恕堂文集》卷六。

　　自书院复兴,耿介"率其徒诵习书院中,寒暑罔间,昼夜靡宁",不惟教"以斯文","且骎骎乎讲于道"①。耿介在嵩阳书院"示学者以科条,而不贬道以从人;期学者以远大,而不强其所未至"。其要有三:一为正门庭。"道具于六经四书,伏羲、神农、黄帝、尧、舜、禹、汤、文、武、周公,以此为治者也;孔子、曾子、子思、孟子以及周、程、张、朱子,以此为学者也。人而不以古圣贤之学自治,非学也"。二为严阶级。"六经四书微程子表章之,道几乎熄矣;微朱子集其成于后,亿万世之人心更何由而知所趋乎? 欲学孔孟而不以程朱为宗,是操舟而忘舵也。故必本乎诚而主之以敬,穷乎理而实之以力行,斯可不至凌节躐等,而自阻其进"。三为开堂奥。"天命人以太极之全体,着落在日用伦常,体用一源,显微无间,由洒扫应对进退便可到尽性至命,由笃恭即可至天下平。其浅深生熟要在人之自得焉耳。此所谓开堂奥者也。""以是设科,学者得与闻大道之要,伊洛宗风于兹丕振。"②耿介曾定"嵩阳书院学规","今有逾一年或二年三年而气质犹未变化,德性未见涵养,殊非设立书院之意。兹仿白鹿书院,立堂长一人,斋长二人,相与鼓舞董率之,庶几有所成就"③。康熙二十二年,耿介与窦克勤将"书院自丁巳以来,其间营建之先后,祀典之隆杀,讲课之期程,文章之辨质,及游其地者之有功书院举汇辑编次"为《嵩阳书院志》。④

　　讲席"以德行为主,文艺次之"⑤,为振兴书院,耿介广聘四方名儒前来讲学。时窦克勤"五年之间,三过嵩阳"⑥,与耿介"同志,时复往还,生同时,居同地,相与奇则赏而疑则晰"⑦。康熙六年,窦克勤"乡举至京师,谒睢州汤斌。一夕,请业,斌谓师道不立,由教官之失职,劝克勤就教职。选泌阳教谕。泌阳地小而僻,人鲜知学,克勤立五社学,月朔稽善过而劝惩之"⑧。"多士蒸蒸奋起,为之改观。"⑨基于窦克勤的优良学行,耿介遂向知县王又旦推荐窦克勤主讲书院。冉

---

① 薛国瑞:《嵩阳耿逸庵先生文集纪年序》,《敬恕堂文集》卷一。
② 窦振起:《嵩阳耿先生纪略》,《敬恕堂文集》。
③ 耿介:《嵩阳书院学规》,《敬恕堂文集》卷七。
④ 窦振起:《嵩阳耿先生纪略》,《敬恕堂文集》。
⑤ 耿介:《与王子明父母》,《敬恕堂文集》卷七。
⑥ 耿介:《与窦敏修先生书》,《敬恕堂文集》卷六。
⑦ 薛国瑞:《嵩阳耿逸庵先生文集纪年序》,《敬恕堂文集》卷一。
⑧ 《清史稿》卷四八〇,窦克勤。
⑨ 耿介:《与汤孔伯年兄》,《敬恕堂文集》卷七。

觐祖曾登"乡荐第一","澹志功名,以希圣希贤自命,著书垂训"。耿介称其"为今之程朱"①,亦延主嵩阳书院。冉觐祖"与诸生讲孟子一章,剖析天人,分别理欲,众皆悚听"②。康熙五年?张沐"自内黄罢归","偕耿介同讲学,为文纪其事,一时称盛"③。康熙二十三年春,河南学政福建莆田林尧英应邀"讲学嵩阳书院,发挥孔门言仁之旨",耿介诗云:"秉铎赖大儒,崛起续洛闽。嵩阳开绛帐,绝学今复振。"④耿介将"一生精神萃于嵩阳书院","淑人之念至老不衰"。⑤ 时嵩阳书院"朔望讲学,成人小子雍容揖逊其间"⑥,"每当篝灯午夜,弦诵之声响彻山谷"。⑦ 成为清初中州影响较大的理学教育基地。

<h2 style="text-align:center">三</h2>

康熙年间,河南尚有许多理学名儒在各地兴建书院,讲学其中。柘城窦克勤与父亲窦大任在县城东门外兴建朱阳书院,意欲承续北宋应天书院,其"基址广袤,门垣宏丽,进而圣殿三楹,再进而讲堂三楹,存诚在其东,主敬在其西,庖湢厩舍无不具备"⑧。窦克勤以泌阳学规及仪注十则约束弟子,"教有程,学有规,课有时;作息行止,法度森严;尊卑礼仪,不可妄为"⑨。窦克勤曾三主书院,时"远近来学者,讲舍不能容。中州自夏峰、嵩阳外,朱阳学者称盛矣"⑩。李来章曾主讲南阳书院,作南阳学规,以教学者。后以母老谢归,于襄城兴复先祖紫云书院,"讲书其中,学者多自远至"⑪。张伯行在仪封创请见书院,延请冉觐祖主讲席。觐祖"以太极、西铭指示圣学脉络,向道者益众"。冉觐祖每遇"风日晴和,偕门弟子过鲁庙诸村,徜徉倡和,及暮而归"⑫,为教颇有古风。

当时,一些理学名儒往往接受官方邀请前去省城书院讲学。康熙二十二年

<hr/>

① 耿介:《明经冉公墓表》,《敬恕堂文集》卷九。
② 《清史稿》卷四八〇,冉觐祖。
③ 《清史稿》卷四七六,张沐。
④ 《敬恕堂文集》卷六。
⑤ 汪晋征:《耿逸庵先生敬恕堂集叙》,《敬恕堂文集》。
⑥ 耿介:《与徐健庵先生》,《敬恕堂文集》卷七。
⑦ 耿介:《寄张孺如父母书》,《敬恕堂文集》卷六。
⑧ 胡介祉:《朱阳书院记》,陈锡辂修,查昌歧纂:《归德府志》卷一二,建置略中,光绪十九年重刊本。
⑨ 王树林:《窦克勤与朱阳书院》,《商丘师专学报》(社会科学版)1987 年第 3 期。
⑩ 《清史列传》卷六六,儒林传上一,窦克勤。
⑪ 《清史列传》卷六六,儒林传上一,李来章。
⑫ 《清史列传》卷六六,儒林传上一,冉觐祖。

十月,河南巡抚王日藻以耿介"学擅江都,醇正文章卓冠西京;理探洛下,精微义蕴独标中岳"①,请讲学于大梁书院。耿介"于九月望后,赴中丞王公之约,一车一马,行李萧然,到时书院供帐尽行撤还"。耿介在大梁"流连月余,前后开坛三次","作太极图疏义,以阐不传之秘,举孔门言仁言孝而贯之以诚敬,一时人心知所宗"②。时"阖省绅士会集,环桥门而观听者几千人,讲学之盛"③,"父老皆叹息,以为数百年旷典也"。耿介以诗记其事云:"中天开坛坫,千古振绝学。冠盖从如云,大雅今复作。渊源绍洙泗,统绪接伊洛。宫墙峻万仞,抽关启其钥。弦歌有诗书,陶淑先礼乐。中庸阐明诚,孔门训博约,士习敛浮华,风气还淳朴。"④康熙三十二年,河南巡抚顾汧"以造就人才为首务,乃择士之才华俊美姿品颀秀者,胥招而致之游梁书院中",虑"模楷非人,则准绳莫正;实学不崇,则志趣纷岐","博采群议",延请上蔡理学名儒张沐主讲。"先生至,建讲席,立规约,鸣板集众,阐扬经传,务革俗学崇实履,反覆辨难,日昃弗息,听者竦侍,罔弗罄折服膺,咨嗟蹈舞,以为生乎今世而得备闻昔圣昔贤之秘也。大中丞及藩臬监司,皆亲造堂上,父老扶仗观之,远近喧传为盛事焉。居旬月,担簦从学者益进,讲席至不可容。"⑤康熙中期,在耿介等理学名儒的大力倡导之下,以理学为中心的河南书院教育呈现出一派兴盛景象。

(作者为河南省社会科学院历史与考古研究所助理研究员)

---

① 《敬恕堂文集》卷六,附录,《王抚台请大梁书院讲学启》。
② 窦振起:《嵩阳耿先生纪略》,《敬恕堂文集》。
③ 耿介:《寄张牖如父母书》,《敬恕堂文集》卷六。
④ 耿介:《大梁书院讲学纪事》,《敬恕堂文集》卷六。
⑤ 管竭忠:《游梁讲语序》,管竭忠修,张沐纂:《开封府志》卷三六,艺文,康熙三十四年刊本。

清初河洛文化的传承者
——浅谈河南理学家冉觐祖

田　冰　张延青

嵩阳书院是我国古代著名书院,是儒家学派洛学的发源地。清初河南著名的理学家和教育家冉觐祖墨守程朱理学,以兴复程朱理学为宗旨、嵩阳书院作为阵地,把传承理学文化作为人生目标和追求,使理学在清初河南一时兴盛。并通过和清初理学名臣张伯行的交往,把其思想和学说传播到江南一带。虽然冉觐祖本人受时代的束缚,其思想有很大局限性,但他用自己的人生实践来诠释了理学的真正内涵。通过对冉觐祖的理学思想的研究,一方面进一步了解理学的传承及清初的学术与当时社会政治间的互动关系,另一方面进一步认识后人对传统河洛文化的继承和发展。

冉觐祖是清初河南地区一位著名的理学大家,不仅去丰富理学理论体系,而且不断去用一生来加以实践。但在现今的清初学术研究著述中很少能够找到有关冉觐祖的系统研究,绝大多数学界人士在研究清初思想家的时候,总是把重点放在对顾炎武、黄宗羲、王夫之、傅山、张履祥、颜元、李塨等诸大思想家的研究;在研究清初理学之时,又重点放在对孙其逢、熊赐履、李光地、陆陇其、汤斌、张伯行等理学名臣或影响全国的大理学家的研究,对于像冉觐祖等中原儒学群的研究上还几乎是空白。尽管有个别研究,也只是泛泛提到而已,如梦瀛、孙顺霖的

《嵩阳书院理学教育窥探》①和梁兆民、刘宝玲的《耿介和嵩阳书院》②等均涉及，只是简单提及冉觐祖在嵩阳书院讲学罢了。专门性的作品有娄继周的《一代名儒冉觐祖》③和冉守岭的《巨儒冉觐祖》④，是中牟县人为挖掘传统文化而搜集整理的著作，但这两本书在严格意义上都不能称之为学术性作品，只是重新整理资料和一般叙述性的文章，研究深度不够，对其研究还留有很大的空间。本文试图通过对冉觐祖的研究，一方面来填补这方面研究的空白，丰富清代儒学及我国儒学研究的内容，以便使研究者能够更准确地把握中国儒学的发展历史轨迹；另一方面为进一步深入挖掘河洛文化，丰富当今文化建设。如有不当之处请专家给予批评指正。

一、冉觐祖生平及成就

冉觐祖，字永光，号蟫庵，河南中牟万胜镇（今中牟县大孟乡）人。生于明崇祯十年（1637）闰四月十二日，卒于康熙五十七年（1718）十一月二十日，享年八十二岁。

冉觐祖于康熙二年（1663）中河南乡试第一，时年二十七岁。因"屡困公车"，但其意志并没有消沉，而是"杜门潜居，爱取《四书集注》，研精覃思二十年，章求其旨，句求其解，字求其训，身体心验，订正群言，归于一是，名曰《四书玩注详说》"⑤。康熙十七年（1678），清廷为吸引人才而开"博学鸿儒"一科，时任河南巡抚董国兴将举荐冉觐祖，只要他去拜谒一下巡抚，就有可能走上飞黄腾达之路。但冉觐祖却坚决回绝说："往见，是求荐也"⑥。当时有许多名士在京师北京组成"名士会"，邀请冉觐祖参加进去，冉觐祖也坚决谢绝。时任工部尚书的汤斌听说后，感慨道："冉君不入名士会，此真名士矣！"⑦冉觐祖因此深受当时人推崇。其先后两次主讲于嵩阳书院，并东赴仪封（今兰考县境内）讲学。康熙三十

---

① 许梦瀛、孙顺霖：《嵩阳书院教育窥探》，《河南师范大学学报》1997年第4期。
② 梁兆民、刘宝玲：《耿介和嵩阳书院》，《信阳师范学院学报》2000年第4期。
③ 娄继周：《一代名儒冉觐祖》，中国文史出版社，2008年。
④ 冉守岭：《巨儒冉觐祖》，中国文联出版社，2008年。
⑤ 赵尔巽等撰：《清史稿》卷四八〇，《儒林一》，中华书局，1977年，第13137页。
⑥ 赵尔巽等撰：《清史稿》卷四八〇，《儒林一》，中华书局，1977年，第13137页。
⑦ 王炳言：《国朝名臣言行录》卷之一〇，《翰林院检讨蟫庵冉公冉觐祖》，近代中国史料丛刊本。

年(1691)冉觐祖考中进士授翰林院庶吉士,康熙三十六年(1697)任会试同考官。康熙四十二年(1703)二月致仕回乡,开始了他后来的乡村生活:著书立说、教育后辈、体察民情。雍正元年(1723),经巡抚河南的田文镜的题请,冉觐祖被崇祀乡贤祠。乾隆二年(1737),尹会一题举河南理学时,冉觐祖又陪享大梁书院。①

冉觐祖一生大部分时间从事教学和著书立说,其一生著述颇多,现存著作有《四书玩注详说》、《五经详说》(《易经详说》、《诗经详说》、《书经详说》、《春秋详说》、《礼经详说》)、《孝经详说》、《性理纂要》等书。其他著作如考证类的有《孔子生日考》、《关公考》、《嵩阳书院考》,有关理学方面的著作有《河图洛书同异考》、《天理主敬图》、《为学大旨》、《诗传异同》、《封卦遗稿演》、《正蒙补训》等,其他著作保存于他的《寄愿堂诗文集》中,但因种种原因已经佚失,有的保存于其他人(如耿介、张伯行等)的著作集和地方志(如《中牟县志》和《登封县志》)中,这为后人研究冉觐祖的理学思想提供了珍贵的史料。

二、冉觐祖的理学思想特征:主尊程朱,反对陆王

冉觐祖的思想形成受家庭和清初学术思想潮流的影响较大,主尊程朱,反对陆王心学。能够反映冉觐祖理学思想的现存著作主要是他的《四书玩注详说》、《性理纂要》和其后人及学生编辑的《冉蟫庵先生语录类编》,以及光绪时期黄舒昺编纂的《中州明贤集》。下面就其理学思想的形成背景及其特征进行详细阐述。

(一)家庭和社会背景

冉觐祖思想的形成与其家庭及当时的社会、政治、思想潮流有着密切的关系。冉氏宗族在明清时期是中牟县典型的士绅家族,其高祖冉鼎明成化时举人,曾祖冉崇儒明嘉靖时举人,曾叔祖冉崇礼嘉靖时进士,均被崇祀乡贤②,可见其家族在明代之时具有较高的社会地位。冉觐祖的父亲冉佐虽没有考中举人,但具有明经的身份,也算是社会中上层的一员,且冉佐本人"旁搜广览,博极群书,

---

① 吴若烺:同治《中牟县志》卷八,《人物·理学》,清同治九年。

② 吴若烺:同治《中牟县志》卷八,《人物·乡贤》,清同治九年。

古文词赋,独擅一时"①,又善《易》,"且乐育人才,开馆授徒,执经问业,楼满户外。而大公为怀,不受束脩,于士之寒者衣食之,其万物一体之怀"②的躬身力行,都在无形中给幼小的冉觐祖以深刻的印象。又由于从其高祖到父亲在中牟县有很高的政治和社会地位,积累了大量的财富,是冉觐祖长期仕途中可靠的物质保证。

明末清初,随着封建政权的更替,整个社会出现严重的社会动荡,一切社会矛盾充分地暴露出来,即所谓"天崩地解"的局面,这种情况集中体现在政治、经济、思想文化诸领域之内。当时的思想界开始进入一个特定的"自我批判"时期,即客观实际迫使一些具有探求真理精神的知识分子从哲学、经学、史学、政治、经济诸方面去进行认真的研究,开始对思想领域进行重新认识。梁启超认为清代思潮是"对于宋明理学之一大反动,而以'复古'为其职志也"③。民国时期著名的历史学家萧一山也认为:"清初之学术,及无一不为明学之反动,故其时之理学家,亦大抵力排明季学风者也。"④陈之青是从整个清代学术界而言的,把学术界分为四派(即性理学派、考证学派、今文学派、古文学派),对于清代初期的学术,他说:"帝国初年,一般学者力排王学,推尊程、朱,其学风乃由明以返于宋——即我们所说的第一派(性理学派)。"⑤此外,当时的康熙皇帝为巩固统治需要大力提倡尊孔,并以中国传统儒学中的程朱理学作为其统治国家的指导思想,这样在清初形成自皇帝到大臣、从中央到地方尊重程朱理学思想的学术氛围。

对于冉觐祖的思想而言,其思想的形成除以上影响外,主要还是个人长期的历程,是在多年仕途道路中对传统知识的学习积累中潜移默化,再加上与其他学人的相互联系学习而逐渐形成的。这种联系和相互学习主要来自三方面:首先,经常在一起学习的同学,如孟公彛、张玉林、赵玉鳞等,后来冉觐祖编辑《四书玩注详说》时孟公彛就参加了校订工作;其次,与郑州士子们的联合结社,"郑实多

① 民国《中牟县志》三《人事·乡贤》,据民国萧德馨修熊绍龙纂民国二十五年石印本影印。
② 张伯行:《正议堂文集·明经冉公墓志铭》,仪封扬烈堂板光绪丙子冬月镌本。
③ 梁启超:《清代学术概论》,上海世纪出版集团、上海古籍出版社,2005年,自序第3页。
④ 萧一山:《清代通史》,中华书局,1985年,第994页。
⑤ 陈青之:《中国教育史》,民国丛书第一编46,上海书店据商务印书馆1936年本影印,第459页。

(人)才,亦荷激发之力"①,进一步增长了知识;再次,康熙二十九年～三十年
(1690—1691)与李来章和耿介(三人当时被称之为中州三君子)等在嵩阳书院
讲学期间,是冉觐祖的思想成熟时期。据后来其门人吕元亮编辑的《太史公年
谱》记载:"先生平日与阳明爱其文章功业,多为恕论。及主教嵩阳,乃谓:'教人
无歧路,此是而彼非,不可以不严辨。'于后,凡论及陆王子学皆不相假借矣。"②
这是冉觐祖理学思想形成的主要标志。

(二)理学思想特征:主尊程朱、反对陆王

1. 道统观。

道统,即圣学传统。冉觐祖认为:"道者,心所自具之理,而学为心所实致之
功。以致实之功体自居之理,此学所以必范于道,而道之所以有资学也。"③他把
道视为天理,"无论时之久暂,遇之顺逆,一循乎天理之当然"④,这里所谓的天理
即自然发展的规律,只有遵循圣学发展的规律,才称之为道学,亦即道统。

冉觐祖认为儒学的源头应从传说的唐虞开始,下至孔孟,而理学之源应追溯
自周敦颐开始,"濂溪崛起南服,为理学鼻祖,其功甚大"⑤。二程得濂溪之真传,
学习六经从中得益颇多,进一步扩充理学的知识内容,是理学的重要开拓者。尽
管二程认为自己的学术思想是通过对六经阐发而得,但冉觐祖认为二程是濂溪
的发展,"予尝谓:'濂溪星宿,海也;及程子而后,洪流九曲万里赴海者也'"⑥。
虽如此,二程通过与张载的相互切磋亦受益匪浅。程学经杨时、罗从彦等传至朱
熹,朱熹成为宋代新儒学——理学的集大成者。因此,冉觐祖把周、程、张、朱四
人看做宋明理学的四大圣人,是继孔孟之后以六经垂教天下的大功臣,"周、程、
张、朱阐发六经之旨,体之于身、宣之于口、笔之于书,所以代孔子衍教,其为孔、
曾、思、孟之嫡传,何疑乎?"⑦在崇扬周、程、张、朱四位理学功臣的同时,冉觐祖
对陆九渊、王阳明、陈献章、湛若水等心学一派加以批判。他认为陆九渊主静悟,

① 《冉氏族谱·太史公年谱》,戊午条,1987 年第六次重续本。
② 《冉氏族谱·太史公年谱》,庚午条,1987 年第六次重续本。
③ 耿介:《中州道学编·冉觐祖序》,嵩阳书院藏版。
④ 同上。
⑤ 《冉蟫庵语录类编》卷之二《答问·答勉斋先生》,大梁书局刊本光绪七年。
⑥ 同上。
⑦ 同上。

但陆本人"性傲,失之偏";而对于王阳明,冉觐祖认为王阳明的致良知,即所谓的"道理自在吾心,读书反成滞碍",是废六经不读,与孔子提倡的教育方法正好对立,"予尝谓致良知者,用聪明之别名,良知非孟子之良知,致亦非《大学》之所谓致也"①。在这里,冉觐祖点明了阳明心学的缺点之处在于废六经不读,靠顿悟成圣,是值得肯定的,不足之处在于他把孔孟之教作为评价学术思想的标准,未免有失偏颇。

对于中州道学来说,除二程外,冉觐祖认为贡献最大的莫属元代的许衡和明代的曹端,"在元则许文正接道学之统,在明则曹靖修开道学之先"②。冉觐祖的道统思想和清初许多理学家的观点基本一致。当时的中州三君子之一的耿介,在其编辑的《中州道学编序》中就说:"自龟龙图书出于河洛,圣人则之以画卦演畴,千万世道学之传实昉于此,由尧舜禹汤文武周公至我夫子","有宋濂溪以太极图授两程子,而洛学兴焉","迨龟山载道而南,历豫章、延平以传之朱子","……此闽学所以继洛学也"③。其观点和冉觐祖相同并非偶然,是清初康熙朝社会、政治思想的产物。

2. 辟异学。

这里所说的异学包括佛老之学和陆王心学。冉觐祖认为:"道言长生,僧言无生",佛道对于国、家,上、下,亲、疏等关系上都是背道而驰的。这种认识主要基于以下几个方面:一是来自于孟子的无父无君思想。对于冉觐祖而言,"人食土之毛,蒙业而安,皆受君恩。贱而服役,贵而从仕,皆分所当然"④。如果沦为佛老之徒,则就是避劳就逸,为个人谋利,"寂守其心以求所谓灵明觉照者,不过为己了生死事耳,于世间毫无用处"⑤,非大公之道,这样就会造成"君无以事,民无以治,上陵下替,而惑乱作矣"⑥。对于国家的发展来说,冉觐祖的看法是有道理的。二是就人伦关系方面而言,冉觐祖认为,"人受形于父母,凡日用动静皆

---

① 同上。
② 耿介:《中州道学编·冉觐祖序》,嵩阳书院藏版。
③ 耿介:《中州道学编·自序》,嵩阳书院藏版。
④ 《冉蟫庵语录类编》卷一,《讲学·异学》,大梁书局刊本光绪七年。
⑤ 黄舒昺:《中州明贤集》卷八,《洛贤文抄·蟫庵·书孟子从其大体为大人章后》,光绪是十九年。
⑥ 《冉蟫庵语录类编》卷一,《讲学·异学》,大梁书局刊本光绪七年。

奉父母之遗体以行,无时无事不当兴怀父母,大小难易务循子职而求其必尽"①。这对于古代社会中的传统道德中的人伦日常是必要的,也是清朝统治者以孝治国的指导方针。而佛老之徒却亲者反疏,厚者反薄,这等于视骨肉为陌路,是"乖人伦而灭天性也"②。三是针对佛老兼爱和为我的观点,冉觐祖根据孟子的"亲亲而仁民,仁民而爱物"的看法,认为这是施恩之序,不可改变,"圣贤析理既精,自能因时制宜,事至物来,惟择其一是,而不涉于两可",在兼爱和为我上要审时度势。况且,为我者含有营利之心,兼爱者包含沽名钓誉之念,基于以上看法,冉觐祖认为学者一定要深辨且加以体会,使"佛老之妄不惑于将来矣!"③

冉觐祖还对陆、王分别予以抨击。对于陆九渊的主静悟之说,冉觐祖认为其说有近于禅学之嫌。有人认为朱陆不同,在于陆尊德性,朱道学问,冉觐祖认为:"朱子养察兼资,知行互进,以主敬为宗旨,岂不能尊德性乎?象山不于学问加工,而以静悟为尚,只求心之澄莹。自标立大之名,而不能充德性之分量,岂能尊德性乎?"④有鉴于此,冉觐祖认为朱熹道德、学问两者兼得,而陆氏两方面兼失。冉认为其原因在于当时关、洛之学被视为异端思想,所以陆氏自立门户,极力诋毁周敦颐的《太极图说》。冉觐祖对陆九渊并非全部加以否定,认为陆氏的著作《春秋解》就写得非常成功,只是陆本人心高气傲,在不知觉中走进歧途。

陆九渊的高徒杨慈湖深信心是聪明之源,成为陆王心学传递的纽带,开了阳明心学中致良知之端。对于阳明的良知之说,冉觐祖认为:"全是一派权术作用,恐理字妨碍,竟欲抹杀理字,谓朱子格物穷理之害甚于洪水已可骇异,乃以镒数较量,谓孔子不及尧舜,则不足为生民未有之圣。其放诞至于如此,欲何为也?"⑤另外,冉觐祖认为王学立教带有禅意,被儒者讥为禅学。

从本人所掌握的资料来看,冉觐祖对陆王心学评价是有矛盾之处的。在黄舒昺的《中州明贤集》中有这样几句话,此摘录如下:"学者但宗朱子,不必讥评陆王","永光于七篇之中再三致意者,盖谓阳明为一代大儒,其功业文章炳然皆有可观。其语言有疵,要在瑕瑜不掩耳。今人因学术不同,目为伪学,竟以小人

① 同上。
② 同上。
③ 同上。
④ 同上。
⑤ 同上。

视之。永光于此不平,故辨之。"①查此话出自冉觐祖的《四书玩注详说》之中,而此书是冉觐祖自康熙二十至二十六年(1681~1687)编辑而成,此时他的思想处于日渐成熟的时期。他本人还没有到嵩阳书院讲学,也没能考中进士,还未受到清初整个思想界的影响。康熙二十九年(1690)主讲嵩阳书院,三十年(1691)中进士后,冉觐祖受清初思想界的影响较大,逐渐形成了主尊程朱、反对陆王的思想特征,"凡论及陆王子学皆不相假借矣"②。清初名臣张伯行也称:"君(冉觐祖)平日于阳明,爱其文章勋业,持论颇恕,在是(指在嵩阳书院讲学其间)乃谓:'教人无歧路,此是则彼非,不可不严辨。'于是,陆王之学不复假借矣。"③

三、结语

　　冉觐祖八十二年的人生历程中,大部分时间都是在进行儒家学说的研究,先后编辑流传至今的儒学著作主要是《四书玩注详说》、《性理纂要》、《五经详说》等,对周、程、张、朱等人的理学思想进行深入透彻的研究,不愧为清初河南的儒学大家和河洛文化的继承者、传播者。冉觐祖不但是一位理论家,也是一位脚踏实地的实践者,以实现儒学传统的"修身、齐家、治国、平天下"理想。他先后两次主讲于嵩阳书院,特别是康熙二十九年(1690)至康熙三十年(1691)第一次主讲嵩阳期间学生云集,为史家所称道,堪于孙奇逢主讲百泉时的盛况相媲美;康熙三十六年(1697)辞官回乡后二次到嵩阳书院讲学,为传播河洛文化不顾自己六旬之躯,并东赴仪封(今河南开封市兰考县内)请见书院,把周、张、程、朱等一脉相传的理学思想传播到河南广大地区。东赴仪封期间与清初名臣张伯行关系深厚,其思想对张影响较大,张伯行之所以能够成为清初的理学名臣与冉觐祖的影响是分不开的,并且在与张伯行的交往过程中,冉觐祖的思想通过张伯行的影响又传播到江南地区,用张伯行本人的话说,就是:"所喜南中学者骎骎乎有向道之意,可不入陆王一派,得蒙惠教主持讲习,使吴中士子有所矜式,感慰者岂独弟一人已乎?"④

---

①　黄舒昺:《中州明贤集》卷八,《洛贤文抄·蟬庵》,光绪十九年本。
②　《冉氏族谱·太史公年谱》,庚午条,1987年第六次重续本。
③　《冉氏族谱·张伯行·检讨冉蟬庵先生传》,1987年重续本。亦参看张伯行:《正谊堂文集》,扬烈堂藏版。
④　张伯行:《正谊堂文集》卷八,《书·与冉永光检讨》,光绪丙子冬仪封扬烈堂刻本,第13页。

冉觐祖本人在清初河南地区影响比较大，但仍感觉自己与所谓圣贤相差很远，还要不断学习才能无愧于教授生徒之责。下面是冉觐祖的一首诗，就是这种心理的表露："遁迹名园事事幽，参天老树隐书楼。垂帘永日琴三弄，展卷微吟茗一瓯。久坐频随花气转，偕行每为竹阴留。传经愧我无超诣，且喜群英得共游。"①诗中"传经愧我无超诣"一句，是作为一位儒学大家永不自我满足，不断去追求更高目标的感情流露。冉觐祖曾说："五经四书为学者不可一日不讲者也。"②冉觐祖本人就是如此，"雅志好古，不汲汲进取，而殚精著述，潜心理学"③。这种永无止境的治学精神也是值得现代人学习和借鉴的。

（作者分别为河南省社会科学院历史与考古所副研究员、河南大学历史文化学院研究生）

---

①　黄舒昺：《国朝中州名贤集·洛贤诗抄》卷下，《蝉庵·就勉斋张先生别墅读书纪事》，光绪十九年本。

②　黄舒昺：《国朝中州名贤集》卷七，《静庵先生文抄·性理纂要序》，光绪十九年本。

③　唐鉴：《学案小识》卷一一，《中牟冉先生》，上海文瑞楼版，清光绪年间本。

河洛地区与中华姓氏之根

丁同民

　　关于河洛地区的区域定位,学者有不同的看法,李先登认为:"河洛地区指的是黄河中游潼关至郑州段的南岸,洛水、伊水及嵩山周围地区,包括颍水上游登封等地,大致包括北纬34°至35°、东径110°至114°之间的地区,概言之就是今天河南省的西部地区。河洛地区南为外方山、伏牛山脉,北为黄河,西为秦岭与关中平原,东为豫东大平原,北通幽燕,南达江淮。"①赵芝荃认为:"河洛地区系指以洛阳为中心的整个豫西地区及其黄河北岸的平原而言,它位于黄河中游,犹如摇篮之心脏,在史前文化的发展过程中,发挥着轴心和主导的作用。"②程有为认为:"河洛地区大体上西至潼关、华山,东至京广铁路一线,北至中条山、太行山南麓,南至伏牛山、外方山,与今天的河南省的西部及中部地区基本相当。"③薛瑞泽认为:"河洛地区指的是以洛阳为中心,东至郑州、中牟一线,西抵潼关、华阴,南以汝河、颍河上游的伏牛山脉为界,北跨黄河以汾水以南的济源、焦作、沁阳一线为界的地理范围。"④等等。朱绍侯先生还提出了"河洛文化圈"的概念。⑤笔者认为,河洛地区一般是指黄河中游河段与洛水交汇的地区,它西起华山,东至豫西山地与华北平原结合部,北起霍泰山、漳水一线,南至伏牛山,相当

①　李先登:《河洛文化与中国古代文明》,《河洛文化论丛》(第一辑),河南大学出版社1990年。
②　赵芝荃:《史前文化多元论与黄河流域文化摇篮说》,《河洛文化论丛》(第一辑),河南大学出版社,1990年。
③　程有为:《河洛文化概论》,《河南社会科学》1994年第2期。
④　薛瑞泽:《河洛地区的地域范围研究》,《洛阳师范学院学报》2005年第1期。
⑤　朱绍侯:《河洛文化与河洛文化圈》,《寻根》1994年第1期。

于今河南省的中西部、山西省南部以及陕西省华山以东地区。河洛地区历史悠久,文化灿烂辉煌,是华夏文明的发源地,汉族的中心区。这一地区不仅是中华姓氏的重要起源地,名门望族的郡望所在地,也是海内外华人寻根谒祖的本源地。

一、中华姓氏的重要起源地

地处中原的河洛地区是中华姓氏的重要起源地。中华姓氏起源于原始社会后期。据文献记载,伏羲氏"定姓氏,制嫁娶",①说明伏羲时代中国的姓氏开始出现。伏羲氏早期在甘肃天水一带活动,在黄河中下游之交的大河南北,今河南巩义和沁阳一带,有不少伏羲活动的遗迹和传说。太昊为东夷部族首领,史书记载:"陈,太昊之墟也。"②陈,即今河南淮阳,淮阳有太昊陵。自汉代以来,人们认为太昊和伏羲氏为一人,称太昊伏羲氏。因此,中国最早的姓氏就产生在河洛地区。在伏羲之后,又有炎帝、黄帝。炎帝早期在姜水流域(今陕西宝鸡)一带活动,后来都于陈。炎帝之后分为许多姓氏,例如姜、齐、申、吕、崔、雷、丘、高、许、纪、焦、谢等。黄帝为"有熊国君,少典之子也。"皇甫谧曰:"有熊,今河南新郑是也。"③因此,人们称今河南新郑为"黄帝故里"。黄帝有二十五个儿子,"得姓者十二人",后来又分化为许多姓氏,其中大姓就有 70 多个,不再一一列举。祝融也在新郑活动,其后裔也产生了所谓"祝融八姓"。进入阶级社会以后,大禹之子启在河洛地区建立夏朝。禹都阳城即今河南登封告成,启都阳翟即今河南禹州,偃师二里头遗址就是夏代后期的都城遗址。夏朝后裔又产生了姒、杞、曾等许多姓氏。商汤推翻夏朝,建立商朝,偃师商城、郑州商城、安阳殷墟都是商代的都城遗址。商王朝的后裔又有子、宋、戴、华等许多姓氏。周代以后,河洛地区小国和城邑林立,这些国家灭亡以后,其国民"以国为氏"、"以邑为氏"、"以职官为氏",又产生了许多姓氏。魏晋南北朝时期,北方许多少数民族进入河洛地区,他们都有自己的姓氏。北魏孝文帝迁都洛阳后,实行改革,下令将少数民族复姓一律改为汉族单姓,于是许多"胡姓"又在河洛地区出现。由于上述种种原因,

---

① 罗泌:《路史·后纪一》注引《古史考》。
② 《左传》昭公十七年。
③ 《史记·五帝本纪·集解》。

河洛地区成为中华姓氏的重要起源地。

关于究竟有多少姓氏在河洛地区起源,人们尚未做出具体的统计。古代的河洛地区包含了今河南省大部分地区,河洛地区与今河南省辖境大体重合而有所出入,因此我们可以将河南省的姓氏情况作为河洛地区姓氏的参证。据河南姓氏学者谢均祥先生考证,在中国的上万个姓氏中,起源于河南的有1831姓,占中国4820个汉族姓氏总数的38%。在当今排名前120位的大姓中,源于河南和部分源头在河南的有96个,占120个大姓的80%。其中前5大姓中的李、张、陈3姓均起源于河南,王姓和刘姓最早的一支也在河南形成。[①] 由此可见,河洛地区是中华姓氏的重要起源地。

二、名门望族的郡望所在地

中国古代的世家大族起源于东汉,魏晋南北朝形成了所谓门阀士族,隋唐时期逐渐衰落。但由于宗法制的残存,宋代以后一些大的家族仍然存在。由于东汉、曹魏、西晋、北魏四代均建都洛阳,隋唐两朝又以洛阳为东都,五代北宋又建都汴京(今河南开封),而以洛阳为西京。河洛地区成为全国的政治、经济、文化中心,许多贵族官僚、文人学士在这里居住,于是河洛地区成为世家大族最为集中的地区,出现了许多著姓大族的郡望。

据统计[②],在当代中国前100个大姓中,郡望在河洛地区的姓氏有:李姓:颍川、河南、南阳、梁国、襄城;王姓:陈留、新蔡、新野、河南、河内、汲郡、济阳;张姓:南阳、洛阳、梁国、河内、汲郡;刘姓:弘农、梁郡、顿丘、南阳、河南、陈留;陈姓:颍川、汝南、河南;杨姓:弘农、河内;黄姓:洛阳、濮阳;赵姓:南阳、颍川;周姓:汝南、陈留、临汝、河南;吴姓:濮阳、陈留、汝南;徐姓:濮阳;孙姓:陈留、汲郡;朱姓:河南、太康;胡姓:新蔡;郭姓:河内;何姓:陈郡;高姓:河南;梁姓:河南;郑姓:荥阳、洛阳、南阳;宋姓:弘农、河南;谢姓:陈留、陈郡;韩姓:南阳、颍川;许姓:汝南、河南;邓姓:南阳、陈留、洛阳;萧姓:河南;冯姓:颍川、荥阳、弘农;曾姓:鲁阳;程姓:河南;蔡姓:汝南、南阳;彭姓:淮阳;潘姓:荥阳、河南;袁姓:汝南、陈郡、河南、濮

① 谢钧祥:《华人祖根大半在河南》,《中州学刊》2000年第2期。
② 陈建魁:《中国姓氏文化》,中原农民出版社,2008年。

阳;于姓:河南、河内;董姓:弘农;苏姓:河南、河内;叶姓:南阳;田姓:河南;杜姓:濮阳、南阳;丁姓:济阳;沈姓:汝南;范姓:南阳;江姓:济阳、淮阳;傅姓:南阳;钟姓:颍川;卢姓:河南;崔姓:荥阳;任姓:南阳;陆姓:河南、颍川、河内;廖姓:汝南;方姓:河南;邱姓:河南;谭姓:济阳、弘农;贾姓:洛阳;邹姓:南阳;石姓:河南;孟姓:洛阳;阎姓:河南;薛姓:新蔡;侯姓:河南;白姓:南阳;孔姓:河南;邵姓:汝南;史姓:河南;毛姓:荥阳;常姓:河内;万姓:河南;赖姓:颍川、河南、南阳;贺姓:河南;龚姓:河内。由上述统计可知,在中国当前 100 个大姓中,有 69 个姓氏有一个或多个郡望在河南。其中王姓有 7 个郡望在河南;刘姓有 6 个郡望在河南;李姓、张姓各有 5 个郡望在河南;周姓、袁姓各有 4 个郡望在河南;陈、吴、郑、邓、冯、陆、赖 7 姓各有 3 个郡望在河南;杨、黄、赵、孙、宋、谢、韩、许、蔡、潘、于、苏、杜、江、谭等 15 个姓氏各有 2 个郡望在河南;徐、胡、郭、何、高、梁、萧、曾、程、彭、董、叶、田、丁、沈、范、傅、钟、卢、崔、任、廖、方、邱、贾、邹、石、孟、阎、薛、侯、白、孔、邵、史、毛、常、万、贺、龚等 40 个姓氏各有一个郡望在河南。由此可见,河洛地区是中华姓氏郡望最多的地区。一些历史上的著名士族,例如东汉时期的弘农杨氏、汝南袁氏,魏晋时期的颍川陈氏、颍川钟氏、颍川庾氏,陈郡谢氏、陈郡殷氏,南北朝时期的荥阳郑氏、河南元氏等,郡望都在河洛地区。这些姓族在中国历史的演进中发挥了重要作用,也由于门第的华贵而为世人所崇敬。

三、华人寻根谒祖的本源地

在数千年的历史长河中,由于战乱和灾荒,河洛汉人多次南迁,到达江西、福建和广东一带,形成了客家、福佬等民系。近代以来,这些南迁汉人的后裔又漂洋过海,到达台湾、海南、东南亚以至世界各地。叶落归根,"狐死首丘",这些港台同胞、海外侨胞时刻不忘自己的根本,他们自称"河洛郎"。改革开放以来,他们回到祖国大陆,进行寻根祭祖。首先到达广东、福建等地,然后又回到其姓氏起源地和著名郡望地。河洛地区遂成为港台同胞和海外侨胞寻根祭祖的重要地区。当地政府也积极配合协助,举办了不少寻根联谊活动,于是河洛地区掀起了寻根祭祖的热潮。近年来,中华人文始祖炎黄二帝巨型塑像在郑州黄河游览区落成,吸引了成千上万的海内外华人前往瞻仰拜谒。改革开放三十多年来,河南省开展了不少祭祖联谊活动。1991 年,来自英、法、荷兰、比利时、卢森堡的客属

200多人在洛阳王城公园"根在河洛"纪念碑前隆重举行寻根祭祖仪式;新郑市在1992年以来连续举行炎黄文化节的基础上,从2006年到2009年,在"黄帝故里"举行了四次拜祖大典,吸引了无数海内外华人前来祭拜;内黄县有颛顼、帝喾二帝陵,自2002年以来,安阳市人民政府也连续举行了祭拜颛顼帝喾的活动;淮阳举行了祭拜伏羲大典与姓氏文化节;固始作为中原汉人南迁的肇始地和集散地,也多次举办根亲文化节等寻根联谊活动。2004年郑州市举行了第十八届世界客属恳亲大会,吸引了众多的客家人来河洛地区寻根祭祖。20世纪80年代以来,林姓在卫辉,郑姓在新郑、荥阳,张姓在濮阳,刘姓在鲁山,陈姓在淮阳、长葛、新郑,邱姓在卫辉、偃师,杨姓在灵宝、开封,叶姓在叶县,黄姓在潢川,谢姓在南阳、唐河、太康,蔡姓在上蔡,许姓在登封、许昌,温姓在温县等地都开展了多次寻根祭祖活动。如今,姓氏寻根活动在河洛地区仍然方兴未艾。这些寻根祭祖活动,扩大了河洛地区的对外开放,加强了海内外华人的互相了解和友谊,扩大了河洛文化在海内外的传播和影响,也有利于祖国的和平统一大业。总之,河洛地区有丰富的姓氏文化资源,应该进一步开发利用,为该地区的经济、文化发展服务。

（作者为河南省社会科学院副院长、河南省河洛文化研究中心主任）

河洛地区的区域界定

——基于河洛文化核心区及其变迁中的整合与分化的视角

胡　方

一、引言

河洛作为一个地域而言[①]，指的是黄河中游和伊洛河流域。但这只是一个模糊的地域概念，关于河洛地区的区域界定，至今还存在诸多争议[②]，只是对河洛地区的地域范围进行了概括，尚未给河洛地区的地域范围确定出明确的地理学意义上的区域界线。但进行一个合乎实际的河洛地区区域界定，对我们进行区域研究又是十分必要的。正如苏联历史地理学家 B. C. 热库林所说："区域的完整性提供了将所获得的结论与其他时期的资料进行比较的可能性。历史学家的许多奠基性著作由于研究区域的不一致，就难于和地理学研究对象的现代研究作比较。……应当建议研究地理学对象发展全过程的历史地理学家从工作一开始就确定所研究区域的界线。"[③]

[①] 将"河"、"洛"连称作为一个地理概念，始见于《史记》。《史记·封禅书》云："昔三代之居，皆在河洛之间。"《史记·郑世家》亦云："和集周民，周民皆说，河洛之间，人便思之。"自此，"河洛"作为一个地域概念，沿用至今。

[②] 关于河洛地区的区域范围，学术界各有看法。概括而言，主要有：1. 伊洛盆地说；2. 河洛周边说；3. 北越黄河东达开封说；4. 狭义中原说，等等。张新斌先生曾对此进行了相关的学术史综述，参见张新斌：《河洛文化若干问题的讨论和思考》，《中州学刊》2004 年第 5 期。

[③] (苏联)B. C. 热库林著，韩光辉译、左少兴校：《历史地理学：对象和方法》，北京大学出版社，1992 年，第 90 页。

区域作为地理学的基本范畴,也是地理学研究的目标,是地理学的对象本身[1]。区域主要是由其内部的均质性和内聚性以及与外部的差异性决定的。区域的划分,首先是建立在自然地理因素的基础之上的,因而要求历史地理研究的区域与自然地理所划分的区域尽可能地保持一致,以保证所研究的对象区域在时间上的连续性。事实上,历史时期的政治区、经济区、文化区等人文区域的划分,无不与自然地理环境的区域差异有着密切的联系。同时,历史地理研究中的区域又是一个历史的范畴。区域的设定与划分,也必然要以一定历史时期的社会、经济、文化特征为依据。在考察一个区域的人文现象时,必须首先弄清楚这一区域范围在不同历史阶段的变动情况以及造成这些变动的原因,尤其是这些变动与区域的社会经济环境和自然地理环境之间的关系。基于历史地理研究中区域界定的自然地理性和历史性的原则,我们对河洛地区区域的界定,要以河洛地区具有一定特征的自然地理区域为基础,同时,也要结合历史时期河洛地区的经济文化发展格局,充分考虑到河洛地区人文地理格局与自然地理格局的关系。在此基础上,界定河洛地区的区域。

二、河洛地区的核心区域

美国学者施坚雅(G. W. Skinner)提出的"核心—边缘"结构,对河洛地区的区域界定具有重要的参考意义。施坚雅认为,从地理角度看,每一区域都可分为"核心"和"边缘"两大部分。区域的核心部分一般都位于河谷或低地地带,边缘地带则位于区域周边的山地、沼泽等地。他认为,自然条件的不同,促成了核心区和边缘区的差异。一方面是资源集中程度的差异,耕地作为农业社会最主要的资源,直接关系到经济的发展程度和人口的集中程度。核心区可以开垦的土地资源比边缘地区丰富,而且土地肥沃,劳动生产率远远高于边缘区。另一方面是交通方面的差异,核心区具有明显的交通优势。核心区一般都具有可以通航的水系,即使不能通航的河流,其河谷也自然成为陆上交通线的通道。而且核心

---

[1] 德国地理学家赫特纳(Hettner Alfred)认为:地理学"是关于地表就其地点差别研究大陆、地区、地方和地点的科学",其"基本思想是根据其空间的差异性,根据空间划分为大陆、地区、地方和地点来理解地表"。参见阿尔夫雷德·赫特纳著,王兰生译:《地理学——它的历史、性质和方法》,商务印书馆,1986 年,第 141、241 页。

区一般地势平缓,宜于建设道路和开凿运河,有利于经济往来。① 施坚雅的理论是建立在他对中国古代后期区域分析的基础之上的,但对整个中国古代的区域研究也有一定的借鉴意义。

我们进行河洛地区的区域界定,首先要确定河洛地区的核心区。对于这一问题,我们以往都简单地把河洛地区的核心区归结为伊洛盆地。但如果认真考察河洛文化赖以产生的地理条件和经济基础,就会发现这一看法并不全面。河洛文化的产生,是建立在新石器时代粟作农业生产方式的基础之上的。新石器时代,在黄河流域易于灌溉的黄土地区,主要是黄土地区的山麓山前冲积平原地带,原始粟作农业首先得到迅速发展,为这一地区文明的出现和国家的产生奠定了经济基础。因为这些山麓山前平原地势相对较高,坡度相对较大,河床切割较深,不易受洪涝之害;同时由于距离河流较近,取水便利。相比之下,下游泛滥平原地势低洼,雨季洪水泛滥,一片泽国,而且低洼地带极易积水,湖沼密布,交通不便;上游山地、高原则由于土地肥力较低且取水不便,均不利于原始农业的发展。位于黄河中下游交界处的伊洛盆地、沁河冲积平原和黄河及汝、颍诸河在豫西山地东麓冲积而成的山前冲积平原等地理单元,地处黄土高原和华北平原的过渡地带,黄土堆积较厚,土质肥沃,在当时生产力条件下,是进行农业生产最理想的场所。基于裴李岗遗址炭化黍粒和大量农具的出土,严文明先生推测这一地区是我国旱作农业的起源地之一。② 随着农业生产的发展,这一地区的人口、聚落都得到较快的增长。赵春青对这一地区已发现的聚落遗址进行了统计:裴李岗文化时期聚落 68 处,仰韶中期 238 处,仰韶晚期至龙山早期 379 处,龙山晚期 516 处,聚落总数"由早到晚呈几何状不断攀升的趋势"③。正是在农业经济发展的基础上,河洛文化以及中国最早的城市和国家得以产生。河洛先民们在这里建立了经济基础之后,才有力量在下游泛滥平原上建设水利工程,在上游山

① 参见(美国)施坚雅:《十九世纪中国的地区城市化》、《中华帝国的城市发展》,载于施坚雅主编、叶光庭等译:《中华帝国晚期的城市》,中华书局,2000 年,第 3 ~ 36,242 ~ 297 页;施坚雅:《中国历史的结构》,载于施坚雅主编、王旭等译:《中国封建社会晚期城市研究》,吉林教育出版社,1991 年,第 10 ~ 11 页。
② 参见严文明:《中国农业和养畜业的起源》,载于严文明:《史前考古论集》,科学出版社,1998 年,第 351 ~ 361 页。
③ 赵春青:《郑洛地区新石器时代聚落的演变》,北京大学出版社,2001 年,第 186 页。

区开辟交通道路,进而向上游、下游开发。

在先秦时代,这一区域周边有着较明显的地理界线:其西部、北部和南部分别是崤山、太行山—中条山、伏牛山,因山地丛集而与周围区域分隔;东部虽面向华北平原,但当时在豫西山地东麓山前冲积平原的前缘,也就是现在的修武—郑州—许昌一线有一个湖沼带。① 这一湖沼带,主要是由于黄河及汝水、颍水等河流自豫西山地丘陵地带流出后,漫滩洪水在山前洼地潴留或地下水在冲积扇前缘的低洼地带积聚而形成的。

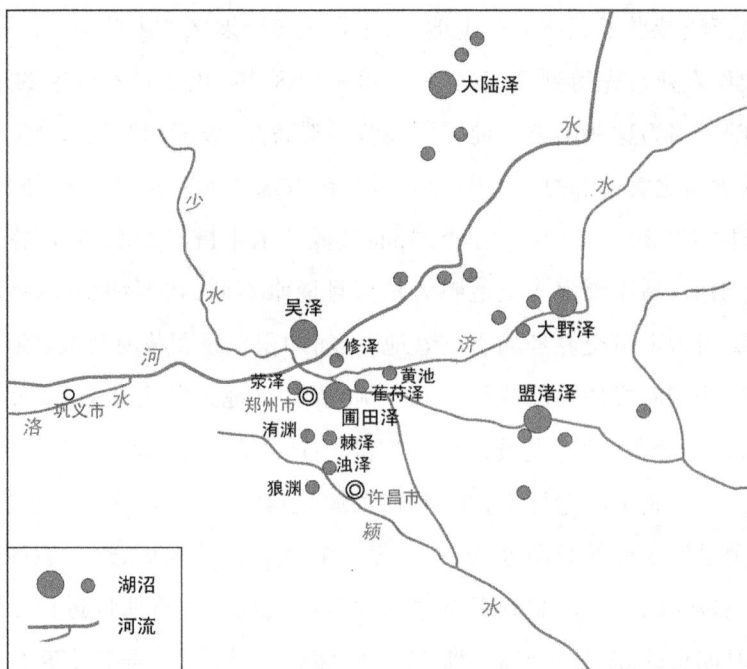

图1   黄河第一级冲积扇前缘湖沼带示意图

(据谭其骧:《中国历史地图集》(第一册),地图出版社,1982年,第35～36页;邹逸麟:《黄淮海平原历史地理》,安徽教育出版社,1993年,第164页改绘)

---

① 这一湖沼带的主要湖沼见诸文献的有:位于今河南修武、获嘉间的吴泽(《后汉书·郡国志·河内郡》;又名大陆泽,见《左传》定公元年);今原阳西的修泽(《左传》成公十年);今封丘南的黄池(《左传》哀公十三年);今荥阳东北的荥泽(《左传》定公十二年、《尚书·禹贡》、《战国策·魏策》);今郑州和中牟间的圃田泽(《左传》僖公三十三年、《竹书纪年》、《水经注·渠水》、《尔雅·释地》、《周礼·职方》);今新郑西的洧渊(《左传》昭公十九年);今新郑的棘泽(《左传》襄公二十四年);今长葛西南的浊泽(《史记·魏世家》);今许昌西的狼渊(《左传》文公九年),等等。

这一区域在新石器时代就是人类聚落较为密集的地区。仰韶文化时期，这一区域已开始形成相对独立、连续的文化面貌，先后出现了前后承继的阎村类型、秦王寨类型、大河村类型，其分布范围西起崤山，东到贾鲁河，北自沁河，南抵伏牛山，与前文所述河洛地区核心区的范围大致相当。龙山时代，这一地区则是河南龙山文化王湾类型的集中分布地区。王湾三期文化①主要分布于崤山以东、贾鲁河以西、沁河以南、伏牛山及沙河一线以北的豫中和豫西东部地区。文献记载和考古研究表明，夏王朝的诞生地和腹心地区也在这一区域，夏朝几次迁都，"禹居阳城"，"太康居斟鄩"，"帝杼居原"②，都没有离开这一区域。

河洛文化核心区的地理环境不仅适宜早期农业生产的发展，而且在对外交通上还具有鲜明的开放特色。这主要表现在三个方面：一是"天下之中"③的地理位置，这一地区早在新石器时代就是华夏先民生活劳动的中心地区，处于各种文化圈环绕的中心位置。二是"居易毋固"的地形，河洛地区水网密布，通过纵横交织的水道很容易建立与周围地区沟通的通道。因而周武王计划在伊洛一带建设新都时，特别强调"自洛汭延于伊汭，居易毋固，其有夏之居"④，就是说这一地区没有难以逾越的险障，便于四方往来相聚，"四方入贡道里均"⑤。三是河洛地区核心区域在中国古代交通中处于水陆交通转换的枢纽位置。中国古代交通，南方、东方大多依赖水运，北方、西方则以陆路为主。东西南北水陆转运的枢纽恰在河洛地区，河洛地区也因而成为中国古代交通的中心。正由于河洛文化核心区地理环境的开放特色，使其在各区域文化的交流、融汇中能够居于中心地位，易于与其他文化交流，吸收其他文化，同时也给周边地区以强烈影响，因而率

① 王湾三期文化，是以洛阳王湾遗址第三期为代表的文化遗存，过去学术界曾认为此类遗存是"河南龙山文化"的一个地方类型，称之为"王湾类型"（参见：郑杰祥：《河南龙山文化分析》，《开封师范学院学报》1979年第4期；高天麟、孟凡人：《试论河南龙山文化"王湾类型"》，《中原文物》1983年第2期）。20世纪80年代，严文明先生提出"王湾三期文化"这一名称，但对其是作为一种独立的考古学文化还是某一考古学文化的地方类型还暂时存疑（参见严文明：《龙山文化和龙山时代》，《文物》1981年第6期）。此后随着考古工作的进展和研究的深入，李伯谦先生明确提出"王湾三期文化"应当是独立的考古学文化（参见李伯谦：《论造律台类型》，《文物》1983年第4期）。
② 张玉春：《竹书纪年译注》，黑龙江人民出版社，2002年，第8、11、13页。
③ （西汉）司马迁：《史记·周本纪》，中华书局，1959年，第129页。
④ 黄怀信：《逸周书校补注译》，三秦出版社，2006年，第219页。
⑤ （西汉）司马迁：《史记·周本纪》，中华书局，1959年，第129页。

先进入了国家文明社会,建立了中国历史上第一个奴隶制国家——夏。

后世之所以把河洛地区的核心地带归结为伊洛盆地,是因为从夏代开始,建都于河洛地区的历代王朝多把都城选择在伊洛盆地之中,加强了伊洛盆地在河洛地区的中心地位。"城市的地理位置是城市与它外部的自然、经济、政治等客观事物在空间上相互结合的特点。"①作为都城,更是要从不同的空间尺度,综合政治、经济、军事等各种因素来考虑其地理位置的选择。从全国的宏观区位来看,河洛地区位于"天下之中,四方入贡道里均"②的中心位置,而且处于全国水陆交通转换的枢纽位置,这是河洛自古作为"帝宅"、"王里"③的宏观区位因素;从河洛地区的微观区位看,伊洛盆地"沂洛背河,左伊右瀍,西阻九阿,东门于旋。盟津达其后,大谷通其前;迴行道乎伊阙,邪径捷乎轘辕"④,整个盆地北有黄河、邙山,南有熊耳诸山,西连崤山,东傍嵩山,群山环绕,犹如天然城郭,有利于军事上的防守。同时,伊洛盆地又并非一个完全封闭的盆地,流经盆地的各条河流对山地的切割,形成了伊洛盆地与外界沟通的孔道,东有横穿邙山,连接黄淮平原的成皋之道,西有穿越崤山,沟通关中的崤函之道,北面有通往河北平原和山西高原的黄河渡口孟津,南面自东向西有轘辕关道、大谷关道、伊阙关道,连接与江汉、江淮的交通,有利于人员和物资的交通,兼具防守坚固与交通便利的双重优势,所谓"河山控带,形胜甲于天下"⑤,因而成为历代王朝建都立国的首选区域之一,也使伊洛盆地在河洛地区的中心地位日益强化。

三、河洛地区的地理界线

随着夏王朝的建立,河洛地区核心区域进入了国家文明社会,形成了统一的政治秩序,使区域内社会环境相对稳定,也强化了区域内文化面貌的一致性。由于文化本身的传播性和政治势力的对外扩张,河洛文化向周边区域进行了强烈的文化渗透。同时,由于河洛文化处于各种区域文化交汇的中心位置,河洛文化的渗透和扩张也必然受到周边文化发展的影响,在文化扩张和周边文化发展的

---

① 周一星:《城市地理学》,商务印书馆,1995 年,第 150 页。
② (西汉)司马迁:《史记·周本纪》,中华书局,1959 年,第 129 页。
③ (北齐)魏收:《魏书·任城王云传》卷一九,中华书局,1974 年,第 464 页。
④ (东汉)张衡:《东京赋》,据(萧梁)萧统编,(唐)李善注:《文选》,中华书局,1977 年,第 53 页。
⑤ (清)顾祖禹著,贺次君、施和金点校:《读史方舆纪要》卷四八,中华书局,2005 年,第 135 页。

制衡作用下,河洛文化的区域变迁呈现出整合和分化交错出现的特征:一方面,河洛文化凭借其发展的强劲势头,向相邻区域进行持久而有力的传播,使其文化面貌与河洛文化核心区趋向一致,实现文化区域的整合;另一方面,原本属于河洛地区的某些区域由于政治、军事、民族关系、人口迁徙等原因,受到外来文化的影响,形成新的文化面貌,从河洛地区分化出去。

以下笔者通过河洛文化区域变迁进程中所发生的整合和分化的视角,对河洛地区的地理界线进行考察:

(一)东界:豫西山地东麓山前冲积平原前缘湖沼带

豫西山地东麓山前冲积平原前缘的湖沼带形成了河洛地区的东界。这一地带,湖泊沼泽密布,而且水位较浅,洲滩相间,舟船难行,又由于湖床多有泥炭沉积,各种水生植物丛杂其间,也难以涉渡,对湖沼带东西两侧的交通和文化交流形成了很大的阻碍作用。

湖沼带东面的豫东平原地区,地势低平,土地肥沃,河网密布,水域广阔,与湖沼带西侧河洛地区核心区的自然环境存在着较大的差异。由于所处自然环境的不同,龙山文化时期,河洛地区核心区的王湾文化与豫东平原地区的造律台文化[1]的文化面貌差异很大。前者居址多位于河流沿岸高地或河谷地带,房址形态有地面式、半地穴式和少量窑洞式;后者居址多选择在台地之上,形成“寨子”或“堌堆”形遗址,房址多在高丘平地起建。[2] 豫西山地东麓山前冲积平原前缘的湖沼带明显是这一文化分野的界限。造律台文化具有较高的发展水平,其快轮制陶技术和筑城技术,与同期河洛地区相比毫不逊色,因而两地文化交流主要表现为双向交流的态势。有夏一代,夏王朝和居住在豫东平原地区的有虞氏保

---

① 造律台文化,是指以河南永城造律台遗址为代表,主要分布于豫东平原的一类龙山时代文化遗存。此类遗存过去曾被称为“青堌堆类型”(吴秉楠、高平:《对姚官庄与青堌堆两类遗存的分析》,《考古》1978年第6期)、“王油坊类型”(栾丰实:《龙山文化王油坊类型初论》,《考古》1992年第10期)、“造律台类型”(严文明:《龙山文化和龙山时代》,《文物》1981年第6期)。20世纪末,学术界提出“造律台文化”的命名,并认为它是一支独立的考古学文化。参见:邹衡:《论菏泽(曹州)地区的岳石文化》,载于邹衡:《文物与考古论集》,文物出版社,1986年;董琦:《虞夏时期的中原》,科学出版社,2000年。

② 参见靳松安:《河洛与海岱地区考古学文化的交流与融合》,科学出版社,2006年,第7页。

持着某种联盟关系①，因而两地的文化交流、传播与影响，以和平环境下的交流为主，只是与传入地的土著文化逐渐融合，丰富原有的文化内涵，而不会以传出地文化完全替代传入地原有文化。

春秋以后，河洛地区以东的华北平原地区逐渐形成了梁宋文化。司马迁在《史记》中指出了河洛地区与梁宋地区文化风貌的差异：前者"周人之俗，治产业，力工商，逐什二以为务"②；后者"夫鸿沟以东，芒、砀以北，属巨野，此梁、宋也。……其俗犹有先王之遗风，重厚多君子，好稼穑"③。刘君惠等人以扬雄《方言》中词语的地域分布情况为依据，综合历史人文方面的其他资料，将汉代的方言分成 12 个大区。豫西山地东麓山前冲积平原前缘的湖沼带以西属于周郑韩方言区，以东属于卫宋方言区。④ 很明显，湖沼带以东与河洛地区在社会风俗、方言等方面都存在差异。

宋元以后，这一湖沼带在地貌上已无迹可寻。我们一方面可以通过历史文献来考察这一湖沼带的位置；另一方面从自然地理角度看，今天的豫西山地东麓山前冲积平原前缘内外两侧地形、地貌也存在着一定的差异。豫西山地东麓山前冲积平原前缘以东地区已经完全进入平原地区，地势平坦，地表海拔一般在100 米以下；以西地区则是以丘陵、山地和沿河冲积平原为主，有一定的坡降，地表海拔一般在 100 米以上。

(二)西界：控扼小秦岭山脉各隘道的潼关、芦灵关、铁锁关一线

河洛地区的西界，学术界一般认为以潼关为界。但严格地说，河洛地区的西界应以控扼小秦岭山脉各隘道的潼关、芦灵关、铁锁关一线为界。

小秦岭位于今河南、陕西两省交界，属于秦岭山脉东段的分支，山势高峻雄伟，山顶海拔多在 2000 米左右，即使到了清代，这里道路仍然十分艰难，如清乾隆《直隶陕州志》所述："卢氏之正西距县一百四十五里与陕西商州之雒南县交

---

① 夏太康失国后，少康曾逃到有虞氏避难，并以有虞氏所赠纶邑为根据地，积蓄力量，终于消灭寒浞，恢复了夏朝的统治。《左传》哀公元年载，少康"逃奔有虞，为之庖正，以除其害。虞思于是妻之以二姚，而邑诸纶。有田一成，有众一旅。……以收夏众，抚其官职。……遂灭过、戈，复禹之绩"。参见：李梦生：《左传译注》，上海古籍出版社，2004 年，第 1286 页。

② (西汉)司马迁：《史记·苏秦列传》卷六九，中华书局，1959 年，第 2241 页。

③ (西汉)司马迁：《史记·货殖列传》，中华书局，1959 年，第 3266 页。

④ 参见刘君惠等：《扬雄方言研究》，巴蜀书社，1992 年，第 105、106 页。

界,界内之石盘岭、野马岭、关王边、野牛岭皆崎岖险阻……旷无人烟"①,对交通的阻隔作用十分明显。

与河洛文化向东的平稳发展不同,河洛文化向西方进行了强烈的文化渗透。龙山文化时期,伊洛流域以西的今晋豫陕三省交界的山间盆地地带,是三里桥文化②的分布地区。其与河洛地区核心区的王湾三期文化既有诸多联系,又是各自独立的文化系统。二里头文化在其形成后不久就迅速占据了原三里桥文化的分布地区。控制嵩山一带丰富的铜、锡、铅、木材、石材等矿产资源,保障庞大的都城夯土建筑、各种手工业生产(青铜器、骨器、陶器等)和不断增加的城市人口的资源供给,当是居于河洛文化核心区的夏商王朝向这一地区推进的重要战略目的。

商代后期,伴随着关中地区周部族的兴起,崤函地带逐渐成为关中文化与河洛文化之间的的过渡地带。西周初年,周公、召公就曾"分陕而治"③。关中之名,始于战国时期,最初是指秦函谷关以西的渭河平原地区。战国时期,楚顷襄王派遣黄歇入秦游说秦昭王,希望秦国停止攻打楚国,而转攻韩魏。黄歇游说秦昭王道:如果"秦楚合而为一,临以韩,韩必授首……韩必为关中之侯……而魏亦关内侯矣"④。而当时秦国的东界在函谷关(今河南省灵宝市境内)。苏秦说秦惠王,就称大王之国"东有崤、函之固"⑤。崤山山峰险陡,深谷如函,与函谷关并称为"崤函","自新安以西,历渑池、硖石、陕州、灵宝、阌乡而至于潼关,凡四百八十里。其地皆河流翼岸,巍峰插天,绝谷深委,峻坂迂回"⑥,形成关中与河洛间的交通屏障。西汉元鼎三年(前114),汉武帝"徙函谷关于新安"⑦,将其东

---

① (清)龚松林:《直隶陕州志·地理·山川》卷一,洛阳市第二档案馆藏,第19、20页。

② 三里桥文化,主要是指以河南陕县三里桥遗址为代表,分布于豫西、晋西南、关中东部等晋豫陕交界地区的文化遗存。以往有学者将这类遗存称为"后岗二期文化"的"三里桥类型"(参见吴汝祚:《关于夏文化及其来源的初步探索》,《文物》1978年第9期)。20世纪末,学术界认为它是一支独立的考古学文化,并将其命名为"三里桥文化"。参见:董琦:《虞夏时期的中原》,科学出版社,2000年。

③ (西汉)司马迁:《史记·乐书》云:"分陕,周公左,召公右";《史记·燕召公世家》云:"自陕以西,召公主之;自陕以东,周公主之"。参见(西汉)司马迁:《史记》,中华书局,1959年,第1229、1549页。

④ (西汉)刘向集注:《战国策》,上海古籍出版社,1978年,第256页。

⑤ (西汉)刘向集注:《战国策》,上海古籍出版社,1978年,第78页。

⑥ (清)顾祖禹:《读史方舆纪要》,贺次君、施和金点校,中华书局,2005年,第2100页。

⑦ (西汉)班固:《汉书·武帝纪》,中华书局,1962年,第183页。

移到今河南新安境内,也就是汉函谷关。① 但东汉定都洛阳,汉函谷关离都城洛阳太近,防御纵深太小,因而秦函谷关以西的潼关的重要性日益凸显。从秦函谷关到潼关,地势险要,古称桃林塞。"东北连函谷,西北接潼关,皆古桃林之地。"②东汉建安十三年(208),曹操破马超于潼关。潼关之名,始见于此,可见当时潼关已替代了函谷关的地位。此后,潼关逐渐成为关中地区与河洛地区分界的标志。

(三)北界:太行山——中条山脉

河洛地区的北界,一些学者认为应该以黄河为界,也有学者认为应以汾水以南的晋南到河南的济源、沁阳一线为界。但基于河洛文化区域变迁中整合与分化交替进行的历史进程,笔者认为,河洛地区的北界应跨过黄河,但限于太行山——中条山脉以南。

早在夏代,夏王朝活动的中心区域就跨越黄河两岸。古文献所载"禹居阳城","太康居斟鄩","帝杼居原"③,学术界普遍认为其地望就位于今天河南西部的黄河南北两岸。黄河北岸的武陟赵庄、温县北平皋、上苑、沁阳西苟庄、花地冈、孟县东杨等地发现的二里头文化遗存与伊洛河流域的二里头文化遗存文化面貌相近,属于同一类型。④ 商代,黄河南岸的偃师商城、郑州商城与北岸的焦作府城商城之间有着密切的职能联系。⑤ 西周和东周前期黄河以北的沁河平原

---

① 关于汉武帝时函谷关的东移,传统认为是由于楼船将军杨仆"数有大功,耻为关外民,上书乞徙东关,以家财给其用度。武帝意亦好广阔,于是徙关于新安,去弘农三百里".参见(西汉)班固:《汉书·武帝纪》,唐颜师古注引东汉应劭语。最近,辛德勇先生通过考证,提出:此次函谷关的迁徙,是元鼎三年(前114)到元鼎六年(前111),汉武帝扩大关中区域战略的一部分。参见辛德勇:《汉武帝"广关"与西汉前期地域控制的变迁》,《中国历史地理论丛》2008年第2期。

② (宋)欧阳忞:《舆地广记》,中华书局,1985年,第148页。

③ 张玉春:《竹书纪年译注》,黑龙江人民出版社,2002年,第8、11、13页。

④ 参见董琦:《虞夏时期的中原》,科学出版社,2000年,第99页。

⑤ 陈朝云认为:"商代统治者设立焦作府城是有其深刻用意的,即便于将晋南的铜和盐输往郑洛地区。……焦作府城被作为当时一个交通枢纽的可能性是相当大的,或者说它就是商王朝在此设官筑城以保证晋南矿产资源运输的一个重要据点。"参见陈朝云:《商代聚落体系及其社会功能研究》,科学出版社,2006年,第112页。

地区也是周王室直接控制的王畿地区。① 这说明黄河并没有阻碍黄河南北地区的经济文化交流。与之相应的是,在世界文明发展史上,河流很少对人类文明的发展起阻隔作用,古埃及文明就是在尼罗河下游两岸孕育发展的,中国长江中游的江汉文化也没有受到长江、汉水的阻隔。而相对于尼罗河、长江来说,黄河对两岸往来的阻隔作用就更小了。一是由于黄河冬季结冰,两岸居民可以踏冰而过。周武王灭商时,"率戎车三百五十乘,虎贲三千人,甲士四万五千人,以东伐纣。十一年十二月戊午,师毕渡盟津"②,当时正值冬季,"阴寒雨雪十余日,深丈余"③,有可能是一次大规模的踏冰渡河行动。二是华夏先民很早就开始乘舟渡河,至迟在春秋战国时期,黄河已经成为我国水运的重要通道。④ 而且洛阳以北的黄河上很早就有架桥的历史。晋武帝泰始十年(274),杜预在黄河富平津(今河南省孟津县会盟镇)建起了第一座浮桥。⑤ 北魏明元帝泰常八年(423),于栗磾又在冶板津(今河南省孟津县铁谢村东)建造浮桥。⑥ 北魏时在黄河南北两岸及河中沙洲之上置河阳三城,在中潬城南北建浮桥沟通河阳三城,作为洛阳北面的屏障。唐代,又在此"造浮桥,架黄河为之"⑦。这些桥梁极大地便利了黄河南北两岸经济交往。

---

① 《国语·晋语四》:"(文公)二年(前635)春,公以二军下,次于阳樊(注曰)阳樊,周邑。右室取昭叔于温,杀之于隰城(注曰)温、隰城,皆周地也。……(周襄王)赐公阳樊、温、原、州、陉、欑茅之田。(注曰)八邑,周之南阳也。"由此可知,春秋前期,黄河以北的沁水流域当时为周王直辖的王畿之地。参见徐元诰:《国语集解》王树民、沈长云点校,中华书局,2002年,第351~352页。

② (西汉)司马迁:《史记·周本纪》,中华书局,1959年,第121页。

③ (宋)李昉,等:《太平御览》(上海涵芬楼影印宋本)卷一二引《金匮》,中华书局,1960年,第59页。

④ 《尚书·禹贡》描绘了以水上交通为主的道路网,而黄河无疑是这一交通网的主干。在九州之中,冀州:"夹右碣石入于河",兖州:"浮于济、漯,通于河",徐州:"浮于淮、泗,通于河",豫州:"浮于雒,达于河",等等,都是以黄河为水运的主干网。参见李民、王健:《尚书译注》,上海古籍出版社,2004年,第55~69页。

⑤ 《晋书·杜预传》云:预又以孟津渡险,有覆没之患,请建河桥于富平津。议者以为殷周所都,历圣贤而不作者,必不可立故也。预曰:"'造舟为梁',则河桥之谓也。"及桥成,帝从百官临会,举觞属预曰:"非君,此桥不立也。"对曰:"非陛下之明,臣亦不得施其微巧。"据(唐)房玄龄,等:《晋书》,中华书局,1974年,第1028页。

⑥ 《魏书·于栗磾传》云:"太宗南幸盟津,谓栗磾曰:'河可桥乎?'栗磾曰:'杜预造桥,遗事可想。'乃编次大船,构桥于冶坂。六军既济,太宗深叹美之。"据(北齐)魏收:《魏书》,中华书局,1974年,第736页。

⑦ (唐)李吉甫著,贺次君点校:《元和郡县图志》,中华书局,1983年,第144页。

　　关于河洛文化在向北方发展中的整合与分化的交替进程,河东地区,其中主要是运城盆地尤其值得关注。夏商时期,运城盆地曾一度纳入河洛地区的范围,但从商后期开始,这一区域的文化与河洛地区核心区的文化产生了分化。

　　运城盆地东南为中条山,北为峨嵋台地,西界黄河,形成一个较为独立的地理单元。这里的气候、水文条件与河洛地区核心区比较接近,十分适宜农业生产。两地之间虽有中条山相隔,但往来交通还是比较方便的,其间交通主要通过垣曲通道或平陆茅津渡,因而自古就有着密切的联系。夏代,居于河洛文化核心区的夏人向河东地区进行了十分强烈的文化扩张,这种文化扩张有可能是伴随着一定的政治、军事行动进行的,如《竹书纪年》载:“(启)二十五年,征西河。”据邹衡先生考证,夏人在所谓西河地区的活动范围非常广泛,其中,东下冯遗址与孔甲有一定关系。从考古文化类型看,分布在运城盆地的二里头文化东下冯类型与分布在河洛地区核心区的二里头类型文化面貌十分相似,而且前者明显受到后者的影响。李伯谦先生认为:“东下冯类型的形成,很可能就是以豫西为中心分布区域的二里头类型发展到一定阶段,向晋南地区传播发展并和当地文化逐渐融合的结果。”这说明“随着夏族势力的扩展,夏文化才越河北向发展到山西南部,与当地原居文化逐步融合形成为具有一定地域特点的东下冯类型文化”①。商代前期,两个地区仍然保持着相似的文化面貌。在夏县东下冯发现的商代城址,其中的“主要陶器如鬲、簋、罐、甗、大口樽等器物的形制来看,其与(郑州商城)二里岗文化的同类器皿几近相同”②。

　　但到了商代后期(考古学上称为“二里岗上层时期”),商文化在晋西南走向衰落,这里的商代聚落在殷墟期之前多已废弃。③ 关于商代后期商文化在晋西南地区衰落的原因,田建文先生认为,根据出土器物判断,山西中北部在西周乃至春秋中期以前,应该是游牧业部族的聚居区。被半包围在这些游牧区西南部的“晋南、晋西南适合于农业生产的平川地区,很可能少有人居住……一些靠近

①　李伯谦:《东下冯类型的初步分析》,《中原文物》1981 年第 1 期。
②　山西省考古研究所:《山西考古四十年》,山西人民出版社,1994 年,第 130 页。
③　殷墟时期,晋南、晋西南的考古遗址非常稀少,中国社会科学院考古研究所陕西工作队于 1959 ~ 1982 年在晋西南、晋南地区进行的考古调查,仅发现运城长江府、临猗黄仪南村、临汾大苏村三处晚商遗存。参见:中国社会科学院考古研究所陕西工作队:《晋南考古调查报告》,《考古学集刊》第 6 集,中国社会科学出版社,1989 年,第 42 ~ 51 页。

山区的地方或低山地带也许有小的国家或部族勉强在此生存,可能是农牧业并重"①。也就是说,商代后期这一地区已成为农牧业交错地带,与河洛地区核心区的文化面貌出现了分化。从地理位置看,河东地区东南接河洛地区,西南接渭水流域,三者呈鼎足之势。在商文化逐渐衰退的时候,兴起于渭水流域的周部族势力逐渐东进,河东地区与渭水流域的联系随之日益增强。② 西周初年,叔虞受封于此地之后,河东地区逐渐形成独具特色的晋文化,与河洛文化表现出较明显的差异。

图 2　河洛地区地域范围示意图

(四)南界:伏牛山脉

河洛地区的南部、西南部是山岳丛集的豫西山地,因崇山峻岭而与周围区域分隔。夏商西周时期,这里还保持着自然界的原始状态,或者是游牧民族的活动

---

①　田建文:《"启以夏政,疆一戎索"的考古学考察》,《庆祝张忠培先生七十岁论文集》,科学出版社,2004 年,第 327～329 页。

②　《史记·周本纪》云:"西伯阴行善,诸侯皆来决平,于是虞、芮之人有狱不能决。乃如周,入界,耕者皆让畔,民俗皆让长。"《正义》引《括地志》云:"故虞城在陕州河北县东北五十里虞山之上,古虞国也。故芮城在芮城县西二十里,古芮国也。《晋太康地记》云:'虞西百四十里有芮城。'"可知虞、芮在运城盆地以南黄河以北,二国闻西伯之贤而入周境,以断其讼,说明虞、芮距周人的势力范围不远,甚至可能相邻。

区域,如春秋时期洛阳南面 100 千米左右就是"杨拒、泉皋之戎"[①]、"陆浑之戎"[②]的活动区域。战国以后,随着铁器的广泛使用,农耕区迅速扩大,许多原本人迹罕至的荒野或者游牧民族活动的地区,相继成为农耕区,被农耕文明所浸润。豫西山地在经济、文化的发展过程中只能受到河洛地区核心区域的单一影响,具有较强的内聚性,河洛文化在向豫西山地扩散的过程中也能较好地保持其均质性。

因此,关于河洛地区的南界,学术界意见较为统一,即以伏牛山脉为界。伏牛山脉属秦岭余脉,海拔 1500～2000 米,是中国地理南北分界线——秦岭、淮河分界线的组成部分。伏牛山南北的气候因山脉的阻隔也显现出明显的不同。[③]由于伏牛山形成河洛地区与南阳盆地的天然界限,历代行政区划考虑到"山川形便"[④]原则,往往把山南山北划分为不同的行政区域。从秦代实行郡县制以后,伏牛山南北长期属于不同的行政区域。在元代以前,甚至属于不同的一级行政区。由于长期归属于不同的行政区域,又进一步加大了山南山北的文化分异,促进山南山北形成了不同的文化区域。

四、结语

在历史进程中,河洛文化的区域变迁经历了一个整合和分化交错出现的过程,这样的变迁过程,不仅与河洛文化自身的发展有关,也与河洛地区周边其他区域文化的发展和影响有关。综合考察河洛地区整合与分化交错出现的区域变迁进程,以豫西山地东麓山前冲积平原的前缘为东界,以伏牛山脉为南界,以小秦岭山脉潼关、芦灵关、铁锁关一线为西界,以太行山—中条山脉为北界作为河洛地区的地理界线,综合考虑了河洛地区历史时期地理面貌的完整性,人地关系

[①] (刘宋)范晔:《后汉书·西羌传》:"伊、洛间有杨拒、泉皋之戎,颍首以西有蛮氏之戎。当春秋时,间在中国,与诸夏盟会。"据(刘宋)范晔:《后汉书》,中华书局,1965 年,第 2872 页。

[②] 《左传》僖公二十二年:"秦、晋迁陆浑之戎于伊川";《左传》宣公三年:"楚子伐陆浑之戎"。据李梦生:《左传译注》,上海古籍出版社,2004 年,第 262、436 页。

[③] 位于伏牛山南侧的南阳盆地属于温热半湿润的北亚热带气候,热量资源丰富,年平均气温大于 15.0℃,最冷月平均气温 1℃～2℃,年降雨量 800 毫米左右,无霜期在 220 天以上;伏牛山以北的河洛地区属于暖温带气候,霜期较长,热量条件稍差。年平均气温 12.0℃～14.7℃,最冷月平均气温 -3℃～-1℃,年降水量 532～851 毫米,无霜期 200 天左右。参见王文楷,等:《河南地理志》,河南人民出版社,1990 年,第 180 页。

[④] (宋)欧阳修、宋祁:《新唐书·地理志》,中华书局,1975 年,959 页。

和社会经济文化变迁的历史连续性以及河洛文化与周边文化的发展和相互影响,有助于贯通河洛地区的历史变迁,探索地理环境与人类社会发展之间关系的发展和演变。

（作者为陕西师范大学西北历史环境与经济社会发展研究中心博士）

河洛文化研究的方向

欧潭生

全国政协副主席罗豪才首先提出研究河洛文化,主要因为他是闽南人,从小就知道福建和海外华侨自称"河洛郎"、"唐部人"、"唐人"。研究河洛文化就是研究港澳台侨闽根在河南光州固始的根亲文化,而不是地处河洛的"河图洛书"文化(那是中原文化和黄河文明研究的范畴)。我们所说的河洛文化具体研究对象主要是唐武则天时期的开漳圣王文化和唐末五代闽王王审知文化。由于开漳圣王陈元光及其五十八姓军校,以及闽王王审知率领的数万军队均来自河南光州固始,因此,港澳台侨闽 80% 以上族谱上溯其先祖均来自河南光州固始。这种奇特的历史移民现象被复旦大学现代人类学研究中心的血样基因分析所证实。他们通过对国内十七个不同省市的 871 个抽检者的血样进行基因分析,得出结论:福建人血样的 Y 染色体与北方汉族 Y 染色体的相同率高达 0.966,证明福建人几乎全是北方汉族男性的后代。与此同时,福建人线粒体 DNA 的数值却那么低(0.248),说明福建汉族绝大多数是少数民族母亲生的。生物遗传基因由染色体和线粒体携带。人的细胞核内共有二十三对染色体,其中 Y 染色体比较特殊,它只能由父亲传给儿子(传子不传女),并且在遗传过程中不会出现重组,因此能稳定地记录父系方面的遗传信息。除 Y 染色体外,在人体细胞的细胞质中还含有线粒体 DNA(mtDNA),线粒体 DNA 也很特别,它只能由母亲传给女儿(传女不传男),因此通过分析线粒体 DNA 基因可以重建母系血缘方面的联系。

一、神奇的河南光州固始

近三十年来,台胞祭祖、华侨寻根、学者研究姓氏源流,频繁出现"河南光州固始"这个关键词。这个奇特的历史地名联系着千百万台闽豫和海外华人华侨祖先的根。要研究河洛文化,首先要了解"河南光州固始"。

河南光州建置始于唐开元中,属淮南道,领县五:定城、固始、光山、仙居、殷城。明清以来,光州属汝宁府,领光、固、息、商四县。潢川县是光州治所,1913年才改光州为潢川。河南省固始县位于河南省东南隅,与安徽、湖北交界,属于大别山北麓丘陵地带,是河南省人口最多的省直辖县(人口165万)。古代光州固始还应包括今淮滨、息县、商城、新县的一部分。固始县名始于东汉建武二年(26),距今已有近两千年历史。东汉以前是著名的楚国重镇——寝丘。《史记·滑稽列传》:"寝丘(徐广曰:在固始。)[正义]:今光州固始县,本寝丘邑也。《吕氏春秋》云:楚孙叔敖有功于国,疾将死,戒其子曰:王数欲封我,我辞不受。我死必封汝,汝无受利地。荆楚间有寝丘者,其为地不利,而前有妒谷(今城南黄天涧桃花坞水库),后有戾丘(今城北丘坡),其名恶可长有也。其子从之。楚功臣封二世而收,唯寝丘不夺也。"《前汉书·地理志》:"寝,应劭曰:孙叔敖子所邑之寝丘是也。世祖更名固始。"唐《括地志》:"光州固始县本春秋时蓼国,偃姓,皋陶之后也。""期思故城在光州固始县界。"

明嘉靖《固始县志》:固始"春秋为蓼、蒋、黄三国地。楚庄王"以其地封孙叔敖之子侨,是为寝丘"。"侨,叔敖子也,楚庄王封之寝丘四百户,以奉其祀。""光武建武二年,封臧宫为期思侯,三年,改寝为固始县,封李通为侯。"固始"县治四隅,山阜环叠,其坚如陵,谓之固陵,坚固初始,又谓之固始"。

清乾隆《光州志》:"固始,周蒋国,《左传》所谓凡、蒋、邢、茅,周公之胤是也。《路史》云,先伯后侯爵,楚灭之,改为期思,封其大夫复遂为期思公,又分其地封孙叔敖之子,是为寝丘。又为古蓼国(固始东北蓼城岗,即古蓼国)。秦属九江郡。汉平九江王英布,封贲赫为期思侯,始置寝、期思二县,属汝南郡。光武改寝为固始。"

因此,东汉光武帝改称固始前,汉初为寝、期思二县,战国末期秦将王翦派蒙恬战于寝,即此也。春秋时为蓼、蒋、黄三国地。为此,公布为国家级文物保护单位的固始番国故城年代从春秋到汉初,应包括春秋古番国蓼国、楚寝丘、汉初寝县故城遗址。从宣传的角度,古番国故城遗址应更名为楚寝丘遗址。

1978年在固始县城关镇砖瓦厂发掘一座春秋晚期大墓及其陪葬坑,出土大批精美的表铜器、玉器、木漆器和陶瓷器,轰动全国。经笔者考证,墓主人是吴王夫差当太子镇守此地时所娶的宋景公妹妹勾吴夫人,年仅30岁,陪葬奴婢17人。说明春秋晚期寝丘(即固始)这个地方是吴楚争战的前沿阵地。

二、四次人口迁徙的有机联系

汉武帝元封元年(前110),四路大军剿灭闽越。《史记·东越列传》载:"天子曰:东越狭多阻,闽越悍,数反复。诏军吏皆将其民徙处江淮间,东越地遂虚。"这是福建历史上第一次人口大迁徙。在汉军官兵押解下,闽越百姓被迫迁移到"江淮间"。虽然司马迁没有具体交待"江淮间"的地点,但是,固始(汉武帝时称寝县)是江淮间的大县,必然有许多闽越移民居住。他们留念故土,与闽越故地会有千丝万缕的联系,一有机会就可能重返故园。

西晋永嘉之乱(308),"衣冠入闽者八族,所谓陈、郑、林、黄、詹、丘、何、胡是也。"这次移民主要分布在闽北地区。此时距汉武帝元封之年也只有四百多年。唐高宗总章二年(669)河南光州固始人陈政、陈元光率五十八姓军校"开漳",离"永嘉之乱"只有三百多年。此次移民主要分布在漳州地区。

唐末光启年间(886)王审知三兄弟辗转安徽、江苏、江西、福建,最后得到泉州太守陈岩(也是光州固始人)接应,才站稳脚跟,成为"开闽王"。这其间距离"开漳圣王陈元光"只有二百多年。此次移民遍布福建全省。可见福建四次人口大迁徙都与河南光州固始密切相关,特别是唐初"开漳圣王陈元光"和唐末"开闽王王审知"影响最大。所以,至今闽台和海外华侨自称"唐部人"(福州话)、"唐部"、"河洛郎"(闽南话),把自己的故乡称为"唐山",把华侨聚居地叫作"唐人街"。

综上所述,汉武帝时期与西晋永嘉之乱是唐代闽豫间两次大移民的前奏。唐初"开漳圣王陈元光"与唐末"开闽王王审知"的两次固始移民奠定了福建和海外华人华侨移民的基础。据最新统计,随陈元光移民的有84姓而不是过去所说的"五十八姓";随王审知移民的有57姓,遍布全省。"唐史无人修列传,漳江有庙祀将军"——漳州陈圣王庙的对联生动反映了闽南河洛郎的移民史;"宁当开门节度使,不当关门天子"——福州民间口碑宣扬王审知治闽的功德。前后二百年,两次大规模的河南光州固始移民构成了福建"河洛郎"(闽南话)和"唐部人"(福州话)的主体。福建、台湾、华人华侨的族谱,80%以上追溯唐朝的先祖均与河南光州固始有关。这就是河洛郎的移民史,也就是河洛文化的基础。

三、方言土语话河洛

我二十年前曾经写过"方言土语"寻根,列举了大量闽台方言与固始土语间的联系,很能说明问题,代代相传、口口相授语言"活化石"最能印证人口迁徙的历史。

笔(bǐ),闽台方言和固始读杯(bēi)的第二声

牛(niú),闽台方言和固始读欧(ōu)的第二声

硬(yìng),闽台方言和固始读(èn)

杏(xìng),闽台方言和固始读恨(hèn)

间(jiān),闽台方言和固始读甘(gān)

药(yào),闽台方言和固始读哟(yō)

特别是词句,有些很特别,只有固始和闽台才有:

普通话	固始方言	闽台方言
起 床	爬起来	爬 起
天 亮	天 光	天 光
老头子	老 货	老 货
老 婆	老马子	老 马
没 有	毛 得	毛
一年多	年 把	年 把
阉 猪	屯 猪	屯 猪
跳 蚤	蛇 蚤	蛇 蚤
疟 疾	打脾寒	打腹寒
膝 盖	客头子	客乌头

这些词句只有固始和闽台相似,全国其他地方没有,这就证明移民过程中口

口相传留下中原的古音和古词。据已故全闽方言学会会长黄典诚教授研究,闽台方言(即河洛话)与隋朝陆法言《切韵》相吻合,保留中原古音。

闽台和固始都称"无"为"毛"、"毛得"。这在古文中常见。《尔雅》:"毛,无也。"《后汉书·冯衍传》:"饥者毛食。"《汉书·高惠高后文功臣表》:"靡有子遗,耗矣!"师古曰:"今俗语犹言无为耗,音毛。"

固始称男孩为"崽子",闽台方言称崽(囝)。《方言》:"崽者,子也。"顾况《哀崽诗》:"郎罢别崽,崽别郎罢。"闽台方言称父亲为"郎罢",称母亲为"郎奶"。这些古汉语遗留在固始和闽台方言中还可以找到很多相同点,证明闽台河洛文化来自河南光州固始。

四、河洛文化研究方兴未艾

全国政协与河南政协已召开了八届河洛文化国际研讨会。河南信阳与福建漳州、河南固始与福建云霄结成友好城市,每年都有河洛文化寻根活动。2000年郑淑真等人主编《根在河洛》,2004年陈义初主编《根在河洛——第四届河洛文化国际研讨会论文集》,2006年宋效忠主编《根在信阳》,2008年固始县委、县政府出版《根在固始》邮票珍藏册,并决定2009年10月在固始召开"根亲文化节"。

福建省漳州市于1990年召开第一届陈元光国际学术讨论会之后,云霄县几乎每年都要举办陈元光学术讨论会和开漳圣王文化节。在福建省委统战部直接领导下,1989年福建省民政厅批准成立福建省姓氏源流研究会,下属36个姓氏委员会。各姓寻根大多数都追溯到河南光州固始。著名企业家黄如论到固始寻根后,捐500万元修建固始寻根博物馆,2009年又捐款1000万元修建潢川(光州)黄氏祠堂和根亲博物馆。2009年福建省筹备成立福建省王审知研究会,在全省开展闽王王审知的调查研究工作。福建龙岩原文联主席张惟在客家和闽南文化研究的基础上,在龙岩市批到200亩地,筹建福建省河洛文化研究会,港商一次性捐献200万元启动资金。

希望全国政协组建的中国河洛文化研究中心,在河南召开八届河洛文化国际研讨会的基础上,把河洛文化研究重点转移到海峡西岸的福建省,与闽南文化研究、客家文化研究相结合,加强对台和对海外的河洛文化研究和宣传。

参考资料：

1. 欧潭生:《台闽豫祖根渊源初探》,《中州今古》1983 年第 5 期;《台闽豫祖根渊源再探——兼论何处是郑成功之墓》,《信阳师院学报》1984 年第 2 期;《三探台闽豫祖根渊源——方言民俗探微》,《福建文博》1990 年闽台古文化论文集。上述三篇论文又收入欧潭生:《闽豫考古集》,海潮摄影艺术出版社,2002 年;宋效忠主编:《根在信阳》,湖北教育出版社,2006 年。

2. 转自《读书》2006 年第 12 期。

3.(清)高兆煌总修:(清乾隆三十五年)《光州志》。

4. 河南省文物研究所编著:《固始侯古堆一号墓》,大象出版社,2004 年。

5. 欧潭生:《固始侯古堆吴太子夫差夫人墓的吴文化因素》,《中原文物》1991 年第 4 期。

（作者为福建昊石山博物馆研究员）

河南何以成为中华文化之根

——生态视野的审视

王玉德

　　河南是中华文化的重要发源地。6000 年前的仰韶文化、4000 年前的二里头文化、3000 多年前的商代"殷墟"文化都闻名于世。在历史舞台上,河南是华夏中心,在政治、军事、文化上也占有相当重要的地位。许多姓氏族群都是从河南发源,然后走向中华各地,繁衍生息。许多文化传统都是从河南培育,然后在中国乃至东方传承,不断光大。可以这样说,没有河南,就没有中华文化的源头。

　　河南何以能成为中华文化之根呢?

　　这个问题可以从多个角度解释,本文只打算从生态视野作简要考察。

　　河南在古代的生态环境很好。古代的河南生态优于现在的河南生态。河南位于东经 110°22′至 116°38′,北纬 31°23′至 36°22′之间。这个空间地带属于湿润的大陆季风型气候,日照充足,雨量较多。早在六千年前,河南的生态就处于较好的时期。河南简称"豫",传闻这个名称与大象有关。古代在河南有成群的象出没,因而《尚书·禹贡》记载其地为豫州。1987 年在河南濮阳市西水坡仰韶文化遗址墓葬发现了距今 6000 年的三条蚌塑龙,最长的一条长达 1. 78 米,全用自然蚌壳摆塑而成,被称为中华第一龙。这些蚌来自何方? 意味着当时是怎样的一种生态? 耐人寻味。传说伏羲氏在位时,有神龟从洛水驭书,有龙马从黄河献书,这都与环境有关。这些说明,上古时期的河南生态很好,气象万千,生机勃勃,有利于文明的创造!

　　河南的区位优势好。在农耕社会,区位优势是决定一个地方优劣最重要的因素。河南在中国处于居中的区位,是中原之地。古代的豫州居九州之中,因而又称为"中州"。中州,就是九州之中,在豫州的东边有徐州、青州、扬州,南边有荆州、梁州,西边有雍州,北边有兖州、冀州,诸州环绕,在这样的"中土"之地自然会成为文化的中心。黄河是中华民族的摇篮,而河南正处在黄河的中段,衔头接尾,其区位使之很容易成为政治经济文化的基石。河南既能接受域外的文化,也能把文化输出,形成本地区文化的影响力。凡是居于中心位置的地区,天然就要担当文化中枢的责任。历史上,炎帝与黄帝都先后活动于这块沃土,担当了创造上古文明的重任。炎黄的子孙又播散到中华大地,把文化光扬于四面八方,与原著地的文化一同创造出千姿百态的文化。

河南各城市的区位与形胜独具优势。多个区位优势是保证河南持续具有魅力的必要条件。如安阳殷都的地理条件很好,《战国策·魏策》说:"左孟门而右漳滏,前带河而后披山。"殷都紧邻洹河,取水方便,天然就是一方创造文化的宝地。又如南阳在长江和淮水的交接地带,河流众多,交通方便,从南阳可以北达伊洛平原、西北到达关中平原、东北到达华北平、南边到达江汉平原、东边到达江淮平原。西汉末年,更始帝曾定都南阳,东汉光武帝刘秀发迹于南阳。再如洛阳位居"天下之中",八方辐辏。它北通幽燕,南对伊阙;东压江淮,西挟关陇。它北临邙山,南系洛水,东据虎牢关,西控函谷关,人称"山河拱戴,形势甲于天下"。正是由于河南有多个这样的地区,各地区又呈现良性的互动关系,于是河南天然就成为了文化的中心。正因为河南辽阔大地上有多处良好的形胜,使之能够不断成为都城的选址,中国历史上的八大古都,郑州安阳、洛阳、开封占了四座,这绝不是偶然。事实上,在河南建过都城或王城的地点还有许多,均说明河南有诸多独具优势的区位。

河南生态有多样性。生态多样性决定着文化的多样性。河南的地势西高东低,与中国地形的整体走向一致。豫西是山地,豫东和豫中是黄淮平原,豫东南是大别山脉,豫西南是南阳平地。河南的北、西、南三面环山,东部是平原。豫北山地间有一些小型盆地,豫西有嵩山。豫西有南阳平原,是重要的农业区。豫东是华北平原的西南部,是由黄河、淮河冲积而成。生态的多样性,导致了文化的多样性,并有利于文化在各种复杂的条件下发展。明代张瀚《松窗梦语》卷二《北游纪》记载了洛阳的多元魅力:"洛阳……地多树黍麦,独牡丹出洛阳者,为天下第一。国色种种,以姚黄、魏紫为最。品特著二十五种,不独名圃胜园,在在有之,郊圻之外,多至数亩,或至数顷,一望如锦。郭外多长堤大道,道傍榆柳垂荫。夹道溪流,可饮可濯。王孙贵介,时驾朱轮华晓,乘雕鞍玉勒,驱驰堤畔,御风而行,泠然怡快。或幕天席地,顺风长啸,亦足赏心。秋冬草枯叶落,则驾鹰驱犬,追逐野兽于平原旷野,或挟弹持弓,钓弋于数仞之上,乐而忘返,不减江南胜游。"

河南的资源丰富。淡水资源是人类文明延缓与发展的重要条件。河南省内有四大水系:黄河、淮河、海河、汉水。另有200条小河由西向东流动。河南省的大部分地区在黄河以南,故称河南。黄河有700公里的长度在河南境内,奔腾不息的黄河水孕育了灿烂的中原文化。如,洛阳的水源丰富,黄河在其北而过,洛阳城区又有涧河、洛河、伊瀍河,给洛阳带来无限生机。洛阳古称洛邑,从其名称可知这是一座水的城邑。在这样的城市,何愁文明的延续!《清稗类钞》卷一记载了河南的河流:"河南古称中原,东西南北相距各约千里,地势西北多山,东南平衍。黄河横贯北部,洛河入之。东南有沙河、汝河,皆入于淮。"此外,河南物产丰富,盛产小麦、棉花、烟叶、油料作物等,还有生漆、桐油、药材、茶叶、瓜果等。河南是全国矿产资源比较丰富的省份之一。现已发现107种矿藏,探明储量的有74种,其中47种居全国前10位。

河南这个地方,在农耕时代最容易凸显其优势。河南是内陆省份,地势平坦辽阔,黄土地有利于农耕。在农耕社会,河南人以农耕为主,在长期的生活与生产中养成了古朴厚重、吃苦耐劳、忠义礼让的风气。这样的农耕社会有利于创造与传承文化。如,开封位于河南省东部平原,黄河中游的南岸,地理位置适中。这里是一马平川,河湖四达、气候温和,周围的平原是农业粮仓。这里没有大山,有利于交通和农业。这些条件使它受到历代统治者的青睐。后周的周世宗很看重开封,他下令扩大城区规模,并且严格规划城区建设。为了改良开封生态环境,周世宗兴修水利,疏通了汴水,并使黄河与淮水相通。赵宋王朝注意疏通水道网,城南有蔡河,与惠民河连通。东北有五丈河(广济渠),与济水相通。城西有金水河。汴河从西向东贯穿开封,是主要的运输通道,《宋史·河渠志》记载:"汴河横亘中国,首承大河(黄河),漕引江湖,利尽南海,半天下之财赋,并山泽之百货,悉由此路而进。"河南在农耕时代出现许多名人,如先秦时有老子、子夏、子产、范蠡、列子、墨子、商鞅、苏秦、庄子、韩非,汉代有贾谊、张衡、许慎、张仲景,魏晋南北朝有向秀、阮咸、郭象,唐代有玄奘、神秀、杜甫、韩愈、刘禹锡、李商隐,宋代有岳飞,明代有史可法、朱载堉。这些名人为河南文化增添了光辉,也是中华民族文化的骄傲。

　　如果我们放开眼量,从地球的角度来看各地区的优劣。我们不难发现,人类文明主要发生在北半球的北纬30°附近,河南就在其附近。在整个亚洲,最适宜农耕文明的不是西亚、中亚、南亚,而是东亚。在东亚,中国地域辽阔,而河南的生态条件在各省中间最宜于农耕文明。上天赐予河南无限的机会与创造力,河南人民不负上天的重托,他们充分利用生态条件的优势,在农耕时代建设了一个个历史名城,涌现了一个个杰出的人物,使之成为中华民族公认的文化之根。

（作者为华中师范大学历史文化学院教授、博士生导师）

论古代河南移民与河洛文化的传播

何新年

一

　　很多时候,中原河南是带着复杂的历史记忆进入人们的视野的。与之相链接的,多是"古老、悠久、传统、厚重"之类的词语,诸如"问鼎中原"、"逐鹿中原"、"跃马中原"、"中原板荡"、"中原麟凤争自奋"、"血沃中原肥劲草"、"八方风雨会中州"、"得中原者得天下"等,无不充溢着叱咤风云的恢宏大势,只是金戈铁马的肃杀之气多了些。其实从历史上看,富庶的中原大地曾是中华民族的摇篮、华夏文明的发祥地之一,这里位居"天下之中",气候温和、四季分明、水源丰沛、物产众多,是人们最向往的地方也是最适宜人类居住的地方。早在远古时期,传说中的炎、黄二帝部落族就生活在中原地区;进入奴隶社会,中原地区又成为夏、商、周的政治、经济、文化中心,诚如司马迁在《史记·封禅书》中所说:"昔三代之居,皆在河洛之间。"河洛者,黄河洛水也;河洛之间,泛指黄河洛水交汇之区域,也就是今日河南境内的中原。

　　粗略统计,自夏商周以迄明清,前前后后有 20 多个王朝、200 多位皇帝建都或迁都于河南。曾几何时,中原丧乱,灾荒连绵,饥寒流陨,千里无烟。说到底,都是持续不断的战乱惹的祸。固然,能让人动刀动枪的地方都是好地方,但再好的地方也经不起旷日持久的折腾。如今国泰民安,河南就又繁荣昌盛了起来,虽说它的面积只有 16.7 万平方公里,但它却是中国大陆一个人口最多的经济大省,2008 年全省人口达到 9918 万人;全年生产总值 18408 亿元,人均生产总值 19593 元,粮食种植面积为 960 万公顷(合 1 亿 4000 万亩),其中小麦种植面积

526万公顷(合7890万亩),粮食总产连续3年突破千亿斤,连续6年创历史新高,使得河南成为名副其实的"中国粮仓"。民以食为天,国以粮为安,河南人用自己的贡献诠释和证明了"中原熟而天下足"这个常讲常新且又显得并不轻松的话题。

二

回顾历史,兵燹之苦、饥馑之难与瘟疫之害,造成了古代河南多次出现大规模的移民。其迁徙之频繁、移民人数之众多、民族融合之复杂,都为其他地区所不及。夏商周时期,今河南境内大大小小诸侯封国有160多个,在频繁的战争中,大部分封国逐渐被强势大国所吞并,还有一部分在社稷灭亡之后被迫迁徙到异国他乡,如传说中的箕子在殷亡后东渡大海到了朝鲜建立了王朝,很可能就是中原地区最早的移民了。秦朝时期,尽管秦始皇建立的秦王朝仅仅维持了15年的时间,但他却搞了不少次大规模的人口迁徙,如"徙天下富豪于咸阳十二万户",发壮丁"南戍五岭"以及筑长城、修阿房宫、建骊山墓等,涉及的人口有200多万,其中河南人当占有一定比例。

两汉时期,第一次大规模的移民是在汉高祖时,刘邦把都城自洛阳迁往长安,同时迁六国贵族十余万口于关中,六国中的韩、魏都城都在河南,韩国都郑(今河南新郑),魏都大梁(今河南开封);三国时期,中原士人迁于蜀吴的也有不少,大多是做官定居,最后成了蜀人或是江南人。东汉末,董卓带着几千甲兵进入洛阳,挟持汉献帝刘协西迁长安,并胁迫洛阳一带百姓随行,史称"尽徙洛阳人数百万口于长安,步骑驱蹙,更相踏藉,饥饿寇掠,积尸盈路。卓自屯留毕圭苑中,悉烧宫庙、官府、居家,二百里无复孑遗"。一次武力押运一般的迁徙竟能弄走数百万人口,堪称中华民族人口迁移史上的"之最"了。同一时期,南阳也有上万户七八万人因战乱逃到了蜀地,《后汉书·刘焉传》载:"南阳、三辅(西汉在京畿之地设京兆尹、左冯翊、右扶风,合称三辅,相当于今陕西汉中地区)民数万户流入益州,焉悉收以为众。"

魏晋南北朝时期,西晋末年爆发的"永嘉之乱"给河洛地区造成很大的破坏,导致中原汉人大规模外迁,其中大多数人渡过淮河、长江南下,到了安徽、浙江和福建,史称"永嘉南渡"。当时"洛京倾覆,中州士女避难江左者十之六七",谭其骧先生认为,按《晋书·地理志》所辖地区统计,"以一户五口计,共有人口七百余万,则南渡人口九十万,占其八分之一强。换言之,致北方平均凡八人之中,有一人迁徙南土"。这一说法为学术界多数学者所接受。这股移民南下的浪潮此起彼伏,前后竟持续了170多年。

隋唐五代时期,河南出现过三次大的人口外迁,一次是高宗时陈政、陈元光父子入闽,另外两次分别是天宝年间的"安史之乱"和唐末黄巢起义引起的中原百姓南迁。唐代中叶,河南固始人陈政、陈元光父子与陈政之兄陈敏、陈敷率军入闽,前后两批将士连同眷属在万人以上,有陈、许、陆、戴、李、欧、马、张等87姓。"安史之乱"在短时间内席卷了河南大部分州县,锋镝所及,生灵涂炭、田园荒芜,百姓流离失所。如《旧唐书》所载:"自至德(肃宗年号)后,中原多故,襄邓百姓、两京衣冠尽投江湘,故荆南(荆州江陵)井邑十倍其初。"从中原南下的士子百姓多集中于长江沿线的苏南浙北、皖南赣北、鄂南湘西北一带。唐末黄巢起义,先后波及十余省,而今日河南正是当年这支揭竿而起的队伍反复经过的地方,也是遭受灾难最深重的地方之一。其时黄王起兵,本为百姓,最初"见贫者往往施与之",但没过多久就开始烧杀掠抢了。司马光《资治通鉴》有记:"居数日,各出大掠,焚市肆,杀人满街,巢不能禁。尤憎官吏,得者皆杀之。"唐末五代,光州固始人王潮、王审知率5000将校入闽,有王、陈、林、刘、郭、谢等50姓。这是中原汉人继陈政、陈元光父子入闽后又一次大规模移民。

宋辽金元时期,中原人外迁有三次,一次是在中原地区沦入金人之后,金朝奴隶主贵族把废为庶人的宋徽宗、宋钦宗和20多万中原汉人掳往漠北,"五百人为一队,虏以数十骑驱之,如驱羊豕"。一次是高宗的"建炎南渡","徙诸宗室于江淮以避敌",《宋史》称:"高宗南渡,民之从者如归市。"朱熹也说过:"靖康之乱,中原涂炭,衣冠人物,萃于东南。"南迁人口在许多城市里占有很大比重,葛剑雄先生有考:"临安移民76%来自河南,其中绝大多数又来自开封,并往往是南宋初年随高宗迁入的。"在建康府(今江苏南京),"来居者多汴、洛力能远迁巨族仕家"。在福建的宁化、上杭,颍川(今河南许昌)陈寔的后裔陈魁率族迁入,这已经是陈姓第三次入闽了。在逃往福建的中原士人中,有不少人是赵氏宗室裔孙,像九龙江北溪下游华安县丰山镇的银塘村一带,就居住着宋末皇族南迁繁衍于此的960多户6000余人的赵氏嫡系子孙,族内保留着完整的《赵氏族谱》。还有一次是在蒙古族灭金亡宋之后,今宁夏、甘肃一带原西夏国地域的经济受到严重摧残,那里的丁壮多被蒙古人征入军中,导致田园荒芜,村落凋敝,蒙古人便迁徙一部分中原汉人前往屯垦。《元史》载:"至元七年(1270)十二月,徙怀孟(今河南沁阳)新民千八百余户居河西(今甘肃、青海两省黄河以西)。"以每户5口人计,迁入河西的中原汉人约1万人。

明清时期,河南移民活动最有影响的一次是在明朝初年,其规模之大超过了历史上任何一次。只是这次移民不是迁出而是迁入;发源地不是在河南而是在山西洪洞的大槐树。造成这种局面的主要原因是因为元末河南地区频繁的战乱及水、旱、蝗、瘟疫等灾害,史书多记"明初承元末大乱,山东、河南多是无人之地"、"河南大饥,人相食",百姓非死即迁,不遑宁居。朱元璋登基伊始,便注意到了这个问题,他在洪武元年(1368)说:"今丧乱之后中原草莽,人民稀少。"洪武十八年(1385)他又讲:"中原诸州,元季战争受祸最惨,积骸成丘,居民鲜少。"此时,河南人口每平方公里平均也就十二三人。朱元璋心里很清楚,地多丁少,如不及时补充人口,中原经济就很难恢复元气,明朝统治也就很难稳定。至于清代,河南没有发生大规模移民外迁,但西徙四川、南移岭南的小规模移民在康、雍、乾以及同治年间还是有的。

三

明朝初年的移民迁徙使我们看到这样一个事实,中原地区历史上除了大规模的移民迁出外,还有大规模的移民进入到了中原。其实这种情况早在上几个朝代就已经存在了。魏晋南北朝时,孝文帝元宏迁都洛阳,在黄河流域建立起北魏政权。任崇岳、白翠琴主编的《中原地区历史上的民族融合》一书说:"前后迁洛的贵族、官僚、军队以及民众总数在100万左右。"到后来,从北方迁入中原的少数民族差不多都被汉族融合了,连鲜卑族最终也完全汉化了。唐代初年到玄宗时,中原地区干戈频仍、人口锐减,几任皇帝包括武则天当国时都实行了鼓励移民垦荒的政策,给如今的河南地区增加了不少人口。当时关中百姓迁往神都洛阳及邓、汴、怀、许、汝等州者甚多,史载天授二年(691),"秋七月,徙关内户数十万,以实洛阳"。一次迁数十万户,算下来也有百万之多。五代时期,后唐、后晋、后周都是沙陀族在中原建立的王朝,沙陀源于突厥,这三个少数民族建立的王朝使得西北的大批少数民族进入中原地区。

北宋初年,赵匡胤发兵征讨荆南、后蜀、南汉、南唐、北汉等割据政权,将其国主、家属、将吏迁往中原安置,荆南亡时有 500 余人迁到了京师开封,后蜀灭时迁入中原的有数百人,南汉灭时入宋君臣 500 人左右,南唐灭时迁汴京君臣及眷属 1500 人左右,北汉因其国境与河南毗邻,北宋在灭北汉前后曾多次徙河东百姓于河南,乾德六年(968),太祖赵匡胤攻打北汉时"迁太原民万余户于山东、河南",雍熙三年(986),宋太宗派枢密都承旨杨惟一赴并(今山西太原)、代(今山西代县)等州,"徙山后诸州降民至河南府(今河南洛阳)、许(今河南许昌)、汝(今河南汝州)等州,徙者凡 8236 户,78262 口"。徽宗时,以善于经商著称的犹太人来到京师汴梁,最后有 100 多户千余人定居于此。金代时,自金太宗到金宣宗,先后迁入中原地区的女真人、契丹人有百万之多,分布中原广大区域,形成同汉人错杂而居的局面。

元代是蒙古族人建立的王朝,元朝以蒙古军镇戍中原,使得大批蒙古族人迁入并定居河南。这里面也有通过屯田居官而进入的,进入的少数民族人数较多的还有党项人和色目人,党项人在元朝初年迁入的有 3500 余口,均为杨姓,居住在河南濮阳市东约 50 里的濮阳县柳屯乡杨十八郎村等十几个自然村。

至于说到明代移民,许多地方史志的记载表明,洪武年间由山西向河南的移民决不是个小数目,甚至超过了土著人口,今河南省的绝大部分县市都有山西移民的后裔。此外,明代还有蒙古族、女真遗民、回族等一批少数民族也到了中原地区。居住在开封的犹太人达到了 5000 人,由于长期与汉族生活在一起,犹太文化逐渐与中原文化相融合,其中一些犹太人不再学习犹太教经典转而学习儒家经典并参加明朝的科举考试,中举后成为明朝政府官员。他们原本讲的希伯来语也只在举行宗教仪式时使用,大多数场合下已经以说汉话为主了。如今开封的犹太人还有 600 多人,当地人分不清他们与回民的区别,只知道他们的信仰与回民一样,只是戴的帽子是蓝色的,因此便把他们叫"蓝帽回回"。

清朝是满族人建立的王朝,河南又是清廷重点驻兵防守的省份之一,满族人通过驻军、官宦入籍迁入中原的比较多。经过多年融合,有些满族人已经融入汉族之中了。尤其让人惊讶的是,清代还有一支台湾高山族迁入到了河南,这支高山族的陈氏家族约有 200 人,居住在南阳地区的邓州市城西庙沟河畔的下营村,后被称为"台湾村"。家谱显示,陈氏高山族的始祖依那思罗原系台湾嘉义县阿里山兹欧部落人,后随收复宝岛的郑成功军归服清廷,屯垦邓州。时间过去了几百年,尽管邓州的高山族后裔还保留一些本民族的特色,尽管他们的长脸形、高鼻梁、眼窝内陷、眉骨颧骨突出、皮肤深黄的相貌与当地人稍有差别外,但是他们在说话写字、穿衣打扮与生活习俗方面,则已与当地汉族无异了。

四

在河之南,是河洛文化的中心,随意游走而非刻意寻觅,都能触摸到中华民族这棵大树最早的一圈年轮,都能捡拾到先人们栖息的这片土地上以百年、千年乃至万年为瞬间的历史与自然的每一个精彩片段,让人很悠然地沉醉其中而不能自拔。如果把河流文化看做是人类古文化的源头,那么中原地区的河洛文化就是一个地域性的河流文化,是黄河文化最核心最主要的组成部分。这一文化表现出了最具河流文化的特性,尤其是在与其他地域文化不断的交流与融合中,其自身外延也在不断扩大、辐射和传播,并且在更大的江河流域得到移植、生根、成长和发展。

深厚的河洛文化筑就了中华民族文化原典博大精深的历史底蕴。正是在黄河文明的中心——河洛地区,中华文化有了"河图洛书"这一最早的发现,此后的裴李岗文化、仰韶文化、二里头文化的发现,使得河南的史前文化前后一脉相承、环环相扣,成为中华文明初现的曙光和源头的活水。也正是在河洛地区,河洛文化自夏商周时期便显现出非凡的创造力和影响力,在这里,出现了最早的国家、最早的都城、最早的农耕文明、最早的青铜文明,形成了比较成熟的国家制度、都城制度、礼乐制度和规范的文字,产生了中华民族最早的诗歌总集《诗经》、散文总集《尚书》和哲理丰富的《易经》;五大学说学派的儒家学说、道家学说、佛学、玄学、理学,无不发源、萌生或创建、兴盛于河洛地区。而在天象历法、农学、医学、建筑、冶炼、陶瓷、酿造、纺织、造纸、活字印刷方面发明创造的历史奇迹,以及在汉代词赋、建安文学、唐诗宋词和书法、绘画、雕塑、曲艺方面的辉煌成就,都和河洛地区有着非同寻常的重大关系。著名的"丝绸之路"起点,西汉时始于西安,东汉时始于洛阳;河洛地区的洛阳、开封、安阳都是历史上有名的国都,而留在洛水之滨的五座古代都城遗址——二里头遗址、商城遗址、东周王城遗址、汉魏故城遗址、隋唐东都城遗址,应该是代表了当时中华民族经济文化发展的最高水平,成为中华民族历史文化极其重要的载体和见证。不可否认,无论是夏商周时期,还是秦汉、魏晋南北朝、隋唐五代、北宋,河洛地区都曾是中华文化最发达的区域。东汉的洛阳太学被认为是世界上有迹可寻的最早的国立大学和研究生院,西晋在太学之外首设国子学,隋炀帝设国子监为国家教育管理机构,于洛阳首创科举取士之制,武则天首创殿试、设武举等,这些都成为河洛文化中最为重要的组成部分。再要说到,河洛地区涌现过灿若星的文化名人,像政论家贾谊,易学家荀爽,诗人杜甫、刘禹锡、李贺、白居易、李商隐,画家吴道子,散文家韩愈,高僧玄奘,理学家二程,科学家张遂(一行)等;也是在洛阳,司马迁受命写《史记》,班固著《汉书》,陈寿撰《三国志》,刘徽注《九章算术》,邵雍解《伏羲先天图》,司马光完成巨著《资治通鉴》等,他们所取得的成果对中华民族文化的繁荣与发展都产生了至关重要的影响。直到今天,河洛文化中的精华,如儒家道家等诸子百家的思想哲理,仍在世界各地广为流传,并被学习、研究、运用于当今社会活动与科学发展之中。

五

虽然我们把河洛文化界定为一个地域性的河流文化,但它旺盛的生命力所产生的影响却是跨地域的。在历史的长河中,中原地区的人口一直在流动着。在这个过程中,河洛文化不断扩散、辐射、渗透、融合,影响到大江南北、长城内外,齐鲁文化、荆楚文化、三秦文化、三晋文化、燕赵文化、闽台文化、客家文化、岭南文化等,都与河洛文化有着千丝万缕的联系。尤其是河洛先民历经多次南迁,不少人又辗转移民八闽大地,并经数次飘洋过海来到台湾垦地定居,他们把河洛地区的生产方式、民间信仰等文化观念带到了福建带到了广东也带到了宝岛台湾,他们维护并保持着中原的遗风,坚守着固有的语言与风俗习惯,致中和、重伦理、守礼节、讲道义,瓜瓞绵绵,承袭久远。诚如卢博文先生所论:"台闽地区是汉民族数千年来向外拓展过程中最为重要的一站。它不仅继承了河洛文化的脉络,并且还保存着最为古老与纯真'河洛文化'的精髓。诸如风俗习惯、宗教信仰、姓氏堂号、文字语言,以及思想道德等,其保持的完整,较之今日中原,犹有过之而无不及。"我从谢魁源先生的文章中也了解到了这一点:台湾至今还保有纯度最高的"河洛古汉语"。这是极为难得的。几十年来,海内外的客家寻根方兴未艾,各客家族群纷纷编修谱牒,以姓氏血缘为途径追溯客家源流的来龙去脉,无不表现出强烈的族群认同意识和寻根意识。如果能够充分利用我们共有的文化资源,以寻根祭祖、文化艺术交流为桥梁,进一步加强豫台之间的经济文化交流与合作,海峡两岸尤其是豫台两地的文化事业与文化产业必将有一个大的繁荣与发展。

（作者为河南省新闻出版局副局长）

民族迁移与中原文化的传播

王保国

在中国历史上出现过多次移民现象,以中原汉民族南迁和北方民族内迁最具规模和影响最大。中原汉民族南迁的主要方向是从黄河流域迁居长江流域,在历史上曾出现三次南迁高潮,而与这三次南迁高潮时间相对应或稍后,是三次北方少数民族大规模的内徙。但不管是移出还是移入,都加速了中原文化的传播和扩散,推进了以中原文化为核心的中国文化的形成。

一

中国古代历史上有三次从以黄河流域为中心的北方地区向以长江流域为中心的南方地区的大规模移民潮,它们分别出现在:西晋永嘉以后至南朝时期、唐中期至五代时期以及宋元时期。

(一)永嘉南渡:中原汉民族的第一次南迁高潮

公元280年,西晋灭吴,中国重新统一,社会暂趋安定。但这一局面并没有持续多久。290年,晋武帝死,晋王室陷入长达15年皇位争夺战,先后有8位宗室卷入,史称"八王之乱"。波及地域从洛阳、西安到整个黄河流域。与此同时,全国各地爆发了严重的自然灾害,旱、涝、虫灾把饱受战祸之苦的北方人民推向了死亡的边缘,人民流离失所,起义不断,黄河流域陷入一片混乱。这种局面为北方少数民族南下提供了契机,匈奴、鲜卑、羯、氐、羌旧史中所称的"五胡",打着反晋的旗号,纷纷起兵,进入中原地区。

为躲避战火,以汉族贵族、官僚、地主为先导,以大量宗族和奴仆为主体,随后是农民阶层的大规模的人口南迁高潮在西晋怀帝永嘉年间(307～311)形成,史称为"永嘉南渡"。东晋政权在建康(今南京)建立后,南方更增加了对北方人士政治上的吸引力。这次南迁始于永嘉年间,一直持续到南朝宋元嘉年间(424~453),达150年之久。

南迁移民主要来自今山东、河南、河北、山西、陕西以及安徽各省,由于受到战争的影响,其中尤以山东和河南输出人口最多。公元311年,汉军攻陷洛阳,引发了第一次难民潮,"中州士女避乱江左者十六七"①。东晋立国江南,"中原冠带随晋过江者百余家"②,其中陈郡谢氏(谢安)、汝南应氏(应詹)、颍川苟氏(苟崧)等北方大姓巨族均在东晋建国前后渡江南下。

移民迁徙的主要目的地有安徽、江苏、湖北、江西等地,中原地区的移民多迁入安徽和江苏南部。在这次持续150年的南迁中,迁徙人口总数在200万人以上,是北方移民输出区总人口的1/8,占南方刘宋总人口的约1/6。③

(二)安史之乱后中原汉民族的第二次南迁高潮

公元755年,唐节度使安禄山拥兵15万在范阳发动叛乱,从河北直指唐朝政治中心之一的洛阳,年底攻克洛阳。随后,一路西向,逼近长安,唐玄宗慌忙出逃,长安陷落。公元757年,安禄山死,其子安庆绪、部将史思明相继为叛军首领。唐政府先后调集郭子仪、李光弼等大将在河北、河南等地与叛军展开激战。公元762年,代宗即位,又调集各路兵马与回纥兵合围叛军,公元763年,叛乱被完全平定。

"安史之乱"持续八年,对唐朝社会造成了严重的破坏,人口急剧下降。安史之乱前,全国户数为890多万,乱后仅剩190多万。黄河流域所受破坏更为严重,"东至汴、郑,达于徐方,北自覃怀,至于相土,人烟断绝,千里萧条"④。洛阳以东至徐州,"宫室焚烧,十不存一,百曹荒废,曾无尺椽。中间畿内,不满千户,井邑榛棘,豺狼所嗥"⑤。

更为严重的是,在平定安史之乱的过程中,原来驻守北方边境的守军相继内调,造成边防空虚,少数民族乘机南下,北方地区陷入长期混乱状态。唐朝灭亡

---

① 《晋书》卷六五,《王导传》。
② 《晋书》卷七九,《谢安传》。
③ 范玉春:《移民与中国文化》,广西师范大学出版社,2005年,第32页。
④ 《旧唐书》卷一二〇,《郭子仪传》。
⑤ 《旧唐书》卷一二〇,《郭子仪传》。

后,五代迭兴,战乱一直无法平息。

与北方地区的战乱形成鲜明对照的是,同一时期的南方地区少有战事,加上经过北方移民与南方人民的共同开发,到唐朝中期,南方地区社会经济、文化已有了较大发展。南方地区对北方人民的吸引力大大增强,成为北方人民逃避战祸的首选之区。

从安史之乱到北宋建立前的200年间,北方的战乱导致中原汉民族第二次大规模的南迁。李白在其诗中写道:"三川北虏乱如麻,四海南奔似永嘉。"[1]757年,洛阳陷落,"士民惊骇,散奔山谷"[2]。肃宗上元年间(760－761),淮南东、江南西、浙西三道节度使刘展叛乱,江淮地区大量难民向南渡过淮河、长江进入江南地区,以至于有"天下衣冠士庶避地东吴"[3]之说。德宗建中年间,藩镇之乱再次发生,主要战场在河南。河南地区因此成为这一时期人口迁移的主要来源地,该地区难民多避难江南。公元875年,河南、山东爆发了王仙芝、黄巢领导的农民大起义,起义军转战中原,后挥师南下,大批中原民众随从南迁。五代十国时期,北方政权更替频繁,战乱不止,而南方相对安定,大量北方地区居民迁居南方。

与第一次移民高潮相比,这一次移民散居江南的范围更广,江西、福建、两湖地区是接收北方移民较多的地区,而岭南地区也首次成为北方移民的重要聚居区。

(三)靖康之乱后中原汉民族的第三次南迁高潮

宋钦宗靖康元年(1126),金兵分东、西两路大举南下,宋都开封陷落。次年徽、钦二帝及后妃、宗室、朝官共3000多人被掳,北宋灭亡,史称"靖康之乱"。1127年农历五月初一,宋徽宗第九子赵构在河南商丘即位,后迁都临安(今杭州),宋朝统治又维持了100多年,历史上称之为"南宋"。

在"靖康之乱"前,由于宋金连年战争,中原地区民众几乎无法生存,不少民众已经开始南迁,而"靖康之乱"导致的南迁规模迅速扩大。"靖康之乱"发生后的六七年间,中原地区发生粮荒,出现盗贼、官兵、居民争食的现象。从南阳经许

---

① (唐)李白:《永王东巡歌》,《李白集校注》卷八。
② 《资治通鉴》卷二二一,唐肃宗乾元二年三月壬申。
③ (唐)李白:《为宋中丞请都金陵表》,《全唐文》卷三四八。

昌到商丘，"无复鸡鸣，井皆积尸，莫可饮……菽粟梨枣，亦无人采刈"①。为了生存，中原民众不得不扶老携幼，举家南迁。

"靖康之乱"后，赵构在商丘即位，随后携三宫、宰执、侍从、三司、百卫禁旅、御营使司、五军将佐南迁杭州，百官、百姓随之渡江者数万人。为了保证北方难民顺利过江，南宋政府提供多种便利，从而形成了"高宗南渡，民之从者如归市"②的南迁高潮。

宋金对峙时期，民众的南迁也没有停止。绍兴三十一年（1161）金海陵王率兵进入河南，宋高宗下令招抚北方人民，大量原来居住在秦岭—淮河一线以北地区的汉族居民纷纷南下，迁居淮南，甚至进入两浙、江东、江西等地。

孝宗隆兴元年（1163），南宋军队渡过淮河，"中原之民蠢然来归，扶老携幼相属于道"③。宁宗开禧年间，南宋举兵北伐，但因准备不足，节节退败，金人攻入宋境，大批江淮难民南迁江苏、浙江、江西等地。

十三世纪初，崛起于北方草原地区的蒙古开始攻金。金人被逼南下攻宋，淮南、荆襄一带到处是流亡的难民。南宋理宗端平元年（1234），宋、蒙联合灭金，次年，蒙古大军挥师南下，进攻南宋，至1279年最终灭南宋。其间，双方战事十分惨烈，在交战的主要战场——荆襄、江淮一带，由于蒙元军队实行屠城政策，迫使当地居民大量南迁避难。中原人再次大举南迁致使人口锐减，历史上河南人口最少的时期便出现在元朝初年。

在第三次移民高潮中，南迁人口之多可谓空前。十几年间，大约有500万迁居江南，多寓居浙江、江苏，并散居于上海、福建、湖北、湖南、江西、广东、广西等地。浙江、江苏、江西、福建是接收移民最多的几个省份，而南宋首都临安则是移民最集中的地方。据葛剑雄等人统计临安1163～1173年，人口约26万户，土著7万户，移民及其后裔达18.9万户。④ 临安的移民大多来自北宋首都汴梁及其附近地区，如明人郎瑛所言：杭州居民"初皆汴人，扈宋南渡，遂家焉"⑤。平江府（治今苏州）、建康、绍兴、镇江、庆元府（治今浙江宁波）也是北方移民分布较集

① 庄绰：《鸡肋编》卷上。
② 《宋史》卷一七八，《食货志》。
③ 《宋史》卷三九〇，《周淙传》。
④ 葛剑雄、曹树基、吴松弟：《中国移民史》第4卷，福建人民出版社，1997年，第279页。
⑤ 郎瑛：《七修类稿》卷二六。

中的地区。平江府在建炎四年（1130）不足 7 万户，到淳熙十一年（1184）增至17.3 万户，增殖人口多为移民。所以宋诗人韩淲有诗曰：“莫道吴中非乐土，南人多是北人来。”①绍兴集中了来自河南和北方其他地区的移民，陆游曾说：“予少时犹见赵、魏、秦、晋、齐、鲁士大夫渡江者。”②建康也因地理位置的重要而成为移民的集中地，移民则以汴、洛两地为主。

宋元时期南迁的中原移民到明清时期一部分又进入台湾，台湾是以中原汉族移民为人口主体而建立起来的移民社会。移民活动自明末出现规模性的垦殖移民和战争移民开始，经康熙、雍正、乾隆三朝持续不断的时禁时放，却从未有间断的过程，至清代中期才基本稳定下来。1946 年台湾户口普查的统计资料显示：台湾居民总人口共计 815.8146 万人；其中来自福建省的河洛人有 691.3631万人，占全省总人口的 84.75%；来自广东的客家人有 122.7745 万人，占全省总人口的 15.05%；来自其他省份的只有 1.6770 万人，占全省总人口的 0.2% 而已。③ 1953 年台湾的族谱户口统计资料显示：户数在 500 户以上的 100 种姓氏，有 63 姓族谱材料上记载其祖先来自河南光州固始。④

“客家人”是北方汉民族南迁过程中形成的特殊群体，所谓“客家人”就是南迁汉民族居地周围的土著对他们的称谓。客家人的分布范围包括今广东、广西、江西、四川、浙江、福建、海南、台湾等省区，还广泛分布在东南亚及美洲。客家人是不断南迁的北方汉族定居南方的结果。早期的客家人形成于东晋南北朝时期，由于中原战乱频仍，大批中原汉人相继从今河南、河北、山东等地移民长江两岸并定居下来，他们过着与中原长期隔绝和封闭的生活，但他们却保留了来源地的文化特征，如宗族聚居组织、语言等。

宋代中原汉民族的南迁过程形成了客家人的主体。这些来自北方的汉族民众直接迁入江西南部赣州、福建西部汀州地区，随后向广东、广西、海南、台湾等地扩散。由于他们多系中原南迁而来，内部凝聚力非常强，他们团居一处，较完好地保存了中原地区的文化特征，加上周围地区土著文化落后，移民文化不可能

① 《涧泉集》卷一七，《次韵》。
② 《陆游集·渭南文集》卷三四，《杨夫人墓志铭》。
③ 郑淑真、萧河、刘广才：《根在河洛》，华艺出版社，2000 年，第 69 页。
④ 许竟成等：《河洛文化是台湾的根》，《根在河洛——第四届河洛文化国际研讨会论文集》（上），大象出版社，2004 年，第 327 页。

被土著文化融化,而是作为一种独特文化被长期完整地保存下来;而长期远离中原故地,又使这部分移民走上了独立发展的道路,形成了一种大量保存中原中古时代语言、风俗等特点的文化,它与周围文化面目迥异,同时又与变化了的北方中原文化有所区别,最终衍化成汉民族的独特支系。

二

历史上,居住在中国周边地区的少数民族曾经发生过大规模的迁徙活动,但就其规模和对中国历史的影响而言,北方少数民族的南向内迁更有代表性。这种整个民族或全部或部分的迁移多以中原地区为目的地,从中国版图的地理方位来看,属于一种由外向内的聚集型迁移活动,它与汉族人口从中原地区向周边地区的扩散型迁移恰恰相反。

导致大量少数民族从周边地区向中原地区迁移的原因是十分复杂的。既有政治、经济、军事、文化等社会因素,也有自然灾害因素;既有少数民族出于自身发展的考虑,也有汉族或汉族政权的强制、威胁或诱惑。

历史上,中原汉族政权与周边少数民族之间的军事冲突一直都不曾间断,但无论谁操胜券,都会引起大规模的少数民族人口迁移。一方面,胜利的汉族统治者把大量战败或降附的少数民族迁徙到朝廷力量所及的内地;另一方面,如果少数民族取得战争胜利,就长驱而入,移居自然条件较好的黄河流域,建立自己的政权,甚至统一全国。

北方少数民族的内迁往往出自经济上的考虑,北方和西北地区的少数民族长期以来过着"逐水草而居"的迁移不定的生活方式,游牧经济对自然灾害的抵抗力十分低下,每当遇到旱灾、蝗灾等自然灾害,生计就会面临巨大威胁。为了避灾,往往整个民族迁居他处以求生存。中原地区地理环境相对优越,物产丰富,农耕文明向来发达,无疑对他们具有巨大的吸引力。

北方少数民族不断徙居中原也有文化上的原因。自汉代以来,中原王朝社会经济发达,政治稳定,文化繁荣,国力强盛,也对周边少数民族产生了巨大的吸引力,少数民族会因仰慕中原的先进文化而内迁中原地区。

历史上少数民族内迁主要有:两汉时期匈奴和其他西北少数民族的迁移,魏晋南北朝时期以匈奴、鲜卑、羯、氐、羌为主的北方少数民族的内徙,隋唐五代时期突厥、回纥等西北少数民族的内迁,元代蒙古、回回等民族的迁徙以及清代满族的迁徙。其中以魏晋南北朝时期北方匈奴、鲜卑、羯、氐、羌的内迁规模和影响最大,史称"五胡乱华"。

从汉、魏以来,我国西境和北境的少数民族不断内迁,一直到北魏末六镇起义后鲜卑族最后全部涌进塞内为止,这样一个阶段,在中国古代中世纪史上,可以说是民族大迁徙的时代。[①] 如匈奴人,在秦汉历史上曾盛极一时,但由于西汉对匈奴战争的胜利,纷纷迁居内地,很多匈奴贵族接受汉朝封号,被安置在中原地区,其中文帝、景帝、武帝三朝期间仅见于《汉书·功臣侯表》的就有 34 人。西汉后期,匈奴内部发生"单于争立"事件,大批匈奴人臣服于汉。到东汉末年,曹操为有效地控制匈奴,将匈奴进一步内迁今山西境内,是以大量聚居于今山西、陕西、甘肃一带。其他几支少数民族如鲜卑人则迁居于今山西、甘陇一带;羯族入塞后聚居于上党武乡(今山西榆社),后来散居于山西南部太行山一带;氐族原居于川、陕、甘交界之处,内迁后部分入川,部分入关中。羌族本居于陇、蜀和青海,内迁后与汉人杂居于陇蜀秦雍一带。

内迁民族数量惊人,《晋书》卷二《文帝纪》称,晋初"九服之外,绝域之氓,旷世所稀至者,咸浮海来享;鼓舞王德,前后至者八百七十余万口"。此数字显然夸张,但从史书中"西北诸郡,皆为戎居"[②],以及"关中之人,百余万口,率其少多,戎狄居半"[③]的记载来看,也颇有根据。《晋书》卷九七《匈奴传》记载:"(晋)武帝践阼后,塞外匈奴大水,塞泥、黑难等二万余落归化,帝复纳之,使居河西故宜阳城下。后复与晋人杂居,由是平阳、西河、太原、新兴、上党、乐平诸郡靡不有焉。""至太康五年,复有匈奴胡太阿厚率其部落二万九千三百人归化。七年,又有匈奴胡都大博及萎莎胡等各率种类大小凡十万余口,诣雍州刺史扶风王骏降附。"由于大量少数民族内迁,对晋王朝的统治造成直接的威胁,所以引起晋人的担忧,江统在上给晋武帝的《徙戎论》中建议:"当今之宜,宜及兵威方盛,众事未罢,徙冯翊、北地、新平、安定界内诸羌,著先零、罕并、析支之地;徙扶风、始平、京兆之氐,出还陇右,著阴平、武都之界。廪其道路之粮,令足自致,各附本种,反其旧土,使属国、抚夷就安集之。"但晋武帝并没有采纳他的建议。

---

① 王仲荦:《魏晋南北朝史》,上海人民出版社,2003 年,第 173 页。
② 《晋书》卷九七,《匈奴传》。
③ 《晋书》卷五六,《江统传》。

　　南北朝以后,内迁少数民族开始纷纷建立起自己的政权,从公元304年到公元439年(西晋永兴元年至北魏统一),在我国淮河以北和巴蜀的广大地区匈奴、鲜卑、羯、羌和氐五个民族相继建立十四个分裂割据政权,匈奴建立的政权有:汉、前赵、北凉、夏;鲜卑建立的政权有:前燕、后燕、南凉、南燕、西秦、北燕;氐族建立的政权有:成、前秦、后凉;羯族建立了后赵政权;羌族建立了后秦政权,加上汉人建立的前凉、西凉,史称"十六国"(成汉算一国)。

　　各少数民族政权的建立,进一步加速了少数民族内迁和新的民族统一体的形成,少数民族因为定居中原迅速成为中原民族大家庭的一员。他们或聚居一地,或错居中原,尽管民族仇杀时有发生,北方的统一与分裂也不断上演,但民族融合的主旋律始终没有被破坏。经过魏晋南北朝二三百年时间,中原地区的胡、汉界限渐趋泯灭,黄河流域的汉族已注入大量胡人的新血,成为由胡汉融合而成的新汉族。而这种民族融合不仅使中华民族更为壮大,也扩大了中原文化传播与发展的社会基础。

三

　　人既是文化的载体,又是文化的传播者。民族迁移本质上就是一种"文化的迁移",因为迁徙必然造成文化的移动和传播,同时要遭遇与不同文化的接触、碰撞和融合。在中原汉民族南迁和北方少数民族内徙的过程中,中原文化得到空前传播,其传播表现在两个方面:一是文化的分布区域由中原地区向长江流域、珠江流域,以及西北、东北、东南、西南,甚至海外延伸;一是进入中原的少数民族不断被汉化。

　　(一)中原移民与中原文化的扩散

　　在魏晋以前,江南开发不足,相对于北方其文化水平比较低。随着中原汉民族的不断南迁,比较先进的中原文化在南方逐渐展开,并赶上甚至超越北方。北、南方文化逐渐趋同,中华文化也在更宽阔的地域里育化生长起来。

　　南迁的中原移民成分复杂,囊括几乎所有阶层,有大量宗室、贵族、官僚、地主和文人学者,有普通农民、手工业者,因此,南迁移民带来的文化变革也是全方位的。首先应该是生产方式和生活方式的改变。中原地区农业、手工业比较发达,中原人的南下不仅给南方带来了充足的劳动力,也带来了先进的生产技术和经验,使南方的生产力水平有了大幅度提高。由于水利的大量兴修、牛耕的推广和先进生产工具的使用,南方地区的农业生产水平有了进一步的提高。中国自古以来就存在两个明显不同的粮食作物种植区,即黄河流域小麦种植区和长江、珠江流域水稻种植区,二者的分界线大概在江淮之间。西晋末年以降,北方移民连绵不断地迁移到南方地区居住,由于吃不惯南方生产的稻米,加上传统耕作技术的局限,北方移民首先在江南水田种小麦,取得成功。随着北方移民的不断增加,小麦生产在南方逐渐得到推广和普及。南北朝时期,小麦种植遍布徐、杨、江、浙。两宋之际的北人南迁和政府税收政策的调整,导致对麦的需求大增,南方种麦也更普遍。"建炎以后,江、浙、湖、湘、闽、广,西北流寓之人遍满。绍兴初,麦一斛至万二千钱,农获其利,倍于种稻,而佃户输租,只有秋课,而种麦之利独客户,于是竞种春稼,极目不减淮北。"①明清以后,小麦、水稻的种植比例有所调整,并逐渐形成南稻北麦的粮食种植格局。尽管各种粮食作物在各地农业经济结构中所占的比例发生了变化,但"小麦—水稻—杂粮"这种粮食结构已在全国普遍形成,这不能不归功于历代北方移民的南迁。

社会礼俗是文化的基本内容,中原汉民族的南迁也带去自己的礼俗,并逐渐得到当地的认可,成为中华民族共同的礼俗文化。社会礼俗中最重要的内容莫过于岁时节令和婚丧礼仪。春节、元宵、清明、端午、中秋、重阳是中原汉民族的传统节日,这些节庆习俗自中原汉族迁居南方后得以在全国范围内不断流行,而且受其影响,其他少数民族,如壮、布依、侗、土家、仡佬等族也都开始认同和庆祝这些节日。在葬俗方面,中原汉民族的重孝厚葬习俗也在南方沿袭和流传开来,也成为华夏民族共同的礼俗。如北宋末年建康(今南京)移民因为多来自汴、洛,所以,"岁时礼节饮食、市井负街讴歌,尚传京城故事……气习大率有近中原"②。

在南迁的中原移民中,相当一部分是经济实力和文化素养都比较高的宗室、贵族、官僚和文人学者,他们对于传播中原文化贡献尤为巨大。如《南史》列传人物(不计后妃、宗室、孝义等传)有728人,原籍北方的有506人,南方籍的只有222人,说明北方移民在南朝政治、军事、经济、文化等各方面的主导作用。特

---

① 庄绰:《鸡肋编》卷上。
② 《至正金陵新志》,转引自范玉春:《移民与中国文化》,广西师范大学出版社,2005年,第53页。

别是大量文人的南迁及其活动,带动了南方文化的发展,缩短了南方与北方在文化发展水平上的差距。有人对《宋元学案》中北方籍传主的迁移与分布作了统计,北方籍学者迁入江南的共 115 人,其中除 14 人籍贯为湖北、山东,剩下的 101 人皆为河南人,如邵伯温、宋弁、吕好问、吕本中、王应麟等。[①] 唐人杜佑在《通典》中叙述东南地区的文化状况时曾说:"永嘉以后,帝室东迁,衣冠避难,多所萃止,艺文儒术,斯之为盛。今虽闾阎贱品,处力役之际,吟咏不辍,盖颜、谢、徐、庾之风扇焉。"[②]可见,南迁移民对于南方经济文化的发展影响之大。

(二)内迁少数民族的汉化

内迁少数民族尽管是军事上的胜利者,但却是文化上的失败者。内迁中原以后,他们往往迅速被较先进的中原文化同化,失去民族独立的个性,融入中华民族大家庭。而在这样的同化过程中,中原文化也得到了极大的传播。

在中国历史上,由于中原地区文化发展水平一直远远高于其他少数民族,随着少数民族的内徙,加上长期与汉人杂居,这些民族中的上层分子逐渐濡染中原学风,出现了一批尊儒习经、精通汉文化的人物,使汉族的学术文化在非汉族中传播开来。作为少数民族整体,其民族特色逐渐淡化,有的民族最后完全融入汉民族的文化海洋中。如内迁的匈奴部众由于长期与汉人杂居,深受汉文化的影响,到南北朝时期,匈奴文化的民族特色已经逐渐淡化,《北史》、《隋书》皆不为匈奴立传,说明匈奴已经基本融入了汉族。

内迁少数民族的汉化情况在少数民族上层表现尤为突出。东汉后期,匈奴上层人士聚居晋阳(今太原),尊崇儒术,一派华风。如刘渊本人"幼好学,师事上党崔游,习《毛诗》、《京氏易》、《马氏尚书》,尤好《春秋左氏传》、《孙吴兵法》,略皆诵之,《史》、《汉》诸子,无不综览"。其子刘和、刘聪及族子刘曜也都精研史书,博通经典。刘渊建汉后,更全面地照搬汉族制度,行祀祭,建年号,称祥瑞,职官设置均采用中原体制。

苻坚,氐人,即位前秦后,以继承发扬汉族文化为己任,他不仅本人深受儒学濡染,而且常常亲临太学,考试学生经义优劣,问难五经博士。他说:"朕一月三

---

① 葛剑雄、曹树基、吴松弟:《中国移民史》第 4 卷,福建人民出版社,1997 年,第 485～486 页。

② (唐)杜佑:《通典》卷一八二,《州郡》一二。

临太学,黜陟幽明,躬亲奖励,罔敢倦违,庶几周孔微言不由朕而坠。"①由于以苻坚为首的氐族政权的大力提倡,中原氐族迅速汉化。

鲜卑族的汉化是一个典型。鲜卑开国之初即以儒学思想为政治指导,推行汉族封建统治方式,促进鲜卑族的汉化,亲自主持太和改革的北魏孝文帝拓跋宏对鲜卑汉化贡献尤巨。他本人"雅好读书,手不释卷。《五经》之义,揽之便讲"②,执政时期,更是举国汉化。他迁都洛阳,以汉法为政,甚至禁止胡服,"断诸北语,一从正音"③,即以汉语作为官方通用语言。北魏诗人崔浩云:"漠北醇朴之人,南入中地,变风易俗,化洽四海"④,正是对这种历史现象的概括与总结。

总之,魏晋南北朝时期,匈奴、鲜卑、羯、氐、羌等入主中原的少数民族统治者,都不同程度地推行了汉化政策,他们通过"汉化"与汉族进一步接近,并最终融入中华民族大家庭。

四

中国移民史至少半部是中原移民史,而移民对于中国历史文化的影响也主要围绕中原移民展开。历史上,由于自然条件的差异和人口密度的不同,黄河流域在相当长的时间里是中国经济文化发展最快的地区,中原居民向其他地区的迁移过程,往往是先进经济文化的传播过程。大量移民不仅给迁入地带来了充足的劳动力,也带来了先进的生产技术和经验,使当地的生产力水平有了大幅度提高,江南地区是明显的例证,自两晋南北朝中原移民大规模南迁以后,发展速度明显加快,到唐代,江南成为中央政府财政的主要来源,宋代以后,则超过黄河流域,成为中国经济的重心。

移民更直接的影响是推动了中原文化的传播和中国文化发展。人是文化的创造者,又同时是文化的负载者,在交通和通讯比较落后的古代社会,文化主体——人的迁移无疑是最重要的传播媒介,其结果势必造成文化的播迁。在南迁的中原移民中,相当一部分是经济实力比较强和文化素养比较高的宗室、贵族、官僚和文人学者,他们在移入地依然居统治或主导地位,这就大大增强了他

---

① (唐)房玄龄:《晋书》卷一一三,《苻坚载记》上。
② 李延寿:《北史》卷三,《高祖孝文帝本纪》。
③ 司马光:《资治通鉴》卷一四〇,《齐纪六》。
④ 魏收:《魏书》卷三五,《崔浩传》。

们传播自身文化的能力,所以,他们对于传播中原文化贡献巨大。

　　就文化的传播规律而言,往往是强势文化在文化整合的过程中处于主导地位,支配着文化发展的方向,并最终同化弱势文化。由于中原文化长期处于中华文化的先进位置,加上政治上的优势和民众实用主义的选择,中原文化随着民族迁移活动的增加得到空前传播。其传播方式一是迁徙汉民族对于迁入地的文化播散,一是中原文化对迁入中原民族的同化。

　　移民对中国历史发展的影响是全方位的,葛剑雄等人甚至认为"离开了移民史就没有一部完整的中国史,也就没有完整的经济史、疆域史、文化史、地区开发史、民族史、社会史"①。笔者赞同这样的观点。然而,中原移民史尤为重要,它曾左右了中国历史的走向,因此,它是我们了解、研究中原文化与中国文化形成发展的重要角度,也是我们研究中国历史的一个重要视点。

　　　　　　　　(作者为郑州大学文学院教授、山东大学文史哲研究院博士后)

---

　　①　葛剑雄、曹树基、吴松弟:《中国移民史》第 1 卷,福建人民出版社,1997 年,第 75 页。

数字化:河洛文化弘扬之道

雷弯山　钟美英

当今时代,文化越来越成为民族凝聚力和创造力的重要源泉,越来越成为综合国力竞争的重要因素,丰富精神文化生活越来越成为我国人民的热切愿望。中华文化是中华民族生生不息、团结奋进的不竭动力。弘扬河洛文化,建设中华民族共有精神家园,就需要在时代的高起点上推动文化内容形式、传播手段创新,解放和发展文化生产力。重要的是运用高新技术创新文化生产方式,培育新的文化业态,加快构建传输快捷、覆盖广泛的文化传播体系。特别是运用现代科技手段开发利用河洛文化丰富资源。现代科技手段主要是数字化,数字化是河洛文化弘扬之道。

一、河洛文化数字化是文化发展之道

新战胜旧、先进取代落后,这是事物发展的客观规律,同样是文化发展之道。

河洛文化弘扬之道在于数字化,这是由民族文化的属性和数字化的本质特征所决定的。民族文化是"每一个民族在长期的历史发展中,创造发展并具有本民族特色的文化。它是各民族一定的社会政治、经济在观念形态上的综合反映"[①]。它是各民族"在不同的自然环境和社会环境中创造出来、并在独特的社会历史发展和功能过程中积累、传承下来的"[②]。文化本质上是思想观念,它必

---

① 布赫:《河洛理论与河洛政策》,内蒙古大学出版社,1995 年,第 116 页。
② 金炳镐:《河洛理论政策概论》,中央河洛大学出版社,1994 年,第 302 页。

须有表达、传播思想观念的工具和载体,因此,文化的进步也就通过表达、传播文化及其思想观念的工具和载体的进步而表现出来。语言的产生,人们通过有声语言表达、传播思想观念,用讲故事、传唱山歌等口头形式来传承文化,比人类的行为信号先进。文字的出现,使得文化传播比语言更先进。数字化(dijitalization),是用0和1两个数字编码来表达和传输一切信息的综合性技术,是计算机和网络技术的基础。即电话、手机、电报、传真、网络等各种信息全都是数字符号,在同一种综合业务网中进行传输,它的神奇之处是将人类的一切信息都以计算机语言0或1的二进制数来表达。0与1,这二个最简单又最平淡的数字,与高科技手段结合,把五彩缤纷的世界数字化,世界成为了数字化存在(Bcing digital)。数字化技术,具有一切先进技术,不可比拟的社会扩张力和社会推动力。在河洛文化形态上,将文字、图形、影像、音乐、语音等信息以数字化并整合应用,它是继语言、文字之后人类中介系统的又一次革命,是运用高新技术创新文化生产方式,培育新的文化业态,加快构建传输快捷、覆盖广泛的文化传播体系的新手段,推动着文化内容形式、传播手段的创新。

首先,数字化实现河洛文化传播向高时效性发展。河洛文化同一切现实的、具体的存在和关系一样,也都具有存在的时间性和空间性特征。数字化极大地压缩了文化传播的物理时空。凭借互联网,数字化信息几乎可以在瞬间到达各用户,实现文化传播的零距离。数字化的高效率、高时效性特征,不仅改变着文化本身,也日益广泛深入地影响和改变着社会生产和生活的各个方面。数字化,发展迅速,已走向千家万户。我国虽然起步较晚,但我国的网民已达世界第二位,手机用户已达六亿多。比特(bit)、拜特(byte)、赛博文化(Cyber culture)、数字地球、数字中国……已是人们常用的话语。不仅实现了"秀才不出门,全知天下事",而且可以不出门而做成天下事,家中学习、办公、购物、旅游,不仅是时尚,而且超来越成为人们的主要交往方式和实践方式。数字化带来的变革不仅是超越了以往任何时代的变革,也超越了任何信息技术,人类正由物质化(physical)信息时代进入数字化(digital)信息时代。称之为数字化时代,正是体现了我们所处的时代的生存状况和突变。数字化,使人类由工业文明进入知识文明时代,同时也引发了人类生活方式、思维方式、价值观念等社会文化的急剧变化。这是把数视为万物本原的古希腊哲人毕达哥拉斯也不可能想象的。总之,由于数字化,世界在贯通,地球已变小,历史被"压缩",人类文明正在经历着核聚变般的剧烈震撼和魔幻式急速的转换。

其次,数字化实现着河洛文化向全球性的升迁。如果说一切以时间、地点和条件为转移,那么,当人们改变了文化存在的时间和空间的条件后,也就改变着文化的属性。传统文化都是地域性文化。数字化使文化的全球传递和交流达到了前所未有的广度和深度。可以说,没有数字化,就没有当今文化的全球化。数字化所实现的人类文化的变迁和对于传统文化的超越正在于,它把地域文化提升为全球文化。从地域性文化向全球性文化的拓展和演变是人类文化变迁的规律和发展的必然趋势,数字化则既是实现这种转变的重要环节又是实现这种转变的重要标志。基于数字化的全球化特征而实现的当代文化变迁,正在改变着各个国家、各个民族的文化观念,将人们从过去封闭的、地方性的文化观念带入了一个开放的、全球性的文化视野之中,使人们的文化意识、文化理念有了一个全球性的眼光和境界。

再次,数字化实现着河洛文化向多元性的转变。数字化改变着文化传播的工具和形式,进而改变了文化的属性本身。博客、播客、维客、掘客等这些过去从未听说过的东西,因为数字化,被创造出来了。数字电视、数字音乐、数字游戏,一个接着一个出现在大众面前;即时通讯、聚合新闻、数字社区、聊天室、同学会、同乡会、同城会等把大量毫不相干的人群组合到了一起。人们既是这些文化新形式的参与者,更是这些文化新形式的创造者。数字化将具有特定强烈的地域性、民族性、种族性的文化属性都大大隐退,以技术的方式淡化、消解不同文化形态的价值观、信仰观,并通过网络技术的处理转化为图像、声音、颜色等抽象的符号。从理论上讲,无论谁对数字化都不具有独占权、垄断权,只要拥有一定的网络技术知识,谁都可以融入数字化之中。网络文化将各种不同甚至对立的思想文化都呈现出来,正因为如此,数字化为多元文化并存提供了现实基础,数字化是当今最具开放性、多元性的文化形态。如果说,文化的发展是从单一的、狭隘的文化走向多元的、开放的文化并存,数字化的出现正好体现了文化发展的这一现实要求和趋势。网络以文化的多元性、包容性和开放性,实现了对传统文化的超越。

最后,数字化实现着河洛文化向虚拟性的转化。数字化把现实的客观世界转换成了文字、声音、图像,转换成了数字化的符号,从而表现出数字化的虚拟性,这是人类文化直接基于数字化而创生的文化新特征。从这个意义上看,数字化是虚拟文化。数字化使世界二重化了,在数字化世界的语境中,存在着虚拟世界与现实世界的对立和分裂。数字化主体在虚拟世界中创造和实现着现实世界未曾有过或难以实现的假想和计划,实现着自我的追求和肯定,将人类带入了一个实然和超然生活的双重世界。在数字化世界中,人超越了现实世界的限制而想象、设计出虚拟的自我、虚拟的社会、虚拟的文化关系。在虚拟文化世界中,任何个体都可以匿名制、虚拟身份、多重角色表现自我并与其他人或群体发生各种关系,进行文化交流。数字化以虚拟的形式实现了对现实文化形态的超越。

　　由于数字化超越了任何一种文化传媒手段,因而对河洛传统文化产生冲击,河洛语言、艺术、习俗、礼仪、观念以及河洛成员对传统文化内容的兴趣等等都会不断地消失。年轻一代痴迷于手机、电视、互连网。衰退不仅是表层的,甚至是深层的。在"民俗村"或其他形式的旅游区,虽然表现传统文化的各种建筑、用具、服饰和礼仪等随处可见,但这些东西很多已不是民族文化的自然显露,而是出于商业利益的着意夸饰甚至扭曲,与民间的本色已有相当的距离了。这些现象表明,当今传统文化表现出来的复兴,更多是一种表层的人为造设,在它下面还泛动着衰退的潜流,即共同心理素质的衰退。任其自然,传统文化就有消失的危险。只有积极回应,河洛文化才能存在、发展。

二、河洛文化数字化是合理性之道

　　河洛文化如何面对数字化? 这是一个实践理性的合理化课题。

　　实践理性是人类对自身与世界的关系"应如何"和人"应当怎样做"问题的观念掌握与解答。[1] 如果工具理性过分,就会出现社会公平的丧失,导致人的"工具化",泯灭主体的存在意义和价值;而价值理性走向极端,导致社会稳定的破坏,中止和延误现代化的合理化进程。在现代化过程中,就有实践理性的合理性、合理化的问题。

　　美国哲学家 L. 劳丹说:"二十世纪哲学最棘手的问题之一是合理性问题。"

---

① 王炳书:《实践理性问题研究》,《哲学动态》1999 年第 1 期。

合理性(rationality)一词,在英文中,并不是直接由理性(reason)转化而来的,而是由作为形容词的"合理的"(rational)一词名词化而来的,是韦伯通过改造黑格尔的"理性"(reason)概念而得出的一个社会学概念,在韦伯视野中,合理性就是西方现代性的本性,他把"现代性"等同于"合理性",将"现代化进程"等同于"理性化(rationalization)过程"。合理性是指主体在思想行为中所表现出来的凭借理智进行活动的特性,按理智活动就是不以传统、习俗、情感、冲动和权威等为行为的依据,而建立在深思熟虑的权衡之上。决定行为的是利益,合理性的表现就是趋利避害,利益之有无、大小的判断又来自于思想价值观念即文化施诸理智的作用。因此,合理化就是对人们的思想和行为所应当具有的客观性、价值性、严密性、正常性、正当性、应当性、可理解性、可接受性、可信性、自觉性等的概括与要求,是合规律性、合目的性和合规范性的统一,也是真理性与价值性的统一。河洛文化的现代化,不在于合理性有无的问题,而在于合理性的方向、方面和程度,也就是实践理性的合理化问题。

从实践理性的客观尺度看,数字化是人类中介系统的一次新的突变。以往文化发展的各个阶段,用文字、图像、声音等模拟信息,依赖于不同的记录方式、载体形态和传递手段,文化知识和信息被固定在不同的物理介质载体内,它们是彼此互相独立和隔绝的,严重地限制了信息的相互转化、交流和利用。而数字化完全不同,各种数据、文本、图像的无缝合成,并加以整理、加工、组织、传递和交流,从而成功地实现了原有文化的集成化、网络化和信息化,使得人类一体化信息资源的梦想变成了现实。因此,数字化仅仅是种工具理性。工具理性的合理化,在于其目的的合乎理性,社会和个人以用最小的资源或代价获取最大收益为原则而利用各种方法、手段和条件以达到特定目的的行为。在现代化过程中的作用而言,工具合理化为功利所驱使,尽量减少成本,消除浪费,可以优化资源配置,促进技术革新,提高效率,数字化就实现了这一目的。工具理性本身而言,它是中性的,不存在政治属性,也没有东西方之别。因而,要走出这样的误区:凡是西方创造的,就是西方文化,就必须反对。如果是这样的思维,那么我们早就西化了,因我们今天的服饰、许多生活用品、生产工具都来自西方。

从实践理性的发展过程来看,数字化是现代化的实践理性。人成为人时,就开始与自然界发生联系,逐渐意识到人与自然的关系。自然界为人类提供了生产和生活资料；自然界又变幻莫测，给人带来灾难和祸害。面对强大的自然力量，人与自然的关系表现为人对自然的依赖、恐惧，崇拜自然、消解自然与自身的对立、顺应与承受自然的力量，是早期人类处理与自然关系遵循的原则。于是，人类的实践理性以神话、传说等形式猜测、幻想人与自然的关系，或直接指向对象的实用性，通过仪式预演人所希望的结果，并将达到这种结果的工具和手段神圣化。把征服自然的胜利或成功归因于超自然的神秘力量。也就是说，早期人类的实践理性是一种建立在缺乏科学性的猜测、幻想、向往基础上的诸神神谱实践理性。原始宗教是原始初民既不能真实理解也不能驾驭人与世界的关系所产生的一种虚幻、歪曲。"神话中所讲者是神的事情，传说是人的事情；其性质一是宗教的，一是历史的。"①神话和传说与原始宗教相伴而生、结伴而行，作为原始宗教主要形态的自然崇拜、图腾崇拜和祖先崇拜，都是以神话和传说作为其思想基础的。原始宗教、神话与传说、巫术与禁忌是这种实践理性的具体表现形式，而生产技艺等真正实用而有效的实践理性形式则从属于或被淹没在这些形式之中。神话与传说是早期人类解答自身与世界的关系"应如何"和人"应当怎么做"问题的特殊形式。随着人类改造自然的能力不断增长，开始怀疑以原始宗教、神话、巫术等为主要形式的诸神神谱型实践理性的实用性和可靠性，开始相信经验技能型实践理性在改造自然活动中的作用。随着人类改造和征服自然的力量进一步加强，人们逐渐摆脱"超自然力"的统治，冲破了诸神神谱的桎梏，崇尚人的力量，强调人对自然界的独立性即对自然的支配、改造，从而形成了近代人类科学技术型实践理性。正是在近代科学技术理性的巨大牵引下，人与世界的关系发生了根本性变化，数字化是当代发展的最高阶段。从人类实践理性的这个发展过程我们可以看出，河洛传统文化，许多是属于人类实践理性的第一个阶段，这同他们长期生存的环境是相一致的。先进取代落后，是社会发展的客观规律，因而，只有用现代的实践理性取代传统理性，才能实现河洛传统文化的现代化。

　　河洛传统文化接受数字化，是否会出现技术的工具理性超越审美固有的表现理性呢？有的学者认为："技术在创造出许许多多的文化消费新花样的同时，

<hr>

① 高瑞泉：《理性与人道·周作人文选》，上海远东出版社，1994年，第183页。

也在把技术自身的逻辑和规则强加给文化。如果说在我们面前有两种逻辑,即技术的逻辑和文化的逻辑的话,那么,这两种原本并不兼容的逻辑如今出现了新的局面,技术的逻辑在文化中,特别是大众文化中,占有越来越大的比重。技术的逻辑一步步地消解着文化固有的逻辑,并有取而代之之势。这样一来,在中国当代审美文化的转型过程中,一个尖锐的矛盾不可避免地呈现出来:工具理性对表现理性的凌越。"①

　　的确,数字化、工具理性与任何事物一样具有两面性,也是一把双刃剑。一方面,数字化在发展其实用功能的同时,也在进一步发展与人的自由存在相一致、与伦理理性和审美理性追求相容的其他功能。人们逐步熟悉、运用数字化的同时,也不断衍生着人类对自身价值、思维方式、生活方式等的深刻反思;信息资源的发展使得人们的价值观念发生着巨大变化;"即时性"的传递和传播空间的无限拓展,使得世界各地具有相同兴趣和爱好的人们有可能结成为一个信息交流的社会群体,于是社会生活方式和公共关系被赋予了新的概念;利用网络从事学习、工作、活动的方式的日益丰富和多样化,势必形成人们对人生、社会和文化等的新的思考,并由此促成了崭新而独特的文化形态的不断产生的发展。总之,在与传统的社会文化逐渐融合的基础上,不断衍生出全新的文化。另一方面,数字化在展示出人类理性的巨大能量的同时,不可否认,也出现与先进文化背道而驰的方面:数字化源于美国,网络上由美国控制的信息占绝对优势的,是美国文化;黑客频频光顾,淫秽、色情、暴力等丑恶内容泛滥成灾,不良文化对人们特别是青少年的影响显而易见。当然这也不能成为拒绝数字化的理由。因为,这些不良文化和信息垃圾并不是数字化的必然产物,实际上它们自人类产生以后就出现了,只不过是数字化时代,它们存在的方式或表现的形态不同语言、文字而已。对付美国为首的西方"强势文化"的实践理性是积极回应,大力运用数字化技术,把优秀的河洛文化推向世界,拓展自己的空间,才能缩小其比例。并且,只有学习运用数字化思维方式,才能在此基础上创造新的思维方式。

　　实践理性合理化要反对两种错误的文化倾向:一是河洛文化保守主义倾向。这种倾向缺乏世界眼光,对本河洛文化盲目乐观,排斥接受世界文化,将自己封

---

　　① 周宪:《中国当代审美文化研究》,北京大学出版社,1997 年,第 293 页。

闭起来，但其结果却往往只是保护了传统文化中的落后性和劣根性。二是"普世文化"倾向。认为"全球化隐含的假定就是某种主导文化——假定是西方文化或美国文化——将征服地球的第一个角落"。全世界将接受共同的价值、信仰、思想道德和体制，达成文化的"大一统"，否定文化的民族性、多样性。这两种文化倾向都失掉了河洛文化对数字化挑战的关注和积极回应。

三、河洛文化数字化的具体途道

面对 21 世纪是数字化工具理性大发展的时代，致力于实践理性的合理化，正确解答、掌握河洛文化与数字化的关系，一方面我们必须以非常宽广的眼界和胸襟，大胆吸收人类创造的数字化成果。另一方面又要立足河洛实际，面向数字化，"以我为主，为我所用"，使河洛文化现代化。

第一，前提是对数字化文化的认同。"文化"一词，中文源于《易·贲卦》的《彖辞》："文明以止，人文也……观乎人文，以化成天下。"人文，就是使人的思想与行为合乎文明；文化，就是按照人文自身的规律教化天下，使人们追求真、善、美的文明程度不断提高。只有学习、吸纳其他民族的先进文化，才能发展河洛文化。我们从中国和世界民族的历史发展事实中感受到："乐于接受其他民族的特长，兼容并包，是有利于本民族经济文化发展的；闭关自守，坐井观天，孤芳自赏，追求本民族文化的所谓纯洁性的任何幻想，都只能是一种抱残守缺，甘于落后的表现。"[①]具有悠久历史传统的优秀的河洛文化，必须具有科学的现代形态的问题，才能融入世界先进文化的主流。否则，传统文化就只能成为地域文化、边缘文化，甚至成为只能在博物馆中展览的国粹。地域性与现代性的结合是先进文化发展的必然要求，二者缺一不可。

吸取先进文化不仅必要，而且具有可能的传统文化根基。中国在其几千年发展过程中所凝聚的文化精髓——和合文化，具有成功回应人类所共同面临文化冲突和危机的功能，有效化解数字化所引起的种种冲突的魅力。和合是具有深厚的中华文化沃土，和合二字都见于甲骨、金文。"和"是指和谐、和平、祥和；"合"即合作、合好、融合。因此，必须从坚持中国先进文化的前进方向、全面建

---

① 费孝通等著：《中华民族多元一体格局》，中央民族大学出版社，1989 年，第 53 页。

设小康社会的战略高度,重视数字化建设。要解放思想、实事求是、与时俱进,努力克服河洛文化数字化"难"、"早"的消极无为观念。

第二,基础是运用数字化技术对河洛传统文化进行抢救、保存。河洛传统文化近年来抢救、保护做了大量的工作,投入了大量的人力物力,但随着数字化进程的推进,有的还在不断地消失。怎么办? 运用数字化手段,不失为最佳选择。数字化保存的优点一是"原汁原味"。图、文、声、动作并茂,真实地记录河洛传统文化的实际,其效果是传统记录方式不可比拟的。二是可以资源共享,能够迅速复制。三是成本低廉,易于保存。世界各国正大规模地将文化遗产转换成数字化形态。1992 年,联合国教科文组织开始推动"世界的记忆"项目,该项目的目的是在世界范围内推动文化遗产数字化,以便永久性地保存,以及最大限度地使公众公平地享有。我国的文化资源数字化进程因国家数字图书馆工程的启动(1996)可以说动手并不晚,但直至如今,还没有形成国家发展战略,没有将其上升为国家文化建设的基础性工程,这不能不说是我国文化发展的一个深层危机。

第三,目标是运用数字化技术推动河洛文化的创新。亨廷顿认为,现代化的文化不是单一文化,而是多元文化:"现代化或'单一'文明的胜利,将导致许许多多世纪以来体现在世界各伟大文明中的历史文化的多元性的终结。相反,现代化加强了那些文化,并减弱了西方的相对权力。世界正在从根本上变得更加现代化和更少西方化。"①但这不等于说文化的多元化是个自然过程,实际上是个自觉自为的矛盾运动过程,需要是的各河洛文化的个性化发展,才能实现。个性化过程是民族文化的创新过程。创新是人类文化发展的灵魂,有没有创新精神已经成为关乎民族命运前途的关键,也是一个河洛文化发展的强大动力。河洛文化的创新首先要弘扬河洛传统文化,尊重历史,尊重河洛文化传统,充分体现出河洛文化的历史继承关系。其次,创新要有选择性。弘扬传统文化不是全面复兴,一定要有所选择,创新不能局限于传统的东西,一定要有所发展和突破。精华成分进行弘扬。再次,创新要有前瞻性,一种文化有没有生命力,取决于它是否具有前瞻性。具有前瞻性的河洛文化才能实现它的可持续发展,它可以预见先进文化的发展方向,不断适应时代变化和社会转型所带来的要求,以不断超

---

① ［美］亨廷顿:《文明的冲突与世界秩序的重建》,新华出版社,1997 年,第 71 页。

越的理论品格充实着河洛文化的生命力和创造力。

第四,途径是运用数字化让中华河洛文化迅速走向世界。Internet 完全打破了传统的或者说物理上的空间概念,它是一个开放的媒体,它使全球联为一个共时性的超越国界的整体,网络环境下的信息传播面对的是整个世界。Internet 已不独属于某个国家、某个民族、某个组织,它无国界,无民族界限,是全球性信息资源共享的网络。网络不仅可以实现信息的共享,而且它也扩展了人的活动范围。在世界向人开放的同时,人也向世界开放。网络信息流的传播是平等的,每个人在网络上的活动都可能产生广泛的社会影响。随着"人性化界面"技术的发展,随着人机语言互动技术在网络上的普及,建立"国际信息和交流新秩序"的物质条件将会逐渐成熟。要抓住网络为我们提供的有利时机,将更多的优秀河洛传统文化资料放在网上,让世界了解河洛文化,通过数字化来弘扬河洛文化。同时也利于缩小我国与发达国家存在的"数字鸿沟"。

第五,方向是运用数字化使河洛文化走向产业化。达·芬奇说:艺术借助科技的翅膀才能高飞。数字化,不仅带来了文化本身的成功,而且也创造了巨大的经济价值。文化资源与科技等产业融合嫁接,成为一种新经济资源进入经济开发中心地带,实现关联度极高的拉动效应,出现了一个新的产业——数字内容产业。传统产业的发展方式是滚动的渐进的,是在资本积累的过程中不断扩大发展的。数字化打破了这种积累式的发展方式,走的是一条裂变式的发展道路。以数字技术为载体的内容文化产业迅速崛起,在世界产业中的比重逐年增加,成为一个高速增长的产业,并引领着当代文化产业发展的新趋势。这种内容文化产业以创意为动力,将各种"文化资源"与最新数字技术相结合,融汇重铸,建立了新的生产和消费方式,产生了新的产业群落,培育出新的消费人群,并以高端技术带动传统产业实现数字化更新换代,创造出了惊人的经济社会价值。先前留下来的一部分传统的文化产业形态也搭载数字化快车"升级换代"或全面更新。博大精深的河洛传统文化,采用数字化的形式进行开发,把文化资源通过孵化,变成一个产业,前景广阔,从而形成产业结构的调整、产业的升级。

第六,条件是运用数字化形式教育人民自觉遵守新规则。传统媒体的受众是被动的接受者,而互联网络突破了传统媒体的控制范围,扩大了受众接收信息的自主权,增强了受众对信息的发布能力;网民多匿名在线交往,不同地域、不同意识形态以及不同年龄、不同经历的人的交流呈现异常的复杂性;网上的宣传往往是"先入为主"、"先声夺人",因此,必须加强对网络的管理。应加强网络舆论的导向和引导,保证数字化建设得到规范化发展。要运用数字化手段加强对人民的教育,提高他们的社会责任感、民族自尊心和抵制西方腐朽文化观念的能力。

（第一作者为中共福建省委党校教授,第二作者为中央福建省委党校讲师）

河洛文化研究的后现代反思

刘保亮

地域文化在当代之所以重要,是因为它处于危机之中。随着后现代时代的降临,以西方为主导的文化全球化浪潮席卷而来,戴维·哈维所言的"时空压缩"更使地球成为一个村落,人类诸多地域文化面临同质化的挑战,或被时尚剥落蚕食,或自愿放弃抵抗,有的已凋零为昨日黄花。这样,地域文化研究在当下不仅承载着历史寻根的时代意义,而且也被赋予保护人文生态、寻求与世界对话交流的民族寓言。

后现代不仅是一个时间概念,更是一种强劲的学术思潮和文化运动,它以不无激进的姿态解构现代以来西方社会的认知范式,其对人文传统的全面审视和改写,凸显出卓异的反思品格。无论是德里达还是福柯,无论是利奥塔还是怀特,虽然他们无意贡献秋收的建设成果,但却为文化原野提供了耕耘的方法工具。由此,以后现代理论为视域打量和反思近年来的河洛文化研究,也许会有新的发现与自觉。

一

河洛文化研究从 1980 年代末一路走来,以 2006 年"中国河洛文化研究会"的在京成立和七届国际研讨会的先后召开为标志,方兴未艾,成果迭出,甚或鼓舞学者雄心勃勃地提出建立"河洛学"。① 然而如果缺少跨文化研究,没有一个宏阔的比较视野,"河洛学"很可能沦为一个匆忙"被发明"的术语。

---

① 郑贞富:《河洛学与河洛文化浅论》,《黄河科技大学学报》2007 年第 6 期。

　　需要说明的是,这里的跨文化研究不是指狭义学科界定的跨国、跨文明研究,而是广义引申的在中华民族的大坐标内,不同地域文化之间同源性、类同性、异质性、互补性等的双向阐发与相识对话。河洛文化的跨文化研究,内蕴平等宽容的胸襟与气度,意在防止由于文化隔阂和文化落差而产生的偏执心态,克服当前学术研究中自我中心主义的"发言",力求从文化主体相互激荡的态势中清理出各自的知识、话语谱系,从他者文化语境和异质性文化遭遇里来反观自身并"悖论推理",从而在整个中国文化网络里既确立独特的河洛文化身份,又发现彼此"共同的诗心"。

　　河洛文化的跨文化研究,要弹奏多元文化的格调。无论是德里达对逻各斯中心的颠覆,还是罗蒂对专事"破坏"的"教化哲学"的钟情,无论是德利兹对"茎块"思维的倡导,还是费耶阿本德"怎么都行"的宣称,随着"解释多元论"、"对话多元论"、"本体论多元论"、"方法论多元论"的纷至沓来,"一个新的时代——多元主义复兴的时代已经到来"。[①] 如果说后现代主义者唱响"多元文化主义的赞歌"[②],意在呼吁一种海洋般的"开放的心态",制造相互包容的"多样性"世界,那么,这一思想资源启迪我们研究河洛文化之时,无论是河洛"民族圣地"[③]的标举,还是洛阳"华夏圣城"[④]的求证,不能沾染"唯我独尊"式的自我褒扬,警惕自我独白式的价值判断。尽管我们理解地域学者的母地情感和地方发展的现实需要,但这不应该成为固步自封与文化霸权的辩护理由。而那种认为自己的文化高于其他文化的盲视,只能是"文化沙文主义"不合时宜的幽灵再现,因为"没有任何一种文化比其他文化更为优秀,也不存在一种超然的标准可以证明这样一种正当性:可以把自己的标准强加于其他文化。"[⑤]

　　河洛文化的跨文化研究,需要"他者"这一阿基米德点的支撑。无论是德里达认为"对他者的尊重"是"唯一可能的伦理律令"。[⑥] 还是怀特海提出生命相互依赖的"有机哲学",向他者开放是后现代转折的一个重要精神走向。如果说

---

① 王治河:《后现代思潮研究》,北京大学出版社,2006 年,第 15 页。

② 陈华、王庆奖:《美国多元文化主义评析》,《学海》2003 年第 1 期。

③ 仝红星:《河洛文化与民族圣地》,《河南师范大学学报》2007 年第 4 期。

④ 徐金星:《河洛学与民族圣地研究》,大众文艺出版社,2008 年,第 1 页。

⑤ [英]C. W. 沃特森著,叶兴艺译:《多元文化主义》,吉林人民出版社,2005 年,第 1 页。

⑥ Derrida, Writing and Difference, Chicago: *University of Chicago Press*, 1978, pp. 95 - 96.

任何特定文化都不是完全封闭自足的存在,始终处在与他者的相互交流和迁移的生成过程之中,如果说离开他者"纯粹"的文化自我表现既是不可能的,也是不可理解的,那么,河洛文化研究理应对周边地域文化如齐鲁文化、吴越文化、荆楚文化、秦晋文化、燕赵文化表示"温情地敬意",通过其"镜像"映照出自我的面容。由此,我们不妨对新世纪以来河洛文化研究进行集中扫描与检视,会发现对河洛文化地位、特征、意义等的论述,明显地存在精神自恋与文化"怀乡"的倾向,总喜欢沉浸于河洛文化"博大精深、包罗万象"以及"正统性"、"兼容性"、"传承性"、"先导性"、"综合性"等的"宏大叙事",一方面,未能在地域文化比较中从对他者的关注走向对"差异的肯定",未能通过揭示差异的构成和构成差异的种种因素,研究文化间性与文化通性,从而最终定位河洛文化的身份性;另一方面,没有从对他者的关注走向多维度的对话,既未能通过对话倾听对方的声音与发掘对方的价值内涵,达成建设性的、互惠性的结论,也未能通过河洛文化模型建立地域的"互动性知识"。没有与他者进行多少对照,就急于表达河洛文化的独特性,应该说是河洛文化研究的短板与痼疾,为此必须深刻体认到:河洛文化不能孤立地作为一个确定整体来研究,周边地域文化作为"他者",从来都不是在"我们"之外存在,而是在我们之间。

二

以新历史主义为论域,河洛文化研究存在两大问题。其表现之一是"重史轻文",即偏重历史考古,而对文学关注不够,这从历届河洛文化国际研讨会论文集的篇目数量可以管窥。若探究起来,表面看来是由于研究机构和队伍以历史院所和历史学者为主,深层原因还是文化研究的学科等级观念,认为"史学是科学",历史能够真实地客观地再现逝去的文化,而文学则更多地是一种虚构和想象。

拓展和丰富河洛文化的研究空间,需要改变传统的史学观和学科歧见。随着后现代新历史主义的出场,无论是格林布拉特"文化诗学"的建构,还是怀特"历史若文学"的命题,都使兰克"如实直书"的信心化为恍若隔世的"高贵梦想"①,那种试图揭示历史"真"面目的想法不过是一种目的论预设和"元历史"话语。其实,历史不仅充满着形式论证、"情节设置"和意识形态意义,而且历史根本上也是一种权力主体的文学性叙事想象。既然逝者如斯,历史的符码无复负载真实的过去,既然文学书写属虚构,但并不意味着真实逃逸无踪,既然历史与文学分手以后今天又重返"文史合一"的"荣景",那么,河洛文化研究也需走出"文化真实"的迷思,不再朝拜文献史料背后的文化"原意",而只有当历史与文学都成为一种文化阐释的流动"文本",才能迎来河洛文化研究文史并峙、二水争流的局面。

河洛文化研究的另一问题是"厚古薄今"。"就近两年来学术界对河洛文化研究的情况来看,探讨古代的多,论述近代的少,涉及河洛文化的当今形态和定位者更少。"②从学界对河洛文化的分期看,如果"以包括《河图》《洛书》在内的史前文化为河洛文化的初始期,夏商周三代为河洛文化的形成期,秦汉魏晋为河洛文化的发展期,隋唐北宋为河洛文化的鼎盛期,元明清为河洛文化的中衰期,现当代为河洛文化的复兴期"③,那么,对北宋鼎盛期以前的河洛文化比较重视,而对南宋"文化塌陷"之后的研究则十分薄弱。

考量这一现象,自有它产生的合理性。因为南宋以前河洛地区或王都或陪都长期为"王者之里",是国家统治的政治文化中心,其创造的灿烂文化既具有较高的研究价值,也是学者乐于频顾的"光荣与梦想"。但是德里达对中心的颠覆和福柯对权力话语的省察,新历史主义对主体、意义、元话语、"大历史"等的瓦解,提示我们不应只是做一个河洛文化的歌手,还要善于质疑其皇权崇拜与规训惩罚之下充满张力的话语叙述,发掘被河洛权力话语所压抑的异己因素和曲折表达,由此修正、改写、打破在特定的历史语境中居支配地位的主要文化代码,并以政治解码性、意识形态性和反主流性,实现去中心和重写文化史。同样,对于从南宋开始的所谓河洛"文化塌陷",这种因国家政治经济中心转移而随之推导的文化判断,令人怀疑是历史决定论色彩的惯性思维,是逻各斯中心主义和话

---

① Charles A. Beard, "That Noble Dream", first published in American Historical Review, XXXXXI (1935), reprinted in The Varieties of History, p. 317.

② 孙新萍:《河洛文化研究刍议》,《洛阳师范学院学报》2007 年第 4 期。

③ 张新斌:《河洛文化若干问题的讨论与思考》,《中州学刊》2004 年第 5 期。

语霸权的先见合谋。当解构主义颠覆中心与边缘的等级秩序,当不同区域、类型的文化不再有先进落后高低贵贱之分,面对北宋之后河洛文化的边缘化处境,如果把此前特定时期的河洛文化固定化与本质化,视为比较的基准,那么也许会得出无奈感叹的"文化萎缩"结论,但如果对文化的中心/边缘关系有着后现代的理论自觉,如果把文化看做一条千回百转奔流不息的长河,那么,自南宋开始河洛历经文化迁移与文化过滤,其根植于民间乡土的异态纷呈的人文生态,不应遭受学术自卑和冷遇,实应开启河洛文化研究的一方崭新天地。

<h2 style="text-align:center">三</h2>

无论是跨文化研究的学术吁求,还是新历史主义的问题分析,其中一个重要旨归是建立河洛文化的地方感受。在后现代语境里,"地方"不是一个普通的词汇,而是文化研究的一个关键词,特指"在时间上和空间上地方化了的文化"。由于文化是人类精神的自我确证,而人类的存在又离不开具体地理,人们对世界的认识总是以生存地域为起点和基础,总是打上深深的地方烙印,所以西蒙说"在地理世界中深陷其中是无法避免的"①。吉尔兹则进一步提出"从本土观点出发",透过对某一特定文化脉络的掌握,以对该文化中发生的事件及行为有所了解,建立"地方性知识"。

河洛文化研究应建立自己的"地方性知识"。按照吉登斯的社会转型理论,宋以后(尤其是明清两代)中国由历史社会学上的"传统国家"进入"绝对主义国家",在经济、社会和文化领域相对自主的区域空间体系渐趋成熟,同时"理学的出现的一个意外后果就是上层政治价值和伦理观念体系的庶民化","上层社会才拥有的仪式(如祭祀远代祖先)、社会交往和继承特权(如宗法制)被民间化为地方性的制度"。② 有意味的是,河洛文化的转折恰好也以宋朝为界,正好河洛又是"理学名区",面对历史文化的厚爱与机遇,我们对河洛地方性裂变单元的出现,进行知识考古与谱系生成,无疑具有立足地方又超越地方的学术意义。

河洛文化"地方"研究,不能仅从"宏大叙事"入手,更要致力于当地社会"小历史"与"小传统"的阐释。无论是金兹伯格的"微观史",还是汉斯·麦迪克的

---

①　[英]迈克·克朗著,杨淑华等译:《文化地理学》,南京大学出版社,2007年,第102页。
②　王铭铭:《走在乡土上:历史人类学札记》,中国人民大学出版社,2006年,第146页。

"日常史";无论是利奥塔的"向总体性开战",还是福柯对"整体史"的不满,他们对被记录的、被人们充分意识到的重大历史事件和人物保持警惕,而将"历史的垃圾箱"里诸多残枝碎片如病历、档案、税收记录、教堂记录等视为至尊之宝,以此发掘被主流文化所压抑的"声音"、被主流认识论所遮蔽的"认识论"。如果文化如威廉斯所说是普通平凡的,不屑一顾的日常小事是重要的,如果文化如吉尔兹所言每一件历史事件都有意义,它们在研究价值上是同等的且没有重要和不重要之差别,如果吸收海外研究者的教益,认为普通人特定的生活、交换、记忆方式,甚或比传统的"中国文化"的概念更重要,那么,目前河洛文化研究需要减少本质论断式的"高谈阔论",更多地唤醒沉睡在废墟中的河洛民间文书、宗族家谱、墓志铭碑、分水簿册、买卖地契、朝圣进香、节日庆典等,在史学家忽略的民间文献与不无琐碎细小的生活仪式之中,解读地域文化的密码,进行日常生活的文化审美,并从中窥探那些是以向心方式起源,从属于超地方的国家政治秩序,那些是以离心方式出现,属于河洛地方民间的个性文化创造,是草根社会反抗权力话语的斗争场所。

河洛文化的地方研究还"在途中"。虽然目前对后现代的论争尚未尘埃落定,但它对"小历史"与"小传统"的高度重视,它对文化作为日常生活的意义和价值的肯定,却为河洛文化研究带来"别眼"与"别思"。我们欣喜地看到河洛姓氏文化研究的如火如荼,共鸣着、慰藉着海内外游子的寻根问祖。我们热切地期待河洛村庄民族志研究的筚路蓝缕,在族谱的延长里阅读出底层众生执著的欲望。如果说"文化研究的核心问题应该是人的生命"①,那么,河洛文化的地方感则有助于我们在当下天际不断延伸、边界不断消融的世界里,仍然能找到家乡久违的心灵感觉与学术皈依。

(作者为陕西师范大学博士研究生、洛阳理工学院副教授)

---

① 邹广文:《当代文化哲学》,人民出版社,2007年,第13页。

先秦时期河洛地区的民族融合
与文化交流

张留见

河洛文化是中国古代文化的核心。先进的河洛文化,主要通过人口迁移与民族融合逐渐传播到全国各地,同时周边地区少数民族文化也影响着河洛文化的发展,河洛文化在与周边文化相互交流中,互相渗透,互相影响,共同组成了先进的中华文明。民族融合的过程,同时也是文化交流的过程,各个民族的融合共同组成了中华民族大家庭。

一、先秦时期河洛地区的民族融合

夏朝的建立,加速了河洛地区民族融合的进程。夏朝为加强对各地的控制,实行五服管理制度。所谓五服,就是以夏朝都城为中心,按距离远近把全国分为五个不同地带,在每一个地带实行不同的管理方式。五服反映的是夏朝对其他各族的影响,表现的是夏朝与其他各族之间的关系。在周边民族中,有的与夏朝有臣属关系,服从夏朝的统治,有的则只保持纳贡关系,具有很大的独立性。

据文献记载,夏朝已经有东夷、北狄、西戎、南蛮的概念与称谓。《尚书·禹贡》记载有"夷""西戎""蛮"。夏朝与东夷、南蛮的关系最为密切。南蛮中与夏朝接触最多的是三苗,也称有苗。在传说时代,尧、舜曾与三苗发生过战争,"迁三苗于三危""北分三苗",但并没有完全征服三苗。禹继尧、舜之后,仍然与三苗有过战争,《史记·夏本纪》载,"禹攻三苗,而东夷之民不起"①。也就是说,东夷人对禹征伐三苗的战争不配合。尽管如此,夏与东夷的关系仍很密切,"帝禹立而举皋陶荐之,且授政焉,而皋陶卒。封皋陶之后于英、六。而后举益,任之政"。皋陶是东夷族首领;益即伯益,皋陶和益都是东夷族人。禹为天下之君,而推举皋陶与益做继承人,禹死于会稽(今浙江绍兴),"以天下授益,三年之丧毕,益让帝禹之子启,而辟居箕山(又名许由山,今河南登封市东南)之阳"。益不但让位,干脆住在箕山之南,这支东夷人后来就融入夏人之中了。

夏人与东夷曾进行过两次规模较大的战争。第一次是启取得政权后引起了嬴姓东夷族部落的反抗,首先举起反抗大旗的是有扈氏,此部落是少昊族九扈之后裔。夏启时有扈氏已迁到今河南原阳县,地近夏朝的国都阳翟(今河南禹州)。启率军伐之,双方激战于甘(今河南洛阳西南)。有扈氏败亡,百姓被罚做"牧奴",族人被迁于今陕西户县一带。第二次大规模的反抗是在夏启之子太康时期。太康在位时,骄奢淫逸,不理朝政,百姓怨声载道,东夷族首领后羿利用百姓的不满情绪,迅速攻占了夏都斟鄩,夺取了王位,太康失国,流亡而死,夏朝濒临灭亡的绝境。后羿执政,又因"居天子之位,荒淫田猎,变更夏道,为万民忧患"。东夷族伯明氏寒浞趁机起事,杀掉后羿而篡夺了政权。仲康(太康弟)子相聚集一部分夏人力量,试图恢复夏朝统治。他先居商丘,后逃帝丘(今河南濮阳),终未逃脱被夷人攻杀的厄运。帝相之子少康在老臣靡的支持下,消灭了寒浞集团,恢复了夏王朝统治,其间经历大约40年时间,史称"少康中兴"。在长达几十年的民族纷争中,东夷族的太昊后裔有仍氏、有鬲氏坚定地同夏人站在一起,少康及其子杼才得以很快消灭寒浞势力,将夏朝的统治范围重新扩展到东海(即整个东夷地区)。

夏朝与东夷以外的其他诸侯的关系,古史记载不多。《竹书纪年》说:"帝癸(桀)即位,畎夷入于岐以畔。"畎夷是北方犬戎族的先民,属北狄部落集团,活动于今陕西岐山以北地区。畎夷南下进入岐山后,一度与夏发生冲突,夏朝末年,商汤伐夏桀,夏族统治者中的一部分向北逃到畎夷地区。《汉书·匈奴传》云:"匈奴,其先夏后氏之苗裔,曰淳维。唐虞以上有山戎熏粥,居于北边,随草蓄牧

---

① 《战国策》卷二三,《魏策二·五国伐秦》。

而转移。"颜师古注曰,淳维"殷时始奔北边"。熏粥又作荤育,獯鬻。据古史传说,黄帝曾北逐荤鬻,反映出北方游牧民族在远古时就与中原黄帝族有接触。到了夏朝,荤育与夏族为邻,夏王室统治官员逃亡岐山以北的这部分人,后来就融合到北方游牧民族之中了。

"殷人是东夷族,到了成汤时代(约前1700),击溃了中原的羌族——夏,占有了黄河中下游的肥沃地区之后,殷族便迅速发展起来。"①商国王姓子,帝喾后裔契的后代,商人因其始祖契封于商而得名,商地在今河南省商丘。从契到汤,"商人虽然有过多次迁徙,但他们的主要活动地区则在今河北、河南、山东、山西四省交界的地带,其中心在冀南、豫北"②。商朝建立之后,既继承了先商文化,也继承了夏朝文化,《论语·为政》说:"殷因于夏礼,所损益,可知也。"孔子是说,殷朝沿袭夏朝的礼乐制度,所废除的,所增加的,是可以知道的。

商灭夏后,夏朝的称号虽有所改变,但夏朝之民仍然是构成商朝的主要部分。汤灭夏,封夏朝之后为诸侯,夏朝的后人作为商朝管辖下的诸侯国,已经成为商朝不可分割的一部分。商朝的主体民族是夏族,朝代鼎革之后称商人。其他民族被称为少数民族,在文献记载中称为"方"或"邦",商王朝与方国之间的关系既有和平相处的一面,也有相互攻杀的一面。这些方国一方面承认商王的共主地位,并通过纳贡等形式表示对商王朝的臣服,另一方面又企图独立甚至掠夺商王朝的财物。因此,商王朝与方国之间在保持政治、经济、文化联系的同时,还经常发生战争。

商朝北方的少数民族主要是鬼方。商王用三年时间打败了鬼方,鬼方失败后,一部分人被迫西移,一部分人迁入中原内地。

商朝西方的民族主要是羌族。《诗经·商颂·殷武》云:"昔有成汤,自彼氐羌,莫敢不来享,莫敢不来王,曰商是常。"常即长,君长也。该诗是说西方的氐羌把商王当做君长来对待。商朝时的羌族主要分布于今青海、甘肃地区,有一部分向东迁移,与商人交错居住。商朝与羌人之间既有经济文化交流,也有战争。武丁时期,征伐羌人一次用兵达13000人,商人俘虏的羌人多用于奴隶劳动和祭

①　尚钺:《中国历史纲要》,人民出版社,1954年,第6页。
②　翁独健:《中国民族关系史纲要》,中国社会科学出版社,1990年,第54页。

品,生存下来的羌人后来都融入到了商人之中。商人与羌人还有婚姻关系,商王曾娶羌女为妇,这表明商人与羌人有了进一步融合。

商朝的南方是荆楚,西南是庸、蜀等,这些民族在不同程度上受商朝的控制。武丁时期曾南征荆楚,目的是掠夺奴隶和扩大纳贡范围。《诗经·商颂·殷武》云:"挞彼殷武,奋伐荆楚""维女荆楚,居国南乡。"在商朝的南方,居住着荆楚、庸、蜀等8国。无论是荆楚、庸、蜀等,都深受商文化影响,与商文化有着密切关系。

商朝的东边是东夷集团。殷商时期,东夷的势力退到了胶东半岛地区,商朝势力则扩大到除胶东半岛以外的山东全省。商朝曾经对东夷多次发动战争,《竹书纪年》载:"仲丁征于蓝夷",在帝乙、帝辛时期,商朝对东夷发动了大规模战争。帝乙9年,夷方准备进攻商,商王迅速出兵,东夷中的孟方在中途截击商军,被商朝军队打败。帝乙10年、15年又两次征伐东夷,都胜利而归。帝乙末年迁居到沫,即今河南淇县朝歌,"其子纣继位后,继续对东夷用兵,费了很大力量,打退了东夷的扩张,俘虏了亿兆夷人作自己的军队"①。当纣王打败东夷,回到朝歌庆贺胜利时,却遭到周人攻击,所俘虏的东夷奴隶趁机倒戈,商朝灭亡,纣王自焚而死。《左传·昭公十一年》说:"纣克东夷而殒其身",说的是很恰当的。纣王俘虏来的大量东夷人,在进入中原后,逐渐与华夏族融合了。

商朝末期,羌族的一支——周族,兴起于陕西渭水流域。殷人属东夷族,与周族早有冲突,周族被迫迁往西北。商朝末年,周族势力逐渐发展,不断吸收河洛地区商朝的先进文化,力量更加强大,到周武王时,灭掉商朝,建立周朝。

西周时期,夏商周三族融合的雏形日渐形成,三族交叉居住,使得民族差异逐渐减少,在民族观念上也逐渐趋于一致。他们拥有共同的祖先观念,奉黄帝为共同始祖;在地域上,商周两族都认为其祖先兴起的地域是大禹开拓的,周人称他们兴起的西土为"区夏"。他们都有以农业为主的经济,以青铜技术与甲骨、钟鼎文字为代表的文化,都有共同的祖称(夏、中国)。可以说,夏、商、周三族到西周时,已经具备了属于同一民族共同体的基本条件。

公元前770年,周平王迁都洛邑,是为东周。与此同时,周边的戎狄也趁机

---

① 郭沫若:《中国史稿》第一册,人民出版社,1976年,第216页。

内迁，与中原诸侯杂居，当时的中原内地，到处都有戎狄。公元前645年，周襄王欲伐郑，娶戎狄女为后，与戎狄连兵攻郑。不久，襄王废黜狄后，狄后愤怒不已，与襄王后母惠后联络，准备立惠后的儿子子带，引戎狄兵驱逐周襄王，立子带为天子，"于是，戎狄或居于陆浑，东至于卫，侵盗暴虐"①。陆浑在今河南嵩县一带，卫国在今河南滑县一带。后来晋文公兴兵打败戎狄，杀了子带，把周襄王迎回洛邑。《后汉书》记载，平王东迁后，周朝衰落，"戎逼诸夏，自龙山以东及乎伊洛，往往有戎"甚至"伊洛戎强，东侵曹、鲁"。② 陆浑戎原居瓜州，后迁伊川，再扩展到今嵩县一带，伊川即今河南伊川县，伊川、嵩县都在今洛阳附近。

与陆浑之戎同时迁往中原的还有阴戎。《后汉书·西羌传》云："允姓戎迁于渭汭，东及轩辕。在河南山北者，号曰阴戎。阴戎之种，遂以滋广。"渭汭即今陕西渭河入黄河处，轩辕即轩辕山，在今河南偃师东南，接巩义、登封两市。这就清楚的表明，春秋时允姓戎已经迁入中原地区，与周人错杂而居。阴戎所迁居的河南山北是指陕西商县以东，河南陕县、嵩县一带。《后汉书·西羌传》杜预注曰："阴地，河南山北，自上雒以东到陆浑"，上雒即上洛，今陕西商县；陆浑即今河南嵩县。允姓戎与阴戎所居之地大部分在今河南境内。到战国时期晋楚争霸，陆浑戎、伊洛阴戎事晋，后来陆浑戎叛晋，为晋所灭，这一部分戎人便融合到华夏族中了。伊洛戎后来也为韩魏所灭，除一少部分西逃外，其余的也融入到了华夏族中，"自是中国无戎寇"③。

戎蛮夷狄不仅杂居内地，而且在周王所居住的成周洛邑周围也布满了少数民族。《国语·郑语》记载，洛阳成周四方各国的分布情况是："当成周者，南有荆蛮、申、吕、应、邓、陈、蔡、隋、唐；北有卫、燕狄、鲜虞、潞、洛、泉、徐、蒲；西有虞、虢、晋、隗、霍、扬、芮；东有齐、鲁、曹、宋、滕、薛、邹、吕。是非王之支子母弟甥舅也，则皆蛮、荆、戎狄之人也。"其中狄、鲜虞、潞、洛、泉、徐、蒲、隗都是赤狄，白狄或其他诸狄。营为东边之夷，荆为南边之蛮。它们与华夏之国都曾活动于黄河流域，当夷氏势力强大时，地处中原的小国曾一度被灭。公元前661年前后，狄人伐卫，战于荥泽，灭掉卫国，次年狄人灭温。至于狄人"伐郑""侵宋"的事，更

---

① 《史记》卷一一〇，《匈奴列传》。
② 《后汉书》卷一一七，《西羌传》。
③ 《后汉书》卷一一七，《西羌传》。

是屡见记载。

这些少数民族在进入河洛地区之前,社会发展比较缓慢,既无姓氏,也不知诗、书、礼、乐、法度为何。他们进入中原后,受到中原文化的熏陶,逐渐有了姓氏,在经济、文化和风俗习惯上也逐渐向华夏民族靠拢,尽量与河洛地区保持一致。同样,河洛地区的诸侯也从夷氏等民族那里学习到了不少东西。经过春秋战国500多年的纷争与迁徙,进入河洛地区的少数民族大部分融入到了华夏民族之中,成为后来汉民族的重要组成部分,活动于周边地区的各族,有的融入到了华夏民族,有的虽然经过民族融合,但仍然保持着自身的特征,而有些形成了新的民族,但他们都与中华民族保持着密切的政治、经济、文化联系,与华夏民族共同体一起,成为中华民族多元共同体的组成部分。正是这种多民族的融合孕育了中华民族"大一统"的思想。

二、先秦时期河洛文化与周边地区文化的相互交流

河洛地区的夏朝文化对外影响最大的是今天淮河流域和山东地区。淮河流域和山东地区与河洛地区邻接,夏朝发达的文化对淮河流域和山东地区产生了广泛而深刻的影响。同时,淮河流域和山东地区的文化对河洛地区的夏文化也有重大影响。

考古发现证实,淮河流域大部分地区深受河洛文化影响。程窑遗址的文化遗物蕴含有浓厚的河洛夏文化因素,如陶罐侈口卷沿鼓腹,体饰绳纹,缸平口内敛,上腹微外鼓,外饰有捺痕的附加堆纹。阎寨遗址中的夹砂灰陶折沿鼓腹罐,腹部饰绳纹,小口高领瓮沿外饰一小扳,广肩鼓腹,这些遗物明显包含有偃师二里头夏文化因素。崔庄出土的主要陶器如绳纹高足鼎、堆纹缸等制作风格,与偃师二里头遗址二期遗物类同。董庄出土的陶器多为器表饰细绳纹的泥质灰陶,其中花边口沿罐、圆腹罐、卷沿盆、平底盆、三足皿等与偃师二里头遗址所出同类器物相类同。上述考古发现说明,淮河流域大部分地区,在承袭当地文化因素的基础上,深受偃师二里头夏文化影响。目前,在安徽江淮之间、霍山以北地区发现了不少夏文化遗存。如属斗鸡台文化的斗鸡台、薛家岗、含山大城墩、青莲寺等遗址中都包含有偃师二里头夏文化因素。薛家岗出土的通体饰细绳纹的锥足罐形鼎、凹底爵杯、高柄浅盘及含山大城墩的平底罐形鼎等与偃师二里头晚期的

同类器相似。寿县斗鸡台遗址所出陶器如附加堆纹花边罐、鸡冠耳盆或甑、锥足鬲、箍状堆纹鼎、宽肩瓮等,都与河洛夏文化的同类器形态大体一致。

在山东地区,鲁西南及鲁北等地文化较多受到河洛夏文化影响。在最能反映文化特质的陶器遗物中,鸡冠耳盆、觚形杯、舌状足、三足罐等具有明显河洛二里头夏文化特征。鲁西南、鲁北地区是夏朝初年东夷对夏战争失败后的活动地区,由于东夷势力减弱,夏及周围其他部族乘虚而入,使这一地区的文化受到夏及其他外来文化的剧烈冲击。而在鲁中南、鲁东南及胶东地区,由于东夷集团自身稳定,实力较强,因而受到外来文化影响较少。

河洛文化在对淮河流域和山东地区影响的同时,淮河流域和山东地区的文化对河洛地区也有影响。偃师二里头遗址的夏朝文化是多元的而不是单元的,二里头夏文化主要是在豫西龙山文化基础上发展起来的,它在继承豫西龙山文化的同时,吸收了淮河流域和山东地区的文化。在陶器方面,平底盆、三足盘等明显是受淮河流域文化影响而形成的,二里头遗址中,普遍发现的卜骨是山东地区东夷族的产物。

特别值得一提的是玉器,在豫西龙山文化中,玉器发现并不多,而在淮河流域及东南地区的良渚文化中则大量出现。偃师二里头夏朝文化遗址中发现有漆器和丝麻织品。我国的漆器最早发现于东南地区,说明漆器是从东南地区的太湖流域传过来的。丝麻织品最早发现于太湖流域,在河姆渡遗址中,发现有两件象牙雕刻器,饰有蚕纹和编织纹图案。在良渚文化中,丝织品发现较多,丝带、丝线、纤维原料都属于家养蚕丝,残片的经纬密度每平方厘米48根,这是我国迄今发现年代最早的丝织品实物。偃师二里头夏朝文化遗址中出土的铜铃、兽面铜牌玉圭的外衣,都发现附有一层丝麻织品的痕迹,说明丝麻织品在夏朝已经非常盛行,这在文献上也有记载,《管子·轻重甲》:"昔者桀之时,女乐三千人,无不文绣衣裳者。"丝麻织品在豫西龙山文化中未曾发现过。因此,夏朝的养蚕、织麻技术,应该是从太湖流域等地传入的。

河洛地区的夏朝文化朝除了与东方的山东、东南的淮河流域相互影响之外,夏朝文化对位于长江中下游的湖北、湖南,西南地区的四川,珠江流域的香港,也都产生了重大影响。在湖北黄陂的盘龙城遗址和江陵的荆南寺遗址中,都发现有偃师二里头夏文化的遗物。在西南四川广汉三星堆遗址中也发现有偃师二里头夏文化的遗物。香港南丫岛大湾遗址,出土有完整的玉器19件,其中牙璋的形制与偃师二里头遗址出土的玉牙璋相同,这充分说明两者之间存在着密切的交往关系。在偃师二里头遗址中也发现有数量不少的海贝,这些海贝是通过东南沿海地区用交换贸易手段得来的。以上情况说明,物质文化的影响和交流是相互的,而不是单方面的。

商汤灭夏之后,为了更有效地实行统治,把都城从南亳迁到了斟鄩(今河南偃师),建立起西亳。董仲舒《春秋繁露·三代改制质问文》说:"汤受命而王,应天变,夏作殷号,作宫邑于下洛之阳(今偃师尸乡沟商城)。"河洛地区是商朝早期的统治中心,也是当时政治、经济、文化中心。商王朝的版图,西起关中平原,东到山东胶莱平原,北起北京,南到江淮。受其势力影响的范围,北面包括长城以北辽河上游及河套地区,西到河西走廊及黄河上游的甘青地区,西南包括成都平原,最南到达珠江流域,建立起邦畿千里的大国。《诗经·商颂·玄鸟》载:"古帝命武汤,正域彼四方,方命厥后,奄有九有,邦畿千里,维民所止,肇域彼四海,四海来假,来假祁祁。"文献资料的记载与考古发现基本是一致的。

在淮河流域,商朝文化对其影响十分明显。目前发现的黄龙庙、新集、十里铺、古台寺等文化遗址中,都发现有鬲、簋、假腹豆、大口樽、直腹簋等商朝文化的器物。在十里铺遗址中,出土有商式陶器、石器、骨器和青铜刀与青铜镞,并发现有铸造青铜器的陶范和冶铜坩埚等。在已经发掘清理的墓葬中,有台阶式墓道,井字形椁室,棺椁髹黑、红漆,随葬有鼎、觚、爵、甗、罍、豆、戈和镞、锛、锥、铃等青铜器77件。这些墓葬的形制和青铜器的器形、纹饰,与商代妇好墓和商代的青铜器类似,有些铜礼器上还有"父乙"、"尹"、"天"等铭文。

商朝文化对山东地区也有重大影响。商朝前期,已把山东的泰沂山脉以西纳入河洛商文化系统,商文化随之向东推移。在山东境内,津浦铁路以西地区,发现了一些属于商代文化的遗存。这类遗存中的日用陶器如鬲、樽、豆等,在类别、形制上虽表现出一些地区特征,但与商朝偃师遗存基本相同。由此说明,商王朝势力向山东地区推进并不限于一般的武装征服,而是在这片新拓展的土地上推行王朝礼制文化,并迫使当地土著居民接受,使之成为商王朝在政治上可以直接控制的"东土"。商朝势力向东推进,不仅控制了海岱地区,而且使原来相对独立发展的徐海文化区也纳入到商王朝的势力范围之内。山东地区的商代遗址已发现近 300 处,依商文化影响的程度,大致可分为三个地区。鲁中南和鲁北地区受商文化影响较重;以潍、淄为中心的鲁北地区受商文化的影响次之;胶东半岛和鲁东南地区受商文化影响又次之,是当时东夷文化的统治区。鲁中南发现的商朝遗址分布相当密集,出土的铜刀、铜斧、卜骨以及陶鬲、簋、樽、甗、罐、豆、觯等器形、纹饰和整体风格,都与河洛出土者基本相同。河洛地区盛行的含玉含贝葬俗,也明显影响到该地区。在济南大辛庄商墓中就出土有玉。以大辛庄、刘家庄为中心的鲁中、鲁南地区还发现了与商王畿形制、花纹基本相同的青铜礼器。滕州商代大墓群的发掘,与河洛相同或相似的大量青铜礼器如鼎、甗、簋、樽、爵、觚、角、盉、觯等从造型到制作方法都与河洛出土者基本一致。出土的马车,两马一车的驾驭形式、车体的大小结构与河洛出土的车马器非常相似。发现的陶器有绳纹甗、甑、罐、罍、盆、钵、缸、瓮、鼎、觚、爵、樽、盉、瓿等,差不多包含了河洛地区商文化的所有典型器型。在这一地区,商式青铜器不论是数量还是出土地点的密度都比鲁北地区为大,地方传统文化因素较少,是海岱地区商化程度最高的地区。以潍、淄为中心的鲁北地区,晚商遗址分布相当密集,呈现出一种复杂的文化面貌,从青州苏埠屯大墓的葬制看,几乎完全反映了商王朝的礼制文化,而从一般遗址或中小型墓葬看,则是商文化因素与土著文化因素共存。在距苏埠屯数公里的青州赵铺遗址一号墓中,一件饰有绳纹及三角划纹的典型商式簋和典型的东夷素面鬲共存,死者手持獐牙,可以判断死者为东夷土著。在惠民大郭,滨州兰家村,桓台南埠子,青州苏埠屯,寿光古城、桑家庄、钓鱼台、呙宋台等多处地方也出土了一定数量的商式青铜礼器、兵器或工具,该地区地方传统文化因素较多,与河洛商文化差异较大。胶东半岛和鲁东南地区仍是东夷文化的统治区。

在南方的荆楚地区,商朝文化的影响也相当明显。湖北发掘的盘龙城遗址,目前还保留有完整的城墙轮廓,城墙的夯筑方法,中间的主体部分是平夯的,两边的护城坡是斜夯的,这种夯筑的方法与偃师商城的夯筑方法相同。出土遗物中青铜器的种类、形制、花纹、器物的组合与偃师商城出土的基本相似。陶器的陶质、器形、纹饰以及组合关系也与偃师的大致相同。从墓制上看,墓穴为土坑墓,葬式为南北向,仰身直肢,有棺有墩二层,有腰坑、朱砂、雕刻花纹的盖板,有殉狗、殉人,随葬的铜器、陶器、玉器的形制、组合、花纹等都与偃师的相同。其中,雕刻花纹的盖板这种习俗和工艺,在 1980 年偃师二里头遗址中也有发现,说明两者之间一脉相承。

另一方面,在偃师商城内虽然也发现有少量的白陶、印纹硬陶和釉陶,但这些东西在盘龙城遗址中出土的数量更多,说明它们是从南方传过来的。因为,白陶在五六千年前长江中游的大溪文化中已经出现,而豫西仰韶文化和龙山文化中尚未见到。印纹陶、釉陶最初也都出现在南方的原始文化之中,而为豫西的仰韶文化、龙山文化所不见。同时,在盘龙城输送到洛阳的还有贝、龟等。《诗经·商颂·殷武》:"挞彼殷武,奋伐荆楚,维汝荆楚,居国南乡。"从盘龙城发现的遗迹、遗物的文化面貌已经显示出高度的一致性。河洛地区先进的城建技术、礼制、葬制等传到了南方,南方把当地先进的白陶、硬陶、釉陶以及贝、龟等源源不断地输入河洛地区。这种相互交流,相互吸收融合,共同创造出高度发达,光辉灿烂的商代文明。

在西南的四川,广汉三星堆遗址发现有两个大型祭祀坑,出土的金、铜、玉、石器达 4000 余件。包括青铜人像一尊,人头像 54 个,大小面具 20 多具。青铜树、樽、戈等铜器 500 多件。玉璋、玉戈等礼器 200 多件。这些除有自身特点之外,从出土的大量铜器、玉器来看,都非常接近偃师商城的同类器物。说明商朝高度发达的青铜文化,同样已经深入到四川地区了。

由于商王朝势力强大,它向四周辐射传播先进文化。这主要表现在青铜器的制作技术,礼制、葬制和城建技术等。而周边地区的文化,也给河洛地区的商文化以巨大影响,南方精美的玉器,丝麻织品、几何形印纹陶、釉陶、白陶、贝、龟以及在青铜器、骨牙器上的镶嵌技术等。

西周时期,周王室统治区域和文化影响范围空前扩大,分封制的进行,促使其他地区进一步接受了河洛文化。西周文化及政治势力的强大,使无论分布于全国各地的青铜礼器的形制、铭文及书写位置等都高度一致。这一方面反映了西周文化的高度一统性,另一方面也反映了周王朝在广大区域中强制推行王朝礼制文明的结果。

在山东地区,周的诸侯国除了齐、鲁之外,纪国和莱国也是西周时期重要诸侯国。纪国都城在山东寿光,寿光纪公台曾出土有"纪侯"二字铭的西周铜钟。有关纪侯的铜器还见于莱阳前河出土的纪侯壶,烟台还发现了两件西周时期的纪侯鼎。纪侯器从寿光到莱阳、烟台等地都有发现,足见纪国统辖的范围之大。莱国也是西周时期山东地区的一个重要封国,都城在山东的龙口,在龙口灰城遗址曾出土过西周的青铜器,铭文有"厘"及"莱"字。山东境内的西周遗存除有上述周式铜器外,也出现了大量周式陶器,其中绳纹鬲、豆、簋、罐等与河洛地区周文化的同类陶器相似程度很高。

淮河下游的徐国在西周时期是一个大国,其疆域南至洪泽湖周围,西至安徽东北部,北至山东南部,国都在今天的泗洪县境内。《后汉书·东夷列传》载:"后徐夷僭号,乃率九夷以伐宗周,西至河上。穆王畏其方炽,乃分东方诸侯,命徐偃王主之。偃王处潢池东,地方五百里,行仁义,陆地而朝者三十有六国。"江苏江浦县牛头港、田转村、仪征市神墩等地都发现有周文化遗存,淮河流域各地都有河洛周文化特征的青铜器出土,说明西周河洛文化对淮河下游地区存在着强烈的影响。在淮河流域,文化内涵表现出承袭湖熟文化传统和深受河洛周文化影响的特征,青铜器的造型、纹饰和铭文多以河洛风格为主,如烟墩山一号墓所出的宜侯矢簋、母子墩出土的"伯簋"、破山口出土的"子作父宝"鼎等,无论从造型风格、纹饰特征还是从铭文布局、书写位置和体例等都具有河洛青铜器的铸造特点。西周时期最常见的饕餮纹、夔纹、云雷纹、凤鸟纹、鸟纹、窃曲纹、重换文、垂鳞纹、蟠螭纹等也有发现。

从其墓葬制度和丧葬习俗等方面也可以看出西周王朝文化的强烈影响。西周时期,河洛葬制中仍盛行口含习俗,且对淮河下游和山东地区有较广泛的影响。山东胶县西菴遗址有玉出土,在山东昌乐岳家河周墓中皆有贝、小石片、璜形饰物的发现。反映了西周河洛丧葬习俗及意识形态对淮河流域和山东地区古代社会文明化进程的影响。

总之,夏商周时期,活动于河洛地区的各民族在相互融合的过程中,逐渐形成了中华民族,成为中华民族多元共同体的组成部分。在民族融合的过程中,河洛地区先进的陶器、青铜器制作技术,王朝礼制和城建技术等传到了周边地区,而周边地区精美的玉器、漆器、丝麻织品等也给河洛地区以巨大影响。正是这种文化的相互交流、相互吸收和融合,共同创造了高度发达的中华文明。

(作者为洛阳理工学院中文系副教授)

河洛文化的形成与扩展

（台湾）吕　凯

一、文化的名义

（一）狭义的诠释

文化一词,首见于《说苑》,按《说苑·指武》说:

圣人之治天下也,先文德而后武力。凡武之兴,为不服也,文化不改,然后加诛。①

在此所谓的文化(文德),与武力对称,则文化的名义,显然是指文治教化。此外现今社会所产生的某种意识形态,也称其为某种文化。这些都是狭义的文化。

（二）广义的诠释

人类因生活的需要,在历史的过程中,创造累积了许多物质文明和精神文明。这些文明的产物,均可总称为文化,这是广义的文化。现在要谈的河洛文化,就是广义的文化。

二、河洛文化的形成

（一）河洛是中华文化的摇篮

河洛是指黄河与洛水,河洛两河流域之所以能产生文化,是因为这两条河给

---

① 刘向:《说苑·卷十五》,中华书局据明刻本校刊。

我们的祖先带来了灵感,开启了智慧。孔子说:"知者乐水……知者动。"①我们的祖先就是由河洛二水得到智慧,经过努力,而创造了河洛文化。《易·系辞上》说:"河出图,洛出书,圣人则之。"②据传说伏牺氏是因为看见河图洛书,触动灵感,画八卦而重为六十四卦的。和易卦同步出现的还有文字。这不仅是河洛文化的开端。更是河洛文化发展的推力。

(二)物质的进步和道统的建立

自易卦和文字发明之后,物质文明日渐进步,而精神文明,也依序建立了道统。此由《易·系辞下》可以详察:

> 古者包牺氏之王天下也,仰则观象于天,俯则察法于地,观鸟兽之文与地之宜,近取诸身,远取诸物,于是始作八卦,以通神明之德,以类万物之情。③

系辞这段话,纪录了包犠氏(即伏犠氏,因古无轻唇音,故读包)因仰观天文,俯察地理,近取于身,远取于物,而发明了八卦。因为要幽冥之神显,万物之情见,所以将蕴含天地万物之八卦,重而为六十四卦。而八卦及六十四卦所据以画成的基础,则由阴阳二爻所组成。这就是产生《易》所谓的"原始反终"的哲学。也就是"由一而多,由多而一"(由约而博,由博反约)的逻辑条理。也就是《易系辞上》所说的:

> 易有太极,是生两仪,两仪生四象,四象生八卦,八卦定吉凶,吉凶生大业。④

此由许慎《说文解字》第一个字,就可以证明。第一个字,就是"一"字,他说:

---

① 《论语·雍也》。
② 《易·系辞上》,中华书局据相台岳氏家塾本校刊。
③ 《周易·系辞上第八》,中华书局据相台岳氏家塾本校刊。
④ 《周易·韩王注》,台北新兴书局(校相台岳氏本),第50页。

一,惟初太极,道立于一,造分天地,化成万物。①

天地万物,各有其象,因此卦以其象而示意。所以河洛先圣,皆能取象而发明。而河图、洛书和《易》就是推展河洛文化的源头。

此由前引《系辞传》中所列的卦,就可以很清楚地看得出来。如:

作结绳而为网罟,以佃以渔,盖取诸离。

上古结绳,本在记事。但因见离卦之象,所谓离中虚,以其中虚,所以有孔目之象,先圣因得中虚有孔之象,而缘结绳发明了网罟。用来佃(取兽于陆)渔(取鱼于泽)。这也证明人类已经由游猎,渐渐进入畜牧时期。此由伏犠氏的名号,就可以证明。

包犠氏没,神农氏作,斲木为耜,揉木为耒,耒耜之利,以教天下,盖取诸益。

益卦的卦象为下震上巽。巽为木,震为足,为震动。耜为耒头金属。耒耜合在一起,即是所说的"犁",耜的俗称,也叫"犁滑"。按:益卦初九说:"利用为大作,元吉无咎。"虞翻注说:"大作谓耕播耒耜之利。"由此可证先圣神农氏,取象于益而发明了耒耜,教民耕作,而使民得益。此为畜牧时期,进入农时代的一大转变。也是先民定居河洛的依凭。对河洛文化的发展,奠定了坚实的基础。

日中为市,教天下之民,聚天下之货,交易而退,各得其所,盖取诸噬嗑。

噬嗑卦的卦象为下震上离。噬嗑离在上,离为日,所以说日中,二爻至四爻互艮,艮为市,所以说日中为市。震为货为归,所以说交易而退。其实,噬嗑卦之

---

① 《说文解字注》段玉裁注,台北汉京文化事业有限公司印行,第1页。又原始反终,以易之数观之,其理极明。如一而二,二而四,四而八,八而十六,十六而三十二,三十二而六十四。……反之六十四而三十二,三十二而十六,十六而八,八而四,四而二,二而一。

本义,卦辞仅说:"噬嗑,亨,利用狱。"而其传曰:"颐中有物曰噬嗑,噬嗑而亨,刚柔分。动而明,雷电合而章,柔得中而上行,虽不得位,利用狱也。"离之意为明,万物皆于明中相见,则形无所隐,交易之时,公平畅通(似执法如水之平),所以能"各得其所"。这是说明农业奠定之后,商业也发达了,似乎商业制度也建立了。

> 神农氏没,黄帝、尧、舜氏作,通其变,使民不倦,神而化之,使民宜之,易穷则变,变则通,通则久,是以自天佑之,吉无不痫。黄帝、尧、舜,垂衣裳而天下治,盖取诸乾坤。

在黄帝之前,仅为短衣蔽体,以御寒暑。至黄帝之时,取法于乾坤,而有上衣下裳,衣服的新发明,新改良,社会制度的上下秩序,也跟着建立,至黄帝之世,国家的规模,已近于完备。我国信史,起于黄帝,是有其道理的。至尧、舜时,更模仿日月星辰,山龙华虫作衣服,衣裳之文彩,灿然大备。衣冠冕旒的进步,国家庄严的威仪自然建立。取法于乾坤的上下体制亦必完备。此时必已进入"天尊地卑,乾坤定矣,卑高以陈,贵贱位矣"①。的时代了。

> 刳木为舟,剡木为楫,舟楫之利,以济不通,致远以利天下,盖取诸涣。

涣卦的卦象为下坎上巽。坎水巽木,先圣取涣木在水上之象,而发明了舟楫,舟楫之利,可以横渡江河,顺载千里,对水上交通,是一大突破。刳木使中空以为舟的发明,看似平凡,然今之巨轮航舰皆缘此理而成,其对水上交通之贡献实在太大了。

> 服牛乘马,引重致远,以利天下,盖取诸随。

随卦的卦象为下震上兑。本义为长男动悦少女,少女乐随之意。而此处之

---

① 《周易王韩注·系辞上首章》,台北新兴书局(校相台岳氏本),第46页。

服牛乘马,即驾牛乘马之意。利用牛马引重致远,以利天下。这是陆上交通的发明。按随卦下震为马,二爻至四爻互艮为牛(无妄六三……无妄之灾,或系之牛),艮为引,巽为利,所以说服牛乘马,以利天下。这就是先圣善假于物的发明。

　　重门击柝,以待暴客,盖取诸豫。

　　豫卦的卦象为下坤上震,此处之豫,盖指备豫。豫艮(二爻至四爻互艮)为门,坤为门,所以称重门。《九家易》则说:"从外视之艮。"是以正反艮(震反为艮)为重门。震为柝,艮为击;所以称击柝。盖古时有敌有盗,故取豫之象,重门深设,击柝警戒,而作防备。此处可知,古人自卫严密,而减少敌盗之害。

　　断木为杵,掘地为臼,臼杵之利,万民以济。盖取诸小过。

　　小过卦象为艮下震上。小过二爻至四爻互巽为木为杵。三爻至五爻互兑为毁折,所以说断木为杵。下震中虚为臼,艮有掘意。古时掘地为臼,垩以石灰使臼坚固,置谷其中,用杵舂之,去谷皮以济民食。此法至今犹存。

　　弦木为弧,剡木为矢,弧矢之利,以威天下,盖取诸睽。

　　睽卦的卦象为兑下离上。此卦三至五爻为坎,为弧矢,弦木为弧,谓以弦牵木使曲成弧(即弓),剡木为矢,言削木使直成矢。弓矢为古代伤人及远的武器。在睽卦的卦象说:"上火下泽睽,君子以异同。"因弦发而矢分,二者作用不同,而威敌之目的却相同。所以先圣依此而发明弓矢。考睽卦上九:"睽孤,见豕负涂,载鬼一车,先张之弧,后说之壶。……"。所谓先张之弧,是该卦确有弓矢之意。

　　上古穴居而野处,后世圣人易之以宫室,上栋下宇,以待风雨,盖取诸大壮。

大壮卦的卦象为下干上震。上古之世，因为没有宫室栋宇，所以穴居野处，或见天雷之盛壮，风雨之来袭，因而兴起建宫室，避风雨之灵感，而发明了建筑宏壮的宫室。这都是由野蛮走向文明的过程。

古之葬者，厚衣之以薪，葬之中野，不封不树，丧期无数，后世圣人易之以棺椁，盖取诸大过。

大过卦的卦象为下巽上兑。大过上六："过涉灭顶，凶。"大过二至四爻，三至五爻，皆互干，而泽水在干上，所以说灭顶。灭顶则死，所以是凶。大过为死卦，死必葬。葬有葬礼，但在未有葬礼之前，人死之后，以厚厚的柴草裹尸，弃在野外，无墓无碑，更无丧期。先圣依大过"泽灭木"之象，而发明棺椁，并规定丧礼丧期，用示"慎终追远"之意。由此可以证明我们河洛的先圣，对于养生送死，已有很深的体认和措施。

上古结绳而治，后世圣人易之以书契，百官以治，万民以察，盖取诸夬。

夬卦的卦象为下干上兑。无文字之时，以结绳而治，有文字之后，则以书契（文书）治事。考夬卦卦辞说："夬，扬于王庭。"夬之意为决。朝庭之上，以文书决断所有的事情。这是文明史上最大的进步和成就。

由于易卦和文字的发明，河洛文化有了长足的进步。由上引取诸各卦的发明来看，河洛先民演进的过程，是由游猎而畜牧，而农耕、商业，并建立安定的国家社会制度。发明舟船车马，以改善水陆交通，舂谷济食，重门设警，增防卫养，发明弓矢，威阻敌人，发明宫室，以避风雨，改善丧葬，以慎终追远。而文字的发明，决事用文书，使国家社会繁杂的事务，有条不紊。这段绵长的时间，是河洛文化，由蛮荒进入文明的重要阶段，而这阶段的进步，实由于河图、洛书的启发和易卦的显象而造成的。

由于易卦和文字的出现，使河洛文化有了长足的进步。根据上引《易·系辞下》所记，可知自伏羲至尧舜这一阶段，河洛居民的生活，由游猎而进入畜牧。

神农氏发明耒耜之后,则由畜牧而进入农业。至此,先民始可定居。由于生活的需要,并且有了商业交易的行为。至黄帝、尧、舜之际,则法乾坤,而建立了上下贵贱的伦理秩序。同时发明舟楫,以济河川;服牛乘马,以便远行。突破了交通困难的窘境。重门深设,警戒防盗,以杜侵犯。发明杵臼,以舂米谷;发明弓矢,以吓阻敌人。因而脱离洞穴居住的生活,而进住屋宇。设埋葬之礼,改善了弃尸中野的陋习。更重要的是以文书决事,使繁杂的事务,有条不紊。这是河洛文化由蛮荒进入文明的重要阶段。而这阶段的进步,实由于河图洛书的启发与易卦的显象而产生的。

继伏牺、神农、黄帝、尧、舜而起的为三王,也称为三代,即所谓的夏、商、周。《史记·封禅书》说:“昔三代之君,皆在河洛之间。”[1]而夏、商、周三代,文化更形进步。《论语·卫灵公》有这样的记载:

> 颜渊问为邦。子曰:行夏之时,乘殷之辂,服周之冕,乐则韶舞,放郑声,远佞人,郑声淫,佞人殆。[2]

行夏之时,即采用夏历,夏历即今所用之农历,亦称阴历,其法以寅月为岁首,所定之节候,颇适于农耕之用。殷代木制大车(辂)质朴而坚,周冕有五服之冠,华而不侈。所以孔子称美,于此亦可见三代之进步。

河洛文化,经伏牺、神农、黄帝、尧、舜及夏、商、周酝酿而成,但到了周代尤称完备。而且建立了自伏牺、神农、黄帝、尧、舜、禹、汤、文、武、周公、孔子一贯相承的道统。而周代可称为集大成者。这由孔子的话可以证明。如:

> 子曰:“殷因于夏礼,所损益可知也。周因于殷礼,所损益可知也。其或继周者,虽百世可知也。”[3]
>
> 孔子曰:“……三分天下有其二,以服事殷,周之德可谓至德也已矣。”[4]

---

[1] 《史记·封禅书第六》,明伦出版社,按三代之君,亦作三代之居。
[2] 《论语·卫灵公第十五》。
[3] 《论语·为政第二》。
[4] 《论语·泰伯第八》。

子曰:"周监于二代,郁郁乎文哉,吾从周。"①

由孔子之盛称周德、周文,足见河洛文化至周,已臻完美之境。而易、诗、书、礼、乐、春秋六经,俱完成于周代,这可以说是河洛文化的结晶。后经孔子的删述,用以教授众弟子。经过儒家的努力,遂使河洛文化,布向四方,传遍中国。

三、河洛文化的扩展

(一)河洛文化的特质

河洛文化,由伏牺至周,虽由因袭,但亦有损益。而周之文、武、周公,在"周虽旧邦,其命维新"②改制创作之下,特别重人崇德。而且肯定了道德的必然性。后虽遭犬戎之乱,平王东迁洛阳,再历春秋、战国的纷扰,而出现了诸子百家的争鸣。但在诸子百家中,除了极少数人不以道德为先之外,大多数的哲人和思想家,仍然以追求道德生活为人类最理想的境界。

(二)河洛文化的外延

因为河洛文化具有道德必然性的特质,所以自秦、汉统一中国之后,确实已达到所谓的"车同轨,书同文,行同伦"③的境界。而在中国境外之民族,因仰慕河洛文化,而来中国学习者,更是历代都有,如东汉明帝永平九年,匈奴即曾遣子弟入太学。后世日本、朝鲜等来中国学习经书教化者,也不胜枚举。更甚者,有许多异族,因入侵中国,或占领中国,而同化于河洛文化。如东晋、南北朝时之五胡(匈奴、羯、氐、羌、鲜卑),宋时之辽、金,元代之蒙古,清代之后金,皆因入侵中原或入主中原,而最后同化于河洛文化之中。而今河洛文化更将迈步走向世界,因为"道德生活"是人类的希望。河洛文化,正是提供"道德生活"的泉源。

（作者为台湾大学教授）

---

① 《论语·八佾第二》。
② 《诗经·大雅文王》、《礼记》、《大学》、《孟子·滕文公上》均曾引此文。
③ 《中庸·第二十八章》。

如何弘扬河洛文化?

（台湾）张念镇

前　言

首先要为第八届河洛文化国际研讨会的召开,深致诚挚祝贺,特别是对许多贵宾和学术界先进均能参与此一盛会,更应表示最崇高的敬意。河洛文化研究会成立宗旨就在弘扬河洛文化、重整伦理道德、促进族群团结、推展公益事业,共谋亚太地区的繁荣、安定,进而有助于世界人类的和平与发展。

文化是立国的根本,亦是社会发展之基石,更是促进国际和平与合作最为重要之一环。兹值国际金融风暴渐从中国复苏、两岸关系较前和缓与改善之际,正是弘扬我河洛文化、重整国民道德之最佳时机。近百年来由于我国社会之急剧变化以及外来文化所带来之巨大冲击,故无论是生活方式、人际关系与价值观念等均已呈现许多冲突与对抗现象。当此文化变迁之过渡时期,为加强我国文化建设,迎接自由、民主、繁荣新世纪之来临,亟须弘扬河洛文化,加强我国精神文明之建设与发展,建设一世界性之文化大国。因此,愿以"如何弘扬河洛文化"为题,先就河洛文化之根源与特色作简要说明,然后再就如何弘扬河洛文化之做法,提出个人浅见,敬请指教。

一、河洛文化之根源

长期以来学界对河洛文化之根源颇有争议,特别是十八九世纪西方人士咸认中国文化来自埃及或来自巴比伦。迨 20 世纪初人类学家及考古学家先后在北京周口店发现"北京人"、"山顶洞人"以及其他新旧石器时代之出土文物,方纔纠正"西来说"之错误,确认中国文化系起源于中国本土,而且是发源于中原地区,吸收其周边文化不断向外延伸发展,经长江流域向西发展至珠江流域,向北扩展至黑龙江流域,向西进展至塔里木河流域,构成一独立之文化区域,由于该区域之周围又有高山大海之阻隔,亦即东部与东南面临海洋,西南有横断山脉与喜马拉雅山,西有天山与昆仑山脉,北有蒙古大漠,东北有大小兴安岭,于是几千年来自成一个"天下",而中原人氏又复自认居于天下之中央,故号"中国",而区域中之人民聚居秦陇华渭之间,尤以华山景观奇佳,自古迄今悉称"中华民族"或"炎黄子孙"。

太古之世人民穴居野外,茹毛饮血,亦无衣服器用之利,迨伏羲氏兴,制八卦、作网罟、以渔猎取牺牲,又称包羲氏,生于成纪(甘肃秦安),都于陈(河南淮阳),以龙纪官,传十五世而至神农氏。神农亦称炎帝,姓姜,先都于陈,后迁山东曲阜,植五谷、造耒耜、制医药、立市廛,以火纪官,传八世至榆罔无道,诸侯叛之,而立黄帝。黄帝因姬水而姓姬,亦称轩辕氏,克蚩尤、平榆罔,邑于涿鹿,以云纪官,建房屋、定货币、制六书、教民养蚕、制作衣服,奠定中华民族万世之基业。后人饮水思源,为表达对远古祖先之崇敬,遂尊伏羲、神农和黄帝三帝为中华民族之始祖。

1991年10月29日《文汇报》刊载北京消息:根据现代考古发现和学者多方论证,说明中国古代存在三大民族集团:即河洛民族(华夏集团)、海岱民族(东夷集团)和江汉民族(苗蛮集团)。所谓"河洛"一词系指黄河、伊河、洛河三川交汇之江河平原,亦称中原地带,而炎黄子孙均属河洛民族。炎帝姓姜,下有四大氏族,以共工氏最为重要,黄帝姓姬,两姓联姻,繁衍为"炎黄子孙"亦即后来之华夏民族(汉族前身)之主干。古籍中之记载,现被仰韶文化、马家窑文化及龙山文化等考古发现所证实。

从夏、商、周三代开始,又以河洛民族为核心,相互交流接触,经过四次大融合,纔将夷、蛮、戎、狄等民族融合为一个民族,共同创造敦厚淳朴之中华文化。

第一次自上古至先秦时期,经此融合始有秦、汉盛世之出现;第二次为魏晋至南北朝时期,经此融合遂有唐代之大一统;第三次是五代至辽金元,经此融合乃有明朝之建立;第四次从满清至现代,经三百余年之融合,应有大一统局面之出现,惟目前两岸仍在分治状态,根据历史经验,相信必将建立一远较秦汉唐明更为富强康乐之新中国。

二、河洛文化之特色

河洛文化自伏羲氏起至今有六千余年之历史,博大精微、高明深厚,历经艰辛,犹能巍然独存。揆其所以能在内忧外患中危而复安,亡而再兴绝非凭恃武力,而是依靠其优美之文化,几千年来,中华民族聚居于东亚此一温和乐土之上,过着乐天知命、怡然自得的生活,深具一种朴素敦厚、知足长乐之民族性格,因而孕育出诸多优雅、高尚之文化特色:

(一)注重家庭制度

家庭是由父母和子女所构成之生活与生育之社会制度。在西方社会家庭主要功能仅是生儿育女而已,其他之政治、经济、宗教等均有专门机构负责,而不在家庭分内;但中国家庭之功能,除生儿育女外,举凡一切政治、经济、教育、娱乐、宗教等功能皆以家庭为基本,所有社会关系亦以家庭关系为基础。中国传统家庭便是盛行大家庭制,几代子女聚居一处,不仅为家庭福气,亦是小区模范,如唐代张公艺九世同堂,传为千古佳话。所谓"家齐而后国治"、"天下一家"与"四海之内皆兄弟也",更是河洛家庭制度功能之扩大。

(二)崇尚伦理道德

河洛文化之特质是既重伦理,又重道德。与西方文化不讲伦理关系完全相反,儒家特重德治主义,主张"导之以德,齐之以礼"、"君子忧道不忧贫",更是知识分子之行为准则。

(三)强调以民为本

河洛文化自古以来就强调"以民为本",《尚书》有云:"民为邦本,本固邦宁",孔子对中国文化之最大贡献,厥为人本文化之建立,而孟子强调"民为贵君为轻"、"天视自我民视天听自我民听"等民主思想,更是弥足珍贵。

(四)采用中庸之道

何谓中庸?按照程颐解释"不偏之谓中,不易之谓庸。中者天下之正道;庸者,天下之定理"。但怎样才能做到中庸之道?第一,应当不偏不倚,恰到好处。《尚书》有云:"无偏无党,王道荡荡,无党无偏,王道平平。无反无侧,王道正直。"亦惟不偏不倚,然后才能中平。第二,执两用中,不走极端。《尚书》尧谓舜、舜又谓禹曰:"人心惟危,道心惟微,惟精惟一,允执厥中。"所谓"天下之道,非两不至"。只要把握正反两面,就可以"穷则变,变则通,通则久"。

（五）秉持王道精神

河洛文化一贯强调"王霸之分",孟子说:"以力服人者霸,以德行仁者王。"河洛文化以王道精神为其主要构成因素,孔子著《春秋》,旨在尊王攘夷;老子视佳兵不祥纔强调"以道佐人主者,不以兵强天下"。孟子对于王道精神尤为热爱与坚持,他说:"保民而王,莫之能御也。"

王道乃是河洛文化之基本精神,亦是中国文化之优点,一贯主张以文德招徕天下,而不用武力压迫异族。特别是孙中山先生一生到处宣扬"天下为公",反对"弱肉强食",亦即此一重王轻霸思想之体现。

（六）提倡世界大同

所谓"世界大同"系从《礼运·大同篇》而来,《大同篇》上说:"大道之行也,天下为公,选贤与能,讲信修睦。……谋闭而不兴,盗窃乱贼而不作,故外户而不闭,是谓大同。"中山先生认为此乃中国之最佳政治哲学,是世界上极为崇高之政治理想。

三、如何弘扬河洛文化

现在是 21 世纪的初期,展望世界人类前途,如何弘扬河洛文化实乃当前文化与教育最为紧迫工作之一,个人不敏,谨就管窥所及,略抒浅见:

（一）整理河洛文化珍贵遗产

河洛文化包罗万象,浩如烟海,莫可究殚,仅能撷其精华,而以经、史、子、集等古代典籍为象征。我国古代典籍是以伏羲氏画八卦为起始,历经黄帝、尧、舜、禹、汤诸代之递嬗,至周而灿然大备,几千年来我国历代学术思想悉以《易经》、《诗经》、《尚书》、《礼记》和《春秋》五经为依归,允为河洛文化之精髓。《三字经》有云:"人遗子,金满堂,我遗子,为五经。"春秋战国时代诸子争鸣,百家蜂起,造成我国学术高度昌明景象,所谓九流十家之思想,仍有其不可磨灭价值。儒家是河洛文化之道统,而道、法亦对河洛文化极具影响,皆为河洛文化之遗产,必须加以维护、整理与研究。民主与科学固为今日之必需,但应以民族文化为基础,以西方民主、科学最为发达之国家均能尊重《圣经》为例,说明吾人对民族精神、经义、哲理所寄托之典籍更是不容置弃,应予重编,分类分章,酌增标点符号和必要注释,以便研阅。惟研究经典书籍,不可泥古,必须应用科学方法,贯通经义,俾能加强民族文化功能,提高研究效益。

（二）发扬河洛文化优良传统

河洛文化之优良传统甚多,不胜枚举。诸如:中国文字优美、家庭制度优良、道德精神优雅、考试制度优越、监察体系优异等则较突出,堪称河洛文化之瑰宝,必须加以发扬光大。

1. 中国文字优美。文字是智能结晶,代表民族文化程度,我国文字源远流长,就其结构言,有所谓象形、指事、会意、形声、转注、假借等六书之法例,优点甚多,简单明了、且富弹性,只要得其门径,便可运用自如而无英文字时间、格位、人称、单复数等诸多限制,再加字形美丽,书法艺术可与绘画媲美,尤以中国之广土众民,几千年来犹能保持其文化之统一,均应归功于中国文字之功能。

2. 家庭制度优良。儒家思想即以家庭为其思想体系之基点,社会和国家均为家庭组织之扩大。所谓"国之本在家",无异是国家之精神命脉系于家庭,而孝道则为其维系家庭之重要支柱。所谓"忠臣出孝子之门"、"子孝双亲乐,家和万事兴"。孝是家庭象征,"父虽不慈,子不可不孝",任何不孝行为均为罪大恶极,如无孝道则中国家庭制度早已崩解。凡家庭中之冲突,一言及孝,皆能消弭于无形。因此,中国家庭制度既是个人生命之所寄托,亦是社会活动之中心,至为重要。所谓"以孝治天下",道理亦即在此。

3. 道德精神优雅。陈立夫先生在《人理学研究》中有云:"去私心、存仁性为道德之基本精神,孝父母、敬长上为道德实践之始基;不忘恩、不负义,为道德之衡量标准,言忠信、行笃敬为道德之事实表征。"我国自古即以道德为衡量人之标准,年高德劭者最受崇敬,如孔子万世师表、诸葛亮鞠躬尽瘁、文天祥杀身成仁、史可法舍身就义和武训行乞兴学等,莫不令人肃然起敬。

4. 考试制度优越。开科取士,布衣卿相,此为我国以考试拔擢人才之文化传统,亦称"科举制度"。隋唐时代开创,宋元明清均相沿袭,英国之文官制度即系仿效我国之科举制度。民国成立后,将考试权独立,使与行政、立法、司法、监察等权分立,藉以发挥考试制度之优越功能。

5. 监察体系优异。考试与监察均为我传统政制之两大特色,而监察是为国纠弹不法,防患未然,上自君王,下至百官皆在监察之内,故能充分发挥其澄清吏治之作用,而为河洛文化中极为优异之政制。

(三)全面落实文化扎根工作

自五四运动以还,在"民主"、"科学"、"全盘西化"和"社会主义"等要求下,遂使河洛文化长期遭受漠视,再加十年"文革",更使传统文化饱受干扰,近年来虽经海峡两岸积极致力于文化工作之改革与建设,但因诸多因素局限,仍难有所进展,尚待吾人共同之努力,特别是下列几项文化扎根之工作必须全面落实:

1. 兴建中华民族始祖大宗祠。结合民间社团和各界热心人士芍中华民族始祖兴建宗祠,作中华民族之圣地。

2. 筹设中华民族河洛文化馆。选择适当地点先筹设一所数据丰富、设备完善之河洛文化馆,将中华民族历代之文物文献、史迹源流等搜集陈列,以供各界研究、参访、祭祖等使用。

3. 续办"河洛文化国际研讨会"。定期邀请国内外学者专家共同参与。

4. 创办"河洛文化"月刊或年刊。总结经验,交换意见。

5. 发起"文化下乡活动"。将河洛文化拍制电影电视、创作歌谣漫画卡通或儿童读物,利用活动型图书列车,开展文化扶贫活动。

结　论

总括来说,河洛文化确是发源于中国本土,而中原便是中华文化之发源地,亦是中华民族赖以生存发展之根本。河洛文化之内涵丰富,特色尤多,对世界人类之文明进步极具贡献,为期弘扬此一传统文化、重整伦理道德、拓展公益慈善事业,我们要不分党派、不论宗教、不涉政治,结合各界人士力量,一方面要整理民族文化遗产;二方面要发扬河洛文化优良传统;三方面就要兴建中华民族始祖大宗祠和河洛文化馆,使其成为炎黄子孙之民族圣地、精神堡垒和文化食粮,几千年来中国之朝代迭有变易,政治亦容有治乱,只要我们有信心、有毅力、肯出钱、肯出力,最后终归一统,形成大一统之中华文化,则为必然之趋势,殆可预言。

(作者为台湾中华高龄学学会理事长)

参考资料：

1. 钱穆：《中国文化史导论》，台北正中书局，1953 年。

2. 唐君毅：《中国文化之精神价值》，台北正中书局。1973 年。

3. 郑坤德：《中国的传统文化》，台北地平线出版社，1974 年。

4. 梁漱溟：《中国文化要义》，台北正中书局，1972 年。

5. 曾约农：《中西文化之关系》，台北新中国出版社，1968 年。

6. 张念镇：《中西文化之比较》，台北黎明文化公司，1993 年；《中华文化与世界前途》，载《第一次两岸学术文化交流研讨会论文集》，台北中华老庄学会，1991 年。

淮河文化与河洛文化关系论

田青刚

一、引论

以河洛文化为核心的中原文化和以楚文化为代表的南方文化,构成中部地区古代历史发展中的两大文化体系。夹在两大文化体系中间,以淮上地区为中心的淮河地域文化没有得到足够的重视。这一地区在相当长时期内,或者被看做是中原文化的地域范畴,或者被视为楚文化地域范畴。

历史上淮河流域始终没有形成为统一的、独立的政治单元,这是淮河文化区在空间上界限模糊,难以划分的重要原因。其实,根据文化地理学的文化区理论,形式文化区在空间分布上可以分为集中的文化核心区与模糊的边界文化区,核心区的位置大约位于该文化区的中部或接近几何中心部位。[①] 因此,只要我们明确了淮河文化的核心区,淮河文化的空间分布就可以基本确定。那么,淮河文化区的核心区在哪?

从地域上来说,淮河干流两岸地区历史上称为"淮上"。这一地区具有最鲜明的淮河地域文化特色,是淮河文化的生成区,同时是淮河文化的核心地区。"淮上"的范围有多大,我们无法给出准确的界限,但从自然地理、气候环境和淮河两岸居民的生活习性等文化现象上来看,大约包括淮河干流两岸不超过200公里范围内的地区。淮河文化核心区与淮河流域其他地区共同构成淮河文化圈。

---

① 　王恩涌等编著:《人文地理学》,高等教育出版社,2000年,第33页。

事实上,以淮上地区为中心的淮河文化具有自身鲜明的文化特质和地域特色,是一个独立的文化体系。本文拟从文化融合的角度对淮河文化及其与河洛文化的关系作一粗浅探讨。

二、中原河洛文化南渐与淮上地区的文化融合

淮河流域很早就有人类活动。早在 9000 年前,今河南舞阳贾湖一带生活的远古人类,已创造出发达的古代文化。这里的考古挖掘发现了大量的炭化稻米、稻壳和农具,证明"淮河上游地区很可能是粳稻的初始起源地之一"。贾湖遗址还出土了 30 余支骨笛,其中包括七声音阶骨笛。另外还有成组龟甲及原始契刻文字。距今约 7000 年前的安徽蚌埠双墩文化遗址是目前淮河中游地区已发现的年代最早的新石器时代文化遗存,出土的文化遗物丰富多彩,主要有陶器、石器、骨角器、蚌器、红烧土块建筑遗存、动物骨骼,以及大量的螺蚌壳等,种类繁多。

出土遗物中,发现大量的刻画符号,这些符号大都刻画在器物底部,内容广泛,包括日月山川、动植物、房屋等写实类,狩猎、捕鱼、网鸟、种植、养蚕、纺织、饲养家畜等生产与生活类,记事与记数类等。这些符号应是中国文字的重要源头之一。从试掘出土的部分文物来看,兼具豫、鲁龙山文化和太湖良诸文化的特征,说明淮河流域的古代文明是南北文化碰撞、交融的结果。此外,位于淮河支流小清河东岸的驻马店正阳凉马台遗址也发现了距今 6000 年前的人工栽培粳稻遗存。另外,濉溪石山子遗址、定远侯家寨遗址、蒙城尉迟寺遗址等新石器时代早、中期文化遗址的考古发现,进一步证明了淮河流域为中国古代文明的源头之一。

夏商周时期,淮河流域生活着"淮夷人"。《礼记·王制》载:"东方曰夷,被发文身。"传说中的夷人首领蚩尤,在与炎黄部落交战失败后,其部落的一部分融合进炎黄部落,一部分移居淮河流域,成为淮夷。淮夷是先秦时代淮上地区居民的主体,也是早期淮河文化的主要创造者。

以河洛文化为核心的中原文化南渐是淮河文化形成的重要一环。历史上中原河洛文化南渐是一个长期的渐进的过程。

在安徽南部淮河流域地区发现了不少夏商文化遗存,如属斗鸡台文化的斗

鸡台、薛家岗、含山大城墩、青莲寺等遗址中都包含有二里头文化因素。薛家岗 H25 中通体饰细绳纹的锥足罐形鼎、凹底爵杯、细腰高柄浅盘豆及含山大城墩的平底罐形鼎等与中原二里头晚期的同类器相似。[①] 寿县斗鸡台遗址所出陶器如附加堆纹花边罐、鸡冠耳盆或甑、锥足鬲、箍状堆纹鼎、宽肩瓮等,都与中原夏文化的同类器形态大体一致。商文化最典型的器物鬲、斝、簋、假腹豆、大口樽、直腹簋等在淮河流域相当大的范围内有着不同程度的发现。

　　淮上地区属于商的势力范围。在淮河流域上游信阳罗山县蟒张发现一处商代墓地[②],墓葬的形制和青铜器的器形、纹饰,与殷墟妇好墓和商代晚期的青铜器大致类似,有些铜礼器上还有“父乙”、“尹”、“天”等铭文。

　　考古学证明,殷商势力远达东南沿海和岭南地区。《淮南子·泰族训》说:“封之地,左东海,右流沙,前交趾,后幽都。”从地理上来看,商王朝要驾驭和控制东南沿海地区,淮河中下游是必经之地,不能不受商文化的影响。从吴文化蕴含有西周文化因素的事例中,也可说明西周中原文化对淮河下游地区必然存在着强烈的影响。在吴文化的四期中,宗周文化对前二期有显著的影响。吴文化内涵表现出承袭湖熟文化传统和受中原文化影响的因素,表现在青铜器的造型、纹饰和铭文上多以中原风格为主,有的可能直接来自宗周。如烟墩山一号墓所出的宜侯矢簋、母子墩出土的“伯簋”、破山口出土的“子作父宝”鼎等器,无论从造型风格、纹饰特征还是从铭文布局、书写位置和体例等都属中原青铜器的铸造特点。

　　先秦时代,中原文化南渐和南北文化交融主要是通过军事征服来实现的。

　　淮河流域的气候环境适宜于农业生产的发展,这是淮夷人赖以生存的物质基础。“农业是整个古代世界决定性的生产部门”[③],正是依靠这一基础,淮夷人与统治中原的夏商周王朝进行了长期的控制与反控制斗争。

　　《史记·秦本纪》载:淮夷人“去夏归商,为汤御,败桀于鸣条”。后商纣无

---

①　杨德标、杨立新:《安徽江淮地区的商周文化》,《中国考古学会第四次年会论文集》,文物出版社,1983 年。

②　信阳地区文物管理委员会等:《河南罗山蟒张商代墓地第一次发掘简报》,《考古》1981 年第 2 期。

③　《马克思恩格斯选集》第 4 卷,人民出版社,1972 年,第 165 页。

道,好酒淫乐,淮夷不堪掠夺又起而反之,"商纣为黎之蒐,东夷叛之"①,纣王曾亲率大军东征。在夷人与周人的夹击下,商王朝跨台,"纣克东夷,而损其身"②。这里的东夷,包括淮夷。

西周初,淮夷称霸于淮、泗,与周抗衡,周公旦亲率大军东征,"召公为保,周公为师,东伐淮"③。西周中期,淮夷中的徐夷,雄居江淮、黄淮,"处汉东地方五百里,行仁义,割地而朝者有三十六国"④。徐王率淮夷之众一度深入到黄河边,"乃率九夷以伐宗周,西至河上"。西周后期,"厉王无道,淮夷入寇,王命虢仲征之不克"⑤。周宣王亲自"濯征徐国",一直打到淮河入海口淮浦(今江苏涟水)。

1974年,陕西武功县西周遗址出土了周代青铜器"驹父盨盖",其铭文记载宣王十八年正月,"南仲邦父命驹父即南诸侯,率高父见南淮夷厥取厥服,堇(谨)夷俗遂不敢不敬畏王命,逆见我厥献厥服。我乃至于淮,小大邦无敢不储俱逆王命"⑥。《诗经》有"淮夷来同,莫不率从"之类的颂词。又《诗经·鲁颂·泮水》云:"憬彼淮夷,来献其琛,元龟象齿,大赂南金。"说的就是一场战争之后,臣服了的淮夷向邻邦鲁国交纳贡赋的情景。这些都说明周对淮上地区的影响在不断加强。

人是文化的载体,移民是文化传播和文化交流的重要渠道。秦汉以前南北文化交流的主要途径是族群或国家之间的征伐,秦统一中国之后,南北文化的交流则主要通过商贸和移民,特别是通过移民来实现的。

东汉末年,中原地区战乱频仍,大量民众南逃,使"中原户口,十不存一"。这次中原士民的南移延续到魏晋南北朝时期。从唐中期安史之乱开始,直到宋元时期,又有大批中原士民南移,并使南方人口第一次超过北方,最终完成了中国人口、经济、文化重心从黄河流域向长江流域的转移。

春秋战国以后,淮河文化在接受中原文化浸润的同时,开始大量融入南方文化元素。

---

① 《左传·昭公四年》,《左传·昭公十一年》。
② 《左传·昭公四年》,《左传·昭公十一年》。
③ 《史记·周本纪》。
④ 《韩非子》第四十九篇。
⑤ 《后汉书·东夷传》。
⑥ 晁福林:《先秦社会思想研究》,商务印书馆,2007年,第211页。

三、淮河文化的形成及其与河洛文化的关系

(一)淮河文化是特定环境下的产物

自然环境是人类赖以生存的物质基础。人类社会的发展在一定程度上受自然地理环境的制约,自然环境对人类文化形成与发展的制约作用,时代愈早表现得愈明显。在生产力水平不发达的古代,尤其如此。

文化生态学的奠基人美国学者 J. H. 斯图尔德认为,文化对环境的适应性可以使不同的自然环境下的文化体系具有独特的特征,"总的来说,气候、地形、土壤、植被、动物群是决定性的,但可能其中的某些特征比其他特征更加重要。沙漠中的水洼地对游动的种子类食物采集者来说可能是至关重大的,猎物的习性可能影响狩猎的方式,鱼回游的种类和季节将决定沿河和沿海居住的部落之习惯"[1]。淮河干流两岸地区具有最典型的淮河地域文化特征,这些特征与淮河干流两岸地区的地理环境与气候特征密切相关。淮河是中国南北地理分界线,淮河干流两岸地区(即淮上地区)具有明显的南北气候过渡带的地理特征,在地理上自成一个单元。这一地理特征是其他地区所无法替代的,这是淮河文化生成的重要基础,也是我们在考察淮河文化时把视域放在淮上地区的原因。离开淮上地区去考察淮河文化是没有意义的,得不出有说服力的结论。淮河文化是淮河土著文化与南北文化交融并适应淮河特殊气候环境的产物。

(二)淮河文化初步形成于夏商至西周,春秋战国时期定型,魏晋南北朝时期臻于成熟

淮河文化萌芽于新石器时代。早在新石器时代,以淮上地区为中心的淮河流域文化已显示出其独特的地域性特征。在双墩文化类遗址中发现的生活陶器,其组合与造型上,虽然包含中原、海岱等地区原始文化的成分,但主体因素与周围地区同期原始文化面貌有着明显不同,显示出独特的文化内涵。现有考古发现表明,以双墩遗址为代表的同类文化遗址主要分布于淮河中游地区。这类文化遗存以双墩遗址最为典型,具有淮河流域独特的地域性文化特征,兼蓄南北

---

[1] 斯图尔德:《文化变迁论:多线进化的方法论》(英文版),1955 年,第 40 页。转引自陈国强等:《建设中国人类学》,三联书店上海分店,1992 年,第 256 页。

方早中期原始文化的一些特点。

夏商西周时期,淮河文化初步形成。生活于淮河流域的淮夷人是早期淮河文化的创造者。在长达千年的夷夏纷争中,淮夷人把自身的夷人文化撒播在了以淮上地区为中心的淮河流域广大地区,同时,淮夷人也自觉或不自觉地吸收了中原文化的营养,在淮河流域创造了较为发达的早期淮河文化。淮河流域湿润的气候和便利的水资源,为农业生产创造了良好的发展条件。农林资源是淮夷人抗衡中原王朝的重要物质基础。

春秋至战国时期,淮河流域进一步吸收了周边地区的先进文化,特别是受到楚文化的强烈浸润。在此基础上,淮河文化趋于定型。考古所见春秋时期的淮夷遗存包括河南潢川的黄国故城,固始的蓼国故城,以及一批淮夷贵族大墓如河南光山黄国墓、江苏邳州徐国墓以及群舒故地的肥西、怀宁、舒城、六安、桐城等地发现的贵族墓或铜礼器,均表现出明显的淮河文化特色。

魏晋南北朝时期,随着中原士民大量南迁和江淮地区屯垦事业的发展。淮河文化臻于成熟。隋唐以后,随着移民和南北文化交流的加强,淮河文化的内涵进一步得到丰富和充实。

淮河地域文化有着非常丰富的内涵和鲜明的特色,如在农业文化上,旱田耕作和水田耕作兼而有之;饮食上是南北风格兼具,其中淮上地区更多体现出南方饮食文化的特点;民风上既有北方人的朴实,也有南方人的精明。从老庄到孔孟,一大批圣贤先哲生长活动于淮河流域。从《管子》到《淮南子》,从《诗经》、《楚辞》到《西游记》、《水浒传》、《三国演义》以及《金瓶梅》、《儒林外史》,淮河的土壤孕育了无数文人墨客,产生了一大批不朽的精神文化产品。关于淮河文化的内容及特质已有诸多学者研究,本文不再赘述。

（三）关于河洛文化与淮河文化的关系

从淮河文化的形成来看,河洛文化与淮河文化至少存在这样几方面的关系

第一,河洛文化与淮河文化具有同源关系。虽然有证据表明淮河流域是中国古代文明的源头之一,但并不否认两者之间存在同源关系。事实上,无论是考古资料、文献记载或者民间传说,都证明两者之间在文化的诸多方面具有同源关系。如太昊既是东夷人的先祖亦是华夏人的先祖,华夏人与东夷人拥有共同的先祖谱系,都把太昊伏羲视为人文始祖。

第二,河洛文化是淮河文化的重要源头之一。如前所述,淮河文化是文化融合的产物,中原文化南渐在先秦时期已对淮河流域产生了重要影响,无论是物质文化层面抑或精神文化层面均是如此。所以说,河洛文化是淮河文化的源头之一。

第三,中原移民是淮河文化的创造者之一。历史上中原居民大规模的南移活动,都把淮河流域作为落脚点或者中转站。如台湾移民多来自大陆的福建漳州等地,而"开漳圣王"陈元光和闽王王审知又都来自淮河上游的河南固始。今天的固始已成为台湾移民后裔的寻根地。当然,如果进一步追溯,那么,包括陈元光和王审知在内的唐代淮河流域居民的先祖,不仅深受中原河洛文化的熏陶,同时他们大多也是来自中原,包括河洛地区,如陈元光先祖陈实为颍川人①,其后裔的一支落户固始。这是今天很多台湾人仍自称"河洛郎"的原因。

第四,河洛文化圈与淮河文化圈在地域上有大量重合,两者具有文化同质性。

这里有必要对文化区域和文化圈加以区分。文化区域概念认为,一些相互关联的文化因素与环境相互作用,所产生的文化组合也许是独特的,也许不是,但都是就地生成的。文化圈是用来描述文化分布的概念之一,由德国民族学家R. F. 格雷布纳首先提出。他在 1911 年出版的《民族学方法论》一书中使用文化圈概念作为研究民族学的方法论。他认为,文化圈是一个空间范围,在这个空间内分布着一些彼此相关的文化丛或文化群。从地理空间角度看,文化丛就是文化圈。奥地利学者 W. 施密特主张,文化圈不限于一个地理空间范围,它在地理上不一定是连成一片的。文化圈学说认为,多数文化特征的分布,是由于迁徙和扩散造成的,因此会出现一些文化圈的交错现象。如淮河文化圈与其他文化圈,如中原文化圈、楚文化圈、吴文化圈等有相互交叉的区域,这些文化核心区外的交叉区域虽属于该文化圈,但并不具有该文化的典型性。文化区域和文化圈概念有助于从空间上加深对文化的认识。笔者认为,文化区理论主要应从文化生成的角度来理解,而文化圈理论更多的要从文化传播的角度去认识才有意义。因此,为了说明问题,笔者交替使用了这两个概念。

---

① 许竟成、李乔:《固始与闽台》,河南人民出版社,2007 年,第 325～326 页。

从河洛文化圈和淮河文化圈的历史发展来看,两者在地域上有大片交叉重合区,在文化上显示出同质性的特点。先秦乃至秦汉魏晋时期,河洛文化都是强势文化,影响所及,南逾江淮,包括淮河流域的大部分地区。淮河以北属于淮河流域的大部分区域(如郑州、开封),都是河洛文化的核心区或次核心区,该地区的文化已成为河洛文化的重要组成部分。所以说,淮河流域的历史发展深受河洛文化的浸润和影响,河洛文化的因子在淮河流域已扎下了深根。其表现是淮河文化结构中的河洛文化元素使得两者在文化上具有同质的特点。

总而言之,淮河文化是淮河流域的地域文化。淮河文化与河洛文化有着不可分割的联系。淮河地域文化在空间上生成于淮上地区独特的地理环境中。在时间上,淮河文化萌芽于新石器时代,定型于春秋战国时期。在文化结构上,淮河文化因受周边文化特别是以河洛文化为核心的北方中原文化和南方荆楚文化的影响非常明显,显示出文化的多元性。南北文化与淮上地区固有的土著文化,在淮上地区交融,孕育并催生了淮河文化。

(作者为信阳师范学院历史文化学院教授)

刍议河洛文化与三冀文化之共性

蔡欣欣

　　河洛地区是上古中国政治、经济的中心,夏、商、周三代皆建基于河洛地区,并创造出了辉煌灿烂的河洛文化。但随着中国政治、经济的统一,河洛文化同各个区域的文化相互交融,一方面,河洛文化以顽强的生命力将其特色融和于中国文化,并长久地影响着中华文化的进程;另一方面,河洛文化也对其他各区域的文化,如三冀文化产生积极广泛的影响,使其最大限度地吸纳、融合河洛文化。因此,三冀文化并非只是具有独立的地区特质,既表现为统一的"中国"特色,也必然表现有一定共同特征的区域性文化——河洛文化的特征。

一、河洛文化与三冀文化的内涵

　　"河洛文化"属于区域性的历史文化概念。区域性文化是中华民族文化和全国文化的一个组成部分。我国地大物博,存在着许多区域性文化,各个区域性文化之间存在着共性,正是这些共性使得许多区域性文化联系成一个不可分割的整体,共同组成中华民族的文明。但是区域文化也有自己的个性。有它的地域色彩,在语言、艺术、风格、风俗等方面都带有不同的特点,正是这些个性使得中华民族的文化更加丰畜多彩,更加具有多样性。而河洛文化则是区域性文化一个非常重要的内容。

　　关于河洛文化的定义有很多。"河",即中华民族的母亲河——黄河;"洛",即今黄河中段南面之支流——洛水。"河洛",泛指黄河与洛水交汇的流域。从宏观上说,河洛大地是中华文明的策源地,一部上下五千年的中华文化史,实质上就是以河洛文化为中心,碰撞融汇各地文化而形成的。"河洛文化"正是在这一土地上孕育、产生、繁衍的一种具有鲜明地方特色的区域性文化,河洛文化是中国最核心的、生命力最强的文化,是中华民族共有的赖以生存的精神源泉,河洛文化是中华民族自强不息的灵魂。从狭义上给"河洛文化"的准确定义为:夏、商、周政治覆盖之下的河洛地区的文化现象,以中岳嵩山为中心,北迄邯郸以南,南接淮河之北,西达关中华阴,东至豫东平原,位于黄河中游这一古老的沃土,正是当年夏商周政治覆盖之区域,亦即"河洛文化"衍生之地。[①] 由此可知,河洛文化发端于远古的夏朝,形成于周,截止的时间是秦朝大一统以前,夏商周三代,是"河洛文化"衍生的历史时期。秦统一以后,河洛文化的区域性特点逐渐减弱。但不能说完全消失。秦统一以后,我们中国还是存在着区域文明、区域文化。这是因为,中国是一个大国,国土辽阔,民族成分复杂。因此,政治、经济、文化在各个地区的发展不平衡。长期存在经济上的差异以及文化上的差异,这里面包括文化水平的高低,文化风格的不同等。这种文化差异在秦统一以后逐渐减弱、减少,但是并没有根本消失。

　　"三冀文化"是河北这一特定区域内文化现象的统称,学者把三冀文化的时间范围界定为从古到今:三冀文化是河北这一特定区域内从古到今文化现象的统称,是物质文化和精神文化的总和,具有丰富而深刻的历史和时代内涵。[②]"冀"起始于 5000 年以前的上古时代,相传中国夏朝(约公元前 22 世纪末—约公元前 17 世纪初)时,把中国划分为九州:冀州、兖州、青州、徐州、扬州、荆州、豫州、幽州、雍州[③],"冀州"为九州之首,今河北地域就属于冀州。"冀"先是地理概念,是一个地区的泛称,后是一级正式的行政设置,这也是河北的简称"冀"的由来。"冀"目前是国家按地域区分规定的河北简称,从地域发展来看,河北是个非常特殊的省份,单是省会就经历了多次的变迁,先在保定,后迁到天津,之后又由天津迁回到保定,现设在石家庄。再加上北京、天津地处河北的中心,这就使得河北的地域文化客观上形成了"五花八门"的态势。"三冀"就是按现在

---

① 周文顺:《"河洛文化"辩义》,《历史教学》1999 年第 3 期。
② "三冀文化"课题组:《"三冀文化"当成为河北主流文化——关于准确定位河北传统文化的思考与建议》,《中华新闻报》2009 年 3 月 20 日 C02 版。
③ 《禹贡》。

的版图,把河北划分为三大块:冀东、冀中南和冀西北。冀东包括唐山、秦皇岛和承德;冀中南包括京津以南的保定、廊坊、石家庄、沧州、衡水、邢台、邯郸;冀西北为张家口。"三冀文化"是燕赵文化、直隶文化和冀东、冀西北、冀中南文化的融合,集中体现了河北历史传统文化和现代文化的精髓。"三冀文化"的丰富内涵是:和谐、忠诚、慷慨、开放。和谐就是融洽和睦,团结协作;忠诚就是指对国家、对人民、对事业、对朋友等真心诚意、尽心尽力,没有二心;慷慨就是充满正气,性格豪爽,情绪激昂,乐善好施不吝啬;开放就是学习借鉴、兼收并蓄、博采众长。随着社会的发展,三冀文化的全国共性会愈来愈大,内容也将愈来愈丰富。三冀文化是中华文化不可分割的组成部分,既具有全国的共同性,又具有地域的特点。

二、河洛文化和三冀文化的几点共性

（一）原始文化——出自于仰韶文化

迄今为止在河北平原上发掘的新石器文化遗址,主要有仰韶文化、龙山文化和磁山文化等几种类型。在这几种原始文化因素中,河洛文化和三冀文化共同出自于仰韶文化,仰韶文化是河洛文化和三冀文化产生的背景或土壤。1921年在河南省渑池县仰韶村发现的距今约7000～5000年的仰韶文化遗存,分布广阔,也在河北大地广泛分布——主要在太行山麓的河北平原地区,对临近各文化类型中影响较大的就是三冀地区的冀中南地区。磁县下潘汪和界段营、邯郸、武安赵窑、永年石北口相辛庄、邢台、藁城市故城、平山西门外、蔚县四十里坡、涿鹿下水磨、正定、曲阳、怀来等地[1],都发现有相近的文化遗存,这些地区也是我国最早的农业区,农业相对发达。

仰韶文化是新石器时代对华北平原影响很大的一支文化,仰韶文化在经历的2000年左右的发展过程中,比较早地对河洛文化和三冀文化产生影响,进而在河洛文化和三冀文化中存在一定的共同因素。此后,河洛文化与三冀文化从形成,到共同发展中相互影响,再到以顽强的生命力汇入到中华民族传统文化的体系中,并长久地影响着中华文化的进程。

---

① 宁可主编:《中华文化通志·地域文化典·燕赵文化志》,上海人民出版社,1998年。

（二）自然地理因素——交汇于冀中南

自然地理环境作为文化赖以产生、存在、发展的自然基础和前提，也是各个区域性文化相互融合、渗透的自然基础和前提。

每个民族的文化都是由人们在其所处的自然与社会人文环境中的要素凝聚而成。马克思、恩格斯在《德意志意识形态》中就有以下阐述："任何历史记载都应当从这些自然基础以及它们在历史进程中由人们的活动而发生的变更中出发"①。"生态环境对民族的发展繁荣和民族文化具有长期的作用和影响"，"我国是一个多民族，多生态环境和多元文化的国家。经过几千年的发展，我国在民族构成上已经形成多元一体格局……由于我国地域辽阔，地理生态的适应和改造过程中，创造出各具特色的文化"。② 任何一个民族的历史文化形态的形成和发展，都和本民族的先民们最初生存活动的自然地理环境有很大关系。

从理论上讲，"文化"一词有两个不同的含义。第一个含义是指在某一个特定的时期中一个地区所表现的行为方式和观念信仰，在这个意义上，文化不能进行高低的比较，原因是在政治经济发达的地区必然会产生与之相适应的政治文化和经济文化，而在贫穷落后的地区同样也会产生出贫穷落后但却与之相适应并具有独特风格的文化。第二个含义是指在某一个特定的时期中一个地区的人们在政治、经济、历史、文学、艺术、科技、军事、哲学等各个领域所取得的成就，在这个意义上的文化是可以在相互之间作高低比较的。

河洛地区和三冀地区在东亚大陆上，地处北方，东临茫茫的沧海，西北横亘漫漫的戈壁，西南耸立着世界上最险峻的青藏高原，都有广阔回旋的平原环境，四通八达，气温较低，四季分明，农业为冬麦杂粮区，食物主要以当地农产品为主；居所首要考虑的因素是冬季防寒，冬季穿衣突出保暖的需要，衣料多用棉、皮；行则以陆路交通为主，徒步为辅，畜力车有多种用途。其中河洛地区又是中原地区我们先辈活动的中心，这里的文化发展领先于其他地区。同样，在这一历史时期，河洛文化的发展也领先于三冀文化。

在三冀地区内部，或在其他地区内部，小区域的文化差异也很突出，"百里

① 《马克思恩格斯全集》第 1 卷，人民出版社，1972 年。
② 周星、王铭铭：《社会人类学讲演集（上）》，天津人民出版社，1996 年，第 416～420 页。

不同风,十里不同俗"。平原地区的生产、生活与北边牧区和东边沿海渔区自然有所不同,而且通都大邑与穷乡僻壤在民俗文化上自然也会有显著差异。三冀文化具体包括燕赵文化、直隶文化和冀东、冀西北、冀中南文化。衡水、沧州的民风、口音、风俗等都与山东非常相似,属于齐文化圈;廊坊紧邻北京,属于燕文化圈,保定界于京、石之间,因而兼有燕、赵文化圈的特点。冀西北的张家口民风民俗与山西、内蒙古中部非常一致,属于晋文化圈,慷慨悲歌与粗犷豪放相交融,具有安于义理,厚重不迁,教化淳厚,质朴不矫饰等文化特征。冀东的唐山、秦皇岛、承德虽属于燕文化圈,但由于板块相对独立,也已经形成了独特的文化特征。冀中南的文化兼有古冀州文化遗传,主要特征是实事求是,乐观向上,自强不息,忠君爱民,礼法结合,义利并重,变革性、开放性、多元性、务实性和智慧性。在地理上冀中南地区又邻近河洛地区,甚至有些交叉,所以河洛地区和冀中南地区在文化上的共性相对更多一些,而三冀文化南北交汇的地域特点,将成为一种历史特征。

在地域因素中,河洛文化和三冀文化的交汇点在"冀中南",具体来说是石家庄、邢台、邯郸。冀中南地区,同河洛地区一样,位于平原的南部,靠近黄河,也属于典型的平原农作区,是典型的男耕女织,勤俭持家的小农生产生活方式。因此冀中南地区受到中原地区的很大影响,在文化特点上,既有北方的特点,又兼有南面中原河洛文化的特点,也与河洛文化更加接近。

三冀地区处于北方,辽阔广大,燕山南北,长城内外,自远古以来就是北方民族与中原民族交错杂居的地带,各族人民之间的往来,通过各种渠道,在冀中南汇聚,因此,三冀地区与中原河洛地区之间两种相互区别又相互依赖的历史文化在冀中南融合。

河北平原地区并不能创造出与河洛文化完全相同的另外一种文化,它同河洛文化在同一历史脉络中相比,在旱地农耕方式和宗法血缘等方面都属于华夏系统,始终处在同一个文明线上,始终处在同一个文化圈内,但是它在农业经济方面比较落后,所以从一开始就相对落后一些,微弱一些。这是因为,冀中南地区的土质是冲击而成的次生黄土,没有同黄土土质一样的自行肥效的能力,所以种植的粮食作物以小米为主。小米是耐旱型作物,在半干旱的冀中南地区能够顺利生长。同河洛地区相比,冀中南地区相对气候湿润,降雨量较多,不能使小米生长得更好,结果就是冀中南地区的旱地农耕作业较河洛地区相对落后,三冀地区也就没有成为中华文明的发祥地。

(三)人文社会因素——受制于政治、经济、军事

就人文社会因素而言,一个区域的政治、经济、社会生活、人文风貌也都可能有自己的一定特征,河洛地区和三冀地区也不例外,这也必然成为其文化特征的制约因素。相对看来,自然环境方面的变化一般说来是比较缓慢的,而社会人文因素的变化则可能较为迅速、剧烈,在社会转型时期尤其如此。

河洛文化是中国文化的重要源泉之一,而且长期以来处于领先地位。说它是源泉,是因为黄河是中华民族的摇篮,是中华民族重要的发祥地。河洛文化历史悠久,影响深远,七八千年来一直延续不断,前后相接,形成一个连续不绝的文化发展系列。正是这样的一个长期发展的文化,哺育了中华民族的祖先,影响了世世代代的炎黄子孙。说它是个领先地区,是因为河洛地区地处中原,四通八达,从远古以来一直是我们先辈活动的一个中心,这里的文化发展一直领先于其他地区。

古代的三冀地区流传着一个传说——大禹治水。传说尧舜时期黄河中下游曾经发生过大洪水,黄河分裂为九条支河,散播开来流过华北平原,三冀地区位于济水、黄河二河之间,河水泛滥的地区也正是三冀地区。大禹治水的传说极为普遍,记载的经典著作有《尚书》、《史记》、《论语》、《山海经》、《吕氏春秋》、《孟子》、《庄子》、《墨子》、《左传》、《国语》、《诗经》、《楚辞》等不下数十种史籍。大禹治水,始于冀州,东至碣石。大禹治水的传说在三冀地区广为流传,夏禹及其子民在三冀地区留下了不可磨灭的痕迹,大禹治水是三冀文化生命力的象征,也是三冀文化的重要开端。夏人在三冀地区治水的结果是改变了原有的生态环境,更重要的是夏人敢与天斗、与地斗的一腔豪气和一往无前的英勇壮举更深深地积淀在了三冀文化中。

商代是中国奴隶制社会的兴盛期,商朝是强盛的古代国家,以商王为首的王朝中央政权,统辖着相当广大的地区。先商期①相当于成汤灭夏以前,文化遗址

---

① 邹衡先生曾将整个殷商文化划分为三个时期,即先商、早商和晚商期。

以河南郑州、辉县、新乡,河北邯郸、磁县等地为代表,并且受到夏文化的很大影响。① 在三冀地区分布的大小方国部落,是臣服于商的附庸,对商王负有一定的贡纳、保卫等义务。这里的民族间的融合,体现着两种方式:军事征伐的强制性以及和平交往的渐进性。从先商考古上看,殷商民族的活动范围到了河北的漳河一带,史有"邦畿千里"之说。商代远祖,季、王亥、上甲微等活动于河北易水流域。商王祖乙曾迁都于邢(今河北邢台市),是三冀地区上第一个都城。商王盘庚迁都到殷(今河南安阳市),之后在殷定都达二百七十三年之久。商王朝幅员辽阔,商文化所及地域广,商代在今河北等地的方国和部落有:苏氏(今河北邢台市西南)、启氏、受氏(今河北磁县),朵氏、胆氏、鲜虞(今河北藁城一带)、曼、鼓氏(今河北晋州市一带)、有易、邶部(今河北易县、涞水)、蓟、燕、亳(今北京市一带)、令支、无终、孤竹(今辽宁喀左和河北卢龙)、亚氏(今河北丰宁)、土方(约在今河北北部至辽西一带),还有邢台市附近的井方等。他们在商的疆域之内,自然是臣服于商的属民,其国也为商的附庸,在政治、经济、文化关系方面,无疑也比四周的方国更为密切。② 河北省南部已经是王畿之地。到商朝末期再次向北扩展,商纣王时南距朝歌,北距邯郸及沙丘,皆为离宫别馆。③ 在今河北省藁城市台商村、定州市、邢台市都发现了规模相当大的商代遗址,出土了大批珍贵文物。从历来考古发现的相互交叉分布的殷商文化遗址来看,至少可以证明河洛文化和三冀文化之间存在相互渗透的复杂关系。

"昔三代之居,皆在河洛之间"④,从此奠定了河洛文化的起源。之后,朝代兴替,中原逐鹿,首当其冲的是河洛地区。所以,战争也是河洛文化和三冀文化内涵中的一个重要因素。三冀自古便为四战之地,连年战争刺激了三冀地区冶铸技术的发展,商周时期,中国历史进入青铜时代。夏商周时期,在三冀大地也有青铜农具出土。只是青铜较贵重,很少用作农具制造,故出土量较少。⑤ 三冀地区的青铜兵器、铁兵器铸造技术也颇为发达。邯郸就曾是著名的冶铁中心。

① 周文顺、徐宁生:《河洛文化》,五洲传播出版社,1989年,第400页。
② 宁可主编:《中华文化通志·地域文化典·燕赵文化志》,上海人民出版社,1998年,第52～53页。
③ 周文顺、徐宁生:《河洛文化》,五洲传播出版社,1989年,第400页。
④ 《史记》卷二八,《封禅书》。
⑤ 陈振中:《青铜生产工具与中国奴隶制社会经济》,中国社会科学出版社,1992年,第6～17页。

战争把河洛文化和三冀文化的慷慨任侠的特征相融合。

夏、商、周三代的政治中心都在河洛地区,同时,河洛地区也是人文荟萃、腾蛟起凤、文化发达的地区。从这个意义上讲,河洛文化不是一般的地域性文化,而是中华民族文化的一个非常重要的组成部分,对中华民族文化的形成和发展起着巨大的作用。这样一个地域性文化,对周围既有吸引作用,又有辐射作用。它既有强大的吸收、包容、凝聚的力量,把周围的文化收纳过来;又有把自己的文化传播出去,渗透出去,影响周围的地区的力量。就像有些学者所形容的那样,河洛文化一方面是很强大的推动力,把自己的文化推出去;一方面是很强大的吸引力,把周围地区的文化吸过来,形成一个"旋涡"。这个"旋涡",不仅促进了自身文化的发展,而且带动了周围文化的发展,它以博大的胸怀,最大限度地吸纳、融合外域的三冀文化,弥补其不足;又屡屡以强劲的态势和饱满的能量向外域挥发和辐射,给周边的三冀文化等以积极的影响。此后,河洛文化由此河洛文化由中原而广播中国,最后终于由地域性文化发展成为中国传统文化的主流。

三冀文化和河洛文化融合浑成,带有在自然地理和人文背景条件下所形成的双重蕴含。这是地域民族相互融合、共同发展的结果,从而使三冀文化的地域性、民族性和处于全国中心地位的河洛文化相互结合,相互影响,不仅显示出三冀文化和河洛文化民族融合的特征,而且表明了其在中华文明历史发展中的重要地位,以及所做出的独特贡献。

历史在发展,时代在前进。任何一个民族的文化,无论东西,不分大小,都有它自己的土壤和空气,都有它自己的载体和灵性,当然也就都有它自己的长处和短处,稚气和老练。因此,任何一个民族的文化,都有它存在和发展的权利,以及尊重异质文化同等权利的义务。每一民族都需要学习其他文化的各种优点,来推动自身的发展;都应该发扬自身文化的一切优点,来保证自己的存在,共同缔造人类的文明乐园。在新的历史时期,继承和发扬河洛文化和三冀文化的优良传统,创造更加辉煌壮丽、富有时代精神的中华文明。促进经济繁荣、社会进步,是华夏儿女的神圣使命!

（作者单位为河北省社会科学院）

易学本体中的本根与存有

唐　卉　张乾元

中国哲学中的本体论的形成和发展经历了漫长的历史过程。尽管中国哲学的本体论没有建立一个统一的理论学科，但对"本体"的探源和追索，却有极为深刻的认识和依据。易学的太极本体论、道家的道德论、魏晋玄学的"以无为本"论、宋代理学的"体用一源"论，以及"气一元"论、心本论等，这些理论对本体有着共同的尊崇和探讨，从而形成了具有十分完整和不断发展的本体学体系。

西方本体论（Ontology）有多重的含义，从字面上看含有"是"（英文 Being）的意思。"是"包含一切所是，研究"是"成为具有普遍意义的学问。将（Ontology）译为"存在论"和"万有论"也有一定的差异。因为西方本体论所谓的存在的"实在"不是经验实在，而是先验实在，是柏拉图式的先验理念。Ontology是一个抽象出来的本质化存在的概念，完全脱离具体的对象化的"存有"。西方第一个给本体论下定义的是德国哲学家沃尔夫（Christian Wolff，1679～1754年）。沃尔夫的本体论原意是关于"是"的本身，即关于一切实在的基本性质的理论或研究。此与中国的本体论是有区别的。

中国哲学的本体论所追求的是人的存在、自然存在与宇宙生成的和谐统一，这个统一的最高目的就是"体道"、"同道"、"天人合一"。西方的本体论基本上是研究具有统摄、包含一切的理念世界。最早柏拉图设立"是"的理念世界与可感的经验世界是相分离的，是绝对精神的。以至于这个最高的理念范畴后来转化成为宗教的神，脱离具体，变得极为虚无。基督教神学用"是"指称上帝，"是"所指称的宗教式的理念成为了最高、最普遍规定性的本体范畴。西方本体论以

"是"为核心,采用逻辑的方法构造出来一个绝对化的形而上的哲学原理系统。①

　　中国最古老的本体观念集中体现在《周易》的《经》、《传》里面。《易传》称:"形而上者谓之道,形而下者谓之器。"②易学本体观主张形而上的"道"与形而下的"器"的统一。"道"是无形的"本"。"本"是内在的本质,如生命之本源、本能、本性等根源性、本然性、恒常性、宗法性的道理。"器"是有形的"体"。"体"是外在的表现,如物体、天体、形体、身体、山体等各种存在实体、体系及其整个发展过程。"本体"是"本"与"体"的统一体。万物因"本"而"体",生命种属之本与生命存在之体一体无二,构成万物"生生不已"、"元亨利贞"的不断循环通达、不断认知、发现、创造的过程。《易传》提出的形而上和形而下的道器观,形成了中国本体论的一条主线,太极之道遂成为儒、道、释各家之道的原点。《易传》涉及"本体"的论述有:

　　　　圣人作,而万物睹,本乎天者亲上,本乎地者亲下,则各从其类也。《周易·乾·文言》

　　　　复,德之本也;恒,德之固也;《周易·系辞下传》

　　　　阴阳合德,而刚柔有体。《周易·系辞下传》

　　　　故神无方而易无体。《周易·系辞上传》

　　　　君子黄中通理,正位居体,美在其中。《周易·坤·文言》

　　首先,由于"本"的本性规定性,决定了万"体"的归属。"本"、"亲"体现了易学本体论以阴阳归类于道、亲近于道、从属于道的总体特征。万物从物性上大体是以阴阳两类划分的,物性、属性、本性属于阳的,亲近、归聚、从属于天之道;属于阴的,亲近、归聚、从属于地之道。"复,德之本也"复卦象征万物循环的起点,一元复始,一阳萌生于初爻。德之本,也是道之本。"本"乃是树之根,根基是生命的成因,是道德的根本属性。人的这个"本"是区别于动物种属的标准,人能够认识规律的循环往复,认识自我在循环往复中的价值和地位,这是"人

---

　　①　俞宣孟:《本体论研究》第一章,上海人民出版社,2005 年,第 3~32 页。

　　②　(清)阮元校刻:《十三经注疏·周易正义》,中华书局,1980 年,第 83 页。

德"的根本,动物则没有这个"本"。

其次,太极之"本"决定了"体"是阴阳合一的生命之体。"阴阳合德"的太极之本,是天地之道自然相合的规律性。"一阴一阳之谓道",阴阳合一是"道"的本质特征,"道"本体由阴阳混沌相抱构成。"阴阳合德"的结果是化生万物,阴阳变化是"生命基因",生生不息,带有强的生命意识。

再次,由"本"而"体"和由"体"而"本"整体认知,可以由已知走向未知,由有限转向无限。"易无体","易"虽是实在,却没有呈现出具体的"体"。"易"属于形而上的道体,只有通过器用、有体、存在才能意识到它的规律性,通过阴阳性能把握它的本质,通过意象理解它的价值。圣人通晓"昼夜之道",懂得了阴阳变化的法则,就能够将有限的面化成无限的曲体、立体。明界与暗界都是直线的,昼夜循环形成一个曲线,四时循环构成一个球体。昼夜之道,有阴有阳,有实有虚,明极则暗,暗极则明,有光明的一面,必有黑暗的一面。四时循环,有暑有寒,有往有来,寒来暑往,周而复始,有生的一面,必有死的一面。《周易》讲"神",就是讲超越有方位、有形象的可视域界。全方位洞察天地之化。通过有形之体的全面认知,可以准确判断、认知无形之体,如"知鬼神之情状";"知幽明之故","知死生之说"等,也就掌握了易本体的规律,所以能道济天下,穷神知化,感化万民。易道是阴阳刚柔变化的常理,太极是万物相杂整一的常规。易之太极如树木有根,万泉有源,万形有极,叶落有归。

再者,"本体"是具有时空意义规律性和目的性的统一体。"位"是"体"具体表现的一个时空坐标点,由于各个"位"的变动、变易,推动"体"的整体进展、发展。"位"的时空性表现在爻位上,卦体有六爻,象征事物发展变化的一个生命过程。六爻的"初爻"标示出时间的开始;"上爻"标示空间进展的至高点。有时间次序也就有了空间次序,时空一体,使我们意识到物自体的时间和空间系统,使人的生命节律与宇宙自然生长规律统一一体。初爻为本,上爻为末。"位"的"正"与"不正"则是目的性体现,"正位"获得吉祥,构成美的心理享受。"不正"则有凶险。要获得亨通吉祥,就要寻求"正位",正是目的性所在。因此"体"是规律性、时空性和目的性的统一体,是不断变动、变易的发展过程。

《易传》关于宇宙生成问题描述了一个由一而二,由二而四,无限展开的太极化生万物的过程,太极成为万物生成的本体、母体。无限展开的过程就是无限生成的过程,生成和存在是一体化的。《易传》以天地之道为本体依据,建构出人道等级秩序,推天道以明人事。《周易·系辞上传》曰:

> 是故,易有太极,是生两仪,两仪生四象,四象生八卦,八卦定吉凶,吉凶生大业。

太极生乾坤两仪,乾坤二仪是众卦之父母,是《周易》的核心和纲领。乾坤与六子八种卦体,象征天地间的八类自然现象。八卦两两排列组合构成六十四卦,更为细致地展开了一系列的变化体例,以象征万事万物的生化过程。六十四卦含三百八十四爻,爻分阴阳,阴阳变化根据不同的时间和空间位置层层变化,时时发展,通过爻的转变,使有序的时空结构变为无序,进入复杂混沌状态,以象征的手法表述宇宙天地由无形到有形的生成体系,并从天地生成体系层层演生出人类社会的礼仪体制,反映了以宇宙为本的生成秩序和尊卑等级:

> 有天地,然后有万物;有万物,然后有男女;有男女,然后有夫妇;有夫妇,然后有父子;有父子然后有君臣;有君臣,然后有上下;有上下,然后礼义有所错。(《周易·序卦传》)

《易》的本体论将崇尚天道,效法地道,推广到人类文明的等级秩序。天地本体有高下之位,人效法天地之道,把道的高下秩序设立于社会,形成尊贵与高下等级。人以知礼节、有等级而形成文明秩序。人的天性与天地阴阳保持一致,存而又存,生生变化,便能进入大道之门。

西汉时期的《易纬·乾凿度》根据"易有太极,是生两仪"的宇宙生成秩序作了较为细致的描述:

> 昔者圣人因阴阳,定消息,立乾坤,以统天地也。夫有形生于无形,乾坤安从生?故曰:有太易,有太初,有太始,有太素也。太易者,未见气也。太初者,气之始也。太始者,形之始也。太素者,质之始也。气形质具而未离,故曰浑沦。浑沦者,言万物相浑成,而未相离。视之不见,听之不闻,循之不

得,故曰易也。

易无形畔也。易变而为一,一变而为七,七变而为九。九者,气度之究也,乃复变而为一。一者形变之始,清轻者上为天,浊重者下为地。

物有始,有壮,有究,故三画而成乾。乾坤相并俱生。物有阴阳,因而重之,故六画而成卦。三画已下为地,四画以上为天。物感以动,类相应也。易气从下生,动于地之下,则应于天之下;动于地之中,则应于天之中;动于地之上,则应于天之上。故初以四,二以五,三以上,此谓之应。

阳动而进,阴动而退,故阳以七,阴以八为象。易一阴一阳,合而为十五之谓道。阳变七之九,阴变八之六,亦合于十五,则象变之数若一。阳动而进,变七之九,象其气之息也。阴动而退,变八之六,象其气之消也。故太一取其数以行九宫,四正四维,皆合于十五。①

《乾凿度》卷下也有基本相同的论述。《乾凿度》卷上的这个宇宙本体演化图式对象数易学产生了深远的影响。"有形生于无形",太易、太初、太始、太素都是混沌之象,万物相浑成而不分离,故曰为"易",乃是易象之本初、万象之本原。"本"无形畔,是万物生成的动因、阴阳生命之气的本初、形变气动之元始。有形则有体,气、形、质由合而离,下生万物。郑玄注曰:"太易无也,太极有也。太易从无入有,圣人知太易有理未形,故曰太易。"太易之理为形而上不可知,无形无象,混沌寂寥,气、形、质已经形成而未分离成各自的形态。这同《老子》对"有物混成,先天地生"。"视之不见名曰夷。听之不闻名曰希。搏之不得名曰微。此三者不可致诘,故混而为一"。"无状之状,无物之象"的"道"的描述是一样的,体现出"以道释易"的玄学思想。

在易变过程中,乾坤相并俱生,物有形、有数、有序、有理,乃构成"体"。"物感以动,类相应也。"万物以类相应,以感为动,阴阳相互感应,二气相互推动,天地变动,清浊升降,有无转化,生生不已,此谓"变易",乃是由"本"而"体"的显现过程。"三画成乾"象征万物从开始(始)到壮大(壮)、究极(究)的发展过程的三个阶段,也是八卦的初、中、上三个爻位。八卦相重叠,爻位成六画六爻,卦

---

① 林忠军:《〈易纬〉导读》,齐鲁书社,2002年,第81~83页。

成六十四。"卦者挂也,挂万物,视而见之。"卦是形而下的,有具体形象,如同物体悬挂在高空,可视而见之。六爻之卦,初爻与四爻对应,二爻与五爻对应,三爻与上爻对应,象征天地奇偶对应。爻数的奇偶对应,蕴含了天地感应,阴阳化生的易道本体之哲理。

《乾凿度》在孟喜、京房的"卦气说"的基础上,加入了《洛书》九宫四正方和四隅方的空间,含阴阳相生相克之理。"阳变七(西方)之九(南方)",在九宫中,成从西向南运行之象;"阴变自八(东北方)向六(西北方)",成东北而中,从中而西北运行之象。此阴阳之变逆时针旋转一周,五行相克。"阳动而进,变七之九"表示阳气从少(七)至多(九)的生息。"阴动而退,变八之六"表示阴气由多(八)至少(六)的消退。《洛书》四正四维之数皆成十五。这段经典文字融合了玄学、十二月卦、二十四节气、天干地支、河图洛书、太乙九宫等理论为一体,数中有象、象中有理,以数表象,以象表意,以气显理,统贯天人,把宇宙论、生成论、存在论和气本论在较高层次上进行了贯通融合,对本体论的深化产生重要影响。

北宋著名易学家邵雍(1011～1077),依据伏羲氏先天八卦图理,和《易传》、《易纬》太极生两仪的生成模式,再层层向下分支,无限衍生,衍之为万。又逆向向上聚合,合之为一,归于太极。由数生象,显示出太极变化由一至多,由多归一的统一合一过程。邵雍《观物外篇》指出:

> 太极既分,两仪立矣。阳下交于阴,阴上交于阳,四象生矣。阳交于阴,阴交于阳而生天之四象;刚交于柔,柔交于刚而生地之四象,于是八卦成矣。八卦相错,然后万物生焉。是故一分为二,二分为四,四分为八,八分为十六,十六分为三十二,三十二分为六十四。故曰分阴分阳,迭用柔刚,故易六位而成章也。十分为百,百分为千,千分为万,犹根之有干,干之有枝,枝之有叶,愈大则愈少,愈细则愈繁,合之斯为一,衍之斯为万。[①]

"根"即太极本根。"根"如同"一",万数之本,"万物"为"根"之外体。万物的生成以其类别,由简到繁,如此往下细分,分化推演,以至于无限细小复杂。一

---

①　(宋)邵雍:《观物篇》,上海古籍出版社,1992年,第38页。

分为二,分成阴阳两类。二分为四,天地日月、四象之类是也。四分为八,八卦万物之类是也。八分为十六,十六分为三十二,三十二分为六十四,六十四卦变化情节建构出来等等。由"一"向"生"推类,万物分化,无穷无尽,无始无终。逆向回推,万物不离一阴一阳之理,如同万支叶归于本根一样,千万道理回归太极之"一",万理归于一理。植物的根系是万千枝叶的生命之源,既规定了它的植物种性类别,也规范着树叶枝干的生长体形。有的树种枝体有多大,根系就有多大。根为本,为事物的内在性;叶为末,为事物的外在性。"本与末"的关系也是"本与体"的关系。

邵雍认为太极即是"一气",一气分为阴阳,形成天地,这种推演法则,实际上是"心法"的作用。心法合乎天地造化规律,合乎人之情性。"先天之学,心法也。故图皆自中起,万化万事生于心也。"[1]天地之道、天地之心都是朴素的、自然的,由于"心法"的作用,形成先天八卦图理,形成"数"和"理"。数的变化,理的归纳,都是"心"的作用。故其在《观物外篇》中建立了"心为太极"之说,道为太极,心为太极,心为道心,所以"万物万事皆生于心"[2]。"心法"属于内在性,为精神之本。邵雍的"一分为二"、"心为太极"说将客观规律性和主观认识性合而为一,将太极本体、宇宙生成论、万物归宿论,与天地之心、宇宙之心、主观"心法"论合为一体,并突出了主观"心法"的认识作用,具有鲜明的逻辑性和辩证性,在宋明易学史、哲学史上产生了深远的影响。

古代本体、本原、本源、本根等概念都表达了决定事物根本起源的问题,万事万物依据生命起源为根本。物以本为根,以本为亲,物以类聚,同归于本。《论语·学而》曰:"君子务本,本立而道生。"君子专心以"本"为依据,"本"一旦确立,道理随之而产生。《庄子·知北游》:

> 圣人者,原天地之美而达万物之理。
>
> 阴阳四时运行,各得其序。惛然若亡而存,油然不形而神,万物畜而不知,此之谓本根,可以观于天矣。[3]

---

① (宋)邵雍:《观物篇》,上海古籍出版社,1992年,第50页。
② (宋)邵雍:《观物篇》,上海古籍出版社,1992年,第57页。
③ 《诸子集成·庄子集解·知北游》,团结出版社,1996年,第254页。

"原",本原,构成。以天地之美为最初根源、为最根本的依据,万物之理即可通达。庄子明确肯定了美的根源与本质在于天地自然万物,通过观察自然,探索其中的规律,发现其中的美。"本根",是自然万物存在的最根本的原始依据,道本体自然而然的规律特征。以阴阳四时运行的秩序规律为内在之本,而表现出"惛然"不清楚、若有若无、不形不可知的混沌状态。天地之美、四时运行则是可观之体。

关于中国哲学本体论内涵特征和发展的流派问题,当代易学家、北京大学哲学系教授朱伯崑先生(1923~2007)指出:

中国传统哲学中的形上学,就是本体论说,其影响大者,有五种类型:玄学贵无论、佛学真如论、道学理本论、心本论和气本论。本体论讨论的核心问题是本体与现象的关系。对此问题的回答,这五大流派各有其特色。首先,对本体的内涵理解不一。玄学派以"无"为本体,佛学性宗以真如清净心为本体,道学理本论以理即事物之所以然和当然之则为本体,心本论以伦理的心如良知为本体,气本论则以气为本体。其次,对现象的理解也不尽同。佛学则以现象为虚幻或假象,而玄学和道家则以现象为实有。但就本体与现象的关系说,五派的理解又有共同点,即本体与现象不即不离。王弼提出"无必因与有",佛家主"体用不二",道学则主"体用一原,显微无间",皆是此义。但就本体论思维发展的趋向说,从区分形而上和形而下,导向二者不可分割,最后得出无形而下即无形而上,本体只能寓于万象之中的结论。这一结论是通过气本论的形上学而完成的,成为中国传统哲学的一大特色。①

朱伯崑先生同时又指出:

本体论即存有论。探讨天地万物存在的根据及其共同的本质,重点讨论本体和现象的关系,亦是中国传统哲学的重要问题。中国哲学中的形上学思维,始于先秦老子的道论,以无形、无名的道体为宇宙的本原。但其形上学思维转向本体论,是通过易学中的象义之辩和道器之辩而实现的。其间,经过魏晋玄学派易学到宋明程朱派易学的阐发,终于建立起具有中国特色的本体论体系。可以说,

---

① 朱伯崑:《朱伯崑论著·易学与中国传统文化》,沈阳出版社,1998年,第69页。

历代易学是中国形上学发展的理论支柱。①

因此说,中国古代的本原论、本根论、本体论在探索物质存在依据和宇宙生成本原问题上是统一起来看待的,本体既是万物生成的起源又是万物存在的依据。本体论和生成论统一为一体,具有有无相生、混沌一体的意象特征。本体寓于万象之中,万象存在归于本体一理。由一而万,万而归一。本根决定着万物存有之理不得不归,不得不从、必然要归、必然要依。本体与存有不可分割,本谓之形而上,有谓之形而下。

当代新儒学代表、美国夏威夷大学资深教授成中英先生的易学本体理论指出太极本体的六个特征:

1. 本体:无止境的起源。2. 本体:对立衍生的过程。3. 本体:多重相互作用的和谐。4. 本体:实质上的等级。5. 本体:作为递归的(不像圆形而像螺旋式的)但是无限的再生。6. 本体:有机的整体。②

成中英先生对《易传》本体论的诠释,把太极的"原生"、"生生"、"不断再生"的根本性的源头性特征、阴阳内在相互作用产生新事物的特征、一阴一阳的中和性特征、太极生阴阳生万物的无限永恒的复杂层级的创造特征、阴阳返回与逆转的运行特征、太极和道的广大悉备无所不含的整体特征等有机整合在一个开放的本体——宇宙——生态——人类现实系统里,从中去发现存在的真谛和人之为人的价值,实现人的内在超越性与天的内在超然性的无限交换和统一,从而显现出洞察太极本体和道的意义

易学本体论是以天地为准绳的本根论与宇宙的生成和自然存在的存有论统一起来。从宇宙生成的本原到物质存在的本体归根到"易",统一于"道",浑然为一。易道如同一个混沌的太极球体,既是本体又是存有。圣人把它二分阴阳,分为四象等等层层切割,由一象到万千象,生生无穷。让人们从具体的存在现象入手,逐步去认识事物的本质,理解道的内涵。易道分出的万千存在,又同体于这个太极球体,太极之道涵盖万象之理,反过来指导和规范人类的实践活动。太极生万象,万象归太极。然而,"易"、"道"、"太极"、"一道"都已进入形而上的

---

① 朱伯崑:《朱伯崑论著·易学与中国传统文化》,沈阳出版社,1998 年,第 808 页。
② 成中英、冯俊主编:《康德与中国哲学智慧》,中国人民大学出版社,2009 年,第 242~246 页。

混沌域界,无法具体区分和表述。混沌恍惚的太极构成有形宇宙、有形自然的本原,是生命的元初状态。同时,《周易》"生生之谓易",体现出"易道"生命的不断繁衍、不断出新的内在活力。人类理解自然生命的循环的规则,崇尚新生的盎然与健康的雄壮,以天道明人事,从而表现出对生命旺盛美的永恒追求。虽然人的生命不能与天地同寿,但人的生命精神、生命体验和艺术生命却可以不断注入新的活力,与天地节律同节共奏。

本体论通过对"本"的内在性的把握和通过对"体"的外在性的感知,从而更为全面地理解现象与本质、易变与不变、回归与超越的关系。因此,本与体的统一,可以说是人类不断认知自我的发生过程。寻根的目的便是更好的认知自我,通过"寻"的实践活动来发现自我的本性,通过对"根"探索和思索来确立自我存有的价值。寻根由"根"的本性决定,人类的认祖归宗、光宗耀祖的"体"行为是有人"本"而决定,人在回归本体的过程中,更为本真地体验生命的意义和内涵,实现内在性的自我超越。

(第一作者为江苏大学艺术学院硕士研究生,第二作者为江苏大学艺术学院教授、副院长)

《周易》与宇宙的多维度性

(巴西)西蒙娜·德拉图尔   (美国)凯文·德拉图尔

Introduction

Over the millennia humankind has contended with its nature, striving to find meaning in life. As the centuries have moved on, it has developed from a mostly instinctual survival-oriented organism into a somewhat erudite purpose-oriented organism. Realizing that mere survival is not a sufficient end in and of itself, humanity has endeavored to look beyond its corporeal raiments to perceive what is beneath the superficial appearance of physical reality. There are those who contend that the path of evolution is to be found in conducting one's day-to-day affairs with dignity, balance and grace. And yet, whereas the mental well-being found in living with integrity in the moment is not to be undervalued, the authors consider the finer truth to be a broader, ultimately a multidimensional truth. The term multidimensional, as it is used here, refers to the multiple dimensions of human existence, namely the material and nonmaterial or the intraphysical dimension (物质维度) and the extraphysical dimension (非物质维度), as they are known in conscientiology. Whereas the search for meaning is often relegated to the field of religion, as it is variously defined, the authors would argue that the inevitable human search is not a trite and self-serving quest for self-justification but, in its higher sense, an inquiry into truth and realism; necessarily a realism that transcends the physical state of things that we experience on a day-to-day basis. In this regard, the

Zhouyi, a representative miniature of the cosmos initiated 5000 years ago in China by the legendary Fuxi 伏羲 (2953 ~ 2838 b. c. e.)[①] can be seen as a tool for bringing a higher level of awareness in relation to its multidimensional or physical and nonphysical nature, thereby fostering the evolution of the human consciousness. As the authors consider that the first indications of the science of conscientiology (意识学) are to be found in ancient Chinese thought, references will be made to concepts in conscientiology and their relationship to those found in Chinese philosophy. Conscientiology studies the human consciousness (人的意识), also regarded as one's essence or the intelligent principle, and all of its manifestations in the various dimensions of existence. In Chinese philosophy, the consciousness would seem to be expressed as jingshen 精神. This paper is divided into four parts: (1) the multidimensional cosmos; (2) the paradigm of the consciousness; (3) the Zhouyi as a tool for multidimensional evolution; (4) the responsibility of knowledge.

Ⅰ. The Multidimensional Cosmos

For many years scientists, including Einstein, have hypothesized that the physical universe is finite. Recently, for example, a team of physicists have concluded, utilizing data on background radiation collected by NASA, that the universe is finite, being shaped much like a soccer ball (Markey 2003). When Jeffrey Weeks, a New York mathematician who participated in this research, was asked what is beyond a closed universe, he replied: "The universe is finite, but there's no boundary to it." According to the interviewer, this implies that "there is no beyond, or that if there is, then its nature is left to your imagination and is outside the closed system that astronomers can ever hope to see. "[②] (Britt 2003) If the physical universe is indeed finite then it must be a construct within a larger infrastructure. This larger infrastructure would then seem to be nonphysical because,

①　As represented in I Ching 1978: ii. The birth and death of Fuxi are usually not cited with exact years as he is a legendary figure and precise information is not available on his life.

②　for a more in-depth discussion of this theory the interested reader may wish to consult Jeffrey Weeks' book The Shape of Space, 2002, New York: Marcel Dekker.

according to this theory, the physical world is limited in its extent. If the larger infrastructure were physical, it would simply be an extension of the physical universe. In this way the multidimensional cosmos would include the nonphysical or more rarefied infrastructure which, in turn, includes the denser physical universe or multiple universes. This fits the definition of multidimensionality as a compound of intraphysical and extraphysical dimensions and would also seem to be in line with the Chinese thinker Fang Dongmei's 方东美 opinion that the cosmos is not material or mechanical, but a "living residence for the entire existing world" (Guo: 11). [1] We would thus ask those who interpret the Zhouyi as a monodimensional work and not a multidimensional work to consider recent observations on the part of some scientists who recognize the likelihood that the physical universe is finite and not infinite. If we consider yin-yang 阴阳 to represent more than a physical dynamic, it can be portrayed as being multidimensional, in the sense of illustrating the interaction between the extraphysical and intraphysical dimensions. According to the Zhouyi, through the process of change (易) there is a continuous exchange between the yin and yang elements of the universe in which those elements comprised of the denser yin energy become yang in nature and the elements comprised of the more subtle yang energy become yin in nature. In this way, the constituents of the universe complement each other, creating a complex compound whole of continuous mutation and interchange.

In light of the above, we need to reconsider what actually exists. We readily accept that the physical universe exists. However, must we not just as readily conclude that there is also necessarily a nonphysical infrastructure which houses the physical structure? If it is the case, then we can posit at least two dimensions: (1) a more restricted intraphysical dimension; (2) a broader extraphysical dimension which "contains" the intraphysical dimension as we know it. If this is the case, the

---

[1]　In Guo Qiyong's 郭齐勇 commentary on Fang Dongmei's 方东美 theory in his Philosophy of Original Confucianism and Daoism《原始儒家道家哲学》in his article "An Outline of the Modern New Confucian Scholar's Thought Based on Yi" in Zhouyi Yanjiu《周易研究》, 2005, 3:1.

world and therefore life is multidimensional. Is it then also possible to consider that even within this apparently physical universe the nonphysical substratum interpenetrates, passes through and supports, much like a skeleton, the physical stratum? If so, then is there not a possibility of interacting with this greater, nonphysical infrastructure? It is perhaps just a matter of tuning into said infrastructure.

According to conscientiology, the various spheres of existence are energetic dimensions having varying densities or frequencies. This concept is echoed in Chinese philosophy with the ideas of form-formless, concreteness-incorporeality, and being-nonbeing. These ideas clearly illustrate the multidimensional perspective in ancient Chinese thought. With regard to being-nonbeing, for example, Vincent Shen (Shen: 357) explains that:

First, ontologically, you〔有〕means being, the real, the actual; wu〔無〕means nonbeing, the possible, the potential. Second, spiritually, you means fulfillment and constraint, whereas wu means transcendence and freedom. Third, ontically, you means full, presence, whereas wu means void, absence.

The idea that reality consists of a spectrum of energetic strata seems to resonate with the thought of Zhang Zai 张载 (1020 – 1070), who considered that the gathering or scattering of qi is what determines being and nonbeing, as seen in the following passage:

When qi gathers then its brightness becomes effective and it has form. When qi does not gather then its brightness does not become effective and it is without form···. The condensation and dispersal of qi in ultimate space is like the freezing and melting of ice in water. When one knows that ultimate space is qi then there is no beinglessness. (Correcting the Unenlightened I, Ultimate Harmony) [1]

In this way we could refer to denser and more subtle dimensions made up of the

---

[1] in Zhang: 159 – 160.

same original substance termed immanent energy（固有的能量）in conscientiology. In Chinese philosophy this has been ascribed variously as：quintessential qi（精气）, in the Guanzi《管子》; original qi（原气）, in Han Dynasty works；The Great One （太一）, in the Spring and Autumn Annals《春秋》; the Great Vacuity（太虚）, by Zhang Zai；the Great Ultimate（太极）, in the Zhouyi《周易》and the Dao 道 in the Dao de Jing《道德經》. Wang Bi 王弼（226 – 249）, the great interpreter of the Zhouyi and Laozi, expressed this concept of Dao, as it is seen in the Laozi, as nonbeing. （Chan：741）. The Zhouyi, one of the oldest Chinese philosophical texts, lays this out clearly in the following two passages from the "Great Treatise"（《大转》）：

Therefore there is in the Changes the Great Primal Beginning. This generates the two primary forces. The two primary forces generate the four images. The four images generate the eight trigrams. [1]

In the heavens phenomena take form；on earth shapes take form. [2]

We only need to consider the preceding in order to surmise that there is something beyond the concrete that is more than subtle energies coursing through our body and physical nature. Multidimensionality is a fact that can be witnessed and experienced. The literature, both East and West, is filled with case studies of transcendent experiences, namely those that go beyond ordinary experiences related to the human body and its five senses. These occurrences that individuals undergo, if we are not going to interpret their separate personal realities as madness, should be taken as seriously as any other documentary evidence and not be compartmentalized and conveniently "shelved" for further examination at a later date. What are being referred to as "transcendent experiences" here are those that go beyond the ordinary five senses. They are also called "exceptional human experiences" or EHEs, a term

---

[1]　in I Ching 1967：318.

[2]　ibid. ；280.

coined by Rhea A. White in 1990 to label experiences considered "anomalous" within the scientific paradigm. The following are some historical examples of these experiences, presented here in chronological order:

1. Yan Hui. Confucius' 孔子 (551 ~ 479 b. c. e.) favorite disciple Yan Hui 颜回 (514 – 483 b. c. e.) is considered by some to have had a great understanding of the Yijing, perhaps superior to that of Confucius, and would seem to have developed personal sensitivities. Yan and Chen (2005: 101) point out the passage in the Tang dynasty (618 – 907) encyclopedia Bei Tang Shu Chao《北堂书抄》 taken from "Han Shi Wai Zhuan"《韩诗外传》:

Zi Gong 子贡 was asked to come to Confucius, but he did not come. Confucius divined it. He got hexagram Ding (Caldron, the 50th hexagram in the received version of Zhouyi) then he told his disciples. (By the omens manifested by the hexagram) they all claimed that Zi Gong would not come, when only Yan Hui smiled with one hand covering his mouth. Confucius asked: "Hui, why do you smile?" Yan Hui replied: "I think Zi Gong will come. " Confucius asked: "How will he come?" "By boat. " Later, Zi Gong came just as Yan Hui predicted.

2. Zhuangzi. The noted Taoist philosopher Zhuangzi 庄子 (c. 360 b. c. e.) registered his practice of "setting his mind at flight" and entering the "land of nothingness," as well as his portrayal of "absolute freedom," in which he could "experience the bounteous Tao and wander in the realm of infinity" ("Competent Emperors and Kings"《應帝王》). These observations furnish the telltale indicators of someone whose reality is a multidimensional one.

3. Plotinus. The Roman Neoplatonic philosopher, Plotinus (205 – 270), relates his experience in a letter to Flaccus, saying:

You ask, how can we know the Infinite? I answer, not by reason. It is the office of reason to distinguish and define. The Infinite, therefore, cannot be ranked among its objects. You can only apprehend the Infinite by a faculty superior to reason, by entering into a state in which you are your finite self no longer – in which the divine essence is communicated to you. This is ecstasy. It is the liberation of your mind from its finite consciousness. Like only can apprehend like; when you thus cease to be finite, you become one with the Infinite. [1]

4. Balzac. Along the same lines, the French writer Honoré de Balzac (1799 – 1850) announced the appearance of a new science in his 1832 autobiographical novel Louis Lambert, in which he states:

If I was here while sleeping in my bedroom, does this fact not constitute a complete separation between my body and inner being? Well, if my spirit and my body could separate during sleep, why could I not equally divorce them while awake? These facts are verified by the power of a faculty which puts in movement a second being for which my body serves as a housing. If, during the night⋯ in the most absolute immobility I went through space, then humans have inner faculties which are independent from external physical laws. Why have humans reflected so little until now upon the accidents of sleep that indicate a double life? Could there not be a new science in this phenomenon?" (some italics added) [2]

As mentioned in a previous article[3], given the connectedness between morality and the flow of the cosmos, those who become more transparent with regard to their understanding and following of the workings of the cosmos tend to become literally more perceptive. This condition is often alluded to by the term "spirit-like." Ancient Chinese philosophy, including the Zhouyi and the Zhongyong《中庸》is replete with references to the condition of being spirit-like. The following, for example, is a passage from chapter 24 of the Zhongyong which refers to the characteristics of the individual who has a high degree of cheng 诚: "It is characteristic of the most entire cheng to be able to foreknow⋯. He who has cheng is like a spirit."

The process of developing spirit-like capacities could be compared to encountering an extremely foreign language for the first time and initially declaring it

---

① in Bucke: 123.

② in Vieira: 61.

③ See "The Yijing, Early Confucian Metaphysics and Evolutiology," Zhouyi Studies, English version 3: 1, 2005.

to be constituted of nonsense scratches and lines, only to come to grips with the depth and colorfully expressive nature of this heretofore foreign language after further ponderation. Unfortunately, the "markings" of the cosmos that are constantly being placed before us are mostly either unperceived or misperceived and therefore misunderstood. This brings humans to odds with nature.

II. The Paradigm of the Consciousness

Humanity has, by and large, concluded that it needs to compartmentalize and domesticate nature through what it calls a scientific understanding in order to allow a better standard of living for all human beings. The authors suggest, however, that the truest nature of the universe is its extraphysical nature. In the same way that the written words you are reading at this moment began as ideas, our physical reality begins as concepts. This would seem to find parallel with Zhuxi's juxtaposition of li 理 (principle) and qi 气 (material or vital force) as source and manifestation, respectively. Science generally observes physical objects and processes, and ponders its genesis from a preceding physical event. It does not, however, generally cogitate upon an extraphysical origin. Whereas it may seem that the authors are addressing a territory that pertains to the arena of belief, they would argue that this more subtle realm is indeed one of experience. It is a realm of personal experience and personal conclusion, although necessitating consensus among experiencers. In the interest of clarifying the previous statement, that physical matter begins in abstract concept, it is useful to point out that conscientiology has proposed what is called the consciential paradigm. In brief, the consciential paradigm does not base its perspective on the physical but instead upon the consciousness per se, which is necessarily an extraphysical point of reference. The consciousness is considered to be: (1) more than energy; (2) more than the brain; (3) more than the neurons; (4) more than the biological body. (Vieira 2005: 234) This evidences the complexity involved in the investigation of the consciousness. When investigating the complex issue of human nature, many Chinese thinkers would also seem to adopt a metaphysical perspective that is sourced in the extraphysical dimension. An example of this would seem to be found in the first chapter of the Zhongyong, which states that: "What tian has conferred is called nature."[1]

How does a multidimensional perspective apply to the Zhouyi? When we appreciate the dynamics of the Zhouyi we can reflect upon its categorization by some as a holographic model of the universe in the sense that it is a comprehensive model of the universe in miniature. Edgar Mitchell[2], the astronaut who walked on the moon, reports that NASA has discovered the Unified Field Theory, also called the Theory of Everything (TOE). This theory states that the universe is holographic in nature or, in other words, that the entirety of the universe is contained in its every fragment (Drunvalo 2001). The Zhouyi, of course, is based upon the same premise that everything is interconnected, this providing the basis for the process of divination: intimate connectedness with the cosmos. It is significant that NASA is putting forth a concept that was embodied in the bagua 八卦 5000 years ago in China. This sentiment is also reflected in the words of the great Neo-Confucian thinker Wang Yang-ming in his concept of the unity of the universe with humankind at its center when he said: "The adult [great man] is an all-pervading unity – one substance – with heaven, earth, and things. He views the earth as one family and

---

[1] The reader will note that several references are made in this article to passages in the Zhongyong. The authors consider it reasonable to cite this work in an article on the Zhouyi given the similarities of some of the concepts that they both portray, as well as the apparent fact that early Confucian texts, such as the Zhongyong, owe their transcendent nature, in large measure, to the influence that the Yijing had on Confucius' ideological perspective. It is also possible that resemblances between them are more than coincidental when we regard comments made by the renowned sinologist James Legge (1815 – 1897), for example, who states the following about the authorship of the third and fourth Appendices of the "Ten Wings" or Yizhuan (《易传》): "Much more might be said on the third Appendix, …I would only further say that the style of this and the author's manner of presenting his thoughts often remind the reader of 'the Doctrine of the Mean.' I am surprised that 'the Great Treatise' has never been ascribed to the author of that Doctrine, Dze-sze, the grandson of Confucius…. The style and method [of the fourth Appendix] are after the manner of 'the Doctrine of the Mean' quite as much as those of 'the Great Treatise.' (I Ching 1978: 46).

[2] Edgar Mitchell, a former NASA (National Aeronautics and Space Administration, U. S. A.) astronaut, is the founder of the Institute of Noetic Sciences, a consciousness research institution based in California, U. S. A.

his country as one man. "① Regarding the concept of oneness, the renowned physicist Fritjof Capra, in his classic book The Tao of Physics (Capra: 131) says the following:

The basic oneness of the universe is not only the central characteristic of the mystical experience, but is also one of the most important revelations of modern physics. It becomes apparent at the atomic level and manifests itself more and more as one penetrates deeper into matter, down into the realm of subatomic particles···. As we study the various models of subatomic physics we shall see that they express again and again, in different ways, the same insight – that the constituents of matter and the basic phenomena involving them are all interconnected, interrelated and interdependent; that they cannot be understood as isolated entities, but only as integrated parts of the whole.

The Zhouyi addresses and is a realistic representation of the cycles that occur in life. It would seem, however, to have an understanding of the universe that transcends Newtonian physics. Its dynamic of the changes that come about in the universe are not based only upon changes due, for example, to simple physical dynamics, which occur in the case of gravity or orbiting planets. This can be seen in the following passage in chapter 4 of "The Great Treatise":

In it [the Book of Changes] are included the forms and the scope of everything in the heavens and on earth, so that nothing escapes it. In it all things everywhere are completed, so that none is missing. Therefore by means of it we can penetrate the tao of day and night, and so understand it. Therefore the spirit is bound to no one place, nor the Book of Changes to any one form. ②

But if these cycles are not only generated by physical forces such as gravity or physical heat and cold, what determines them? If we are willing to look beyond the

① In Henke: 203.
② In I Ching 1967: 296.

ideological comfort and complacence of our familiar night-day, hot-cold, winter-summer dualistic opposites, we must presume that there is some type of intentionality not only regulating but driving the manifestations of the physical universe. This does not imply a religious connotation but, we could say, a "suprascientific" significance. It is common knowledge that at different points in Chinese history tian has been taken to mean: (1) the physical sky; (2) the supreme being that rules the world, and even; (3) a moral, transcendent, incorporeal realm. Zhang Dainian, for example, comments that "Ancient religion maintained that heaven [tian] had a will and was the master of the universe." (Zhang: 4) Giving it a religious connotation would make tian the equivalent of God. Regardless of the tendency of some ancient Chinese philosophers, such as Mozi 墨子 (480-390 b. c. e.) and Mencius (孟子 370-286 b. c. e.), to interpret tian in a more religious and godlike manner, the position that tian is intelligent and intentional can be seen in the following two passages:

Those who obey the will of heaven, loving without discrimination, aiding others, will surely obtain a reward; those who oppose the will of heaven, by discrimination and unfriendliness and by doing wrong to others, will surely obtain a punishment. (Mozi 26, Will of Heaven A, lines 22-23)[1]

Wan said, "Yes, but Shun had the empire so who gave it to him?" He [Wan Zhang] replied, "Heaven gave it to him. " "Heaven gave it to him," Wan said. " Was this with any command to him?" He answered, "No. Heaven does not speak. It simply showed what it did through his [Shun's] conduct and governance. " (Mencius 5, Wan Zhang A, JHJ5)[2]

If tian, the extraphysical tian, is taken to be intelligent and intentional, then we must inquire as to how someone can have an intimate direct understanding and appreciation of this supraphysical force. Given our research, both scholarly and empirical, it is concluded that indeed the physical and the "subtle" but somewhat

---

① in Zhang: 5.
② ibid. : 6.

physicalized manifestations that we live among are the end result, and not the source, of the intentionality of tian, more precisely that of an intelligent agent, as illustrated in the above passage from the Mencius《孟子》. When we adopt the interpretation of nonbeing, as it is seen in Daoism, for example, tian would then be consistent with the concept of extraphysical dimension. The transformation from nonbeing to being, formless to form, original qi into yin and yang, as well as the transformational power of qi per se, would seem to be due precisely to the intentionality of the consciousness. Tian would then represent an energetic dimension and the consciousness would be the intelligent agent behind the actualization and transformation of the intraphysical and extraphysical dimensions or the multidimensional universe. In its physical expression, the consciousness is considered to utilize qi, although a more condensed qi, to form the corporeal body or "vehicle of manifestation. "

With regard to qi 气, in Traditional Chinese Medicine (TCM, 中医) it is understood that whereas blood and neurological impulses do course through the body there are also other subtler "forces" that likewise circulate along the meridians. In feng shui 风水 it is appreciated that, just as veins of water and gas flow throughout the earth's crust, there are also more subtle energies that run along the same lines. In the West such veins of telluric energy are referred to using terms such as lay lines, Curry lines and the Hartmann grid. Throughout history, various groups have endeavored to take advantage of these channels of energy in order to construct buildings and even entire cities. Examples of the latter are Bagua city 八卦城 in Xinjiang 新疆 autonomous region, Jinhua city 金华 in Zhejiang province 浙江省, and the Forbidden City 故宫 in Beijing. In the cases of Bagua and Jinhua, the entire city plan follows the layout of the bagua 八卦 or eight trigrams. As well, outside Jinhua city, eight small hills form another eight trigrams. Each portion of the city includes a round well designed to resemble a yin-yang symbol.

Although it would seem that natural energetic forces run automatically, it is suggested that they are moved through intentionality or that there was at least an initial impulse behind them. For example, while our breathing is taken for granted and considered to be automatic we can, through the application of our will, modify our respiratory rate. Both TCM and feng shui study the principles by way of which the energies of the body and architectural structures, respectively, can be managed to optimize the flow of energy or qi. It is felt that an appropriately free-flowing qi ensures greater "prosperity" in terms of physical health, intellectual capacities, well-being and financial success. Whereas qi naturally flows on its own, in the same way that our respiration is "automatic," it can also be either blocked or facilitated by the human will. We can see this echoed in the Mencius in the following passage:

The will is the leader of the qi[1]. The qi pervades and animates the body. The will is first and chief, and the qi is subordinate to it. Therefore I say, maintain firm the will and do no violence to the qi. (Mencius 2, Pt. 1, Ch. 2)

In conscientiology, a distinction is made between "immanent energy" or that energy that permeates the cosmos, also called the Great Ultimate (太极) in the Zhouyi, and "consciential energy" or that energy that takes on the individual's profile when it is instilled with that person's thoughts and emotions. That is to say, energy is directed and characterized or formatted through the willfulness of the individual. If the cosmos and its currents of energy can be said to be imbued with a comprehensive intent that determines the makeup of physical life itself, and our personal energy takes on its characteristics and influences our life as a consequence of our thoughts, feelings and will, it could be postulated that the intentionality of an individual might function better or meet with "fortune" when that intentionality is aligned with the most subtle and all-embracing force, that of the cosmos.

Ⅲ. The Zhouyi as a Tool for Multidimensional Evolution

How do fortune and misfortune relate to the divinatory use of the Zhouyi with regard to avoiding misfortune and encountering fortune? First one must decide how both of these terms, misfortune and fortune, are going to be defined. For this we

---

[1] The term "qi" has been used as a substitute for Legge's "passion-nature."

need to briefly examine our understanding of the purpose of life. On a simpler level, life is about surviving, remaining healthy, prospering and proliferating. For those who take into consideration only the immediate physical world, this would stand to reason. It would seem that millions and indeed billions of years of continuing evolution have endorsed the timeworn equation of: live, prosper, procreate and finally, of course, perish, but that your offspring might continue. We may then ask: "If our purpose is merely this, would it not seem that life is a fairly mundane avenue that can only be improved by increased standards of living, more sophisticated technology, advancements in the physical sciences and coexistence provided by sufficiently elevated moral standards, allowing us all to get along?" If life is, however, more than simply four seasons a year, three meals a day, thousands of breaths in a twenty-four hour period, and so on, we must reconsider the flow of the cosmos to be somewhat more transcendent than we have heretofore dared mathematize it as being. If the purpose of our process is evolution of the consciousness and not mere survival, we may then, succinctly speaking, define "fortune" as evolutionary fortune and "misfortune" in terms of lost opportunities to evolve.

Nature moves forward, although gradually and, if one does not pay proper attention, imperceptibly. Humans also have the potential to progress and to do so even beyond the Darwinian sense. In this day and age, for at least a fair portion of the population of this planet, the daily needs of breathing and eating are more assured than was previously the case. It then becomes important to move beyond these basic matters; otherwise, as Confucius is quoted as saying, "Hard is it to deal with him who will stuff himself with food the whole day without applying his mind to anything good!" (Analects 17:22) It would thus be hoped that we can turn our attention to matters such as evolution of the consciousness and the opportunity to perform assistance to humanity, which it entails. The theme of assistance involving the interplay between the "three powers" of tian 天, ren 人, and di 地① is clearly

① referring to heaven, the human being, and earth, respectively.

portrayed in Appendix 5 of the Yizhuan in the following:

Anciently, when the sages made the Y?, in order to give mysterious assistance to the spiritual Intelligences, they produced (the rules for the use of) the divining plant…. They (thus) made an exhaustive discrimination of what was right, and effected the complete development of (every) nature, till they arrived (in the Y?) at what was appointed for it (by Heaven). Anciently, when the sages made the Y?, it was with the design that (its figures) should be in conformity with the principles underlying the natures (of men and things), and the ordinances (for them) appointed (by Heaven). With this view they exhibited (in them) the way of heaven, calling (the lines) yin and yang; the way of earth, calling (them) the weak (or soft) and the strong (or hard); and the way of men, under the names of benevolence and righteousness. Each (trigram) embraced (those) three Powers; and, being repeated its full form consisted of six lines. [1]

The concept of the "three powers" of tian, ren and di is characterized in the Zhouyi, of course, wherein each line in a trigram and/or each couplet in the six lines of a hexagram represent tian, ren and di respectively. This is clarified by Legge when he observes:

The top line in each trigram thus belongs to the category of heaven; the bottom line to that of earth; and the middle line to that of man. [2]

In the trigram, the first line represents earth; the second, man; and the third, heaven; in the hexagram, the first and second lines are assigned to earth; the third and fourth, to man; and the fifth and sixth, to heaven. These are the three Powers. [3]

The relationship between the three powers is also seen in the "triad" concept outlined in the Zhongyong wherein the sage serves as a bridge between tian and di promoting transformation and actualization in the concrete realm of human existence,

---

[1]　in I Ching 1978: 423~424.

[2]　ibid.: 424 (footnote).

[3]　ibid.: 351~352 (footnote).

as shown in the following passage:

Only the perfectly cheng person can actualize his own essence. Actualizing his own essence, he can fully actualize the essence of others. Fully actualizing the essence of others, he can fully actualize the essence of all things. Being able to fully actualize the essence of all things, he can assist tian and earth in their transformation and sustenance. Able to assist in tian and earth's transformation and sustenance, he forms a trinity [triad] with tian and earth. ①

The spirit of the Zhouyi is not one of mere fatalism, but of informing humankind of the opportunity to participate in the creative dynamic of the cosmos, to the degree that we are willing to be aligned with the flow of that selfsame cosmos. Thus, the more aware of and in harmony one is with the flow of the cosmos, his or her evolutionary "fortune" will be enhanced and one's goal will be achieved. Since the cosmos is an energetic matrix we could refer to being sensitive to the energetic flows and changes that take place within that infrastructure. To the degree, then, that we can be aware of and enter into resonance with the energetic workings of our world we can begin to take appropriate actions at the right time, in the right way and with the correct intentionality. We can thus perceive the role and responsibility of human beings in regard to the operations of the universe. In conscientiology the participation of the individual (microcosm) in his or her working relationship with the cosmos (macrocosm) is referred to as being a "minicog (小螺丝) of an assistential maximechanism (大的协助性机构)." In order to better understand the role of humankind in the transformation of the cosmos, let us first examine the interrelationship between dimensions.

The Yizhuan (《易传》) (4:1) makes statements regarding "the outgoing and returning of spirits," such as the following passage:

Looking upward, we contemplate with its help the signs in the heavens; looking down, we examine the lines of the earth. Thus we come to know the circumstances of

---

① Zhongyong, ch. 22.

the dark and the light. Going back to the beginnings of things and pursuing them to the end, we come to know the lessons of birth and death. The union of seed and power produces all things; the escape of the soul brings about change. Through this we come to know the conditions of outgoing and returning spirits. ①, ②

Comments that refer to spirits and to the realm which they allegedly populate, which is not uncommon in Chinese philosophical texts, would naturally lead us to wonder about the dynamics of that reality. Tian, at its most transcendent, can be taken as an extraphysical dimension which is the source or template for physical manifestations, as previously discussed. If there are intermediary dimensions that account for spirit populations does it not stand to reason that there would be an added layer of interaction? If the dynamic of this interaction is addressed by the Zhouyi, this would appear to expand the possibilities of evolution and indeed the interactions of the sage with the dimensions of tian and di. It would also logically seem to be the case with any dimension in between those two in the sage's process of assistance, as well as the continued evolutionary possibilities of the human consciousness over longer periods of time. Indeed, some schools of thought feel that the sage, upon physical death, survives the loss of the biological body and continues to exist. It is held that ordinary individuals survive as well, but that the "psychic body" is more delicate and requires support from their surviving family members in the form of ancestor worship. It is curious to note that while Chinese philosophy has traditionally placed so much emphasis on ancestor worship, the circumstances of those ancestors after death does not receive in-depth attention. It is furthermore apparently held that "the ancestors return to this world after they have lived for a while in the other world." (Wilhelm and Wilhelm: 293 ~ 294) Can this be an indication of the continuity of the evolution

---

① in I Ching 1967: 294.

② On this passage Wilhelm comments that "The spiritual forces that produce the building up and the breaking down of visible existence likewise belong either to the light principle or to the dark principle. The light spirits (shên) are outgoing; they are the active spirits, which can also enter upon new incarnations. The dark spirits (kuei), return home; they are the withdrawing forces and have the task of assimilating what life has yielded." (ibid. : 295) of the consciousness? Could this more soundly explain why individuals are born with different capacities and some even with innate ideas? If this is the case, then we can see the sense behind the concept of "life mission" which resonates with the concept of ming 命 in Chinese philosophy. Confucius, for example, showed an extremely strong sense of purpose, and is said to have felt that his life task was actually a "mandate of heaven." This is exemplified by the familiar passage depicting his personal conviction during an incident in which an attempt was being made on his life when he is quoted as saying, "Heaven produced the virtue that is in me. What can Hwan T'ui do to me?" (Analects, 7.22) Conscientiology research findings indicate that many people have a notion, as in the abovementioned case of Confucius, of the specific individual task to be performed in one's lifetime, reflected in the term "existential program." Existential programs fall into two categories: primary and advanced. Primary existential programs are those dedicated to specific personal matters and are more self-centered in nature, whereas advanced existential programs are dedicated to the well-being and evolution of many and take on a profile of expanded assistance. Execution of an advanced existential program necessitates that the individual present a profile that includes: neophilia, incessant personal renovation, and logical prioritizations within a personal universalistic approach. The fulfillment of the existential program is the theoretical and practical result of these prioritizations. Behind the term existential program is the proposition that the striving consciousness comes into this world far from randomly but, on the contrary, with a definite preplanned trajectory. This trajectory is determined by the stage of the individual's personal evolutionary process as a consciousness.

As a result of our research findings, we propose that: (1) the universe is an ever evolving one that provides an infrastructure for individual consciousnesses to grow and evolve; (2) "fortune," as previously mentioned, is synonymous with evolutionary success or evolutionary progress; and (3) one's evolutionary success or progress can be measured by the degree to which one has learned to (a) evolve and (b) accompany the crescendo of personal development that is dictated by the dynamics of the intraphysical and extraphysical dimensions. The individual's existential program comprises one's participation within an evolutionary quantum during this lifetime, the present lifetime. When regarding the spectrum of human evolutionary levels, from the petty person (小人) to the superior person (君子) to the sage (圣人) and even beyond[1] we can appreciate the possibility that some do not simply arrive in this world as sages but that perhaps, in some past, we have all been petty individuals and are participating in the greatest meritocracy of all: the process of evolution of the consciousness. When we consider the attainability of evolutionary goals it is worthwhile to reflect upon the perspective of Wang Yangming 王阳明 (1472-1509), who only accepted as his students those with an ardent desire to become a sage and is quoted as saying, "My own nature is, of course, sufficient for me to attain sagehood."[2] The Zhouyi can then be expanded in its scope as we understand the nature of more and more realms, and extend our perceptions toward these realms in the interest of furthering the mathematicization of the interactive process between tian, di, and all that lies between, as well as the coherent execution of the existential program.

Ⅳ. The Responsibility of Knowledge

It can be seen that Fuxi's development of the trigrams was not an act of intellectual arrogance. He was, at that time, not trying to impress anyone, but the intention was instead to perform assistance. The challenge was to offer humankind a foundation with which it could better contextualize the world, allowing the race to get its bearings, as it were, or orient itself more effectively, thereby providing it with the wherewithal needed to propel itself forward. We can thus consider Fuxi's act of creating the trigrams as an act of purely fraternal assistance. But why do people perform any kind of assistance at all? It is because they feel the weight of the world

---

① The authors have made a more in-depth parallel between these evolutionary levels in conscientiology and Confucianism in their article "Confucian Metaphysics and Human Evolution" in Tamkang University's 淡江大学 Journal of Chinese Literature《中文学报》, Vol. 12, June, 2005.

② in Tu: 119.

on their shoulders to some degree or another; they feel responsibility with regard to the well-being of others. It is not just a matter of "oughtness," expressed in the concept of yi 义, namely doing what one ought to do. Certainly, if we are human beings, and thereby more than animals, we ought to act with a certain degree of sensitivity toward our fellow being and act with correctitude toward each other. It is not merelhy because someone is your blood relative or can return a favor, thereby assuring physical survival, that you should provide him or her with assistance. This needs to be surpassed. Phrases such as those implying that we are another's "keeper" are edicts convincing us to care for each other and are burdens of imposed responsibility. True assistentiality arises from an inner sense of fraternity, a genuine sense of caring for others. When we view others as an extension of ourselves, we naturally relate to and care about them. In this condition we see humanity as one.

According to conscientiology, assistance can be placed into two categories: the consolation task and the clarification task. Attending to basic human needs, such as food, clothing, money and emotional support, is related to the "consolation task." Providing the information or "know-how" for multidimensional evolution, on the other hand, is termed the "clarification task" (Vieira 2005: 1099, 1101). The clarification task, in its broader sense, involves evolutionary responsibility or concern toward others, which extends to all individuals and dimensions of existence. Assistance of this type operates at a "wholesale" level. For example, a single transcendent intellectual treatise such as the Zhouyi provides clarification forever, rendering a great deal of "food for thought:" tools and insight that can, if we would avail ourselves of this information, smooth out and dynamize our progress toward evolutionary complétude.

When we speak in terms of evolutionary fortune and misfortune in the lines of the Zhouyi, we must not underestimate this contextualizing tool. As previously mentioned, it is proposed that we broaden our perspective to appreciate the view that when an individual's intentions and actions echo the intentionality of the cosmos then he or she is bound to succeed. The converse, an egotistical lack of harmony with the intentionality of the cosmos, of course, results in failure or misfortune. Helmut and Richard Wilhelm, in Understanding the I Ching, refer to this idea and highlight our responsibility in the dynamic of the cosmos in the following passage:

From this comprehensiveness of the tao, embracing both macrocosm and microcosm, the Book of Changes derives the idea that man is in the center of events; the individual who is conscious of responsibility is on par with the cosmic with forces of the heaven and earth. This is what is meant by the idea that change can be influenced. To be sure, such an influence is only possible by going with the direction of the change, not against it. (Wilhelm and Wilhelm: 31)

The question then becomes, "How can we position ourselves within the 'machinery' of the way things operate in order to accelerate human evolution or evolution of the consciousness?" This is the burden that is felt by those who feel a responsibility toward the planetary population. It is not just because they care about their fellow being but because they know that they have the wherewithal to provide a tool that will more greatly optimize the human process. They know that omission of such a tool would, in fact, jeopardize humanity. In sum, we come to the realization that if we can provide an insight which would facilitate the advancement of the human race it is incumbent upon us to do so. Understanding the interconnectedness of everyone and everything in the cosmos – as illustrated by the Zhouyi – and operating as mini-cogs of a maxi-mechanism, it is necessary to pay greater attention to whether our every act is disturbing or contributing toward the progress of all. Unfortunately, many studious individuals are not engaged in moving humankind forward; they simply want to get through life successfully. They may research because it promises greater financial return; they produce because they must, as expressed in the phrase: "Publish or perish." Few innovate because it is "in their blood" to do so. Fewer still have innovation in their blood and feel a responsibility toward humankind. This sense of responsibility with regard to knowledge is the hallmark of pioneers in the clarification task, such as Fuxi.

Conclusion

In this article we have discussed the likelihood that our reality is a multidimensional one, with the interpenetrating and interdependent intraphysical and extraphysical dimensions of life in a continuous feedback process. It was concluded that with ongoing interaction between realms, the qualities of all dimensions are mutually influenced, thereby resulting in the complex multi-tiered environment within which we operate. The concepts of the intentionality behind tian and the paradigm of the consciousness have also been addressed, suggesting that the driving force behind the "flow" of the cosmos is actually the consciousness itself, which thus serves as the most suitable point of departure or zero coordinate in establishing a system of reference. When we regard these possibilities and view the Zhouyi and its proposals through the lens of multidimensional evolution and the assistance which it entails, we naturally arrive at the notion of the responsibility of knowledge and the premise that not only is assistance to humankind an optimizing option but part and parcel of a more advanced evolutionary process. This having been said, it is eminently clear that regardless of whether we approach evolution of the consciousness through the prism of a pre-scientific intellectual heritage passed down from a legendary sage or the more recent revelations of modern physics and consciousness research, we are, as vital reflections of the cosmos, all interconnected and therefore interdependent. We depend upon each other for our continued evolution. This is the foundation of the bagua and the evolutionary patrimony provided to humanity by ancient Chinese wisdom 5000 years ago and still so relevant today. Let us work to synthesize ancient and modern insights and move forward together in the pioneering spirit initiated by Fuxi. For those who follow the horizon, the sun never sets.

Bibliography:

Analects, The. 1971. In Confucius: Confucian Analects, The Great Learning & The Doctrine of the Mean, trans. by James Legge. New York: Dover.

Britt, Robert Roy. 2003, "Space Seen as Finite, Shaped Like a Soccer Ball," New York: Imaginova, http://www. space. com/scienceastronomy/universe_soccer_031008. html

Bucke, Richard Maurice. 1923. Cosmic Consciousness – the Classic Investigation of the Development of Man's Mystic Relation to the Infinite. New York: Penguin Putnam, 123.

Capra, Fritjof. 2000. The Tao of Physics – An Exploration of the Parallels between Modern Physics and Eastern Mysticism. Boston: Shambala Publications, 131.

Chan, Alan K. L. "Wang Bi (Wang Pi)," See Cua 2003, p. 741

Cua, Antonio S. , ed. 2003. Encyclopedia of Chinese Philosophy. New York: Routledge.

Doctrine of the Mean, The. 1971. In Confucius: Confucian Analects, The Great Learning & The Doctrine of the Mean, trans. by James Legge. New York: Dover.

Guo Qiyong 郭齐勇. "An Outline of the Modern New Confucian Scholar's Thought Based on Yi《原始儒家道家哲学》." Zhouyi Studies《周易研究》, 2005, 3:1, (English Version), p. 11.

Henke, Frederick Goodrich. 1916. The Philosophy of Wang Yang-Ming. London: The Open Court Publishing Co. , 203.

I Ching. 1967. The I Ching or Book of Changes, trans. by Richard Wilhelm (German) and Cary F. Baynes (English). Princeton: Princeton University Press (Bollingen Series XIX), 3rd ed. , 294 – 296, 280, 318.

I Ching. 1978. I Ching – Book of Changes, trans. by James Legge. New York: Bantam Books, ii, 46, 423 – 424.

Markey, Sean. 2003. "Universe is Finite, 'Soccer Ball'-Shaped, Study Hints," Washington, D. C. : National Geographic Society, http://news. nationalgeographic. com/news/science. html

Melchizedek, Drunvalo. "Alternative Healing: Divination and Diagnosis. " The Spirit of Ma'at, Vol. 1, No. 8, March 2001, Sedona: Alllife, http://www. spiritofmaat. com/archive/mar1/prns/dnation. htm

Mencius. 1990. The Works of Mencius: Translated with Critical and Exegetical Notes, Prolegomena, and Copious Indexes by James Legge. Mineola: Dover Publications, 188.

Shen, Vincent. "Laozi (Lao Tzu)," See Cua 2003, 357.

Tu, Wei-Ming. 1976. Neo-Confucian Thought in Action: Wang Yang-Ming's Youth (1472 – 1509). Berkeley: University of California Press, 119.

Vieira, Waldo. 2005. Projectiology: A Panorama of Experiences of the Consciousness outside the Human Body (《意识投射学：体外意识经验概览》). Foz do Igua? u, Brazil：Associa?? o Internacional Editares, 61, 234, 1099, 1101.

Wilhelm, Hellmut and Richard Wilhelm. 1995. Understanding the I Ching. Princeton：Princeton University Press, 31, 293 – 294.

Yan Binggang and Chen Daibo. 2005. "Viewing the Relationship between the Sect of Yan Hui's Confucianism and the Yi-ology by the Sect's Characteristics. " Zhouyi Studies《周易研究》, 3：1, (English Version), p. 101.

Zhang Dainian 张岱年. 2002. Key Concepts in Chinese Philosophy. Beijing：Foreign Languages Press, 4, 5 – 6, 159 – 160.

Zhuangzi 庄子. 1999. Library of Chinese Classics, Chinese-English：Zhuangzi《大中华文库汉英对照——庄子》, trans. by Wang Rongpei 汪榕培. Hunan People's Publishing House：Foreign Languages Press 湖南人民出版社,外文出版社, Vol. I, introduction.

（第一作者为中巴学术交流中心主任,第二作者为中巴学术交流中心执行主任）

《周易》与人生:君子用刚之道

黄黎星

　　《周易》这部古老、奇特的哲学文化"圣典",是华夏大地丰厚、特殊的土壤所孕育、萌生、绽放的一朵思想智慧之奇葩。《易》本象数,发为义理;《易》原天道,切于人事。《系辞传》曰:"夫《易》广矣大矣! 以言乎远则不御,以言乎迩则静而正,以言乎天地之间则备矣。""夫《易》……其称名也小,其取类也大,其旨远,其辞文,其言曲而中,其事肆而隐。""《易》之为书也,广大悉备。"大而观之,《周易》中包含着"弥纶天地之道"、"范围天地之化"的宇宙本体论的精义,可谓宏大;小而论之,《周易》中又具有"仁者见之谓之仁,智者见之谓之智","百姓日用而不知"的诸多人生智慧。

　　"其学推韩愈、孟子以达于孔氏,著礼乐仁义之实以合于大道"①的北宋学者欧阳修,对《周易》这部广大悉备、蕴涵丰富的经典也深有所得。欧阳修《易》学思想最重要的特色之一,在于他继承了前代"义理派"的传统并有所发展,强调了"推天道以明人事"的理性实践精神,将《周易》作为认识自然世界,尤其是认识社会人生规律的指导性经典。这一思想在欧阳修的文学、经学、史学等著述中有相当丰富的精彩表现。在欧阳修诸多著作中,有一篇历来为选文家、评论家所忽视的说理散文——《送王陶序》②,此文联系《易》理中阴阳刚柔对立转化的思想,特别是运用了古老的"十二辟卦"的象征原理,阐发了君子立身处世、用刚进

---

① 苏轼语,见《居士集序》。
② 一名《刚说送王先辈之岳阳》。文中所引欧阳修文,均见于《欧阳修全集》(上、下册),北京市中国书店 1986 年,据世界局 1936 年版影印,据南宋周必大等编定之《欧阳文忠公集》排印本。

取之道,颇具神采。这篇将《周易》原理与社会人生紧密结合的佳作,对我们今天仍有着可贵的启示作用。

《送王陶序》,作于北宋仁宗庆历三年。当时,欧阳修于京师任太常丞、知谏院。太原人王陶,"好刚之士也,常嫉世阴险而小人多,居京师,不妄与人游,力学好古,以自信自守",但他仰慕"天下翕然师尊之"①的欧阳修,欧阳修对他也颇为赏识。在王陶即将赴岳阳任地方官之际,欧阳修写了这篇赠序文。

《送王陶序》开篇的第一句是:"《六经》皆载圣人之道,而《易》著圣人之用。"这表明了欧阳修对《周易》之"用"的重视。但是,如何用《易》呢?诚然,《易》本用以卜筮,但是,于卜筮之树绽放绚丽的哲理之花,从卜筮之书演成伟大的哲学经典,是《周易》所具有的独特性。显而易见,欧阳修所言的《易》之"用",不是以"占筮"为用,而是继承了"善为《易》者不占"②,"洁净精微,《易》教也"③这种儒家人文主义的思想传统,力求从《易》理中获得道德、智慧的启示。这正是欧阳修易学思想最重要特色的体现。

《周易》作为具有特殊形式的哲学著作,是以阴阳爻画的变化组合来拟取、象征自然世界、社会人生的变化规律,欧阳修于文中所说的"至于八卦之变,六爻之错,刚与柔迭居其位,而吉、亨、利、无咎、凶、厉、悔、吝之象生焉",正是抓住了《周易》哲理的象征特色。在这里,欧阳修以阳爻之阳刚健德为君子之象征,以阴爻之阴柔险诡为小人之象征,并揭示出《易》卦中阳息阴消之间所形成的一种对立转化的态势。《周易》六十四卦中,有十二个特殊的卦形符号,即《复》、《临》、《泰》、《大壮》、《夬》、《乾》、《姤》、《遁》、《否》、《观》、《剥》、《坤》,它们的阴阳爻画构成了有规律的递变形式,古人用它们配合为一年十二月的月候,含有显示自然万物"阴阳消息"的象征意义,称为"十二辟卦"(所谓"辟"者,犹言"君"、"主"也),又称"月卦"、"候卦"、"消息卦",以圆图的形式排列之,图中阳盈为"息",意为阳气渐强,驱逐阴气;阴虚为"消",意为阴气渐盛,剥消阳气。从《复》卦之"一阳来复"至《夬》卦之"五阳决一阴",均为"息卦";从《姤》卦之"一阴初消"至《剥》卦之"五阴剥一阳",均为"消卦";而《乾》、《坤》两卦为"消息之

---

① 苏轼语,见《居士集序》。
② 《荀子·大略篇》。
③ 《礼记·经解》。

母"。"十二辟卦"之《易》例来源甚古，其说首见于《归藏》。清人马国翰所辑的《玉函山房辑佚书·归藏》中有"十二辟卦"之例，其文曰："子复、丑临、寅泰、卯大壮、辰夬、巳乾、午姤、未遁、申否、酉观、戌剥、亥坤。""徐善曰：此《归藏》十二辟卦，所谓商《易》也。辟者，君也。其法先置一六画《坤》卦，以六爻次第变之，即成《复》、《临》、《泰》、《大壮》、《夬》五辟卦；次置一六画《乾》卦，以六阴爻次第变之，即成《姤》、《遁》、《否》、《观》、《剥》五辟卦。十辟见而纲领定矣"。[①] 自汉代诸《易》家如孟喜、京房、马融、郑玄、荀爽、虞翻，以迄宋、元、明、清各代许多《易》家，都曾采为《易》例，影响甚大。在《送王陶序》中，欧阳修依据"十二辟卦"的象征意义，而又赋予新意，并以此构成了文章的主干。

《送王陶序》曰："自《乾》之初九为《姤》而上至于《剥》，其卦五，皆阴剥阳之卦也。"亦即"消卦"，欧阳修以之象征"小人之道长，君子静以退之时"；"自《坤》之初六为《复》而上至于《乾》，其卦五，皆刚决柔之卦也。"亦即"息卦"，欧阳修以之象征"小人之道消，君子动以进而用事之时"。接下来，承上文"刚为阳、为德、为君子"之语，欧阳修阐说了阳刚劲健之德为"君子之常用"，并以之护佑民众、利济万物、建功立业。这就是君子用刚之道的根本。

欧阳修又集中地分析了"息卦"中阳气渐盛的《大壮》《夬》两卦。从卦形符号来看：《大壮》卦下乾上震，从卦形上看，居下四爻为阳爻，居上两爻为阴爻，故云"四阳虽盛而犹有二阴"；《夬》卦下乾上兑，从卦形上看，居下五爻皆阳爻，唯有最上一爻为阴爻，故云"五阳而一阴"。《大壮·彖》曰："'大壮，利贞'，大者正也。"意为："阳气大为强盛，利于守持正固"，说明刚大者必须端正不阿。《大壮·象》曰："雷在天上，大壮；君子以非礼弗履。"意为：雷声响彻天上，刚强威盛；君子因此善葆壮盛，不做不合礼义之事。《夬·彖》曰："'夬'，决也，刚决柔也；健而说，决而和。"意为："夬"，意思是决断，阳刚君子果决地制裁阴柔小人；善用刚健令人心悦诚服；通过果决导致众物协和。《夬·象》曰："泽上于天，夬；君子以施禄及下，居德则忌。"意为：泽水化气升腾于天而决然降雨，象征决断；君子因此要果决地施降恩泽于下民，若是居积德惠而不施行将招至民怨。我们知道，欧阳修在以《易童子问》为代表的《易》学著作中，大胆疑古，指出《系辞

---

① 清同治十年济南皇华馆书局本。

传》等五种六篇中,颇有"繁衍丛脞"、"自相乖戾"之处①,多有后儒"措其异说于其间",是"伪说之乱经"。② 不过,欧阳修的疑古辨正,却未全然否定孔子作《易传》,他承认《易传》中保留的"圣人之言"犹可辨析,而辨析以定是非的标准就是"其言愈简,其义愈深","其言虽约,其义无不包矣"。③ 欧阳修认为《彖传》、《象象》为孔子所作,因为"卦《彖》、《象》辞常易而明,爻辞尝怪而隐,是一卦之言而异体也……卦《彖》、《象》辞,大义也,大义简而要,故其辞易而明"④。因此,欧阳修在《送王陶序》中,将《大壮》、《夬》卦的《彖》、《象》辞进行巧妙的剪裁组织,来综合说明君子以阳刚劲健战胜小人之阴柔险诡时,应注意以下三个方面问题:

其一是"适时"。处于阴消之际,君子静以退之时,固然要暂避锋芒、遁世无闷、潜心修养、蓄积阳刚正气,但即使是阳气上升到四阳对二阴的"大壮"之时,乃至到五阳共决一阴的"夬"之时,也应该注意寻找适当的时机,"乘其衰而决之"。若联系我们今天的现实来看,我们要以阳刚正气来制服、压倒歪风邪气,也应该积极培养良好的社会氛围,并注意抓住恰当的时机来涤荡邪恶,以期有催枯拉朽之功效。

其二是"合众"。阳刚君子,既有宏弘正气的共同目标,就应该团结一致,彼此协力,声气相求,才能凝聚起正义的力量,建功立业,臻致佳美之境界。欧阳修所说的"夫刚之不可独任也"这句话,实际上也寓《乾》卦"用九:见群龙无首,吉"的义理。否则,分散了的正气,往往在一时猖獗的邪恶之气面前感到孤立无援的遗憾和悲哀。联系实际地思考一下,就不难体察此中意蕴。

其三是"持正"。以刚决柔,以君子之道战胜小人之术,所依持的是循礼之正道、凛然之正气。小人行为,往往肆无忌惮,但君子却用事有方。欧阳修说:"夫君子之用刚也,有渐而不失其时,又不独任,必以正、以礼、以说、以和而济之,则功可成。"这最后所强调的"以正、以礼、以说、以和",即言君子用刚,必须以正道与正义为基础,以礼制法度为依据,以顺畅愉悦为方式,以协和众人为效果。虽然时代不同,但欧阳修此论对我们今天以正压邪的现代文明的建设,其启

---

① 《易童子问·卷三》。
② 《廖氏文集序》,《居士集·卷四十三》。
③ 《易童子问·卷三》。
④ 《经旨·易或问》,《居士外集·卷十》。

示意义也是显而易见的。

这些"君子用刚之道",是欧阳修依傍《易》理、化用《易》辞,联系社会现实、人生境遇所做出的颇为新颖独特的阐解。

接下来,欧阳修点明了作此赠序文的原由:因为受赠者王陶是"好刚之士","常嫉世阴险而小人多",故"不妄与人游",力学好古,独持禀操。如今王陶将赴岳阳为官,正有"君子动以进"之象,所以作此序文以赠之。这里,简单的几句交代,又与上文形成了内在的联系:"适时"与"持正",是劝勉王陶;而"合众"之说,似有针对王陶"不妄与人游"的性格而婉言劝说之意——亦即恐其过分地"以自信自守"而不能与有德君子相协共进。

文章至此,似可完结,但欧阳修不愧为古文大家,他的妙笔又"横枝逸出"地再加展开。他联系到王陶此行乃是"初仕",又阐说了君子用刚应注意的另一个问题,即"慎初"。文中引《大壮》初九爻辞"壮于趾,征凶"及《夬》初九爻辞"壮于趾,往不胜为咎",来说明君子用刚应该"慎乎其初"的道理。这一点,既针对王陶"初仕"的具体情况而发,又与前文所言"适时"、"合众"、"持正"这三点相呼应。

《送王陶序》是一篇融汇《易》理、联系现实的说理散文,其艺术表现形式也颇有精妙之处:其一,此文徐纡从容而又细密精微,在层层推阐的清晰严密中蕴合雍容之气度;刚柔结合,优游有余,体现了欧文的特色。其二,在文章组织结构与材料运用上也颇见功力,落笔似乎遥远而归结处却极切近,既将"君子用刚之道"的主旨贯穿全文,在具体表述上又注意避免板滞单一,做到曲折有致;在引用《易》辞、发挥《易》理方面,能够揽精发微、自由驾驭。其三,在语言句式上,骈散结合、长短相错,"简而明、信而通",颇得《易传》文章辞采之风致。

（作者为福建师范大学文学院易学研究所教授、文学博士、武汉大学哲学学院中国哲学博士后）

易学在北宋五子儒学本体论
建构中的意义

赵中国

　　北宋儒学复兴是中国传统儒学发展史中的一件盛事,它无论对于中国传统社会来说,还是对于中国传统文化来说,都具有非常重要的意义。北宋儒学复兴的重要性在于传统儒学发展至此获得了一种理论视域的转换,这一转换就是儒学从宇宙论观照下的生活实然的儒学,转化成本体论高度下的"极高明而道中庸"的儒学。儒学的价值观没有改变,儒学的社会和生活意义没有改变,但不同的是宇宙论高度转换成本体论的高度。在这一理论高度的转换中,北宋五子做出了巨大的贡献,易学做出了巨大的贡献,河洛文化做出了巨大的贡献。

　　在汉唐时期,主流的天道观是神秘天命观及其统摄之下的太极元气说。太极元气以及阴阳造化虽然可以解释天道运行的一部分现象,但是它并不是汉唐时期天道观的全部内容,它的上面还有神秘的天命,儒者面对万事万物,通常会理性地用元气以及阴阳造化来解释,但是儒者的终极关怀,还是来自于神秘的天命。这种理性和神秘的双重性,造成了天道最终无法必然地呈现于、内在于人之生命。人能够解释一部分自然现象,但是人最终还要听命于神秘的"天命",神秘的天命是外在于人的,儒者面对它只有诚惶诚恐,而无法获得最终的超越、解脱和自由。正因为理性知识和神秘天命结合在一起,西汉著名儒者董仲舒虽然建构了精致的阴阳五行体系,但是阴阳五行还是天之喜怒的工具。正因为神秘天命无法内在于人,唐代著名儒者韩愈面对它才会有了极大的困惑:"未知夫天竟如何？命竟如何？由乎人哉？不由乎人哉？"①但是,到了宋代,在佛道二教的刺激下,在佛教已经用"诸法皆空"、道家道教已经用"无"和"自然"消解了神秘天命观的情况下,北宋时期杰出的大儒们,却在佛道二教的刺激下,通过自己的深思、体贴和理论建构,超越了传统的神秘天命观,同时也成功应对了佛道二教"空""无"思想的挑战。

宋代大儒们的理论体系,虽然还结合着元气,结合着阴阳造化来讲宇宙论,来讲自然哲学,但是神秘的天命观却被本体论超越了。周敦颐用乾元与诚替换了它;邵雍用先天本体越过了它;张载用具有虚神之性的气取代了它;二程用庄严的天理代替了它。神秘天命观被本体论成功地超越,一方面因为本体的实在性保证了儒者生存世界和儒家价值观的实在性,从而成功应对了佛道二教的"空""无"思想,另一方面标志着天道从外在到内在,从神秘到理性的转换。这一转换的意义极为重大。在北宋五子的视野中,天命虽然依然还是"命令",但这种命令不是人格神的高高在上无可捉摸之命令,而是天命之谓性的道德理性之命令,儒者只需要听从自己的道德理性,顺性而行、顺理而行,在生活中实实在在地道德践履,纯熟之后,豁然贯通,就能够体证天道、体证"天命",如此,儒者的生存状态就从诚惶诚恐地受命于外在,而转化成真诚道德实践下的内在超越。这是儒学的进一步发展,这是儒者人格的进一步成熟。儒者面对天地之大化流行,自我激励,孜孜不倦,挺立德性,积累德行,与万物一体,与万民一体,与天地参!而所有这一切生存状态的实在性都表现出与佛道二教"空""无"思想的不同,这一方面复兴和发展了儒学理论,坚持了传统儒家的价值观和理想追求,另一方面恢复了儒学在传统社会中的主流地位。而在这种理论视域的转换过程中,北宋五子居功甚伟!易学居功甚伟!

周敦颐的理论建构和易学紧密相关。《太极图》与《太极图说》直接属于易学,《通书》中基本理论的形成也和易学完全相关。在《太极图说》中,周敦颐对神秘天命观及其统摄下的宇宙论还没有彻底超越。《太极图说》中的"无极而太极。太极动而生阳,动极而静;静而生阴,静极复动。一动一静,互为其根。分阴分阳,两仪立焉。阳变阴合,而生水火木金土。五气顺布,四时行焉。五行,一阴

---

① 《上考功崔虞部书》,《朱文公校昌黎先生外集》卷之二,《四部丛刊》本。

阳也;阴阳,一太极也;太极,本无极也。五行之生也,各一其性。无极之真,二五之精,妙合而凝。'乾道成男,坤道成女',二气交感,化生万物。万物生生,而变化无穷焉"一段,看似是一种宇宙论的讲法,仿佛是在说明宇宙从无极太极到阴阳、五行以及万物的生化过程,但是,无极并不能仅仅理解为太极之先的存在阶段。事实上,五行是阴阳的体现,阴阳是太极的体现,无极则是太极自身的本质属性之一,所以说"太极,本无极也",所以朱熹才以"无形而有理"解释"无极而太极",这都说明了《太极图说》还具有本体论的意蕴。因此,总的来说,《太极图说》既有宇宙论的意蕴,也有本体论的意蕴。同时,《太极图说》中,还有神秘天命观的痕迹,周敦颐说:"万物生生,而变化无穷焉。惟人也得其秀而最灵。形既生矣,神发知矣,五性感动而善恶分,万事出矣。圣人定之以中正仁义,而主静(自注云:无欲故静),立人极焉。故圣人与天地合其德,日月合其明,四时合其序,鬼神合其吉凶。"①这里表达的意思,人之应然是"中正仁义,而主静",但此应然从哪里来?周敦颐认为是"圣人定之"。那么圣人又依凭什么而定之呢?周敦颐在此语焉不详。我们认为,最终依据很可能还是传统的神秘天命观,圣人凭"天命"而定"中正仁义,而主静"。

但在《通书》中,周敦颐彻底超越了神秘的天命观,彻底超越了宇宙论,明确了"诚本论"。"诚"在《通书》的视野中,不但是圣人之本,人道之本,更是天道之本。周敦颐说:"诚者,圣人之本。②圣,诚而已矣。诚,五常之本,百行之源也。静无而动有,至正而明达也。五常、百行,非诚,非也,邪暗塞也。故诚则无事矣。至易而行难。果而确,无难焉。故曰:'一日克己复礼,天下归仁焉。'"③这是在阐明诚为人道之本,为人之生命的本体。而在论证诚不仅是人道之本,而且也是天道之本的时候,诚就是在易学的框架中展开的:

> 诚者,圣人之本。"大哉乾元,万物资始",诚之源也。"乾道变化,各正性命",诚斯立焉。纯粹至善者也。故曰:"一阴一阳之谓道,继之者善也,

---

① 《太极图说》,《周濂溪集》,中华书局,1936 年,2 页。以下凡引此书皆此版本。

② 《诚上第一》,《周濂溪集》,74 页。

③ 《诚下第二》,《周濂溪集》,79~80 页。

诚之者性也。"元亨,诚之通;利贞,诚之复。大哉《易》也,性命之源乎!①

　　周敦颐认为,诚有"源",有"立",也就是有其本源,有其挺立呈现,而其从本源到挺立呈现的过程,就是"道"的过程,就是"乾元"作为本体赋予万物性命、生化万物的过程,因为诚贯穿着、表现着乾元道体的全过程,因此可以说,诚就是乾元,乾元就是诚,在这个意义上,作为形容乾之四德的"元、亨、利、贞",才可以说是"诚之通"、"诚之复"。所以周敦颐的诚本论,也就是"乾元"本论。同时很明显的是,周敦颐也正是通过对"乾元"在宇宙全体大化流行中本体地位的确立,通过对诚能够全体彰显"乾元"之德性,才同时使诚超越了人道之本,而成为宇宙全体的本体。显而易见,易学在周敦颐本体论建构过程中,具有基础性的地位。没有易学,就没有周敦颐的本体论。

　　邵雍易学哲学是易学史中的一朵奇葩。其易学哲学包括三个基本组成部分:本体论、象数哲学和人生哲学,其中本体论和象数哲学与传统易学联系紧密。就邵雍本体论而言,本体在不同语境中被称为道、太极与神、心、先天。当称本体为道时,是着眼于道为天地万物之存在和发展的根据而言,如邵雍说:"天由道而生,地由道而成,物由道而形,人由道而行。天地人物则异也,其于由道一也。"②当称本体为太极与神时,是着眼于用太极强调本体相对于事物具体性的超越性,用神强调本体生化万物的妙用,如邵雍说"太极一也,不动。生二,二则神也。神生数,数生象,象生器","太极不动,性也。发则神,神则数,数则象,象则器,器之变复归于神也"③;当称本体为心时,是着眼于强调本体不但具有客观性,而且具有主观性,从而保证了终极意义上的天人合一,如邵雍说"心为太极,又曰道为太极"④,"身生天地后,心在天地前。天地自我出,自余何足言"⑤;当称本体为先天时,是着眼于强调形上本体有别于后天之事迹、形迹,如邵雍说"先天之学,心也;后天之学,迹也。"⑥通过对道、太极与神、心、先天的共同阐释,

①　《诚上第一》,《周濂溪集》,74~75页。
②　《观物篇》四十九,《皇极经世》卷一一下,《道藏》第23册。
③　《皇极经世书》卷一四,《四库全书》本。以下凡引此书皆此版本。
④　《皇极经世书》卷一四。
⑤　《自余吟》,《伊川击壤集》卷一九,《道藏》第23册。
⑥　《皇极经世书》卷一三。

邵雍建构了自己的本体论。邵雍本体论中太极和神具有重要的意义,本体虽然不离于具体的事物,即在事物之中发挥着生化万事万物的作用,但是本体相对于各个事物的具体性而具有超越性,而此超越性用太极之"一"来形容最为贴切,同时,虽然本体为"一",但此"一"作为本体发挥着生化万物的无穷妙用,这无穷的妙用不即是事物变化之妙,不即是阴阳造化之妙,而是本体之妙,是事物变化之妙和阴阳造化之妙之所以然的"妙",这就是神。太极和神共同描述了本体之超越性和生化万物的无穷妙用,由此可见这两个概念在邵雍本体论中的重要意义,而太极和神正是继承并发挥了《易传》有关太极和神的思想。这是易学在邵雍本体论中的体现。

如果说邵雍本体论的重要部分受到了易学的影响,那么邵雍象数哲学全体可谓都是在易学论域中建构完成的。邵雍象数哲学虽然超越了传统易学的注经形式和占验形式,但是它并没有超越易学的论域。邵雍对《易传》中"太极生两仪,两仪生四象,四象生八卦"这一表述作了创造性诠释,以"一分为二"法重新解释了从阴阳二爻到四象、八卦以及六十四卦的过程,并在此基础上创作了系列《先天图》,这是邵雍象数哲学探究易之本源、探究一阴一阳之道的方面。邵雍以《先天图》为基础把自然界和人类社会统摄起来,并试图解释自然界和人类社会的一些现象,这是邵雍在象数哲学原理基础上试图论述宇宙和人类社会的运行规律的努力,这种努力的结果,促成了邵雍宏大而系统的自然哲学和历史哲学。邵雍的自然哲学在传统文化中属于自然天道观,而这一论域因为传统儒学有求知人而不求知天的倾向,导致了自然天道观论域不如道家道教发达的结果。这种局面在儒学主流地位被挑战情况下必然进一步凸显儒学的劣势,所以儒学的复兴不但需要复兴儒学的人事论域,也需要复兴儒学的天道论域,而天道论域既包括本体论意义上的天道,也包括自然天道观意义上的天道。对于本体论意义上的天道而言,北宋五子可以说都有自己成功的理论建构,对于自然天道观意义上的天道而言,只有邵雍在象数哲学,在易学的视域下建构得最为宏大、系统和成功。这是邵雍的贡献,也是象数易学的贡献。

张载的理论体系简称为"气学",他的气学既包括本体论,也包括宇宙论;他的本体论分析用"气"这一核心概念解释了太虚和万物,他的宇宙论则在本体论分析的基础上对太虚、气、万物如何运化进行了深度论述;他的宇宙论以本体论为基础,本体论因宇宙论而充实,张载气学总体上呈现出本体论和宇宙论圆融结合的特征。张载否认佛道二教"空""无"的核心思想,而认为"太虚即气",是气贯穿着仿佛虚无但却实实在在的太虚和万物,从而确立了天地万物的实存性,又通过阐发天地之性的湛一、清通、神妙和遍体,最终从本体的高度论证了儒家价值观的实存性。这是张载气学的伟大贡献。到此为止,张载的本体论似乎与易学关系不大,他仿佛只是站在儒家的立场上,在应对佛道二教挑战的前提下,继承了传统自然知识中的概念"太虚"和传统宇宙论中的概念"气",并创造性地结合在了一起。但是,这种气学一旦详细化,一旦进入了生动的宇宙生化的过程,易学概念和思想立即就成了张载理论建构的重要组成部分。这主要体现在对"神"、"感"的发挥,和立足于易学阴阳观念而升华出的"一物两体"的思想上。张载把万事万物的存在归结为气,但是万物是多种多样千差万别的,这种千差万别是如何造成的,是如何运化着呢? 其次,太虚虽然终究也是气,但是太虚"无象",和一般"可象"的气还是有一定区别的,那么,太虚和气之间的聚聚散散,又是何以成为可能的呢? 一言以蔽之,太虚、气、万物,是如何运化着的呢? 这是较为具体的宇宙论问题,张载对它们的解决,就是依靠了"神"、"感"这两个概念,和"一物两体"这一思想。张载认为"太虚不能无气,气不能不聚而为万物,万物不能不散而为太虚。循是出入,是皆不得已而然也"①。也就是说,太虚、气、万物之间的聚散变化,有"不得已而然"之势,事实上,这种不得已而然之势,就是"神"和"感"。太虚清通无碍,"无碍故神"②,事实上,虚和神都是气之本性,太虚因为清通神妙,必然能够遍体遍感万事万物,"无所不感者虚也,感即合也,咸也。以万物本一,故一能合异;以其能合异,故谓之感;若非有异则无合"③。这是着眼于太虚而言的太虚之"神""感",因为太虚的神和感,太虚不会仅仅停留在自身,而必然和气、万物构成一种生生不息的转化。事实上,虽然太虚聚而为气、为万物,但太虚之"神""感"作为"性"依然存在于气和万物之中,或者说,如果着眼于"气"的话,气之"性"本来也具有"虚"、"神"、"感"的特征,并且同时因

---

① 《正蒙·太和篇》,《张载集》,中华书局,1978 年,7 页。以下凡引此书皆此版本。
② 《正蒙·太和篇》,《张载集》,9 页。
③ 《正蒙·乾称篇》,《张载集》,63 页。

为"有象斯有对"①，"无无阴阳者"②，阴阳两端互相感应，所以宇宙的气化过程，也就是氤氲无穷、交感不息的过程，这就是"天性，乾坤、阴阳也，二端故有感，本一故能合。天地生万物，所受虽不同，皆无须臾之不感，所谓性即天道也"③。宇宙生生不息的过程，就是"一物两体"交感不息的过程，所谓的"一"，一于气、一于虚、一于神，所谓的"两体"，就是基于"一"而产生的阴阳两端。天地万物各有差别，有对立，有感应，但是从气看，从本性之虚、神看，天地万物又具有同一性。这就是张载的本体宇宙论。其中的"神"和"感"，明显继承并发挥了《周易》中"神也者，妙万物而为言者也"④，"阴阳不测之谓神"⑤，"神无方而易无体"⑥，"易，无思也，无为也，寂然不动，感而遂通天下之故。非天下之至神，其孰能与于此"⑦，"咸，感也。柔上而刚下，二气感应以相与。……天地感而万物化生，圣人感人心而天下和平。观其所感，而天地万物之情可见矣"⑧等命题的思想，其中的"一物两体"的观念，则继承并发挥了《周易》"刚柔相摩"，"一阴一阳之谓道"⑨的命题。总之可以说，张载是在易学的视野下，深化其气学的。

二程的卓越贡献在于对"天理"的突出和强调，在于理本论的成功建构。与周敦颐、邵雍和张载相比，二程不通过中间概念和环节，直接把儒家价值观作为天理而本体化，从一定的意义上来说，代表着北宋儒学的发展臻至成熟，代表着北宋儒学复兴的成功。程颢和程颐在本体论建构的具体进路上有所区别，但是他们的理论建构都和易学有很大关系。程颢说："《系辞》曰：'形而上者谓之道，形而下者谓之器。'……又曰：'一阴一阳之谓道。'阴阳亦形而下者也，而曰道者，惟此语截得上下最分明，元来只此是道，要在人默而识之也。"⑩这是继承了传统易学的形上形下之辨和道器观，而道也即天道，同时，程颢又创造性地提出

① 《正蒙·太和篇》，《张载集》，10 页。
② 《正蒙·太和篇》，《张载集》，10 页。
③ 《正蒙·乾称篇》，《张载集》，63 页。
④ 《周易·说卦传》。
⑤ 《周易·系辞上》。
⑥ 《周易·系辞上》。
⑦ 《周易·系辞上》。
⑧ 《周易·咸·彖》。
⑨ 《周易·系辞上》。
⑩ 《河南程氏遗书》卷第一一，《二程集》，中华书局，1981 年，118 页。以下凡引此书皆此版本。

"天者理也"①,那么道器观视野下的道本论,就蕴含着理本论的意义。当然,程颢还没有明确地通过理物之辨来论证理本论,但是通过"天者理也"的阐述,道本论的确已经蕴含了理本论的意义。如果再联系到"万物皆有理,顺之则易,逆之则难,各循其理,何劳于己力哉"的说法②,那么可以说,理本论的意义更加明显。事实上,在程颐这里,有了非常明确的理本论。程颐理本论建构起源于他的形上追问,他说:"凡物有本末,不可分本末为两段事。洒扫应对是其然,必有所以然。"③通过对"然"和"所以然"的辨析,呈现出一本体论的思维框架:即当下生活世界中的现象,以及其背后的本体。在《周易程氏传》中,程颐在"然"与"所以然"之辨的基础上,通过理象之辨,更是升华出了理本论的经典命题:"至微者,理也;至著者,象也。体用一源,显微无间。"④宇宙的存在有体有用,体为理,用为事物现象,体用有别,但是并不分离。这一本体论的思想,影响了其后近千年的中国传统儒学思想界。而非常显然的是,无论对于程颢来说,还是对于程颐来说,他们的本体论建构,都是在易学框架内,或者是通过易学而得到升华、提炼。事实上,就程颐来说,不但其本体论和易学紧密相关,而且其唯一的著作,也是对《周易》进行注释,这就是《周易程氏传》。在《周易程氏传》中,程颐首先结合卦爻辞把卦象爻象诠释为人事,又以人事为基础,在儒家价值观的指导下,详细阐述出种种的儒学义理,从而为儒者提供了一个学习儒学的经典文本,因为《周易程氏传》的这种特殊贡献,它成为后世官方易学的代表作品。

　　总之,北宋儒学复兴的关键之处是儒学本体论的彰显,而北宋五子儒学本体论的成功建构,都和易学紧密相关。没有易学,没有易学的天道论域,没有易学的道器观,儒学本体论建构是无法想象的。儒学本体论的成功建构,一方面论证了天道本体的实在性,从而论证了儒者生存世界的实在性,论证了儒家价值观的实在性,最终成功地应对了佛老"空""无"思想的挑战,另一方面把外在于生命的神秘天命转化为内在于生命的本体,突出了儒者的道德理性和内在超越,保证了儒者通过道德实践必然能够天人合一。我们从北宋儒学复兴和儒学本体论的

---

① 《河南程氏遗书》卷第一一,《二程集》,132 页。
② 《河南程氏遗书》卷第一一,《二程集》,123 页。
③ 《河南程氏遗书》卷第一五,《二程集》,148 页。
④ 《易传序》,《二程集》,689 页。

成功建构中,看到了传统易学的贡献,看到了河洛文化的贡献,同时也看到了易学和河洛文化在现代社会进一步发展的希望。

（作者为山东大学易学与中国古代哲学研究中心博士后）

新儒学八卦因果链条的创新融会

（台湾）林国雄

一、绪言

创新（innovation）①是人类的创化性活动，人类自觉能动性的一种集中体现。创新有渐进的，也有激进而基本且对旧范式的超越。创新有自主自力的，有模仿诱导的，有合作推动的。创新是人类固有的一种天性，它具有实践性以实现自我的完善，具有超越性以突破旧传统，具有不确定性以衔接复杂的网络关系，具有稀缺性但常可增进综合的民力与国力〔冯契；彭漪涟等〕。

而首创精神（pioneering spirit）则是敢于突破已经陈旧的观念及程序之创化性的思想和活动。它与自觉性相联系，是积极性的一种层次较高的表现形式。具体表现在社会变革、科学发现、理论创见、文艺创作、生产劳动、和学习生活等方面。在社会变革和建设新社会的时期，首创精神具有特别重大的意义。它重视生产力提升之投资的更优越之生产方式，为发展私人企业及公营企业的首创精神创化了条件，大大促进了今日劳动生产力的迅速提升。

至于融会贯通，即是在思想上由此及彼，无所阻隔，可引伸为对事物共性的彻底认识。朱熹认为对事物共性的认识，开始于对个别事物的认识，经不断的积累，便产生飞跃而豁然贯通。天下之事物虽然无穷，而这种融会贯通的意义，就

---

① 创新也是企业不断更新产品和提供新的服务，以满足消费者及其它企业投资者不断变化和发展的需要。企业的生命力，就在于它的创新能力。J. A. Schumpeter 指出，企业家对于生产要素的新组合也是一种创新。引入新产品、提供新质量、采用新的生产方法、开辟新的市场、获得新的供给来源、实行新的组织形式等，也都是创新。创新要有眼光、有经营策略、有经营能力。创新能够导致经济成长。创新也会导致整个经济由专家来管理，实行经济计划化〔于光远 2000〕。

在于"不待一一穷之,而天下之理固已无一毫之不尽",(见《朱子语类》卷五十二)。在对同类事物之间由此及彼的推论分析时,"推己以及物,推得去则物我贯通",(见《朱子语类》卷二十七)。

而贯通论(coherence theory)主张,真理表现为一组命题之间的融会贯通关系或兼容关系。它可藉辩证法,通过回忆或心灵转向,获得理性的知识,与客观实在的理念一致。它认为真理是它自身的标准,真理在于其概念的清楚明白,经得起考验。它实在是一个统一的、融会贯通的整体。它是对整体的彻底认识,不应自相矛盾,命题及信念间彼此兼容,而且相互依赖。科学认识的目标,就是要建立一个兼容、简约、关联性的命题系统。

人类从最早的简陋工具使用到取火、到生产粮食、开垦农地、营造栖身之所、再到时间的计列、疾病的治疗与医药;从最早的轮子到筑路、造船、导航罗盘、到蒸汽引擎、内燃机、再到大量生产、空中飞行、喷射引擎、火箭推进;从早期的原始艺术到陶器、玻璃、金属器具、到文字符号、书籍、到明察秋毫的透镜显微镜、到天涯若比邻的信息传递、录音、动态影像、再到会思考运算判断的计算机;从早期的农耕科学到金属结构的建筑、到预防医学及诊疗医术的进步、到机械动力、自然动力、电力、核能、再到塑料的广泛使用;随着人类社会的不断发展,处处无不充满着创新与发明〔李勉民;威尔金森〕。

以下,本文第二节先对创新的背景理论作一简述,随后第三节才进入新儒学八卦因果链条的逐次创新融会。最后,第四节为本文之结语。

二、背景理论简述

第一,分工是社会劳动的分化和独立化,是表现为创化不同使用价值的各类有用劳动的一个多支体系。春秋时管仲最早论述了分工问题,将职业分工划分为士农工商。古希腊柏拉图主张按人的天性进行社会分工 Xenophon 更进一步研究了社会分工和单个工场的分工问题。Adam Smith 则是古典经济学分工理论的集大成者。但分工也是社会弊病的重要根源。不过,社会大分工推动了商品交换和商品生产的发展。分工且是社会生产力发展的重要标志,它熟能生巧,能促进生产专业化,大大提升人类的劳动生产力〔于光远 1992〕。

生产专业化就指在分工的基础上,把一些生产过程、产品制造、和工艺加工等从原来的部门或企业中分离出来，形成新的部门或企业的过程。随着生产的发展和科学技术的进步，社会劳动分工越来越细，生产专业化程度也越来越高，甚至变成隔行如隔山。产业企业内部专业化有产品专业化、零组件专业化、工艺专业化、和技术后方科学专业化四种基本形式。实行生产专业化，便于组织大量生产及弹性生产，可实行产品和零组件标准化、通用化、和系列化，便于新技术、新工艺、和高效率设备的采用，提高生产的机械化、自动化水平，并提高企业管理和职工技术的水平。

相应于生产专业化，Thomas Samuel Kuhn 提出了专业矩阵（discipli-nary matrix）的概念，多少是为了回答对范式（paradigm）一词用法颇多歧异的责难，澄清对范式概念的理解。他把范式中一类特别重要的规定抽出来作为前者的子集，可称之为范例。专业矩阵包括过去被称作范式、范式成份、或合乎范式的一切东西，但它们不再个别地或集体地混在一起被当作范式。这个概念中的专业，是指它由一门专业学科的实际工作者所共同掌握，而矩阵是指它由各种各样的条理化要素组成。专业矩阵主要有符号概括、模型、范例三种成份，从而能使人举一反三〔冯契〕。

第二，不论分工或生产专业化或专业矩阵，均涉及价值的情境。价值情境（value situation）一般是指主观偏好行为出现于其中的任何情境。这样的偏好行为可以被引向一个对象或若干对象的复合物，引向一个对象或若干对象的任何特质，例如生活富裕、香火绵延、选贤举能、人尽其材、货畅其流等。价值情境内在地是一种关系，包括着一种由某一行动者或某群行动者对某一事物或若干事物的偏好行为的行动。只有生活富裕、香火绵延等与主观偏好行为发生联系，才能显现出其正面的价值。一种价值情境不仅能为人们所报导，而且也能为行动者所亲身体验〔朱贻庭〕。

从伦理角度说明价值判断，常带有其主观性（subjectivity），但从经济角度说明除消费效用及社会福利之外的经济价值判断，则带有其客观性。Charles William Morris 认为，价值的维度（dimensions of value）与人类行为的三个阶段相呼应。在行为的知觉阶段，行动者搜寻相应于他要选择的追求目标或关怀目标，但他还没有投身于这些目标以采取行动，在这个意义上他是超脱的。在行为的操作阶段，他必须控制周围环境中的一些对象，保持住它们或者构造出它们，在这个意义上他支配着对象。在行为的完成阶段，他必须让所追求或所关怀的目标得以实现，在这个意义上他是依赖于其价值之维度〔朱贻庭；迪瓦恩〕。

某个事务或现象具有价值，就是该事物和现象成为人们的需要、兴趣、目的、关怀所追求的对象，但人的需要、兴趣、目的、关怀是随着社会环境的发展变迁而改变的，故价值还须通过人的实践来调适其实现。有人把价值看成是任何有兴趣的对象。有人认为价值来源于直觉，甚或统觉。有人认为价值是人对外在世界的评价反应。Clarence Irving Lewis 认为，价值有对于某种目标有效性的价值、外在的投入手段之价值、固有的功能价值、内在的作为目的之价值、及作为整体的一部份之参与价值五种形式。价值可能附着在对象之上，使对象成为财富。价值也可能与主体的活动相关，使这种活动成为评价的活动。

第三，行为（behavior）与意愿（intention）的关系，可从行为、身体、与心灵的关系开始谈起。一般来说，心灵的本质和其如何与实在世界的因果结构相符合之探讨，是企图提炼出对常民心理中有关行为、推理、意志、愿望、信念、感知、概念等的看法。心灵现象不是物理现象，亦不是经济现象。将 Rene Descartes 的观点扩大，物理世界及经济世界的本质是具体空间及抽象空间中的广延，心灵则不在空间里广延。心灵的本质在于思考，似乎缺乏其具体的空间位置。在深思熟虑的行为里，人按照其欲想、动机、和意向，将其目的或关怀实现出来。这些心灵的实现，又会引起相关的脑状态。脑状态又使人的身体有了行为，从而影响物理世界及经济世界的发展〔奥迪〕。

物理世界及经济世界，呈现出其间的新儒学阴阳两仪之互动对待，也透过人的脑状态而影响人的心灵。对物理世界的视、听、嗅、尝、触，都与从物理世界到心灵世界的因果转换有关，反之亦然。对经济世界的计划、评价、投资、生产、市场、消费、考核，也都与从经济世界到心灵世界的因果转换有关，反之亦然。Descartes 认为，心灵世界和物理世界有着双向的因果互动。扩而大之，其实心灵世界与经济世界亦有着双向的因果互动。

在生物学上，物种（species）主要是经由变异（variation）之阴仪和天择（natural selection）之阳仪互动而演化。Charles Darwin 是第一个以充分的细节来陈述他的演化机制，并提供适当的经验基础的人。在一窝小狗当中，有些会长得比较大，有些会毛长得比较长，有些将具有较强的抵抗疾病的能力等，这些就是变异。生物的相续世代以较为迂回的方式,去适应它们的环境,碰巧获得存活(survive)与生殖所必需的特征之有机体,依据天择原理就增殖了。那些没有获得这些特征的生物,不是死亡,就是留下较少的后代。不过,Darwin 的生物演化,尚未触及生物某种内在力量的指引,亦未触及环境的诱发〔奥迪〕。

第四,创新即创化,是中华文化思维的重要观念,其架构可参考周濂溪的太极图说〔周敦颐〕,及林国雄的新儒学系统论〔林国雄 1986,1990a,b,c,1991a,b,1992a,b,c,d,e,1993,1994a,b,1995a,b,c,d,1996a,b,c,d,1997a,b,c,d,e,1998a,b,c,d,e,f,1999a,b,c,d,e,2000a,b,2001a,b,c,d,e,2002a,b,c,d,e,f,g,2003a,b,c,d,e,2004a,b,c,d,e,f,g,h,i,j,2005a,b,c,d,e,f,g,h,i,j,2006a,b;蔡渊辉等 2004;蔡渊辉 2005〕。宇宙始生之时,无极生太极①。其后无极与太极彼此互动②。随后,太极动而生阳,静而生阴。阳变阴合,而生水火木金土,五气顺布,四时行焉③。

五行之生,各一其性。无极之真,二(阴阳)五(五行)之精,妙合而凝。乾道坤道,二气交感,化生万物。万物生生,而变化无穷。

换言之,太极之主动性生出天地两仪,天地两仪之主动互动性再生出五行与三才中之人。尔后,天地人三才之主动性继续维持,是为宇宙社会的主动系统;天地人三才之阳位、阴位、及主动中和力则变换为一操作系统;阴阳两仪本身则

---

① "无极生太极"相当于老子道德经第四十章"反者道之动,弱者道之用。天下万物生于有,有生于无"中的"有生于无"。大道是生天、生地、生人、生物的宇宙本体和根源。若往宇宙万物的第一根源追溯,宇宙万物的化生是化生于有,天下万物生于有形体的天地,有最后则是化生于无,有形体的天地则是生于无形体的道。因而,从人类认识能力的观点来看,"无"是道体的最后根源。此处,"无"是指人类在认知能力、控制能力、及信息处理能力等的限制下相对的"无",并非绝对的"无"。绝对的"无"是不可能生出"有"来〔林国雄 1994a,b〕。

② 此处"彼此互动"指的是老子道德经第二章的"有无相生"。老子道德经第十一章对此"有无相生"有着很好的诠释:"三十辐共一毂(车轴);当其无,有车之用。埏埴(黏土)以为器(器皿);当其无,有器之用。凿户牖以为室;当其无,有室之用。故有之以为利,无之以为用。"

③ 此处的阴阳动静及五行生克,可能是人类的自然科学、工程科学、医疗科学、及社会科学等最好的操作逻辑。阴阳动静可用于处理一切双向因果关系之科学课题;五行生克大致亦可用于处理,一切单向因果关系所串接起来的单向因果循环,且满足五行穷举要件之科学课题。科学哲学的操作主义(operational-ism)主张,以操作行为来定义科学概念。Charles Sanders Peirce 认为,一个概念或命题的意义在于一套与之相应的科学实验操作和经验行为。后由 Percy Williams Bridgman 正式创立。Bridgman 把操作分析不仅当作一切科学知识的基础,也当作澄清一切领域的概念,是改进人们间思想交流的普遍有效方法。凡是没有操作意义的概念、问题、陈述、和论点,都应从科学中排除出去〔冯契〕。而上面阴阳动静及五行生克的思维逻辑,均可符合此种操作主义的要求。

变换为开放、演化、互动、卦变之被动系统;五行之个别木性外扬、火性上炎、土性静止、金性内敛、水性下润,及来自天地人三才主动中和力则变换为一操作系统;木火土金水五行本身则变换为封序、循环、生克、稳定之被动系统。

阴阳逻辑的第一定律是"阴阳创化万物(含万事)"。从上述太极两仪操作之意涵中,完全看不到西方上帝在旧约全书第一卷创世纪"上帝创造世界及人类最初之传闻"的创造意涵。而融合佛道优秀成份的新儒学,或融合儒佛优秀成份的新道学,是中华文化的基本代表,所以此创造与创化的差异,可以显现出中西文化思想之基本差异。因而,阴阳逻辑第一定律不宜称为"创造定律"。魏凌云〔1989〕称第一定律为创造定律,并不妥当。应该改称"创化定律",才较能达意。

林国雄〔1994b〕曾兼顾逻辑与历史的统一,就人类的经济活动,自其总源头的太极,演绎出其十六个创化,依序分别为(每一个创化都是创新):

1. 合理稳定的主观价值(效用)之创化。

2. 私有消费财需求之创化。

3. 公共消费财需求之创化。

4. 社会福利及其共识之创化。

5. 将来准备使用价值之创化。

6. 消费财交换交易行为之创化。

7. 合理稳定的客观价值之创化。

8. 财货数量及其价格之创化。

9. 原始生产活动之创化。

10. 分工合作增加生活福祉之创化。

11. 产品及因素禀赋交换交易行为之创化。

12. 具规模经济利益的厂商制度之创化。

13. 农工业互动及城乡间互动之创化。

14. 国内外经济互动之创化。

15. 储蓄至投资金融管道之创化。

16. 通讯及计算机运算判断处理能力之创化。

其间,其创化涉及(主观价值,客观价值)、(社会福利,客观价值)、(财货数量,财货价值)、(消费者,社经环境)、(集体消费,社经环境)、(标的函数,限制条件)、(决策变量,决策参数)、(私有财,公共财)、(需求力量,供给力量)、(生产利润,生产技术)、(消费财的生产,生产因素禀赋投入)、(消费财或中间财或体力型资本财或脑力型资本财的生产,中间及基本投入)、(生产者,社经环境)、(工业部门,农业部门)、(城市部门,农村部门)、(国内部门,国外部门)、及(社会投资,社会储蓄)诸阴阳两仪的互动对待。

第五,其实,企业经营的劳动投入(阳仪)及业主股东权益资金投入(阴仪),有钱出钱,有力出力,也是一种社会分工。只是劳动投入一般所赚的是血汗钱,而业主报酬率所赚的有时不免会有不劳而获的疑虑。不过,业主报酬率在市场均衡利率考虑下扩展出来的合理分布范围内,仍是大家所愿意接受的。而专业经营注重在生产力及市场竞争力的提升,为企业经营活动之阳仪;综合理财注重在风险的分散以力求经营的稳健,则为企业经营活动之阴仪。相应于上面的投入,薪资报酬为产出之阳仪、专业经营利润及综合理财盈余则为产出之阴仪。此处,「利润」与「盈余」的用词不同,只是为了便于区别。

令新儒学八卦因果链条的经营变量,依序为:

A	= 薪资支出
B	= 劳动报酬(范围较大,包含薪资支出)
C	= 员工人数常雇当量
D	= 专业经营利润
E	= 综合理财盈余
F	= 专业经营附加价值
G	= 综合理财生产毛额
H	= 专业经营生产总额
J	= 专业经营机械电机投入
	= 专业经营固定资产投入
	= 综合理财固定资产投入
	= 专业经营实际运用资产投入
	= 综合理财实际运用资产投入
M	= 业主权益

上面 F 的附加价值及 G 的生产毛额之用词不同,亦只是为了便于区别。

由员工人数常雇当量的劳动投入 C 来至薪资报酬 A 的目标追求,经专业经营及综合理财之串接,可得乾卦及离卦的劳动因果链条为:

$\dfrac{A}{C} = \dfrac{A}{B} \cdot \dfrac{B}{F} \cdot \dfrac{F}{H} \cdot \dfrac{H}{J} \cdot \dfrac{J}{K_1} \cdot \dfrac{K_1}{L_1} \cdot \dfrac{L_1}{C}$	乾(1)
$\dfrac{A}{C} = \dfrac{A}{B} \cdot \dfrac{B}{G} \cdot \dfrac{G}{K_2} \cdot \dfrac{K_2}{L_2} \cdot \dfrac{L_2}{C}$	离(2)

式中 A/C 为平均薪资,A/B 为员工福利结构比,B/F 为专业经营劳动份率,F/H 为专业经营附加价值率,H/J 为专业经营机械电机总生产力,J/K_1 为专业经营机电资产比,K_1/L_1 为专业经营固定比例,L_1/C 为专业经营每员工实际资产,B/G 为综合理财劳动份率,G/K_2 为综合理财固定资产毛生产力,K_2/L_2 为综合理财固定比例,L_2/C 为综合理财每员工实际资产。

由业主权益的资金投入 M 来至专业经营利润 D 及综合理财盈余 E 的目标追求,经专业经营及综合理财之串接,可得坤卦及坎卦的资本因果链条为:

$\dfrac{E}{M} = \dfrac{E}{G} \cdot \dfrac{G}{K_2} \cdot \dfrac{K_2}{L_2} \cdot \dfrac{L_2}{M}$	坤(3)
$\dfrac{D}{M} = \dfrac{D}{F} \cdot \dfrac{F}{H} \cdot \dfrac{H}{J} \cdot \dfrac{J}{K_1} \cdot \dfrac{K_1}{L_1} \cdot \dfrac{L_1}{M}$	坎(4)

式中新增的经营比例 E/M 为综合理财业主报酬率,E/G 为综合理财盈余份率,L_2/M 为综合理财举债比例,D/M 为专业经营业主报酬率,D/F 为专业经营利润份率,L_1/M 为专业经营举债比例。

企业的经营,员工与业主股东还必须互相关怀,由上述投入端点来至关怀目标端点,经专业经营及综合理财之串接,可得震卦、巽卦、艮卦、及兑卦的关怀因果链条为:

$\dfrac{E}{C} = \dfrac{E}{G} \cdot \dfrac{G}{K_2} \cdot \dfrac{K_2}{L_2} \cdot \dfrac{L_2}{M}$	震(5)
$\dfrac{A}{M} = \dfrac{A}{B} \cdot \dfrac{B}{F} \cdot \dfrac{F}{H} \cdot \dfrac{H}{J} \cdot \dfrac{J}{K_1} \cdot \dfrac{K_1}{L_1} \cdot \dfrac{L_1}{M}$	巽(6)
$\dfrac{A}{M} = \dfrac{A}{B} \cdot \dfrac{B}{G} \cdot \dfrac{G}{K_2} \cdot \dfrac{K_2}{L_2} \cdot \dfrac{L_2}{M}$	艮(7)
$\dfrac{D}{C} = \dfrac{D}{F} \cdot \dfrac{F}{H} \cdot \dfrac{H}{J} \cdot \dfrac{J}{K_1} \cdot \dfrac{K_1}{L_1} \cdot \dfrac{L_1}{C}$	兑(8)

式中新增的经营比例 E/C 为劳动的综合理财盈余创化力,A/M 为业主权益

的薪资创化力,D/C 为劳动的专业经营利润创化力。

三、因果链条的逐次创新融会

有了上面的背景理论简述,现在再来看新儒学八卦因果链条的创新融会历程,应有更为深刻的意义。

经济学的供需分析、产业关联的系统分析等,当然也为新儒学八卦因果链条的创新融会创造了条件。不过,将经营管理与中华文化衔接,大致要从资金投资人、从业员工、及经营者三方面来看,企业经营的结构性因果链条,都是合则三利,分则三败的探讨开始。当然,也可以再加政府经济行政等的观点〔林国雄1990a〕。当时,还未将资金投资人(地)、从业员工(天)、及经营者(人)以天地人三才的结构加以呈现。

另一方面,经济学的对偶性(duality)原理,与中华文化的阴阳两仪观念亦有颇多的吻合之处,同时找到了周濂溪的太极图说,并看到了魏凌云包括四大定律的一套阴阳逻辑。于是以消费者的主观价值(效用)及社会福利共识,作为人类经济活动的总源头太极,就有了上一节十六个创化的演绎性及结构性之推论,以阴阳互动及联锁串接为主轴,于是产生了消费及交易行为的创化示意架构,以及生产及交易行为的创化示意架构。

由上面十六个创化,更能看到老子道德经"道生一,一生二,二生三,三生万物"及周濂溪太极图说"无极而太极,太极动而生阳,动极而静,静而生阴,静极复动,一动一静,互为其根,分阴分阳,两仪立焉;阳变阴合,二气交感,化生万物(含万事);万物生生,而变化无穷焉"的具体实践。大道是人类经济化生的总原理,应无疑义。由无极而太极,再生阴阳,二气互感而化生第三者,并不断继续演化,以得到全面的发展〔林国雄1994b〕。

不过,人类经济活动的交易方程式:

$$M^* V_T = 2P_Y Y + P_D D^* + P_R R + P_S S - C^* \text{①}$$（9）

---

① 因国内生产净额与国内所得大致为生产活动一事的两面,实际发生两次的交易,所以前应乘以二的倍数。式(9)的2若改写为 + 似乎更加妥当。G 为国内生产毛额,为其相对应的物价水平。Y 只代表国内生产净额。因国内生产的最终销售面发生的交易,而附加价值面只发生的交易,盖折旧只是账面上的成本处理,并未发生实际的现金支付。由于本处重视两仪论的阐述,不在数值分析的精确计算,故式(9)仍维持2的简化表达。

　　此处式中的 M^* 为货币供给额，V_T 为式中对应的货币总交易流通速度，P_Y 为国内生产净额或国内所得对应的物价水平，Y 为国内生产净额或国内所得，P_D 为中间产品的物价水平，D^* 为中间产品的交易需求额，P_R 为房地产流通市场相应的旧房地产价格水平，R 为房地产流通市场的交易需求额，P_S 为股票流通市场相应的股价水平，S 为股票流通市场的交易需求额，C^* 为在股票流通交易时不需用到货币作为支付工具的新增融资。

　　以上面的式(9)交易方程式为根据，须厘清货币金钱的名与实，涉及无用及有用的新儒学阴阳两仪之互动，阐明金钱"无用之用，方为大用"的中华文化至深哲理。金钱 M^* 的虚性有一以御繁的均质性，而 Y 的国内生产净额或国内所得，D^* 的中间产品、R 的房地产流通市场之旧房地产的实性、及股票流通市场的股票 S 之虚性，则有无限的异质性。至于债券及票券的交易，因其系属于准货币之性质，只扮演蓄水池调节的功能，并不须在式(9)交易方程式中予以列入〔林国雄1995a〕。这种货币之虚与 Y、D^*、R 之实的辨明，在新儒学八卦因果链条的创新融会上，是一个很重要的关键。

　　既要创新融会，那么以三才概念再阐释新儒学的经济思想，从天地人三才粹取其万物之本、万事之本、主动系统、及"太阳（或阳位）、太阴（或阴位）、中和（或人功）"三气四种重要的涵义。而人类经济活动对主观效用、社会福利、生产利润、社会净效益的追求，就是精神性可以伸展的天；所受消费支出预算、政府支出预算、或生产技术条件的限制，就是精神性必须立足的地；而在精神性的天与地之间，另需有消费者、社会集体、生产者、及社经环境为了追求各自最佳解所做的种种努力（人功）。至于致中和，还是在经济活动中人功介入的最高指导原则〔林国雄1995d〕。

　　有了阴阳三才的融会，当然还需要五行。五行深入中华民心至少已有四千多年。五行归纳天地间事物之性能与作用，而以水火木金土为其代表名词。木有外扬之性能，金有内敛之性能，火有上炎之性能，水有下润之性能，土有静止之性能。这也就是周濂溪所讲的"五行之生也，各一其性"。五行相生之循环是一种生、长、养、收、藏的生产性循环。每一行互相以其它四行为存在发展的依据，相克的备用力量又反过来互相约束着彼此的共存共荣。五行之中，土为本，并起着决定性的作用。

五行在排出相生顺序后比邻相生而间隔相克,五行的分类也符合生克的穷举要件。五行相生循环的顺畅与中和,是一种绕一圈所完成的全面稳定中和,有别于阴阳两仪的互动所完成的局部稳定中和。五行条理分明的生克思想,是一个封序循环的系统,与阴阳两仪思想的开放演化系统可以相辅相成,均是探索宇宙、自然及社会奥秘的两把重要钥匙〔林国雄 1995b〕。

其后,经由追求目标与投入手段的串接,形成了像式(1)及式(2)的两个劳动因果链条,形成了像式(3)及式(4)的两个资本因果链条。由于这些目标的达成均有助于促进手段的再投入,所以上述四个因果链条可以转变成四个封序而相生的循环。在这四个相生循环中,经由经营变量的结构对应性,并透过相关系数的筛选,将劳动报酬 B、专业经营生产总额 H、专业经营机械电机投入 J 予以省略。

于是专业经营固定资产投入 K_1、综合理财固定资产投入 K_2,由于其固定性,可以确认为五行的土之静止作用力量所附着的经营变量。进而可再依序确认专业经营附加价值 F、综合理财生产毛额 G 为金之内敛作用力量所附着的经营变量,确认薪资支出 A、专业经营利润 D、综合理财盈余 E 为水之下润作用力量所附着的经营变数,确认员工人数常雇当量 C、业主权益 M 为木之外扬作用力量所附着的经营变量,确认专业经营实际运用资产投入、综合理财实际运用资产投入为火之上炎作用力量所附着的经营变量。这套确认,其实也是创新融会的一次重大跃升〔林国雄 1996c〕。同时,董仲舒的"木,五行之始也;水,五行之终也;土,五行之中也"此种天次之序,也得到了验证。

式(1)乾卦所取之象符合事物的实际发展状况,是为实象。实象是实实在在的,皆非虚,故言实。式(2)离卦所取之象是虚假之象,并不完全符合事物发展之实情,此为假象。一般实无此象,但假而为义。就综合理财以分散风险之旨意而言,因风险存在于尚未实现的未来,故确实为虚。式(3)坤卦所取之象,是为用象。依据商品劳务在人类经济活动中之实,货币金钱在其中之虚,业主权益之资本投入大致是以货币金钱之投入为其表现形式,故式(3)坤卦之投入是虚性之投入,是一种无用之用的投入。将业主权益投入之虚,着力于综合理财以分散风险之虚,确实是无用之大用,所以坤卦式(3)所取之象是虚中之虚。

式(4)坎卦所取之象,是为义象。因为"舍无(虚)"以为体,容易落空,故业主权益资本投入之虚,仍须与着力于专业经营以提高生产力之实挂钩,以求其所安,以求其所宜,这也是义之本意。所以,坎卦式(4)义象所取之象,是虚中之实。于是在式(1)至式(4)四象五行之混合解析的基础上,可用相生循环之顺畅程度,以澄清义利之辨。并指出,重义轻利所轻的应该是唯利是图的利,而义利双行指的是公利与私利应有的良性互动,还建议高薪资之自限,供社会参考〔林国雄1996b〕。

将产业的厂商依平均薪资 A/C,专业经营业主报酬率 D/M、综合理财业主报酬率 E/M、专业经营附加价值 F、及综合理财生产毛额 G 等各别地或适当组合地进行厂商分类,亦能看到台湾地区厂商的舍生取义行为。其舍生取义之境遇,实缘于生产力及市场的变迁。一般来说,厂商对员工的基本承诺是企业经营的基本立足点,能力所及的额外给什则有助于实践中华文化的中和之道,使得因果链条的五行相生循环可以更加顺畅。另一方面,实高与假高薪资亦应合理自限,损有余以补不足,才能合于天之道。

其实,实高薪资常是难以维持的,假高薪资则可能引起更大的相克。企业的经营,亦有赖于劳动与资本的良性互动,这是上面除式(1)乾卦及式(3)离卦的两个劳动因果循环、与式(3)坤卦及式(4)坎卦的两个资本因果循环外,需要再加上式(5)震外、式(6)巽卦、式(7)艮卦、及式(8)兑卦的四个关怀因果循环之重要原因。由此,亦能经由量化结构的方式,呈现人类由为富不仁至舍生取义之道德场〔林国雄1996c〕。

吉与凶是周易常用的观念,事有善果为吉,有恶果为凶。周易系辞上传说:"吉凶者,失得之象。"因而,吉凶是就事物可能预见之结果来立意,是就未来特定时点或特定期间的可能结果来立意。而老子道德经第五十八章说:"祸兮福之所倚,福兮祸之所伏。"此种相依而生的祸福,一般则是根据事程来作分辨。但两仪的互动均衡,难作吉凶祸福的切入处。西汉时京房的易传说:"生吉凶之义,始于五行,终于八卦。"因而,来自五行的生克,乃是从事数理解析并判定吉凶祸福的基本切入处〔林国雄1997a〕

每一个五行相生循环,共有五个相生相关系数,其中最低的相生相关系数就是该相生循环的瓶颈位置。当然,由于厂商规模大小的悬殊,相关系数应采用员工人数常雇当量 C、或业主权益 M 等来合理地产生权数,以进行其加权计算。

由式(1)至式(8)八个瓶颈相关系数中最小者,就是企业经营的总瓶颈。而由总瓶颈或其它七个瓶颈处切入,应该比较容易寻找出企业改善经营的有利方向,从而进一步落实其改善之各种细节。当然,利用厂商的时间序列数据单独,或与横断面数据相结合,亦能用以计算来进行判断上面之相关系数。

新儒学八卦因果链条是以"道"为基础。凡是人类所有阴阳两仪的良性互动,皆是仁的行为表现。凡是所有人类价值判断均收敛并共容至社会福利及伦理共识的适宜性,皆是义的行为表现。大戴礼记上说:"礼有三本:天地者,生之本也;君师者,治之本也;祖宗者,类之本也。"有别于指恪守西方上帝创造这个世界之一本的西方文化,所以仁义思想还应站在"礼有三本"的合理分化框架加以理解。这种合理分化框架,与上述八卦因果链条以"道"为基础的仁义思想,是完全可以互相融贯呼应的〔林国雄1997f,1998g〕。

因为太极动而生阳,动极而静,静而生阴,所以阴阳的始生之序是先阳后阴。阴阳始生之后,则呈现出其互动的局面。至于五行,系未有气的太易生水,有气未有形的太初生火,有形未有质的太始生木,有质未有体的太素生金,形体已具的太极生土,此为五行的始生之序。五行始生之后,木生火,火生土,土生金,金生水,水生木,此为五行的相生之序,并可以周而复始;而木克土,土克水,水克火,火克金,金克木,此为五行的相克之序,因相克时的此长彼消,故五行的相克并不能周而复始。

就经济活动而言,上述合理稳定的主观价值之第一创化、私有消费财需求之第二创化、公共消费财需求之第三创化、社会福利及其共识之第四创化、来至将来准备使用价值之第五创化,均属人类维生及再发展之水的下润作用之创化,其始生顺序亦应居第一。上述消费财交换交易行为之第六创化、合理稳定的客观价值之第七创化、财货数量及其价格之第八创化,使得包含实物资产及"作为测量基准、价值诸藏、交易媒介"的货币等之具有火的上炎作用之实际资产开始累积,而且使用货币资金可以购买其它一切实际资产及一切的实际生产因素,其始生顺序应居第二。

上述由生产因素禀赋劳动力的使用,而衍生出消费财生产活动的第九创化;由生产因素禀赋劳动力经由分工合作的组织,搭配更精良生产工具的使用,而衍生出更多更大消费财生产的实现之第十创化;这些都是具有木的外扬作用的劳动力投入及业主权益资金投入所促成者,其始生顺序应居第三。当人类的经济社会进展至第十一创化,具有金的内敛作用之专业经营附加价值或综合理财生产毛额之内敛环境终于形成,其始生顺序应居第四。

上述规模经济的第十二创化,尤其是其中含机械电机的固定资产之创化,有生亦有成,也是工业社会五行始生顺序之最后完成。而农工业互动及城乡间互动之第十三创化、国内外经济互动之第十四创化、储蓄至投资金融管道之第十五创化、与通讯及计算机运算判断处理能力之第十六创化,则是对工业社会的进一步完善。故土的静止作用之始生顺序应居第五〔林国雄2001a〕。

而不论是机械性均衡或生物性均衡,一般这些均衡在人类认知下,皆无明显的主动中和力之介入。至于局部均衡中,阴仪力量常从其身处的一半开放空间中汇聚起来,阳仪力量亦从其身处的另一半开放空间中汇聚起来。从而,许多的局部均衡,一环扣一环,连缀起来,可以造就范围甚为广大的一般均衡。不过,均衡的源头仍是阴阳的开放、演化、互动、卦变系统,均衡又没有主动中和力的介入,难怪 David Easton 在对均衡理论作详细的比较分析后指出,它是一种不充分或不胜任的理论。即使其开放演化互动卦变的属性完备,但因仍欠缺封序、循环、生克、稳定的五行属性之互补,所以均衡理论永远是一种不充分或不胜任的理论。

虽然均衡可能是一种中和上的中节,但因为均衡不一定与合理的价值判断有着联系,所以并不是所有的均衡都是中和上的中节。因此,中和只能条件地包容均衡〔林国雄1999f〕。

因为式(9)货币供给额 M^* 的虚以带实(含 Y、D^*、R)及虚以带合理的虚(S),但互相持股或循环持股的可以冲掉的虚性,例如甲厂商持有乙厂商发行的一百万元业主权益,乙厂商持有丙厂商发行的一百万元业主权益,丙厂商回头持有甲厂商发行的一百万元业主权益,在同一个基准日,在社会上绕一圈之后,是可以冲掉的。但由于尚欠缺这一方面的信息,股权的对冲目前尚难以处理。所以 M^* 的虚以带合理的虚(S)中,目前尚未能再分离出其中在社会上绕一圈之后可以冲掉的虚性。

不过债权及债务间的可冲掉虚性,例如甲厂商持有乙厂商十万元的应收帐款,乙厂商持有丙厂商十万元的应收票据,丙厂商回头持有甲厂商十万元的应收

费用,在同一基准日,在社会上绕一圈之后,大致是可以冲掉的。故,就制造业的厂商来说:

从社会面可冲掉的流动资产 = 现金及金融机构存款 + 应收帐款及票据 + 有价证券(含股票的购入,但未换算成对应的业主权益)+ 其它流动资产(主要为短期投资、预付款项、暂付款、股东及同业往来等)

从社会面可冲掉的流动负债 = 应付款项 + 其它流动负债

所以,在式(2)、式(3)、式(5)、及式(7)中:

综合理财实际运用资产投入 = 专业经营实际运用资产投入 - 专业经营中租用借用固定资产价值合计 + 自有土地 + 综合理财中出租出借固定资产价值合计 - 不含上述房屋基地及其它营建基地的土地出租出借价值 + 从社会面可冲掉的流动资产 - 从社会面可冲掉的流动负债 - 其它负债 + 基金及长期投资 + 其它资产 + 制成品及在制品存货减少成本

= 厂商资产负债表上的资产总计 - 未完工程 - 在途设备 - 应付款项 - 其它流动负债 - 其它负债 + 制成品及在制品存货减少成本

= 短期借款 + 长期负债 + 业主权益 M - 未完工程 - 在途设备 + 制成品及在制品存货减少成本

新儒学八卦因果链条将土地视为二级产业及三级产业厂商综合理财的对象,但因其对生产力的提升并无帮助,只提供厂商生产活动的空间,又不提列折旧,故并不是专业经营的固定资产投入。而制成品及在制品存货减少成本,则是一种综合理财的实际运用资产。至于未完工程及在途设备,因尚未实际参加经营,则不视为综合理财实际运用资产。此外,利息支出是专业经营附加价值 F 的一个组成要项,利息收入则是综合理财的一种非营业收入;同理,租金支出也是专业经营附加价值 F 的一个组成要项,租金收入则是综合理财的一种非营业收入。

除上面的特殊处理外,从损益表及资产负债表等资料上,将式(1)至式(8)各经营变量,在专业经营及综合理财的意义上合理地离析出来,亦是八卦因果链条创新融会的重要课题。因为由这些经营变量的命名已知其计算意义,故不再赘述〔林国雄 1999d〕。

八卦因果链条是以生生为其价值发生的根源。生非创有。聚而为庶物之生,自氤氲之常性。生生的不动之推动者是道。道可由一本演化成万殊,也可由万殊再回归至一本。生生均有其实在性。二十世纪的 Herbert Alexander Simon 等人,从调整适应的理性系统之角度,重新来思考所有经营管理的各色各样价值问题,这种发展与八卦因果链条的立论,其实也是互相呼应的。所谓调整适应,就是新儒学阴阳两仪的 C 与 M、与、与、F 与 G、A 与 D、E 阴阳两仪的良性互动对待。八卦因果链条,是以 C 与 M 中之我作为出发点,以助人群之进化〔林国雄 2002h〕。

八卦因果链条的构建,依序包括了因果排列理性、投入列示理性、产出列示理性、纵深表达理性、白箱把握理性、定义式理性、实践理性、四象八卦易理理性、三才易理理性、易之三义理性、五行易理理性、及天次之序理性共十二种理性,有别于生产函数的非纵深表达。易纬乾凿度指出:"易一名而含三义,所谓简易也、变易也、不易也。"因果链条各经营变量或各经营比例之变异,均是易理中可能者涵义的变易之有;企业经营,均是易理中存在者行为涵义的简易之有,企业设立的目的就是要去经营,不去经营,又何必去设立;企业的设立后存在,则是易理中存在者涵义的不易之有〔林国雄 2001d〕。

八卦因果链条将经营比例作广义的解释,有别于狭义的财务比例。因果链条中的经营比例,均具有其因果关系之意义,有别于一般经营比例常只具有其衡量指标之意义。目前一般经营比例计算所涉及的经营变量,对其中于分析时从社会面可冲掉的虚性,均未予以妥善处理。而新儒学经营比例,则大致没有这些偏差。八卦因果链条的全局且与经验数据相结合的洞察能力,似乎亦尚未为当今西方厂商理论及经营管理实务等所具备〔林国雄 2002c〕。

循环在自然及社会里是普遍存在的,但是能符合五行穷举要件的循环才是完整的单向因果循环。由式(1)至式(8)所转换成的八卦单向因果循环,可以用企业、产业,甚至用整个国家的经济作为探讨对象〔林国雄 2002e〕。

管理货币的意义应回归至式(9)的交易方程式,并透过最终产品之物价 P_Y 及中间产品之物价 P_D 的长期稳定,以建立合理的人类客观价值尺度。一般来说,股权关系可以因业主权益变成小于零而消灭;债权债务关系可以因履行而消灭,也可以因行政命令有关债权债务关系解除的颁布而消灭,因混同处理而使旧的债权债务关系消灭而以新的债权债务关系取代,因双方同意抵销而消灭,因双方协议取得新的解决办法而消灭,或因依法令规定办理提存而消灭。所以任何股权关系及债权债务关系,因其可对冲抵销,均有其虚性。而衍生性金融工具由虚(股权或债权)以带出虚,其虚性更是不在话下〔林国雄 2003c〕。

人类经济活动的虚性有:作为一个国家国内交易媒介的货币之合理虚性、作为全世界跨越国家的国际支付工具的国际主要货币之合理虚性、在世界范围内或在一个国家范围内不可对冲抵销之合理虚性、及在世界范围内或在一个国家范围内可以对冲抵销之不合理虚性、作为二级产业及三级产业厂商的活动空间之合理虚性。若令为企业资产负债表上的资产净额总计,则 L_3/L_1 为企业或产业或经济的总虚性倍数,/为稳健综合理财的合理虚性倍数,L_3/L_2 为非稳健综合理财的不合理虚性倍数。

民国八十五年台湾制造业抽样调查文件的不合理虚性倍数 L_3/L_2,曾有高达 2.40、2.15、1.89、1.69 者〔林国雄 2003c〕。

任何商品、劳务、或资产的客观价值,只能条件地见之于其成交价格。政府必须先用其公共权力以建立货币作为其国内稳定的客观价值尺度。但成交价格来自客观性强的事前思维,其稳定性高;来自主观性强的事前思维,其稳定性差。一般来说,来自经济活动周流、非土地之固定资产、或准货币型资产的成交价格,常具有其稳定性;而来自土地资产、或非货币型金融资产的成交价格,则常具有其不稳定性〔林国雄 2003e〕。

由太极而两仪、而四象、而八卦,采取的是一分为二法。此一分为二法须受到天地人三才架构的规范。而经济学供需阴阳两仪的量化分析模型,一般只能停留于抽象演绎阶段,其量化分析的客观落实,一定会涉及经济计量上的认定问题(identification problem)。为化解此认定问题,通常须在模型中加进外生变量或前期内生变量,但加进外生变量或前期内生变量的方式,并没有唯一性。其余各色各样的阴阳对待模型,均可依此类推。故本文在式(1)至式(8)的八卦因果链条中,未放入任何的阴阳量化分析模型〔林国雄 2004b〕。

当我们的科学从自然科学扩大延伸及于人文及社会科学时,已不是理性受教于自然,理性反映自然,亦不是向自然提出问题,要求自然答复。而是科学的理性思维,应明确地再切换成"向人类提出客观问题,要求人类活动的客观数据答复"。上述式(1)至式(9)的经营变量,大致均有能力来提出在分析判断时所需要的客观数据。

当前宏观经济理论思维的强机械性,为进入更高层级的有机性思维,使其更富有人性,使用八卦因果链条的式(1)至式(8),当可取代当前的总体生产函数分析,并让宏观经济进入更高境界的致中和分析。此外,因为货币有作为交易媒介的最主要流通功能,使得货币需求的概念没有太大的分析意义。其实,这就是总体经济学的 IS - LM 模型不能合理成立的一种新儒学卦变。凯因斯的流通性陷阱,其货币需求的利率弹性为无穷大,古典学派则认为货币需求的利率弹性极小,而接近于零。此种两极看法,亦足以作为,货币需求概念原来就没有太大分析意义的佐证〔林国雄 2004d〕。

遵循周濂溪的太极图说,中华儒释道及欧美民主科学的优秀成份,均能组入新儒学系统论中,而式(1)至式(9)就是这种组入的具体产物。由于太极、两仪、五行、及三才的操作整合力,其继续创新融会的力道,应仍具有很大的潜力。凡一事一物之生,直接施以强大影响者,是为因;间接助以弱力之影响者,是为缘。一切事物,皆是因缘和合而生,从无例外。而机率关系的课题,常是一种复杂因果关系经简化后的课题。模糊关系的课题,也常是一种在时间受限下因果关系经简化后的课题。所以,因果关系足以涵盖科学分析的重要领域,而式(1)至式(8)的八卦因果链条,及其转换后的八卦因果循环,则是因果关系的重要呈现〔林国雄 2006b〕。

由上面的创新融会之论述可知,创新常不是一步到位的,此由公元一九九○年因果链条的初步观念,到一九九六年四象因果链条的演进成果,再到二○○一年八卦因果链条的小成,已能明显看出。融会也常不是一步到位的,此由一九九○年的初步融会,逐步发展到上面二○○六年各方面大致皆已兼顾到的更加完善之融会。能融会才能贯通,才能以简御繁,这种成效也是大家所期待的。

四、结语

本文第二节的式(1)乾卦及式(2)离卦两个劳动因果链条、式(3)坤卦及式(4)坎卦两个资本因果链条、与式(5)震卦、式(6)巽卦、式(7)艮卦、式(8)兑卦四个关怀因果链条,是传统中华文化与当今西方经营管理有效结合的一种具体创新。经营第二节对创新的背景理论作简述,再经由第三节对新儒学八卦因果链条的逐次创新融会,本文明白指出,创新常不是一步到位的,融会也常不是一步到位,创新融会常是逐步求其完善的。不过,能融会才能贯通,才能以简御繁,这种成效也是大家所期待的。

参考文献:

1. 于光远(1992),经济大辞典,上海辞书出版社。

2. 于光远(2000),经济大辞典,补编表,上海辞书出版社。

3. 朱贻庭(2002),伦理学大辞典,上海辞书出版社。

4. 李勉民(1986),奇妙的发明,读者文摘远东公司。

5. 周敦颐(1978),周子全书,台湾商务印书馆。

6. 林国雄(1986),《中共1984年投入产出表编制:贝氏RAS方法之运用:主评》,中国经济学会年会论文集,台北,193-202页。

7. 林国雄(1990a),《工商普查数据之运用研析》,中华民国75年台闽地区工商业普查专题分析报告,行政院主计处,1-14页。

8. 林国雄(1990b),台湾地区物价模型之解析,兼论汇率与能源价格变动对国内经济影响,行政院经济建设委员会。

9. 林国雄(1991a),《电机电子业工商普查数据之解析,兼论我国策略性工业的发展方向》,交大管理学报,11卷1期,1-25页。

10. 林国雄(1991b),《当前国家建设经费筹措概论,兼论五行思想、目标唯一性、及目的多元性》,迈向国家新境界研讨会,台北,1-15页。

11. 林国雄(1992a),《工商普查经营比例之逻辑探讨,兼论数学期望值的真相》,国立编译馆馆刊,21卷1期,367-391页。

12. 林国雄(1992b),《论投入系数细分计算之一口气理性》,交大管理学报,12卷1期,101-136页。

13. 林国雄(1992c),《论因果与机率,并归结至阴阳思想之知识化生理论》,第九届国际易学大会,夏威夷希洛,1-53页。

14. 林国雄(1992d),《儒学阴阳两仪观念与经济活动》,儒学与法律文化,复旦大学出版社,76-84页。

15. 林国雄(1993),《经济计量时归纳逻辑机率之涵义与测量,因缘和合论及易理之运用》,交大管理学报,13卷1期,77-108页。

16. 林国雄(1994a),《预期效用的概念演化与计数属性,新儒学经济思想及因缘和合论之运用》,社会科学战线,1994 年 4 期,29 – 37 页。

17. 林国雄(1994b),《新儒学经济思想的开拓》,大易集要,齐鲁书社,218 – 240 页。

18. 林国雄(1995a),《金钱价值的两仪论》,交大管理学报,15 卷 1 期,59 – 76 页。

19. 林国雄(1995b),《春秋繁露中的五行思想》,孔学研究,1 辑,268 – 285 页。

20. 林国雄(1995c),《制造业普查数据之解析,因果链条及新儒学经济思想的运用》,交大管理学报,15 卷 2 期,39 – 69 页。

21. 林国雄(1995d),《新儒学经济思想的三才诠释》,太极科学,10 辑,13 – 26 页。

22. 林国雄(1995e),《论矛盾》,1995 世界太极年会,比利时布鲁塞尔及鲁汶,1 – 29 页。

23. 林国雄(1995f),《台北市道路交通之解析》,新儒学经济思想的开拓,慈惠堂,67 – 79 页。

24. 林国雄(1996a),《论有无与场》,交大友声,354 期,70 – 73 页。

25. 林国雄(1996b),《新儒学四象五行之混析与义利之辨,以机械业为例》,船山学刊,1996 年 1 期,224 – 243 页。

26. 林国雄(1996c),《从为富不仁至舍生取义的道德场,以食品业为例》,交大管理学报,16 卷 1 期,105 – 121 页。

27. 林国雄(1996d),《新儒学经济思想的五行解说》,面向新世纪的中国管理,上海交通大学出版社,3 – 24 页。

28. 林国雄(1997a),《吉凶祸福的数理解析初探,以食品业为例》,交大管理学报,17 卷 2 期,81 – 97 页。

29. 林国雄(1997b),《政府所为何事的新儒学经济思考》,交大管理学报,17 卷 3 期,147 – 174 页。

30. 林国雄(1997c),《产业关联价量模型的两仪解析》,第二届经济发展学术研讨会,台北,1 – 20 页。

31. 林国雄(1997d),《论就业与投资市场致中和之力,以食品业为例》,华夏文化之管理理念,1997 华夏文化与现代管理国际学术研讨会论文集,香港,151 – 163 页。

32. 林国雄(1997e),新儒学经济与管理,慈惠堂。

33. 林国雄(1997f),《老子道德经的仁义思想》,宗教学研究,1997 年 4 期,15 – 20 页及 72 页。

34. 林国雄(1998b),《经营变量五行生克回归之理论解析与验证,以机械业为例》,大易集述,巴蜀书社,308 – 333 页。

35. 林国雄(1998c),《经营变量中五行相生致中和之力,以食品业为例》,中华管理评论,

2 卷 1 期,1 – 12 页。

36. 林国雄(1998d),《周易与经济》,周易研究,1998 年 4 期,88 – 96 页。

37. 林国雄(1998e),《经济活动的母体五行生克加权回归》,交大管理学报,18 卷 2 期, 97 – 123 页。

38. 林国雄(1998f),《论道》,宗教学研究,1998 年 4 期,15 – 20 页。

39. 林国雄(1998g),《春秋繁露中的仁义思想新论》,国际儒学研究,4 辑,175 – 206 页。

40. 林国雄(1999b),《新儒学经济发展伦理》,孔学研究,5 辑,125 – 137 页。

41. 林国雄(1999c),《简单回归逻辑之基本思考》,中华管理评论,2 卷 5 期,1 – 15 页。

42. 林国雄(1999d),《由新儒学四象结构剖析制造业厂商的会计信息》,今日会计,77 期,102 – 108 页;78 期,67 – 86 页。

43. 林国雄(1999e),新儒学产业发展,4 册,慈惠堂。

44. 林国雄(1999f),《论中和与均衡》,云南师范大学学报,1999 年 4 期,85 – 91 页。

45. 林国雄(2000a),《台湾制造业经营体质的新儒学初探考察》,今日会计,80 期,97 – 109 页;81 期,82 – 100 页。

46. 林国雄(2000b),《论规则与权威》,孔学研究,6 辑,553 – 572 页。

47. 林国雄(2001a),《新儒学经济活动中五行始生之序》,华人管理本土化之开拓,游汉明编,乐文书局,321 – 352 页。

48. 林国雄(2001b),《微观消费理论的新儒学诠释》,苏州铁道师范学院学报,18 卷 1 期,13 – 23 页。

49. 林国雄(2001c),《台湾制造业损益表结构的新儒学考察》,交大管理学报,21 卷 2 期,51 – 81 页。

50. 林国雄(2001d),《企业经营因果链条的构建理性》,中华管理学报,2 卷 2 期,43 – 68 页。

51. 林国雄(2001e),《产业与企业经营变量的卦象诠释》,2001 年科技与管理学术研讨会论文集,台北,605 – 612 页。

52. 林国雄(2001f),《海峡两岸总体经济比较初探》,由四象结构剖析制造商的会计信息,慈惠堂,382 – 431 页。

53. 林国雄(2002a),《新儒学分配论》,齐国治国思想论集,山东文艺出版社,158 – 176 页。

54. 林国雄(2002b),《新儒学知识论》,新儒. 新新儒,东方文化与国际社会的融合,文史哲出版社,137 – 189 页。

55. 林国雄(2002c),《论一般经营比率与新儒学因果链条的联系》,南台科技大学学报,27 期,117 – 136 页。

56. 林国雄(2002d),《回归分析时演绎与归纳的两仪论》,交大管理学报,22 卷 2 期,1 - 34 页。

57. 林国雄(2002e),《论经济及企业活动中的单向因果循环》,汕头大学学报,18 卷 6 期,72 - 85 页。

58. 林国雄(2002f),《新儒学的文字符号逻辑》,第三届东亚符号学国际会议,武汉,1 - 27 页。

59. 林国雄(2002g),《数学期望值:经由工商统计论述意义的充分表达》,2002 年管理新思维学术研讨会,台北,1 - 35 页。

60. 林国雄(2003a),《新儒学价值论》,中西会通与中国哲学的近现代转换,商务印书馆,668 - 699 页。

61. 林国雄(2003b),《台湾制造业资产负债表结构的新儒学考察》,产业论坛,4 卷 2 期,73 - 116 页。

62. 林国雄(2003c),《论经济泡沫破灭前货币金融面纱之去除》,台北科技大学学报,36 卷 1 期,115 - 138 页。

63. 林国雄(2003d),《论核四释宪案的司法伦理》,暨大学报,7 卷 1 期,59 - 82 页。

64. 林国雄(2003e),《论成交价格的产生情境及其影响》,东吴经济商学学报,43 期,1 - 40 页。

65. 林国雄(2004a),《代表性厂商与其数学期望值的深层意义,兼论算术平均在处理厂商间数据的系统偏误》,产业论坛,6 卷 1 期,133 - 169 页。

66. 林国雄(2004b),《新儒学因果论》,根在河洛,大象出版社,640 - 689 页。

67. 林国雄(2004c),《论关键厂商在产业分析上的影响》,国家政策季刊,3 卷 4 期,157 - 184 页。

68. 林国雄(2004d),《宏观经济理论的新儒学再造》,运筹研究集刊,6 期,43 - 79 页。

69. 林国雄(2004e),《新儒学组织论》,中华企业资源规划学会 2004 学术与实务研讨会暨年会论文集,中坜,103 - 117 页。

70. 林国雄(2004f),《论经营的开放与封序》,第三届跨领域管理学术与实务研讨会,当代管理趋势的全球化、网络化、知识化,台中,1 - 25 页。

71. 林国雄(2004g),《新儒学经营因果循环分析未采用联立方程法的论述》,第五届管理学域学术研讨会论文集,台中,132 - 149 页。

72. 林国雄(2004h),《新道家与新儒学》,2004 海峡两岸首届当代道家研讨会,武汉,1 - 34 页。

73. 林国雄(2004i),《论五行经营生克的真性与假性相关》,第八届科际整合管理国际研讨会,台北,1－31 页。

74. 林国雄(2004j),《论公司法关系企业之不合理虚性》,杨兆龙先生百年诞辰纪念暨学术思想研讨会论文、资料汇编,苏州,88－112 页。

75. 林国雄(2005a),《论四象因果循环在经营上的基础性》,产业论坛,7 卷 1 期,179－218 页。

76. 林国雄(2005b),《论计量的知识评价难以单独客观进行》,运筹研究集刊,7 期,1－46 页。

77. 林国雄(2005c),《新儒学忠恕之道》,价值与文化,4 辑,11－22 页。

78. 林国雄(2005d),《新儒学土地论》,经营管理论丛,1 卷 2 期,75－92 页。

79. 林国雄(2005e),《论制造业普查数据的新儒学信息功能》,2005 两岸经济论坛:产业经济与财务管理,天津,1－30 页。

80. 林国雄(2005f),《从新儒学观点论经营管理内容的改进》,第九届世界管理论坛暨东方管理论坛,上海,1－47 页。

81. 林国雄(2006a),《由制造业普查『论』叙述与推论统计的某些课题》,第十届世界管理论坛及东方管理国际学术研讨会,上海,1－31 页。

82. 林国雄(2006b),《论新儒学经营的道、天、地、将、法》,新儒学经营管理学报,2 辑。110－172 页。

83. 林国雄(2006c),《循环持股所引起的不合理分配》,第九届两岸中华文化与经营管理学术研讨会,济南,1－13 页。

84. 林国雄(2006d),《论道不同,不相为谋》,世界经济文汇,2006 年 6 期,31－47 页。

85. 林国雄(2006e),《新儒学系统论》,新儒学经营管理学报,3 辑,1－58 页。

86. 林国雄(2007),《互相持股所引起的不合理分配》,西安交通大学学报,27 卷 1 期,22－28 页。

87. 迪瓦恩(1997),20 世纪思想家辞典,上海人民出版社。87

88. 威尔金森(1996),创意与发明,猫头鹰出版社。

89. 彭漪涟与马钦荣(2004),逻辑学大辞典,上海辞书出版社。

90. 冯契(1992),哲学大辞典,上海辞书出版社。

91. 奥迪(2002),剑桥哲学大辞典,猫头鹰出版社。

92. 蔡渊辉(2004),《新儒学决策结构之一,阴阳系统论》,亚太社会科技学报,3 卷 2 期,39－63 页。

93. 蔡渊辉(2005),《新儒学决策结构之二,五行系统论》,亚太社会科技学报,4卷2期,25 – 56页。

94. 魏凌云(1989),《易经与人工智能(智能)的融合》,西王金母与汉武帝之研究,慈惠堂,241 – 253页。

95. Lin, Kuo – hsiung(1998a) , "Jyh – Chung – Ho(致中和)Forces of Wu – Hsing(五行)Shiang – Sheng(相生) in Business Variables, A Case Study of Food Supplies Manufacturing, " Systems Science and Systems Engineering, edited by Gu Jifa, Scientific and Tech – nical Documents Publishing House, Beijing, pp240 – 244.

96. Lin, Kuo – hsiung(1999a) , " Neo – Confucian System Theory," Sev – enth International Congress of the International Association for Semiotic Stndies, Germany:Dresden, PP. 1 – 13.

(作者为台湾中华大学国际企业系主任、教授)

《河图》考辨

郭　校

《河图》是远古圣人在黄河滩涂发现的一块上列"点阵"的奇石,肇启了中华文明,衍生出蕴含儒学真精神的中道文化。中道文化是河洛文化的精华,它具有可贵的普世价值。

一、文源考

史家把中华文化的源头追溯到《河图》,如《中国历史大辞典》"河图"条下,第一句就界定它是"中国古代有关文化起源的一种神话传说"。"传说"云云,措辞委婉,表明对史前故事的认肯持论谨慎。梁代刘勰在所著《文心雕龙·原道》篇里就说得十分直白干脆:"人文之元,肇自太极。"句中的"元",取开始、本原的义项,即源头的意思。"太极"一词,顾及下文"幽赞神明,易象惟先"。所设定的语境,可判断其所指实即《河图》。因为"太极"之为名也,本义是发展的最原始的端点。其为物也,刘勰从史家文化起源的共识出发,视《河图》为肇启人文的原生态的"太极图",也有几分道理。至少说,像后来濂溪周敦颐在《太极图说》中所示带有"水火匡廓"的"太极图";瞿塘来知德在所撰《易注》中,所列俗称"阴阳鱼"的"太极图",两图虽专名为"太极",实质上却都是"河图"衍生的、学人为解释《河图》而创作的图式,且问世都在刘勰身后,显然非刘文所指。此其一证。

二证在"幽赞神明,易象惟先"一句。在易学丰富的蕴含中,"象"、"数"、"理"、"占"是相互有内在联系,而又各具完整体系的重要范畴。何谓"象"? 按孔子的解释是，"圣人有以见天下之赜，而拟其形容，象其物宜，是故为之象"①。即先民中的圣哲，观察自然、社会，得到攸关事物存在与发展的深奥邃秘的知识，就用一些符号来模拟它们的形容，作为表现它们的"象"。如《说卦传》第十一章中所列《乾》、《坤》、《震》、《巽》、《坎》、《离》、《艮》、《兑》八卦，所象的天、地、雷、风、水、火、山、泽等事物，就有 112 种之多。在易家象数派汗牛充栋的著作中，八经卦，六十四别卦，三百八十四爻，所"象"的物事，其繁富很难局限而统计。易家总称这些卦爻为"易象"。而《河图》是孕育产生这些卦爻的"母体"，当然是最先面世的"易象"，所以"易象惟先"，指称的还是《河图》。揭举"幽赞神明，易象惟先"，明显的是为了申述、强调"人文之元"从《河图》肇始。

进一步考察、明确《河图》孕育卦爻的史实，更有助于证明"人文之元，肇自《河图》"的结论。《河图》与易象的关系，孔子作《易传》于多处反复地说明，后人也是据此肯定《河图》为中华文化之源的。如《系辞下传》第二章说："古者包牺氏之王天下也，仰则观象于天，俯则观法于地，观鸟兽之文与地之宜，近取诸身，远取诸物，于是始作八卦，以通神明之德，以类万物之情。"另如《系辞上传》第十一章："河出图，洛出书，圣人则之。"后学也曾有人以这两条记述"有矛盾"，而对"则图画卦"提出质疑。其实这两条记述并没有矛盾，不过是有整个过程与部分环节的区别而已。知识靠渐进地积累，灵感是突发的顿悟。伏羲氏通过仰观俯察，远摄近取，从天地法象、动植万汇之中逐渐积累有万物化生的邃秘知识（此谓"圣人有以见天下之赜"），待他见到以"奇"（一、三、五、七、九）、"偶"（二、四、六、八、十）之数"五位相得而各有合"（"一与六共宗，二与七为朋，三与八成友，四与九同道，五与十相守"）组合成点阵的《河图》时，顿悟他的认识可以成立，并从点阵上得到启发，创造出一系列符号，把有关认识表现出来（此谓"拟其形容，象其物宜"）。这就画出了能揭示自然造化的神秘（"以通神明之德"）、可类比表明万物的情状（"以类万物之情"）的"八卦"。这是画卦的全过程。从此，先民开始用符号来概括表达自己的意识，实现了从认识世界到反映世界的质的飞跃，标志先民告别蛮荒蒙昧，进入文明时代。所以，后人尊称"则图画卦"的伏羲为"人文始祖"！

---

① 见《系辞上传》第十二章。

"河出图,洛出书,圣人则之"十个字,记述的是伏羲画卦的关键性环节,后人凝缩为"则图画卦"四字。"则"是取以为则,即效法的意思。图是点阵,卦是线条,怎样解释画卦是效法《河图》的呢? 原来《河图》上的点阵是"天数(奇)五,地数(偶)五,五位相得而各有合"。[①] 伏羲从中得到启发产生灵感,他模拟奇偶之数的基本特征,创造"—"、"– –"两个符号。又得"五位相得而各有合"的图像启示,想到推衍符号来反映自然生化之"理"(即"天下之赜"),于是把"—"、"– –"有重复地排列,画出了"八卦"。这个过程可图示如下(易象学者对下列符号命有专名,也一并标出):

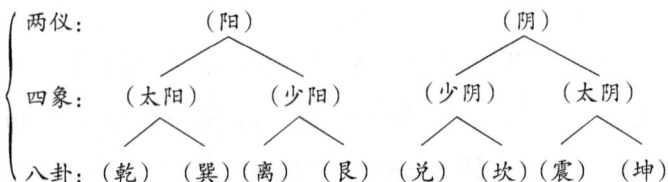

两仪: (阳)   (阴)

四象: (太阳)   (少阳)   (少阴)   (太阴)

八卦: (乾) (巽)(离) (艮) (兑) (坎) (震) (坤)

上列图示,孔子作《十翼》,描述为"是故易有太极,是生两仪,两仪生四象,四象生八卦"。[②] 很显然是把孕育"—"、"– –"的《河图》置于"太极"之位。尊圣宗经的刘勰,立论"人文之元,肇自太极",根据即出于此吧?

近代的研究者认为文明的重要标志之一,是文字的产生和应用。汉代著名的文字学家许慎在其所著的《说文解字》"自叙传"中,开篇就追叙伏羲的"作八卦"、"垂宪象",视之为仓颉造字的先导。本来,"拟其形容,象其物宜"的线条符号(卦爻),它与"依类象形"的点划符号(文字),不仅创作思想相通,而且两者作为信息载体,"以代结绳之政"的社会功用也完全相同。可见《说文解字》也为文化起源于《河图》提供了有力佐证。

二、有无辨

如上《河图》是文化之源的考论,是以《河图》的实有为前提的,但是自宋代以来,直到新中国成立后,《图》、《书》有无之辩,却是聚讼纷纭。因此,申述见解,辨明有无,也成了行文不容或缺的笔墨。

---

① 见《系辞上传》第九章。
② 见《系辞上传》第十一章。

最早记载《河图》的典籍是我国古代的信史《尚书》。《尚书》是上起尧舜、下至秦穆公几千年间历史文献的汇编。其中《顾命》一篇,从记叙西周成王(武王的儿子姬诵)病危,召见辅政大臣召公奭等交待辅保太子钊的大事写起,故题为《顾命》。当写到顾命大臣太保召公奭主持为康王(即太子钊)的登基大典布置"会场"时,郑重摆放出了国家的"大训"(三皇五帝的训诂典籍)、"陈宝"(先王累世传留的宝器),其中有"大玉、夷玉、天球、河图在东序"之语,意为把河图与天球、大玉等宝物摆放在设置于"会场"东边、铺着"筍席"、饰有彩绘的几案上。此可证《河图》是周朝以前世代帝王都十分宝爱的一件实实在在的文物!

从《河图》与大玉、夷玉、天球①摆放一起的记述上探讨,《河图》的材质会是石头。因为:一是"玉"作为名词,古人称述用单音节,可到现代人的口头已发展成"玉石"的双音节了,可见,在一般人眼里,细润的玉和相对粗砺的石亲缘较近,它们摆放在同一几案上,是很自然、合理的。二是《河图》出自黄河。黄河滩涂,多出奇石,古今皆然。现在沿黄市县,藏石之家,赏石之馆,林林总总,到处都有,景物石,形象栩栩,惟妙惟肖;文字石,点划了了,有神有韵,见者无不惊叹自然造化之奇妙。那么,当年伏羲在黄河岸边发现一块上有点阵的石头——《河图》,何奇何怪之有呢?

如此见解,古人早已得之,宋代著名学者苏东坡在其所著《东坡易传》的《后记》里说:"《河图》、《洛书》,其详不可得闻矣,然著于《易》、见于《论语》,不可诬也。而今学者或疑焉。山川之出图、书,有时而然也,魏晋之间,张掖出石图,文字粲然。时无圣人,莫识其义尔。《河图》、《洛书》,岂足怪哉?"②苏氏论证,鞭辟入里,他列举"魏晋之间张掖出石图"的例子,证明"山川之出图、书,有时而然"。他避开了神话传说的麻缠,直奔主题,断言有无,真可谓善解肯綮。

至于神话传说,在笃信"天地有灵"的古代,很少有人提出质疑。所以刘勰在论证人文之源起于《河图》时,认为《河图》的面世,是神明在幽冥之中,为促进人文提供帮助("幽赞神明")。现代人对有神话色彩的传说虽不屑苟同,但也理智地认为:神话传说有它产生的历史背景和根源,往往是某些历史现实的折射反

---

① 《辞源》解释是采自今陕甘一带、颜色如天、形状似球的玉石。

② 见《东坡易传》,上海古籍出版社,1989 年,133 页。

映。高尔基指出："神话乃是自然现象、与自然的斗争以及社会生活在广大的艺术概括中的反映……正如古代第一批学会了骑马的人,成为了半人半马的神话的基础。"①可见对神话传说的探讨,应当致力于清除它浓重的神话色彩,还原它"自然现象"的本来面目。苏氏有无之辨,盖深得此三昧。

当代的主流哲学是科学唯物主义。在中国社会科学院宗教研究所及科学与无神论学会任职,研究与著述都颇有建树的李申博士,在他的易学研究中,对神光氤氲的河图传说,自然少不了一番广搜博采,审思明辨。他在 1996 年第 4 期《周易研究》上发表《河图辨证》一文,叙述他回乡探亲,到洛阳师专(今洛阳师范学院)拜访他读高中时的老校长,在老师的书斋里看到很多河洛奇石,怦然心动,"由此相信,《尚书·顾命》所说的'河图',可能实有其物!"古今印证,片言息讼,有无之辨,于此可以定论了。

三、价值论

如今,申述《河图》在文化史上的地位与作用,就好像给曾经烹调过的菜肴重新加热。如果不能返本开新,再有前瞻性的阐发,——"热"出点"新鲜的味道",那么,重新加热,就毫无意义了。

目前,中国现代的新儒家们,都在为儒学的第三期发展努力工作。他们认为:先秦,以孔子删订六经为标帜,基本确立儒家的思想理论和经典文本,诸子源流发展为中原文化,这是儒学发展的第一期。它相当于德国哲学家雅斯贝尔斯说的"轴心时代"。依据雅斯贝尔斯的说法,轴心期所产生、思考、创造的东西,可以在后来的历史时期重燃火焰。所以到经学积衰的宋代,洛阳程颢、程颐兄弟挺起,得孔孟不传之秘于遗经,以倡天下,建立了"洛学"(当时有称之为"道学"或"新儒学",后来称为"理学"或"正学")。尔后,由程门高足向南方传播,建立"道南学派",再传播到朝鲜、日本等地,体现为东亚文明。这是儒学发展的第二期。20 世纪,儒学经历了两度"诠释暴力"而进入"政治休眠",而后又在世纪末的历史反思中复苏。1988 年 10 月,有 75 位诺贝尔奖的得主在巴黎联合宣言:

---

① 高尔基:《苏联的文学》,见北京师范大学编《文学理论学习参考资料》,高等教育出版社,1956年,29 页。

"人类要在 21 世纪生存下去,必需回顾 2500 年前,去汲取孔子的智慧。"①2005
年 9 月 28 日,孔子诞辰 2556 周年,联合国科教文组织、国际儒联、中华民族文化
促进会、华夏文化纽带工程组委会共同主办了全球联合祭孔活动。其后,"孔子
学院"像雨后春笋一样,在世界各地建立。这样的形势,鼓舞了国内外儒学家的
信心与热情,他们积极投入世界多元文化的对话以及相互融摄的研究与宣传的
活动之中,这就是他们所热衷的儒学发展的第三期。

　　《河图》的文化生命,伴随着儒学的发展而延续,各个时期都焕发出璀璨的
光彩。在第一期,它成就了一部"庖牺画其始,仲尼翼其终"的儒家哲学元典《易
经》。后儒奉《易经》为"大道之源"、"群经之首",它的哲学光辉照耀中国几千
年。《易经》尚"中",体现为六十四卦中处于内、外卦中爻之位的第二爻和第五
爻,它们的爻辞多为"吉"、"利"、"无咎"、"悔亡"等等好的判断。唐李鼎祚《周
易集解》释称:"得中多誉,故无不利";"得道处中,故君子无咎"。孔子在为《离
·六二》作"象传"时说:"黄离元吉,得中道也",更明确地提出了"中道"的哲学
命题。后人认为:中道体现着儒学的真精神。到儒学发展的第二期,洛阳二程兄
弟通过解读《中庸》、《论语》等典籍,特别是撰著《伊川易传》,把中道文化演绎
成更具条理性、更富于实践意义的政治哲学。当西方巅峰级的学者倡议"汲取
孔子智慧"之日也就开启了儒学走向世界之门。这时期,中道文化因可以解决
人类社会面临的诸多难题而使世人刮目相看。

　　例如中国改革开放以后,经济的崛起带动了国力的提升,也引动了有"弱肉
强食"思维定势的一些西方国家叫嚣起"中国威胁论"。应当警惕,一旦他们的
疑惧升级,就可能蓄谋挑起事端,或策动中国内乱,或教唆台湾闹独立,或鼓动中
日能源争夺等等,图谋阻止中国强大。为防患于未然,中国因应的对策是:奉行
中道的宗旨,以"中为大本"、"和为达道",以"包荒"的度量承认世界文化的多
元性,促进它们在交流中融汇。内政方面,发出"构建和谐社会"的号召,营造自
然生态和谐,实施可持续发展的战略;追求人际关系和谐,让全社会成员共享发
展的成果。外交方面,则高举和平、发展、合作的旗帜,始终不渝实施互利共赢的
开放战略,致力于推动经济全球化朝着均衡、普惠、共赢方向发展。国内求和谐,

---

　　① 转引自臧宏:《孔子的智慧学说及其世界价值》,《孔子研究》1998 年第 2 期。

国际谋和平,不仅信誓旦旦,而且行为昭昭,因此我们的战略伙伴日益增多,不但我们"构建和谐社会"的政策受到联合国的赞许,而且,西方的一些媒体也称赞中国经济是世界发展的"助推器"。这些都证明中国应用中道文化这一政治智慧在消除疑惧者的敌意方面,起到了很明显的积极作用。

中国应用这一政治智慧的成功范例,明白地揭示了中道文化可贵的普世价值,与此相反的例子也有,正可谓"殷鉴不远"。几年前,一个军事强国根据并不确实的情报,仗恃空中优势,悍然对一个相对弱小的国家发起狂轰滥炸,炸得弱国一片焦土,满目疮痍。但让"胜利者"始料不及的是:就在这片焦土上,今天一颗人身炸弹,明天一个汽车炸弹,接连炸响,炸得留驻敌军与傀儡政府血肉模糊,永无宁日。强国人民情系留驻军队,也难免哭伤泣死,集会游行,高喊反对。弄得战争的决策者内外不得人心,进退维谷。在他将要下台的时候,哀叹自己将成为该国历史上"最不受欢迎的一届总统"。可是却还要说发动战争是一个总统"必须的决定"。这儿显示了他忏悔的不彻底性。这个不彻底,也反映出逞霸道者"弱肉强食"思维定势的顽固性。这前后两"性",都凸显出中道文化普世性的可贵!

中道文化的根、芽,是扎在《河图》及其衍生的"易象"上,她的滋荣繁华,同样是在河洛大地这片热土上,所以她是河洛文化的精华。当儒学发展的第三期,她负载着儒学的真精神走向世界的时候,河洛学人理应为之摇旗呐喊,以表现我们的热情,恪尽我们的责任。

（作者单位为孟津县政协文史委员会）

宋人对河图、洛书的继承和发展

卢广森

当河图、洛书传播到了宋朝的时候,"进入了一个新的历史时期,出现了新的特点"①。其表现为对河图、洛书的继承和传播中出现了差异,形成了新的派别,即象数派和义理派。现就这两个派别对河图、洛书评说以及他们对河图、洛书的发展作些论述。

一、象数派对河图、洛书的继承

象数派以陈抟、李之才、邵雍、邵伯温等人为代表。《宋史·朱震传》中说:"陈抟以先天图传种放,放传穆修,穆修传李之才,之才传邵雍。"②这是象数派传承的大致路线。现按这线路来简述他们对河图、洛书的观点。

(一)陈抟、李之才

陈抟(约871~989)、字图南,亳州真源(河南鹿邑)人。自幼喜欢《易经》,达到手不释卷的程度,号称扶摇子。后唐长兴元年至三年(930~933),曾举进士不第,隐居修道。与华阴的道士李琪、关西逸人吕洞宾、终南山道士谭峭为友。后周显德三年(958),周世宗招见,问其黄白之术。他说:"陛下为四海之至,奈何留恋黄白之术呢?"宋太宗太平兴国三年(978),曾两次入朝建议宋太宗招贤纳士、去佞臣、轻赋万民、重赏三军,受到重视。他精于易学。著有《指玄篇》81

---

① 王永宽:《河图洛书探密》,河南人民出版社,2006年,第102页。
② 《宋史·儒林五》卷四三五《朱震传》。

章、《三峰寓言》、《高阳集》和《钓潭集》等。

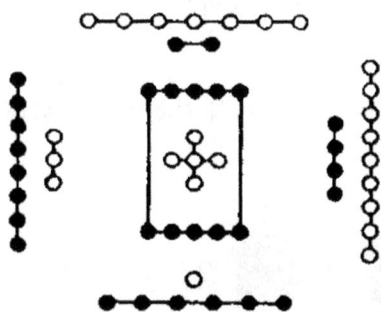

图一　河图

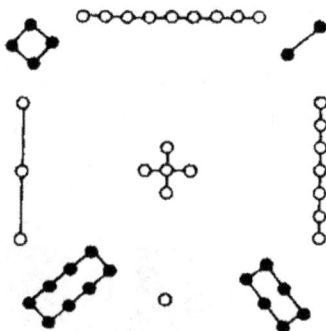

图二　洛书

在他的《易龙图序》一文中,承认河图出于伏羲时代。并指出河图的主要数字的位置。陈抟在此文中,只讲河图,没说洛书。他肯定河图出于伏羲时代,在"太古之先",大约在距今 15000～8000 年以前。伏羲据河图以画八卦之后。孔子曾陈列履、谦、复、恒、损、益、困、井、巽等九卦,并做了探讨。这九卦都是乾坤变化而来,为什么只列出九卦,而不说乾坤呢? 是否列出这九卦,自然也知道乾坤了呢?

河图是天垂象,在河图之中的符号和数字,结构严密。"的如贯珠","累累然如係之缕",好像天空中的星星一样,东西南北中有秩序地排列着,而且不能乱,如果乱了,就构不成图了。

李之才(? ～1045)字挺才,青社(山东益都)人。宋仁宗天圣八年(1030)登进士弟,曾任获嘉县主簿、共城(辉县)令、孟州司户参军、泽川(山西晋城)签书判官等职。他向穆修学习易学,继承了陈抟先天图的思想。在其为共城令时,闻在百泉居住的邵雍好学,并多次造访其庐。对邵雍说:"子亦闻物理性命之学乎? 雍对曰:'幸受教。'"①于是邵雍乃拜李挺之为师,学河图洛书、八卦六十四卦的思想。李挺之是在陈抟和邵雍之间起承上启下的作用。

(二)邵雍

邵雍(1010～1077),继承了其师李之才的思想,继续传授河图洛书、八卦六十四卦的思想。他在《皇极纪世书》中说:"盖园者,河图之数。方者、洛书之文。

---

① 《宋史·道学一》卷四二七《邵雍传》。

故羲文因而造易,禹箕叙之而作范。"①这可以看出他确实继承了河图洛书的思想。但邵雍的思想虽有端绪,但大部分是"其自学所自得的"。

1. 邵雍倡明伏羲八卦、六十四卦图。

邵雍把伏羲的八卦次序图、六十四卦次序图、伏羲八卦方图和六十四卦方圆图,都是邵雍倡明并公布于世的。

图三　伏羲八卦次序图

在这个图中,我们看出由太极生两仪,两仪生四象。四象生八卦。八卦顺序:乾一、兑二、离三、震四、巽五、坎六、艮七、坤八。八卦符号,据前人传承。" – "为阳," —— "为阴。邵雍说:"乾、奇也、阳也、健也;坤,偶也、阴也、顺也、震起也。一阳起也,坎、陷也。一阳陷二阴、艮止也,巽入也,离丽也,兑,说(yue)也。"

八卦的符号是:乾☰　兑☱　离☲　震☳　巽☴　坎☵　艮☶　坤☷

伏羲六十四卦次序图,是在八卦次序图基础上的扩展,按照加一倍的方法。邵雍说:"是故一分为二,二分为四,四分为八,八分为十六,十六分为三十二,三十二分为六十四。故曰,分阴分阳。迭用柔刚。故易六位而成章也。如图四。"②

在伏羲八卦方位图中,可以看到天南地北,离东坎西,巽在西南,震在东北,艮西北,兑东南。邵雍说:"乾坤定上下之位,离坎列左右之门,天地之所以阖

---

① 邵雍:《皇极经世书》卷七下《观物外篇》卫绍生校理,中州古籍出版社 1993 年。下引此书不再注。
② 邵雍:《皇极经世书》卷七上《观物外篇》。

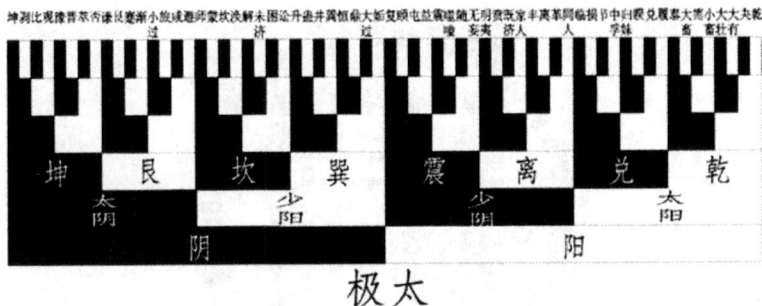

图四　六十四卦次序图

图五　伏羲八卦方位图

辟。日月之所出入,是以春夏秋冬,晦朔弦望,昼夜长短,行度盈缩,莫不由乎此矣。"[1]由于乾坤定上下之位,坎离列左右之门,《易说卦》中说:"天地定位,山泽通气,雷风相薄,水火不相射,八卦相错"[2]乾坤定位后,以乾为主,从乾至復为顺转,自巽至坤右转。

这里的伏羲六十四方位图。邵雍说:"天地定位一节,明伏羲八卦也。八卦者,明交相错,而成六十四卦也。[3]" 天地定位,也就是乾南坤北。从乾开始左转到復卦成三十二卦,再从姤开始右转至坤也形成三十二卦。共六十四卦。这个图外圆内方,圆者象星、象天,方者形地,说明此图也来自洛图洛书。

2. 邵雍认为伏羲的六十四卦次序图,方图和圆图可以互相转化。

伏羲八卦次序图,也叫小横图,在小横图的基础上采用加一位的方法,八变十六,十六变三十二,三十二变六十四,形成大横图,即六十四卦次序图。在六十

---

① 邵雍:《皇极经世书》卷七上《观物外篇》。

② 《周易本义》卷四《说卦》三章,天津市古籍书店影印,1986 年。

③ 邵雍:《皇极经世书》卷七上《观物外篇》。

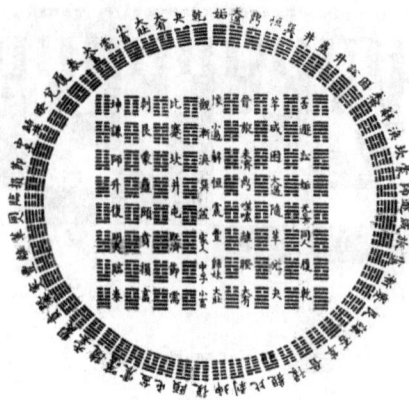

图六　伏羲六十四卦方圆图

四卦次序图上,以乾坤为中心,把它分成两半,从乾至复,再自姤始至坤,把这两段各变成半圆,形成了六十四卦圆图。在圆图的基础上,再以乾为祖,从乾开始左转,从乾—泰,从履—临,从同人—明夷。从无妄—復共四段。再从乾右边开始,也分为四段,从姤—升,讼—师,遯—谦,否—坤,从上到下,把这八段摆成方形,每边都是八卦,八八共六十四卦。邵雍说:"方者八变,故八八而六十四矣。"①这种变化,不是随意的,而是邵雍思想的体现,以乾坤为主的变化,认为"夫《易》根于乾坤"②,"不知乾,无以知性命之理"③,这就是说以乾坤为主或以乾为祖,从乾的左边或右边开始。左转或右转,可以形八卦、六十四卦次序图。

二、义理派对河洛书的评说

义理派的代表人物,以周敦颐、朱熹为代表以及欧阳修,他们承认河图洛书的存在,但对河图洛书的解释中,提出疑义,认为河图洛书不是神物,有它没它都可以画出八卦,六十四卦来。

(一)周敦颐的太极图

周敦颐(1017~1073)原名敦实,因避宋英宗的讳而改名,字茂叔。道州营道(湖南道州)人。宋仁宗景祐三年(1037),由其舅父郑珦推荐,授洪州分宁(江西)县主簿,后任南安军(江西大余县)司理参军,知郴州桂阳(湖南郴州)、南昌

---

① 邵雍:《皇极经世书》卷七下《观物外篇》。
② 邵雍:《皇极经世书》卷七下《观物外篇》。
③ 邵雍:《皇极经世书》卷七下《观物外篇》。

县令,永州(湖南零陵)判官。宋神宗熙宁初年(1068 年)由赵抃和吕公著推荐,任广东转运判官和提点刑狱。晚年因病求任南安军。后在庐山蓬花峰的濂溪居住。又名"濂溪先生"。宋神宗熙宁六年(1073)6 月卒,享年 65 岁,南宋淳熙元年(1174)卦汝阳伯,后改道国公,遂从祀孔子庙庭。

　　周敦颐的主要著作是《太极图说》及《通书》。《通书》是对易经的解释,又名《易通》,明天理之根源,究万物之终始。

　　左边这个图,即周敦颐的太极图。先说这个图的来源。有两个说法;一说来源于陈抟,"穆修以太极图传周敦颐,敦颐传程颢、程颐"①。这说明通过穆修,把陈抟的太极图,传给周敦颐;另一说法,来源《老子》,在《道德经》中有"天下万物生于有、有生于无""知其白守其黑,为天下式,常德不忒,复归于无极"②。从这里看出,老子讲的有"知其白,守其黑",有"无极";老子把"无"、"道"当做天下万物之源。周敦颐的太极图中,确定有黑、有白,在太极图中有黑、白半弧型可以为证。

　　在《在太极图说》一文中,说出了太极图的主要内容。他说:"无极而太极。太极动而生阳,阳极而静,静而生阴。静极复动。一动一静。互为

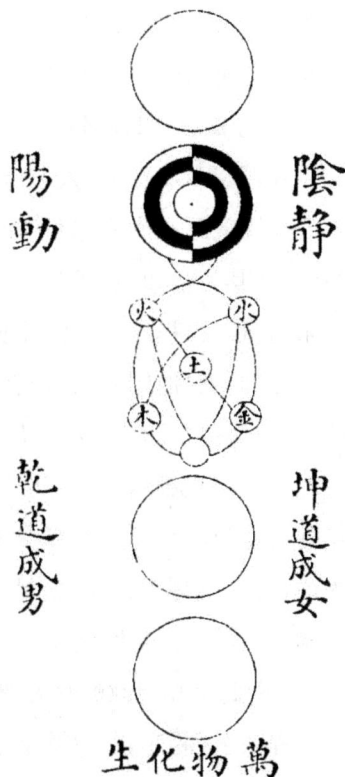

图七　周敦颐的太极图

其根。分阴分阳,两仪立焉。阳变阴合。而生水火木金土,五气顺布,四时行焉,五行一阴阳也,阴阳一太极也。太极本无极也,五行之生也,各一其性。无极之真,二五之精,妙合而凝。乾道成男,坤道成女,二气交感,化生万物,万物生生而变化无穷焉。"③据此以说明这个太极图的内容:

　　这个图最上边一个园圈,无注明,应是无极而太极了,"太极本无极",这是

------

① 《宋史·儒林五》卷三五《朱震传》。
② 《道德经》二八、四〇章。
③ 《宋元学案》卷一二《濂溪学案下》,497~498 页。

形而上的无形的理或道,虽无形却是太极之源。第二个圈应是太极,圈内有黑、白两种弧形,左右各一半,周敦颐标明有阳动和阴静。这就是他说的"太极动而生阳",动极而静,静极复动,阴阳互动,产生五行(水火木金土)。在他看来,五行和阴阳,太极都是相等。"五行一阴阳,阴阳一太极。"正是由于阴、阳二气的不断互动,产生五行和万物,人也由男女之交感而生出下代人来。阴阳、雌雄、男女相互交感,构成一个万物生生不息的图案来。

(二)程颢、程颐对洛图洛书的评说

程颢、程颐兄弟二人,在十五六岁时,曾拜周敦颐为师。《宋史·周敦颐传》中说当周敦颐在南安军任职时,二程的父亲程珦"通判军事,视其气貌非常人,与语,知其为学知道,因与为友,使二子颢、颐往受业焉。敦颐每令寻孔、颜乐处,所乐何事。二程之学源流乎此矣"①。这说是说,通过其父的介绍,二程曾拜周敦颐为师。但他们后来对其师很少论及。作为理学家,程颐对《易经》有很深的研究,对《易经》、《易传》评价很高。对《易经》研究下工夫也最大,也非常谨慎,他的《易传》的研究成果,迟迟不予公布,直到临终前,才把《易传》的稿子交给晚年的得意门生尹焞和张绎。宋哲宗元符二年(1099)已 67 岁的程颐在《易传序》中说:"易,变易也,随时变易以从道也。其为书也,广大悉备,将以顺性命之理。通幽明之故,尽事物之情,而示开物成务之道也。圣人之忧患后世,可谓至矣。"②由此可知,程颐对《易经》的功劳是充分肯定的。

程颐在《易序》一文中说:"太极者道也,两仪者阴阳也。阴阳,一道也。太极,无极也。万物之生,负阴而抱阳,莫不有太极,莫不有两仪,絪缊交感,变化无穷。"③承认太极是道,太极有阴阳,阴阳交感而生出万物。这一点,与其师周敦颐在太极图说中的看法,基本一致,可以说是对师说的继承了。

程颐对河图洛书的评价不高,认为河图洛书是画八卦的依据,但作为画八卦的参照物,有河图洛书可以画八卦,没有河图洛书,也可以画八卦。有学生认为孔子写《春秋》一书,是因为有麒麟感动而作,程颐认为不是这样。他说:"《春秋》不害感麟而作,然麟不出,《春秋》岂不作?孔子之意,盖亦有素,因此一事乃

---

① 《宋史·道学一》卷四二七《周敦颐传》。
② 《二程集》(三),689 页。
③ 《二程集》(三),690 页。

作,故其书之成,复以此终。大抵须有发端处,如画八卦,因见河图、洛书。果无河图、洛书,八卦亦须作。"①有一次,程颐看见一个卖兔子的,便又有感而发说:"圣人见河图、洛书而画八卦。然何必图书,只看此兔,亦可作八卦,数便此中可起。古圣人只取神物之至著者耳。只如树木,亦可见数。"②由此可知,程颐不否认圣人可以河图、洛书而画八卦,但没有河图、洛书,而以兔子、树木为参照物,同样可以画八卦,这就把河图洛书从神圣不可侵犯的神物,降为同兔子、树木一样的一般事物了。所以程颐在他十分得意的《易传》一书中,没有提及河图洛书之事。

（三）朱熹对河洛书的肯定

朱熹是南宋时的理学家,他继承了二程理学思想,集理学之大成,人们常以"程朱理学"相称,朱熹对易学有很深的研究,著作也很多,但他不同意程颐对河图洛书的看法,在他的著作《周易本义》以及《易学启蒙》中对河图洛书作了肯定,承认伏羲以河图洛书画八卦的说法。朱熹对河图洛书的评价:

朱熹在《易学启蒙序》中肯定了圣人画卦设爻的功劳。他说:"圣人观象以画卦,楪蓍以命爻,使天下后世之人,皆有以决嫌疑,定犹豫、而不迷于吉凶悔吝之途,其功可谓盛矣。"③这就肯定了伏羲氏据河图洛书以画八卦,又楪蓍以命爻,帮助人们趋利避害、趋吉避凶的功劳是不可磨灭的,在这篇序文中,还批评当时的象数派和义理派的片面性。强调义理和象数都不可偏废。

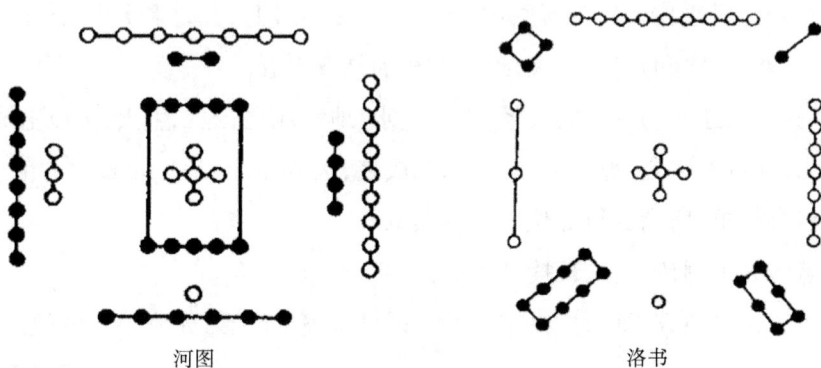

河图　　　　　　　　　　洛书

图八　朱子图说④

① 《二程集》《遗书》卷一五。
② 《二程集》《遗书》卷一八。
③ 朱熹:《周易本义》附录,北京出版社1992年,205页。
④ 此图选自《周易本义》,天津市古籍书店1988年影印本,1～2页。

朱熹在《易学启蒙》一文中,首先对河图洛书的流变作了说明,自《易传》提出河出图、洛出书之后,西汉的孔安国,刘向、刘歆父子,班固以及北魏的关子明、北宋的邵雍等都承认伏羲据河图而画八卦,大禹据龟背之九纹而作九畴(载九履一,左三右七,以二四为肩,六八为足,正指龟之象也)。关子明、邵雍都以十为河图、九为洛书。而刘牧则以九为河图、十为洛书,并说这种说法出于陈抟,认为河图之数四十五、没中间五阳之数,说河图陈四象而不立五行,洛书之数四十五,洛书演五行,而不述四象,与诸儒之说法不同。

朱熹认为河图与洛书,八卦与九畴可以互为表里。伏羲据河图以画八卦,不必预见洛书,但逆与洛书合,大禹据洛书以作九畴,也不必追求河图,但暗与河图合,所以如此皆因理而合,圣人据河图洛书作易作范,皆出于天意,而卜筮与蓍龟,不能只依龟与卜为标准,言其理一而无二。

朱熹考察河图洛书流变之后,对《河图》作了解释。据《易·系辞上》曰:"天一地二,天三地四,天五地六,天七地八,天九地十。天数五、地数五,五位相得而各有合。天数二十有五、地数三十。凡天地之数五十有五,此所以成变化而行鬼神也。"朱熹说:"此一节,夫子所以发明河图之数也。天地之间,一气而已,分而为二,则为阴阳,而五行造化,万物始终,无不管于是焉,故河图之位,一与六共宗而居乎北,二与七为朋而居乎南。三与八同道而居乎东,四与九为友而居乎西,五与十相守而居乎中。"①在河图中,天数一、三、五、七、九之和是二十五,地数二、四、六、八、十之和是三十,天、地之数相加是五十五。

在河图中,还有与五行的关系,天一生水,地六成之,地二生火,天以七成立,天三生木,地以八成之,地四生金,天以九成之,天五生土,地以十成之,用"天数地数各以类相求,所谓五行之位相得者然也"。

朱熹的先天图诗二首,现摘抄如下:

不待安排自整齐,祗缘太极本如斯。试将万事依图看,先后乘除可理推。

————《先天图》

---

① 《周易本义》附录,208～209页。

乾坤复姤互推移,动静之端起至微。终日敛襟看不足,其中图处是真机。

——《先天图二》①

三、宋朝人对河图洛书的发展

本文前两部分,分别就象数派和义理派对河图洛书的继承和评价,作了一论述,这两派在论述中虽有差异,不论是象数派强调象数,或是义理派强调义理,他们从不同的角度,解释了河图洛书,对河图洛书作出了贡献,共同推动了河图洛书的发展。

1. 用黑白两种颜色,表示河图洛书中的阴阳两种符号,使河图洛书具有了直观的形象。

陈抟在华山隐居时,曾把河图洛书刻在石壁上,用白圈表示奇数、阳数,用黑点表示偶数、阴数,对奇、偶二数作了明显区别。周敦颐的太极图,在一个圆内,用黑、白两种半弧形,表示阴、阳两种不同的符号,这可以说是后来太极阴阳鱼的雏形。邵雍在伏羲八卦次序图、八卦方位图、伏羲六十四卦次序图、伏羲六十四卦方圆图中,继承了陈抟的做法,用白圈表示奇数、阳数,用黑点表示偶数、阴数,使人们可以更好地认识这些图,辨认这些图。二程学生杨龟山路过其朋友家时,此人问《易经》,他用笔画一个圆,圆内各用黑、白两种颜色涂其半,然后说,这就是易。朱熹在其所画的河图、洛书、伏羲八卦图、六十四卦次序图时,用黑、白两种条块表示阴、阳两种符号。总之,宋人用黑白两种颜色表示河图洛书以及伏羲、文王之卦图,是宋朝人的一大发明,使人们对河图洛书以及八卦六十四卦有了直观的形象。

2. 对图形的贡献。

关于河图洛书以及八卦图,宋以前,只有文字记载,没有图形表示。而陈抟把河图洛书在华山石壁上画出来,说河图圆形象天,洛书方形,象地,洛书似龟形。邵雍把伏羲八卦次序图、八卦方位图、六十四卦次序图、六十四卦方圆图画出来,并标其位置,使人们有了明确的图形概念,一直流传至今。

---

① 《朱熹集·外集》卷一《诗书》。

3. 揭开了河图洛书神秘的面纱。

象数派邵雍等人,不仅继承了河图洛书的思想,而且一直把它作为神物保存下来,是神圣不可侵犯的。邵雍在他的《皇极经世书》中一直当神物供奉。但义理派程颐和朱熹揭开了河图洛书的神秘面纱。程颐承认河图洛书的存在,但他认为有河图洛书可以画八卦,没有河图洛书作参照物,以其他事物作参照物,如兔子、树木也可以作为参照物,画出八卦来。朱熹在著作中认为《易经》依靠卜筮定吉凶是不可靠的。一些小事情可以通过卜筮定吉凶;而一些大事,如迁国都、定君主等大问题,不能靠卜筮,只有人先定,依龟卜来协作。如周公欲定都洛阳,是人先定然后通过卜筮、卜黎水、卜涧水西、卜瀍水东等,才有唯洛阳可受纳的决定。"是人谋先定后,方以卜来决之。"①这就说明卜筮不可靠,这就揭开了卜筮定吉凶的神秘面纱。北宋的欧阳修在《易童子问》等文中,不仅否定了孔子作《系辞》、《说卦》、《文言》等说法,他认为《系辞》中的文字前后矛盾,一会儿伏羲据河图洛书画八卦,一会又说,伏羲通过观天文地理及诸物而画八卦,这后一种说法否定了前一种说法,有些文字如元亨利贞、在孔子生前十五年就有了,怎么是孔子的创作。"其失由于妄以《系辞》为圣人之言而不敢非,故不得不曲为之说也。"②妄以为是圣人所作而不敢非,造成了以讹传讹的错误,陷入了曲学(邪僻之说)之说,只有欧阳修揭开了圣人作《易传》外衣,还其本来面貌。

朱熹除了揭开《易经》的神秘面纱外,他对《易经》普及做了不少事。例如他编的《八卦取象歌》中说:"乾三连,坤六断。震仰盂,艮覆碗。离中虚,坎中满。兑上缺,巽下断。"还有《上下经卦名次序歌》:"乾坤屯蒙需讼师,比小畜兮履泰否。同人大有谦豫随,蛊临观兮噬嗑贲。剥复无妄大畜颐,大过坎离三十备。咸恒遁兮及大壮;晋与明夷家人睽。蹇解损益夬姤萃。升困井革鼎震继。艮渐归妹丰旅巽,兑涣节兮中孚至。小过既济兼未济,是为下经三十四。"③这些朗朗上口的歌谣,易背易记,对《易经》普及起到了推动作用。

4. 象数派和认理派对河图洛书的不同解释,推动了河图、洛书的发展。

象数派以邵雍为代表,强调象数,是因为他们认为数是河图洛书之数。邵雍

---

① 《朱子语类》卷,1626 页。
② 《宋元学案》卷四《庐陵学案》。
③ 《周义本义》附录,188~189 页。

说:"盖圆者,河图之数,方者,洛书之文。"①因为圆者,象星也象天,方者似地之方,天地万物都由奇、偶之数变化而生来的。邵伯温说:"道是一,一为太极""一者何也,天地之心,造化之原"。② 邵博引邵雍诗云:"身在天地后,心在天地先。天地自我出,自余恶足言。"③由此可知,象数派强调数,虽有许多理由,但实际上是把数当做天地万物之源了。

义理派,以周敦颐、二程及朱熹为代表。他们强调义理的作用,他们认为是"有理则有气,有气则有数"④。不是象数派说的"神则数,数则象,象则器"的顺序。程颐对象数派瞧不起。他说:"某与尧夫同里巷居三十年余,世间事无所不论,未尝一字及数耳。"⑤他认为象数是"空中楼阁","根本不帖"帖等。但朱熹对邵雍评价比较重视,在他的《易学启蒙》一文中,论及伏羲八卦图、八卦方位图、六十四卦次序图、六十四卦方圆图中,都常引邵雍的有关论述。这样看来,不论是强调数,或是强调义理,他们都从不同方面推动了人们对河图洛书的理解,也是对河图洛书发展的贡献。

（作者为河南省社会科学院研究员）

---

① 《皇极经世书》卷七下《观物外篇》。
② 《皇极经世书》附录。
③ 《邵氏闻见后录》卷五。
④ 《二程集·河南程氏粹言》卷二。
⑤ 《二程集·外书》卷一二。

郝经"太极说"浅论

刘玉娥

　　郝经为元初理学名儒,出身儒学世家,幼少虽处战乱而苦学不辍,诗文章奏碑碣无不精良,为士人所重,时辈未敢与角逐。33 岁入忽必烈幕府,深受赏识,成为重要幕僚。38 岁以翰林侍读学士、国信使的身份,佩金虎符出使南宋,被拘禁真州长达 16 年之久。钟气之奇,唯志是持。身被囚而志不摧,行被禁而命不辱,赋诗吟咏以修性灵,讲学著述以求世用。著有《春秋外传》、《周易外传》、《太极演》、《原古录》、《通鉴书法》、《玉衡贞观》、《行人志》等,多已失传,唯《郝文忠公陵川文集》传世。纪晓岚在《四库全书总目》提要中称誉,"其生平大节,炳耀古今,而学问文章,亦具有根柢。如《太极》、《先天诸图说辨微论》数十篇及论学诸书,皆深切著明,洞见阃奥。《周易》、《春秋》诸传,於经术尤深。故其文雅健雄深,无宋末肤廓之习。其诗亦神思深秀,天骨挺拔。与其师元好问可以雁行,不但以忠义著也"。读此可知郝经用力圣门,自期于不朽,志勤行彰,可谓人极楷模。

一、太极为宇宙之本根

　　人类关于宇宙的探讨,起源很早。原始时期,先民就对宇宙的生成和状态有了思索,记载在《艺文类聚》中那篇《盘古开天辟地》的神话,就是讲初民对宇宙的思索的。"天地混沌如鸡子,盘古生其中,万八千岁,天地开辟,阳清为天,阴浊为地。盘古在其中,一日九变,神于天,圣于地。天日高一丈,地日厚一丈,盘古日长一丈,如此万八千岁。天数极高,地数极深,盘古极长。后乃有三皇。"认为宇宙最初是卵状,里面包含着清浊之物和人类,而且阴阳概念已经蕴含其中。圣人伏羲大概正是由此产生太极阴阳观念,制作八卦以图画说明宇宙的。伏羲画图以制作八卦,蕴含阴阳二气,阴阳之气化生万物,以天道达及人道。历经炎黄尧舜及夏商,至周文王演绎伏羲八卦,推阴阳转化,算生死祸福,由卦画进而到卦辞,流传布广,教化天下。文王死,其子周公旦集前代文化之大成,依文王之卦推演爻辞,制礼作乐,礼仪规范周密完备。到春秋时期,孔子继承发扬周公之学术,细演周之卦爻辞,作系辞以阐述卦爻微言大义、太极之旨。至此《易》学之体大备,推宇宙,究人世,历代大家不断,是否演《易》,有无《易》学著作成为学者之身价标志。

对宇宙的本源和生成作出更多更深刻思考的是宋、元时人,宋元理学大家几乎都对《周易》做过研究,如周敦颐、张载、二程、朱熹、邵雍、郝经等。周敦颐倾毕生精力研究《易》学,对宇宙的本根做过深入研究,著有《太极图说》,认为宇宙乃一太极。元代名儒郝经对《易》学不仅有深入研究,而且著述颇丰,《周易外传》、《太极演》百余卷,是其《易》学主要著作,郝经堪称元代最伟大的《易》学家。他在《太极图说》中说:"'无极而太极者',包本末,贯隐显,一体用,极始终而为言也。屈伸消长之几,气形象数之蕴,命性心际之原,造化之枢纽,鬼神之情状,道德之统体,无不在焉……自天地观之,则天地各一太极;自五行观之,则五行各一太极;自八卦观之,则八卦各有一太极;自人与万物观之,则人与万物各一太极。合天地、五行、人物观之,则共一太极……故极者,极尽无余之称也。其上则盘薄无颠而不可穷,其下则汇蓄无底而不可测,其外则周匝遍满而不可出,其内则旋紧严密而不可入。混沦圆转而无上下内外,开阔布置而皆上下内外。含混天地人物,包括鬼神造化,浑然一大活物,旁行而不流,无所不往而未尝去,居其所而变动无穷焉。圣人无以指名,故名之曰'太极',易之全体大用,皆在夫是矣。"①郝经秉承周敦颐太极说理论,认为太极是天地万物的根源,无所不在,无所不包,无所不具,无所不极,总括天地万物,使天地万物各受其成,守其则。日月运转而不辍,大化流行而不息,事物虽纷而不乱,消息损益而又则。这是中国人的宇宙观。

---

① 《郝文忠公陵川文集》卷一六《太极图说》,山西人民出版社 2006 年,241 - 244 页。

二、太极为易学之门径

太极是宇宙之本根,也是易学之门径。郝经在《太极演总序》中说:"天下之理,一隐一显而已矣。故期间有开阖之机,总萃之体,变动之用,布散之迹焉。……《易》之为书,本末一隐显,太极则其开阖之机也,总萃之体也,变动之用也,布散之迹也。故道、易、神之蕴奥,皆具于太极,而伏羲发之。伏羲之图,文王之卦,周公之爻,孔子之象,皆自太极推出,而孔子独为言之。故'易有太极',而太极易之本也。学易者必先求其本,本得而易道可求矣……尝闻之师,读易者当先读系辞……此学易之序也,盖意言象数之本,皆在于是矣。故取太极一章,以为学易之标准。"①郝经认为,《易》学入门应从系辞入手,因为易成于四圣人之手,莫不先后相因。"伏羲演《河图》,文王演伏羲,周公演文王,孔子演三圣……故当由孔子之《易》,以求三圣之《易》,自流徂源,由末及本也……系辞上、下,探索羲、文之前,包举万世之业,其抉示道本,挈举《易》纽,转斡神机,推出两仪四象,造起天地万物,则在夫'《易》有太极'之一言,固当即此以为学也。"(同上)《周易》历经四圣,所囊万物之理皆由太极衍化而来。太极既为宇宙生命之本,也是《易》学之源。圣人明易道,必指太极以为法,学者求易道,亦必自图以求传,自传以求爻,自爻以求演,自演以求画,自画而求太极。稽诸天地,考诸万物,本诸圣人,反诸吾身,自吾身至宇宙,皆是一太极。太极为《易》之门径,不懂太极便不能入《易》门。这正是郝经所著《太极演》、《太极图说》、《先天图说》、《先天图赞》,皓首穷年,孜孜不辍,用力久而多的原因所在。

郝经认为,"凡物之生,莫不有所本而为之性,天地本太极,则太极为之性;万物本天地,则天地为之性;人官天地,府万物,得于赋予之初,见于事物之间,而复于真是之归,则其所性根于太极,受于天地,备于万物,而总萃于人,所以为有生之本、众理之源也。"②天地万物都根于太极,天下之理皆源于太极。因此,学《易》需从太极入门。郝经在其诗作中多次谈到太极,如《幽思》篇中说:"凡物皆抱一,太极元有两。厥初无端倪,乘化互消长。何人与安排,妥帖自来往? 万物

①《郝文忠公陵川文集·太极演总序》,402 页。
②《郝文忠公陵川文集·论八首·性》,266 页。

尽销沉,山川空泱潆。秋水双芙蓉,玉镜花俯仰。并蒂复同根,一种谁涵养?"①。在修《易外传》、《太极演》诗中也说:"暮四朝三等赋狙,斗升幸得活苦鱼。深庭寂寂都忘世,长日沉沉且著书。根本还将太极演,规模直向先天初。兴来径著江濡笔,事去从渠雪满梳。"②在《丁卯冬十二月二十八日修易外传毕记梦》中写道:"两手摩挲冷逼心,恍然记悟只一《易》。《韦编》断后两千年,故纸纷纷壅南极。却从孤馆学蠹鱼,自笑蚍蜉不量力。雕镂太极百万言,破碎乾坤裂肝臆。"③于此可见郝经于太极用功之多而深。郝经"旁搜远蹈,创图立说,为《太极演》二十卷,"又著《易》八十卷,共为一百卷,为元一代《易》学大家,他教给人们读《易》之法,明理之路,于世人、于《易》学功可谓大矣。

三、太极为人生世用之学

郝经为元一代理学名儒,为人尚气节,为学务有用,注重品德修养,平生不读无用之书,不治无用之学,砥砺志气,高尚人生。他在《志箴》中给自己立下人生准则,"不学无用学,不读非圣书。不为忧患移,不为利欲拘。不务边幅事,不作章句儒。达必先天下之忧,穷必全一己之愚。贤则颜孟,圣则周孔,臣则伊吕,君则唐虞。毙而后已,谁毁谁誉? 诇如韦如脂,趄趄嗫嚅,为碌碌之徒欤"!④ 在《浑沌砚赋》中他喜欢石砚是因为它拙朴而有用,"余嘉其能全于朴而致于用也"! 他在《寓兴》组诗中说:"俯仰天地间,吾身眇何许! 百年交一臂,竟自为黄土。灌以仁义波,植之天人圃。握兰当灵风,清芬遍寰宇。可与无极翁,乘化游千古?"⑤在《上紫阳先生论学术》文中曾感慨系之,"夫道贵乎用,非用无以见道也。天地之覆载,日月之照临,皆有用也;六经之垂训,圣人之立教,亦皆有用也。故曰:'显诸仁、藏诸用,盛德大业至矣。'士结发立志,诵书学道,卒至乎无用,可乎哉? 幼而学,长而立也,迩焉而一身,小焉而一家,大焉而一国,又大焉而天下,必有所用也。鸟兽鱼鳖,屑屑之物也,犹皆有用也。蜂虿蛇虺,毒世之物也,犹皆

---

① 《郝文忠公陵川文集·古诗》,57 页。
② 《郝文忠公陵川文集·歌诗》,189 页。
③ 《郝文忠公陵川文集·歌诗》,177 页。
④ 《郝文忠公陵川文集·箴》,316 页。
⑤ 《郝文忠公陵川文集·古诗》,23 页。

有用也。灵而为人,学而为士夫,乃反无用,可乎哉!"①上述可见,郝经为人、治学皆反对无用虚浮,而是讲究世用、实用的。

　　郝经治《易》用功之切而勤,也为的是有利于人生世用。他在《先天图赞》中说:"伏羲氏按图画卦,以造书契,而为民用。"《周易外传序》亦说:"夫易,圣人所以用道之书也,伏羲氏按图画卦以述道……孔子出焉,晚年读易而韦编三绝,以求三圣之意……而为易作传,尊之为经,以冠夫诗书春秋,使天下万世共用一道。"②孔子晚年之所以喜读《易》,作《易传》,为的是能"使天下万世共用一道"。那么《易》之世用在什么地方呢?《易》之大用首在于"生生",正《易传·系辞上》所谓"富有之谓大业,日新之谓圣德。生生之谓易"。太极为生命之源,体现的是圣人爱民之心,"众人中有圣人焉,曰:'吾民之性善,而其智甚灵也,是不可与草木并朽而无知焉。'乃尽己之心推而尽天下之心,假天地万物画而为卦,以垂道之统,明夫所以主之者至矣,尽矣,不可复加矣"③。这段话体现出圣人画卦的初心,旨在以图说天道人事,用天道之变化来推演人道之变化,通过物象的变化来暗示人事的变化。人生而为灵,岂可与草木同朽,必成不朽之业,以有益于社会人生,圣人作卦意在增智百姓,使其明白天理人事,有所遵循而不至于与草木同朽。"太极动而生阳,动极而静,静而生阴,静极复动,动极复静,一动一静,互为其根。分阴分阳,两仪立焉。两仪立则二气、五行行乎其中,而八卦成列,太极之迹著矣。"④天地万物抱阴而存阳,阴中有阳,阳中有阴,对立又统一。对立的双方不停地进退转化,盛衰沿革,革故鼎新,互为其根,这既是宇宙的根本法则,也是人类社会应遵循的法则,更是圣人做卦的目的。人懂得了宇宙运行之法则,效天而行事,就会大天而用之,不为天歼灭,而永葆其生力,圣人作《易》,体现的是爱民之心。

　　《易》为中国文化的活水源头,具有明确的厚生爱民的意识,对生命的爱护和尊重,可以说是中国文化的一贯精神。《易传·系辞下》所谓"天地之大德曰生",正是这种思想的明确反映。中国早期的圣人伏羲和之后的炎黄,都体现出对个体生命的珍惜。《太平御览》卷七九引《管子》云:"皇帝钻燧取火,以熟荤

---

① 《郝文忠公陵川文集》,343 页。
② 《郝文忠公陵川文集》,403 页。
③ 《郝文忠公陵川文集·五经论并序·易》,277 页。
④ 《郝文忠公陵川文集》卷一六《太极图说》,240 页。

臊,民食之无肠胃之病。"《淮南子·修务训》记载炎帝为民采药治病,"一日而遇七十毒"。黄帝、炎帝对人类的生命可谓关怀备至,甚至不惜以身试毒。"精义入神,以致用也。利用安身,以崇德也。过此以往,未之或知也。穷神知化,德之盛也。"①这些讲得都是关于丰富人生日用和光大道德的真学问,只是百姓日用而不知。所以圣人演《易》以穷天理,尽人性,使天下共用一道。

郝经作为理学大家,倾毕生精力演《易》,做《太极演》、《太极图说》,旨在追求天下共用之大道。认为天有天极,人有人极,作为士人必须演太极,以明人极。他说:"之士也,必学崇高广大有用之学,必恢宏远博达有为之器,必施聪明睿智神武不杀之材,而使蔽者振,暗者明,废者兴,除百世之害,富百世之用,享百世之誉,任百世之责,奋乎百世之上,俾百世之下,必仰之如日星,重之如山岳矣。"②作为一个读书人,必须树立远大的志向,学崇高之学,藏有为之气,蓄聪睿之志,含日月之光,拥山岳之重,兴利除弊,以求有用于世。"士束发学道,期于有用,岂坐视天民腐同草木,嘿不一鸣,瘗九原而已乎。……夫见天下之机者,能成天下之事业,遇其机,失其时,失其机,事业弗立也;有其机,有其时,非其人,事业弗立也。"③天地万物,生生变化不穷,人处其中,禀气而生,蕴天地之秀而为最灵,不能坐视与草木同朽。人生处世,虽势有得有不得,得其时,必尽己力,以求有益于世用,方不愧为物之灵秀者。不得其时,当修身以待时,不急于求成而致速祸,此乃君子用世之道。"君子诵书学道,砥节砺行,其修己切,其植身正,固其有用,而不与草木腐、埃尘飞,安忍视天民之毙而莫之救也?……夫有有用之学,必有可乘之几而后动,进退雍容,必有可观,巍巍堂堂,必有可立,其致君,其裕民,其行己,其化今,其传后,必有见诸天地而不悖,质诸鬼神而不疑,百世以俟圣人而不惑者。"④郝经可谓继圣人之统而立人极之真君子儒也,千载之下,读斯言,仍启人心智,鼓舞精神,使人堂堂正正做一真丈夫。

(作者为河南省郑州师范高等专科学校中原文化研究所所长、教授)

① 朱熹:《周易注·系辞下》,上海古籍出版社 1987 年,66 页。
② 《郝文忠公陵川文集·再送常山刘道济序》,411 页。
③ 《郝文忠公陵川文集·上赵经略书》,347 页。
④ 《郝文忠公陵川文集·答冯文伯书》,346 页。

平顶山古国觅踪

马世之

平顶山位于河南省中南部沙颍河流域,因市区建在"山顶平坦如削"的平顶山下而得名。境内西连伏牛山和外方山,东接黄淮平原。地势北高南低,西部丘陵起伏,东部平原辽阔。1957 年 3 月 26 日,由叶县、宝丰县析置设市,现辖汝州市、舞钢市、宝丰县、叶县、鲁山县、郏县和新华、卫东、湛河、石龙四个区。平顶山历史悠久,文化发达。先秦时期,这里诸侯林立,主要分布着应、郏、鲁、柏、霍、梁、蛮氏、汝周等古国,反映出当地古代文明发展的光辉历程,现对有关情况探讨如下:

应:史乘所载,商代应已立国。《汲郡古文》云:"殷时已有应国。"今本《竹书纪年》载,盘庚七年,"应侯来朝"。此外,武丁和帝乙、帝辛的卜辞中,都提到过应,应国大约受封于武丁之世。西周灭商以后,周成王改封其弟于应,应便成了姬姓诸侯。《左传·僖公二十四年》载周大夫富辰言:"昔周公吊二叔之不咸,故封建亲戚,以番屏周。……邢、晋、应、韩,武之穆也。"杜预注:"四国皆武王子。"由此可知,西周应国是在伐灭商代应国之后,因其故地而封周武王之子所建立的。《国语·郑语》云:"当成周者,南有荆蛮、申、吕、应、邓、陈、蔡、随、唐。"应是周王朝的南部屏障之一。

关于应之地域,《汉书·地理志》颍川郡父城县班固原注:"应乡,故国,周武王弟(应作子)所封。"《左传·僖公二十四年》杜预注:"应国在襄阳城父县西南。"杜说实误,应作"襄城父城县"。汉颍川郡城父县,即春秋时楚国的城父邑,西周时其属应之地域范围。古代的城父,在今宝丰县城东 17 公里的李庄乡马庄村北岗地上,当地俗呼其遗址为古(父)城。整个应国的地域范围,大体上在今河南省襄城、郏县、宝丰、鲁山、叶县和平顶山市区一带。

应国故城在今平顶山市原滍阳镇境内。《水经·滍水注》云:"滍水东迳应城南,故应乡也……彭水又东北流,直应城南而入滍。滍又左合桥水,水出鲁阳县北恃山东南,迳应山北,又南迳应城西……谓之应水。"古滍水即今之沙河,彭水、应水,即今之彭河、应河。平顶山市滍阳镇,地当滍水之北,至今三水犹存,与古应城地理位置十分吻合。原滍阳镇西寨门上刻有"古应"二字,1964 年已没入白龟山水库的西北隅。后来在其附近的东滍村和西滍村各发现一块碑碣,据说是从原滍阳镇移来的,其中一块题名"潘滍屏香"的清代碑石上,刻有"古应国"三字;另一块年代不详,碑文曰:"佳城瀔应国丰碑宰树树灿龙光。"从地理位置上看,应国故城位于原滍阳镇城内南部偏西高地上,西依舒山,北有北山、趔山,南临沙河——古滍水,应水自西北流经西门外南注入沙河,地当古城父邑南,处于山水环抱之中。由于城址没入库区,故对其形制和布局已难寻觅。

应国贵族墓地在应城西郊,即今滍阳镇北滍村西的滍阳岭上,该岭呈南北方向,长约 2000 米,宽约 100 米,高出周围地面 15 米左右。20 世纪 80 年代以来,在这里发现墓葬数百座,其中应国贵族墓数十座,多次出土应国铜器,有鼎、簋、方壶、盘、盉、方甗、方彝、戈及车马器等,时代多为西周晚期。[1]

应于春秋之世被楚灭亡,时间约在公元前 687~前 684 年(楚文王三年至六年)之内。"自周成王时封应以来,姬姓应国共延续了大约 350 来年。"[2]

郏:商周姒姓国。《路史·国名纪七》云:"郏,郑地。郑有郏张,《姓苑》云所封邑。今汝之襄城,有故郏城,亦楚邑。"《史纪·夏本纪》载:"汤封夏之后。"《正义》引《括地志》云:"夏亭故城在汝州郏城县东北五十四里,盖夏后所封也。"尚景熙《河南地名漫录》谓:"郏,古国名。"[3]《国语·郑语》载史伯为桓公论兴衰时,谈到"谢、郏之间"。谢为国名,史伯既然以谢、郏并举,是郏亦当为古国。古代"郏"或"郏城",即今河南省郏县。《河南省志·地名志》云:"郏县在

①　河南省文物研究所、平顶山市文管会:《平顶山市北滍村西周墓地一号墓发掘简报》,《华夏考古》1988 年第 1 期。
②　何浩:《楚灭国研究》,武汉出版社 1989 年,169 页。
③　尚景熙:《河南地名漫录》,中州古籍出版社 1988 年,146 页。

平顶山市北部。秦置郏县,因古为郏国,春秋为楚之郏邑而得名。"春秋初年,郑国东迁新郑后,灭掉郏国,郏成了郑大夫郏张的采邑。后来,楚国占领了郏,又成为楚康王之子郏敖的封邑与葬地。郏地位于伏牛山前倾斜平原区,四周分布着三管山、大刘山、老爷顶诸峰,汝水(今北汝河)自西北流来,穿境而过。由于形势险要,自古即为东西孔道,被称之为"岩邑"。郏的得名,似与其所处地理形势有关。

鲁:鲁为周代姬姓国,始居今河南省鲁山县,为西鲁;后改封于今山东省曲阜市,称"东鲁"。据《史记·鲁周公世家》载,文王之子周公曾随武王伐纣灭商,并辅佐成王东征践奄,在铸造周王朝过程中立下了丰功伟绩,被封于鲁,周公因为忙于国事,无法亲自就任,就使其子伯禽代往鲁地,行使职权,史称"鲁侯"或"鲁公"。

鲁山一带在夏代即已称鲁。夏代末年,夏桀曾徙于此。《逸周书·殷祝解》云:"桀与其属五百人徙于鲁,鲁士民复奔汤。"在商代甲骨卜辞中,也多次提到鲁,如"鲁受年"①。"壬午卜,鲁嘉,鲁不其嘉?鲁不其嘉,鲁嘉允嘉延死。"②大约在夏商时代,鲁山一带就存在一个叫做"鲁"的著名方国,周灭商后,将周公旦及其子伯禽封于此地,鲁便成了姬姓诸侯国。

柏杨《中国帝王皇后亲王公主世系录》载,鲁曾建都于河南鲁山,疆域在河南省中部。③ 指的是西周初期,姬姓鲁国在鲁山一带立国约 20 余年之久。鲁山在今河南鲁山县东 9 公里,据《水经·汝水注》载,鲁山附近的汝水有周公渡,汝水上游有鲁公水、鲁公陂等,以"周公"和"鲁公"命名的渡口及水、陂,从一个侧面折射出伯禽代周公就国于西鲁的史影。鲁国东迁后,其地一度归许,后并入楚之版图,被称为鲁阳。汉于此置鲁县,北朝改称鲁山县,又置鲁州,北魏则为鲁阳郡,这些县、州、郡名的由来,均同西鲁有着极为密切的关系。

柏:周代嬴姓国。《潜夫论·志氏姓》嬴姓之属有"白"氏,秦嘉谟《世本辑补》认为"本作白,据《左氏传》校作柏",将柏列入嬴姓国。《左传·僖公五年》杜预注云:"柏,国名,汝南西平县有柏亭。"柏亭位于西平县城西门外 500 米处,

---

① 《续》5·6·10。

② 《乙》3000。

③ 柏杨:《中国帝王皇后亲王公主世系录》(上),中国友谊出版公司 1986 年,276 页。

后世玄武庙即其旧址。柏国地域在今舞钢市与西平县一带。

根据考古资料,柏国建都于舞钢市尹集镇北谢古洞南侧。城址平面略呈长方形,东北长 2000 米,东西宽 1000 米。地面上保留有断续的城垣遗迹,残高 1 米左右。城内发掘出春秋时代的墓葬,出土有铜鼎等遗物。①

春秋时期,柏国仅见于《左传·僖公五年》:"楚斗谷于菟灭弦,弦子奔黄。于是江、黄、道、柏方睦于齐,皆弦姻也。弦子恃之而不事楚,又不设备,故亡。"楚灭弦不久,又出兵将柏并入自己的版图。约在公元前 642～前 626 年(楚成王三十年至四十六年)之际,柏国为楚所灭。②

霍:周代姬姓国。《路史·国名纪六》载:"霍,侯爵,武王禽之。汝之梁县西南七十(里)有故霍。《世本》云,霍国,真姓(今本作姬姓),知非晋霍。"霍于商代即已立国,周灭商后,武王灭霍,并封同姓为霍君。霍的地域,在今河南省汝州市西南部一带。《水经·汝水注》云:"汝水之右,有霍阳聚。汝水迳其北,东合霍阳山水,水出南山。杜预曰:河南梁县有霍山者也。《春秋左传·哀公四年》,楚侵梁及霍。服虔曰:梁、霍,周南鄙也。"霍是周王朝南鄙的小邦。《左传·哀公四年》载:"楚人既克虎夷,乃谋北方……为一昔之期,袭梁及霍。"杜预注:"伪辞当备吴,夜结期,明日便袭梁、霍,使不知之。"《路史·国名纪五》也说:"霍,汝之梁县西南七十(里)霍阳山,汉为霍阳县,有霍故城。一夕之期袭梁及霍在是。"公元前 491 年(楚昭王二十五年),楚昭王采取声东击西的办法,仅仅准备了一夜时间,第二天便出兵讨伐梁国与霍国,这次军事行动对霍国是一个沉重的打击。《左传·襄公二十九年》载:"虞、虢、焦、滑、霍、杨、韩、魏,皆姬姓也,晋是以大。"杜预注:"八国皆晋所灭。"霍于春秋之世,被晋国灭亡。

梁:春秋姬姓国。中国古代有三梁:大梁在浚仪(今河南开封),少梁在夏阳(今陕西韩城),南梁在汝水之滨(今河南汝州)。东周姬姓之梁,史称"南梁"。《路史·国名纪五》云:"梁,平王子唐封南梁也,今汝治梁县有梁山。梁故城在承休西南四十[里]。"梁国的地域,在今河南汝州市西部一带。梁国都城的地望,据《括地志》载:"古梁城在汝州梁县西南[四]十五里。"又说:"周承休城一

---

① 《中国文物地图集·河南分册》,中国地图出版社 1991 年,71 页。
② 何浩:《楚灭国研究》,武汉出版社,1989 年,第 11 页。

名梁雀坞,在汝州梁县东北二十六里。"沈钦韩《春秋左氏传地名补注》云:"梁县故城在汝州西南四十五里。"考古资料同文献记载基本一致,南梁故城在今汝州市杨楼乡的樊古城、王古城和杨古城村,城址平面略呈长方形,南北长 2000 米,东西宽 1450 米。除北垣被冲毁外,其余保存完好。城垣高 4 米,宽 15 米。城内散存有各种瓦当及陶片等遗物。①

梁与霍国为邻,在霍的东北,同为姬姓国。公元前 491 年(楚昭王二十五年),楚昭王采取声东击西的办法,仅仅准备了一夜时间,第二天便出兵讨伐梁国与霍国,这次军事行动对梁国是一个沉重的打击。此后不久,再次出兵一举灭掉梁国。梁国地处汝水上游,南有五垛山,北依禹王山,形势十分险要,梁人恃险不备,终于被楚灭亡。

蛮氏:又称戎蛮,春秋姜姓国。蛮氏之戎原居瓜州,即泾水上游平凉到固原一带。在秦人的威胁下,被迫东徙,迁至汝水流域。《左传·襄公十四年》载戎子驹支的话说:"昔秦人负恃其众,贪于土地,逐我诸戎。惠公蠲其大德,谓我诸戎是四岳之裔胄也,毋是剪弃。赐我南鄙之田……"戎蛮这次东徙,是在晋惠公帮助下进行的。东迁的地域,在今河南省汝州市与汝阳县、伊川县之间。《左传·成公六年》杜预注:"蛮氏,戎别种也,河南新城县东南有蛮城。"新城县置于西汉惠帝四年(前 191),故城在今伊川县西南平等乡古城村。《续汉书·郡国志》云:"新城有鄤聚,古鄤氏,今名蛮中。"《水经·汝水注》载:"汝水自狼皋山东出峡,谓之汝阨也东历麻解城北,故鄤乡城也,谓之蛮中。《左传》所谓单浮余围蛮氏,蛮氏溃者也。……俗谓麻解城,非也,盖蛮、麻读音近故也。"《括地志》卷三汝州梁县载:"故麻城谓之蛮中,在汝州梁县界。"《元和郡县志》河南道汝州谓:"梁县,汉旧县,古蛮子邑。"又说:"蛮中聚,即戎蛮子国也,在今郡西南,俗谓之麻城。"《读史方舆纪要》卷五一汝州载:"蛮城,在州西南,故蛮戎子国,亦曰鄤乡城,亦曰蛮中聚,俗呼麻城,蛮与麻声相近也。"由此可知,蛮氏都邑在汝州西南的"麻城"。今汝州市寄料镇有个蛮子洼村,其得名可能同蛮氏国有关。

蛮氏凭借着晋国的势力在汝水流域立国,故对晋国感恩戴德,惟命是从,一直依附于晋,成了晋人南部的屏障,因而遭到楚的强烈不满,多次出兵讨伐,并于

公元前491年(楚昭王二十五年)出兵灭掉蛮氏。

汝周:汝周或作周,春秋姬姓国。《路史·国名纪五》云:"周,平王子秀封在汝川,秦灭之,为汝南郡。"又据《姓源韵谱》载:"周平王少子封于汝川,其后有汝氏。"汝川为水名,指汝水而言,是沙河主要支流之一。《叶公沈诸梁考论》认为,汝水"源于伏牛山腹地,东流入淮,其中流经今平顶山市境域一段,地势开阔,两岸平坦,土地肥沃,古有汝海之称。这里就是我国汝姓家族的发源地。"①汝川古称汝南郡,在今平顶山所属市县中,古代设置汝南郡的,只有今宝丰县。据《魏书》载,北魏永安元年(528),汝南郡治符垒县,即今河南省宝丰县大营镇。后世大营镇一度改名为"汝南镇"。因而汝周的地域应在今宝丰县一带,建都于大营镇附近。

平顶山地域辽阔,历史久远。早在龙山文化时代,市区东高皇乡蒲城店村北便发现一座古代城址,说明当时这一地区很可能就有方国出现。逮至夏、商、西周及春秋之世,这里的早期文明又有极大的发展,伏牛山下和汝水、沙河之滨,分布着许多古国,那些古国以其特有的"古都文化"形式,光耀于平顶山地域范围之内,显得特别辉煌灿烂,在中国古都文化中占有重要的历史地位。因而研究中原地区华夏文明的起源与发展,似离不开对平顶山先秦古国的探索。

(作者为河南省社会科学院研究员)

---

① 杨晓宇、潘民中、叶健民:《叶公沈诸梁考论》,中州古籍出版社,1995年,第71页。

从遗迹、遗物看应国历史与文化

汤淑君　黄林纳

从文献记载、传世品以及出土文物来看,应国是商周时期中原地区的一个古老封国。据甲骨卜辞记载 , 商代已有应国。今本《竹书纪年》载 :" 盘庚七年 , 应侯来朝。"另具,《史记·梁孝王世家》正义引《括地志》、《汉书·地理志》颍川郡"父城"注引臣瓒之说以及《汉书·滍水注》等都记载殷时已有应国。此外,在武丁和帝乙、帝辛的卜辞中,殷王曾派人前往应地抓捕奴隶并亲临该地田猎。如:"贞王步于应,无灾?"应君又称"应王",如:"贞令喑颖应王?"说明应国与商王朝之间存在着密切的关系。郭老先生还曾提出:"周代有监国之制",所谓"应监",也就是周王室"派往应国的监国者"。[①] 又从发现的应监甗及铬文等铜器 , 从中可窥知应、周之关系。西周灭商以后,周成王改封其弟于应,应便成了姬姓诸侯。《左传·僖公二十四年》载周大夫富辰言:"昔周公吊二叔之不咸,故封建亲戚,以蕃屏周。……晋、应、韩、武之穆也。"杜预注:"四国皆武王子。"由此可知,西周应国是在伐灭商代应国之后,因其故地而封周武王之子所建立的。《国语·郑语》云:"当成周者,南有荆蛮、申、吕、应、邓、陈、蔡、随、唐。"应国是周王朝的南部屏障之一。

应国的地望,据文献考证在今河南省平顶山滍阳镇城内南部偏西的高地上,而整个应国的地域范围大体上在今河南襄城、陕县、宝丰、鲁山、叶县和平顶山一带。如:《括地志》云" 故应城 , 因应山而名 , 在汝州鲁山县东三十里",与《汉

---

①　郭沫若:《释应监甗》,《考古学报》1960 年第 1 期。

书》相吻合。又《水经注·滍水》："滍水东迳应城南。"郦道元："故应乡也，应侯之国。"明代嘉靖《鲁山县志》："古应之国，在鲁山县东。"《方舆纪要》："应城在汝州宝丰县东三十里。"同时从应国墓地的数年考古发掘以及出土的诸多器物上来看，也证实了古之应国的地望与文献记载相符。

应国有铭铜器很早就已流传于世，如吕大临的《考古图》、罗振玉的《三代吉金文存》、于省吾的《商周金文录遗》、日本学者白川静的《金文通释》、陈梦家的《西周铜器断代》等考古学著作都著录有应国铜器。还有一些传世的应公诸器，如应侯簋、应监甗、应叔方鼎等。除此之外，还有一些铜器流散到省外、国外。这些文物也很有可能原都出自应国墓地。

1979年以来，在平顶山一带多次发现与应国有关的器物，为此，考古工作者从1986年始，在历史文献记载的应国地理范围内，进行了大规模的考古发掘工作，陆续出土了一些应国文物，经过考古发掘证实，此墓地是一处以西周早期至春秋早期的应国墓和春秋中晚期及战国早中期的楚国墓为主体的两周时期贵族墓地，面积达40万平方米。另外，还发现有两汉时期的一些平民墓。从应国墓葬分布来看，排列有序，具有较典型的"族墓葬"特征。因此对研究两周时期贵族墓的埋葬规律、埋葬习俗有十分重要的价值。几年来应国墓地出土了大量的珍贵文物，主要是青铜器和玉器。如青铜器鼎、簋、樽、爵、觯、卣、盨、甗、盘、盉、方彝……以及铜车马器、兵器、工具等；玉器有圭、璧、璜、项饰、柄形器、缀饰以及琢成鹰、鱼、虎等动物形状的玉佩；另外还有一些陶瓷器鬲、罐、簋、樽、豆及石器，漆器等。其中有一部分青铜器上有铭文，铭文明确记载着其作器者中有应国国君应公、应侯、应伯、侯氏等贵族，其铭文内容涉及大射礼、俯聘礼、史官、监国、册命、帝王庙号、丧服制度等，揭示了这一湮灭已久的中原古国的文化面貌，对古代礼仪制度与诸侯方国史研究有重要的历史价值。排列有序的国君墓葬，成套青铜礼器和精美的玉器，为同时期墓葬断代研究提供了珍贵资料。

根据墓葬出土随葬器物组合、形制与纹样以及铭文的变化判明，应国墓地墓葬大致可分为四个阶段，分别隶属于三个不同的历史时期。第一、二阶段为西周早期至春秋早期，代表应国文化；第三阶段为春秋中期至战国时期，主要代表楚国文化；第四阶段为西汉至东汉时期，代表两汉文化。第一阶段为西周早、中期，是应国文化的发展阶段，表现出中原地区典型周文化的特征。第二阶段为西周晚期至春秋早期，是应国文化衰落阶段，依然是典型的周文化。第三阶段为春秋中期至战国时期，主要为楚文化发展并逐渐衰落的阶段，表现出十分典型的楚文化特征。第四阶段是战国晚期至西汉时期，其中在战国晚期显示出中原文化的影响力，此后便表现出汉文化的浓厚气息。① 在不同的时期其墓葬形制和器物的组合是有差别的。第一阶段的墓葬多为长方形竖穴土圹墓，所出器物数量较少，绝大多数为实用器，器类组合不稳定，酒器占有较大比例，具有明显的商人遗风。第二阶段的墓葬较大型墓葬大都带有长方形斜坡墓道的"甲"字形墓，中小形墓皆为长方形竖穴土圹墓。器类的数量大幅度增加，实用器与明器并存，酒器皆为明器。第三阶段的墓葬其形制均为长方形竖穴土扩墓，口大底小，墓壁倾斜度较大。墓内所出器物均为实用器，仿铜陶礼器也占有一定的比例。第四阶段的墓葬形制以竖穴砖室墓为大宗，间有少量的竖穴土坑墓和洞室墓。

应虽是一个小国，但传世和出土的铜器较多，从应国铜器的造型、纹饰、铭文和制作工艺来看，应国的物质文化较为发达。如出土于平顶山 M242 西周时期的柞伯簋，通高 16.5 厘米、口径 17 厘米、底座直径 13.4 厘米。此簋敞口，斜方唇，短颈内束，浅腹外鼓下垂，腹部一对龙首形耳下各附一垂珥，浅圈足下设一喇叭形支座。颈部饰两组八个以细雷纹作地纹的凸目夔龙纹。每组的四个夔龙纹各以一浮雕兽首为中心，对称地分列两侧；腹部饰两组以细雷纹衬地的凸目兽面纹，且在每组纹样的左右两侧配以两个相对称的夔龙纹。耳的上端饰龙首，下部两侧饰阴线 C 形卷云纹，整个耳部作龙口吐长舌向下内弯曲状。圈足部饰一周侧视的三角形凸目蝉纹。喇叭形支座为素面。簋内底部铸有铭文，共 8 行 74 字。记录了昭王时期在王室举行的一次射礼活动的全过程，短短 70 余字，阐明了射礼举行的时间、地点，参加的人物、事件经过和结尾等各个方面，言简意赅，层次分明，有条不紊，为研究我国古代的射礼制度提供了十分珍贵的资料。柞（胙）伯为纪念这一殊荣，特用周王赏赐的这些红铜为原料，铸造此簋。柞伯簋制作精细，造型别致，特用支座垫高器体，装饰纹样布局合理，对称庄重，主体为纤细的凸线，又用细如发丝的雷纹衬地，线条流畅自然，轻盈飘逸。这件铜簋，既具有珍贵的文献史料价值，又具有较高的工艺观赏价值，实在难得。另外一件出

---

① 刘晟甫：《应国墓地的发现与研究》，平顶山市文物管理局编。

土于平顶山应国墓地 M8 的西周应公鼎,通高 26.6 厘米,口径 26.6 厘米。此鼎为侈口,浅鼓腹,腹部下垂,口沿两侧上有一对立耳,三蹄状足。颈与腹部饰波折纹与垂鳞纹。鼎内铭文为:"应公乍(作)尊彝宝鼎,武帝曰丁子孙永宝。"此铭文事关周代的庙号制度,具有很高的文献史料价值。

　　1988 年出土于河南省平顶山应国墓地 M50 西周时期的雁形盉,通高 25.2 厘米、长 31.8 厘米、体宽 17.2 厘米、口径 14.2 厘米。与雁形盉同出的器物有铜鼎、陶鬲各 1 件,另有铜车马器、铅锡器、兵器和玉石器等。盉与爵配套可以盛酒,与盘配套亦可盛水。雁形盉以雁腹为器身,腹腔呈圆角长方形扁体状,背部开口,口外敞,斜方唇。上面加盖,盖略向上隆起,盖边缘有一环形纽。腹下铸四条柱状足,雁首颈形成曲流,雁双目圆睁,昂首前视,扁嘴微张。雁尾作鋬,鋬上站立一小铜人,人面消瘦,五官清秀,发丝细密且梳理整齐。头顶高绾发髻。上身裸露,下穿十褶裙。腰间横束一条饰有连续菱形纹样的革带,脚穿浅筒靴。曲臂拱手握着盖上环形纽,以其手足将器身与器盖巧妙地连为一体。盖沿与口下各饰两组以细雷纹衬地的长尾凤鸟纹一周,每组的一对凤鸟均相向而立,并间以变形兽首或竖向隔栏。盖上握手的顶部饰一盘旋状鸟纹。雁尾上阴刻三条平行细线纹。器腹素面,一侧粘有席纹印痕。整器呈光洁明亮的青绿色。盖内有阴刻铭文 5 行 40 余字,笔画均匀,字迹清晰。铭文记述应国使者"匍"赴邢国探访邢国的国君邢公,邢公派官员会见了他,并赠送给他一些礼物,后来匍用邢公所赐的铜做了这件盉以作纪念。该盉构思巧妙,造型优美,之所以设计为雁形,其因是根据西周严格的等级制度所制造,据《仪礼士相见礼》载:"下大夫相见以雁……上大夫相见以羔。"像匍这种卿大夫一级的贵族,只能用雁、鹅之类造型的器物。该盉造型新奇,极富想象力。器物整体设计精巧别致,匠心独运。器体上的龙、牛、人等形象逼真,惟妙惟肖,巧妙和谐地分布于器物的适当位置上。充溢着浓厚的生活气息,蕴含着艺术氛围,的确是一件将艺术之美与生活之美完善结合的绝妙佳作。由此可见这件雁形盉不仅是一件精美的艺术品,亦是研究西周时期礼仪制度的实物资料。

　　应国贵族墓还出有一定数量的玉器。其中礼玉有琮、璧、璜、圭、戈等;佩玉有单佩和组佩之分,组佩有玉佩串珠组合项饰、多璜联珠组玉佩、玉牌联珠组玉佩等,单佩有龙、虎、鹿、牛、鸟、鱼等。另有握玉、玉等殓葬用玉。这些精美的玉器作品,线条流畅,刀法娴熟,精雕细琢,具有很高的艺术审美价值,也是研究西周玉器制作工艺的珍贵资料。如1986年发掘的平顶山应国墓地M1,墓内出土千余件文物,随葬器物组合为五鼎六簋,根据出土器物分析研究,墓主人为应国某一代国君。在其墓内还出土了一件具有族徽意义的重要文物——鹰形玉佩,长2.2厘米,宽5.7厘米。鹰为半月形,仿佛要鼓翼展翅飞翔,头向右扭曲,以嘴衔右翅,形成一个穿孔。鹰眼、鹰背和双翅均为线雕,两爪作长条形卷曲于身下。此鹰玉质精良,通体透亮,晶莹圆润,琢磨精致,造型生动,将鹰威武勇猛的神态和展翅欲飞的动态在小小的一块玉上刻画得栩栩如生。此鹰不失为应国玉雕中的精品力作。在古文字上,"应"与"鹰"是同一个字,应国为殷商所置,商部落以鸟为图腾,应国图腾崇拜应属商族遗风。玉鹰的出土,表明了应与鹰的渊源关系。为纪念这一曾出现过的辉煌灿烂的古应国文明,1986年,平顶山市将玉鹰的形象作为市徽,镶嵌于城市雕塑中。

从器物及铭文中还能窥见应国与周边诸国之间的关系如与周、邓、申等国间的关系。西周前期,姬姓应国与周王朝的关系十分融洽。第一代应侯深得成王的赏识和信任,其地位也十分显要。盖因封为应侯,还兼"监"之职务。与周武王所设"三监"的任务一样,负责监督殷纣王之子武庚禄父。待其后"三监"叛乱时,应侯果力助周公平定了叛乱,立了大功。受到成王的夸赞"媚兹一人,应侯顺德",并被誉为"应公"。从周公旦称"公"来看,周初能获得如此殊荣者,其功高位显必超一般诸侯之上。大约在周恭王当政时期,周天子还曾对应侯见工进行过特别的赏赐,表明当时应国虽小,但其政治地位还是比较高的。如《逸周书·王会解》云:"成周之会……内台西面者正北方,应侯、曹叔、伯舅、仲舅,比服次之。"晋孔晁注:"应侯,成王弟。"应侯列于其叔父曹叔及伯舅、仲舅之前,可见其位之尊。

从河南省平顶山市郊的原滍阳镇西门外,1979年和1980年先后出土两件西周时期的邓公簋①后又发现2件,共计4件。铭文相同,所记均为邓国国君邓公为女儿出嫁应国而制作陪嫁礼器一事。在西周中后期的孝夷时期,应君曾娶

---

① 见《河南平顶山市发现西周应国青铜器》,《考古》1981年第4期;《河南省平顶山市又出土一件邓公簋》,《考古与文物》1983年第1期。

邓国国君之女妣为夫人,这是邓国国君为嫁到应国的女儿妣特意制作的媵器。据考证邓国为姓其地望在今湖北省襄樊市一带,因都邓城在襄阳县伙牌乡陆寨村周围。非常巧合的是,前些年在该村蔡坡土岗上因砖厂取土发现一件侯氏簋,铭文记该簋是侯氏为其女孟姬所作器。而侯氏之称在应国墓地铜器铭文中也有发现,且其女名孟姬正与应国为姬姓相吻合。可以断定,二者的侯氏是同一个人,即是应国某一代应侯的简称。这就是说,不仅邓国有公主嫁于应国,而且应国也有一名叫孟姬的公主曾嫁于邓国。说明当时应、邓两国为抵御他们的强敌——荆楚及南淮夷的侵略而以联姻的形式结成的政治同盟的情况。

在应国墓地中还出土有 5 件应申姜铜列鼎。申国为姜姓,地望在今河南南阳一带,位于应国西面,与应国为近邻。申姜为申国公主,因嫁于应国而称应申姜。应申姜得以铸造宗庙祭器,可见其在应国的地位绝不一般。

在我国古代,诸侯国之间往往以相互联姻的方式结成友好的政治同盟。缔结同盟的国家有着互不侵犯、相互支援、密切配合、共同御敌的义务。应国与邓、申两国的关系亦不例外。政治婚姻作为外交手段在两周时期被许多诸侯国所采用。这些铜器及铭文,对研究应国的历史、文化、艺术等提供了大量的实物资料。

曾庸先生在"若干战国布钱地名之辨释"一文中,对传世的货币中铸有"应邑"字样的一枚"平首布"从字形的演变、文献的记载进行了考证,这是通行于战国时期的一种货币,从中可见应国当时的经济、文化还是相当发达的。①

关于应国的灭亡时间,大多数专家学者认为应国大约在春秋早期为楚国所灭,即楚文王(前 687~前 679)时期。"汉阳诸姬,楚实尽之。"应国墓地的考古资料表明,除应国贵族墓之外,该墓地还发现了一批楚国贵族墓,年代属春秋中期至战国时期,略晚于应国墓。墓中铜礼乐器无论形制、纹样,还是器物种类、组合形式,同应国墓相比都有较大的改变。个别铜礼器与兵器上的铸铭反映了应国为楚所灭的历史事实。姬姓应国,自周成王始封以来,延续了大约 350 年,这在文献和考古资料中都得到了印证。

(第一作者为河南博物院研究部研究员)

---

① 曾庸:《关于战国布钱地名之辨释》,《考古》1980 年第 1 期。

尧山文化概论

王宝郑

　　鲁山尧山是历史名山,在历史长河中积淀了丰富文化内涵,形成了独特的尧山历史文化现象,改革开放以来随着景区开发不断推进,尧山已上升为河南乃至全国重要文化旅游区,影响日益扩大,客观上已形成了一个比较成熟的地域文化类型。但目前人们对这一古老而发展迅速的地域文化现象还存在许多认识模糊问题,经常会出现一些自相矛盾的情况,因此对尧山文化现象做以系统性深入研究非常必要,以便统一认识,形成共识,为尧山文化旅游融合发展提供强大的理论武器。本文抛砖引玉,试以廓清其脉络,升华其概念,明确其范畴。

一、尧山文化的形成

　　应该说,尧山文化是鲁山历史上客观存在的一个地域文化类型。它发轫自悠远,历代相承,脉络清晰,从发展阶段看,尧山文化历代相承,它经过了一个萌芽、形成、发展、繁荣的历史时期。以改革开放为分水岭,其前的几千年处于萌芽和漫长的缓慢发展期,其后进入了一个快速发展阶段,目前已经是比较成熟、影响巨大的地域文化。

　　尧山文化的形成有良好的自然基础。尧山地区位于伏牛山脉边缘地带,属大陆季风性气候,降雨量适中,四季分明,物产丰富,非常适宜人类居住,良好的地理环境奠定了尧山文化孕育形成的基础。根据考古发现和文献记载,远古时期鲁山先民很早就在这一地区活动。

　　尧山名称很早就有。庄子《山海经·中山经》中记载两处尧山。一是大尧山："又东北百里,曰大尧之山,其木多松柏,多梓桑,多机,其草多竹……"。二是尧山:"又东南一百五十九里,有尧山,其阴多黄垩,其阳多黄金,其木多荆芑柳檀,其草垛藷藄□"。《山海经》一书是上古具有神话传说性质的地理典籍,其记载的不少神话传说成为远古传说的重要内容,但其山水记载,多方位不准难以与现在确切对应。比较两处关于尧山记载,前者大尧山周围有"龙山""铜山""光山"等地理山脉互证,很可能就是今鲁山尧山。而后者很可能对应在南方地区。

在历史上以尧冠名的山确实存在,而且有多处,《中国古今地名大辞典》中记载有八处,其中有鲁山尧山:"在河南伊阳县西南,滍水所出,《水经注》:尧之末孙,夏孔甲时迁于鲁县,立尧祠于西山,谓之尧山"。

东汉时期有两部重要典籍记载有刘累迁鲁县、立尧祠于尧山之事。一是东汉大科学家张衡的《南都赋》,中载:"奉先帝而追孝,立唐祠乎尧山"。一是班固的《汉书地理志》,中载:"鲁阳,有鲁山。古鲁县,御龙氏所迁。鲁山,滍水所出。"《水经注疏》认为:"鲁山为尧山之误"。笔者认为,班固所说鲁山是特指鲁阳西尧山,鲁山是尧山的另一个别称。

北魏郦道元《水经注》是古代文献中记述尧山最系统最权威的古典文献。郦道元首先提出了尧山得名的原因:"尧之末孙刘累以龙食孔甲,孔甲又求之不得,累惧而迁于鲁县,立尧祠于西山,谓之尧山";其次,他清晰地记述了尧山滍水的自然地理特征。其后众多地理及史志文献都基本上沿用了其中观点。

古代尧山还有别的一些名称,明清方志文献中也有记载。"石人山"是尧山的俗称,景区开发时使用了这一名称,直至2009年12月10日。该日,平顶山市人民政府在媒体上发布《平顶山市人民政府关于将石人山恢复为尧山的通告》:根据国务院《地名管理条例》(国发[1986]11号印发)、《平顶山市地名管理办法》(平政[2006]81号印发)等法规、规定,经市人民政府研究,决定:将石人山恢复为尧山。中共河南省委书记徐光春挥毫泼墨,书题"河南尧山"墨宝,有关部门开展了一系列声势浩大的宣传攻势,复名问题几乎成了河南乃至全国非常有影响的一件事情。虽然社会舆论褒贬不一,但肯定居多。就半年多来的发展看,尧山复名效果非常好,文化旅游发展势头迅猛,景区的影响日益扩大。可以说,尧山复名是历史的选择、时代的选择。

尧山历史是悠久的,底蕴是深厚的,每一个名称都是尧山一段历史的反映,联系形成了悠远而神秘的一个独特文化现象,循着这些名称和古代典籍可以还原很多有意义的历史面貌,联系形成了悠远而神秘的一个独特文化现象。不过几千年的历史上,它一直处于原始孕育、自然缓慢发展中,可以说是一个神秘没有经过主动开发的古典文化现象,只是到了当代,尧山作为景区进行开发,尧山文化才犹如一只插上翅膀的凤凰,日新月异,影响远至海外。目前,客观上已形成了一种引人注目的地域文化现象,尧山文化已成为强势地域文化品牌,几乎成为鲁山地域文化的代称,亦堪称平顶山市地域文化的典型代表,对其进行更全面系统性研究已水到渠成。

二、尧山文化的概念及其特征

要认识尧山及其文化现象,需从认识其基本文化内涵起始,确立和明确尧山文化概念范畴。

文化是伴随着历史的客观存在,古今中外对文化有过许多解释,至今国际上没有形成统一的概念。在汉语系统中,文化是一个古老的词汇,《易·贲卦·象传》就有"观乎人文,以化成天下"之句,西汉以后,"文"与"化"方合成一个整词。《辞源》解释为:"文治和教化……"。《辞海》解释为:"从广义来说,指人类社会历史实践过程中所创造的物质财富和精神财富的总和。从狭义来说,指社会的意识形态,以及与之相适应的制度和组织机构。文化是一种历史现象,每一社会都有与其相适应的文化,并随着社会物质生产的发展而发展。作为意识形态的文化,是一定社会政治和经济的反映,又给予巨大影响和作用于一定社会的政治和经济。在阶级社会中,它具有阶级性。随着民族的产生和发展,文化具有民族性,通过民族形式的发展形成民族的传统。文化发展具有历史的连续性,社会物质生产发展的历史连续性是文化发展历史连续性的基础。"可以看出,"文化"的本义就是"以文教化",它表示对人的性情的陶冶,品德的教养,本属精神领域之范畴。《辞源》《辞海》的两种代表性解释是马克思主义文化观的反映。

文化来源于劳动,劳动创造了文化,劳动是客观的,文化也是客观的,人民群众是历史的创造者,也是文化的创造者,文化属于上层建筑,在阶级社会里文化是有阶级性的。由此我们可以总结一个关于尧山文化的参考概念,尧山文化是尧山地区人民群众在认识世界和改造世界过程中创造的物质财富和精神财富的总和。

尧山文化具有客观性。从尧山乃至鲁山历史发展史看,尧山文化是一种客观存在,其客观性在于其劳动客观性、历史客观性和人民客观性,这决定了尧山文化是不以人的意志为转移的。它是指尧山历史上孕育形成的一种文化现象,是尧山乃至鲁山人民在认识世界改造世界的过程中创造的物质和精神财富,是尧山地区人民群众集体智慧创造,包括了各个历史时期不同的相关文化内容,凡是与尧山乃至鲁山有关的物质文化和精神文化内容都属于尧山文化范畴。客观性决定了我们必须认真研究尧山文化,反对虚无否定,提倡科学传承。

尧山文化具有地域性。尧山文化是尧山地区人民的历史创造,是鲁山和平顶山地域文化的一个类型范畴,具有明显的地域性特征,这是我们今天研究尧山与尧文化的基本依据。而目前存在的突出问题是对尧山文化的地理区域范畴认识模糊,界定不清,严重制约了观念更新和拓宽发展,因此,挖掘、研究、利用、弘扬尧山文化首先要解决地理范畴瓶颈问题,这是尧山发展问题上无法回避的关键环节。

三、尧山文化的地理范畴

考察尧山历史可以发现,历史上人们对于尧山地理范畴问题就没有形成统一认识,不同历史文献中关于尧山的记载多有异议,人们总是在试图考证弄清尧山的特指。笔者把这些观点理出三类。一是尧山区域论,认为尧山亦即天息山、高陵山、大盂山、大陌山、大义山、还归山、燕泉山、猛山,甚至鲁山、伏牛山等。这种观点主要源于古代地理文献《水经注》及历代史志文献。如《汉书》:"南阳郡,鲁阳,有鲁山,滍水所出";《水经注》:"出南阳鲁阳县之尧山";《元和志》:"滍水出鲁山西大陌山";《寰宇记》:"尧山俗名大陌山,亦号大龙山"等等。古人认为,滍水汝水同源,在论及两条大河的发源地时多引上述名称,历代学者考证其关系,多认为是一脉相承。如《水经注》载:"滍水出尧山",又载:"(汝水)又居尧山西岭下",对此《水经注疏》认为:"滍水与汝水隔山,不通流,郦氏谓汝水居尧山,分为滍水,盖因滍水亦经尧山也";"《经》称天息山,《注》云高陵、猛山、大盂、还归、燕泉,并异名"。应该说尧山区域论是一种比较大的尧山地理范畴观,名称异同差别说明了上古人们对尧山认识上很大程度上基于一个比较大的尧山群山观念,郦道元及其《水经注》的权威性使这一种观点有较强说服力。第二个类型是尧山本峰论,认为尧山即把尧山主峰。如清嘉庆《鲁山县志》载:"石人垛,西南百七十里,大山壁立,苍松翠柏,北连没大岭,十八垛环抱,鲁境诸水皆东流";"没大岭,在县西一百五十余里……岭西畔属嵩县"。这种观点容易被理解,与我们现在大多数人的习惯性意识一致,但是它无法解释一些关键性差异问题,在实际中常常出现自相矛盾情况。第三种类型另外尧山论,认为尧山并非我们熟知的尧山主峰,二是另外一处低山,姑称小尧山论。如,清康熙《鲁山县志》载:"在县西十五里,滍水所出";乾隆《鲁山县志》载:"西北三十里,自苍头山南来"。与小尧山相对应,志书中还有大盂山、没大岭等山的记载,也与《水经注》有异。如嘉靖《鲁山县志》载:"大盂山,在县西七十里,山顶并洼,四围若城,俗呼大团城山,小团城山"。这种观点违背常理,与上古文献明显有矛盾,混淆了视听。

不唯古人,在当代,世人也没有形成统一认识。由于开发以后一直沿用尧山俗名"石人山",导致本名埋没,文化埋没,现在人们也只是把尧山局限于一座主峰范围,把尧山文化理解为尧山文化。

笔者认为,以上古代三种和当代尧山地理范畴观反映了自古以来存在的关于尧山地理范畴上模糊不清问题,主要是大范畴尧山观与小范畴尧山观的差别,有必要廓清范畴。笔者认为:第一、明清时期文献中记载反映的小范畴尧山观念基本上是一种对上古尧山的错误理解。北魏郦道元及其兄弟郦道约都曾知守鲁阳,且郦道元政绩卓著,深受鲁阳人们尊敬,作为地理大家,他不可能不祥考鲁阳山水,实际上,正如他《水经注》中所说:"余以永平中,蒙除鲁阳太守,会上台下,列山川图,以方志参差,遂令寻其源流。此等既非学徒,难以取悉,既在迳见,不容不述"。因此,郦道元确认的"滍水出尧山"这一论断是有充分说服力的,无可辩驳的,它考证滍水发源及其地理环境,廓清尧山不同称谓的一致性,反映了郦道元的大地理范畴尧山观。时代变迁,后世生讹误,把尧山理解为尧山主峰(如前文),或者把经常把滍水说成出自"西尧山"、"鲁山西"(如前文第三种观点)。二、分析第三种尧山地理范畴观,可以发现:除了有明确的小尧山之外,也包含着大范畴尧山观念,"西尧山"、"路山西"、"鲁山西十五里"等说法,可以理解为滍水出鲁山西方山区中,不是特指小尧山,也不是特指深山中的尧山本峰,而是指鲁山西南的以尧山主峰的山岭区域,这与《水经》及其《注》的含义基本上一致起来的。第三、根据中国山脉的传统描述模式或者划分方法,主峰及其山岭构成一体,主峰周围山岭被视为主峰的一部分,名称上以主峰论称,譬如《山海经》即如此。由此可以发现:古代尧山地理范畴观应该说是"大地理范畴尧山观"占主要地位,或者说是尧山地区观。

　　笔者认为,今天我们在认识尧山文化这一概念时,应该把尧山地区作为尧山文化的地理范畴去明确,这样才能有助于我们认识尧山历史文化的全貌,实际上,实践中我们无法绕开尧山主峰以外的山岭区域,常常论及滍水、邱公城、刘累、刘姓、尧祠等诸多与尧山文化本为一体的文化内容。

四、尧山文化主要内容

　　根据前文阐述的尧山文化概念可知,尧山文化内容包括了尧山乃至鲁山地区劳动人民在社会历史发展过程中所创造的一切物质和精神财富,可以划分为物质文化、制度文化和心理文化三个方面内容。狭义上讲,尧山文化包含人们普遍的社会习惯,如衣食住行、风俗习惯、生活方式、行为规范等方面内容。按照形态可以划分为物质文化和非物质文化,前者是物化了的文明成果,后者是非物化的精神体现。按现代类别划分,可以划分为农业、商业、政治、经济、民俗等许多不同门类。尧山文化内容固然丰富,需要挖掘,但首先要弄清其主要内容,或者说有代表性的文化内容,基于此笔者梳理为以下几个方面。

　　尧文化。尧文化是尧山文化的首要和基本内容,研究尧山文化必须深入研究尧文化。历代文献确立了尧山与尧文化密不可分关系,尧文化确立了尧山的历史地位。尧是远古人文始祖,史书多称帝尧,后世圣王和圣贤多以尧为榜样,先秦文献时时称颂尧、舜、禹、汤、武,尧文化堪称中国政治伦理思想的源头。尧的功绩可以概括为尧德、尧治、尧功等方面,"道盛德至善",所以被奉为圣王、帝尧,尧继承黄帝、颛顼、帝喾大业,励精图治,实现大同社会,所以被后世誉为理想社会模式,尧建章立制,肇造文明华章,成就帝王大业,功盖千秋,被后世视为人生极致。据考证,尧部落曾在尧山地区活动,远古人文始祖尧舜禹大都足迹遍天下,尧山地区位于中原腹地,近河洛,通荆楚,尧曾活动于此也不奇怪。尧之裔孙刘累迁居于鲁,慎终追远,奉尧立祠,使尧之精神代代相传。因此尧文化是尧山文化的精髓,尧山文化因尧文化具有了远古文明的色彩,印证了尧山地区乃至平顶山市处于中原文化和中华文明发祥地的史实。

龙文化和刘姓文化。这是尧山文化的重要内容,它因于尧之裔孙刘累迁居鲁县。鲁山尧文化与刘累密不可分,众多历史史志文献都记载有御龙氏刘累迁居鲁县的故事。"滍水又东,径鲁阳县故城南,城,即刘累之故邑也。"(《水经注》)今天根据考古发现推断:鲁山西邱公城即刘累隐居之地。以此邱公城被尊为中华刘姓发祥地,如今昭平台书库建有刘累墓园。刘累是历史上第一个刘姓人士,被尊为中华刘姓始祖,同时又是平顶山作为龙文化之乡的重要证明。龙文化和刘姓文化使尧山文化具有了夏文化或者说三代文化的色彩,承继了尧文化精髓。

墨子文化。墨子文化是尧山文化的重要组成部分,它承继帝尧、夏禹之精神,发扬光大了帝尧、夏禹以天下为己任的政治伦理思想,创造性的提出了以兼爱为核心、以尚同、尚贤等十大主张为主要内容的政治伦理思想,可以称之为兼爱主义。墨子的兼爱主义思想是中国也是世界历史上重要的古典哲学伦理思想,墨子因此成为世界级文化名人,被世人誉为"平民圣人"。墨子的里籍就在鲁山的尧山地区。由于司马迁在其《史记》中没有明确墨子里籍,导致后人长期争论。但古代文典早就有研究定论。东汉高诱为《吕氏春秋》作注,在《慎大览》中说:"墨子,名翟,鲁人,作书七十篇,以墨道问也"。《路史国名纪》注说:"鲁,汝之鲁山县,非兖地。"乾隆四十八年,清代著名考据家、曾任河南巡抚的毕沅在《墨子注·序》中明确提出了他的考证结果:"高诱注《吕氏春秋》以为'鲁人'则是汉南阳县,在鲁山之阳。本书多有鲁阳文君问答。又亟称楚四境,非鲁卫之鲁,不可不察也"。嘉庆元年,另一位考据家方志家河南偃师人武亿第一次把墨子是鲁山人的结论载入县志,其主纂的《鲁山县志》云:"《吕氏春秋·慎大览》高诱注:'墨子名翟,鲁人也,'鲁即鲁阳,春秋时属楚,古人于地名,两字单举一字,是其例也。"墨子是鲁山人是确凿无疑的。按照鲁山尧山镇一带的传说,墨子的生日为农历九月初八。墨子出生在鲁山县竹园村,青壮年时期周游列国,传播墨学,晚年隐居并卒于鲁山县熊背乡黑隐寺一带,改姓为"黑",至今在那里有很多遗迹、传说。明确了尧山文化的地理范畴,墨子文化自然成为其中一部分。

温泉文化。鲁山温泉自古有名，《洛都赋》称之为"鲁阳神泉"。嘉靖《鲁山县志》把"皇女温泉"载为鲁山八景之一："去县五十里，旧名汤谷温泉，今按《水经》名皇女汤，乃商后良夜常浴其所，泉发于山石之中，热如鼎沸，里氓引以为沐浴池，疮痍之即愈，有骊山神出之验"。"其下泉水热如沸，中泉水平温，上泉微温，俗呼上、中、下汤"。鲁山温泉沿沙河自西向东一线排列，构成一个温泉链。它位于沙河两岸，正处于要山地区，扼通向尧山主峰之要冲，因此是尧山文化的重要组成部分。

上面是尧山文化的代表性内容。尧山文化的其它内容，如传说文化、山水文化、交通文化、农耕文化等等各个方面，有待进一步挖掘、研究。

五、尧山文化的精神特质

尧山文化是鲁山和平顶山地域文化中古老而又年轻的一个类型。它发轫久远，始于帝尧，承继禹汤，源远流长。改革开放以来，尧山以它天造地设、鬼斧神工的自然景观一步步发展为国家 AAAA 级旅游区，名冠华夏，成为河南伏牛山旅游区的核心景区。随着 2008 年尧山复名，景区文化与自然融合发展的步伐日新月异，依托内容丰富、底蕴深厚的尧山历史文化资源，推进景区文化旅游发展成为关键环节。笔者认为，对这一古老而崭新的地域文化奇葩如何认识是理清景区发展思路、开阔景区发展视野的重要环节。尧山文化是一个系统性的文化范畴，内容丰富，底蕴深厚，有必要从整体上认识尧山文化的人文精神。

尧山文化是历代尧山地区人民在认识自然和改造自然过程中创造的物质与精神财务，因此具有人民性特征，有普遍意义。它是鲁山历史文化的典型代表，是平顶山地域文化的重要组成部分，如前文所述，它的尧文化、墨子文化、龙文化、姓氏文化、温泉文化等内容反映了鲁山和平顶山先民不屈不挠、敢于创新的繁衍生息发展历程。尧文化是远古圣王文化的代表，被历代帝王视为理想图治的楷模。墨子文化是先秦诸子文化重要代表，它"以兼爱为核心的勇于创新，身体力行，自甘艰苦，团结践义的墨家精神"成为中国历史上的一面旗帜，至今发挥着重要作用。龙文化承继远古，是夏商时期中华龙崇拜的重要表现，在中华龙文化发展史上占有重要一环，是平顶山作为龙之乡的重要体现。温泉文化源远流长，久负盛名，在中国温泉文化史具有重要地位，是河南伏牛山区温泉文化的典型代表。它们一脉相承,传承了鹰城文化和中原文化精髓,弘扬了中华文化精神,是中华文明发展史的缩影。

总结尧山文化精神,其实质和中华民族精神是一致的。通过帝尧可以看到中国帝王重德尊贤、实现天下大治的追求,通过圣人墨子可以看到中国爱好和平、兼爱天下的理想。尧山地区以至鹰城人民具有深邃智慧、勤劳勇敢、和平正义的美德,在认识和改造自然过程中充满了积极向上、奋发有为、不屈不挠、自强不息、融合创新的精神,这种精神世代相承,滋润着尧山地区人民的心灵,培育了一代又一代的人杰英雄,这种精神流淌在人民的血液中,践行在人们的实践中,发挥着人文精神的光辉,照耀着尧山人民不断创造辉煌历史。

我们现在有了推进社会主义文化大繁荣大发展的宏伟目标,有了文化强省、文化强市的宏伟蓝图,尧山文化对促进当代尧山、鲁山和鹰城文化旅游事业发展,促进文化强市建设无疑具有巨大而深远的意义,创造更大的经济和社会效益是现实的追求,弘扬尧山文化精神是永远的事业。在这个意义上说,应该全面系统深入挖掘、研究、利用尧山文化,使历史文化资源优势转化为产业发展优势,增强区域文化软实力,培育强势文化产业,在弘扬尧山文化精神中提升区域文化品位。

综之,尧山文化是鲁山、平顶山乃至河南一个古老而又崭新的地域文化类型,犹如一朵扎根于尧山地区深厚的历史土壤中、今天正在盛开的文化花朵,虽然清香悠长,品格高雅,但仍需要不断地培养、浇灌,才能使之更加绚丽多彩,巍然成荫,成为展现地域人文风采、弘扬地域人文精神的奇葩。

参考文献:

1. 司马迁.《史记·五帝本纪》.中华经典藏书.北京.中华书局.2007.4

2. 庄子.《山海经》.中华经典藏书.北京.中华书局.2007.4

3. 司马迁.《史记·夏本纪》.二十四史.北京:中华书局.1999.1

4. 班固.《汉书·地理志》.二十四史.中华书局.上海:1999.1

5. 露丝·本尼迪克.《文化模式》.二十世纪文库.北京:华夏出版社.1987.9

6. 郁龙余.《中西文化异同论》.北京：三联书店.1989.4

7. 康熙 乾隆 嘉靖《鲁山县志》

8. 杨守敬 熊会贞.《水经注疏·滍水·汝水》.南京：江苏古籍.1989.6

9. 潘民中 王宝郑.墨子文化及其现代价值.炎黄文化与地域文化的传承创新专辑.2009.4

10. 潘民中. 王宝郑. 温泉文化源头 千手观音故乡.2007

11. 辞源.北京：商务印书馆.1980

12. 杜耕耘.《刘累族氏与鲁山历史文化》.郑州：中州古籍.2004.5

13. 臧励和.《中国古今地名大辞典》.香港：商务印书馆.1982.11

14. 文化.http://baike.baidu.com

（作者为平顶山市图书馆副馆长）

河南平顶山香山寺是
汉化观音得道正果之圣刹

潘民中　王宝郑

　　香山寺位于河南中岳嵩山之南约百公里,平顶山市新城区北 3 公里,巴山山脉香山峰顶,全称香山普门禅寺,历史上因行政区划归属之变迁,曾称"汝州香山寺","宝丰香山寺"。香山寺是汉化佛教历史上著名的千手千眼观世音得道证果之圣刹。对此,唐代高僧有认定,千年文物有证据,史志文献有记载,历代朝廷有肯定,乡风习俗有佐证,民间传说有渊源,学术研究有共识,交流传播有认可。

一、唐代高僧有认定

　　天竺佛教自东汉明帝永平年间(58—75)传入中原,历经魏晋南北朝五百余年漫长岁月,至唐初基本上完成了汉化过程。在这个过程中,天竺佛教的观音菩萨也随之汉化。汉化观音既不是天竺佛教观音的男身男相,也不再是佛教汉化前期的男身女相,而是完完全全的女身女相。非常之事,必有非常之人成之。女身女相汉化观音的宿世因缘,是由大唐高僧,汉化佛教南山律宗的开山宗祖道宣大师在终南山灵感寺获天人感应,揭示传世的。

　　隋末唐初,道宣受业于汉化佛教律学名师智首。贞观年间(627—649)曾应玄奘大师之邀,参加长安译经场翻译佛经,道宣深究佛理,精研戒律,广事著述,相继完成"南山五部"等博大精神的律学研究著作,奠定了南山律宗的理论典籍根基。他精守戒律的名声远播西域,受到西域僧人的仰慕。道宣大师圆寂后,唐高宗下诏全国寺院供奉道宣真容图像。道宣一生著述之丰,为历代高僧所罕见。除《南山五部》外,他的《广弘明集》、《大唐内典录》等数十部著作均为汉化佛教文献史上的名著,具有很高的佛教理论和历史价值。

道宣大师明确认定:"观音示现无方,而肉身降迹唯香山因缘最为胜。""嵩岳之南二百里,三山并列,中为香山,即菩萨成道之地。"道宣大师认定的汉化观音成道证果于河南平顶山香山寺,及其所述汉化观音的宿世因缘,在汉化佛教历史上具有不可动摇的权威性。

二、千年文物有证据

文物是宝贵的文化遗产,是历史的记忆,也是香山作为汉化观音原生地的实物证据。在现存香山寺的文物中,最能证明最有说服力的是《大悲菩萨传》碑。它是北宋元符三年(1100)所立,由唐代高僧道宣口授(其弟子义常记述),汝州知州蒋之奇润色,北宋重臣被后世誉为宋四大书法家之一的蔡京书丹,立于观音大士塔下券洞内。碑高于2.22米,宽1.46米,楷书,49行,满行78字。《大悲菩萨传》碑文,依据道宣天人对话,阐述妙庄王之女妙善铁心向佛,苦心励志,舍身救父,最终涅槃道化千手观音的宿世因缘。该碑所叙观音证道于香山这一佛缘史实确立了香山寺作为汉化观音原生地在佛教史上的地位。该碑也是唐代以来广为流传的妙善观音证道于香山的范本和根据,是关于观音证道原生地的最权威文本。它历史最早,规格最高,具有碑传文物无可争辩的说服力。它也是杭州《大悲观音传》碑的源本和母碑。1986年该碑及塔一起被列入河南省第二批文物保护单位名录。

三、史志文献有记载

关于妙善观音证道香山的因缘在历代文献、方志中有明确记载。宋代祖琇《隆兴佛教编年通论》载有唐高僧道宣天人对话,感应妙善证道于香山之缘事。道宣问天神,"菩萨处处化身,岂应独在香山耶?",神回答,"今震旦境内,唯香山最殊胜。山在嵩岳之南二百里,今汝州香山是也。"宋代金盈之《新编醉翁读录》明确记载:"千手千眼观世音菩萨,证道香山。"另外,宋有《香山宝卷》一书就是关于妙善观音证道香山的故事。元代元遗山《东游略记》中有《梁县香山寺记》

（汝州古称梁县）载，该寺初建时，一胡僧自西域来，云此地山川甚似彼方香山，世人谓梁县香山是大悲观音化现之所。

在方志中，明清多部志书中均记载了观音证道于香山之事。明天顺《大明一统志》载："香山旧名火珠山，大悲菩萨证道之地。"明成化《河南通志》载："香山，旧名火珠山，在宝丰县东二十里，其东峰名大龙山，西峰名小龙山，相传为观音证道之所。"清道光《汝州全志》亦载有妙善救父证道之说，"王即封其为大悲菩萨，且命建香山寺，塑千手千眼。"近年纂修的《平顶山市志》、《宝丰县志》也有类似的确认和记载。方志均为官修之书，可见，历代官方承认妙善观音证道于香山寺，香山寺是汉化观音之原生地这一佛教史实。

四、历代朝廷有肯定

自唐初道宣大师认定嵩山之南二百里汝州香山寺（今平顶山香山寺）为汉化观音得道证果圣刹之后，历代朝廷对香山寺都重视有加，使香山寺具有了国家寺院的政教身份。

唐宣宗大中元年（847）朝廷敕令修复香山寺，命塑绘大师范琼为香山大悲观音菩萨塑像，并作为法华经变壁画。

宋仁宗庆历六年（1046），朝廷为香山寺赐额"香山慈寿院"。宋神宗熙宁元年（1068），诏令重建香山大悲观音大士塔，塔高九级，第一级供奉千手千眼观世音菩萨一尊。宋哲宗绍圣四年（1097），颁旨划定香山寺四至并立《四至公据碑》。

金世宗大定二十五年（1185）唐国公主奉旨朝拜香山大悲观音，捐资重修香山观音禅院，并立碑叙其事。

元世祖忽必烈至元十五年（1278），召见香山寺住持玉峰禅师，颁旨树立《香山寺地界公据碑》，钦定香山寺地界四至。元成宗大德二年（1298），朝廷颁诏旨一道给香山寺住持觉达禅师，以护持山门。

明英宗天顺二年（1458），敕赐"香山大普门禅寺"之匾额于香山寺住持觉慧禅师。

清世祖顺治十三年（1656），朝廷内院掌秘书院事、大傅兼太子太傅，大学士范文程请旨准撰《香山大悲观世音菩萨大普门禅寺重修碑记》。

历代朝廷对香山寺的尊崇,实事上肯定了香山寺在全国佛教界作为汉化观音得道证果圣刹的崇高地位。

五、乡风习俗有佐证

平顶山滍汝流域有悠久的观音崇拜传统,很多乡风习俗丰富多彩,考察其源,多与香山寺观音文化有直接或间接的渊源关系。主要有两个方面:一是日常观音崇拜之风很浓。过去有"家家阿弥陀,户户观世音"的说法。在当地百姓心目中,观音菩萨是大慈大悲、法力无边、救世间一切苦难的救星。她随类化形,观世难即施甘露,闻苦音即布法雨,香客、信徒很多。明代方志记载:"每年仲春之望,香火盛旺,四方来游者,数以万计。"现在祭拜观音、祈福求子仍是浓厚的乡风民俗。二是香山寺庙会。它历史悠久,规模盛大,每年农历二月初一至十五和每月的初一、十五都有会。特别是二月庙会,源自宋代,因纪念观音二月十九的诞辰日而起,九百多年来绵延不断,成为地区盛事。期间,来自各地的信徒香客络绎不绝,人山人海,进香火,唱还愿戏,多则几十多班,演唱曲目多配有"神段"。实际上香山寺庙会早已发展成集佛事活动、民间曲艺活动及民间农贸物资交流于一体的大型庙会。历史悠久和内涵厚重的崇拜观音的乡风民俗是妙善观音证道于香山的佐证。

六、民间传说有渊源

传说是民间口碑相传的故事,虽是故事,却有其自身的根源和价值。平顶山境域特别是香山寺方圆数十里范围,关于妙善公主白雀寺出家、香山修行,舍身救父和涅槃成道的故事广为流传,形象传神。这些故事大致可分为四个方面,一是关于香山、龙山的传说。平顶山境域是龙的故乡,平顶山龙山是历史名山。龙山山神救护妙善出家至香山修行。二是关于白雀寺的传说。白雀寺位于宝丰县李庄乡古城村西父城遗址上,因古时有祥瑞之鸟白雀落于寺内古槐上而得名,传说是楚庄王三公主妙善在家修行的地方。三是关于妙善在香山寺修行证道的传说。相传妙善在香山寺隐修,三年成道,因其父有难疾,就舍其双手双目救其父,孝心感动天地,功德圆满,应化证道,化作观音菩萨,其父筑塔奉之。四是关于观音菩萨灵迹显圣、救苦救难之传说。如"一步两口井"、"五步三孔桥"、"歇马栏殿"、"鸡鸣寺"、"黑龙池"、"白龙池"等故事都形象生动。这么丰富的传说可以影照香山域境观音文化影响巨大,渊源久远。

七、学术研究有共识

清乾嘉以降,研究汉化观音者代不乏人,尤其改革开放以来,太平盛世,学术繁荣,有关汉化观音的论著层出不穷。研究者无一例外地把道宣口授,义常记述,蒋之奇润色,蔡京书丹,刻立于河南平顶山香山寺的《大悲菩萨传》作为研究汉化观音最珍贵的元典。肯定汉化观音得道证果于平顶山香山寺。

晚清曼陀罗室主人《观音菩萨故事》(陕西师范大学出版社,2002年版)言:"香山寺位于河南汝州宝丰县城东约三十里的大小龙山之间,传为妙善公主修炼证道的地方。"

当代学者罗伟国《话说观音》(上海书店,1992年版)说:"现存于河南平顶山市的宋元符三年由蒋之奇润色、蔡京书丹的《香山大悲菩萨传》碑,论述了大悲观音菩萨在香山修道的经过,并说明碑文原来是唐代终南山道宣律师所传,由汝州香山寺住持沙门怀昼出示于蒋之奇。这块碑系珍贵的文物,在佛教史上具有十分重要的价值。"

香港施延辉《观世音菩萨考述》(海南出版社,1993年版)称:"妙善得道成观音的故事,在北宋以前就已形成。河南宝丰县香山寺的宋蔡京所书《大悲观世音菩萨得道证果史话碑》就记载了这个故事。"

温金玉《观音菩萨与女性》(山西高校联合出版社,1994年版)言:"妙善得道成观音》的传说,早在宋代以前便流传民间。文字记载,最早见于河南宝丰县北宋蔡京所书《大悲观音菩萨得道证果史话碑》。"

英豪《观音菩萨:中国第一佛》(字苑出版社,1998年版):"汝州宝丰县香山寺,是海内外闻名的观音菩萨道场。香山寺内,有宋朝蔡京书丹的《大悲观世音菩萨得道证果史话碑》。"

可见,论说汉化观音是无法绕过平顶山香山寺的,平顶山香山寺是汉化观音得道证果的圣刹,是汉传佛教观音文化的源头。已由佛教研究界作出严谨结论。

八、交流传播有认可

香山寺作为汉化观音原生地之地位受到佛教理论家和地域历史文化专家们

的认可,也日益被省内外及国际上的研究者关注,影响扩大,对外交流日益增多。早在 1976 年,应英国牛津大学特邀,宝丰县文物部门将《香山大悲观音菩萨传》拓片送英国展出。1988 年 9 月 2 日,日本东京都驹泽大学佛学史迹参观团抵香山寺考察访问。1992 年,在香山寺举行佛像开光典礼,少林寺、白马寺、相国寺等三十多座寺院高僧参加了庆典。同年,全国政协副主席、中国佛教协会主席赵朴初为香山寺题写了"香山普门禅寺"匾额。2000 年,江苏武进如来禅寺住持慈亭法师率上海及江浙一带的寺院高僧,来平考察香山寺和白雀寺,认为找到了"真香山"、"大香山",虔诚地顶礼膜拜。日本的东京 NHK 电视台曾来此拍摄专集在日本电视台播放。中央电视台也曾拍摄有专集在中央电视台播放。这些文化交流与传媒披露都说明了香山寺作为观音证道原生地是得到广泛认可的。

平顶山应国西周青铜文明探析

李玲玲

应地或应国最早存在于夏商时期,甲骨文中常见应地之名,西周建立以后,把原应地作为武王之子的封地,建立了应国。近年来,在平顶山滍阳岭一带发掘出土了许多两周时期的应国墓葬,出土了大量青铜礼器、车马器、玉器及陶器,并且不少铜礼器上有铭文,表明滍阳岭一带为应国都城所在地。作为西周的同姓封国,应国的青铜文明与西周青铜文明有着众多相似之处,是西周青铜文明的重要补充内容。在已认定的应侯墓葬中,其青铜器物的种类、组合等更是西周王室大墓规格的重要参照,其铜器铭文和器物本身是研究西周礼制、政治制度及应国历史的重要资料。本文综合目前公开发表资料中的西周时期应国重要青铜器,对其在组合、器形、纹饰上进行分析,并与西周王畿地区青铜文明进行比较,为全面研究西周青铜文明提供资料。

一、应国历史考证及应国墓地概述

夏商时期,在今山西应县一带有古应国,后来古应国的子民迁至今河南平顶山地区定居。古文献及甲骨卜辞有关于商王步于应,应侯朝商等记载。周灭商之后,周公封武王之子成王之弟应叔于应,因封地属应国故地,国名仍为应国。应国作为周王朝的同姓诸侯国,虽然国家较小,但在两周时期政治地位还是比较显赫的。《左传》僖公二十四年记载:"邘、晋、应、韩,武之穆也。"清楚地表明了应国的政治地位。对于姬姓应国的灭亡时代,学界有不同的看法,有学者根据应国地近申、曾及汉阳诸姬,而"汉阳诸姬,楚实尽之"。推测应国大概在楚武王或楚文王时亡于楚国。有学者认为姬姓应国灭于东周初年应灭于郑国,而非楚国。要而言之,周武王之子所封姬姓应国是在东周初年,即平王元年(前770年)至四十八年(前723年间),被郑国灭亡的。[①]

关于西周时期应国都城,史籍最早见于公元前1324年,《左传》《诗经》、《史记》等书皆有记载,在沙河以北、应河以东的滍阳镇。《水经注》卷三一《滍水》中也有相应记载:"滍水东迳应城南",郦道元认为此应城即应乡,应侯之国,在滍水北。今滍阳镇有一坐南向北,长约2000米、宽100米,高出地面10余米的土岗,称滍阳陵,又称"义学岗",其位置正好位于今沙河(古滍水)北,其地理位置与《水经注》所言应城地望相合,并且在岭上发掘出了大量的应国墓地,皆证明今河南省平顶山市西郊薛庄乡原滍阳镇正是古应国的都城所在地。应都滍阳在明清时期,是宛洛间的交通要道,是物资贸易的中转地,是商业发达的中州名镇,1964已没入白龟山水库西北隅。

自20世纪70年代以来,在北滍村以西的滍阳岭,陆续发现和发掘出土一批应国或与应国有关的铜器,引起了学术界的广泛关注。从1986年初开始,河南省文物研究所和平顶山市文物管理委员会对滍阳陵进行了大规模的发掘。截至目前,共发掘清理古墓葬300多座,其中两周时期的应国贵族墓葬近60座,排列有序,具有"族墓葬"特征,应为两周时期应国王室贵族墓葬所在,位于当时应城外的西北角。

应国墓地所处的滍阳岭呈南北向,整个墓地以西周早期至春秋早期的应国贵族墓为主,兼及春秋中期至战国中期的楚国贵族墓等其他墓葬。山岭墓葬群的分布有一个显著的特点,即愈靠近土岭南端的墓葬,其年代愈早,愈向北年代愈晚。相继出土各类文物1万多件,其中绝大部分是青铜器和玉器,并且许多铜器上有标志性铭文。目前可以确定基主人的墓葬有应侯墓(3座)、应史墓、惠公墓、匍墓、葬父墓、应姚墓、应申姜墓、应嫚妣墓、罗子戉墓等。另外,还有一些墓葬中出有应公、应伯、侯氏、柞伯、青公、叔诰父等人的铜器。这些铜器铭文涉及大射礼、俯聘礼、帝王庙号、丧服制度,对研究古代的礼制,应国的世系及外交关

---

① 潘民中:《姬姓应国灭亡考》,《平顶山师专学报(社会科学版)》1997年第4期。

系等都具有十分重要的价值。① 排列有序的国君墓葬,也为同时期墓葬断代研
究提供了珍贵资料。

应国墓地的发现和发掘,解决了应国历史研究上存在的某些争议,许多青铜
器上带有铭文,证明了《水经注·滍水》等对应国都城——应城位置的记载是完
全正确的,在一定程度上弥补了历史文献的不足,为深入研究应国历史奠定了基
础。②

二、应国青铜文明概况

滍阳岭及北滍村一带出土的青铜器中,比较重要的可以概述如下:1979～
1984 年,三次出土 4 件铭文相同的邓公簋,均为邓国国君为其女"嫚妣"嫁至应
国所作的媵器,同时出土的还有车饰和其他器物,年代均为西周晚期,应均是出
土于应国高级贵族墓葬中。③ 1982 年,在滍阳岭一座中型墓 M230 中出土鼎、
簋、爵、觯各 1,并有斧、戈各 1 及车马器,容器均有同样的铭文,器主自称"应
事",当是应国贵族。④ 1985 年北滍村有 4 件铜容器出于一残墓中,计鼎 2,卣、
簋各 1。⑤ 1986 年始,河南省考古工作者对滍阳岭应国墓地进行了较大规模的
发掘,共清理出古代墓葬 357 座,其中两周时期的应国贵族墓葬近 60 座,出土了
大批铜礼器及众多铜车马器和兵器、工具,其中有铭文的青铜器多达 200 多
件⑥。迄今已发表的西周时期的墓葬资料有 M95、M1、M84、M8 等。⑦ 下面对历
次发现的重要应国青铜器及重要的墓葬资料进行简单概述。

邓公簋为四件一组,其中两件失盖,形制、纹样、铭文及大小皆相同,均出土

---

① 王龙正、王敏聪:《应国墓地有铭青铜器》,《收藏家》2000 年第 8 期。
② 娄金山、王龙正:《应国墓地考古发掘综述》,《平顶山师专学报》2000 年第 1 期。
③ 平顶山市文管会:《河南平顶山市发现西周铜簋》,《考古》1981 年第 4 期;张肇武:《河南平顶山
市又出土一件邓公簋》,《考古与文物》1983 年第 1 期;张肇武:《平顶山市出土周代青铜器》,《考
古》1985 年第 3 期。
④ 张肇武:《河南平顶山市出土西周应国青铜器》,《文物》1984 年第 12 期。
⑤ 平顶山市文管会:《平顶山市新出土西周青铜器》,《中原文物》1988 年第 1 期。
⑥ 河南省文物考古研究所、平顶山市文物管理委员会:《平顶山应国墓地八十四号墓发掘简报》,
《文物》1998 年第 9 期;河南省文物考古研究所、平顶山市文物管理委员会:《河南平顶山应国墓
地八号墓发掘简报》,《华夏考古》2007 年第 1 期。
⑦ 河南省文物研究所等:《平顶山应国墓地九十五墓的发掘》,《华夏考古》1992 年第 3 期;河南省
文物研究所、平顶山市文管所:《平顶山市北滍村两周墓地一号墓发掘简报》,《华夏考古》1988
年第 1 期。

于 M6,上部器盖为子口,中部上隆,顶有喇叭形握手。器身为母口内敛,鼓腹下垂,双龙首耳各衔一圆环,圈足下附三支足。盖缘与日缘均饰有目窃曲纹,盖面与器腹饰瓦垅纹,圈足饰斜角云纹,支足根部饰兽面纹,铭文为:"邓公作应嫚毗媵簋,其永宝用。"①反映了邓应两国的通婚关系。

1982 年 M230 中出土的应史("史"通"事")簋、鼎、爵、觯各一,均有铭文。鼎器口微敛,卷沿,沿上有双立耳,斜垂腹,三柱足,口沿下饰细云雷纹为地的回首夔龙纹,铭文为:"应史作旅鼎";簋带盖,盖上有喇叭形握手,子母口,斜颈,鼓腹,圈足,盖和颈部饰条带状变形夔纹,圈足上有一周弦纹、两周细云雷纹。铭文为:"应史作旅簋";爵侈口,长流,尖尾,体外侧有菌状双柱,直壁,凸底,三棱尖形足外侈,无鋬,柱顶有圆涡纹,上腹部有弦纹一周,铭文为"应史作父乙宝";觯已残,敞口,垂腹,圈足,颈部饰弦纹两周,铭文为"应史作父乙宝"。从器物的纹饰、器形铭文字体等特征看,为西周中期时器物,反映了西周和应国的史官制度。②

M95 是一座带有斜坡墓道的甲字形墓,随葬器物比较丰富,其中铜礼器包括实用器和明器,实用铜礼器组合为鼎 3、鬲 4、甗 1、簋 4、盨 2、方壶 2、匜 1、盘 1。明器组合为鼎 2、簋 2、樽 1、匜 1、盘 1、盨 1。乐器有甬钟 7 件、编钟(铃)9 件,及 4 件石磬。车马器具的数量表明至少有 6 辆车。另有戈、镞、斧等兵器和工具。从其带墓道的墓葬形制和出土器物的种类、组合和数量来看,墓主可能是应侯。③

M1 为一较小的长方形土坑竖穴墓,出土铜礼器的组合形式为鼎 5、簋 6、方甗 1、方壶 2、方彝 1、盉 1、盘 1,其中除一件鼎与盘外,其他均为明器。其中 5 鼎为一组列鼎,形制、纹饰相同,大小依次递减。6 件簋形制纹饰大小均相同。该墓随葬器物遵行列鼎制度:鼎、簋、壶、盘、盉、甗配套随葬,这是西周中、晚期至春秋早期奴隶主贵族墓葬随葬铜礼器的基本组合形式。铜器上的窃曲纹、鳞纹、重环纹、瓦垅纹、夔龙纹、波曲纹等,也是西周中、晚期至春秋早期铜器上普遍流行

①　王龙正、王敏聪:《应国墓地有铭青铜器》,《收藏家》2000 年,第 8 期。
②　王龙正、王敏聪:《应国墓地有铭青铜器》,《收藏家》2000 年 8 期;任伟:《"应史"诸器与周代异姓史官》,《华夏考古》2002 年第 3 期。
③　河南省文物研究所等:《平顶山应国墓地九十五墓的发掘》,《华夏考古》1992 年第 3 期;王龙正:《平顶山应国墓地九十五号墓年代、墓主及相关问题》,《华夏考古》1995 年第 4 期。

的装饰花纹。因此这座墓的相对年代应属西周末期的宣王之世。①

M84 为长方形竖穴土坑墓,出土了大量青铜器,随葬器物依用途分别放在墓室内,共 130 余件组,质地分铜、玉、陶瓷、金、骨等,以铜器和玉器为多。铜器包括礼器 10 件,鼎 2、簋 1、盘 1、盉 1、甗 1、樽 1、卣 1、爵 1、觯 1;车马器 70 余件(套);兵器戈 1;工具斧、铲、刀等 9 件②,另外还有铜人面具 8 件,表面仿人面部,分有发和无发两类。M84 出土的铜礼器,制作精致,都为实用器,其中酒器所占比例较大,簋代替了食器组合中的簋,水器盘、盉配套,这些特征与西周中期铜礼器的组合形式一致。从出土器物的形制特征看,该墓时代为西周中期。墓中出土的铜礼器种类齐全,制作精致,且多有铭文,而且有玉钺、铜人面具等标志身份等级的特殊意义器物,因此,发掘者认为此墓应是一座应侯墓。③

M8 出土的铜器最多,有 306 件,可分为礼器、乐器、兵器、车马器、棺饰与杂器等几类。其中以礼器最多,兵器、车马器次之,乐器只有一件,另外还有许多棺饰。礼器分实用器和明器,各自都包括有食器、水器和酒器。实用器为鼎 5、簋4、方壶 2、盘 1、匜 1、方甗 1、方彝 1、樽 1、爵 1。明器为簋 1、盘 1、盉 1、樽 1、方彝1。乐器、兵器共 43 件,分兽面纹铃、戈、链、盾锡等四类。M8 出土有一件铸铭鼎,铭文显示为应公之器,从其形制特征来看,应公鼎的时代要明显早于墓中的其他器物,制作年代应为周宣王晚期。除应公鼎外,M8 中其他铜礼器的年代大约都相当于宣王末期、幽王时期乃至春秋早期。从实用器反映的礼制可以看出,该墓的主人享用五鼎(其中列鼎 3 件,陪鼎 2 件)四簋,另外还配有方壶、盘、匜、方甗、樽、爵等种类较多的酒器和水器,和 M95 应侯墓随葬铜鼎与铜簋的情况一致,因此墓主人也应是国君一级的贵族——应侯。④

小型墓 M50 中出土有一件青铜器精品鸭形甸盉,上有铭文,表明做器者为甸,与之共出的器物有铜鼎、陶鬲各 1 件,另有铜车马器、兵器和玉石器等。铜盉

---

① 河南省文物研究所、平顶山市文管所:《平顶山市北滍村两周墓地一号墓发掘简报》,《华夏考古》1988 年第 1 期。

② 河南省文物考古研究所、平顶山市文物管理委员会:《平顶山应国墓地八十四号墓发掘简报》,《文物》1998 年第 9 期。

③ 河南省文物考古研究所、平顶山市文物管理委员会:《平顶山应国墓地八十四号墓发掘简报》,《文物》1998 年第 9 期。

④ 河南省文物考古研究所、平顶山市文物管理局:《河南平顶山应国墓地八号墓发掘简报》,《华夏考古》2007 年第 1 期。

器身仿鸭形,圆形器开口于鸭背中部,口外敞,斜方唇,腹腔呈圆角长方形扁体状。该盉造型新奇,极富想象力,器物整体设计精巧别致,器物上的龙、牛、鸭、人等形象生动逼真,惟妙惟肖。①

另外,1988 年河南省平顶山公安局破获一起文物盗窃案,追回一大批珍贵的应国青铜器,有鼎、簋、鬲、盘、匜及车马器 300 多件。该批器物中有 7 件铜器带有铭文,包括鼎 1、簋 3、鬲 2、盘 1、匜 1,铭文中涉及的做器者有"应侯"、"应姚"。均出自应国墓地的一座墓中,该墓位于土岭中段偏北,与 M95 距离较近,因其器物特征与 M95 器物相似,其时代应该也与其相当,在西周晚期偏早阶段。② 1975 年河南襄城县丁营乡霍庄的一座西周墓出土鼎、簋、觯、樽、卣各 1 件,爵 2 件,时代属西周早期偏早,从地望看,有可能也属于应国铜器。③

三、应国青铜文明特征

综合滍阳岭应国墓地出土的青铜器来看,所出青铜器种类较全,食器有鼎、簋、鬲、甗、盨;酒器有爵、觯、卣、方壶、方彝、樽;水器有匜、盘、盉。另外有成套的乐器甬钟、编钟,少量兵器戈、工具斧和车马器等。年代持续时间较长,从西周早期一直到晚期甚至延续到春秋时期。下面对应国墓地青铜器中的几种主要礼器的形制变化作简单介绍。

鼎:鼎的形制体现出明显的早晚期变化趋势。时代最早的当是 1985 年北滍村一残墓中出土的 2 件鼎,其中一鼎,形制为西周早期时的特征。另一鼎垂腹,口沿下饰夔纹,双耳残,为西周早期偏晚的特征。1982 年在滍阳岭一座中型墓中出土的鼎极度垂腹,饰顾龙纹,属西周中期。1986 年始发掘的滍阳岭应国墓地群中 M9 出土的鼎,稍垂腹,上腹部有一突棱,足近蹄足,根部带扉棱,为西周铜器中期偏晚的特征。明器中有一件鼎为半球形腹,蹄足,足内侧有凹槽,形制更晚。而同时发掘的 M1 中出土的鼎,腹已较浅,底已较平,已具有春秋早期特征。

簋:1985 年北滍村残墓中出土的簋,腹部有倾垂之势,时代为西周铜器早期

---

① 王龙正、王敏聪:《应国墓地有铭青铜器》,《收藏家》2000 年第 8 期。
② 娄金山:《河南平顶山市出土的应国青铜器》,《考古》2003 年第 3 期。
③ 河南省博物馆:《河南省襄县西周墓发掘简报》,《文物》1977 年第 8 期。

偏晚。1982 年在滍阳岭中型墓葬中出土的簋,垂腹,有盖,圈足下尚无小足,口沿下饰有一周变形龙纹,是西周中期时的器物特征。1986 年始发掘的滍阳岭应国墓地群中 M95 出土的簋,垂腹,圈足下有三小足,腹部纹饰为波带纹,时代属于西周铜器中期偏晚。

爵:腹宽扁、底较平,无錾,两柱铸于口沿之外,其形制特殊,时代可能早到西周早期晚段,仅在 1982 滍阳岭一座中型墓葬中发现一件。

觯:体形细长。也仅见于 1982 年滍阳岭发现的中型墓葬中。

卣:出土于 1985 年北滍村残墓中,长颈圆壶形,为西周铜器早期形制,有铭文"小妻乍用壶"自名为壶。其形制与王畿地区所出无太大区别,但此卣满腹饰曲折雷纹,腹底圈足外饰有蟠龙纹,圈足边缘饰三角纹与雷纹,这种施加纹饰的形式比较独特。

鬲:口沿平折,短直颈,腹足上均饰有扉棱,腹部纹饰为波带纹,见于 1986 年发掘的滍阳岭应国墓地群中的 M95。

匜:矮而宽扁,裆平、三扁足,见于滍阳岭应国墓地群中的 M95,有实用器和明器之分。

方壶:M95 中的方壶为实用器,腹部饰十字形绳络纹,时代可能晚至西周青铜器晚期偏早。M1 中的方壶为明器,腹虽仍倾垂,但不似西周晚期壶那样鼓张,时代更晚。

方甗:见于 M1,体形更加宽扁,特别是鬲裆部矮而平宽,时代可能晚至春秋早期。

盂:形体扁圆,已是春秋早期的形制。

从应国青铜器主要器物的形制变化来看,其器物种类和器形变化发展与西周王畿地区青铜器的发展变化是一致的。

应国青铜器的组合关系,从资料稍详的这几处滍阳岭应国墓地和北滍村附近出土的应国青铜器来看,有以下几种:食器鼎、簋和酒器爵、觯并重;食器鼎、簋为主,配以酒器卣;以食器和水器为主,水器已经形成固定的匜、盘组合,并配以成套乐器;以食器鼎簋为主,配以水器组合。其组合形式与西周王畿地区一致,均以食器为主,早期还有一定的酒器,中晚期时已经是以食器和水器为礼器组合的核心。

应国青铜器上常见的纹饰主要有窃曲纹、S形窃曲纹、C形窃曲纹、垂鳞纹、重环纹、波曲纹、凸弦纹、兽面纹、雷纹、三角纹、龙纹等，还有一些为素面不施纹饰。其纹饰特征与王畿地区西周晚期青铜器一致。

除以上所举近年来出土的应国青铜器外，西周应国青铜器在平顶山以外的地区也有出土，并有较多著名的传世品，包括容器、乐器和兵器。对传世应国器物的情况，陈梦家曾有所介绍，包括有应公壶、方鼎、卣、簋、鼎、樽等器类①。周永珍1982年发表的《西周时期的应国、邓国铜器及地理位置》②，较详细地讨论了见到图像的应国诸器，并指出其年代，附有传世应器的线图。③

传世金文资料中也有10多件西周早期的应公之器，有图形的有方鼎、簋、卣、觯等，但器物本身多已下落不明。1974年，陕西蓝田出土1件应侯钟，与早年流入日本的另1件钟形制、花纹及铭文风格等都完全一致，铭文上下连续、合为全铭，时代应为西周中期偏晚。④另有应公戈，三角形援，铭曰："王易应父兵，以征以卫，用毋妄。"还有铭16字的应公鼎一对，但未见器形图像，从字体看，时代应在西周早期偏晚。又有应叔方鼎1件，不见器形，由字体观之，应属于西周早期时器物。⑤

概括来说，西周早中期时应国青铜器器物组合形式还不太固定，且种类较少，铸造比较精致严谨，器壁较厚，皆实用器而无冥器。酒器占一定比例。铜器纹饰一般是用云雷纹衬底，以夔龙纹、风鸟纹为主体的双层花纹，也有蕉叶纹、目雷纹、圆涡纹等，铜礼器一般都有铭文，但到中期，酒器所占比例有所下降，而食器增多。西周晚期和春秋早期时，器物组合形式比较稳定，鼎、簋、壶、盘、匜配套出土。器物种类明显增多，且与《周礼》、《礼记》、《仪礼》等礼书的记载多相吻合。"列鼎"制度比较严格，五鼎四簋或七鼎与六簋配套出土；方壶均成对随葬；盘与盉、匜多相互配套；甗必备不缺；方彝、樽、爵等酒器多为明器，且数量减少。铸造方面显得粗糙和草率，器壁仍较厚。铜器纹饰主要是窃曲纹、垂鳞纹、重环

①　陈梦家：《西周铜器断代（三）》，《考古学报》1956年第1期。
②　周永珍：《两周时期的应国、邓国铜器及地理位置》，《考古》1982年第1期。
③　朱凤瀚：《古代中国青铜器》，天津南开大学出版社1995年，786页。
④　韧松、樊维岳：《记陕西蓝田县新出土的应侯钟》，《文物》1975年第10期；韧松：《记陕西蓝田县新出土的应侯钟一文补正》，《文物》1977年第8期。
⑤　朱凤瀚：《古代中国青铜器》，天津南开大学出版社1995年，786页。

纹、瓦垅纹、夔龙纹、波曲纹等,皆为单层花纹。时代较早的墓出土的铜礼器一般带有铭文。[1]

四、应国青铜文明与西周青铜文明的比较及其所反映的应国地位

整体观之,应国青铜器的形制特征、纹饰和组合均与西周王畿地区的青铜器基本一致。其墓葬出土的青铜器和传世的铜器数量都比较多,器物的铸造也非常精致,而且应国墓地出土的青铜器中有一些稀世珍品,如匍鸭盉、簋、胙伯簋等青铜器,均被收录入《中国青铜器精萃》一书。从应国铜器的造型、纹饰、铭文和制作工艺来看,它们不仅具有相当高的历史价值、艺术价值和观赏价值,而且还能反映出应国有着高超的青铜冶炼和铸造技术,说明其物质文化较为发达。[2]

另外应国也有一些独具特色的器型,例如"应事"所做的器物,簋敛口垂腹、盖却较小;爵无銴、双柱接于口外;再如传世品中的应公觯有銴。这些器物的细部特征与王畿地区常见的同类器不太相同。另外,应国青铜器有些纹饰的施加方式也与王畿地区有差异。[3] 这种差异形成的原因是多方面的,在青铜文明发展过程中各地呈现出的是一种多元化的发展途径,各诸侯国在吸收利用王畿地区先进的青铜生产技术的基础上,进行创新和发展,融入地区特色和个人风格,因此出现大体一致,细节差异的现象;另外有些青铜器可能不是周族人所制,如应事所做的鼎、簋、爵、觯,与西周典型的同时期青铜器有所差异,学者考证做器者应事为应国史官,铭文中有"父乙"之类的日名,与周族常制不符,因此可能是殷遗异姓贵族[4],其所做青铜器可能会保留有商器作风,而与周族典型器物有所差异。

迄今为止所见到的应国青铜器,其年代涵盖西周早期至春秋早期,有一个长期的发展演变过程,这说明终西周之世,应国一直存在。[5] 应国作为西周王朝的

---

① 娄金山、王龙正:《应国墓地考古发掘综述》,《平顶山师专学报》2000 年第 1 期。

② 娄金山、王龙正:《应国墓地考古发掘综述》,《平顶山师专学报》2000 年第 1 期。

③ 王世民:《西周时代诸侯方国青铜器概述》,载中国青铜器全集编辑委员会:《中国青铜器全集 6,西周 2》,北京文物出版社 1997 年,16 页;朱凤瀚:《古代中国青铜器》,天津南开大学出版社 1995 年,786 页。

④ 任伟:《"应史"诸器与周代异姓史官》,《华夏考古》2002 年第 3 期。"史"、"事"古字相通。

⑤ 朱凤瀚:《古代中国青铜器》,天津南开大学出版社 1995 年,787 页。

同姓诸侯国,政治地位是比较尊崇的,《逸周书·王会解》记载:"成周之会……内台西面者正北方,应侯、曹叔、伯舅、仲舅,比服次之。"晋孔晁注:"应侯,成王弟。"应侯列于其叔父曹叔及伯舅、仲舅之前,可见其位之尊。[1] 并且有些应国青铜器铭文中有反映周天子对应侯进行特别赏赐的内容,说明其与周王朝的关系是非密切和融洽的。作为周王朝的南方边境之国,应国履行着其监视南方诸国,捍卫王室南疆的职责,对抵抗南方淮夷起到过重要作用。从出土的几件邓公簋的铭文中可知,在西周中后期的孝夷时期,应君曾娶邓女嫚妣为夫人,这是邓国国君为嫁到应国的女儿嫚妣特意制作的媵器,说明当时应、邓两国为抵御它们的强敌——荆楚及南淮夷的侵略而以联姻的形式结成的政治同盟的情况。[2]

　　综上所述,应国青铜文明的深入研究对了解西周青铜文明的发展状况,探讨应国历史、古代礼制、国家政治制度、王室与诸侯国的关系、当时的政治局势等一系列问题具有重要意义和价值,也是解决这些历史问题的重要突破口,是对传世文献的重要补充。

(作者为河南省社科院历史与考古研究所助理研究员)

---

① 汤淑君:《平顶山应国墓地出土青铜器鉴赏》,《中原文物》2001 年第 3 期。
② 汤淑君:《平顶山应国墓地出土青铜器鉴赏》,《中原文物》2001 年第 3 期。

我与《歧路灯》研究

（台湾）高双印

前　言

　　《歧路灯》一书是清代白话人情小说发展至顶峰时期所产生的一部文学巨构,堪与同时期的《红楼梦》、《儒林外史》鼎足而立,相互辉映。著者李绿园,河南宝丰宋寨人(今属平顶山市)。自幼生长于"孝子门庭",以读书求取功名为职志,然而中举后三次会试未博春官一第,乃寄情于笔墨发泄郁闷,以淑世的心肠,希望透过小说的形式,撰写出具有教育意义的和内涵的文学作品,以匡正民俗,涤荡人心。可以说是一个划时代的创举。

　　教育小说难免说教论道,缺乏风花雪月浪漫情爱的渲染,这可能是它未能刊刻广为流传的主要原因,但并无损于它璀璨明亮的光芒,仍然能在宝丰等数县之间传抄不辍。民国初年,学人虽欲排版刊印面世,皆因经济条件或战乱而未果;20世纪80年代,河南省社会科学院栾星教授,在艰困的环境中搜集残卷十余种,经校勘补缀与注释成册广为发行,才引起海内外人士的重视。台湾地区也有市售翻印本,其间亦有学者专家于报章、杂志上为文简介。

研究缘起

　　笔者祖籍河南省宝丰县滍阳镇东太平村,出生未久,爆发七七抗战,日本军阀的铁蹄蹂躏时,随先父讳侠轩公所率领的游击健儿活跃于伏牛山区,倍尝艰辛。抗战胜利,家国残破,青少年尤其无书可读,只好由乡绅集资敦请逊清秀才邓桂宫先生教古文。为充实教学内容，搜购的古籍中便有《歧路灯》手抄本十余册，因少不更事，随手翻阅，浅尝即止。此后离乡背井，一九四九年以稚龄渡海来台。岁月匆匆数十年，娶妻生子，落地生根。内子吴秀玉教授，台湾高雄人，酷爱中华文化，虽经常游走于典藏中国古籍甚丰之台湾各大学图书馆，但仍以未能涉足中华文化积淀深厚的故国大地为憾。幸而20世纪90年代，台海两岸关系解冻，交流日益频繁，笔者终于一圆返乡探亲之梦，内子也首度来到久已向往的中原故里。远亲近邻闻讯，纷至沓来，闲话别后之情，悲欢离合，不胜唏嘘。

《歧路灯》一书的著者李绿园之七世孙—李春林老先生，也得到消息，远从宋寨骑脚踏车，绕过半个白龟山水库，专程来到东太平村会晤。他邀我们到他家作客，并说有一部份李绿园的相关资料，因其年老体衰，无力整理出版为憾事，希望笔者夫妇能带到台湾作研究。犹忆童年时，白龟山水库尚未兴建，太平村与鱼齿山旁的宋寨仅隔一条沙河遥遥相望，枯水季节徒涉可以往返，夏日鱼齿山上听蝉鸣，宋寨四野荷叶田田的景象，依稀在脑海深处，所以欣然答应。此后多次造访李绿园撰的书屋「今有轩」、碑碣等遗址，并对李春林等耆老之口述作录音。

研究经过

李绿园和当时的一般读书人一样，希望藉科举步入仕途，他三十岁那年中举后，竟连续三次会试落第，六十六岁才在四川省偏僻的印江县担任知县，并短暂代理思南省知府，所以他的生平事迹，在方志等文献中所留下的资料并不多。《歧路灯》是他中年以后的创作，也只有手抄本流传于宝丰、新安附近几个县区

首先，河南省社会科学院栾星教授集残卷校注《歧路灯》成全帙而出版，为《歧路灯》研究作开路先锋，堪称一时之权威，必须专程拜访，几经转折，终于取得连系。我们携带录音、照相设备，自台湾经香港抵郑州，在河南省社会科学院第一次会面，相谈甚欢，他表示愿意全力相助，并赠送其校注之初版《歧路灯》一套，成为以后研究的重要参考。此后除访谈、录音外，并在他的介绍下，一睹《歧路灯》手抄本的原件，如郑州图书馆收藏的安定筱斋抄本，河南省图书馆收藏的乾隆抄本，开封图书馆收藏的晚清抄本等，收获颇丰。

其次，是多次赴平顶山及宝丰县史志办公室，搜集李绿园时代相关的背景资料，并在无意间发现李绿园的次子李蘧遗留下来的彩绘「运河图」，自北京至杭

州,其间之山川、坝址、水闸、官署、民舍,虽咫尺千里,纤微毕露,其对南北大运河描绘的详尽,恐怕世间无双。

最艰苦的要算采访地处偏僻、交通十分不便,李绿园曾经宦游的印江和思南。我们第一次由台湾搭机经香港到贵阳,再由贵阳搭汽车经遵义,在崎岖的山路行驶了十七个小时才抵达目的地,也只是与当地的史志办人员取得连系而已;第二次则从郑州搭火车,行驶二十六个小时抵贵州玉屏,转汽车行八小时到达印江,实地采访了李绿园的宦迹,弥足珍贵。附带一提的是当时我们以「台胞」身分入境大陆,限制很多,仅申请时间便得四十五天以上,公文往返,层层审批,不胜其烦。此外如购车票要用外汇券,住宿则非到涉外旅馆不可,餐饮得搭配粮票……造成极大的不便和误会,往往啼笑皆非。各图书馆普遍缺乏空调及复印机(或损坏),开放时间又分上、下午两段(午休长达三个半小时),查阅、抄写相关资料,费时费力,十分辛苦。

研究内容

研究五年而完稿,定名为《李绿园与其〈歧路灯〉研究》,由台湾师苑图书公司于1996年4月出版,共四百余页,凡三十六万言。全书分为七章:第一章概述研究的动机、方法与成果;第二章对李绿园的家世、生长环境、科举考试、……交游、著作等,作广泛的田野调查,以弥补文献上的不足;第三至六章探讨《歧路灯》一书的流传、写作的时代背景、内容思想、创作艺术、缺点和局限;第七章归纳《歧路灯》在教育上的价值及其在古典文学上的贡献。书后附录,包括地图、碑记、各个时期《歧路灯》的抄、刊本、信函、照片等,都是一点一滴搜集而来的第一手资料。事实证明,随着时光的消逝,老成凋谢,环境也在快速的改变,许多数据若不及时抢救,业将永远消失,没有再见天日的机会。

研究回响

本书研究期间受到诸多人士的关爱和协助,得以成书。出版后,第一本便寄给李春林老先生,他收到后,既兴奋又感动地回信说:「原只是抛砖引玉,想不到竟引出一座昆仑山来」;栾星教授认为本书不但填补史料上的空白,更为台海两岸民间文化交流做出贡献,难能可贵;开封史志学者沙旭升、中州古籍出版社

《歧路灯》论丛责任编辑张弦生二位先生,亦先后在报章上为文介绍及评述;2002 年,河北师范大学李延年教授,将其博士论文扩充而成《〈歧路灯〉研究》一书(中州古籍出版社发行),特寄赠一册并附信说:"曾在北京图书馆读过您的大作……获益良多,并深感敬佩。"李教授跳脱《歧路灯》与《红楼梦》、《儒林外史》作比较的窠臼,而与同时代的《野叟曝言》、《绿野仙踪》,以及西方大思想家兼大文豪鲁索的《爱弥儿》作比较,实为一种创举和突破,把《歧路灯》的视野推向国际。

结　语

　　李绿园生长在满清中叶的康、干盛世,统治者的地位业已稳固,相对产生较长时间的安定局面,但表面呈现一片繁荣富足和太平景象的背后,也滋生了腐化堕落的因子,尤其是对青少年的戕害,为社会带来无穷的隐忧和后患。李绿园不失为一位开明、务实、有远见而又有淑世心肠的读书人,希望在漫漫黑夜的歧路上,点燃一盏明灯,为迷途者指引正确的方向。《歧路灯》一书是李绿园穷毕生之力完成的伟大创作,它在文学、史学以及经世致用的价值上,并不因时代的演进而黯然失色。台海两岸因改革开放而经济快速发展,举世瞩目,引以为傲。然而功利主义导致道德沦丧日益严重,却是不争的事实,如何教育青少年步入正途,《歧路灯》值得借鉴。

　　平顶山市是《歧路灯》一书的原生地,也是笔者幼年曾经嬉戏的地方,内子吴秀玉教授,因缘际会随笔者探亲而投入对《歧》书的研究,不辞辛劳,跨海作田野调查,并在资料堆中整理爬梳,往往通宵达旦,笔耕不辍,付出的心力,远在笔者之上,故冠以著者之名。兹当第八届河洛文化研讨会在平顶山市举行,笔者希望透过以上的简介,能够相互切磋,以加大台海两岸民间文化交流的深度,共创繁荣进步的双赢。

(作者为台湾宜兰河南同乡会理事长)

平顶山地区两汉时期的人才群体

卜祥伟

两汉时期,平顶山地区分属河南郡、颍川郡和南阳郡,其大部分疆域属于颍川郡,《后汉书志·郡国志》曰:"颍川郡,秦置。洛阳东南五百里。十七城:阳翟、襄、襄城、舞阳……"秦汉时期,许多著名的战役就发生在这里,素有"四战之地"之称,东汉定都洛阳后,其战略地位更为重要。在其独具特色的文化沃土里,形成了众多兼具地域文化特色的人才群体:谋士出类拔萃,出奇计,献良策,定乾坤;将士能征善战,战必胜,攻必取;学者精通经传,"高志确然,独拔群俗",他们的出现,共同构成了平顶山人才群体。

一、"运筹帷幄,决胜千里"的谋士群体

谋士在两汉政权中处于智囊的地位,他们所起的作用在某种程度上往往超过千军万马,尤其在国家危难之际,他们的奇计良策时常具有力挽狂澜的功效。提及两汉平顶山地区谋士,当首推西汉留侯张良,《史记》卷五五《留侯世家》曰:"张良,字子房,其先韩人也",其"出于成父,成父县属颍川也"。他是两汉时期平顶山地区第一位谋士,对西汉王朝的建立可谓功不可没,汉高祖曾经赞扬张良,曰:运筹帷幄帐中,决胜千里外,子房功也。[①] 这是对张良智慧、功勋的最好说明。后人对其评价极高,2003 年在平顶山郏县发现的被称为张店"汉石刻"的《留侯祠铭》,反映了建安六年(201)诸葛亮拜谒留侯祖庙时,对张良的敬仰之

① 司马迁:《史记》卷五五《留侯世家》。

情,其铭曰:"亮携元直建安六年春踏,贤宗观地势不俨然清净,秀逸乃龙凤之地拜留侯,仰其像不威然运筹帷幄,决胜千里成帝王之师,吾辈叹之敬之效之。"在汉军入关、鸿门设宴二事上,黄震认为:"立咱秦将,旋破峣关,汉以是先入关;劝还霸上,固要项伯,以是脱鸿门……凡一谋一划无不系汉得失安危,良又三杰,之冠也哉!"而真德秀亦认为:"子房为汉谋臣,虽未尝一日居辅相之位,而其功实为三杰之冠,故高帝首称之。"①对西汉的建立,张良具有不可替代的作用,而对东汉的建立同样立有大功的属首建大谋于刘秀的铫期。"铫期字次况,颍川郏(今平顶山郏县)人也",光武初年,铫期劝说光武帝曰:"河北之地,界接边塞,人习兵战,号为精勇。今更始失政,大统危殆,海内无所归往。明公据河山之固,拥精锐之众,以顺万人思汉之心,则天下谁敢不从?"②光武帝采纳他的建议遂定中原,他辅佐刘秀开创东汉,其中南下谋略尤为重要,因此立下了不世之功,成为东汉谋士之典范,为东汉政权建立立下了汗马功劳,因此得封安成侯。

汉与匈奴的关系问题是西汉政权与少数民族关系处理的重要问题,亦是西汉政权得以稳固的最重要的外部条件。西汉初年,匈奴不断侵扰汉朝北部边境,而西汉国势为弱,在这种特定的历史背景下,颍川人韩安国适应历史发展的客观需要,提出了休养生息,与匈奴和亲的谋略。是时,"匈奴来请和亲,天子下议",大臣们纷纷认为"汉与匈奴和亲,率不过数岁即复信约。不如勿许,兴兵击之",而韩安国却不以为然,他认为"匈奴负戎马之足,怀禽兽之心,迁徙鸟举,难得而制也",且"汉数千里争利,则人马罢,房以全制其敝","击之不变,不如和亲",最终群臣多附安国意,"于是上许和亲"。"安国为人多大略,智足以当世取舍,而出于忠厚焉"③,韩安国能够根据西汉初期的外部形势,提出和亲的主张,为汉初的经济恢复赢得了宝贵的时间。东汉时期,匈奴已分为南北二部,势力已明显下降,虽然对东汉政权构不成致命的威胁,但东汉政权毕竟刚刚建立,政局不稳,希望与周围少数民族诸部以和求发展。此时恰逢"卢芳与匈奴、乌桓连兵,寇盗尤数,缘边愁苦",据此颍川颍阳人王霸"数上书言宜与匈奴结和亲",又"陈委输可以从温水漕,以省陆转输之劳,事皆施行"。王霸的谋略奏效,"后南单于、乌桓

---

① 韩兆琦:《史记选注集说》,江西人民出版社 1982 年。
② 范晔:《后汉书》卷二〇《铫期王霸祭遵列传》。
③ 司马迁:《史记》卷一八〇《韩长孺列传》。

降服,北边无事"①,东汉政权得以稳固。

东汉中后期,外戚宦官专权,政治腐败,平顶山地区的谋士面对险恶的政治环境,奋力抗争,出现了众多衰世良吏。如颍川舞阳谋士韩韶;天下楷模颍川襄城人李膺;乱世不畏权贵,刚正不阿的舞阳人张陵和韩棱等。《后汉书》卷六二《韩韶传》曰:"余县多被寇盗,韶愍其饥困,乃开仓赈之,所禀赡万户",其他官吏认为此事不妥,而韩韶认为:"长活沟壑人。而以此伏罪,含笑入地矣。"最终凭借自己的名德,"竟无所坐"。汉末"八俊"之一的李膺为人耿直,屡献计于帝王,同时还以刚正不阿著称。延熹九年(166)李膺官拜司隶校尉,"时张让递为野王令,贪残无道,至乃杀孕妇……膺知其状,率将吏破柱取朔,附洛阳狱。受辞毕,即杀之"②。而韩棱亦以执法不枉著称,手中握有"龙渊剑",《后汉书》卷四五《韩棱传》曰:"以棱渊深有谋,故得龙渊。"后窦宪专权,"棱复上疏谏",可谓其不畏豪强。谋士张陵,官至尚书,"元嘉中,岁首朝贺,大将军梁冀带剑入省,陵呵叱令出……即劾奏冀,请廷尉论罪,有诏以一岁俸赎,二百僚肃然"③,表现出刚正不阿的士人之风。恶劣的社会环境,权贵当道,谋士大夫们往往失去了成长的土壤,政治气候亦打压着他们的生存空间,而平顶山谋士们面对困难没有退缩,凭借他们的忠骨,与其他良吏一道共同维系着东汉政权。

二、"连百万之众,战必胜,攻必取"的将士群体

如果说谋士们的奇计良策在国家的建立过程中发挥了重要作用,那么,浴血奋战的将士们则以自己的征战维护了国家的安全。正是由于众多良将的存在,一个政权才得以巩固维持。两汉时期,众多平顶山地区良将的任用,尤其在两汉政权初创阶段,他们为刘氏江山的建立立下了汗马功劳。两汉初期的"无为而治"造就了文景时期臣强君弱的局面,为了扭转这种被动的局面,文景二帝有意招纳颍川士人参与朝政,以形成新的统治核心,其中最著名的则属军锋之冠的韩千秋。《史记》卷一一三《南越列传》曰:"天子闻嘉不听王,王、王太后弱孤不能制,使者怯无决",文帝与大臣朝议,久久拿不出破敌之法,"郏壮士故济北相韩

---

① 范晔:《后汉书》卷二〇《铫期王霸祭遵列传》。
② 范晔:《后汉书》卷六七《党锢列传》。
③ 范晔:《后汉书》卷六九《窦何列传》。

千秋奋曰：'以区区之越，又有王太后应，独相吕嘉为害，愿得勇士二百人，必斩嘉以报'"。后天子又遣韩千秋领兵入越境，由于误中埋伏，韩千秋等将士战死沙场，事虽未成功，而天子仍下诏曰："韩千秋虽无功，亦军锋之冠。"正是由于像韩千秋这样的勇冠三军的将士们的征战，西汉政权才有休养生息的外部条件，为大汉王朝的复兴提供了前提基础。

东汉时期将士作为一个强有力的社会群体，纷纷登上历史舞台，发挥政治影响作用。然而，作为东汉政权的一股重要力量，平顶山将士群体在东汉政权的开创中起了不可替代的作用，亦可以说东汉政权的建立与平顶山将士豪族的参与有着密切的联系。在东汉政权的勋臣中，平顶山地区就有 8 人，居于各地区将士集团的第二位，平顶山将士群是光武帝在新莽末年至更始年间依靠的最重要的军事力量。两汉之际，处于"四战之地"位置的平顶山地区，是各股割据势力争夺的战略要地，而刘秀的最终成功在很大程度上是善于提拔利用平顶山地区众多军事人才的结果。《后汉书》卷一七《冯异传》曰："今诸将皆壮士崛起，多暴横，独有刘将军所到不掳掠，观其言语举止，非庸人也，可以归身。"平顶山将士群考察刘秀后认为可以归附，在与南阳刘氏合作后，个个作战勇敢，出现了很多将才。颍川襄城人傅俊，"世祖徇襄城，俊以县亭长迎军，拜为校尉……从破无寻等，以为偏将军"，后"世祖使将颍川兵，常从征伐"，军功卓著，死后得以封侯，成为平顶山将士群体中因军功而封侯的第一人。① 襄城另一大将坚镡时常孤军奋战以作战勇猛著称，"拜偏将军，从平河北，别击破大枪与卢奴。世祖即位，拜镡为扬化将军"，成就了一世英名。② 东汉光武帝在创建基业过程中，几次重要的事件是在"大树将军"冯异的帮助下完成的，父城人冯异"每所止舍，诸将并坐论功，异常独屏树下，军中号曰'大树将军'"。建武三年（27），冯异与赤眉军对决，冯异出计，奋力杀敌，在崤底的黾池大破赤眉军，光武帝后下诏赞扬他，曰："赤眉破平，士吏劳苦，始虽垂翅回奚，终能奋翼黾池，可谓'失之东隅，收之桑榆'。"③可见冯异有勇有谋、智勇双全，同时也可以看出光武帝与冯异情谊之深，

① 范晔：《后汉书》卷二二《朱景王杜马刘傅坚列传》。
② 范晔：《后汉书》卷二二《朱景王杜马刘傅坚列传》。
③ 范晔：《后汉书》卷一七《冯岑贾列传》。

冯异死后五百年,庾信还叹息道:"将军一去,大树飘零。"①颍阳人祭遵、祭肜为从兄弟,他们跟随光武帝南征北战,立下了不世之功。祭遵为人执法严明,曾秉公处决刘秀宠用的小童,受到世人的称赞,事后"光武乃贳之,以为刺奸将军",并且告诫诸将曰:"当备祭遵!吾舍中儿犯法尚杀之,必不私诸卿也。"其弟祭肜"以至孝见称",后"帝以肜为能,建武十七年(41)拜辽东太守"。其后,北方赤山乌桓来犯,"肜乃率励偏何,遣往讨之……斩其魁帅,持首诣肜,塞外震慑"②,祭肜成为威震北疆的东汉名将。两汉时期,平顶山地区还有其他一些威震朝野的将军,如郏人辅威将军臧宫,鲁阳人偏将军张宗,这里不再赘述。

综上所述,平顶山地区的将士群是两汉之际政治局势和该地区特定的历史文化条件下的产物,他们在光武帝的统一战中发挥了重要作用,是光武帝在征战过程中所依靠的重要军事力量。

三、"博学经传,志陵青云"的学者群体

曹操曾说:"汝,颍固多奇士",这里的奇士不仅仅指有谋略的官宦,还应包括哪些满腹经纶的学者们。两汉时期,平顶山地区为陈夏故地,文化氛围浓厚。《史记》卷一二九《货殖列传》曰:"颍川、南阳,下人之居也。夏人政尚忠朴,犹有先王之风。颍川敦厚",而《汉书》卷二八《地理志下》亦曰:"颍川,南阳,本夏禹之国。夏人上忠,其敝鄙朴……高仕宦,好文法。"东汉时期平顶山地区为全国重要的学术中心之一,众多学者汇集于此,为该地域文化的发展作出了应有的贡献。这些学者可以分为两大类,一类是身为官宦而著书立说的士大夫学者,其中最著名的是延笃,"延笃字叔坚,南阳犨人也","少从颍川唐溪典受《左氏传》,旬日能讽之,典深敬焉",后又"从马融受业,博通经传及百家之言,能著文章,有名京师",桓帝时以博士征,官拜议郎。后官至屯骑校尉,常著书立说,"论解经传,……所著诗、论、铭、书、应讯、表、教令,凡二十篇云"③,为一硕儒。而另一犨人郑众,官拜中常侍,"光武中兴于拨乱之际,乃使郑众范升校书东观",并作《毛

① 庾信:《哀江南赋》。
② 陈寿:《三国志》卷一四《魏书·郭嘉传》。
③ 范晔:《后汉书》卷六四《吴延史卢赵列传》。

诗传》,注释《孝经》二卷。①《隋书》卷三二《经籍志一》曰:"梁有《春秋左氏传条例》九卷,汉大司农郑众撰",郑众著书立说,名垂千古。这类为官宦学者,饱读经书有参与政务,学者从官有利于朝政的整治,但学者过于干预政事往往导致朝政的混乱,郑众就是其一,他身为宦官,干预朝政,灭掉了窦宪等几个权臣,反"以功迁大长秋",因此后"常与议事,中官用官用权,自众始焉",为东汉中后期的宦官专权、党锢之祸埋下了祸根。

另一类学者则与前迥异,他们有的厌于仕途,归隐山林,以隐士身份著书立说,如名震朝野的大学问家张楷,"隐居弘农山中,学者随之,所居城市,后华阴山南遂有公超市",以至于汉顺帝赞赏曰:"故长陵令张楷行慕原宪,操拟夷、齐,轻贵乐贱,窜迹幽薮,高志确然,独拔群俗"。张楷精通《严氏春秋》、《古文尚书》,作《尚书注》。②鲁阳人樊英"隐于壶山之阳,受业者四方而至。州郡前后礼请,不应;公卿举贤良方正、有道、皆不行",善"习《京氏易》,兼明《五经》"。又善风角、星算,《河》、《洛》七纬,推步灾异",樊英著《易章句》,"以图纬教授"③。更有甚者,他们逃避仕途,终身不仕,致力于儒学,以隐士身份出现。如叶县人高凤,"少为书生,家以农亩为业,而专精诵读,昼夜不息"④,他们把做学问作为一种乐趣,达到入迷的境地。高凤专心读书,"妻尝之田,曝麦于庭,令凤护鸡。时天暴雨,凤持竿诵经,不觉潦水",可想研习学问是多么的认真。最后,亦有一些身为官吏而热衷于儒学,人知其学者而不知其官宦的士人学者,如汉末贤达张玄就是其中一位。河阳人张玄,"少习《颜氏春秋》,兼通数家法",其热衷经学,"清净无欲,专心经书,方其讲问,乃不食终日……著录千余人"⑤,促成了儒学的繁荣及平顶山地区文化的发展。

平顶山地区学者云集,原因是多方面的,首先,东汉中后期,随着朝廷内讧的出现,许多饱读诗书的学者不愿随波逐流,厌于仕途,而专心于学问研究,如,张楷、樊英,即使有的儒者从官,但亦知其术而非其职,如张玄,他们的专心致志,促进了东汉经学的发展。其次,东汉时期,平顶山地区毗邻京城,具有浓厚的学术

---

① 范晔:《后汉书》卷七八《宦官列传》。
② 范晔:《后汉书》卷三六《郑范陈贾张列传》。
③ 范晔:《后汉书》卷八二上《方术列传》。
④ 范晔:《后汉书》卷八三《逸民列传》。
⑤ 范晔:《后汉书》卷七五下《儒林列传》。

氛围,再加上当地学者潜心治学及士大夫们的相互提携,共同促进了平顶山地区文化的发展。

四、"汝颖多奇士"的再认识

两汉时期,平顶山地区人才辈出,在刘氏政权中具有举足轻重的作用,谋士深谋远虑,将士出类拔萃,学者独拔群俗,其实他们的出现并非偶然,既是平顶山地区优越的人文环境的滋养,又是统治者用人的需要;既是儒学思想影响的彰显,又是士大夫修行的结晶。

优越的人文地域环境是平顶山地区人才群体成长的外部条件。人文地理环境对人才的分布和成长具有直接的作用,同时区域生产力的发展和文化传统的再现都对人才的发展具有潜移默化的作用。两汉时期,平顶山地区经济较繁荣,农业和手工业亦较发达,《史记》卷一二九《货殖列传》曰:"陈夏千亩漆。"《汉书》卷二九《沟洫志》亦曰:"汝南……皆穿渠为溉田,各万余顷。"经济的发展是人才产生的重要前提,而优越的政治环境和文化传统同样会促进人才群体的产生。两汉时期,官办学校在此盛行,用以推广教化作用。《后汉书》卷一六《邓寇列传》记载寇恂为颖川太守,"素善学,乃修乡校,教生徒,聘能为《左氏春秋》者,亲受学焉"①。官办学校的盛行为士人的成长提供了平台。同样,汉代私学亦在平顶山地区盛行,许多名士大儒都设馆授徒,《后汉书》卷六四《延笃传》记载南阳人延笃"少以颖川唐溪典受《左氏传》"。许多士人罢官回归故里亦设馆授徒,如李膺,"教授常千人"。官学与私学的兴办,使平顶山士人们互相结交、相互影响,如"时右扶风琅邪徐业,亦大儒也,闻玄诸生,试引见之"。这种得天独厚的文化氛围,加速了平顶山地区士人集团的形成。

如果统治者的需要是人才群体产生的外因,那么,士大夫们的自身主观努力则是其产生的内部条件,二者共同促进了平顶山人才群体的兴起。东汉更始元年三月刘秀略地颖川,平顶山豪族臧官傅俊、王霸、铫期、冯异等纷纷对刘秀"观其言语举止",认为刘秀"非庸人也,可以归身",同样刘秀身为南阳豪族,与颖川相毗邻,具有联合和利用颖川豪族的地缘条件,亦可以说是政治上的需要。而平

---

① 李俊峰:《汉魏汝颖士人兴起的历史地理背景》,《黑龙江史志》2008 年 8 月。

顶山士大夫自身的积极进取也是促进人才群体形成的重要原因。两汉学术的盛行,增加了平顶山士人追求儒学的欲望,扩大了他们的视野,如张玄"少习《颜氏春秋》,兼通数家法",后来徐业见张玄,"与语,大惊曰:'今日相遭,真解矇矣!'"在这种独特的人文地域文化环境下,平顶山地区士人互相标榜引荐并相互提携,形成了一些独具地域特色的文化认同感,最终形成了一个强大的平顶山人才群体,活跃于两汉的政治舞台。

(作者单位为河南科技大学河洛文化研究所硕士研究生)

鹰城名人与历史文化资源开发刍议

蔡运磊

　　鹰城为什么是平顶山？单就名称而论，即能在一定程度上说明平顶山是一个历史资源丰富、文化源远流长的地方。

　　裴李岗文化、仰韶文化和龙山文化在此均有考古发现。西周时期属应国，古汉语"应"、"鹰"通假，所以平顶山又名鹰城。该市现有国家级重点保护文物单位 14 处。其中始建于东汉的香山寺是千手千眼观世音得道正果之地、汉传观音文化之源，清凉寺汝官窑遗址和应国遗址被国家列为重大考古发现；1978 年出土的《鹳鱼石斧图》代表了仰韶文化的最高成就，是华夏文明的一颗明珠，荣列我国禁止移动的 67 件国宝级文物之列。而一年一度的马街书会绵延 700 余年而不衰，更是被列入国家级非物质文化遗产保护名录；平顶山下辖县级市汝州是河南曲剧的发源地，1995 年被中国曲协命名为"中国曲艺城"。

　　"中国的文化需要改革和发展是人类发展的规律所决定的"。人创造文化，平顶山有如此丰富的历史文化资源，自然要归功于人。事实确实如此，平顶山既是春秋战国思想家墨子、唐代诗人元结、清代诗人李绿园等古代名人的出生地，又是海内外刘姓、叶姓的始祖地。而御龙大师刘累、先秦圣哲墨翟、叶姓始祖沈诸梁、杰出谋略家张良、"大树将军"冯异、世界食疗学鼻祖孟诜等，更是鹰城先贤阵容中的代表人物。

　　这些历史文化名人既是平顶山优秀传统文化的承载者和体现者，又是平顶山的一笔宝贵文化财富，其代表着平顶山的文化形象，是精美靓丽的鹰城城市"名片"。"背靠大树好乘凉"，通过对平顶山名人的宣传和对平顶山历史文化资源的发掘,不仅可以彰显鹰城优秀传统文化的丰富内涵,同时也可提升城市的知名度、美誉度,凸显城市魅力,增强城市竞争的软实力。

一、转化为虚拟经济的意义

虚拟经济(Fictitious Economy)是相对实体经济而言的,是经济虚拟化(西方称为"金融深化")的必然产物。经济的本质是一套价值系统,包括物质价格系统和资产价格系统。与由成本和技术支撑定价的物质价格系统不同,资产价格系统是以资本化定价方式为基础的一套特定的价格体系,即"虚拟经济"。

国内对虚拟经济的研究是从1997年东南亚金融危机以后开始的,奠基之作是刘骏民教授1998年著的《从虚拟资本到虚拟经济》,该著作曾获得国内经济学最高奖——第八届孙冶方经济科学奖。党的十六大更是首次提出了"虚拟经济"的概念,由此可见其价值及影响力。

在当今国际金融危机肆虐之时,探讨平顶山名人与历史文化资源如何转化为虚拟经济,不仅是以胡锦涛同志为总书记的党中央提出科学发展观的时代背景和现实需要,而且在弘扬中华优秀传统文化精神,推动平顶山地域经济发展等方面,亦具积极意义。因为,"名人之争的实质,便是资源之争,是品牌之争。没有这样的概念,名人之争只不过是学术圈里的文人间的笔墨官司,既缺少后劲,也缺少声势,而当名人遗迹成为资源之后,名人之争便成为古往今来极为罕见的资源争夺大战了。"

二、如何转化为虚拟经济

"文化包括它物化的器材和设备,可以不因人亡而毁灭。过一段时间,即使群体已灭亡了,如果有些遗留下来的物化的文化还有被再认识的体会,它还是可以复活的。所以文化的自身里有它超越时间的历史性,文化生命可以离开作为它的载体的人(包括生物人和社会人)而持续和复兴。这是文化的历史特性。"怎么办? 走文化产业的路子倒是一个不错的选择。

"文化产业是当今世界十分引人瞩目的新兴产业,被视为21世纪的'朝阳产业'。随着我国社会主义市场经济的发展,繁荣文化市场,发展文化产业已经成为文化建设乃至整个精神文明建设的一个重要领域,成为我国经济结构调整和产业结构升级亟须加强的一个战略产业。"

是故,一批国人熟悉的历史文化名人如道教之祖老子、字圣许慎、抗金英雄岳飞及大文学家韩愈、苏轼父子等,纷纷作为各地上报的招商项目,被开出了多则上亿元、少则几百万元的价格"出售";合作方式更是五花八门,有的要拍以"名人"命名的电视剧,有的要改扩建旅游景区,还有的要建"名人"学校,不胜枚举。

那么,开发平顶山名人与历史文化资源、将之转化为虚拟经济能否也走这些路子呢?答案是肯定的。先举个例子:自2009年5月21日起,电视连续剧《大国医》在央视八套黄金档首播。据悉,这部以传统中医文化为背景的36集女性传奇励志之作,正是以洛阳中医正骨发展史为蓝本。那么,随着CCTV这一强势媒介的传播,"洛阳中医正骨"这一"名人与历史文化资源"开始转化为源源不断的虚拟经济……

从延安、江西等老区的红色旅游到河南的"禅宗少林·音乐大典"、登封少林寺,我们不难发现:虚拟经济可以通过转化为实体产业而产生巨大的经济效益。现在登封的武校有五万名学生,如果从县域经济发展的角度来说,这五万学生创造了巨大的GDP。平顶山也可以借鉴这样的思路:用好"鹰城名人与历史文化资源"的品牌,想方设法将之与地方经济发展进行"无缝嫁接",将这种无形资源转化为一种虚拟经济,为平顶山乃至河南的发展提供巨大动力。

然而,虚拟经济是市场经济高度发达的产物,是以服务于实体经济为最终目的的。随着虚拟经济的迅速发展,其规模已远超实体经济,成为与实体经济相对独立的经济范畴。与实体经济相比,虚拟经济具有明显不同的特征,主要表现为高度流动性、不稳定性、高风险性和高投机性等四个方面。那么,在转化过程中,"鹰城名人与历史文化资源"如何巧妙地扬长避短呢?笔者认为,可以采取以下具体措施:

(一)定位要准

国家统计局颁布了《文化及相关产业分类》标准,将文化产业定义为:为社会公众提供文化、娱乐产品和服务的活动,以及与这些活动有关联的活动的集合。根据文化活动的重要性,将文化产业划分为文化服务(主体产业)和相关文化服务(相关产业)两个部分;根据文化产业所包括的范围划分为三个层次,即核心层:包括新闻服务、出版发行和版权服务、广播电视电影服务、文化艺术服务,外围层:包括网络文化服务(指互联网信息服务)、文化休闲娱乐服务(指旅游文化服务、娱乐文化服务)、其他文化服务(指文化艺术商务代理服务、文化产品出租与拍卖服务、广告和会展文化服务),相关层:包括文化用品设备及相关产品的生产、文化用品设备及相关产品的销售。

　　平顶山拥有如此丰富的名人与历史文化资源,可以因地制宜、进行多种形式的开发,力求社会效益与经济效益的最大化。

　　(二)对症下药,进一步检验、传播鹰城名人与历史文化资源的影响力

　　"从平顶山市文化产业的总量来看,2007 年,平顶山市文化产业增加值达9.6 亿元,占 GDP 的比重为 1.17%,占第三产业增加值的比重为 4.4%。这与市委、市政府制定的到 2010 年,平顶山市文化产业增加值,实现年均增长 17% 左右,占 GDP 的比重达到 4% 左右,文化产业走在全省前列的目标相距甚远。"

　　怎么办呢? 对症下药。

　　1. 文化管理机构不适应市场化的发展

　　从目前国内情况来看,凡将市场机制引入文化机构的地区,其文化产业发展水平就相对较高。目前,平顶山文化事业的格局仍然是缺乏对全市进行大文化开发和全行业产业化系统有效的调节与管理。使文化产业的发展只能从属于文化事业,不能做强做大。政事不分,政企不分,造成文化经营单位没有转变为真正的市场主体。具体表现在:有的单位自身没有造血机制,长期靠国家供养;有的单位业务重复、职能模糊,严重脱离市场;部门分割、条块分割、上下分割,使文化资源难以整合优化;投资主体单一,非公有制经济进入文化产业领域还存在较高门槛。

　　2. 人员素质低,创新能力弱。平顶山市文化产业存在"两少两多"的现象:高学历人员少,低学历人员多;专业人员少,工勤人员多。人员素质普遍较低,缺乏创新能力,导致文化竞争力不强。

　　具体而言,可采取如下补救措施:

　　第一、抢抓新机遇,增创新优势 如狠抓旅游重点项目,进一步完善旅游交通和接待设施,不断提高景区景点的服务承载能力及名人积聚力;进一步发展"农家乐"旅游,大力发展旅游产品,提升档次、创出特色、叫响品牌,让"农家乐"和

旅游产品成为农民群众更加理想的脱贫致富项目;实现旅游业由"门票经济"向"产业经济"转变。

第二、整合资源,打造品牌,形成产业效应　从经济学角度讲,文化产业具有资本积聚快、循环回报快、价值创造快、发展增长快、投资回报率高的特点,能够产生较强的资本积聚和效益放大效应。一个运作成功的文化产业项目,可以在短时期内为投资者带来数倍甚至数十倍的回报,这在国内外文化产业发展实践中不乏先例。在着力打造旅游文化品牌的同时,还要增强建设"文化平顶山"的品牌意识。一个城市独特的历史文化遗产实际上就是这个城市的特色与品牌,也是城市文化的价值和实质所在。因此,建设"文化平顶山"的重点在于挖掘和弘扬城市的文化特色,扩大城市的"名人效应"。在城市的规划与建设上,要把优质的历史文化资源与平顶山市优美的生态环境相配套,充分利用平顶山市集山、湖、汤、泉、林与人文景观于一身的资源优势,加快"绿色平顶山"的建设进程,进而把平顶山打造成国际生态文化走廊。

第三、加强人才队伍建设　平顶山的文化产业能否快速发展壮大,成为当地的支柱产业,关键靠人才。一方面要建立文化人才工程,创造吸引和留住人才的良好环境;另一方面,应强化以人为本的理念,使人事管理由身份管理向岗位管理逐步转变,实现按岗定酬、按业绩定酬;其次要营造人尽其用的人才激励环境,真正做到人尽其才。

三、转化中的"注意事项"

据考证,"二十四史"中的河南籍名人912名,比例为15.8%,名列前茅,其中在中国史上有重要影响与杰出贡献的达198名,可谓"接天莲叶无穷碧,映日荷花别样红"! 但很显然,把这些名人资源统统开发出来也是不现实的。

河南省社科院历史研究所所长张新斌在《中原历史名人与新世纪的中原》一文中提出,历史名人的含金量各异,到底应主推哪些人,应该统筹规划,进行战略性布局。

然而,在目前河南的人文资源开发利用上,存在一个饱受诟病的现象:重规划轻策划。据悉,很多地方在开发文化资源时,首先想到的是做一个费用不菲的规划表,而这类规划方案大都是一些故居的复原或人造景观等等,且往往因为规划规模太大、投入太高或配套设施跟不上而无法实现。

是故,从平顶山的现况出发,笔者认为当务之急应解决两大问题:一是树形象问题。平顶山应借助中央的"和谐社会"、科学发展观等国策,利用辖区名人与历史文化资源的深刻内涵,全面恢复鹰城形象,为河南的文化、旅游发展创造一个良好的宽松环境,树立一个榜样。二是可持续问题。平顶山在文化产业调整过程中,应解决文化资源的可持续发展问题,使之充分转化为虚拟经济的优势,为当地乃至河南经济的可持续发展提供强大动力。

文化产业发展的探索,有着许多成功的经验和一些值得吸取的教训:如东方明珠、盛大文学等。"中原人民多奇志,敢教日月换新天",河南也出现了一批像中原出版传媒投资控股集团有限公司、河南报业集团等大型文化企业集团。平顶山市也出现了宝丰民间演艺集团等发展势头较好的典型。因此,笔者认为只有把曲艺文化、曲剧文化、魔术文化、寻根文化、汝瓷文化、名人文化等多种名人与历史文化充分开发,做大做强,努力形成结构合理、各具特色、齐头并进的区域文化产业结构,鹰城的文化产业才能像搏击长空的雄鹰一样在市场的天空中自由飞翔。

(作者为《河南畜牧兽医》杂志社编辑)

一座古寨、一个家族

——记历史文化名村临沣寨与朱氏家族

王中旸

一、临沣寨简介

郏县地处河南省中西部,北部群山为外方山,属嵩山余脉,中部为丘陵,南部为平原。境内河流十三条,均属淮河水系。北汝河在郏县境内长达 48 公里,是郏县境内一条景色秀美的河流。郏县历史悠久,名胜古迹颇多。三苏坟是宋代著名文学家苏轼、苏辙、苏洵的归焉之地,是省重点文物保护单位;中顶莲花山是号称"天下三顶"之一的道教圣地;苍松翠柏掩映下的文庙,是中国悠久古文化的缩影,境内还有仰韶文化、龙山文化、裴李岗文化遗址多处。

临沣寨(图一)属平顶山市郏县东南隅堂街镇一个自然村,临沣寨位于郏县,距郏县县城 12 公里,离平顶山市区 20 公里,交通便利。临沣寨宏观上处于伏牛山区向黄淮平原过渡的冲积平原地带,微观上于北汝河南岸,南望龙山、香山,北靠汝河,东依紫云山,西临石河。源于香的杨柳河从临沣寨的西侧绕村南而过,流向东北与汝河交汇。此地地势低洼,临沣寨处于一条西南至东北走势的埂地之上,犹如一条卧龙蛰伏在凹地中。临沣寨被誉为"中原第一红石古寨"、"古村寨博物馆"。有以"汝河南岸第一府"之称的朱镇府为代表的明、清古建筑群。整个村落被一条浅红色条石砌筑的寨墙紧紧围着,故当地人又称临沣寨为"红石寨"或"红石古寨"。寨内现有 159 户人家,600 多口人,其中朱姓人口占80%,是明万历年间从山西洪洞县迁居至此的朱姓后代。寨内还有较为完整的清代四合院、三合院 20 多座,清代民居近 400 间。这些建筑既有中原农村特有的以砖、石为主体的高大深邃,也有南方以木格子门窗为装饰的小巧玲珑。一些古老的宅院用多层弧形石板作为门洞的拱顶,每层石板上都雕有图案,十分美观。著名长城学家罗哲文、古建学家郑孝燮等到临沣寨考察后认为:"临沣寨民居建筑从明至清,在时代上没有缺环。它们集中地出现在一个村落中,这在中国实属罕见。在北京城里现存的9999座古代建筑中只有一间半是明代民居,想不到临沣寨居然有3间。临沣寨填补了中国古建筑在村寨方面的空白。"2002年9月临沣寨被河南省文物局授予省级文物保护单位。2005年9月16日,被建设部和国家文物局评为"中国历史文化名村"。

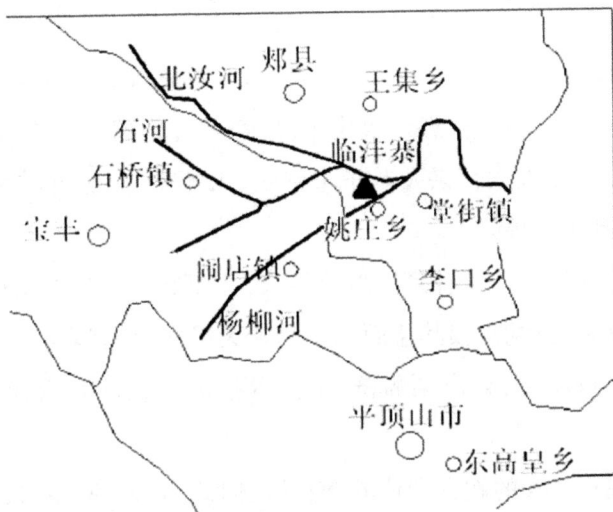

图一　临沣寨地理位置示意图

资料来源:刘书芳:《中国历史文化名村——临沣寨》,河南大学硕士论文,2008年5月,第12页。

二、临风寨的历史演变与朱氏家族的兴衰

(一)朱氏家族的兴起——从水田村到张家埂再到朱洼寨

临沣寨的历史据资料可追溯到南北朝时期甚至更早。中国古代著名的地理学家、南北朝北魏时期的郦道元(约466~527)在《水经注·河水》中记载:柏水经(宝丰)城北复南,沣溪自香山东北流入郏境,至水田村。此处的"水田村"即为今天的临沣寨,意思就是临着沣溪的寨子。也许是交通便利又属风水宝地的原因,长久以来一直有张姓人家在此繁衍生息。明朝万历年间(1573~1619),中原地区暴发瘟疫,人口锐减,山西洪洞县一支朱姓人家移民至此,靠给张姓大

户种田为生,同时也跟着张姓人家学会了编织芦苇席。应该说,编织芦席原本是"张家埂"张姓人家的"专利",精明的朱家人从山西迁来后学会了"芦编",但如果仅限于此,他们也许永远都是张姓人家的长工。朱姓人家在学习"芦编"的同时,把当地生产的苇席、草鞋收集起来,通过汝河贩运出去。当时来说,长江以南用的是竹席,长江以北是苇席,交通不便,江南的竹席贩运到江北的可能性很小,但是老百姓还要用,所以有很大的市场,他们也渐渐发达起来。靠着聪明和勤奋,200多年后,朱姓后人依靠血统和道统,亦耕亦读,亦农亦商,辛勤劳动,逐渐兴旺起来,成为寨中大户,张姓人家反主为佃,靠给朱家种田为生,"张家埂"由此改名叫"朱洼寨"。

(二)朱氏家族的辉煌——从由农而商、由商而仕到汝河南岸第一府

逐渐兴旺起来朱氏家族,经过数代相传,到了道光和同治年间,经由朱氏家族一分支的十三代传人朱怀宗及其子朱紫贵、朱振南、朱紫峰三兄弟的努力经营,朱氏家族达到了顶峰。

据朱怀宗墓碑记载,"朱怀宗以耕读传家,富而好礼。与人交往,尽心竭力,语切至而不失其和,乡党多赖其益而乐亲之。大饥之年,有鬻妻卖子者,公济以铜缗,救其苦,不致离散;且出粟赈济,全活者甚众。"临沣寨世代书香,文风绵长。

朱怀宗重视对子女的教育和培养,鼓励他们读书参加科举考试。到了道光年间,朱家三兄弟中的老三朱紫峰考取了功名,官至河南汝州直隶州盐运司知事,官阶虽低,但油水丰厚。由于盐业属于国家专卖,有巨额的利润。所以,朱紫峰的两个哥哥也便做起了食盐生意。精明的朱氏三兄弟官商结合、亦官亦商的方式很快为朱家积累了巨额财富。当时的郏县县志形容朱氏家族时用了"郏之巨族"的说法,那么顶峰时期的朱氏兄弟到底有多少财富呢?临沣寨内的朱氏后人说,朱家三兄弟分家时,元宝都是用抬筐来分,不用秤分,三兄弟一筐又一筐,分了多少无法考证。从把芦苇工艺转变成商品,到盐业经营的垄断。

山西迁来的朱氏家族,凭着自己的精明智慧,把晋商文化的魅力展现得淋漓尽致。中国人的传统往往是把得来财富用来盖房子置地,变成不动产。富贵后的朱氏兄弟也是如此,三人分家后,老二朱振南的于道光十一年(1831)在临沣寨北大街南面,建立了一座坐南面北,东、西两路面阔五间的二进四合院(图

二）。老大朱紫贵于道光十五年（1835），建了一栋占地1322平方米宅院。朱紫贵宅（图三）是两路三间多进宅院，纵深方向是从南大街直到北大街，并被分成前后两部分，前面三进院落（南面）居住，后面（北面）是车马、仆役等杂物院，前后院落间用一个花园界开。

　　老三朱紫峰的宅院是最气派的，也最显眼。毕竟，他曾官居河南汝州直隶州盐运司知事，就是不一样。朱紫峰告老后，道光29年（1849）建成一进五四合院，时称"朱镇府（图四）"。朱紫峰宅院堂楼的屋脊上刻着这样一行字"大清道光29年4月监生岁叙盐运司知事朱紫峰立"。当时县级以下不设政权机构，实行"宗族合一"制度，最大的宗族势力兼管地方政务，"朱镇府"当时号称"汝河南岸第一府"，权势可见一斑。郏县县志记载，这个道光二十九年（1849）建成的一进五、占地2516平方米的四合院，时称"朱镇府"。朱镇府门楼高两丈有余，"百福并臻"的匾额悬于上方，威严气派。门外前壁高半米处，嵌有供来客拴马的石环。

　　富贵后的朱氏兄弟，并没有仗势欺人、为富不仁；而是遵守祖训与人为善，以邻为伴，敦睦乡里。这是一般富商大贾很难做到的，朱氏兄弟的模范带头作用使得有着30多个姓氏的临沣寨，邻里

图二　朱振南宅院大门

图三　朱紫贵宅院大门

之间和谐相处、亲如一家。在朱氏家族的巅峰时期,朱氏兄弟还为临沣寨内乡亲做了两大善事,首先是朱紫峰创办义学和茶亭,其次是朱氏兄弟合力修建了现今仍保存完整的红石寨墙及防御系统。

临沣寨人至今对朱紫峰创办义学和茶亭的恩德仍念念不忘。据《茶亭碑记》载:"公尝夏时,晨饮后散步西郊,憩道旁绿荫浓处。见行人重负喘急,汗流奔,掬牛溲饮。公恻然,方凝思。适樵牧童辈嬉戏于侧……问盍读书,佥以贫对。公恻然,曰:贫之累人甚矣哉! 吾知所以处此矣。归,即以三百金市道侧

图四　朱镇府大门

地十亩,创建义塾一区,前筑茶亭两楹,俾后之寒酸童蒙,有释菜之乐;发天行旅,无望梅之苦。"据村民朱广墨介绍,自清至民国,临沣寨共在茶亭、毛郎庙(原朱家属地)和寨内兴办茶亭、益智、近智、崇善等 4 所义塾,就读的学生除本寨子弟外,还有叶县、宝丰、禹州的农民子弟,学生不论出身贵贱,义塾全部实行有教无类和免费就读。

清咸丰末年(1861),社会动荡,豫西南的伏牛山区成为土匪活动最为频繁的地区之一。位于平顶山西部的鲁山、宝丰、郏县既有地形复杂、沟壑纵横的山区,又有土地肥沃的平原地带,使土匪具有进可掠,退可守的地利之便,是当地有名的土匪窝,当地人称土匪为"蹚将"。面对纷繁乱世,朱氏三兄弟出于公利和私利的双重考虑,商议扒掉土寨,建石寨,寨墙内为朱洼村。寨墙为外石内土结构,外墙60 厘米长的石头全部取自紫云山的红色花岗岩,内墙则就地取材,全部是挖自护寨河的土。为使寨墙坚固,红石条每一顺石隔一把石,中间空当用 3~4 块红石条顺着填满,再取土屯住夯实。寨墙内为朱洼村,占地面积 7 万平方米。临沣寨寨墙总长 1100 米, 高 6 米多的寨墙上有城垛 800 个。由临沣寨通往村外的是东、西、南三个寨门,其中西寨门取名"临沣"(图五),东寨门取名"溥

图五　镶嵌在红石寨墙里的临沣门

滨",意为此寨濒临沣溪、利溥两水。寨门都由木板镶铁皮制成,每个寨门上都有灭火水槽,还有用于对外射击的高低不等的枪眼。寨门外边均有两道防洪闸门和向寨外排水的暗道。临沣寨寨墙外是绕寨一周长达1500米的护寨河,据说当年与寨墙同时完工的护寨河宽15米、深4米,而今的护寨河宽仍有10米左右,深约2米。由于时局紧张,为了在很短的时间内把寨墙建好,他们高价购买石材并雇用劳力,三个月内就完成了寨墙的修建。临沣寨现存之寨墙,重建于清同治元年(1862)。

临沣寨红石寨墙及防御系统的建成,使得临沣寨成为了一座名副其实的乡村堡寨。红石寨墙曾多次为临沣寨人民的生命财产安全,立下汗马功劳。据《郏县志》记载,1945年6月3日上午,一股日军由开封经襄城县进入郏县攻打临沣寨,寨丁和村民奋起抗击,双方激战了一个上午,日军无法攻克,只好从南寨墙绕过,去往鲁山方向。

(三)朱氏家族的衰败——从红石寨墙建成到最后的赌注

任何一个家族都有兴起、繁荣及衰败三个阶段,临沣寨朱氏家族也不例外。临沣寨红石寨墙的建成预示着朱氏家族的势力到达了顶峰,随之而到来便是让人喘不过气来的衰败。就在红石寨墙竣工的头一天深夜,朱紫峰黯然猝死在朱镇府的堂楼中。对于朱紫峰的死,当地流传的版本很多,其中最可信版本是朱紫峰动用巨资,资助道光皇帝的第六位皇子也就是后来被封为恭亲王的奕訢,没想到赌注押错,最后做皇帝的是咸丰皇帝,咸丰皇帝登基后选择在红石寨墙建成的当天把朱紫峰秘密处死。朱紫峰的死,对于朱氏家族和临沣寨来说只是朱氏家族的厄运的开始,同一年,朱紫峰的长子死去,紧接着朱紫贵的女儿上调自杀,随后朱紫贵因痛失弟弟和爱女忧愤去世。老二朱振南则在一次和捻军作战中被流弹打死。而家族晚辈里的花花大少由于疏于管教,好几个都缠绵于鸦片、赌博,坐吃山空。听朱氏后人讲,给临风寨和朱氏家族最后一击的是一个27岁的少妇,遭受连番打击的临风寨阴盛阳衰,少妇成了朱家最后一个当家,这位女掌柜天生爱赌,最后把整个寨子都输给别人了。至于是否真有此人,至今已无史料可考,但是当地确实流传着临沣寨当家女掌柜,惊天豪赌输掉寨子的故事。如今,临沣寨朱氏三兄弟中,只有老二朱振南的后人,65岁朱江岭依然在祖屋中居住。朱江岭夫妇靠务农和一些简单的副业为生。

三、结　语

所谓汝河南岸第一豪门,从起家到鼎盛再到衰落仅仅只用了六十年,这中间的起承转合宛如一个轮回。村里人认为朱氏家族的衰败是因为朱紫峰宅院和传统建筑布局破坏了临沣寨的风水,从而导致朱家的迅速衰败。但是如果只依托风水上的略施小计就可以改变一个人一个家族甚至一个国家的命运,未免显得牵强俯会了。当一个家族衰败的时候必然会有纨绔子弟坐吃山空,这是常见的情况,根本不是某种巧合。如果我们能站在历史的高度来看,朱氏家族的诸多遭遇就更加明晰,我们能够清晰看到临沣寨衰败的背后有他的历史必然性,道光末年1850年前后,正是中国历史上两次鸦片战争时期,西方资本主义用武力打开中国大门,代表中国封建商业经济的盐商弹出历史舞台,代之而起的是中西结合的官僚买办资本,中国历史发生了千古巨变。而临风寨朱氏家族的命运只不过是历史大转折中的一个缩影。

(作者为华中师范大学历史文化学院文化学系硕士研究生)